03125

2€

W0235935

d

Peter Rüedi

Dürrenmatt
oder
Die Ahnung vom Ganzen

Biographie

Diogenes

Copyright © 2011
Diogenes Verlag AG Zürich
www.diogenes.ch
100/11/8/1
ISBN 978 3 257 06797 2

Für Sibylle

Inhalt

I

Die Ahnung von einem neuen
Friedrich Dürrenmatt

*November in Neuchâtel · Lebensläufe, Kreuzungspunkte · Alles
Auferstehungen · Immer wieder Heimkehr · Wiederholung als
Bewegung nach vorn · Aus nächster Ferne: Obsession und Distanz*

November in Neuchâtel

Neuenburg, den 28. November 1990. Ein grauer Tag, Nieselregen, am südlichen Fuß des Jura im Winter. Im Taxi hoch zur vertrauten Adresse, Pertuis-du-Sault 76. Vallon de l'Ermitage, autonome Republik Dürrenmatt. Deren Souverän hatte eingewilligt, mich vor seinem 70. Geburtstag an drei aufeinanderfolgenden Tagen zu empfangen. Es war nicht mein erstes Gespräch mit ihm, ich wusste, dass er sich in solchen Unterhaltungen dem Besucher anpasste. So war ich überrascht von Dürrenmatts gelassenem Ernst. Dieser musste mit seiner Lebenssituation zu tun haben – auch wenn man sich hüten sollte, in eine solche Begegnung im Nachhinein Hinweise und Todesahnungen hineinzulesen. Wie auch immer: Ein Empfang zu Verlautbarungen von oben herab war es nicht.

Seine Geduld wundert mich heute noch mehr als damals. Ich gäbe viel dafür, jene Gespräche ein weiteres Mal führen zu dürfen, von meinem heutigen Wissensstand aus. Dürrenmatts Gemütslage war, bei allem Ernst, das Gegenteil des Allerseelenwetters, welches das weitläufige Anwesen hoch über Neuchâtel einnebelte. Mit vollendeter Höflichkeit versteckte er die Langeweile, die ihm meine Fragen bereiten mussten. Andere hatten sie vor mir gestellt, ein paar wenige sollten sie nach mir noch stellen, und einige davon hatte er sich bis zum Überdruss ein Leben lang selbst gestellt. Eine Art Verstimmung, vielleicht auch nur Ratlosigkeit, kam erst kurz vor dem Abschied am dritten Abend auf. Mit seiner Frau Charlotte Kerr sollte er seinem 70. Geburtstag auf eine Weltreise entfliehen, und mir schien, er wusste nicht, welches von beiden er für das größere Übel halten sollte, diesen Geburtstag oder die Reise. Gelegentlich ließ er sich ganz gern feiern; gereist war er sein Leben lang wenig und selten ohne beruflichen Anlass.

Die Reise war größer als geplant. Keine drei Wochen später war Friedrich Dürrenmatt tot. Sein Herz, um dessen Schwäche er seit langem wusste, blieb in den ersten Stunden des 14. Dezembers 1990 stehen. Noch am 13. hatte er die Überarbeitung seiner Rede auf Michail Gorbatschow[1] abgeschlossen, dann stand ihm lieber Besuch ins Haus, sein alter Freund Marc Eichelberg, ein Physiker aus dem Fextal. Das Gespräch (so berichtet Eichelberg in einem Brief an Charlotte Kerr) drehte sich um den zweiten Band der *Stoffe, Turmbau,* insbesondere das Kapitel ›Begegnungen‹, in dem Dürrenmatt sich mit dem Tod beschäftigt. Dann, in F. D.s gewohnter Weise assoziativ vom einen zum anderen, vom Hundertsten ins Tausendste springend und doch nach unzähligen Abschweifungen mit der ihm eigenen Nach-Denklichkeit längst fallengelassene Fäden wieder aufgreifend, ging es um Marxismus und Arnold Künzlis Marx-Biographie[2]. Vom marxistischen Moralismus kam man auf Kants Ausführungen über die Idee des moralischen Gesetzes und das, was Hans Vaihinger in seiner *Philosophie des Als Ob*[3] darüber sagt: dass die Idee des moralischen Gesetzes, wiewohl ihr Kant objektive Realität zuspreche, eben doch Fiktion sei. Dürrenmatt fragte nach dem Vorlesungsstil von Wolfgang Pauli und Werner Heisenberg, die Eichelberg beide gekannt hatte, und nach dessen Meinung über Paulis gemeinsam mit C.G. Jung verfasstes Buch *Naturerklärung und Psyche;* Dürrenmatt hatte es, im Gegensatz zu Paulis Kepler-Aufsatz, wenig beeindruckt. »Es war ein Abend ›wie in alten Zeiten‹, sagte Fritz«, erinnert sich Eichelberg. Man sprach von naturwissenschaftlicher Fachliteratur, über Philosophie, die unterschiedlichen Wege zur Philosophie – Dürrenmatt von seinen Glaubenswirren getrieben, Eichelberg vom Alpinismus kommend, und »[s]o drehte sich die letzte Stunde unseres Gesprächs – die letzte Stunde seines letzten Gesprächs – immer wieder um's Abenteuer«[4], physische und geistige wie die Entdeckung der Schriften des Johannes Hendricus Lambert (1728–1777) oder seinerzeit das gemeinsame Studium von Wittgensteins *Tractatus logico-philosophicus.*

Die letzte Flasche blieb ungetrunken, und Dürrenmatt machte noch einen Scherz darüber: Daran erkenne man, dass sie ältere Herren geworden seien, fraglos wäre die früher noch getrunken worden. Dann ging man zu Bett. Wenig später lag Dürrenmatt im Sterben, die Ambulanz kam. Als sie eintraf, war er schon tot.

Ich war an jenem Abend dieses 13. Dezembers 1990 bei Dürrenmatts Schwester, Verena. Ihr Bruder habe mich angekündigt, sie dürfe mir ruhig über alles Auskunft geben. Welchen Eindruck ich gehabt hätte, vor Wochen in Neuenburg? Sie sei etwas besorgt, er sei ihr bei ihren letzten Begegnungen und Telefonaten müde vorgekommen, ja erschöpft. Wir sprachen über die Kindheit (etwas mehr als drei Jahre lagen zwischen den beiden: Fritz wurde am 5. Januar 1921, Vroni am 9. Mai 1924 geboren), über die Eltern, das Klima im Pfarrhaus und die Struktur der Familie, ihr Verhältnis zum Bruder und darüber, wie sich das zwischen den beiden Polen Bewunderung und Skepsis wandelte. Über ihren Bildungs- und Werdegang als Sozialarbeiterin. Die erste Liebe von Fritz war ein Thema, Christiane Zufferey, mit

der Verena seit jener Zeit befreundet blieb, die jähe Trennung
und die nicht weniger plötzliche Verbindung und Ehe mit Lotti
Geissler, Dürrenmatts Familienleben, die Kinder, das Hauswe-
sen in Neuenburg, am Pertuis-du Sault. Sie erzählte mir, wie sie
das Wachsen der Familie wahrnahm und deren Veränderung, ein
Leben, das sie selbst, bis heute unverheiratet, nie hatte. War ihr
Seufzer einer der Erleichterung? Für mich waren es erste Nachrichten aus einem Biotop, in das bislang nur Wenige Einblick
hatten, taktvoll angedeutet, mit Humor kommentiert. Verenas
gutturales Lachen erinnert mich noch heute an das von Dürrenmatt.

Hans Liechti, in den siebziger Jahren Wirt im Neuenburger
›Hôtel du Rocher‹ unweit von Dürrenmatts Anwesen, Exil-
emmentaler wie dieser, von 1983 bis zu seinem Tod 2009 mit
seiner beeindruckenden Kunstsammlung (darunter nicht wenige Dürrenmatts) und seinem fast so imposanten Weinkeller
wieder wohnhaft in Grenchen, erinnerte sich in einem späteren
Gespräch an einen Anruf seines Freundes Fritz, auch an jenem
13. Dezember. Er wolle sich nur noch von ihm verabschieden.
Das habe ihn schon seltsam angemutet, so etwas sei noch nie
vorgekommen, wenn F. D., selten genug, zu einer Reise auf-
brach. Es falle ihm schwer, nicht an eine Vorahnung zu glauben.
Irgendeine Vorstellung von Jenseits oder Ewigkeit ließ er, ein
hinterlistiger Atheist zu guter Letzt, für sich selbst nicht zu.
Daran gab es keinen Zweifel, auch wenn solches eine Angelegenheit des Glaubens sei und er den für etwas so Persönliches
halte, dass sich darüber nicht sprechen lasse.

Lebensläufe, Kreuzungspunkte

Damals, im Dezember 1990, war ich nach sieben Jahren am
Schauspielhaus Zürich in die Redaktion der Schweizer Wochen-

zeitung ›Die Weltwoche‹ zurückgekehrt, deren gelegentlicher Mitarbeiter Dürrenmatt in den fünfziger Jahren auch einmal gewesen war. Zu seinem 70. Geburtstag plante die Zeitung eine Serie: aus der richtigen Überlegung heraus, dass die Literatur über Dürrenmatt zwar uferlos, Biographisches darin aber kaum auszumachen sei. Nicht zufällig. Dürrenmatts Scheu vor Intimität diktierte ihm auch im Umgang mit der Öffentlichkeit Distanz in eigener Sache. Zu Beginn eher widerwillig, ließ er sich überzeugen, mir auch nach der Rückkehr von seiner Weltreise in weiteren Gesprächen Auskunft zu biographischen Hintergründen zu erteilen: sozusagen den Klartext zu liefern zu dem, was in seinem großen Alterswerk, den *Stoffen*, sofern es darin überhaupt auftaucht, denn doch geformt, gefiltert, stilisiert erscheint.

Aus dem Plan konnte nichts mehr werden. Aus einer Hommage zum 70. Geburtstag wurde ein Nachruf, aus einer versuchten vorläufigen Biographie »*as told to* ...« eine vom Ende und von außen her verfasste Zeitungsserie. Die Vorstellung, diese könne die Grundlage für eine Biographie in Buchform abgeben, erwies sich als Irrtum. Vom Umfang des Nachlasses, namentlich der Fassungen, Vorstufen und Varianten zum Riesenprojekt *Stoffe*, hatte zu diesem Zeitpunkt noch niemand eine Ahnung. Keiner wusste, dass Dürrenmatts Methode der allmählichen Verfertigung der Gedanken beim Reden, seine mündliche Selbstverfassung, bei der Sätze abgebrochen, Gedanken fragmentarisch weiterspekuliert und überhaupt so *al fresco* skizziert wurden, dass eine Abschrift vom Tonband über weite Strecken zum spekulativen Unternehmen wurde – dass also der mündliche Dürrenmatt so anders nicht operierte als der schriftliche. Immer wieder, nach dem Einfall, der Initialzündung der ersten Sprengung – das Neuansetzen und Neueinsetzen, die Wiederholung des schon Gewonnenen. Immer neue Anläufe auf bekanntem Terrain, in der Hoffnung, der Schwung möge den Vortrieb im Tunnel ein kleines Stück weiterbringen. Immer wieder die Rückkehr zu Liegengelassenem, scheinbar Vergessenem, dessen Verwandlung im Wiederaufnehmen.

Ein langwieriges, auch ein geradezu »vegetatives« oder »organisches« Verfahren, das beim Konstrukteur schlanker Fabeln und knallender Pointen, dem souveränen Erbauer von Welten und Gegenwelten, als Arbeitsweise überraschte. Dürrenmatt, der nach außen immer einen ungemein selbstsicheren Eindruck, keinesfalls den eines Zweifelnden machte, war im eigenen Reich ein beschränkter Herrscher. Über seine Stoffe verfügte er nur bedingt. Sie entwickelten ihre eigene Dynamik und ihre eigenen Widerstände, und seinen Bildern war er ausgeliefert wie der Seher seinen Gesichten. Eine Biographie ohne eine zumindest annäherungsweise Erkundung dieses Hinter- oder Untergrunds schien mir wenig glaubwürdig.

Dass Dürrenmatt sich überhaupt auf ein solches Unternehmen einlassen wollte, lag möglicherweise daran, dass wir uns seit langer Zeit kannten, ohne das zu sein, was man »befreundet« nennt. Dass mir Walter Muschg 1963 einst an der Universität Basel eine Dissertation zum Thema »Dürrenmatt und Wedekind« angeboten hatte, erheiterte ihn, der sich hauptsächlich mit seinem Stück *Die Ehe des Herrn Mississippi* (1952) stark auf diesen für den Expressionismus wichtigen Autor bezogen hatte. Noch mehr amüsierte ihn, dass auch diese Arbeit nicht zustande kam. Muschg war seit 1947 Dürrenmatts Förderer gewesen, ein Germanist von unkonventionell unakademischem Zuschnitt, ein brillanter, gelegentlich scharfer, ja polemischer Essayist und Verfechter einer im weitesten Sinn »moralischen«, also gesellschafts- und sinnbezogenen existentiellen Literaturbetrachtung, Freund vieler Expressionisten (Döblin, Barlach, Jahnn) und bald auch ein Freund des »letzten Expressionisten« Dürrenmatt, dessen im weitesten Sinn religiöse Grundierung er sofort erkannte.

1968 wurde ich Kulturredakteur bei der Wochenzeitung ›Sonntags-Journal‹ und damit in gewisser Hinsicht Dürrenmatts

Arbeitnehmer. Von den vier Herausgebern des Wochenblatts war Dürrenmatt einer. In diese Zeit (Herbst 1969) fiel das Zerwürfnis mit dem Basler Theater von Werner Düggelin, welcher Dürrenmatt als Mitarbeiter der Direktion an sein Haus geholt hatte. Die Trennung war absehbar gewesen, für Dürrenmatt aber, nach seinem ersten Herzinfarkt dünnhäutig wie nie, war sie schmerzvoller, als er sich eingestand. Es war der Anfang seines langen Abschieds vom Theater. Dass er mir nicht übelnahm, dass ich in »seiner« Zeitung damals auch die Position Düggelins verständlich zu machen suchte, eröffnete mir erstmals eine Vorstellung von der Spannbreite seiner Toleranz.

In den siebziger Jahren, in mancher Hinsicht Dürrenmatts finsterster Zeit, trafen wir uns mehrmals bei ihm in Neuchâtel. Ich denke, in diesen Jahren, da es einsam geworden war um ihn, war ich ihm nicht unangenehm – nicht mehr, nicht weniger. 1983 dann war ich, inzwischen Chefdramaturg am Schauspielhaus Zürich, an der Entscheidung beteiligt, dass es an Dürrenmatts altem, mal geliebtem, mal verfluchtem, mit der Geschichte seines Theaters jedenfalls eng verbundenem Haus zur Uraufführung seines letzten Stücks *Achterloo* kam.

Knapp acht Monate vor der Premiere, am 14. Januar 1983, hatten wir in Neuchâtel noch über Bühnenbild, Besetzung, Konzeption diskutiert, und über den Titel. Für den abschließenden Whisky ließ sich seine Frau Lotti entschuldigen, sie fühle sich nicht wohl. In der Nacht darauf, am 16. Januar 1983, starb sie.

Ich bewunderte Dürrenmatts Werk und noch mehr die Unbeirrbarkeit, mit der er, ein Unzeitgemäßer von Anbeginn, mit ungewöhnlicher Tapferkeit und Konsequenz Positionen weiter vertrat, die ihm ab den siebziger Jahren in den tonangebenden Feuilletons im besten Fall Unverständnis, im schlechteren hämische Verrisse, im schlimmsten Gleichgültigkeit eintrugen. Das änderte sich nach seinem 60. Geburtstag 1981 nur unwesentlich. Der erste Band *Stoffe I–III* (1981) löste, gemessen an der Bedeu-

tung dieses Werks, nur laues Interesse aus. Zu ungewohnt war
die Mischform verschiedener Prosasorten, zu unattraktiv der Titel. Überhaupt wartet Dürrenmatts Spätwerk (neben den *Stoffen*
die zum Teil daraus ausgegliederten Komplexe *Justiz, Minotaurus, Der Auftrag, Durcheinandertal, Midas*) bis heute auf eine
angemessene Wahrnehmung. Wie auch sein Frühwerk – nicht
nur beim großen Publikum.

Doch wir waren uns auch nicht fremd. Vielleicht war es gerade die distanzierte Vertrautheit, die unsere letzten Gespräche
so entspannt machte. Wir haben in jenen trüben letzten Novem-
bertagen, wie man sagt, »über Gott und die Welt« gesprochen.
Das hieß bei Dürrenmatt nicht ein Gespräch über alles und
nichts, sondern über das All und das Nichts. Unter anderem.
Über die Unmöglichkeit eines Gottesbegriffs zum Beispiel und
das Ende eines Welt-Bilds (zumindest im Singular). Er schweifte,
wie ich es von ihm aus früheren Begegnungen kannte, ab in die
ganz großen Zusammenhänge und kam zurück auf das Nächstliegende. Zum Beispiel die Schweiz. Kaum eine Woche zuvor,
am 22. November 1990, hatte er in Rüschlikon bei Zürich seine
Rede auf Václav Havel, *Die Schweiz – ein Gefängnis*[5], gehalten, auf den Schriftstellerkollegen und ehemaligen Dissidenten,
und er verschwieg nicht, was die Schweiz von Dissidenten hält,
solange sie es nicht zum Staatspräsidenten gebracht haben. Den
Skandal, den er damit verursachte, nahm er mit belustigter
Gelassenheit hin. Er verstand ihn als ein Missverständnis unter
vielen.

Er sprach ohne Pathos über den Tod, als eine Realität seines
Alltags, seine Zuckerkrankheit preisend (»[sonst] wäre ich schon
lange an meiner Gesundheit gestorben«[6]). Der Tod ist im ganzen Werk Dürrenmatts präsent. Er ist, wenn nicht der Sinn, so
doch das sichere Ende des Einzelnen, als den Dürrenmatt sich
immer sah. Als einer, für den das menschliche Hirn »das Wunder der Evolution« war, wusste er auch, dass der Mensch als

Gattung krank ist, dass die Erde ihn überleben wird wie die Saurier. »Doch auch wenn der Mensch verschwindet, geht die Evolution weiter, vielleicht bleibt nur ein Erdklumpen übrig mit ein paar Würmern, die werden sich hemmungslos entwickeln zu Riesenwürmern, dann beginnen die Würmer zu denken, es entstehen vielleicht Wurmmenschen. Im Ernst: wir haben das einzige Weltbild, das dem Tod einen Sinn gibt, einen wissenschaftlichen Sinn jenseits der Bibel. Ohne Tod gäbe es keine Evolution. Ohne Tod gäbe es einen Brei von Einzellern, die sich immer mehr teilten, bis am Ende der Riesenbrei an sich selbst krepierte.«[7] Die Erde ist ein kleiner Planet mit einem Anfang und einem Ende, das Leben auf ihr eine Episode, ein Wunder an Unwahrscheinlichkeit, der Mensch mit absehbarem Erfolg damit beschäftigt, dieses Wunder rückgängig zu machen, sich abzuschaffen, den »Irrläufer der Evolution«[8] zu korrigieren.

Doch könnte ein Antrieb des Schreibens nicht der Wunsch sein, zu überleben, gemäß dem Wort von Horaz, der von seinem Gedicht als einem *monumentum aere perennius* spricht, einem Denkmal dauerhafter als Erz? Dürrenmatt: »Ich habe mich immer lustig gemacht über die, die für die Ewigkeit schreiben. Was ist nicht alles untergegangen. Von den griechischen Tragikern wissen wir nur von dreien, es gab unendlich viele, und von diesen kennen wir nur, was die Byzantiner in ihre Schulbücher retteten. Nach der Zerstörung von Byzanz durch die Kreuzritter ging fast der ganze Sophokles in Flammen auf. Der berühmteste Komödienschreiber der Antike war nicht Aristophanes, sondern Kratinos, von dem kennen wir ein paar Sätze. Berühmter als Platon und Aristoteles war Demokrit: einige Fragmente, mehr nicht. Doch brauchen wir nicht so weit zurückzugehen: Von Johann Sebastian Bach kennen wir nicht mehr als ein Drittel seines Werks.[9] Was heißt da überleben?«[10] Das Papier zerfällt. Die Spur verwischt. Das Gras steht wieder auf.

Doch nicht nur das Ende, der Untergang: auch die Auferstehung ist in Dürrenmatts Werk ein durchgehendes Motiv. Im übertragenen Sinn war sie eines seiner Lebensmuster. 1951 nahm sich Dürrenmatt seinen ersten dramatischen Versuch aus dem Jahr 1943 nochmals vor und gab dem krausen, genialisch expressionistischen Stück den Titel *Untergang und neues Leben*. In einem hymnischen Epilog wird nach der Explosion der Weltuntergangsmaschine »der Fremde« »dahingeschwemmt von den Wassern«, und die letzte Zeile heißt: »Die Meere treiben mich fort, eine neue Erde wässernd«[11]. »Untergang und neues Leben« wäre ein passendes Motto für Dürrenmatts Leben und Werk überhaupt: für den steten Wechsel von Scheitern, neuen Anläufen, glücklichem Gelingen, erneutem Scheitern.

Können wir uns da wundern, dass Auferstehungsmythen Dürrenmatt zeitlebens beschäftigten? Schon als Kind beunruhigte er seinen Vater mit der Frage, wie Lazarus habe wissen können, dass er tot war. Auch zeichnerisch hat ihn das Thema beschäftigt, bis hin zur schönen Federzeichnung ›Auferstehung‹ von 1978. An Jean Paul faszinierte ihn nichts so sehr wie das Scheinbegräbnis des Siebenkäs, im *Meteor* schrieb er eine eigentliche Auferstehungs-Farce. Aber noch mehr berührt uns das Thema im übertragenen Sinn. Es wäre nicht übertrieben, wenn wir in Dürrenmatts gesamtem »Alterswerk«, in aller Prosa, die auf das Debakel mit seinem Stück *Der Mitmacher* (1973) folgte, vor allem aber in den *Stoffen,* eine einzige Auferstehung sähen.

Die Zeit ist eine gnadenlose Sachwalterin. Der Kanon der klassisch-idealistischen Bildungswerte ist im Wanken, nicht erst, seit die Achtundsechziger, die auch am Niedergang von Dürrenmatts Ruhm beteiligt waren, Bildung als bürgerliches Herrschaftsinstrument in Misskredit gebracht hatten. Dürrenmatt

hatte zu den Inhalten von »Bildung« ein ambivalentes, auch ironisches Verhältnis. Ebendeshalb kam er ohne sie nicht aus. »Bildung« war eine unabdingbare Voraussetzung seiner Kunst, auch
wenn er immer darauf bestand (um mit dem Titel einer Geburts-
tagsrede auf Kurt Hirschfeld zu sprechen), »Literatur nicht aus
Literatur«[12] zu betreiben.

Der Bildungskosmos, dessen Einsturz Dürrenmatt immer
voraussah und dessen Stütze er doch war (und zwar eine, die
beide Kosmen schulterte, den geistes- und den naturwissenschaftlichen), ist im Begriff zu implodieren. Dürrenmatt, »ohne
Kierkegaard […] als Schriftsteller nicht zu verstehen«[13], wie er
selbst sagte, riskiert, mit Kierkegaard im Unverständlichen zu
versinken. Mit Kant und Vaihinger, Kassner und Mauthner. Mit
Platon und Spinoza. Mit Lessing, Wieland, Goethe, Nestroy,
Wedekind, Kafka, mit Brecht und mit Frisch, mit Einstein, Wittenberg, Heisenberg.

Wie gebrochen auch immer, die Mythologien (der Antike und
der Germanen), die Bibel, das Kontinuum der Weltliteratur
und der Theatertradition auf allen Ebenen, von Gotthelf bis
Karl May, von Aristophanes bis zum Emmentaler Volkstheater,
scheinen als Grund durch Dürrenmatts gesamtes Werk wie bei
einem Palimpsest. Ist da nicht abzusehen, dass ohne die unzähligen Referenzpunkte, in die es gehängt ist, die Lektüre seines
Werks einmal so schwierig wird wie die des von ihm skeptisch
verehrten Jean Paul, dessen Vergleiche und Metaphern so tief in
der Kultur, auch der Alltagskultur seines 18. Jahrhunderts verankert sind, dass ihre Aufschlüsselung heute einen Apparat vom
Umfang der labyrinthischen Primärtexte erfordert. Ohne den
Hallraum seiner Referenzen, ohne eine »klassische« Bildung,
sind Dürrenmatts Verkürzungen schwer oder gar nicht mehr
verständlich. Oder sie erscheinen banaler, als sie sind. Der Vorwurf des schrecklichen Vereinfachers, der gegen Dürrenmatt oft
genug vorgebracht wurde und wird, fällt auf die Zeit zurück,

die, nur auf sich selbst bezogen, nicht mehr wahrnimmt, was ein Autor zu sagen, sondern allein, was er vermeintlich *ihr* zu sagen hat. Interessiert uns an Shakespeare nur, was wir heute als praktische Nutzanwendung ausmünzen können, verpassen wir, was ihn morgen lesenswert macht.

Was Dürrenmatt im Fall seines Theaterstücks *Der Mitmacher* erkennen musste, was ihn im Buch mit dem zutreffend doppeldeutigen Titel *Der Mitmacher – ein Komplex* auf 328 Seiten beschäftigte, könnte eines Tages sein Werk insgesamt betreffen: dass es aus sich selbst nur mehr schwer verständlich ist. Anders gesagt: Das einzelne Stück ist angewiesen auf die Durchschaubarkeit seiner Voraussetzungen, auf die Wahrnehmung der Prozesse, die zu ihm geführt haben, und auf das Verständnis seines fragmentarischen Charakters beziehungsweise des Zusammenhangs mit dem Gesamtwerk. Beides rührt an Tabus, die sich bei der Rezeption von Kunst hartnäckig halten: dass das Kunstwerk selbst-verständlich sein muss, evident als ein intaktes, integres, in sich geschlossenes Phänomen.

Was aber, wenn sich das Augenmerk von der Form auf die Formung, vom Phänomen auf die Genese, vom Gelungenen auf das Versuchte, vom Vollendeten auf das Provisorische verschiebt? Ins Bild rückt ein Thema, das für Dürrenmatts Werk, für dessen Konstitution im Lauf seines Lebens immer wichtiger wurde: das Scheitern. Was, wenn sozusagen das einzelne Werk ein Fragment ist, eine Vorläufigkeit, vielleicht gar eine Ruine, wenn durch die Risse in seiner Tektonik sozusagen die Lava spürbar wird, die es aufgeworfen hat? Da sind dann Begriffe aus der Dynamik gefragt. Unter diesem Gesichtspunkt kann das Vollendete das Gescheiterte, das Fragment das Geglückte sein. Mit Dürrenmatt zu sprechen: das Mögliche. Wie der Tod im Zusammenhang der Evolution gewinnt das Scheitern im Zusammenhang des Gesamtwerks einen Sinn.

Dürrenmatts Weg war der von der Vision zur Idee zum Werk,

zur Metareflexion endlich der Kräfte, welche dieses Werk auf-
warfen und welche die Zusammenhänge in diesem Werk bestimmten, im Einzelnen und im Gesamten. Die Rezeption, in
großen Teilen noch immer mehr auf Statik und Hermetik fixiert,
wird ihn mitgehen müssen. Das wäre gleichbedeutend mit Entdeckung und Neubewertung des Spätwerks. Dieses, aber nicht
nur dieses, war insgesamt das Resultat einer Krise und *als* Resultat deren Überwindung.

So ist Dürrenmatts Werk und Leben nur im Zusammenhang
zu verstehen. Gefragt ist eher eine angewandte Strömungslehre
als das Staccato einzelner Lebensstationen und Werkentitäten.
Sosehr Dürrenmatt bis zuletzt eine Ethik des Einzelnen wichtig
war, so sehr war seine Arbeit um Zusammenhang bemüht, um
eine Ahnung vom Ganzen. Weil ihm bewusst war, dass diese der
Wissenschaft, aber auch der Kunst abhanden gekommen ist, hat
er bewusst den Dilettantismus in Kauf genommen, sowohl in
seiner Malerei als auch im Umgang mit den Wissenschaften, und
das Fragmentarische, Unvollendete. Nur so war ihm die »Rückkehr [...] zur Schöpferkraft des Kindes«[14] garantiert.

Dürrenmatt war skeptisch, in zunehmendem Maß geradezu
allergisch gegen alle geschlossene Form, alles Vollendete, Abge-
schlossene, ja nur schon im Kopf schlüssig Konzipierte. Von
einem Stückplan sagte er: »Ich hörte auf, weil mir der Gegenstand schriftstellerisch keinen Widerstand bot, er war für mich
kein künstlerisches Abenteuer mehr.«[15] Die Anhänge der einzelnen Bände der *Werkausgabe in neunundzwanzig Bänden* 1980,
insgesamt eine Art Parallelaktion zu den *Stoffen,* sind eigentlich
ein auto-archäologisches Grabungsfeld voller Fragmente, Ab-
gebrochenem, nur Skizziertem. Im Fragment triumphiert das
Scheitern, ereignet sich der »Sieg in der Niederlage« (wie das
letzte Kapitel von Isaac Deutschers großer Trotzkij-Biographie[16]
heißt: Dürrenmatt war höchst interessiert, als ich ihm davon erzählte).

Es gibt kaum etwas, was Dürrenmatt als erledigt ad acta gelegt, als »vollendet« betrachtet hätte. »Das Mögliche ist ungeheuer. Die Sucht nach Perfektion/ zerstört das meiste/ Was
bleibt sind Splitter/ an denen sinnlos gefeilt wurde«, heißt es in
dem schönen nachgelassenen Gedicht *Ergreife die Feder müde*[17].
Und: »Alles lässt sich besser schreiben/ Darum lass die schlechtere Fassung stehen«; endlich: »Löse deine Hand. // Es kommt
nie auf die Sätze an. Nur das/ Werk allein zählt./ Die Narren
kritisieren einen Satz/ Wenige sehen das Ganze.« Namentlich
die Schlüsse seiner Stücke konnte er nie auf sich beruhen lassen.
Noch für die Werkausgabe, die zu seinem 60. Geburtstag erschien, fand er sich nicht mit den vorliegenden Fassungen ab,
verbesserte, schrieb um, ergänzte. Als Herausgeber seiner
scheinbar bewältigten Stoffe ging er nicht viel anders vor als im
Labyrinth der unbewältigten.

»Wenige sehen das Ganze« – er hatte es im Blick. Deshalb
liebte er offene Formen. Wo er einmal das Gegenteil versuchte,
etwa in den *Physikern,* dieser Theatermaschine und aristotelischen Farce, war er sich selbst nicht geheuer. Hier beginnt er
schon durch die epische Bühnenanweisung, die keine theater-
technische Wegleitung ist, sondern ein langsamer erzählerischer
Zoom auf das Irrenhaus hin, die Hermetik aufzureißen und
macht dadurch das Stück zu einer Falle, einer Reuse, aus deren
»schlimmstmöglicher Wendung« es kein Entrinnen gibt. Sein
erfolgreichstes Stück nach *Der Besuch der alten Dame* mochte
er bald nicht mehr. Es war ihm zu vollkommen. Das Vollendete,
könnten wir überspitzt sagen, ist das Tote. Es ist gesättigt, entwickelt keine radikalen Valenzen, wirkt nicht fort im Unbewussten. Es lässt keine Wiederholung zu im Sinn der Erinnerung nach vorn, der Korrektur, der Variante, der Weiterentwicklung. Zu etwas Totem gibt es keine Heimkehr.

Damit ist, nach der Auferstehung, ein zweites Lebensmuster Dürrenmatts genannt, die wiederholte »Heimkehr«.

Kurze Zeit bevor er die Arbeit am Heimkehrer-Drama *Der Besuch der alten Dame* begann, dem Stück, das seinen Weltruhm begründete und zum Wendepunkt in seinem Leben wurde, kehrte Dürrenmatt auf einer Fahrt nach Luzern zum ersten Mal an den Ort zurück, an dem er die ersten vierzehn Lebensjahre verbracht hatte. Er befand sich in einer schweren künstlerischen und gesundheitlichen Krise. In seiner Agenda findet sich unter dem Datum vom 2. April 1954 ein auffallend ausführlicher Eintrag. Es ist der Bericht einer großen Entfremdung, ja eines schockartigen Erschreckens darüber, wie weit sich die Erinnerung von der Topographie der Kindheit entfernt hat, wie anders sich die Dimensionen der Realität ausnehmen als aus dem Blickwinkel des Kindes in seinem Kopf, das diese Realität erinnerte: die Steigungen flacher, das Schulhaus umgebaut, die Bäume im Pfarrgarten gefällt. Nur die Gerüche sind geblieben – die Pforten der Erinnerung –, etwa der von nassem Holz. Diese Heimkehr an den Ort seiner Kindheit hat eine ganze Reihe weiterer nach sich gezogen, meistens in Momenten der Verunsicherung. In seiner ganzen Ambivalenz hat der schockartige Zusammenstoß von Erinnerung und Realität letztlich zur Beschäftigung mit der eigenen Biographie geführt, zur Erkundung der Gesetze der Phantasie in seinem großen Alterswerk, den *Stoffen*.

Die Heimkehr setzt, beim sesshaften Bewohner des Orts »hinter dem Mond«[18], in übertragenem Sinn die Reise voraus, eine große Lebenschiffre auch des christlichen Denkens. Von Gilgamesch über Odysseus – auch Dürrenmatt sprach gern vom »Bestehen des Abenteuers« – reicht der Bogen bis zu jener *Pilgerreise* des John Bunyan, dem Klassiker unter den christlichen

Erbauungsbüchern aus dem 17. Jahrhundert, einem der meist-
übersetzten Werke der Weltliteratur und natürlich auch in der
Bibliothek von Dürrenmatts Vater, Pfarrer Reinhold Dürrenmatt, präsent.

»Ich glaube, der einzige Weg wieder an den Ursprung des
Denkens zu gelangen, ist [der] Dilettantismus«[19], sagt F. D. in
einem Gespräch zu Beginn der achtziger Jahre. Das Dilettanti-
sche als Reservat des Naiven: Erinnert das nicht auch an Heinrich von Kleists Aufsatz *Über das Marionettentheater*?: »Doch
das Paradies ist verriegelt und der Cherub hinter uns; wir müssen die Reise um die Welt machen, und sehen, ob es vielleicht
von hinten irgendwo wieder offen ist.« Und der Schluss: »Wir
sehen, dass in dem Maße, als, in der organischen Welt, die Reflexion dunkler und schwächer wird, die Grazie darin immer
strahlender und herrschender hervortritt. – Doch so, wie sich
der Durchschnitt zweier Linien, auf der einen Seite eines Punkts,
nach dem Durchgang durch das Unendliche, plötzlich wieder
auf der andern Seite einfindet, oder das Bild des Hohlspiegels,
nachdem es sich in das Unendliche entfernt hat, plötzlich wieder dicht vor uns tritt: so findet sich auch, wenn die Erkenntnis
gleichsam durch ein Unendliches gegangen ist, die Grazie wieder ein, so, dass sie, zu gleicher Zeit, in demjenigen menschlichen Körperbau am reinsten erscheint, der entweder gar keins,
oder ein unendliches Bewusstsein hat, d. h. in dem Glieder-
mann, oder in dem Gott. / Mithin, sagte ich ein wenig zerstreut,
müssten wir wieder von dem Baum der Erkenntnis essen, um in
den Stand der Unschuld zurückzufallen?/ Allerdings, antwortete er; das ist das letzte Kapitel von der Geschichte der Welt.«[20]

Gewiss, bei Dürrenmatt fehlt ein expliziter Hinweis auf das
Marionettentheater. Ein Text, der wie keiner die Heimkehr ins
Bild fasst, welche die *Stoffe* als »Geschichte meiner Schriftstellerei«[21] insgesamt sind; der zudem an einem neuralgischen biographischen Punkt, im Zusammenhang mit einer besonders

schmerzlichen Krise steht: Der Abschnitt, mit welchem das
›Nachwort zum Nachwort‹ im *Mitmacher-Komplex* (1976)
schließt, gilt für alle poetischen Rückkommensanträge in seinem
Spätwerk:

»Und so komme ich mir denn vor wie einer, der sein Haus
gegen Osten zu verließ und, seine Richtung stur einhaltend, alle
nur denkbaren Verkehrsmittel benutzend, sein Haus plötzlich
von Westen her kommend wiederfindet. Trat er aus der Vordertür hinaus, steht er nun vor der Hintertür und trifft die alten
Fragmente, all das Halbbegonnene, Liegengelassene, ja nur Gedachte wieder an, das er einmal zur Hintertür hinauswarf, in der
Meinung, es sei dann aus dem Weg geschafft: Nun muss sich der
Reisende, will er seine Reise vollenden, durch all dieses Gerümpel den Weg ins Haus bahnen«, und weiter: »Doch fragt mich
nun einer, bevor ich schließe, gesetzt, er sei mir bis zu diesem
Punkt gefolgt, zu diesem End- und Ausgangspunkt zugleich,
wozu denn diese Reise, so antworte ich, des Reisens wegen; und
fragt er, was ist dein Standpunkt, so antworte ich, der eines Rei-
senden […]; und fragt er mich noch neugieriger, so nenne mir
wenigstens deine philosophische Herkunft, antworte ich, es
stimmt, wie du vermutest, ich bin von Kierkegaard und Kant
ausgegangen, von dem wenigen, was ich von ihnen verstanden
habe, wenn ich auch nicht sicher bin, ob ich überhaupt etwas
von ihnen verstanden habe, und so weiß ich denn auch nicht,
durch welche Gebiete die Reise führt, außer dass sie immer wieder zurückführt; und sagt er, dann ist es ja sinnlos zu reisen,
entgegne ich, deshalb erzähle ich ja Geschichten; und wirft er
mir vor: du bist doch eben erst von einer Reise zurückgekommen, sage ich: das war auch nur so eine von meinen Geschichten
[…].«[22]

Wie Kleist mit Rückkehr keineswegs Regression meint, ist die
Rückkehr zur Kindheit in der Erinnerung, die Heimkehr zu den
alten, vor Zeiten verworfenen Stoffen auch bei Dürrenmatt nicht

Regression, sondern Erkenntnis von Verkanntem, Verdrängtem, Verlorenem, ein aktiver Vorgang der Wiederaufnahme im »neu Durchdenken«. Eine erleuchtete Naivität zweiten Grades, sozusagen. Schließlich kannte er auch Jean Pauls Satz, wonach die »Erinnerung das einzige Paradies [sei], woraus wir nicht vertrieben werden können«[23]. Im übertragenen Sinn ist Friedrich Dürrenmatts Werk in seiner zyklischen Anlage insgesamt eine fortwährende Heimkehr, ambivalent wie alle Heimkehr zwischen Befremdung und der Wiederbegegnung mit dem Vertrauten.

Wiederholung als Bewegung nach vorn

Ein drittes Lebensmuster Dürrenmatts ist die »Wiederholung«. Nachweislich hat sich Dürrenmatt gerade zur Zeit der Arbeit am *Mitmacher-Komplex* und einer ersten Fassung der *Stoffe* erneut mit Kierkegaard befasst und also auch mit dessen Überlegungen zur »Wiederholung« (u. a. in der Schrift gleichen Namens von 1843). Kierkegaards Überlegungen betreffen genau diese aktive Komponente der Erinnerung, welche die Heimkehr zu etwas anderem werden lässt als einer Regression. »*Wiederholung* ist ein entscheidender Ausdruck für das, was bei den Griechen »Erinnerung« gewesen ist. Wie diese einst gelehrt haben, alles Erkennen sei ein Erinnern, so wird die neuere Philosophie lehren, das ganze Leben sei eine Wiederholung. [...] Wiederholung und Erinnerung stellen die gleiche Bewegung dar, nur in entgegengesetzter Richtung; denn woran man sich als Gewesenes erinnert, das wird in rückwärtiger Richtung wiederholt; wohingegen die eigentliche Wiederholung Erinnerung in Richtung nach vorn ist.«[24] Tatsächlich ist nicht nur das *Mitmacher*-Nachwort, sondern sind auch große Teile der *Stoffe* eine »wiederholte Lektüre« des eigenen Werks. »Was hier in der Auseinandersetzung mit einem gescheiterten Drama *[Der Mitmacher]* und seinen subjektiven und historischen Bedingungen geschieht, entwickelt Dürrenmatt im Projekt der *Stoffe* zu einer erinnernden Ironisierung des gesamten Werks. – Unter dieser Perspektive erweist sich erst, wie grundsätzlich das Unverständnis der Kritik ist, die Dürrenmatt eben das zu tun vorwirft, was den Sinn seines Unternehmens ausmacht: sich zu wiederholen, und dabei übersieht, wie gerade durch den Gestus ironischer Wiederholung in Dürrenmatts Werk ein völlig neuer Typus von Prosa entsteht, der erst mit dem implizit präsenten Resonanzkörper des Gesamtwerks als assoziationsreichem Bezugsnetz von Werk und Biographie seine tiefere Bedeutung enthüllt.«[25]

Sind wir erst einmal für die Fragestellung sensibilisiert, lässt sich nicht nur Dürrenmatts gesamtes Werk, sondern auch seine Biographie unter dem Gesichtspunkt der »Wiederholung« lesen, der Wiederholung allerdings im Sinn von Kierkegaards »Erinnerung nach vorwärts«, des aktiven Wieder-Holens. Die Distanz zu dem, was es wiederzugewinnen gilt, wird sichtbar als Ironie. Das gilt insgesamt für den in diesem Werk auffallend häufigen Bezug zum Mythos. Er ist ein durch diese Ironie der Variation nach vorn gewendeter doppelter Rückbezug: auf die Mythen selbst, aber auch auf die Instanzen, die ihm diese Mythen einst vermittelt hatten.

Die Mythen sind für Dürrenmatt untrennbar mit der frühen Kindheit, mit den Eltern verbunden. Den biblischen Kosmos (und mit ihm denjenigen Gotthelfs) gestalteten die Erzählungen der Mutter, den antiken die des Vaters. Beide waren, auf unterschiedliche Weise, gute Erzähler. Die Mythen waren, anders als Karl May, Jules Verne oder eben auch Bunyans *Pilgerreise*, Teil einer frühen »oralen Bildung«, affektiv an die gebunden, die sie vermittelten. Die Geschichte des Ödipus, an sich ein Sachverhalt von ätzender Ironie, wird so zu einer doppelten Vatergeschichte.

Wohl wahr: Die Überlegungen zum Prinzip der Wiederholung häufen sich im Umfeld der *Stoffe*. So sagt F.D. 1982 in einem Gespräch mit Franz Kreuzer: »Das Merkwürdige ist aber, dass der Stoff selber eine Rückkehr ist. Auch ich kehre zum Dorf zurück. Ich kehre aber noch weiter zurück: Ich kehre immer wieder zurück, das heißt, ich kann eigentlich das, was ich einmal begonnen habe, nie lassen. Ich kehre auch immer wieder zum Denken zurück, zu meinen Philosophiestudien. Alles, was man beginnt, ist auch eine Rückkehr. Und in dieser Rückkehr formt man den Stoff neu. Das Rückkehren ist ja nicht nur etwas Nostalgisches, sondern ein Aufnehmen dessen, was man unterbrochen oder was man zurückgelassen hat, ein Sich-wieder-Aneignen.«[26]

Allein die Wiederholung ist keineswegs ein Zeichen nachlassender Schaffenskraft. Schon Dürrenmatts erster Prosaband (*Die Stadt. Prosa I–IV*, 1952) war ein Wiederholen, ein bewusster Griff zurück auf Positionen, die er spätestens mit der Komödie *Romulus der Große* (1949) und mit seinem ersten Kriminalroman, *Der Richter und sein Henker* (1950/51), hinter sich gelassen, aber eben nicht abgeschlossen hatte. Wie früh Dürrenmatt die Wiederholung als Gesetz seiner Phantasie erkannt hatte (in einem ganz konkreten Sinn erkannte er Wiederholung als Weiterentwicklung, um genau zu sein), beweist ein Brief an Kurt Horwitz (den Regisseur seines dramatischen Erstlings *Es steht geschrieben*, 1947) vom 22. November 1948: »*Der Turmbau* [der Dramen-Plan, an dem F.D. damals arbeitete] ist bewusst eine Wiederholung der *Wiedertäufer*[27], aber damit etwas anderes, denn das ist das Geheimnis der Kunst, dass eine Wiederholung etwas ganz anderes ist, wie auch die Wiederholung eines Befehls etwas ganz anderes ist.«[28]

Dürrenmatts Strategien der Abschottung in eigener Sache waren so erfolgreich, dass die Grundmuster seiner Biographie und seines Werks – Auferstehung, Heimkehr, Wiederholung – bis heute kaum zur Kenntnis genommen wurden. Er pflegte die Rolle des Provokateurs, des Spötters, des bedächtigen Berners und gelassenen Humoristen, des im mündlichen Vortrag dialektbeschwerten, umständlich und jenseits aller syntaktischen Regeln radebrechenden Deutschschweizers so umsichtig, dass dahinter die Radikalität des Denkers kaum wahrgenommen, seine Querflüge durch Kulturgeschichte und Naturwissenschaften oft genug als Hochstapelei verspottet wurden. Sein Lebensstil, sein unverkrampftes Verhältnis zu seinem (relativen) materiellen Reichtum, verstörten viele. Seine massige Konstitution trug das Ihre dazu bei, dass Dürrenmatt als ein in sich ruhender, von sich selbst bis an die Grenze der Arroganz überzeugter Dichterfürst beargwöhnt wurde. Spann er, die Montecristo in der Hand, in geselligen Runden seine nächtelangen Monologe, unterbrochen nur vom häufigen Griff zum Weinglas, erschien er als autonome Instanz, als einer, der sich um nichts zu scheren braucht, auch nicht um gute Manieren. Seine Scherze waren häufig genug unzimperlich, oft auch aus purer Lust an der Provokation. Gelegentlich erlaubte er sich eine kindliche Großmannssucht, die sich auch in Anfällen von Megalomanie, der Häufung von Superlativen, im zuweilen penetranten Fortefortissimo seines Werks zeigte. In Stücken und Romanen, mehr noch in den Kommentaren dazu, neigte er zu pointierten Verkürzungen und apodiktisch gestanzten Aphorismen.

Er war ein erfolgreicher Autor, spätestens nach *Der Besuch der alten Dame*, aber auch der Darsteller eines erfolgreichen Autors, eine Rolle, hinter der er sich gern versteckte (wie einige seiner Figuren, Nobelpreisträger Korbes und Meteor Schwitter zum Beispiel). Wen interessierte, von seinen Nächsten und seinen Ärzten abgesehen, dass seine Beleibtheit eine Folge seiner frühen und lebenslangen Zuckerkrankheit war? Wer erinnerte sich daran, dass er mit Geld auch in den frühen entbehrungsreichen Jahren immer locker umgegangen war und dass er schon damals und später umso großzügiger und ohne Aufheben jeden unterstützte, der ihn in einer Notlage halbwegs überzeugend um Hilfe bat? Wer wollte glauben, dass er seine amerikanischen Straßenkreuzer hauptsächlich aus Ängstlichkeit fuhr? Dass Dürrenmatt im Grunde seines Wesens ein diskreter, ja sehr schamhafter Mensch war, vermochte ob dieser ausgedehnten expansiven Schutzmechanismen kaum mehr jemand zu sehen. Nicht einmal in den für ihn schwierigen siebziger Jahren, als er sich weitgehend das Wohlwollen der Kultur-, zumal der Theaterkritik verscherzt hatte, kam es zur Korrektur dieses Popanzes. Dürrenmatt wurde nicht anders, er wurde gar nicht mehr wahrgenommen. So hat sich das Zerrbild, mit Ausnahmen, bis heute erhalten.

Dabei ermöglicht der im Schweizerischen Literaturarchiv in Bern aufgearbeitete Nachlass, dessen Schenkung überhaupt erst zur Gründung eines Literaturarchivs führte, längst den Blick hinter die Fassade des selbstsicher gelassenen Autokraten Dürrenmatt. Anlass dazu hätten schon die zwei Bände der *Stoffe*, *Labyrinth* (ursprünglich *Stoffe I–III*, 1981) und *Turmbau* (1990) bieten können – wäre dieses erstaunliche Spätwerk nur angemessen zur Kenntnis genommen worden. Der Nachlass jedoch offenbarte, welche Textmassen dem publizierten »Alterswerk« zugrunde liegen: ein unterirdisches Stollensystem von mehreren zehntausend Manuskript- und Typoskriptseiten. Ein Labyrinth, das den Autor, um in dessen Bild zu bleiben, eher als darin gefangenen Minotaurus denn als den souveränen Erbauer Daedalus erahnen lässt. Was er in den autobiographischen Teilen des Werks als schwierigen Geburtsvorgang eines Schriftstellers beschreibt, als Rettung aus der Gefangenschaft im Chaos der Jugendzeit durch den »Sprung in die Schriftstellerei«, wiederholt sich auf der Ebene der Textgenese der *Stoffe*. Es ist kein souverän geplantes und dann stringent ausgeführtes Unternehmen, in welchem das Labyrinth sozusagen aus der dritten Dimension überschaut würde. Parterre gewachsen und gewuchert, wurde der Plan während der Arbeit wiederholt verändert, so dass Dürrenmatt in der Einleitung zu *Turmbau* den Bogen zurück schlägt zum einstigen Stück dieses Namens, das er in Flammen hatte aufgehen lassen. Auch das Scheitern hat seine Wiederholung, ja es ist gewissermaßen deren Voraussetzung. »Allzu leichtfertig ließ ich mich auf ein Unternehmen ein, dessen Ende nicht abzusehen war.«[29]

Sichtbar wird ein Dürrenmatt, der das Gegenteil aller über ihn umlaufenden Klischees ist. Ein seinen Bildern und Stoffen ausgelieferter Autor, der das Ziel der Reise durch die *terra incognita* der eigenen Vergangenheiten nicht kennt. Schließlich muss er entdecken: Nicht nur ist das Schreiben das Mittel, sich selbst auf die Spur zu kommen (den Ichs anderer Zeiten, dem Ich in steter Verwandlung, dem Ich am Werk und im Werk). Ebenso ist die Erinnerung der Motor, der das Schreiben als Entwurf des Möglichen in Bewegung setzt und hält. Anders gesagt: Im Schreiben gelingt die Schubumkehr der Erinnerung nach vorn, in die Wiederholung. Die Entstehung der Texte zeigt, dass sich da einer wieder-holt, sich mühsam zur Sprache bringt. »Ich zähle zu den Gedankenschlossern«[30], schreibt er, weil ihm Sprache etwas anderes ist als Instrument oder Denkprothese, weil sie Teil seiner Leiblichkeit ist, folgt sie organischen Gesetzen und ist nur bedingt auktorial zu lenken. Zu den drei Kränkungen des modernen Menschen, könnten wir spekulieren (der Keplers, dass die Erde nicht Mittelpunkt des Universums ist; der Darwins, nach welcher der Mensch nicht die Krone der Schöpfung, sondern ein Produkt der Evolution ist; und der Freuds, der ihm die Herrschaft im eigenen Haus abspricht), käme für den Autor eine vierte: Auch seine Sprache »beherrscht« er nicht.

Nicht nur die mitgeteilten Inhalte, sondern auch die schriftstellerische Genese der *Stoffe* wirft ein neues Licht auf Dürrenmatts Existenz. Krisen bestimmen die Gezeiten seiner Biographie. Allerdings: Scheitert das Unternehmen der *Stoffe*, gemessen an den ständig korrigierten Vorsätzen, immer neu, so scheitert es doch auf großartige Weise.

Dürrenmatts gesamte Ästhetik, erst recht aber den Umgang mit seiner Person, dem Erleben, müssen wir als einen einzigen Vorgang der Distanzierung verstehen. »[Z]um Sehen gehört Distanz, und wie wollen die Leute denn sehen, wenn ihnen die Bilder, die sie beschreiben wollen, die Augen verkleben?«[31], heißt es in einem kleinen Text aus dem Jahr 1952. Wenn wir bedenken, dass Dürrenmatt sich selbst als einen von Bildern Überwältigten verstand, dürfen wir das als Aussage in eigener Sache verstehen.

So hatte für Dürrenmatt Distanz nicht nur eine ästhetische oder gar erkenntnistheoretische, sondern auch eine ganz alltägliche Bedeutung. Sie war für ihn eine Frage des »Anstands«. Direkte Quellen zur Biographie sind in seinem großen Nachlass relativ spärlich. Die Briefwechsel sind – wenn nicht bei regelmäßig veranstalteten Aufräumaktionen, vorwiegend gegen Jahresende, verbrannt – fragmentarisch, sie versiegen in gleichem Maß, wie seine legendären endlosen nächtlichen Telefongespräche zunehmen. Die Agenden, anfänglich durchaus zur gelegentlichen Sicherung flüchtiger Einfälle verwendet, in den frühen fünfziger Jahren, nicht zuletzt unter dem Eindruck Max Frischs, in seltenen Passagen fast Anläufe zu einer Art Tagebuch, wurden immer mehr zu reinen Terminkalendern. Persönliches ist darin kaum zu finden. Pflegen andere Autoren Teile ihres Nachlasses für bestimmte Zeit zu sperren, ging Dürrenmatt nur scheinbar großzügiger mit seiner außerliterarischen Hinterlassenschaft um: Er schaffte sie, wo immer sie ihm zu privat war, bereits zu Lebzeiten aus der Welt.

Verbietet sich also bei Dürrenmatt schon aus praktischen Gründen eine *biographie intime,* gibt es doch auch den von ihm eingestandenen Zusammenhang zwischen Erleben und Gestalten. Die Verankerung des Visionären im Erleben, oder besser: die schwer beschreibbare, letztlich unerklärliche Verwandlung von Leben in Vision.

Wir brauchen uns nur die Sätze aus den Eingangspassagen der *Stoffe* anzusehen, in denen Dürrenmatt Autobiographien grundsätzlich des Exhibitionismus, der Beschönigung, der Koketterie oder der Eitelkeit verdächtigt. »Es ist immer wieder von irgend jemandem versucht worden, sein eigenes Leben zu beschreiben. Ich halte das Unterfangen für unmöglich, wenn auch für verständlich. [...] Der Tod rückt näher, das Leben verflüchtigt sich. Indem es sich verflüchtigt, will man es gestalten; indem man es gestaltet, verfälscht man es: So kommen die falschen Bilanzen zustande, die wir Lebensbeschreibungen nennen, manchmal große Dichtungen – die Weltliteratur beweist es –, leider oft für bare statt für kostbare Münze genommen.«[32] Anders als die Vertreter der »Wahrhaftigkeit«, der Offenbarung oder Verlautbarung in eigener Sache halte er sich an seine Wahrheit, also die Stoffe. In die sei sein Erleben allerdings untrennbar verwoben. Besonders die Beschäftigung mit den ungeschriebenen Stoffen sei wie ein Zurücktasten in der Entwicklung seines Denkens, »wie eine Spur, der ich folge [einer dieser schönen schiefen Sätze Dürrenmatts], und was ich aufscheuche, ist mein Leben«[33]. Also doch eine Autobiographie?

In den Geröllhalden des Materials zu den *Stoffen* findet sich eine handschriftliche Notiz, die jeden Biographen erbleichen lassen muss: »Das Darstellbare und das Undarstellbare«, heißt es da. »Theodor Haecker schreibt in seinen *Tag- und Nachtbüchern,* er halte es für eines der arrogantesten Unterfangen, die

Biographie eines Menschen zu schreiben [...] Zum Verlogensten gehören Selbstbiographien.« Andererseits aber dies: Auch wenn alle seine Schriftstellerei »von mir weg zielt«, habe er nichts geschrieben, »das nicht in irgendeiner Beziehung zu etwas von mir Erlebtem steht, auch zu teils verdrängten, teils vergessenen Erlebnissen, Gefühlen, Gedanken.«[34]

So sind die *Stoffe* doch auch eine erstrangige biographische Quelle. Aber je genauer wir ihre Entstehung beobachten, desto deutlicher zeigt sich ein Prozess der von Fassung zu Fassung zunehmenden Stilisierung, und das heißt: einer Distanzierung von konkreten Namen und Anlässen, einer Verschiebung ins Typische. Der Klartext der Erlebnissphäre wird verdunkelt und verrätselt. Erleben wird im Nachhinein inszeniert.

Die Ambivalenz von Annäherung und Distanzierung (der sich auch der Biograph nicht entziehen kann) erinnert an ein Verfahren, das François Truffaut in seinem Buch über Alfred Hitchcock[35] beschreibt: Der zoomte gern auf einen Gegenstand hin und fuhr gleichzeitig die Kamera zurück. Die zwei Bewegungen heben sich auf, aber nur scheinbar: Das Resultat ist eine Art vibrierender Stillstand, ein prekär labiles stehendes Bild.

Friedrich Dürrenmatts Ruhm hatten zu seinen Lebzeiten einige wenige Werke begründet: die Kriminalromane *Der Richter und sein Henker* und *Das Versprechen,* die »Prosakomödie« *Grieche sucht Griechin,* vor allem aber die Stücke *Der Besuch der alten Dame* und *Die Physiker.* Sie versetzten ihn in den fragwürdigen Rang eines »Klassikers der Moderne« (beides wollte er nicht sein: weder ein Klassiker noch ein »moderner« Autor). Das hat die Wahrnehmung des anderen Dürrenmatt erschwert: des Autors der frühen Prosa, gewachsen aus der Erfahrung des Eingeschlossenseins in einer verschonten Schweiz während des Zweiten Weltkriegs und zusätzlich des persönlichen pubertären Chaos. Und die des späten Dürrenmatt, der sich neu entwarf, indem er immer wieder auf sich zurückkam.

Gegen seine größten Erfolge kann sich ein Schriftsteller nicht einmal zu Lebzeiten wehren, die Rehabilitierung seiner verkannten oder misslungenen Lieblingsstücke und Herzensangelegenheiten gelingt ihm selbst zuletzt. So will dieses Buch wenigstens im Nachhinein eine Korrektur versuchen. Es verfolgt, wie sich ein großer Autor selbst findet, bis zu dem Punkt, an dem ihn auch die Welt entdeckt. Er sucht in der ersten Hälfte eines Lebens das Ganze und hofft, eine Ahnung des eigenen Staunens mitzuteilen: dass in diesem Leben, diesem Werk, diesem denkerischen Kosmos, alles mit allem zusammenhängt. Und wie vom Ganzen ein neues Licht auf die Werke fällt, die uns schon so vertraut schienen. Dies ist die Biographie eines Aufstiegs. Zwar hätte sich Dürrenmatt vehement gegen eine solche Sicht gewehrt, aber für seine öffentliche Wahrnehmung trifft es zu. Sie bricht mit dem Stück ab, das seinen Weltruhm begründete, *Der Besuch der alten Dame*, und mit dem Meisterwerk unter seinen Kriminalromanen, *Das Versprechen*. Im Prinzip. Aber weil diesem Autor mit Chronologie noch weniger beizukommen ist als ohnehin jedem Lebenslauf, mutet sie dem Leser ein gerüttelt Maß an Vor- und Rückgriffen, Abschweifungen und Wechseln der Perspektive zu, wagt am Ende gar einen skizzierten Ausblick über die gesetzte Grenze hinaus: auf die veränderten Lebensumstände, in denen der Autor der »Komödie des Wirtschaftswunders« sich (zumindest äußerlich) wie die Bürger des in Gülden verwandelten Güllen mit dem Los eines jähen Wohlstands abfinden musste. Überhaupt geht der Biograph davon aus, dass eine rigorose Systematik dem Geist seines Gegenstands widerspräche. Dass die eingeschobenen thematischen Kapitel immer den ganzen Dürrenmatt betreffen, sei hier erwähnt. »Die Ahnung vom Ganzen« meint vor allem Dürrenmatts im Fragmentarischen trotzig aufscheinenden Universalismus, aber auch, was dieseS Buch seinem Leser zu vermitteln hofft.

Dieses Buch will Intimitäten nicht scheuen und doch die Distanz wahren, die Dürrenmatt so wichtig war: nicht aus falsch verstandener Ehrfurcht oder weil ein Biograph sich unbedingt daran zu halten hätte, was dem Gegenstand seiner Betrachtung heilig war. Sondern weil nur der Blick aus nächster Ferne, aus fernster Nähe vor Überwältigung schützt, vor allem aber vor der Gefahr, in die jeder gerät, der sich über eine längere Strecke seines eigenen Lebens mit einem fremden befasst: die Verführung, beide unbewusst zu synchronisieren und dem Irrtum zu erliegen, allein die Dauer dieser Beschäftigung sei schon eine Lizenz zur Vertrautheit. Mehr als die Rechnungen, die stimmen, faszinieren die, die nicht aufgehen. Mehr als der Dürrenmatt, den die Schulweisheit sich träumt, bewegt uns heute der fremde. Das Geheimnis, das eine schriftliche Existenz, das Schreiben als Lebensform und Lebensfron, immer bleibt. »Wenn ich arbeite, bin ich unangreifbar«[36], heißt es in einer Agenda der frühen fünfziger Jahre. Das meint doch wohl auch: Wenn ich nicht schreibe, bin ich gefährdet.

Ich vergesse nicht, wie Dürrenmatt in der Dämmerstunde jenes 30. November 1990 beim Öffnen eines weißen Château Smith Haut Lafitte plötzlich mehr resigniert als verärgert, kaum hörbar und an niemanden gerichtet murmelte: »Ja, wenn man nichts anderes weiß als schreiben …«[37] Ein Stoßseufzer, den die bevorstehende Reise ausgelöst haben mag, von dem ich mir aber vorstelle, dass er mehr meinte: Was soll ich in einer anderen Welt als der, die ich mir an meinem Schreibtisch zusammenschreibe?

Es ist der letzte Satz, den ich von Dürrenmatt in Erinnerung habe.

2

Herkunft

Umstellt von Vergangenheiten · Ein Kirchturm als Nadel im Thetysmeer · Der bekehrte Dorfkönig · Ein konservativer Rebell · Dürre Matten: das Armenhaus Guggisberg · Kulturschock Kulturkampf: Ulrich Dürrenmatts konservative Wende · Polemiker wider den Zeitgeist · Himmelsmacht, Harmonium · Staatskirche und Evangelische Gesellschaft: kleiner Abriss des Berner Protestantismus

Umstellt von Vergangenheiten

Am Anfang beginnen. Was aber ist der Anfang, was bringt wann den ersten Dominostein in der Kausalkette von Ursache und Wirkung zum Kippen, was löst die Zufälle aus, die zur Unwahrscheinlichkeit der Erde, eines Lebens auf der Erde, des Menschen als Gattung, des Einzelnen, des einzigen Friedrich Dürrenmatt führen, geboren am 5. Januar 1921? Solche Perspektiven, solche reißenden Zeitkanäle zurück und voraus ins Unvorstellbare haben Dürrenmatt, den schon als kleinen Jungen der Himmel über seinem Geburtsort Konolfingen ebenso beschäftigte wie seine ganze kindliche Umgebung, zeitlebens fasziniert. »Die Welt ist größer als das Dorf«, heißt es im ersten Band der *Stoffe*, »über den Wäldern stehen die Sterne. Ich machte mit ihnen früh Bekanntschaft durch den Lehrer Fluri, einen stillen, ernsten Mann, der vor seiner Heirat bei uns logierte und der die obers= ten Klassen unterrichtete. Ich zeichnete die Konstellationen:

den unbeweglichen Polarstern, den Kleinen und den Großen Bären mit dem geringelten Drachen zwischen ihnen, ich lernte die helle Wega kennen, den funkelnden Atair, den nahen Sirius, den fernen Deneb, die Riesensonne Aldebaran, die noch gewaltigeren Beteigeuze und Antares. Ich wusste, dass das Dorf zur Erde und die Erde zum Sonnensystem gehört, dass die Sonne mit ihren Planeten sich um das Zentrum der Milchstraße bewegt, Richtung Herkules, und ich vernahm, dass der gerade noch mit bloßem Auge erkennbare Andromedanebel eine Milchstraße sei wie die unsrige. Ich war nie Ptolemäer.«[1]

Das ist nicht im Nachhinein zusammengeträumt wie vieles, was wir im Rückblick in unsere Kindheit hineinprojizieren, was auch Dürrenmatt auf der Suche nach den Anfängen seiner Stoffe im Nachhinein wenn nicht erfunden, so doch kunstvoll arrangiert hat. Die kindlichen Sternkarten sind erhalten, Beobachtungen am Nachthimmel tauchen in Schulaufsätzen auf.

Wir bewegen uns durch lauter Erinnerungen, in der vermeintlichen Gegenwart. Dass Vergangenheit als Gegenwart zu erfahren ist, lehrt ein Blick in den Sternenhimmel. Aus der Astronomie stammen viele von Dürrenmatts Bildern, eines der eindrücklichsten ist das der Gleichzeitigkeit der unterschiedlich entfernten, sich überlagernden Vergangenheiten, die im einen Betrachter des Nachthimmels zusammenfallen. Für ihn, von seinem Standort Erde aus gesehen, sind sie Gegenwart. »Es ist wie ein Blick zum nächtlichen Himmel«, heißt es in einer vorläufigen Fassung zum zweiten Band der *Stoffe*, »jeder Stern hat von uns eine andere Entfernung und befindet sich damit in einer anderen Vergangenheit. So ist Beteigeuze im Orion 280 Lichtjahre von uns entfernt, wir sehen 280 Jahre in die Vergangenheit zurück, Johann Sebastian Bach wandert nach Lübeck, um Buxtehude zu hören. Bei Rigel [einem der hellsten Sterne am Himmel, ebenfalls im Sternbild des Orion, P. R.] sind es fünfhundert Jahre, Richard der Dritte, vom englischen Volk betrauert und von Shakespeare verteufelt, wird von Heinrich dem Siebenten besiegt, ein Pferd, ein Pferd, ein Königreich für ein Pferd. In der Wirklichkeit jedoch strebt die Vergangenheit von der Gegenwart chronologisch fort, vor einer Stunde, gestern, vorgestern, vor einer Woche, vor einem Monat, einem Jahr, vor zehn Jahren, vor fünfzig, als ich fünfzehn, vor hundert, als mein Vater, vor bald hundertfünfzig, als mein Großvater geboren wurde: Doch die Chronologie täuscht. Wir leben im Vagen, Ungenauen, Verschwommenen. Je weiter wir in die Vergangenheit zurückfallen, desto leerer wird sie, sie ist für uns nur insofern, als wir uns erinnern und unsere Erinnerung ordnet die Vergangenheit um, setzt die Akzente eigenwillig, was jenseits unserer Erfahrung liegt ist historisch, nur noch Datum. Im Jahre der Geburt meines Vaters starb Dostojewskij, wurde Picasso geboren, als mein Großvater geboren wurde, starb Edgar Allan Poe, wurde Strindberg geboren.«[2]

Ein Kirchturm als Nadel im Thetysmeer

Im schönen Text *Vallon de l'Ermitage* beschreibt Dürrenmatt, als wollte er sich an der Gegenwart festhalten, den Blick durchs Fenster seines seit 1952 bestehenden Neuenburger »Exils«, vom Kleinen ins Große, vom Nahen ins Ferne, von der Gegenwart in die Vergangenheit gleitend. Eigentlich ist er kein Betrachter, sofort bemächtigt sich das Denken dessen, was er sieht: »Unter unserem Garten fällt das Terrain steil ab, der jenseitige Talhang ist bewaldet, doch sehen wir darüber hinweg auf den See; jenseits des Sees liegen freiburgisches und waadtländisches Bauernland, bewaldete Hügel, die sich bis zu den Alpen hochtürmen, vom Wohnhaus aus werden an klaren Herbst- und Wintertagen oder bei Föhn die Alpen, vom Finsteraarhorn über die Blüemlisalp bis zum Montblanc sichtbar, auch das Matterhorn ist zu erkennen, eine winzige Zacke; alle Gipfel ein Teil des Massivs, das vor 100 Millionen Jahren aus dem Thetysmeer hervorschoss, in verschiedenen gewaltigen Schüben, deren letzter den Tafel- und den Kettenjura ans Tageslicht zwängte. Am Südhang des letzteren haben denn auch Neuchâtel sich und ich mich angesiedelt. Betrachte ich mit dem Fernrohr die um wenige Millionen Jahre älteren Alpen und ihre Vorberge, vermag ich den Kirchturm von Guggisberg zu erspähen; aus diesem Dorf stammt meine Familie, und ich bin immer noch Burger dieser Gemeinde.«[3] Was ist ein Menschenleben, was die Geschichte einer Familie gegen die Zeiträume der Geologie, die hier ironisch im Zeitraffer vorgeführt werden (das Thetysmeer »schoss hervor«, die Alpen sind »um wenige Millionen Jahre älter« als der Jura)? Nichts. Und doch das Maß aller Dinge – weil er sie wahrnimmt, weil er die steinerne Gegenwart der Geologie als Vergangenheit liest und als eine Bewegung. Weil er lebt.

Emotionale, ja sentimentale Bindungen an seine Herkunft hat Dürrenmatt nie verleugnet. Aber sie stehen immer in Zusammenhang mit seinem Denken, seiner Phantasie. Die autobiographischen Teile der *Stoffe*, von denen er ein bisschen zu heftig betont, sie seien eben keine Autobiographie, sondern die Suche nach den Konstituenten seines Denkens und seiner Phantasie – diese autobiographischen Passagen zielen auf ihn und die Welt, sie handeln weder einzig von ihm noch ausschließlich von der Welt, sondern davon, wie er sich zu dieser in ein Verhältnis setzt. Dürrenmatt war nicht nur kein Ptolemäer, er war vor allem kein »Realist« oder gar »Naturalist«. Die Gegenwart war ihm ein Loch, durch das die Zukunft in die Vergangenheit gerissen wird, in jedem Moment. Von wenigen Gegenbeispielen abgesehen (einigen Gedichten, den lokalen Kulissen seines ersten Kriminalromans) war er kein Betrachter der Welt, sondern einer, der sie sich erdachte, im Plural, in der ersten Person: seine Gegenwelten. Dass Dürrenmatt kein Phänomenologe wurde, dass er mit

der Philosophie Heideggers nichts anfangen konnte, hing, wie
er suggeriert, nicht so sehr mit der Abneigung gegen den Privatdozenten seiner Berner Studienjahre (den späteren Zürcher Ordinarius Wilhelm Keller) zusammen, der ihm diese nahebringen
wollte. Nichts war ihm ferner als das fraglose Staunen vor dem
Seienden. Darin liegt ein Moment der Ungeduld und der Be-
mächtigung. Der kindlichen Auflehnung auch.

Das zeigt, deutlicher als alle Beschreibungen, ein Vergleich
mit einem anderen Blick auf die eigene Herkunft. Er mag ungerecht erscheinen, geht es dabei doch um den Anfang eines Romans, um ein ganzes, wenn auch kurzes Kapitel mit dem Titel
»Lob des Herkommens«. Allein dass Dürrenmatt den fernen,
vor dem Alpenpanorama winzigen Kirchturm von Guggisberg
gerade noch entdeckt als eine Kompassnadel, die seine Herkunft
anzeigt, dass seine Familiengeschichte nicht mit einem Raunen
des Imperfekts anhebt, ihm vielmehr gerade eine Fußnote wert
ist in einem erdgeschichtlichen Abriss, ist bemerkenswert. Weiter muss es seine Gründe haben, dass er Gottfried Keller, anders
als Gotthelf, kaum beachtete. Nicht nur, dass Keller Zürcher
war und die Ostschweiz für den Berner eine fremde Nation.
Kellers poetischer Realismus war ihm fremd, in vielem das Gegenteil seiner gewaltsamen Visionen. In Dürrenmatts Gesamtwerk gibt es keinen einzigen Hinweis darauf, dass er den *Grünen Heinrich* gelesen hätte. Dessen zweite Fassung beginnt mit
einer ungeheuren mythischen Vision von der Integration des
Todes ins Leben, von der Auferstehung im Diesseits:

»Mein Vater war ein Bauernsohn aus einem uralten Dorfe,
welches seinen Namen von dem Alemannen erhalten hat, der
zur Zeit der Landteilung seinen Spieß dort in die Erde steckte
und einen Hof baute. [...] Der kleine Gottesacker, welcher sich
rings an die trotz ihres Alters immer weiß geputzte Kirche legt
und niemals erweitert worden ist, besteht in seiner Erde buchstäblich aus den aufgelösten Gebeinen der vorübergegangenen

Geschlechter; es ist unmöglich, dass bis zur Tiefe von zehn Fuß
ein Körnlein sei, welches nicht seine Wanderung durch den
menschlichen Organismus gemacht und einst die übrige Erde
mit umgraben geholfen hat. Doch ich übertreibe und vergesse
die vier Tannenbretter, welche jedes Mal mit in die Erde kommen und den ebenso alten Riesengeschlechtern auf den grünen
Bergen rings entstammen; ich vergesse ferner die derbe, ehrliche
Leinwand der Grabhemden, welche auf diesen Fluren wuchs,
gesponnen und gebleicht wurde, und also so gut zur Familie gehört wie jene Tannenbretter und nicht hindert, dass die Erde
unseres Kirchhofes so schön kühl und schwarz sei, als irgendeine. Es wächst auch das grünste Gras darauf, und die Rosen
nebst dem Jasmin wuchern in göttlicher Unordnung und Über-
fülle, so dass nicht einzelne Stäudlein auf ein frisches Grab gesetzt, sondern das Grab muss in den Blumenwald hineingehauen
werden, und nur der Totengräber kennt genau die Grenze in
diesem Wirrsal, wo das frisch umzugrabende Gebiet anfängt.«[4]

Der bekehrte Dorfkönig

Als lang erwartetes spätes Kind hat Dürrenmatt keinen seiner
Großväter mehr erlebt. Gegenwärtig waren sie ihm trotzdem.
Der Vater der Mutter, Friedrich Zimmermann aus Wattenwil,
war »Gemeindepräsident und Patriarch«[5], ein Bauer, der durch
seine zweite Heirat mit Lisette, geborene Schluep – beide Ehe-
gatten brachten Kinder in die Ehe –, zu einem Vermögen gekommen war, allerdings um den Preis künftiger Abstinenz und
frommer Lebensführung. Früher kein Kind von Traurigkeit,
wandelte er sich zu »eine[r] markante[n] Persönlichkeit, sowohl
der pietistischen Richtung wie des evangelisch-reformierten
Konservatismus«[6].

Peter Dürrenmatt, Friedrich Dürrenmatts Vetter, erinnert

sich in seinen autobiographischen Aufzeichnungen an eine Episode aus seiner Kindheit: wie seine Mutter, die eben ein Kind
verloren hatte, den weißbärtigen Zimmermann aus Wattenwil
zu einem Kondolenzbesuch empfing, sich, noch rekonvaleszent
und psychisch angeschlagen, vom Patriarchen frömmlerische
Vorwürfe anhören musste (der Verlust des Kindes sei eine göttliche Mahnung, inskünftig der eigenen Hoffart entschiedener zu
entsagen etc.) und diesem kurzerhand die Tür wies. »Fritz hat
diesen Großvater nie gekannt. In dessen Erscheinung hat er ihn
aber in einzelnen Gestalten seiner Dramen kritisierend festgehalten.«[7]

»[I]ch stellte ihn mir als eine Art Abraham vor, als einen Patriarchen«, erzählt Dürrenmatt in den *Stoffen.* »Meine Mutter
rühmte seinen schönen, sorgfältig gebürsteten langen Bart, wobei sie versicherte, er hätte das Haar ›auf dem Kopf‹ kurz ge-
schoren gehabt. Er war ein Bauer, der seine Bauernhäuser in
Pacht gegeben hatte, sich noch ein Armeepferd hielt und nichts
als Gemeindepräsident war. Er war der Gemeindepräsident. Er
regierte sein Dorf allgewaltig wie ein Fürst. Am liebsten fuhr er
mit seinem Armeepferd aus, in flottem Trab, meine Mutter saß
hinten auf dem Fuhrwerk, einmal löste sich ihr Sitz, meine Mutter saß auf der Straße, und mein Großvater entfernte sich mit
Ross und Wagen und bemerkte den Verlust erst zu Hause.«[8] Am
Anfang des Texts *Vallon de l'Ermitage* kommt Dürrenmatt auf
diese Verwandtschaft zu sprechen, allerdings nur um anzumer-
ken, er habe sich um sie »nie sonderlich gekümmert, sie war
allzu kompliziert, so dass ich erst jüngst von meiner neunzigjäh-
rigen Tante vernahm, von der Schwester meiner Mutter [Tante
Frieda], dass meine Großmutter, die meinen Großvater, einen
Witwer mit Kindern, als Witwe mit Kindern geheiratet hatte,
aus Neuchâtel gekommen sei, wohin sie mit ihren zwei Schwestern verschlagen wurde, und dass ein Neffe meiner Großmutter
nach Niederländisch-Ostindien gezogen und dort Dirigent ei-

ner Militärkapelle geworden sei, doch habe seine künstlerische
Laufbahn ein jähes Ende genommen, denn nachdem er beschlossen habe, von Heimweh überwältigt, nach Neuchâtel zurückzukehren, habe ihn nach seinem Abschiedskonzert in Bandung
oder Surabaja oder sonst einer javanischen Stadt seine Frau, eine
Eingeborene, vergiftet. Der Großneffe wurde offenbar geliebt,
und auf dem Umweg über meinen Urgroßvater und meine Ur-
großmutter mütterlicherseits haben noch Gene, die schon bei
ihm ihr Unwesen trieben, auch bei mir die Hände im Spiel, insofern es erlaubt ist, beim Gen von Händen zu reden, und es ist
denkbar, dass sich, falls der Kapellmeister Kinder hatte, in Java
noch andere der gemeinsamen Gene herumtummeln: Die Sage
ist wie alle Sagen dunkel, auch mischt sich in die Vorgeschichte
eine Familie d. P. hinein, was de Pury heißen könnte, wie meine
Tante vermutet, besitzt sie doch noch Erbstücke mit diesen In-
itialen.«[9] Ob Wahrheit, ob Familienroman (also eine andere Art
von Wahrheit): an diesem seinem Großvater wird F. D. jedenfalls
später der durch Ehekontrakt erzwungene Wandel vom Saulus
zum pietistisch erleuchteten abstinenten Paulus interessiert haben. Die Großmutter lebte nach dem Tod des Patriarchen bei
ihrer jüngsten Tochter Hulda im Pfarrhaushalt in Konolfingen.
An ihren Tod im November 1924 erinnert sich F. D. »bloß schemenhaft, eine große schwere Frau in einem Korbstuhl auf der
Veranda, und als man sie im Sarg aus dem Haus trug, saß ich,
drei- oder vierjährig, auf der Terrasse eines Nachbarn auf einem
Schaukelpferd«[10]. Später, anlässlich seines ersten Herzinfarkts,
erzählte ihm die Mutter, er habe gefürchtet, die Großmutter
käme nicht in den Himmel: »Sie sei zu dick, sie werde sicher im
Kamin steckenbleiben.«[11] Die Körperfülle gehörte auch zur ge-
netischen Disposition der Familie mütterlicherseits.

Präsenter war Dürrenmatt der Vater seines Vaters, obwohl er schon 1908 gestorben war und sein Sohn, Pfarrer Reinhold, wenig aus seiner Jugend und also auch von ihm erzählte. Ulrich Dürrenmatt war ein Berner Original, eine Institution, eine Person des öffentlichen Interesses, unter radikal Freisinnigen der bestgehasste Zeitgenosse, von den Konservativen verehrt (wenn auch nicht ohne Skepsis). »Ein seltsamer, einsamer und eigensinniger Rebell: klein, gebückt, bärtig, bebrillt, mit scharfen Augen, ein Berner, der eine eigene Zeitung herausgab; der den Freisinn, den Sozialismus und die Juden hasste; auf den kein politisches Klischee passte und der für eine christliche, föderalistische, bäuerliche Schweiz kämpfte, zu einer Zeit, als sie sich anschickte, ein moderner Industriestaat zu werden, ein politisches Unikum, dessen Titelgedichte berühmt waren und von einer Schärfe, die man heute selten wagt.«[12] »Mein Vater war Pfarrer, mein Großvater väterlicherseits Politiker und Dichter im großen Dorfe Herzogenbuchsee«, schreibt Dürrenmatt im Text *Vom Anfang her* (1957). »Er [der Großvater] verfasste für jede Nummer seiner Zeitung ein Titelgedicht. Für ein solches Gedicht durfte er zehn Tage Gefängnis verbringen. ›Zehn Tage für zehn Strophen, ich segne jeden Tag‹, dichtete er darauf. Diese Ehre ist mir bis jetzt nicht widerfahren. Vielleicht liegt es an mir, vielleicht ist die Zeit so auf den Hund gekommen, dass sie sich nicht einmal mehr beleidigt fühlt, wenn mit ihr aufs allerschärfste umgesprungen wird.«[13]

Als Kompassnadel vor dem jahrmillionenalten Alpenpanorama war seinem Enkel der Kirchturm des Dorfs, der Ausgangspunkt seines Geschlechts allerdings denkwürdig genug, dass er ihn zu der Zeit, als er 1984, verliebt bis über beide Ohren, Charlotte Kerr, seiner späteren zweiten Frau, einen Heiratsantrag nach dem andern machte, ihr auch diesen Fluchtpunkt

seines Ursprungs vor Augen führen wollte und, auf welche
bürgerrechtliche Beheimatung und Armenversorgung sie gefasst
sein müsste, wenn sie endlich einwillige. Der Name Dürrenmatt
komme im Übrigen, so Friedrich Dürrenmatt, nicht von einem
Ortsnamen »dürre Matte«, sondern von »durch die Matte« –
jene, zu denen man durch die Matte, das Stück Land, gelangt.[14]

Dürre Matten: das Armenhaus Guggisberg

Vom Anfang her: Großvater Ulrich wurde noch in Guggisberg
geboren. Strukturschwaches Gebiet, würde man heute sagen,
kaum erschlossen. Noch 1777 warnt der Landvogt von Schwarzenburg, die Straßen ins höher gelegene Guggisberg »könnten
weder durch Fußgänger noch Fuhrwerker ohne Lebensgefahr
bewandelt werden und finden ihresgleichen nur noch in Westfalen«[15]. Die Eisenbahn, von Ulrich Dürrenmatt in seiner Zeitung in einem der Gedichte freudig begrüßt, erreichte Schwarzenburg erst 1907. Auf den Allmenden (gemeinschaftliche
landwirtschaftliche Nutzfläche) an Gambach, Heubach und
Schwarzwasser ließen sich mehr und mehr verarmte Bauern nieder, wurden z. T. auch vom Staat Bern dort angesiedelt: Fah-
rende, Korbflechter, Kesselflicker. So war um Guggisberg seit
dem 16. Jahrhundert ein Ring von Armendörfchen entstanden
(Hirschmatt, Laubbach, Plötsch), Provisorien, aus denen mehr
oder weniger feste Siedlungen wurden. Als der Kanton 1819 die
Einbürgerung der Allmendsiedler verfügte, wurde das durch die
Hungerjahre 1816 und 1818 schon arg gebeutelte Guggisberg
zum Armenhaus des Kantons.[16] In der Stadt, in den reicheren
Kantonsteilen wurde gesammelt, Kleider, Nahrungsmittel. Erst
nach dem Regierungswechsel von 1850 wurde ein »Armenkom-
missär« nach Schwarzenburg entsandt, der bald erkannte, dass
statt punktueller Hilfe infrastrukturelle Maßnahmen gefragt wa-

ren: Umstellungen in der Landwirtschaft, die Errichtung von
Talkäsereien, Sanierung des Armenwesens (zum Beispiel durch
die Streichung alter Schulden), Gründung von Erziehungsan-
stalten, Auflösung von Bettlerfamilien, endlich die Teilung der
überforderten Gemeinde Guggisberg in Guggisberg und Rüsch-
egg (als ob sich dadurch, 1860, auch das Elend hätte halbieren
lassen). Guggisberg, das war eine Dritte Welt in der Ersten.
Durchschnittlich, wurde unlängst errechnet, war die Ernäh-
rungsbasis 1800 Kalorien. In guten Jahren. 1820 saßen in einer
Guggisberger Schulklasse 125 Kinder – während ganzer 75 Tage
im Jahr.

Kulturschock Kulturkampf:
Ulrich Dürrenmatts konservative Wende

Großvater Ulrich Dürrenmatt[17] kam 1849 als jüngstes von neun
Kindern einer Kleinbauernfamilie auf dem Schwandacker, einem Bauernhof bei Riffenmatt in der Gemeinde Guggisberg,
zur Welt. Als er vier war, starb sein Vater, die Mutter, geborene
Anna Zbinden, eine couragierte Frau, brachte die Familie allein
durch. Ulrich nutzte den für einen begabten Burschen einzig
möglichen Aus- und Aufstieg aus den bedrängten Verhältnissen:
Er trat 1865 ins Lehrerseminar Münchenbuchsee ein, eine nach
dem neuen Zeitgeist freisinnig fortschrittlich geführte Anstalt
säkularer Ausrichtung. Als Lehrer kehrte er nach Guggisberg
zurück, büffelte in der Freizeit Latein und Griechisch, ließ sich
dann (1870–73) in Bern zum Sekundarlehrer ausbilden, heiratete
Anna Maria Breit, eine Arbeitskollegin, ebenfalls aus Guggisberg. Ulrich Dürrenmatt ließ sich nach Delémont (damals noch
Kanton Bern, heute Kanton Jura) wählen (1873–75), wo er auf
Französisch am Progymnasium unterrichtete. Hier begann, ausgelöst durch einen Kulturschock, seine Rückverwandlung in

den Konservativen, den seine Herkunft nahelegte. Er erlebte die Brutalität, mit der die freisinnige Berner Regierung im Kulturkampf den Jurassiern ihren alten lieben Gott mit der neuen säkularen Vernunft austreiben wollte.[18] Der »Kulturkampf« – vereinfacht gesagt: die Unterwerfung der katholischen Kirche durch die Staatsgewalt mittels der Absetzung des Landesbischofs, Ausweisung des Klerus, Säkularisierung der Klöster, Enteignung des Kirchenguts, militärischer Besatzung und aller damit verbundenen Schikanen für die Bevölkerung –, der »Kulturkampf« politisierte den jungen Schulmeister, der, nach seinem Weggang aus Delémont, erst zwei Jahre in Frauenfeld arbeitete (u. a. als Leiter des Konvikts der Kantonsschule) und dann bis 1880 in Thun am Progymnasium unterrichtete.

Polemiker wider den Zeitgeist

Der Kulturschock in Delémont machte ihn, den Protestanten, zum Journalisten und Polemiker und war wohl der Grund, dass er später, anders als der Großteil der Berner Konservativen und deshalb ohne Erfolg, in der eidgenössischen Politik oft um eine gemeinsame Basis mit den Katholischen bemüht war. Er begann für die konservative ›Berner Volkszeitung‹ zu schreiben und verfasste unter dem Pseudonym Christian Frymuth politische Pamphlete gegen die radikale Berner Nomenklatura[19]. 1880, in Thun inzwischen untragbar geworden, zog er nach Herzogenbuchsee, wo die ›Berner Volkszeitung‹ ihren Sitz hatte. Nach einigen Jahren als Redakteur übernahm er die ›Buchsi-Zytig‹, wie das Blatt im Volksmund genannt wurde. Als Besitzer und Chefredakteur avancierte er zu dem vom radikalen Establishment (nicht nur des Kantons Bern) bestgehassten Mann. Die Gedichte, die er zweimal wöchentlich links und rechts des Titels in seinem Blatt veröffentlichte, waren bald über den Kanton

Bern hinaus ebenso beliebt wie gefürchtet: gelegentlich Besinnliches in Guggisberger Mundart, meist aber scharfe satirische Attacken. Darin spielte er mit beispielloser Härte auf den Mann. Das entsprach seinem Temperament ebenso wie seiner politischen Taktik. Er war gegen die Freimaurer und die Juden, einige seiner um Eleganz weniger als um Wirksamkeit bemühten Gedichte (insgesamt über 2200!) sind, sprechen wir's aus, üble antisemitische Pamphlete: Die radikale Schuldenpolitik, fürchtete er, würde das Schweizer Volk insgesamt den jüdischen und freimaurerischen Bankiers in Geiselhaft ausliefern. Weil er ein Berner Bauernpolitiker war, bekämpfte er auch die jüdischen Viehhändler. Wenig verwunderlich also, dass er zu den Befürwortern eines Schächtverbots gehörte. Handkehrum bezog er in der Dreyfus-Affäre Stellung für Dreyfus. Als Föderalist konsequent bis zur Sturheit, kämpfte er, ab 1886 als Berner Großrat, ab 1891 als Chef der Berner Volkspartei, 1902 als Nationalrat, gegen alles Zentralistische: gegen die Verstaatlichung der Bahnen, die Staatsschule, einen eidgenössischen »Schulvogt«, ein neues eidgenössisches Schulgesetz, das die kantonale Schulhoheit untergraben und letztlich abschaffen sollte. Wie er in den Wald rief, tönte es heraus: 1887 prügelte ihn ein radikaler Burgdorfer Schlägertrupp in seiner Redaktion krankenhausreif[20]. An den Folgen litt er bis zu seinem Tod 1908. Verständlich, dass Friedrich Dürrenmatt, obwohl er im Gegensatz zu seinem Vetter Peter und seinem Onkel Hugo die politischen Ansichten seines Großvaters keineswegs teilte, auf seinen widerborstigen, einzelgängerischen Ahnen zeitlebens mit einer Mischung aus Respekt und Belustigung stolz war.

Von Ulrichs drei Söhnen wurde der älteste, Johann Oskar, Drucker und übernahm vom Vater Verlag und Redaktion der ›Buchsi-Zytig‹. Der mittlere, Hans Ulrich Hugo, wurde Anwalt (»Fürsprech«, wie das in Bern heißt) und später konservativer Regierungsrat, zuerst Armen- und Kirchendirektor, dann Justizdirektor und schließlich, bis 1947, Finanzdirektor. Sein Sohn Peter, Historiker, Journalist und Nationalrat, sollte zunächst als Förderer und später als politischer Gegner noch eine wichtige Rolle in F. D.s Leben spielen. Friedrich Reinhold, der Pfarrer und F. D.s Vater, war der jüngste.

Selbstverständlich war Ulrich Dürrenmatt auch gegen die Gründung einer Nationalbank. Und weil sie eine zentrale Institution war und in ihrem Offizierskorps der Zürcher Freisinn dominierte, war er auch misstrauisch der Armee gegenüber (nach dem Genfer Generalstreik 1902 plädierte er, auch in diesem Fall gegen alle konservativen Parteifreunde und deshalb vergeblich, für eine Amnestierung jener Soldaten, die den Einsatz gegen ihre Genossen verweigert hatten). Seine Gedichte waren Zeitgedichte und verfolgten einen gesellschaftlichen Zweck. Aber als solche repräsentierten sie auch eine politische Kunst, wie sie seit den Zeiten des »Jungen Deutschland«, des Vormärz, des jungen feurigen Liberalen Gottfried Keller fast in Vergessenheit geraten war (dass Keller mit seiner politischen Lyrik die diametral entgegengesetzten Ziele verfolgte, sollte uns nicht über die Verwandtschaft der Gattung hinwegtäuschen). Peter von Matt hat denn auch zwei (allerdings gemäßigte) Beispiele Ulrich Dürrenmatts in seine Anthologie mit dem provokanten Titel *Die schönsten Gedichte der Schweiz* aufgenommen.[21]

In einem Punkt irrt Ulrichs Enkel F. D. in der zitierten Kurzcharakteristik: Die Sozialisten verfolgte er keineswegs mit blindem Hass, er war oft, aber keineswegs immer ihr Gegner. Nicht nur in Armeefragen ging er mit ihnen Allianzen ein, die seine konservativen Gesinnungsfreunde vor den Kopf stießen. Auch im Kampf um die Einführung des Proporzwahlrechts machte er mit ihnen gemeinsame Sache. Zudem vergaß er nie, dass mehrere welsche sozialistische Blätter zu seiner Unterstützung aufriefen. Er hatte jenem Oberst Künzli, den der Bundesrat zur

Beilegung der Tessiner Wirren 1890 mit zwei Bataillonen über den Gotthard schickte (im Tessin hatte die radikale Minderheit gegen die Regierung der konservativen Mehrheit geputscht und gar einen ihrer Staatsräte erschossen), Kungelei mit den Tessiner Parteigenossen und schamlose Bereicherung vorgeworfen. Das Gedicht, das ihm zehn Tage Haft eintrug, hieß *Abrechnung* und stand als Titelgedicht in der ›Berner Volkszeitung‹ vom 24. Juni 1891:

> *Abrechnung*
> Reichet mir die große Kelle!
> Aus den vollen Bundestöpfen
> Laßt mich für den Colonello
> Vierzehntausend Franken schöpfen.
> Für den ennetbirg'schen Landvogt,
> Der vier Monden dort verweilte,
> Der mit seinem Händedrucke
> Der Verbrecher Schmerzen heilte.

Und weiter:

> Unter seinem Feldherrnstabe
> Sich die Mordscanaille sonnte,
> Daß der Pöbel von Lugano
> Die Milizen prügeln konnte.
> Wehret Euch um Ehr' und Leben,
> Wehrt Euch mit den blauen Bohnen,
> Wenn der Commandant vergessen,
> Euch zu wappnen mit Patronen.
> Dennoch darf er sich berühmen,
> Daß kein Tropfen Blut geflossen,
> Denn er meinte selbstverständlich
> Blut nur der Parteigenossen.

Vierzehntausend Franken wahrlich,
Nebst den andern Bundeskosten
So ein halbes Milliönchen,
Sind darum recht winz'ge Posten.
Zum Gedächtniß seiner Thaten
Sollte noch ein Denkmal prunken,
Reichlich hätte er's verdienet
Um die Freundschaft der Hallunken.[22]

Ulrich Dürrenmatt hasste die Bürokratie und war, versteht sich,
für die direkte Volkswahl der Berner Regierung, etwas weniger
dezidiert, aber doch auch für die Volkswahl des Bundesrats.
Kein Zweifel: Im Besitz des Mediums seiner Zeitung war er, was
man heute einen »Populisten« nennt, allerdings, bei aller politischen Schläue, eigenwillig bis zur Kauzigkeit, unberechenbar
und, als ein Oppositionspolitiker, der den Einsitz in eine Exeku-
tive nie auch nur erwog, immer mit offenem Visier im Getüm-
mel.[23]

Himmelsmacht, Harmonium

F. D.'s Vater, Friedrich Reinhold Dürrenmatt, geboren 1881, hatte
in Lausanne, Bern, in Berlin, Marburg und wieder in Bern Theologie studiert, bestand 1904 das Staatsexamen, wurde Pfarrer in
Amsoldingen (Kanton Bern). Da, »beim Harmoniumspielen«[24],
lernte er Hulda Zimmermann aus dem benachbarten Wattenwil
im Gürbetal kennen. Schon ihre Väter waren miteinander bekannt, sie war die Tochter des Gemeindepräsidenten und wie
dieser (nach seiner »Bekehrung«[25]) sehr fromm. Am 11. Oktober
1911 wurde geheiratet, nachdem Reinhold Dürrenmatt in ein
neues Amt gewählt worden war. 1912 zog das Paar in die junge,
eben von der Kirchgemeinde Münsingen abgespaltene Pfarrei in

Stalden[26]. »[A]m ersten Februarsonntag [1912, wurde ich] daselbst von meinem Vorgänger Pfr. Wüthrich installiert«, wie es im noch selbstverfassten Lebenslauf für seine eigene Beerdigung heißt. Und weiter: »Die Gemeinde zählte 3200 Seelen und wies ein regsames religiöses und kirchliches Leben auf. Es bestunden verschiedene blühende religiöse Gemeinschaften.«[27]

Das hieß im Klartext: Von der offiziellen Bernischen Landeskirche (Staatskirche) über die Evangelische Gemeinschaft mit ihrem Gemeindehaus an der Bernstraße (»in der Landeskirche, aber nicht unter der Landeskirche«[28]) bis zu mehreren Varianten der Täuferbewegung (Alttäufer, Neutäufer, »Baptisten«), der »Bischöflichen Methodistenkirche«, den »Bergerianern« reichte das Spektrum bis zum Brüderverein, den »Offenen Brüdern« (Pietisten strengerer Observanz), weiter den Altkatholiken, den Zeugen Jehovas, der neuapostolischen und altapostolischen Gemeinde, den katholisch-apostolischen sogenannten »Darbysten« (einer fundamentalistischen protestantischen Splittergruppe, benannt nach ihrem Führer, dem Engländer John Nelson Darby) und vielen mehr. Die Zellteilung, zumal im Bereich der freikirchlichen Bekenntnisse, scheint unendlich, ein »verwirrendes und sich ständig veränderndes Spektrum, das man immer selber und immer neu sortieren muss«[29], wie Pfarrer Reinhold Becker sagt, ein Nachfolger Reinhold Dürrenmatts, der lange im Pfarrhaus Konolfingen wohnte und amtete. Der war, bei all seiner Zurückhaltung, oder gerade deswegen, der rechte Mann für die Stelle: äußerst tolerant noch gegen die skurrilsten Gruppierungen, solange er in ihnen nur eine Spur rechter Gottesfurcht erkennen konnte.[30]

Staatskirche und Evangelische Gesellschaft:
kleiner Abriss des Berner Protestantismus

Für jemanden, der nicht gerade als Spezialist mit der Geschichte
des Protestantismus im Kanton Bern vertraut ist, ist schon der
Unterschied zwischen der »Evangelischen *Gemein*schaft« (einer religiösen Gemeinschaft um das Gemeindehaus an der Konolfinger Bernstraße unweit Reinhold Dürrenmatts Pfarrhaus
und Kirche) und der »Evangelischen *Gesell*schaft« schwer verständlich, geschweige denn die immer weitere Fraktionierung
religiöser Untergruppierungen, bis hin zu Sekten eher skurriler
Observanz. In der »Evangelischen Gesellschaft« organisierte
sich die innerkirchliche Opposition zur bernischen Staatskirche
nach dem politischen Umsturz 1831, nach der Ablösung des Berner Patriziats durch eine liberale bürgerliche Regierung und der
damit verbundenen Gewährung der Freiheitsrechte. War Reinhold Dürrenmatt auch kein Pietist, stand er der »Evangelischen
Gesellschaft« doch in mancher Hinsicht nahe, deren Einrich-
tungen Dürrenmatts Jugend mitbestimmten. Sie gehörten zur
Welt des Glaubens von F. D.s Vater. Die extremen Verästelungen
der freikirchlichen Glaubensbekenntnisse haben Dürrenmatt
keineswegs nur als Karikatur dieses Glaubens durch sein ganzes
Werk beschäftigt, vom ersten Stück *Es steht geschrieben* über die
Wirren der Wiedertäufer-Episode in Münster über den missio-
narischen Prediger in der Erzählung *Der Hund* bis zum späten
Roman *Durcheinandertal,* in welchem sich zahlreiche Anspielungen auf das religiöse Biotop im Dorf seiner Kindheit beziehen. (Dieser Umstand rechtfertigt hier einen etwas ausführliche-
ren Abriss dieser Zusammenhänge.)

Die »Evangelische Gesellschaft«, die breit akzeptierte Gegenkraft zur bernischen Staatskirche, hatte also einen pietistischen Hintergrund. In ihr organisierte sich nach dem politischen
Umschwung 1831 die innerkirchliche Opposition zur Berni-

schen Staatskirche. Sie war eine konservative Elitegruppierung
gegen die fortschreitende Säkularisierung und auch Liberalisie-
rung der akademischen Theologie: exemplarisch brach der Konflikt etwa im sogenannten »Zeller-Handel« auf, dem Streit um
die Berufung des Theologen Eduard Zeller an die Theologische
Fakultät der Universität Bern. Zeller war Hegelianer und stand
den Thesen jenes David Friedrich Strauss nahe, der in seinem
Buch *Das Leben Jesu* (1835/36) die Evangelien einer »gleichermaßen genialen wie radikalen Kritik unterzogen und in seiner
Glaubenslehre von 1841 das christliche Dogma bis zur Unkennt-
lichkeit destruiert [hatte]«[31]. Vollends lieferte die »Evangelische
Gesellschaft« dem politischen Liberalismus und, ab 1846, dem
Radikalismus eine Abwehrschlacht. Sie war zeitweise identisch
mit jenen im Berner Patriziat verwurzelten Kreisen (Stettler-von
Rodt, von Wattenwyl, von Fellenberg, von May, von Tscharner),
welche eine ganze Reihe von Sozialwerken begründeten, Wai-
senhäuser, den »Bergverein« (gegen die Verarmung in den Rand-
gebieten, also auch in Guggisberg), weiter das Diakonissenhaus
(Sophie Wurstemberger) und später das Salem-Spital, das »Blaue
Kreuz« gegen die Volksseuche des Alkoholismus, die auch von
Gotthelf angeprangerte Schnapserei. Sie engagierte sich in der
inneren und der äußeren Mission, und vor allem stemmte sie sich
gegen das säkularisierte Bildungswesen: mit der Gründung der
Neuen Mädchenschule (1851), des Evangelischen (Lehrer-)Semi-
nars Muristalden (1855) und des »Freien Gymnasiums« (1868):
Alle waren einem gegen den liberalen säkularen Zeitgeist gerichteten »positiven Christentum« verpflichtet. Ulrich Dürrenmatt,
auch nach seiner »Wende« in Delémont kein Mitglied der »Evangelischen Gesellschaft«, bekannte sich zu diesem »positiven
Christentum«, das er nicht nur theologisch definierte (die göttliche Erlösernatur Jesu Christi, zum Beispiel, welche die Liberalen verneinten: Sie sahen in Jesus lediglich das Vorbild). Den
Glauben an Gott und den Blick auf die vorbildliche, erlösende

Gestalt Jesu Christi und das Bestreben, ihm in den fundamentalen Geboten der Nächstenliebe, der Gerechtigkeit und der Wahrheit und Redlichkeit nach Kräften nachzueifern, sowie anderseits die Überzeugung von einer Vergeltung im Jenseits für den auf Erden gut oder schlecht geführten Wandel hielt er für ebenso unentbehrliche Grundlagen des Zusammenlebens im Staate wie die Glaubensfreiheit.

Reinhold Dürrenmatt war ein »positiver Christ«: ein gelehrter, aber der Glaubenspraxis und einem persönlichen Bekenntnis und Glauben verpflichteter Pfarrherr. Weit über seinen seelsorgerischen Pfarrsprengel hinaus galt er als fromm, die Leute kamen von weit her und auch aus der Landeskirche nur lose verbundenen Kreisen, um sich von ihm trauen, taufen oder ihre Angehörigen beerdigen zu lassen. Der Gedanke ist nicht abwegig, auch wenn er sich aus den Protokollen der Kirchgemeinde nicht erhärten lässt, dass Reinhold Dürrenmatt gerade deshalb in sein Amt gewählt wurde, weil er als Vermittler zum Brückenbauer zwischen »Positiven« und »Liberalen« geradezu prädestiniert war. Die Stelle war freilich auch in anderer, rein weltlicher Sicht ungemein anspruchsvoll. Die Pfarrgemeinde wuchs rasch, sie lag genau auf der Schnittstelle zwischen anbrechender Moderne (Bau der Bahn Burgdorf–Thun und des Bahnhofs Konolfingen/Stalden 1899, Gründungen der »Berneralpen Milchgesellschaft« 1892, der sogenannten »Milchsiederei«) und dem umliegenden agrarischen Umfeld, aus dem die Milch für den zentralen Industriebetrieb angeliefert wurde.

3

Der Mutterschoß des Dorfes

Das Dorf · Vater und Vater unser · Ein Unfall · Die Mythen der Kindheit · Schwester Verena und das Ziehkind Lisbeth Gori · Daheim und daneben · »Bildersturm«

Das Dorf

Am 5. Januar 1921 kam im Pfarrhaus von Stalden Friedrich Reinhold Dürrenmatt zur Welt. Am 3. September 1922 folgte ein Schwesterchen Marianna, das bereits nach drei Tagen starb.[1] Am 9. Mai 1924 wurde Verena Dürrenmatt, genannt Vroni, geboren. Reinhold und Hulda Dürrenmatt-Zimmermann hatten die Hoffnung auf Nachwuchs schon aufgegeben, als Hulda mit dem ersten Kind schwanger wurde. Bei der Geburt Friedrichs war sie schon über 34 Jahre alt (für damalige Verhältnisse eine sehr späte Erstgebärende), der Vater fast 40. Alte Eltern. Hulda war eine starke, resolute Person, stämmig, wenn auch nicht dick wie ihre Mutter Lisette Zimmermann. Sie nannte sich gern eine »Pietistin«, war aber eine zupackende, diesseitige Frau. Sie führte, da erinnern sich Friedrich und Verena Dürrenmatt übereinstimmend, »das Regiment über die Familie«[2] und machte das Defizit an Sozialkontakten wett, das durch das sehr zurückgezogene Leben ihres Gatten entstand.

Die Mutter, heißt es in den *Stoffen,* »lebte in einer Welt des sieghaften Glaubens, ihr Christentum hatte etwas Kämpferisches, doch war sie realistischer als mein Vater und auch dem

Sozialismus gegenüber mit weniger Vorurteilen behaftet. Da sie im Haus regierte, schickte mein Vater immer sie vor, wenn er sich über meine Leistungen in der Schule beklagte. Als sie einmal merkte, dass ich meine Rechenaufgaben nie machte, rannte sie mir voller Wut mit einer Bohnenstange nach, meine Schwester schrie entsetzt auf. Sonst strafte sie uns, indem sie tagelang ›traurig‹ war; wir lebten dann wie unter einem Schatten.«[3] Hulda war nicht weniger eine öffentliche Person als der Vater. Sie hielt Vorträge landauf und landab, organisierte Pfarrfrauentreffen und Wohltätigkeitsbasare, baute ein tragfähiges Pfarrfrauen-Netzwerk auf, das später auch für Dürrenmatt wichtig werden sollte. Sie wurde zu einer Institution weit über das Bernbiet hinaus. Außerdem war sie eine vorzügliche Schachspielerin. Zu Partien mit ihr traten der Arzt und der Zahntechniker des Dorfes an und zogen oft genug nach Niederlagen gedemütigt ab; auch der Vater war ihren Strategien nicht immer gewachsen und ärgerte sich darüber. Die Fähigkeit zu konkreter Abstraktion muss der Sohn von ihr geerbt haben wie die Neigung zum Schachspiel (das ja nicht nur eine abstrakte Disziplin ist: Schachspieler denken in bildhaften Vorstellungen von Konstellationen). »Sie war für viele eine bedeutende Frau, die Pfarrfrauentagungen und Mütterabende im Land herum organisierte, wobei sie Gotthelf beinahe so gut aus dem Stegreif zu erzählen wusste, wie dieser geschrieben hatte. […] Während mein Vater, so weit ich zurückdenken kann, uns bei jedem Weihnachtsfest verkündete, das sei sein letztes – was uns zuerst traurig stimmte und später belustigte, ja wir warteten ungeduldig darauf, dass er es sagte –, erklärte meine Mutter an ihren Geburtstagen, ihr einziger Wunsch sei, nicht alt zu werden. Als sie diesen Wunsch an ihrem 87. Geburtstag mir gegenüber wiederholte, brachte ich den nötigen Humor nicht auf und meinte, mit siebenundachtzig sei sie schließlich doch ein wenig alt geworden; sie schwieg lange beleidigt und antwortete endlich, sie habe noch nie Finken getragen. Als sie dann achtundachtzig wurde, gestand sie mir, Pfarrer Hutzli sei hundert geworden, und das habe ihm ›sehr, sehr gut getan‹. Ich begriff, dass sie ein neues Ziel anstrebte.«[4]

Anders als ihr Gatte hatte sie keinerlei Berührungsängste gegenüber sozialem Engagement im weiteren Sinne und der Sozialdemokratie im engeren; sie konnte den konservativen Pfarrer schon mal mit der Ankündigung erschrecken, sie gedenke demnächst im Umzug zum Ersten Mai mitzumarschieren. Dass sie sich später, in den Vorkriegs- und Kriegsjahren, im Hilfswerk der »Flüchtlingsmutter« Gertrud Kurz[5] engagierte, passt ins Bild. Es scheint, als ob Hulda gleichzeitig Außen- und Innenministerin dieses Pfarrhauses gewesen sei und als solche von durchaus materiellem Pragmatismus: »sie spielte die Bescheidene, ohne es nötig zu haben; sie war überaus neugierig, was ich verdiente, ich gab ihr nie Bescheid; dafür pumpte sie mich hemmungslos an, was ich ihr hoch anrechnete, aber nie für sich, immer für andere. Es quält mich noch jetzt, ihr gegenüber kein nachsichtigerer Sohn gewesen zu sein.«[6] In jedem Fall ist sie bei alten Konolfingern ungleich präsenter als ihr eher verehrter als geliebter Gemahl.

In seinen Lebenserinnerungen entwirft Peter Dürrenmatt von ihr ein Porträt, welches Friedrich und Verena Dürrenmatt noch in den achtziger Jahren empören sollte: »Das Verhältnis meiner Mutter zu Schwägerin Hulda, der Frau von Reinhold, dem Bruder ihres Mannes, war persönlich und menschlich stets ein kritisches. Meine Mutter fand, für eine Pfarrfrau sei die Schwägerin in materiellen, persönlichen Dingen zu tüchtig-berechnend. Überdies beanstandete sie die gewisse intellektuelle Unredlichkeit, die sie darin sah, dass die Schwägerin Hulda die Tendenz hatte, alltägliche Lebensschwierigkeiten zu verharmlosen und zu beschönigen. Sie ertrug es nicht, dass diese Schwägerin in zahlreichen Kränzchen von Pfarrfrauen Vorträge über Kindererziehung hielt, während sie offensichtlich in der Erziehung der eigenen Kinder die Dinge einfach laufen ließ und dem Fritzli alles durchließ.«[7] Sosehr Dürrenmatt die Einmischung seines Vetters ärgerte, den materiellen Pragmatismus der Mutter bestätigte er selbst durchaus. Glaubensfragen waren im elterlichen Pfarrhaus naturgemäß immer präsent, auch wenn diese von Vater und Mutter unterschiedlich beantwortet wurden.

Zum Glauben seines Vaters konnte sich Friedrich Dürrenmatt, als die lang andauernde pubertäre Rebellion erst einmal überwunden war, in ein Verhältnis setzen, ihm den eigenen Glauben, den an seine (und in seiner) Schriftstellerei, entgegensetzen. Die Differenz zur Mutter jedoch ließ sich nicht argumentativ aus der Welt schaffen; ihr Glaube blieb für den Sohn bis zu ihrem Tod irritierend, durch keinen theologisch-philosophischen Diskurs zu überbrücken. Was da unbewusst mitschwang, entzog sich auch der Erörterung in der »Geschichte meines Denkens«, den *Stoffen.* Im Israel-Essay *Zusammenhänge* kommt Dürrenmatt im 22. Kapitel scheinbar unvermittelt vom »Gott der Wüste«, der sich weder konzipieren noch entmythologisieren lässt, »sondern ein Erschüttertsein bedeutet«, auf seine Mutter zu sprechen: »[A]ls ich zum letzten Mal der Frau gegenüberstand, aus deren Leib ich einst wurde, die auf ihre persönliche Weise glaubte, stark und unbeirrt, deren Glaube mich störte und oft ärgerte, der wie ein Schwert zwischen ihr und mir lag; und nun lag sie da, die fast neunundachtzig Gewordene, so wie ich sie nur in meinen frühesten schemenhaften Erinnerungen kannte, aber wie eine junge Bäuerin, lachend eigentlich, noch hatte die Leichenstarre nicht eingesetzt, noch war ihre Hand warm trotz der Kälte des Todes, der sie nun erbeutet hatte wie ein freundliches Raubtier, und das Schwert ihres Glaubens lag immer noch zwischen ihr und mir, ihr Sieg und meine Niederlage, den Sohn von seiner Mutter trennend, den Sohn an seine Mutter bindend.«[8]

Das verdeckt ein erotisches Bild. In Mythos und Epik des

Mittelalters legt das blanke Schwert ins Bett, wer sich vor der Anfechtung zum sexuellen Übergriff bewahren will.[9] Nicht zu vergessen die biblische Bedeutung des Schwerts bei der Vertreibung aus dem Paradies. Das Schwert des militanten Glaubens, dürfen wir als Klartext annehmen, der oft betonte »Pietismus« der Mutter verhindert körperliche Nähe und Geborgenheit des Sohns.

Alles, was mit Sexualität zusammenhing, war im sonst ungewöhnlich toleranten protestantischen Pfarrhaus tabuisiert. Einmal, erinnert sich die Schwester, habe sie ihrem Bruder den nackten Hintern gezeigt. Die Folgen waren fürchterlich. Die Mutter schwieg wochenlang, und einer der seltenen und immer schmerzlichen Bußgänge in Vaters Arbeitszimmer war unumgänglich, »sehr peinlich; ich konnte mir gar nicht vorstellen, was daran so schlimm war«[10].

Wie viel Wahrheit wohl in dem Gerücht steckte, das Verena Dürrenmatt später einmal von der Verwandtschaft zugetragen wurde? Dem zufolge war Hulda Zimmermann als Mädchen von einem ihrer viel älteren Halbbrüder vergewaltigt worden. »Das würde mir immerhin erklären, weshalb diese sonst offene Frau ein so verqueres Verhältnis zur Sexualität hatte. Sie hätte einem zur Not einen Mord nachgesehen. Lag aber das Problem im Bereich der Sexualität, ging nichts mehr.«[11] Das Elternschlafzimmer war im Konolfinger Haushalt für die Kinder eine strikte Sperrzone. Sie durften es nie betreten. Nie. Auch tagsüber nicht.

Über allem, den verborgensten Winkeln und den geheimsten Regungen der Jugendlichen, wachte der liebe Gott. »Der gehörte natürlich schon zum Haushalt«, sagt Verena Dürrenmatt. Und: »Wir sind ja eigentlich schon aus einer hochneurotischen Familie.«[12] Das meint sie nicht als späte Abrechnung mit den Eltern, sie sagt es so selbstverständlich hin wie eine, die bei ihrer Arbeit in der Psychiatrie so gut wie alle Verletzungen kennengelernt hat, die einer aus der Institution Familie davontragen kann.

Müßig, darüber zu spekulieren, wie die Tabuisierung alles Sexuellen den Kindern nachhing; in bürgerlichen Kreisen der ersten Hälfte des letzten Jahrhunderts war sie so einmalig denn
auch wieder nicht, wenn auch im bäuerlich-ländlichen Umfeld
doch eher verwunderlich. War sie einer der Gründe, weshalb
Verena Dürrenmatt ihr Leben lang unverheiratet blieb, ihr Bruder, andererseits, zur Ehe ein geradezu sakramentales Verhältnis
entwickelte?

Dürrenmatts Beziehung zu seiner Mutter war zwar problematischer, jedoch unauffälliger als die zu seinem Vater. Ist in den
Stoffen hauptsächlich und immer wieder vom »Glauben meines
Vaters«[13] die Rede, mit dem er sich erst mit dem Entschluss zur
Schriftstellerei (d. h. zu einem eigenen Glauben) versöhnte, so
ist ihm die Auseinandersetzung mit dem triumphal streitbaren
Glauben der Mutter nur die paar zitierten Sätze wert, in der Sache aber merkwürdig weniger versöhnlich. Dabei ist unzweifelhaft, dass Hulda Dürrenmatt ihren Erstgeborenen liebte, wenn
nicht gar, wie ihre Schwägerin vermutete, gelegentlich verzog.
Sie sah ihm manches nach, akzeptierte später ungefragt brisan-
teste Entscheidungen. Es ist erstaunlich, was diese couragierte,
insgesamt wenig geliebte Mutter selbstverständlich hinnahm
und sich zumutete, sich zumuten ließ. Hulda war keine »eiserne
Mutter« (und Vater Reinhold schon gar kein »eiserner Vater«).
Aber körperliche Wärme, eine kreatürliche Geborgenheit hatten
die Kinder nicht zu erwarten. In einem Brief, mit dem der Student F. D. der Mutter zum 56. Geburtstag gratuliert, wird das
ambivalente Verhältnis des Sohnes überdeutlich:

Mutter. / Heute feierst Du Deinen Geburtstag. Ich bin nicht
bei Dir. Darum will ich Dir schreiben. Dir allein. Ich will Dir
schreiben, dass ich Dich lieb habe. Du bist mein Bestes auf
dieser Welt und ach, wie groß ist die Kluft doch wiederum
zwischen mir und Dir. Wie oft habe ich Dich nicht verstan-

den, wie oft habe ich Dich beleidigt und gequält, wie oft hast
Du über mich weinen müssen. Wie tust Du mir leid. Du hät-
test einen tausendmal besseren Sohn verdient als ich es bin.
Ich gäbe alles drum, wenn ich die Wunden heilen könnte, die
ich Dir geschlagen. Aber vielleicht ist dies unmöglich. Warum
sind wir beide doch so verschieden, Du und ich, sind wir
doch Mutter und Sohn! Warum kann ich nicht an einen Gott
glauben wie Du! Es ist mir manchmal, als wären alle meine
Gefühle erfroren, und wenn ich fühle gibt es keinen Namen
dafür. Ich möchte meinen Kopf in Deinen Schoß legen und
schlafen. Einmal in der Nacht hab ich ganz fest an Dich gedacht. Da wusste ich plötzlich, dass auch Du an mich denkst.
Auch während ich an diesem Briefe schreibe, denkst Du an
mich. […] Mein Semester geht am 30. Januar zu Ende. Dann
wird ich wieder zu Dir heim kommen – natürlich auch über
Weihnachten. Ich habe etwas Angst. Die Gegensätze werden
vielleicht größer geworden sein und die Kraft sie zu verbergen
geringer. Auch Angst habe ich, dass mein Brief Dich traurig
gestimmt hat. Ist es immer mein Schicksal, Dir Schmerzen zu
bereiten? Aber solange Du bist, werde ich geliebt und dies ist
der schönste Trost, den mir der Himmel senden kann. Es um-
armt Dich Dein Sohn, der Dich liebt:/ Fritz.[14]

Ein merkwürdiger, in seiner Vorsätzlichkeit eher vom schlechten Gewissen als von echter Liebe diktierter Brief. Man merkt
ihm an, dass sich der Sohn zur Ordnung ruft, zur rechten Soh-
nesliebe. Er ist deren Beschwörung mehr als ihr Ausdruck.
 Beide Eltern, erinnert sich die Schwester, seien »ausgeprägte
Persönlichkeiten gewesen, die ihre Welt gelebt haben, wir waren
ja eigentlich draußen und hatten unsere eigene zu entdecken«[15].
Was sich zwischen den Eltern abgespielt habe, hätten sie kaum
erfahren. Man zeigte Haltung. Intimität garantierte das Pfarrhaus ohnehin nur bedingt, es wurde ein großer Haushalt ge-

führt, ständig saßen Gäste am Mittagstisch, Freunde, ein gerade
durchreisender Hausierer, Bedürftige, auch »loses Volk«: »[S]ie
wiesen niemanden ab und ließen mitessen, wer mitessen wollte,
so die Kinder eines Zirkusunternehmens, welches das Dorf
jährlich besuchte, und einmal fand sich auch ein Neger ein. Er
war tiefschwarz und hieß Modidihn. Er saß am Familientisch
links neben meinem Vater und aß Reis mit Tomatensoße.«[16]

Im Dorf und daneben, das auch. Ein Außenseiter? Wohl nicht
in dem Ausmaß, wie er das im Rückblick selbst darstellt: »[D]er
Sohn […] eines Vaters [ist] die schwache Stelle eines Menschen,
der eine moralische Position einnimmt. An seinem Sohn lässt
sich diese Position messen, an dieser Position der Sohn, und weil
mein Vater für das Dorf ein Vorbild war, wurde ich nach meinem Vater gerichtet. Das Dorf ist grausam. Noch unerbittlicher
die Kinder. Der Sohn des Pfarrers ist nicht einer der ihren. Er
ist anders. […] Ich wurde ein Einzelgänger, und so begann ich,
gegen den zu rebellieren, der mich zum Einzelgänger gemacht
hatte, gegen meinen Vater.«[17] Der junge Fritz war bedingt angepasst: nicht nur kein Musterschüler, sondern auch sonst darauf
bedacht, kein Muster abzugeben. Bei Examen und anderen festlichen Anlässen weigerte er sich partout, die Werktagsklamotten
zu wechseln. Allenfalls für Besuche beim regierungsrätlichen
Onkel Hugo, denen ungeliebte Unterweisungen in Wohlverhal-
ten vorausgingen, setzte Mutter Hulda korrekte Kleidung durch.

Ganz so drastisch, wie F.D. es darstellt, war es jedoch nicht,
vielmehr vermischen sich in solchen Erinnerungen die Grenzen
zwischen Kindheit und Jugend. Dürrenmatt hatte durchaus
Freunde, der engste war ein Nachbarsbub, Otto Kreis, der mit
Fritz früh das Interesse für Astronomie teilte, aber bald wegzog
nach Burgdorf und Ingenieur wurde. Oder eine Bande um Marc
Kern, zur Besorgnis der Eltern, steckte sie doch hinter fast jedem Bubenstreich im Dorf. Kerns Vater führte eine mechani-
sche Werkstätte, die der Sohn dann erfolgreich zu einem blühen-

den mittleren Unternehmen aufbaute (in einem Agenda-Eintrag über einen Besuch in Konolfingen heißt es: »Gespräch mit Max [sic] Kern, der Einzige, der was gemacht hat.«[18]). Am Ende fand er einen sehr »Dürrenmatt'schen« Tod: Er flog mit seinem privaten Helikopter in den Kirchturm von Lyss.

Vater und Vater unser

Pfarrerssöhne sind Söhne im Quadrat. Die Auseinandersetzung jedes Sohnes mit jedem Vater wird für einen Pfarrerssohn überhöht durch das Verhältnis (oder Nichtverhältnis) des Menschen zu Gott. Der Vater ist doppelt: Vater und Vater unser.

Das Bild von Reinhold Dürrenmatt, das F.D. in den *Stoffen* entwirft, ist der Versuch einer Korrektur. Eine Wiedergutmachung. Die Überwindung der Fremdheit, »welche zwischen Vater und Sohn gesetzt ist, der Freiheit beider zuliebe«[19], und eine Versöhnung mit dem Glauben des Vaters. F.D. sah in diesem Glauben des Vaters die eigentliche Ursache seines Rebellentums, auch wenn er andernorts zusätzlich die Schule dafür verantwortlich macht.[20] Die Distanz, in die der Vater als Stellvertreter Gottes rückte, machte ihn für den Sohn ebenfalls unerreichbar, sein Amt empfand er als den eigentlichen Grund für seine Stigmatisierung als Außenseiter. Dabei ist unerheblich, wie weit er einer war und wie weit er sich nur als solchen empfand.

Reinhold Dürrenmatt war ein Gelehrter, in dessen Welt die griechisch-römische Antike ebenso präsent war wie die christlich-jüdische. Bis zu seinem Lebensende hatte er das ganze Alte Testament im hebräischen Original sieben Mal durchgearbeitet, seine Anmerkungen in kleiner gestochener Schrift setzten noch Gershom Scholem, den großen jüdischen Religionshistoriker und Freund Walter Benjamins, bei einem Besuch in Neuenburg am 4. Juli 1975 in Erstaunen. Seinen Interessen nach war Reinhold Dürrenmatt fast ebenso sehr Altphilologe wie Theologe. Ein Schrift-Gelehrter, war er dennoch über seinen eigenen Sprengel hinaus und sogar bei den zahllosen protestantischen Splittergruppen und Sekten der Gegend hoch geachtet, seiner Toleranz wegen sogar verehrt, er war ein richtiger Pfarrherr, ein Pastor, dessen Gelehrsamkeit ihn immer etwas auf Distanz zu seiner Gemeinde hielt.

Ein Vater zudem, der aus einer andern Zeit stammte. Zwischen ihm und seinem Sohn fehlte eine Generation. »Er war schon vierzig, als ich zur Welt kam, während im Jahr seiner Geburt, 1881, Bismarck noch Reichskanzler war, Zar Alexander II. ermordet und die russische Geheimpolizei Ochrana gegründet wurde, Dostojewskij starb und Böcklin die ›Toteninsel‹ malte. Dafür, als walte in der Kunstgeschichte eine ausgleichende Gerechtigkeit, wurde im gleichen Jahr Picasso geboren.«[21]

Ein aufdringlicher Bekehrer war Reinhold Dürrenmatt ohnehin nicht. Dafür wurde im Dorf schon genug bekehrt.

Ein Unfall

Dass ich mich gegen den Glauben meines Vaters stellte, wurde mir zum ersten Mal bewusst, als ich mich für diesen Glauben zu schämen begann. Ich war, zehnjährig etwa, vom Pfarrhaus mit dem Velo zur Hauptstraße hinuntergefahren. Vor dem Konsum stand ein Lastwagen mit Milchkesseln, ich bog um ihn herum, ein Motorradfahrer tauchte vor mir auf, in schwarzer Lederkleidung, wie aus dem Nichts materialisiert, er war, über den Kreuzplatz rasend und in die Thunstraße einbiegend, dem Lastwagen ausgewichen und auf die linke Straßenseite geraten. Im Konsum kam ich wieder zu mir. Leute umstanden mich, sie hatten mich hineingetragen. Ich betete laut, Gott solle mich nicht sterben lassen. Dann verlor ich wieder das Bewusstsein. Ich erinnere mich noch an einen Blutsturz in der Nacht darauf. Nachher schämte ich mich, gebetet zu haben. Mein Beten kam mir als eine Flucht in den Glauben vor, als eine Kapitulation. Die Religion wurde mir peinlich, ich misstraute ihr und hatte ein schlechtes Gewissen, weil ich ihr, als es ernst wurde, doch nicht gewachsen gewesen war.[22]

Wie oft bei Erinnerungen, die in die autobiographischen Passagen der *Stoffe* einflossen, fragt man sich: War das eine tatsächliche Erinnerung oder eine, die der Blick zurück eingefärbt hat? Es ist eines der wenigen Beispiele, wo ein Schulaufsatz (bei aller Vorsicht, die gegenüber vorliterarischen Textzeugen geboten ist) das Ereignis unmittelbar aus der Zeit festhält:

Ein Unfall

Es war am Mittwoch, ich musste Edi Obrist das Lateinbuch wiederbringen. Ich fuhr den Kirchweg hinunter, keine Gefahr ahnend. So kam ich zum Konsum, hier stand ein Auto. Nun musste ich die Straße überqueren, zuerst hielt ich nach Richtung Oberdiessbach, um zu schauen, ob von dort ein Auto käme. Das war nicht der Fall. Nun fuhr ich auf die rechte Seite. Da sah ich plötzlich ein Motorrad auf mich zukommen. Dann gab es einen Zusammenstoß, und ich verlor die Besinnung. Was dann geschah, wusste ich nicht; aber man sagte mir, dass sofort der Doktor Siegfried gekommen sei und mich untersucht habe. Ergebnis der Untersuchung: Schlüsselbeinbruch, einen Spalt im Kiefer, Gehirnerschütterung und einige Schürfungen. Außerdem musste ich daheim Blut erbrechen, aber es war nicht gefährlich. Auch musste ich zwölf Tage lang das »Bettlein« hüten. Es wird noch einige Zeit gehen, bis ich ganz gesund bin. Am schlechtesten ist das alte treue Velo dran, und am besten die Brille. Wenn man nämlich das Velo anschaut und betrachtet, so betrachtet man eher eine Acht als ein Rad. Und die Brille – die flog im weiten Bogen auf die Strasse aber – es hat ihr nichts getan. So ist meine »Tour de Suisse« nicht gerade »erfolgreich« beendet. Ich muss noch eine kleine Zeit Schlüsselbeinbruchverbandsträger sein.[23]

Einmal abgesehen von der für einen Dreizehnjährigen erstaunlichen Sprachbeherrschung (»keine Gefahr ahnend«, »ich verlor die Besinnung«), fehlt im Aufsatz die metaphysische Dimension, der Aspekt, ins Gebet geflüchtet zu sein und sich dessen geschämt zu haben.[24]

Die Rebellion gegen diesen Glauben, den Glauben des Vaters, wurde zur *raison d'être* des Sohns, zum Lebensgrund, der »ihn aufrecht und in Schwung hielt«[25]. »Es würde sich lohnen«, sagte mir Dürrenmatt in unserem letzten Gespräch, »einmal die Literaturgeschichte des protestantischen Pfarrhauses zu schreiben.«[26] Meinem Hinweis auf Albrecht Schönes grundlegendes Werk[27] zu diesem Zusammenhang nachzugehen, blieb ihm nicht mehr die Zeit; nicht nur das Kapitel über Gotthelf (»Didaktische Verweisung«) hätte ihn interessiert, wenn auch unter anderen Voraussetzungen als Schöne: »Es [diese Literaturgeschichte des protestantischen Pfarrhauses] wäre eine Geschichte der Rebellen. Das Pfarrhaus ist eine Zuchtstätte für Rebellen. Man wird ja sehr schnell mit einer unabweisbaren, nur zu glaubenden Welt konfrontiert.«[28] Es ist die Potenzierung der Auseinandersetzung jedes Sohnes mit jedem Vater, ohne welchen Konflikt ein großer Teil der Weltliteratur nicht geschrieben worden wäre und schon gar nicht die Literatur des Expressionismus, unter deren Eindruck der junge Dürrenmatt zu sich selbst und zu seiner Schriftstellerei fand.

Der Vater-Sohn-Konflikt also wird in einem Pfarrhaus überhöht durch das Verhältnis des Menschen zu Gott. Mehr als jeder andere ist der Pfarrerssohn mit dem konfrontiert, was Peter von Matt »die große Koalition«[29] nennt. Es gibt Texte des jungen

Dürrenmatt, bei denen schwer zu entscheiden ist, ob in ihnen der Vater oder die ihm übergeordnete Instanz, Gott selbst, ermordet wird: *Der Alte* zum Beispiel, Dürrenmatts erste Publikation überhaupt, 1945 geschrieben und erschienen, eine Erzählung über den verborgenen Kommandanten einer Besatzungsmacht (»Er hasste die Menschen nicht, er verachtete sie nicht, er bemerkte sie nicht [...].«[30]) und seinen Tod durch eine Art Judith, eine junge Frau: »Ruhig nahm sie die Waffe aus seiner Hand, und als sie schoss, fühlte sie jenen Hass, den Menschen bisweilen gegen Gott hegen.« Schon der Titel liest sich im Rückblick, von *Durcheinandertal* aus, wo der große Alte mit Bart und der große Alte ohne Bart auftreten, eindeutiger, als er seinerzeit gemeint war. Vater Dürrenmatt aber, erinnert sich die Schwester Vroni, habe nach dem Abdruck des Texts im ›Kleinen Bund‹ (im März 1945) am Mittagstisch nebenbei bemerkt, »er wisse dann schon, wer mit dem Alten gemeint sei«[31].

Der Vater geistert in zwei Formen durch die frühe Prosa Dürrenmatts: als übermächtiges, strafendes, den Sohn vernichtendes Monstrum und als verborgene, unerreichbare Autorität. Ein sich nicht offenbarender, sich Liebe und Hass gleichermaßen entziehender *pater nasconditus.*

Das allein erklärt jedoch nicht die Verwandlung des Vaters in die Vielzahl von tyrannischen Vater-Monstren, die in Dürrenmatts früher Prosa in zahllosen Varianten auftreten und in späten Brechungen noch in der Wiederbeschäftigung mit den unbewältigten Stoffen (selbst der Androide, der im *Winterkrieg* seine endlose Geschichte in die Felswand ritzt, ist ein später Reflex des Vaters, das Alte Testament übersetzend, seine Predigten in unlesbarer Schrift notierend, und eine Überblendung mit Dürrenmatt selbst, der am Text seines *Stoffe*-Labyrinths kritzelt). Doch passen diese Projektionen so gar nicht zu dem Pfarrherrn, wie er im mal verwunderten, mal amüsierten, immer aber liebevollen Rückblick aus der Perspektive der *Stoffe* erscheint.

Wann setzte das Leiden am Vater (oder, noch komplizierter, das Leiden am abwesenden Vater) ein? Jedenfalls nicht erst in der Rebellion der Pubertät. Es hatte auch mehr mit dessen Funktion als mit seiner Person zu tun. In den Erinnerungen an die Gänge zu entlegenen Versammlungsorten, an denen Pfarrer Dürrenmatts Predigten erwünscht waren, die schweigsamen Hinwege, auf denen der Vater die Predigt memorierte, die Rückmärsche, auf denen er, befreit von seiner seelsorgerischen Pflicht, aus den antiken Sagen erzählte, deren Helden als Sternbilder über den nächtlichen Wäldern standen, schwingt auch viel zärtliche Vertrautheit. Er beschreibt den feinen Humor des Pfarrherrn, der auch die letzten Dinge, die sein Beruf nun mal mit sich brachte, nicht ausklammerte. »Letzte Worte«, die der Vater gelegentlich am Mittagstisch zitierte, keineswegs zynisch, aber eben wie einer, der fast täglich mit dem Tod Umgang hat. Der Satz jenes Bauern zum Beispiel, der sich beim Pfarrer beschwerte: »Ander chöi so liecht stärbe, und mich putzt's fasch derbii«[32] (»Andere sterben so leicht, und ich krepiere fast dabei«). Auch Reinhold Dürrenmatts Abstinententum (»Seine Abneigung gegen den Alkohol nahm immer merkwürdigere Formen an, er weigerte sich schließlich, Nahrung zu sich zu nehmen, auch diese verwandle sich im Verdauungsprozess in Alkohol«[33]: Das betraf den alten Reinhold Dürrenmatt) war zur Zeit seines Pfarramtes ein gegen andere nachsichtig praktizierter moralischer Grundsatz. Wenn die Quartalssäufer nur immer mal wieder zu Blaukreuze krochen, war ihm ihre vorübergehende Nüchternheit wichtiger als ihr Verrat am abgelegten Gelöbnis.

Auch die spätere Korrespondenz zwischen Sohn und Elternhaus verrät kein tieferes Zerwürfnis. Der Vater war besorgt über schlechte Schulleistungen, das schon, er hätte sich dringend gewünscht, dass die künstlerischen Ambitionen zugunsten eines Brotberufs zurückgestellt würden (wie er die Existenz der meisten Schweizer Schriftsteller bis heute absichert).

Natürlich hätte es Reinhold Dürrenmatt gern gesehen, wenn
Fritz sich der Theologie zugewandt hätte. Von Nötigung indes
keine Spur. »Er vermochte nie zu begreifen, dass ich ein schlechter Schüler war, doch verlor er nur einmal die Selbstbeherr-
schung: Er erklärte mir in Gegenwart meiner Mutter schroff,
gleichsam offiziell, ich sei für das Gymnasium nicht intelligent
genug, auch für einen Maler lange es nicht, wie ich mir einbilde,
ich solle meine Pläne zurückstecken. Als ich dann Schriftsteller
wurde, schwieg er zu meiner Schreiberei, in die ersten Premieren
kam er noch, später nicht mehr, aber er interessierte sich für das,
was ich schrieb, ohne mit mir darüber zu diskutieren […].«[34]
Erst im Rückblick, nach Überwindung seiner Rebellion, werden dann für den Sohn auch die Risse in der »großen Koalition«
erkennbar: die Zweifel des Vaters an seinem Glauben (die Erinnerung beispielsweise an dessen rätselhaften Satz: es gebe eine
Sünde, die auch Gott nicht verzeihen könne; oder die Irritation
über die Frage des Sohns, »ob denn der auferstandene Lazarus
hätte glauben können, dass er tot gewesen sei. […] ich spürte,
dass die Frage ihn verlegen machte«[35]). Die Angst vor dem Tod,
besser: vor der Vorstellung von einem Nichts, war für Reinhold
Dürrenmatt, so sieht es der Sohn, schlimmer als alle Höllenvi-
sionen.

Die Kluft zwischen dem Vaterbild in der Autobiographie und
den Vater-Monstren der frühen Prosa ist so groß, dass wir die
Dämonisierung des Vaters mindestens ebenso unter poetologi-
schen wie unter psychologischen Gesichtspunkten sehen müssen. Als eine Art Beschwörung des in der Realität eher abwesenden, verborgenen Vaters.

Im Grunde verkehrten auch die Eltern mit ihren Kindern indirekt, über »Stoffe«, wenn auch in diesem Fall über Stoffe der Weltliteratur. Dürrenmatt hat es beschrieben: Die Bibel und Gotthelf waren das Feld der Mutter, die griechische und germanische Mythologie das des Vaters. Dazu kamen Fundstücke aus der väterlichen Bibliothek: Bildbände, Nietzsche, eine illustrierte Ausgabe von Shakespeares Werken, die bebilderten Velhagen-&-Klasing-Bände über die Wiedertäufer sowie Babylon und Ninive, die beide dereinst wichtig werden sollten; Bunyans *Pilgerreise*[36]; ferner jener geheimnisvolle Band, den der junge Fritz auf dem Estrich fand und den der Vater verschwinden ließ. Ein Aufklärungsbuch? (Die unheimliche Zone im Elternhaus war für den jungen F. D. der Dachboden, nicht der Keller: eher merkwürdig und zu Spekulationen verführend, von einer Phänomenologie des Hauses her gesehen, wie sie Gaston Bachelard in seiner *Poetik des Raumes*[37] entwickelte: die oberste Etage, das rationale Bewusstsein als Quelle der Angst, nicht das Dunkel und die Feuchtigkeit, der Molch im Keller).

Besonders interessant war, wie auch nicht, was an mehr oder weniger Unerlaubtem von außen in das geschützte, von den Eltern und ihrem Gott überwachte Haus eindrang: die Rubens-Bände, die der Hausarzt, Dr. Siegfried, nicht ohne eine Spur subversiver Ironie, Fritz überließ – die Fleischkaskaden der ›Amazonenschlacht‹ werden der Mutter so »genierlich« gewesen sein wie die Geschichte von Adam und Eva, die sie aus ihren wortmächtigen Nacherzählungen des Alten Testaments in der Sonntagsschule ausklammerte. Die grünen Bände der Karl-May-Ausgabe lieh sich Fritz bei einem Zuckerbäcker aus.[38] Daraus prägten den jungen F. D. vor allem das Unterirdische, Labyrinthische der Totenstadt in Karl Mays *Ardistan und Dschinnistan*.[39] Ferner: die Kavernen, Gänge und Höhlen im Erdinnern auf der *Reise zum Mittelpunkt der Erde* von Jules Verne. Aber auch die trivialen »Heftchen-Romane«, die er am Bahnhofskiosk erstand, John Klings Abenteuer etwa. »So fand ich in jener Literatur, von der nie gesprochen wird, die fast jeder in seiner Jugend liest und die das spätere Schaffen mehr prägt, als wir ahnen, all die Taten der Sagen und der Geschichte, des Glaubens und des Wissens wieder, von denen die Erwachsenen erzählt hatten. Von dem aber, was die Erwachsenen verschwiegen, zeugte ein geheimnisvolles rotes Buch, das der Sohn des Gärtners besaß, mit nackten Frauen darin und Mönchen, die an die Brüste von Nonnen griffen; auch das wanderte herum, es roch geradezu nach den Spermen all jener, die es beim Lesen in der linken Hand gehalten hatten.«[40]

Zu den genannten Geschichten kamen in der Schule über ein paar Erzähler unter den Lehrern weitere. Die germanischen Mythen, vor allem des *Nibelungenlieds,* im Unterricht des rothaarigen, dicken, majestätischen Geschichts- und Geographielehrers Dr. Ständer (»Er unterrichtete nicht, er schilderte«[41]). Die Schweizer Geschichte mit ihren Schlachten und Helden. Dürrenmatts Auseinandersetzung mit unterschiedlichsten Aspekten des »Mythischen« sollte später seine Kritiker zunehmend irritieren, weil sie sie nicht als Verwandlung von vorhandenen Stoffen in erfundene (durch das Mittel der Ironie) verstanden, sondern als Bildungsbombast, allenfalls als nur zu verständliche Pathos-Demontage der Nachkriegsjahre. Der Held ist tot, war die Devise, auch bei der Inszenierung von Klassikern (das Thema verfolgte Dürrenmatt von *Romulus* über das Hörspiel *Stranitzky und der Nationalheld* bis weit über *Herkules* hinaus).

Seine Faszination durch den Mythos[42] war zunächst naiv in der Kindheit verwurzelt. Sie gehörte selbstverständlich dazu. Dazu kam, weil Mythen nirgends so schadlos fortleben wie im Volkstümlichen und Trivialen, das Dorftheater: die *Blüemlis-alp*[43] des Lehrers Gribi und andere. Die Dissertation wird sich hoffentlich noch finden, die unter dem Titel »Dürrenmatt und das Volkstheater« den Auswirkungen solch früher Eindrücke nachgeht und rekonstruiert, was in jenen Jahren im Saal des Konolfinger ›Kreuz‹ zu sehen gewesen sein muss.

Schwester Verena und das Ziehkind Lisbeth Gori

Die Schwester Verena fühlte sich im Vergleich zu ihrem Bruder in der Familie »schon etwas zurückgesetzt«[44], ohne dass sie ihm das übelgenommen hätte. Sie hätte gern ein Gymnasium besucht und studiert, stattdessen musste sie, zu ihrem Leidwesen, nach dem Umzug nach Bern die »Neue Mädchenschule« besuchen. Nach deren Abschluss war sie noch kurze Zeit in Neuenburg auf einer »École des Étrangers«, arbeitete dann während des Kriegs in Genf beim Roten Kreuz und besuchte, nach einem Englandaufenthalt, in Zürich die »Schule für soziale Arbeit«. Sie wurde Sozialarbeiterin, war zuletzt während fünfzehn Jahren Leiterin des Sozialdienstes der psychiatrischen Anstalt Münsingen, nach ihrer Pensionierung Inhaberin eines Zeitungsladens und Comics-Spezialgeschäfts in der Berner Länggasse. Ihrem Bruder war sie zeitlebens eng verbunden, auch wenn der Umgang mit ihm, nachdem er Weltruhm erlangt hatte, schwieriger wurde. Im Alter habe er den Kontakt mit ihr wieder vermehrt gesucht. »[E]s hat mein Leben wohl mehr beeinflusst, als ich wahrhaben wollte«[45], sagte sie im Rückblick, so »grundverschieden« von ihm sie sich auch verstand: »Mein Bruder hat früh schon die Schule geschwänzt und jahrelang nichts gelernt, weil es ihn gelangweilt hat.« Die zurückhaltende, kluge, humorvolle Frau gibt zu, es habe sie schon sehr bewegt, als sie jene die Kindheit betreffenden Passagen in den *Stoffen* zum ersten Mal gelesen habe. Sehr genau sei das alles, sehr aufrichtig beschrieben, erstaunlich, wie sich die Erinnerungen mit ihren eigenen deck-

ten, von ein paar Details abgesehen: Als Einzelgänger zum Beispiel, als den er sich beschreibt, habe auch sie ihren Bruder eigentlich nicht in Erinnerung, obwohl er »schon ein Spezieller
gewesen [sei], eingesponnen in seine Welt«. Sonst aber: ein normaler Pfarrerssohn (sofern ein Pfarrerssohn normal sein kann).
»Man sagt ja, normalerweise sei der Ältere der Angepasste und
der Jüngere der, der sich auflehne. Bei uns war das umgekehrt.«
Verena Dürrenmatt blieb zeit ihres Lebens unverheiratet. »Warum ich nie geheiratet habe? Ich weiß es nicht. Ich glaube, ich
hatte einfach einen Riesenrespekt davor. […] Und vielleicht hat
es ja tatsächlich auch ein bisschen etwas mit meinem Bruder zu
tun. Es war nicht einfach, neben ihm zu bestehen. Die Männer
hatten es jedenfalls nicht leicht bei mir. Ich war es von klein auf
gewohnt, einen Gesprächspartner zu haben, der mich herausge-
fordert hat, der einen unglaublichen Reichtum an Gedanken
hatte. Der zwar auch launisch war und schwierig und manchmal
fast etwas autistisch, aber immer, immer interessant. Vielleicht
hat das mehr Auswirkungen auf mein Leben gehabt, als mir damals bewusst war.«

1918 nahmen Hulda und Reinhold Dürrenmatt, bis anhin kinderlos, das zweijährige Ziehkind Elisabeth Gori auf. Mit ihr
hatte Hulda Dürrenmatt auch nach dem Tod von dessen Mutter Mühe. Nach der Geburt der eigenen Kinder wurde es mehrmals zwischen Pfarrhaus und Heim hin- und hergeschoben.
Lisbeth rebellierte gegen die Großmutter, gegen Hulda Dürrenmatt, später, verständlich genug, auch gegen die Schule, musste
die achte Klasse wiederholen, nun wiederum unterstützt durch
Nachhilfestunden, um die sich die Dürrenmatts kümmerten;
kam in die Welschschweiz zu einem Cousin von Reinhold, dann
nach England und endlich, nach einer ihr verhassten Lehre als
Modistin, als Verkäuferin in ein Zürcher Hutgeschäft. Misstrauisch schlug sie alle Angebote von Verena aus, ihr mit Nachfor-
schungen nach ihrer Familie an die Hand zu gehen (ihre Mutter

wurde nach der Geburt eines weiteren unehelichen Kindes aus
dem Zürcher Oberland nach Italien ausgewiesen). Von ihrer
Herkunft wollte Lisbeth nichts wissen, träumte vielmehr den
Traum von einem Leben als bessere Dame und kam doch mit
ihrem Geld kaum zurecht. Sie beneidete Fritz (und seine Frau
Lotti, in ihren Pelzmänteln) und wurde doch von ihrer Pensionierung bis zum Tod, wenige Monate vor dem seinen, diskret
von ihm unterstützt. In den autobiographischen Teilen der
Stoffe kommt sie nicht vor. Hulda Dürrenmatt aber plagte noch
auf dem Totenbett ein schlechtes Gewissen.

Daheim und daneben

»Den Literaturpreis des Kantons Bern habe ich schon erhalten«, sagte Dürrenmatt in seiner Dankrede zum Literaturpreis
der Stadt Bern 1979. »Er stand mir als Konolfinger auch zu,
seien Sie einmal Konolfinger.«[46] Er ist zu verstehen – auch wenn
er umgekehrt wieder rabiat wurde, wenn sich andere über das
»Kaff«[47], aus dem er kam, lustig machten. Für einen Journalisten
der ›Schweizer Illustrierten‹, der sich über den Auftritt des Jo-
delchors Konolfingen mokierte, der die Feier zu Dürrenmatts
Neuenburger Ehrendoktorat (1981) umrahmte, entschuldigte er
sich handschriftlich bei den Sängern. Im Stress des Weltruhms
zu einem Weltmeister im Absagen und Abwimmeln von nebensächlichen Verpflichtungen geworden, war er für Ehrungen,
Anfragen, Zuschriften aus der engsten Heimat immer empfäng-
lich und beantwortete selbst die Anfrage eines Emmentaler
Schülers um Hilfe bei einem Schulaufsatz mit einem dreiseitigen
Brief (er, der wichtigste Korrespondenzen verschlampte). Hörte
er zufällig in einem Lokal Neuchâtels, seines späteren Wohnsit-
zes, zwei Mädchen sich in Konolfingischem Landbernisch unterhalten, übernahm er stillschweigend die Rechnung.

Das *Inventar der Schützenswerten Ortsbilder der Schweiz*
beschreibt das bedingt schützenswerte, hauptsächlich in der Mischung von Industrie und Bauerntum merkwürdige Dorf so:
»Das Dorf Konolfingen liegt am Hang des Hürnberges oberhalb
des von der jungen Chise durchflossenen, ehemals vermoosten
Tales an der Straße von Burgdorf nach Thun. 1864 wird die Bahn
Bern–Langnau erstellt und bei der Kreuzung der Straßen Bern–
Langnau und Burgdorf–Thun zu Füßen des Dorfes auf weitgehend freiem Feld eine Station errichtet. Hier bei der Station wird
gegen Ende des 19. Jahrhunderts eine Milchsiederei gegründet,
aus der sich im 20. Jahrhundert eine heute zum Nestlé-Konzern
gehörende Großindustrie entwickelte. Die Eröffnung der Burgdorf–Thun-Bahn verbessert die verkehrsmäßige Situation nochmals und Konolfingen wird ein wichtiger regionaler Verkehr-
knotenpunkt. Um die Bahnstation entwickelt sich nach der
Jahrhundertwende rasch ein neuer Ortsteil mit weiteren Indust-
rie- und Gewerbebetrieben. Im Laufe der folgenden Jahrzehnte
wächst die neue Industriesiedlung in der Ebene mit dem noch
bäuerlichen alten Dorf am Hang mittels lockeren Chalet- und
Einfamilienhaussiedlungen zusammen. […] Das heutige Konolfingen prägen Bauten des 20. Jahrhunderts, Wohn- und Hand-
werkshäuser aus der Zeit des ersten Entwicklungsschubs nach
der Jahrhundertwende einerseits, vorstädtische Neubauten aus
den letzten beiden Jahrzehnten anderseits. Das Zentrum befindet sich heute in der Ebene bei der Straßenspinne, Verkehrsbau-
ten dominieren den Platz und die regelmäßige Bebauung aus
dem frühen 20. Jahrhundert relativ stattliche Wohnhäuser mit
Satteldach, Holzbalkonen und Giebelschnitzereien sowie der
mächtige Gasthof ›Kreuz‹ können kaum mehr im Zusammenhang erfahren werden. Völlig zur Struktur fallen zudem der klo-
bige Bankneubau und der Ladenbau mit Flachdach heraus. Der
Turm der 1898 erbauten reformierten Kirche erscheint bescheiden zwischen den Bäumen und den Häusern entlang der Haupt-

straße. Der einfache, 1939 vollständig renovierte Saalbau der
Kirche enthält zwei interessante Jugendstilgemälde und wird
vom neuen Kirchgemeindehaus flankiert. Gegenüber ist das
stattliche Pfarrhaus als Geburtshaus von Friedrich Dürrenmatt
zu erwähnen.«[48]

Allein: »Auch für die Kinder ist ein Dorf nicht die Welt«[49],
nicht einmal deren Mittelpunkt (wie auf der merkwürdigen
Weltkarte der genannten Mohammedaner-Mission, auf welcher
Konolfingen zu Dürrenmatts Erheiterung als Welthauptstadt
erscheint). Erstaunlichstes Dokument des kindlichen Koperni-
kaners sind zwei ganz und gar unaltersgemäße Sternkarten, die
er vor seinem zehnten Lebensjahr angefertigt haben muss: eine
des nördlichen und eine des südlichen Sternenhimmels. Der
Schulaufsatz *Ein Naturereignis (Ein Meteor)* verdient schon wegen seines Untertitels ein Zitat, auch wenn er etwas nach der
Konolfinger Zeit, am Freien Gymnasium, nach dem Umzug der
Familie nach Bern, entstand:

Ein Naturereignis./ (Ein Meteor)./ Es war in Adelboden.
Wir machten eine Tour auf den Wildstrubel./ Uhr nachts
ging es in Adelboden fort. Zuerst eine Fahrt mit dem Velo,
und nach einer halben Stunde waren wir schon am Fuße der
Aengstligenalp. Der Aufstieg begann./ Wir hatten Kerzen
mitgenommen. Wir mussten aufpassen. Stockdunkle Nacht.
Der Pfad war zwar gar nicht so schmal, aber dafür ging es
dann steil hinauf. Der Himmel war klar, wolkenlos. Gerade
im Zenith Wega, einer der hellsten Sterne, dann der Schwan,
das nördliche Kreuz. Sehr schön war auch der große und der
kleine Bär und der Drache zu sehen./ So schön und so klar
habe ich die Sterne nie mehr gesehen. Nichts war da, das das
Licht der Sterne trübte./ Wir hatten Rast gemacht. Ich saß auf
einem großen Stein, wenige Meter vor mir der Abgrund. Ich
schaute die Sterne an. Plötzlich taucht, etwa in Nordwest, ein

Stern auf. Blitzschnell überquert er den halben Himmel, einen langen Schweif mit sich ziehend. Sein Kopf ist etwa noch einmal so hell wie Venus. Ich glaube ihn zischen zu hören (Natürlich Einbildung.)/ In der Nähe der Wega ist er verschwunden. Sein Schweif ist etwa noch eine halbe Sekunde lang zu sehen, dann ist alles wie vorher./ Das war ein Prachtsexemplar von einem Meteor. Der verdiente schon die Bezeichnung »Feuerkugel« (So werden die großen Meteoren genannt, die manchmal so stark wie der Vollmond leuchten.)/ Ich habe schon viele Sternschnuppen gesehen, aber das war der schönste und größte.[50]

Noch bevor er die Mythen kennenlernte, waren die Sternbilder da, die ihnen ihre Namen verdanken. Das All ist ein Raum, in den später das Denken Dürrenmatts ins Unendliche taumelte; aber es ist auch, ungewöhnlich genug, eine Kindheitserfahrung und eine, die als bloße Flucht nach oben des von der Dorfjugend gebeutelten Pfarrerssohnes nicht genügend erklärt ist.

In den sechziger Jahren, im Zusammenhang mit den Anfängen des *Stoffe*-Projekts, zeichnete Dürrenmatt eine Reihe von schematischen Plänen von Konolfingen[51]. Darin legt er im Nachhinein wohl eher die Stoffe seines ganzen folgenden Werks über die Topographie seiner Kindheit, als dass er umgekehrt die Kindheit über das Werk entdeckt hätte (wie er selbst suggeriert). Wichtig ist ihm die gegenseitige Bezogenheit der Stoffe und der Kindheitseindrücke, der Erinnerungen.

Jedenfalls sind die drei Pläne der mehr oder weniger spielerische Versuch einer Heimkehr, einer Versicherung in den Anfängen: Sie werden zunehmend präziser, ausführlicher – und zunehmend schematischer: der letzte ein eigentliches Koordinatensystem der Einbildungskraft der Kindheit. Der erste dieser Pläne entstand während eines Besuchs des französischen Regisseurs Hubert Gignoux vermutlich 1960/61. Dieser war zur Vor-

bereitung seiner Inszenierung von *Der Besuch der alten Dame*
für das Théâtre National de Strasbourg in Neuchâtel und erinnert sich: »Es ging zunächst um Astronomie. F.D. besitzt ein
kleines Gartenteleskop, mit dem er die Gestirne beobachtet,
manchmal nächtelang. An dem Tag aber erfuhr er aus einer Zeitung oder Zeitschrift, dass ein Stern, den man lange als zum
Sternbild der Jungfrau gehörend betrachtet hatte, in Wahrheit
eineinhalb Milliarden Lichtjahre entfernt sei und allein wegen
seiner Ausmaße und immensen Energie näher schien. Aller
Wahrscheinlichkeit nach handelte es sich dabei sogar um eine
Galaxie, in der in gigantischen Explosionen in kurzer Zeit gewaltige Energiemengen frei wurden. Indem er sich vorstellte,
dass sich ein Planet wie die Erde in ein solches Universum verir-
ren könnte, stellte sich F.D. halb ernst, halb im Witz eine ›Bosheit‹, einen ›schlechten Scherz‹ Gottes vor. Dann, nach einer
Pause, holte er einen Bleistift und ein großes Blatt Papier und
begann darauf zu zeichnen, was er ›die Geographie der Kindheit‹ nannte, d. h. Konolfingen und Umgebung, der Ort, wo sein
Vater Pfarrer war und wo er geboren wurde [...]. Was mich vor
allem verblüffte, an diesem Nachmittag in Neuchâtel, war die
unvermittelte Konfrontation einer Galaxie mit dem Straßen-
kreuz von Konolfingen, zweier Denkgegenstände (und Inspirationsquellen), die scheinbar entgegengesetzt sind, getrennt
durch die Distanz zwischen ihnen, ihre Dimension und ihre Natur.«[52]

In diesen Plänen Dürrenmatts ist auch ein fragmentarisches
Grundmuster zumindest der autobiographischen Teile der
Stoffe enthalten. Das Zentrum ist die Straßenkreuzung, aus der
das heutige Konolfingen entstand: Die Schwester Vroni erinnert
sich noch, als Kind »irgendein Band durchschnitten zu haben«[53].

Am Kreuzplatz (der in Wahrheit kein Platz war, sondern ein
Kreuzungsgewirr von Verkehrswegen, querten sich doch in Konolfingen nicht nur die Straßen Thun–Burgdorf und Bern–Lu-

zern, sondern auch zwei Bahnlinien) stand der große Gasthof
nebst beigeordneter ›Kreuz‹-Scheuer, dem Theatersaal, in dem
Volks- und Laientheater gespielt wurde, so auch die *Blüemlisalp*
des Dorfdramatikers Gribi (1895–1961). Zu sehen ist die Bahn-
hofsunterführung, in die eine der frühsten Erinnerungen Dürrenmatts zurückführt, nicht mehr eigentlich als der Eindruck
einer Höhle, an deren Ende das Licht gleißt. Der Ort des Unfalls auch, den der Zehnjährige erleidet. Daneben der Bahnhof,
bei dem er »John Kling« erwähnt, den Helden der Trivialkrimis,
die er am Kiosk erwarb. Auf der anderen Seite die Milchfabrik
mit der »Badeanstalt« (die wenig mehr war als ein betoniertes
Wasserreservoir für die Feuerwehr).

Weiter auswärts der gelähmte Sigrist. Überhaupt: Beschädi-
gungen aller Art, Idylle und Horrorkabinett, auch die Idylle *als*
Horrorkabinett. Ein von Kinderlähmung Betroffener lebte in
der Familie des Jodlerkönigs Oskar Friedrich Schmalz (1881–
1960), der auch so etwas wie ein Dorfkönig war. Einer der Söhne war Notar von Beruf, ein anderer leitete das Baugeschäft
Schmalz: Die Schmalz-Dynastie war ein Gravitationszentrum
der konservativen Berner Landpolitik, Vorfahren saßen als
Statthalter auf der Lenzburg. Wir finden den »Gemüsemann«,
Großenbacher mit Namen, der später eine Gärtnerei übernahm:
Ihm fehlten in Wahrheit mehrere Finger, nicht aber die ganze
Hand. Eine »Hexe Wyss-Rosetti« ist vermerkt (eine Frau, der
man das zweite Gesicht nachsagte und die beim Melken immer
die Bibel gelesen haben soll). Bissige Hunde, »feindliche Bu-
ben« (die Knaben des Bauern Schafroth). Über das Planquadrat
hinausweisende Linien der Koordinaten: Burgdorf, wohin sein
Jugendfreund Otto Kreis gezogen war (das Stichwort »Mathematik« für den Ingenieur), davor Großhöchstetten, der Ort der
verhassten Sekundarschule mit dem »sadistischen Lehrer« Lienhard. Im Süden: »Thun. Berge«, davor Oberdiessbach mit der
»Klavierlehrerin (verrückt)«, Pfarrer Friedlis schizoide Tochter,

zu der Fritz eine Zeitlang mit dem Fahrrad zum Unterricht ra-
deln musste. Im Westen: Irrenanstalt Münsingen. Im Osten: Luzern, davor Zäziwyl (woher sein späterer Freund Hans Liechti
stammte). Dazwischen: der Oeschberg, Zentrum und Tagungs-
stätte der Jungbauern, denen Cousin Peter nahestand, der Lehrer Röthlisberger, der große Erzähler, dem der linke Daumen
fehlte: Er leitete den »Hoffnungsbund«, die Jugendorganisation
des »Blauen Kreuzes«. Die »Mohammedaner Mission«, deren
Sekretärin, ein Fräulein Näf, im Pfarrhaus wohnte: Das Motiv
taucht ganz spät, in *Durcheinandertal* wieder auf, inklusive der
verrückten Ottilie und ihrer Nachfolgerin als Gattin des Missio-
nars Rubli, der Erbin der Stumpenfabrik Hediger. (Rubli war
nach Vroni D. »eine imposanten Erscheinung mit Bart und riesigen Lippen, er hatte etwas Negroides«[14].) Drei Kunstmaler:
Ernst Brechbühl, der immer wieder bei Vater Dürrenmatt fürs
»Blaue Kreuz« unterschrieb und immer wieder rückfällig wurde; Hans Gartmeier, der im Auftrag der Kirchgemeinde den
jungen Fritz Dürrenmatt und seine Schwester Vroni porträtierte
(die Bilder sind im Film ›Friedrich Dürrenmatt‹ zu sehen, den
Ludy Kessler zu Dürrenmatts 60. Geburtstag im Auftrag des
Tessiner Fernsehens drehte, neben vielen anderen Details aus
Konolfingen). Als Dritter, Fritz Ryser, der professionellste der
drei, Sohn des Sigristenehepaars Fritz und Ida Ryser, ausge-
bildet an der Kunstgewerbeschule in Basel und später Lehrer
dortselbst, verantwortlich für das Gemälde über dem Haupteingang der Kirche Konolfingen. Der Plan verzeichnet »Die Armen« und »Die Reichen«, fünf Tunnel, die beiden Schlösser
(Ursellen und Hünigen) und ist an den vier Ecken begrenzt, wir
könnten auch sagen: beschützt durch vier Hügel (den Ballenbühl, den Galgenhubel, Heutlingen und Holz) und dahinter die
Berge (das Paradies der Kindheit hinter den sieben Bergen). An
der linken Seite weist ein doppelter Pfeil nach Bern (»Onkel Regierungsrat, fernes Oberhaupt«) und zum Seminar Muristalden.

Dort verbrachten Fritz und seine Schwester des Öfteren glückliche Ferien in den langen leeren Gängen des verwaisten Seminars. Wenn die Familie nicht in ihr kleines Ferienhaus in Adelboden fuhr. Nicht zuletzt wegen des Asthmas und Heuschnupfens von Fritz. Ist es zu verwegen, in diesem Asthma des jungen Dürrenmatt schon eine Somatisierung des Gefühls der Gefangenschaft zu sehen? Ein »Arzt 1« ist eingetragen: Dr. Schüpbach, der Hausarzt der Pfarrfamilie, dessen Frau Fritz' Taufpatin war, ein »Arzt 2«, Dr. Siegfried, der Bruder des Wirts vom Hotel ›Bahnhof‹, der dem jungen Dürrenmatt den Rubens-Band auslieh und ihn nach seinem Fahrradunfall verarztete. Der Name seiner Villa, »Grünegg«, übertrug sich später auf das ganze Quartier. Das »zahnärztliche Institut« eines Herrn Favre (Verena Dürrenmatt: »ein ganz Frommer, aber nicht in der Kirche, sondern bei den Darbysten«[55]). Sein Kompagnon war der Zahntechniker Flückiger: Nach einem Bankrott vertauschten sich die Rollen, und der Zahnarzt wurde der Angestellte seines Technikers. Ein Direktor der Milchfabrik trägt den Namen Muheim (der dann im *Meteor* als »der große Muheim« wieder auftauchen sollte), Anna Hutmacher, »Dichterin und Köchin« (auf Schloss Ursellen, dem Wohnsitz des legendären Botschafters Frölicher, der während des Zweiten Weltkriegs der unrühmlich abberufene Schweizer Gesandte in Berlin war). Die benachbarte Bank ist verzeichnet, und ein Eintrag verweist auf »Traps« (den Textilreisenden aus der *Panne*), einen Lederwaren- und Tuchhändler namens Howald, der viel unterwegs war.

Die Felder fußballerischer Auseinandersetzungen sind vermerkt, und die Nachtgänge mit dem Vater, nach Heutlingen, aufs Holz (wo der Pfarrer vor seinem Umzug nach Bern den Bau des Kirchleins gerade noch erlebte).

Die Topographie von Dürrenmatts Kindheit ist eine versehrte, sozusagen mit unzähligen Narben übersäte Idylle oder ein kartographisches Verzeichnis der Versehrtheit mit gelegentlichen idyllischen Einsprengseln. Auch der »Mutterschoß des Dorfes«[56] war ambivalent. Auch in ihm sah sich Dürrenmatt, zumindest im Rückblick, verschont und gefangen.

Eine Kindheit in Konolfingen: vier Jahre Primarschule im nahe beim Pfarrhaus gelegenen Schulhaus Stalden, im Frühjahr 1932 die Aufnahmeprüfung für die Sekundarschule in Groß-höchstetten, dann erst, mit dem fälligen Übertritt ins Progymnasium, der Umzug in die Stadt. Kinderkrankheiten, Unfälle. 1930 eine längere Krankheit, »Kopfgrippe«, wie das damals hieß, wahrscheinlich eine leichte Form von Kinderlähmung. Von ihr blieb F. D. eine leichte Gehbehinderung, jedenfalls war es danach aus mit Fußballspielen, seiner großen Leidenschaft, für die er sich noch sein ganzes Leben lang begeisterte.

Er war ein schlechter Schüler, hasste »[d]as Kindergefängnis, das wir Schule nennen«[57], empfand die Schule als »wahnsinnigen Zwang, ich war ein Einzelgänger und als solcher immer irgendwie der böse Geist in der Klasse. Ich habe immer revoltiert«[58]. Eine echte Qual, nicht nur für F. D., muss dann in der Sekundarschule Großhöchstetten der sadistische Französischlehrer Lienhard gewesen sein, der ihm die Sprache seines späteren Exils gründlich und auf Lebzeiten verdarb.

»Bildersturm«

Doch nicht nur die Geschichten aus Vater Reinholds Bibliothek, auch die zahlreichen Illustrationen in den dort versammelten Bänden beschäftigten die Phantasie des jungen Fritz. Die Bilder in seinem Kopf versuchte er zeichnend zu bewältigen. »Die Bilder stürzten auf mich ein«[59]: neben dem bereits erwähnten Band mit Reproduktionen von Rubens, Rembrandt-Radierungen und Dürers Holzschnitte, die Stiche einer Shakespeare-Ausgabe, unter denen als Legenden rätselhaft die Fragmente von

Zitaten standen; ein Buch über Böcklin, Hermann Grimms illustrierte Michelangelo-Biographie: mit den Schilderungen des
wortgewaltigen Lehrers Ständer ergab sich daraus als Kreuzung
eine martialische Schlachtenkunst, mit der F. D. 1933 gar einen
Wettbewerb des *Pestalozzi-Kalenders* gewann. ›Die Schweizer
Schlacht‹ hieß die Zeichnung. Als die Mutter, ratlos ob der vagen künstlerischen Berufswünsche des Sohns, dem Maler Cuno
Amiet[60] eine Auswahl vorlegte, riet der trocken: Der Bub solle
Oberst werden, bei seiner Vorliebe für Schlachten.

Erstaunlich ist ein Brief, den Eduard Wyss unter dem Datum
vom 20. Juni 1934 an die Eltern schrieb. Wyss war der Sohn eines
befreundeten Pfarrers in der nahe gelegenen Gemeinde Kirch-
dorf und Patensohn von Reinhold Dürrenmatt. 15 Jahre älter als
Fritz, hatte er damals sein Studium der Altphilologie schon abgeschlossen und unterrichtete an der Kantonsschule (dem kantonalen Gymnasium) Zürich. Er sollte später noch zu einer
wichtigen Bezugsperson für Dürrenmatt werden. Ihn müssen
die Konolfinger Pfarrleute um Rat gebeten haben, was beweist,
dass sie die künstlerischen Ambitionen des Heranwachsenden
durchaus ernst nahmen.

> Westbühlstraße 41, den 20. Juni 1934
>
> Meine Lieben!
> Endlich fand ich Gelegenheit, unsern Zeichnungslehrern,
> Proff. Bucherer und Stiefel, Fritzlis Album vorzulegen, und
> will nun versuchen, kurz Euch ihr Urteil mitzuteilen. Die
> Zeichnungen Fritzlis, so ist ihre Meinung, verraten vor allem
> starkes Einfühlungs- und Vorstellungsvermögen, aber ebenso
> starken, fast hemmungslosen Willen zur Äußerung und Dar-
> stellung. Daneben ist das zeichnerische Können noch sehr
> gering und ganz unkultiviert. Darum lassen diese Zeichnun-
> gen noch gar keinen Schluss zu, ob Fritzli wirklich malerische
> Begabung besitze, wogegen die Vehemenz und Vielseitigkeit

und Originalität der Darstellungen auf einen starken künstlerischen Willen schließen lassen, der aber noch keineswegs in
der Malerei sein Wirkungsfeld finden muss; es könnte eben-
sogut Schriftstellerei oder ein anderes Kunstgebiet sein. Es
sind viele Schüler bei uns etwa von Fritzlis Alter, die ohne
speziell künstlerische Begabung unvergleichlich besseres
zeichnerisches Können besitzen. Bei Fritzli scheint es gerade
umgekehrt zu sein. Es wäre darum falsch, ihn nun jetzt schon
auf irgendein Gebiet festlegen zu wollen. Das Wichtigste ist,
dass sich seine Anlage frei und ohne Zwang entwickle. Wo sie
sich dann festlegen wird, ob auf der Malerei oder der Schriftstellerei oder anderswo, oder ob sie sich schließlich selbst er-
sättigen wird, wird sich erst später entscheiden. Aber es hängt
viel davon ab, dass er gerade was das Zeichnen betrifft in gute
und verständige Hände kommt, wo nichts erzwungen und
nichts verbildet wird.[61]

Im Rückblick überlagern sich die Erinnerungen, das Gedächtnis
fördert Einzelheiten eines Lebensabschnitts zutage, aber das
Licht, in dem sie erscheinen, stammt aus einem andern, und die
Beleuchtung der Landschaft wechselt. Einmal spricht Dürrenmatt von seiner Jugend insgesamt als von einer Zeit der Ohnmacht, des labyrinthischen Gefühls des Eingeschlossenseins,
der Angst vor dem Undurchschaubaren. Dann wieder unterscheidet er zwischen der Zeit auf dem Dorf, in der Idylle, und
der in der Stadt: »Die Schwierigkeiten begannen eigentlich erst
in der Stadt.«[62]
   Die Bedeutung der Kindheit und Jugend für sein ganzes Lebenswerk hat Dürrenmatt nie in Abrede gestellt. Dieses Werk
kommt bis zuletzt immer wieder zyklisch auf die frühen Motive, Themen, Stoffe, Visionen zurück und gewinnt aus dem Er-
innerungsvorgang selbst die Energie zu immer neuen Ansätzen,
Umformungen, Ausweitungen, Varianten. »[B]ehütet, ohne be-

hütet zu sein«[63] – in dieser Formel, mit der er das Gefühl jener Jugend beschreibt, klingt schon ein zentrales Motiv an, das ihn noch in einem seiner letzten Texte beschäftigen sollte: die Ambivalenz des Gefängnisses, das Verschonung und Verhaftung zugleich bedeutet. Das Zitat bezieht sich auf die Berner Jahre der Pubertät, aber es gilt auch für die Befindlichkeit des kindlichen Pfarrerssohns, ja, wenn man es recht bedenkt, für jedes Kind, für die Anfänge jeder menschlichen Existenz. Jede Fürsorge ist auch Freiheitsberaubung, der Bauch der Mutter eine bergende Höhle und ein Gefängnis, die Geburt eine Befreiung und eine Aussetzung, der »Schoß der Familie« Geborgenheit und Gefangenschaft. Jedes Kind ist in der Familie und daneben. Wie erst ein Pfarrerssohn, der Sohn der Pfarrfamilie Dürrenmatt. »Ich schloss mich von der Welt meiner Eltern aus, eine Photographie jener Zeit zeigt es deutlich. Alle stehen feierlich da, meine Eltern, meine Schwester, ich schneide eine Grimasse.«[64]

Exkurs

Wiederholte Heimkehr:
die erinnerte Kindheit

Wiederholte Heimkehr · Geborgene, verborgene Kindheit · Dürrenmatt und die Psychoanalyse · Vergangenheiten, nicht Vergangenheit · Im »Stoff« überlebt das Erleben · Eine Autobiographie des Als Ob

Wiederholte Heimkehr

Friedrich Dürrenmatt war kein Tagebuchschreiber. Die Einträge in die Agenden, die in seinem Nachlass erhalten sind, sind oft zufällig, mit den Jahren nicht mehr als nackte Termine, und oft ist kaum auszumachen, ob sie geplante Verabredungen betreffen oder zurückliegende festhalten. So sind ausführliche Abschnitte wie der bereits erwähnte vom 2. April 1954 in jedem Fall auffällig. »Fahrt nach Luzern. Konolfingen. Von Bern an steigende Neugierde. Erstes Erschrecken, wie ich K. sehe. Welches Nest. Vor allem stimmen die Dimensionen nicht. Erinnerung an Kleinigkeiten so etwa bei der Treppe am Bahnhof, der erste Absatz. Alles wie zusammengeschachtelt. Landschaft noch am meisten wie in der Erinnerung. Aebersold, Ballenbühl Das Dorf selber von einer nicht zu übertreffenden Scheußlichkeit. Gehe zum Kreuzplatz, durch die Thunstraße. Unser Haus, das Pfarrhaus von unten, alles entsetzlich verändert glaube noch einige Bäume zu erkennen doch sind die charakteristischen die guten weg die Pappel, die mächtigen Tannenbäume, die Eiche Dann nach dem

Schulhaus, der Weg nach dem oberen Weg wie sonst, doch auch
das Schulhaus verschandelt. den Weg zu Gribis wie sonst, die
Umgebung von unserem Haus verbaut. Unsicherheit auf der
Straße Erinnerung an Unfälle. Erinnerung auch an den [sic!]
von Gerüchen, nasses Holz, Mist. Neue Sekundarschule städ-
tisch, modern, bequem. auch nötig in dieser Gegend. Der ›Kir-
chenstutz‹ sozusagen eben. Kreuz Restaurant. Gespräch mit
Max [sic!] Kern, der einzige, der was gemacht hat.«[1]

Ein Schock. Den löste weniger die Konfrontation mit dem
real existierenden Konolfingen aus als das Bewusstwerden, welche Veränderungen, Verschiebungen, Verdrängungen und Überhöhungen die Erinnerung mit der Realität anstellt. Es war Dürrenmatts erstes Wiedersehen mit seinem Geburtsort, seit er im
Alter von vierzehn das Dorf seiner Kindheit verlassen hatte.

So ist schon in dieser Keimzelle zu Beginn aller Beschäftigung
mit der eigenen Herkunft eine Irritation enthalten: Was macht
die Phantasie aus dem, was einmal ein direktes, naives Erleben,
was einmal Realität und Gegenwart war?

Zum Zeitpunkt jenes Agendaeintrags, wie noch so oft in seinem Leben, befand sich F. D. in einer Krise. Er hatte eben seine
erste Niederlage auf dem Theater erlebt. Sie war so gravierend,
dass er sogar daran dachte, künftig gar keine Stücke mehr zu
schreiben. Zudem war er in bedauerlicher physischer Verfassung.

Die flüchtig hinskizzierte Passage in der Agenda hat, mit kleineren Korrekturen, alle Überarbeitungen bis zur Endfassung
von *Stoffe I–III* überlebt: »Als ich vor einigen Jahren das Dorf
wieder besuchte, erkannte ich nur noch die Hügel, die es umgeben, den Hochkamin der Milchsiederei, einige Häuser, das
Wirtshaus am Kreuzplatz, das Pfarrhaus, in dessen Garten einige Bäume fehlten, die Tanne etwa, auf die ich immer geklettert
war, die Kirche umgebaut, alles kleiner, zusammengerückt, obgleich es sich doch ausgeweitet hatte, viel Industrie, so an der

Bernstraße Lager von Heizkesseln. Ich fühlte mich fremd, nur
als ich neben dem alten Schulhaus die Treppe hochstieg zu der
Häusergruppe auf dem Hügel und an einem nassen Scheiterhau-
fen vorbeikam, fühlte ich mich plötzlich wieder zu Hause, ich
war dem Geruch von nassem, gespaltenem Holz seit meiner Jugend nicht mehr begegnet.«[2]

»Vor einigen Jahren«: Zwischen dem Agendaeintrag und der
Publikation dieses Texts liegt ein gutes Vierteljahrhundert –
mehr als ein Drittel von Friedrich Dürrenmatts Leben, liegen
weitere Krisen und weitere Konolfingische Rückführungen. Die
hatten immer mit mehr oder weniger eingestandener Selbstversicherung zu tun.

Dass eben die Agenda 1954 drei Tage vor der Notiz über den
Besuch in Konolfingen den lapidaren Eintrag »Beginne Proust«[3]
enthält, kann kein Zufall sein. Wir wissen, welche Rolle Gerüche in dessen berühmter *Suche nach der verlorenen Zeit* spielen.
Gerüche sind die Pforten der Erinnerung. Das nasse Holz. Oder
der Geruch von Wasser und Blut. Als ein Pathologe (es war im
Spital von Winterthur, wo sich seine Frau Lotti 1958 wegen eines
Eingriffs befand) F. D. den neu eingerichteten Seziersaal zeigt,
findet er sich »gespenstisch« abermals in seine Jugendzeit versetzt: »abwesend, verstummt, wieder in meinem Dorf, sah ich
die Schlächterei vor mir, spürte ich den Geruch von Wasser und
Blut, den ich gerochen hatte vor mehr als vierzig Jahren, als damals die großen unschuldigen Tiere neben meinem Elternhaus
zusammensanken und ihr Blut in dunklen Strömen in den Rinn-
stein floss.«[4]

Heimkehren in die Fremde: Das Paradox wird uns noch beschäftigen. Bleiben wir vorerst bei der Chronologie der wiederholten Heimkehr ins Dorf. 1957 las Dürrenmatt für eine Schallplatte der Deutschen Grammophon Gesellschaft selbst aus der
Hörspielfassung seines Stücks *Herkules und der Stall des Augias*. Für die Plattenhülle schrieb er einen kurzen Text: *Vom An-*

fang her. Wieder ging dem ein Besuch in Konolfingen voraus, diesmal mit seinem französischen Übersetzer Jean-Pierre Porret. *Vom Anfang her* ist zunächst nur ein kurzer biographischer Abriss: die beiden Großväter, das hässliche Dorf mit der schönen Umgebung, Anekdoten aus der Kindheit. Der Text enthält aber auch den wichtigen Satz: »Doch habe ich in meine heutige Tätigkeit aus der Welt meiner Kindheit Wichtiges herübergerettet: nicht nur die ersten Eindrücke, nicht nur das Modell zu meiner heutigen Welt, auch die ›Methode‹ meiner Kunst selbst.«[5] In der Malerei, der er bis zuletzt bewusst die Grazie des Dilettantismus bewahren wollte, sah Dürrenmatt eine »Rückkehr zur Schöpferkraft des Kindes«[6], wie er sagte. Doch die betraf auch seine Kunst insgesamt.

Dürrenmatt selbst benennt in den *Stoffen* einen Text als die »Urzelle«[7] des ganzen Riesenunternehmens, den er 1964 auf Teneriffa zu schreiben begonnen hatte und der erstmals 1966 unter dem Titel *Dokument* im Sammelband *Theater-Schriften und Reden* erschien. Unter dem 20. Januar 1964, unmittelbar vor seiner Reise nach Spanien, finden wir in der Agenda den Vermerk: »In Bern. Vater Geburtstag. Fahrt Konolfingen«[8]. Ausführlicher als *Vom Anfang her* ging auch das *Dokument* im Wesentlichen in die Endfassung der *Stoffe* ein. Unübersehbar ist die zeitliche Nähe zu einer weiteren Theaterniederlage. Nach dem Welterfolg der *Physiker* war 1963 *Herkules und der Stall des Augias* beim Zürcher Publikum weitgehend auf Unverständnis gestoßen. Das löste nicht gerade eine Krise aus, aber es schmerzte. Dazu kam, dass im November 1963 der Intendant Hans Schalla in Bochum Dürrenmatts Inszenierung einer Neufassung von *Frank dem Fünften* abgebrochen hatte. Das Stück war zuvor schon bei der Zürcher Ur- und bei der deutschen Erstaufführung durchgefallen. Wieder einmal war Selbstversicherung gefragt, wieder führte sie zur Heimkehr in die Kindheit. »Das Dorf war hässlich […], aber schön waren die umliegenden Bauerndörfer mit den großen Dächern und den sorgfältig geschichteten Misthaufen«, heißt es in *Dokument*. Der Text erzählt von kindlichen Abenteuern in Wald und Kornfeldern, »noch geheimnisvoller waren die dunklen Gänge im Heu, das die Bauern in ihren Tennen aufgeschichtet hatten, stundenlang krochen wir in der warmen, staubigen Finsternis herum und spähten von den Ausgängen in den Stall hinunter, wo in langen Reihen die Kühe standen.«[9] Die Welt des Augias, die Stallwärme des Augias, der Mutterschoß des Dorfes.

Die weitere Entwicklung der Unternehmens *Stoffe* kann nun nicht mehr verwundern. Immer waren Krisen der Anschub zur nächsten Stufe, immer stand dahinter die Frage, die schon in jener frühen Agenda 1954 stand: »Was bin ich?«[10] Woher komme ich?

Auch der eigentliche Beginn am Werk wurde – es konnte nicht anders sein – von einer weiteren Krise ausgelöst: dem Zerwürfnis mit den Basler Theatern 1969. Ein erneuter starker Schub erfuhr das Unternehmen *Stoffe* 1973 durch Dürrenmatts Niederlage mit seinem Stück *Der Mitmacher*. Und immer führten solche geradezu existentiellen Verunsicherungen zur Rückkehr in die Kindheit. »Im Grunde ist die Frage nach seiner Jugend eine der wichtigsten Fragen, die einem Schriftsteller gestellt werden können«, sagte er am 7. März 1975 zu Heinz Ludwig Arnold. »Sie beschäftigt mich mehr und mehr. Ich glaube, dass alles Wichtige, alles Entscheidende sich auf die Jugend zurückführt. Dies ist keine Erkenntnis, die ich – etwa von der Psychoanalyse – übernommen, sondern eine Erfahrung, die ich selber gemacht habe, indem ich über meine Werke, meine Ideen, meine Arbeit nachdachte.«[11]

Wo er in einer frühen Fassung des Texts *Dokument* vom Dorf seiner Kindheit spricht, heißt es: »Leicht darzustellen: Es braucht ein Koordinatenkreuz dazu. Sind es meine Eindrücke auch?«[12] Dieses Koordinatenkreuz findet sich auf einem von jenen drei Plänen, die Dürrenmatt von der Topographie seiner Kindheit anfertigte und in die er seine daraus gewachsenen Stoffe eintrug, wohl mit zunehmendem Erstaunen über sich selbst.

Die *Stoffe* handeln von mancherlei Heimkehr: der Söldner im *Winterkrieg in Tibet,* Walt Lotcher in *Mondfinsternis,* auf paradoxe Weise »A.« im *Rebell,* Vinter, der Killer, der in seine Heimat zurückkehrt, um ein Attentat zu begehen (was ihm gelingt) und dafür zu büßen (was ihm verwehrt bleibt). Aber die *Stoffe* handeln nicht nur von Heimkehr, sie sind eine. Die Passagen, in denen Dürrenmatt sich direkt mit seiner Biographie befasst, sind, ihre textgenetische Betrachtung beweist es, zweifellos gestaltete, um nicht zu sagen, stilisierte Erinnerung (F. D. spricht vom »Dorf«, nicht von Konolfingen). Aber sie sind auch mehr um Detailgenauigkeit bemüht, als ihm selbst bewusst war.

Sollen wir uns wundern, dass die lange Heimkehr eine ambivalente ist? Dass der Heimkehrer auf den Glanz der Kindheit stößt, auf mythisch ursprüngliche Visionen von großer Schönheit, aber auch auf mythische Schrecken? Und dass er beides auf das Dorf projiziert? Das Kaff und sein intaktes schönes Umfeld? Ein Güllen wie in seinem Erfolgsstück *Der Besuch der alten Dame,* könnten wir sagen, und jene landbernische unfragliche Geborgenheit, die für Dürrenmatt zeitlebens ein Gravitationszentrum heimatlicher Emotionen blieb?

Geborgene, verborgene Kindheit

Wir betreten Dürrenmatts Kindheit, das Dorf, sein Geburtshaus gegenüber der Kirche von Konolfingen, durch die Hintertür. Wer nach Spuren des jungen Friedrich Dürrenmatt sucht, kommt um die Erinnerungen des alten nicht herum und also nicht um den zentralen Werkkomplex, dessen erster Band 1981 unter dem denkbar unattraktiven Titel *Stoffe I–III* erschienen ist. Dass das Alterswerk, das in einem beispiellosen Vorgang der Verschachtelung von biographischen Zeitperspektiven Rückgriff und Reflex ist auf das Werk überhaupt, eine »Wiederholung« im Sinne Kierkegaards – dass dieser Komplex bis heute nicht die ihm zustehende Aufmerksamkeit gefunden hat, hängt nicht zuletzt damit zusammen. *Stoffe* ist ein Titel, als hätte Dürrenmatt etwas verstecken wollen, nämlich sich.

Tatsächlich hatte er immer die höchsten Schambarrieren errichtet, wenn es um ihn selbst ging, und dieses Buch war zweifellos unter anderem eine merkwürdige Art von Autobiographie. Auch wenn es mit einem Passus anhebt, der ebendies in Abrede stellt oder zumindest stark relativiert: »Es ist immer wieder von irgendjemandem versucht worden, sein eigenes Leben zu beschreiben. Ich halte das Unterfangen für unmöglich, wenn auch für verständlich. Je älter man wird, desto stärker wird der Wunsch, Bilanz zu ziehen. Der Tod rückt näher, das Leben verflüchtigt sich. Indem es sich verflüchtigt, will man es gestalten; indem man es gestaltet, verfälscht man es: So kommen die falschen Bilanzen zustande, die wir Lebensbeschreibungen nennen, manchmal große Dichtungen – die Weltliteratur beweist es –, leider oft für bare statt für kostbare Münze genommen.«[12] Deshalb schreibe er nicht über die Geschichte seines Lebens, sondern über die Geschichte seiner Stoffe.

Dürrenmatt geht auf Distanz zu sich selbst. Die Zentrifugalkraft von ihm weg war ihm zeitlebens ein künstlerischer Motor. »Verfälschung«, »Verklärung«? Bis auf wenige Ausnahmen ist Dürrenmatt ein strenger Richter in eigener Sache. Die *Stoffe* sind für die Biographie seiner Kindheit und Jugend eine Quelle ersten Ranges. Freilich nicht nur in dem, was sie sagen, sondern auch in dem, was sie verschweigen.

Die Erinnerung ist eine Konstituante der Phantasie, sagt Dürrenmatt, sie ist »der Vorstellungskraft immanent«[13]. Aber ebenso gilt, dass ohne Phantasie keine Erinnerung möglich, beides auch dann nicht zu trennen ist, wenn wir es nicht spezifisch im Sinne Freuds verstehen, die Phantasie (»dieser Vorläufer des Wahnes«[14]) als das Produkt der verdrängten Erinnerung. Vom Bekenntnis Dürrenmatts – vom Eigensten, dem, was einen »Stoff« erst in Bewegung setzt, könne er nur indirekt reden, in der Form des vieldeutigen Gleichnisses – ist es kein so großer Schritt bis zur Vorstellung vom Phantasierten als etwas Verdrängtem. Jedenfalls hat Dürrenmatt Widerstände immer als produktive Gegenkräfte verstanden.

Die Sätze aus dem Anfang des ersten Bands der *Stoffe,* oft zitiert, lauten: »So zielt meine Schriftstellerei von mir weg, wenn ich auch nichts geschrieben habe, das nicht in irgendeiner Beziehung zu etwas von mir Erlebtem steht, auch zu teils verdrängten, teils längst vergessenen Erlebnissen, Gefühlen und Gedanken. Dabei verhalten sich die ungeschriebenen oder nicht vollendeten Stoffe unmittelbarer zu meiner Welt, zur Welt, wie ich sie erlebte und erlebe, als die geschriebenen Stoffe, die gefiltert, umgeformt, verformt, zwar immer wieder neu gestaltet, aber doch schließlich abgeschlossen, zur Sprache gebracht, damit der Sprache angepasst, angenähert sind. Darum sind die ungeschriebenen und die unvollendeten Stoffe wichtig. Sie sind entweder noch nicht geschrieben, noch nicht zur Sprache gebracht, noch nicht Sprache, oder sie sind noch Versuch, noch nicht Abschluss, der immer nur zweifelhaft sein kann: Enden ist stets willkürlich, ein Aus-der-Hand-Geben, ein Verlieren schließlich, ein Vergessen, resignierend wie jedes Vergessen. Das noch nicht Geschriebene und das Unvollendete dagegen gehören mir. Es ist bloß gedacht, nur Phantasie oder etwas Angefangenes, dann auf die Seite Geschobenes, immer noch Mögliches, darum auch quälend.«[15] »Auf die Seite Geschobenes«, könnten wir das nicht das »Verdrängte« nennen, das »noch immer Mögliche«, das »noch nicht Bewältigte«? Dürrenmatt vermeidet diese Terminologie mit Bedacht.

Dürrenmatt war immer skeptisch gegenüber Sigmund Freud und der Psychoanalyse, auch wenn es in einer Anmerkung zum Vortrag über Einstein heißt: »Spinozas Denken ist im Wesentlichen eine Rebellion gegen das Judentum und damit ein Resultat des jüdischen Denkens, wie das Denken Einsteins. (Das Gleiche ließe sich vom Denken Marx' und Freuds sagen; es handelt sich um den gleichen sich vielfach verästelnden Denkstrom, um ein ›Denkdelta‹, um eine der fruchtbarsten Denklandschaften, die wir kennen.)«[16] Ihn irritierte nicht das wissenschaftliche Gebäude an sich, sondern, im Fall Marx' wie in dem Freuds, dass es sich (zum Teil ohne Zutun seiner Architekten) zum Dogma verfestigte, das jeden Widerspruch als Verstoß gegen die reine Lehre ächtete. Jede Kirche gebiert ihre Häretiker, und Dürrenmatt hielt es allemal mit den Häretikern gegen die Kirchen. Es hinderte ihn keineswegs an freundschaftlichen Beziehungen zu Psychiatern wie Otto Riggenbach und später Walter Vogt oder zu Marxisten wie dem Bühnenbildner Teo Otto und dem Kunsthistoriker Konrad Farner.

In der Dürrenmatt-Forschung hat diese seine Abneigung zur stillschweigenden Übereinkunft geführt, seine Texte nicht von einem psychoanalytischen Ansatz her zu lesen. Fast ein Tabu, wo doch die Interpretation der Lizenz des Interpretierten zuletzt bedarf. Und dieser nie an der fundamentalen Bedeutung der Kindheit zweifelte. Dürrenmatts »Psychoanalyse« war die Arbeit an seinem großen Alterswerk, den *Stoffen.* Darin, im Abschnitt zur ›Dramaturgie des Labyrinths‹ spricht er streng genommen nur davon, weshalb er für sich (nicht: an sich) die Methoden der Psychoanalyse für wenig produktiv hält. »Die Motive, psychoanalytisch gedeutet, lösen sich in Abstraktionen und Trivialitäten auf, die, denkt man weiter, immer weniger bedeuten, bis sie eigentlich nichts mehr bedeuten. Die dunkle Maschinerie der Triebe sei nicht geleugnet, im Gegenteil, ich setze sie als etwas Selbstverständliches voraus, das uns in Schwung hält. Nicht selbstverständlich ist die oft abenteuerliche Reise, die, von solchen Trieben in Gang gesetzt, ein Mensch zu unternehmen vermag; in diesem Nicht-Selbstverständlichen wittere ich eine Wahl, eine Entscheidung, die ich persönlich getroffen habe und immer wieder treffe: zu schreiben. Was auch immer diese Wahl bedeutet, ob sie nun scheinbar oder wirklich sei, zwangsläufig oder frei erfolgte, sie ist das Ergebnis eines Urdramas, jenes der Auseinandersetzung eines Ich mit seiner Umwelt, weder allein von der Umwelt noch allein vom Ich aus zu erklären, und als Vorgang, als Urdrama, immer einzigartig. […] Ich glaube, dass jede Erklärung – auch die psychoanalytische – den Sinn eines Gleichnisses zerstört, weil dieser Sinn eins mit dem Gleichnis ist, weil er sich nur im Gleichnis unzerlegt widerspiegelt, und dass darum alle Erklärungen eindeutig sind, zerlegtes Licht, welches aber als Erklärung wieder nur ein Gleichnis werden kann, das neue Erklärungen herausfordert: Nicht *eine* Erklärung ist der Sinn eines Gleichnisses, sondern alle seine möglichen Erklärungen zusammen, wobei die Zahl dieser möglichen Erklärungen zunimmt, das Gleichnis wird immer mehrdeutiger. […] Endlich: Ich pflege meine Abneigungen wie meine Freundschaften. Man gewöhne sich nicht allzu viele ab, und deshalb gewöhne ich mir die psychoanalytische Methode gar nicht erst an, die analytische genügt mir. Ein Tischler braucht sich nicht zu rechtfertigen, warum er kein Metzger oder Bäcker geworden ist. Wie mit den Berufen geht es auch mit den Denkmethoden, die einer wählt. Ich bin weder Psychoanalytiker noch Soziologe; die geistigen Voraussetzungen, mit denen ich die Aufgabe zu lösen versuche […] sind andere. Ich glaube auch an Nuancen im Denken, an persönliche Denkstile, welche die Denkmethoden prägen. Meine sind die eines Schriftstellers, der glaubt, mit einer ganz bestimmten schriftstellerischen List seine Umwelt und sich selbst analysieren und damit ausdrücken und darstellen zu können – um freilich, indem ich diese List anwende, mich selbst zu überlisten.«[17] Das ist eine poetologische Argumentation: die Vieldeutigkeit des Gleichnisses bewahren vor dem, was ihm an banalen Anlässen zugrunde liegt. Es ist von der Produktion her gedacht, einer schriftstellerischen Teleologie, wenn wir so wollen.

Dürrenmatts Abneigung in Ehren. Auch der radikalste Kritiker wird Freud nicht einen letztlich aufklärerischen analytischen Furor absprechen, der immer darauf zielt, das Rätsel zu lösen, das Geheimnis freizulegen, ans Licht zu ziehen, den von ihm Gebannten zu befreien. Weil sein Ansatz zuerst ein klinischer war, verstand Freud Auf-Klärung als Befreiung. Die Geheimnisse, die er beschrieb und, auch er ein Sohn der Hebamme, ins Licht der bewussten Wahrnehmung hob, waren für ihn in erster Linie lähmende Hemmnisse. Für Dürrenmatt waren sie produktive energetische Punkte.

Allerdings hatte auch Freud erkannt, dass es Geheimnisse gibt, deren Auflösung nur immer wieder neue zeugt. »Wenn aber der Dichter«, heißt es in seinem kleinen Aufsatz *Der Dichter und das Phantasieren,* »uns seine Spiele vorspielt oder uns das erzählt, was wir für seine persönlichen Tagträume zu erklären geneigt sind, so empfinden wir hohe, wahrscheinlich aus vielen Quellen zusammenfließende Lust.«[18] Folgt der Satz, der die Schriftstellerei als Akt der bewussten Inszenierung (»seine Spiele vorspielt«) relativiert und die Schranke anspricht zwischen dem Ich und den anderen und jene »List«, die auch bei Dürrenmatt verborgen bleibt: »Wie der Dichter das zustande bringt, das ist sein eigenstes Geheimnis; in der Technik der Überwindung jener Abstoßung, die gewiss mit den Schranken zu tun hat, welche sich zwischen jedem einzelnen Ich und den anderen erheben, liegt die eigentliche *Ars poetica.*«

Es ist, ein Beispiel unter vielen, nur mit vorauseilendem Gehorsam der Interpreten zu erklären, dass Dürrenmatts Konzeption der Einbildungskraft meines Wissens noch nie auf diesen Text Freuds aus dem Jahr 1908 hin gelesen wurde, oder umgekehrt. Schon in dessen ersten Sätzen wird die Frage gestellt, die letztlich Dürrenmatts ganzes *Stoffe*-Gebirge hervorgetrieben hat: »Uns Laien hat es immer mächtig gereizt, zu wissen, woher diese merkwürdige Persönlichkeit, der Dichter, seine Stoffe nimmt [...] und wie er es zustande bringt, uns mit ihnen so zu ergreifen, Erregungen in uns hervorzurufen, deren wir uns vielleicht nicht einmal für fähig gehalten hätten. Unser Interesse hierfür wird nur gesteigert durch den Umstand, dass der Dichter selbst, wenn wir ihn befragen, uns keine oder keine befriedigende Auskunft gibt«. Dass die Phantasie drei Zeiten angehört, heißt es weiter, von einem akuten Reiz, einem »Einfall«, wie das bei Dürrenmatt heißt, ausgeht, zurückspringt in ein »früheres, meist der Kindheit angehöriges Erlebnis [...], von welchem nun der Wunsch ausgeht, der sich in der Dichtung seine Erfüllung schafft; die Dichtung selbst lässt sowohl Elemente des frischen Anlasses als auch der alten Erinnerung erkennen«; dann die Veränderung dessen, was Freud den »egoistischen Tagtraum« nennt, durch den Dichter, die Verlagerung auf die formale und ästhetische, wir können auch sagen: von der unmittelbaren auf die »sprachliche« Ebene; die Rückführung dichterischer Produktivität auf das, was Dürrenmatt »Schöpferkraft des Kindes«[19] nennt: »Vielleicht dürfen wir sagen: Jedes spielende Kind benimmt sich wie ein Dichter, indem es sich eine eigene Welt erschafft oder, richtiger gesagt, die Dinge seiner Welt in eine neue, ihm gefällige Ordnung versetzt.«[20]

Der Kern von Dürrenmatts gesamtem Alterswerk, vor allem aber der *Stoffe,* ist seine Beschäftigung mit den Gesetzen seiner Phantasie, mit der *Dramaturgie der Vorstellungskraft,* den Wechselbeziehungen zwischen Vision, Einfall und Gedächtnis, also auch seiner Konzeption von Zeit. »Gleichzeitigkeit sagt nichts aus. Das Ferne rückt erst mit der Zeit näher. Die Wirklichkeit weitet sich nur allmählich aus. Zwar geschieht nichts ohne Hintergrund, wo die Ursachen dafür liegen, dass wir denken und schreiben, aber dieser Hintergrund ist gestaffelt wie eine Landschaft«, heißt es im Angang zum *Winterkrieg in Tibet* im ersten Band der *Stoffe,* und ebenda stellt sich das astronomische Gleichnis wieder ein, von dem hier eine frühere Fassung schon zitiert wurde.[21]

Erinnert nicht auch das an jenes Bild Freuds, von dem Walter Muschg sagt, es sei das »schönste Gleichnis, das er [Freud] gefunden hat«[22]? »Im *Unbehagen in der Kultur*«, fährt Muschg fort, »bittet Freud zu Beginn den Leser, dem er eine Vorstellung vom Aufbau der menschlichen Seele geben will, sich die mehrtausendjährige Entwicklung Roms vor Augen zu halten. Er schildert die bauliche Geschichte der Stadt, ihre Umgestaltungen und Wachstumsphasen, und macht die ›phantastische Annahme‹, dass die ewige Stadt nicht eine Wohnstätte, sondern ein psychisches Wesen sei: Alles, was da einmal stand, sei noch vorhanden, rage durch- und ineinander empor, Tempel und Paläste, Etruskisches, Päpstliches und Modernes. ›Es hat offenbar keinen Sinn‹, fährt er [Freud] fort, ›diese Phantasie weiter auszuspinnen, sie führt zu Unvorstellbarem ... Unser Versuch scheint eine müßige Spielerei zu sein; er hat nur eine Rechtfertigung: Er zeigt uns, wie weit wir davon entfernt sind, die Eigentümlichkeiten des seelischen Lebens durch anschauliche Darstellung zu bewältigen.‹«[23] Muschg, den Dürrenmatt in seiner ersten Basler

Zeit (1946–48) kennenlernte und mit dem er bis zu dessen Tod 1965 befreundet blieb, auf der Basis gegenseitiger Wertschätzung, war ein Pionier in der Untersuchung des Themas *Psychoanalyse und Literaturwissenschaft*, wie sein Aufsatz aus dem Jahr 1929 heißt (seine Zürcher Antrittsvorlesung). Schwer denkbar, dass er mit Dürrenmatt nicht auch darüber gesprochen hätte.

Dürrenmatts Schwester Verena arbeitete 15 Jahre in der psychiatrischen Klinik Münsingen, als Leiterin des Sozialdienstes zwar, aber doch nah genug an den Fragestellungen der eigentlichen Psychiatrie. Sie hatte sich selbst einer Psychoanalyse unterzogen, und die Einsicht von Karl Kraus, »Familienbande ist ein Singular«, war ihr nie fremd, auch wenn ihr die Patienten, um deren Resozialisierung sie sich zu kümmern hatte, andererseits vor Augen führten, dass ihr Elternhaus kein Einzelfall war. Und doch, wie jedes Pfarrhaus, ein Sonderfall. »Ich sagte Fritz immer, seine Neurose habe ihm ein Vermögen eingetragen, mich habe sie eins gekostet. Er hatte, wohl zu Recht und nicht anders als viele Künstler, das Gefühl, eine Analyse, eine psychiatrische Behandlung welcher Art immer könnte ihn der für seine Kreativität unerlässlichen Spannungen berauben.«[24]

Tatsächlich dachte Dürrenmatt nicht daran, diese durch Aufklärung zu lösen, wenn er in seine Kindheit zurückstieg. Sie sind die dunkle Grundierung seiner Katastrophenszenarien, Sintfluten und Weltuntergänge, allgegenwärtig vor allem im bildnerischen Werk – diese Spannungen führten, einmal aus der Distanz zu *Stoffen* geronnen, bei aller Radikalität kindlicher Unschuld, besser: Amoral, nicht zu zynischer Destruktion oder gar einer Freude an der Qual (welche Interpretation die vielfachen Kreuzigungen, Verstümmelungen etc. einem naiven Betrachter nahelegen könnten). In ihnen waltet, verkürzt gesagt, eher die Dramaturgie des Grand Guignol als die eines psychologischen Realismus. Die Federzeichnung ›Das Arsenal des Dramatikers‹

zeigt den Autor in einer Requisitenkammer, vor einem Regal voll abgetrennter Köpfe, Hände, Füße, einem Torso; die Gouache ›Der Weltmetzger‹, auch genannt ›Porträt eines Planeten 1‹, von 1965 ist da nicht allzu fern. Ob Geisterbahn und Kaspertheater, ob Grausamkeit des Märchens und des Mythos: Lustgewinn am Bösen, das, was gemeinhin unter »Sadismus« verstanden wird, lag Dürrenmatt fern.

Im »Stoff« überlebt das Erleben

»Stoff« ist ein Begriff, oder besser Hilfs- oder Inbegriff, der, solange ihn Dürrenmatt braucht, und das heißt, solange er schreibt, mehrdeutig ist. Er schwankt zwischen jenem »Stoff fassen« im frühen Brief des 20-Jährigen an den Vater (»Der Mensch, der diese Kunst erwählt [d.h. Dichter wird], muss sich selber bilden. Er muss ›Stoff fassen‹«[25]), einem relativ konventionellen Wortgebrauch im Zusammenhang mit der Malerei in *Dramaturgie der Vorstellungskraft,* und den komplexen und auch behutsam tastend vorgebrachten Bedeutungen, die er dem Wort in den direkt das Unternehmen selbst reflektierenden Passagen der *Stoffe* des Werks gleichen Namens unterlegt. Sind sie 1964 in *Dokument* noch »verwandelte Eindrücke«[26], sind Stoffe 1981 die »Resultate meines Denkens«[27] und insgesamt »das Endresultat des Andenkens gegen die Welt«[28]: 1990 aber die »unmittelbaren Objekte der Vorstellungskraft […] die unmittelbare Antwort des Menschen auf sein Erleben«.

Stoffe sind weniger als das aus sich herausgestellte Werk und mehr als erinnertes Erleben, oder umgekehrt. Stoff meint eine Grenze, eine Membran zwischen Innen und Außen, Ich und Welt, Gefühl und Gedanke, Bild und Wort[29]: Stoff als Textur und Zusammenhang zwischen Innen und Außen, Subjekt und Objekt, Individuum und Welt, Besonderem und Allgemeinem,

Obsessivem und Verfügbarem, Stoff als Sphäre des Zusammenhangs auch zwischen der assoziativen, der visionären Komponente der Einbildungskraft und dem Denken. Der Stoff ist noch
nicht das Webtuch des Textes, aber er ist mehr als Lehm und
Letten, aus dem ein nach kontrollierbaren Regeln des Hand-
werks geformter Werk-Körper modelliert würde. Stoff hat etwas vom Charakter des Halbreliefs. Er ist ein vom Ich affiziertes
Stück Welt. Wenn Dürrenmatt sagt, nicht seine Gedanken er-
zwängen seine Bilder, sondern umgekehrt, und seine Schriftstellerei ziele von ihm weg, so ist sofort einzuwenden: ja, aber, auf
dem Umweg über den affizierten Stoff, der seine Eigendynamik
entwickelt: »Es wird mir klar, dass alles Dichterische nicht gekonnt, sondern blind geschehen muss. Ein Abenteuer. Ein sich
treiben lassen vom Stoff zu unbekannten Zielen.«[30] Auf dem
Umweg über den Stoff zielt F. D. auch zurück zum Urheber.
Dürrenmatt ließ sich fallen (in den Stoff), und so stürzt er denn
auf sich zu.

Für den Umweg der Beschäftigung mit sich über den Stoff hat
Dürrenmatt viele sinnfällige Bilder gefunden. Das Schönste aus
dem Schluss seines *Mitmacher-Komplexes* sei hier nochmals er-
innert: »Und so komme ich mir denn vor wie einer«, schreibt
Dürrenmatt, »der sein Haus gegen Osten zu verließ und, seine
Richtung stur einhaltend, alle nur denkbaren Verkehrsmittel benutzend, sein Haus plötzlich von Westen her kommend wiederfindet. Trat er aus der Vordertür hinaus, steht er nun vor der
Hintertür und trifft die alten Fragmente, all das Halbbegonnene,
Liegengelassene, ja nur Gedachte wieder an, das er einmal zur
Hintertür hinauswarf, in der Meinung, es sei dann aus dem
Wege geschafft: Nun muss sich der Reisende, will er seine Reise
vollenden, durch all dieses Gerümpel den Weg ins Haus bahnen [...].«[31] Ein ungeheures Bild nicht nur für das Unternehmen
der *Stoffe,* sondern die künstlerische Existenz, die Existenz
überhaupt. Schreiben als Gehorsam dem Stoff gegenüber. Der

Stoff als Auftrag, die Reise zu bestehen und bei sich selbst an-
zulangen: Das weist zurück auf den Anfang von Dürrenmatts
Schriftstellerei überhaupt, jenen Sprung vom Denken in den
Glauben, für den er am Schluss von *Turmbau* die paradoxe, rätselhafte Formel findet: »Ein Hinausrennen ist ein Hineinrennen.«[32]

Der Begriff »Stoff« ist in seiner Bedeutung für Dürrenmatt
deshalb nicht eindeutig zu fassen, weil er für ihn keine statische,
sondern eine dynamische Kategorie war.

Die *Stoffe I–IX* könnten auch *Zusammenhänge* heißen, wie
Dürrenmatts Israel-Essay. Im Stoff überlebt das Erleben, könnten wir sagen, also die naive, unschuldige Erfahrung von Welt.
Oder umgekehrt: Was den Stoff lebendig macht, ist das in ihm
geronnene Erleben. Seine Auswahl, aus allen denkbaren Stoffen,
allem, was sich ein Hirn in Raum und Zeit, in der Welt und der
Geschichte und der Reflexion seiner eigenen Struktur denken
kann, ist ein Akt des Erkennens, und zwar im geläufigen wie im
alttestamentarischen Wortsinn. Ein Akt des Denkens und des
Gefühls. Auch diesen Zusammenhang dürfen wir nicht vergessen: Erkenntnis im doppelten Wortsinn ist auch eine erotische
Sensation. Wenn Dürrenmatt von sich sagte, er sei ein »ungeheuer sinnlicher Mensch«[33], so meinte er damit auch einen, der
in den Stoffen die Welt erkennt. Wer das für feuilletonistische
Wortspielerei hält, möge bedenken, dass Dürrenmatt selbst im
Zusammenhang mit dem Begriff Stoff erotische Metaphorik bemühte: »Denn die Stücke, in die man sich einlässt« (um nochmals aus dem *Mitmacher-Komplex* zu zitieren), »sind nun einmal Affären, mehr oder weniger glückliche *Liebesgeschichten
mit Stoffen.*«[34] [Hervorhebung P. R.]

In einem Aufsatz, *Dürrenmatts Entscheidung – Plausibilisierung durch Intertextualität* (2009), untersucht Ulrich Weber die Quadratur der Stoff-Problematik bei Dürrenmatt: wie die Wiederbeschäftigung mit Kierkegaard, wir könnten auch sagen: die Heimkehr zu Kierkegaard, der Dürrenmatt den genannten Sprung aus dem Denken der Philosophie in den Glauben der Schriftstellerei einst erst möglich gemacht hatte – wie dieses Neudurchdenken während der vom *Mitmacher*-Schiffbruch ausgelösten Krise Dürrenmatt in eine Form »subjektiv-autobiographischen Schreibens«[35] rettete, wie die Beschäftigung mit dem *Mitmacher-Komplex* und parallel dazu mit den *Stoffen* »die Möglichkeit bietet, sich selbst zum Stoff zu werden«. So gesehen, wird die Beschäftigung mit den ungeschriebenen Stoffen inklusive des Meta-Stoffs des Ichs, das diese erst erfunden, gefunden und »affiziert« hat, insgesamt zu einer ironischen Mythenrekonstruktion, einer Rekonstruktion der Individualmythen, so wie die *Pythia*-Geschichte oder anders ein Stück wie *Die Physiker* die ironische Variation eines überkommenen, eines tradierten Mythos sind. In Analogie zu der von ihm geschätzten *Philosophie des Als Ob* des Kantianers Hans Vaihinger (1852–1933) schreibt Dürrenmatt gewissermaßen eine Autobiographie des Als Ob.[36]

Dürrenmatts Autobiographie des Als Ob ist der »Wahrheit« gelegentlich zum Verwechseln ähnlich. Sie stürzt den Biographen, auch wenn er vom Autor und Vaihinger-Leser Dürrenmatt nicht mit der Nase auf die Fiktionalität alles Gedachten und Geschriebenen gestoßen würde, in mitunter schwer aushaltbare Zweifel. Nicht nur hat er von Dürrenmatt zur Kenntnis zu nehmen, dass zum Erinnern notwendig das Vergessen gehört. Der Vorgang der Stoffbildung ist auch ein negativer, einer des Ausschließens, wie jede Wahl auch eine Nichtwahl ist. Das gilt erst recht für den Stoff in zweiter Potenz, das Ich als Objekt des Subjekts Dürrenmatt. Auch bei dem Versuch, die Geschichte der ungeschriebenen Stoffe zu schreiben, ist Zensur im Spiel, Verdrängen und Vergessen, ja mehr noch, jeder Stoff (und auch nur seine späte Skizzierung ist eine Form der Ausführung, auch die versuchte Begründung, weshalb die Gestaltung unterblieb) – jeder Stoff also wirft sein Licht, seinen Schatten auf sein biographisches Umfeld.

Das Ich, das sich über das in den Stoffen überlebende Erleben, das in den nicht ausgeführten Stoffen zu entdeckende Erleben, zurücktastet zu den eigenen Ursprüngen, teilt sich mit als gestaltende oder gestaute Energie. Es ist keine statische Autorität oder Instanz, sondern eine immer und nur mit der Verwandlung von Erleben in Stoffe erfahrbare Vermutung. Ein Hirn bei der langen und mühsamen Erfindung, beim Zusammendenken der Welt und seiner selbst. Indem die individualgeschichtlich-biographisch zu erahnenden Ichs immer in Bezug auf die Stoffe gesehen werden, immer an der Arbeit der Verwandlung von Erleben in Stoff und der Anverwandlung von Welt, werden sie nicht Gestalt, so wenig wie das »Über-Ich« des die alten Stoffe neu durchdenkenden Autors des Text-Dschungels mit dem Titel *Stoffe*. Allein das Wachsen dieses Dschungels über ein Vierteljahrhundert hinweg zwingt uns zu einer dynamischen Vorstellung von einem Ich, das sich bei Betrachtung früherer Verwandlungen selbst weiter verwandelt. Schon aus diesem Grund sind sie das Gegenteil von Bekenntnisliteratur, keine *Confessiones* (Augustinus) und keine *Confessions* (Rousseau). Solche sind nur von einem Standpunkt aus zu leisten. Den Vorgang von Dürrenmatts Beschäftigung mit den Stoffen haben wir uns im Gegenteil mit einem Bild vorzustellen, für das man auch die Relativitätstheorie bemühen könnte. Ein schreibendes Ich in Bewegung betrachtet frühere Stadien seiner selbst in Bewegung. In beiden Bänden der *Stoffe* ist die Spannung zwischen diesen und den Passagen, welche die biographischen Anlässe ihrer Entstehung erinnern, nicht eine Spannung zwischen Dichtung und Wahrheit, sondern (wie ja schon bei Goethe) eine zwischen zwei verschiedenen Arten von Dichtung, zwischen zwei verschiedenen Sorten Wahrheit. Auch das erinnerte Leben, die Ichs anderer Zeiten, sind Stoff. Auch sie sind Fiktion.

In den *Stoffen* reflektiert sich auch das Schreiben selbst. Allerdings hat sich das Unternehmen zunehmend kompliziert, bis es, als das Aufspüren von Verwandlungen, den Schreiber selbst verwandeln konnte und ihn eigentlich rettete aus den wiederholten Krisen seines Lebens. Mit dem, was wir heute seine späte Prosa nennen, brachte er sich buchstäblich neu zur Welt. Seine Wiedergeburt mit dem *Mitmacher-Komplex*, den *Zusammenhängen*, den *Stoffen* ist ein Geheimnis. Hörte ich ihn nicht vom letzten Ufer her grollen, würde ich sagen: ein Wunder, das dem seiner Geburt als Schriftsteller nicht nachsteht.

4
In der Stadt

Ein Stadtneurotiker · Die verfinsterte Idylle · »Ich machte eine gutbürgerliche Jugend wie eine Krankheit durch« · Am christlichen Gymnasium · Kleine Fluchten · Am »Humboldtianum« · »Onanie in jeder Beziehung« · Der Chaot und die Katastrophe · Unreif durch die Reifeprüfung · Die Dürrenmatts, die Schweiz, der Nationalsozialismus · War Dürrenmatt ein Nazi? · Emigranten im Hause Dürrenmatt · Im Kiental: erster Selbstentwurf eines Schriftstellers · Ein erstes Semester aus Verlegenheit · Wilhelm Steins platonischer Kreis · Dürrenmatt beim Militär: eine Groteske · Zwischen Berufung und Berufswunsch des Vaters · Abschied von der Malerei als Beruf

Ein Stadtneurotiker

»Endlich ein Gesicht«, rief Rilke beim Anblick der Berner Altstadt aus, »ein Stadtgesicht und, trotz aller Eingriffe, von welcher Abstammung und Beharrlichkeit.«[1] Für F. D. sollte Bern das genaue Gegenteil werden: eine bedrohliche Unfassbarkeit. Der Wechsel in die Stadt, möchte man meinen, sei für den Pfarrerssohn eine Erlösung aus der Sozialkontrolle des Dorfes gewesen, eine Befreiung. Das Gegenteil war der Fall. Mit der Pubertät löste der »Stadtneurotiker« sich aus der Selbstverständlichkeit des Familienzusammenhangs, wie sehr er sich gegen diesen auch in Konolfingen noch gesträubt hatte. »Mit vierzehn Jahren musste ich das Dorf verlassen, mein Vater nahm eine Stelle in der Stadt an. Aus dem Übersichtlichen, aus den vertrauten Schleichwegen in den Kornfeldern, Tennen und Wäldern, verirrte ich mich ins Unübersichtliche, aus dem es keinen Weg nach außen mehr gab. Das Labyrinth wurde Wirklichkeit. Labyrinthisch waren schon die ersten Eindrücke gewesen: die langen Gänge des evangelischen Lehrerseminars, durch die ich auf einem Dreirad rollte, war ich bei meiner Tante; die erleuchteten geheimnisvollen Gassen, durch die meine Mutter und ich mit dem Tram zurückfuhren, dem Hauptbahnhof und damit dem Dorf entgegen, Erinnerungen, mich in unterirdischen Gängen und Räumen zu bewegen, die sich später bestätigten. Man geht nicht durch die Gassen dieser Stadt, man geht durch Arkaden, durch die ›Lauben‹ zu beiden Seiten der Gassen, wie durch lange sanft geschwungene Korridore, so daß man in jenen Zeiten vom Turm des Münsters aus oft das Gefühl hatte, auf leere Straßen zu blicken, auf eine Stadt, wo die Menschen sich in ihre Häuser verkriechen und sich in dunklen Kammern verstecken, hinter grauen Sandsteinmauern, die manchmal im letzten Sonnenlicht überaus mächtig aufleuchteten.«[2]

In seiner Erinnerung hatte er dem nichts entgegenzusetzen als sein inneres Chaos. Auch die erwachende Sexualität, im Elternhaus nach wie vor ein Thema, das des Teufels war, fand kein Ziel. Keine Freundin (»Mit Mädchen konnte er nicht viel anfangen«[3], sagt Schwester Verena), kaum Freunde. Als Zugezogener vom Land, einer, der das Berndeutsch der Umgebung sprach (das seine Mutter, zu seiner späteren Belustigung, immer als »zu bäurisch« zu vermeiden und durch ein etwas gestelztes Stadtberndeutsch zu ersetzen suchte), war er mehr Außenseiter als je zuvor. Was die Schwester Verena von ihrem Schulwechsel in die »Neue Mädchenschule« erinnerte, wird sich von seinen Erfahrungen, *mutatis mutandis,* nicht sehr unterschieden haben: »Für mich war der Umzug ganz schlimm. Ich war komplett desorientiert. Ich war ein wildes Kind auf dem Land, und nun kam ich in

eine Schule, in der die meisten Töchterchen von reichen Leuten
waren, die meisten schon älter als ich, so Dämchen; ich war
noch ein Kind, ich kam mit Zöpfen an.«[4]

Die sogenannten Lauben, gedeckte Gänge entlang der Gassen
der Berner Altstadt, verstehen Urbanisten als eine städtische
Qualität. Dürrenmatt nahm an ihnen nur das Labyrinthische
wahr: uneinsehbare, finstere versteckte Gänge, in denen jederzeit das Bedrohliche, zumindest der anonyme Beobachter, lau-
ert. Die Stadt insgesamt hatte für ihn in ihrer Anlage etwas verwirrend Unübersichtliches, eingefasst von der mäandernden
Aare, über die eine Vielzahl von Brücken führte, die, schrieb er,
jeden Fremden um die Orientierung brächten. So entsteht durch
Verdichtung und Verfinsterung ein Bild, aus Bern wird »die
Stadt« schlechthin, eine dunkle Chiffre, die dann später Dürrenmatts erstem Prosaband[5] den Titel geben sollte.

Die verfinsterte Idylle

War diese Obsession eine Projektion im Nachhinein? Die Frage
ist so legitim und so hypothetisch wie die umgekehrte nach der
Verklärung dieser Kindheit in den idyllischen Abschnitten. In
denen, die sich mit der Jugend in Bern befassen, findet Verklärung jedenfalls nicht statt; vielmehr eine systematische Verdüsterung: »Ich kam mit der Stadt nie zurecht, wir stießen einander
ab, ich tappte in ihr herum wie Minotaurus in den ersten Jahren
im Labyrinth […].«[6] Es dauerte lange, bis Dürrenmatt begriff,
dass er sich im Ausweglosen befand, noch länger, bis er die Mittel fand, sich daraus zu befreien: »[I]ch wusste mit der Stadt und
sie wusste mit mir nichts anzufangen; nicht einmal die Erinnerung vermag mir diese Jahre als eine schöne Jugendzeit anzudre-
hen; diese war mit dem Dorf versunken, im Vorpubertären, im
noch Halbbewussten und darum Geordneten; hier vermag mich

die Erinnerung zu täuschen, als ob es einst irgendwo hinter sie-
ben Hügeln eine heile Welt gegeben hätte, während sich in
Wirklichkeit die Schwierigkeiten, die ich später in der Stadt
hatte, doch schon dort vorbereitet hatten, und nicht nur die
Schwierigkeiten, auch die Motive, die Stoffe einer noch späteren
Zeit.«[7]

Über die Jugendjahre in der Stadt richtet F. D. unerbittlich,
die lässt er sich nicht schönreden. »Die Schwierigkeiten began-
nen eigentlich erst in der Stadt«[8], sie hingen zunächst mit dem
Beginn der Pubertät zusammen. Beim Umzug der Familie nach
Bern war Friedrich Dürrenmatt gute vierzehn Jahre alt. Diese
Phase sollte sich für ihn schmerzlich lang hinziehen, war im
Grunde erst überstanden, als er – fünfundzwanzigjährig – die
»Rebellion gegen den Glauben seines Vaters«[9] aufgeben konnte.
Zu den anhaltenden Schwierigkeiten mit der Schule kam in Bern
der wachsende Druck, sich für einen Lebensentwurf entschei-
den zu müssen, zumindest zu einer Vorstellung davon zu gelan-
gen, was er wollte, oder einer Ahnung, was er dereinst wollen
könnte.

Dass die Erfahrung der Stadt sich für den jungen Dürrenmatt
mit der Zeit zum Bild des Labyrinths verdichtete (es zu erkennen war schon ein Teil der Befreiung daraus), diese Verwandlung Berns, vor allem die Verwandlung einer subjektiven Erfahrung in ein Bild, ein Gleichnis, einen in viele Richtungen
wirksamen »Stoff«, ist für einen Außenstehenden nicht leicht
nachzuvollziehen. Sie gehört zu dem, was Dürrenmatt später
dem Bereich seines eigenen, des schriftstellerischen »Glaubens«
zuordnet. Dieser ist für andere, wie jeder Glaube, als eine Voraussetzung nur zu akzeptieren oder abzulehnen. *À prendre ou à
laisser.*

Von dem, was die Literatur des 19. und 20. Jahrhunderts an
Großstadtvisionen entwickelte, von Émile Zolas Paris über Up-
ton Sinclairs Chicago bis zu John Dos Passos' New York, Alfred

Döblins Berlin und Bertolt Brechts »Dickicht der Städte«, war
das Bern der dreißiger Jahre, ist noch das heutige Bern Lichtjahre entfernt. Eine idyllische Kleinstadt, keine Metropolis.

Die französische Juli-Revolution 1830 gab den Anstoß zur demokratischen Umgestaltung auch des Berner Staatswesens. Das
Patriziat, 1831 durch die neue liberale Verfassung entmachtet,
konzentrierte sich in der Folge in seinem gesellschaftlichen Engagement auf den kirchlich-sozialen Bereich und praktizierte
so seinen »positiv«-protestantischen Widerstand gegen den freisinnig radikalen Zeitgeist des 19. Jahrhunderts, dem auch die
Staatskirche anhing. Den Rahmen dafür bildete hauptsächlich
die »Evangelische Gesellschaft« (s. S. 54 f.). Bern wurde 1848
ebendeshalb Bundeshauptstadt, weil es eng mit seinen agrarisch-
ländlichen Untertanengebieten, dem Jura, der Waadt, dem eigenen alemannischen Umfeld (dazu gehörte auch das Armenhaus
Guggisberg) verflochten war und sich damit eher zur Vermittlung zwischen ländlicher und städtischer Schweiz anbot – besser
jedenfalls als das handwerklich ausgerichtete, industrielle, zentralistische, liberale Zürich. Der Antagonismus Stadt-Land, für
Dürrenmatt bis in die Finessen des Dialekts spürbar, war in Bern
entgegen seiner Wahrnehmung weniger ausgeprägt als in den
reinen Stadtstaaten Basel und Genf (oder eben auch Zürich).
Bern ist noch heute die Schweizer Stadt, die wie kaum eine ein
osmotisches Verhältnis zu ihrem ländlichen Umfeld unterhält.

»Ich machte eine gutbürgerliche Jugend
wie eine Krankheit durch«

Konolfingen war eine große, vor allem eine weitläufige Pfarrge-
meinde. Die damit verbundenen Pflichten waren für Reinhold
Dürrenmatt zu anstrengend geworden. Und Fritz sollte ans
Gymnasium. Also zog die Familie im Oktober 1935 in die zwan-

zig Kilometer entfernte Stadt um, wo Vater Reinhold eine Stelle am Diakonissenhaus des Salem-Spitals antrat.

Dem »privaten, großen und weitverzweigten Reichsgotteswerk«[10], gegründet im 19. Jahrhundert, war Reinhold Dürrenmatt (auch das in seinem selbstverfassten Lebenslauf nachzulesen) schon seit 1920 von Konolfingen aus verbunden, eine Zeitlang sogar als Präsident der Direktion. Nun sollte er den Leiter des Werks in »Hausandachten, Schwesternunterricht, Seelsorge im Spital« entlasten, derweil Pfarrer Frey, verheiratet mit einer Berner Patrizierin (einer von Wattenwyl) und seines ökonomischen Geschicks wegen auch »der Himmelsbanquier«[11] genannt, die irdischen Güter des Hauses mehrte. »Das Diakonissenhaus wurde unter« seiner Führung eine reiche Institution«, erinnert sich Verena Dürrenmatt, »sozusagen das ganze Aarebord gehörte ihm«[12].

Dorthin, direkt an den Fluss mit Blick auf die Berner Altstadt, in die Altenbergstraße 29, zog die Familie am 29. Oktober 1935 ein. Das zum Komplex des Salem-Spitals gehörige Gebäude hatte eine lange Geschichte. In dem herrschaftlichen Anwesen, das Ludwig Stein darüber am Aarebord errichten ließ, hatte er selbst um die Jahrhundertwende residiert. Stein war der Vorgänger von Dürrenmatts späterem Lehrer Richard Herbertz auf dem Philosophie-Lehrstuhl und Vater der beiden Steins, die Dürrenmatt bald an der Universität Bern antreffen sollte: des »Kunst-Steins«, Wilhelm Stein, Kunsthistoriker, für Dürrenmatt auch privat eine wichtige Instanz, und des Philosophen Arthur Stein, genannt »Stein der Weisen«. Ludwig war ein Lebemann großen, für die Berner zu großen Stils. Er stieß sie u. a. dadurch vor den Kopf, dass er mit wechselnden Geliebten vierspännig auszufahren pflegte. Die Berner schafften es um 1906 erfolgreich, den Juden siebenbürgischer Herkunft aus der Stadt zu mobben. Antisemitische Vorurteile waren dabei nicht unwesentlich.[13]

Dort, in der Altenbergstraße, fand F. D. sich in der Gesellschaft der Gärtnergehilfen des Diakonissenhauses, mit denen er nächtelang Biere und Schnäpse kippte, was auch kein Ausweg aus seinen pubertären Nöten war. Die hatten schon in Konolfingen begonnen, in den *Stoffen* berichtet er von einem »geheimnisvolle[n] rote[n] Buch, das der Sohn des Gärtners besaß, mit nackten Frauen drin und Mönchen, die an die Brüste von Nonnen griffen«[14] – die parallele Zuordnung von Sexualität und Vegetation nimmt sich aus wie erfunden. Nach Sünde und Strafe riecht der Passus in den *Stoffen* vor allem, weil auf ihn dieser kurze Absatz folgt: »Das Haus, in welchem wir wohnten, lag am Fluss und war fast so alt wie die Stadt. Es war vieles gewesen: Siechen- und Lusthaus und Sitz eines englischen Diplomaten.«[15] Und der übernächste: er schildert in einer leuchtend expressiven Bildhaftigkeit den Kampf mit dem Hund des Nachbarn, eine Szene wie aus einem Traum. Ist dies auch zweifellos ein erinnerter Vorfall, so legt die Tatsache, dass Dürrenmatt ihn an diese Stelle rückt, schon einen Kampf mit dem inneren Dämon nahe: »Meine Mutter [!] warf sich dazwischen, vergeblich, der Hund hatte sich in mich verbissen, sie kämpfte, ich kämpfte, von einer rasenden Wut gegen das große, schwarze, wilde Tier erfasst, so dass ich keinen Schmerz spürte. Vom Nachbargebäude, einer Mietskaserne, schauten die Leute auf ihren Balkonen zu, prächtiges Wetter, Sonnenschein, ich fühlte mich wie in einer Arena, endlich riss ein Gärtner, der uns zu Hilfe kam, den Hund weg, ich war blutüberströmt, die Kleider zerfetzt, ein Arzt kam, der Hund wurde erschossen: Die Menschen machen mit den Tieren kurzen Prozess.«[16] Wo die Prosa der *Stoffe* vordergründig nichts anderes will als den statuarischen Lebensbericht, ist sie besonders hintersinnig und doppelbödig. Kunst eben, also vieldeutig.

Am 14. September 1936 zog die Familie um in eine andere Liegenschaft des Diakonissenhauses, an die Nydegggasse 13 in der unteren Altstadt, in der Nähe des Bärengrabens mit Blick auf das Mattequartier und das Kirchenfeld. Dort lebte sie bis zum Wechsel in die Jubiläumsstraße im Kirchenfeldquartier am 3. November 1941, um dann im Juli 1942 in ein Außenquartier zu wechseln, das sogenannte Obstbergquartier, an die Laubeggstraße 49. Angeblich weil Reinhold Dürrenmatt der lange Arbeitsweg nicht zuzumuten war, in Wahrheit wohl eher, meint Verena Dürrenmatt, weil das großbürgerlich großzügige Logis im Kirchenfeld zu teuer war.

Am christlichen Gymnasium

Nach der Sekundarschule, die F. D. in Großhöchstetten besucht hatte, wechselte er in Bern an das »Freie Gymnasium«, eine Gründung der »Evangelischen Gesellschaft« wie das Diakonissenhaus, die »Neue Mädchenschule« und das »Evangelische Seminar Muristalden« (wo Dürrenmatts Tante Frieda mit dem Leiter und Hausvater Fritz Burri verheiratet war: die Anstalt eben, in der die Kinder aus Konolfingen in den Ferien häufig in wunderbar leeren Sälen und Gängen zu Gast waren). Im »Freien Gymnasium« waren schon Reinhold selbst und sein Neffe Konrad (einer der Söhne seines Bruders Hugo, des Berner Regierungsrats) Musterschüler gewesen; Konrad übersprang sogar eine Klasse. Solchen Vergleichen hielt Fritz niemals stand. Er blieb ein schlechter Schüler. Ein Versager, allerdings aus freien Stücken: aus Trotz. »Schlimm war die Schule«[17], wieder oder jetzt erst recht. Zu ihr, zu den sechs Jahren Berner Gymnasialzeit, findet sich in den *Stoffen* nichts, was heißt, er hielt sie für die Entstehung seiner Stoffe für irrelevant. An der christlichen Mittelschule, in die ihn die Eltern »voller Gottvertrauen«[18] steckten, lagen ihm nur die Fächer Deutsch und Zeichnen. Der größte und nachhaltigste Gewinn: Ein Lehrer brachte ihm die

Techniken der Federzeichnung bei, die er bis an sein Lebensende anwandte; seine schönsten Bilder sind Federzeichnungen.

Bedrückend kam eine Aura der Erwartung hinzu. Ein halbes Jahr Progymnasium hielt er durch, dann noch zwei Jahre Gymnasium, erst mit Griechisch (Typus A), dann mit Englisch (wovon noch weniger hängenblieb als vom Französischunterricht). Kurt Marti, der Berner Pfarrer und Schriftsteller, war einer seiner Schulkameraden. 1981 gratulierte er F. D. in einem offenen Brief im Berner ›Bund‹ zu seinem 60. Geburtstag:

> Lieber Fritz, / nie habe ich Dir bisher einen Brief geschrieben, nie zu einem Geburtstag gratuliert, obgleich wir einst ja einige Zeit in demselben überfüllten Schulzimmer an der christlichen Nägeligasse in Bern zugebracht haben, beide, glaube ich, möglichst weit vom Lehrerpult entfernt in der Nähe der hinteren Wand, wo an Garderobenhaken Mäntel und Jacken hingen, an Regentagen stinkend vor Feuchtigkeit. Falls ich mich recht erinnere, saßest Du eher gegen die Türe zu, ich meist in der Nähe eines Fensters neben Ruedi Bohren, der aus Grindelwald gekommen war und heute Theologieprofessor in Heidelberg ist: er stand auf Rilke, ich auf Stefan George. Was Dich damals beschäftigt hat, weiß ich nicht, später hörte ich, Du habest hinter dem schützenden Rücken des Vordermannes Blätter, Fließblätter, Hefte, Bücher vollgezeichnet. Wir sind uns eben nie nahe gekommen, nie nahe gewesen [...].[19]

In einem Brief vom 3. März bedankt sich Dürrenmatt: »Es stimmt, wie Du schreibst, wir liefen immer aneinander vorbei. Später war ich eigentlich verwundert, Dich auch unter den Schriftstellern zu sehen, und ich muss gestehen, dass ich wenig von Dir gelesen habe, möchte es aber nachholen. Irgendetwas Genierliches bleibt wohl zwischen uns beiden. [...] Es liegt weit zurück, in jener Zeit, die Du in Deinem Brief beschreibst. Ich war damals sehr hilflos im Freien Gymnasium, und es ist für mich eine Zeit gewesen, an die ich ungern zurückdenke. Mein Entschluss, Schriftsteller zu werden, war nur dadurch möglich, dass ich mit meiner ganzen Berner Zeit abrupt brach. Ich musste ins Freie. Ich habe darum mit allen Menschen jener Zeit immer noch ein zwiespältiges Verhältnis.«[20] Es war unter anderem Martis Pfarrer-Beruf, der zum »Genierlichen« zwischen den beiden gehörte.

Im Frühjahr 1937 flog F. D. aus dem »Freigymer«, wie die Berner die christliche Mittelschule bis heute nennen. Die Noten in Mathematik (ausgerechnet!) waren miserabel, das Französische hatte ihm schon der Dorflehrer Lienhard verleidet. Allerdings brauchte es keine Monstren, um ihm die Schule zu vermiesen. Er hasste sie grundsätzlich und von Anbeginn. Schlimmer als die Erinnerung an die Schule wird für Dürrenmatt vierzig Jahre danach die Vorstellung von sich als Schüler gewesen sein. In der Freizeit (und sehr oft auch in der Schulbank, wie Kurt Martis schöner Geburtstagsbrief nahelegt) malte er wie wild. Zu schulischen Anstrengungen verführten ihn die Eltern erst mit dem Versprechen, er dürfe Maler werden, habe er nur erst einmal die Reifeprüfung bestanden.

Kleine Fluchten

Bis zum Ende des Zweiten Weltkriegs hatte Friedrich Dürrenmatt die Schweiz ganze zwei Mal verlassen. Das Gefühl der Gefangenschaft im eigenen Land, des Ausgeschlossenseins vom Krieg um ihn herum, der Verschonung, der Mauerschau der Katastrophe wird für ihn zu einer zentralen Erfahrung. Sein Vater hatte noch in Marburg und Berlin studiert, für den Sohn, dem nichts so wichtig war wie »ins Freie« zu gelangen (was er im

genannten Brief an Kurt Marti durchaus auch geographisch versteht), waren ab 1939 die Grenzen verschlossen. Alles um die
Schweiz herum blieb vorerst das Gegenteil »des Freien«, aber
das durchschaute er erst später. Für den Pubertierenden war
auch die Katastrophe eine romantische Faszination, eine Art
Vision heroischer Selbstverwirklichung und Selbstprüfung, der
Ausschluss davon eine Frustration.

So zehrte er von zwei Fahrradtouren 1937 und 1938. Die erste
unternahm er in Begleitung von Jakob Staub, genannt Kobi,
dem Mann von Dürrenmatts Cousine Hanny Buri, der Tochter
seiner Tante Frieda. Sie führte ihn über Zürich, Ulm, Augsburg,
München, Regensburg, Nürnberg, Bamberg, Rudolstadt, Jena,
Weimar, Erfurt, Eisenach, Fulda, Offenbach nach Frankfurt und
mit dem Zug zurück in die Schweiz. Vor der Abfahrt wurde ein
genauer Etappenplan ausgearbeitet mit Abmachungen, wo ihn
wann elterliche Post erreichen konnte. Eine Postkarte ist erhalten, die er dem Vater am 20. Juli 1937 aus München schreibt. Gut
möglich, dass er Hitlers Rede zur Eröffnung des »Hauses der
Deutschen Kunst« (19. Juli 1937) hörte. In den Hofgartenarka-
den sah er die Ausstellung »Entartete Kunst« und wurde darin
erstmals mit moderner Malerei konfrontiert: »Als ich 1937 mit
dem Fahrrad nach Deutschland reiste, über Tuttlingen, Ulm
nach München, war dort gerade die Eröffnung der Deutschen
Kunstausstellung. Da sah ich zum ersten Mal die Bilder der Expressionisten, die auf mich einen irrsinnigen Eindruck machten,
denn die hatten große Ähnlichkeit mit meinen eigenen Bildern.
Aber die hingen in der Abteilung, wo die sogenannte entartete
Kunst ausgestellt wurde. Da stand ich also völlig fassungslos
mir selbst gegenüber, aber nun war ich entartet.«[21] In Weimar
besuchte er Goethes Sterbezimmer, anschließend fuhr er über
Eisenach (Bach! Wartburg!) nach Frankfurt (»Die Stadt, die ich
damals sah, ist für alle Zeiten untergegangen, und was rekonstruiert wurde, der Römer, das Goethe-Haus usw., wirkt heute

wie eine Parodie seiner selbst«[22]). Eine kleine Bildungsreise durch ein Deutschland, das es, fünf Jahre nach Hitlers Machtergreifung und eines vor dem Krieg, schon nicht mehr gab.

Die Sommerferien 1938 verbrachte er »in einer trostlosen Vorstadt von Straßburg, bei einer Pfarrersfamilie«[23]. Ein weiterer Versuch der Eltern, über die Pfarrhausinternationale vom Sohn die verweigerten Französischkenntnisse zu erzwingen. Aus dem knappen Monat sind Briefe an die Familie erhalten, ein Heft, in dem er seine »Erlebnisse in Form von Glossen«[24] festhielt, leider nicht. Er berichtet über Ausflüge, unter dem 11. Juli 1938 auch über einen nach Deutschland. Er erzählt von seinen Gastgebern, der Pfarrfamilie Berron. Madame unterrichtete ihn, er übte sich im Übersetzen, »aber da ich ja kaum so viel Französisch kann wie ein französisches Baby müssen eben Kindergeschichten her. Im Franz bin ich bis jetzt noch Säugling. […] Ich lebe also recht brav, muss jedoch zugeben, dass eine gewisse Gefahr besteht, die in der großen Billigkeit des Bieres begründet ist.«[25] Dann kauft er »noch ›Mein Kampf‹ von Hitler […] für 63 fr. also sehr billig«[26]. »Es war ein heißer Sommer. […] Dicke schwarze Fliegen umsummten mich und krochen an mir herum.«[27] Am anderen Ende der Rheinbrücke stehen ss-Männer, der Totenkopf auf ihren Mützen beeindruckt ihn. Eine Fahrradtour in die Vogesen, eine nach Sesenheim (sozusagen an das dem *Mein Kampf* gegenüberliegende Ende der deutschen Kultur: »ein vermistetes Nest«[28] – trotz Goethe).

Am Humboldtianum

In Bern, so F. D.s Erinnerung, kämpfte er sich weiter durch einen »Urbrei an Zeitvergeudung«[29]. Nach dem Rausschmiss aus dem Freien Gymnasium brachten ihn die besorgten Eltern im Frühjahr 1937 am »Humboldtianum« unter, einer Privatschule, die ihnen beträchtliche finanzielle Opfer abverlangte. Mit den Bildungstempeln des 19. Jahrhunderts hatte das Institut nur noch den Namen gemein, es war, erinnert sich Dürrenmatt, »ein Sammelbecken von an Gymnasien gescheiterten Existenzen und zäh arbeitenden Einzelgängern, die gezwungen waren, die Maturität ohne Gymnasium zu bestehen. Ich gehörte zu den gescheiterten Existenzen.«[30]

Das Humboldtianum war insofern eine bemerkenswerte Schule, als es sich nicht als ein konventionelles Privatgymnasium verstand, sondern als ein »Maturitätsinstitut«, das fixe Klassen durch sogenannte »Leistungsklassen« ersetzte. »So ist es möglich, dass F. D. zum Beispiel im Französischen mehrfach repetieren musste, während er im Deutschen nie repetiert hat.«[31] (Ulrich Weber) Offensichtlich wurde viel Wert auf Eigenverantwortung gelegt (unter den Schülern waren auch viele Erwachsene, welche die Matura, wie man heute sagen würde, auf dem »zweiten Bildungsweg« anstrebten). Wann man sich reif für die Prüfung fühlte, bestimmte jeder Schüler selbst. Diese wurde dann nicht von den eigenen Lehrern, sondern von externen Experten abgenommen. So erklärt sich auch die Toleranz, mit der herbeigeflunkerte Entschuldigungen nach Dürrenmatts eigener Erinnerung bereitwillig akzeptiert wurden: »Der Rektor, ein alter Pfarrer, nahm die Entschuldigungen höflich entgegen, ohne mit der Wimper zu zucken, ohne Anzeichen, dass er uns glaubte oder nicht. Er unterrichtete deutsche Literatur, versuchte uns Goethe einzureden, während überall die goethischen Ideale zusammenkrachten.«[32] Der »alte Pfarrer« war Dr. Paul Keller, seit 1936 Rektor am Humboldtianum. Offenbar hatte sich F. D. wieder für den Maturitätstypus A mit Griechisch umentschieden, denn er und sein Jugendfreund Joseph Rösli wurden darin im Turmzimmer unterrichtet.[33]

»Nun, in der Stadt, saß ich nachmittagelang in den Kinos, sah ein- oder zweimal den gleichen Film, während mich meine Eltern in der Schule glaubten. Es galt, mit dem Geld sparsam umzugehen. Es aufzutreiben war schon ein Kunststück, setzte Lügen, Stehlen und Pumpen voraus. Alles stahl und pumpte einander an. An den Vormittagen saß ich im ›Wiener Café‹ und las Nietzsche; eine lederbezogene Bank der Fensterreihe entlang, runde Marmortische, vor mir eine ›Schale Gold‹. In der Schule gab ich irgendeine Krankheit an: Grippe, Migräne, Heuschnupfen im Sommer. […] Die Zeugnisse waren schlecht. Sie wurden zweimal im Jahr verschickt. Ich fing sie ab. Den Bericht unterschlug, die Noten verbesserte ich. Für die Maturität spielen die Noten einer Privatschule ohnehin keine Rolle. Es war das Humanste, was ich meinen Eltern gegenüber tun konnte. Doch las ich im ›Wiener Café‹ nicht nur Nietzsche, ich las auch Lessings *Laokoon,* und meine merkwürdige Vorliebe für Wieland muss aus dieser Zeit stammen, sie ist mir geblieben, während ich Hebbel, den ich damals verschlang, heute unausstehlich finde, außer seinen Tagebüchern. Das Stadttheater besuchte ich aus familiären Gründen. Mein Onkel, ein Regierungsrat, besaß von Amts wegen eine Loge, die er uns hin und wieder überließ. Aber das Theater bedeutete mir wenig, obgleich es gute Schauspieler, Sänger und Dirigenten hatte, sie waren aus Deutschland emigriert und nicht provinziell. Zur Musik hatte ich noch kein Verhältnis. Ich zeichnete und malte besessen, mit Kohle und Deckfarben: Sauforgien, Teufel, Hinrichtungen.«[34]

Als derart verwahrlosten Schüler beschreibt sich F. D. rückschauend im ersten Band der *Stoffe.* Mit Vorliebe besuchte er Revolver-Kinos, im »Alhambra« konnte man sogar dazu konsumieren wie im Varieté. Das Geld beschaffte er sich, wie oben beschrieben, auf jede erdenkliche Weise, er verkaufte verschiedenstes aus Familienbesitz, nicht alles so entbehrlich wie drei oder vier Sammelbände der ›Gartenlaube‹, welche nur die Schwester schmerzlich vermisste. Die Zeit dazwischen und danach verbrachte er mit Schulkameraden, »mit denen man Maulheldentum trieb, Frauengeschichten flunkerte, in Cafés und Bars hockte, ein Urbrei an Zeitvergeudung, an hilfloser Jugend, ein Wust von dumpfen quälenden Belanglosigkeiten scheinbar, denn noch war ich verbunden mit dem Mutterkuchen, aus dem ich mich langsam zu formen hatte, noch war alles embryonal, noch war ich nicht geboren, geschweige denn abgenabelt; unfertig, besaß ich nichts als eine chaotische Phantasie, die mich von der Realität abschloss und mich unbeholfen machte, linkisch, ohne Manieren, die mir jetzt noch fehlen […].«[35] »Unsinnige Demütigungen und Blamagen, unbewältigte Pubertät, Lappalien ins Riesenhafte vergrößert, Onanie in jeder Beziehung. Wenig Fähigkeit zur Anpassung, keine Freundin, nicht einmal Freunde.«[36] Die wenigen Fotos, die wir von Fritz Dürrenmatt aus dieser Zeit besitzen, machen es uns nicht leicht, dieses Selbstbildnis ganz zum Nennwert zu nehmen. Sie zeigen einen Dandy im eleganten Anzug, noch ohne Ansatz zu Fettleibigkeit. Möglich, dass sie nach der Matura entstanden sind, aber das ändert wenig daran, dass sich F. D. aus der Distanz eine Nuance zu sehr ins Chaotische verzerrt.

Wenige Freunde, aber immerhin. Im Humboldtianum schon gehörte zu ihnen Joseph Rösli. Er saß mit Fritz in einer Bank, zu zweit besuchten sie den Griechischunterricht, und auch außerhalb der Schule verbrachten sie viel Zeit miteinander. Er erinnert sich an F. D. als ausgesprochen faulen, auch renitenten Schüler, der schon mal, aus Protest gegen eine schriftliche Prüfung, zum Fenster gehen und die Feder in den Hof werfen konnte. Rösli verkehrte auch im Elternhaus Dürrenmatt, las gemeinsam mit F. D. und Reinhold Dürrenmatt Kierkegaard, u. a. *Furcht und Zittern*, streifte mit F. D. nächtelang durch Bern. Die Freundschaft hielt auch während des Studiums an, in einem Gespräch mit Ulrich Weber erinnert sich Rösli an zahlreiche Schnurren aus der Studentenzeit. So soll F. D. in einem Seminar des Germanisten Fritz Strich ein Referat mit einer Flasche Wein neben sich vorgetragen haben, einen Wortsalat mit dem Titel *das ding*. Wie andere Freundschaften aus dieser Zeit ließ Dürrenmatt auch die mit Rösli nach dem Wegzug aus Bern versiegen. Er konnte verletzend sein gegenüber jenen, denen etwas an ihm lag.

Das traf auch Theo Schweingruber, Schulkamerad am Freien Gymnasium, Sohn des Rektors, damals vielleicht sein engster Freund.[37] Schweingruber war über den Abbruch des Kontakts so gekränkt, dass er es noch nach Dürrenmatts Tod ablehnte, mehr über ihn zu sagen, als dass seine Beziehung zu diesem »die Freundschaft meines Lebens«[38] gewesen sei.

Hans Greiner, der sich in einer Art Nachruf im ›Zofinger Tagblatt‹[39] an Dürrenmatt erinnerte, will schon 1931/32 mit Dürrenmatt die Schulbank gedrückt haben, also in der Primarschule in Stalden. Im Humboldtianum traf er ihn wieder, später dann in Zürich, wo er an der ETH studierte und mit F. D. offenbar zeitweilig zusammenwohnte.[40]

Eine der wenigen Freundschaften, die jene wirren Jugendjahre überstand, war die zu Hans Noll, gewiss auch, weil der selbst nicht zu diesem Berner Biotop gehörte. Dessen Vater Hans war aus Stein am Rhein 1931 ins Pfarramt von Arlesheim berufen worden. Die Familie gehörte zum interkantonalen Pfarrfrauen-Netzwerk von Hulda Dürrenmatt: Man besuchte sich gegenseitig, schon zu Konolfinger Zeiten. Der Kontakt riss auch zwischen den beiden jungen Burschen nicht ab. Noll, der später als Molekularbiologe in die USA emigrierte und an Universitäten in Pittsburgh, Chicago und Honolulu lehrte, blieb ein Freund bis zum Ende von Dürrenmatts Leben.

Im Sommer 1939 büffelte F. D. im neuenburgischen La Tourne mit einem Pastor Josef Französisch und Latein, ein Brief vom

20. Juli 1939 ist erhalten, in welchem er sich kurvenreich wegen schlechter Noten, unentschuldigter Absenzen und Vorhaltungen wegen mangelndem Fleiß herausredet (»Es gibt natürlich noch viel zu sagen, aber das kann man besser mündlich tun«[41]). Er bittet um »ein schwarzes Büchlein mit einem Bild, das einen Mann und einen Knaben in einen Mantel gehüllt, die durch die Luft fliegen, darstellt. Es handelt sich um die Sterne. Schickt es mit bitte. Auch das Buch *Sterne, Welten und Atome,* ich muss hier die Sterne erklären.«[42]

Unter den Aufsätzen aus den Berner Schuljahren ist neben einem Text über die *Landschaftsbeschreibung in Gotthelfs ›Schwarzer Spinne‹* das denkwürdigste Stück ein Entwurf, mit dem er die Aufgabenstellung »Legendenbildung im Alltagsleben« löste: »Einmal stieg ein Menschenkind, das jung war und sich schon rasieren musste gravitätisch die Treppe hinunter die zu einer Gartenanlage einer gewissen Stadt in einem gewissen Lande führte. / Etwa in der Mitte der gewissen Treppe lag eine Bananenschale am Boden – eine einfache Bananenschale. / Auf dieser Bananenschale kam der Fuß des Jünglings ins Rutschen und – 3 Sekunden später schaute sich der Jüngling, dem die Hinterbacken schmerzten verstohlen um und stieg gravitätisch weiter. / Ein Vorfall ohne Bedeutung gewiss aber. Aber? / Den Vorfall hatte ein Mann, der auf einem Bank in der Nähe saß, beobachtet. / Dieser Mann war ein DICHTER. / Es war ein berühmter Dichter, das heißt ein zwar noch nicht bekannter Poet, der aber die besten Aussichten hatte, dass, gesetzt der Fall, wenn man seine Gesammelten Werke im Jahre 3399 in einem Kehrichtkübel finden würde, er doch noch unter den Gelehrten jener fernen Zeiten Ansehen und Bedeutung finden würde. / Kurz es war ein unverstandener Dichter, der diesen Vorfall gesehen hatte und nun auch sich seine Gedanken darüber machte: / Der Jüngling ist gefallen, das ist eine Tatsache, aber jede Tatsache hat eine Ursache. Die Ursache ist eine Bananenschale. Gut, aber die Bananenschale ist nicht nur die Ursache sondern auch eine Tatsache, und die Ursache dieser Tatsache ist die Tatsache dass diese Bananenschale jemand hat fallen lassen. Folglich hat jemand eine Banane gegessen. / Nach dieser äußerst sinnigen Betrachtung sprach der Dichter zu sich: / Wenn nun der Jüngling auf den Hinterkopf gefallen wäre – und er hätte sich das Genick gebrochen – und er wäre gestorben so wäre er an der Tatsache gestorben dass jemand eine Banane gegessen hat. / Wegen der Gewalt und der Größe eines solchen Gedankens musste der Dichter tief atmen dann nach einer Pause philosophierte er weiter: Wenn nun der Jemand der diese Banane gegessen hat die Geliebte dieses Jünglings wäre, dann hätte also die Geliebte den Geliebten umgebracht... / Der Poet wischte sich eine Träne aus den Augen. Gesetzt der Fall dass nun der Jüngling die Bananenschale selber, als er das letzte mal auf dieser Treppe war, hier hätte liegen lassen?... / Da es ihm vor der Schlussfolgerung graute musste er eine längere Pause einlegen. / ... Dann hätte der Jüngling Selbstmord begangen.«[43]

Hier muss der Zusammenhang mit dem Schriftsteller nicht herbeigeredet werden. Es kündigen sich schon Dürrenmatts Vorliebe für die unendliche Kausalkette, seine Beschäftigung mit dem Zufall, die Poetik des Möglichen an. Der Schulaufsatz taucht ein halbes Jahrhundert später in den *Stoffen* wieder auf[44]. Sehr verwandelt zwar: Das Opfer ist er selbst, und das Objekt, das ihn zu Fall bringt, ist Hundedreck, und derjenige, der ihn beobachtet, ist ein Gärtner in den Platanenanlagen des Berner Casinos. Doch auch bei solchem Wechsel der Perspektive ist die Nähe der Texte verblüffend: Die Gymnasiasten-Schnurre, fast ohne Interpunktion hingerotzt, ist gewiss nicht interpretatorisch zu strapazieren. Aber wer könnte, *a posteriori* und bei allem Wechsel der Perspektive, Gedanken an viel spätere Spekulationen Dürrenmatts über Kausalität und Zufall ganz von der Hand weisen?[45]

Natürlich ist Politik denn doch allgegenwärtig, in jenen finstren Zeiten. Die Welt fand anderswo statt. Das Unheil, das mit Hitlers Machtergreifung 1933 seinen Lauf genommen hatte, näherte sich einer entscheidenden Wende. Andererseits floss am verschont Gefangenen die Zeit zäh vorbei. Abgesehen von der Reflexion im Nachhinein: was den alles zusammenfassenden Abschnitt zum Zweiten Weltkrieg in den *Stoffen* bestimmt, ist die Abwesenheit von Zeitgeschichte und Politik. Leerjahre statt Lehrjahre. Zwischen der subjektiven Zeit und der objektiven, der Geschichte und dem Vakuum des von ihr Verschonten, klafft in den *Stoffen* der Abgrund, der den Einzelnen von der Welt trennt, ein Verfahren, auf das Dürrenmatt noch bei anderen Gelegenheiten zurückgriff: »Während ich noch in den Windeln lag, herumrutschte, mich aufrichtete, die ersten Schritte machte, im Garten herumspielte, zum ersten Mal ausriss, in die Ebene hinein, die mir unendlich erschien; den ersten Schultag ertrug, dann endlos weitere Schultage, immer heftiger fortgerissen durch die Zeit, endlich aufgesogen durch die Stadt, während so die Jugend unachtsam meine Tage vergeudete, wälzte sich die Russische Revolution dahin, blutig, stur, unaufhaltsam, irrational durch ihren Glauben ans Rationale, religiös durch ihren Atheismus; begann die Agonie des Britischen Imperiums; bildete sich Frankreich ein, es sei immer noch eine Weltmacht, baute die Maginot-Linie, spann kunstvolle diplomatische Netze, Deutschland endgültig niederzuhalten; marschierte Mussolini nach Rom, das Kinn hoch erhoben; wurde die Ruhr besetzt; starb Lenin, kam Stalin hoch, wurde Trotzkij verbannt – die große Säuberung begann, räumte mit den alten Revolutionären auf; ließen die deutsche Inflation und der amerikanische Schwarze Freitag Millionen alles verlieren und einige wenige daran Milliarden gewinnen; ging die Weimarer Republik zugrunde, spülte dieser Untergang Hit-

ler und ein übles völkisches Geschmeiß an die Macht; brach
Mao zu seinem langen Marsch nach Yenan auf; griff Japan mit
seinem kleinen bebrillten Kaiser auf dem großen Schimmel
China an; tauchten bald da, bald dort abgedankte Generäle und
sonstige Tagediebe als größere und kleinere Diktatoren auf.
Überall politisch Verfolgte, überall Emigranten, überall Er-
mordete. Abessinien, der Spanische Bürgerkrieg, die Besetzung
Österreichs, München – im Berner Münster fand eine Feier statt,
Gott für die Erhaltung des Friedens zu danken, Gott hatte andere Pläne oder war anderswo beschäftigt; die Annektierung der
Tschechoslowakei, im Rundfunk Hitler-Reden, das Bündnis
Großdeutschlands mit der Sowjetunion: und während all dieses
hektischen Treibens, gleichzeitig, nacheinander und durcheinander, ein Wirrwarr von Plänen und Gegenplänen, von Taten
und Gegentaten, überall Wirtschaftskrisen, überall Arbeitslosig-
keit – selbst in der unmittelbaren Nähe des christlichen Gymnasiums machte sich die Zeit bemerkbar: Schlangen von Männern,
die stempeln gingen; schließlich der Ausbruch des Zweiten
Weltkriegs – wahrscheinlich mit Extraausgaben der Zeitungen,
mit Sondermeldungen im Rundfunk, mit einer Ansprache eines
Bundesrats – der Tag ist mir nicht mehr in Erinnerung. Er bedeutete keinen Einschnitt in mein Leben. Wie Professor Lidenbrock auf seinem Floß über brodelnde Lava, trieb die Schweiz
ins Ungewisse, ob ihrem sicheren Untergang oder ihrer kaum
möglichen Rettung entgegen, war nicht auszumachen. Ich wurde mitgetrieben, aber durchaus nicht auf der Höhe der Zeit,
ohne Panik, ohne Gefühl für ein Schicksal, das da, Einlass begehrend, ans große Bühnentor des Welttheaters donnerte, die
Wende des Jahrhunderts zu inszenieren. Ich war mit mir beschäftigt, nicht mit der Wirklichkeit, die mit mächtigen Pranken
zuschlug.«[46]

Im Sommer 1940 rafft sich F. D. zu dem Entschluss auf, in einem Jahr die Maturitätsprüfung abzulegen. (Aus einem Brief der Mutter an Schwester Verena vom 20. Juni 1940: »Bei uns geht es gut, Gott sei Dank. Fritz hat sich nun doch entschlossen in einem Jahr die Maturität zu machen. Ich bin sehr froh, denn in letzter Zeit wollte er nichts mehr davon wissen & hatte alle Gedanken bei der Kunst & vor allem beim Zeichnen.«[47]) Und tatsächlich setzt er ein Jahr später zum Endspurt an, wohl eher um den Zustand Schule zu beenden, als um mehr zu erreichen als die weitere Lizenz zur Bummelei. Ein anderer Grund mochte das Versprechen der Eltern gewesen sein, er dürfe nach bestandener Prüfung Maler werden, das ihn zu derartigen Anstrengungen bewegte. Die Privatschule, auf ihren Ruf bedacht, rät ab. F. D. büffelt zusammen mit einem Freund Ackermann, einem Bauernsohn aus einem Dorf nicht weit von Olten, der während dieser Zeit bei Dürrenmatts wohnt, und auch nächtelang bei einem jungen Physiker. Nach einer solchen Nacht halten sie abwechselnd mit zahlreichen Anrufen bei der Meteorologischen Zentralanstalt die dort wachhabende Studentin zum Narren. In verschiedenen Dialekten berichten sie aus vorgeblich unterschiedlichsten Gegenden der Schweiz über merkwürdige Veränderungen des Vollmondes, der auch in Zürich hinter dichtem Nebel versteckt war. »[E]ine Vorliebe für die Physik hat mich seitdem nie mehr verlassen. Sie und die Mathematik sind die einzigen Fächer, von denen ich bedaure, sie in meiner Gymnasial- und Universitätszeit nicht fleißiger studiert zu haben.«[48]

Die Matura, glaubt er, habe er nur bestanden, weil er als Berufsziel die Malerei angegeben habe: »Wer wollte schon einen Kunstmaler durchfallen lassen, der als Student ohnehin nicht in Frage kam.«[49] Das scheint eine kurze biographische Notiz zu bestätigen, die Richard Feller, Historiker an der Universität und damals Präsident der Maturitätskommission des Kantons Bern, über Dürrenmatt wie über alle Kandidaten verfasste: »Er [F. D.] verließ [das Freie Gymnasium], um sich der Kunst zuzuwenden, erkannte aber bald die Bedeutung der Maturität auch für dieses Gebiet. Darum bereitete er sich am Humboldtianum auf die Prüfung vor. Er will sich nach bestandener Maturität der Kunst widmen.«⁵⁰ Die offizielle Version. Wie auch immer, er besteht mit der Gesamtnote »befriedigend« und einem Durchschnitt von 4,3 (die Paradefächer: Deutsch 5, Geschichte 6 – die Schweizerische Bestnote).

In diese Zeit muss auch der einzige physische Zusammenstoß zwischen Dürrenmatt und seinem Vater gefallen sein, einige der wenigen Episoden in den *Stoffen,* in denen von Erotik die Rede ist. »[Ackermann] war älter als ich. Er kam aus einem Bauerndorf nicht weit von Olten, seine Eltern waren Bauern, und seine Freundin war, wie ich mich erinnere, eine zerquälte junge Frau, mit der er ein ebenso zerquältes Verhältnis unterhielt. Wenn sie ihn besuchte, nahm er mich aus lauter Verlegenheit mit, um sich nicht aussprechen zu müssen. Er wagte nicht, sie loszuwerden. Meinem Vater war das Ganze suspekt, er witterte Sünde, und als ich einmal gegen zwei Uhr nachts allein heimkehrte, nachdem ich die beiden kurz entschlossen ihrem Schicksal überlassen hatte, waren meine Eltern noch auf; mein Vater im Nachthemd machte mir eine Szene, sprach von Unsittlichkeit. Er kam mir wie ein ungeheurer Narr vor, er tobte weiter, griff mich an, ich warf ihn gegen die Wand. Mein Vater schwieg, ich ging auf mein Zimmer, über die Szene wurde niemals mehr ein Wort verloren, sie war wie nie geschehen.«⁵¹

Wie große Teile des Schweizer Bürgertums sah Reinhold Dürrenmatt im Nationalsozialismus zunächst eine Gegenkraft zum Kommunismus; aber bald verfolgte er den Aufstieg Hitlers mit zunehmender Sorge, Skepsis, endlich mit Abscheu. Das war keine Selbstverständlichkeit. Eng verbunden mit Schwesternorganisationen in Deutschland wie den »Emser Schwestern« und einer Diakonissengründung in Hamburg, war die Leitung des Berner Diakonissenhauses »sehr nazifreundlich. 1937 und 1938 fuhr ich mit den Eltern nach Deutschland, Ems eben und Hamburg«, erinnert sich Verena Dürrenmatt, »und da war mein Vater sehr hin- und hergerissen. Einerseits hat er das Ganze durchschaut, andererseits schwärmten die Schwestern vom alkoholfreien und vegetarischen Führer, dann hat er auch noch Kollegen aus seiner Studienzeit in Berlin und Marburg besucht, und die waren alle auch nicht in der bekennenden Kirche. Er sorgte sich sehr um die Juden. Ich mag mich an eine Episode auf einem Bahnhof erinnern, wie er ostentativ auf einen mit seinem Stern abseits stehenden Juden zuging und ihn sehr freundlich begrüßte. Ich erinnere mich auch an den Aufenthalt in einem Ferienheim des Diakonissenhauses in Kühlungsborn, so richtig mit Strandkörben und allem, wir bauten Sandburgen, und um fünf hatten die Kinder zum Turnen anzutreten, wohl unter der Regie des BDM, da habe ich auch mitgemacht, allerdings ersparte man mir als Schweizer Mädchen den Hitlergruß.«[52]

Wie für viele Christen nicht nur jener Jahre blieben die Juden für Pfarrer Reinhold das Volk, das Jesus anstelle des Barabbas ans Kreuz schlagen ließ. (Verena Dürrenmatt erinnert sich noch an Vorbehalte des Vaters gegen einen ihrer jüdischen Freunde aus den fünfziger Jahren.) Fragte er sich in einem Gespräch mit dem Gemeindepräsidenten von Konolfingen noch nach der

Machtergreifung, ob Hitler ein Christ sei, so bemühte er sich, nachdem die Reichspogromnacht (9./10. November 1938) jede weitere Selbsttäuschung verbot, an Juden christlich zu handeln, welche als Emigranten nach Bern kamen. Sie wurden in der Familie aufgenommen oder erhielten regelmäßig einen Freitisch.

Sein Sohn Fritz allerdings machte ihm auch in dieser Hinsicht Sorge. In *Labyrinth,* dem ersten Band der *Stoffe,* befasst sich Friedrich Dürrenmatt in einem längeren Abschnitt mit dem Nationalsozialismus: verdächtig kurz konkret mit dem eigenen, verdächtig lang in einer ideologiekritischen Abhandlung mit dem Totalitarismus, dem geistesgeschichtlichen Zusammenhang. Ein nachträgliches Bemühen, die Position des jungen F. D. im Durcheinander von eigenen Zweifeln, Ängsten und pubertären Stimmungsschwankungen während der weltpolitischen Wirren zu bestimmen. Aber es ist zweifellos auch der Versuch, die eigene Verirrung zu marginalisieren: »Als sich später meines Vaters Zweifel an Hitlers ›Christentum‹ bestätigten, war mir dieser als christlicher Bürgerschreck willkommen, umso mehr, als es für mich keine politische Alternative gab. Zwar war mein Vater ein überzeugter Antimarxist, ich hätte mich, um ihn und die christlichen Kreise zu provozieren, auch als Kommunist ausgeben können. Aber ich hatte vom Marxismus nur eine verzerrte Vorstellung, er war ein Gerücht, nicht eine mögliche Gegenwelt. So konnte für mich der Marxismus auch keine Opposition gegen die väterliche Welt darstellen. Was blieb, war vorerst ein nebulöses Parteinehmen für Hitler, das ich allein als Schutz gegen die väterliche Welt des Glaubens errichtete: Ich schloss mich in der Stadt für einige Wochen einer frontistischen Jugendorganisation an. Es ging dilettantisch zu, ein arbeitsscheuer Zwanzigjähriger mit Stiefeln, der sich als Detektiv ausgab, führte uns an; an einem Sonntag ›besetzten‹ wir den Bantiger, einen Hügel in der Nähe der Stadt. Meine Unsportlichkeit übertraf meine Weltanschauung, und ich gab auf.«[33]

Damit hat sich das Bekenntnis; der Ausrutscher eines jugendlichen Wirrkopfs wird mit einem Witz erledigt. »Erst rückblickend wird mir die Welt meiner Jugend deutlich: sie war für
mich gedanklich nicht zu bewältigen, wie für Minotaurus das
Labyrinth nicht zu bewältigen war. Das vermag wohl keine Jugend; bedenklich war, dass auch die Väter diese Welt nicht bewältigten. Ich lehnte mich dagegen auf, Kommunismus und Faschismus gleichzusetzen, wie die bürgerliche Ideologie es heute
liebt, wobei freilich die Gleichung, die bürgerliche Ideologie sei
faschistisch oder faschistoid, die politische Wirklichkeit ebenso
verfälscht.«[54]

Folgt in den *Stoffen* auf nicht weniger als zehn Seiten[55] eine
luzide Betrachtung der historischen Großwetterlage, in welche
die Berner Episode als bizarre Anekdote fällt. In der Analyse
der beiden Diktaturen, des »mystischen« Faschismus und des
»dogmatischen« Kommunismus, entwirft F.D. ein Panorama
zweier »Afterreligionen«, im Bewusstsein, »dass ich die damalige Lage mehr aus jener Zeit deute als aus der heutigen«. Das
stimmt nur sehr bedingt. Hinter dem Ringen der beiden totalitären Systeme ist Dürrenmatts jahrzehntelange Auseinandersetzung mit dem Kalten Krieg auszumachen. Er vergleicht sie mit
dem mittelalterlichen Konflikt zwischen dem Kaiser und dem
Papst, »wenn auch jetzt ein lächerlicher Kaiser, ein gescheiterter
Kunstmaler [...], gegen einen fürchterlichen Papst, gegen einen
Großinquisitor« antritt. Dass der lange Passus, der sich auch
mit der Haltung der Kirchen befasst, des Protestantismus zu-
mal, mit dem Irrtum des Vaters, die *Natürliche Theologie* Emil
Brunners könne etwas ausrichten gegen den »konfuse[n] Mysti-
zismus der Nazis, [dieses Gebräu aus] falsch verstandene[m]
Nietzsche, halbverstandene[m] Klages, Rosenbergs Geschwafel,
Goebbels' Rhetorik, dann wieder Stefan Georges Urlaute[56],
Wagners Mythologie«[57] – dass dies auch ein bewusst inszeniertes
Ablenkungsmanöver von der eigenen Nazi-Episode sein könnte,

legt der folgende Abschnitt nahe: »Schon vor Kriegsausbruch lernte ich Emigranten kennen: dass die Greuelmärchen Märchen waren, wurde immer weniger glaubhaft. Mein naives politisches Weltbild stürzte zusammen – und ich ins Leere.«

Gewiss ist Dürrenmatt abzunehmen, dass ihm je länger, je weniger möglich war, »im Weltgeschehen einen Kampf zwischen ›guten und schlechten Mächten‹ zu sehen«; dass sich für ihn »[d]as Zusammenkrachen Europas […] wie eine Naturkatastrophe jenseits aller Moral [abspielte], aber auch jenseits aller Vernunft […], für mich trugen alle die Schuld an einem Massaker ohnegleichen, die Opfer und die Henker, der Strudel einer unsinnigen Apokalypse riss alle hinab«. Das alles leuchtet ein. Schwerer verständlich ist, dass F. D. diesen »Sturz ins Leere« um nicht unbedeutende zwei Jahre verschiebt. Es ist eine ins Grundsätzliche gehobene Analyse einer schrecklichen Zeit, nicht die Darstellung seiner eigenen Verirrung und Verwirrung. Und würden wir nicht Dürrenmatts entspannten Umgang mit seinen eigenen Schwächen kennen, könnten wir gar vermuten: ihre Verharmlosung. Bei alldem, muss man F. D. allerdings einräumen, bedeutete die Matura keine Zäsur.

War Dürrenmatt ein Nazi?

Die Rebellion gegen den Vater war mit Sicherheit ein Hauptgrund für Dürrenmatts »nebulöses Parteinehmen für Hitler«[58]. Der Anschluss an eine faschistische Gruppierung, die sogenannten Frontisten, war gleichzeitig Bestätigung des Außenseitertums und eine Provokation: in der Rolle des Bürgerschrecks gefiel sich Dürrenmatt auch später zuweilen.

Die »Front«, 1930 aus Zürcher Studentenkreisen hervorgegangen, vorübergehend im sogenannten »Frontenfrühling« zu einer eigentlichen Partei unter dem Namen »Nationale Front«

geworden, hatte in Bern eine eher marginale, in der Schweizer Politik der Vorkriegs- und Kriegszeit allerdings eine nachhaltigere Wirkung. Unter dem Begriff des »Frontismus« subsumiert der heutige Sprachgebrauch eine Vielzahl von Gruppierungen am rechten und rechtsextremen Rand des politischen Spektrums, sogenannte »Erneuerungsbewegungen«, die sich von einer eigentlichen Landesgruppe der NSDAP abspalteten (von der Schweizer Staatsbürger ursprünglich ausgeschlossen waren) und über die »Nationale Front«, die »Eidgenössische Soziale Arbeiterpartei«, den »Bund treuer Eidgenossen nationalsozialistischer Weltanschauung«, die »Nationale Bewegung der Schweiz«, föderalistische Rechtsextremisten der Westschweiz wie »Ordre et Tradition« (ab 1933 »Ligue vaudoise«), über bündische Erneuerungsbewegungen innerparteilicher Untergruppen (»Jungbauern«, »Jungliberale«), die mittelständische Heimatwehr bis zum überparteilichen »Bund für Volk und Heimat« reichten. Die Übergänge (auch zu den rechten Flügeln der bürgerlichen Parteien) waren fließend. Teile waren für den Anschluss, andere für eine schweizerisch nationale Variante von Faschismus, einige (wie die »Heimatwehr«) prononcierter antisemitisch als andere. Die personellen Querverbindungen waren vielfältig, die Namen der Gruppierungen kein Signal für deren Ausrichtung. Oft galt das Gegenteil. Der »Volksbund für die Unabhängigkeit der Schweiz« war eine Vereinigung, die, wenn nicht den Anschluss, so doch weitestgehende Anpassung an das Neue Europa Hitlers verlangte und die berühmt-berüchtigte »Eingabe der 200«[59] vorbereitete. Oft wechselte nur das Etikett.

Im Frühjahr 1940 wurde Parteiführer Robert Tobler verhaftet, und die »Nationale Front« löste sich selbst auf. Das bedeutete allerdings nicht das Ende der Bewegung. Bereits im Juni gründete Tobler die »Eidgenössische Sammlung«. »Erste Hinweise für das Bestehen einer Berner Ortsgruppe finden sich im November 1940. Im ›Anzeiger für die Stadt Bern‹ vom 21. September erschien eine Meldung, in der angekündigt wurde, dass die für diesen Abend geplante Veranstaltung im Hotel Bristol nicht durchgeführt werden könne, weil der Saal gesperrt worden sei. Interessierte fanden sich trotzdem vor dem Hotel Bristol ein, wo rund 20 Männer jüngeren Alters standen und ihnen einen Zettel mit dem neuen Versammlungsort verteilten. Hermann Hirschel war als Vertreter des Schweizerischen Israelitischen Gemeindebundes (SIG) ebenfalls vor Ort und beobachtete das Geschehen der neu gegründeten Gruppierung. Die insgesamt 50 Personen, die der Versammlung beiwohnten, beschrieb der Beobachter mit den folgenden Worten: ›Halbwüchsige Jünglinge, Ladenschwengel und Stifte, dann ältere, oft schon ergraute Konkursiten, stobere Prinzipienreiter, auch einige Alkoholiker oder auch nur gewöhnliche Konjunkturritter waren anzutreffen.‹«[60]

Friedrich Dürrenmatt trat am 17. Mai 1941 ebendieser Vereinigung Toblers bei. Es ist also nicht so, wie es die autobiographische Darstellung im ersten Band der *Stoffe* zumindest nahelegt: dass er sich aus seiner Nazi-Verblendung befreit und dann beschlossen hätte, ein anderer zu werden, sich auf die Maturität vorzubereiten (»Ich brauchte Abstand. Auch im Labyrinth muss man zurücktreten können, und sei es nur, dass man sich in eine Nische zurückzieht […]«[61]). Zwar ist auf der Mitgliederliste der »Eidgenössischen Sammlung« schon für den »Sept. 41« sein Austritt vermerkt, aber der Zusatz »FdE« legt nahe, er sei nur in die etwas weniger verbindliche Kategorie der »Freunde der Eidgenössischen Sammlung« gewechselt.

Vom 29. August bis zum 13. September 1941 hatte Friedrich Dürrenmatt die Eidgenössische Maturität abgelegt. Am 25. November taucht sein Name in einem Protokoll der städtischen Sicherheits- und Kriminalpolizei auf, das der Journalist Jürg Schoch im ›Tages-Anzeiger‹ vom 15. Juni 2007 publizierte. In der Versammlung einer »Hochschulgruppe der Eidgenössischen Sammlung« im Berner ›Klösterli‹, hielt der anwesende Agent der politischen Polizei fest, »äußerte Dürrenmatt den Wunsch, auch extreme Nationalsozialisten, also solche, die für einen Anschluss seien, in die ES bzw. deren Hochschulgruppe aufzunehmen. Seines Erachtens komme sowieso nur noch ein Anschluss in Frage«.[62] Und in einer zweiten Wortmeldung: »Wenn diese Bewegung zu Stande kommt, müssen wir uns aber so organisieren, dass uns die Polizei nicht wieder an allen Vorhaben verhindert. So z. B., wenn einer oder eine Gruppe verhaftet wird, der ›Karren‹ gleichwohl weiterläuft.« Jürg Schoch: »In jener kleinen, intimen Runde wurde auch der auf den 28. November festgelegte Diskussionsabend vorbereitet, der allen Studenten offen stehen sollte und für den der bekannte Schaffhauser Fröntler Dr. Werner Meyer als Referent aufgeboten wurde. Rund 200 Personen, unter ihnen Friedrich Dürrenmatt und wiederum der Protokollant der politischen Polizei, strömten in die Börse. Der Abend wurde für die ES-Gruppe zum Fiasko. Die Front-Gegner ließen den Referenten zwar referieren, aber sie legten der Versammlung, nach heftigen Diskussionen, einen Resolutionstext vor, in dem die Machenschaften der ES-Gruppe scharf verurteilt wurden.«

War der junge Friedrich Dürrenmatt ein »Nazi«? Er war zumindest das, was man »germanophil« nennen könnte, schon aus Opposition gegen seinen Vater, schon aus Ressentiments gegen den Französischlehrer Lienhard aus Sekundarschulzeiten in Großhöchstetten, was ihn allerdings nicht daran hinderte, sich in die französischsprachige Walliser Malerin Christiane Zufferey zu verlieben. »Fritzer est un boche«, erinnerte sich diese an einen Satz ihres Vaters (der den Freund seiner Tochter im Übrigen mochte) – und das noch im Jahr 1943, als sich die Wende des Zweiten Weltkriegs von Stalingrad bis Afrika längst abzeichnete. Zu bedenken ist auch eine Aussage von Schwester Verena, welche bezeugt, ihr Bruder sei im Kino von kaum etwas so begeistert gewesen wie von Ernst Lubitschs ›To be or not to be‹, der fulminanten Satire auf den Nationalsozialismus. Kein gläubiger Nazi gestattete sich einen ironischen Umgang mit den Gegenständen seiner Bewunderung, karikierte diese gar an den Wänden seiner Mansarde.

Die Faszination, welche die Nibelungen, die »alten Germanen« überhaupt, auf ihn ausübten, scheint er in den *Stoffen* eher etwas herunterzuspielen (im Vergleich zu den *Sagen des klassischen Altertums,* im Vergleich auch zu Gotthelf und den Einflüssen der Trivialliteratur). Insgesamt gibt es keinen Grund, seinen Erklärungen in einer Sache zu misstrauen: dass sich das eigene Chaos, die Ratlosigkeit und Aussichtslosigkeit und Unentschlossenheit in Bezug auf seine eigene Zukunft, dass diese pubertäre Selbstwertkrise sich mit einem Mystizismus aus den unterschiedlichsten »faschistoiden« Quellen potenzierte, alles zu einem dampfenden Brei verkocht, an dem man sich die Hände wärmen konnte.«[63] Angeheizt durch die Propaganda des neuen Mediums Radio.

Hans Noll, der den drei Jahre Älteren zum ersten Mal am 6. Juli 1940 in Bern besuchte, dann wieder am 10. August (der spätere Naturwissenschaftler führte schon damals akribisch Tagebuch), war fasziniert von Dürrenmatts Zeichnungen (»glänzende Federzeichnungen über Themen aus Goethes Faust«, rapportierte er nach Hause, und erinnert sich nach fast siebzig Jahren: »Er zeichnete absatzlos in einem Strich, von der Mutter habe ich noch eine Karikatur von Hitler als Eishockeyspieler«[64]) und traf ihn auch 1941 oft, als er, Noll, als Fliegerbeobachter auf dem Gurten Dienst tat (einem weiteren Hügel in Berns unmittelbarer Nähe).

Hätte Noll eine prekäre politische Gesinnung Dürrenmatts in ebenjenem kritischen Jahr entgehen können? Er erinnert sich an keine irgendwie kompromittierende Bemerkung im Zusammenhang mit frontistischen Aktivitäten, hält die Episode, aus der Distanz, von reiner Neugier motiviert, den Mitgliederaus-

weis der »Eidgenössischen Sammlung« für eine unabdingbare
Voraussetzung für den Zugang zu diesem (übrigens kleinen)
Kreis, im Übrigen die Zuverlässigkeit des protokollierenden Po-
lizeiagenten für keineswegs erwiesen: »Fritz war immer fasziniert von allen Arten von Spinnern.«[65]

Ob Reinhold Dürrenmatt bewusst war, wie nah auch sein
Neffe Peter, der Sohn seines Bruders Hugo, rechten Gruppierungen stand? Der war 1930–1934, eben zur Zeit der Machtergreifung Hitlers, in Deutschland Lehrer gewesen, war 1935, zurück in der Schweiz, Zentralsekretär des rechtskonservativen
»Bunds für Volk und Heimat« geworden und hatte sich auch
in der »Heimatwehr« engagiert; er stand der »Jungbauern«-Be-
wegung des Frontisten Hans Müller nah (der auf dem Mösch-
berg bei Großhöchstetten, also in unmittelbarer Nachbarschaft
zu Konolfingen, eine Bildungsstätte führte). Die Ideologie der
Jungbauern war nah verwandt der der Fronten, mit einem
»fanatische[n] Zug ins Mystische, der sich mit dem gleichen Ei-
fer für die Erhöhung der Milch- und Fleischpreise wie für die
Befolgung christlicher Grundsätze einsetzte«, mit »schwärmerische[m] Bekenntnis zur nationalen Erneuerung, das sich in
keiner Weise von der frontistischen Terminologie unterschied«[66].
Peter Dürrenmatt arbeitete von 1936 bis 1943 als Redakteur der
›Schweizerischen Mittelpresse‹, zeitweise als deren Korrespon-
dent aus Berlin (zum Wohlgefallen der nationalsozialistischen
Instanzen); er schloss sich 1941 der »Eidgenössischen Gemeinschaft« an, wurde 1943 Mitarbeiter der ›Basler Nachrichten‹,
1949 deren Chefredakteur. Friedrich Dürrenmatt sollte sich mit
ihm erst in den fünfziger Jahren überwerfen.

Zweifellos beargwöhnte Reinhold Dürrenmatt den Umgang
F.D.s mit Hans-Ulrich, dem Sohn seines Bruders Oskar. Der
war am Gymnasium Burgdorf unter den Einfluss eines frontistischen Lehrers geraten und nahm seinen Cousin Fritz laut Verena Dürrenmatt mehr als einmal mit zu rechtsextremen Ver-

sammlungen. Auch über den erwähnten Freund seit der Zeit am Freien Gymnasium, Theo Schweingruber, berichtet Kurt Marti Ähnliches: Schweingruber »geriet in eine Abwehr und Oppositionshaltung, aus der heraus er eine Zeit lang mit den Frontisten/Nazis liebäugelte, was jedoch eher grotesk war, denn Theo S. war überhaupt kein Frontistentyp, sondern klein, schwächlich, im Turnen z. B. eine Null – wie auch F. D.«[67] Ob das ein Grund war, dass die beiden gleichsam zusammenrückten? »1941 war ich in Bern mit Theo S. in der gleichen Rekrutenschule«, schreibt Marti in einem Brief, »aus der er eines Tages einfach desertierte.«[68]

Emigranten im Hause Dürrenmatt

»Schon vor Kriegsausbruch lernte ich Emigranten kennen«[69]: Die Pfarrfamilie Dürrenmatt führte ein offenes Haus für Emigranten. Reinhold Dürrenmatts theologische Zurückhaltung gegenüber Juden schlug keineswegs auf seinen menschlichen Umgang durch. War er in politischen Fragen generell zögerlich, ließ er sich andererseits von der in sozialen Fragen handfest und ohne Diplomatie agierenden Hulda überzeugen. Seine Frau engagierte sich nach dem Anschluss Österreichs im Hilfswerk von Gertrud Kurz (1890–1972), genannt die »Flüchtlingsmutter« oder »Mutter Kurz«, die sich für Flüchtlinge materiell, aber auch informell zum Beispiel bei Amtsstellen einsetzte. 1938 arrangierte sie spontan ein Weihnachtsfest für alle Flüchtlinge, die zu dieser Zeit in Bern lebten.

Von Mutter Kurz vermittelt, lebte die Jüdin Inge Baruch 1940 in der Familie Dürrenmatt. Sie stammte aus Hamburg, studierte an der Universität Bern, nach jeder Erfolgsmeldung der Wehrmacht von neuen Angstanfällen geschüttelt. Als eine Verwandte des großen Bernard Baruch (des Finanzberaters Roosevelts und späteren Freundes Churchills) hatte Inge ein Visum für die USA in Aussicht, wohin sie schließlich mit einem der letzten Schiffe, die Europa verließen, emigrierte. Zeitweise erwog Hulda Dürrenmatt, sie in der Ferienwohnung der Familie im Kiental unterzubringen. Hitlers bevorstehenden Einmarsch in die Schweiz fürchteten nicht nur Emigranten. Wer die Mittel dazu hatte, flüchtete in ein privates Reduit, die Zürcher in die Innerschweiz, die Berner ins Berner Oberland.

In einem Brief an Verena schreibt die Mutter am 23. Mai 1940: »Heute war Frau Baruch bei uns [Inges Mutter] & nun ist Inge für 3 Tage mit ihr nach Solothurn gegangen. Ich bin fast froh, denn Fritz hat wieder seine große Abneigung gegen sie. Wenn das so weiter geht, werden wir sie kaum behalten können.«[70] »Mit Dr. Levi ist nichts mehr.«[71] Und: »Auch Fritz ist gegen alle Mädchen ganz ablehnend, ich bekomme zuletzt ein alt Jumpfern [Jungfern] & Junggesellenheim.«[72]

In einigen Briefen an die Schwester wird der junge Dürrenmatt allerdings recht ausfällig gegen Inge Baruch – das hat aber eher mit dessen Abneigung gegen gelegentliche Zudringlichkeiten der jungen Frau zu tun als mit Antisemitismus. Mit dem Emigranten Dr. Heinrich Mahlberg (er stand Dürrenmatts Philosophieprofessor Richard Herbertz nah, jedenfalls ist er mit einem Beitrag in der Festschrift zu Herbertz' 60. Geburtstag vertreten) führte Fritz zwei Jahre später zweimal wöchentlich während der Mittagessen (Mahlberg hatte wie andere einen Freitisch im Hause Dürrenmatt) so intensive philosophische Gespräche, dass sich die Mutter beklagte, »wir andern konnten dasitzen wie kleine Gofen [Kinder]«.[73]

Das war freilich drei Jahre nach jenem belegten Kontakt mit der »Eidgenössischen Sammlung«. Und drei Jahre sind eine lange Zeit in einem jungen Leben. Von der persönlichen Abneigung gegen Inge Baruch einmal abgesehen, die mehr über seine Schwierigkeiten im Umgang mit (verliebten) Frauen sagt als über solche mit Juden: Ein Antisemit war Dürrenmatt schon vor der Begegnung mit denjenigen Juden nicht gewesen, die am Theater später seine großen Förderer werden sollten: Ernst Ginsberg und Kurt Horwitz (beide zum Katholizismus konvertiert), vor der Freundschaft mit Kurt Hirschfeld, Therese Giehse, mit Varlin (dessen Name Willy Guggenheim war). Und vor allem mit Veit Wyler, dem er für die Zeitschrift ›Das neue Israel‹ schon 1958 den Text *Zehn Jahre Israel* schickte[74] und zu dem er in den sechziger Jahren am Sterbebett Ginsbergs eine freundschaftliche Beziehung entwickelte. F. D.s Engagement für Israel hing eng mit dieser Freundschaft zusammen. Darin eine Kompensation seiner Jugendverirrung zu sehen scheint mir ein abwegiger Gedanke.[75] Das gewichtigste Argument gegen eine zu große Gewichtung von Dürrenmatts Episode in der »Eidgenössischen Sammlung« und ein starkes Indiz gegen eine antisemitische Gesinnung seinerseits ist ein anderes: Wie sonst hätte er sich, kaum mehr als ein Jahr nach seiner frontistischen Verirrung, während seines Zürcher Semesters 1942/43, ausgerechnet den Juden Walter Jonas zu seinem Wahl-, Gegen- und Übervater erwählen können? Und wie wäre, noch früher, sein enger Kontakt zum jüdischen Kunsthistoriker Wilhelm Stein zu erklären?

Gerade die Briefe zwischen dem Elternhaus und Verena Dürrenmatt geben einen guten Einblick ins familiäre Binnenklima jener Zeit. Verena war zwischen Frühling und Herbst 1940 in Neuenburg und sollte eine Sprachschule absolvieren (vorgesehen wäre vor dem Diplom ein abschließendes Praktikum in Paris gewesen, aber unter den gegebenen politischen Verhältnissen verblieben in der Klasse noch ganze vier Schüler, und im Herbst schloss die Schule). »Der Krieg bringt auch bei uns am Familientisch gelegentlich eine Bombe zum Platzen«, schreibt der Vater am 3. Mai 1940 etwa zu launig. »Aber die deutsche Front ist etwas erschüttert, seitdem du nicht mehr mitkämpfst«[76]: Vater Reinhold war von Anfang an und dezidiert auf Seiten der

Alliierten, Fritz, mindestens bis Stalingrad, für die Deutschen, »wenn auch nur eine kurze Zeit für die Nazis«[77] (Verena Dürrenmatt). Jedenfalls sah er, das schon, in der sich abzeichnenden Niederlage der Wehrmacht lange mehr den Untergang der deutschen Kultur als deren Rettung vor dem Naziterror.

Die Mutter, am 17. Mai 1940 an ihre Tochter: Sie stricke Socken, sie fürchte, Fritz müsse in die Rekrutenschule einrücken. »In Bern sind schon viele Leute abgereist. Wir sind noch alle da, ich möchte Vater nicht verlassen. Inge ist in einer grässlichen Angst.«[78] Am 29. Mai vom Vater: »Die Abendnachrichten am Radio sind abgehört (Narvick endlich von den Norwegern zurückerobert). Es ist stille im Hause […]. Es ist wieder etwas ruhiger geworden in Bern; die Aengstlichen, die zu vielen Hunderten in der ersten Kriegsfurcht die Stadt verlassen haben, sind wieder aus den Thälern des Oberlandes zurückgekehrt, die Schulen haben den Betrieb wieder aufgenommen. […] Es geht uns ordentlich; bloß Fritz hat wieder sein langweiliges Heufieber.«[79]

Im Kiental:
erster Selbstentwurf eines Schriftstellers

Seit früher Kindheit litt Dürrenmatt an Heuschnupfen, der auch mit Asthmaanfällen verbunden war. Das war einer der Gründe, warum die Familie schon zu Konolfinger Zeiten die Sommerferien in Adelboden verbrachte (Wochenenden entfielen beim Beruf des Vaters): zuerst in einem Haus der Tante Frieda (sie hatte ihrerseits ein Kind, das an Tuberkulose litt), dann im eigenen Chalet. »Um 1938 herum«[80] (Verena Dürrenmatt) wurde das Haus in Adelboden verkauft, dafür mietete Mutter Hulda eine Wohnung im Kiental. Dort verbrachte F. D. drei Wochen nach bestandener Matura.

Das Kiental ist ein Seitental des Kandertals im Kanton Bern und gehört zur Gemeinde Reichenbach, von wo aus es steil ansteigt. Dürrenmatt, wie er sich in den *Stoffen* erinnert, soff mit den Bauern im Gasthof und hörte ihren sagenhaften Erzählungen zu. Wenn der Wirt schloss, zog man zum Gemeindepräsidenten, der Bäcker war und jedem Zecher acht Spiegeleier vorsetzte (dass in jenen Zeiten Lebensmittel rationiert waren, wurde in Landgegenden, in abgelegenen Bergtälern zumal, wie ein Gerücht behandelt). Vielleicht haute F. D. in dieser Schilderung auch etwas zu sehr auf die Pauke. Was ihn zu jener Zeit besonders umtrieb, war nicht weniger als eine Weichenstellung fürs Leben. In jenen Wochen im Kiental begann er mehr oder weniger ernsthaft erste schriftstellerische Projekte zu entwerfen.[81] In Wahrheit waren diese Wochen im Bergtal eine wichtige Lebensphase, in welcher das Schwanken zwischen Malerei und Schriftstellerei nach einer Entscheidung drängte Noch ist sie nicht gefallen. Aber hier entstehen vermutlich erstmals Texte, in denen wir zum Teil die Vorstufe eines Stoffs sehen dürfen, den F. D. später *Der Rebell* nannte[82]. Er, der sonst in der Werkausgabe 1980 oder in den *Stoffen* noch die fragmentarischsten und entlegensten Vorstufen seiner Arbeiten bereitwillig dokumentierte, hat diesen frühen Versuch auffallend geheim gehalten. Das Manuskript ist im Nachhinein mit *Die Riesenglocke/Labyrinth* überschrieben und mit 1939 höchstwahrscheinlich falsch datiert.[83] Schon das Schriftbild weist auf 1941 hin. Dürrenmatt spielt gerade ein Mal im großen Gespräch mit Heinz Ludwig Arnold 1975 auf eine Episode daraus an: »Eine meiner ganz frühen Erzählungen, die ich nie veröffentlicht habe, handelt von einem Jungen, der in ein Schädelhaus kommt, in ein Labyrinth mit zahllosen Regalen voller Schädel. Und in einem Regal ist kein Schädel. Nun will er diese Lücke schließen, er setzt den Schädel vom Nebenregal dorthin und so weiter, er baut endlos um, und immer bleibt eine Lücke – die bestimmt ist für seinen eigenen Kopf.«[84] Im Zusammenhang mit *Der Rebell* im ersten Band der *Stoffe* kein Wort davon. War Dürrenmatt dieser Text »genierlich«? Gründe dafür sind denkbar.

Teile der *Riesenglocke* (verwenden wir provisorisch diesen Titel) lesen sich tatsächlich wie eine Vorstufe, eine symbolistische Matrix zum *Rebell*. Es ist die Geschichte einer Prinzenerziehung, eines hochgeborenen Sohns des »Herrn von Umista«, der die ersten zwei Jahre nach seiner Geburt in tiefem Schlaf in einem steinernen Saal des väterlichen Schlosses verbringt, bewacht von einem alten Weib und gelegentlich einem Zwerg, dessen betrunkenes Lachen das Kind weckt. Von da an wird es von einem Kammerherrn des Königs betreut, der ihm die Vatersprache beibringt. An seinem dritten Geburtstag bringt man es in einer merkwürdig folgenlosen Szene vor die Mutter, die »im saal des feuers saß [...] auf schwarzem thron von edlen und damen umgeben. alles wandte sich nach dem knaben, der weinend in der offenen türe stand. dann winkte die mutter und der kammerherr brachte das kind zurück in den steinernen saal.«[85] Eine Zurückweisung. Mittags und um Mitternacht hört der Knabe ein »dumpfes dröhnen«, er entdeckt den Saal, in dem die Riesenglocke schwang, »kaum, dass eines fingers breite sie von den eisenwänden und dem boden trennte. das getöse war tief und über allem maß, doch verletzte es das ohr nicht. [...] und er kroch unter sie, wie in ein weltgebäude aus erz. im boden fand er eine vertiefung in der platz war, so dass über seiner stirne der riesige klöppel hing, dessen anfang sich in der glocke innersten bauch verlor, die in weitem rad den knaben umspannte.« In der Gegenrichtung zum Glockensaal führt die Treppe zu einem Labyrinth, voll von Nischen, in denen zu Tausenden die präparierten Köpfe von Verstorbenen aufgestellt sind. Endlich trifft der Knabe auf den »chaldäer«, der ihn in einen riesigen Turm mit Kuppelsaal führt, durch dessen Oberlicht ein großer Mond strahlt; »auch schaute der knabe in der mitte des raumes ein

riesenteleskop und an ihm den chaldäer. aus der nacht formten
sich kugeln und pyramiden und von den wänden hoben sich
schwere folianten ab.« Der Chaldäer wird für fünf Jahre sein
Lehrer in Latein, Griechisch, Hebräisch, »den drei heiligen
sprachen, in denen, gesetz, leib und gottheit wort geworden«,
und in den drei »heiligen wissenschaften [...] mathematik, physik und chemie [...] die höchste sorgfalt der behandlung aber
wandte er der astronomie zu und fand nie worte genug sie zu
preisen. sei doch in ihr alles offenbar im bild und vor aller sprache.« In seinem neunten Jahr schließlich tritt er vor den »hohensteiner«, den »erhabene[n] minister des hofs und staates aus
uraltem geschlecht [...] und in dessen unnahbaren kälte der
knabe die unerforschliche unterworfenheit des sklaven schaudernd wahrnahm, so dass ihm zum ersten male der allmächtige
wille seines vaters bewusst wurde, den iede bewegung des ho-
hensteiners als dunkles gesetz offenbarte, das alles bestimmte
und in den ehernen kreis seiner unendlichen macht zwang, so
dass der knabe geblendet vor dem minister anbetend auf die
knie sank, wie vor einem fremden bilde, das die nähe des gottes
ankündigt«. Nun wird er in »sonnendurchflutete gemächer am
rande des großen parkes« geführt. »hier lebte das kind im warmen lichte des frühlings, umgeben von schweigender diener-
schaft, aber sein auge wurde dunkel und die seele schwer in tiefer melancholie, ahnte er doch, dass des herren kühle strenge die
wege zum steinernen saal und seiner umgebung vermauern ließ,
so dass dem knaben kein zugang mehr zu den geheimnisvollen
räumen seiner frühesten kindheit war«. Der Junge wird im Tanz
unterrichtet bzw. abgerichtet und »mit knaben gleichen alters
bekannt [...], deren einer [...] sein herz gewann«. »dann kam der
klare morgen, da die freunde wussten, dass ihnen nur noch wenige stunden der freude bestimmt waren und dass bald das ende
herein brechen müsse; dies verlieh ihnen kraft den glühenden
tag voll zu genießen und gefasst den abend zu erwarten. nicht

dass sie durch drohende zeichen gewarnt worden wären: es war iene fülle des glücks, die oft einem schnellen sterben vorangeht, so dass der tod den menschen dann leicht fällt, wie ein schlaf nach kurzen stunden des rausches. wie die ungeheure nacht sich erhoben hatte und die freunde die gemächer betreten, ging hohenstein zu ihnen und wies sie an, ihm zu folgen. der knabe fühlte die schreckliche stunde gekommen und bange schritt er den weg zum verlies der qualen, den zu gehen der hohensteiner befohlen. seltsam auch schritt feodor: er hielt den freunden [sic] bei der hand gefasst und eine dunkle traurigkeit hatte sich über sein antlitz ergossen. auch schien es dem knaben, als wohne seinem freunde iene leichtigkeit des ganges bei, die er einst bei bekränzten knaben gesehen, die am altare geopfert wurden. sie betraten das verliess und hohenstein befahl dem knaben im namen des herrn seines vaters den freund zu fesseln und ihn totzugeißeln damit das gesetz sich erfülle. schweigend und ohne zaudern gehorchte der knabe, wie abraham einst getan, auch ließ es feodor willig geschehen und schien in fernen träumen zu weilen. noch hätte der knabe gern zum letzten male seines freundes mund geküsst, doch fürchtete er so ienem schmerz zu bereiten: und er tat, wie ihm der hohensteiner geboten. doch wie der freund verstummt war und der tod die qualen getilgt, legte hohenstein seinen mantel über den leichnam und führte den knaben hinaus.«

Ein krauser Text, voll homoerotischer Anklänge und mit einer bemerkenswerten Verschiebung, Verlagerung, Umlenkung der alten Abraham-Geschichte: Vater nimmt Gottes, der Sohn Vaters, der Freund Sohnes Stelle ein.[86] In seinem aufgeladenen Symbolismus ein mehr als merkwürdiger Text. Umso mehr, als Dürrenmatt in der Wiederbesichtigung seiner Anfänge (sei es in den *Stoffen,* sei es anlässlich der Arbeit an der Werkausgabe von 1980) an keiner Stelle darauf zu sprechen kommt. Wurde ihm das »Faschistoide« an dieser Prosa bewusst (die in unmittel-

barer Nachbarschaft zur genannten Nazi-Episode entstanden
sein muss)?

Der Text, bis zur Hinrichtung des Freunds als Gipfel einer
grausamen Erziehung zum Fürsten im Typoskript erhalten, geht
handschriftlich weiter, in einer dem Inhalt angemessenen kultischen Kalligraphie, ganz georgisch ohne Majuskeln. Der Knabe
wird von seinem Erzieher, dem »Hohensteiner«, auf ein Boot
und darin über das Meer in eine Stadt gebracht, in der er »wie
ein gott«[87] empfangen wird. »auch ließ er es zu, dass die menschen seinen leib salbten und ihn auf goldenem wagen durch
die straßen führten, dass sich ihre weiber und kinder vor die rä-
der stürzten und ihr blut seinen gesalbten leib benetze.« Als er
in der Arena sitzt, wiederholt sich der Tod des Freundes: »wie
aber einst dieser herrliche jüngling, sonst sieger über alle, von
einem dunklen krieger der berge jäh niedergeworfen unter dem
schwert zu dem knaben aufblickte und mit ihm das ganze volk,
die gnade erwartend, schwieg er, und spät und nur zögernd
senkte der sieger sein schwert in den leib des jünglings, der ver-
schied sein antlitz voll dem knaben zugewandt.« Dann stirbt der
greise Statthalter in den Armen des Knaben, »und wie das leben
geflohen starrte der knabe noch immer in diese augen, hoffend
das geheimnis zu wissen, doch da fiel ein schatten über ihn und
den toten und wie er sich langsam wandte sah er in feuerrotem
mantel eine gestalt vor ihm und er erkannte den reiter den er
einst in stürmischer nacht auf dem schloss seines vaters gesehen. an seinen händen aber erkannte er schaudernd den heiligen
ring, das erhabene zeichen der statthalter, durch des herrn gnade
verliehen.« Schon verständlich, dass Dürrenmatt solches später
nicht öffentlich machen wollte. Der neue Statthalter, der Usurpator, der Schlächter wird am Ende von der von ihm selbst in
Brand gesteckten Stadt verschlungen. Konturen von Themen
zeichnen sich ab, die in der frühen Prosa Dürrenmatts wichtig
werden: der verborgene Vater, die abwesende Mutter, der »Rot-

mantel« (aus der Erzählung *Das Bild des Sisyphos*), die Kunst (der Tanz) als Abrichtung und als Hinrichtung (in *Der Theaterdirektor*). Nicht zu reden von dem kurzen Text *Der Sohn* (1943, auch der ist ein Stück schwarze Pädagogik) oder einem Text wie *Der Folterknecht*.

Auf dieselben paar Kientaler Wochen gehen, in Dürrenmatts Erinnerung, die Anfänge seines ersten szenischen Versuchs zurück, der zunächst den Titel *Der Knopf* trug und im Herbst 1943 unter dem Titel *Eine Komödie* ins Reine geschrieben wurde. Er muss mehr gearbeitet haben, als er im Nachhinein, bei der Schilderung der epischen Saufgelage mit den Kiental-Bauern, zugeben wollte. Er wusste nicht, »wie ich sie [die Weltuntergangskomödie] schreiben sollte; was entstand, waren Fragmente, mühseliges, gequältes Geschreibsel«.[88] Was den *Knopf* betrifft, ist aus so früher Zeit nichts mehr erhalten; es wäre aufschlussreich, zu wissen, ob er dessen »expressionistische«, schrill-komische Textsorte neben dem triefenden Symbolismus der *Riesenglocke* versuchte oder ob das »Büchnerische« dieser Szenen sich erst nach der weihnächtlichen Epiphanie an Büchners Grab oder unter dem Eindruck des Malers Walter Jonas, den er in seinem Zürcher Studienjahr kennenlernen sollte, oder aber überhaupt erst nach der näheren Begegnung mit dem Expressionismus entwickelt hatte.

Der wichtigste Unterschied zwischen den beiden Anläufen zu einem literarischen Debüt ist der Humor, das, was Dürrenmatt »Humor« nannte. Die *Riesenglocke* ist ganz frei von jenem Witz, der sich schon in den Zeichnungen des jungen Dürrenmatt ankündigt, sich in der *Komödie* im Literarischen fortsetzt, dann aus der frühen Prosa (mit Ausnahme der Groteske *Die Wurst*) fast völlig verschwindet.

Das Chaos der Gymnasialzeit ging nahtlos in das eines ersten Semesters an der Universität Bern über. Dort schrieb sich Fritz Dürrenmatt nach der Rückkehr aus dem Kiental im Herbst 1941 aus Verlegenheit für Literaturwissenschaft und Kunstgeschichte ein, ratlos, was er sonst vor der absehbaren Einberufung in die Rekrutenschule unternehmen sollte. Sein Taschengeld besserte er mit Griechisch- und Lateinstunden auf. Einer, der nicht wusste, wohin mit sich, und der doch in einer Ahnung von Selbstbestimmung an sich festhielt, indem er abwehrte, was er nicht wollte.

Natürlich hätte es Vater Reinhold gern gesehen, wenn sich sein Sohn zu einem Theologiestudium hätte entscheiden können. Einmal, erinnert sich dieser, hätte er ihn darauf angesprochen, äußerst behutsam die Inhalte umgehend; er kannte die aufbrausende Opposition des Jungen: »Er empfahl mir das Studium der Theologie als die interessanteste Disziplin in geistiger Hinsicht, wie er sich ausdrückte, die auch die Philosophie in sich schließe. Er sprach von der Klarheit der alten Sprachen, die er so liebte [und die immerhin zu den Fächern der mit Ach und Krach bestandenen Matura gehörten]; erst jetzt, nach bestandener Maturität, während des Studiums der Theologie, werde mir ihre Schönheit aufgehen. […] Mein Vater konnte mich nicht überzeugen, doch zeigte er keine Enttäuschung. Wir gingen friedlich nach Hause. Er kam nie mehr auf unser Gespräch zurück.«[89]

Dürrenmatt belegt die einschlägigen literaturwissenschaftlichen Vorlesungen, doch schon bald stellen sich Zweifel an der Literaturwissenschaft (nicht an der Literatur!) ein. Die Situation der Berner Germanistik jener Jahre war gespannt wie die Weltlage. Der Star im Fach Neuere Deutsche Literatur war seit 1929 der seigneurale Jude Fritz Strich, dessen Hauptwerk, *Deutsche*

Klassik und Romantik, ihn u. a. zu einem der Goethe-Experten seiner Zeit machte. Eine Stilgeschichte, die Dürrenmatt ablehnte. Ihm war die Definition von »literarischer Qualität« wichtiger.

Auf dem Lehrstuhl für Ältere Deutsche Philologie saß der Deutsche Helmut de Boor, ein Nazi wie viele Altgermanisten, der dann 1945, als solcher Mut gratis war, aus der Schweiz ausgewiesen wurde. Seine Vorlesungen erschienen Dürrenmatt »trostlos«.[90] Als dritter Germanist lehrte in Bern Jonas Fränkel, ein unabhängiger, brillanter, unbequemer, streitbarer Kopf, Jude auch er und ein Opfer der offiziösen Schweizer Germanistik, die seine Editionen der Werke von Gottfried Keller und Carl Spitteler hintertrieb und ihn mit Erfolg noch nach dem Krieg totschwieg.

Neben Strichs Vorlesungen »Geschichte der deutschen Literatur vom Barock bis zum Sturm und Drang« oder »Die Beziehungen der deutschen Literatur zur Weltliteratur seit Goethe« und einem Proseminar mit »Übungen in Analyse und Vergleich von Gedichten« besuchte F. D. auch das Hauptseminar zur Vergleichenden Literaturwissenschaft. Hier lernte er als ersten Expressionisten Walter Hasenclever kennen, dessen *Antigone* er der des Sophokles gegenüberzustellen hatte. F. D. fand einen solchen Vergleich absurd, es kam zur Auseinandersetzung mit Strich. »Sein Vorbild war Wölfflin, dessen kunstgeschichtliche Begriffe er übernommen hatte. Sein Hauptwerk war *Klassik und Romantik* […]. Mich störte, dass ihm der literarische Wert gleichgültig schien, dass es ihm nur darum ging, die Strukturen zu untersuchen, so dass es zwischen uns zum Streit kam, als er von mir verlangte, ich solle die *Antigone* des Sophokles, in der Übersetzung von Opitz, mit Hasenclevers *Antigone* vergleichen […]. Erst später begriff ich, dass ich im Unrecht war, der qualitative Wert eines Werks ist nicht eine objektive, wissenschaftlich feststellbare Tatsache, die Literaturwissenschaft taugt vielleicht wirklich zu nichts anderem als zu strukturellen Untersuchungen.«[91] In der Kunstgeschichte nennt er schon keine Namen mehr. Die Privatdozenten Max Huggler und Wilhelm Stein wird er gehört haben.

Wichtiger waren die eigenen Entdeckungen daneben: Wieland, wie schon zur Gymnasialzeit, Lessing, Büchner, Grabbe, auch Hebbel und E. T. A. Hoffmann, bald Jean Paul – Autoren, die ihm ein Leben lang, die einen näher, die anderen ferner, Wahlverwandte bleiben sollten. Dass Literaturwissenschaft zur Fundierung von Werturteilen wenig taugt, dass sie, wenn sie den Bereich der Strukturanalyse verlässt, sich auf dem gleichen weiten Feld befindet wie der Glaube und damit die Kunst, so weit ab von der Theologie also auch wieder nicht liegt, sollte er, im Hinblick auf die Sekundärliteratur über ihn, aber auch den Umgang der Kritik mit ihm als Autor, am eigenen Leib erfahren (wenn denn zum Leib eines Autors auch das Korpus seines Werks gehört).

Das betraf das Interesse an ihren Vorlesungen. Zu Stein entwickelte er, außerhalb des akademischen Betriebs, persönlich ein enges Verhältnis.

Wilhelm Steins platonischer Kreis

F. D.s Erinnerungen an Wilhelm Stein, den Sohn von Richard Herbertz' legendärem Vorgänger Ludwig Stein, Privatdozent für Kunstgeschichte an der Universität Bern, sind die an einen »der ersten Menschen, die mich ernst nehmen«[92]. Stein scharte wie der von ihm verehrte Stefan George einen Kreis von jungen Männern um sich, in dem Erotik zum Kult an der Kunst sublimiert wurde. Die homoerotischen Anklänge von F. D.s frühem Text *Riesenglocke* mögen schon ein Reflex dieses Zirkels gewesen sein. »[Steins] Hang zum Feierlichen hielt seiner Neigung zum Feiern die Waage. Ich rebellierte gegen seine Kunstauffassung, ohne es ihm zu sagen, um ihn nicht zu verletzen, doch wusste er es und sah über diesen Umstand hinweg. Es war ihm wichtiger, dass ich etwas wurde, als dass ich seine Anschauungen teilte.«[93] Was ließe sich Vornehmeres von einem Lehrer sagen? »Die Form ist die Erscheinung des Inhalts: Alles ist Gedicht, Form, Gestalt, eine Erkenntnis, die ich im wesentlichen Wilhelm Stein verdanke, diesem unerbittlichen Hohepriester des reinen Worts, obgleich ich schon damals misstrauisch gegen alles Hohepriesterliche war, allergisch schon gegen das Wort ›sprachlich‹. Stein selbst habe ich später wohl darum nur noch selten gesehen, ich musste mich von ihm freimachen. Wir sprachen dann nie über meine Schriftstellerei, auch nie über George. Ich hatte einen anderen Weg eingeschlagen. Seine Welt war nicht die meine.«[94]

Das Misstrauen gegen »alles Hohepriesterliche« ist, zumindest im Rückblick auf die Berner Zeit vor *Es steht geschrieben,* doch eher eine Projektion des alten Dürrenmatt: nicht nur in der ominösen *Riesenglocke,* in der frühen Prosa insgesamt, ist dieser hohe Ton auszumachen, in den Inhalten, kaum verschlüsselten homoerotischen Konstellationen, und vor allem im ehernen Gang der parataktischen Syntax: Steins (und Georges) geliebter Dante findet sich nicht nur in einer Figur der Mansarde an der Laubeggstraße, auch im Text, der zuerst *Der Mörder,* dann *Der Nihilist,* endlich *Die Falle* hieß, gibt es eine Traumvision, die sich liest wie eine Kreuzung aus Dantes Inferno und Jules Vernes *Reise zum Mittelpunkt der Erde.*

Aus dem Jahr 1944 sind in Steins Nachlass zwei Sonette von Dürrenmatt erhalten, die ein unbefangener Leser nicht anders als »hohepriesterlich« verstehen kann und der mit dem jungen Dürrenmatt Vertraute als einen Rückfall[95] in den Schwulst der *Riesenglocke:*

Die dunkle norm des blutes und der feuer
Die tief in schächten zeugen diamanten
Flicht uns das rad und schuf dem ungenannten
Geschlecht qual und leiden ungeheuer

Was aber heilig meiner seele teuer
Wagt ich in worten solches auszudrücken
Wie Pentheus müsste mich der Gott zerstücken
Als frevler stürb ich und als ungetreuer

Nach andrer satzung treib ich meine bahnen
Die keiner von uns weiß der ohne gnade
Und folge dem was wir im traume ahnen

Und hingewendet abendlichem lichte
Betrete ich die flammenhellen pfade
Gestalte dann die göttlichen gesichte[96]

Tatsächlich versagt er sich in den *Stoffen* auch nicht ein paar ironische Seitenhiebe auf die Diadochenkämpfe, als deren Opfer er nicht nur Stein selbst innerhalb des George-Kreises vermutet, sondern die er auch in den Intrigen und Hysterien in Steins eigenem Zirkel ausmachte. Auch nach seiner Rückkehr aus Zürich 1943, wo er zwei Semester studierte, gehörte Dürrenmatt zum Zirkel um Wilhelm Stein, schwärmerische Bohemiens, die sich im ›Klötzlikeller‹ trafen, einem Lokal der Berner Altstadt. Nach der Polizeistunde ging man in Steins Wohnung, manchmal auch in Dürrenmatts Mansarde an der Laubeggstraße 49. »War ich vorher ein Einzelgänger gewesen, wurde ich geselliger. Ich verkehrte mit anderen Studenten, doch auch mit Bekannten aus der Gymnasialzeit, mit Freunden, mit denen ich in einer kleinen Kellerkneipe in der Altstadt und nachher oft noch in meinem ausgemalten Mansardenzimmer diskutierte. Der Lärm war manchmal beträchtlich, besonders wenn sich eine Gesellschaft gegen ein Uhr in der Nacht zu mir nach oben begab, jeder eine Flasche unter dem Arm, oder gegen Morgen mehr oder weniger sanft die vier Treppen nach unten bewältigte, was nicht ohne Stürze abging. Meine Eltern waren großzügig, nur einmal intervenierte mein Vater schüchtern, verlegen, merkwürdigerweise Schriftdeutsch sprechend, als es hoch herging, gegen vier morgens. Ich bewirtete einen Kunstmaler, dessen Frau, Studenten und den ›außerordentlichen Professor‹ für Kunstgeschichte, Wilhelm Stein. Die Gäste waren verwirrt, das Zimmer voller Rauchschwaden, durch welche die Fratzen an den weißen Wänden glotzten, Kerzenlicht, mein Vater wirkte gespenstisch in seiner notdürftigen Kleidung, er hatte nicht erwartet, einen Professor bei mir zu finden […].«[97] Vielleicht nicht *diesen* Professor. Der entsprach so gar nicht bernischen Vorstellungen von einem Akademiker, wurde auch erst 1944, mit fast fünfzig, vom Privatdozenten zum »außerordentlichen«, 1946 zum Titularprofessor der Universität befördert: eine gänzlich unbürgerliche Existenz, deren Publikationen (zuallererst ein Buch über Raffael in den zwanziger Jahren) ebenfalls nicht den Normen der universitären Gesellschaft entsprachen.

Noch aus Zürich hatte F. D. mit Datum vom 27. November 1942 einen in kostbarer, sozusagen georgianischer Kalligraphie verfassten Brief geschrieben, der große Vertrautheit vermuten lässt:

Lieber Herr Doktor. Wie geht es Ihnen? Was macht der Jünglingskopf, was die Bücher, die Bilder und nicht zu vergessen der Wein in ihrem Zimmer?« Weiter: »Weiß der Teufel, ich bin in mich hineingekrochen wie noch nie in meinem Leben. Ich hatte noch nie der Menschen so nicht nötig wie jetzt und ich hatte noch nie Menschen so nötig wie jetzt. […] Ich verdanke Ihnen viel, Sie sind vielleicht der einzige Mensch, der mir etwas geben konnte, von dem ich profitieren konnte – außer meinen Eltern, die mir das Leben gaben, eine Tatsache aber, die weder positiv noch negativ zu bewerten ist. / Mein Schicksal, mein Unglück und mein Glück, meine Stärke und meine Schwäche ist es, dass ich immer nur aus mir schaffen kann, dass mir die Verbindung mit der Außenwelt von irgendeinem Teufel stets durchschnitten wird, mit einem Wort, dass ich eine Brille trage, die stets anläuft. Aber alles wird sich zeigen. Was ich von Ihnen lernte, ist der Begriff: Maß. Nicht dass ich ihn besitze, ich werde ihn vielleicht einmal haben, aber ich weiß jetzt, was er bedeutet: Und das ist schon viel. Zum Glück habe ich die Ruhe des Seiltänzers, aber schließlich muss ich doch auf eine Seite stürzen.[98]

Unter den paar Freunden Dürrenmatts waren auch einige Homosexuelle. Fühlte er sich von ihnen angezogen, wie die Schwester im Nachhinein vermutet? Zumindest war Hulda Dürrenmatt sogar über die Mesalliance ihres protestantischen Pfarrerssohns mit einer katholischen Walliserin während seiner Zürcher Zeit erleichtert (die sie dann tatsächlich so lieb gewann, dass sie, als es so weit war, die Trennung ihres Sohns von ihr nur schwer verwinden konnte). Gut möglich, dass F. D.s Affinität nur mit dem Habitus der Boheme zusammenhing, den er sich damals gern gab, mit *jeder* Form von Außenseitertum. Schwingt in der Szene, die F. D. aus der Zeit der wilden Nächte in der ausgemalten Mansarde schildert, in der Ratlosigkeit des Vaters über das unter seinem Dach tobende Sodom und Gomorrha, ein diesbezüglicher Verdacht mit? Kaum, meint Verena Dürrenmatt, sie selbst habe sich nichts gedacht, wenn sie vom einen oder anderen von Dürrenmatts Freunden als Alibibegleitung zu einem Ball geladen wurde. Gewiss aber, meine ich, hat Dürrenmatt die *Riesenglocke,* im Gegensatz zu anderen frühen und fragwürdigen Texten, auch aus solchen Gründen zurückgehalten.

Am 6. Juli 1942 trat Friedrich Dürrenmatt in der Kaserne Bern die Rekrutenschule an (in den Runen der schweizerischen Armeeabkürzungen: Inf RS 11/311 Kp). Zur Aushebung hatte er sich schon am 5. Januar 1940, an seinem 19. Geburtstag, melden müssen. Er wurde – ausgerechnet! – den Gebirgsfüsilieren zugeteilt, einer Truppengattung mit höchsten physischen Anforderungen. Das »Dienstbüchlein« vermerkt: Körperlänge 174, Brustumfang 102, Oberarm 30, Gewicht 80. Leichtes Übergewicht (wenn die Annahme seines Freundes Rösli auch zweifelhaft ist, dass Dürrenmatt damals schon Diabetiker war). Noten der Turnprüfung: Heben 3, Weitsprung 3, Kugelstoßen 1, Lauf –. Wie der Mann bei zusätzlich attestierter »Platypodie« (Plattfüßigkeit) Märsche im Hochgebirge hätte überstehen sollen, bleibt ein Geheimnis, das der Aushebungsoffizier mit sich ins Grab nahm. Möglich, dass man insgeheim schon damals an der Diensttauglichkeit des jungen Mannes zweifelte.

F. D. betrachtete die Armee als eine Art folkloristisches Ritual der Schweizer, sie war ihm Anlass zu zahllosen bösen Witzen. Dazu gehörte auch noch die Art, wie er sich von ihr befreite. Die Anekdote, so unglaubwürdig sie sich liest, wird auch von Joseph Rösli bestätigt (der zur selben Zeit in derselben Kaserne war). Anders als Freund Theo Schweingruber mit seiner »tragischen Tour«, habe ihm Dürrenmatt angekündigt, werde er es »auf die komische versuchen.«[99] Aus dem ersten Band der *Stoffe:* »Im Sommer 1942 rückte ich in die Rekrutenschule ein, während viertausend Kilometer östlich auf dem gleichen Kontinent die Schlacht von Stalingrad begann, angekündigt von einer Siegesmeldung des Großdeutschen Rundfunks, die Stadt sei erobert. Noch hielten es die meisten für wahrscheinlich, ja sicher, dass Hitler auch die Sowjetunion besiegte. [Zu den meisten zählte vor allem Dürrenmatt selbst.] Besonders in Offizierskreisen war die Bewunderung für die Deutsche Wehrmacht verbreitet, und nicht nur für diese, ein Oberst etwa erklärte mir, sein höchster ästhetischer Genuss seien Goebbels' Reden. Beim Einrücken in die Kaserne hatten wir einen Aufsatz über unsere Eindrücke zu schreiben. Meiner muss die Beurteiler beunruhigt haben, unser Leutnant, der Sohn eines Divisionärs, kam zu mir, unsicher, meinte, bevor ich etwas Dummes tue, solle ich mich ihm anvertrauen. Ich war ein linkischer Rekrut, unfähig, an der Kletterstange mehr als zwei Meter hoch zu kommen, selbst das ›Helmabnehmen‹ machte mir Mühe, so dass ich zur Strafe nur mit Turnhose und Helm bekleidet Sport treiben musste; der Befehl machte den Leutnant verlegener als mich. Die Ausbildung war blödsinnig, Drill, Gebrüll und eine endlose Schuhputzerei vor dem Hauptverlesen, die Schuhe schienen der schweizerischen Armee das Wichtigste, als dächte sie unterschwellig ans Davonlaufen, während sie oberschwellig den Widerstand übte. Bevor ich jedoch in einen Primaten zurückverwandelt werden konnte, begannen sich meine Augen zu wehren, sie waren ohnehin stets entzündet, und wenn ich Kimme und Korn zusammenbrachte, sah ich das Ziel nicht, und sah ich das Ziel, brachte ich Kimme und Korn nicht zusammen, wahrscheinlich war es der Heuschnupfen, der sich bemerkbar machte. Um meine Kurzsichtigkeit zu demonstrieren, kam mir der Einfall, im Kasernenhof Briefträger statt Offiziere zu grüßen, worauf mich eine ärztliche Untersuchungskommission in den Hilfsdienst versetzte, meiner Augen wegen, wie sie behaupteten. In Wirklichkeit war die Armee wohl froh, mich loszuwerden, im Hilfsdienst konnte ich ihr moralisch weniger schaden. Als ich mich in der Kaserne abmeldete, musste der Kommandant aus der Offizierskantine geholt werden, er kam schwankend, eine patriotische Kirschfahne wehte mir entgegen. Er setzte sich hinter seinen Schreibtisch. Ich war schon in Zivil, er fragte verwundert, ob ich denn kein ›Tätel‹ sei. Ich gab ihm mein Dienstbüchlein. Er brüllte,

wenn Hitler dann komme, sei es meine Schuld. Er begriff nicht,
was er mit mir anstellen sollte, auch schien er mich mit jemandem zu verwechseln, er nannte mich einen ›Sozi‹. Dann bemerkte er endlich mein Dienstbüchlein in seiner Hand, blätterte
darin herum, der Schweiß lief ihm über das Gesicht. Endlich
hatte ich seine Unterschrift, er starrte vor sich hin, in den Sessel
zurückgesunken, murmelte noch etwas vor sich hin, sagte dann,
ich sei ein ›Stürmi‹, und gähnte, ein alter Mann ohne jede Chance
zum Heldentum, wie das Land, das er vertrat. Ich nahm das
Dienstbüchlein von seinem Schreibtisch, er nahm mich nicht
mehr wahr, auch die Korridore waren leer. Ich ging durch das
Kasernentor, ein heißer Sommertag, ich trottete die paar Straßen
von der Kaserne nach Hause zurück: die unrühmliche Rückkehr
eines unrühmlichen Soldaten einer Armee, die das Schicksal davor bewahrte, Ruhm zu ernten: umso unrühmlicher, wenn sie
ihn nachträglich ernten will.«[100]

Lassen wir dahingestellt, was Briefträger auf dem Kasernenhof zu suchen hatten; ist die Geschichte nicht wahr, ist sie gut
erfunden. Jedenfalls ist im Dienstbüchlein Sehbehinderung vermerkt. Und eine Farce blieb Dürrenmatts militärisches Engagement insgesamt. Was an Hilfsdienst folgte, war eher ziviler Art.

All dies ist ein nicht unwesentlicher Unterschied zur Biographie von Max Frisch. Anders als dieser stolperte Friedrich Dürrenmatt aus den versammelten Ratlosigkeiten, vor denen er nach
seiner zwar bestandenen, aber nicht erkennbar brauchbaren Matura in ein erstes Semester geflüchtet war, in die Rekrutenschule.
Frisch dagegen absolvierte 650 Tage militärischen Aktivdienst.
Die Schweizer Armee, gegen die später beide polemisierten, erlebte Kanonier Frisch anders und schmerzlicher als der jugend-
liche Chaot Dürrenmatt: den Kastendünkel der Offiziere, die
hierarchische Ordnung einer Männergesellschaft, also auch die
Grenzen und inneren Widersprüche einer Notstandsdemokratie
mit beschränkter Haftung. Durchaus auch demütigende Erfah-

rungen, trotz gelegentlich aufblühender Brotsack-Idyllik (*Blätter aus dem Brotsack,* mit denen Frisch 1939/40 aus Not das Tagebuch als eine für ihn mögliche Form entdeckte). Frisch, gab
Dürrenmatt später im Gespräch zu bedenken, sei als der zehn
Jahre ältere ein gestandener Mann gewesen, als er sich der Mili-
tärpflicht unterwarf, einer mit zwei Berufen sogar. Ihm dagegen,
einem Niemand, bald vom Dienst in den Hilfsdienst abgescho-
ben, sei die Armee nie so direkt als ein Instrument des Schweizer
Bürgertums, als ein Mittel zu dessen politischer Machterhaltung
und -entfaltung erschienen (als welches sie zwischen 1919 und
1932 zweifellos im Innern gegen die Arbeiterschaft eingesetzt
worden war). Für die Abschaffung der Armee war Dürrenmatt
später – ganz wie Frisch – allerdings auch.

Zwischen Berufung und Berufswunsch des Vaters

Es ist bewundernswert, mit welcher Geduld die Eltern immer
aufs Neue die bildnerischen Versuche ihres Sohns begutachten
ließen. Diese Gutachten ziehen sich durch Dürrenmatts ganze
Jugend. Jene von Cuno Amiet und des Lehrerkollegen von Eduard Wyss wurden bereits zitiert. Am 8. Mai 1940 schreibt Hulda
Dürrenmatt an ihre Tochter Verena: »Hab ich Dir schon geschrieben dass Prof Blayle in Neuenburg die Zeichnungen von
Fritz sehr günstig beurteilt hat. er war sehr überrascht, habe gar
nicht so etwas erwartet.«[101] Und am 5. Juli 1940: »Heute kommt
Hr Dr. Huggler der Direktor unserer Kunsthalle zu uns. Er hat
von Professor Feller [dem genannten Präsidenten der kantonalen Maturitätskommission] von unserem Fritz gehört & möchte
nun gerne seine Arbeiten sehen, ich bin sehr gespannt was er
sagen wird. / Vielleicht ist es sogar ein ganz entscheidender Tag
für Fritz, er schwankt doch noch immer zwischen Studium &
Kunst.«[102] Huggler, den Dürrenmatt wenig später auch als Pri-

vatdozent der Kunstgeschichte an der Uni hörte (zumindest belegte er seine Vorlesung), erinnert sich an den Besuch: »So sehe ich mich im kahlen, hell erleuchteten Zimmer auf der Höhe des Salem-Spitales gemeinsam mit dem Ehepaar Dürrenmatt und dem trotzig verschlossenen Rundgesicht des etwas beleibten Jünglings. Das Gespräch ging darum, ob der Rat eines Malers – es muss wohl Octave Mathey (1888–1969) gewesen sein – zu befolgen sei, Friedrich solle das Gymnasium verlassen und zu ihm nach Neuenburg in eine Mallehre kommen. Der Knabe wies mir eine Anzahl querrechteckiger Blätter vor, auf denen mit schwarzer Tusche scherenschnittartige Figurenszenen gezeichnet waren. Mein Urteil war rasch und lautete wörtlich: ›Wenn ein Talent da ist, ist es nicht dasjenige des Malers, sondern des Schriftstellers.‹ In den biographischen Berichten erinnert sich F. D. dieser Stunde, bezeichnet den Berater, ohne den Namen zu nennen, als Kunstgeschichtsprofessor, zu dem ich erst 1946 ernannt worden bin [...].«[103]

In einem Brief vom 30. September 1941 aus dem Kiental meint der Stoßseufzer des jungen Dürrenmatt möglicherweise wieder den nämlichen Max Huggler: »Ich weiß immer noch nicht was ich will. malen? schreiben? Ihr lasst Euch aber auch von jedem Professor umreden. Ein Sekretär von Kunstgesellschaften, eine Museumsstelle oder gar ein Beamter zu werden ist einfach unmöglich für mich. Ich kanns nicht. Das solltet ihr wissen.«[104] (Huggler war Leiter der Berner Kunsthalle und las an der Berner Universität über Kunstpädagogik.)

Besonders bemerkenswert scheint in diesem Zusammenhang jener Brief Dürrenmatts an den Vater drei Tage zuvor (27. September 1941):

Es handelt sich hier nicht darum zu entscheiden, ob ich ein ausübender Künstler werde oder nicht, denn da wird nicht entschieden sondern das wird man aus Notwendigkeit. Und dass ich ein Künstler werden kann und muss, weiß und fühle ich. // Das Problem liegt ja bei mir ganz anders. Soll ich malen oder schreiben. Es drängt mich zu beidem. Aber ich weiß auch, dass man diese beiden Künste nicht gleichzeitig ausüben darf; denn bald wird einer zu einem Zwitter, er schreibt da wo er malen sollte und wo Schreiben am Platze gewesen wäre, greift er zum Pinsel. Ich habe Dir schon oft gesagt, dass ich mich auf der Grenze zwischen Schriftstellerei und Malerei bewege; auf welche Seite das Los fallen wird weiß ich noch nicht, obwohl ich eine ganz bestimmte Ahnung habe. / Bevor der Maler ein Künstler werden kann, muss er ein Handwerker werden, denn Malen verlangt Technik, Technik und abermals Technik. / Eine harte strenge Arbeitszeit ist notwendig. Beim »Dichter« ist es anders. Auch hier ist die Arbeitszeit hart, aber anders geartet. Der Mensch der diese Kunst erwählt, muss sich selber bilden. Er muss »Stoff fassen«. Darum ist ein Universitätsstudium notwendig. Den Stil, die Methode seiner Erzählungstechnik, die muss er sich selber bilden und erarbeiten. Aber er muss Geschichte kennen, Philosophie, Psychologie, und Literatur und nochmals Literatur. Dies alles muss er wissen und erlernen. Die Phantasie aber und das Wunder der Inspiration, – das muss ihm gegeben sein. / Ich halte es für gut noch den Brief von Dr. Bleyle abzuwarten, ich könnte mich dann einmal richtig im Malen austoben oder vertoben und Französisch lernen. Dann könnte ich mich entschließen. So oder so. Eines von beiden muss ich werden, eines von beiden muss ich fallen lassen. Der Entschluss aber ist schwer, sehr schwer. / Wenn ich studieren würde, müsste es Weltgeschichte, Deutsche Literatur – später auch Französische Literatur – sein. Anstatt Kunstgeschichte, Psychologie. Aber man wird sehen. Man sollte eigentlich alles studieren, denn alles könnte man brauchen als »Schriftsteller«. / Ich danke Dir auch was Du über das »andere« geschrieben hast. Es tut mir leid dass ich dich betrüben musste. Aber manchmal ist etwas in mir das ich nicht zähmen kann. Ich bin jetzt oft mit mir allein und lerne mich kennen. Es ist gut so. Ich brauche Ruhe.[105]

Ein bedenkenswerter Brief, aus mehreren Gründen. Schade, dass der des Vaters nicht erhalten ist. Zum ersten Mal taucht der für Dürrenmatt so zentrale Begriff »Stoff« auf, noch bevor er überhaupt zur Schriftstellerei entschlossen ist (und allerdings noch in einem anderen, konventionelleren Sinn). Dass Malerei die Ausbildung von »Technik, Technik, abermals Technik« verlange, Handwerk eben, die Literatur aber »Stoff fassen«, mag als ein etwas schematischer Kurzschluss erscheinen. Für Dürrenmatt ist er entscheidend, allerdings mit Differenzierungen. Erstens hat er bei seiner zeitlebens weiter betriebenen Bildnerei seine mangelnde Technik bald als Chance verstanden. Die so gesehen »naive« Malerei ermöglichte ihm die »Rückkehr [...] zur Schöpferkraft des Kindes«[106], wie er oft wiederholte. Zum anderen sollte ihm noch bewusst werden, dass auch kreatives Schreiben, zumal für einen komplexen Apparat wie das Theater, durchaus »Handwerk« verlangte (auch wenn die *pièce bien faite* nie sein Ziel war). Und drittens ist Literatur, seine Literatur, nicht denkbar ohne die Nähe zum Bild (so wie seine Bildnerei fast immer eine »literarische« war: inhalts- und begriffsbezogen). Auffällig ist die Offenheit, mit der F. D. seine Unsicherheit eingesteht, und die geradezu sendungsbewusste Sicherheit, mit der er seine Zukunft in der eigenen Kunst sieht. Dieser Sendung ist alles untergeordnet, auch das Studium, das anzutreten er sich immerhin bereitfindet. »Er war wie ein Fels«[107], erinnert sich die Schwester noch mehr als ein halbes Jahrhundert später.

»Das andere«? Die Verlockung ist groß, an Tabuisiertes zu denken, und was war in der Pfarrersfamilie mehr tabuisiert als die Sexualität?

Die bildnerischen Versuche des jungen Dürrenmatt sind zahlreich, von frühesten Kinderzeichnungen (jene Schlachtszene, mit der er ein Preisausschreiben des »Schweizerischen Pestalozzikalenders« gewann) über unzählige schnell hingeworfene Karikaturen, die er bei allen Gelegenheiten großzügig verschenkte, bin hin zu den Malereien, mit denen er seine Mansarde an der Laubeggstraße 49 in Bern ausgestaltete. Im Wesentlichen das, was er selbst (in einer schon zitierten verworfenen Variante zu den *Stoffen*) viel später so beschrieben hatte: »In der Malerei hatte ich resigniert. Ich hatte mich, als Dilettant dem Dilettantischen zu entgehen, in einen extrem phantastischen Manierismus geflüchtet. Die Schriftstellerei dagegen war als Beruf unrealisierbar, man akzeptierte sie als Sonntagshobby, Freizeitbeschäftigung vielleicht, höchstens als Nebenberuf. Keller war Staatsschreiber, Gotthelf Pfarrer, andere waren Lehrer gewesen oder hatten sich die Belletristik als begüterte Patrizier wie Meyer oder von Tavel leisten können. [...] Die finanzielle Trostlosigkeit meines Vorhabens hatte mich zwar nicht gekümmert, auch nicht sonderlich beeindruckt, aber ich war immer noch innerlich unsicher gewesen, ob ich überhaupt schreiben könne [...].«[108] Von Schulaufsätzen und launigen Späßen aus gesellschaftlichem Anlass abgesehen – von denen wir eher zufällig und keineswegs aus erster Hand wissen –, da er sie selbst nicht einmal als Vorstufen eines ernsthaften Umgangs mit Literatur als Kunst verstand.

So erinnert sich der genannte Schulfreund Hans Greiner, Dürrenmatt habe »auf den Abschlussabend unserer Schule hin, im Alhambra-Saal, einen großartigen Einakter geschrieben und inszeniert. [...] Ich weiß nur noch, dass es eine Parodie auf den *Tannhäuser* war, dass Dürrenmatt im Nachthemd die Hauptrolle spielte und ich das Saxophon (mit der Seidenpapiermembran) zu spielen hatte. Es war das Motiv des Pilgerchores. Alles war in Verse gegossen, und es klappte großartig.«[109] Genaueres weiß der Zürcher Religionsphilosoph Andreas Mauz aus einem Gespräch mit Eleanor Vollmer zu berichten, einer Geologin, die in den späten dreißiger Jahren gemeinsam mit dem »Sonderling unter Sonderlingen« die Privatschule besuchte. »Traditionsgemäß wird durch die Absolventen des Humboldtianums alljährlich ein Theaterstück aufgeführt. [...] 1941 [...] stammt es aus der Feder eines Schülers selbst, und dieser ist zugleich auch in der Hauptrolle zu sehen. Die einmalige Aufführung findet im ›Sääli‹ des ›National‹ statt, einem Gasthaus am Berner Hirschengraben [...] Die Bühne ist in Schummerlicht getaucht, leer bis auf ein eisernes Bett in ihrer Mitte, darunter ein Nachttopf – darin: F.D., angetan mit einem weißen Nachthemd, deklamierend: ›Habe nun ach ...‹. Im Anschluss an die mit ›Humber‹-Spezifitäten (so wird die Schule in Bern genannt) gespickte Parodie des Anfangsmonologs im *Faust* sinkt der Schüler in Schlaf. Nun entsteigen dem Souffleurkasten weißgewandete Geister der Lehrer, und versammeln sich um das Bett. [...] Was sich hinter dem bedeutungsschweren Titel des Stücks *[Die Wandlung]* verbirgt, hat seine Pointe nun in seiner doppelbödigen Banalität. Die Geister verschwinden wieder. Der Wiedererwachte setzt neuerlich zu einem Monolog an, worin er gelobt, sich den eben zerpflückten Imperativen der Lehrer zu beugen.«[110]

Abschied von der Malerei als Beruf

»Ich war ein wahnsinniger Chaot«[111], sagte Dürrenmatt von sich, immer wieder, in den *Stoffen,* in vielen Gesprächen. Schon über seine Kindheit. Die Pubertät potenzierte das Chaos. Es bestimmte nicht nur die Gymnasialzeit, sondern auch die Studentenjahre, ja es blieb der dunkle Untergrund unter Dürrenmatts Leben überhaupt. Was sich ändern sollte, waren die Abwehrmaßnahmen dagegen: Zeichnen, Schreiben, Denken. Wobei nicht nur Schreiben und Denken schwer zu trennen sind bei diesem Autor, der ein Meister war im allmählichen Verfertigen der

Gedanken beim Schreiben und auch beim Reden. Auch die Grenze zwischen dem Bild in der darstellenden Kunst und dem Bild in der Sprache ist fließend (ein Zusammenhang, der ihn später bei Fritz Mauthner interessieren sollte).

Die Unentschiedenheit in der Berufswahl, das lange Schwanken zwischen Malerei und Schriftstellerei (vom väterlichen Wunsch eines ordentlichen Studiums einmal abgesehen: auf der Theologie bestand der Pfarrer schon längst nicht mehr) – die späte Entscheidung zeigt schon, dass für F. D. die bildende Kunst, wie dann seine Literatur, nicht das Medium der ruhigen Weltzuwendung war, der Öffnung nach außen, sondern ein Versuch, sich des Ansturms der inneren Bilder zu erwehren. Wie der junge Grüne Heinrich hätte er in der Natur nur wieder die Gespenster angetroffen, die in ihm selbst rumorten. Dass er, dies nebenbei, vom Roman des berühmtesten gescheiterten Malers in der Schweizer Literatur nicht öfter sprach, muss daran gelegen haben, dass er ihm zu nahe ging: War Heinrichs Aufbruch nach München auch einer an den Rand des Untergangs, so war er doch ein Ausbruch aus der Enge, der ihm, Dürrenmatt, versagt war.

Wie auch immer, im schon zitierten Gespräch mit Heinz Ludwig Arnold weist er die Feststellungen seines Gesprächspartners, er sei doch ein Maler geworden, wenn auch einer, der seine Bilder nicht verkaufe, weit von sich. »Nein, nein, ich bin kein Maler geworden. Es ist sehr entscheidend, dass ich kein Maler geworden bin; es ist vermutlich einer der entscheidendsten Momente meines Lebens.«[112]

Der Abschied von der Malerei als Beruf war eine Lebensentscheidung. Er fiel dem gut zwanzigjährigen Dürrenmatt schwer wie kaum etwas und sollte sich über eine ganze Weile hinziehen. Aber der Verzicht auf eine professionelle Ausbildung an einer Kunstgewerbeschule, auf einen akademischen Bildungsgang gar, bedeutete gleichzeitig die Bewahrung der Bildnerei als Regenerationssphäre kindlicher Spontaneität, die Möglichkeit, Bilder und Obsessionen unvermittelt umzusetzen. Er mochte es gelegentlich anders beurteilen und darin eine verpasste Chance sehen, vor allem zu Zeiten beruflicher Niederlagen oder bei Problemen in der schriftstellerischen Produktion. Von dieser Mühsal her gesehen leuchtete die ausgeschlagene Malerei dann auf wie die Vision vom verlorenen Paradies[113]. Das, was er an Visionen, Obsessionen, Grotesken und Verstümmelungen zeichnete und malte, wie unbeholfen auch immer, hätte seriöse Kunsthistoriker auch kaum interessiert, wenn ihm weniger juvenile Kraftmeierei und mehr Formsinn den Pinsel geführt hätte. Das Urteil des von malerischer Praxis abratenden Professors Huggler verwundert wenig. Im Bern jener Jahre war der wohltemperierte Spätimpressionismus eines Cuno Amiet geschätzt, der »gemilderte Matisse« des Genfer Maurice Barraud oder die fahlen Porträts, die dessen Vater François vom Bürgertum anfertigte. Schweizer Museen deckten sich zwar auf der berühmten Versteigerung des Luzerner Auktionshauses Ackermann in den 1930er Jahren mit als »entartet« ausgewiesenen Schlüsselwerken der Moderne des 20. Jahrhunderts ein, aber auch im Urteil der Schweizer Öffentlichkeit gab es eine mal ausgesprochene, mal verschwiegene Unterscheidung zwischen gearteter und entarteter Kunst.

Der Expressionismus, ob in der Malerei oder in der Literatur, war verschwunden, bevor er, zumal in der Schweiz, recht zur Kenntnis genommen worden war, abserviert mit den 1920er Jahren, in denen die einen die im Namen des Volks liquidierte Epoche der jüdischen Asphaltkultur sahen, die anderen die Ouvertüre der Katastrophe. Dass seine Rehabilitation auch nach 1945 ausblieb, dass der Bruch der literarischen Kontinuität so radikal war, dass Walter Muschg von einer »Zerstörung der deutschen Literatur« sprach, hängt auch damit zusammen, dass nach den parareligiösen Ritualen der Nazis, vollends nach dem offenen

Bankrott aller Werte des deutschen Idealismus, keiner mehr
zwischen echtem und hohlem Pathos unterscheiden mochte
oder konnte. Die nachdrücklich erlittene große Geste war unmöglich geworden. Gefragt war nach der Stunde null das lyrische Glück am Bahndamm, die literarische Miniatur, das bald
von den Amerikanern, namentlich von Hemingway übernom-
mene Pathos des Understatements und, nach dem Abtransport
der deutschen Dichter und Denker, die trivialen Amerikanis-
men. Dürrenmatt, und anders auch Frisch, wurden für das deutsche Nachkriegstheater deshalb so wichtig (und so erfolgreich),
weil sie, auf ihrem archimedischen Außenposten, legitimiert
durch ihre Verschontheit (auch wenn sie die als Makel empfanden) und unverdächtig durch die Kleinheit ihres Landes, gleichzeitig einen Nachhall jenes expressionistischen Pathos und die
Absolution davon lieferten. Die Begegnung mit dieser Kunst,
die Dürrenmatt so beeindruckte, dass er mit Grund »der letzte
Expressionist« genannt werden konnte, sollte ihm (abgesehen
von dem, was er auf seiner Fahrradtour in München als »entartete Kunst« kennengelernt hatte) noch bevorstehen. In seinem
Zürcher Jahr wird ihn der Maler Walter Jonas mit dem Expressionismus bekannt machen.

5

In der Fremde: ein Berner in Zürich

Die kleine Freiheit · Zürich, ein Abgrund · Bettelstudent und »Nihilistischer Dichter« · Emil Staiger · Wie sag ich's meinen Eltern · Walter Jonas' Nacht- und Gegenuniversität · Der verschüttete Expressionismus · Ein weihnachtliches »Pfingsterlebnis« · Erste Liebe · Eduard Wyss, Doppelagent zwischen Sohn und Eltern · In der Matratzengruft

Die kleine Freiheit

Es war eine Flucht, ein Aufbruch und ein Ausbruch, und am Ende scheiterte auch dieser Befreiungsversuch aus dem Chaos seiner Jugend. So stellte es Friedrich Dürrenmatt im späten Rückblick, im zweiten Band der *Stoffe* dar. Aber es war auch eine Geburt.

»Ich musste ins Freie«[1], schrieb er 1981 im Brief an Kurt Marti.

Am Anfang des Zürcher Abenteuers stand die alte Ratlosigkeit: ob Studium, ob Kunst. Wenn Ersteres: was? Wenn Letztere: welche? Malerei oder Schriftstellerei? Aber den Aufbruch begleitete auch einige Hoffnung, wenn nicht auf einen Sprung ins Freie, so doch ins Freiere.

Zürich war in der eingeschlossenen Schweiz das Äußerste an Ausland, was Dürrenmatt erreichbar war (da nun mal Genf für den Frankophoben keine Option war). Es blieb ihm, dem Landberner, immer fremd, mehr, als ein Ausländer sich das vorstellen kann. Zwischen Bern und Zürich liegt mehr Distanz als die einer Bahnstunde. Andererseits, eben weil ihm der Ausbruch aus der verschonten Schweiz in die »Weltgeschichte«, in die »tragische Größe«, versagt bleiben musste, phantasierte er Zürich später in seinen Erinnerungen in ebendiesen Abgrund um. Zürich war die Stadt, in der sein dramatischer Erstling uraufgeführt wurde und später, zwischen *Der Besuch der alten Dame* und *Der Meteor,* alle seine Stücke: seine größten Erfolge, seine größten Flops; wo seine Verleger lebten, Peter Schifferli vom Arche-Verlag, Peter Keckeis von Benziger (der seinen Sitz eigentlich in Einsiedeln hatte, aber man traf sich zu Besprechungen in der Zürcher ›Kronenhalle‹), endlich Daniel Keel von Diogenes. In Zürich lernte er seinen Freund, den Maler Varlin, kennen und Lazar Wechsler, den Produzenten des Films ›Es geschah am hellichten Tag‹. Und nicht zuletzt die Ensemblemitglieder, Dramaturgen, Regisseure des Schauspielhauses, von denen einige wie Therese Giehse, Kurt Horwitz, Ernst Ginsberg, Maria Becker, Leopold Lindtberg, Kurt Hirschfeld u. a. seinen Erfolg maßgeblich mittrugen und viele ebenfalls zu Freunden wurden.

In der relativ kurzen Zürcher Zeit zeichnete sich ab, was »das Freie«, von dem er zu Marti sprach, sein könnte, von dem er sich Rettung aus dem Chaos versprach: mehr als ein geographischer Ortswechsel.

Zürich, ein Abgrund

Zu Hause war er in Zürich dennoch nie. Andererseits wollte er einem »Daheim« ja partout entkommen. »Auch jetzt noch ist für mich die Ostschweiz Ausland«[2], schrieb er noch 1980 in der *Erinnerung an Walter Jonas.* Das bestimmte auch sein Verhältnis zum Zürcher Max Frisch, das 1947 mit einem Brief des zehn Jahre älteren an den Jungautor seinen Anfang nahm; Dürrenmatts Kinder, war Frisch in den fünfziger Jahren mal zu Besuch in Neuchâtel, sprachen mit ihm hochdeutsch. F. D. selbst war Zürichdeutsch eine Fremdsprache, und die Weine vom Zürichsee, die Frisch liebte, waren ihm der Trank eines fremden Volksstamms.

Wie unangenehm ihm Zürich war, lässt sich in den *Stoffen* nachlesen, wenn er seine Rückkehr nach Bern (F. D. litt im kalten Kriegswinter an einer Gelbsucht) beschreibt: »Im Frühling 1943 kehrte ich verwahrlost und krank von einer Stadt nach einer anderen zurück. Von Zürich nach Bern. Ich verließ eine formlose Ansammlung von Kirchen, Banken, Kultur- und Bildungsstätten, von Zunft-, Waren-, Geschäfts- und Mehrfamilienhäusern«, undsoweiter, »alles wie hingeschüttet um einen schmalen See und die Hügelzüge hinauf, die ihn umgeben. Hochhäuser waren noch verboten, die Massagesalons wagten noch nicht zu inserieren, der Strich war durch die Verdunkelung teils gefördert, teils behindert. Der See mündet in ein Flüsschen. An seinen Ufern finden sich Reste einer Altstadt, deren Bürger ihren Bürgermeister köpften. Im Mittelalter. Jetzt kacken auf sein Denkmal Möwen. Dann treibt das Flüsschen am trostlosen Bahnhof vorbei, vor dessen Haupteingang ein noch mächtigerer Herrscher steht als der geköpfte Bürgermeister, ein heimlicher König der Gründerjahre, Alfred Escher, auch von Möwen bekackt, eine Aktentasche zu Füßen. Er wurde nicht geköpft. Nur Möwen sind gerecht.«[3]

»Die Stadt« – Bern – war für Friedrich Dürrenmatt Inbegriff des Labyrinthischen, bedrohlich, unfassbar und dunkel. Unter der Geranien- und Laubenidylle Berns ahnte er, wir sagten es schon, piranesische Verliese, um die die grüne Aare mäanderte wie ein Styx. Zürich jedoch steigerte er zu einem Sodom und Gomorrha. Sein zweiter Kriminalroman, *Der Verdacht,* beginnt mit einem Reflex von Dürrenmatts eigenen Erinnerungen, einer babylonischen Vision der Stadt, ganz anders als das spießige Porträt, das er in den *Stoffen* zeichnet. Darin wird der todkranke

Kommissär Bärlach am Silvesterabend von seinem Freund und Arzt Dr. Hungertobel in eine Klinik nach Zürich gefahren. »Die Stadt leuchtete gewaltig in ihren Lichtkaskaden auf. Hungertobel geriet in dichte Wagenschwärme, die von allen Seiten in diese Lichtfülle hineinglitten, sich in die Nebengassen verteilten und ihre Eingeweide öffneten, aus denen es nun herausquoll, Männer, Weiber, alle gierig auf diese Nacht, auf dieses Ende des Jahres, alle bereit, ein neues anzufangen und weiterzuleben. Der Alte saß unbeweglich hinten im Wagen, verloren in der Dunkelheit des kleinen gewölbten Raumes. Er bat Hungertobel, nicht den direktesten Weg zu nehmen. Er schaute lauernd in das unermüdliche Treiben. Die Stadt Zürich war ihm sonst nicht recht sympathisch, vierhunderttausend Schweizer auf einem Fleck fand er etwas übertrieben; die Bahnhofstraße, durch die sie jetzt fuhren, hasste er, doch bei dieser geheimnisvollen Fahrt nach einem ungewissen und drohenden Ziel […] faszinierte ihn die Stadt. Aus dem schwarzen, glanzlosen Himmel herab fing es an zu regnen, dann zu schneien, um endlich wieder zu regnen, silberne Fäden in den Lichtern. Menschen, Menschen! Immer neue Massen wälzten sich auf beiden Seiten der Straße dahin, hinter den Vorhängen von Schnee und Regen. Die Trams waren überfüllt, schemenhaft leuchteten hinter den Scheiben Gesichter auf, Hände, die Zeitungen umklammerten, alles phantastisch im silbernen Licht, vorüberziehend, versinkend. […] Die unbestimmte nächtliche Fläche des Sees flutete ihnen entgegen, der Wagen glitt langsam über die Brücke. […] ›Was liegt daran, ob diese Stadt hier lebt oder ob die graue, wässrige, leblose Fläche alles zudeckt, die Häuser, die Türme, die Lichter, die Menschen – waren es die bleiernen Wogen des Toten Meeres, die ich durch die Dunkelheit von Regen und Schnee schwimmen sah, als wir über die Brücke fuhren?‹«[4]

Friedrich Dürrenmatt kam im Oktober 1942 nach Zürich. Der folgende Winter war eisig. Es fehlte an vielem, auch im verschonten Land. Er bezog eine kaum zu beheizende Mansarde in der Haldenbachstraße 21, im Januar 1943 hielt er seinem Bekannten aus Berner Schulzeiten, Hans Greiner, an der Universitätsstraße 22 »die Bude warm«, was wohl eher im übertragenen Sinn zu verstehen ist; danach wohnte er in einem Verschlag an der Freien Straße in Zürich-Hottingen. An seiner Tür hing eine Karte mit der Aufschrift »Nihilistischer Dichter« – er wird danach ausgesehen haben. Gegen die Kälte trug er zwei Wintermäntel übereinander. Lange merkte er nicht, dass die Pfiffe, die ihn jedes Mal begrüßten, wenn er das Studentenheim betrat, um sich aufzuwärmen, seiner bizarren Erscheinung galten. Erst als ihn Otto Kreis, sein bester Freund aus Konolfinger Kindertagen, inzwischen Student an der ETH, bei einer zufälligen Begegnung entgeistert anstarrte, begriff er. Zuflucht vor der Kälte suchte er zuweilen auch im Bahnhofsbuffet und in einem Etablissement mit dem Namen ›Bohème‹, einem alkoholfreien Kaffeelokal.

Die Briefe an die Eltern dominieren in unterschiedlichsten Ortho- und Kalligraphien – von preziöser Zierschrift über Druckbuchstaben bis zum fahrigen Bleistiftflug – vorgetragene Geldwünsche, Bitten um Nachsendung von Wintersachen und Literatur (»Klopfstocks Oden. Sie sind in Klopfstocks Gesammtausgabe zu finden. (Büchergestell unter dem Spiegel) Ich glaube Band 3 und 4. Vater soll nachschauen; sowie den ersten Band der Herderausgabe, ebenfalls im selben Büchergestell.«[5]) Mit solchen und zahllosen anderen Beschwichtigungen sucht er mit wechselndem Erfolg den Eindruck eines fleißigen Studenten zu erwecken. Doch er verschweigt auch nicht, dass er zum Kummer des Vaters hauptsächlich mit Schreiben und Zeichnen beschäftigt ist. Dazwischen immer wieder seine Nöte: vor allem die anhaltend schwierige Entscheidung zwischen den Künsten, die Rationierung der Lebensmittel: »Dann ernährte ich mich meistens von Kohlsalat, den ich mit einer Sauce zubereitete, die wie der Kohl für wenig Geld ohne Lebensmittelmarken zu erstehen war. Die Hälfte der Marken verkaufte ich.«[6]

Die Nabelschnur nach Bern ließ Dürrenmatt nie abreißen. Die Wochenenden verbrachte er, Inhaber einer Studentenkarte, zwischen Zürich und Bern hin- und herfahrend (die Bahn war auch in Kriegszeiten besser beheizt als seine Mansarden). Zu Hause futterte er etwas an, wenn ihm die beiden Wintermäntel zu locker um die Schultern schlotterten.

Emil Staiger

An der Uni ist er kaum. Einmal ist in den *Stoffen* die Rede von Emil Ermatinger, den er gerade noch in dessen letztem Semester erlebt. Im Gottfried-Keller-Buch des Altmeisters hätte er unter anderem auch einen Teil seiner eigenen Nöte beschrieben gefunden, etwa das Schwanken eines Künstlers zwischen Malerei und Schriftstellerei – vorausgesetzt, er hätte sich überhaupt für einen anderen als sich selbst interessieren können, einen Zürcher zudem. So erinnert er sich nur noch, dass der alte Professor eine Pelzmütze trug. Robert Faesi hat er gehört, in einem Seminar über Theater. Und sofort vergessen. »Auch kommt es mir vor, ich hätte eine Vorlesung des Philosophen Grisebach besucht, der in meiner Erinnerung einen wirren Monolog mit sich selber führte.«[7]

Der kommende Mann (nicht nur der Zürcher Germanistik) war Emil Staiger, »damals noch Privatdozent, der im Auditorium maximum mit pfarrherrlichem Pathos aus Hölderlins Gedichten auslegte, was er hineingelegt hatte«[8]. Aus einem undatierten Brief an die Eltern (vor Ostern 1943, er erwähnt darin den weit zurückliegenden Besuch einer *Penthesilea*-Aufführung des Schauspielhauses mit Maria Becker und kündigt für die kommenden Festtage seine Heimkehr an) hält er die erste Kontroverse mit Staiger fest: »Letzthin hatte ich bei Pr. Dozent Staiger einen Erfolg. Im Kolloquium haben wir Gedichte besprochen. Er hat uns ein expressionistisches Gedicht vorgelesen, dann nach unserer Meinung gefragt. Ich war der einzige, der es gut fand. Die andern haben es alle runtergemacht. Dann sprach Staiger ne Stunde lang und machte es noch mehr runter. Zuletzt hat er zu mir gesagt, ich sei der einzige, der es gut gefunden, ob ich immer noch der Meinung wäre. Ich sagte, ja und entwickelte meine Meinung. Ich warf ihm vor, er hätte das Gedicht nach klassisch aesthetischen Werten beurteilt, dies sei aber bei expressionistischen Dichtungen ganz unmöglich usw. usw. Zuletzt sagte Staiger: Ihr Plädoyer war sehr gut und weiß der Teufel, Sie haben recht.«[9]

Dies war, sollte es nicht geflunkert sein, der Anfang einer langen Auseinandersetzung mit Staiger, der bald mit seiner Goethe-Monographie und mit Werken wie *Die Kunst der Interpretation*, *Grundbegriffe der Poetik* u. a. zum einflussreichsten Germanisten der Nachkriegsjahre wurde. Dürrenmatt sah in ihm schon früh den Vertreter einer Gegenposition, die Verkörperung einer mit »Stil« befassten Literaturwissenschaft. Zu dem von Staiger 1966 ausgelösten Zürcher Literaturstreit trug Dürrenmatt mit seiner Rede auf Varlin bei, zugleich ein spätes Postskriptum zu ihren Meinungsverschiedenheiten während seines Zürcher Studienjahrs. Er bezog Staigers vielzitierten Satz (»[...], so frage ich: In welchen Kreisen verkehren sie?«[10]) auf sich selbst, den Erfinder der Toilettenfrau Nomsen im Stück *Der Meteor*.

Wenn Dürrenmatt später sagte, dass er nicht an »Literatur aus Literatur« glaube, hat er das andererseits und anderswo auch wieder relativiert. Literarische Eindrücke sind wichtig, aber was von ihnen haften bleibt, absinkt und – verwandelt – in späteren

Werken aufersteht, bestimmen vor- und außerliterarische Erlebnisse. So verschmilzt die Lektüre von Jean Pauls *Siebenkäs,* dessen Titelheld seine eigene Beerdigung beobachtet, mit der Erinnerung an die Kinderspiele auf dem Konolfinger Friedhof, wo er sich mit Schwester Verena in Gräbern versteckte, und der biblischen Geschichte von Lazarus und dem Namen des Filmproduzenten Lazar Wechsler zu einem Stoff, der erst viel später seine Form findet: in den wiederholten Auferstehungen des Nobelpreisträgers Schwitter im Stück *Der Meteor* 1966. Also doch »Literatur aus Literatur«, wenn diese verbunden war mit Erinnerungen? Sicher ist, dass F. D. nichts von »Literatur aus Literaturwissenschaft« hielt, auch wenn er in seiner späten Prosa eine sehr eigene Mischung von literarischer Produktion und theoretischer Reflexion fand. Jedenfalls war ihm die persönliche subjektive Lektüre wichtiger als alle (nie ernsthaft angestrebte) literarhistorische Systematik.

Wie sag ich's meinen Eltern?

Die Briefe an die Eltern zeigen Dürrenmatt als erstaunlich rücksichtsvollen und dennoch selbstbewussten Sohn, aufrichtig in dem Maß, in dem es ihm menschlich verantwortbar schien. Wo er etwas verschweigt, tut er das mehr zur Schonung der Eltern als seiner selbst. So liefert er über die Nachtseiten seiner parastudentischen Existenz zwar keine Rapporte ab, aber er verschweigt auch nicht, dass es diese Nachtseiten gibt. Die Anwaltschaft in eigener Sache bezeugt ein Brief, den F. D. nach dem Fall von Stalingrad nach Bern schreibt (»Es hat wenigstens den Vorteil, dass die Deutschen sich während 3 Tagen besinnen, dass sie die größten Musiker besitzen. So kann man bis 2 Uhr nachts andauernd klassische Musik hören [...]«):

Ich fühle einfach, dass ihr mit meinem Weg nicht einverstanden seid, besonders Vater nicht. Ich begreife ihn ja. Sein Brief hat mir das deutlich gezeigt. Er hat eine völlig falsche Einstellung zur Kunst. Kunst macht nicht ›einseitig‹ auch wenn man sich nur mit ihr beschäftigt. Ein Unterschied zwischen Kunst und Religion besteht darin, dass in der Kunst die Religion enthalten ist, in der Religion aber nicht die Kunst.«[11] Dann, am 14. Januar 1943, versucht er Pflicht und Neigung noch einmal kühn zusammenzuzwingen: »Auf der Universität ist nichts Neues. Ich suche mir jetzt langsam den Stoff zur Dissertation. Ich glaube ich mache eine über den ›Expressionismus‹.«[12] Eine Woche später, am 20. Januar 1943, vergisst er (bei Freud!) den 62. Geburtstag des Vaters: »Es tut mir leid, dass ich gegen Dich nicht so war, wie ich hätte sein sollen. Aber zwischen uns steht eben eine ganze Generation – vierzig Jahre. Da müssen freilich die Unterschiede oft bedeutend sein – die Hauptsache bleibt aber, dass wir uns beide lieben.« (Hier kippt das Double-bind in unfreiwilligen Humor.) Wenig später: »Ich stehe wie vor einer dunklen Wand. Ach, warum seid nicht auch ihr etwas freier im Denken, ihr seid so total – von meinem Weg lasse ich mich durch nichts mehr in der Welt abbringen – da könnt auch ihr mich nicht hindern. Ich kann euch nicht sagen, wie schwer es ist, etwas gegen den Willen und gegen den Wunsch der Eltern zu tun, aber was sein muss, muss sein.« Und gleich die Beschwichtigung: »Es ist aber merkwürdig, je mehr ich vorwärts komme, in meiner Kunst, umso mehr habe ich das Bedürfnis den Dr. zu machen. Jetzt füllt mich das Schreiben noch ganz aus, je mehr ich aber Fortschritte mache, desto selbstverständlicher wird es mir und desto mehr habe ich Platz für das Studium.«[13]

Welch ein Irrtum.

Schwer zu sagen, was ihm mehr zu schaffen macht, das Unverständnis der Eltern oder ihr Verständnis, ihr Widerstand oder ihre Toleranz. Es gibt Stadien der Selbstfindung, da ist der größte Liebesbeweis eines Vaters, dem Sohn Anlässe zum Hass zu bieten. So ist zum Teil die Dämonisierung des Vaters in der frühen Prosa zu erklären. Nicht so sehr der Vater als Gegner, der abwesende Vater ist sein Problem.

Walter Jonas' Nacht- und Gegenuniversität

Dürrenmatts wichtigster Wahl- und Gegenvater wird Walter Jonas, den er über den Kunsthistoriker Werner Y. Müller (1902–1991) kennenlernt. Er ist elf Jahre älter als er, nahe genug an F. D.s Generation, um ein Freund, alt genug, um eine Autorität zu sein. Dürrenmatt hat Jonas als weise und gütig[14] in Erinnerung. Ein Außenseiter auch der: als Expressionist aus der Zeit und als »Generalist« zwischen alle Gattungen gefallen. Dieses Außenseitertum war eine Voraussetzung für sein pädagogisches Geschick (zu seinen Schülern gehörten später auch Maler und Malerinnen wie Carlotta Stocker oder Alex Sadkowsky). Dürrenmatt erkannte in Jonas' Lage ein Stück weit die eigene, er lernte, sich (das Paradox jeder Boheme) als Außenseiter unter Außenseitern aufgehoben zu fühlen – ein ganz ähnlicher Reflex wie bei seinem Ausrutscher in die »Eidgenössische Sammlung«. Er schreibt an die Eltern: »Am meisten profitiere ich von Jonas. Ich halte ihn für einen der bedeutendsten jetzigen Schweizermaler, vielleicht auch für den bedeutendsten. Er ist ganz für sich, in Opposition gegen alle andern Maler und bildet langsam einen Kreis von Künstlern um sich.«[15]

Und im Rückblick seiner *Erinnerungen an Walter Jonas:* »Wie ich ihn kennenlernte, weiß ich nicht mehr. Ich halte es für das

Wahrscheinlichste, dass Werner Y. Müller mich zu ihm brachte. […] Ich erinnere mich an ein für mich heilsames Gespräch mit ihm: Wir saßen nachts auf einer Bank irgendwo, unter uns und um uns das verdunkelte Zürich. Ich kannte damals keine andere Kultur als die deutsche. Werner Y. Müller zeigte mir, wie wenig sie im Vergleich zu den Weltkulturen wog. Der kleine, rundliche, bebrillte Mann war ein Freund von Jonas, dessen Atelier sich irgendwo am Schaffhauser Platz in einem alten, einstöckigen, scheunenartigen Häuschen befand, eingeklemmt zwischen Stadthäusern. […] Wie viele Maler in jener Zeit war Jonas nicht frei von Geldsorgen. Für heutige Begriffe war er arm. Auch hatte der damalige Trend einen anderen Weg eingeschlagen: ein gewisser vaterländischer Stil war eingebrochen; die ›entartete Kunst‹ fand man auch in der Schweiz etwas oder ganz und gar entartet. Daneben herrschte eine uneingeschränkte Bewunderung für die französische Malerei bis und mit Cézanne. […] Picasso war umstritten, Klee nur Kennern bekannt. In der Gewerbeschule der Stadt Zürich begann [Max] Gubler zu herrschen; Erni wurde populär, ein schweizerisch gemilderter Picasso; und beim aufgeklärten Bürgerstand, bei den Ärzten etwa, hatte sich der Genfer Maurice Barraud, ein genferisch gemilderter Matisse, eingenistet. Der Expressionist Jonas war ins Abseits geraten. Von seinen damaligen Bildern erinnere ich mich an einen ›Sturz des Ikarus‹, der sich bei mir seltsam mit jenem Breughels vermischt, und an Bilder von Ragusa an der jugoslawischen Adria-Küste […]; zu [dieser Stadt] hatte Jonas geradezu ein mystisches Verhältnis.«[16]

Gebürtiger Deutscher, war Jonas im Elsass und im schweizerischen Baden aufgewachsen. Nach der Matura 1929 zog er sofort nach Berlin, wurde Schüler von Moriz Melzer, einem Mitglied der Dresdener Künstlergruppe ›Die Brücke‹, und schloss 1932 das Studium an der Reimann'schen Kunstschule ab, wo er neben Malerei auch Architektur belegte. Im selben Jahr siedelte er nach Paris um, wo er sich unter anderem mit Antoine de Saint-Exupéry und Robert Delauney anfreundete. 1935 lässt er sich schließlich in der Schweiz nieder, ein weltoffener, weitgereister Geist. Nicht nur darin stand Jonas mit seinen Erfahrungen für die Welt, die dem jungen Dürrenmatt verschlossen war. Seinen Lebensunterhalt verdiente er sich mehr schlecht als recht mit ein paar Zeichenstunden an der Kantonsschule [Gymnasium]. Später, in den Pionierzeiten des Schweizer Fernsehens, sollte Jonas als Kunstvermittler tätig sein. Ab den sechziger Jahren widmete er sich fast ausschließlich urbanistischen Utopien, berühmt ist sein Entwurf der Trichterstadt Intrapolis.[17]

In seinem Atelier an der Kronenstraße 46 in Zürich-Unterstrass unterhielt er einen Zirkel, zu welchem neben Werner Y. Müller und vielen anderen auch François Bondy, Karl Kerényi und Zoltán Kemény gehörten. Versammlungen von 30 Personen waren keine Seltenheit. Die Bedeutung dieses Freiraums für den jungen Dürrenmatt ist nicht hoch genug einzuschätzen. Hier war seine Nacht- und Gegenuniversität. Die Berner Zeit verdrängte er. Gerade in Nachrufen scheute F. D. sonst nichts so sehr wie Emphase, doch im Gedenktext an Jonas lässt er sie zu. Kurz vor dessen Tod, schreibt Dürrenmatt, hätten sie sich noch einmal getroffen. »Wir sprachen von Varlin, dessen Namen ich zuerst, vor 36 Jahren, bei ihm gehört hatte und in dessen Sterben ich auch verschlagen worden war. Er zeigte das Porträt, das er von mir gemalt hatte. Ich starrte mich an. So war ich als Zweiundzwanzigjähriger gewesen. Walter Jonas lachte. ›Ich habe dich festgehalten, als du sagtest: ›Bei seiner Geburt beißt Gilgamesch seine Mutter in den Schenkel.‹ Walter Jonas sagte: ›Es war eine schöne Zeit.‹ Ich antwortete: ›Eine wichtige Zeit.‹ Ob sie damals für mich eine schöne Zeit gewesen ist, weiß ich nicht mehr. Nachträglich kommt sie mir unheimlich, schattenhaft und qualvoll vor: Die Zeit einer Geburt. Darum kann ich auch mehr von mir als von Walter Jonas erzählen. Was weiß ein Kind von seiner Hebamme? Walter Jonas zu objektivieren, käme mir wie eine Fälschung vor, wie ein Verrat an ihm und an mir.«[18]

An die Eltern, 14. Januar 1943: »In der Nacht vom Mittwoch auf den Donnerstag habe ich mit dem Kunstmaler Walter Jonas ein interessantes Experiment gemacht. Um 9 Uhr setzten wir uns zusammen. Er radierte und ich machte ›Gedichte‹ die ich dann auf die Hinterplatte der Radierung einkratzte. So haben wir in einer Nacht 10 Radierungen und 10 Gedichte gemacht. Die Radierungen sind toll, von meinen Gedichten sind sie sehr befriedigt, mir aber gefallen sie nicht. Das Buch wird den Titel tragen: ›Buch einer Nacht‹.«[19] »Was entstand, war eine wirre Kosmologie. Jonas' Radierungen zählen zu seinen schönsten. Über meine Gedichte lässt sich nicht viel sagen. Sie bereiteten mir insofern Mühe, als ich sie in Spiegelschrift auf die Tafel zu ritzen hatte. Später trennte ich sie von den Bildern. Nur noch einige meiner Schreibereien sind mir erhalten: ›Die drei Freunde sind wie eine Blume. Der Wein ist Blut. Er schwimmt auf der Nacht. Die Zeit sinkt in den Raum. Auf dem Boden klebt der Tod. Er ist wie ein roter Teppich. Seine Augen sind Löcher des Abgrunds. Sein Maul ist Blei. Er singt.‹ Ein anderes Blatt: ›Im Spiegel ruht die Welt. Sie hat Kopfweh. In der Mitte sitzt Gott. Er schläft. Sein Haar ist weißes Licht. Um seinen Kopf windet sich die Schlange. Sie würgt. Gott erstickt.‹ Dann Blatt 1 endlich: ›Die Stunden versinken. Die Nacht verlöscht. Das Letzte schweigt. Die Welt ist Spiel.‹«[20]

In der *Dürrenmatt-Story* von Peter Wyrsch, einem ersten biographischen Versuch über F. D. in der ›Schweizer Illustrierten‹ 1963, erinnert sich Jonas an den jungen Berner: F. D. habe sich in diesem Kreis sofort wohl gefühlt und »alsbald auch eine überdurchschnittliche schriftstellerische Begabung« gezeigt. »Er lag barock in den bequemsten Sesseln herum und lästerte geistreich und gewagt über tausend Dinge. In den Diskussionen gab er sich als Individualist zu erkennen, der lieber dozierte als zu-

hörte, jedenfalls aber als eine Persönlichkeit mit wahrhaft uner-
schöpflichem Argumentenreichtum. Auch verstand er, seine
Theorien stets so zu formulieren, dass er sie jederzeit widerrufen
und durch andere ersetzen konnte. Wenn man ihn ernst nahm,
protestierte er energisch, zwar nicht immer, aber mindestens
dann, wenn er damit die Gesprächspartner verwirren konnte.
[…] Wir diskutierten damals die Thesen des Westens und des
Ostens und verwarfen alle.« Er erzählt vom *Buch einer Nacht*,
vom Besuch der besorgten Mutter Dürrenmatts. »Ich entwickelte ihr einen Plan. Fritz und ich hatten verabredet, den *Gilgamesch*, ein altes, wohl das älteste Epos überhaupt […], gemeinsam neu herauszugeben. Er sollte es nachdichten. Ich wollte es
illustrieren. Dieses Projekt schien Mutter Dürrenmatt einzu-
leuchten, und sie verabschiedete sich freundlich. Wir machten
uns auch alsogleich an die Arbeit. Aber bald erwies es sich, dass
unsere Auffassungen über den schwer zu bewältigenden Stoff
weit auseinander klafften. Unsere Bedrängnis war nicht die gleiche. Er interpretierte das Epos auf eher drollige, witzige Art.
[…] Ich versuchte die Aufgabe allein zu lösen, und unsere Beziehungen kühlten sich merklich ab.«[21]

Der verschüttete Expressionismus

Der Expressionismus, in seiner Entstehung ein Aufschrei gegen
den moralischen Bankrott vor, während und nach dem Ersten
Weltkrieg, hatte so viel mit der Realität auch des Zweiten zu tun,
dass ihn der Zeitgeist verdrängte, sich auch dort nicht mehr in
ihm erkennen wollte, wo er nicht direkt von der Feme der Nazis
infiziert war: eine Kunst, die den Schmerz ausdrückt, wo der
Sinn verlorengegangen ist, und die im Pathos die Würde des
Einzelnen in seiner Ohnmacht behauptet. Im Einzelnen leidet
die Menschheit. In seinen Anfängen als Schriftsteller, im Kern

ein Leben lang, war Dürrenmatt ein »letzter Expressionist«. Das war Teil seiner »Unzeitgemäßheit«, aber auch Teil des Missverständnisses, das er hinter seinem Ruhm witterte. Kurt Marti hatte in seinem Geburtstagsbrief an F. D. auch dafür ein feines Gespür: »Mit einem – nach Weltkrieg, Auschwitz, Hiroshima – nicht mehr für möglich gehaltenen Pathos (auch der Verzweiflung!) hast Du plötzlich einen furiosen Welt-Spektakel auf uns losgelassen, die wir eben begonnen hatten, uns im Frieden wieder gemütlich und geschäftig einzurichten. Im Schwange war damals der Existentialismus Sartre'scher Prägung. Damit schien Dein Stück [*Es steht geschrieben,* uraufgeführt 1947 in Zürich] überhaupt nichts zu tun zu haben. Um literarische Trends und Moden hast Du Dich meines Wissens nie gekümmert […]. In keine Kategorie einzuordnen, bist Du von Anfang an eine eigene Kategorie gewesen.«[22]

Dass es auf die Zusammenhänge mehr ankommt als auf das Einzelne, war die vielleicht wichtigste Lektion, die er auf der »Gegenuniversität Jonas« lernte. Das hieß auch: mehr als auf die einzelne Gattung. Für den Gesamtkunstwerker Jonas war Kunst eine unteilbare Erfahrung der Welt. Für den zwischen Literatur und Malerei Hin-und-her-Gerissenen muss das eine Offenbarung gewesen sein, auch wenn er sich schließlich doch entscheiden sollte, ausschließlich Literatur zu betreiben.

Jonas dachte weit über die Malerei, schon gar über die eigene hinaus. Zwar entstanden in dieser Zeit »die ersten Zeichnungen, zu denen ich noch jetzt stehen kann«[23], auch wenn Dürrenmatt die Federzeichnungen, die damals in seinen Mansarden entstanden, Jonas nie zeigte. Vor allem aber lernte er viel über Literatur. Hier wurde Kafka, Heym, Trakl gelesen, gelegentlich von Jonas vorgelesen (Heyms Novellen *Der Irre* und *Das Schiff*) oder auch nur nacherzählt (Kafkas *Das Schloss, Der Prozess, Die Verwandlung*). Von Müller borgte er sich »den Soergel«, Albert Soergels zweibändige Literaturgeschichte *Im Banne des Expressionismus,* erstmals 1925 erschienen, in vielen Auflagen verbreitet und dank ihres Quellenreichtums noch lange unentbehrlich (aus national-sozialistischer Sicht ein Giftschrank aller entarteten »Asphalt«-Literatur). »[All das bewirkte], dass ich von meiner *Komödie* ließ. In kurzer Zeit schrieb ich *Weihnacht, Der Folterknecht, Die Wurst, Der Sohn;* die drei ersten Erzählungen in kurzen Sätzen, die letzte in einem Satz. Auch konzipierte ich die Erzählung *Das Bild des Sisyphos* [...].«[24] Damals versuchte er auch den *Rebell* zu beenden, den er vermutlich im Kiental begonnen hatte und an dem er nun in Zürich weiterschrieb. Ein von Jonas angeregtes Projekt, »wie ein Theaterstück für nur eine Person beschaffen sein könnte«, gab den Ausschlag. Jonas liebte es, den Kreis um ihn mit solchen Experimenten herauszufordern. F. D. erdachte sich einen Gefangenen in einem Spiegelsaal. Letztlich wird er dieser Idee erst in den *Stoffen* beikommen, wie so oft indirekt, als Beschreibung eines Scheiterns. Aber das Motiv des Gefangenen im Spiegelsaal bleibt fruchtbar und wird, Jahrzehnte später, im Zusammenhang der Ballade *Minotaurus* in den achtziger Jahren wieder virulent.

So vermittelte Jonas, F. D.s alternative Vaterfigur, ihm mit dem Expressionismus eine Literatur, die im Wesentlichen eine Literatur der Rebellion war: des Aufstands der Söhne gegen die Väter und deren Welt von gestern. Jonas war nicht nur an aller Kunst interessiert, er war überhaupt zu jeder Art von Grenzüberschreitung bereit. Gefangen in den Grenzen der Schweiz, gefangen aber auch in seiner eigenen Unentschlossenheit, war diese Zeit für Dürrenmatt tatsächlich nicht nur ein kleiner Ausbruch »ins Freie«. »Die Zeit einer Geburt«[25]. Jonas war einer der wenigen, der F. D. »dort ernst nahm, wo ich ernstgenommen werden musste und worüber die anderen lachten«[26]. Er stand in allem viel genauer für das, wonach Dürrenmatt, ohne es zu wissen, suchte. Jonas eröffnete ihm eine Ahnung von sich selbst.

Die Geburt des Schriftstellers Friedrich Dürrenmatt bleibt nah am Mythos. Die Kosmologie, über die er sich selbst gebären sollte, beschäftigte ihn bis zu seinem Tod. Er sah sich in ihr selbst mit angelegt. Die erste eigene Prosa, von der Dürrenmatt dachte, sie verdiene diesen Namen, der kurze Text *Weihnacht,* war am Heiligen Abend 1942 entstanden. »Ich war am Morgen bei trübem, nasskaltem Wetter zufällig auf den Gedenkstein Büchners gestoßen und schrieb danach die wenigen Sätze der Erzählung in einem Café im Niederdorf ohne zu stocken in ein Notizbuch. Dann fuhr ich nach Bern zum Weihnachtsfest.«[27] In seiner Laudatio auf den Büchner-Preisträger Friedrich Dürrenmatt weist Georg Hensel 1986 darauf hin, dass der Text zweifellos vor dem Hintergrund des Märchens der Großmutter aus Georg Büchners Drama *Woyzeck* zu lesen ist.[28] Büchner blieb bis zur letzten Fassung von Dürrenmatts letztem Stück *Achterloo* 1988 »von allen Dichtern […] der wichtigste«[29]. Er war einer der Ahnen, die die Expressionisten verehrten. Ein anderer war Frank Wedekind (der im Zusammenhang mit *Die Ehe des Herrn Mississippi* wichtig werden sollte). Ein dritter Heinrich von Kleist. Dessen *Penthesilea* mit Maria Becker in der Titelrolle beeindruckte Dürrenmatt am 23. Oktober 1942 im Schauspielhaus weit mehr als Brechts *Der gute Mensch von Sezuan,* den er sich auf Drängen von Jonas auch ansah.

Trotz seiner Abneigung gegen die Stadt verließ Dürrenmatt Zürich auch nach dem Semesterschluss am 30. Januar 1943 nicht. Zu Hause kündigte er an, er erwäge ein weiteres Semester in Zürich, was immer das heißen sollte. Für diese Entscheidung sicher nicht unwesentlich war wiederum Walter Jonas, der mit einer Privataufführung des *Rebells* als Monolog im April lockte.

Erste Liebe

Vor allem aber hatte er inzwischen seine erste Freundin kennengelernt, die Malerin Christiane Zufferey. Ein Jahr älter als Dürrenmatt, war sie in Begleitung der Maler Carlotta Stocker und Carl Liner zu einer Soiree gekommen, auf der F. D. aus seiner *Komödie* vorlas, irgendwann in jenem Winter 1942/43. Sie war fasziniert von dem merkwürdigen Bohemien. Die junge Walliserin hatte eben von der Genfer École des Beaux Arts an die Kunstgewerbeschule Zürich gewechselt, wo Max Gubler ihr Lehrer wurde (der ihr im Übrigen von »diesem Verrückten«[30] abriet, wie sie sich erinnerte). Dort gehörte sie sofort zu den Künstlerkreisen und wohnte zeitweilig (später auch mit Fritz) im Atelier von Liner im »Roten Schloss«, einer neugotischen Backsteinburg neben der Zürcher Tonhalle. In diesem Refugium verscholl das junge Paar vorübergehend so spurlos, dass die resolute Hulda Dürrenmatt nicht einmal über den mobilisierten interkantonalen Pfarrfrauen-Geheimdienst hinter die erste Liebe ihres Sohnes kam. Sie mochte es geahnt haben, und dies nicht zu ihrem Schrecken, denn es hatte ihr immer Sorge bereitet, dass ihr Fritz so wenig Interesse an Frauen zeigte. Bald wurden die Kontakte zu den Familien enger, die beiden fuhren mit den Eltern Dürrenmatt in die Ferien. Christiane war in Bern zu Gast und Fritz in Sion bei Christianes Vater. An der chaotischen Lebensweise, am inszenierten Bohemetum, änderte die Beziehung vorerst wenig.

Eduard Wyss, Doppelagent zwischen Sohn und Eltern

In ihrer Sorge um Fritz in der Fremde erinnerten sich die Eltern vor dessen Abreise nach Zürich einer alten Verbindung. Vor Jahren schon hatte Pfarrer Reinholds Patenkind Eduard Wyss mit

jenem frühen pädagogischen Gutachten über die kreativen An-
lagen des kleinen Fritz geholfen. Jetzt sollte sich F. D. bei dem
fünfzehn Jahre älteren Edy melden. Der lebte mit Frau Els und
Kindern im Neubühl, einer Mustersiedlung des Neuen Bauens
in Zürich-Wollishofen. In dem promovierten Altphilologen sah
Dürrenmatt weniger eine Kontrollinstanz des Elternhauses als
einen Verbündeten. Einen älteren Freund (wie ganz anders auch
Jonas einer war), der die Rebellion gegen den eigenen Pfarrer-
Vater erfolgreich abgeschlossen und sich aus der Theologie in
die Philologie gerettet hatte. Einen, mit dem er ausgiebig über
Literatur sprechen konnte, auch über die eigene. Jemanden, nach
Wilhelm Stein und Walter Jonas, der ihn ernst nahm, wo es ihm
darauf ankam. »Unsere Familie«, erinnerte sich Wyss ein halbes
Jahr vor seinem Tod im Spätherbst 1991, »bildete eine Art Brücke zwischen dem Elternhaus und seiner studentischen Bohème-
welt.«[31] Eine Pufferzone. Wyss und Frau halfen mit regelmäßi-
gem Freitisch, sie waren in der ganzen Zeit bis zum Abbruch des
Studiums 1946 eine Art Doppelagenten, bei Fritz den Standpunkt des Vaters, beim Vater den des Sohns vermittelnd.

In seinem Tagebuch (das er »Logbuch« nannte) notiert Wyss
unter dem 16. Februar 1943, zweifellos schon in Kenntnis des
kurz zuvor entstandenen ersten von F. D. selbst für gut befunde-
nen Prosatexts *Weihnacht*, in welchem die zerfledderte Marzi-
panpuppe des Jesuskindes für die Demontage eines ganzen
Glaubenskosmos steht: »Er [F. D.] hat die Welt seines Vaters
und damit die heute gültige Welt mit ihren christlichen Grundlagen zerschlagen, und nun spielt er wie ein Kind, dessen gelieb-
tes Spielzeug aus Mutwillen in die Brüche gegangen, mit den
Fragmenten dieser Welt. Die alten – wenn auch zerschundenen
und geschändeten Bruchstücke sind ihm lieber als all der blen-
dende, verführerische neue Kram. Denn er ist der Gefahr des
Hochmuts göttlicher Identität entgangen, und so lange ist er –
mag er noch so sehr in die Irre gehn – nicht verloren.«[32] Da

drückt sich der Gymnasiallehrer zwar umständlich, in der Sache aber zutreffend aus; die kindliche Komponente von Fritzens Destruktivismus erkennt er ebenso wie den Zusammenhang zwischen dem »Nihilismus«[33] und dem väterlich-christlichen Glaubensgefüge. Dürrenmatt war in jener Zeit damit beschäftigt, sich einen Glauben einzureden, den er dann dem seines Vaters entgegensetzen konnte: den Glauben an sich selbst, an seine künstlerischen Möglichkeiten.

Trotz entsprechender Gepflogenheiten (zum Beispiel arbeitete er grundsätzlich nachts, tagsüber »schloss er die Läden und schrieb bei Kerzenlicht«, berichtet Wyss[34], war er gewiss kein »nihilistischer Dichter«[35]. Er stellte allenfalls einen dar. Die physische Hinfälligkeit, unabdingbar für einen *poète maudit,* bescheinigte ihm das Urteil der militärischen Untersuchungskommission vom 29. Januar 1943. Wegen seiner schlechten Augen wurde er für ein weiteres Jahr vom Militärdienst beurlaubt. Jonas berichtete, Fritz hätte Erblindung befürchtet.[36]

In der Matratzengruft

Dann, im Februar 1943, wurde Dürrenmatt ernsthaft krank. Vielleicht noch befördert durch seine abenteuerliche Ernährung (Grundnahrungsmittel: Kohl), stellte sich eine Hepatitis ein. Dürrenmatt kurierte sie zuerst als vermeintliche Magen-Darm-Grippe mit billigem Rotwein. Ausgerechnet! Die Abschnitte im ersten Band der *Stoffe,* in denen er auf diese Wochen der Verwahrlosung zurückblickt, sind ein Meisterstück Dürrenmatt'scher Pointenkunst: diktiert wie alle Erinnerungen an den Chaoten, der er einmal war, vom Erstaunen, dass einer aus solchen Zuständen überhaupt auferstehen kann. Im Zimmer nebenan empfing eine freizügige Frau jede Nacht einen anderen Besucher, »wie in einem Schwank […]; besonders grotesk, weil die Besucher an meinem Fenster vorbeigehen mussten, das auf die Treppe hinausging, die zur Haustür führte. Nachts, sie kamen meist spät, waren sie nicht zu sehen, sie genossen den Schutz der kriegsbedingten Verdunkelung. Doch begaben sie sich des Morgens von dannen, konnte ich sie von meinem Bett aus beobachten. Ich pflegte sie mir nach ihren Stimmen vorzustellen, wenn sie sich, nur durch eine schmale Wand von mir getrennt, auf der Dame austobten.«[37]

Auch ein ›Höhlengleichnis‹. Gegenüber den Eltern spielte er die Krankheit herunter: »Es ist nicht uninteressant, krank zu werden, wenn sich kein Pudel um einem kümmert. Viele Unannehmlichkeiten bringt es, gewiss, aber man lernt die Krankheit viel persönlicher unmittelbarer, ich möchte sagen: romantischer kennen.«[38] Sein Delirium setzt er, wie der folgende Brief über die Arbeit am *Knopf* beweist, in Dramaturgie um: »Alles aufgebaut im scharfen Hin und Her der Rede und Gegenrede, flackernd in unheimlicher Stimmung, die Gesichter bizarr aus dem Dunkeln herausschneidend, halb Traum, halb Wirklichkeit. Hier würde die einzige Stelle im *Knopf* sein, wo angedeutet wird, dass alles nur ein Fiebertraum eines Irrsinnigen sei. Adam sagt nämlich plötzlich: Schwester, schütteln Sie mir das Kissen zurecht. Worauf alle auffahren: Was er denn meine. Worauf Adam: Nichts, Nichts!«[39]

Dass körperliche Gesundheit für einen geistig arbeitenden Menschen ein relatives Gut ist, musste F. D. nicht erst bei Brecht nachlesen.[40] Seit der kindlichen »Kopfgrippe« im Primarschulalter war Dürrenmatts Außenseitertum auch ein physisches. Der Schwachsichtigkeit verdankte er die Entfernung von der Truppe. Seinen gravierendsten körperlichen Defekt führte er selbst auf die Hepatitis des Zürcher Winters zurück, seinen Diabetes. Der wurde allerdings erst 1951 entdeckt, als F. D., schon im Koma, ins Spital eingeliefert wurde. Mit ihm lebte er hinfort als mit einem ständigen *memento mori:* in der steten Beobachtung des Tes-Tape-Streifens, dessen Verfärbung den Stand seines Zuckerhaushaltes anzeigte (»Der Tod hat für mich ein grünes Gesicht«[41]). Im steten Kampf gegen die Müdigkeit, der er sein immer gewaltiges Arbeitspensum abtrotzte, gegen die Verstimmungen, unter denen er vor allem bei Anfällen von Unterzucker litt. Eine Krankheit, die er als disziplinarischen Imperativ dann auch als eine Chance verstand, ja als seine Lebensrettung. So schamhaft er sonst mit Mitteilungen zur eigenen Person geizte, in einem frühen Notizheft gar den Satz festhält: »Was geht es die Leute an, was ich denke?« – aus seiner körperlichen Befindlichkeit machte er nie ein Tabu. »Man soll die Dinge des Körpers ruhig zur Sprache bringen«[42], sagte er H. L. Arnold 1975 im mehrfach zitierten Gespräch.

In bedauernswertem Zustand kehrte F. D. im Mai 1943 nach Bern zurück: keineswegs als ein Gescheiterter, sondern als einer im Aufbruch. Er war auch deshalb nicht untergegangen, weil er seinen »Nihilismus« in ersten Prosastücken, nein: nicht bewältigte, aber konzentrierte wie in einem schwarzen Loch, mit großer, durch keinerlei Humor erleichterter Anstrengung und, wie Jonas sagte, »keinem System hold. ›Ismen‹ jeder Art schienen ihm verdächtig. Er wird deshalb auch nie der Jugend gefährlich werden können.«[43]

So war Dürrenmatt, kein halbes Jahr nachdem er »ins Freie« aufgebrochen war, mit beschädigter Leber in der Freien Straße gestrandet. »Im Frühling 1943 kehrte ich verwahrlost und krank von einer Stadt nach einer anderen zurück. Von Zürich nach Bern.«[44] Ein Scheitern? Gescheitert war er an der Germanistik. Doch muss einer, um zu scheitern, nicht erst einmal wollen? Gescheitert war er an seiner ersten Komödie, vorläufig und nach eigenem späteren Urteil. Noch hatte er sich nicht entscheiden können, ein Schriftsteller zu sein. Aber er war auf dem Weg dahin. Er ahnte, dass er es nur ganz sein könne oder gar nicht. Das eben war es, was er aus Jonas' Ganzheitlichkeit für sich mitnahm – vielleicht die wichtigste Lektion. Außerdem hatte er sich in diesem chaotischen halben Zürcher Jahr, über die zwei Wahlväter oder väterlichen Freunde, Jonas und Eduard Wyss, von seiner Herkunft distanzieren können. Er hatte seine erste Freundin kennengelernt und im Kreis um Jonas eine literarische Landschaft, die von der Geographie seines Innenlebens nicht weit abgelegen war. Er hatte seine erste Prosa geschrieben. Nein, ein Scheitern war das nicht. Die in diesen Monaten gewachsene Einsicht, dass ein Studium der Literatur nicht zur Vorbereitung auf die Produktion von Literatur taugt – nicht für ihn –, war entscheidend. Nun würde er sich auf die Philosophie werfen und sich zum ersten Mal mit dem Gedanken an ein ernsthaftes Studium befassen. Nicht dass dieses ein erfolgreiches akademisches Ende finden sollte. Aber es sollte ihn aufladen für den endgültigen, unerklärbaren, aber ganz unabwendbaren Sprung in die Schriftstellerei als Beruf und Existenzform.

6

Vor dem Sprung

Dämonen in der Mansarde · Im Wallis: Weltuntergang als Komödie · »Ich habe die Schlacht gewonnen« · Ein vulkanischer Denker: Richard Herbertz · Kant, Kierkegaard, Platon und Dürrenmatt · In der Quarantäne des Denkens · Vater Reinholds Sorgen · Menschen nach der Sündflut · Rudolf Kassner · HD Dürrenmatt · Im Eis

Dämonen in der Mansarde

Im Oktober 1942 hatte F.D. Bern, die Stadt seiner Mittelschulqualen, das »Labyrinth«, mit einem Gefühl der Erleichterung verlassen. Jetzt, im Frühjahr 1943, kehrte er dahin zurück.

Paradoxerweise war es nun diese Rückkehr von Zürich nach Bern, wo die Eltern seit dem 30. Juli 1942 ein großzügig angelegtes Zweifamilienhaus am Stadtrand bewohnten, die dem Einundzwanzigjährigen wie eine Befreiung vorkommen musste: eine Befreiung aus der Stadt. Doch nicht lange. Auch an ihrem Rand spürte er die Gravitation. Das Labyrinth war in seinem Kopf.

Aus einer früheren Fassung der *Stoffe:* »Notdürftig genesen, doch immer noch mit gelblichen Augen, bezog ich im gleichen Haus in der Laubeggstraße ein großes Dachzimmer mit einer rechteckigen übertünchten Backsteinsäule in der Mitte, durch die Ofenrohre zum Kamin auf dem Dach liefen. Ich malte die Wände nach und nach aus, um mich gegen die Umwelt abzuschirmen, wie sich die Höhlenbewohner mit ihren Bildern gegen die Umwelt abgeschirmt hatten, doch war diese nicht friedlich wie die meine; schlichen damals Säbelzahntiger herum, trampelten Mammuts die Eiszeitflora nieder und heulten Wölfe des Nachts, umgaben mich Vorstadtvillen, und nur ein Gemüsemann in einem primitiven Holzschuppen erinnerte mich an die Vorzeit, an meine Jugend auf dem Dorf, auch dieser hatte wie jener im Dorf einen handlosen Arm. Ich setzte mich mit meiner Wandmalerei vielmehr gegen die Idylle zur Wehr, die mich umgab; war ich doch von meiner Mansarde in wenigen Minuten auf dem Land, weite Felder, dann Wälder, und als ich mich eines Nachts aus dem Fenster lehnte, stand mitten auf der Asphaltfläche der breiten Straße ein Reh. Bemalen die Höhlenbewohner ihre Wände, um die Gefahren zu bannen, die sie umgaben, bepinselte ich die meinen um sie herbeizubeschwören. Nicht dass ich den Krieg herbeisehnte, aber ich weigerte mich, ihn zu vergessen, wie es schon viele taten, obgleich der Krieg wieder näher rückte. Aber dass er über unser Land hereinbrechen würde, war immer unwahrscheinlicher, das Zusammenstürzen des Hitlerreiches längst vorausberechenbar – wenn auch nicht der selbstgewählte sadistische Blödsinn seines langen Todeskampfes. So begann man sich unwillkürlich in einem partiellen Frieden auf einen allgemeinen Frieden vorzubereiten. Auf einen Frieden, von dem die meisten vieles erhofften und ich nichts erwartete: Ich verharrte in meiner Rebellion. So entwarf ich denn auf einer abgeschrägten Wand über meinem Bett eine skurrile Kreuzigung, an der großen Wand entstanden skurrile Figuren, so ein Nietzsche im Nachthemd, die linke zum Hitlergruß ausgestreckt, dazu skurrile Figuren, ein armloser griechischer Held, aus seinem offenen Hemd starrten Hitler, Churchill, Mussolini, Stalin, ein Gräberfeld mit drei Geistlichen mit Heiligenschein, das trojanische Pferd, Spießbürger, Professoren, an der Kaminmauer bot Salome den Kopf Johannes des Täufers dar, von der

Decke starrte das Antlitz der Medusa herunter – ein Durcheinander in meinem Gedächtnis – die Wand ist längst von erschro-
ckenen Bürgern übertüncht – von Wut, Protest, Hohn und
Spott. Wie A im *Rebell* war ich in einem Spiegelsaal gefangen,
mit dem Unterschied, dass ich mich selber gefangengesetzt
hatte: im Spiegelsaal meines chaotischen Inneren.«[1]

In der Erzählung *Die Stadt* findet sich ebenfalls eine – die
Motive verfremdende und zugleich die Anlage präzise wieder-
gebende – Beschreibung jener Berner Mansarde: »Wir brauchen
immer wieder sichere Höhlen, in die wir uns zurückziehen können, und seien es auch nur jene des Schlafs; erst in den untersten
Verliesen der Wirklichkeit werden uns auch die genommen. So
war es vor allem mein Zimmer, dem ich vieles verdanke und in
welchem ich immer wieder Zuflucht fand. Es lag jenseits des
Flusses in der östlichen Vorstadt, die nicht zur Stadt gerechnet
wurde. [...] Mein Zimmer befand sich im Dachstuhl eines
Mietshauses, das sich von den übrigen Häusern der Vorstadt
nicht unterschied. Die Wände waren zur Hälfte abgeschrägt und
hoch, nur durch zwei Nischen im Norden und Osten unterbrochen, in denen die Fenster waren. An der großen, abgeschrägten
Westwand befand sich das Bett und beim Ofen eine Kochstelle,
auch waren noch zwei Stühle und ein Tisch im Zimmer. An die
Wände malte ich Bilder, die nicht sehr groß waren, doch bedeck-
ten sie mit der Zeit die Mauern und die Decke vollständig. Auch
der Kamin, der mitten durch mein Zimmer ging, war von oben
bis unten mit Figuren bemalt. Ich stellte Szenen aus unsicheren
Zeiten dar, besonders die großen Abenteuer der Menschheit.
War kein Platz mehr da für neue Bilder, fing ich an, jedes Bild
von neuem durchzuarbeiten und zu verbessern. Auch kam es
vor, dass ich in einer Art blinder Wut ein Bild wegkratzte, um es
noch einmal zu gestalten, die wahnwitzige Beschäftigung meiner öden Stunden. Auf dem Tisch befand sich Papier, denn ich
schrieb viel, meistens sinnlose Pamphlete gegen die Stadt.«[2]

Wann genau F. D. die Wandmalereien anfertigte, ist nicht zu klären. Er selbst setzt sie im eben zitierten Text eindeutig *nach* seiner Rückkehr aus Zürich fest. Die Kunsthistorikerin Ludmila Vachtova vermutet in ihrer knappen Monographie zur Berner Mansarde³, dass sie schon früher entstanden, nach seiner Entlassung aus der Rekrutenschule Ende Juli 1942. Diese Datierung wird auch durch die Erinnerung von Christiane Zufferey gestützt, welche die Malereien bei ihrem ersten Besuch in Bern schon vorfand: »Als Fritz D. 1943 von Zürich mit Gelbsucht nach Bern zurückkehrte, war die Mansarde bereits bemalt.«⁴

Wann auch immer, F. D. hat vier Großformate geschaffen, »die formalästhetisch so unterschiedlich, ja widersprüchlich sind, als ob sie aus verschiedenen Händen stammten oder zwischen ihnen Jahre der Entwicklung und des Zweifels liegen würden. Auch thematisch weisen sie kein geschlossenes Konzept auf und erscheinen eher als unter dem Druck der Stunde und des Tages improvisiert. ›Die großen Abenteuer der Menschheit‹ bewegen sich zwischen den Karikaturen der satirischen Zeitschrift ›Nebelspalter‹ und der ätzenden Ironie von George Grosz. Die Kreuzigung, vielleicht die anspruchsvollste Komposition, bezieht sich deutlich auf Michelangelos Sixtinische Kapelle, im besonderen auf die Schöpfung von Adam. Die Salome bemüht sich um eine schwungvolle Stilisierung und ungewöhnliche Farbakkorde, wirkt aber doch stumpf und flach. Die gehackten Liniensegmente, welche die Figur von Dante bestimmen, erinnern an einen vergröberten Holzschnitt. Die Kreislinien der falschen Aureolen in der düsteren Tondo-Komposition rufen eine seltsame Mesalliance von mittelalterlichen Manuskripten und expressionistischen Filmen hervor. Bosch und Grosz, Dürer und Rembrandt, Böcklin und Dix, bei vielen Großen und in unterschiedlichsten Epochen scheint Dürrenmatts Neugierde Hilfe zu suchen und bevorzugt dabei die deutsche Kunst und Kultur.«⁵

Der »Tiefstapler« F. D., so Vachtova, sei über Vergangenheit und Gegenwart der Kunst besser im Bilde gewesen, als er je zugegeben habe, die Grenze zwischen Unbeholfenheit und Raffinement sei fließend, die Anspielungen auf die Zeitgeschichte so vielfältig wie die auf zurückliegende und künftige eigene literarische Pläne. Prioritäten sind nicht auszumachen zwischen Bild und Wort, besser: zwischen dem Bild im Bild und dem Bild in der Sprache. Das Judith-Motiv wird ihn bis zu seinem letzten Stück *Achterloo* beschäftigen. Die rote Figur, in welcher Vachtova Dante zu erkennen meint, weist ebenso zurück auf den usurpatorischen Stadthalter in der *Riesenglocke* (die Vorstufe des *Rebells* – das spricht eher für eine Entstehung nach dem Besuch von Jonas' »Nachtuniversität«, in der dieser Stoff wieder aktuell wird) wie voraus auf den »Rotmantel« in der Erzählung *Das Bild des Sisyphos* von 1945[6]. Auch die Tondo-Komposition ist deutlich als Darstellung der Anfangsszene der *Komödie* bzw. des *Knopfs* zu erkennen. Verstümmelungen, Prothesen allerorten, menschliche Figuren, die auf ihre Torsi reduziert sind.

Auch später, in den provisorischen Unterkünften des Jungverheirateten in Basel und Schernelz, malte F. D. direkt auf die Wände. In Neuchâtel, wo er 1952 das Haus bezieht, in dem er bis zu seinem Tod wohnen wird, ist es die Toilette, deren Wände er gestaltete und die er »Meine Sixtinische Kapelle« taufte. Wie diese sind die Malereien an der Laubeggstraße 49 erhalten geblieben, von F. D.s Nachmietern zwar übertüncht, aber 1993/94 vom Schweizerischen Literaturarchiv, nicht zuletzt auf Anregung von Verena Dürrenmatt, entdeckt, restauriert und kompetent publiziert worden.

Im Wallis:
Weltuntergang als Komödie

Nach der Heimkehr nach Bern, im Sommer 1943, halbwegs von seiner Gelbsucht genesen, fährt F. D. im Spätsommer zur weiteren Erholung ins Wallis. Mit seiner Freundin Christiane Zufferey besucht er zuerst deren Eltern in Sion. Von dort ging es weiter nach Eison, einem kleinen Dorf hoch über dem Val d'Hérens, an den Hängen über Evolène klebend. Er begleitet kritisch die Malarbeit Christianes, fertigt, zurück in Sion, für ihren Vater »drei Wappenschilder für seine Kunden«[7], spaziert durch die »Mondlandschaft«[8] von Eison und liest, »wenn ich nicht schreibe und dies wenn ich nicht schlafe oder spaziere, auf der einen Seite bemühe ich mich hinter die Literaturgeschichte zu kommen, auf der andern selber hineinzukommen.«[9] F. D. verschlingt in jenen heißen Tagen die Jean-Paul-Bände, die er aus der Stadtbibliothek in Sion mitgeschleppt hat, und »den ganzen Sturm und Drang«; »in Lenz und Klinger fand ich zwei große Dramatiker die auch meine Kunst anregten«[10]. Außerdem bringt er die Komödie, die er 1941 nach bestandener Matura im Kiental (Kanton Bern) begonnen und die ihn auch in Zürich nicht losgelassen hat, an ihr vorläufiges (und später doch wieder verworfenes) Ende.

Hieß sie vorübergehend *Der Knopf,* so nannte er sie in der mit »Eison, 2. Oktober 1943« datierten Fassung wieder schlicht *Eine Komödie.* Tatsächlich handelt die Komödie von nicht weniger als dem Weltuntergang. Hauptfiguren sind Adam und eine diabolisch-väterliche Führerfigur namens Valden, Erfinder einer Maschine, mit der sich die Welt in die Luft sprengen lässt, das Personal ein Reigen von grotesken Figuren mit Namen wie »Ferkelschrei«, »Fliegendreck«, »Spinnenbein«, »Nabelpfiff«, »Totenbart«, »Wiesel«, »Rasputin«, »Galgenstrick«, »Leichfraß«. Ferner treten auf: eine Hure, ein Gehenkter, ein Besoffe-

ner. Am Ende ist das *finis commediae* auch das Ende der Welt,
die Höllenmaschine explodiert. Bei aller pubertären Anmaßung,
bei allem Existentialwust: hier musste einer einen Weltuntergang inszenieren, damit die Bombe nicht nach innen losging.

Einige der Lieder verweisen unbeholfen auf Brecht, unverkennbar hinterließ die Lektüre Büchners Spuren, auch die der
Dramatik des Sturm und Drang. Eine Szene wurde, wie eine
Fußnote anmerkt, »in Anlehnung an Franz Kafkas *Vor dem Gesetz* geschrieben und will dem Dichter ein Denkmal setzen«.
Eine andere, von der er in einem Zürcher Brief an die Eltern
berichtet hatte, ist nicht in der Endfassung zu finden[11]: »Gestern
Nacht hab ich am *Knopf* gedichtet, ohne zu schreiben. Eine
ganze Scene Wort für Wort unter heftigstem Kopfweh ohne aufhören zu können. Es war entsetzlich. Ich weiß nicht, ob ich die
Scene gebrauchen kann. Aber niederschreiben werde ich sie:
Adam in seinem Größenwahn will Gott absetzen. Gott wird vor
das Gericht zitiert. Er erscheint. Sein Verteidiger ist ein junger
unerfahrener Rechtsanwalt. Adam ist der Ankläger. 7 alte Männer die Richter. Adams Anklage: Gott habe die Menschen gemacht und müsse daher bestraft werden. Zum Entsetzen des
Verteidigers, gibt Gott zu dass er die Menschen erschaffen habe.
Der Verteidiger wollte auf diese Anklage gar nicht eingehen, er
wollte einen Kulturfilm ablaufen lassen, der die Schönheiten der
Natur pries. Nun hat Gott gestanden, die Menschen gemacht zu
haben. Gott verteidigt sich: Es sei nicht seine Schuld, dass der
Mensch so geworden sei, er habe ihn gottähnlich gemacht und
[ihm] den freien Willen gegeben. Beim ›freien Willen‹ lachen alle
laut auf. Die Wissenschaft habe bewiesen, dass es keinen freien
Willen gebe. Einige wollen Gott als verrückt erklären und in
eine Irrenanstalt stecken. Gott verteidigt sich weiter: Er habe
den Menschen nicht allein auf der Erde gelassen er habe ihm
die Liebe beigegeben. Nun wird die Liebe vor das Gericht gerufen. Die Türe öffnet sich: eine alte abgelebte Hure erscheint,

schwindsüchtig und geschminkt. Dies ist die ›Liebe‹. Gott will zuerst nicht glauben dass dies die Liebe sei, aber sie sagt es selbst. Da bittet Gott um seine Aburteilung. Er wird zum Tode verurteilt und hingerichtet.«[12]

»*Meine Komödie* gehört nur in wenige Hände. Sie ist den Menschen bestimmt, die wissen und es sind wenige.«[13] Eingedenk ihrer Kostbarkeit gab F. D. »die *Komödie* wenigen zu lesen, die wichtigste Kritik stellte für mich die meines Freundes T. S. [Theo Schweingruber] dar: ›Du hast wenigstens etwas fertiggeschrieben.‹« So locker nahm er es wohl erst im Nachhinein.

Dem Urs von Arx, einem Freund aus dem Kreis um Wilhelm Stein, gewidmeten Stück steht der Vorspruch voran, der jenen elitär kostbaren Ton anschlägt, den Dürrenmatt später so verabscheuen wird: »Das hieß dichten einst: Den Raum dichten zum Wort. So war es bei den Griechen, ihnen war der Raum und so Staat, Religion und Kunst eines, als Dimensionen des Raums. Alles war bedeutend, weil es im Raum bestimmt war. Jetzt aber ist alles anders. Wir sind vom Unraum, von unwesentlichem bedeutungslosem umgeben. Der Staat, die Religion und die Kunst sind für sich, ohne Beziehung zueinander: Abstrakt, überschwemmt von der Technik, dem Bild des Wesenlosen. Wie die Zeit geworden ist, müssen wir sie ertragen. Im Ertragen können liegt die Gnade. Aber Pflicht ist es, Raum zu schaffen durch den Geist: dass im Wort alles wieder eins sei, dass Wort Fleisch werde. Diese Worte setze ich an den Anfang. Raum schaffen ist Schicksal, denn sonst werden wir uns selber morden, denn alles wendet sich dann nach innen und zerstört. / Meine Komödie ist Abschluss und Umkehr. Darin liegt ihre Bedeutung und nur darin. Sie wird dort wahr, wo die Hölle zu denken wäre, in der vierten Dimension, in unserer Zeit. Und dies war dann Erkenntnis: Dass Leben ohne Raum im nichts endet.«[14]

»Ich habe die Schlacht gewonnen«

Im September 1943 kündigt F. D. seine Rückkehr aus dem Wallis auf den 5. Oktober und seinen guten Willen zu ernsthaftem Studium an. Von der Fachrichtung kein Wort, ansonsten aber ein Brief, den der Vater für einsichtig gehalten haben muss:

> »Ich kann sagen dass ich diese schlacht gewonnen habe. es bedeutet dies für mich das entscheidende ereignis. mit der komödie, die ich hier oben geschrieben habe, ist der erste zykel meiner werke geschlossen, den ich mit chaos überschreiben möchte. ich konnte diese komödie nur schreiben, weil ich das chaos verlassen habe. es ist die komödie über das chaos. ich habe sie in vier wochen geschrieben. gleichzeitig ist mir der weg in die zukunft klar. er führt über zwei romane, der erste ist eine gestaltung des religiösen problems der zweite die gestaltung des untergangs. dahinter warten die komödien ›nero‹ und die ›wiedertäuffer‹ als große lebensaufgaben. dies zu meiner inneren entwicklung, gegen außen ist eine gewisse soziale stellung erforderlich. je weniger ich mich vom schreiben unabhängig mache, desto besser. das doktorat wird mir wege öffnen. ich werde jetzt alle kraft ihm widmen müssen und freue mich darauf. ich habe sehr viele kunsttheoretische ideen, die ich verwerten kann.«[15]

Gewiss war F. D. im Herbst 1943 entschlossen zu einem Studium der Philosophie, ja bald geradezu vernarrt in die Logik und das Denken, und gewiss studierte er ernsthafter. Noch war er völlig verrannt in seine blindwütige Rebellion, die zwar gegen den Vater gerichtet war, aber eigentlich ihn selber meinte. Er versuchte, sich durch Denken aus dem Dilemma zu retten. Durch Distanzierung. Das Philosophiestudium war insgesamt ein Distanznehmen zum vorangegangenen Chaos.

Doch zuerst machte er noch ein Volontariat beim ›Berner Tagblatt‹, einer in Dürrenmatts Urteil »stockkonservativen« Zeitung, »die mein Vater, sein Bruder sowie sein Vetter und wer sonst von den Dürrenmatts in Bern ansässig war, anstelle des ›Bunds‹ abonniert hatten – in dieser Hinsicht hielt die Sippe zusammen –, hatte doch der freisinnige ›Bund‹ meinen Großvater um die Jahrhundertwende angegriffen, und so hielten sie denn der konservativen Zeitung die Treue, bis dann der Chefredaktor aus altbernischem Geschlecht meine *Ehe des Herrn Mississippi* verriss [...]. Für diese Zeitung hatte ich denn auch meine erste Theaterkritik über eine Freilichtaufführung des Solothurner Stadttheaters geschrieben. Doch hatte mich die Arbeit nicht befriedigt. Ich war schon damals kein fixer Schreiber, hatte an kleinen Artikeln nächtelang geschrieben, so einmal über eine Porzellanausstellung, wozu ich gleich einen Wälzer studiert hatte, um nicht ahnungslos dazustehen: Ich mag seitdem Porzellanfiguren nicht mehr leiden. Außerdem hatte ich als Volontär nur ein bescheidenes Zeilenhonorar verdient. Auch sonst war ich fehl am Platze gewesen, der Auslandsredaktor hatte über meine Ansichten nur den Kopf geschüttelt: ›Dürrenmatt, Sie sind ein unbeschreiblicher Zyniker.‹ So war mir nichts anderes übriggeblieben, als erneut den Rückzug ins Studium anzutreten und wieder von vorne zu beginnen.«[16]

Ein vulkanischer Denker: Richard Herbertz

Glauben wir F. D.s eigener Darstellung in den *Stoffen,* den paar erhaltenen Briefen an die Eltern und an Mittler Wyss, war die Entscheidung zum Studium der Philosophie ein Entschluss, Denken zu lernen wie ein Handwerk. Voraussetzung war, dass er es, nach und neben der Notwehr gegen die hereinbrechenden Bilder, neben und vor der Auseinandersetzung mit dem Bildhaften in der Sprache, als die Disziplin erkannte, mit der er sich gegen den Glauben des Vaters abgrenzen konnte. Genauer: Das Studium der Philosophie befreite ihn nicht vom Glauben seines Vaters, sondern von dem Zwang, gegen diesen rebellieren zu müssen. »Entscheidend war für mich die Auseinandersetzung mit dem Glauben meines Vaters, sie bestimmte mich, Philosophie zu studieren.« Am Ende stand der von Wyss mit etwas viel Nachhall überlieferte Satz: »Der Sohn muss sich zum Vater bekennen.«[17] Dieser Satz gilt nur zusammen mit einem zweiten: Der Sohn soll sich nicht dem Glauben des Vaters unterwerfen.

Im Wintersemester 1943 schreibt sich F. D. also ein zweites Mal an der Universität Bern ein, diesmal für Philosophie. Der Lehrer, der für ihn am wichtigsten werden sollte, war Richard Herbertz, seit 1910 auf dem Berner Lehrstuhl für Philosophie, 1918 Doktorvater von Walter Benjamin, der bei ihm über *Die philosophischen Grundlagen der romantischen Kunstkritik* dissertierte.

Herbertz, so stellt es Dürrenmatt in den *Stoffen* dar, war ein skurriler Grandseigneur, der im Hotel ›Beau Rivage‹ in Thun in der Nähe von Bern vom Rest des väterlichen Vermögens lebte und unter Gleichgewichtsstörungen litt, die er nur durch beträchtlichen Alkoholkonsum ausgleichen konnte. Folgerichtig hatte er außer einem Leitfaden zum Studium der Philosophie als einziges Werk *Der Alkoholgenuss als Wertproblem*[18] publiziert. (Der Pointe opfert F. D. die ziemlich lange Publikationsliste des Professors.) Herbertz war ein schrulliges Original – und ein scharfer Denker mit einem Hang zur Kriminalistik. Er hatte ein Gutachten zum Fall des Massenmörders Haarmann verfertigt, der zwischen 1918 und 1924 in Hannover mindestens 24 Jungen und junge Männer getötet hatte. Dass der gelernte Schlachter die Leichen zu Wurstwaren verarbeitete und an ein Restaurant verkaufte, konnte nicht bewiesen werden.[19]

»Trotz dieser bizarren Züge war er nicht nur ein tüchtiger

Professor, dem ich viel verdanke, sondern auch ein leidenschaftlicher Denker und Grübler, dem ich noch mehr verdanke. Er
wusste in mir die Ahnung zu erwecken, was Denken heißt. Das
Denken ereignete sich bei ihm als etwas Vulkanisches und zugleich Hilfloses. Er war ein kindlicher Mensch, rührend und von
einer echten Liebenswürdigkeit.«[20] Zwischen Lehrer und Schüler entwickelte sich, obwohl Dürrenmatt sich dessen nirgends
rühmt, eine Art Freundschaft.

In den *Stoffen* porträtiert F. D. sowohl ihn als auch das Hotel-
zimmer des Professors in Thun, mit einem lebenden Foxterrier
inmitten von dessen ausgestopften Vorgängern, liebevoll und
erinnert sich an das verqualmte Seminar, an dessen Türe ein Zettel Zuspätkommende aufforderte, »gleichwohl einzutreten«[21]. In
den Vorlesungen und Seminaren war Herbertz stets »kreidever-
schmiert, denn er liebte es, mit gelber, roter, blauer, grüner und
weißer Kreide tiefsinnige zeichnerische Verdeutlichungen seiner
Gedanken an der Wandtafel abzubilden, gegen die er sich auch
anzulehnen pflegte, die farbigen Gedankensymbole erschienen
dann spiegelverkehrt auf seinem Rücken, auch verschmierte er
sich das Gesicht, weil er, wenn er sich konzentrierte, in seine
gespreizte Hand sprach, in der er sein Gesicht barg, wenn er einen schwierigen Gedanken entwickelte. Ich pflegte ihn darauf
aufmerksam zu machen und ihm, so gut es ging, den Rücken zu
säubern, die Spuren seines Denkens im Gesicht ließ er gleichgültig stehen.«[22]

Merkwürdig ausgeklammert sind bei alldem die Inhalte von
Herbertz' Philosophie. Die war in ihren Anfängen von Hegel,
noch mehr aber von Fichte geprägt und stand skeptisch jeder
Dogmatik gegenüber: »Ich glaube […], dass man vom Allge-
meinbegriff der ›reinen‹ Philosophie ausgehen kann, wenn man
zeigen will, dass die Philosophie, die man wählen kann und soweit man sie wählen kann, ›Charakterangelegenheit‹ – im Sinne
Fichtes – ist und wie diese Wahl uns demnach ins metaphysische

Gewissen hinein geschoben ist.«[23] Ausgangspunkt sind die berühmten Sätze Fichtes aus der *Ersten Einleitung in die Wissenschaftslehre:* »Was für eine Philosophie man wähle, hängt sonach davon ab, was man für ein Mensch ist; denn ein philosophisches System ist nicht ein toter Hausrat, den man ablegen oder annehmen könnte, wie es uns beliebte, sondern es ist beseelt durch die Seele des Menschen, der es hat.«[24]

Darüber hinaus war Herbertz ein Pragmatiker mit einer Vorliebe für die Grenzbereiche zwischen Philosophie und Psychologie: seine Habilitationsschrift trug den Titel *Bewusstsein und Unbewusstes*[25]. Ein scharfsinniger Erkenntnistheoretiker zuerst, verlagerte sich der Schwerpunkt seiner Arbeit mehr und mehr in die Psychologie, auch in die forensische Psychologie und Kriminalistik.

Dürrenmatt wusste, dass er Herbertz mehr verdankte als ein paar Anekdoten und eine lange Leine während seines Philosophiestudiums (das wahrscheinlich nur wegen ihm überhaupt sechs Semester dauerte). Er erkannte, dass dieser als Philosoph zunehmend verkannte Lehrer, ganz ursprünglich von der Physik herkommend, viel von Logik verstand. Wenn Dürrenmatt allerdings von seiner Schule des Denkens spricht, im zweiten Band der *Stoffe,* bleibt dessen Beitrag merkwürdig unerwähnt.

Kant, Kierkegaard, Platon und Dürrenmatt

Der Schriftsteller Friedrich Dürrenmatt, der sein Denken als Stoff begreift, konstituiert sich aus den Erfahrungen seines Philosophiestudiums. Vor allem aus der Auseinandersetzung mit Kant. »Was mir […] in Wirklichkeit Kant wichtig gemacht haben mag und immer noch wichtig macht, ist – ich komme erst jetzt darauf, während ich diese Zeilen schreibe [in den frühen siebziger Jahren, P. R.], gezwungen, die *Kritik der reinen Vernunft* noch einmal zu überdenken –, dass sie wohl eine Philosophie des Scheiterns darstellt.«²⁶ Kant, dieser Vollender der Aufklärung und Wegbereiter der modernen Philosophie, postuliert in seiner Vernunftskritik die scharfe Trennung von Wissen und Glauben. Von dem, was der Mensch wissen kann, führt kein Weg in einen Bereich, von dem aus dieses Wissen zu überschauen wäre. Diese philosophische Erkenntnis legt sich über jene frühe existentielle, vorlogische Erfahrung Dürrenmatts von der Welt als Labyrinth: »Kant mauerte den Ausgang des Labyrinths zu, es gibt nur den ›Sprung über die Mauer‹, den Glauben […].«

Der dänische Philosoph Søren Kierkegaard ist der ebenso wichtige zweite Ausgangspunkt von Dürrenmatts Denken: »Ohne Kierkegaard bin ich als Schriftsteller nicht zu verstehen.« Kierkegaard sei dramaturgisch »der einzige Nachfolger Lessings, nicht nur weil er die Grenze des tragischen Helden und damit der Tragödie aufzeigt, sondern weil er ›dramaturgisch‹ denkt«. Vor allem in seiner Kategorie des Einzelnen hat er entscheidend auf Dürrenmatts Werk Einfluss genommen: »[D]ieser Einzelne […] wurde für mein Weiterdenken entscheidend.«

Nach Kierkegaard ist das Individuum geprägt von sinnlichen und rationalen Elementen, die sich bei jedem und abhängig von der Zeit unterschiedlich zusammensetzen. Diese komplexe Struktur macht es unberechenbar und damit irrational. Seine Irrationalität wiederum verleiht ihm eine besondere Qualität. Dem Individuum gegenüber steht die Allgemeinheit. Als System nimmt sie ihm seine Besonderheit, wie der Einzelne von ihr nur als Begriff, als Menge wahrgenommen wird. Dadurch kommt es zur Vereinzelung des Individuums, das nicht in der Allgemeinheit aufgehen kann, sich aber auch niemals selbst begegnen kann.

Auch Kierkegaard selbst wird für Dürrenmatt das, was er später einen »ironischen Helden« nennen wird. »Aber er selber war nur ein Gedankenchrist. Gott war für ihn nur eine Fiktion, er konnte ihn nur denken, aber nicht mehr glauben, das war seine Schwermut […]. Der Mensch wird bei Kierkegaard durch den Glauben dem Tragischen entrückt, aber auch dem ethisch Verständlichen, er wird unverständlich, vereinzelt, eine dialektische Bewegung, die Kierkegaard zwar beschreiben, aber nicht nachvollziehen kann, wie er immer wieder versichert. Er bleibt außerhalb des Glaubens. […] Es kann im Religiösen (aber auch in der Kategorie des Einzelnen), in der Dramatik nur Komödien geben, die Tragödie schlägt in die Komödie um.«

Das ist der fundamentale Ansatz zu Dürrenmatts Komödientheorie. Sie ist in gewissem Sinne, bis hin zu seiner Vorstellung des »ironischen Helden«, der Reflex seiner ungeschriebenen Dissertation über »Kierkegaard und das Tragische«.

»Ohne Kierkegaard bin ich als Schriftsteller nicht zu verstehen«: Das meint in erster Linie das Bekenntnis zum »subjektiven Denken«, das »alles ins Werden [setzt] und das das Resultat weg[lässt]«, wie es in Kierkegaards *Unwissenschaftlicher Nachschrift*[27] heißt. »Die Reflexion der Innerlichkeit ist die Doppelreflexion des subjektiven Denkens. Denkend denkt er das Allgemeine, aber als in diesem Denken existierend, dieses in seiner Innerlichkeit erwerbend, isoliert er sich subjektiv immer mehr.« Als vielleicht folgenreichste Konsequenz ergibt sich daraus für F. D. die Ästhetik der »indirekten Mitteilung«, eine Ästhetik, die sich nur im Gleichnis ausdrücken kann, und zwar im mehrdeutigen Gleichnis (würde doch in der direkten Mitteilung die subjektive Erkenntnis für den Adressaten zu einer objektiven). »Die Verschiedenheit zwischen dem subjektiven und dem objektiven Denken muss sich auch in der Form der Mitteilung äußern, das heißt, der subjektive Denker muss gleich darauf aufmerksam werden, dass die Form künstlerisch ebensoviel Reflexion haben muss, wie er selbst in seinem Denken existierend hat. Künstlerisch, wohlbemerkt, denn das Geheimnis besteht nicht darin, dass er die Doppelreflexion direkt aussagt, da

eine solche Aussage gerade ein Widerspruch ist.«[28] Der andere
soll nicht mit einer Erkenntnis konfrontiert, sondern zu einer
eigenen Erkenntnis provoziert werden: eben durch das mehr-
deutige Gleichnis, auch durch das Paradox. Der Berner Germanist Peter Rusterholz zieht daraus die radikale Folgerung:
»Kierkegaards Konzept des subjektiv existierenden Denkers
und sein damit in engstem Zusammenhang stehendes Sprach-
prinzip indirekter Mitteilung prägt Dürrenmatts Sprach- und
Dichtungsverständnis in einem Maße, das uns verbietet, die Beziehung Kierkegaard-Dürrenmatt nur aus der Perspektive biographischen Interesses an seiner geistigen Entwicklung zu betrachten.«[29]

Zumindest während der ganzen fünfziger Jahre wird sich
Dürrenmatt mit zwei Missverständnissen auseinandersetzen
müssen: dem, er sei ein christlicher, und dem, er sei ein nihilistischer Autor. Beide entstanden, weil F. D. erst spät, eigentlich
erst in den *Stoffen* klärte, was er unter »Glauben« verstand,
nämlich nur bedingt einen metaphysischen, keinesfalls einen
theologischen Begriff (»In der Theologie vollzieht der Glaube
Selbstmord«[30]: Die Skepsis gegenüber Kirchen aller Art teilte er
ebenfalls mit Kierkegaard); vielmehr eine Kategorie der Vorstellungskraft, also der Phantasie. »Offenbar scheint die Vorstellungskraft mit dem Glauben die gleiche Wurzel zu haben, und
die Versuchung liegt nahe, den Glauben mit der Vorstellungskraft gleichzusetzen. Weil jedoch ohne Vorstellungskraft und
damit ohne Glauben – was anderes ist ›methodisches Vertrauen‹?
– kein strukturelles Wissen möglich wäre, so ist zu fragen, worin
denn der Unterschied zwischen dem strukturellen Wissen und
dem sympathetischen Verstehen besteht: Wer weiß, weiß, dass er
glaubt, und wer versteht, glaubt, dass er weiß, der Wissende
weiß, dass sein Wissen eine Hypthese [sic] ist, und der Verste-
hende hält sein Verstehen für wahr. Statt mich aber im Hafen der
Philosophie umzuschauen, welche Schaluppen oder welchen

Dampfer ich besteigen soll, um mich auf ein so ungewisses Meer hinauszuwagen, wie es sie eben die Phantasie als die Vorstellungskraft darstellt, bleibt mir nichts anderes übrig, als mein eigenes Floß zu besteigen, um so mehr, als ich mit ihm schon längst in diesem Ozean dahintreibe, ohne Ruder und Segel, jenseits jeder Sichtweite eines Hafens, ja einer Küste; allein von der Vorstellungskraft in die Bereiche des rein Vorstellbaren, des Möglichen, des Wahrscheinlichen, des Unvorstellbaren, des nur noch Ahnbaren getrieben, hinein in die Welt des Grotesken und des Paradoxen.«

Das erinnert, kaum zufällig, an eine große Metapher Kants, auf die sich Dürrenmatt meines Wissens nie direkt, nie im wörtlichen Zitat, wohl aber implizit bezogen hat. Im Eingang zum III. Hauptstück, des II. Buchs der I. Abteilung des II. Teils der Elementarlehre der *Kritik der reinen Vernunft* holt Kant zu einem grandiosen Gleichnis aus: »Wir haben jetzt das Land des reinen Verstandes nicht allein durchreiset und jeden Teil davon sorgfältig in Augenschein genommen, sondern es auch durchmessen und jedem Dinge auf demselben seine Stelle bestimmt. Dieses Land aber ist eine Insel, und durch die Natur selbst in unveränderliche Grenzen eingeschlossen. Es ist das Land der Wahrheit (ein reizender Name), umgeben von einem weiten und stürmischen Ozeane, dem eigentlichen Sitze des Scheins, wo manche Nebelbank und manches bald wegschmelzende Eis neue Länder lügt, und indem es den auf Entdeckungen herumschwärmenden Seefahrer unaufhörlich mit leeren Hoffnungen täuscht, ihn in Abenteuer verflechtet, von denen er niemals ablassen, und sie doch auch niemals zu Ende bringen kann.«[31]

Dürrenmatt findet, hinter den Grenzen seines Denkens und untrennbar damit verbunden, zum Zweifel. Die Dialektik zwischen Glauben und Zweifel konstituiert sein gesamtes Werk.

Zu der Erkenntnis, dass in der Kunst nicht nur der Weg das Ziel ist (wie in der Philosophie), sondern der Umweg, das Gleichnis in seiner schönen und schrecklichen Vieldeutigkeit, fand Dürrenmatt, neben Kierkegaard, zum ersten Mal in der Auseinandersetzung mit dem berühmten ›Höhlengleichnis‹ in Platons *Staat:* »Im ersten Wintersemester behandelten wir Platons *Politeia,* ohne auf den politischen Hintergrund zu achten, der uns doch eigentlich hätte stutzig machen müssen, vielmehr auf die Ideenlehre ausgerichtet. Mich faszinierte besonders das ›Höhlengleichnis‹. In einer ›unterirdischen höhlenartigen Behausung‹ sind Menschen von Kind an derart an Schenkel und Nacken an eine Schranke gefesselt, dass sie nur imstande sind, an die ihnen gegenüberliegende Wand zu starren. Hinter ihnen scheint die Sonne in die Höhle, und zwischen dem Tageslicht und der Schranke, an die sie gefesselt sind, tragen Menschen ›Statuen von Menschen und anderen Lebewesen‹ vorüber, deren Schatten auf die Wand fallen, auf welche die Gefesselten starren, so dass sie die Schatten für die Wirklichkeit halten. Ich weiß nicht, ob ich ohne dieses dunkle Gleichnis auf die Gefängniswelt der *Stadt* [die Titelerzählung seines ersten, erst 1952 veröffentlichten Prosabandes] gekommen wäre, kannte ich doch damals von Kafka nur, was ich in Zürich im »Soergel« gelesen hatte. Platons *Politeia* ist Dantes ›Hölle‹: wird über der Schönheit der Terzinen vergessen, was Dante schildert und woran er glaubt, so deckt die Erhabenheit der Ideenlehre zu, was Platon verwirklichen möchte, eine Gedankenkonstruktion wird bewundert, statt eine politische Ideologie in Frage gestellt. Auch war ich allzusehr mit der Erkenntnistheorie beschäftigt, mit der Frage, was wir wissen können; der Weltkrieg, der immer deutlicher auf eine deutsche Niederlage hinauslief, stellte für mich nicht ein politisch-ideologisches, sondern ein existentiell-künstlerisches Problem dar.

Existentiell, weil die Katastrophe, die heraufzog, auch eine der deutschen Kultur bedeutete, die nicht nur den Nationalsozialismus hervorgebracht hatte, sondern zu der ich mich auch zählte, und künstlerisch, weil ich versuchen wollte, diese Katastrophe zu gestalten. Ich hatte keinen anderen Stoff. Aber ich war von ihm ausgeschlossen.«[32]

F. D. muss eine Seminararbeit über das ›Höhlengleichnis‹ geschrieben haben, die ein Kommilitone, Rupert Sigl, lange aufbewahrt, dann aber verloren hat. Ein herber Verlust, auch wenn Dürrenmatt nach eigener Aussage den labyrinthischen Aspekt von Platons Versuchsanordnung damals noch nicht wahrgenommen habe. Dennoch: »[I]ch fand mich in diesem Gleichnis wieder. Zum ersten Mal sah ich einen Weg, die Welt darzustellen. Durch Gleichnisse. Sie entsprachen dem, was mir in der Malerei die Vision bedeutete: der einzige Grund zu zeichnen oder zu malen und der Grund auch, weshalb ich nicht Maler geworden bin, kann man doch Visionen nicht erzwingen. […] Gleichnisse sind an sich mehrdeutig, eindeutig werden sie nur durch den Deuter, durch den Leser, durch den Zuschauer, und das nur, wenn er vom Gleichnis betroffen ist, sonst bleibt für ihn das Gleichnis nur eine belanglose, verrückte Geschichte, und viele glauben, ich hätte nur solche geschrieben. Mein Philosophiestudium wurde zur Brutstätte meiner Schriftsstellerei [sic], und als ich es aufgab, gab ich es nicht auf. So wie ich mich immer wieder von Zeit zu Zeit mit Philosophen herumquäle, mit denen ich mich schon damals herumgequält habe, mit Hegel zum Beispiel, so beschäftige ich mich auch immer wieder mit Platon: Sein Verhältnis zu Sokrates lässt mich nicht los, und auch die These Kierkegaards nicht, Aristophanes sei mit der Schilderung des Sokrates in den *Wolken* der Wahrheit am nächsten gekommen. Doch gefesselt wie ich damals war, begann ich zum ersten Mal über Politik nachzudenken. Nicht von Platons Staatskonzeption aus, sondern von seiner Höhle.«

Wozu ihm das Philosophiestudium nicht verhalf, war eine eigene Sprache. Erst im Versuch, mit seiner Dissertation *Kierkegaard und das Tragische* (keine Zeile davon ist erhalten) seinem Denken sprachlich beizukommen, entdeckte er seine Sprachlosigkeit. »Paradoxerweise raubte mir das philosophische und nicht das literarische Studium die sprachliche Unschuld. Ich scheiterte in der Philosophie an der Sprache, an der Unfähigkeit, meine Gedanken zu formulieren; weil es meine eigenen Gedanken waren, vermochte ich sie nicht in irgendeinem schon vorhandenen philosophischen Sprachstil auszudrücken, hätte ich das versucht, wären meine Gedanken mir entfremdet, verfälscht worden. Ich hätte mich durch eine angenommene philosophische Sprache gedanklich gleichsam selbst enteignet, ein sprachliches Scheitern, das mich wieder dazu brachte, Erzählungen zu schreiben [...]. Wieder begann ein Rückzugsgefecht, diesmal in umgekehrter Richtung: aus der Philosophie in die Literatur.«[33] In diesem Sinn konnte er später sagen: »Das Philosophiestudium hat mich aufgeladen.«[34]

Die Möglichkeit, die ihm sein Mentor Richard Herbertz bot, nämlich bei ihm promoviert zu werden, wollte Dürrenmatt am Ende nicht nutzen. Er kam vielmehr zu der Einsicht, die Auseinandersetzung mit dem Denken lasse sich nicht in einem konventionellen Studiengang erledigen, ja sie mit einem ordentlichen Doktorat abzuschließen sei geradezu eine Perversion existenzphilosophischer Ernsthaftigkeit – und bewies sich damit doch noch als guter Schüler des vulkanischen Denkers Herbertz. So wird er 1946, knapp drei Jahre nach seiner Flucht von der Literatur(wissenschaft) in die Philosophie, in die umgekehrte Richtung aufbrechen. Dürrenmatt, dürfen wir schließen, ist nicht über die Kunst zur Kunst gelangt, sondern über das Denken. *Und* über das Bild – die bildhafte Vision.

Dass er ausgerechnet diese Konsequenzen zog, lag am Gegenstand seiner akademischen philosophischen Bemühungen selbst:

»Es ist mir plötzlich alles klargeworden – Kierkegaard hat mir geholfen – vielleicht auch ein für mich sehr sonderbares Erlebnis – Es ist so, dass es für mich nicht mehr anderes geben kann, als das zu tun, was ich muss, vielleicht darum, dass ich keine Angst mehr vor der Zukunft habe – Nicht etwa so, dass ich mir bestimmte Hoffnungen machen würde – es ist vielmehr so, dass etwas an mich herangetreten ist, das ich Glauben nennen könnte. Verstehe mich recht: Ich glaube nicht an mich, ich glaube nur daran, dass ich ohne Rücksicht und ohne Angst den Weg gehen muss, den ich sehe und der mir zukommt.«[35]

Vater Reinholds Sorgen

Während sich Dürrenmatt noch mit seiner geplanten Dissertation beschäftigt, hat er sich selbst Abstinenz vom Schreiben verordnet – nicht zuletzt eine Konzession an den besorgten Vater. »Im Übrigen bin ich hinter Kierkegaard. Auch habe ich wieder zu Malen angefangen.«[36] Noch 1946 schreibt er an Wyss: »Ich möchte zwar am liebsten hinter die Novellen, aber es darf nicht sein […].« Dabei war die Entscheidung für die Schriftstellerei längst gefallen.

Vater Reinhold hatte sich am 14. Dezember 1945 wieder einmal an den Vermittler Wyss gewandt:

Lieber Edi! Fast wage ich es nicht, dich so anzureden, aber als dein Götti [Patenonkel, P. R.] will ich es dennoch tun. Ich habe ein Anliegen, meinen Sohn Fritz betreffend. Er kommt morgen samstags zu einem kurzen Besuch nach Zürich und will unter anderem auch mit dir sprechen. Da möchte ich sehr, dass du ihm zusprächest, dass er nun sein Studium mit ganzer Konzentration betreibe. Ich wünschte nämlich, dass er sich energisch hinter seine Dissertation mache. Ich glaube nämlich

nicht, dass ihm das so leicht gehen werde, wie er es sich vorstellt. Wenn ich sehe, wie andere, die im gleichen Fall sind wie
Fritz, sich um die Dissertation mühen, so will ich wegen seiner Gleichgültigkeit fast aus der Haut fahren. Also würdest
du uns einen großen Dienst erweisen, wenn du uns helfen
würdest, ihm den Ernst der Sache klarzumachen. Es ist meines Erachtens eine große Illusion von ihm, wenn er meint,
später durch schriftstellerische Arbeiten allein sich den Weg
durchs Leben bahnen zu können. Er muss eine Anstellung zu
erhalten suchen und darum sein Examen machen [...].[37]

Das liest sich, in Kenntnis des Kommenden, unfreiwillig komisch, aber auch rührend. Die Nachgeborenen haben leicht lachen. Aus dem Vorliegenden – das Wiedertäufer-Drama *Es steht
geschrieben* war noch nicht beendet, geschweige denn aufgeführt – hätte der kühnste literaturkritische Kaffeesatzleser keinen Weltruhm vorausgesagt. In seinem Antwortschreiben hatte
Wyss erst einmal zu beruhigen versucht, so gut er konnte:

Ich habe natürlich kein deutliches Bild von seiner Hochschul-
arbeit; doch erweckt mir sein Bericht über diese Dinge den
Eindruck, dass ihn sein Studium viel ernstlicher beschäftige,
als es je hier der Fall war. [...] Fritz braucht für seine Entwicklung vielleicht etwas mehr Zeit als andere Leute seines Alters;
denn er mag um das verworrener sein, als er innerlich reicher
ist als sie. Aber er hat einen tiefen und guten Grund in seinem
Wesen, und darum ist mein Vertrauen in ihn fest, und ich
glaube, dass er bei allen Fehltritten nicht in die Irre, sondern
seinen bestimmten Weg vorwärts gehen wird. Dass ihn dieser
zunächst zur Schriftstellerei führen wird, scheint mir ziemlich
wahrscheinlich; besitzt er doch gerade hier eine starke Begabung, die er in glücklicher Weise mit einer sauberen Selbstkritik verbindet.[38]

Den Rat seines Freundes Eduard Wyss hatte Dürrenmatt in dieser Zeit oft gesucht. Der Dialog zwischen den beiden ging weit über Familiendiplomatie hinaus und betraf auf beträchtlichem Niveau zentrale Konflikte. Wyss war nicht nur der erste Leser von Dürrenmatts Erstling *Es steht geschrieben* und der meisten Prosa, sondern versuchte auch, das Drama an den 1946 am Schauspielhaus inszenierenden Heinz Hilpert zu vermitteln und die Prosa bei einem Verlag unterzubringen:

Ich habe Deine drei Novellen (*Begegnung*[39]*, Stadt* und *Pilatus*) zur Prüfung weitergegeben und werde es wieder tun, immer in der Absicht, einen Zugang zu einem Verleger zu finden. Ich bin dabei etwas ungeduldig, und die Leute wollen Zeit und nochmals Zeit. Prof. Carl Helbling, Dr. Ernst Aeppli und Dr. Zäch haben nun verschiedenes gelesen. Gestern hatte ich ein längeres Gespräch mit Helbling, der unter den 3 wohl der einflussreichste, im Zentrum des literarischen Lebens Zürichs stehende Vertreter ist. Ich stieß an eine Wand, das Nein zu dieser Kunst war deutlich. Helbling ist Herausgeber der großen Gottfr.-Keller-Ausgabe und eifriger Verfechter Frischs und steht prüfend und beratend in Beziehung mit diesem und jenem Verlag, auch mit dem hiesigen Schauspielhaus. Ich sage das, damit Du die Hindernisse siehst. Zudem ist das Zürcher Verlagswesen, und wahrscheinlich nicht nur dieses, vom Run der Hochkonjunktur erfasst und sucht möglichst hohen Verdienst; darum gibt es der Neuausgabe alter Werke und Übersetzungen den Vorzug und ist voreingenommen gegen alle besondere Art von Literatur, welche nicht sogleich großen Absatz verspricht. Helblings Ablehnung gilt in erster Linie der Welt Deiner Kunst und ihrem tiefsten Wesen. Er sieht das Gefährliche, ja Tödliche daran, nimmt es für Deinen besonderen Fall und glaubt, dass es vom lit. Standpunkt besser in der Schublade bliebe.[40]

Wyss schlägt bei F. D. unbewusst Themen an, die für diesen wichtig waren und die wichtig bleiben werden, so etwa die Verschonung als Verhängnis.[41] (Dass F. D. *An die Schweiz*, den späteren *Schweizerpsalm 1*[42], Wyss zum Neujahr 1951 widmete, ist kein Zufall.) Im April 1946 schreibt Wyss:

Dein dichterisches Schaffen bedeutet mir ganz außerordentlich viel. Ich habe darüber nie gering gedacht; aber die vorliegenden Ansätze gehen, je weiter ich in die Sache eindringe, wesentlich über meine Erwartungen hinaus. Das soll kein Kompliment sein, sondern eine sachliche Feststellung. Ich bin überzeugt, dass sich die Psychologen wie die Aasgeier über diese Dinge hermachen würden – ich werde die Probe auch einmal wagen –, glaube aber nicht, dass die letzten Gründe dieses Dichtens für sie fassbar sein werden. Was mich vor allem beschäftigte, ist etwas, das Dir vielleicht nicht sehr wichtig oder sogar unsympathisch sein könnte, nämlich, was das alles mit Deinem oder meinem Bernertum und Schweizertum zu tun hat. Ich habe Dir schon angedeutet, dass, wie ich glaube, die Schweiz durch ihr Fernbleiben vom Krieg – und sie musste es aus innerstem Wesen heraus – in eine vor allem seelisch unmögliche Situation geraten ist. Das bedeutet für sie einen Erlebnisverlust, der nach außen nicht mehr wettzumachen ist und seine verhängnisvollen Folgen haben wird. Es gibt nur eine Möglichkeit des Auswegs: das Schreckliche, das uns nach außen erspart blieb, nach innen bis zu seinen tiefsten Tiefen aufzudecken. Ich sehe darin zunächst einen rettenden Akt, gewissermaßen letzter Notwehr entsprungen, aber auch eine Möglichkeit, die in diesem Maße kaum einem Volk, das den Krieg mitgemacht, gegeben ist. Alles, was ich an Kriegsliteratur und Widerstandsliteratur gelesen habe, ist irgendwie dürftig und reicht kaum in die Tiefe. Es scheint mir oft, dass all diesen Menschen durch die Wucht äußerer Mächte die Zugänge zu den Abgründen verschüttet worden wären – Was Dich angeht, so sehe ich in Deiner Sprache, den Motiven und dem Weg, den Du einschlägst, einen Anbruch dessen, was ich mir etwa von einer uns gemäßen Literatur und Dichtung denken mag. Vielleicht hat Dir auch mein kleiner Aufsatz *Überwindung der Innerlichkeit*[43] einige Hinweise gegeben, wie ich etwa über diese Dinge denke.[44]

Dürrenmatts Antwort dreht sich um das Auge des Taifuns (um die Metapher vom »Wirbel« aufzunehmen, den Elisabeth Brock-Sulzer als die Struktur von Dürrenmatt erkennt – in den frühen Zeichnungen wie in seinem Wiedertäufer-Stück). Am 14. Mai 1946 schreibt Dürrenmatt dem Freund die vielleicht denkwürdigsten Zeilen dieses Briefwechsels:

Lieber Freund.
Ich schreibe Dir diese Zeilen von meinem Bette aus: Es ist denn auch mitten in der Nacht, ich fühle mich nicht sehr wohl, irgendetwas ist mit der nebensächlichen Hälfte meines Leibes nicht in Ordnung – Verzeih auch, dass ich vielleicht etwas planlos drauflos schreiben werde.

   Was mir besonders gefällt an deiner *Überwindung der Innerlichkeit* ist das, was wir am meisten brauchen: die Klarheit. Hat man die, so ergibt sich alles von selbst. Ich bin mir über vieles deutlicher geworden, und es gibt ja eigentlich nur eine Arbeit die wir an uns zu tun haben: sich verdeutlichen: Darum ist es so, dass nichts außerhalb der Form, sei es nun die des Malers oder die des Dichters, bestehen kann.

   Man könnte auch sagen, dass der Weg oder die Bewegung des Dichtens ein Weg von der Möglichkeit zur Notwendigkeit bedeutet. Nur wer die Fantasie als die Möglichkeit, der nichts unmöglich aber auch nichts notwendig ist, erlebt kann das begreifen.

Du hast mich auf die Lage des Schweizers aufmerksam gemacht: Warum ist aber unsere Zeit nur durch die Fantasie hindurch zu begreifen, und warum besonders nur das, was unsere Zeit an »Hölle« an »Abgrund« birgt? Es liegt daran, weil der Abgrund, das Bodenlose nur durch das Fantastische Gesicht »erhalten« kann, also sichtbar wird. Nur musst Du Dir im klaren sein, dass »Abgrund« oder das »Bodenlose« oder was ich immer sage nicht »Nichts« bedeutet. Von ganz anderem ist die Rede, viel mehr wäre »das Böse« richtig, vielleicht auch »Beziehungslosigkeit« ich bin mir aber noch nicht im Klaren, ich glaube aber, dass es nie möglich sein wird, dies im Begriff zu sagen, sondern eben nur im Gleichnis, in der Handlung. Dies versuchte ich in meinen Novellen und dies werde ich weiter versuchen müssen. Und darum aber ist mir die Sprache so wichtig, weil Gesicht nur durch die Sprache wird. Ich muss hier, um klarer zu sein, den ersten Satz auf dieser Seite verbessern und sagen: Der Abgrund kann nur im Fantastischen d. h. Möglichen liegen. Tritt der Abgrund ins Wirkliche, d. h. wird er wirklich so wird ein Gestalten unmöglich werden, weil der Abgrund alles verschlingt, und kein Gegenüber mehr da ist: denn das ist das Geheimnis der Fantasie: dass alles zugleich gegenüber und in einem ist.

Von hier aus aber, ergibt sich eine Möglichkeit auf meine Wiedertäufer zu kommen. Es ist sehr notwendig, dass du sie gewissermaßen als Gegensatz zu meinen Novellen empfindest. Ich sage ganz ehrlich, dass bei mir das dramatische Schaffen in einem gewissen Sinne »Entspannung« ist, gegenüber der »Anspannung« meiner Prosa. Aber – gerade darum gleich wichtig. Ich stehe hier unter dem Gesetze des Ein und Ausatmens, und ich hoffe immer besser Atmen zu können.

Was Du bei Dir hast, ist im Wesentlichen die Arbeit eines Jahres – *der Alte, Sisiphos, Stadt, Theaterdirektor, Wiedertäufer.*
Die Wiedertäufer sind das abgeschlossenste. Meine Novellen sind alles Vorarbeiten und zwar, wie ich immer deutlicher sehe zum »Rebell« dem Hauptwerk meiner Jugend. Und es ist gut, dass ich nicht sofort hinter meine Aufgabe gehen kann: Es braucht eine große Kraft, so zu schreiben, wie ich schreiben muss und ich habe oft Angst, denn die Aufgabe ist gefährlich, wie etwa die Arbeit mit Röntgenstrahlen –

Lieber Freund. Du bedeutest mir sehr viel, ja ich kann sagen, dass du mir von allen die ich kenne, am meisten bedeutest und zwar darum, weil wir das Gleiche wollen, d. h.: weiter wollen, weil wir weiter müssen. Ich sehe an Dir was ich auch an mir bemerke: Den Nichtromantiker und zwar nicht aus Überwindung, sondern weil die Romantik keine Rolle mehr spielt. Wir sind beide gewissermaßen Menschen »nach der Sündflut«.

Nun, ich will schließen. Der Brief wird ziemlich wild aussehen, sei's. Wir werden viel zu besprechen haben: Eigentlich haben wir uns erst abgetastet. Es würde mich freuen, wenn Du mir noch mehr Aufsätze schicken könntest. Sie sind sehr wichtig für mich und mein Schaffen.

Kassner glaube ich, habe ich durchschaut. Aber schick mir noch einiges.

Ich freue mich, Dich bald wiederzusehn.

Grüße mir auch deine Frau.

Dürrenmatt.

Dank für Kassner, der heute Morgen ankam[45]

Bei ihren Treffen diskutieren die beiden eben über den Schriftsteller Rudolf Kassner, vor allem über dessen Hauptwerk *Zahl und Gesicht*[46]; über die eigene Produktion, über Aristophanes (F. D.: »Gerade das Studium des Aristophanes beweist mir, von was für einer erschreckenden Aktualität dies alles ist.«[47]), über Gott und die Welt, die Atombombe und, als der Krieg zu Ende war, über Politik. Die Wahlverwandtschaft verstand sich als eine Bruderschaft der »Menschen nach der Sündflut«.

Trotzdem, und obwohl F. D.s Freundschaft zu Eduard Wyss länger hielt als zu manch anderen »merkwürdige[n] Freunde[n]«[48] aus der Schul- und Studienzeit, kühlte sich das Verhältnis der Pfarrerssöhne im Laufe der Zeit merklich ab. Dürrenmatts Scheu vor Intimitäten aller Art musste ihm den vertrauten Umgang mit Wyss zunehmend unangenehm machen, ihn als zudringlich erscheinen lassen. Wyss seinerseits reagierte empfindlich auf Dürrenmatts allmählichen Rückzug und fühlte sich vermeintlich hintangesetzt angesichts Dürrenmatts zunehmend prominenteren gesellschaftlichen Umgangs. Dabei betraf die Entfremdung auch Dürrenmatt selbst: Sie war gleichzeitig ein Abschied von Positionen, die ihm fremd wurden, zumal in Glaubensfragen. Mit der neuen Selbstsicherheit, die mit dem finalen Entschluss zur Schriftstellerei als Beruf einherging, musste dem Jüngeren der manchmal etwas schulmeisterliche Ton von Wyss auf die Nerven gehen. Zuerst zeichneten sich Missverständnisse ab, aus denen später Meinungsverschiedenheiten wurden. Hinzu kam, dass Dürrenmatt andere Partner fand, um sich über Kunst, über *seine* Kunst auseinanderzusetzen. Zum endgültigen Bruch sollte es erst Jahrzehnte später kommen, als Wyss dem Theologen Emil Weber den Briefwechsel mit F. D. aus den vierziger Jahren für die Vorarbeiten zu dessen Buch (*Friedrich Dürrenmatt und die Frage nach Gott. Zur theologischen Relevanz der frühen Prosa eines merkwürdigen Protestanten*, Zürich 1980) ohne Rückfrage zur Verfügung gestellt hatte: ein Vertrauensbruch, so sah es F. D., und zwar in einem besonders sensiblen Bereich. (»Jahrelang wurde ich ja als ein christlicher Dichter gehandelt.«[49]: war er es auch, wollte er bei Erscheinen von Webers Buch 1980 sicher nicht mehr daran erinnert werden.)

Den Einfluss des österreichischen Schriftstellers, Übersetzers, Essayisten und Kulturphilosophen Rudolf Kassner (1873–1959) auf Dürrenmatts Werk spielt der im Rückblick zwar nicht absichtlich herunter (wie den von Kafka oder Brecht), aber er behandelt seine Bekanntschaft mit ihm doch als eine eher skurrile Episode. Kassner gehörte nach 1900 zu den jungen Autoren der Wiener Moderne und war mit Hofmannsthal, Rilke, Karl Wolfskehl und anderen befreundet. Dürrenmatt begegnete seinem Werk zum ersten Mal während seines Zürcher Semesters durch seinen Bekannten René Cathoud. Kassner, verheiratet mit einer Jüdin, erhielt nach dem Anschluss Österreichs 1938 in seiner Heimat Schreibverbot, in Deutschland waren seine Schriften schon seit 1933 verboten. Nach dem Ende des Zweiten Weltkriegs übersiedelte er von Wien in die Schweiz und lebte ab 1946 in Sierre (Kanton Wallis). Sein Ansehen wuchs, 1949 erhielt er für sein Gesamtwerk immerhin den Gottfried-Keller-Preis, 1953 den Großen Österreichischen Staatspreis für Literatur und 1955 den Schiller-Gedächtnispreis des Landes Baden-Württemberg.

Wie das zeitweilige Interesse für Ernst Jünger war das für Rudolf Kassner (in mancher Hinsicht Jüngers Antipode) ein Versuch, sich vom Ästhetizismus Stefan Georges seiner Berner Studienzeit zu befreien. Zwischenstationen, sozusagen, beide waren George näher, als es Dürrenmatt damals bewusst war. »Ich verdanke beiden in dieser ersten Zeit meiner schriftstellerischen Versuche die Impulse weiterzuschreiben«[50], bekennt er im Nachhinein. Zweifellos war die Kassner-Lektüre nachhaltiger als die Beschäftigung mit Jünger.

Wie Dürrenmatt beschäftigte Kassner sich mit Platon und Kierkegaard, daneben auch mit christlicher Mystik und indischer Philosophie und entwickelte daraus eine Art Philosophie der Einbildungskraft, in einer eigenen Sprache. Er war einer der ersten Literaten, die sich mit der modernen Physik befassten, ja in der Auseinandersetzung mit Einsteins Relativitätstheorie und der Quantenphysik fand er eine eigentliche »Ästhetik des Grotesken«.

In seinem Hauptwerk *Zahl und Gesicht* unterscheidet Kassner seine Welt des »Gesichts« scharf von der Welt der »Zahl«, der Welt der Logik, des Verstands, der Wahrscheinlichkeitsgesetze. Zergliedert der Verstand die Welt analytisch-rational, so ermöglicht die Einbildungskraft das Einfühlen in die vielschichtige menschliche Wirklichkeit. Deren literarisch adäquates Ausdrucksmittel kann nur das Gleichnis sein.

In den *Stoffen* bringt Dürrenmatt die Kassner-Lektüre mit dem gescheiterten Romanvorhaben seiner schriftstellerischen Anfänge, dem *Rebell,* in Verbindung. Vor allem das Motiv des Spiegels, bei F. D. zentral, ist auch bei Kassner ein auffällig wiederkehrendes Motiv: Durch die Einbildungskraft vermag der Mensch sich selbst im Spiegel zu erkennen. Für den zur Zeit des Zweiten Weltkriegs in der Schweiz verschonten F. D. ist vor allem die Grenze ein Spiegel: Sie wirft ihn zurück auf seine eigene Phantasie. So gehört auch der Diskurs über Kassner im Briefwechsel mit Eduard Wyss (1946) zum Thema Gefängnis der Verschonung. In einer Vorstufe zur *Querfahrt* im zweiten Band der *Stoffe* steht der Satz: »Wie A im *Rebell* war ich in einem Spiegelsaal gefangen, mit dem Unterschied, dass ich mich selber gefangengesetzt hatte: im Spiegelsaal meines chaotischen Innern.«[51] Mit seinem Spiegelbild identisch ist er jedoch nur in der Welt der »Zahl«. In Kassners Welt des »Gesichts« wird jedoch die Identität des Subjekts aufgelöst. Jeder Mensch habe hier einen Doppelgänger, wie es in der Welt des »Gesichts« für Kassner auch sonst keine Logik der Identität gibt, vielmehr eine paradoxe Logik der Nicht-Identität, in welcher der Identitätssatz »A = Nicht-A« lautet. Dabei verschmelzen für Kassner in der Welt des »Gesichts« die Gegensätze von Innen und Außen zu einer mystischen Einheit. Dürrenmatt reflektiert diesen Gedanken in jenem Brief an Wyss: »[D]enn das ist das Geheimnis der Phantasie: dass alles zugleich gegenüber und in einem ist.«[52] Ein Hinausrennen ist ein Hineinrennen.

1973, im Zusammenhang mit der Rekonstruktion des *Rebell*-Plans, liest F. D. wieder Kassner. Zu einem Zeitpunkt, als der gerade noch einer Handvoll Spezialisten bekannt war, erkennt er, dass Kassners Ästhetik des Grotesken für ihn wichtiger gewesen sein könnte, als ihm das seinerzeit bewusst war – nicht in völliger Übereinstimmung, zum Teil geradezu in Umkehrung: Kassner war der Vorstellung einer organischen Evolution verhaftet. In einer Welt des Zufalls hatte für ihn die Existenz des Menschen keinen Sinn. Sie ist insofern grotesk, als sie zu Chaos und Willkür führt. Kassner negiert den Zufall. Dürrenmatt bejaht ihn, als eine Absurdität des Lebens:

Wenn ich heute *Zahl und Gesicht* lese, erscheint mir Kassners Ästhetik des Grotesken bemerkenswert. Was er damals, indem er nur eine unendliche Welt akzeptieren konnte, als groteske Fiktion entwarf, muss heute die physikalische Kosmologie als paradoxe Theorie aufstellen – so etwa, dass die Welt einen Anfang genommen habe, aus dem Urknall heraus, aus dem Big Bang –, von den Merkmalen gezwungen, die die Wirklichkeit aufzeigt – etwa die Expansion des Weltalls oder die Hintergrundstrahlung –, während Kassner, der nichts erklären, sondern alles nur deuten will, der Bedeutung einer fiktiven Zahlenwelt zuliebe, schon 1918 folgert: »Wenn wir uns eine Schöpfung aus dem Nichts vorzustellen hätten, so ging das wohl nur so: Aus dem Spielball, aus dem Roulette der göttlichen Willkür. Das Weltall müsste vor der Schöpfung so ein Ball gewesen sein, Zahl, nichts oder, wie ein Monist meinen sollte, ein Atom, ein einzelnes, ein entsetzlich einsames, ein im Unendlichen zufälliges Atom.« Ein Satz, der

nachträglich, indem ihn die Wissenschaft heute als durchaus
nicht unsinnig erklärt, bewiese, dass die Ästhetik des Grotesken mit der Wirklichkeit zusammenfiele, mehr noch, er bewiese, weil das Adjektiv »göttlich« als Floskel erscheint – die
Zahlenwelt braucht keinen Gott –, dass Gott nicht existiere;
so dass Kassner, im Gegensatz zu Kant, der bewies, dass Gott
nicht zu beweisen ist, bewiesen hätte, dass es Gott nicht gibt:
Solche Aspekte Kassners, in welchen er sich unfreiwillig gegen sich wendet, sind unheimlich, doch unvermeidlich, da in
der Physik die Grenze zwischen Begriff und Anschauung ver-
wischter und vager ist, als man glaubt.[53]

HD Dürrenmatt

Vom 17. Juli bis zum 17. August 1944 absolviert Dürrenmatt einen Monat seines militärischen Hilfsdienstes in Interlaken, dem
Chef der Genietruppen der Armee zugeteilt, einquartiert in einer jüdischen Pension. Tagsüber beschrieb er als zivile Existenz
mit Tusche militärische Erkennungsmarken für eine ganze Divi-
sion, die sogenannten »Grabsteine«. »Während der Mittags-
pause [so etwas gab es für die eingezogenen Hilfsdienst-Bürolis-
ten] las ich im Garten einer Confiserie, flankiert von Offizieren,
von zwölf bis zwei Uhr *Dichtung und Wahrheit*. Keine andere
Prosa Goethes vermochte mich seitdem derart zu fesseln, sehe
ich von gewissen Passagen aus der *Farbenlehre* ab, die ich aus
Freude über die Durchsichtigkeit ihrer Sätze hin und wieder
aufschlage; Goethe schulte seine Sprache an der Anschauung,
nicht an der Spekulation wie Schiller«[54] (oder wie Dürrenmatt,
dürfen wir anfügen). »Seine Stärke ist die Beschreibung, im Fin-
gieren ist er schwach, er gerät leicht ins Unwahrscheinliche, Ge-
künstelte hinein, die Welt des Theaters im *Wilhelm Meister* wird
durch den alten Harfner und Mignon nicht poetisch erhöht,

sondern zerstört. Ebenso geht es mir mit der *Novelle*. Sie ist bei
weitem nicht so gut wie Emil Staigers Essay darüber.« »Nach
dem Sprachdschungel Jean Pauls [den er 1943 während seines
Aufenthalts im Wallis gelesen hat] beeindruckte mich die Sicherheit der Schilderung, die Selbstverständlichkeit, mit der
Goethe mit der Sprache umging. Es wurde mir aufs Neue bewusst, dass ich die deutsche Sprache nicht als etwas Selbstverständliches beherrschte. Der deutsche Teil der Schweiz kapselte
sich im Zweiten Weltkrieg auch sprachlich von Deutschland ab,
ein Prozess, der sich seit dem Ersten Weltkrieg beschleunigt
hatte, vorher scheint es noch viele Gebildete gegeben zu haben,
die untereinander ›Hochdeutsch‹ sprachen.« Das Generalthema jener Jahre, einer gleichzeitig verschonten und eingeschlossenen Existenz, schlägt mit Macht auch auf die Sprache durch,
die Grenze war auch eine sprachliche.

Im Eis

Noch ein zweites (und letztes) Mal hatte Dürrenmatt Hilfsdienst in der Armee zu leisten, vom 22. Dezember 1944 bis zum
18. Januar 1945. Im bitterkalten letzten Kriegswinter verbrachte
er vier Wochen im genferischen La Plaine, in der äußersten Süd-
westecke der Schweiz, einer Berner Oberländer Kompanie zugeteilt. Deutlicher als zuvor erfuhr er in der klirrenden Kälte
das, was er im Rückblick die »Groteske des Verschontseins«[55]
nannte.

In den langen Nächten saß er in den Dorfpinten herum, nachher begab man sich auf die umliegenden Höfe der hier angesie-
delten Berner Bauern. Die Erinnerungen gleichen in vielem denen aus der Zeit im Kiental vor dem ersten Semester (Herbst
1941). Epische Saufereien, die in einer Völlerei anlässlich Dürrenmatts 24. Geburtstags gipfelten und in einer gewaltigen Kot-

zerei endeten: »[D]a saß ich nun in einem verkotzten Zimmer, die übrige Welt war voller Leichen, aber ich hatte dem nichts entgegenzuhalten als mein Gekotze. Ich hatte ja nichts erlebt.«[56] So grotesk die Episode ist, so wichtig wird sie für Dürrenmatt im Nachhinein (eben wegen dieser Groteske). Ihre Lächerlichkeit »angesichts des ungeheuren Sich-Übergebens, das die Menschheit außerhalb dieses Landes befallen hatte« wird zu einem Schlüsselerlebnis, zum Antrieb, die »Welt, die ich nicht zu erleben vermochte, wenigstens zu erdenken, der Welt Welten entgegenzusetzen, die Stoffe, die mich nicht fanden, zu erfinden«.[57]

So, berichtet F. D. in den *Stoffen,* sicher verkürzt, aber nach bestem Wissen und Gewissen, habe er seinen ersten Stoff ge- oder erfunden, »der nicht mich, sondern die ›Welt‹ zum Inhalt hatte«: den *Winterkrieg in Tibet.* Auf diesen Moment datierte er später seine Geburt als Schriftsteller. In einem Interview mit André Müller 1981 wird er gefragt: »Wann haben Sie sich entschlossen, Schriftsteller zu werden?«, und er antwortet, ohne zu zögern: »Das kann ich genau datieren. Das war am 5. Januar 1945. Ich war Hilfssoldat in einem Schweizer Grenzbataillon. Deutschland war praktisch besiegt, also man wusste, dass nichts mehr passieren würde. Der Krieg war entschieden. Rundherum waren Trümmer. Von jenseits der Alpen hörte man das Dröhnen der Bombenangriffe. Aber man stand da herum in dieser Schweiz, die ganz unversehrt war und aus der man nicht rauskam. Man lebte doch hier wie in einem Gefängnis. Die Situation war grotesk. Da stellte sich mir die Frage: Was kann ich diesem Weltgeschehen entgegensetzen?«[58] Folgt die Schilderung des schweren Rauschs und der nächtlichen Kotzerei, und nochmals: »Ich hatte ja nichts erlebt. Die Schweiz war doch nie in Gefahr gewesen. Das Problem der Schweiz war eine Armee, bei der nie etwas geschah, nicht weil Hitler etwa Angst gehabt hätte, uns anzugreifen, das ist ja Blödsinn, sondern weil die Schweiz

Trümpfe hatte, vor allem die Tunnels, das waren die Verbindungsstraßen für Kohle und Stahl nach Oberitalien, die brauchte Hitler, die hätten ihm nichts genützt, wenn sie gesprengt worden wären. Deshalb hat er die Schweiz in Ruhe gelassen. Aber diese Chance des Verschontseins wurde hier von niemandem begriffen, sondern man hat sich zum Heldenvolk stilisiert und gesagt, die Schweizer Armee habe einen Angriff verhindert. Das kam mir alles so absurd vor, und da habe ich eben den Entschluss gefasst, diese Welt, die ja nur in meiner Phantasie existierte, schreibend in den Griff zu bekommen.« Frage: »Hatten Sie vorher noch nichts geschrieben?« F. D.: »Doch, ich hatte schon immer geschrieben, aber erst 1945 beschloss ich, das als Beruf zu machen.«

Die Episode in La Plaine wird so zum entscheidenden Moment, zur »Grenzerfahrung« – und sie ist ihm so wichtig, dass er, entgegen seiner Gewohnheit in den *Stoffen,* sogar den Namen des Dorfes nennt. Schriftstellerisch bewältigen wird er diese Erfahrung allerdings erst dreißig Jahre später, als *Der Winterkrieg in Tibet*[59] im Rahmen der *Stoffe* 1981 erscheint. Dies war (von Teilen der frühen *Riesenglocke* abgesehen) der erste Versuch, das Gefühl des Labyrinthischen bzw. das Ausgeliefertsein an die Grunderfahrung der Verschonung und Gefangenschaft in ein Bild zu bannen, in ein Gleichnis. Es ist eine entscheidende Phase in der Geburt des Schriftstellers: Er hatte sich »damals aus einem privaten Labyrinth ein Weltlabyrinth erschaffen. Dieses Weltlabyrinth ist geblieben, es hat nicht nur den Zweiten Weltkrieg überlebt, es ist noch labyrinthischer geworden«[60]. Es hat ihm als »Urmotiv« immer neue Bilder abgenötigt. Aus vielen Quellen gespeist, verdichtete sich das diffuse Gefühl des Labyrinthischen zum Gleichnis des Labyrinths. Zu einem Welt-Bild.

Exkurs

Das Labyrinth

Verschont gefangen · Die Grenze als Spiegel · Vom Labyrinthischen zum Labyrinth · Archetypus Labyrinth · Ein doppeltes Gefängnis · Das Gleichnis als Welt-Bild · »Ich bin mein Feind, du bist der deinige« · Die Bühne als Befreiung

Verschont gefangen

Eingeschlossen ausgeschlossen: Die Erfahrung der Verschonung als Gefangenschaft in der Schweiz während des Zweiten Weltkriegs hat den Autor Friedrich Dürrenmatt geboren. Die Zweiteilung der Welt in Drinnen und Draußen, die Verwirrung und Verunsicherung an der Grenze dazwischen – das ist die existentielle Erfahrung einer Paradoxie. Wie heißt es im zweiten Band der *Stoffe:* »[D]er Weltkrieg, der immer deutlicher auf eine deutsche Niederlage hinauslief stellte für mich nicht ein politisch-ideologisches, sondern ein existentiell-künstlerisches Problem dar. Existentiell, weil die Katastrophe, die heraufzog, auch eine der deutschen Kultur bedeutete, die nicht nur den Nationalsozialismus hervorgebracht hatte, sondern zu der ich mich auch zählte, und künstlerisch, weil ich versuchen wollte, diese Katastrophe zu gestalten. Ich hatte keinen anderen Stoff. Aber ich war von ihm ausgeschlossen. Ich war von Kind an, wie die Menschen in Platons Höhle, an Schenkel und Nacken gefesselt, und ich sah von der Katastrophe nichts als die Schatten an der Wand.«[1]
Dieses Paradox ist Ausgangspunkt der literarischen Selbstver-

fassung Dürrenmatts, es hat direkt seine literarische Produktion, ja seine Ästhetik insgesamt bestimmt. Dass eine solche Vorstellung von der Verschonung als Ausschluss von der Weltgeschichte, vom Schicksal, von der Erfahrung des »Abgrunds« sich für einen, der tatsächlich durch die Hölle gegangen ist, aus Stalingrad zurückkehrte, aus Nordafrika oder vom Monte Cassino, nicht zu reden von denen, welche die Konzentrationslager überlebt hatten, als reiner Zynismus darstellte, war erst dem Dürrenmatt der *Stoffe* richtig bewusst – im Rückblick auf sich selbst, auf das provinzielle Chaos des jungen Landberners. »[N]ichts war schwerer zu ertragen als die Gnade des Verschontseins, sie wurde bezahlt durch den Fluch der Ohnmacht, die wiederum einem, der nicht davonkam, der mitgerissen wurde, lächerlich, wenn nicht gar schändlich erschien. So fühlte auch ich mich lächerlich, und das Gefühl, mich im Weltgeschehen in einer allzu exquisiten, ja unanständigen Lage zu befinden, stürzte mich in eine immer ausweglosere Rebellion gegen alles.«[2] Und etwas früher im ersten Band der *Stoffe:* »[W]ir bewegten uns in der unheimlichen Ruhe wie im Zentrum eines Taifuns […]. Der Gegensatz zwischen dem Weltuntergang, der sich jenseits der in Wirklichkeit doch so nahen Grenzen abspielte, und der eigenen behüteten Situation, die sich, vom Weltuntergang aus beobachtet, als absurde Idylle abspielen musste, war zu krass und rief einen Geisteszustand hervor, der nachträglich schwer verständlich ist.«[3] Von der Befindlichkeit des jungen Dürrenmatt aus gesehen, der seinen Dichterberuf, seine Berufung zum Schriftsteller erst suchte, war die Idylle das schrecklichste denkbare Gefängnis.

»[D]as ist das Geheimnis der Phantasie: dass alles zugleich gegenüber und in einem ist«[4]: im Brief an Wyss schwingt schon mit, was Dürrenmatt später als »Stoff« wichtig werden wird: ein Zusammenhang zwischen Innen und Außen. »Ich komme nicht von der Literatur, sondern vom Erleben her, und vielleicht noch mehr vom Nicht-Erleben«, sollte er 35 Jahre später Heinz Ludwig Arnold sagen, 1981. »Und das ist nun ein sehr schweizerisches Thema; ich komme ja von einem verschonten Lande her, und das war das Urmotiv: Was setze ich dieser Welt entgegen, von der ich verschont bin? [...] Meine Phantasie musste die Welt integrieren. Es ist gerade keine Erlebnisliteratur, sondern ein in Stoffe umgesetztes Erleben.«[5]

Den Abgrund erfinden, von dem er ausgeschlossen und verschont ist, setzt Distanz voraus. Aber auch diese ist ambivalent, zugleich Erlebensdefizit und eine Erkenntnischance. »Distanz« wird zu einem Kernbegriff von Dürrenmatts Ästhetik werden. Erst das Zurücktreten erlaubt die Gestaltung jener Bilder, die ihn zunächst nur überwältigten, also in Ohnmacht versetzten. Und auch das »Chaos« seiner Jugendjahre, von dem er in seinen Erinnerungen unablässig spricht, musste erst überwunden werden, um den Sprung in die Schriftstellerei zu ermöglichen. Jenen rätselhaften Moment, den er wiederum mit einem Paradox umschreibt: »Ein Hinausrennen ist ein Hineinrennen.«[6]

Was Peter von Matt in seinem Aufsatz *Zur literarischen Phantasie der Schweiz* den »Traum an der Grenze«[7] nennt, war, während des Zweiten Weltkriegs, Dürrenmatts Alptraum. Wie gelassen er auch später aus der Not eine Tugend macht: erst einmal war das Leben hinter geschlossenen Grenzen seine labyrinthische Urerfahrung von der Schweiz als Gefängnis.

In der »Heimkehr« eines der zentralen Motive, ja einen besonders wichtigen Antrieb zu Dürrenmatts Werk zu sehen scheint zunächst abwegig. Einer, der, von zwei Radtouren als Schüler in den dreißiger Jahren abgesehen, die Schweiz zuerst nicht verlassen konnte, später sein Refugium, außer für gelegentliche, fast immer mit Verpflichtungen verbundene Reisen nicht verlassen wollte – einer, der nicht weg war, möchten wir meinen, kann nicht heimkehren. Von Matts These scheint an Dürrenmatt zu scheitern, »dass die unbestrittensten Spitzenwerke der Literatur der deutschen Schweiz geprägt sind von der Situation dessen, der aus der Fremde, aus langen Jahren der Fremde heimkehrt und nun in ein dramatisches Verhältnis gerät zur Heimat und zu den Einheimischen.«[8] Der Traum an der Grenze als Vision vom Ganzen, als Rückkehr ins Paradies *(Heidi)* oder in die »Hölle der Gemütlichkeit«[9]. Das Erwachen aus dem Traum, nach der Heimkehr, als Gericht über eine Realität, die dieser Vision nicht gerecht wird; und als Gericht, in das der Heimkehrer mit sich selbst geht, indem er nicht nur die Enge, die Bosheit, den Kleinmut der Daheimgebliebenen beklagt, sondern auch die eigene Anmaßung, diese mildernden Umstände zu verweigern (der große Satz des Heimkehrers von Gotthelfs *Bauernspiegel*, mit dem er sich aus Zorn und Rachsucht zur Ordnung ruft: »Ich verzieh den Vielbeladenen ihre durch andere erzeugten Ängste.«[10]) – wie sollte dies Dürrenmatt betreffen? Einen, der sich im Kleinen arrangierte, am Ort »hinter dem Mond«[11], und von dort aus sein Teleskop in den Kosmos richtete?

Andererseits: Wo vom Thema »Heimkehr« in der Deutschschweizer Literatur die Rede ist, wird nach Ulrich Bräker, nach Gotthelf und, natürlich, Gottfried Keller (am Anfang und Ende von dessen Werk stehen Heimkehrer: der Grüne Heinrich und Martin Salander), nach Inglin *(Chlaus Lymbacher)* und Spitteler *(Imago),* nach Robert Walser, in einem Atemzug mit Max Frischs *Stiller* auch *Der Besuch der alten Dame* genannt: das Stück vom geschwängerten, dann verratenen Mädchen, das, in den Bordellen des Nordens zu ungeheurem Reichtum gekommen, als Prothesenwesen in sein Heimatstädtchen zurückkehrt, um Rache zu üben. Ein Kolportagestoff. Aber dies ist eben ein Besuch. Keine Heimkehr, sondern eine Heimsuchung. Das Motiv ist die Vernichtung eines Liebesverräters durch Korruption seines Umfelds. Es ist ein schrilles, auch »clowneskes« (Peter Bichsel), nicht minder aber tiefgründig metaphysisches

Gleichnis zum Thema Recht und Gerechtigkeit, Schuld und Rache.

Ein Heimkehrer-Stück ist es insofern, als Dürrenmatt zu viel von Dramaturgie verstand, um das Potential einer jeden Heimkehr zu übersehen. Sie ist durch ihre Dialektik (die Heimat wird zur Fremde, der Heimkehrer zum Fremden, zum Eindringling und Störenfried), auch als befristeter Besuch, allemal der Punkt dramatischer Entzündung. »Schweizerisch« ist daran nichts, von der Kulisse der Mittellandprovinz einmal abgesehen.

In anderer Hinsicht hat allerdings die »Erfahrung der Grenze«, eine sehr schweizerische und in einer besonderen weltpolitischen Konstellation erlittene Erfahrung, Dürrenmatt überhaupt erst zum Schriftsteller gemacht. »Das Wissen um die Grenze des Landes und was sie bedeutet und wovon sie trennt, geht durch Leib und Seele«[12], schreibt von Matt im genannten Aufsatz (ohne in diesem Zusammenhang an Dürrenmatt zu denken). »Und dieses körperhafte Bewusstsein der Grenze ist nun nicht nur die Eigenheit einiger literarischer Figuren, sondern es ist die eigentliche Produktionsbedingung für das Schreiben in der Schweiz.« Und weiter: »[D]as Heimkehrerbewusstsein färbt diese ein, auch wenn sie keineswegs von weitgereisten Leuten berichtet. Das hat mit der doppelten Staatsbürgerschaft aller schweizerischen Literatur zu tun. Sie gehört zu diesem Land, und ebenso vollgültig gehört sie zur Gemeinschaft aller Länder deutscher Sprache.«

An ihr hatte auch teil, wer die Grenze nicht überschritt, während des Zweiten Weltkriegs nicht überschreiten konnte. Nie war diese »doppelte Staatsbürgerschaft« prekärer als in den Jahren, die Dürrenmatts Entschluss zur Schriftstellerei vorangingen. Die Kulturgeschichte der deutsch-schweizerischen Nachbarschaft, die Geschichtsschreibung der deutschschweizerischen Identität zwischen Anpassung und Widerstand, Faszination der Größe und fremdenfeindlichem Reflex, ist, ins Europäische, ja

Globale geweitet, noch immer ein Thema. In der Zeit des Nationalsozialismus musste die Schweiz sich mit einer Vielzahl von
Krisen befassen, die bis zum heutigen Tag nachwirken. Dabei
ging es keineswegs nur um Politik, sondern um die schwer
quantifizierbaren ideologischen, sozialpsychologischen, ökonomischen, eben im weiteren Sinn »kulturellen« Voraussetzungen
von Politik. Sie blieben nicht ohne Wirkung auf den jungen
Dürrenmatt, wie sehr er sich durch seine »chaotische Phantasie«
auch von jeder Art Realität isoliert glaubte.

Diese Isolation war noch weit entfernt von Dürrenmatts bereits erwähnter Ästhetik der Distanz (von der das Groteske, das
Paradoxe, die Ironie etc. allesamt Unterkategorien oder Unter-
strategien sind); die nicht so sehr aus dramaturgischer Souveränität heraus entstanden ist, sondern aus Not. Es soll hier nochmals an die zentrale Passage im Briefwechsel mit Eduard Wyss
erinnert werden:

Du hast mich auf die Lage des Schweizers aufmerksam gemacht: Warum ist aber unsere Zeit nur durch die Phantasie
hindurch zu begreifen, und warum besonders nur das, was
unsere Zeit an »Hölle« an »Abgrund« birgt? Es liegt daran,
weil der Abgrund, das Bodenlose nur durch das Phantastische
Gesicht »erhalten« kann, also sichtbar wird. Nur musst Du
Dir im Klaren sein, dass »Abgrund« oder das »Bodenlose«
oder was ich immer sage nicht »Nichts« bedeutet. Von ganz
anderem ist die Rede, viel mehr wäre »das Böse« richtig, vielleicht auch »Beziehungslosigkeit« ich bin mir aber noch nicht
im Klaren, ich glaube aber, dass es nie möglich sein wird, dies
im Begriff zu sagen, sondern eben nur im Gleichnis, in der
Handlung. Dies versuchte ich in meinen Novellen und dies
werde ich weiter versuchen müssen. Und darum aber ist mir
die Sprache so wichtig, weil Gesicht nur durch die Sprache
wird. Ich muss hier, um klarer zu sein, den ersten Satz auf

dieser Seite verbessern und sagen: Der Abgrund kann nur im Phantastischen d. h. Möglichen liegen. Tritt der Abgrund ins Wirkliche, d. h. wird er wirklich so wird ein Gestalten unmöglich werden, weil der Abgrund alles verschlingt, und kein Gegenüber mehr da ist: denn das ist das Geheimnis der Phantasie: dass alles zugleich gegenüber und in einem ist.[13]

Die Grenze als Spiegel

Die Grenze ist zunächst eine Mauer. Aber sie ist auch ein Spiegel, von dem das Bild zurückgeworfen wird, das sich der Eingeschlossene vom Nicht-Erlebten, vom Nicht-Erlebbaren macht – zurück auf ihn selbst, auf seine Phantasie, auf seine Umgebung. (Sagt er später: »[W]enn ich die Heimat schildere, so schildere ich sie entsetzlich«[14], so liegt der Grund auch in diesem frühen Reflex.) Gewiss liegt hier – auch aufgrund der intensiven Auseinandersetzung mit Rudolf Kassner in diesen Jahren – der Ursprung des Spiegel-Motivs bei Dürrenmatt. Die Grenze als Spiegel, das ist auch eine Chiffre für die Ambivalenz der Phantasie: die Befreiung durch sie und ihr Scheitern durch die darauffolgende Gefangenschaft im Bild – bis zur Fiktion des Minotaurus in der späten *Ballade,* in der die Spiegelungen des Stiermenschen diesem eine bewohnbare Welt vorgaukeln und ihn, den absolut Einzelnen, in einem Kollektiv zu erlösen scheinen. Auch in der Rekonstruktion des Stoffes *Der Rebell* (der Plan reicht in die frühesten Anfänge zurück) endet der Sohn auf seiner Vatersuche im Gefängnis eines kompliziert angelegten Spiegelsaals, in geistiger Verwirrung, »[s]o sehr [...], dass er sich gleichzeitig draußen und drinnen, in Freiheit und in Gefangenschaft«[15] wähnt. Spiegel sind für F. D. später auch Stoffe, »in denen, je nach ihrem Schliff, mein Denken und damit auch mein Leben reflektiert werden«[16]. Die Phantasie, die Vorstellungskraft, die

Einbildungskraft, auch das »Denken« in Bildern als Anrennen gegen eine Grenze, die den jungen Dürrenmatt auf sich selbst zurückwirft – aus diesen Voraussetzungen erwächst der »Erbauer von Welten«, als den sich Dürrenmatt ab den 1950er Jahren versteht.

»Ein Hinausrennen ist ein Hineinrennen«[17]: die rätselhafte Wendung, mit der Dürrenmatt seinen jähen Entschluss umschreiben wird, Schriftsteller zu sein, ist vor allem ein Sprung vom Denken zum Handeln; der Sprung aus dem Labyrinth in die dritte Dimension, die Position des Theseus auf Dürrenmatts Bild ›Der entwürdigte Minotaurus‹. Hinaus aus dem persönlichen Chaos, aus dem Gefängnis der bisherigen Malerei und Prosa und des Denkens, hinein in den Glauben der Schriftstellerei, auch: den Glauben an die Schriftstellerei als Möglichkeit, im Erzählen in Gleichnissen sich in ein Verhältnis zur Welt zu setzen.

Vom Labyrinthischen zum Labyrinth

Die Erfahrung der Gefangenschaft in der Verschonung als ein Paradox, als ebenso vage wie bedrückende Befindlichkeit, in ein Gleichnis zu bannen, dieses Gleichnis des Labyrinths überhaupt erst zu finden, war für Dürrenmatt schon eine Befreiung daraus, ein »Handeln«, der Sprung »ins Freie«, in eine Über-Sicht, aus der das Labyrinth nicht mehr als Sinnbild der Verwirrung und Gefangenschaft erscheint, sondern als Metapher der Ordnung.

Vieles schießt zusammen in diesem großen Gleichnis. Es ist vieldeutig, wie jedes Gleichnis (im Gegensatz zur Allegorie, das betonte F. D. wiederholt); fast unendlich, wenn wir die bei F. D. damit verbundenen Nebenstollen, Verliese, Engpässe bedenken: die Gefängnisse und Höhlen, die Gräber, die Betten: noch das Totenbett des Nobelpreisträgers Schwitter im *Meteor* ist eine

Höhle, aus der dieser ins Leben zurücksteigt, immer wieder. Auch das babylonische Turmbauprojekt, mit dem sich F.D. Ende der vierziger Jahre beschäftigt, dürfen wir in solchem Zusammenhang als das in die Vertikale gekippte Labyrinth verstehen (Labyrinth und Turmbau bilden ein Koordinatenkreuz in Dürrenmatts Einbildungskraft, auch im Labyrinth schwingt, aus der Perspektive des Konstrukteurs, ein Moment der Hybris mit). Labyrinthe sind aber auch geschlossene Denksysteme (dasjenige von Kant zuerst).

Als Erfahrung reicht das Labyrinthische weit zurück in die Kindheit, bis zu den Kornfeldern und den Gängen im Heu der Konolfinger Bauernhäuser. Auch frühe literarische Eindrücke leuchten auf: Jules Vernes *Reise zum Mittelpunkt der Erde* oder Karl Mays unterirdische Welt, das Totenreich in den Romanen *Ardistan* und *Der Mir von Dschinnistan*. Schon als 10-Jähriger hatte Dürrenmatt, angeregt durch Vater Reinholds Erzählungen griechischer Heldensagen, auf wenigen Seiten ein unbeholfenes »Theseus-Drama« entworfen.

Die frühe Kindheit bestimmt das Individuum ein Leben lang, sagt die Psychoanalyse. In den genetisch angelegten Voraussetzungen des Erbguts sei die Existenz prädisponiert, sagt die Biologie. Die Umwelt prägt den Menschen, meint die Soziologie. Sicher gilt, dass einer in seiner Jugend, blickt er als Erwachsener auf sie zurück, findet, was er in sie hineingelegt, ja hineingelebt hat. Die Essenz dessen, was er geworden ist. Hätte Dürrenmatt das Labyrinth nicht durch sein ganzes Werk zum zentralen, vieldeutigen und vielschichtigen Gleichnis der Welt entwickelt (keineswegs nur bewusst, im Sinne einer handwerklichen Variation, sondern in immer neuen Annäherungen an eine Vision oder Obsession), so hätte seine Erinnerung die Urerfahrung des Labyrinthischen in der Kindheit nicht wiedergefunden.

Das Gleichnis des Labyrinths hat kunst-, religions-, geistesge-schichtlich eine so verwickelt vielseitige Genese wie für Dürren-matt biographisch. Aus unterschiedlichsten Quellen wächst es zusammen zum zentralen Moment. Eine uralte Menschheits-vorstellung, ist das Labyrinth ein Archetypus im Sinne C. G. Jungs oder Karl Kerényis, ein Symbol, in welchem sich Vorstel-lungen von der Unterwelt, von Tod und Leben kreuzen. Durch den Umstand, dass der Ausweg zwar fast, aber nicht ganz un-möglich scheint, wird es auch zum Sinnbild für die Wiederge-burt, die Rückkehr aus dem Totenreich (Kerényi). Die Unter-welt als Labyrinth: auch im Orpheus-Mythos ist das Thema präsent.

Das Labyrinth als Irrgarten ist allerdings schon eine beson-dere Lesart: Uralte Labyrinthe (im Mittelmeerraum mindestens seit dem zweiten vorchristlichen Jahrtausend belegt) und noch kretische Münzen aus dem zweiten Jahrhundert vor Christus zeigen keine Wegkreuzungen. Die einzige Sackgasse befindet sich im Zentrum. Was Dürrenmatt am Labyrinth besonders fas-zinierte, die Wahlmöglichkeit zwischen Irrtum und Irrtum, ent-fällt bei dieser Variante und findet erst in der Renaissance weite Verbreitung. (Peter Rusterholz nennt, Umberto Eco zitierend, einen dritten Typus: den »des Rhizoms, des Wurzelgeflechts, eines Gewirrs von Knollen und Knoten, in dem im Prinzip jeder Punkt mit einem andern Punkt verbunden werden kann«.[18])

In den griechischen Mythen ist das Labyrinth von Daidalos für den kretischen König Minos gebaut worden, um darin den Minotaurus, das Zwitterwesen mit dem Körper eines Menschen und dem Kopf eines Stiers, verschwinden zu lassen, ohne es tö-ten zu müssen. Die tragische Ungestalt entsprang der Verbin-dung von Minos' Gattin Pasiphae mit dem Stier, den Poseidon dem Minos zur Bestätigung seiner Herrschaft gesandt und den dieser als Opfer zu schlachten frevelhaft unterlassen hatte. Die hölzerne Kuh, technische Voraussetzung der grenzüberschreitenden Paarung, konstruierte, wie dann das Labyrinth, Daidalos, dieser »Leonardo der Mythologie«[19]. (F. D.) Ein motivisches Meta-Labyrinth von mythischen Ursachen und Wirkungen, war doch schon der Vater des Minos ein Stier: Zeus, der in solcher Gestalt dessen Mutter Europa entführte.

Ein doppeltes Gefängnis

In einer Variante der Legende werden dem Minotaurus alle neun Jahre sieben attische Jünglinge und Jungfrauen zum Fraß vorgeworfen. Dürrenmatt folgt jedoch in seiner *Dramaturgie des Labyrinths*[20] der Version von Plutarch, nach der die Opfer auf dem Weg zum Monstrum verhungerten (»weil die Unmöglichkeit, aus dem Labyrinth zu entweichen, der Unmöglichkeit entspricht, in sein Inneres zu gelangen«[21], F. D.). Sie bringen sich, mutmaßt F. D., auf dem Weg zu ihrer Opferung gegenseitig um, weil sich die Verwirrung des Labyrinths längst ihrer Köpfe bemächtigt hat. Wie auch immer, am Ende erlöst Theseus, ein Mensch in diesem sodomitischen Durcheinander von Göttern, Halbgöttern und Dreiviertelgöttern, Athen von den Menschenopfern. Den Rückzug durch den Faden der Ariadne gesichert, tötet er den Stiermenschen, diesen »absolut Einzelnen«[22] [F. D.]. Doch auch dagegen phantasiert Dürrenmatt an. Zuzeiten, etwa in einer Federzeichnung von 1974, gefiel ihm die Vorstellung, dass Theseus den Minotaurus gar nicht findet, dass der, »ohne die Erfahrung des Andern, des Du [...] verendet wie ein Stück Vieh. [...] Die Ermordung des Minotaurus ist eine Legende.«[23]

Dürrenmatts Labyrinth ist also ein doppeltes Gefängnis, eines für den Minotaurus, eines für dessen Opfer (ob sie nun gefressen werden oder verhungern). Nach einer weiteren Variante auch eines für den Baumeister selbst, der sich und seinen Sohn nur auf dem Luftweg daraus retten kann, durch den Sprung in die dritte Dimension (die genannte hybride Komponente des Meta-Mythos): wie jener Daidalos/Theseus, der auf Dürrenmatts genannter Gouache aus dem Jahr 1958/62 von einer Mauer des Labyrinths auf den ›Entwürdigten Minotaurus‹ pinkelt. (Das Bild des Baumeisters, der sich in seiner Erfindung verliert, ist auch eine Chiffre für das Verhältnis von Dürrenmatt zu seinen Stoffen.) Minotaurus ist der »ironische Held«, bevor der für Dürrenmatt zum Begriff wird, ist das Urdrama, die »Auseinandersetzung eines Ich mit seiner Umwelt«[24], das Labyrinth schließlich ein Symbol der »ironischen Hoffnung«.

»Endlich stellt das Labyrinth eine Strafe dar«[25], gleichgültig ob eine gerechte oder nicht. Es ist die Bestrafung des Minotaurus für eine Schuld, »die außer ihm liegt, vor seiner Geburt, die seine Ursache ist«. (Eine Vorstellung, die nicht weit abliegt von jener der Erbsünde, die F. D. in anderem Zusammenhang so vehement abschafft, resp. die christliche Vorstellung, der Tod sei »der Sünde Sold«[26].) »Indem ich [...] ein Labyrinth entwarf, identifizierte ich mich unbewusst mit dem Minotaurus, dem Bewohner des Labyrinths, vollzog ich den Urprotest, protestierte ich gegen meine Geburt.«[27] (Ein Protest, nicht weniger grotesk als der gegen den Tod: F. D. erinnerte sich, im letzten Gespräch, das ich mit ihm führte, an einen sozialdemokratischen Nationalrat, der am Konolfinger Grab eines Genossen, die linke Faust zum Himmel gereckt, ausrief: »Ich protestiere dagegen, dass dieser Mann hat sterben müssen.«) »[D]ie Welt, in die ich hineingeboren wurde, war mein Labyrinth, der Ausdruck einer rätselhaften mythischen Welt, die ich nicht verstand, die Unschuldige schuldig spricht und deren Recht unbekannt ist. Mehr noch: Ich identifizierte mich auch mit jenen, die in das Labyrinth verbannt und vom Minotaurus zerfleischt wurden oder sich untereinander zerfleischten aus der Vorstellung heraus, es gebe ihn. Schließlich identifizierte ich mich mit Dädalus, der das Labyrinth erschuf, denn jeder Versuch, die Welt, in der man lebt, in den Griff zu bekommen, sie zu gestalten, stellt einen Versuch dar, eine Gegenwelt zu erschaffen, in der sich die Welt, die man gestalten will, verfängt wie der Minotaurus im Labyrinth.«

Das Gleichnis als Welt-Bild

Das Chaos im Bild des Labyrinths fassen heißt sich daraus befreien. Das Labyrinth verbindet den Aspekt der Verwirrung mit dem der Ordnung, und das Gefühl, an das Unübersichtliche ausgeliefert zu sein, die Ohnmacht des Ein- und damit auch des Ausgeschlossenseins und also der Vereinzelung ist seine Voraussetzung. Eine Lebenserfahrung. »Labyrinth meint Ordnung« (Norbert Miller) – von oben gesehen, von außen, vom überlegenen Standpunkt des Geretteten aus. Der Standpunkt des Daidalos ist, auf F. D. bezogen, das »Resultat seines Denkens«. Die Erkenntnis des Labyrinthischen als eine Grunderfahrung, mehr noch des Labyrinths als Grundmuster für das Verhältnis des Individuums zur Welt, ist Dürrenmatts Bewältigung seiner chaotischen Jugend. »Indem ich die Welt, in der ich lebte, als Labyrinth darstellte, versuchte ich Distanz zu ihr zu gewinnen, von ihr zurückzutreten, sie ins Auge zu fassen wie ein Dompteur ein wildes Tier«[28], schreibt Dürrenmatt in der *Dramaturgie des Labyrinths,* um sein Bild gleich zu korrigieren: »Die Welt, wie ich sie erlebte, kontrollierte ich mit einer Gegenwelt, die ich erdachte.«

Für Dürrenmatt wurde die labyrinthische Erfahrung im Winter 1944/45 an der eisigen Rhone zum Gleichnis (auch wenn er es damals als Stoff noch nicht bewältigen konnte). Es ist nicht loszulösen von der Lage der verschonten, ein- und ausgeschlossenen Schweiz. Die Idylle als Gefängnis: in der *Dramaturgie des*

Labyrinths steht der große Einfall, dass das Zentrum der ausweglosen Konstruktion des Daidalos kein finsteres Verlies, kein Stollensystem oder Kerker sein könnte, sondern dass wir uns »das Labyrinth ausgedehnter zu denken« haben, »als wir es uns sonst vorstellen, es wird einen weiten Park mit Baumgruppen und einem Teich als Innenhof umschlossen haben oder mehrere solcher Parks als Innenhöfe, wo der Minotaurus äsen, zur Tränke gehen und in den Bäumen herumklettern konnte«[29]. Geradezu ein *locus amoenus*, den Dürrenmatt hier entwirft. Zur Hölle wird er allein dadurch, dass er durch eigene Entscheidung, durch eine freie Tat nicht verlassen werden kann. Dass er nur ein Denken, aber kein Handeln zulässt. »Wir erkannten, dass wir handeln mussten«, heißt in der Labyrinth-Erzählung *Die Stadt,* »und wussten, dass wir ohnmächtig waren.«[30] Ob der Erzähler Wärter ist in den Verliesen, in die er sich aus freiem Willen begab, oder Gefangener, kann er durch Denken nicht feststellen, sondern nur durch die Tat, vor der er zurückschreckt. Durch einen Schritt ins Freie …

»Ich bin mein Feind, du bist der deinige«

Die Vorstellung der Gefangenschaft in der Verschonung, in die der Krieg nur über die widersprüchlichen Rundfunknachrichten hereindrang, deckt sich für Dürrenmatt im Nachhinein mit der Gefangenschaft im Denken während des Philosophiestudiums.

Wenn Dürrenmatt vom Labyrinth spricht, dürfen wir Stringenz nicht erwarten. Das Bild ist zu groß, das Gleichnis zu vieldeutig. So sagt er einmal, in einer Vorstufe der *Stoffe,* aus dem »Gefängnis seines Denkens« (Gefängnis und Labyrinth sind in diesem Fall synonym) habe er sich in die Literatur gerettet. Wenig später aber heißt es: »Indem die Vorstellung einer Bühne mich aus dem Gefängnis meiner Prosa und meines Zeichnens befreite, fand ich meinen Glauben [...].«[31] Der Versuch, sich aus seinem »Chaos«, einem Zustand, in dem der junge Dürrenmatt das Labyrinth noch nicht erkannt hatte und es sich so wie im Fall der verwirrten Opfer des Minotaurus in seinem Kopf ausbreiten konnte –, ins Denken des Philosophiestudiums[32] zu retten; aus diesem Gefängnis wiederum der Ausweg in die Prosa *(Winterkrieg, Die Stadt, Die Falle)*; daraus eine erneute Erlösung, diesmal durch die Bühne: Insgesamt schildert Dürrenmatt seine künstlerische Identitätsfindung wie eine Befreiung aus konzentrisch angeordneten Labyrinthen.

Unschwer einzusehen, dass ihn dabei das Studium der Philosophie »aufgeladen«, dass ihn zuerst Platons berühmtes ›Höhlengleichnis‹ fasziniert hat. Es gehört in den Zusammenhang all der Höhlen, Verliese, unterirdischen Kavernen, in die es ihn seit seiner Kindheit zog. Die Vorstellung des Labyrinths bestimmt auch die Erinnerung Dürrenmatts an seine Kant-Studien, in der sie sich ihm als eine Philosophie des Scheiterns darstellt. Das ist sie insofern, als sie nachweist, dass Metaphysik im traditionellen Sinn als gesichertes Wissen über »die letzten Dinge« unmöglich ist bzw. eine falsche Übertragung der menschlichen Denkkategorien und Anschauungsformen auf einen Bereich jenseits möglicher Erfahrung. »Das ›Ding an sich‹ selbst«, interpretiert ihn Dürrenmatt, »ist kein Begriff, es stellt die Schranke dar, außerhalb deren es keine Begriffe und damit keine Anschauungen mehr gibt [...]: Die Schranke selber ist gleichsam nur an ihrer Innenseite ein Begriff.«[33] So führt kein Ausweg aus dem Bereich des Wissbaren in einen Bereich, von dem aus das Wissbare zu überschauen wäre, und hier deckt sich die philosophische Erkenntnis mit Dürrenmatts früher existentieller, vorlogischer Erfahrung von der Welt als Labyrinth.

Das Labyrinth zieht sich als »Urmotiv« durch Dürrenmatts gesamtes Werk: von der frühen Prosa *(Die Riesenglocke, Die*

Stadt) bis zu den großen Neuangängen in den *Stoffen (Der Re-bell, Winterkrieg in Tibet)*. Selbst *Der Auftrag*, die zwischen 1984 und 1986 entstandene *Novelle in vierundzwanzig Sätzen, Vom Beobachten des Beobachters der Beobachter* setzt einen Aspekt des Labyrinthischen fort: das Ausgeliefertsein an einen unsichtbaren Feind, an den anonymen Beobachter, den Dürren-matt schon im Dunkel der Laubengänge Berns, in der labyrin-thischen Anlage der Stadt gewittert hatte.

Am Ende, auf einer Metaebene, ist allerdings auch das Gleich-nis des Labyrinths keine Rettung für den, der es erdacht hat. »Wer den Plan des Labyrinths entwirft«, heißt es in einer groß-artigen Engführung am Ende der *Dramaturgie des Labyrinths* im Vorlauf zum *Winterkrieg im Tibet,* »weiß alles –, doch wer sich hineinbegibt wie ich jetzt, so viele Jahre nach meinen ers-ten zaghaften Versuchen, mich dem Eingang zu nähern, weiß nichts – und wäre er auch mit der besten Dramaturgie bewaff-net; sie nützt ihm ebenso wenig wie die anderen Weltpläne. Er vermag sich nur vorzustellen, was sein könnte: das plötzliche Auftauchen des Minotaurus, das jähe Auge-in-Auge mit dem schrecklichen Feind. Am Ariadnefaden seines Denkens beginnt er, nach dem Minotaurus zu suchen, in den verschlungenen Gängen beginnt er zu fragen, zuerst, wer denn Minotaurus überhaupt sei, später, ob es ihn überhaupt gebe, und endlich be-ginnt er zu überlegen – wenn er ihn immer noch nicht gefunden hat –, warum denn, wenn es den Minotaurus nicht gebe, das Labyrinth überhaupt sei: Vielleicht deshalb, weil Theseus selber der Minotaurus ist und jeder Versuch, diese Welt denkend zu bewältigen – und sei es nur mit dem Gleichnis der Schriftstel-ler –, ein Kampf ist, den man mit sich selber führt: Ich bin mein Feind, du bist der deinige.«[34]

Als Versuch, die Grundmuster des eigenen Werks, des eige-nen Lebens zu entdecken, sind die *Stoffe* selbst ein Labyrinth, und die Schrift, die der versehrte *Winterkrieg*-Söldner in die

Felswände des Himalaya ritzt, ein Bild für das eigene lebenslange Fortschreiben an der »großen Konfession« mit Goethe zu
sprechen), welche Dürrenmatts Werk insgesamt vorstellt.

Die Bühne als Befreiung

Die gefühlte Gefangenschaft innerhalb der realen Landesgrenzen der Schweiz, von denen er zurückgeworfen wird in die
Phantasie, der Zwang, sich den »Abgrund« vorstellen zu müssen, wenn er ihn schon nicht erleben kann, mit alldem war Dürrenmatt vor seinem ersten Theaterstück als einer Ausweglosigkeit konfrontiert. »[D]ie Bühne löste mir die Zunge«[35], sagt er
danach immer wieder.

Das Theater befreit ihn, indem es zunächst eine andere Grenze
bewusst macht und dann überspringt: die Rampe zwischen
dunklem Zuschauerraum und heller Szene. Sie trennt die Einbildung von der Realisierung, von Gestalt und Form. Im Spiel erfolgt über die Rampe der Sprung in die Tat. Und für den lange
zwischen Malerei und Schriftstellerei hin- und hergerissenen
Dürrenmatt vereinte die Bühne die Sphären des Sprachlichen
und des Bildhaften in gleichnishaften Handlungen. Sie schuf Distanz zu den Bildern, die ihn bedrängten. Eine Erlösung. Zwischen bildhaften Visionen und dem Denken fand Dürrenmatt
zu *seiner* Sprache, lernte, sie als eine Spannung auszuhalten und
ihre Vieldeutigkeit nicht als Defekt zu verstehen, sondern als
Chance. Danach brauchte er nicht einmal mehr den Sprung über
die ab 1945 offenen Landesgrenzen. Erst einmal atmete er auf in
dem Gefühl, dass er auf dem Theater der Welt seine eigene Welt
entgegenstellen konnte.

Wie sehr er die Befreiung aus dem Gefängnis der Verschonung dem Theater verdankte, zeigt sich in der ausdrucksstarken
theatralischen Metaphorik, in die Dürrenmatt verfällt, wenn er

in den *Stoffen*, also im Rückblick, die Schweiz jener Kriegsjahre beschreibt:

> Die Lage trist, der Verschonte realisierte sein Verschontsein nicht. Das Land war von der übrigen Welt abgekapselt. […] Der Krieg spielte sich für die Stadt wie hinter fernen Kulissen ab. Sie war während des Krieges verdunkelt, Gasmasken wurden an die Bevölkerung verteilt, Luftschutzwarte aufgestellt. Oft hörte man amerikanische und englische Bomber, die irgendwo über der Stadt nach Oberitalien einflogen, die Sirenen heulten auf, die Lichtstrahlen der Scheinwerfer durchschnitten die Nacht, die Flugzeugabwehrgeschütze blitzten und dröhnten, alles aufgezogene Theatralik, militärische Neutralitätsgestik, seltsam gefahrlos, idyllisch geradezu, nur das erste Mal stieg man aus den Betten, ging in den Keller. Wer hier, angesichts dessen, was anderswo geschah, zu heroisieren versucht, macht sich lächerlich, doch gab es meiner Einbildungskraft den ersten Antrieb, diese Welt, die Stadt und den nahen und doch unwirklichen Krieg zu einem Bild zu formen, dieses Morden ringsherum, hinter den Hügeln des Jura, hinter den Alpen, jenseits des Rheins und noch weiter, in der Libyschen Wüste, im Fernen Osten, in den Steppen Russlands, dieses sinnlose Gemetzel, das sich wieder zu entfernen schien und dann doch näher kam, als Deutschland einzustürzen begann, doppelt sinnlos in seinem männischen Heroismus, in seiner teutonischen Götterdämmerung.[36]

7

Schreiben als Existenz und andere Belastungsproben

Prosa, Drama, Bildnerei: im Ineinandertal · Franz Kafka · »Ein Hinausrennen ist ein Hineinrennen« · Lotti Geissler: der Sprung in die Ehe als Parallelaktion zum Sprung in die Schriftsteller-existenz

Prosa, Drama, Bildnerei:
im Ineinandertal

Während F. D. im Winter 1944/45 Hilfsdienst in La Plaine leistete und seine Entscheidung für die Literatur fällte, arbeitete seine Schwester Verena beim Roten Kreuz in Genf. Bei einem seiner Wochenendbesuche dort eröffnete er ihr in einem kleinen Restaurant namens ›Escalade‹, dass er das Studium aufgeben und Schriftsteller werden wolle. Der Abschied vom Studium, der freilich kein Abschied von der Philosophie war, war früher beschlossene Sache, als er es andernorts darstellte. »Das ging Chlapf auf Chlapf«, sagt die Schwester Verena, »er machte alles so radikal, er hatte unglaubliches Vertrauen in sich selbst.«[1]

Ganz so Schlag auf Schlag verlief es allerdings nicht, auch wenn der Dürrenmatt des Frühjahrs 1946 selbst[2], Dürrenmatts Mutter[3], Edy Wyss[4], endlich auch Vater Reinhold[5] sich übereinstimmend an einen »plötzlichen« Entschluss erinnern. Diese Erleuchtung, die der Dürrenmatt der *Stoffe* mit dem schon leitmotivisch oft zitierten Satz »ein Hinausrennen ist ein Hinein-

rennen« beim Spurt auf den Bus beschreibt, betrifft nicht die
Schriftstellerei überhaupt, sondern die Entscheidung zur Unbedingtheit und Ausschließlichkeit der Kunst als Lebensaufgabe,
zum Schreiben als Beruf und Existenz[6]. Einen Schriftsteller
Dürrenmatt gab es schon vor diesem radikalen Entschluss.

Jene Bemerkung Dürrenmatts in den *Stoffen:* »Die Bühne
löste mir die Zunge, nicht die Bühne selbst, aber die Vorstellung
einer Bühne«[7], hat Verwirrung gestiftet. Im Nachwort zum ersten Prosa-Sammelband, den F. D. 1952 bei Schifferli veröffentlichte, heißt es: »Die hier vorliegende Prosa ist in ihrer Anlage
zwischen den Jahren 1942 und 1946 entstanden, also im Wesentlichen vor den Dramen, deren Vorfeld sie ist.«[8] Im Wesentlichen.
Scharf zu trennen sind die beiden Bereiche nicht, wie auch die
bildende Kunst die schriftstellerische Arbeit bis ganz zuletzt begleitete. Beide sind eher unterschiedliche Aggregatzustände einer Vorstellungskraft oder *einer* stofflichen Sphäre. Das Medium, das die drei Aspekte vereint, ist die Bühne. »Ich musste
Schriftsteller werden, nicht nur weil ich mein Denken als Stoff,
sondern auch weil ich einen neuen Ausgangspunkt gefunden
hatte, von dem aus ich in die Schriftstellerei starten konnte: die
Bühne.«[9] Insofern hat ihm die Bühne tatsächlich »die Zunge
gelöst«.

Die Prosa des Sammelbandes *Die Stadt* war keineswegs nur
»Vorfeld« der Dramen. Zum einen würgte er mindestens seit
1941 an seiner Komödie *Der Knopf,* zum anderen ist z. B. *Der
Tunnel* erst 1952 entstanden, an den anderen Texten, namentlich
am Titel-Stück, arbeitete er neben und nach der Beschäftigung
mit jenem Stück, das die entscheidende Wende brachte: *Es steht
geschrieben.* Es war eher ein Nebeneinander als ein zeitliches
Nacheinander verschiedener Ausdrucksformen. Von der zum
Teil ausgeprägten »Bildhaftigkeit« namentlich der frühen Prosa
einmal ganz abgesehen. Sowohl ihrer Entstehung als auch ihrer
Sprache nach sind diese Texte keineswegs eine Einheit.[10]

Die beiden ersten, *Weihnacht* und *Der Folterknecht,* ließ er
für die Publikation 1952 (neun Jahre nach ihrer Entstehung) unverändert stehen, quasi als eine Dokumentation seiner frühesten
Anfänge. Unverkennbar ist der Einfluss des von Jonas vermittelten Expressionismus, vor allem von Georg Heym. An ihnen
wird verständlich, was F. D. im Nachwort des Bandes so erklärt:
»Diese Prosa ist nicht als ein Versuch zu werten, irgendwelche
Geschichten zu erzählen, sondern als ein notwendiger Versuch,
mit sich selbst etwas auszufechten.«[11] Nicht anders als in *Weihnacht* geht es in *Der Folterknecht* um Gottes Weigerung, die von
der Menschheit verpasste Gnade seiner Menschwerdung (durch
Jesus), die Erlösung zu wiederholen. Die Welt ist eine Folter-
kammer. »Die Welt ist Qual. Der Folterknecht ist Gott. Der fol-
tert. / Ein Mensch schreit: Warum bist du nicht gekommen?/
Gott lacht: Was soll ich wieder Mensch werden./ Ein Mensch
stöhnt: was quälst du mich?/Gott lacht: Ich brauche keinen
Schatten./ Ein Mensch stirbt.«[12] Lauter gehämmerte Haupt-
sätze. »Sie betreten einen Saal. Die Schatten fliegen über die
Wände. Die Fenster sind leer. An der Decke hängen Fleder-
mäuse. Der Boden ist ein Spiegel. Die Opferschale glüht blau«:
das ist noch nicht weit von der *Riesenglocke* und nahe beim
Buch einer Nacht, das er in diesen Monaten des Winters 1943
zusammen mit Walter Jonas improvisierte: »Die drei Freunde
sind wie eine Blume. Der Wein ist Blut. Er schwimmt auf der
Nacht. Die Zeit sinkt in den Raum. Auf dem Boden klebt der
Tod. Er ist wie ein roter Teppich. Seine Augen sind Löcher des
Abgrunds. Sein Maul ist Blei. Er singt.«[13]

Der Folterknecht muss als Manuskript in Bern früh im Kreis
von Dürrenmatts Freunden im Umlauf gewesen sein. Anders ist
eine ebenso tragische wie bizarre Episode nicht zu erklären, in
der Dürrenmatt sozusagen von seinem eigenen Doppelgänger-
Motiv eingeholt wird. Sie lässt auch Walter Jonas' Satz etwas naiv
erscheinen, dieser junge Autor sei »keinem System hold. ›Ismen‹

jeder Art schienen ihm verdächtig« (als ob F. D.s erste Prosa
nicht reiner Expressionismus gewesen wäre, angewandter »Soergel«, sozusagen). Er werde deshalb auch »nie der Jugend gefährlich werden können«.[14] Zumindest in einem Fall irrte Jonas.

Peter Wyrsch fasst den Fall in seiner *Dürrenmatt-Story* 1963
so zusammen: »Vroni Dürrenmatt, Friedrichs um drei Jahre jüngere Schwester, arbeitet heute als Fürsorgerin an der psychiatrischen Poliklinik der Universität Bern, einer Abteilung der Nervenheilanstalt ›Waldau‹. Eine sonderbare Geschichte faszinierte
sie wohl aus beruflichen Gründen: ›Es ist bereits mehr als zwanzig Jahre her‹, erzählt sie, ›da nahm sich der Sohn eines bekannten Akademikers in einer Stadt des schweizerischen Mittellan-
des das Leben. Man trauerte allgemein um ihn, einen charmanten,
gescheiten, wahrscheinlich aber psychisch schwer angeschlagenen Studenten. Er hatte Geschichten geschrieben. Sein Vater
fand in seinem Nachlass außer Lyrik auch eine Prosaarbeit, das
Manuskript einer Novelle. Sie begeisterte ihn und er beschloss,
sie drucken zu lassen. Vorher noch zeigte er sie einem Freund,
einem berühmten Psychiater, damals Direktor einer bekannten
kantonalen Nervenheilanstalt. Auch dieser zeigte sich ergriffen.
Er anerbot sich sogar, ein Vorwort zu schreiben und darin den
Nachweis zu erbringen, dass der Autor dieser Geschichte sich
habe zwangsläufig das Leben nehmen müssen. Vorwort und
Novelle wurden von diesem bedeutenden Nervenarzt außerdem
in einem von ihm veranstalteten literarischen Zirkel vorgelesen.
Einem der Zuhörer kam die Geschichte bekannt vor. Er suchte
Fritz auf, wiederholte ihm, was er gehört hatte, und es ließ sich
mühelos feststellen, dass es sich um die Novelle *Der Folterknecht* handelte. Mein Bruder intervenierte. Die bereits gedruckten Exemplare wurden eingestampft. Ein seltsamer Zwang
hatte den Studenten bewogen, den *Folterknecht,* dessen Anfang
er leicht abänderte, als sein eigenes Werk auszugeben. Peinlicher
noch als der Fehltritt des Studenten scheint mir das Vorwort des

Psychiaters, denn mein Bruder empfand und empfindet nicht das geringste Bedürfnis, Selbstmord zu begehen. Es wäre nun doch wohl das Vernünftigste gewesen, der Direktor, Professor Doktor X, hätte seinen Fehler eingestanden. Doch die Koryphäe beharrte auf der Richtigkeit ihrer These. Sie warnte meinen Bruder eindringlich vor der Gefahr eines Selbstmordes und glaubte wohl, sich so mit Glanz oder wenigstens mit Anstand aus der Affäre gezogen zu haben.‹«[15]

Dr. X, die Koryphäe – er verdiente diese Titulierung tatsächlich –, war kein Geringerer als der langjährige Chefarzt der Heil- und Pflegeanstalt Waldau, Jakob Klaesi (1883–1980).

Im ersten Erzählband fehlen drei Texte, die Dürrenmatt erstmals in das *Dürrenmatt-Lesebuch* (Arche Verlag 1978) aufgenommen hat. Der erste, *Die Wurst* (ursprünglich *Die Zungenwurst*), ist eine Groteske, die im Ton aus dem Rahmen der übrigen frühen Prosa fällt. Der Zusammenhang mit dem kannibalischen Fall Haarmann, in dem Richard Herbertz seinerzeit als Gutachter aufgetreten war, ist offensichtlich. Während der Gerichtsverhandlung zur Verurteilung eines Mörders, der seine Frau geschlachtet und zu Wurst verarbeitet hat, isst der Richter gedankenverloren das vor ihm liegende *corpus delicti* auf und kann dem zum Tode Verurteilten den letzten Wunsch nicht erfüllen, die Aushändigung ebendieser Wurst – ein schrilles Präludium zu F. D.s späterem Generalthema Justiz, Recht und Gerechtigkeit. Der kurze Text *Der Sohn,* eine formale Etüde »in einem Satz« (der Titel bezieht sich zweifellos auf Walter Hasenclevers für den Expressionismus zentrales Drama gleichen Namens), ebenfalls mit 1943 datiert, hängt unverkennbar mit dem in jenen Monaten akuten Plan *Der Rebell* zusammen (und also auch mit dessen frühester Vorstufe *Die Riesenglocke*). Er endet mit der Hinrichtung des Sohns durch den Vater. *Der Alte,* Dürrenmatts erster veröffentlichter Text, der am 25. März 1945 im ›Kleinen Bund‹ erschien, wird im Erzählband ebenfalls übergangen. Es ist die Geschichte eines Tyrannenmordes, der verborgene Kommandant einer Besatzungsmacht wird am Ende von einem Mädchen, einer Judith, umgebracht (»und als sie schoss, fühlte sie jenen Hass, den Menschen bisweilen gegen Gott hegen«[16]).

Alle anderen Texte überarbeitete Dürrenmatt vor der Edition, aber alle, bis auf *Pilatus* und vor allem *Der Tunnel*, gehen auf die Zeit vor dem ersten Theaterstück zurück, zum Teil nur im Entwurf, ja einige gehen noch vor Dürrenmatts eigene Datierung zurück. So *Das Bild des Sisyphos*, das er, in der Konzeption, selbst in die Nähe der Begegnung mit Walter Jonas ansiedelt. Es ist der erste erzählende Text Dürrenmatts, der einen eigenen Ton anschlägt. Elemente lassen sich in früheren Versuchen finden, in den Malereien seiner Berner Mansarde, auch in der *Riesenglocke*, aber in einer Syntax, die im Vergleich zu der gemeißelten, bildhaft statischen Parataktik des *Folterknechts* kaum mehr zu erkennen ist, erzählt er eine Parabel, die das Thema des »Nihilismus« auf die Kunst projiziert. Ein geheimnisvoller »Rotmantel«, einst sehr reich durch den Verkauf einer Höllenvision des Hieronymus Bosch, auf der, fast verborgen, ein nackter Sisyphos seinen Stein bergan wälzt, gewinnt am Ende dieses Bild wieder, um den Preis seines ganzen Vermögens. Er hat es mit eigener Hand gefälscht, und die Parabel dreht sich um die Frage: »Kann man aus Nichts Etwas machen?« Das ist, im letzten Gespräch des Erzählers mit dem verlumpten Rotmantel im labyrinthischen Gebäude am Fluss (ein Reflex der ersten Wohnadresse der Familie Dürrenmatt nach dem Umzug nach Bern), zunächst auf der Ebene der Fälschung zu verstehen, aber es betrifft einen alchemistischen Kern der Kunst überhaupt. Was Racine im Vorwort von *Bérénice* mit dem berühmten Satz meinte: »Toute l'invention consiste à faire quelque chose de rien«[17]: »›Aus Nichts Etwas‹, flüsterte er, immer wieder, leise, kaum dass sich seine fahlen Lippen bewegten, unaufhörlich, wie das Ticken einer gespenstischen Uhr: ›Aus Nichts Etwas. Aus Nichts Et-

was.«»[18] – eine Satzbewegung wie ein *perpetuum mobile.* Da hat
der Rotmantel das Etwas aus Nichts schon zu Nichts vernichtet,
seine Fälschung verbrannt, und das Haus und sich selbst auch,
vermuten wir: der Erzähler beschreibt nur noch das Entsetzen
in den Augen der herbeiströmenden Menge.

Eine finstere Parabel über die Tödlichkeit der Ästhetik ist
auch *Der Theaterdirektor:* Ein Tyrann der Ästhetik, der die
Schauspieler zu Marionetten entmenschlicht, scheitert mit seiner Dressur an einer Schauspielerin, lässt sie scheinbar gewäh-
ren, aber nur, um sie dann der manipulierten Masse auszuliefern:
Am Ende senkt sich aus dem Schnürboden eine tödliche Me-
chanik mit Klammern und Messern, welche die Frau ergreift, in
die Höhe hebt, erst ihre Kleider zerfetzt, dann, nach dem ent-
menschten Schrei der Massen (»Töte sie!«), ihren Körper zerfleischt, ihren Kopf ins Publikum rollen lässt: »Und wie sich die
Menschen aus dem Theater wälzten, sich stauend, einander nie-
derstampfend, den Kopf vor sich hertreibend, durch die ge-
wundenen Gassen in langen sich schwingenden Ketten, verließ
ich die Stadt, in der schon die grellen Fahnen der Revolution
flammten und sich die Menschen wie Tiere anfielen, umstellt
von *seinem* Gesindel, und wie der neue Tag heraufdämmerte,
niedergezwängt von *seiner* Ordnung.«[19] 1945 geschrieben, ist
Der Theaterdirektor zweifellos auch ein Gleichnis für den totalitären Terror und die Massenhysterie des Nationalsozialismus.

Die Falle (ursprünglich *Der Mörder* bzw. *Begegnung*) erschien zuerst in einer überarbeiteten Fassung von 1950 bei der
Holunderpresse Horgen unter dem Titel *Der Nihilist,* bis sie
nach einem kritischen Brief von Emil Staiger vom 25. November
1950 ihren endgültigen Namen bekam. Staiger stellt darin den
Text über *Pilatus,* merkt aber zu Recht an: »Nur das eine bedaure ich, dass Sie mit dem allzu deutlichen und fast kulturge-
schichtlichen Titel das individuelle Leben der Dichtung etwas
beeinträchtigen. Die von Ihnen beabsichtigte Wirkung würde

gewiss vollkommener erreicht, wenn sich der Leser sagen würde: Was Dürrenmatt da vor mir entstehen [lässt], das ist eigentlich Nihilismus, dieser Held ist ein seiner Idee nicht mächtiger Nihilist. Wenn man das Wort schon auf dem Umschlag liest, wird die Einbildungskraft meines Erachtens in einer etwas gefährlichen Weise dirigiert und einseitig gemacht.«[20] Dürrenmatt ließ sich überzeugen. Auch wird er befürchtet haben, dass das Publikum die Hauptfigur des Texts mit dem Autor verwechseln und diesen einmal mehr dem Vorwurf des Nihilismus aussetzen könnte. Nicht ohne Grund. In Dürrenmatts Nachlass findet sich mit Datum vom 30. März 1951 ein Brief an Unbekannt mit dem handschriftlichen Vermerk »nicht abgeschickt«:

Sehr geehrter Herr,
Da Sie auf das größte Ziel zusteuern, das uns Menschen gegeben ist, auf Christus, muss ich Sie als Christ darauf aufmerksam machen, dass Sie diesen einzig sicheren Hafen mit der Leichtfertigkeit, mit der Sie rudern, wohl kaum je zu erreichen vermögen. *Der Nihilist,* den ich vor vier Jahren schrieb, ist ein kleiner Teil meiner Arbeit. Im später entstandenen *Blinden* (und auch im *Romulus*) habe ich den Glauben verherrlicht. Ich habe mich nie gescheut, öffentlich zu gestehen, dass ich ein Christ bin, dies kommt auch in meinen Dramen zum Ausdruck, mit diesem Hintergrund den *Nihilist* zu veröffentlichen, schien mir berechtigt. Der Grundirrtum, der Ihnen unterläuft, liegt in der Mode der Zeit, von einem Werk unbedingt auf den Schriftsteller schließen zu wollen, um ihn irgendwie abzustempeln, ahnungslos, dass es in der Schriftstellerei oft nicht um ein Bekenntnis, sondern um Darstellung geht.[21]

Nicht nur, dass Dürrenmatt hier Prosa und Dramatik wieder einmal weiter voneinander entfernte, als sich das belegen lässt, auch seine These, erst »die Bühne habe ihm die Zunge gelöst«, ist allenfalls so zu verstehen, dass er für Pläne, die er länger mit sich herumtrug, nach Beginn der Arbeit am Wiedertäufer-Stück eine schlüssigere Form, eine sprachliche Absprungrampe fand. Das gilt gewiss für die große Traumszene in der *Falle,* die ein Abstieg in die Unterwelt ist, ein Gang in die Hölle. Ein großes Stück frühe Prosa.

Das Kernstück des ersten Prosabandes, die Titelerzählung *Die Stadt,* fasst erstmals die Erfahrung des Labyrinthischen in ein Gleichnis. Die Möglichkeit ging F. D. als eine Art epiphanische Erleuchtung im Umgang mit Platons ›Höhlengleichnis‹ auf. Es war eine Befreiung, ungeachtet des offenen Schlusses der Erzählung. Sie bricht mitten im Satz ab, mitten in der Unentschlossenheit des Erzählers, ob er durch eine Tat, den Schritt ins Freie die Frage entscheiden solle, die im Denken nicht zu lösen ist: ob er sich nämlich als Wärter im unterirdischen Stollensystem befinde, als der er einst angetreten war, oder als Gefangener. »So ist denn unschwer zu erkennen, dass hinter der *Stadt* Platons ›Höhlengleichnis‹ steht«[22], heißt es im kurzen Nachwort des Prosabands gleichen Namens, und im zweiten Band der *Stoffe:* »[I]ch weiß nicht, ob ich ohne dieses dunkle Gleichnis auf die Gefängniswelt der *Stadt* gekommen wäre. [...] Zum ersten Mal sah ich einen Weg, die Welt darzustellen. Durch Gleichnisse. Sie entsprachen dem, was mir in der Malerei die Vision bedeutete.«[23]

Und, hier sind wir wieder im Strahlungsbereich von Kierkegaard und seiner Theorie der indirekten Mittelung: »Gleichnisse sind an sich mehrdeutig, eindeutig werden sie nur durch den Deuter, durch den Leser, durch den Zuschauer, und das nur, wenn er vom Gleichnis betroffen ist.«[24] »Der Erzähler«, fasst Dürrenmatt sein eigenes erzählerisches Unterfangen zusammen, »versucht durch reines Denken sich Klarheit über ein unübersichtliches Labyrinth von Korridoren zu verschaffen, in deren Nischen sich Gefangene und Wärter gegenübersitzen, über eine unterirdische Welt, in welcher er sich als Wärter befindet, wie er hofft, denn es ist natürlich auch möglich, dass er in Wahrheit ein Gefangener ist. Seine Frage ist somit nicht bloß eine Frage nach der Beschaffenheit der Welt [...], sondern ebenso eine Frage nach seiner Freiheit in dieser Welt.«[25] Und: »Es bleibt bloß die Frage nach der Freiheit übrig, der simple Versuch, die wenigen Schritte zurückzulegen, die ihn von der Ausgangstür trennen. Seine Lage würde sich dann entscheiden. Könnte er den Ausgang durchschreiten, wäre die Freiheit wirklich, nicht eingebildet, nicht fingiert und bloß erhofft; hielte man ihn am Ausgang zurück, wäre seine Unfreiheit eine Tatsache, das Befürchtete träfe zu. Doch er wagt die wenigen Schritte nicht. Er bleibt in seiner Nische. Er wird ewig in ihr bleiben [...]. Er versucht die Welt durch reines Denken zu ergründen. [...] Er ist ein Metaphysiker geworden. Aus Verzweiflung. Aus Furcht vor der Wahrheit. Auch ich wagte damals nicht, ins Freie zu gelangen, der ›unbewusste‹ Sinn der Geschichte. *Die Stadt* ist eine Selbstdarstellung.« Deshalb ist sie voll von realistischen Details aus seiner Berner Zeit, inklusive der ausgemalten Mansarde. Um die Obsession loszuwerden, musste Dürrenmatt seinen Erzähler mit realen Fetischen ausstatten wie ein Voodoo-Zauberer seine Puppen oder Goethe seinen Werther.[26]

Aus dem Versuch, *Die Stadt* im Vorfeld der Publikation umzuarbeiten, entstand *Aus den Papieren eines Wärters,* veröffentlicht erstmals in einem Programmheft 1954. Die Variante bleibt Fragment. An ein Ende geführt hat Dürrenmatt sie erst ein Vierteljahrhundert später unter dem Titel *Der Winterkrieg in Tibet* im ersten Band der *Stoffe.*

Pilatus schrieb Dürrenmatt unmittelbar im Anschluss an sein erstes Stück, also eindeutig nicht mehr in dessen »Vorfeld«: 1946 und Anfang 1947, nach dem Umzug nach Basel. Der Text ist eine sehr bildhafte, eher filmisch als theatralisch entwickelte Epiphanie. Darin erkennt Pilatus als Einziger (und absolut Einzelner) in dem ihm vorgeführten Christus den Gott. Er erstarrt am Ende im Angesicht des gesprengten Grabs des Auferstandenen: »Ein Sklave aber stand hinter ihm, und der sah dann des Pilatus Gesicht: Unermesslich war es wie eine Landschaft des Todes vor ihm ausgebreitet, fahl im frühen Licht des Morgens, und wie sich die beiden Augen öffneten, waren sie kalt.«[27] Kurt Horwitz las den Text am 14. April 1947 an einem Einführungsabend des Schauspielhauses Zürich für *Es steht geschrieben.*

Bleibt die Erzählung *Der Hund,* auf die Publikation der frühen Prosa hin 1951 geschrieben, aber, von einer Skizze aus dem Jahr 1945 ausgehend, bewusst in einem »alten Ton« gehalten, formal, nach Werken wie *Romulus, Mississippi,* vor allem dem ersten Kriminalroman – formal fast so etwas wie ein Selbstzitat. Ich komme an anderer Stelle darauf zurück.

Der Tunnel schließlich sprengt den Zusammenhang des ersten Erzählbandes. Er ist ein Neuanfang.[28] Wir werden im Zusammenhang mit der Edition des ersten Prosabandes darauf zurückkommen.

»Ein Hinausrennen ist ein Hineinrennen«: Mit dem Passus, der mit dieser rätselhaften Wendung beginnt, beschreibt der Dürrenmatt der *Stoffe* seinen Sprung in die Existenz als Schriftsteller. Er ist durch viele Zeugnisse aus dem Frühjahr 1946 belegt und doch eine Stilisierung – degradiert er doch die ganze davor entstandene Prosa zur Vorstufe oder gar Fingerübung, deren Sinn erst durch das erste Stück *Es steht geschrieben* beglaubigt werde. Da müssen wir Dürrenmatt gegen sich selbst verteidigen.

Franz Kafka

Vor allen anderen literarhistorischen Verwandtschaften wurden Dürrenmatts Anfänge quer durch die Sekundärliteratur, ja die Tageskritik, mit Franz Kafka in Verbindung gebracht, zunehmend auch deshalb, weil Kafkas Verehrung im Deutschland der Nachkriegszeit geradezu mystische Züge annahm. F. D. selbst will, von den Nacherzählungen in Jonas' Atelier in Zürich abgesehen, erst um 1950 Kafka gelesen haben und veranschlagte dessen Einfluss auf sein Werk als gering: »Gewiss, *Der Winterkrieg in Tibet* erinnert an Kafka, auch seine Welt ist labyrinthisch. Doch nur *seine* Welt? Ich lernte Kafka dem Namen und den Motiven nach erst in meinem Zürcher Jahr kennen [immerhin das Jahr seiner literarischen Initiation mit dem kurzen Text *Weihnacht*, P. R.], das freilich auch in den Zweiten Weltkrieg fiel, weshalb ich ihn erst nach dem Kriege las, vorher waren seine Werke nicht aufzutreiben. Das Jüdische ist voller Labyrinthe, nicht nur das Ghetto, auch das jüdische Denken, das zugleich ein ›Weltdenken‹ ist, indem es das Labyrinth voraussetzt. Aber was galt ›diesseits‹ dieser Voraussetzung für Kafka, im Vorgeistigen, Vorreligiösen, Vordenkerischen, Vorliterarischen? In welchen Kellern und Gängen verirrte er sich? In welchen Räumen fürchtete er sich und wovor? Spielten Estriche eine Rolle? Theseus, der Minotaurus, das Labyrinth? Was las er als Neun-, Zehn-, Zwölfjähriger? [...] War er später vom ›Höhlengleichnis‹ Platons beeindruckt? Schriftsteller sollten einander nach Urstrukturen, Urmotiven und Urbildern zugeordnet werden, nicht chronologisch.«[29]

Es ist dies ein so auffälliger Abwehrreflex, dass wir stutzig werden müssen. Schon in seinem ersten Brief an Walter Muschg (7. Januar 1947) hatte Dürrenmatt betont, seine Bildung sei »eigentlich nicht eine literarhistorische«, mit der neuesten Literatur habe er »keinen Kontakt«. Kafka kenne er nur wenig. Nicht dass er Einflüsse in Abrede stelle, nur kämen die anderswoher, aus älterer Literatur. Wieland, Tieck, Shakespeare, Aristophanes: »Ich zweifle nicht, dass ich mit Kafka Ähnlichkeit habe. Dies muss auch der Grund sein, warum ich ihn nicht lesen konnte, wie ich auch meine Sachen nicht lesen würde.« Das klingt denn doch wieder wie ein Versuch, eine Vaterfigur in einen Bruder zu verwandeln und an die Brust zu ziehen (nach dem Motto: Er ist mir, wie sonst noch nur ich mir selbst, zu nah, als dass ich ihn lesen könnte). Jedenfalls ist es der Versuch, eine Hierarchie abzuschaffen.

In der Vorbereitung der Buchausgabe seiner frühen Prosa, 1951/52, kam Dürrenmatt nicht umhin, sich selbst zu lesen (und, wenigstens teilweise, zu revidieren). Zumindest zu diesem Zeitpunkt war er sehr wohl im Besitz einer Kafka-Ausgabe: die Lizenzausgabe der Edition Schocken (die Ausgabe Max Brods) erschien ab 1950 bei S. Fischer (dessen Verleger Gottfried Bermann-Fischer sich sehr um Dürrenmatt als Autor bemüht hatte – eben aufgrund der frühen Prosa).

Aber schon im genannten »Soergel« sind immerhin die Texte *Auf der Galerie* (der mir hinsichtlich Dürrenmatts *Theaterdirektor* wichtig scheint), *Die Sorge des Hausvaters* und *Vor dem Gesetz* vollständig abgedruckt. Auf Letzteren hatte F. D. in seiner frühen *Komödie* mit einer kleinen Verneigung vor Kafka hingewiesen (»diese scene wurde in anlehnung an Franz Kafkas *vor dem gesetz* geschrieben und will dem großen dichter ein denkmal setzen«[30]), um die entsprechende Szene dann in der letzten Fassung *(Untergang und neues Leben)* wieder zu streichen. Im genannten langen Vorstellungs-Brief an Walter Muschg gibt er zusätzlich zu den im »Soergel« enthaltenen Texten *Die Verwandlung* und »Teile des Romans« *Das Schloss* an. Dass *Die Stadt* und ihre fragmentarische Umarbeitung, der Text *Aus den Papieren eines Wärters*, mit Kafkas Erzählung *Der Bau* zusammenhängen, wird er indirekt erst eingestehen, als er daraus im Zusammenhang der *Stoffe* den *Winterkrieg in Tibet* entwickelt. Bei der 1973 wiederaufgenommenen Arbeit an *Der Rebell* vermerkt er in der Agenda die Lektüre von Kafkas *Beim Bau der chinesischen Mauer*. Kafkas Texte haben ihm also durchaus schon vor Kriegsende zur Verfügung gestanden.

Literatur komme nicht von Literatur: das zieht sich wie ein Leitmotiv durch Dürrenmatts Poetik. Noch zwei Jahre vor seinem Tod argumentiert er so gegenüber dem jungen Germanisten Lutz Tantow. Für gewöhnlich ein höchst unwilliger Briefeschreiber, schrieb er am 15. August 1988 einen zwölfseitigen (!) Brief an Tantow zu dessen Dissertation *Franz Kafka und Friedrich Dürrenmatt: Eine Dramaturgie der Konfrontation*[31]. Lag sein Interesse, wie Ulrich Weber[32] vermutet, an einem anderen, übertragenen, ins Literarische verlagerten Vaterkonflikt? Die fiktionalen Texte in den *Stoffen* legen die »genetische« Verwandtschaft zu Kafka jedenfalls deutlich nahe, welche die autobiographischen in Abrede stellen.

Obwohl Dürrenmatt stets darauf beharrte, Literatur komme aus vor- und außerliterarischen Erfahrungen, spricht er über eine der wichtigsten, ihm und Kafka gemeinsamen nicht: das komplexe Verhältnis zum Vater, für beide ein wesentlicher Antrieb zur Selbstbehauptung in der Literatur. Oder von der Auswirkung einer Existenz am äußersten Rand des deutschen Sprachgebiets auf ihr Schreiben. War, sozusagen in zweiter Potenz, das Misstrauen gegen eine überväterliche Autorität ein möglicher Grund für Dürrenmatts Distanzierung von Kafka, aber auch von Brecht, ja selbst von Friedrich Glauser? Lag es daran, dass Kafka, nicht nur von Walter Muschg, als religiöser Dichter verstanden wurde? War ihm dieser Verwandte aus psychologischen Gründen zu nah? War es Abwehrstrategie gegen den impliziten Vorwurf des Epigonentums? In anderen Fällen, etwa in der Auseinandersetzung mit dem Plagiatsvorwurf von Tilly Wedekind in Zusammenhang mit *Die Ehe des Herrn Mississippi,* hat Dürrenmatt freimütig Wedekinds Einfluss eingestanden, ja grundsätzliche Erörterungen über Fragen des »geistigen Eigentums« angestellt, die wir so eher bei einem anderen seiner verleugneten Väter, bei Brecht, vermuten würden. Auch wer nicht mit Ulrich Weber behaupten will, »in vieler Hinsicht

[scheine] sein [Dürrenmatts] Selbstverständnis von der Genie-
ästhetik der Goethezeit geprägt, und dementsprechend [signa-
lisiere] das Stichwort ›Beeinflussung‹ eine potentielle literarische
Herabwürdigung und Bedrohung«[33], muss sich über diese Abwehr wundern. Nahe liegt, dass einer, der wie Dürrenmatt überzeugt ist, dass die Stoffe den Autor suchen, sich fast reflexartig
gegen Verhaftungen in literarhistorischen Verwandtschaften und
Abhängigkeiten wehrt. Bei aller Selbstironisierung, bei allem
Nachdruck, den er darauf legt, ein »Schriftsteller« zu sein und
kein »Dichter«: Zweifellos vertritt F. D. neben der deklarierten
Demut dem Stoff gegenüber, dem Bekenntnis zum »induktiven
Schreiben«, auch die Auffassung, dass der Künstler, wie Gott,
entgegen allen Gesetzen der Physik »aus nichts etwas macht«
(ebendieses Thema schlägt er schon, noch auf die Ebene der Fälschung von Kunst verschoben, in *Das Bild des Sisyphos* an).

Das klarste Bekenntnis zu Kafka legt Dürrenmatt in Zusammenhang mit einem Hörspielplan ab, den er 1946 als Gegenstück zu seinem ersten Hörspiel *Der Doppelgänger* konzipierte
(aber dann nie ausführte), nachdem er damit bei Radio Bern auf
Ablehnung gestoßen war. Gehörte *Der Doppelgänger* noch
ganz ins Gravitationsfeld der frühen Prosa, so weist, was er in
Anmerkungen zu einem Themenkomplex vom *Uhrenmacher*
erzählt, voraus auf den *Turmbau* und *Ein Engel kommt nach
Babylon* – auf das Thema von der verkannten Gnade, die sich in
einen Fluch verkehrt.

Zu einem Uhrenmacher in einem fernen Provinzstädtchen
kommt ein Bote des Kaisers mit der Verkündigung, der Kaiser
habe ihn zu seinem Schwiegersohn bestimmt, die Tochter sei
bereits unterwegs. Der Uhrenmacher kann diese Gnade des Kaisers, die ihn da trifft, nicht verstehen, »ist doch Gnade, theologisch gesehen, grundlos«. Er glaubt, das Opfer eines heimtü-
ckischen kaiserlichen Plans zu sein, sein Groll wächst, und als
die Prinzessin endlich ankommt, tötet er sie, »denn auch die

Liebe erscheint ihm als etwas Bösartiges, Heimtückisches, bestimmt, ihn zu vernichten«.[34]

Hier ist der Bezug zu Kafka, auf dessen Erzählung *Eine kaiserliche Botschaft,* deutlich – um von Dürrenmatt umgehend wieder abgeschwächt und umgebogen zu werden: den Stoff habe er zu seiner Verwunderung auch in Kierkegaards *Die Krankheit zum Tode* gefunden. Fazit: »Stoffe sind Gemeingut«, so wie das Labyrinth bei Kafka Teil des kollektiven, speziell des jüdischen kollektiven Unbewussten sei.

Noch lange nachdem er mit dem Glauben seines Vaters Frieden geschlossen hatte, wollte er keinen literarischen Vätern Dank schulden, schon gar keinen so fraglos übermächtigen Autoritäten wie Franz Kafka.

»Ein Hinausrennen ist ein Hineinrennen«

»Wenn ein Fünfundzwanzigjähriger sich nicht nur entschließt, indem er aus dem Schatten hinaus über einen Platz rennt, den Trolleybus zu erreichen, der ihn nach Hause bringen würde, sein Studium fahrenzulassen, um Schriftsteller zu werden, so ist das nicht so verwunderlich, der Fünfundzwanzigjährige hätte schließlich auch auf seinem Spurt nach dem Bus die Entscheidung treffen können, Maler zu werden, was er doch immer werden wollte, doch wenn der gleiche Fünfundzwanzigjährige, während er losrennt, sich gleichzeitig noch entschließt, seine sinnlose Rebellion gegen den Glauben seines Vaters aufzugeben, wovon er lebte, der ihn aufrecht und in Schwung hielt, sieht die Angelegenheit schon bedenklicher aus, mancher Sieg ist in Wirklichkeit eine Niederlage, manche Versöhnung eine Kapitulation, manche Umkehr Feigheit, und oft entstand Schriftstellerei aus einem jämmerlichen Versagen heraus der Realität gegenüber, und mancher rannte in einen Glauben hinein, weil er unfähig war, einen anständigen Beruf zu erlernen, auch ich muss diesen Verdacht auf mir sitzen lassen.«[35] Das entbehrt – im Rückblick des Erfolgsautors – nicht ganz der Koketterie, und Dürrenmatt merkt es, wenn er sofort auf den Preis, die Unsicherheit, zu sprechen kommt. Die macht ihm, die Briefe an Wyss betonen es immer wieder, nun allerdings keine Angst mehr. Es ist diese Selbstbestimmtheit, welche die Schwester noch zwanzig Jahre nach Dürrenmatts Tod staunen lässt.

Nach dem Glauben des Kindes an den Glauben der Eltern kommt die Rebellion des Denkens. Aus dem Denken aber folgt die Tolerierung des Glaubens: die Erkenntnis des Glaubens, des eigenen und desjenigen des anderen.

Die Gründe für seinen Entschluss, Schriftsteller zu werden, waren Dürrenmatt selbst nicht klar (»Du kennst mich, mich interessieren meine Gründe nicht«): In einem undatierten Brief an Wyss vom Juni 1946 versucht er es mit einer psychologischen Hilfskonstruktion, die er relativiert, bevor er sie ausgesprochen hat: »Ich kann Dir hier ganz gut eine psychologische Erklärung geben. Warum nicht: Letztes Jahr habe ich zum ersten Male richtig arbeiten können, es sind vor allem Novellen entstanden und später die *Wiedertäufer*. Daneben habe ich immer studiert – nicht viel, gewiss, aber doch immer ein wenig. Was ich nun falsch machte, war mein Entschluss, nicht mehr zu schreiben, bis ich den Doktor gemacht hätte und dass ich wirklich auch nicht mehr schrieb. Jetzt könnte ich von Verdrängung sprechen, von einer Neurose und von der endlich erfolgten Explosion. Was dann mein Entschluss wäre: aber wozu. Sind dies mehr als bloße Worte?«[36]

Der unerklärliche Entschluss, dieses »Hinausrennen, um hineinzurennen«, wir sahen es schon, war eine Entscheidung für die Schriftstellerei als Berufung (wie Dürrenmatt damals), als Beruf (wie er später gesagt hätte). Als Existenz und Lebensform.

Wie in keinem anderen Moment als in diesen Sekunden der Entscheidung, schreibt F. D. weiter, sei er nun selbst der Stoff, um den es geht, und sofort kommt er in einem Nebensatz auf die Frage, die ihn im Umgang mit Max Frisch immer umtrieb: »Ob man [überhaupt] selbst ein Stoff zu werden vermag.«[37] Jede Objektivierung hänge mit einem Verlust des Selbst zusammen. Und kommt dann endlich zur Frage des Glaubens. Bekennen könne einer nicht seinen Glauben, nur seinen Unglauben an etwas; seinen Zweifel. Den findet Dürrenmatt auf der anderen Seite seines Denkens und untrennbar damit verbunden. Die Dialektik zwischen Glauben und Zweifel konstituiert sein gesamtes Werk. »Hat der Fünfundzwanzigjährige dies einmal eingesehen, so ist sein Rennen über den in der Sonne liegenden Platz in die Schriftstellerei und in den Glauben eins. Nicht dass er zum Glauben seines Vaters überlaufen würde, gerade diese Unmöglichkeit wird der Grund sein, in seine eigene Schriftstellerei und in seinen eigenen Glauben hineinzurennen, den Glauben seines Vaters wird er plötzlich achten, auch wenn er an dem, was sein Vater glaubt, zweifelt (und einmal nicht mehr glauben wird), weil er ihn als Glauben verstehen, doch gerade deshalb als etwas Unverständliches, Unerklärbares in Ruhe lassen wird […]. Damit kann er aber auch nicht mehr objektiv von dem schreiben, was seine Aufgabe gewesen wäre, von Kierkegaard und dem Tragischen, er wird seine Dissertation liegen lassen und sein Studium aufgeben, er wird nur noch subjektiv von sich reden können, indirekt (von außen her gesehen), in sich immer widersprechenden Gleichnissen. Die Schriftstellerei und der Glaube sprechen die gleiche Sprache.«[38] Und endlich: »So handle ich denn nicht als Wissender oder als einer, der glaubt zu wissen, als Ideologe, weil ich wie Sokrates zwar weiß, dass ich nichts weiß, aber auch weil ich nur an etwas zu glauben vermag, das ich damals, als ich auf den Trolleybus sprang, nur ahnte, das mir aber einmal einleuchten würde, wofür es keinen Namen gibt, nur ein

Bild, ein Hinausrennen um hineinzurennen eben, auf eine unerklärliche Weise freilich [...], so dass ich zwar nach der Wirklichkeit frage und das unablässig, soweit diese Wirklichkeit erkennbar ist, und sei sie dies auch nur als Handfeste praktische Wirklichkeit (in welcher der Jammer der ganzen Welt beschlossen
liegt), neugierig und darum doppelt unbequem. Einer, der so
denkt, kann nur objektiv sein, wenn es nicht ihn selbst betrifft.
Er wird verlegen, wenn seine eigene Sache ins Spiel kommt [...];
verlegen, da er sich selber nicht zu objektivieren vermag, weil er
dann sich selber verliert, liegt doch das einzige Vorrecht eines
Menschen der aus der Philosophie hinaus- in seinen Glauben
hineinrannte, darin, missverstanden zu werden, der einzige
Sand, auf dem sich etwas bauen lässt.«

Der Glaube und die Literatur: dem Kenner Jean Pauls wird
dessen berühmte Formel für die weltimmanente Transzendenz
der Poesie nicht unbekannt gewesen sein: »[D]ie Poesie, die einzige zweite Welt in der hiesigen.«[39]

Der Passus, mit dem in den *Stoffen* das Ende einer Kindheit,
einer chaotischen Jugend und der Beginn einer schriftstellerischen Existenz zusammengefasst wird, ist so etwas wie Dürrenmatts schriftstellerisches Glaubensbekenntnis. Darin ist zu lesen, was fortan seine Poetik ausmachen wird: das Verhältnis
zum Stoff, zum vieldeutigen Gleichnis, zur Distanz.

»Ein Hinausrennen ist ein Hineinrennen«: Darin steckt das
Dilemma des Erzählers am Schluss von *Die Stadt* ebenso wie
Kierkegaards »Sprung in den Glauben« und nicht zuletzt nochmals das alte Bild von der Grenze als Spiegel, vom Abgrund, der,
wenn er schon nicht zu erfahren ist, phantasiert werden muss.
Wie schrieb F. D. an Wyss: »[...] denn das ist das Geheimnis der
Phantasie, dass alles zugleich gegenüber und in einem ist«. Wie
schließt der *Rebell*? »So sehr hat sich sein Geist verwirrt, dass
er sich gleichzeitig draußen und drinnen, in Freiheit und in Gefangenschaft wähnt.«

Vor allem aber hängt die Entscheidung für die Schriftstellerei, wie Dürrenmatt sie nachträglich in den *Stoffen* stilisiert –
wobei er den in Wahrheit längeren Vorgang in einen unerklärlichen Augenblick kondensiert – mit Kierkegaard zusammen. In
einem frühen Manuskript, einer Vorstufe der zitierten endgültigen Fassung, heißt es: »Dennoch wagte ich ins Freie zu rennen.
Buchstäblich. Ich war von der Universität gekommen und hatte,
vom Bahnhof her gesehen, das Ende der rechten Arkade der
Kramgasse erreicht, als ich am Ende des Zeitglockenplatzes neben dem Zeitglockenturm den Trolleybus stehen sah, auf den
ich musste, wollte ich nach Hause fahren. Während ich über den
Platz rannte, den Trolleybus zu erreichen, fasste ich den Entschluss, die Universität zu verlassen und Schriftsteller zu werden, als ich den Trolleybus erreicht hatte und er sich in Bewegung setzte, war ich Schriftsteller.«

Das ist die Beschreibung eines Sprungs. Ulrich Weber, der
von dieser Version aus dem Rückblick zutreffend als von einer
»Inszenierung«[40] spricht, hat aufgezeigt, wie dieser übergangs-
lose Sprung in den »eigenen Glauben«, dieser Moment außerhalb jeglichen Zeitkontinuums, ebender Punkt ist, in welchem
»ihm Kierkegaard geholfen« hat. Der ungemein apodiktische
Satz »ohne Kierkegaard bin ich als Schriftsteller nicht zu verstehen«[41] meint nicht nur die Ästhetik der indirekten Mitteilung,
des vieldeutigen Gleichnisses, er meint auch: ohne Kierkegaard
(und seine im Zusammenhang mit Lessing ausführlich abgehan-
delte Kategorie des Sprungs, auch ohne Kierkegaards existentielles Vor-Leben) wäre ich nicht der Schriftsteller geworden,
der ich bin.

Lotti Geissler: der Sprung in die Ehe als Parallelaktion
zum Sprung in die Schriftstellerexistenz

Vieles in den *Stoffen* ist nachträgliche Interpretation. Nicht dies:
dass am Anfang seines Schriftstellertums das Interesse für anderes als sich selbst stand. Als er seinen Entschluss im Frühjahr
1946 am Mittagstisch des Elternhauses verkündete (»Scho e chli
es Mittagässe gsi«[42], erinnert sich die Schwester in unübersetz-
barem Berner Understatement), hatte er sich, wie um die Brücke
hinter sich abzubrechen, schon exmatrikuliert. (»Herbertz, dem
ich meinen Entschluss in Thun im ›Beau Rivage‹ mitteilte – feierlich, unter der Milderung, ich wolle Kunstmaler werden –,
murmelte […] etwas von den Auswirkungen des Coitus inter-
ruptus.«[43]) Den radikalen Entschluss des Sohnes akzeptierte der
Vater mit mehr Mühe als die Mutter. Aber er respektierte ihn als
eine ihm unverständliche Entscheidung, wie der Brief an Eduard Wyss vom »11. Heumond« (Juli) zeigt. Darin bedankt sich
Reinhold Dürrenmatt für die Hilfe; im Übrigen halten sich darin väterliche Sorge und pastorale Unterwerfung unter Gottes
unerforschliche Fügung die Waage (so machte er sich die Toleranz leichter), und er ist klug genug, die Befreiung seines Sohnes
wahrzunehmen. »Was mich freut, ist, dass sein plötzlicher Entschluss, der wie eine Erleuchtung über ihn gekommen ist, eine
merkliche Kräftigung und Festigung seines moralischen und religiösen Gesamthabitus zur Folge hatte.«[44]

Dann, in einem Brief an Eduard Wyss, kündigt F.D. eine
Reise zu seiner Freundin Christiane Zufferey nach Sion an.
»Mein[en] Entschluss habe ich ihr noch nicht mitgeteilt. Es lässt
sich dies nur mündlich machen.«[45] Das kann nur heißen (denn
warum hätte sein Sprung aus dem Studium die junge Malerin
schockieren sollen?), dass er die Entscheidung zum Schriftstellerberuf merkwürdig mit einer zweiten verknüpfte. Der Krieg
war zu Ende, Christiane zog es nach Paris, sie konnte dort bei

einer Cousine unterkommen. Der nun zu seinem Beruf Ent-
schlossene lehnte es ab, sie zu begleiten (auch aus Geldmangel,
nicht nur, weil ihm von jeher alles Französische fernlag), wollte
die Freundin jedoch nicht an der Abreise hindern. Nur geheiratet werden müsse vorher. Das wiederum, erinnerte sich die hell-
wache, witzige und offene Dame ein halbes Jahrhundert später
in ihrem kleinen Haus in Sierre, hätte sie nicht übers Herz gebracht, sei sie doch bei Madame Dürrenmatt im Wort gestanden,
Fritz erst zu heiraten, wenn der Doktor unter Dach und Fach
sei. »Ich hätte den Eindruck gehabt, ein Versprechen zu brechen.«[46] So endete Friedrich Dürrenmatts erste Partnerschaft
fast zufällig nicht in der Ehe.

Anders gesagt: Für die Ehe, die er partout wollte, musste er
sich eine andere Besetzung suchen. Das Tempo, das er dabei
vorlegte, war atemberaubend. Zwischen Mitte und Ende Juni
1946 fuhr er ins Wallis, unterrichtete Christiane Zufferey, dass er
keinesfalls mit nach Paris ziehen werde. Der Entscheid liege bei
ihr: Heirat oder Trennung. Mitte August stellt er den Eltern
seine zukünftige Frau Lotti Geissler vor. Am 12. Oktober heiraten die beiden.

Lotti hatte er an einem drückend heißen Sommertag des Jahres 1946 durch seinen Kommilitonen Ulrich, ihren Bruder, kennengelernt. Sie begegneten sich in dessen Mansarde in Bern:
»Ich war damals verlobt und interessierte mich nicht für andere
junge Herren«, erzählte sie fünfzehn Jahre später Peter Wyrsch.
»Der Freund meines Bruders verstand es dennoch, meine Aufmerksamkeit – wenn auch in durchaus negativem Sinne – zu we-
cken. Er erzählte eine Geschichte, *Die Wurst*. […] Ich fand diese
Geschichte abscheulich und ich bat meinen Bruder, mir mit diesem Menschen nie mehr unter die Augen zu treten. Mein Bruder
tat sein Möglichstes, doch wurden seine besten Absichten von
Herrn Dürrenmatt durchkreuzt. Dieser fand immer wieder einen Weg, um mir neue Geschichten vorzutragen, weniger ab-

scheuliche, und mitten in einer dieser Erzählungen bemerkte ich, dass er in mich verliebt war, und fast gleichzeitig fühlte ich, dass auch ich mich in ihn verliebte. Wenig später gestand er mir, dass er im Bus zur Universität wichtige Entschlüsse gefasst und diese seinen Eltern bereits mitgeteilt habe. Er wolle sein Studium aufgeben, Schriftsteller werden und mich heiraten. Mit der Heirat war ich sofort einverstanden. Vom Aufgeben des Studiums aber riet ich ihm ab. Das hat er mir, ganz im Geheimen, noch lange nachgetragen.«[47]

Pfarrer Dürrenmatt konnte Lottis Familie kaum als standesgemäß betrachtet haben. Ihre Mutter, Cécile Falb, eine kreative Frau (sie spielte Orgel und Klavier, von ihr hatte die Tochter ihre musische, vor allem musikalische Begabung) ließ sich nach üblen Szenen von ihrem gewalttätigen Mann scheiden und rettete nach entbehrungsreichen Zeiten (sie schlug sich sogar mit dem Verkauf von Staubsaugern durch) ihre Lebenslust in eine längere Beziehung mit einer Ärztin aus Biel. Der jüngere Bruder Ulrich wollte Offizier werden, war schon in der Aspirantenschule, als er bei einem Abendrapport aufgerufen und ohne Erklärung zum fristlosen Abgang aufgefordert wurde, anscheinend wegen des kompromittierenden Umgangs seines Vaters mit Nazis (Ulrich sprach sein Leben lang nicht darüber). Auch Lotti hatte unter dem Vater zu leiden. Ihre Schwester Vreni, die Dürrenmatt vor Lotti kennengelernt hatte, war mit einem Martin Strasser verheiratet (und bald wieder von ihm geschieden), den sie im Evangelischen Lehrerseminar Muristalden in Bern kennengelernt hatte und der seinen Unterhalt als mittelmäßiger Bildhauer verdiente. Dann war die Lehrerin über viele Jahre mit einem Berner Aristokraten namens von Sinner befreundet[48], der sie nie heiratete, ihr aber testamentarisch immerhin das sogenannte »Schützenhüsli« in Ligerz vermachte (das sich heute im Besitz von Dürrenmatts Tochter Ruth befindet).

Mit Jahrgang 1919 zwei Jahre älter als Friedrich Dürrenmatt,

war Lotti zuerst an der »Berner Volksbühne« aufgetreten, bevor
sie mit siebzehn in einem Schweizer Spielfilm der harmloseren
Sorte die Hauptrolle spielte. ›S'Vreneli vom Thunersee‹ war ein
Rührstück aus dem Repertoire ländlicher Laientheater, das vor
allem der Selbstversicherung der Schweiz diente, in jenem Heimat-
stil, der kurz darauf große Teile der Zürcher Landesausstellung 1939 prägte. Der Filmhistoriker Hervé Dumont handelt den
Film zu Recht unter dem Zwischentitel »In Krisenzeiten blü-
hen Folklore und Nostalgie« ab. Gegen den Strich ist der längst
verschollene Streifen allerdings nicht nur wegen des frisch-nai-
ven Charmes der Hauptdarstellerin sehenswert, sondern auch
wegen einer Besetzung von geradezu frivoler Pikanterie. Tauchen doch, ausgerechnet in dieser Retro-Schnulze, Darsteller
auf, die für ihre besonders fortschrittliche linke Gesinnung bekannt waren, Alfred Rasser und vor allem Max Haufler.

1937/39 spielte Lotti Dürrenmatt eine größere Rolle im Weih-
nachtsmärchen des Stadttheaters Bern, nahm während neun
Monaten Schauspielunterricht bei Fritz Jessner (dem Bruder des
berühmten Leopold; er war, bevor ihn die Schweizer Fremden-
polizei zur weiteren Emigration in die USA zwang, während
zwei Jahren Oberspielleiter des Berner Schauspiels). 1939, erinnert sich Verena Dürrenmatt, sei sie an einem »Modetheater«
der Landesausstellung Zürich beteiligt gewesen. 1940/41 setzte
sie ihre Ausbildung in Berlin fort. 1942/43 finden wir Lotti im
Ensemble der »Mainfränkischen Gaubühne« Würzburg, wo sie
u. a. in einer Klamotte mit dem Titel *Das Nürnbergisch Ei*
spielte. Sei sie jeweils zurück in die Schweiz gekommen, erinnert
sich ihre spätere Schwägerin Verena, so habe sie »regelmäßig im
Bundeshaus« (d. h. wohl: bei der politischen Polizei) Auskunft
erteilen müssen über ihre Eindrücke aus dem Reich. Unzweifelhaft ist, dass sie mit Arnold Künzli befreundet war, dem späteren politischen Philosophen. Der Verlobte, den sie Peter Wyrsch
gegenüber erwähnt, war jedoch Germain Muller, zu ihrer Würz-

burger Zeit als Anfänger im nicht weit entfernten Badischen Staatstheater Karlsruhe. Kaum zur Wehrmacht eingezogen, desertierte er 1943 über die Schweiz und tauchte in der Résistance unter. Nach dem Krieg wurde er als Mundart-Kabarettist (und »Maire adjoint« von Straßburg) zu einer eigentlichen Elsässer Institution. (Mit dessen Sohn, Regisseur und Dramaturg am Théâtre National de Strasbourg – die Wege des Zufalls sind unergründlich –, war viel später Dominique Ducos über kurze Zeit liiert, die Tochter von Christiane Zufferey, Dürrenmatts erster Liebe). Unklar, ob Lotti an Mullers Desertion beteiligt war. Jedenfalls, sagte sie Curt Riess, sei sie eines Tages auf die deutsche Botschaft in Bern bestellt worden, wo man ihr mitteilte, sie dürfe Deutschland zukünftig nicht mehr betreten. Im Januar 1944 war sie (»als Gast«) in der Rolle der Molly Morran in der Bearbeitung von John Steinbecks *Der Mond ging unter* zu sehen, als eine Art Judith, die den in sie verliebten deutschen Leutnant umbringt. Eine gute Rolle. Der junge Dürrenmatt sah die Aufführung und war keineswegs begeistert: weder vom Stück noch von der Inszenierung und auch nicht von seiner künftigen Ehefrau. Ebenfalls zu der Zeit spielte sie eine Kleinstrolle in *Faust I.* Von einem fulminanten Start in eine Schauspielkarriere kann jedenfalls nicht die Rede sein.

Die Mutter, Cécile Falb, geschiedene Geissler, lebte zur Zeit der Verbindung von Fritz und Lotti in einem Haus in Schernelz bei Ligerz über dem Bielersee. Es sollte 1948 für kurze Zeit die Zuflucht des jungen Paars werden. Die Kräche zwischen Schwiegermutter und Schwiegersohn, aber auch die zwischen Mutter und Tochter waren so heftig wie die Versöhnungen.

Der Entschluss zur Heirat war für Dürrenmatt von dem zur Schriftstellerei als Beruf nicht zu trennen. Als ob er dadurch seinen existentiellen Einsatz hätte erhöhen und, tollkühn genug, dessen Ernsthaftigkeit hätte unterstreichen wollen. Die gewissermaßen Hals über Kopf geschlossene Ehe erscheint als eine

weitere Brücke, die abgebrochen wird – ein Abschied von den
Eltern. Ein Aufbruch auch aus der Behauptung der absoluten
Freiheit des Chaoten in das, was er »Zwang« nennt: Er setzt die
Tragfähigkeit seiner schriftstellerischen Zuversicht noch der Be-
lastungsprobe einer Familiengründung aus. In der frühen Version des genannten Blindbandes steht dieser (später aus nahelie-
gendem Grund wegen zu großer Intimität eliminierte) Passsus:
»[E]s ist nicht zufällig, dass ich gleichzeitig mit dem Schluss,
Schriftsteller zu werden, heiratete. So sehr das persönliche Leben eines Schriftstellers von seinem Werk, oder genauer, von der
Geschichte seiner Schriftstellerei verschieden sein mag, so gibt
es Berührungspunkte. Indem ich mich entschloss, Schriftsteller zu werden, ging ich aufs Ganze. Der Sinn der Ehe besteht
jedoch auch in diesem aufs Ganze Gehen; wie die Schriftstellerei ist die Ehe ein Wagnis, freilich ein unendlich größeres, exis-
tentielleres. Wie beim Glauben kann die Ehe nur im ›Sprung
hinüber‹ geschehen.«[49] Salopper drückte F. D. sich in einer Do-
kumentarsendung zu seinem 50. Geburtstag aus: »Ich habe geheiratet, bin gleichzeitig Schriftsteller geworden. Ich habe also
gleichzeitig eine Familie gegründet [...]. Ein Mann muss Ballast
haben, den er [...] zu ziehen hat, sonst kriegt er keinen Schwung.
Ich war also Schriftsteller und bin mit Leidenschaft Schriftsteller geworden und habe mir geschworen, ich werde nichts als
Schriftsteller, und ich habe seitdem auch nichts Anderes gemacht als geschriftstellert.«[50]

Tatsächlich ist wenig später mehr als ein Werk aus der schlichten Notwendigkeit entstanden, die Familie zu ernähren oder
durch krankheitsbedingte Engpässe zu bringen (die Kriminalromane, nicht zu reden von den meisten Hörspielen oder gar
gelegentlichen Arbeiten als Kritiker). Zum anderen war beides,
die feste, sanktionierte Beziehung und die Schriftstellerei als Beruf, für Dürrenmatt ein Stück weit Selbstpreisgabe, aber auch
Abkehr vom, Rettung aus dem Chaos seiner Jugend.

In dem Brief, in welchem er Wyss zur Hochzeit am 12. Oktober 1946 nach Ligerz einlädt, besteht er jedenfalls auf diesem Zusammenhang:

Es ist nun alles gekommen, wie es kommen musste: anders als ich dachte, aber ich bin froh darüber. Ich habe Dir schon gesagt, dass ich vor mir kapituliert habe und dass ich mich nun vom Gesetz treiben lasse, das ich in mir fühle und siehe: alles wird leicht. Wie ist doch alles einfach, wenn die Angst nicht ist. Ist nicht der Christ, der ohne Angst ist? Mein lieber, lieber Freund, ich schäme mich nicht, Dir zu gestehen, dass mir eine Welt zusammengestürzt ist, eine Welt, aufgebaut auf Klugheit, Rechnerei und anderen schönen Dingen, mit denen viel zu verdienen ist. Mit dem Verlassen der Universität fing es an und mit der Ehe hört es auf. Ich gedenke mich am 12. Oktober mit Frl. Lotti Geissler zu verehelichen: Wie wir leben werden, weiß ich nicht, wir werden aber leben. Wir haben nicht viel mehr als unsere Liebe, unseren Glauben, dazu ihren Mund zum sprechen und meine zwei Hände zum schreiben. Aber ich glaube, dass Du und Els schon informiert worden seid. Nun wäre ich also wieder so weit, dass ich Gründe sagen sollte. Warum, warum, warum. Mein Lieber, Du kennst mich, mich interessieren meine Gründe nicht. Ich kann Dir nur sagen, dass ich glücklich bin. Was ist das Leben, wenn wir nicht so leben, wie wir denken, wenn unsere Gedanken uns nicht zwingen? Wir waren lange getrennt mein Freund, Du wirst mich aber verstehen, dass ich niemandem schreiben konnte, nicht weil ich unglücklich gewesen wäre, sondern weil ich glücklich wurde. Gott schenke mir die Kraft es zu bleiben und was können wir mehr als Gott vertrauen dürfen. Von ihr will ich nur weniges schreiben, nur, dass sie der einzige Mensch ist, der mich zwingt und dass Sie mich versteht. Du wirst sie ja selber kennen lernen. Hier möchte ich noch die Einladung an unsere Hochzeit folgen lassen, die am 12. Oktober in Ligerz, am Bielersee stattfindet. Es wäre mir auch lieb, sehr lieb, und ein gutes Omen, wenn Du mein Trauzeuge wärest.

Es grüßt Dich Fritz Dürrenmatt

Der 12. Oktober ist der Hochzeitstag meiner Eltern, die sich über uns sehr freuen. Grüße mir Els. Ich habe sie sehr gern und sie hat mir sehr geholfen. Grüße sie, die Kinder auch. Über meine künstlerische Arbeiten wäre Interessantes zu melden. Kannst Du mir die Komödie schicken (die erste Komödie, nicht die *Wiedertäufer*). Lotti möchte sie lesen.[51]

Und, wenig später, Missverständnisse ausräumend, die sich nun in diesem Briefwechsel zu häufen beginnen: »Würde ich heiraten, wenn ich klug sein wollte, wenn ich rechnen wollte? Müsste ich nicht Angst haben? Dies soll für mich die Ehe sein: die Bestätigung der Kapitulation vor sich selbst.«[52]

Die Dialektik von Zwang und Freiheit steigert Dürrenmatt in diesem Brief geradezu ins Metaphysische (»Wie kann dich Gott zwingen, wenn Dich nicht die Menschen zwingen, die Du liebst«). F. D. war schamhaft in privaten Dingen. Einen so intimen Zusammenhang hätte er, bei seiner Scheu vor Intimität, niemals mehr in einem Brief erwähnt. Diese Ehe stellte er zeitlebens und ausnahmslos auch gegenüber relativ engen Freunden als ideale Partnerschaft dar. Doch hatte nicht nur der Verzicht der jungen Schauspielerin (und begabten Musikerin) auf ihre eigene künstlerische Selbstverwirklichung seinen Preis (in gewisser Weise opferte sie ihrem Mann ihre künstlerische Karriere, jedenfalls empfand sie das so). Auch für Dürrenmatt war die Verbindung nicht nur als eine Partnerschaft selbstverständlich. Sie hatte auch eine Funktion (was ihm keinesfalls so etwas wie ein moralisches Kalkül unterstellen soll). Keine einfachen Voraussetzungen, Verliebtheit hin, gegenseitige Bewunderung her.

In einem Agendaeintrag wird es später heißen: »April ′54, Montana: Abends spät im Bett Schopenhauer über die Weiber gelesen. Das Lächerliche dieser Schrift besteht in ihrer Bürgerlichkeit, die darin besteht, dass die Liebe ein Gefühl und keine Tat ist, ebenso die Ehe eine Sitteneinrichtung und keine religiöse Möglichkeit.«[53]

Ausgehend vom Prosatext *Pilatus*, denkt Wyss in einem Brief vom 9. Dezember 1946 über das Verhältnis Kunst und Leben unter besonderer Berücksichtigung des neuen Zivilstands seines Freundes nach. Den bringt er zum einen mit der Vermutung gegen sich auf, »der nächste Schritt über den *Pilatus* hinaus müsste wohl wiederum irgendwie bildende Kunst sein« (Wyss hatte nicht begriffen, dass das, was er das »paulinische Erlebnis« nannte, nicht nur ein Entscheid für die Schriftstellerei, sondern auch einer gegen die Malerei war – als Beruf, wohlverstanden). »Du hast, lieber Fritz, innerhalb eines Jahres Dein Studium mit der Ehe vertauscht, Gewagtes und Entscheidendes genug. Ich frage mich, ob von da aus die Arbeit an Deinen Novellen, durch die die Frau lemurenhaft geistert, nicht zu viel Ballast ist. Die Frau – sagen wir es präziser – Deine Lotti ist vorerst nur bis ins Widmungsblatt Deines *Pilatus* eingedrungen. Ich meine, sie wird Deine Kunst so oder so durchdringen müssen, wenn sie nicht Dein Leben durchgeistern soll. Denn Du willst doch auch schreiben, wie Du lebst, nicht nur leben, wie Du schreibst.«[54]

Das nun eben gerade nicht. Dürrenmatt am 24. Dezember 1946 an das Ehepaar Wyss, mit höflicher Zurückhaltung, aber sichtlich irritiert:

»Mit Edy hätte ich sehr gerne gesprochen. Sein Brief war lieb, nur hat mich vieles verwundert. Er hat recht, wenn er meint, die Novellen wären mir wahrscheinlich ein Ballast gewesen – Nun, jetzt ist er abgeworfen. Ich sende ihm hier die *Stadt* zu. Er sieht, dass vieles sich geändert hat. Trotzdem werde ich nicht und nie schreiben, wie ich lebe.«[55] – »Die Frau« wird, mit ganz wenigen

Ausnahmen (und die wiederum sind Überhöhungen ins Englische und Asexuelle wie im Fall von Kurrubi), tatsächlich »lemurenhaft« durch Dürrenmatts Gesamtwerk geistern. Der Gymnasiallehrer konnte nicht wissen, wie weit er mit seiner Bemerkung
voraussah. Und wie sehr er mit dem Rest dieses Briefs daneben-
lag.

Am 11. Oktober 1946 wurden Friedrich Dürrenmatt und Lotti
Geissler in Bern zivil, am 12. Oktober in Ligerz kirchlich getraut: von Vater Reinhold, der damit gewissermaßen auch seinen
Segen zu einer Schriftstellerexistenz gab. Den Unterhalt, den er
Fritz bis zum Abschluss des Studiums bezahlt hätte, richtete er
weiter aus. Er war gering, aber immerhin: stur war der alte Herr
nicht, und die Mutter schoss zu, was sie konnte. Lotti spielte am
Basler Theater (vermutlich in Stückverträgen von Fall zu Fall,
zwischenzeitlich hatte sie bei der mit den Dürrenmatts befreundeten Familie von Pfarrer Noll in Arlesheim gewohnt). Also
wurde baldmöglichst der Umzug nach Basel geplant.

8

»Der Junge ist ein Genie!«
Ein Autor wird entdeckt

Von einem Leben in ein anderes Leben · Vom Glück des Aufbruchs · Es steht geschrieben · Ein stürmischer Abend · Ein protestantischer Claudel? · Als der Krieg zu Ende war: Das Schauspielhaus Zürich, ein Theater im Umbruch · Eine Wahlverwandtschaft: Friedrich Dürrenmatt und Walter Muschg · Der Glaube und der Zweifel an sich: Ein sentimentalischer Protestant · Eine katholische Versuchung · ›Der Blinde‹ · »Ein interessanter geistlich-weltlicher Naturbursche«: Friedrich Dürrenmatt trifft Karl Barth · Ein denkwürdiger Tag

Von einem Leben in ein anderes Leben

Dass Friedrich Dürrenmatt 1946 nach Basel kam, war keine Entscheidung für diese Stadt: Seine Frau Lotti, die er im Oktober 1946 nicht gerade Knall auf Fall, aber nach einer nicht einmal halbjährigen Verlobungszeit geheiratet hatte, spielte am Basler Theater. Im Gegensatz zu Bern wurde Basel in seinem Werk nie zum Thema. Dabei war die Stadt der Ort, an dem sich zweimal sein Lebenslauf als Dramatiker entscheiden sollte. Während er zum ersten Mal hier lebte, kam er auf dem Theater an (auch wenn sein dramatischer Erstling *Es steht geschrieben* in Zürich uraufgeführt wurde), und ebenso sollte in Basel zwanzig Jahre später sein langer Abschied vom Theater beginnen.

Bern war die Topographie seiner lange andauernden Pubertät

gewesen. Der Schauplatz seiner Ängste und Nöte, seiner quälenden Schul- und Studienzeit, seines Einzelgängertums. Das Labyrinth des Minotaurus, wie er es später sah. Er sollte Bern zeitlebens anlasten, was er in die Stadt hineinprojiziert hatte (und
noch hineinprojizieren sollte). Von der Lichtgestalt seines skurrilen, menschenfreundlichen, scharfsinnigen Lehrers Richard
Herbertz einmal abgesehen, hielt ihn dort wenig, auch nicht die
paar Gestalten in der ›Klötzlikeller‹-Runde um Wilhelm Stein.
Sie gehörten zur Zeit der Gefangenschaft im Labyrinth, aus dem
er den Sprung gewagt hatte, in jenem Sprint auf den Bus im
Frühjahr 1946: hinein ins Unbedingte, in die Schriftstellerei als
Beruf. Der Umzug nach Basel war erneut ein Aufbruch – in viele
Richtungen: Jetzt, da der Krieg zu Ende war, genügte ihm die
Möglichkeitsform: dass er die Schweiz, das Gefängnis der Ver-
schonung, hätte verlassen können. Die Grenzstadt Basel war für
ihn wie vorher Zürich ein Sprung »ins Freie«[1] – Ausland genug.
Hier lernte er nach wenigen Wochen ein geistiges Klima kennen,
das auf ihn, auf das er reagierte. Der Minotaurus, der »absolut
Einzelne«, als den er sich empfunden hatte (oder im Rückblick
auf seine Berner Adoleszenz empfand), fand nicht nur einen
Spiegel, sondern Gesellschaft. Er wurde wahrgenommen. Zuerst
als ein Gerücht, dann als eine neue, etwas merkwürdige Figur in
der kleinen Kulturszene. Und bald machte er noch eine neue
Erfahrung: Er wurde ernst genommen – nicht nur von ein paar
wenigen Vertrauten. Er wurde eine öffentliche Figur.

Vom Glück des Aufbruchs

Am 21. Oktober 1946, eine gute Woche nach der Hochzeit in
Ligerz, waren Friedrich und Lotti Dürrenmatt nach Basel gekommen, in einem Umzugswagen zusammen mit einer Heils-
armeefamilie und in Begleitung von Lottis Bruder Ulrich (Ueli

genannt) Geissler. Von der Mansarde in der Berner Laubeggstraße zog man um in ein Provisorium in der St. Alban-Vorstadt 30, den sogenannten ›Wildensteiner Hof‹. Wenig später
wurde das große Haus der Privatschule Athenäum zur Verfügung gestellt, die sich noch heute dort befindet. Dürrenmatts
wechselten in die St. Alban-Vorstadt 10, welche die Schule soeben geräumt hatte. Das Gepäck wog leicht. Aber es enthielt ein
Stück, an dem sich ein halbes Jahr später das Theater fast über-
heben sollte – Dürrenmatts Wiedertäufer-Drama *Es steht geschrieben.*

Der Alltag als Schriftsteller war hart, geprägt durch alle denkbaren materiellen Entbehrungen. Was durch Lottis Stückver-
träge und Abendgagen zusammenkam, war zu viel zum Sterben
und zu wenig zum Leben, doch in jedem Fall mehr, als Dürrenmatt damals zum gemeinsamen Hausstand beitragen konnte. Sie
waren, wie es das Klischee will: mausarm, aber glücklich.

In der *Dürrenmatt-Story* von Peter Wyrsch wird Lotti Dürrenmatt recht anekdotisch zitiert: »Wir zogen nach Basel, weil
ich hoffte, ans dortige Stadttheater engagiert zu werden. Ich war
mit Leib und Seele dem Theater verfallen, und das war wahrscheinlich mein Fehler. Eine richtige Wohnung wollte uns niemand vermieten – einem Schriftsteller, den man nicht kannte. In
einem riesigen Haus mit 48 Zimmern fanden wir Unterschlupf,
provisorisch, weil das Haus dazu bestimmt war, eine Schule aufzunehmen. Eine seltsame erste Erfahrung machte ich darin. Als
ich in der zweiten Nacht erwachte, war das Bett meines Gatten
leer. Das regte mich nicht weiter auf. In der dritten Nacht war
das Bett wieder leer, nun schaute ich mich doch etwas um; nachdem ich aber festgestellt hatte, dass seine Kleider auf dem Stuhl
lagen, drehte ich mich beruhigt auf die andere Seite. In der vierten Nacht aber kam mir die Sache doch etwas seltsam vor. Ich
erhob mich, um ihn zu suchen, und ich fand ihn – auf dem
Flachdach. Er betrachtete in aller Seelenruhe die Sterne, erklärte

mir die Sternbilder und nannte mir ihre Namen, die er alle kennt.
So erfuhr ich, dass eine seiner Lieblingsbeschäftigungen die Astronomie ist. Das Flachdach des Hauses erwies sich als Vorteil.
Weniger vorteilhaft war das Fehlen einer benützbaren Küche.
Ich bereitete unsere bescheidenen Mahlzeiten im Korridor auf
einer Kochplatte zu. Als die Schule einzog, wechselten wir in das
Haus, das von ihr geräumt wurde. Es bestand aus ›nur‹ 18 Zimmern. Wir bewohnten eines davon, das Fritz mit grotesken Bildern ausmalte. Wiederum musste ich im Korridor kochen und
waschen. Schlimm wurde es im Winter, da die Zentralheizung
nicht in Betrieb gesetzt werden konnte. Fritz erstand einen
Ofen, eine Occasion. Er holte ihn selbst mit einem Leiterwagen
am entgegengesetzten Ende der Stadt ab. Vor dem Hause fiel die
Fuhre um. Aber schließlich gelang es mit Hilfe freundlicher
Leute doch, den Ofen aufzustellen und zu heizen. Ich rechnete
fest damit, mein Leben lang einen geldlosen Haushalt führen zu
müssen. Eine Zweizimmerwohnung mit eigener Küche erschien
uns als unerfüllbarer Traum. Damals kam Peter, unser erster
Sohn, zur Welt. In Anwesenheit des Vaters. Das Ungenügen des
unwirtlichen Hauses wurde noch fühlbarer.«[2]

Die Zuversicht des jungen Paars gründete sich auf die (wie
sich herausstellen sollte, vergebliche) Hoffnung Lottis auf ein
festes Engagement am Basler Theater. Von ihren unregelmäßi-
gen Einkünften war keine Familie zu ernähren, zudem machte
es die Schwangerschaft bald unmöglich, Rollen mit ihr zu besetzen. Nach der Geburt des Sohns fiel ihr Fach einer Freundin
des Regisseurs Ernst Ginsberg zu. Lottis wachsende Frustration
darüber, dass sie F. D. und der Familie ihre künstlerische Karriere geopfert habe, war sicher ein Grund für die Verstimmungen und Auseinandersetzungen, die im Lauf der Jahre und Jahrzehnte die (nach außen immer idealisierte) Ehe der Dürrenmatts
trüben sollten. Doch weder die Rollen, die sie vor der Bekanntschaft mit Dürrenmatt spielte, noch die in Basel scheinen ihr

recht zu geben: zu den bereits genannten kamen dort eine Petitesse, eine »Preziöse« in Rostands *Cyrano von Bergerac* (18. November 1946), eine Arbeiterin in Claudels *Mariä Verkündigung*
(16. Dezember 1946), »Eine Frau« in einem von 24 Bildern von
Brechts *Furcht und Elend des Dritten Reiches* (6. Januar 1947),
eine »2. Frau« in Lorcas *Bernarda Albas Haus* (Premiere 22. November 1947), letztere schon nach der Geburt von Sohn Peter
am 6. August 1947. Dabei ist Lorcas Tragödie ein reines Frauen-
stück. Wurde Lotti selbst darin klein besetzt, heißt das, dass
Ginsberg ihr Größeres nicht zutraute.

Das zweite Fundament, auf das Fritz und Lotti Dürrenmatt
ihre Zukunft bauten, war noch brüchiger: Dürrenmatts unver-
rückbarer Glaube an seine literarische Berufung. Von außen
war ihm dieser Glaube noch kaum bestätigt worden. Zwar gab
es zu diesem Zeitpunkt bereits den Autor Dürrenmatt – nur
wusste das keiner außer ihm und seinem damaligen Vertrauten
Eduard Wyss.

Es steht geschrieben

Ein »Genie«, erinnert sich Maria Becker an den Ausruf ihrer
Mutter, der Schauspielerin Maria Fein, während der tumul-
tuösen Uraufführung von Dürrenmatts dramatischem Erstling,
dem Wiedertäufer-Drama *Es steht geschrieben:* »Der Junge ist
ein Genie!«[3] Eine solche Entdeckung beansprucht im Nachhinein jeder für sich. In Dürrenmatts Fall war Kurt Horwitz daran
sicher beteiligt. Horwitz war 1946 gerade Direktor des Basler
Schauspiels geworden. Er will Dürrenmatts Manuskript vom
Schauspieler Hans Gaugler erhalten und es voller Begeisterung
dem Schauspielhaus Zürich weitervermittelt haben, weil er nicht
sah, wie er das personenreiche Stück aus dem kleinen Basler Ensemble hätte besetzen können.

In der Version von Peter Lotar, dem Lektor des Bühnenverlags von Kurt Reiss, liest sich die Geschichte anders: »Das Basler Theater erlebte seine Renaissance unter Kurt Horwitz und Ernst Ginsberg, künstlerischen Persönlichkeiten von exzeptionellem Format. Doch ihr Dramaturg, ein recht konservativer Herr, hielt wenig vom Nachwuchs unter den schweizerischen Dramatikern. Als ich widersprach, auf Max Frisch hinwies, winkte er ab. ›Da bringt zum Beispiel so eine Spätgeburt von Jüngling einen hundertseitigen Wälzer, einen historischen Schinken in Versen, heutzutage, einfach grotesk!‹ Er warf das Manuskript so heftig auf den Tisch, dass es aufging. Ich sah hinein.

›Ich hüpfe mit dem Bäuchlein

und wackle mit dem Ärschlein

und schlenk’re mit den Armen.‹

Das amüsierte mich. ›Darf ich’s mitnehmen?‹

›Na, viel Vergnügen. Es überquillt von pubertären Obszönitäten. […]‹

Im Verlag las ich und las. […] Es war der Ausbruch eines Vulkans. Was er hervorschleuderte, waren es Verse, diese gewalttätigen Sprachbrocken von barocker Üppigkeit und messerscharfem Witz? War es Prosa, die poetische Kraft sogleich zur Dichtung machte? […] Diesen Fritz Dürrenmatt musste ich ausfindig machen! Da – zuhinterst mit Bleistift eine Adresse: St. Alban-Vorstadt 30. Also hier in Basel, fünf Minuten von meinem Verlag.

Es war ein trüber Spätnachmittag im Dezember 1946, als ich beim Kunstmuseum in die St. Alban-Vorstadt einbog. Am verbrauchten Portal eines riesigen düsteren Gebäudes mit der Nummer 30 entzifferte ich mühsam eine Tafel ›Städtisches Greisenasyl‹ und darunter eine Affiche ›Aus sanitären Gründen geschlossen‹. Eine falsche Adresse? Aber das Tor gab nach. Ein riesiges Stiegenhaus, alles finster. Von einem Instinkt geleitet, tappte ich die Treppe hinauf, im 1. Stock durch einen Türspalt schimmerte Licht. Ich klopfte, öffnete, schon fuhr mir ein kläffendes weißes Etwas an die Beine, eine Stimme rief ›Chumm da häre!‹, und der Spitz trollte sich knurrend zurück […].

Ich stand sprachlos vor dem bizarren Anblick: ein leerer, sinistrer Saal, in dem einmal 30 Betten gestanden haben mochten, und inmitten der Öde, durch eine einsame Lampe aus der Finsternis geschnitten: ein altes Doppelehebett, ein karger Tisch mit Stühlen und einer Kiste, darin – ein Säugling. Die junge Frau blickte auf, rief ›… aber das ist ja …‹ und auch ich erkannte Lotti. Sie hatte einmal mit mir am Bieler Theater gespielt. […]

Ende Januar war es soweit. Das Stück war jetzt in seiner Substanz und Sprengkraft komprimiert. […] Ich rief Kurt Horwitz an, den befreundeten Direktor. Der Autor habe an dem Stück schon Entscheidendes geleistet. Ob er es jetzt nicht lesen wolle. Er sei über das Stück orientiert, es käme leider nicht in Frage. Aber wenn der junge Mann wirklich so begabt sei, dann solle er die Hoffnungen im nächsten Stück erfüllen. ›Wenn dieses Stück nicht aufgeführt wird‹, sagte ich, ›kann er kein nächstes mehr schreiben. So ist seine Lage.‹ Aber Horwitz bedauerte. Am folgenden Tag fuhr ich nach Zürich zu Kurt Hirschfeld, dem Dramaturgen des Schauspielhauses. […] Am späten Nachmittag des darauffolgenden Tages der Anruf von Hirschfeld: ›Wir machen das Stück. Noch diese Saison.‹«[4]

Nun merkte auch Horwitz, was ihm da entgangen war. Unter dem 23. Januar 1947 vermerkt Dürrenmatts Agenda: »Brief von Lotar. Telephon an Lotar. Er meldet, dass Zürich die *Wiedertäufer* spielen will.«[5] Und zwei Tage später: »Basel mit Zürich im Streit mit den *Wiedertäufern*.«[6] Am Ende einigte man sich auf den Kompromiss, dass Horwitz das Stück inszenieren solle, aber am Schauspielhaus Zürich. Die Verflechtungen zwischen den beiden Theatern waren kurz nach dem Zweiten Weltkrieg sehr eng. Man half sich mit Regisseuren, gelegentlich auch mit Schauspielern aus.

Bei Dürrenmatt liest sich das in einem Brief an Eduard Wyss vom 2. Februar 1947 so: »Basel und Zürich möchten beide die Uraufführung diesen Frühling. Basel hatte ursprünglich das Stück abgelehnt – sie wollten mein nächstes Stück, an dem ich schreibe *[Der Blinde]* – aber als sich Zürich meldete, wollten sie es plötzlich auch. Ebenfalls sehr interessiert für das Stück ist Hilpert, der es für Wien möchte. Bern hat sich auch gemeldet und Prag sei so gut wie sicher. Ich persönlich enthalte mich jeder Meinung und verschanze mich hinter Reiss. Aber die Verhältnisse in Basel sind himmeltraurig. Muschg hat die *Wiedertäufer* auch gelesen. Er möchte sie samt den Novellen in der Klosterberg-Reihe aufnehmen. Frisch hat mir einen freundlichen Brief geschrieben.«[7] Der so lapidar erwähnte war bereits am 24. Januar 1947 eingetroffen, also schon vor der Uraufführung von *Es steht geschrieben,* und nicht weniger als ein großzügiges Freundschaftsangebot des zu dieser Zeit bereits auf dem Theater angekommenen Frisch. Er hatte das Typoskript gelesen und war begeistert.[8] Dürrenmatt antwortete noch am selben Tag. Es sollte der Beginn der »Arbeitsfreundschaft« der beiden erfolgreichsten Schweizer Autoren der Nachkriegsjahre werden.

22. 1. 1947
Zollikerstraße 265

Verehrter Herr Fritz Dürrenmatt!

Herr Reiss hat mir neulich Ihren Namen und Ihr Stück erwähnt, ich bat ihn um das Manuskript, das ich nun ein erstes Mal gelesen habe, und ich bin begeistert davon. Ich weiß, dass ich nicht der erste bin, der Ihnen das sagt. Das Ganze hinterlässt mir einen tiefen Eindruck, eine Vision, die anhält, einzelne Scenen sind besonders stark, weil sie, wie mir scheint, groß gesehen sind, und ich bewundere vorallem die starke und eigene Vorstellungskraft, die sich in allem offenbart, in der Sprache wie in der bühnenmäßigen Verbildlichung.

Einzelne Dinge, so scheint mir wenigstens, müsste man zu-
sammenziehen, und Sie müssten einen sorgsamen Regisseur
haben, der mit Ihnen zusammensitzt und Ihnen zeigen kann,
wo Sie über Möglichkeiten einer Bühne hinausgehen, sodass
die Vision gefährdet ist; ich denke etwa an den Dächertanz
der Wiedertäufer und anderes. Man wird Ihnen vielleicht hin
und wieder sagen, dass gewisse Einflüsse noch allzu spürbar
sind; meinerseits dachte ich manchmal an den *Seidenen Schuh*
[von Paul Claudel], manchmal an den genialischen Georg
Büchner. Aber ich glaube, dass gewisse Anlehnungen nur äußerlich sind und nebensächlich; Sie haben eigenes genug, dass
Sie alldies abstreifen können und werden, und wenn Ihnen die
Gnade, die so spürbar über Ihrem Erstling waltet, erhalten
bleibt, so scheint es mir außer Zweifel, dass uns in Ihnen ein
dramatischer Dichter von Format begegnet. Da ist so vieles,
worum ich Sie aufrichtig beneide, und ich hoffe, dass Sie meinen Brief nicht als väterlichen Zuspruch empfinden, als ein
Klopfen auf die Schultern; ich möchte Sie nur wissen lassen,
wie sehr ich begeistert bin [...].[9]

Dürrenmatt vermerkt den Eingang des Briefs in seiner Agenda
mit einem Ausrufungszeichen. In der postwendenden Antwort
zeigt er sich aufrichtig berührt vom Zuspruch des Älteren und
bekennt, dass er bereits ein Stück weiter ist:

Es sind seitdem [seit der Niederschrift des Stücks] viele Dinge
mit mir geschehen, und mein Leben und mein Denken hat
sich in vielem verändert, so dass ich mich nur noch mit Mühe
in den *Wiedertäufern [Es steht geschrieben]* zurechtfinden
kann. / [...] Ich habe diesen Sommer mit vielem abgeschlossen. Vielleicht liegt das Gute in den *Wiedertäufern [Es steht
geschrieben]* vor allem darin, dass es mich zwingt, weiterzu-
gehen. Es ist so vieles in diesem Stück, das ich nicht mehr

fortführen kann, welches ich nur einmal anwenden konnte. Wie sehr werden Sie wissen, dass jeder sich hüten muss, sein eigener Epigone zu werden.

Das nach dem ersten Stück! Selbst die Differenz zwischen ihnen beiden hat F. D. zu diesem Zeitpunkt schon erkannt:

Auch ist es mir bewusst, dass sich Ihnen die Welt anders offenbart, und dass sich Ihnen die Probleme anders stellen als mir, wie ich dem entnehme, was ich von Ihnen kenne. Sie müssen bei mir immer bedenken, dass ich ein bernischer Pfarrerssohn bin, und dass ich trotz aller Anstrengung zuletzt die Religion meines Vaters nicht überwinden konnte. Sie werden es recht verstehen, wenn ich sage, dass hier meine Grenze liegt.[10]

Ein stürmischer Abend

Es steht geschrieben ist ein Reflex der Zeitgeschichte (die Schatten an der Wand der »platonischen Höhle«, mit der sich F. D. im Philosophiestudium auseinandersetzte und in welcher der von der Weltgeschichte/vom Krieg Verschonte als Gefangener saß) und eine Auseinandersetzung mit dem Glauben bzw. dem Irrglauben. Es ist jedoch keine Parodie des Glaubens, wie man auf den ersten Blick annehmen könnte, sondern vielmehr eine Kritik seiner Verirrungen, hauptsächlich seiner Ideologisierung. Die Worte der Bibel, welche die Täufer extrem ideologisch aus- und festlegten, sind (wie F. D. im Programmheft der Uraufführung schrieb) »nicht der Sinn des Stückes, sondern die Schwerter, welche die Leiber der Menschen durchfahren, die Schwerter also, die töten«. »Es sind Stücke sowohl der Nähe als auch der Distanz, von der Frage angeregt, wie wohl Hitler und damit der Glaube an ihn möglich geworden war.«[11]

»Im blauweißen Buch *Die Wiedertäufer* aus den Monographien zur Weltgeschichte von Velhagen und Klasing blätterte ich schon im Dorf, es stand in der Bibliothek meines Vaters, die blutige Groteske, die sich im Zeitalter der Reformation in Münster in Westfalen abspielte, blieb in meiner Phantasie haften, nach der deutschen Katastrophe begannen plötzlich die damaligen Personen zu reden [...].«[12] Die bizarre Episode der Reformationsgeschichte ist an sich schon ein extrem theatralischer Stoff. Jetzt wird sie zur Ideologiekritik im Gleichnis. »Der absolute Bibelglaube führte zu einer Ideologie, und auch der Nationalsozialismus war eine Glaubensideologie. Der Glaube an die Rasse, an das Vaterland, die (im Versailler Vertrag geschändete) Ehre, das sind alles solche emotionelle Glaubenspunkte, der ungeheure Schwulst der nationalsozialistischen Ideologie und der groteske Schwulst dessen, was die da glaubten in Münster. Da konnte ich eine Parallele auf das Theater ziehen.«[13]

Es steht geschrieben ist zwischen Juli 1945 und März 1946 aus einem frühen Fragment F. D.s, *Thogarma* (von dem gerade eine Henkersszene erhalten ist), gewachsen. Ohne professionelle Kenntnis des Theaters entstanden, ist es ein wildes Stück, das alle scheinbar unerlässlichen Spielregeln der Bühne missachtet. Wie Kleists *Penthesilea* blieb es eine Herausforderung für die Bühne, die allenfalls *trotzdem* aufgeführt wird (»einem Marstheater zugedacht«, wie Karl Kraus von seinen *Letzten Tagen der Menschheit* sagte). Ein inflationärer Bilderbogen, der die Dramenstruktur durch seine schiere Menge an Explosionen ersetzt, durch ein Übermaß von Umschwüngen und Pointen. *Es steht geschrieben* hat mindestens drei Prologe und vier Schlüsse.

Welche Version von der Entdeckung und anschließenden Vermittlung von Dürrenmatts erstem Stück nach Zürich auch zutrifft: eine Besetzung, wie sie das Zürcher Schauspielhaus für *Es steht geschrieben* freistellte, wäre in Basel tatsächlich schwer denkbar gewesen: Gustav Knuth als Bockelson, Heinrich Gretler als Knipperdollinck, Agnes Fink als dessen Tochter Judith, Fred Tanner als Matthisson, Hans Gaugler, Robert Freitag, Erwin Kalser (in der Rolle des Bischofs Franz von Waldeck), Therese Giehse (im kleinen Part der Gemüsefrau), Armin Schweizer und so weiter und so fort – alles in allem die Crème de la crème der deutschsprachigen Schauspieler.

Den Aufsatz für das Programmheft schrieb – immerhin – Karl G. Schmid, der als Literaturprofessor an der Zürcher ETH, als ehemaliger Generalstabsoffizier und als Ehegatte der beliebten Kabarettistin Elsie Attenhofer, zu den Stützen der Zürcher Gesellschaft gehörte: »Es ist schwer vorauszusagen, wie dieses unbändige, irgendwie barocke Stück von der Bühne her wirken wird. Die Zeiten sind vorbei, wo junge Dichter die Hamburgische Dramaturgie studierten! Der ›Götz‹ ist beinahe übertroffen, was die Anzahl der Personen angeht, und sicher in den Schatten gestellt, was Auflösung der Handlung, Vielfalt des Bühnenbildes, surrealistische Verachtung der Theaterwirklichkeit anbetrifft. Aber dass dieser Friedrich Dürrenmatt, von dem ich den Namen und sonst kein Jota weiß, über eine fast unheimliche Kraft der Begabung verfügt, dafür lege ich meine Hand ins Feuer.«[14]

Auch in seinem ersten Stück setzt sich F. D.s Rebellion gegen das Elternhaus, gegen den Glauben des Vaters fort. Abgesehen von allen Inhalten ist es zudem noch eine Provokation des »guten Geschmacks«.[15] Ihm höhnt nicht nur der alles, auch Leichen übersteigende Bockelson. Seine orgiastische Fress-Suada – die erste von vielen im Werk Dürrenmatts –, dieser Hymnus an die Fülle, muss schon als gezielte Attacke auf einen spezifisch protestantischen Anstand gewirkt haben.

Als das Stück am 19. April 1947 uraufgeführt wurde, war es allerdings nicht dieses ›Hohe Lied des Magens‹, welches den Protest des Zürcher Publikums auslöste (darunter auch ein Teil

von Dürrenmatts Verwandtschaft, etwa sein Patenonkel, der
Missionar und Gefängnispfarrer Laederach). Der Tumult brach
ausgerechnet während einer der lyrischen, freilich auch ekstati-
schen Passagen aus, während des Tanzes von Knipperdollinck
und Bockelson auf dem Dachfirst, vor einem riesigen Mond des
Bühnenbildners Teo Otto, bedrohlich nah an die Erde gerückt
wie die zahllosen Himmelskörper auf Dürrenmatts Zeichnungen und Bildern.[16] Ein Hymnus des lunatischen Wahnsinns der
beiden Narren Gottes vor ihrem Ende auf dem Rad (auch das
Rad ist ein Zentralmotiv des Stücks: das Rad der Hinrichtung
und das Rad der Fortuna, das bald den König, bald den Bettler
oben zeigt).

Das Publikum verließ in Scharen den Saal. Die Reaktionen der
Presse waren nicht weniger heftig. Höhnische Verrisse über-
wogen höfliche Ablehnungen, wie die von G. G.[17] in der ›Weltwoche‹: »[…] dass hier eine im Reich der Bilder ursprüngliche,
emotiv vehemente Begabung sich nicht gleichermaßen ursprünglich zu äußern vermag, weil zu viel Verbildung und Verhemmt-
heit dazwischenliegt. […] Diesem Stück war vermutlich durch
keine Inszenierung zu helfen.«[18] Die ›NZZ‹ (wil.) beschreibt zwar
die tumultartigen Ereignisse während der Uraufführung (»Es
wurde gescharrt, es fielen vereinzelte Zwischenrufe. Schließlich
wurde heftig getrampelt und gepfiffen und die föhnige Atmosphäre hätte beinahe zu Handgreiflichkeiten im Parkett geführt«), kommt aber zu dem Schluss: »Der große Schwung in
der Gesamtkonzeption seines Bühnenerstlings und die vielen
packenden Einzelheiten in szenischer und sprachlicher Hinsicht
sind aber Ausweise einer Begabung, auf die wir schöne Hoffnungen setzen dürfen.«[19] In der Basler ›Nationalzeitung‹ (C. S.
[Claude-Richard Stange]) wird Dürrenmatt respektvoll als
Wahlbasler vereinnahmt und ausführlich zitiert, nicht ohne
Hinweis darauf, dass das Stück demnächst in der Sammlung
Klosterberg bei Schwabe erscheinen werde. Im Berner ›Bund‹

meldet sich ein alter Bekannter (»Die Aufführung von Dürrenmatts *Es steht geschrieben* war ein großer, ein interessanter, ein stürmischer Abend, just das rechte Wetter zur Ausfahrt für einen jungen, tapferen und starken Poeten«[20]): Dr. Heinrich Mahlberg, ebenjener jüdische Emigrant, mit dem Dürrenmatt am Mittagstisch der Eltern zum Verdruss der Mutter noch vor kurzem heftige philosophische Streitgespräche geführt hatte. Die Redaktion fühlte sich bemüßigt, in einer »Nachbemerkung« auf Distanz zu ihrem begeisterten Kritiker zu gehen: »Der Zürcher Presse über die Uraufführung entnehmen wir, dass es dabei nicht nur ›stürmisch‹ zugegangen ist, sondern dass *Es steht geschrieben* zu einem richtigen Theaterskandal wurde; ein minutenlanges Lärm- und Pfeifkonzert quittierte inmitten der Vorstellung die offenbar sehr unzulänglichen dramatischen Bemühungen des Autors […].«[21]

Die Zürcher ›Tat‹ indes schloss ihre Kritik mit diesen Sätzen: »Es war ein in jeder Hinsicht wichtiger Theaterabend. Der Beifall am Ende durfte Dichter und Darsteller trotz allem in ihrem Tun bestärken.«[22] Gezeichnet war der sehr ausführliche Beitrag von ebs., Elisabeth Brock-Sulzer. Sie sollte, bis zu ihrer Monographie[23] und über die hinaus Dürrenmatts verlässlichste kritische Begleiterin werden.

Aus all den Berichten von Augenzeugen lässt sich schließen, dass Horwitz' Uraufführung wohl vor allem daran litt, dass sie mit langen Zwischenvorhängen und Umbauten den visionären Schwung des Stücks in eine ziemlich biedere Abfolge, einen Bilderbogen, auseinandernahm und damit die Dramaturgie der Brüche und Gegenschnitte, der Kontraste außer Wirkung setzte. In einem Brief an Horwitz, den F. D. am 23. März in Schernelz entworfen, aber (leider) nicht abgeschickt hatte, unterstrich er genau diese Schwierigkeit: »Es ist darauf zu achten, dass die *Wiedertäufer* nicht in verschiedene Bilder zerfallen, der Uebergang von einem Bild zum andern sollte pausenlos vorsichgehen.« Eben weil darin »zwar eine Zeit, aber nicht ein Ort zu finden ist, und zwar nicht eine gleichmäßig, konstant verlaufende Zeit, sondern eine Zeit die gleichsam schneller und langsamer läuft, sich verzögert, stille zu stehen scheint, und so weiter.«[24] Eine Vision, die Vorstellung von einem Gesamt-Bild. Sie zeigt, wie Dürrenmatt schon zu diesem Zeitpunkt, unbelastet von jeder praktischen Theatererfahrung, beim Schreiben »eine Art Rohregie«[25] führte, wie er später sagen wird.

Trotz alledem macht *Es steht geschrieben* Dürrenmatt mit einem Schlag bekannt.

Zwanzig Jahre später arbeitete Dürrenmatt das Stück um. Es hieß nun wieder, wie es einmal in den ersten Entwürfen geheißen hatte, *Die Wiedertäufer.* Ein Vergleich der beiden Fassungen ist eine germanistische Delikatesse von der Art, wie sie Dürrenmatts sich stets revidierendes, aber immer um dieselben Stoffe kreisendes Denken den das Nachgelassene interpretierenden Jägern und Sammlern reichlich beschert. Es ist eine Wiederbeschäftigung mit seinem alten »Stoff«, eine Revision von einem ganz anderen geistigen, aber auch handwerklich-dramaturgischen Standpunkt aus. Die Verwandlung eines »Dramas« in eine »Komödie«: Bockelson wird von einem »triebhaften Dämon«[26] zu einem arbeitslosen Schauspieler, der bei den Wiedertäufern ein Engagement findet und sie als Statisten in einem blutigen Schauspiel missbraucht. Die szenischen Übergänge sind, in Gedenken Dürrenmatts an eine der großen Schwächen der Uraufführung, technisch elegant gelöst, der hymnische Ton in der Ironie gebrochen, der Dialog verschlankt. Salopp gesagt: Dürrenmatt hat seinem Erstling den Claudel ausgetrieben.

In ihrer Monographie sagt Elisabeth Brock-Sulzer von *Es steht geschrieben:* »Es ist eine der merkwürdigen Verkehrtheiten unserer heutigen Zeit, wenn man angesichts dieses Stückes je verkennen konnte, dass Dürrenmatt ein durchaus religiös, ja sogar theologisch bestimmter Dichter ist [...].«[27]

An diesem Satz hat Dürrenmatt, vom Wort »Dichter« abgesehen, die »theologische Bestimmtheit« gewiss mehr irritiert als die bloße Feststellung einer religiösen Ausrichtung. Doch nicht nur die Zeitzeugen der Uraufführung von Dürrenmatts dramatischem Erstling wie Elisabeth Brock-Sulzer fühlten sich an das dramatische Monument des französischen Katholizismus, Paul Claudel[28], erinnert. Schon Frisch hatte bei der Lektüre des Stücks – wir sahen es – an den *Seidenen Schuh* gedacht, und Peter von Matt meint noch nach Dürrenmatts Tod (aus Anlass einer Rezension des postum erschienen Gedichtbandes *Das Mögliche ist ungeheuer*[29]): »Natürlich steht hinter diesen feierlich-lästerlichen Chorälen Paul Claudel, ist alles bewegt von der schockhaften Begegnung mit dem *Seidenen Schuh,* die zur dichterischen und dramatischen Initiation Dürrenmatts wurde.« Wie man Sätzen misstrauen sollte, die mit »natürlich« beginnen, müssen wir auch das Dementi des alten Dürrenmatt *cum grano salis* lesen, mit dem dieser einen solchen Einfluss in Abrede stellt: »Ich fragte F. D., ob diese Stücke von Claudel beeinflusst seien«, heißt es in *Friedrich Dürrenmatt interviewt F. D.* (1980). »Er lachte. Das sei der Eindruck einiger seiner katholischen Freunde gewesen.«[30]

Tatsächlich hatte Horwitz am 10. Juni 1944 den *Seidenen Schuh* am Schauspielhaus Zürich auf Deutsch erstaufgeführt. Möglich sogar, wenn auch unwahrscheinlich, dass Dürrenmatt die Aufführung gesehen hat. Wie sonst käme es, dass im damals intensiven Gedankenaustausch mit Wyss davon mit keinem Wort die Rede und auch sonst kein einziger Beleg im Nachlass zu finden ist? Zudem lernte F. D. Horwitz nachweislich erst nach Beendigung des Wiedertäufer-Stücks kennen. Die weitaus interessantere Frage wäre, inwieweit die Täufer seines ersten Stücks ein Reflex der religiösen Realität seiner Kindheit sind, jener Vielzahl von Freikirchen und kleinsten Splittergruppen, welche zum Problem- und Pfarreikreis seines toleranten Vaters gehörten.

Als der Krieg zu Ende war: Das Schauspielhaus Zürich, ein Theater im Umbruch

Als der sechsundzwanzigjährige Dürrenmatt die Szene betrat, war das Theater im Umbruch. Im Deutschland der Stunde null ohnehin, aber, davon nicht zu trennen, auch in Zürich und Basel. In Zürich kämpften Oskar Wälterlin und sein Dramaturg Kurt Hirschfeld am Schauspielhaus mit vielen alten Problemen und zusätzlich ein paar neuen. Sogar ohne Zynismus lässt sich sagen, der Rang dieses Theaters sei in erster Linie der Barbarei des Dritten Reichs zu verdanken gewesen (und der Tatsache, dass Schauspieler, anders als Maler und Musiker, nicht ohne existentielle Probleme aus ihrer Sprache emigrieren können). Nach Kriegsende begann diese Notgemeinschaft aus rassisch und politisch Verfolgten und ein paar engagierten Schweizern jedoch auseinanderzubrechen. Es kamen die zurück, die sich mit den Nazis mehr oder weniger arrangiert hatten.[31]

Heinz Hilpert, der *Es steht geschrieben* als einer der Ersten gelesen hatte, ist dafür noch nicht einmal das beste Beispiel. Der war zwar unmittelbar nach Kriegsende Gegenstand heftiger Auseinandersetzungen im Emigrantenensemble des Zürcher Schauspielhauses (wie schon zuvor im Ensemble des Basler Theaters). Aber Hilpert war kein Nazi und ein gutes Beispiel dafür, dass nicht jeder, der in den Jahren des braunen Terrors am deutschen Theater weiterarbeitete, automatisch kompromittiert war. Selbst während der ganzen Zeit, da er, direkt Goebbels' Propagandaministerium unterstellt, das Deutsche Theater Berlin und nach dem Anschluss auch noch das Wiener Theater in der Josephstadt leitete, konnte er mit Oskar Wälterlin und vor allem mit Kurt Hirschfeld befreundet bleiben. (Noch 1944 hatten die beiden Hilpert zu einem Vortrag über das unverfängliche Thema »Menschenführung und Formenbildung im Theater« nach Zürich eingeladen.) Hilpert wurde denn auch 1947 mit einem Freispruch erster Klasse entnazifiziert.[32]

Die Wirklichkeit des Emigrantentheaters begann in den Augen des Zürcher Publikums bald in die Verklärung zu entrücken. Der Mythos von der »Pfauenbühne« wurde geboren. Diese annektierten die Zürcher im Rückblick nun als »ihr Theater«. Die Realität war anders. In absurd kurzen Probezeiten hatte ein schmales Ensemble bis zu dreißig und mehr Premieren pro Saison für das immer gleiche kleine Publikum aus dem Bühnenboden zu stampfen resp. zu improvisieren. Das große Pfauentheater war in Wahrheit, nach einem Wort des Regie-Titanen Jürgen Fehling, eine »geniale Schmiere«, zu welcher die Verhältnisse – die in der Welt, aber durchaus auch die in Zürich – die hochkarätig besetzte Emigrantentruppe erpressten.[33]

Eine Situation des Umbruchs, in Zürich wie in Basel. Dort mochten die Verhältnisse »himmeltraurig« sein, wie F. D. in einem Brief an Wyss schreibt – ein Provinztheater war der Dreispartenbetrieb dennoch keineswegs. Zumindest nicht mehr.[34] Geld war noch weniger vorhanden als in Zürich, aber die Engagements der kurzen Schauspieldirektion von Horwitz konnten sich sehen lassen (die Ära Horwitz/Ginsberg dauerte von 1946 bis 1950). »Das Basler Schauspiel war damals durchaus keine Provinzbühne. Gäste wie Therese Giehse, Agnes Fink, Leonard Steckel, Erwin Kalser, Bernhard Wicki usw. spielten; auch das Ensemble wies gute Kräfte auf: Eva Maria Duhan, Margrit Winter, Gallinger, Volkert, Erwin Kohlund, Willi Duvoisin usw. [...] Weit weniger theaterinteressiert als das Zürcher war dagegen das Basler Theaterpublikum. Horwitz und Ginsberg machten gutes Theater, doch stießen sie ins Leere.«[35]

Dürrenmatt entging nicht, dass sich in der Wahrnehmung seiner Person, in seinem gesellschaftlichen Stellenwert, etwas zu verschieben begann. Mit dem Skandal der Zürcher Uraufführung seines Erstlings wurde er mit einem Schlag von einem Geheimtipp zur öffentlichen Person. Das Gerücht von einem neuen Autor verbreitete sich schnell. Er fand in Basel (wie bald auch in Zürich) rasch ein Beziehungsnetz, das sein Selbstbewusstsein in anderem Maße stärken konnte als der zu familiär angebundene und immer etwas pädagogische Eduard Wyss. Dürrenmatts Beziehung zu ihm lockerte sich. Er hatte, salopp gesagt, seine Schuldigkeit getan. Neue Gesprächspartner stellten sich ein: Kapazitäten vom Theater, allen voran Kurt Horwitz und Ernst Ginsberg, der Theaterverleger Kurt Reiss und dessen Dramaturg Peter Lotar. Auch mit seinem Cousin Peter, ab 1949 Chefredakteur bei den ›Basler Nachrichten‹, verkehrte F. D. in jenen Jahren noch freundschaftlich.

Die Söhne der Pfarrfamilie Noll im nahen Arlesheim, Hans und Peter, kannte er schon aus der Berner Zeit; jetzt wurde die Beziehung enger. Dazu stieß ein weiterer Pfarrerssohn, Markus Kutter[36]. Und bald sah sich Dürrenmatt von neuen Vaterfiguren akzeptiert, von Autoritäten wie dem Theologen Karl Barth und dem Literaturhistoriker Walter Muschg.

Eine andere Wahrnehmung von außen führt auch zu einer anderen Selbstwahrnehmung: 1947 begann F. D. Agenden zu führen. Die kleinen Büchlein sind, mit Ausnahme derjenigen für 1949 und 1962, bis zum Jahr seines Todes fortlaufend erhalten. Es sind keine Tagebücher, aber, vor allem in den ersten Jahren, auch mehr als reine Terminkalender, die plötzlich, zumal in Krisensituationen (1973!), wieder ausführlicher werden können. Nachlässig geführt waren sie von Anfang an. Die erste dieser Agenden belegt den regen Kontakt mit den Noll-Brüdern, Markus Kutter, Lucius Burckhardt (dem späteren Basler Regierungsrat), Schauspielern des Basler Ensembles wie Margrit Winter und Erwin

Kohlund. Wiederholte Besuche von Schwester Vroni sind eingetragen genauso wie Theaterbesuche (Brechts *Furcht und Elend
des Dritten Reiches, Der Raub der Sabinerinnen, Der zerbrochne Krug*). Immer mal wieder gibt es Pakete von Mutter Hulda,
die im jungen Haushalt mit Grund dürftige Verhältnisse vermutete. Die Rechnungsführung beanspruchte nicht mehr als eine
Zeile pro Monat: »Reiss 200,–/ Theater 38,–/ Nachrichten 15,–/
D. 200,–«[37] – ein Vorschuss von Reiss auf die Tantiemen, eine
Minigage von Lotti, ein Honorar für eine Petitesse in den ›Basler
Nachrichten‹, zwei Hunderter von Vater (Februar 1947). Da
zählte jeder Rappen. Unter dem 19. April 1947 steht: »Mor-
gen: mit Edy über den Berg./ Uraufführung der Wiedertäufer
[Es steht geschrieben]/ Stürmischer Abend./ zum Abschluss bei
Dr. Reichenbach«[38].

Eine Wahlverwandtschaft:
Friedrich Dürrenmatt und Walter Muschg

Am 21. Januar 1947 besuchte Dürrenmatt zum ersten Mal Walter
Muschg. Bei dem hatte er sich mit einem längeren Brief vom
7. Januar 1947 eingeführt, den Kontakt hatte Horwitz hergestellt
(wie F. D. Frisch mitteilte, der seinerseits vermitteln wollte). Es
entstand eine von gegenseitigem Respekt getragene dauerhafte
Beziehung, bis hin zu Muschgs Programmheftaufsatz zu den
Physikern 1962. Walter Muschg (1898–1965), Ordinarius auf dem
Basler Lehrstuhl für Neuere Deutsche Literaturgeschichte seit
1936, vertrat ein zunehmend radikaleres, existentielles Literatur-
verständnis. Er pflegte Freundschaften mit bedeutenden Autoren des deutschen Expressionismus: Ernst Barlach, Hans Henny
Jahnn, Alfred Döblin: Mit allen stand Muschg spätestens seit
ihrer Ächtung durch die Nazis in persönlichem Kontakt, alle
besuchten sie Muschg in Basel, zuletzt in seinem Haus an der

Bruderholzallee 110, wo nicht nur eine Plastik von Barlach, sondern auch eine von Jahnn gebaute Hausorgel stand.

Muschg arbeitete, als Dürrenmatt in Basel auftauchte, an seinem *opus magnum*, der *Tragischen Literaturgeschichte*[39]. Er verstand nicht allein Dürrenmatts »expressionistische« Herkunft – wie sehr die auch hauptsächlich durch die Vermittlung Walter Jonas' in Zürich und den berühmen »Soergel« bestimmt gewesen sein mag –, sondern er befasste sich von jeher mit der religiösen Motivation von Literatur, entwickelte eine eigentliche »Literaturtheologie«. Er war gewissermaßen ein später Herder der Germanistik. Dabei war das Christliche ein Aspekt unter anderen, allerdings ein wichtiger. Die *Tragische Literaturgeschichte* wird Dürrenmatt bei ihrem Erscheinen 1948 sehr beeindrucken: »Mein lieber und verehrter Herr Professor, / Ganz in Eile möchte ich Ihnen sagen, dass mich die Lektüre Ihrer großen Konfession begeistert: Endlich ist die Literaturgeschichte gesehen und nicht gedacht worden.«[40]

Muschgs emphatische Wissenschaft war geprägt durch die persönliche Erfahrung der Notwendigkeit von Literatur. Mitte der zwanziger Jahre hatte er selbst ein »Trauerspiel« geschrieben, über das er sich mit seinem neuen jungen Freund unterhalten haben wird: *Babylon*[41]. Es mag einer der Auslöser gewesen sein, weswegen Dürrenmatt 1948 begann, sich mit dem *Turmbau*-Stoff zu beschäftigen, wenn auch sein verschlungener Angang ein ganz anderer war als der Muschgs.

Auf der literarischen Szene der Nachkriegszeit war »Goethe als Nothelfer« die Devise. Mit dessen 200. Geburtstag 1948 setzte ein eigentlicher Kult ein. Er beförderte auch den Aufstieg des Goethe-Spezialisten Emil Staiger zum Star der Nachkriegsgermanistik. Mit den Trieben und Antrieben befasst, war Muschg als literarhistorisches Temperament grundsätzlich ein Antipode jener immanenten Methode, die Staiger in Zürich als Kunst der Interpretation entwickelte. Inwiefern Literatur

»Kunst« war oder gar »Stil«, interessierte Muschg erst in zweiter Linie. Selbst ein Essayist von hohem schriftstellerischem Rang, hielt er die »Kunst der Interpretation« (das war auch der Titel eines Buchs von Staiger) für eine Anmaßung. Muschg kritisierte deren Grenzen, verkannte dabei allerdings auch nicht, was sie, in der Hand eines Interpreten wie Staiger, zu leisten imstande war. Doch mochte er den Dichter nicht von der Dichtung trennen und bestand darauf, dass alle Literatur von Bedeutung »über die ästhetische Sphäre« hinausweise. Sollte Staiger dereinst in seiner Zürcher Rede vom Autor den »Willen zu einer möglichen, auf den Fundamenten der Sittlichkeit gegründeten Menschengesellschaft«[42] fordern, also, überspitzt gesagt, eine »geartete Literatur«, so hielt Muschg bis zum Ende an dem Glauben fest, die Voraussetzung für große Literatur sei der Schmerz. Sie entstehe aus Armut, Leid, Schuld, Liebesentzug, Außenseitertum, und sie werde von Autoren geschaffen, »denen Gefährdung, Brüchigkeit, Misslingen eingeschrieben sind (Hölderlin, Kleist, Nietzsche, Kafka, Robert Walser). Das Wort ›tragisch‹ mag uns dafür zu pathetisch klingen, aber in der Sache hat Muschg entschiedener als irgendwer sonst auf das Prekäre, Gefährdete, Dissonante großer Dichtung hingewiesen«[43].

Muschg war in seiner *Tragischen Literaturgeschichte* (wie in seiner gesamten Arbeit, deren Pathos sie einem heutigen Leser als postexpressionistisch und halbwissenschaftlich erscheinen lassen mag) mit dem Ursprung der Dichtung befasst. Mit den Antrieben.

Walter Muschgs frühes Buch über Jeremias Gotthelf (*Gotthelf. Die Geheimnisse des Erzählers,* 1931) hat Dürrenmatt kaum vor ihrer ersten Begegnung gekannt, aber sicher war die Verehrung Gotthelfs ein weiterer gemeinsamer Nenner zwischen den beiden. Muschgs *Gotthelf* ist beispielhaft dafür, dass dieser so sehr von den Ursprüngen faszinierte Archaiker im Gang der Literaturgeschichte nicht *nur* kulturpessimistisch einen unumkehrbaren Degenerationsprozess sah. Er erkannte und feierte auch zahlreiche Auferstehungen und Wiedergeburten der Urbilder. Hinter dem folkloristisch verharmlosten »bluemeten Trögli« des volkstümlichen Gotthelf-Verständnisses entdeckte er die Abgründe eines Titanen vom Format Homers oder der alttestamentarischen Propheten. Er versteigt sich sogar zur Formel: »Keller verkörpert ein Jahrhundert, Gotthelf ein Jahrtausend.«[44]

Freilich: wenn er von Gotthelf sagt, »dass alle Werke – anklagende wie verklärende und prophetische – nicht nur einem ästhetischen, sondern auch einem sittlichen Antrieb entsprungen sind«[45], so zog Muschg daraus auch persönliche Konsequenzen. Muschg ließ sich 1939 in den Nationalrat wählen, nicht um (in der Fraktion von Gottlieb Duttweilers Landesring) Parteipolitik zu betreiben, sondern aus Verantwortungsgefühl gegenüber einer Schweiz in schwieriger Zeit, als Vertreter des Geistes, sozusagen, der sich vor dieser Verantwortung nicht drücken dürfe. Er war kein Hinterbänkler. Er bekämpfte das bundesrätliche Vollmachten-Regime, setzte sich für eine humanere Flüchtlingspolitik ein, war gegen die »Angleichung des Außenhandels« an die Bedürfnisse der deutschen Kriegswirtschaft und opponierte 1942 gegen den Beschluss über die »Ausbürgerung von Landesverrätern«.

Die »barbarische Traditionslosigkeit« der deutschen Literatur nach 1945 trieb den Polemiker Muschg zu immer neuen Attacken auf eine Literatur (und Literaturwissenschaft), in der er einen zunehmenden Formalismus zu erkennen meinte und damit einen Abschied von der Moral, derer es nie so bedurft hätte wie nach dem schrecklichsten Krieg aller Zeiten. Muschg war ein Unzeitgemäßer. Als ein solcher erkannte er in Dürrenmatt einen unzeitgemäßen Wahlverwandten, einen letzten Expressionisten.

Auch wenn sich kein schriftlicher Nachweis direkt darauf be-

zieht, Dürrenmatts Kunstverständnis war demjenigen Muschgs
nah, wenn nicht, nach 1948, gar beeinflusst von der *Tragischen
Literaturgeschichte*. Sein Brief an Walter Muschg vom 7. Januar
1947 verdient schon deshalb das ausführliche Zitat, weil er unmittelbar vor dem Durchbruch mit *Es steht geschrieben* Bilanz
aus seiner ganzen bisherigen schriftstellerischen Arbeit zieht.

7. I. 1947

Basel, St. Albanvorstadt 30

Sehr geehrter Herr Professor!
Für Ihr großes Entgegenkommen möchte ich Ihnen noch
einmal danken. Es ist mir eine große Ehre, mit Ihnen in Verbindung zu stehen, und ich freue mich, Sie besuchen zu dürfen. [...]/ Ihr Brief beschäftigt mich sehr, den Sie mir geschrieben haben. Meine Arbeiten sind wenigen Menschen
bekannt. Mir ist jede Kritik wichtig, umso mehr, wenn sie von
einem Manne stammt, der solche Verdienste aufzuweisen hat,
wie Sie, Herr Professor./ Es liegt mir daher sehr am Herzen,
einige Irrtümer aufzudecken, die ihren Grund darin haben,
dass Sie mit meiner Person nicht bekannt sind, auch möchte
ich so eine mündliche Aussprache erleichtern./ Ich bin Protestant, und ich glaube mit dieser Formulierung meine Lage
am kürzesten und sichersten wiedergegeben zu haben, das
heißt, bestimmt zu haben, in welcher Richtung Sie suchen
müssen. Als Sohn eines Landpfarrers wurde ich 1921 geboren.
Später zogen meine Eltern nach Bern, wo sie noch leben. Ich
schreibe seit 1942, vorher beschäftigte ich mich mit der Malerei. Entscheidend war für mich die Auseinandersetzung mit
dem Glauben meines Vaters, sie bestimmte mich, Philosophie
zu studieren. So ist meine Bildung eigentlich nicht eine litera-
turhistorische. Ich habe nach drei unglücklichen germanisti-
schen Semestern bei Strich, Ermatinger und Staiger, sieben
Semester fast ausschließlich Philosophie studiert. Nach zehn

Semestern verließ ich die Universität. Dies war 1946. Im gleichen Jahr habe ich auch geheiratet und lebe mit meiner Frau
in Basel als Schriftsteller. Es mag an der Richtung meiner Bildung liegen, dass ich mit der neusten Literatur keinen Kontakt habe. Sie ist mir fremd, und was ich gelesen habe, ist mir
gleichgültig geblieben. Dies soll aber kein Werturteil sein,
sondern nur eine Angabe der Position. Jünger hat mich nicht
gleichgültig gelassen, doch lehne ich ihn ab. Mit Mann, Wi-
chert und Bergengruen, um ganz verschiedenartige zu nennen, konnte ich nie etwas anfangen. Frisch verstehe ich nicht.
Die von ihnen angeführten Amerikaner kenne ich nur dem
Namen nach, da ich selten ins Theater gehe, und auch Kafka
kenne ich nur wenig (Eine Novelle: *Die Verwandlung,* und
Teile des Romans: *Das Schloss*) Verstehen Sie mich recht: Ich
will nicht sagen, dass ich nicht beeinflusst bin, wer wäre das
nicht. Nur nicht von der Seite, von der Sie es geglaubt haben.
So schreibe ich die »Technik der Desillusionierung« nicht
den Amerikanern zu, sondern den Romantikern. Tieck hat
mir einmal großen Eindruck gemacht. So kenne ich mich vor
allen in der älteren deutschen Literatur gut aus, und ich bin
unter anderem ein großer Freund von Wieland. Auch habe
ich die Griechen fleißig studiert. Aristophanes ist mir neben
Shakespeare der liebste Dramatiker. Mit den Hauptwerken
der philosophischen Literatur bin ich durch mein Studium
bekannt. Entscheidend war für mich Kierkegaard, von den
neusten habe ich mich besonders für Kassner interessiert,
am meisten bewegt mich Barth. Ich schreibe dies nur, damit
Sie wissen, wo die Möglichkeit und die Grenzen meiner Begabung etwa liegen. Ich zweifle nicht, dass ich mit Kafka
Aehnlichkeit habe. Dies muss auch der Grund sein, warum
ich ihn nicht lesen konnte, wie ich auch meine Sachen nicht
lesen würde. Ebenso geht es mir mit Dostojewskij, bei dem
ich immer wieder stecken bleibe. Hingegen lese ich Goethe,

Lessing oder auch Herder mit großer Leichtigkeit./ Noch etwas möchte ich zu den Novellen bemerken, doch fassen Sie
es bitte nicht als einen Kommentar auf. Den *Theaterdirektor* und die *Stadt* habe ich 1945, die *Begegnung* und *Pilatus*
1946 geschrieben. Was sie bestimmte, war mein Ringen mit
der Philosophie und meine Erkenntnis, dass ohne Glauben
nichts möglich ist. In der *Stadt* versuchte ich die Unmöglichkeit des Denkens aufzuweisen. Das Höhlengleichnis Platons
mag hineingespielt haben. Von allen drei Novellen ist zu sagen, dass sie das Resultat langer Prozesse sind, wie denn von
jeder viele Fassungen existieren. Eigentlich gingen sie aus den
Gesprächen hervor, die ich mit meinem Freund, Dr. Eduard
Wyss, Altphilologe in Zürich geführt habe./ So ist der *Pilatus* die Tragödie der Antike, wie ich sie sehe. Die erste Fassung war etwa dreimal so lang. [...]/ So habe ich alles ins
Bild gedrängt, und alles geschieht im Bild, wie es Ihnen ja
aufgefallen sein wird. Doch wo irren wir weniger als im Bild,
und wo mehr, als im Begriff?/ Sie haben denn auch sehr richtig von Vorarbeiten gesprochen. Meine Novellen sind der Boden, auf dem erst mein Drama möglich wird./ Dies alles soll
nicht etwa eine Verteidigung sein, sondern eine Abgrenzung. Aesthetisch gesehen, müssen meine Novellen fragwürdig sein. Es geht mir aber nicht um Ästhetik, sondern um
eine Sache des religiösen Glaubens. Weil aber gerade das Religiöse das Gebiet der Freiheit ist, wird es so sein, dass meine
Novellen nur sehr wenige »verstehen« (Weil sie zufälliger
Weise Gott gegenüber eine ähnliche Position einnehmen wie
ich, oder mit anderen Worten, weil sie eine ähnliche Struktur
haben)/ Dies ist natürlich alles etwas schroff ausgedrückt.
Aber es ist ja auch nur wie im Gespräch gesagt, und ein Gespräch hat nichts endgültiges, sondern ist immer wieder bereit, sich korrigieren zu lassen./ Ich glaube, dass Sie nun
meine Fehler besser verstehen. Was Sie äußeren Effekt nen-

nen, steht für mich da, wo bei andern die Psychologie steht. Ich glaube, die Fehler liegen nicht in meiner Kunst, sondern in meiner Welt.

Mit den freundlichsten Grüßen Ihr[46]

Undenkbar, dass sich Dürrenmatt diesem literarhistorischen Fundamentalisten aus opportunistischen Gründen hätte als Protestant anbiedern wollen. Der Glauben (und sein Negativ: der Zweifel) trieb ihn weiter um.

Der Glaube und der Zweifel an sich: Ein sentimentalischer Protestant

Dürrenmatts Auseinandersetzung mit dem Glauben war nie geradlinig, das lässt sich auch aus den spärlichen Eintragungen in die kleinen Notizbücher schließen. Zu Ende kam Dürrenmatt damit zeit seines Lebens nicht: vom protestantischen Elternhaus über die anarchische Rebellion gegen den Glauben des Vaters, den Versuch einer Flucht in die Philosophie, die Rettung aus dem »Gefängnis des Denkens« durch den Sprung in den »Glauben der Schriftstellerei« (die nur zum Teil einen »Glauben an sich selbst« im umgangssprachlichen Sinn meint und gewiss nicht den »Glauben an die Schriftstellerei«). Unter dem Einfluss seiner katholischen Freunde Horwitz und Ginsberg flüchtete er sich in eine Art »sentimentalische Religiosität«[47]: die wehmütige Bewunderung eines Glaubens, der ihm selbst abhanden gekommen ist. Zu seinem »Atheismus« fand Dürrenmatt als Resultat einer Anstrengung erst im Alter, eigentlich erst in der späten Prosa, und paradoxerweise ist auch der religiös grundiert.

In seinem Auftrittsmonolog im Wiedertäufer-Drama *Es steht geschrieben* sagt der aus der Versenkung hochgefahrene Prophet Jan Matthisson: »Um aber die letzten Wurzeln dieser Miss-

stände bloßzulegen, halten wir es für unsere Pflicht, darauf hinzuweisen, dass der Schreiber dieser zweifelhaften und in historischer Hinsicht geradezu frechen Parodie des Täufertums nichts
anderes ist / als ein im weitesten Sinne entwurzelter Protestant,
behaftet mit der Beule des Zweifels, misstrauisch gegen den
Glauben, den er bewundert, weil er ihn verloren, eine Art Mischung trauriger Phrasen mit einer skurrilen Freude am Unanständigen [...].«[48]

»Ich bin Protestant und ich protestiere«[49], heißt es in einem
Manuskript aus dem Jahr 1952. Ein Teil der Dürrenmatt-Forschung hat das als »ironische Selbstdarstellung des Autors« gesehen, so Gerhard P. Knapp.[50] Gewiss, zu einfach ist die Verkürzung Dürrenmatts zum »christlichen Dichter«. Aber sein langer
Abschied von einer christlichen Gottesvorstellung war auch
keineswegs ein geradliniger Prozess. Wie sehr er sich in den biographischen Passagen der *Stoffe* um Wahrhaftigkeit in eigener
Sache bemüht: da verdecken oft Positionen des späten solche
des frühen Dürrenmatt, der Gegenstand der *Stoffe* ist. Das Bekenntnis, ein Protestant zu sein (das freilich nicht einfach identisch ist mit einem »Bekenntnis zum Protestantismus«: Er versteht den Begriff buchstäblich, also auch im Sinne der Rebellion),
ist keineswegs ironisch gemeint. Allerdings auch keineswegs
eindeutig. Für Dürrenmatt gilt gleichermaßen, dass sich einer,
der sich im heftigsten Widerspruch zu einer Ideologie oder Religion befindet, diese gerade dadurch bestätigt (im Gegensatz zu
einem, dem sie gleichgültig ist).

Eine katholische Versuchung

»Die Schwierigkeiten, die ein Protestant mit der Kunst des Dramas hat, sind genau die seines Glaubens«[51], wird Dürrenmatt
1954 in *Theaterprobleme* sagen. Der Katholik dagegen besitze

»in der Dramatik Möglichkeiten [...], die sonst niemand hat [...]«[52]: das Wunder, die Erlösung.

»Wie ich mich in Bern mit dem Glauben meines Vaters auseinanderzusetzen hatte, so in Basel mit dem Katholizismus«[53], heißt es in der 1980 geschriebenen Anmerkung zu seinem zweiten Stück, *Der Blinde,* das seinen Ruf des christlichen Dichters nur noch verfestigte.

Seit Beginn der Spielzeit 1946/47 war Kurt Horwitz Direktor des Basler Theaters. Zusammen mit seinem Freund Ernst Ginsberg wurde er zu Dürrenmatts wichtigstem Bezugspunkt. Am 24. Dezember 1947, ein gutes Jahr nach seiner Ankunft, schreibt Dürrenmatt an Horwitz: »Basel, das heißt Horwitzens und Ginsbergs, ist so recht unsere Heimat geworden, das spürt man dann am meisten, wenn man ›in der Fremde‹ ist. Bern ist uns sehr fremd geworden [...].«[54] Die beiden Emigranten waren schon renommierte Schauspieler, als sie mit der Spielzeit 1933/34 am Zürcher Schauspielhaus engagiert und bald wesentlich verantwortlich wurden für das Profil des Hauses.[55]

Horwitz und Ginsberg waren beide schon in den zwanziger Jahren vom Judentum zum Katholizismus konvertiert. »Das Katholische hat natürlich eine große ästhetische Verführung«, sagte mir Dürrenmatt noch 1990. »Das Sakrament der Eucharistie [der Verwandlung von Brot und Wein in Fleisch und Blut Christi] ist doch auch eine Reminiszenz an den kultischen Kannibalismus. Der Kannibalismus ist ja überhaupt aus der Natur nicht so eliminiert, wie unsere Tabuisierung es gerne haben möchte. Noch nach der Schlacht bei Murten haben die Schweizer die Geschlechtsorgane ihrer gefallenen Feinde gegessen, das war noch lange Brauch unter Landsknechten.« Und dann, nach einer seiner unvergleichlich gesetzten Pausen: »Schau mich nicht so hungrig an.«[56]

Ein heimlicher Katholik ist Dürrenmatt trotzdem nie gewesen. Der Katholizismus war eine Verführung, letztlich aber eher eine Befestigung seiner protestantischen Identität. »Aus lauter Nonchalance«, notiert Dürrenmatt unter dem 16. Januar 1950, also mehr als drei Jahre nach der ersten Begegnung mit Kurt Horwitz, in seinen Kalender, »bin ich viel zu weit letztes Jahr auf die katholische Seite gegangen. / Lotti und ich geben uns das Versprechen ab unserem barbarischen Glauben treu zu bleiben.«[57] Und, wenig später, unter dem 21. Januar: »Das Leben auch nur eines Menschen, der ohne Priester, Beichte und Messe im getrosten Glauben an Jesus Christus starb – und es gibt deren Tausende – rechtfertigt den Protestantismus, und wenn darob die Welt in Trümmer gegangen wäre – Der wahre Protestantismus die Revolution des Christentums. [...] Ich bin Protestant, weil ich es bin. Protestant aus stilistischen Gründen. Ein deutscher Schriftsteller kann nur protestantisch sein weil das Deutsche die protestantische Sprache an sich ist.«[58] Eine aufschlussreiche Bemerkung, wirft sie doch ein zusätzliches Licht auf Dürrenmatts Bekenntnis, die Schriftstellerei sei Fortsetzung des Glaubens mit anderen Mitteln.

Vermutlich um dieselbe Zeit zu datieren ist folgende Notiz: »Ich kann den Gedanken schwerlich loswerden, dass die Katholischen sich zur Wirklichkeit (ich meine die Wahrheit) wie die Mathematiker sich zu ihr verhalten. In sich stimmt die Sache, aber nur in sich. Es braucht heute insofern Mut, einzusehen, dass die Axiome des Katholizismus nicht stimmen, weil damit, in dieser verfluchten Welt, so viel zusammenhängt, viel Großes daran gebunden ist. Das Unredliche [...] liegt darin, dass man eben Mathematik in der Welt des Glaubens betreibt. Das heutige katholische Christentum ist wohl von weitem gesehen so etwas wie ein schöner Schwindel; das Protestantische ein Versuch mit untauglichen Mitteln Physik zu treiben. Ich brauche Christus, nicht Gott: diesen Satz schreibe ich mit schwerem Herzen nieder. Ich habe von den Dingen der Mathematik, Physik, Philosophie, Musik und vielem anderen nur Ahnungen.«[59]

Die Bekehrungsversuche Horwitz' und Ginsbergs müssen durchaus etwas Drängendes gehabt haben, was wohl heißt: Sie witterten in Dürrenmatt den Christen, der er zu jenem Zeitpunkt zweifellos auf eine unbedingte Art war und noch lange bleiben sollte. Wo immer ein Treffen mit dem einen oder anderen festgehalten ist, fehlt selten der Zusatz: »Gespräch über Protestantismus«, oder: »Diskussion über Prot.-Kath.« Gegen Ende des Jahres 1948 hatte Horwitz gar eine Begegnung Dürrenmatts mit dem Jesuiten Dr. Gutzwiller in die Wege geleitet, bei dem er und Ginsberg ihre Konversion vollzogen hatten. Das Treffen fand aber vermutlich nicht statt. Die Briefwechsel entwickelten sich zu veritablen theologischen Diskursen, selbst die verworfenen Versionen von Briefen hält F. D. gelegentlich im Kalender fest. Jenen vom 7. November 1948 schickte er ab, er mag für viele andere stehen.

Schernelz.

7. ii. 48.

Lieber Herr Horwitz,

seien Sie mir bitte nicht böse, dass ich seit unserem so wichtigen Gespräch in Zürich vor drei Wochen nicht schrieb, aber das, was ich Ihnen zu schreiben habe, ist für mich so wichtig, dass es nicht zu jeder Stunde geschrieben werden kann. Ich musste – wie ein Jäger – die günstige Stunde abwarten. Ich habe denn auch vor anderthalb Wochen einen an Sie gerichteten Brief zurückbehalten, so ungenügend schien er mir. / Ich habe seit unserem letzten Gespräch die Kraft und die Ruhe gefunden, meine Position zu sehen, soweit dies natürlich überhaupt möglich ist. / Ich will nun versuchen, Ihnen als meinem Beichtvater – nehmen Sie dieses Wort so wörtlich und so ernst, wie ich es hier schreibe – das, was ich in unserem Gespräch überhastet und vielleicht unvollständig gesagt habe, klarer und deutlicher zu wiederholen. / Meine Position lässt sich durch zwei Punkte wiedergeben: Durch meine Gewissheit, dass es nur eine christliche Kirche gibt und durch die Tatsache, dass ich ein Protestant bin. / Ich weiß, dass diese Angabe eine widersinnige Position bezeichnet, aber ich glaube doch, dass sie eine christliche Position ist – an der nicht nur ich leide. Was wäre nicht widersinnig an unserer Christenheit, denn Christus ist ihr einziger Sinn! Auch unsere Position: Ich weiß, dass Christus lebt und dass ich ein Sünder bin, ist ja widersinnig, und wer müsste nicht immer wieder diesen Widersinn in sich bekennen? / Um deutlicher zu werden: Ich habe die Gewissheit, dass der Protestantismus sich nicht rechtfertigen lässt. Ich weiß, dass die protestantische Kirche eine abtrünnige Kirche ist. Die Kirche ist um der Ordnung willen da, damit die Wahrheit für den Menschen die Wahrheit und eine Meinung eine Meinung bleibt, oder Gott Gott und die Theologie Theologie. Der Protestantismus hat aus einer Meinung eine Wahrheit gemacht und aus einer Kritik eine Kirche. Es gibt nur eine Art der Reformation: Der Kirche die Treue zu halten. Der Reformator Savonarola wurde verbrannt und er ist um dieses Feuers willen größer als Luther, denn er hielt mit diesem Feuer der Kirche die Treue. Darum hat sich auch die Theologie der Kirche zu unterziehen und hat sich, wo sie groß war, unterzogen, denn was vom Menschen in der Theologie ist, wird immer eine Meinung sein. / Ich schreibe Ihnen diese dürftigen Sätze, diese »Binsenwahrheiten« – die Kirche ist natürlich noch viel mehr als das, ist sie doch die Gemeinschaft der Christen – um noch einmal Ihnen gegenüber zu betonen, dass meine Anerkennung der katholischen Kirche nicht eine ästhetische ist, ein Verdacht, der mir als Künstler gegenüber notwendigerweise immer auftreten muss. / Vielmehr: Ich bin Protestant. Um dieses Wort in seiner ganzen Tragweite zu belassen: Ich bin eine Folge dessen, was der Protestantismus seinem Wesen nach ist, eine Folge des Ab-

falls. Denn das Entsetzliche liegt ja darin, dass zu diesem protestantischen Schritt, zu diesem einen Moment, die Zeit gekommen ist, so dass aus einer geistigen Situation der höchsten
Verzweiflung – die vielleicht jeder Christ erleben muss und
aus der ihn nur die Kirche erlösen kann – eine geschichtliche
Wirklichkeit geworden ist, die sich schon über vier Jahrhun-
derte erstreckt und der Mensch, durch die Notwendigkeit
dennoch zu leben – denn die Zeit kann diese Notwendigkeit
nicht aufheben – gelehrt worden ist, ohne Beichte, ohne
Messe, ohne Gemeinschaft zu sein, indem er gelernt hat, nur
die Hoffnung aber nicht die Gewissheit zu haben, Gnade zu
finden. / Ich kenne die Kirche nicht mehr. Ich bekenne, dass
ich ein solcher Mensch bin. Was ich als die einzige Möglichkeit der Gnade begreife, erweckt mir in dieser Welt Misstrauen. Was mir nicht die geringste Schwierigkeit macht, geistig zu bejahen, kann ich nicht mit meinem Gefühl lieben.
Verzeihen Sie mir diese äußerst schroffen Äußerungen, aber
ich möchte nur, dass Sie volles Gewicht auf sie legen. Es fällt
mir leicht, mir zu sagen, ich soll »übertreten«. Ich sage es mir
auch immer wieder. Aber es fällt mir schwer, es zu denken.
Gerade dieser Schritt ist unendlich schwer, weil er so klein ist.
Vielleicht, dass es gerade für mich unmöglich ist, Katholik zu
werden. Weil ich weiß, was ein Protestant ist, muss ich vielleicht ein Protestant bleiben. Es gibt Befehle, auf verlorenem
Posten auszuharren, um die Uebergabe aller vorzubereiten.
Der Protestantismus ist ein verlorener Posten des Christentums, aber eben: Des Christentums. Ich werde einem Befehl
gehorchen, sei er so oder so.[60]

Im Widerspruch zu diesen erstaunlichen Sätzen entwickelt Dürrenmatt bald eine Skepsis gegenüber Kirchen, »die den Glauben
verwalten«[61], gegen das öffentliche Bekenntnis überhaupt. Nichts
verfolgte er skeptischer, nichts verfolgte ihn mehr als der in In-

stitution und Hierarchie erstarrte Glauben (wozu er auch Marxismus und Nationalsozialismus zählte); die Degeneration des Glaubens zum Machtinstrument, zur Ideologie. Der Glaube wurde Dürrenmatt, salopp gesagt, eine Privatangelegenheit. Eine nicht mehr zu teilende oder mitzuteilende Intimität. Berücksichtigt man seine Herkunft aus dem Pfarrhaus, so gehörte der Glaube mehr noch als die Sexualität zur Intimzone. Viele seiner Provokationen und verbalen Kraftakte waren nichts anderes als umgepolte Schamhaftigkeit oder Masken der Schüchternheit.

Diese Tarnung gelang ihm so gut, dass wir in den Agenden der fünfziger Jahre Überlegungen zum Tischgebet doch mit einigem Erstaunen lesen (5. Februar 1950: »Dass unsere Sonntage so unheilig sind, ist eine große Sünde. Was für eine Kraft liegt eigentlich allein schon im Tischgebet./ Froh wenigstens hier von jedem Zwang zum Stil befreit zu sein.«[62])

Dass sich Dürrenmatt später von Horwitz distanzieren sollte, liegt auch im Inhalt des oben zitierten Briefes begründet und in Dürrenmatts Bemühen, sich aus der Festschreibung auf die Rolle des »christlichen Dichters« zu befreien. Jetzt geht es um den Glauben überhaupt, einerseits, und andererseits, auf dem Umweg über die Abgrenzung zum Katholizismus, auch um Rehabilitierung eines sozusagen »vaterfreien« Protestantismus. Von nichts anderem handelt Dürrenmatts zweites Stück, *Der Blinde.*

›Der Blinde‹

Dürrenmatts zweites Theaterstück, *Der Blinde,* war 1947 entstanden, eine erste Fassung innerhalb nur eines Monats. In einem Agendaeintrag vom 1. Januar 1947 heißt es: »›Blind‹ begonnen«[63]; und am 27. Januar: »Die erste Fassung des Blinden fertig.«[64] Daneben schreibt Dürrenmatt Kritiken für die Berner

›Nation‹, bemüht sich selbst seinerseits um weitere Inszenierungen von *Es steht geschrieben* (und behauptete, in einem Brief an Wyss, sich nicht in die Theaterverlagsgeschäfte einzumischen); überstand die tumultuöse Uraufführung seines Erstlings; zog von der St. Alban-Vorstadt 30 in die St. Alban-Vorstadt 10 um. Er unterhielt rege freundschaftliche Kontakte, neben den genannten mit Hans Allgöwer, dem späteren Landesring-Politiker (der seinerseits ein Doktorand von Muschg war), Werner Haussmann, dem Rundfunkjournalisten, und immer häufiger mit Walter Muschg. Fast ein Gesellschaftsleben.

Am 3. Januar 1948 ist er zum ersten Mal auf einer Probe des *Blinden*, bei dem Ernst Ginsberg Regie führt. Zu dessen Verdruss schrieb Dürrenmatt noch immer am Stück. Das sollte bis zu seinem dramatischen Spätwerk so bleiben: die Mühe, loszulassen, sich mit einem provisorischen Ende abzufinden, sich in etwas Unvollendetes zu fügen. Am 10. Januar ist schon Generalprobe, gleichentags die Uraufführung. Heinz Woester spielt den blinden Herzog, Horwitz dessen Widersacher Negro da Ponte, Bernhard Wicki den Sohn Palamedes, Maria Becker die Olivia, um nur die Hauptrollen zu nennen. Auch dieses Stück ist hochkarätig besetzt. Aber die Aufführung wird kein Erfolg. Schlimmer noch: Sie war nicht einmal ein Skandal. Das Publikum erduldete die Parabel mehr, als dass es ihr folgt. Tags darauf lädt Mutter Hulda »Horwitz und Frau, Ginsberg und Frau, E. Wyss und Frau, Vreni, Martin, Vroni, Liebling und mich zum Mittagessen ins Hotel ein«[65].

»*Der Blinde* stellt den Glauben an sich als eine elementare Kraft dar, unabhängig von seinem ›Inhalt‹. Die Handlung spielt im Dreißigjährigen Krieg und ist erfunden – wenn auch beeinflusst vom biblischen Hiob. In der Ruine seines Palastes wird ein blinder Herzog im Glauben gelassen, er besitze noch die Macht, die er verloren hat, und sein Land sei verschont geblieben. Der Herzog wagt den Glauben in der Erkenntnis, dass es für einen

Blinden keine andere Möglichkeit gibt als blind zu glauben. Er wird durch seinen Glauben für die ›Sehenden‹ lächerlich, doch nicht für sich. Ein italienischer Edelmann will dem Blinden die Absurdität seines Glaubens beweisen und spielt dem Herzog den Untergang seines Herzogtums vor, der schon längst stattgefunden hat. Der Blinde spielt unbeirrt mit. Er hält einen Neger für Wallenstein, eine Dirne für eine Äbtissin usw. Den Dichter, der ihm die ›Wahrheit‹ sagen will, erwürgt er. An seiner Blindheit zerbricht schließlich die Realität der Sehenden, und die geglaubte ›Realität‹ des Blinden wird wirklich.«[66]

Anders als *Es steht geschrieben,* dieses wilde und wüste Stück, war *Der Blinde* auf nur einen theatralisch-dramaturgischen Grundeinfall gestellt und stand darauf labil wie eine umgekehrte Pyramide auf dieser Spitze. Auch war er, mehr noch als der Erstling, Theater über das Theater. In der Diskrepanz zwischen dem Glauben des Blinden und dem, was um ihn herum geschieht, prallen zwei Grunddimensionen dieses Mediums aufeinander: das Wort und das Bild. Die »Wahrheit« kann keine für sich beanspruchen, sie steckt hinter beiden, hinter dem Spiel, das dem Blinden mit falschen Worten eine Realität vorgaukelt, die sich am Ende einstellt. Auf dem Theater. Was der Zuschauer sieht, ist Spiel, ist Schein, sind Kulissen. Überspitzt ließe sich sagen: im *Blinden* beobachtet der Beobachter, also der Zuschauer, die Entstehung eines Hörspiels (genau der Ansatz des von Radio Bern zwei Jahre zuvor abgelehnten *Doppelgängers*). Eines Hörspiels für einen einzigen Zuhörer: den blinden Herzog.

Im offenen Brief, den er 1967 an Maria Becker[67] schrieb, setzt seine eigene Kritik am Frühwerk an einem grundsätzlichen formalen Punkt an: »Als ich für das Theater zu schreiben begann, war für mich der Schauspieler ein ›Rollenträger‹. Er hatte meinen Text aufzusagen, der Text war alles und der Mensch ein Wesen, das durch die Sprache restlos darzustellen war. Die Rolle der Octavia im *Blinden,* die Du spieltest, bestand im Wesentlichen aus Spracharien. Diesen schönen Glauben an die Allgewalt der Sprache habe ich verloren. Weil es nicht wahr ist. Der Mensch ist mehr als seine Sprache, sein Schweigen mächtiger als sein Reden, sonst wäre er kein Geheimnis.«[68]

Emil Staiger, der sich Anfang der fünfziger Jahre im Rahmen von verschiedenen Stiftungen erfolgreich für Dürrenmatt einsetzte, äußerte sich in einem Brief vom 7. August 1950 kritisch zum *Blinden.* »[Ich muss gestehen,] dass mir dieses Stück – ohne dass ich für mein Urteil irgendwelche Maßgeblichkeit in Anspruch nehme – ein völliger Fehlschlag zu sein schien, eine nach den ersten paar Sätzen schon erkennbare Falschkonstruktion seltsamster Art, wie sie wohl nur einem hochbegabten Autor unterlaufen kann.«[69]

In Basel löste *Der Blinde* mit ganzen neun Vorstellungen vor allem unter Theologen heftige Diskussionen aus. Dass Walter Muschg überraschend selbst in die Diskussion eingriff, beeindruckte Dürrenmatt dann doch. Sein Urteil, wen wundert's, fällt anders aus als das Emil Staigers zwei Jahre später (s. o.):

Nach der ersten Aufführung von Dürrenmatts *Der Blinde* forderte ich, entgegen meiner Gepflogenheit, die Hörer meiner Vorlesung auf, sich das Stück anzusehen, und nannte es eine Ehrensache unserer Studentenschaft, sich mit dieser durchaus ungewöhnlichen Dichtung auseinanderzusetzen. Ich freue mich, dass ich Gelegenheit habe, nach Monaten zu diesem Urteil zu stehen, denn es hat sich nichts daran geändert. Die Aufführung ist mir, wie wohl allen, als eine Leistung von nicht alltäglicher Kraft und Geschlossenheit in Erinnerung geblieben. Sie ließ endlich wieder einmal etwas spüren, was wir so selten mehr erleben: das Neue, aufregend Unbekannte, das große Abenteuer des Theaters. Daran wird ja wohl in erster Linie der Dichter schuld gewesen sein.

Ich sage hier nichts von der für einen Schweizer, und gar

einen so jungen, seltenen Höhe des dramatischen Könnens, von der Schlagkraft seines Dialogs und den glänzenden Einfällen, mit denen die Bühnenillusion zugleich gewahrt und durchbrochen wurde, obschon sich das alles wahrlich nicht von selbst versteht. Nur auf einen entscheidenden Punkt sei mir hinzuweisen erlaubt, der, soviel ich sehen konnte, der Kritik viel zu reden gab und bezeichnende Fehlschlüsse hervorrief. Ich meine die religiöse Haltung dieses Werkes.

Einige Rezensenten fanden, Dürrenmatts blinder deutscher Herzog aus dem Dreißigjährigen Krieg sei psychologisch zu wenig interessant, weil er alle Zweifel an der göttlichen Weltordnung hinter sich habe und also keine Entwicklung mehr durchmache. Ja, wissen diese Herren denn nicht, dass es auch eine lehrhaft verkündende, nicht nur eine analytisch bohrende Dichtung gibt, dass sie gerade auf dem Theater – von Calderón bis zu Schiller, aber schon seit den Griechen – eine große Überlieferung besitzt? Diese zur Allegorie neigende Lehrhaftigkeit ist barock, in einem tieferen, weniger literarischen Sinn, als man schon Dürrenmatts *Es steht geschrieben* barock genannt hat. Man muss vielleicht in einer der europäischen Stadtruinen gestanden haben, um zu erkennen, dass Psychologie heute nicht mehr alles ist: dort nämlich, wo es nicht um das So- oder Anderssein des Menschen, sondern um Sein oder Nichtsein geht. Ich persönlich bin überzeugt, dass nur eine gläubige, erweckende und aufrichtende Kunst aus dem Marasmus der heutigen Literatur herausführen kann, und vieles – ich nenne Franz Kafka – scheint mir darauf hinzudeuten, dass ihr die Zukunft gehört.

Nein, Dürrenmatt kommt weder von Shaw noch von Cocteau her, auch nicht von Sartre oder Brecht. Er wird voraussichtlich nie eine antike Tragödie verhunzen, um sie »aktuell« zu machen [ein Seitenhieb auf Brechts Churer *Antigone*], sondern sich umgekehrt der Entlarvung der Gegenwart *sub*

specie aeternitatis hingeben. Es ist begreiflich, dass da das Mitkommen allen etwas schwer fällt, die es gern sehen, wenn Erzengel auf dem Theater Zigaretten rauchen. Dass dieser junge Berner so gesund und sauber ist und die Geister sich so unzweideutig an ihm scheiden, finde ich beinahe noch schöner, als dass er so viel kann. Es ist ihm sehr ernst, er ist nicht vom Nihilismus dieser Tage angefressen, er riecht aber auch nicht nach helvetischer Besserwisserei und beruft sich trotz seiner Frömmigkeit nicht auf Rilke oder Hölderlin. Er hat wirklich in den Abgrund geblickt und redet seine eigene Sprache. Möchte der Geist unserer Jugend aus ihm sprechen!
Walter Muschg.[70]

»Gesund« und »sauber«: Was unterläuft da ausgerechnet dem Anwalt der Außenseiter vor Begeisterung über das Junggenie für ein Vokabular!
Publiziert hat Dürrenmatt das Drama erst 1960[71], als sein Ruhm nach *Der Besuch der alten Dame* es wie eine Jugendsünde erscheinen ließ. Wie auch *Es steht geschrieben* hatte er es für die Bühne sperren lassen.

»Ein interessanter geistlich-weltlicher Naturbursche«: Friedrich Dürrenmatt trifft Karl Barth

Mit dem *Blinden* avancierte Dürrenmatt zur Attraktion der theologisch interessierten Basler Gesellschaft. Am 15. Januar verbringt er den »Abend bei Frau Thurneysen mit [Maria] Becker«[72]; am 20. trifft er bei nämlicher Frau Thurneysen Karl Barth, am 24. Barth und Hans-Urs von Balthasar, den katholischen Theologen und Übersetzer Claudels. Karl Barth rückte das Stück in die Nähe einer seiner wichtigsten Schriften: »Es handelt sich grosso modo gesagt um eine Theologie wie etwa die

des ›Römerbriefs von 1921‹.«[73] Und am 14. Februar: »Das Theaterstück *Der Blinde* hat hier noch weiter Wellen geschlagen.
Nicht nur, dass der Autor Dürrenmatt einmal von 8–12 Uhr bei
mir war, sondern eine Frau Thurneysen-His auf der Batterie
veranstaltete einen solennen Abend für ihn, wo der Regisseur
Horwitz, die Schauspielerin Maria Becker, aber auch allerhand
Basler Größen, worunter Dr. Balthasar und endlich doch auch
ich selber zu sehen und zu sprechen waren […]. Und am folgenden Tag gab es dann hier noch eine Nachsitzung, zu der sich
Max Geiger und Markus Kutter und nochmals Dürrenmatt […]
eingefunden haben. Jetzt ist aber so viel über den *Blinden* geredet, dass das Thema erschöpft ist. Es ging dauernd über das
christliche Drama im Allgemeinen und über die Christlichkeit
gerade dieses Dramas, die von Balz bestritten, von mir aber verteidigt wurde. Der Verfasser ist ein interessanter geistlich-weltlicher Naturbursche in einem Ledergilet mit Reißverschluss
ohne Kragen und Kravatte.«[74] Markus Kutter erinnerte sich
noch 1991 an jenen nachmittäglichen Besuch: »Wir waren ziemlich verschüchtert. Der Barth war ja so streng mit seinem Werk,
ein aberwitziger Schaffer, die Lotte Kirschbaum [Charlotte von
Kirschbaum], seine Mitarbeiterin, beutete er total aus. Aber er
interessierte sich eben auch für das aktuelle Umfeld, und so gingen wir hin. Dürrenmatt war durch die Einladung teils geehrt,
teils wappnete er sich mit Vorsicht, als Pfarrerssohn, dann noch
ich, auch ein Pfarrerssohn, und Hans Noll, auch einer. Dann
aber die große Erleichterung: wir fanden den Barth im Garten
mit dem Bauch auf einer Luftmatratze liegend vor. Er schoss mit
einem Luftgewehr auf eine Zehnerscheibe.«[75]
Das Klischee vom »Naturburschen« war Dürrenmatt zeitlebens so unangenehm wie das vom »christlichen Dichter« und
die Kreuzung zum »geistlich-weltlichen Naturburschen« gewissermaßen ein Nonplusultra an Missverständnis, aus seiner Sicht.
Mehr als vierzig Jahre nach ihrer ersten Begegnung setzte

Friedrich Dürrenmatt Barth im zweiten Band seiner *Stoffe* ein Denkmal. Für ihn ist Barth eine charismatische Übergröße, die er zeitlebens bewundern wird. Er widmete ihm eine ungewöhnlich ausführliche Passage. Sie beweist, wie sehr ihn dessen theologische Dialektik auch noch zu einem Zeitpunkt erregte, als er »die Frage, ob Gott existiere, für sinnlos«[76] hielt und die Kurzformel brauchte: »In der Theologie vollzieht der Glaube Selbstmord.«[77] Barth, schreibt der Dürrenmatt der *Stoffe,* war »ein in sich ruhender, gütiger Mann mit viel Humor. Ich glaube nicht, dass ihm *Der Blinde* sonderlich gefiel. Dass der Glaube seinen Grund in der Blindheit habe, konnte er in der Konstellation des Stückes nicht akzeptieren. [Hier irrt F. D.] Es bleibt dem Herzog nichts anderes übrig, als den Menschen zu glauben, weil er blind ist, es ist eine existentielle Notwendigkeit, bei Barth ist der Glaube eine Gnade, unabhängig von der Situation, worin der Mensch sich befindet. Ich begegnete Barth zum letzten Mal in einem italienischen Restaurant in Basel, Jahre später. Er wurde damals von meinem biederen Vetter, Redaktor einer Zeitung, von einem der borniertesten kalten Krieger, heftig angegriffen. Barth war ein großer Schriftsteller und ein glänzender Polemiker. Ich bewunderte seine analytische Denkkraft. Seine *Dogmatik* transportiert Hegel in die Bibel wie Thomas von Aquin Aristoteles. Sie ist eine Fiktion.«[78]

Der religionsgeschichtliche Exkurs, der darauf folgt, zeigt die Bedeutung von Barth, namentlich der genannten *Kirchlichen Dogmatik* für Dürrenmatt, »in der ich auch heute noch lese«[79] (das schrieb er 1989, ein Jahr vor seinem Tod).

Barth faszinierte ihn, anders und nicht weniger nachhaltig als Kant, in dem heroischen Versuch, Grenzen zu durchbrechen, die nicht zu durchbrechen sind. Er bewunderte den titanischen, letztlich absurden Versuch, etwa in den Kapiteln der *Kirchlichen Dogmatik,* mit denen Barth das Böse aus dem System zu entfernen versucht – auch er ein Scheiternder. Die Lehre von Gott, innerhalb der *Kirchlichen Dogmatik* nicht weniger als zwei dicke Bände umfassend (»wäre das Kleingedruckte, Interessantere, groß gedruckt, wären es fünf«[80]), faszinierte ihn als ein »Riesenwerk der Vorstellungskraft«[81]. »[B]ewies Kant die Unbeweisbarkeit Gottes, wie viel unbeweisbarer müssen denn auch all die Schlüsse sein, die aus diesem Unbeweisbaren gezogen werden.«[82] Und Barth faszinierte ihn als ein Scheiternder.

Die Auseinandersetzung mit Barth führte, im Jahr des *Blinden* 1947, auf anderer Ebene die mit seinem Vater fort, und im Wandel von Dürrenmatts Barth-Verständnis (und auch -Missverständnis) zeigt sich sein Ringen um eine Emanzipation von seinen protestantischen Ursprüngen. Barth beschäftigte ihn bis ganz zuletzt, bis in den zweiten Band der *Stoffe, Turmbau*. Noch im Vorfeld zum Stoff »Vinter« setzt er sich mit dem großen Theologen kritisch auseinander. Zuerst auf Barths Argumentation eingehend: »Wäre Barth folgerichtig, müsste er, will er das Böse nicht in Gott integrieren, einen negativen Gott behaupten, einen Antigott, denn warum redet er plötzlich vom Feind, vom Widersacher, vom schlechthin Abnormalen und Maßlosen und vom in sich Widerlichen, und warum bedeutet das alles ›zuerst und vor allem Gottes eigenes Problem‹? Ist es nicht ein Angsttraum, von dem Barth gequält wird, und warum muss ich, denke ich an Karl Barth, immer auch zugleich an meinen Vater denken? Warum rätselte dieser so oft an der Sünde herum, die nicht vergeben werden könne? Litt er unter dem gleichen Angsttraum? Ist vielleicht doch das Christentum, wie einige Gnostiker behaupten, eine Zwei-Götter-Lehre, ist für dieses nicht vielleicht doch der Teufel der negative Gott, der Antigott, hat nicht vielleicht doch die Volksmeinung recht, die es immer so aufgefasst hat?«[83] Ebendieses Modell wird F. D. in seinem späten Prosa-Stück *Durcheinandertal* durchspielen.[84] Dann schlägt F. D. einen Haken, verlässt Barth und kommt auf die allein seligmachende katholische Kirche zu sprechen[85], was mit dem Vorangehenden nur indirekt zu tun hat, vielleicht nur insofern, als in Barths *Kirchlicher Dogmatik* der Protestantismus, gegen seine antikirchlichen Ursprünge, selbst zur Kirche wird. Dass mit Logik dem Glauben nicht beizukommen ist: nichts könnte das jedenfalls schöner illustrieren als Dürrenmatts eigener schlingernder Kurs, wenn er sich mit Barths labyrinthischer *Dogmatik* auseinandersetzt.

So schrieb Dürrenmatt an den alten Fragestellungen fort, dachte, in immer neuen Spiralen durch immer neue Ebenen stoßend, zeitlebens über alte Irritationen nach. Ist ihm am Ende die Frage nach Gott obsolet geworden, hat er zuweilen geradezu unwirsch auf seinem Atheismus beharrt, hat ihn das Verhältnis von Wissen und Glauben doch bis zuletzt beschäftigt, ja erregt.

Ein denkwürdiger Tag

Basel im fernen Winter 1947/1948. Immer noch trifft ab und zu ein Lebensmittelpaket von der Mutter und gelegentlich eine Bankanweisung ein – zum Glück. Immer noch hat die Buchhaltung eines halben Jahres auf einem kleinen Zettel Platz. Anfänglich noch ein paar Abendgagen von Lotti, Vorschüsse vom Reiss-Verlag, 400,– Franken von Schwabe (Sammlung Klosterberg) als Vorschuss für den Abdruck von *Es steht geschrieben*. Gelegentlich ein kleiner Zuschuss aus dem Elternhaus. Alles in allem für sechs Monate etwas über 3000,– Franken. Zwar war damals der Franken noch ein Franken. Was da über dem jungen Hausstand als Banner der Hoffnung flatterte, war in Wahrheit eher das Hungertuch. Von Not, ernsthafter Sorge oder gar Unglück indes keine Spur in den Notizen. Hauptsache, er war gesprungen. Hauptsache, er war unterwegs. Was er unter einem »denkwürdigen« Tag versteht, findet sich als Eintrag in der Agenda unter dem 12. Juni:

1. Wasserleitung kaputt.
2. Kinderbett gekommen.
3. Wohnungsfrage mit Müller geregelt.
4. Geld ausgegangen.
5. Rechau[d] kaputt.
6. Mutter teleph. und angepumpt [Dürrenmatts Mutter][86]

In den Basler Hungerzeiten half, wer helfen konnte: die Mutter und Wyssens aus Zürich mit Lebensmittelpaketen, die wachsende Zahl der Freunde und Bekannten mit Einladungen. »Ich weiß noch«, erinnert sich Maria Becker, »wie mir Ginsberg erzählte, er sei bei irgendwelchen Chemie-Baronen gewesen, um für Fritz Geld aufzutreiben, und die hätten ihn nur gefragt: ›Ja, was arbeitet er denn?‹ – ›Er ist Schriftsteller‹, sagte der Gins, und die: ›Ja, schon, aber wir meinen, was *arbeitet* er?‹«[87]

Es gab andere, etwa die Cembalistin Antoinette Vischer (damals verheiratete Sulger), Sammlerin von Avantgardekunst und Förderin von Avantgardekünstlern (Ligeti, Duchamps, Cage usw.), oft Dürrenmatts Gastgeberin, später selbst Gast am Bielersee; gelegentlich lädt sie ihn auch zu einer Reise ein, etwa nach Paris. Als sie ihn, 15 Jahre später, einmal auf Vorgeschossenes angesprochen habe, sagt Markus Kutter, Vischers späterer Lebenspartner, sei »Fritz das einzige Mal richtig klotzig geworden«[88]. Dürrenmatts Ärger scheint verständlich, hatte er sich doch zu dem Zeitpunkt längst auf andere Weise für die ihm erwiesenen Wohltaten revanchiert, nämlich durch Unterstützung von Kollegen, die noch das harte Brot seiner frühen Jahre aßen. Im Zuge der Ordnung ihrer Finanzen versuchte ein Basler Inkassobüro, eine Schuldanerkennung über 3450,– Franken, die Dürrenmatt Antoinette Vischer 1950 ausgehändigt hatte, mit eingeschriebenem Brief einzutreiben. Da hielt denn selbst der Anhänger der offenen Form auf etwas mehr Stil.

Dürrenmatt ließ sich helfen, wie er später anderen half: mit

Würde, ohne Aufsehen, selbstverständlich, un-verschämt. Ohne servile Dankbarkeitsbekundungen, die er sich auch später von anderen ausdrücklich verbat, ja deren Unterlassung er zur einzigen Bedingung seiner Hilfe machte (etwa gegenüber Ludwig Hohl, Paul Nizon oder Konrad Farner, dem marxistischen Kunsthistoriker). Sein Geldmangel war immerhin so bekannt (wie später sein Wohlstand), dass Max Frisch seine Rezension von *Romulus der Große* in der ›Weltwoche‹ mit dem Satz schloss: »Nun müsste es bloß noch so sein, dass dieser Mann nicht zum Auswandern genötigt wird, weil seine Heimat, das reichste Land in Europa, ihn nicht zu ernähren vermag.«[89]

9

Von Barlach zu Bärlach

»Ich brauche keine Aussicht« · Turmbau · Ein Autor versteigt sich · Gnade als Fluch · Herr Küenzi und seine Urarier · Nach dem Sturz · Vom Turmbau zu ›Ein Engel kommt nach Babylon‹ · Ernst Barlach · Cornichon: das Kabarett und »das Kabarettistische«

»Ich brauche keine Aussicht«

Eineinhalb Jahre nachdem die Dürrenmatts nach Basel gezogen sind, plant das junge Ehepaar im Mai 1948 den Umzug nach Schernelz am bzw. über dem Bieler See. Obwohl ihm Basel sicher besser gefiel als Bern oder gar Zürich, war es trotzdem noch eine Stadt – und Dürrenmatt kein Stadtmensch. Schon unter dem 9. Februar 1947, nicht einmal vier Monate nach dem Umzug nach Basel, findet sich in F. D.s Agenda der Eintrag: »Wir werden Basel verlassen«.[1]

Lottis Hoffnungen auf ein festes Engagement am Basler Theater hatten sich früh zerschlagen. Man baute Luftschlösser. Von Ascona und dem dortigen lockeren Künstlerleben war zu Lottis Schrecken die Rede, wo der Mythos des legendären »Monte Verità« noch immer nachwirkte: tatsächlich haben dort Erich Maria Remarque, Robert Neumann, Marianne Werefkin, der Antiquar Wladimir Rosenbaum, zeitweise Dürrenmatts baldiger Verleger Peter Schifferli gelebt. Für F. D. verbanden sich mit dem Dorf am Lago Maggiore auch Namen wie Erich Mühsam,

Else Lasker-Schüler und die vieler anderer. Verleger Kurt Reiss
legte einen Umzug nach Konstanz nahe, in der Hoffnung auf
eine Lawine deutscher Tantiemen, die damals noch nicht über
die Grenze hätten transferiert werden können (hätten sie überhaupt angestanden). Ginsberg wollte sich ebenfalls nach einer
Wohnung am Bodensee für das Paar umsehen. Am Ende entschlossen sich die beiden für die bescheidenste und nächstliegende Lösung. In der Kirche Ligerz waren F. D. und Lotti
im Oktober 1946 getraut worden, etwas oberhalb, in Schernelz,
besaß Lottis Mutter Cécile Falb ein Haus. Konflikte würden
da wohl nicht ausbleiben, aber man hatte ein Dach über dem
Kopf. Der Umzug erfolgte, Dürrenmatts Agenda zufolge, in
zwei Raten, am 10. und am 31. Mai 1948. In der Zwischenzeit
arbeitete F. D. wieder in seiner alten Mansarde im Berner Elternhaus.

Bei Lottis Mutter Cécile Falb kamen sie zuerst in einem kleinen Dachzimmer, dann in zwei Zimmern mit Küche zu ebener
Erde unter. Verena Dürrenmatt erinnert sich noch gut: »Cécile
hatte bisweilen furchtbare Kräche mit Fritz, aber sie versöhnten
sich immer wieder. Schlechter konnte sich Lotti mit der lesbi-
schen Liaison[2] ihrer Mutter abfinden. Sie hat das immer tabuisiert. Nicht nur in diesem Punkt war sie befangener in bürgerlichen Konventionen als Fritz. Ich erinnere mich, wie die Cécile
mal die Kinder hüten sollte und ohne Lottis Wissen ihre Freundin dazu geladen hatte: Wie die das erfuhr, hat die ihrer Mutter
eine schaurige Szene gemacht.«[3]

Zuerst zufällig und aus der Not heraus getroffen, erwies sich
die Niederlassung am Südhang des Jura am Ende als eine Entscheidung fürs Leben. Der Schweizer Normalität entflohen,
am äußersten Rand des deutschen Sprachgebiets, weitet sich
F. D.s Blick. Die Realität ist jetzt nicht mehr nur Kulisse für
das Schreckliche dahinter. Er hatte Distanz gewonnen zu den
eigenen Erfahrungen (resp. Nicht-Erfahrungen) während der

Kriegsjahre, mehr noch: Er hatte die Distanz entdeckt als eine unabdingbare Voraussetzung für seine schriftstellerische Produktivität. Die Bühne war sein Medium geworden, weil sie das Medium der Distanz war. Seine neue Wohn- und Lebenslage führte ihm diese Distanz täglich vor Augen.

»Ich brauche keine Aussicht«, hat F. D. wiederholt gesagt. Zumindest diesen Vorzug hatte das Labyrinth der Stadt: dass der Blick von der nächsten Hauswand zurückprallte. Von Schernelz, dem Weindorf hoch über dem Bielersee jedoch, fällt der Blick über die Rebhänge (vorwiegend Chasselas, neuerdings auch etwas Riesling, Silvaner und Blauburgunder) auf Ligerz am Seeufer, erfasst Rousseaus Petersinsel, überfliegt das ganze sanfte satte Berner Mittelland, dann die Freiburger Hügel und Voralpen, wird endlich angehalten an den Alpen, die bei Föhn in violetten Schichten wie von Hodler gemalt aussehen, an lichten Tagen wie eine Verheißung im Dunst schweben, entrückt in ein gerade noch erträgliches menschliches Maß.

Und doch, erst hier, mitten in der Schweiz und doch an ihrem Rand, fand er sein ihm gemäßes Refugium.

Der »Rückzug in die Reben«, wie Peter Wyrsch das entsprechende Kapitel seiner *Dürrenmatt-Story*[4] überschrieb, war kein Aufgehen in der Idylle, nicht Harmonie und Widerspruchslosigkeit, sondern eben: Distanznahme. Dürrenmatt war ein Meister der verstörten Idylle. Der Abschnitt, den F. D. im zweiten Band der *Stoffe* der ersten Zeit in Schernelz widmet, ist dafür ein gutes Beispiel:

»Wir wohnten in einem kleinen Winzerdorf, als ich an der Komödie schrieb, einige aneinandergebaute Bauernhäuser am Waldrand, ein Bauernhaus unterhalb, eine Weinpinte, darunter der Rebhang, steil abfallend, dann die Kirche, noch weiter unten ein größeres Winzerdorf, eine Straße zwischen zwei alten Häuserreihen, dann die Hauptstraße, dann der See. Wir hausten in einer niedrigen Bauernstube, grün gestrichen, mit einer Schildkröte, die sich zwischen den Büchergestellen und der Wand hin und her zwängte, stur, tagelang, nächtelang das immer gleiche schleifende Geräusch. Die Fenster waren klein, aneinandergereiht, eine unermessliche Aussicht, die Weinberge, die Petersinsel, die Mündung der Aare, das Seeland, Wälder, Hügel, die Vorberge, die Alpen, eins mit den fernen Wolken, eine patriotische kitschige Postkarte, eine Rufst-du-mein-Vaterland-Stimmung, eine Aussicht so erhaben, dass man sie nur in den ersten Tagen wahrnahm, um sie schleunigst zu vergessen, die unvermutet wieder vorhanden war in Momenten, wo man sie wie zum ersten Male sah, als hätte man sie vorher nie gesehen, mächtig, urweltlich, eiszeitlich, so, wenn etwa der See unter dem Nebel lag wie unter einer spiegelharten Fläche. Damals war der Sommer regnerisch gewesen, mehr: eine Einübung in die Sintflut; die Pyramide des Turnvereins am 1. August unten im Dorf verschwand in den Regenwolken, die Raketen verzischten in den Wolkenbrüchen. Im Herbst ein Sonntag so über jede Vorstellung leuchtend, dass ich wusste, von nun an käme endgültig scheußliches Wetter, was dann eintraf. Der Wein fiel gotteslästerlich aus, die Bauern halfen mit Traubenzucker nach, zentnerweise, das Gesöff wurde nicht besser, es jagte einen aus den Schuhen. Zwischen all dem verwässerten Jammer wir: meine Schwiegermutter, bei der wir wohnten, meine Frau, das erste Kind, ich und ein kleiner Hund, halb Spitz, halb Papillon. Ich lief in einem Overall herum, dick, unförmig, bald würde mein Diabetes entdeckt werden.«[5]

»Ich brauche keine Aussicht«, das heißt auch, dass Reflexionen über derartige Naturschönheit bei Dürrenmatt selten sind. Eine dieser Ausnahmen ist der Vermerk in der Agenda vom 21. Januar 1950: »Kalt. Das Transparente, Leichte der Landschaft (das Japanische) ist weg. Harte, klare, deutliche Landschaft. Farbe wie bei Breug. Totem Tag. / Eigenartig, wie ich diese Zeilen schreibe und aus dem Fenster schaue ist die Landschaft auf einmal transparent. So werden wir immer wieder Lügen gestraft. Hier steckt die Unmöglichkeit für mich, eine Dissertation zu schreiben.«[6]

Dürrenmatts Blick ist nicht der des Erzählers aus dem schattigen Zimmer auf das im Licht glänzende Land, wie ihn der ältere Gottfried Keller liebte, der Blick des schauenden Epikers. Denn die Bilder, die Dürrenmatt bedrängten, auch wenn er sie nun erfolgreicher auf Distanz hielt, kamen aus seinem Inneren, nicht aus der Natur. Am unmittelbarsten fallen sie ihn und uns in seinen Zeichnungen an, doch auch in einem von Dürrenmatts seltenen Gedichten:

Blick durchs Fenster

Erst eine Fläche dunkelgelben Steins
zerrieben zu Sand

Nah, gegenwärtig

Dann ein Band mit Blumen, Büschen,
Sträuchern

Dahinter der See

Ferner Hügel, ferner Berge

Der Himmel endlich

Ein Planet irgendwo
Sterne dann, deren Licht Jahre alt ist

Nur noch Vergangenes[7]

So löst sich im Denken an die Ursprünge die Gegenwart auf in ihrer Unbedingtheit, zieht es den Blick ins All und aus dem Jetzt in die Vergangenheit.

Am 9. Januar 1949 dankt Dürrenmatt Walter Muschg für seinen Besuch in Schernelz und vermerkt: »Der Kriminalroman *[Der Richter und sein Henker]* macht mir viel Spaß, besonderes Vergnügen finde ich darin, dass ich in ihm Gelegenheit habe, die ganze Bielerseegegend so en passant kriminalistisch auszuwerten.«[8] Es ist, so nebenbei und auf dem Umweg über die Gattung Kriminalroman, von der andernorts noch die Rede sein wird, ein für Dürrenmatt neues Vergnügen an Fingerübungen in Realismus.

Ein Beispiel: »Der Weg führte steil bergan, von weißen Mauern eingefasst, ließ Rebberg um Rebberg zurück. Tschanz stieg immer höher, ruhig, langsam, unbeirrbar, die rechte Hand in der Manteltasche. Manchmal kreuzte eine Eidechse seinen Weg, Bussarde stiegen auf, das Land zitterte im Feuer der Sonne, als wäre es Sommer; er stieg unaufhaltsam. Später tauchte er in den Wald ein, die Reben verlassend. Es wurde kühler. Zwischen den Stämmen leuchteten die weißen Jurafelsen. Er stieg immer höher hinan, immer im gleichen Schritt gehend, immer im gleichen stetigen Gang vorrückend, und betrat die Felder. Es war Acker- und Weideland; der Weg stieg sanfter. Er schritt an einem Friedhof vorbei, ein Rechteck, von einer grauen Mauer eingefasst, mit weit offenem Tor. Schwarzgekleidete Frauen schritten auf den Wegen, ein alter gebückter Mann stand da, schaute dem Vorbeiziehenden nach, der immer weiterschritt, die rechte Hand in der Manteltasche.«[9]

Das liest sich, aus dem Zusammenhang gelöst, wie eine Idylle, noch der Friedhof ließe sich als ein Zeichen für die selbstverständliche Einheit von Leben und Tod in einem mythisch intakten Raum verstehen. Aber die Idylle trügt, der Realismus stellt nur eine Fallhöhe her. Der hier unterwegs ist, unbeirrbar, nicht aufzuhalten, ist Dürrenmatts Henker auf dem Weg zur Ermordung seines Opfers; die (zweimal erwähnte) rechte Hand in der Manteltasche umklammert den Revolver. Das Idyll trägt in sich den Keim der Zerstörung. Kein Paradies, aus dem wir nicht vertrieben, aus dem wir uns nicht selbst vertreiben würden.

Die zweieinhalb Jahre, die Dürrenmatt in Schernelz und Ligerz wohnte, waren eine an äußeren Ereignissen arme, in kreativer Hinsicht ungewöhnlich reiche Zeit. Dieses Muster sollte sich in Dürrenmatts Leben noch oft wiederholen und ihn zu der Bemerkung veranlassen: »Ich habe keine Biographie.«[10]

Turmbau

Am 29. Dezember 1947 hält die Agenda fest: »In Bern / Idee für ›Turmbau‹«[11]. Ein Jahr später, am 13. Dezember 1948, notiert Dürrenmatt lakonisch: »Turmbau verbrannt«[12]. Ein Debakel, das ihm weder im Brief an Walter Muschg vom selben Tag noch in dem vom 17. Dezember eine Zeile wert ist. Kurt Horwitz war als Regisseur für das entstehende Stück vorgesehen. Er setzte sich mit Dürrenmatt darüber in einem Briefwechsel auseinander, der unentwirrbar dramaturgische, poetologische und theologische Erwägungen ineinander verstrickte. Ihm war er allerdings eine Nachricht schuldig: »Mein lieber Herr Horwitz, / unser guter und braver Zentralheizungsofen, der in der Küche steht und überall die behaglichste Wärme hinschickt, hat heute den ganzen *Turmbau*, den geschriebenen und den noch nicht geschriebenen, in seinem Eisenbauch kremiert. Das meldet Ihnen leichten Herzens der unterzeichnete Vater des Hingeschiedenen und dessen Attentäter.«[13] Wie Galgenhumor liest sich das nicht, eher wie echte Erleichterung.

Wie das Labyrinth gehört der Turmbau zu den ganz alten Motiven von Dürrenmatts Phantasie. In gewisser Hinsicht sind beide ein einziger Themenkomplex, sozusagen die Koordinaten seiner Einbildungskraft. Horizontale und Vertikale. Dass Dürrenmatt am Ende die beiden Bände seiner *Stoffe* mit den Titeln *Labyrinth* und *Turmbau* versah, war nur folgerichtig.

In der Bibliothek seines Vaters, erinnert sich Dürrenmatt, stand ein blau-weißer Band, *Monographien zur Weltgeschichte, Ninive und Babylon.*[14] Aus der wichtigen Zeit im Winter 1942/43, als im Kreis um Walter Jonas im jungen Chaoten ein künstlerisches Bewusstsein erwachte, erinnert sich Dürrenmatt an Jonas' »›Sturz des Ikarus‹, der sich bei mir seltsam mit jenem Brueghels vermischte«[15]. Ikarus ist der Sohn des Dädalus, des Erbauers des Labyrinths, und steht für die Kühnheit des Aufschwungs in die Vertikale, aber auch für die Hybris und deren Preis. Entgegen dem Rat seines Vaters fliegt Ikarus mit den von Dädalus gefertigten Wachsflügeln zu nah an die Sonne und stürzt. Und natürlich kannte Dürrenmatt die beiden Bilder des älteren Brueghel, die den Turmbau zu Babel darstellten.

Walter Jonas war es auch, der im frühen Winter 1942/43 mit dem jungen Dürrenmatt das *Gilgamesch*-Epos nachzudichten und zu illustrieren plante. Ein erhaltenes Manuskript mit dem Titel *die geburt des gilgamesch* beginnt mit der Szenenanweisung: »turm hinab in den mittelpunkt der erde reichend und ebenso weit in den himmel ragend, das oberste gemach ins freie geöffnet.«[16] Da geht der Turm noch in zwei Richtungen, wie eine Spirale ins Innere und ins Äußere. Seine unterirdische Seite ist nichts anderes als das Labyrinth, in welchem Professor Lidenbrock in Jules Vernes Roman den »Mittelpunkt der Erde« zu erreichen sucht. Auch kommt uns der berühmte letzte Satz der Erzählung *Der Tunnel* in den Sinn: »Gott ließ uns fallen, und so stürzen wir denn auf ihn zu.«[17] Ein Hineinstürzen ist ein Hinausstürzen. Oben ist unten ist oben. Aus gängigen dreidimensionalen Raumvorstellungen hat sich Dürrenmatts Gott verabschiedet.

Im Alten Testament, dem ersten Buch Mose (XI,1–6), nimmt
der Turmbau nur wenig Raum ein, und die Stelle beschäftigt sich
fast ausschließlich mit der Sprachverwirrung, durch die Gott
die Turmbauer strafte und in alle Länder zerstreute (ein Aspekt,
den Dürrenmatt ausblendet). In der Ikonographie der abendländischen Kultur sind die Reflexe der knappen Bibelstelle zahl-
los. Dürrenmatt kannte viele dieser Darstellungen. Auf allen
erschien ihm der Turm als zu klein. In seinen eigenen Zeichnungen wächst der Turm aus der Stadt, dem Labyrinth, Babylon.
Auf allen ist der Himmel mächtig, nahe an die Erde gerückt,
deren Krümmung (in der ersten Zeichnung) dem Turm erst die
richtige Dimension gibt: »[A]uf meinen Zeichnungen sieht man
deutlich die Erdkrümmung – im Verhältnis zu ihr ist der Turm
in der ersten Zeichnung, ›Turmbau I‹, 9000 km hoch. Die ›Wolke‹, die hinuntergreift: kosmischer Staub, der die Erde beleckt.«[18]
Asteroiden, Astralnebel, explodierende Sonnen, Supernovae,
bedrohlich auf dem Horizont lastend wie der Mond in Teo Ottos Bühnenbild zu *Es steht geschrieben*.

In dem Band *Bilder und Zeichnungen* (Diogenes 1978) gibt es
nicht weniger als sechs Varianten des ›Turmbaus‹. Eine Gouache
von 1954 (›Turmbau II‹) zeigt den Turm von der Erde abgeho-
ben, wie eine Rakete. ›Turmbau III‹ von 1968 ist offensichtlich
von der amerikanischen Apollo-11-Expedition inspiriert (und
mithin um ein Jahr zu früh datiert), dem Unternehmen, von
dem Dürrenmatt sagte: »Der Weltraumflug hat nur dann einen
Sinn, wenn wir durch ihn die Erde entdecken und damit uns
selber. Am 20. Juli 1969 bin ich wieder ein Ptolemäer geworden.«[19] ›Turmbau IV‹ zeigt das Gebäude weit über den oberen
Bildrand hinausragend, bereits von zahlreichen Rissen bedroht,
›Turmbau V‹ die Ruine »nach dem Sturz«, wieder umgeben von
Spiralnebeln, und in ›Turmbau VI‹ (»Versuch eines Neubaus«)
erhält das Gebäude rätselhaft die Umrisse einer Frau (die Hure
Babylon?). Die letzten Zeichnungen sind offensichtlich ange-

regt durch die Wiederbeschäftigung mit dem Stoff im Vorfeld der Zusammenarbeit mit Rudolf Kelterborn für die Opernfassung des *Engels* (Uraufführung 5. Juni 1977).

Verbunden mit dem Turmbau ist das Motiv des Weltuntergangs, und der meint mehr als den Untergang der Erde: Galaxien entstehen und vergehen, um den hybriden (und lächerlichen) Versuch herum, den Himmel zu erobern. Oder er meint weniger: »Das Motiv des Weltuntergangs ist mit dem Motiv des Todes verbunden: Jeder Mensch, der stirbt, erlebt seinen Weltuntergang.«[20]

Ein Autor versteigt sich

Was immer sein Ausgangspunkt war, als er an jenem 29. Dezember 1947 in Bern die Idee für den Turmbau notierte: wohl schon sehr früh muss sie mit der Idee von dem Mädchen Kurrubi verknüpft gewesen sein, das von einem unerfahrenen Engel im Auftrag Gottes als Geschenk des Himmels für den ärmsten der Menschen nach Babylon gebracht wird. Nicht vertraut mit menschlichen Ränken und Verstellungen, gerät Kurrubi dort an den als Bettler verkleideten reichsten Menschen, König Nebukadnezar, der Akki, den echten Bettler, auch noch auf dessen ureigenem Feld übertreffen will. Noch in der (gespielten) Armut will der König der Beste sein. So verkehrt sich ihm (wie dann allen, die in die Gravitation von Kurrubis überirdischer Unbedingtheit geraten) die Gnade: Er empfindet sie als unerhörte Beleidigung durch den Himmel, der ihm die Gnade nur als dem ärmsten Menschen zuspricht und sie ihm in seiner wahren Identität als dem Mächtigen abspricht. Diese Schmach lässt ihn überhaupt erst den Turmbau, die Herausforderung des Himmels planen.

Schon zu Beginn also ist der Stoff doppelspurig (der Turmbau-Hybris-Strang und die Gnaden-Thematik der Kurrubi-Handlung). In der Folge teilt er sich in immer weitere Verzweigungen, zusätzlich angereichert durch unzählige, teilweise fast kabarettistische Schnurren, mit denen der Autor die religiöse Thematik seiner Versuchsanordnung kaschiert.

Gnade als Fluch

Die Vorstellung von der Gnade, die sich in ihren Auswirkungen von einem Fluch nicht mehr unterscheiden lässt (genauer: die, göttlichen Ursprungs, von den Menschen zum Fluch gemacht wird)[21], ist ein übergroßer Entwurf, wie die Beschreibung dieser Anfänge zeigt. Waren es anfangs zwei Handlungsstränge (der des Turmbaus eben und jener des Mädchens Kurrubi, des fatalen Engelsgeschenks), so kamen, wie sich Dürrenmatt Akt um Akt, Stockwerk um Stockwerk in immer dünnere Luft vorkämpfte, weitere dazu. In einem monumentalen siebenseitigen Brief an den vorgesehenen Regisseur Kurt Horwitz (22. November 1948) bekennt F. D., er sei »noch nie von einer klaren und festen Idee ausgegangen. Ich beginne mit Einfällen und Späßen und schreite erst während der Arbeit zur Tiefe. Ich gehe von der Handlung aus nicht vom Inhalt, von der Sprache und nicht von der Komposition, die ich erst im Schaffen finde.«[22] Der Turmbau sei das »äußere Gericht (das Weltgeschehen) Kurrubi das innere Gericht«; der Weg des Turmbaus ein »Weg ins Leere«, der Weg Kurrubis »ein Kreis und damit auch hoffnungslos, denn es ist ein Weg vom Letzten, der der erste ist, zum Ersten, der der letzte ist«, also von Nebukadnezar zu Nebukadnezar, dem babylonischen König. Dazwischen verstört (und zerstört) das Kind des Himmels, die Mensch gewordene Gnade, den ewigen Rebellen Nimrod, den ersten Soldaten Mumabitu, den Oberpriester Utnapischtim, den Turmbaumeister Enggibi.

Mögen wir zuerst bei Kurrubi noch an Indras Tochter aus Strindbergs *Traumspiel* denken (»Es ist schade um die Menschen!«: auch sie schenkt sich dem »ärmsten der Menschen«), legt ihr Passionsweg die Verwandtschaft mit Wedekinds *Lulu* nahe, die als eine Vision der reinen Sinnlichkeit (rein im buchstäblichen Sinn: »des Lasters Kindereinfalt«) ihre Todesspur von Dr. Schön über den Maler Schwarz zu Alwa Schön und endlich der Gräfin Geschwitz zieht, bis sie von Jack the Ripper, dem vernichtenden männlichen Prinzip, geschlachtet wird. Kurrubi ist eine ins Christliche gewendete Pandora und eine metaphysische Variante von Wedekinds *Lulu* (sofern wir nicht schon Lulu – als Opfer – bereits als eine Art Christus-Travestie lesen). Dürrenmatt hat das im besagten Brief an Horwitz selbst erkannt und wohl nur aus Rücksicht auf den gläubigen Adressaten des Briefs etwas abgeschwächt): »Hier ist der Turmbau äußerlich zum Beispiel der Lulu-Tragödie Wedekinds verwandt.«

Der Verweis auf Lulu ist ebenso überraschend wie einleuchtend. Die Unbedingtheit von Kurrubis unteilbarer Moral und die Unbedingtheit von Lulus unteilbarer Amoral machen beide zu Meteoriten, welche in die menschliche (genauer: die männliche) Gesellschaft einbrechen. Sie sind radikale, rationalem Verständnis entzogene Fremd-Körper, Irritation und Projektionsfläche in einem. Auch wer nicht so weit gehen will wie der Kritiker Hans Mayer, der schon im Paar Knipperdollinck-Bockelson (in *Es steht geschrieben*) einen Reflex des Gegensatzpaares Keith-Scholz aus Wedekinds *Marquis von Keith* vermutete, muss spätestens hier den Beginn von Dürrenmatts fruchtbarer Auseinandersetzung mit Wedekind annehmen.

Weil »der Stoff ja immer gescheiter ist als wir armen Schriftsteller«, wuchert er ins Unübersehbare und schlägt schließlich über F. D. zusammen. »Wenn ich ebenso gescheit wäre wie mein Stoff«, schreibt Dürrenmatt wenig später an Horwitz (1. Dezember 1948: keine zwei Wochen vor der Vernichtung des Torsos), »wäre ich Philosoph geworden.«[23] Auch das hatte er – wir sahen es bereits – schon versucht. Was der Glaube mit der Schriftstellerei gemeinsam hat, ist ein Moment der Auslieferung, der Kapitulation.

Gegen König Nebukadnezar erfindet Dürenmatt dessen dialektische Gegenfigur, den »ewigen Rebellen Nimrod«; gegen diesen wiederum den Tagelöhner Gimmil, Anlass für Nimrods Revolte, zugleich dessen Opfer und Feind. Eine der spannendsten Figuren des ursprünglichen *Turmbau*-Plans ist der Turmbaumeister Enggibi – einer mehr, der die Gnade Kurrubis, die ihn streift und die er nicht begreift, verkennt und deshalb an ihr zugrunde geht. Ein weiterer Gegenspieler Nebukadnezars.

Enggibi (er hat nichts mit der vergleichsweise marginalen Figur des Bankiers aus *Ein Engel kommt nach Babylon* zu tun) wäre die zentrale Figur des 4. Aktes gewesen. Der spielt in einem »Saal in einem phantastisch hohen Stockwerk«[24]. Enggibi, verheiratet mit Kurrubi, hat als Kammerdiener den stets angetrunkenen Bettler Akki zur Seite, hier unverkennbar in der Rolle eines Shakespeare'schen Narren, aber auch so etwas wie Kurrubis Schigolch (die magisch-mythische Figur des Ziehvaters von Wedekinds Lulu). Der Baumeister ist ein Krüppel ohne Arme und Beine, ein Ästhet und Rationalist: »Ich habe unter dem Turm nie etwas anderes als ein klares Gebäude der Vernunft gesehen«, sagt er, ihn »belecken die Wellen des Chaos«, ihn umgibt das »Verwirrte, Verstiegene, Unklare, Unbewusste und Unschöne«. Mächtig ist der versehrte Chef-Rationalist durch die Kraft seines Willens, seiner Überzeugungskraft und seines politischen Geschicks. Das wird ihm am Ende zum Verhängnis. Kurrubi kann sich als unbedingte metaphysische Instanz auf seine Schachzüge nicht einlassen.

Der Baumeister, ein großer Einfall, will das Unternehmen des Königs umfunktionieren, ist also ein Usurpator im Namen der Vernunft. »Ich baue meinen Turm und nicht den Turm des Königs. Der König lässt den Turm bauen, um den menschlichen Wahnsinn zu verewigen, der uns immer wieder, wie ein Vater seine Kinder, verschlingt. Ich aber, der ich diesen Turm baue, will seinen Sinn umkehren und in ihm das Reich des menschlichen Verstandes erschaffen. Er ist ein Turm gegen alles Verwirrte, Verstiegene, Unklare, Unbewusste und Unschöne. In diesem Turm soll die Vernunft wohnen, der Geist, die Schönheit, die Leichtigkeit, die Klarheit, das Maß, die Bewusstheit, die Ordnung und die Gerechtigkeit.«

Herr Küenzi und seine Urarier

Das Paradoxe ist, dass dieser (auch Enggibi ist ein früher ironischer Held Dürrenmatts) das Bauwerk der reinen Vernunft in einer grotesken Szene durch eine Verschwörung mit den barbarischen menschenfressenden »Urariern« gegen Nebukadnezar sichern will. Dürrenmatt entwickelt die Intrige in einer ausgedehnten Szene mit deren Anführer mit dem schweizerischen Namen Küenzi, der (wie bald die Germanen in *Romulus der Große* die Stadt Rom) das abgewirtschaftete, durch den Turmbau ausgeblutete babylonische Reich liquidieren wird.

ENGGIBI: Diese Urarier mögen aus ihren Bergen wie Säue brechen, sie mögen die Länder der Erde wie Heuschrecken überschwemmen, die alles kahl fressen, der Turm wird ihrer lachen! Babylon mag zugrunde gehen, Ninive in Staub zerfallen, Ur versinken, die Wüste den Euphrat und den Tigris verschlingen, der Turm wird bleiben. Er allein ist die neue Zeit, er allein die neue Jugend, das Schicksal, der große unerhörte Wurf, die Karte, mit der die Menschheit sich selber setzt. Wie ein einsamer Fels zwischen Himmel und Erde soll er sich leuchtend aus der Brandung einer untergehenden Welt erheben, vom Brand ihrer Städte und Paläste bespiegelt, denn die Freiheit, die er verherrlicht, und der Geist, der ihn erschaffen, können nur bestehen, wenn die Welle des Chaos sie belecken.[25]

Eine starke Vision heroischer Verblendung und menschlicher Hybris. Enggibi ist ein Vertreter der reinen Vernunft, ein entfernter Verwandter eher von Hegel als von Kant; der Turm, *an sich* ein hybrider Wahnsinn, ist *in sich,* dem Plan nach, ein Gebäude der reinen Vernunft, der Ordnung der Welt und der Völker, die beste aller Welten scheitert, weil die Maßnahmen zu ihrer Sicherheit ihren Prinzipien widersprechen: die ideale Gesellschaft, die »Karte, mit der sich die Menschheit selber setzt«, ist eine Absurdität, weil sie ohne politische Ränke, ohne Mord, Totschlag und Terror nicht zu errichten und nicht zu behaupten ist. So lässt es Kurrubi am Ende dieses Akts zu, dass Nebukadnezar die inkriminierenden Schriftstücke, den Vertrag Enggibis mit den Urariern findet und diesen umbringen lässt. – So weit führt das erhaltene Fragment.

Nach dem Sturz

Relativ gerafft fasst Dürrenmatt im zweiten Band der *Stoffe* zusammen, was ihn ein Jahr Arbeit gekostet hat. »Ich plante, jeden Akt in einem höheren Stockwerk spielen zu lassen, in einem Turm, der sich dem Himmel entgegenschiebt, die Wolken durchstößt, in die Leere des Alls vordringt, bis die Akteure nur noch in Sauerstoffmasken auftreten. Sie sind nicht mehr voneinander zu unterscheiden. Es sind die letzten Menschen, die mit immer verwegeneren Konstruktionen auf immer halsbrecherischeren Gerüsten weiterbauen, vom Turmbau nicht ablassen, bis sie in tagelangem freiem Fall zur Erde zurückstürzen oder in der

Pechschwärze des Himmels, ans Gerüst geklammert, in der Glut der Sonne verkochen.«²⁶ Lauter Ikarusse. »Als Einziger erreicht Nebukadnezar sein Ziel, der König von Babylon, der die Erde unterjocht und die Völker gezwungen hat, den immensen Turm zu bauen, weil er, aus einem ungeheuerlichen Selbsthass heraus, den Himmel erobern und Gott töten will, den Schöpfer dieser unsinnigen Welt.« Der Einzige, den er im leeren Raum trifft, ist ein Greis, »mit einem Besen einige Atome zusammenkehrend«: seinen Vorgänger. Am Ende beginnt der ins Nichts verstiegene König die Bühne zu kehren, bis ihn der schwarze Hintergrund verschluckt. Eine große Vision. Eine zu große.

Dürrenmatt weiter: »Im dritten Akt war der *Turmbau* erst wenige Stockwerke hoch, ich kapitulierte […]. Mein Glaube an das schwindelerregende Unternehmen begann zu schwinden. […] Dann ein verzweifelter Entschluss, ein Befreiungsakt, Tabula rasa. Zuerst schmiss ich das Büchergestell um, mein anderthalbjähriger Sohn schrie, meine Frau ging mit ihm, mit dem Kinderwagen und der Einkaufstasche den Rebhang hinunter. Noch spüre ich die Erleichterung, als ich das Fragment samt den Skizzen im Holzherd verbrannte. […] Ich war erlöst. Nur durch Zufall fand ich später einiges, lückenhaft, ich bringe nicht mehr zusammen, was ich damals schrieb.«

Bedenken wir, dass Kurt Horwitz mit der Leitung des Theaters Basel verantwortlich war für einen ganzen komplizierten Betrieb mit allen Zwängen, Engpässen der Disposition und Besetzung, so müssen wir die Langmut bewundern, mit der er auf die Vollendung des *Turmbaus* wartete und sich endlich mit dessen Einsturz abfand (wenn er mit dem nicht schon gerechnet hatte). Nachdem er sich in einem Brief vom 16. Juni Teillieferungen verbeten hatte (»Ich bitte Sie, im Gegenteil, mir den Turmbau erst dann zu senden, wenn er fertig ist, sodass man das Ganze übersehen kann«²⁷), äußert er sich am 18. November 1948, also schon in der sehr prekären Phase des Bauplans, zum 4. Akt,

ohne dass er die beiden vorangehenden gekannt hätte. Die Stoßseufzer sind unüberhörbar, es zeichnet sich ab, dass die Aufgabe des Stücks auch für den Regisseur und Theaterleiter eine
Erleichterung sein könnte: »Enggibi ist eine gewaltige Figur;
aber, auch, *wer* soll das spielen? Wer Nebukadnezar? Ich bin
nicht mutlos geworden, für Sie – aber für Basel: Es ist eine zu
dumpfe Stadt für den Geist, für das Theater! Das im tieferen
Sinne *Witzige* – wenn man das so sagen kann –, das ja die Basis
für das Dämonische im *Turmbau* ist, kann nicht aufgenommen
werden. Ich fürchte das! – Alles Paradoxe wird eben hierzulande
als absurd empfunden. Die Schrecken des Glaubens will und
kann man nicht sehen.« Und, nach einer Passage über Dürrenmatts verzögerte Konversion: »Aber auch ich habe Kurrubi noch
nicht verstanden.« Zehn Tage später, am 28. November: »Ich
meine nun, dass es nicht schlimm, sondern vielleicht gut wäre,
wenn Sie sich mit dem *Turmbau* einfach Zeit ließen. Das Stück
kann nur gewinnen, wenn es mit Ihnen selbst zur Klarheit gelangt. Wir können es auch in der nächsten Saison spielen: Entweder hier oder in Zürich.«[28] Fast scheint es, als wolle Horwitz
Dürrenmatt überreden, den unübersichtlichen *Turmbau* liegen
zu lassen. Ginsberg war ohnehin erleichtert über die Entscheidung zur Liquidation: »Ich bin von einer großen Sorge befreit, denn dieser Turmbau konnte nicht mehr gelingen. […] Ich
hoffe, dass es Ihnen zu anderer Zeit gelingt, das Stück, so wie es
mit dem 1. Akt anhub, weiterzuschreiben.«[29] Und genau daran
wird Dürrenmatt sich nach Beendigung seiner nächsten zwei
Stücke machen: Aus den Trümmern des *Turmbaus,* im Wesentlichen aus dem von Ginsberg genannten 1. Akt, ist *Ein Engel
kommt nach Babylon* entstanden.

Inzwischen weiß man, dass die Liquidation des *Turmbaus* an jenem 13. Dezember 1948 so gründlich nicht gewesen sein konnte, wie uns Dürrenmatt noch im gleichnamigen Band der *Stoffe* glauben macht. Im Nachlass findet sich eine von F. D.s letzter Sekretärin Margret Tangelder abgetippte Reinschrift einer Typoskript-Version aus der Entstehungszeit mit handschriftlichen Korrekturen. Der 1980 im Anhang von *Turmbau* als ›Gespräche über den Turm‹ gedruckte Dialog findet sich im 4. Akt dieser Abschrift als kleiner Partikel eines ausgedehnten Dialogs fast identisch wieder. Es ist anzunehmen, dass Dürrenmatt das Typoskript aus dem Nachlass von Kurt Horwitz oder aus einer anderen Quelle des fernen Jahres 1948 wieder zugegangen ist, zu seiner eigenen Überraschung und unserem Glück. Es ist vor allem ein *missing link* zwischen *Turmbau* und *Romulus der Große,* das viele als einen deutlichen Bruch zu den ersten, offensichtlich religiös motivierten Stücken verstanden. So voraussetzungslos, wie er selbst angibt, ist ihm sein drittes Theaterstück dann doch nicht zugefallen. Mit einiger Anstrengung lässt sich schon der Turmbaumeister Enggibi des vermeintlich verschollenen 4. Akts als »verdienstvoller Verräter« interpretieren, der dann die Grundidee des *Romulus* werden wird.

Die selbstverfügte Elimination des *Turmbaus* war für Dürrenmatt, wie sehr er sich um Gelassenheit bemühte, eine schmerzliche Niederlage. Aber sie hatte keineswegs Resignation oder gar Depression zur Folge, sondern setzte im Gegenteil ungeahnte Energien frei. Und sie war beileibe keine Kapitulation, mit der er sich abfand. Sozusagen als dramaturgische Gegenentwürfe setzte er in erstaunlich kurzer Zeit *Romulus* und *Die Ehe des Herrn Mississippi* ins Werk sowie seinen ersten Kriminalroman *Der Richter und sein Henker.* Kaum aber hatte er *Mississippi* beendet, beschäftige er sich erneut mit dem alten Plan.

Noch während er am *Turmbau* arbeitet, liest F.D. Ernst Barlachs Drama *Die Sündflut.* Die Anregung dazu verdankte er zweifellos Walter Muschg, der mit Barlach bis zu dessen Tod 1938 eng befreundet war. Am 13. Dezember 1948 – dem Tag, an welchem er den *Turmbau,* die Arbeit eines Jahres, verbrennt, schreibt F.D. an Muschg: »Seine Dramen, besonders die *Sündflut,* machten mir einerseits einen großen Eindruck, andererseits verirrte ich mich ständig in diesem nordischen Nebel.«[30]

Auch Ernst Barlachs Drama (uraufgeführt schon 1924) handelt von einem Kampf gegen Gott, einen Gott, der als Bettler verkleidet durch die ihm fremd gewordene, wahnsinnige Schöpfung zieht, beschimpft von einem nihilistischen Empörer namens Calan (»Er oder ich! Er oder ich!«[31]). Dem steht in einer provokant passiven Gläubigkeit, nicht ohne Bigotterie, Noah gegenüber, schuldbeladen auch er. Ein drastisches, elementares und sprachlich monumentales Stück, stärker durch die Nähe zum Ersten Weltkrieg geprägt als Dürrenmatts Weltuntergänge durch die zum Zweiten. Es spielt vor der Sintflut und zeigt den Grund, weshalb es zum Bau der Arche kam.[32] Der Satz »Ach, wie schwer ist Gottes Zorn, wie fast schwerer Gottes Gnade zu erfahren«[33], den Barlach seinem Noah in den Mund legt, muss Dürrenmatt in einem zentralen Punkt getroffen haben. Die verkannte, die für den Menschen nicht auszuhaltende Gnade, verkörpert im Mädchen Kurrubi, ist das zentrale Thema des *Turmbau*-Stücks. »Die Gnade, fast schwerer als Gottes Zorn zu erfahren«: der gemeinsame Nenner zwischen Barlach und Dürrenmatt ist Kierkegaard, auch wenn Erich Franzen zuzustimmen ist, wenn er sagt: »Barlach ist nicht wie […] Kierkegaard […] ein Zweifler von Natur, der um den Glauben ringt, sondern umgekehrt der zum Glauben Berufene, der sich den Unglauben erkämpft.«[34] Die Formel ist auch für Dürrenmatt bedenkenswert.

Spricht man von der Faszination, die Claudel auf den jungen Dürrenmatt ausgeübt hat, sollte man die nicht vergessen, die für ihn von Barlach ausging. Einmal abgesehen davon, dass Barlach nicht nur im Ansatz eine künstlerische Doppelexistenz geglückt war, als Schriftsteller und als bildender Künstler.

Cornichon: das Kabarett und »das Kabarettistische«

1948 war das Jahr des *Turmbaus*. Das Stück sollte Dürrenmatts *magnum opus* werden, die Summe seiner schriftstellerischen Ambitionen. Daneben war ihm jede Brotarbeit lästig, und so stand sein Seitensprung ins Kabarett von Anbeginn unter einem schlechten Stern.

Durch *Es steht geschrieben* aufmerksam geworden, hatte Walter Lesch, der bis heute unterschätzte Texter des Zürcher Kabaretts Cornichon, seinen Kollegen Peter Wyrsch ausgesandt (noch nach Basel), um Dürrenmatt für ein monatliches Fixum von 500,– Franken zur Mitarbeit zu gewinnen. Der nahm an, die Pauschale war zu großzügig – selbst als sie bald darauf auf 300 Franken reduziert wurde.

Das Cornichon, das während des Zweiten Weltkriegs wichtigste Schweizer Kabarett, war eine Institution des Widerstands gegen Nazideutschland, immer im Clinch mit der Zensur in Bern. Nach dem Zusammenbruch des Nationalsozialismus hatte es seine *raison d'être* eingebüßt (wie ein Kritiker der ›NZZ‹ etwas sehr salopp befand: »Das Cornichon hat seinen besten Freund verloren: Adolf Hitler.«[35]). Dürrenmatts Engagement war ein Versuch, diese Krise zu bewältigen. Walter Lesch, der wusste, dass er Sketche der alten Strickart nicht endlos (und mit gleichem Personal) weiterführen konnte, erhoffte sich von Dürrenmatt einen anderen, neuen Ton.

In Briefen der Eltern an die Schwester Verena aus dieser Zeit

sind Fritz' Klagen über das Cornichon ein durchgehendes
Thema. Die Aufführung des ersten Sketches war für ihn ein
Schock. F. D. an Wyss, 10. Juni 1948: »Glaube mir, es ist kein angenehmes Gefühl sich so auf der Bühne begegnen zu müssen,
das Problematische meiner ganzen Existenz tauchte vor meinem
Auge mit einem Male wieder auf – «[36]. Auch seinem Mentor Kurt
Horwitz klagte er sein Leid. Der versuchte ihn zu beschwichtigen: »Ihre beiden Sachen werden sichtlich falsch gespielt – aber
nicht schlecht.« Es sei schade, dass im Rahmen des Cornichon
»die Wedekindsche Schlagkraft und Dämonie Ihrer Sätze gar
nicht landen kann.«[37]: der Wedekind der Elf Scharfrichter [so
hieß das Brettl, auf dem der junge Wedekind in München auf-
trat] sei übrigens auch »nicht derselbe Scharfrichter, der sich in
Hidallah [Uraufführung 1905] und in den Bühnenstücken unerbittlich und tödlich grotesk darstellt«[38].

   »Die beiden Sachen«, das waren zum einen *Der Gerettete*, die
Begegnung des Schiffbrüchigen Armin Schlucker mit Dr. Blau-
hals, dem Chef des »Amts für Schiffbrüchige« an Bord der Arche. Am Ende zieht der Flüchtling den Sprung in das von Haien
wimmelnde Meer der Verschonung auf der Arche vor. Mit Blau-
hals war der Chef der Polizeiabteilung im Eidgenössischen Jus-
tiz- und Polizeidepartement gemeint, Heinrich Rothmund, dem
nach 1945 die restriktive Flüchtlingspolitik während des Kriegs
angelastet wurde. Rothmund reagierte pikiert und intervenierte
auf offiziellem Briefpapier seines Amts bei seinem Duzfreund
Walter Lesch und machte geltend, er habe dem Cornichon in
schwierigen Zeiten immer den Rücken freigehalten; dann
schickte er einen Bekannten aus zur Besichtigung des Abends
und zur Berichterstattung. Der fand die Anspielung auf Roth-
munds Namen »geschmacklos und dreckig«[39], den Sketch insgesamt schwach. Daraufhin drang Rothmund bei Lesch in mehreren Briefen, munitioniert mit negativen Kritiken, auf Absetzung
der Nummer. Bis diesem der Kragen platzte und er Rothmund

höflich, aber bestimmt die Leviten las (»Das Aufbringen der menschlichen Kraft zur Erkenntnis von Fehlern ist die Sache des- oder derjenigen, die ›unsere‹ Flüchtlingspolitik gemacht haben.«[40]). Am 15. Juni war das Programm im Zürcher Hotel ›Hirschen‹ abgespielt, im neuen Herbstprogramm und auf Tournee war *Der Gerettete* verschwunden.

Aus einigen Plänen wurde nichts *(Amtssprache, Inspektion);* zwei Nummern, *Der Gerettete* eben und *Der Erfinder* (auch er spielt auf der »Arche«, Hauptfigur ist Zweistein, der Erfinder der Atombombe, die am Ende im Ausschnitt der Gattin des »Arche-Präsidenten« verschwindet), nahm F. D. immerhin in die Werkausgabe 1980 auf. Zwei weitere Sketche tauchten noch im Programm *»Es liit i de Luft«* [Es liegt in der Luft] vom September 1948 auf, *Hochschule für Politik* und *Gib Gas!:* »Ein Rennfahrer überfährt Huhn, Geiß und Briefträger […]. Die Brettlbretter seufzen: ›Zu viel Ideenwucht für unsere schwachen Achseln!‹ Gewiss, man spielt auch nicht Orgel im Boudoir, aber ich möchte es doch loben, dass das Cornichon dem literarischen Experiment nicht ausweicht und Mut zum Nichtreißerischen hat. Dürrenmatt als seltene Einlage, warum auch nicht?«[41] Auf einen weiteren für das Cornichon geschriebenen, aber refüsierten Sketch mit dem Titel *Der Mister* werden wir an anderer Stelle zurückkommen.

Es gehört zu den Ironien in Dürrenmatts Leben, dass ihm als Stückeschreiber immer mal wieder (nicht nur von Brecht und Frisch) der Vorwurf des »Kabarettistischen« gemacht wurde, dass er aber im Kabarett selbst nicht ankam, gewogen und für zu schwer befunden wurde. Es ist leicht einzusehen, warum. Am »Kabarettistischen« in seinen Stücken interessierte ihn die Fallhöhe, der Kontrast, die ironische Brechung, die Provokation. Ohne Kontext und Subtext funktioniert Dürrenmatts Komik nicht; oft ist kaum auszumachen, wo der platte Scherz in abgründigen Humor umschlägt oder umgekehrt. Im Kabarett ist diese Fallhöhe schlechterdings nicht darzustellen: wo das Publikum sich partout amüsieren will, lacht es jeden Ansatz zur Ernsthaftigkeit tot.[42]

Aus dieser Brotarbeit rettete sich Dürrenmatt in eine andere, die ihm weit angemessener war. Er warf sich auf den Kriminalroman. Im genannten Brief an Walter Muschg vom 13. Dezember 1948 heißt es: »Jedenfalls dürfen Sie sich nicht wundern, mich nach dem verunglückten Cornichon-Versuch nun bald (wahrscheinlich) als Kriminalschriftsteller kennen zu lernen.«[43] Sechs Jahre später, nachdem er auch mit dem Stück gescheitert war, das aus dem eingestürzten *Turmbau* entstand, erhob Dürrenmatt diesen Entschluss zur Strategie: »Wie besteht der Künstler in einer Welt der Bildung [...]? [...] Vielleicht am besten, indem er Kriminalromane schreibt, Kunst da tut, wo sie niemand vermutet.«[44] Der Weg von Barlach (der zur Welt seines *Turmbaus* gehörte) zu Bärlach, dem Kommissär seiner ersten beiden Kriminalromane, ist nicht so weit, wie es scheint. Das vermeintlich triviale Genre nur eine List, »das Seine« sozusagen *undercover* weiterzubetreiben.

10

Die Entdeckung der Komödie

Der Einsturz des Turmbaus · Der verdienstvolle Verräter · Erste Begegnung mit Bertolt Brecht · Von der Komödie der Ohnmacht zur Komödie der Macht · Texte und Textilien: bei Elsie Giauque auf der »Festi« · ›Die Ehe des Herrn Mississippi‹ und Max Frischs Bitte um ein »humaneres Klima« · Dürrenmatt und Wedekind · Dürrenmatt, Benn und die absolute Bühnenkunst · Die ersten Kriminalromane · Bärlach, ein bernischer Dämon · Der Autor, der Richter, der Henker · Nichts aus dem Ärmel geschüttelt · Bärlach in der Burg der Autonomie

Der Einsturz des Turmbaus

Die Verbrennung der Arbeit eines ganzen Jahres war eine Niederlage, aber auch eine große Befreiung, sie eröffnete Aussichten in viele Richtungen. Zweifellos bedeutete sie eine Zäsur. Die Stücke, die nun am Bielersee entstehen, *Romulus der Große* und *Die Ehe des Herrn Mississippi,* schlagen einen neuen Ton an (und der erste Kriminalroman erst recht). Andererseits gibt es mehr Verbindungen zwischen ihnen und den ersten »christlichen« Stücken, als auf den ersten Blick zu vermuten wäre. Wie noch oft setzte das Scheitern bei Dürrenmatt neue Kräfte, ungeahnte Energien frei. Am 13. Dezember 1948 hatte er seinen babylonischen Plan liquidiert. Am 23. April 1949 wird *Romulus der Große* in Basel uraufgeführt. Wenn Dürrenmatt in seinem Brief an Wyss (zu Ostern, 17. April) klagt, er habe »seit langem nichts mehr gearbeitet, und, was noch viel schlimmer ist, nichts mehr gedacht«[1], so muss das angesichts seines Pensums als reine Koketterie erscheinen.

Doch Dürrenmatt war auch in Zugzwang: *Turmbau* hatte in Basel auf dem Spielplan gestanden, Horwitz brauchte Ersatz. So entstand *Romulus der Große* in Schernelz in den ersten Monaten 1949, sozusagen aus dem Stand und aus der Not heraus: »Wir wohnten damals in einem Weinbauernhaus«, erinnert sich F. D. in der *Anmerkung III zu ›Romulus der Große‹*, »jeden Abend holte ich im Bauernhaus, das jenseits der Straße in einer Wiese lag, Milch. Es war ein Wintermonat, Dezember oder Januar, und ich holte die Milch in tiefer Dunkelheit, doch kannte ich auch so den Weg. Während des Milchholens nun, die fünfzig Meter hin, während des kurzen Gesprächs mit dem Bauern, darauf während der fünfzig Meter, die ich zurücklegen musste, um heimzukehren, konzipierte ich die ganze Komödie, in der Weise, dass mir als erstes die Schlusssätze jedes Aktes klar wurden: ›Rom hat einen schändlichen Kaiser.‹ ›Dieser Kaiser muss weg.‹ ›Wenn dann die Germanen da sind, sollen sie hereinkommen.‹ ›Damit hat das römische Imperium aufgehört zu existieren.‹ Auf diesen vier Schlusssätzen konstruierte sich die Handlung wie von selbst.«[2] Und auch hier ist ein literarischer Anlass der Auslöser: »Der Zufall kam mir zu Hilfe. Ich hatte eine Novelle Strindbergs gelesen, *Attila*. Am Schluss dieser Erzählung wird von der Heimkehr zweier Männer nach dem Tode Attilas berichtet, eines Römers und eines Fürsten der Rugier, und dann schließt Strindberg: ›Später erneuerten sie die Bekanntschaft, aber unter anderen und größeren Verhältnissen, denn Edekos Sohn war Odoaker, der den Sohn des Orestes stürzte, und der war kein anderer als der letzte Kaiser Romulus Augustus. Er hieß sonderbarerweise Romulus, wie Roms erster König, und Augustus, wie der erste Kaiser. Und er beschloss sein Leben als Verabschiedeter, mit einer Pension von sechstausend Goldmünzen, in einer Villa in Campanien, die vorher Lucullus besessen hatte.«[3]

So ganz »wie von selbst« entstand jenes dritte Theaterstück nicht – wir sahen es bereits: Der *missing link* zwischen *Turmbau* und *Romulus* ist die erwähnte »Urarier-Szene«[4] des lange verschollenen 4. Akts. Sie ist nicht so sehr aus künstlerischen Gründen bedeutend (F. D. wusste schon, weshalb er den etwas krachledernen Akt verwerfen wollte), sondern weil sie die Verschränkung zweier scheinbar weit auseinanderliegender Stoffe belegen kann (sogar der Name Küenzi wird aus der verworfenen Szene übernommen). In ihr ist erstmals ein neuer Ton auszumachen, ein Spiel auch mit der parodistischen Zuspitzung des helvetischen Diminutivs in der Weltgeschichte; ferner, in der Gleichsetzung von Schweizern und Germanen (bzw. Urariern), eine Vorwegnahme jener Pointe im zweiten Kriminalroman *(Der Verdacht),* in welcher sich der mörderische Naziarzt als Emmentaler entpuppt. Dass Dürrenmatt mit dem Auftritt des Hosenfabrikanten Caesar Rupf einen Schweizer Kriegsgewinnler auftreten lässt, ist nicht einfach ein geschmackloser Witz, so wenig wie die ironische Verkehrung, dass das liquidierte Reich das römische, die Liquidatoren aber die Germanen sind (Germanen freilich, von denen es in der ersten Fassung heißt: »Das Arische in uns ist unser Pech.«[5]).

In einem Text für das Programmheft der lieblos zusammenimprovisierten Zürcher Aufführung am 10. Dezember befasst sich Max Frisch mit F. D.s Komödie:

»*Romulus der Große* ist das dritte Stück, das Friedrich Dürrenmatt bis heute aus der Hand gegeben hat, eine Komödie – schon das, finde ich, ist beneidenswert, denn es ist eine wirkliche Komödie. Nicht dass er die Leute zum Lachen bringt, rechtfertigt diese hohe Bezeichnung, sondern worüber er sie zum Lachen bringt. Kurz gesagt: wir lachen über den Untergang eines Imperiums, immerhin eines römischen, nicht aus Schadenfreude, denn wir sind ja auch nicht auf der Seite seiner schnurrigen Germanen, die im letzten Akt, nach einem dramaturgisch großartigen Anmarsch, die Weltgeschichte übernehmen. Dürrenmatt hat Witz, so viel, dass er meines Erachtens gar keine Witzelei nötig hätte; sein Witz, sein bester, liegt in den Situationen, schon im ersten Akt: Der letzte römische Kaiser, frühstückend, nicht gestimmt, Nachrichten vom Kriegsschauplatz anzuhören, köpft sein tägliches Ei, zahlt die staatlichen Schulden, indem er bald die letzten goldenen Lorbeerblätter aus seiner Kaiserkrone rupft, […] es fehlte nur noch, dass mit Zigaretten bezahlt wird, kurzum, Ausverkauf einer Kultur. Einmal sagt Romulus: ›Ist Kultur denn etwas, was man retten kann?‹ […] Ein Defaitist? Seine Witze, zeigt sich, sind planmäßig; nicht das Achselzucken eines milden Schwächlings; er will etwas. Ein Verräter? So nennen sie ihn, die Vaterländischen, die ihn umbringen wollen, geführt von dem jungen Ämilian, dem Geschundenen aus germanischer Gefangenschaft – diese Figur ist wichtig: sie ist der Ernst, die bittere Wirklichkeit, und dass Romulus, bisher vielleicht als Scharlatan missdeutbar mindestens bei flüchtigem Zuhören, auch diesem Grässlichen standhält, enthüllt ihn endgültig als Willen, als Vollstrecker. Im dritten Akt, der etwas Wedekindisches hat, offenbart sich vollends, worin das Muss dieser lächelnd-unerbittlichen Vollstreckung liegt – dies mit unzulänglichen Worten auszuplaudern, ist nicht der Zweck einer solchen Anzeige. Bewundernswert erscheint mir, wie bisher an allen Werken von Friedrich Dürrenmatt, der Zug ins Große; wie im ersten Stück, mir vorläufig das liebste, gelingen ihm Szenen, die grandios sind in ihrer theatralischen Kongruenz, etwa die Begegnung zwischen Ämilian und seiner Braut, Rea, die *Antigone* rezitiert. Das kaiserliche Landhaus in der Campagna, von Hühnern umgackert, so, dass man unversehens auf Eier tritt, das animalische Gegacker über dem Einsturz eines Imperiums, das in etlichen Köpfen immer noch ›die‹ Welt ist, das sind Metaphern, die restlos im Theatralischen aufgehen, Szenen, wo man den Mund schon voll nehmen darf und sagen kann: Hier wird nicht *auf* der Bühne gedichtet, sondern *mit* der Bühne...«[6] Diese Formel im letzten Satz gefiel Dürrenmatt so gut, dass er sie später in seinen Aufsatz *Theaterprobleme* übernahm, mit Quellenverweis.

Romulus erzählt die Geschichte des letzten (west)römischen Kaisers, der Hühner züchtend seine letzten Getreuen dadurch entnervt, dass er, die Germanen *ante portas,* auf seinem »Morgenessen« besteht (und darauf, dass das Morgenessen Morgenessen heiße und nicht Frühstück). Doch der »schändliche Kaiser« erweist sich in einem Dürrenmatt'schen Theatercoup im 3. Akt als Roms Richter, im Amt nur, um das Reich (und damit sich selbst) abzuschaffen, nein: abschaffen zu lassen – diese Geschichte ist nicht nur ein Reflex aller passiven Helden der Weltliteratur.[7]

Das Gleichnis von der Macht und Würde der Ohnmacht inszenierte in Basel Ernst Ginsberg, mit Kurt Horwitz in der Titelrolle, Margrit Winter als Rea, Bernhard Wicki als Ämilian und Erwin Kohlund als Odoaker, Uraufführung am 25. April 1949. Das Stück wurde anschließend als Gastspiel in Stuttgart gezeigt (8. Mai 1949) und »erweckte [...] erheblichen Protest. Besonders Odoakers Ankündigung: ›Ich kehre mit meinen hunderttausend Soldaten im Trauermarsch nach Germanien zurück und klettere mit meinem ganzen Volk wieder auf die Bäume‹ stieß auf laute Missbilligung. Zu meinem Erstaunen sah ich auf meiner folgenden abenteuerlichen Reise Carossas Rat: ›[K]ehrt wieder zurück in die heiligen Wälder, lernt wieder den alten Gesang‹ als Spruchband über eine Straße gespannt«[8]. Am 8. Mai schreibt er an Wyss: »Lieber Edy, / verzeih mir bitte, dass ich Dir nicht sofort geantwortet habe, aber ich habe Deinen Brief erst vorgestern gelesen, denn ich war seit der Premiere nur einen Tag zu Hause und dann auf eine Woche in Deutschland. / Mein Lieber, nur so viel von diesem Land: Wie sehr habe ich gewünscht, dich mit mir zu haben, unsere Einsicht hat sich dort bestätigt. Ich werde nie in Deutschland wohnen. / Was den Romulus betrifft: Er ließ Odoakers gleichgültig. / Jetzt, da ich wieder hier bin, bin ich wie befreit, ich weiß nun, in welchem Lande ich mich durchschlagen muss! [Muss, nicht will.]«[9]

Am 16. Oktober wird *Romulus* als erstes Stück Dürrenmatts im Ausland inszeniert, und zwar in Göttingen. Im Dezember folgt eine eigene Inszenierung am Schauspielhaus Zürich. In einer Aufführung, der F. D. keineswegs, wie andernorts behauptet, den Reiz des armen Theaters abgewinnen konnte. Am 22. Dezember 1950 äußert er sich dazu in einem Brief an Wyss, offensichtlich eine alte Verstimmung ausräumend: »Ich war damals in Zürich, in jenen Dezembertagen vor einem Jahr, da sie am Schauspielhaus den *Romulus* einstudierten, verzweifelt. Die Kläglichkeit der Aufführung, die Missachtung, die mir das Schauspielhaus entgegenbrachte, die Notwendigkeit, das alles fressen zu müssen, verdüsterten mich. Dich zu einer solchen Mache einzuladen, war sinnlos und ich fuhr nach der Premiere nach Hause. Auf's äußerste gereizt, verletzte mich Dein – von mir heute begriffener – Satz, den Du mir auf Deiner Weihnachtskarte schriebst, dass Dich nämlich ›die im Stück liegende Spannung zwischen geistigem Anspruch und künstlerischem Wollen bewegt‹ – ein Satz, der mich unglücklicherweise in einem Augenblick traf, in dem ich mein Werk einer verbrecherischen zwölftägig vorbereiteten Aufführung gegenüber verteidigen musste.«[10]

Die Theaterprofis freilich sind beeindruckt. Bei Hans Schweikart, bis 1963 Intendant der Münchner Kammerspiele, hält der Respekt so lange an, dass er sich F. D.s nächstes Stück sichert (nachdem Ginsberg und Horwitz und, nach deren negativem Urteil, selbst der Verlag es abgelehnt hatten: *Die Ehe des Herrn Mississippi*).

Romulus war Dürrenmatts erster konsequenter Versuch, durch die Mittel der Komödie ebenjene Distanzierung zu erreichen, die er als Strategie bald für die einzige noch wirksame dramatische Erkenntnismethode halten sollte. »Wer so auf dem letzten Loch pfeift wie wir alle, kann nur noch Komödien verstehen.«[11] Der Sprung vom »Drama« zur »Komödie« verschärft seine Reflexion darüber, was die Bühne zu leisten imstande sei (und was nicht).

Dürrenmatt sucht beim Schreiben Distanz zwischen Zeit- und Stilebenen, Distanz aber auch zwischen dem Autor und seinen Figuren. »Hier wird nicht *auf* der Bühne gedichtet, sondern *mit* der Bühne [...]«[12], schrieb Max Frisch im Dezember 1949 im Programmheft des Schauspielhauses Zürich. Er erkannte sofort den harten Kern von Dürrenmatts Komödie: die zeitgeschichtlichen Bezüge auf die Stunde null, die Verbindlichkeit des Stücks auch für Schweizer (»[A]ber die Situation ist die unsere: Ausverkauf einer Kultur –«[13]), die Gefährlichkeit und Unbedingtheit dieses ein Weltreich liquidierenden Kaisers.[14] Vor allem aber, erstaunlich insistent, den religiösen Kern auch dieses Stücks: »In seiner neuen Komödie, wo von Gott kaum die Rede ist, offenbart sich das Religiöse, wie mir scheint, allein schon in der Tatsache, dass einer, ohne unsrer Zeit und unsrer Lage auszuweichen, überhaupt imstande ist, eine Komödie zu geben.«[15] Und: »Jede große Komödie setzt eine Bejahung voraus, eine durchaus zweifellose, und vielleicht gibt es drum kaum eine moderne Komödie; es scheint mir entscheidend, dass Dürrenmatt nicht einfach den Ausverkauf einer Kultur zeigt, was eine zynische oder sarkastische Farce lieferte und weiter nichts, sondern im Mittelpunkt einen Menschen, der diesen Ausverkauf vollzieht im Sinne einer Erkenntnis, im Sinne einer unerschütterlichen Bejahung, die allein alles andere was geschieht, als Komödie erscheinen lässt. Woher aber die Bejahung? Zweierlei ließe sich denken. Ein Revolutionär, der den Untergang einer Kultur bejaht, weil er eine bekömmlichere erwartet; nur ist die Bejahung der Revolutionäre, wie es scheint, selten so krampflos, dass ihnen das Verneinte wirklich zur Komödie würde. Wieviele Revolutionäre gibt es, die Humor haben? Das andere ist die Bejahung, wie sie Dürrenmatt besitzt, die religiöse – die zu erläutern [...] nicht meine Sache ist; nur wissen wir, dass das Religiöse, wo es ernst wird, immer eine erschreckende Erscheinung ist, ein Ding, das nicht unterzubringen ist in unsrer christlichen Gartenlaube, ein Ärgernis.«

Romulus ist ein Richter, der die Vollstreckung anderen resp. der Geschichte überlässt. Aber er ist auch ein Rebell: »Ein gefährlicher Bursche, der sich auf den Tod hin angelegt hat.«[16] Dass ihm der versagt bleibt, dass er in einer späteren Fassung (1957) in Pension geschickt wird, ist geradezu die »schlimmstmögliche Wendung«[17], um den berühmt-berüchtigten Begriff aus Dürrenmatts späterer Theorie der Komödie zu gebrauchen. Die Verurteilung zu »lebenslänglich« ist schlimmer als die zum Tod. Nur in dieser mindestens doppelten Brechung ist die Figur zu verstehen, nur so verdient sie das Attribut »der Große«. Romulus ist der Erste in einer Reihe von »verdienstvollen Verrätern«, die Dürrenmatt bis zur Jaruzelski-Figur seines letzten Stücks *Achterloo* faszinierten. Im polnischen General sah er schon 1983, entgegen aller Volksmeinung, einen Retter Polens.[18]

Dürrenmatt, der an Prozesse in der Kunst immer mehr glaubte als an Resultate, arbeitete wie die meisten Stücke auch *Romulus der Große* mehrmals um, mindestens fünf Mal, rechnen wir die Retuschen für die Gesamtausgabe 1980 dazu. Der Zauber, das Glück des Aufbruchs ist in allen erhalten geblieben. Dabei ist dem Germanisten Gerhard P. Knapp eher zuzustimmen als Jan Knopf, der die mehrfachen Umarbeitungen nicht für einschneidend hält und im Übrigen auch mit der Bemerkung

falsch liegt, das Stück hätte sich als »komödiantischer Dauer-
brenner«[19] erwiesen: Es ist relativ selten gespielt worden, obwohl sich jede neue Fassung wieder als eine Art Uraufführung
verkaufen ließ, ein im Theaterbetrieb leider im Fall von zeitgenössischen Stücken nicht unwesentlicher Aspekt. »Die jeweiligen Veränderungen«, sagt Knapp, »betreffen, von Details abgesehen, vor allem den IV. Akt. Die Fassung der Uraufführung
zeigt Romulus als planvoll Handelnden, als Politiker des Friedens. Hier dominiert eine Komik, die in den späteren Fassungen
seit 1957 durch Anflüge einer persönlichen Tragik, des Scheiterns eines nun nicht mehr so gradlinig handelnden Kaisers gebrochen erscheint. Insofern reflektieren die Überarbeitungen
die immer konsequentere Übertragung der theoretischen Schriften zum Theater auf den Text, die sich in der sukzessiven Ent-
wertung des individuellen Handlungsspielraums ausdrückt.
Lässt a) [die Fassung der Basler Uraufführung] die Konzeption
eines humorvollen ›Landesverräters‹ in der Figur des Romulus
erkennen (so vermerkt Dürrenmatt in der ersten ›Anmerkung‹:
›Ich rechtfertige einen Landesverräter [...] aber einen von denen, die es nie gibt‹), [...] so wird diese in b) [Fassung 1957] bereits dem Bild des ›mutigen Menschen‹ angepasst, des Schwär-
mers, der in c) und d) [1961 und die Bearbeitung für das Pariser
TNP von 1963] dann zum Narren hin tendiert. So verändert sich
das Stück in seinen fünf Fassungen vom utopischen Gegenentwurf einer Politik der Menschlichkeit [...] zur resignativen Satire, deren letzter Befund nur die Machtlosigkeit des Einzelnen
angesichts der Willkür weltpolitischer Umbrüche sein kann.«[20]

»Der heutige Staat ist [...] unüberschaubar, anonym, büro-
kratisch geworden [...] die echten Repräsentanten fehlen und
die tragischen Helden sind ohne Namen.«[21] Dieser Satz aus den
Theaterproblemen (1954), deren Erörterung mit *Romulus* ange-
stoßen wird, hat nichts an Aktualität verloren, im Gegenteil.
Endlich aber ist jene Ebene nicht zu vergessen, die außerhalb

des Stücks, im Zeitpunkt seiner Entstehung liegt: Dürrenmatts Germanen übernehmen auf der Bühne die Macht vier Jahre nach dem Zusammenbruch des Tausendjährigen Reichs.

Dürrenmatt rückt kollektive Vorgänge ins Bild, indem er den großen Einzelnen relativiert resp. ironisiert. Die Anonymität der Wirklichkeit ist nur zu zeigen, indem er die Brüchigkeit, das Fragmentarische, Provisorische, auch die Schäbigkeit, Billigkeit und Durchschaubarkeit seiner »zusammengeflunkerten« Gegenwelten offenbar werden lässt. Durch die Risse in den Hintergründen seiner Bühnenwelten schaut die Gesichtslosigkeit der Realität. Es ist letztlich unbegreiflich, wie schwer sich die Dürrenmatt-Rezeption auf allen Ebenen der Auseinandersetzung, von der Kritik des Tagesjournalismus bis zu gründlich wissenschaftlichen Arbeiten, mit der Erkenntnis des einfachen Umstandes tut, dass bei F. D. die Errichtung von Welten (»[M]eine Dramatik [ist] vom ›Denken über die Welt‹ zum ›Denken von Welten‹ übergegangen«[22], z. B.) kein Akt der Überheblichkeit war, sondern einer der Notwehr – der Notwehr eines Autors, der »die Welt« und »die Geschichte« grundsätzlich nicht oder nicht mehr für darstellbar hält.

Erste Begegnung mit Bertolt Brecht

Im April/Mai 1949 schrieb Bertolt Brecht an Kurt Hirschfeld eine dramaturgische Kritik des *Romulus* auf höchstem Niveau, die zeigt, wie eingehend und ernsthaft er sich mit dem Stück beschäftigt hatte und wie sehr ihn das Ganze überzeugte:

Lieber H.,
dies die Anmerkungen zum *Romulus,* die aber D[ürrenmatt] auf keinen Fall zu Gesicht bekommen sollte, da er sich Magisterliches bestimmt verbitten würde.

Der zweite Akt sinkt ab, bringt die Handlung nicht vorwärts, macht misstrauisch gegen Aphorismen und verbraucht die Fassungskraft des Publikums für den dritten Akt. Die Szene des Rückkehrers würde gewinnen durch Verknappung, ihr Zweck scheint zu sein, die Widerstandskräfte als noch lebendig und die Invasionsgefahr durch den Bericht des Barbarismus der Germanen als besonders schrecklich zu zeigen. Dann muss aber, damit der zweite Akt wirklich gegen den Kaiser geht, der *Rupfplan,* basierend auf dem Verzicht des Rückkehrers zugunsten des Reiches, in Aktion gesetzt und vom Kaiser deutlich ad acta gelegt werden. Ein kleiner Rettungsorgasmus des Rupf genügte da völlig. (Rettung der Kultur plus Förderung des Hosenhandels: Todesstrafe für Desertöre und Tunikaträger, die Hose als das männliche Prinzip, das die Römer aufnehmen müssen, usw.) Damit ist die Stimmung gegen den Kaiser am Hof fundiert, und das Attentat kann steigen.

Im dritten Akt sollte die große Rede des Kaisers noch mehr auf den Vorwurf des Verrats der Römer an Marc Aurel konzentriert werden, aber das ist Geschmackssache und nicht so wichtig.

Im vierten Akt sollte Romulus eigentlich die Germanen und nicht nur Rom retten – wie es ist, stellt Romulus eben doch nur einen Nationalisten mit friedlichen Methoden dar. Akzeptiert er schon die Fremden als bessere Beherrscher für sein Reich, so sollte er verhindern, dass sie sich sofort anstecken, wo sie vergewaltigen. Odoaker, sagte mir D[ürrenmatt], war ein – von den Römern – gebildeter Mann, und er sollte also darauf gestellt werden. Er müsste unverdaute römische Kultur daherquatschen, alles vertieft und vergeistigt, und natürlich müsste er neue Büsten der Kulturträger bestellen, welche zeigen, dass der Vergil und der Homer germanischen Ursprungs waren, was die germanischen Gelehrten, die auf

den Bäumen des Teutoburger Waldes hausen, wissenschaftlich festgestellt haben. Romulus könnte den Odoaker darauf
aufmerksam machen, dass die Germanen jetzt, wo sie aus
Deutschland mehr oder weniger heraus seien, sich endlich
von andern Lesefrüchten nähren könnten.

Ja, richtig: Im dritten Akt, in der Unterredung mit der
Tochter, sollte diese doch, nach anfänglicher scheinheiliger
Betonung ihres Opfermuts, einfach zugeben, dass sie den
Rupf wirklich sexuell begehrt, weil er so stark ist. Der Kaiser
könnte ihr das Recht auf Liebe [?] zugestehen, aber diese auf
den noch stärkeren Odoaker ablenken.

Die Wirkung des Stücks in Deutschland wäre so bestimmt
größer und heilvoller. Auch in Amerika, wohin Sie das Stück
mitnehmen sollten – [Thornton] Wilde[r] müsste dort etwas
dafür tun.

Ihr

brecht[23]

Dürrenmatt erinnert sich wie folgt: Brecht sei nach einer Aufführung des *Romulus* in Basel »überaus liebenswürdig und meinte,
es freue ihn besonders, wie ich die Germanen dargestellt habe.
Ich war schüchtern. Nicht gewohnt, über meine eigenen Arbeiten zu diskutieren, pflegte ich schon damals am liebsten Stoffe
zu erzählen, an denen ich meist nur angeblich und selten wirklich arbeitete. Auch war ich misstrauisch, stand Brecht damals
besonders fremd gegenüber, die Spannung zwischen dem Stadttheater Basel und dem Schauspielhaus Zürich spielte mit hinein,
dazu war ich voller Opposition und Ressentiment gegen jedermann. Außerdem kam mir Brechts Marxismus allzu doktrinär
vor, ich begriff noch nicht, dass seine politische Doktrin eine
seiner Verkleidungen war, die er als Menschenkenner brauchte,
als eine List seiner Weisheit oder als eine Weisheit seiner List,
entstammte er doch einer derart schrecklichen Zeit, wo List und

Weisheit Synonyme waren. Sein Unglück bestand darin, dass er das Auseinanderfallen der beiden Begriffe nicht zu realisieren vermochte: er hätte die List nicht mehr nötig gehabt. So war ich denn froh, dass Brecht bald auf Zigarren zu sprechen kam, sei es in der richtigen Einsicht, dass mir nicht zu helfen war, weil ich mir selber helfen musste, oder sei es, dass er mich zu wirr, zu verschwommen empfand.«[24]

Von der Komödie der Ohnmacht zur Komödie der Macht

Zur Thematik der Macht, der Dürrenmatt im *Romulus* mit dem »ohnmächtigen« Helden begegnet, existiert ein weiterer Entwurf, ein Fragment, das er mit 1963 datiert (die Agenda aus jenem Zeitraum enthält keine Notiz, aber da waren die Eintragungen schon sehr zufällig und fragmentarisch): *Kaiser und Eunuch. Die Komödie der Macht.* Die Nähe der beiden Stücke beweist die Aufnahme in den Anhang des *Romulus*-Bandes der *Werkausgabe in dreißig Bänden* 1980.[25] Wichtiger als die paar gedruckten Seiten aus dem vierten Akt ist eine zehnseitige Einleitung dazu. Es ist jener Stoff, den F. D. deshalb nicht realisierte, »weil mir der Gegenstand schriftstellerisch keinen Widerstand bot, er war für mich kein künstlerisches Abenteuer mehr«[26]. Auch das konnte für ihn ein Grund sein, einen Plan nicht weiterzuverfolgen: dass er ihm, vor dem eigentlichen Arbeitsbeginn, im Kopf schon zu klar war. F. D. brauchte produktive Hindernisse, die er durch »zähes Schreiben«, die mühsame Herstellung von Sprache, überwand, was zu der inzwischen bekannten steten Veränderung, Zurücknahme, Neuentwicklung von Inhalten führte.

Kaiser und Eunuch wäre eine finstere byzantinische Komödie geworden; die Geschichte des (ost)römischen Kaisers Justinian hätte jede Groteske übertroffen. Dürrenmatt erinnerte sich, von einer Reminiszenz an Wielands Roman *Peregrinus Proteus* ausgegangen zu sein. Ein Gegen-Romulus. Nicht Justinian, sondern der Eunuch Narses ist die Hauptfigur[27]: »Ein Eunuch ist zwar von der höchsten Macht, der des Kaisers, ausgeschlossen, aber damit ist er nicht eins mit ihr, er identifiziert sich nicht mit ihr, er subjektiviert sie nicht, er objektiviert sie: er rächt sich an der Macht, die er nicht besitzen kann, indem er sie beherrscht […].«[28] Der Ideologe als Künstler, in das Schauspiel mit der Macht getrieben aus Mangel. Dürrenmatt indes argumentiert nicht psychologisch, sondern dynastisch. Der Mangel des Eunuchen ist nicht der Verlust der Männlichkeit, sondern mit dem Ausschluss aus jeglicher Erbfolge der Ausschluss von der höchsten Macht. Deshalb instrumentalisiert er sie. »Ich versuchte damals darzustellen, wie sich ein Ideologe alles unterwirft, ohne äußere Macht anzuwenden, allein durch den Intellekt: nicht ein antiintellektuelles Stück, sondern ein Stück gegen den ideologischen Intellekt.«[29] Ein Teil der *Eunuch*-Thematik taucht 1968 in Dürrenmatts Shakespeare-Bearbeitung von *König Johann* in Basel wieder auf: Dort ist der Bastard des Königs ebenfalls von der dynastischen Macht ausgeschlossen.

Texte und Textilien: bei Elsie Giauque auf der »Festi«

Als am 19. September 1949 Dürrenmatts zweites Kind, Tochter Barbara, zur Welt kam, wurde die Wohnung im Haus von Cécile Falb zu eng. Die Familie zog ein paar hundert Meter nach Westen in die »Festi«[30] oberhalb von Ligerz, den Landsitz direkt bei der Drahtseilbahn. »Dort haben wir sechs Zimmer zur Verfügung, eine noch schönere Aussicht und einen großen Garten. Die Schwiegermutter lassen wir im alten Haus. Das ganze kommt mir fünfundzwanzig franken teurer. Es ist ein großer Glücksfall. Mitte Dezember werden wir zügeln [umziehen].«[31]

Hausherrin in dem prachtvollen alten Bauernhaus war Elsie Giauque, eine der bedeutendsten Textilgestalterinnen der
Schweiz, unter anderem Lehrerin an der Zürcher Kunstgewerbeschule. Trotz gelegentlicher Kräche (Agendaeintrag am 7. Januar 1950: »Krach mit Frau Giauque:/ wir seien Füdlibürger
[Spießer]«[32]) hielt F. D. zu ihrem Geburtstag am 15. November
1975 eine Rede, die nichts weniger als eine Liebeserklärung ist:

Liebe Elsie,
Nun ist es soweit, wir dürfen Deinen fünfundsiebzigsten Geburtstag feiern, Du hast es in diesem Jahrhundert gerade so
weit gebracht wie es selber, wenn auch, wie mir scheint, bedeutend sinnvoller: Dass Leo Tolstoi im Jahr, in welchem Du
geboren wurdest, den *Lebenden Leichnam* schrieb, ist denn
auch für unser Jahrhundert bezeichnend, aber nicht für Dich,
siehst Du doch immer noch wie zum Verlieben aus. Doch lassen wir unser Jahrhundert mit seinen Weltkriegen, Revolutionen, Zusammenbrüchen, Atombomben und Weltraumfahr-
ten unser Jahrhundert sein, heute, hier auf der Festi, gilt es
Dich zu feiern, was wir von der Zukunft erhoffen oder be-
fürchten hin oder her: Der Augenblick, liebe Elsie, gehört
Dir, und weil er Dir gehört, ist es mir ganz und gar unmöglich, von Dir in irgendeiner Weise objektiv zu reden [...]. Ob-
jektivität wäre in meinem Fall Undankbarkeit, mehr noch, ein
Akt des rohen Banausentums, ziemt sich doch Dir gegenüber
nur jene Subjektivität, die jede echte Liebeserklärung ausmacht. [...] Die Festi war damals noch nicht umgebaut, von
Enten umwatschelt, doch schon wunderschön, wenn auch auf
eine charmante Weise reparaturbedürftig und verteufelt zu-
gig, ein Kachelofen und ein Ofen im Korridor sorgten für
Wärme, geheizt wurde mit Rebholz, die Hochkonjunktur,
die heute wieder vorbei ist, war noch im Anfangsstadium.
Meine Lage als junger Schriftsteller war eine miese, wohl hat-

ten meine drei ersten Theaterstücke einen gewissen Erfolg erzielt, aber ich war noch auf die Schweiz angewiesen, und ich schlug einen anderen Weg ein, als meine Freunde erhofften. Sie lehnten meine Komödie *Die Ehe des Herrn Mississippi* ab, der Verlag stellte seine monatliche Zahlung von zweihundertfünfzig Franken ein, auch die Arbeit am Cornichon war gescheitert, ich stand vor dem Nichts. Trotzdem lebten wir auf der Festi wie die Fürsten, ich weiß eigentlich nicht, wie es möglich war, aber wir konnten uns damals Dinge leisten, die wir uns heute nicht leisten können: zum Beispiel ein Dienstmädchen aus Steffisburg. So kamen wir denn angerückt, nur eine Frau wie Du war imstande, das Bettelpack bei Dir aufzunehmen, um so großzügiger, weil Du Dich selbst empfindlich einschränken musstest, räumtest Du doch unseretwillen den ersten und den zweiten Stock der Festi und bist ins Untergeschoss gezogen. Es galt sich einzurichten. Im Vorkeller improvisierten wir Dir eine Küche, wir, denn wir waren beide pleite, und ohne die Fähigkeit, Leute anzupumpen, kam damals unseresgleichen nicht durchs Leben; und so pumpten wir denn um die Wette. Rückblickend ist denn auch die Zeit, die wir auf der Festi bei Dir verbringen durften, für uns wohl eine der schönsten gewesen, und wir hoffen nur, dass sie für Dich, liebe Elsie, auch eine schöne Zeit war. Nicht dass diese Zeit immer leicht gewesen wäre, weder unser Zusammenleben mit Dir noch Dein Zusammenleben mit uns, wie ja auch unser Leben und Deines sich nicht bloß im Sonntäglichen, Festlichen bewegte.

Und weiter, nach einem Exkurs bis zurück in die Anfänge der Menschheitsgeschichte und der Rückführung von Giauques Web- und Knüpfkunst ins matriarchalisch Urzeitliche:

Aber vor allem begreife ich jetzt, [...] warum Dir als Rebbäuerin und Gärtnerin alles so freundlich geriet: Vor allem
Dein Misthaufen war zu meiner Zeit ein wahres Wunderwerk, zogst Du doch Kürbisse auf ihm, wahre Globusse, so
dass man sich wie ein Atlas vorkam, hielt man einen in den
Händen, und in einer kleinen Kiste unter einem Glas wurde
eine Melone großgepäppelt, wir bestaunten sie andächtig,
Melonen waren damals noch Naturwunder. Die Bohnenanlage dagegen neben der Pappelallee bleibt mir als ein unheimlicher Ort im Gedächtnis haften: Wir hatten Deinen armen
Hund gepflegt, der an Staupe erkrankt war, meine Frau und
ich versuchten, das schwarze zottige Tier zu bändigen, wahnsinnig geworden stand es plötzlich im brennenden Kamin, der
Bauer von nebenan erschlug es dann zwischen den Bohnenstangen und den Pappeln, es ging nicht anders, noch sehe ich
den Bauern das Beil schwingen im Lichte des Dreiviertelmondes: Eine düstere Szene, doch bei weitem überstrahlt von
den heiteren: Denn neben der Kunst, dem Alltag einen Sinn
zu geben, verstandest Du vor allem die Kunst, aus dem Alltag
ein Fest zu machen: Niemand vermochte die Feste so zu feiern wie Du [...]. Die vergangenen Zeiten lassen sich nur heraufbeschwören, aber wie alles Vergangene lassen sie sich nicht
halten: Die Sensation, die wir empfanden, als wir in Käthis
neu angeschafftem altem Auto aus der Vorkriegszeit die erste
Ausfahrt machten, beinahe um den halben Bielersee herum,
von steten Pannen unterbrochen, das Puppentheater, das wir
bei der Ruine aufführten, die Schulden bei Schneider zu bezahlen, der Schauspieler Bernhard Wicki, der in einem Flugzeug über die Festi kreiste und eine Kiste Zigarren abwarf:
»Beka Cubano«, und einmal hatte sich alles versammelt, Hans
Finsler war mit seiner Tochter gekommen, Teo Otto, Ernst
Ginsberg mit seiner Frau, Antoinette Fischer mit ihrem Klavichord und Max Meili, alle, die waren und nicht mehr sind,

und spät in der Nacht nicht mehr ganz sicher auf den Beinen stiegen die Männer durch die Rebberge nach Ligerz hinunter, um im Kreuz zu übernachten, begleitet von der Wega, einem jungen Riesenhund, eine Mischung von einem Bernhardiner und einem Schweizer Sennenhund, katholisch, weil er aus dem Freiburgischen kam, und mitten in den Rebbergen stellte sich Meili auf eine Rebmauer und sang einige Troubadourlieder in die Sommernacht hinaus über das Dorf unter uns Männern, über den See, aber gleichzeitig auch hinauf zu den Frauen, deren Silhouetten im Fenster Deines hellerleuchteten Schlafzimmers sichtbar wurden, und das letzte Lied sang er so mächtig, dass ganz Ligerz wach wurde und sich am nächsten Morgen beklagte, und die alte Troubadourweise schloss auf provencalisch: »Je te resaluray encore« [»Ich grüße dich noch einmal«]. Damit, liebe Elsie, will auch ich schließen.[33]

Elsie Giauque starb, fast 90-jährig, ein Jahr und drei Tage vor Dürrenmatt im Dezember 1989. Ihre Erinnerungen an die Zeit mit ihren damaligen Mietern decken sich mit denen Dürrenmatts. Sie stehen in Peter Wyrschs *Dürrenmatt-Story* aus dem Jahr 1963/1964:

Die Weinbauern, die den Dürrenmatts beim Zügeln halfen, wunderten sich darüber, dass ein armer Dichter soviel schöne und wertvolle Bücher besaß, dass man sie in Harassen transportieren musste. Über die Bewohner der »Festi«, die spazieren oder faulenzen konnten, während sie in den Reben arbeiteten, machten sie sich ihre eigenen Gedanken. Sie begriffen nicht, dass der Dichter einmal freundlich mit ihnen sprach, ein andermal sie überhaupt nicht sah. Es nützte auch nichts, dass er ihnen bei der Weinlese half und ich einen eigenen Rebberg zu besorgen hatte. Es geschah im abgelegenen Bauernhaus doch viel Merkwürdiges. [...] Es herrschte in der »Festi«

eine wirkliche Armut, und gleichzeitig war es das gastfreund-
lichste Haus, das man sich denken konnte. Wer da nicht alles
verkehrte: die Bildhauer Speck und Hans Aeschbacher, die
Architekten Ernst Gisel und Hans Fischli, der Filmregisseur
Wajda, Professor Muschg, der Filmschauspieler Bernhard
Wicki, der Maler Max Gubler, der Tenor Max Meili, der Dichter Max Frisch, der Bühnenbildner Teo Otto, die Regisseure
und Schauspieler Kurt Horwitz und Ernst Ginsberg [...].
Fritz schien mir ständig Hunger zu haben. Des Nachts schlich
er fast jede Stunde in die Küche, um etwas zu essen. Er hatte
das Gefühl, er lebe nicht lange. Auch hatte er ständig Angst,
einmal werde ihn seine Phantasie verlassen.

Damals wurde entdeckt, dass er an Zuckerkrankheit leidet. [...][34]

›Die Ehe des Herrn Mississippi‹ und Max Frischs Bitte um ein »humaneres Klima«

Noch während Dürrenmatt den *Romulus* für die deutsche Erstaufführung in Göttingen im Oktober überarbeitete, begann er
mit der Arbeit am nächsten Stück: *Die Ehe des Herrn Mississippi*. Bereits am 20. November 1949 konnte er in einem Brief an
Walter Muschg vermelden: »Dem *Mississippi* geht es gut. Ich
habe seine Vollendung absichtlich verzögert, weil es sich herausstellte, dass ich mich damit selbst konkurrenzierte. Zürich
wollte natürlich absolut ihn spielen und nicht den *Romulus*.
Aber nun habe ich den *Romulus* durchgesetzt, die Premiere in
Zürich ist am 10. Dezember. [...] Die Premiere von *Mississippi*
wird nächstes Jahr in Zürich sein.«[35] Hierin sollte sich Dürrenmatt täuschen.

Kurt Horwitz und Ernst Ginsberg lehnten das Stück rund-
weg ab. Das hatte nicht nur zur Folge, dass die für Zürich ge-

plante Uraufführung platzte, sondern dass sich auch der Theaterverleger Reiss davon distanzierte.

Am 22. Januar 1950 meldet die Agenda: »Arbeite am Schluss des dritten Akts Mississippi herum, den es zu vollenden gilt. / Vollendet!«[36], am 3. Februar den Beginn einer nächsten Fassung, am 16. August »Mississ. fertig«[37].

Es war Hans Schweikart, der den *Mississippi* schließlich an den Münchner Kammerspielen am 25. März 1952 uraufführte. Es wurde Dürrenmatts erster internationaler Erfolg. Maria Nicklisch spielte die Anastasia, Friedrich Domin den Mississippi, Peter Lühr (auf den Autor überwältigende Weise) den Übelohe, Wilfried Seyferth den Saint-Claude, Charles Regnier den Diego.

Die Ehe des Herrn Mississippi erschien 1952 im kleinen, aber vor allem durch seinen Einsatz für die Exilliteratur renommierten linken Zürcher Europa-Verlag, den Emmy Oprecht nach dem Tode ihres Mannes Emil im selben Jahr weiterführte.[38]

Wie ein Anstoß zum *Romulus* aus einer Szene des *Turmbaus* kam, so stammt ein Grundmotiv der *Ehe des Herrn Mississippi* wiederum aus dem *Romulus:* das der »fürchterlichen Ehe«. »Unsere Ehe«, sagt Romulus zu seiner Kaiserin Julia, »war fürchterlich, aber ich habe nie das Verbrechen begangen, dich einen Tag darüber im Zweifel zu lassen, weshalb ich dich zur Frau nahm. Ich habe dich geheiratet, um Kaiser zu werden, und du hast mich geheiratet, um Kaiserin zu werden. Du bist meine Frau geworden, weil ich vom höchsten römischen Adel abstamme und du eine Tochter des Kaisers Valentinianus und einer Sklavin bist. Ich habe dich legitimiert, und du mich gekrönt.«[39] Das Motiv nimmt im *Mississippi* eine andere, entscheidendere Wendung. Der fundamentalistische Staatsanwalt Florestan Mississippi, der eine verlotterte Gesellschaft am »Gesetz Mosis« messen will, zwingt Anastasia in die Ehe mit ihm. Es soll die angemessene Sühne für die Ermordung ihres Mannes sein, der sie hintergangen hatte. Aber auch für ihn selbst, der die eigene

Gattin mit dem nämlichen Gift aus demselben Grund tötete, allerdings, wie er sagt, »hinrichtete«, da die Todesstrafe für Ehebruch in diesen dekadenten Zeiten nicht durchzusetzen ist: die Ehe als Strafe.

Dürrenmatt betrachtete sein neues Stück als ein Experiment. Damit meinte er die Versuchsanordnung, in welcher sich wenige Figuren, ausschließlich Männer, um Anastasia drehen: der Moralist Florestan Mississippi, der als Staatsanwalt schon 350 Todesurteile durchgesetzt hat; der marxistische Revolutionär Frédéric René Saint-Claude, wie Mississippi aus der Gosse aufgestiegen; der »letzte Christ«, der betrunkene Narr Bodo von Übelohe-Zabernsee. Ein Don Quijote der Liebe, sicher die liebenswürdigste, weil widersprüchlichste Figur des Stücks, auch er (wie alle anderen Männer in diesem Stück) ein Satellit Anastasias aus frühen Jahren, über seiner Großzügigkeit bankrottgegangen, Arzt und Beschaffer des Gifts, das in viele Kaffeetassen gerührt wird und dem am Ende auch Mr und Mrs Mississippi erliegen; endlich der Justizminister Diego, der Opportunist schlechthin. Das Stück beginnt mit seinem Ende, der Hinrichtung Saint-Claudes. Es verwirrt auch sonst wiederholt die Chronologie, spielt in Anspielungen an Brechts »episches Theater« mit den Mitteln der Bühne, mit den Erzählperspektiven, operiert mit Bildtafeln wie im Bänkelgesang, während sich die Schauspieler (zumal Übelohe) in langen Monologen an das Publikum wenden wie in den Komödien des Aristophanes. Der eindrücklichste ist der jenes Bodo von Übelohe-Zabernsee, er verweist unter anderem auf den, der ihn geschaffen hat, und liefert gewissermaßen eine Gebrauchsanleitung für das Stück: »Oh, ich will es ihm [dem Autor] glauben, dass er mich nicht leichtfertig schuf, irgendeiner zufälligen Liebesstunde verfallen, sondern dass es ihm darum ging, zu untersuchen, was sich beim Zusammenprall bestimmter Ideen mit Menschen ereignet, die diese Ideen wirklich ernst nehmen und mit kühner Energie, mit rasender Tollheit und mit einer unerschöpflichen Gier nach Vollkommenheit zu verwirklichen trachten [...]. Und auch dies, dass es dem neugierigen Autor auf die Frage ankam, ob der Geist – in irgendeiner Form – imstande sei, eine Welt zu ändern, die nur existiert, die keine Idee besitzt, ob die Welt als Stoff unverbesserlich sei [...].«[40] Ein Ringkampf der Weltanschauungen: eines Gerechtigkeitsfanatikers, eines kierkegaardschen Einzelnen, eines Marxisten und eines amoralischen politischen Pragmatikers, der die Arena, »Macht begehrend und nichts anderes«, als Sieger verlässt. Ein Stück, in welchem alle Versuche, die Welt zu verändern, scheitern. »Die Welt«, verkörpert von Anastasia als einer »Frau Welt«.

Am Schluss, *finis comediae,* steht der Gesang des vom Schwung des Mühlrads erfassten Don Quijote von Übelohe, ein welttheatralischer Sinnverweis: »Stürze ich auf meiner Schindermähre/ über deine Größe hinweg / in den flammenden Abgrund der Unendlichkeit// Eine ewige Komödie // Dass aufleuchte Seine Herrlichkeit, / genährt durch unsere Ohnmacht.«[41] Menschen? Figuren doch eher, in der exaltierten Abstraktion der Dialogführung. Die Inflation der Superlative mutet stellenweise wie eine Parodie von Wedekind an.

Anspielungen zuhauf quer durch die Literatur: immer wieder Wedekind[42], Beethoven, Rembrandt, Claudel, Strindberg – ein Kehraus aller Werte (auch der Bildungswerte). Ein Totentanz der Ideologien.

Am 16. Oktober hatte Max Frisch F. D. in einem Brief eine präzise Prima-Vista-Kritik ohne diplomatische Verrenkungen geliefert, die allerdings auch grundsätzliche Differenzen zwischen den beiden ungleichen Gesprächspartnern, um nicht zu sagen Missverständnisse auf Seiten Frischs, anzeigt.

16. 10. 49

Lieber Herr Dürrenmatt,

ich danke Ihnen für die prompte Lieferung des *Mississippi*,
Akt eins und zwo, die ich ebenso prompt verschlungen habe.
Da ich morgen wegfahre nach Avignon, kann ich Ihnen leider
nur wenig und flüchtig schreiben. Der erste Akt ist großartig
in Situation und Entwicklung, finde ich; das Ausspielen der
Trümpfe macht großen Spaß, das Absurde der enthüllten Situation hat, solange es überraschend ist, eine große Kraft. Wir
haben ja im Geplauder diese Dinge schon etwas gestreift; es
sind, was ich andeutete, ganz persönliche Empfindungen, die
sich dann beim Lesen vor allem des zweiten Aktes wieder ein-
stellten. Das Absurde, scheint mir, ist auf die Dauer kein
fruchtbares Klima. Das Immer-Zugespitzte, abgesehen von
der Ermüdung und abgesehen davon, dass ich ohne Vorder-
gründe des Durchschnittlichen leicht den Maßstab verliere,
der das Unerhörte als unerhört erscheinen lässt, das Immer-
Extreme der Beispiele scheint mir eine Gefahr; vielleicht fehlt
es einfach an mir, dass mir dann plötzlich die Luft fehlt, was
bei den WIEDERTÄUFERN *[Es steht geschrieben]* so ganz und
gar nicht der Fall war. Das Extreme, das mich verblüfft, ich
frage mich manchmal, wieweit seine Wirkung ganz legitim
ist; ich habe dann, wie gesagt, Sehnsucht nach einem humaneren Klima, nach Maß selbst im Burlesken, das so leicht in
einen Raum gerät, wo einfach alles möglich und alles gleichgültig ist. Die Situation, die Konstellation der drei Leute,
Menschen wage ich nicht zu sagen, ist so zweifellos bedeutend, und wie Sie selber das Gefühl haben, ist dieses Stück
handwerklich eine beneidenswerte Leistung, obschon der
zweite Akt (da weiche ich von Ihrer Meinung ab) mir noch
nicht gelöst scheint; ich glaube dem John nicht, dass er die
Pistole abdrückt, und das ist doch ein wichtiges Auflager in
dem ganzen Bau. Warum ichs nicht glaube? Er ist ordentlich

›matt‹ gesetzt, ich gebe es zu, wenigstens denkmäßig; aber nicht lebensmäßig. Der Mississippi denkt ihn über den Haufen, was ihm übrigens spürbar Mühe macht; aber John – er ist zwar in einer irrsinnigen Lage, aber es ist mir für diese Menschensorte (John ist ja kein Intellektueller) alles etwas zu theoretisch. Er tut es kraft dramaturgischer Griffe und philosophischer Erkenntnis des Verfassers, aber der Teufel hole mich, er tut es nicht! Mississippi hat für mich nicht das Hypnotische, und die Intelligenz genügt nicht; der Jean, der die Fräulein Julie zwingt, das Rasiermesser zu nehmen, hat es leichter, sie ist ein fälliges Geschöpf, und Jean nimmt sie ganz und gar vom Triebhaften her, wo Argumente nur Erreger von Leidenschaften und Aengsten sind, aber nicht Argumente wie hier, die als Argumente töten sollen. Ich schreibe so hin, was mir durch den Kopf geht und zwar nach einmaliger Lektüre! Vielleicht liegt es nicht am Mississippi – (apropos: der Spleen mit dem Gesetz Moses dürfte öfter kommen, finde ich) – sondern an ihm, dass er, begreiflich verwirrt, nicht einer Verwirrung anheimfällt, sondern seinerseits mississippelt, er führt ein Gespräch, das er nie eingehen könnte, und sobald soviel räsonnierte Debatte da ist, glaube ich nicht mehr an seinen Schuss, sehe nur ein, dass das Stück nicht um diesen Schuss herumkommt, und so nehme ich ihn hin – als absurdes Exempel einer vorgefassten Aussage, aber nicht als Ereignis, das sich mir zum Exempel erhebt. Ich weiß nicht, lieber Dürrenmatt, ob Sie sehen, warum ich hier Mühe habe, und wenn ich der einzige bin, wird es nichts zu sagen haben. Es sind dann noch einige andere Dinge, weniger zentral, die mich stören, Ueberzogenheiten, das Zuviel mit dem Besuch der Hinrichtung; das Groteske, das so wesentlich zu Ihrer ganzen Begabung gehört, muss etwas sehr schwieriges sein, es ist eine Linse für so vieles, was sonst nicht sichtbar zu machen ist, und plötzlich, etwas zuviel, sagt es überhaupt nichts mehr, schlägt irgendwie zurück, die Menschen werden zu Puppen – bei Wedekind, denke ich eben, sind es immer noch Menschen aus Fleisch und Blut, verrückte Situation, aber nie abstrakt – das alles als sehr persönliche Empfindungen, Ausdruck persönlicher Befangenheiten vielleicht; der Faden, woran auch die groteske Figur immer noch hängen sollte, der Faden des Ernstnehmenkönnens, des menschlichen Interessiertseins reißt mir vielleicht früher ab als andern. Ich bin sehr neugierig auf den dritten Akt! Hoffentlich stört es Sie nicht, was ich da sage. Es ändert nichts an der Bewunderung, die ich öfter schon ausdrückte, verschärft nur meinen persönlichen Wunsch, dass Sie die künftigen Aussaaten in ein ›humaneres Klima‹ streuen; ich habe wirklich das Gefühl, dass das Absurde zwar großartig, unerlässlich, immer wieder fruchtbar, aber nicht ein Daueraufenthalt sein kann.

Grüßen Sie herzlich Ihre Frau, ich wünsche ihr alles Gute mit dem kleinen Ligerzer, und Ihnen selber alles Gute

herzlich Ihr

Frisch[43]

Zweifellos hat Frisch die Grundzüge des Experiments *Mississippi* vor dem Hintergrund seiner eigenen dramaturgischen Positionen verkannt.

Über die Frage, ob Dürrenmatt dem »Theater des Absurden«[44] zuzurechnen sei, ist in den fünfziger und sechziger Jahren eine fast ebenso ausufernde Diskussion geführt worden wie über die, ob er ein christlicher oder ein »nihilistischer« Autor sei. In Martin Esslins einst berühmtem Buch *Das Theater des Absurden* wird er gerade einmal erwähnt, in Zusammenhang mit Frischs *Biedermann und die Brandstifter,* der darin auch nur unter dem Titel »Parallelen und Proselyten« als Fußnote geführt wird – nach dem zitierten Brief wenig verwunderlich. Ebenso breit war die Debatte über den ergiebigeren, aber kaum präziseren Begriff des »Grotesken« im Zusammenhang mit F. D.s Werk, den Frisch in seinem Brief klug relativiert. Dürrenmatt sah in seinem Staatsanwalt zwar ein Monstrum, aber durchaus noch eine menschliche Figur, wie ein Agendaeintrag vom 2. Februar 1950 belegt: »Die Wasserstoffatombombe wird gebaut! […] Den ganzen Abend sehr bei Mississippi. Langsam steigt mir die Vision des großen 4. Aktes auf. Mississippi kann nur eine tief religiöse Figur sein. Nur so ist das Drama möglich. / Mississippi als einer der ganz im Bewusstsein der Endzeit lebt. Dritter Weltkrieg. Kann die Menschen nicht lieben. Leidet daran. Protestant.«[45]

Gewiss ist im »Experiment« *Mississippi* ein Bruch zu den vorangegangenen Stücken auszumachen, zu *Es steht geschrieben* und zu *Der Blinde* ohnehin, aber auch zu *Romulus.* Und doch erstaunt, dass Horwitz und Ginsberg die Stärke des Stücks nicht erkannten (und sei es nur, wie sehr auch dieses mit Dürrenmatts »christlicher« Thematik verklammert war). Die beiden Katholiken witterten im *Mississippi,* im Tanz der Ideologien um die Frau Welt Anastasia, einen Verrat am religiösen Gravitationszentrum von Dürrenmatts vorherigen Stücken. Sie sahen es nicht aus der einen Perspektive des mutigen Menschen Übelohe, sondern multiperspektivisch, aus allen ideologischen Blickwinkeln.

Mit dem *Mississippi* hatte Dürrenmatt »Welttheater« im Sinn. Welttheater im Kammer-Format zwar, aber immerhin Welttheater. In einem Monolog des Saint-Claude taucht erstmals die Formel von der doppelt verspielten Chance auf: »Der Westen hat die Freiheit verspielt und der Osten die Gerechtigkeit […].«[46] Die Polarität Freiheit–Gerechtigkeit wird Dürrenmatt bis in den zweiten Band der *Stoffe* beschäftigen.

Es ist auch das erste Stück Dürrenmatts, das die ironische Distanz oder gar die Parodie nicht mehr über die historische Verschiebung herstellt (Reformationswirren, Dreißigjähriger Krieg, Babylon oder Rom), sondern ganz über den Umgang mit den Bühnenmitteln.

Hinter dem unverkennbaren Paradigmenwechsel der *Ehe des Herrn Mississippi* steht der Dramatiker Frank Wedekind (1864–1918), dessen Stücke ganz ähnlich auf Messers Schneide zwischen Kolportage, Groteske und Tragödie balancieren wie die Dürrenmatts. Wedekinds Witwe Tilly strengte nach der Uraufführung der *Ehe des Herrn Mississippi* vor dem Schutzverband Deutscher Schriftsteller 1952 ein Verfahren gegen Dürrenmatt an.[47] Tilly Wedekind, geboren 1886 als Tilly Neves, hatte 1906 als junge Schauspielerin Wedekind geheiratet und in der Folge in vielen seiner Stücke Hauptrollen gespielt, allen voran die der Lulu. Dürrenmatts Stück sei ein Plagiat, der 1. Akt dem Anfang von Wedekinds *Schloss Wetterstein* abgeschrieben, wo eine Frau den Mörder ihres Gatten heiratet. 1912 geschrieben, 1917 am Zürcher Pfauentheater[48] uraufgeführt, war es ein 1952 längst vergessenes Drama des bis auf die *Lulu*-Tragödie und *Frühlings Erwachen* insgesamt gründlich verkannten, von Dürrenmatt aber verehrten Autors.

Dürrenmatts Antwort, ein zuerst in der ›Tat‹ vom 9. August 1952 erschienener Text *Bekenntnisse eines Plagiators*, ist unter seinen vielen rhetorischen Kabinettstücken eines der ersten und sicher das brillanteste. Er denkt zunächst grundsätzlich über Fragen des geistigen Eigentums in der Schriftstellerei nach (ein Lieblingsthema Brechts) und weist dann das für jeden Shakespeare-Kenner Nächstliegende nach, dass nämlich Wedekind selbst die Situation geborgt hat. Darauf habe auch er sich bezogen (tatsächlich spricht F. D. schon in einer frühen Schauspielkritik über Schillers *Räuber* 1947 von dieser »großartigsten Verführungsszene, die es gibt«[49], die 2. Szene des 1. Akts von Shakespeares *Richard III.*).

Dann liefert er eine Poetik in eigener Sache, ein Bekenntnis zur induktiven Arbeitsweise:

Nun gibt es zwei Arten eines künstlerischen Arbeitens, grob gesagt, wie ja diese Unterscheidungen immer grob sind und nur auf dem Papier ganz stimmen, die deduktive und die induktive Möglichkeit des Schreibens. Es ist ein Unterschied, ob einer die Arbeit, die er ausführt, schon der Hauptsache nach im Kopf trägt, oder ob er nun ins Blaue hinein schreibt, ein Unterschied, ob der Stoff der Grund oder ob er das Resultat des Schreibens ist. Ich will gleich gestehen, dass ich nicht wusste, w o h i n ich zielte, als ich den *Mississippi* zu schreiben unternahm. Wohl stellten sich mit der Zeit verschiedene Ahnungen und Pläne ein, wie etwa das Stück einmal aussehen könnte, doch erfüllten sich diese Ahnungen meistens nicht. Die Neugier war zu groß. Ich schrieb mich immer wieder in Gegenden hinein, die immer neue Pläne notwendig machten. Die Arbeit war aufregend, wer Einblick hatte, schüttelte den Kopf. Ich wagte es, mich meinen Einfällen hinzugeben, denn es ist eine meiner künstlerischen Überzeugungen, dass sich ein Schriftsteller vor allem dann der Welt aussetzt, wenn er es wagt, sich seinen Einfällen auszusetzen: So möchte ich die Art meines Experimentierens im *Mississippi* verstanden haben. Das Abenteuer dieser Arbeit lag durchaus darin, den Stoff zu finden, nicht die Form. Dass dann die gespenstische Aufgabe an mich herantrat, den so abenteuerlich gefundenen Stoff auch zu begreifen, ist wohl ein anderes Kapitel.[50]

Noch pointierter könnten wir sagen: Bei einem solchen Verfahren sucht nicht der Autor den Stoff, der Stoff sucht den Autor, er sucht ihn heim. Endlich bekennt Dürrenmatt, »dass ich doch ein Plagiator bin. [...] Dass ein Dramatiker von der Potenz Wedekinds auf andere Dramatiker wirkt, ist natürlich [...]«[51]. Allein, nicht wo Frau Tilly vermute, sei Wedekinds Haupteinfluss auf *Mississippi* zu suchen, sondern vielmehr im *Marquis von Keith,* einem »Theaterstück, das ich für Wedekinds bestes halte und welches mich auf die Idee brachte, die Menschen als Motive einzusetzen. In diesem Stück ging mir die Möglichkeit einer Dialektik mit Personen auf [...].«[52]

»Dialektik *mit* Personen«: Das erinnert an die Wendung, mit der F. D. seine schriftstellerische Geburt in den Zusammenhang seiner Beschäftigung mit Kierkegaard während des Studiums stellte: »Dramaturgisch ist Kierkegaard der einzige Nachfolger Lessings, nicht nur, weil er die Grenze des tragischen Helden und damit der Tragödie aufzeigt, sondern weil er ›dramaturgisch‹ denkt. Nicht die Begriffe sind bei ihm dialektisch gesehen, sondern ›Positionen‹.«[53]

Nirgends ist in Dürrenmatts Gesamtwerk auch sprachlich die Nähe zu Wedekind so spürbar wie im *Mississippi*. Da ist Frau Tilly zu verstehen. Es ist schon verwunderlich, dass Monograph Jan Knopf, der im entsprechenden Abschnitt erfreulich vital seinen Widerwillen gegen das Stück kaum unter Kontrolle halten kann, Dürrenmatt das vorwirft, was ein halbes Jahrhundert lang das Wedekind-Missverständnis war: »Die Phrasen knistern, das Papier raschelt, und die Geschichten sind von dermaßen gesuchter und übersteigerter Wunderlichkeit, dass die Effekte sich tatsächlich nur durch das Grauenhafte, das Entsetzliche, das Ungeheure (bzw. Ungeheuerliche) und den Wahnsinn einstellen, (womit denn auch die Lieblingsvokabeln des Dramas genannt sind).«[54]

Wedekinds Sprache war nicht papieren, sie führte in ihrem scheinbaren Kanzleistil die sprachliche Enteignung des Individuums durch die Gesellschaft vor und rannte im Fortissimo ihrer Verkürzungen gegen dieses Sprachgefängnis an, ohne es sprengen zu können. Wedekind zertrümmerte durch die Sprache, in die er seine Rebellen zwang (wie die, gegen die sie tobten), die Hoffnungen, Proteste, Alternativen, die sie inhaltlich in immer neuen rhetorischen Anläufen formulierten. Wedekinds Figuren sprechen zu hören, ist so bedrückend wie das Verfolgen von Kafkas Landvermesser oder Kleists Kohlhaas: wie alle Literatur, die den Alptraum aus der Differenz zwischen der Einsicht/Freiheit des Betrachters und der Blindheit/Gefangenschaft der Figur konstituiert. Das Papierene der Sprache ist kein Mangel, sondern Thema. Sie ist nicht realistisch. Deshalb vor allem erkannten die Expressionisten in Wedekind ihren Vater.

Dürrenmatt, Benn und die absolute Bühnenkunst

In einem Brief vom 14. April 1952 an eine unbekannte »Gnädige Frau« spricht F. D. ausführlich von seiner Figur Graf Bodo von Übelohe-Zabernsee:

> Lassen Sie mich […] kurz berichten, wie ich zu diesem Grafen gekommen bin, wie ich seine Bekanntschaft machte./ Im Nachwort des großen Christen und Denkers Theodor Haecker, der in München lebte, zu seiner Übersetzung der *Kritik der Gegenwart* Søren Kierkegaards steht in einer Sprache, von deren Klarheit ich wie von selten einer die höchste Meinung habe, geschrieben:
> »Als der Literat Goldschmidt, der die Hetze im ›Korsaren‹ gegen Kierkegaard leitete und diesem zu dem Martyrium verhalf, auf der Straße ›totgegrinst zu werden‹, der auch reichlich über den von Kierkegaard und zur selben Zeit mit demselben Wort von Schopenhauer verworfenen Witz Heines verfügte, einmal mit Kierkegaard auf der Straße zusammentraf, ging dieser auf ihn zu und sprach mit ihm mahnend, dass er auf dem Weg der Verlorenheit sei, er sprach mit ihm nach der Art der großen Christen, die auch im Feind, den sie vernichten müssen, noch Gott lieben, und Goldschmidt – fing an zu weinen auf der Straße; er hielt es nicht allzulange aus, gab den Korsaren auf und verließ die Stadt. […]« Ich glaube, dass aus

diesem Geschehen, aus dem Martyrium Kierkegaards »totge-
grinst zu werden« mir zum ersten Male die Gestalt des Grafen
Zabernsee aufstieg.[55]

In der großen Figur des Bodo von Übelohe-Zabernsee fließen
somit zwei Inspirationsquellen ineinander: Kierkegaard – und
Wedekind. Der »Fluch der Lächerlichkeit« ist ein großes Motiv
bei beiden und eine Kürzestformel für das Tragikomische.

Zustimmung fand *Mississippi* bei Gottfried Benn. Sein Aufsatz im Programmheft des Berliner Schlossparktheaters ist nicht
unkritisch, aber wohlwollend, teils Richtiges heraus-, teils sich
selbst in das Stück hineinlesend: »*Die Ehe des Herrn Mississippi*
– ist dies noch ein Stück? Ist dies noch Theater? Dies Durch-
und Nebeneinander von Kino, Hörspiel, Kasperle-Szenarium,
zeitlichen Verkürzungen, Vor- und Rückblenden, Sprechen ins
Publikum, Selbstprojektionen der Figuren in einem imaginären
Raum, Auferstehen von den Toten und Weiterdiskutieren –: Ist
das vielleicht das zukünftige Theater? Einige Szenen sind meis-
terlich gebaut, thematisch spannend, dialogisch präzis – gleich
die erste, die zwischen Mississippi und Anastasia, die Grund-
szene, aus der sich das Weitere ergibt –, hier ist die Substanz des
alten Theaterstils, aber mit Andeutungen des neuen Montage-
haften. Aber dann geraten die Szenen vielfach ins Schwimmen
im Weltanschaulichen und Politischen, nicht sehr originellen, im
Erotischen nicht gerade sehr sublimen – am besten gelingen dem
Autor die Einblendungen auf das Ethische, er nimmt nämlich
weder das Moralische noch das Amoralische ernst, obschon er
seinen Helden dafür auftreten lässt, das Gesetz Mosis zu erneuern.« Nach einer Reihe von Überlegungen zur Raum-Zeit-Kon-
vention des Theaters, auch zum Verhältnis des Autors zu seinen
Figuren, stellt Benn die für ihn entscheidenden Fragen: »Und
gibt es eine absolute Bühnenkunst, wie es absolute Malerei und
absolute Prosa gibt? Wird das Theater weiter agieren mit schwe-

benden Porträts, Giftzucker, Salven, auferstandenen Toten, die
dann weiterdiskutieren, mit Perücken und Toilettenwechsel,
kurz das betreiben, was man Handlung nennt, oder wird man
auf ihm nur noch sprechen, wobei das Wort dann eine besondere Form des Monologes wird oder mehrerer nebeneinander-
laufender Monologe, um gewissermaßen stehend und schweigend dem menschlichen Schicksal und seiner Verwandlung zu
begegnen?«[56]

Gibt es eine absolute Bühnenkunst? Damit bezieht sich Benn
auf jenes »absolute Gedicht«, das er in seinem Vortrag *Probleme
der Lyrik* postulierte und das seine Konsequenz aus Nietzsches
Satz von der Kunst als »letzter metaphysischer Tätigkeit innerhalb des abendländischen Nihilismus« war: das »absolute Gedicht« als das »Gedicht ohne Glauben, das Gedicht ohne Hoffnung, das Gedicht an niemanden gerichtet, das Gedicht aus
Worten, die Sie faszinierend montieren«[57], kurz, eine Kunst, die,
im Zusammenbruch aller Inhalte, sich selbst der einzige Inhalt
ist, ein Formalismus geboren aus dem Horror vor einem Sinn-
Vakuum: Er wird bis weit in die Poetik der Gegenwart hinein,
bis zur Vorstellung vom Schreiben als eigentlichstem Gegenstand des Schreibens wirksam bleiben. Nein, das absolute Stück
hatte Dürrenmatt nicht im Sinn, so wenig wie die absolute
Prosa. Von Benn, den er als Künstler durchaus bewunderte,
trennten ihn nicht nur dessen »Nihilismus« und Ästhetizismus,
sondern grundsätzlich die philosophischen Grundhaltungen:
Der merkwürdige Zwitter aus Kierkegaard und Kant musste
dem als ein Spätgeborener dem Kopf Nietzsches entsprungenen
Benn zutiefst suspekt sein – letztlich, weil er, Dürrenmatt, eben
nicht nur »als christliche[r] Dichter gehandelt« wurde, sondern
weil er zumindest ein religiöser tatsächlich war. Nicht sein Leben lang, nach seinem eigenen Urteil, aber noch lange. Nichts ist
falscher, als dass der Autor des *Mississippi* »weder das Moralische noch das Amoralische ernst«[58] nehme. Das ist eine Selbst-

diagnose des Ptolemäers Benn. Andererseits liegt das Missverständnis auch nahe. Nie betrieb Dürrenmatt so radikal, was Max Frisch schon anlässlich des *Romulus* feststellte: »Hier wird nicht *auf* der Bühne gedichtet, sondern *mit* der Bühne [...]«[59].

Es gibt keinen Beleg, dass Dürrenmatt darauf je reagiert hätte. Hat er Benns Beifall als Applaus von der falschen Seite empfunden? Denkbar. Benn war auf der Literaturszene des beginnenden Wirtschaftswunders wieder eine Autorität (bereits 1951 wurde er mit dem Büchner-Preis ausgezeichnet). Eine zweifellos umstrittene, aber eine, die mit ihrem radikalen Ästhetizismus, der Absolutsetzung von Stil und Form, auch von Rundfunkredakteuren wie Alfred Andersch und anderen Linken als Gegner ernst genommen wurde und den literarischen Diskurs der Nachkriegsjahre mit bestimmte.

Dürrenmatt attackierte jenes Zeitbewusstsein, das sich nach Kriegsende in die ewigen Werte des Wahren, Guten und Schönen zu retten suchte. In das »Dichterische« eben, das sich in den Augen so vieler, auch Dürrenmatts, in den »tausend Jahren« des größten denkbaren Bankrotts des deutschen Geistes für alle Zeiten korrumpiert hatte. Es trat jetzt als Rückorientierung an den Klassikern auf, besonders deutlich im Goethe-Kult, der mit dem Jubiläumsjahr 1949 ausbrach und gegen den Karl Jaspers schon anlässlich der Verleihung des Goethe-Preises ein Jahr zuvor polemisiert hatte (»Goethe als Nothelfer«).

Andererseits manifestierte sich dieses Zeitbewusstsein in einer Abkehr von allen Inhalten, die generell unter Ideologieverdacht standen. Die Schlagworte dafür lauteten, je nach Stoßrichtung als Provokation oder als Verunglimpfung gemeint, »Ästhetizismus« und »Nihilismus«. Die Hoffnung auf eine von allem Transport von »Aussagen« befreite Kunst, eine Kunst, die, wie im »absoluten« Gedicht, ihr eigener Inhalt ist, manifestierte sich exemplarisch in der Rehabilitation von Benns *Ptolemäer,* über den der an seinen Verleger schrieb: »reine Kunst ohne Rücksicht

darauf, welche Konsequenzen sich daraus ergeben«. »Ich war
nie Ptolemäer«[60]: Dürrenmatts berühmter Satz hat einen unfreiwilligen literarhistorischen Nebensinn. Dürrenmatt bestand auf
dem Verfahren der indirekten Mitteilung, auf der Vieldeutigkeit
des Gleichnisses, auf der Unmöglichkeit, »Wahrheit« im Indika-
tiv auszusprechen. Aber er bestand, von seinen Anfängen bis zu
seinem Spätwerk, auch auf Inhalten, auf einer existentiellen Haltung. Dichtung als Sinnstiftung und Lebenshilfe war ihm ebenso
suspekt wie Ästhetizismus, eine Kunst, die ihr eigenes Thema ist
und sich selbst genug. So gesehen navigierte er zwischen Skylla
und Charybdis: skeptisch gegenüber modernem Formalismus,
skeptisch gegenüber der Heiligsprechung der Klassiker, unter
denen seine Zuneigung den Außenseitern und Verkannten galt.
Wieland ist da nur ein Beispiel.

Dürrenmatts Kritik des »Ästhetizismus« erfolgt von einem
Standpunkt aus, den Walter Muschg in seinem Aufsatz *Abschied
von Gottfried Benn* formulierte. Er war eine gnadenlose, pole-
misch brillante, sachlich sehr einseitige Abrechnung mit Benn.[61]

Die Selbstreflexion der Bühne auf ihre Mittel hat bei Dürrenmatt nichts zu tun mit einer Abkoppelung seiner Kunst von Inhalten, mit einer inhaltlichen Selbstsetzung der Kunst – sie war
eine Folge von Dürrenmatts alles betreffenden Strategien der
Distanz.

Die ersten Kriminalromane

In Dürrenmatts Werk gibt es Brüche, Entwicklungen, Revisionen von Standpunkten (weltanschaulichen wie ästhetischen, beides ist nicht zu trennen). Es gibt Meisterwerke und gescheiterte
Versuche (und Gründe für dieses Scheitern, hinter denen er in
den *Stoffen* über die Widerstände das suchte, was er »mein Leben« nannte). Skizzen, Fragmente, Varianten. Aber es gibt nicht

grundsätzlich wichtigere und unwichtigere Gattungen. Auch die spärliche Lyrik ist nicht zu unterschätzen: weniger unter dem Gesichtspunkt künstlerischer Vollendung, als unter dem des Fortschreibens und Fortschiebens der ineinander verkeilten Stoffkomplexe, Motivstränge, Gleichnisse. Nicht einmal eine Betrachtungsweise, die der Entstehungsgeschichte folgt, fördert eine verlässliche Schichtung seiner zu Stoffen verdichteten Erfahrungssedimente zutage: zyklische Wiederaufnahmen, gewissermaßen ein Fortschreiten zu längst verlassenen Positionen, kehren das Oberste zuunterst, wie geologische Verwerfungen und Faltungen die erdgeschichtliche Abfolge der Gesteinsschichten. Ungeachtet der Gattung, der Stilhöhe, des Perfektionsgrades hängt in diesem Werk alles mit allem zusammen.

Dürrenmatt selbst hat sich immer geweigert, zwischen Haupt- und Gelegenheitswerken zu unterscheiden. Von seinen größten Erfolgen sprach er mit Herablassung, ja geradezu Missachtung, zu seinen größten Misserfolgen stand er mit der Liebe eines Vaters für missratene Kinder.

Schriftstellerische Arbeit als Beruf: deutlicher noch als in den Hörspielen war für ihn die Trivialform des Kriminalromans die Herausforderung, »Kunst da zu tun, wo niemand sie vermutet«[62]. Seine Lust an der Verkappung im Trivialen, die Ablenkung von Konstruktionen und Konzeptionen, notfalls noch durch die banalsten Scherze und klapprigsten Kalauer, hat er bis zum späten Roman *Durcheinandertal* durchgehalten. Als bewusste Strategien irrlichtern sie durch sein ganzes Werk, mit Ausnahme der frühen Prosa.

Besonders in seinen Kriminalromanen führte Dürrenmatt also einen Kampf gegen ein Kunstideal, das er als Hohlform beargwöhnte und in welchem er eine Anmaßung der Kunst gegenüber der Wirklichkeit sah. Einen Akt der Hybris: Kunst eben als Religionsersatz mit dem damit verbundenen Priestertum, der Aura, der Weihe und der Gleichsetzung von idealistischer Ästhetik und Wahrheit (»das Wahre, Gute und Schöne«). Und, andererseits, Kunst als Absolutsetzung der Ästhetik, als eine Form von Nihilismus. Er erkannte die Trivialform (wie die Parodie) als Chance, den Mythos in die Gegenwart zu retten. Die Möglichkeit der »Kunst über die Bande« und als Angriff auch gegen ein Kunstideal, das auf Perfektion zielt. Auf »Vollkommenheit«.

Das Idyll ist Hintergrund und Kulisse für den Fall im doppelten Wortsinn. Dürrenmatt, den Dramatiker, interessierte nicht die Realität, sondern der Abstand zum Chaos darunter oder dahinter. Er kannte die Hilfskonstruktionen zu genau, mit denen er sich am eigenen Zopf daraus hervorgezogen hatte, um nicht grundsätzlich jeder Ordnung zu misstrauen. Die Idylle ist die Feier der Ordnung im Kleinen und Einfachen. Weder seine Heimat und gar nicht sein zwergisches Vaterland brachte er in den Rahmen eines solchen Bildchens. Mit dem Idyll der Bielersee-Landschaft kontrastiert die labyrinthische Stadt; da verfällt er denn doch wieder in den Stil der frühen Prosa (die er parallel zur Entstehung der Kriminalromane redigierte und zur Veröffentlichung vorbereitete). Bern wird da zu einer gefährlichen Zone, eine »verschlagene, biedere Stadt, von der man nie recht weiß, wie viel Totes und wie viel Lebendiges eigentlich noch an ihr ist«[63], die dalag wie »eine weiße Muschel, das Licht aufsaugend, in ihren Gassen verschluckend, um es nachts mit tausend Lichtern wieder auszuspeien, ein Ungeheuer, das immer neue Menschen gebar, zersetzte, begrub«[64] – eine angesichts der Realität der schweizerischen Bundeshauptstadt geradezu groteske Dämonisierung.

Bärlach, ein bernischer Dämon

Es ist unschwer einzusehen, dass man von Dürrenmatts Kriminalromanen nicht als »Nebenwerken« sprechen darf. Ungewiss

schon, was wir diesem Genre zuzurechnen haben. Dürrenmatt
selbst sagte wiederholt, er habe »zwei Kriminalromane« geschrieben, die 1950/1951 entstandenen *Der Richter und sein Henker* und *Der Verdacht.* Bei näherem Hinsehen erweisen sich jedoch schon diese als ›Requiems auf den Kriminalroman‹, wie
das 1957 erschienene Buch *Das Versprechen* untertitelt war.
Die Panne ist gewiss keine Detektivgeschichte, aber ebenso gewiss eine »Kriminalgeschichte«, wie der späte Roman *Justiz*
oder das nachgelassene Fragment *Der Pensionierte* (mehr eine
Elegie als ein Requiem auf die Gattung). So gesehen ist auch der
Ödipus von Sophokles eine Kriminalgeschichte wie auch Kleists
Zerbrochner Krug und Dürrenmatts *Physiker,* beides Ödipus-
Parodien.

Auch Kriminalassistent Tschanz in *Der Richter und sein
Henker* ist aus dieser Perspektive eine ironische Variante des
Ödipus: einer, der ausgeschickt wird, den Mord aufzuklären,
den er selbst begangen hat. Der am Tag der Beerdigung des von
ihm erschossenen Kollegen Schmied im Handstreich dessen
Braut gewinnt: So wirft Shakespeares Richard III. seinen Schatten auch auf diesen schäbigen karriereversessenen bernischen
Kriminalbeamten. Zu allem Überfluss heißt die Dame Anna,
wie Shakespeares berühmte königliche Witwe.

Auch Anspielungen auf das eigene Werk flackern auf, zum
Beispiel in der faustischen Wette zwischen Bärlach und seinem
Gegenspieler Gastmann, einer für den »realistischen« Kriminalroman haarsträubenden Konstruktion. Dass solche Anspielungen die naive Lektüre der Geschichte nicht behindern, beweist
der Erfolg des Buchs, das bei Dürrenmatts Tod eine Weltauflage
von über 6,3 Millionen erreicht hatte. Der Leser, nur auf eine
spannende Story erpicht, merkt kaum, dass der Autor hier »das
Seine« betreibt. Die Gattung bedient er nebenher. Wie Peter
Spycher und andere Werkinterpreten bewiesen, mitunter ziemlich schlampig: schon mal einen Wochentag mit einem anderen

verwechselnd oder zwei Uhrzeiten; mal steht der blaue Merce-
des, in dem Clenin, der Dorfpolizist von Twann, den ermordeten Schmied findet, »am Straßenrande«[65], dann, bei Wiederbesichtigung des Tatorts und in der Erinnerung des besagten Clenin,
steht er »fast in der Straßenmitte«[66]. Und so fort. An solchen
Rissen im Realismus wird sichtbar, dass es Dürrenmatt auf den
gar nicht ankam. Realismus war nur die Maske, hinter der er
seine alte Thematik um Recht, Gerechtigkeit, das Böse und die
Freiheit versteckte.

Zwei Szenen sind in diesem Buch von einer theatralischen
Schärfe, die den Dürrenmatt der »großen« Stücke ankündigt. In
der ersten, allein schon rhythmisch-musikalisch eine starke Passage, taumeln zwei betrunkene Sendboten Gastmanns wie ins
Bernische verirrte Shakespeare-Figuren in die von Regengüssen
ertränkte Beerdigung Schmieds:

> »Der Tüfel geit um,
> der Tüfel geit um,
> er schlat die Menscher alli krumm!«

Zwei Männer in schwarzen Fräcken kamen über den Kirch-
hof getorkelt. Ohne Schirm und Mantel waren sie dem Regen
schutzlos preisgegeben. Die Kleider klebten an ihren Leibern.
Auf dem Kopf hatte jeder einen Zylinder, von dem das Wasser
über ihr Gesicht floss. Sie trugen einen mächtigen, grünen
Lorbeerkranz, dessen Band zur Erde hing und über den Boden schleifte. Es waren zwei brutale, riesenhafte Kerle, be-
frackte Schlächter, schwer betrunken, stets dem Umsinken
nah, doch da sie nie gleichzeitig stolperten, konnten sie sich
immer noch am Lorbeerkranz zwischen ihnen festhalten, der
wie ein Schiff in Seenot auf und nieder schwankte. Nun
stimmten sie ein neues Lied an:

»Der Müllere ihre Ma isch todet,
d'Müllere läbt, sie läbt,
d'Müllere het der Chnecht ghürotet,
d'Müllere läbt, sie läbt.«

Sie rannten auf die Trauergemeinde zu, stürzten in sie hinein, zwischen Frau Schönler und Tschanz, ohne dass sie gehindert wurden, denn alle waren wie erstarrt, und schon taumelten sie wieder hinweg durch das nasse Gras, sich aneinander stützend, sich umklammernd, über Grabhügel fallend, Kreuze umwerfend in gigantischer Trunkenheit. Ihr Singsang verhallte im Regen, und alles war wieder zugedeckt.

»Es geht alles vorüber,
es geht alles vorbei!«,

war das letzte, was man von ihnen hörte. Nur noch der Kranz lag da, hingeworfen über den Sarg, und auf dem schmutzigen Band stand in verfließendem Schwarz: »Unserem lieben Doktor Prantl.« Doch wie sich die Leute ums Grab von ihrer Bestürzung erholt hatten und sich über den Zwischenfall empören wollten, und wie die Stadtmusik, um die Feierlichkeit zu retten, wieder verzweifelt zu blasen anfing, steigerte sich der Regen zu einem solchen Sturm, die Eiben peitschend, dass alles vom Grabe wegfloh, bei dem allein die Totengräber zurückblieben, schwarze Vogelscheuchen im Heulen der Winde, im Prasseln der Wolkenbrüche, bemüht, den Sarg endlich hinabzusenken.[67]

Die zweite, auf die schon Elisabeth Brock-Sulzer hingewiesen hat, ist die Schlussszene, in welcher Bärlach seinen Henker Tschanz des Mordes überführt – während eines Abendmahls, das an die Fress-Suada des Bockelson in *Es steht geschrieben*

würdig anschließt und das die Schlemmerei in der *Panne* vor-
wegnimmt. In vernichtender Lebensgier (Bärlach hat Magen-
krebs) verschlingt der Kommissär noch einmal die Welt in sich,
während er seinen Henker überführt, »mächtig und gelassen, das
Bild einer übermenschlichen Überlegenheit, ein Tiger, der mit
seinem Opfer spielt [...]«[68]. Hier aufersteht in einem Fortsetzungsroman für eine populäre Zeitschrift kein Geringerer als der
von Dürrenmatt seit seiner Kindheit bewunderte Gotthelf.[69]

Der Autor, der Richter, der Henker

F. D.s Kommissär (Dürrenmatt besteht auf dem bernischen Um-
laut, auch das) Bärlach ruht nicht in sich selbst, agiert bei aller
Autorität nicht aus einer gottväterlichen Sicherheit, sondern aus
Besessenheit. Der Krieg gegen Gastmann ist ein weltanschau-
licher Ringkampf zwischen Recht und Freiheit. Aber er ist auch
ein Privatkrieg. Bärlach maßt sich den Vollzug der Gerechtigkeit
an und unterscheidet sich so nur in der Motivation von der Hybris Gastmanns. Streng genommen verliert Bärlach die Wette
mit Gastmann, den er nicht eines begangenen Verbrechens über-
führen kann und den er darum für eines hinrichten lässt, an dem
dieser nicht schuld ist. Die Justiz ist »dem Bösen« nicht gewachsen. Der es vernichtet, macht sich selbst schuldig. Bärlach ist
kein schweizerisches Idol, sondern ein bernischer Dämon. Nur
die Fixierung der Leser (und zum Teil der Interpreten) auf die
Klischees des Kriminalromans erklärt, dass hinter der scheinbaren Bonhomie des Dürrenmatt'schen Kommissärs dessen Mons-
trosität weitgehend unbeachtet blieb. Seine alttestamentarische
Unbedingtheit ist die Rücksichtslosigkeit dessen, der nichts zu
verlieren hat: Bärlach trägt den Krebs im Leib. Damit ist er sowohl Romulus als auch Florestan Mississippi verwandt und
auch der alten Dame, Claire Zachanassian.

Im Roman geht der Autor einmal mehr auf Distanz zu seiner Erfindung, unter anderem, indem er sich selbst einführt. Im 13. Kapitel tritt ein Schriftsteller auf, empfängt den Richter und dessen Henker in seinem Arbeitszimmer (das einem Zimmer der Parterrewohnung im Schernelzer Haus seiner Schwiegermutter entspricht). Die beiden Polizisten sehen ihn als eine »dunkle Masse zwischen den Fenstern«[70]. »Im Zimmer war es dunkler geworden, doch fiel es dem Schriftsteller nicht ein, Licht zu machen. Er setzte sich in die Fensternische, so dass die beiden Polizisten wie Gefangene in einer Höhle saßen«[71] – wie die Gefesselten in Platons ›Höhlengleichnis‹.

Die Szene ist mehr als eine eitle selbstironische Volte, ihr Sinn in diesem scheinbar realistischen, in Wahrheit waghalsig konstruierten Prosastück ist der einer kleinen immanenten Poetik.[72] »›Ich habe es mit einem wirklichen Gastmann zu tun‹, sagte der Alte endlich. ›Mit einem Menschen, der bei Lamlingen auf der Ebene des Tessenberges wohnt und Gesellschaften gibt, die einem Polizeileutnant das Leben gekostet haben. Ich sollte wissen, ob das Bild, das Sie mir gezeigt haben, das Bild Gastmanns ist oder jenes Ihrer Träume.‹ – ›Unserer Träume‹, sagte der Schriftsteller. Der Kommissär schwieg. ›Ich weiß es nicht‹, schloss der Schriftsteller und kam auf die beiden zu, sich zu verabschieden, nur Bärlach die Hand reichend, nur ihm: ›Ich habe mich um dergleichen nie gekümmert. Es ist schließlich Aufgabe der Polizei, diese Frage zu untersuchen.‹«[73] Der Auftritt des Autors (der beleidigt ist, dass ihm die Polizei keinen Mord zutraut: das Thema der späteren *Abendstunde im Spätherbst* klingt an), hat darüber hinaus freilich noch einen dramaturgischen Grund. Der geniale Schachspieler Bärlach, der hybride selbsternannte Richter, der über die Bande einen Mord aufklärt, einen Mord anstiftet und viele Morde rächt, wird selbst als Marionette sichtbar, in der Hand des Autors, der sich in der Bibliothek seines Schernelzer Hochsitzes in Erinnerung bringt. Dass auch der an

Fäden hängt, wird nicht gesagt. Aber wie die letzte Instanz tritt er nicht auf.

Nichts aus dem Ärmel geschüttelt

Dürrenmatt selbst hat die Legende genährt, die beiden Kriminalromane seien in den Jahren 1950/51 von Folge zu Folge für die schweizerische Illustrierte ›Der Beobachter‹ entstanden. Das war Teil der Strategie, den Kunstanspruch des Kriminalromans zu unterlaufen. Elisabeth Brock-Sulzer, die sich nach Schauspielhaus-Premieren beim vorübergehenden Kritiker-Kollegen (zwischen Februar 1951 und Juni 1952 schrieb Friedrich Dürrenmatt sechzehn Kritiken für die ›Weltwoche‹) nach dem Fortgang erkundigte, verweigerte er die Auskunft: Er habe noch eine Woche Zeit bis zur Ablieferung. Das wird auch bestätigt von Cousin Peter, der sich in seinen Lebenserinnerungen sozusagen als Initiator vorstellt: »[Max] Ras [der Verleger des ›Beobachters‹] erklärt mir eines Tages, er wäre bereit, meinem Vetter ein Honorar von 3000 Franken auszurichten, für einen Roman, den er im ›Beobachter‹ in Fortsetzungen publizieren könnte. ›Aber‹, fügte Ras hinzu, ›es müsste ein Kriminalroman sein, einen solchen würde unsere Leserschaft goutieren.‹ Ich sprach mit Fritz und er entgegnete sofort, der Auftrag interessiere ihn. So kam der Roman *Der Richter und sein Henker* zustande. Der Ausdruck ›er kam zustande‹ ist zutreffend: Nachdem es mit der Niederschrift zunächst fließend vor sich gegangen war, stellten sich Stockungen ein. Jedes Mal, wenn eine Fortsetzung für die Druckerei des ›Beobachters‹ fällig geworden war, schellte auf den ›[Basler] Nachrichten‹ das Telefon: Die erwartete Fortsetzung war noch nicht da! Ich musste bei Fritz – der kein Telefon besaß – Dampf aufsetzen; schließlich wurde der Roman doch fertig.«[74] Dürrenmatt selbst amüsierte sich ob der Vorstellung, er könnte plötzlich sterben und kein Mensch wüsste, wie der Roman enden würde.

Unter dem 11. Januar 1950 findet sich in der Agenda die Notiz: »Telephon mit Peter. Seine absolute Zuverlässigkeit immer wieder eine sichere Burg. [...] Mut den Kriminalroman doch weiter zu schreiben.«[75] Dies mehr als ein Jahr nach den Briefen an Walter Muschg, in denen er das Unternehmen ankündigte: »Der Kriminalroman macht mir viel Spaß, besonderes Vergnügen finde ich darin, dass ich in ihm Gelegenheit habe, die ganze Bielerseegegend so en passant kriminalistisch auszuwerten.«)

Den Plan jedenfalls trug er im Kopf, bevor er sich an die erste Folge machte, bei einer »finalen« Gattung wie dem Kriminalroman eigentlich eine Selbstverständlichkeit. Die lässt sich in den Scharnieren der Handlung nun mal nicht induktiv fortschreiben. Als er mit den ersten 500 Franken Vorschuss von Ras ankam, berichtet Peter Wyrsch, habe Gattin Lotti geglaubt, sie wären gestohlen. An der Geschichte des Romans feilte er allerdings weiter herum. In der Buchfassung, 1952 entstanden, finden sich gegenüber den einzelnen Fortsetzungen vor allem stilistische Korrekturen und eine psychologisch-weltanschaulich besser nachvollziehbare Motivation der Figur des Nihilisten Gastmann.

Ursprünglich war auch der Kommissär buchstäblich »auf den Tod hin angelegt« (wie es in *Romulus der Große* in Bezug auf dessen Titelfigur heißt). Allein die Serie war ein solcher Erfolg und Dürrenmatt zu der Zeit für die medizinische Versorgung der Familie (sein Diabetes, der zu einem Zusammenbruch führte, die wiederholten Spitalaufenthalte von Lotti) so sehr auf zusätzliche Einnahmen angewiesen, dass er Bärlachs Hinscheiden aussetzte. Der übersteht die selbstmörderische Fressorgie und rückt ins Krankenhaus ein, um sich durch seinen Freund Dr. Hungertobel (!) durch eine Operation noch eine Gnadenfrist von einem Jahr zu verschaffen. So erfolgt Bärlachs langer Abschied in zwei Etappen. Ein Antiheld wie alle späteren

Kriminalisten bei Dürrenmatt. Alle sind sie zwielichtig in ihren Motiven, selbstherrlich, wo sie Moralisten (Bärlach), frivol, wo sie geistreich (die alten Herren in der *Panne*), verblendet, wo sie spekulativ intelligent sind (Matthäi im *Versprechen*). Allesamt sind sie nicht Herren der Lage, wie dies das Genre eigentlich verlangt. Sie wissen, dass die Welt um keine Nuance besser wird, wenn sie ihr Opfer zur Strecke gebracht haben, und sind selbst Opfer im aussichtslosen Kampf gegen den Zufall und die Unvorhersehbarkeit menschlicher Reaktionen. Auch sie gehören in den Zusammenhang von Dürrenmatts lebenslang währender Demontage des Heldenbegriffs. Freilich ist ihre Hinfälligkeit auch ihre Stärke.

Bärlach in der Burg der Autonomie

Der Typus von Dürrenmatts kriminalistischem Antihelden wird am deutlichsten in *Der Verdacht,* Bärlachs zweitem und nun endgültig letztem Fall. Dem zweiten und letzten Roman, den F. D. für den ›Beobachter‹ schrieb. Der entstand diesmal tatsächlich unter wesentlich größerem Zeitdruck als der erste, was auch größere Korrekturen in der Buchfassung nach sich zog. Im *Verdacht* verschärft der Autor gewissermaßen die Versuchsanordnung von *Der Richter und sein Henker,* verliert dadurch aber auch die Balance zwischen der Konstruktion des Falls und dessen realistischer Ausstattung. Landschaftsschilderungen und bernische Milieustudie, im *Richter* immerhin so ausführlich, dass der Leser über deren bloße Kulisse getäuscht wird, sind in dieser »Engführung« ins Medizinische ausgeschlossen. Das Krankenhaus, in das Bärlach verbracht wird, ist eine Schleuse zwischen Realität und Tod, ein (bakteriologisch) keimfreier Bereich, der wie das Irrenhaus in den *Physikern* die Realität (und den Realismus) ausschließt.

Bärlach, nach seiner kulinarischen Attacke auf Leib und Leben im Berner Krankenhaus, schöpft dort den Verdacht, dass der in Zürich in einer Modeklinik praktizierende Chirurg Emmenberger (!) kein anderer sei als der sadistische KZ-Arzt Dr. Nehle, der im Lager Stutthof Häftlinge ohne Anästhesie operiert und so zu Tode gefoltert habe. Der Kommissär lässt sich nach Zürich verlegen, wird von Emmenberger durchschaut (wie er diesen durchschaut) und im OP auf die Hinrichtung vorbereitet – die Szenerie ist eines Gruselfilms würdig. (Reminiszenzen des kinobesessenen Gymnasiasten F. D. an zahlreiche Horrorfilme in der Nachfolge des Dr. Mabuse oder des Dr. Caligari?) Am Ende wird Bärlach von einem mythischen *deus ex machina* gerettet, einem dem KZ entronnenen jüdischen Riesen namens Gulliver, dem der Autor die Kernsätze seiner Philosophie in den Mund legt: »Wir können als Einzelne die Welt nicht retten, das wäre eine ebenso hoffnungslose Arbeit wie die des armen Sisyphos […]. Wir können nur im Einzelnen helfen, nicht im gesamten […]. So sollen wir die Welt nicht zu retten suchen, sondern zu bestehen, das einzige wahrhafte Abenteuer, das uns in dieser späten Zeit noch bleibt.«[76]

Im Zentrum stehen zwei Gespräche des doppelt todgeweihten Bärlach, eines mit der (von ihren kommunistischen Idealen zu Emmenbergers Nihilismus übergelaufenen) morphinabhängigen Ärztin Dr. Marlok und eines mit Emmenberger selbst. In beiden geht es um Fragen, die der durchschnittliche Konsument von Kriminalromanen querlesend überfliegt, zum Beispiel den bei Dürrenmatt zentralen Gegensatz zwischen Freiheit und Gerechtigkeit. Schon in *Der Richter und sein Henker* sagt der Schriftsteller über Gastmann, »diese[n] einen Pol des Bösen«[77] (wer ist der andere? Tschanz? Nein: Bärlach!): »Bei ihm ist das Böse nicht der Ausdruck einer Philosophie oder eines Triebes, sondern seiner Freiheit: der Freiheit des Nichts.«[78] Im *Verdacht* offenbart sich Emmenberger, dieser andere Henker, als der absolute Materialist: »Es ist Unsinn, an die Materie zu glauben und *zugleich* an einen Humanismus, man kann nur an die Materie glauben und an das Ich. Es gibt keine Gerechtigkeit – wie könnte die Materie gerecht sein –, es gibt nur die Freiheit [...].«[79] Dem hat Bärlach nichts entgegenzusetzen. Auch auf das Versprechen des teuflischen Arztes, er werde ihm, auf die bloße Versicherung seines Glaubens hin, den Tod ersparen (irgendeines Glaubens), schweigt Bärlach. Doch will sich Emmenberger nur den letzten noch möglichen Abgang verschaffen – einen Abgang im philosophischen, nicht im kriminalistischen Sinn. Emmenberger erkennt, dass seine Freiheit, die sich im Bösen beweist, am Ende ist, wenn der Beweis an diesem Einzelnen scheitert. Der aber, ohnehin auf den Tod krank, entfällt als Objekt dieses sadistischen Triumphs. Er befindet sich in der »Burg der Autonomie«.

Eine Pointe besonderer Art ist, dass Dürrenmatts unheimlicher Chirurg Berner ist. Da ist denn im *Verdacht* auch wieder ein Stück seiner Auseinandersetzung mit der Schweiz enthalten, von der anderswo ausführlicher die Rede sein wird:

Der Alte sah den Arzt prüfend an. »Was in Deutschland geschah, geschieht in jedem Land, wenn gewisse Bedingungen eintreten. Diese Bedingungen mögen verschieden sein. Kein Mensch, kein Volk ist eine Ausnahme. Von einem Juden, Doktor Emmenberger, den man in einem Konzentrationslager ohne Narkose operierte, hörte ich, es gebe nur einen Unterschied bei den Menschen: den zwischen den Peinigern und den Gepeinigten. Ich glaube jedoch, es gibt auch den Unterschied zwischen den Versuchten und den Verschonten. Da gehören denn wir Schweizer, Sie und ich, zu den Verschonten, was eine Gnade ist und kein Fehler, wie viele sagen; denn wir sollten ja auch beten: ›Führe uns nicht in Versuchung.‹«[80]

Exkurs

Dürrenmatts Schweiz und die Sprache als Heimat

Die Schweiz, ein Gefängnis · Stunde null und die prekäre »doppelte Staatsbürgerschaft« · Abwehr der Idylle · Das Klischee vom »unpolitischen Dürrenmatt« · ›Herkules und der Stall des Augias‹: eine Liebeserklärung · Schweiz und Bern, Vaterland und Mutterland und Sprache als Heimat · Mundart als Widerstand und Korrektiv: »Ich kann kein Deutsch«

Die Schweiz, ein Gefängnis

Die Lust zu provozieren war durchaus ein Motor für Friedrich Dürrenmatt. Anders, als dies bei Max Frisch der Fall gewesen wäre, hielt man es bei ihm für die Laune eines Hofnarren, als er 1969 den Großen Literaturpreis des Kantons Bern an drei nonkonformistische Persönlichkeiten weiterreichte: an den Schriftsteller Sergius Golowin, den Journalisten Paul Ignaz Vogel und an den Militärdienstverweigerer Arthur Villard, und zum anschließenden Festessen in Begleitung eines Trupps von Hells Angels erschien. Nicht, dass dies das offizielle Bern gefreut hätte, aber man nahm es hin als eine der Verrücktheiten, die man einem vermeintlichen Exzentriker von Zeit zu Zeit nachsehen musste.[1]

Max Frisch war für jene bürgerlichen Kreise, die sich selbst für »staatstragend« hielten, der »Staatsfeind Nr. 1«[2] und verbiss sich auch tatsächlich in immer vehementere Attacken gegen das

Schweizer Establishment. Dürrenmatt dagegen, Einzelgänger von jeher und grundsätzlich auf Distanz zu Autoritäten jeglicher Provenienz, verkündete gern und oft: »Ich bin gerne Schweizer.«[3] Das wiederum meinte er – auch – als eine Provokation all jener Kollegen, die sich zu dieser Zeit über den »Diskurs in der Enge«[4] ereiferten und Dürrenmatt fehlendes politisches Engagement vorwarfen, nur weil seine Skepsis gegen Ideologien im Allgemeinen auch die gerade angesagten Gesellschaftsmodelle betraf. Mit Kierkegaards Einzelnem konnte den Achtundsechzigern keiner mehr kommen.

Die Rede, die Dürrenmatt anlässlich der Ehrung von Václav Havel mit dem Gottfried-Duttweiler-Preis am 22. November 1990 in Rüschlikon (bei Zürich) hielt, amüsierte dann allerdings niemanden mehr. Dürrenmatt entwickelte darin den Gedanken von der Schweiz als einem Gefängnis, in welchem nicht mehr auszumachen sei, wer darin Wärter, wer Gefangener sei. Ob das in Gegenwart des jahrelang als Dissident tatsächlich eingekerkerten tschechischen Staatspräsidenten besonders taktvoll war, sei dahingestellt. Allein der Zürcher Erziehungsdirektor, vielleicht auch verleitet durch Dürrenmatts stockend unbeholfene Vortragsweise, sprach von »Senilität«, ein Exbundesrat von einem »Ausbund an Primitivität«, und die anwesenden Honoratioren verweigerten Dürrenmatt Dank und Handschlag.

Der nahm's gelassen. Hatte er doch schon in seinem *Schweizerpsalm III* von 1971, einer seiner wenigen unverblümten Attacken gegen die Schweiz, die Zivilcourage des genannten Arthur Villard preisend, geschrieben: »Deine Tapferkeit werde die unsrige. / Die Tapferkeit, in einem Lande zu leben / In welchem es langsam genierlich wird / Einem Bundesrat die Hand zu reichen.«[5]

Dürrenmatts Havel-Rede war gewiss auch eine Reaktion auf die sogenannte »Fichen-Affäre«[6], die kurz zuvor aufgedeckt worden war: die groteske Bespitzelungsaktion einer Hälfte der

Schweizer durch die andere. Nach dem Erfolg mit der *Alten Dame* viel in Osteuropa unterwegs und allein schon deshalb suspekt, weil er nicht nur ein Antikommunist, sondern ebenso ein Anti-Antikommunist war, interessierte sich Dürrenmatt nicht für seine dicke Akte. Der betrübliche Fichen-Skandal, nach einer parlamentarischen Untersuchung schnell wieder unter alle schweizerischen Teppiche gekehrt, hatte lediglich eines seiner frühen Motive reaktiviert.

Das jedoch erkannte kaum einer der damals in Rüschlikon Anwesenden, und schon gar nicht, dass es sich um jene frühe Erfahrung handelte, die Dürrenmatt überhaupt erst zum Autor gemacht hatte: die Erfahrung der Isolation der verschonten Schweiz während des Zweiten Weltkriegs. Erschütternd war die Ignoranz deshalb, weil sie auch Dürrenmatts große Altersprosa betraf. Deren erster Band lag damals seit nicht weniger als zehn Jahren vor. Keiner, der die Rede für einen bloßen zynischen Reflex auf die Fichen-Affäre hielt, konnte darin auch nur geblättert haben. Nimmt doch darin der Komplex in seiner »Autobiographie«, den *Stoffen* (deren zweiter Band soeben unter dem Titel *Turmbau* erschienen war) einen breiten Raum ein.[7]

So bewiesen die Reaktionen auf die Havel-Rede zum einen, wie lange sich das Klischee vom »unpolitischen Dürrenmatt« gehalten hatte. Und zum anderen und erschreckender: welch kleiner Teil der Öffentlichkeit wirklich Dürrenmatt-Leser war – von den paar Werken abgesehen, welche zum Kanon des Deutschunterrichts gehörten. Dürrenmatts Prominenz war damals im Wesentlichen längst eine außerliterarische. Nicht sein Werk interessierte die Medien und deren Publikum, sondern der Unterhaltungswert seiner pointierten Stellungnahmen zu dieser oder jener tagesaktuellen Frage.

Es ist heute schwer vorstellbar, wie die Isolation in der verschonten Schweiz auf ihren Autoren lastete, vor allem auf den deutschsprachigen. Dürrenmatt war keine Ausnahme, nur waren die Konsequenzen für ihn weit gravierender als zum Beispiel für Max Frisch. Er war zur Zeit der Isolation als Schriftsteller erst im Werden.

Die Machtübernahme durch die Nazis betraf mit dem Bankrott der geistigen Werte auch die Kultur, in welche ein Deutschschweizer zumindest als kleiner Verwandter hineingeboren war. Ob er wollte oder nicht und wie immer er zum »neuen Deutschland« stand. Dürrenmatt verrannte sich nach seiner Matura zwar für kurze Zeit in einer vagen Sympathie für die »Frontisten«, das änderte sich jedoch schnell, spätestens als er in Zürich mit dem Kreis um Walter Jonas in Berührung kam.

Der fast gleichzeitige Auftritt von Max Frisch und Friedrich Dürrenmatt auf dem Theater legt nahe, dass es auch in der Schweizer Literatur eine »Stunde null« gegeben hat. Es war nicht nur, aber vor allem der fast gleichzeitige erste Auftritt der beiden auf dem Theater, der ihre gegenseitige Verhaftung zum Doppeldenkmal begründete. Im Laufe der Jahre hat sich die anfängliche »Arbeitskameradschaft« zusehends zu einer Konkurrenz verschärft, aber zu Beginn lässt sich zwischen den beiden großen Schweizer Nachkriegsautoren ebenso viel Gemeinsames wie Trennendes ausmachen. Beide befassten sich mit der deutschen Katastrophe: Frisch direkt in *Nun singen sie wieder* (Premiere 29. März 1945), Dürrenmatt historisch gebrochen, indem er die Genese eines Wahns (die Frage, »wie wohl Hitler und damit der Glaube an ihn möglich geworden war«[8]) in die Zeit der Herrschaft der Wiedertäufer über die Stadt Münster verlagerte (*Es steht geschrieben*, Premiere 19. April 1947). Beide fühlten sich als Inhaber der »doppelten Staatsbürgerschaft« mit betrof-

fen, sie bestimmte auch weiterhin, bei beiden ganz ähnlich, die
Haltung gegenüber den Nachkriegsdeutschen, gegen die sie sich
abgrenzten, ohne aus ihrer Verschonung ein Verdienst zu machen.

1946 war Max Frisch von der us-Army zur Uraufführung von
Leopold Lindtbergs Film ›Die letzte Chance‹ nach München
eingeladen worden. Nach dieser ersten von vielen Reisen durch
das zerstörte Deutschland schrieb er für die Münchner ›Neue
Zeitung‹ den kurzen Text *Das Schlaraffenland, die Schweiz*[9]. Er
ist diktiert von jener Skepsis, die er in einem Brief an Walter
Muschg vom 19. Januar 1946 drastischer formuliert hatte: »[I]ch
glaube aber, dass wir mit den Deutschen so deutlich als möglich reden müssen, so deutlich, wie es die Wahrhaftigkeit zulässt,
die wohl immer unter der Vereinfachung leidet. Nach Briefen
und Gesprächen, die ich gelegentlich hatte, bin ich wieder ordentlich verzweifelt; nun kommen sie schon mit dem moralischen Passepartout ihrer Leiden, inbegriffen Hermann Hesse,
der seine deutschen Freunde als die zweifellos reifsten Menschen im Abendlande anspricht, immer das Deutsche verbunden mit einem Superlativ, sie sind die ersten im Siegen, die ersten
im Leiden.«[10]

Dürrenmatt reiste nach dem Krieg erst 1949 wieder nach
Deutschland, zu einem Gastspiel des Basler Theaters mit *Romulus* in Stuttgart. Unmittelbar danach schrieb er das Gedicht
Wenn ich durch die Städte Deutschlands gehe, und da heißt es
von den Deutschen ganz ähnlich: »die Primusse der Menschheit
in jeder nur denkbaren Lage / Einst Weltmeister im Dichten und
Denken. Schinder nicht aus Wildheit / sondern aus Anmaßung,
stolz noch auf ihre Leiden«[11].

»Sieben Jahre lang waren wir gefangen«, schreibt der Architekt und Autor Frisch im Aufsatz für die ›Neue Zeitung‹, »und
ich könnte erzählen, wie wir an der Enge dieser langen Jahre
litten, als der deutsche Ring um uns lag, oder davon, was in die-

sen Jahren geleistet wurde.« Und später: »Wir hörten die Bomber, wenn sie in der Nacht nach München flogen, nach Ulm, Welle um Welle: wenn die Kinder wieder eingeschlafen waren, kamen sie zurück, Welle um Welle, und wenn wir nichts hatten, so hatten wir mindestens eines, was uns niemand absprechen wird: Angst. Und das heißt Ahnung. Wir hatten sie schon, als Warschau in Schutt und Asche sank. Wir sprachen mit Deutschen, die weniger zimperlich dachten als wir, damals, heldhafter und größer. Ich erinnere mich an die deutschen Berichte, als es gegen London ging: Der Tod hält eine reiche Ernte unter uns, und derlei mehr. Uns schien es ein Wahnsinn, schon damals. Wir zitterten; am deutschen Ufer drüben läuteten die Siegesglocken, sieben Tage lang, während wir Bunker bauten und Gräben, alles im vollen Bewusstsein, dass wir die deutsche Größe niemals aufzuhalten vermöchten, also nicht aus Hoffnung, nur aus Hass. Jeder Schweizer, der gesund war, hatte seine fünfhundert oder tausend Diensttage, und das ist nichts im Vergleich mit dem deutschen Soldaten, ich weiß: aber viel, wenn man überhaupt nicht erobern will, sondern arbeiten möchte und leben, Bücher schreiben, Bilder malen, Häuser bauen, Kinder haben und was der Dinge mehr sind, die der Spießer, wenn er zuweilen größenwahnsinnig wird, als spießig bezeichnet –«[12]

Bittere Sätze, in denen Frisch den militärischen Aktivdienst, wie später noch oft, als »gestohlene Lebenszeit«[13] beklagt. (So gesehen war der Altersunterschied zwischen Frisch und Dürrenmatt kleiner, als ihn ihre Geburtsurkunden auswiesen: der Krieg fror gewissermaßen die Zeit ein, fraß die Altersdifferenz zwischen den beiden weg.) Allerdings: Während Frisch in erster Linie als gestandener Mann die aufgezwungene Zeitverschwendung beklagte, entwickelte der spätpubertierende Chaot Dürrenmatt das Dilemma des verschont Gefangenen zu einer eigentlichen Obsession. Aus der befreite ihn erst der Sprung auf die Bühne. Als »doppeltem Staatsbürger« entging Frisch nicht,

dass noch Dürrenmatts drittes Stück, *Romulus der Große,* ein
indirektes Zeitstück war: »die Situation ist die *unsere:* Ausverkauf einer Kultur –«[14] [Hervorhebung P. R.]

Immer wieder beschäftigt Frisch die »Kultur, die nach oben
entweicht«[15]. Kultur als Alibi. Die Tatsache, dass »ein Mann wie
Heydrich, der Mörder von Böhmen, ein hervorragender und
sehr empfindsamer Musiker gewesen ist, der sich mit Geist und
echter Kennerschaft, sogar mit Liebe hat unterhalten können
über Bach, Händel, Mozart, Beethoven, Bruckner«. Frisch
nennt das »eine ästhetische Kultur«. Dürrenmatt wird dafür
später den Begriff »Stil« verwenden.

In seinem ersten Tagebuch lobt Frisch den schweizerischen
Holzboden für die Kultur als ein in dieser Hinsicht hilfreiches
Korrektiv:

»Anderseits hat es auch wieder seinen Segen, wenn man einem Volk angehört, das seine Künstler niemals durch Verwöh-
nung verdirbt, und zwar ohne jede Ironie: der deutsche und
vielleicht abendländische Irrtum, dass wir Kultur haben, wenn
wir Sinfonien haben, ist hierzulande kaum möglich; der Künstler nicht als Statthalter der Kultur; er ist nur ein Glied unter
anderen; Kultur als eine Sache des ganzen Volkes; […]. Sofern
man Kultur in diesem Sinne meint, […] müssten wir in keiner
Weise erschrecken, wenn sie uns gelegentlich einen Anachronismus nennen; ich meine weniger die Verwirklichung, sondern die
Idee der Schweiz, die ich vor allem liebe […].«[16] Frischs Verhältnis zur Schweiz war ebenso ambivalent wie das Dürrenmatts:
Liebe zum Vaterland werde leicht zum Verrat an der Heimat, so
Frisch, gegenüber »Vaterländern« zeitlebens so skeptisch wie
der Jüngere. »Unsere Heimat ist der Mensch.« – »Nicht das
liebe ich, was Du bist, nicht das,/ was Du warst,/Aber Deine
Möglichkeit liebe ich […]«[17], heißt es in Dürrenmatts hoch pathetisch gestimmtem *Schweizerpsalm 1,* der Tirade einer Hass-
liebe zur Schweiz aus dem Jahr 1950 (»O Schweiz! Don Quijote

der Völker! Warum muss / ich dich lieben!«). Das Pathos, das Dürrenmatt hier wieder einholt, nach dem wunderbar leichten, witzigen, nicht weniger bösartigen *Romulus*[18], finden wir auch in einem Text mit dem lapidaren Titel *Trieb*. Darin zieht er Deutschland, die Schweiz, Europa vor ein höheres Gericht und klagt »Europa, das seine Gnade verspielte und seine Hand immer wieder mit Blut färbte«[19], vor Gottes Thron an. Die Maske des Geistes sei gefallen, der Notstand werde proklamiert, aus der Schuld fliehe Europa (ein etwa gleichzeitig entstandenes Gedicht nennt es »tote Mutter«) in die Gier, den materiellen Profit: In einem merkwürdigen, noch ganz theologisch gestimmten Fluch gegen das Abendland schlechthin flackert schon auf, was er (fünf Jahre später) in der *Alten Dame* zur Vollendung bringen wird.

Beide sind jedoch – bei aller Kritik – immer auch auf die Relationen bedacht (»Himmler und unser Rothmund, das ist dann immerhin noch ein Unterschied«[20], wird Frisch später sagen) und beziehen ihre Kritik an den Deutschen auch auf die Schweiz. Selbst wenn es sicher beiden so ging wie Dürrenmatt, der von dort, wo er seiner Sprache wegen als Provinzler verachtet ist, »erleichtert in mein Land«[21] zurückkehrt:

> Ein ewiger Don Quijote liebe ich mein Land
> indem ich es züchtige
> bejahe ich die Welt, indem ich sie verneine
> Ein besseres Deutsch redend als die Deutschen.[22]

In diesem Zusammenhang gehört auch, was sich Dürrenmatt in seinem zweiten Kriminalroman *Der Verdacht* (1951) als kühne Pointe ausdenkt: Der sadistisch-nihilistische Naziarzt, gegen den Bärlach unter Einsatz seines Lebens ermittelt, ist in Wahrheit ein Berner namens Emmenberger.

Abwehr der Idylle

Auf den ersten *Schweizerpsalm* lässt Dürrenmatt im selben Jahr
1950 einen zweiten folgen, durch das nunmehr etwas gezügelte
Pathos eher noch bitterer als der erste:

> Wenn man […] in diesem Land Eisenbahnzug
>   fährt,
> ist man in vier fünf Stunden von einer
>   Grenze zur andern gekommen
> und stochert sich im Speisewagen beim
>   Anblick des Bodensees
> die letzten Reste des Menüs aus den
>   Zähnen,
> das man in Genf begonnen hat.
> […]
> Oft, wenn ich zornig bin und ohne Hoffnung
>   bin, sage ich:
> Dieses Land ist ein Scheißland.
> Es liegt vor mir sozusagen in den vier Rahmen
>   meiner Fenster.
> Ein Teller mit fetter Speise aus einem
>   Hause, das einst gute
> Zeiten sah, und heute noch bessere.
> Vorgesetzt einem Hund, gespendet von einer
>   alten Dame,
> die – davon spricht sie immer – achthundertfünfzig
>   Jahre ununterbrochen anständig
> gelebt hat. Sie sei barmherzig und tierliebend
>   sagt die Nachbarschaft.
> Dennoch mag ich aus diesem Teller nicht fressen.
>   Aber ich muss.

Auch ein Hund will leben. Die Zeit ist jetzt
    schlimm.
Nur merken es noch wenige. –
Und die Berge liebe ich eigentlich auch nicht.
[...][23]

Dieser Wutausbruch ist etwas Vorsätzliches, er ist eine Art Notwehr gegen die Idylle über dem Bielersee, wo er wohnte, als er
diese Zeilen verfasste. Dürrenmatt wird in der Folge seine zwie-
spältige Haltung zur Schweiz immer präziser fassen, das heißt
unterscheiden zwischen der Schweiz und dem, was er als »Heimat« versteht.

Als Kleinstaat ist ihm die aus mehreren Niederlagen entstandene Nation noch eine relative Garantie gegen Anfälle von va-
terländischem Größenwahn. Einen Schweizer Patriotismus aber
hält er, von Fußballländerspielen einmal abgesehen, für grundsätzlich lächerlich (und die Deutschschweizer übrigens dafür
anfälliger als die Welschen). Lächerlich, nicht gefährlich. Erst
Marignano (1515)[24], dann der Einmarsch der napoleonischen Armeen: Die moderne Schweiz war eine Folge der Helvetik (1798–
1803), dann der beiden Revolutionsjahre 1830 und 1848. Dass
aus der vermeintlich ältesten Demokratie der Welt (die in Wahrheit lange eine ständische oder zünftische Gesellschaftsordnung
war) eine wirkliche wuchs, war ursächlich das Verdienst Napo-
leons. Wenn man einmal davon absieht, dass sie bis 1971 nur für
die Hälfte der Bevölkerung galt (die Einführung des Frauen-
stimmrechts im Kanton Appenzell-Innerrhoden, das letzte
Nachhutgefecht, erlebte Dürrenmatt gerade noch, d. h. den Bun-
desgerichtsentscheid vom 27. November 1990).

Die Schweiz erschien F. D. als eine pragmatische Chance, ein
Staat als ein Zweckverband, ein Staatenbund *en miniature* (und
als solcher durchaus eine Art Modell für ein künftiges Europa). Er war sich dessen bewusst, dass gerade dieses Europa der

Schweiz ihre Existenzgrundlage entziehen könnte, dass sie sich in einem wie sie selbst föderalisierten Europa »auflösen [würde] wie ein Stück Zucker in einem Glas Wasser«[25]. Als »Vaterland« war sie ihm ein Ärgernis und eine doppelt groteske Anmaßung. Großstaaten, erklärte er dem damaligen Kulturchef des Schweizer Radios, Alfred Defago, in einem Interview zum 1. August 1979, trügen in sich das Risiko der »Umfunktionierung des Staates in ein Vaterland [...]. Man stirbt ja nicht für einen Staat, man stirbt für ein Vaterland [...]. Aber was ist ein Staat? Es ist eine Institution, die funktionieren muss. Ich gehe ungern in den Krieg, um das Funktionieren der Schweizerischen Bundesbahnen zu verteidigen [...].«[26]

Der Kleinstaat behagte ihm so gesehen also durchaus. Die Enge der Schweiz war Dürrenmatt, vom genannten *Schweizerpsalm II* abgesehen, nie ein Problem – sobald er sie nach dem Zweiten Weltkrieg verlassen konnte.[27] Statt an ihrer Begrenztheit zu leiden, sah er darin den großen Vorteil der Distanz zwischen seinem Ort »hinter dem Mond« und dem Rest der Welt, die erst die Voraussetzung für seine erfundenen Welten war. Die Diskrepanz zwischen der kleinstaatlichen Realität und ihrer ins Heldische entrückten Geschichte amüsierte ihn; geärgert haben ihn schweizerische Anfälle von Größenwahn, etwa im Bereich der Verteidigungspolitik.

Dass hinter den komplizierten, etwas schwerfälligen, aber insgesamt doch ziemlich idealen politischen Strukturen[28] wirtschaftliche Interessen nach eigenen Regeln funktionierten, namentlich die hinter dem Bankgeheimnis verschanzten Banken eine Art Oligarchie repräsentierten (mit zahlreichen Querverbindungen zu Armee und Politik), sah er freilich auch. (»Der Schweizer wird frei geboren, aber dann tritt er ins Geschäftsleben ein.«[29])

Eine der schonungslosesten Abrechnungen mit der Schweiz als einem Staat, in welchem das Kapital längst die Kontrolle über

die demokratischen Strukturen übernommen hat, findet sich in
Dürrenmatts spätem Kriminalroman *Justiz*. Der ist mindestens
so sehr ein bitterböser Schweizer Gesellschaftsroman wie die
Geschichte eines gerechtigkeitsfanatischen Don Quijote. Darin
findet sich auch der Satz, der, aus dem Zusammenhang gerissen,
oft als Beleg für die Vorbildfunktion der Schweiz für einen größeren supranationalen Staatenbund zitiert wird: »[D]ie Welt
wird entweder untergehen oder verschweizern […].«[30] Im Kontext des Romans jedoch erweist sich die Stelle als eine finstere
Prognose, das Gegenteil einer politischen Utopie: »[D]a wir die
Politik entpolitisiert haben – hier weisen wir in die Zukunft, nur
hier sind wir modern, wirklich bahnbrecherisch, die Welt wird
entweder untergehen oder verschweizern –, da von der Politik
nichts mehr zu erwarten ist, keine Wunder, kein neues Leben,
nur nach und nach vielleicht noch etwas bessere Straßen, […]
herrscht Dankbarkeit über jede Unterbrechung des täglichen
Trotts […].«[31] Dürrenmatt war gern Schweizer, gerade weil die
Schweiz ein Kleinstaat war. Aber er verkannte nicht, dass es
nicht nur einen »revisionistischen Sozialismus« gibt, sondern
auch »einen revisionistischen Kapitalismus, der sich sozial stellen muss, um der kapitalistischen Grundstruktur des Landes ein
Alibi zu liefern, kapitalistisch bleiben zu können […].«[32]

Da herrscht natürlich, wie im ganzen politischen Diskurs der
sechziger Jahre, auch bei Dürrenmatt das Vokabular des Kalten
Krieges. Wer aber wollte ihm Differenziertheit absprechen bei
diesem Gedanken: »Je komplizierter nun der gesamtpolitische
Apparat eines Landes wird, desto mehr werden Politiker Beamte und Beamte Politiker. Unser Parlament setzt sich heute
weitgehend aus Beamten und Funktionären zusammen […].
Das Parlament repräsentiert in Wirklichkeit nur sich selbst und
nur ideologisch das Volk. Die Struktur der modernen Gesellschaft, in der ein jeder irgendwie ein Angestellter ist, arbeitet der
Demokratie entgegen. Ein jeder ist gewohnt, sich verwalten zu

lassen. Die Demokratie setzt jedoch Kritik voraus und die Angewohnheit, der Regierung auf die Finger zu sehen.«[33]

Das »Unternehmen Schweiz«, die »Schweiz AG«, war für
Dürrenmatt die Kehrseite des »Kunststaates« Schweiz: »Die
Schweiz ist interessant als Kunstgebilde, als ein Zusammenleben
von Menschen, von denen ein jeder ein ganz anderes Heimatgefühl hat, eine andere Sprache. Ein Welschschweizer denkt an den
Genfersee oder an den Neuenburgersee oder ans Waadtland, er
hat ein anderes Heimatgefühl als der Ostschweizer. Es gibt verschiedene Heimaten. Die Schweiz ist ein Mutterland und nicht
ein Vaterland.«[34]

Doch Dürrenmatt erkennt auch die Probleme, die sich aus
einem solchen Zusammenleben ergeben, besonders in Bezug auf
die Differenzen zwischen der deutschen und der französischen
Schweiz. Eine Zeitlang lebte er fast exakt auf dem »Röstigra-
ben« (der Sprachgrenze) am Bielersee, dann, in Neuchâtel, unmittelbar daneben. In einem Gespräch mit Alfred A. Häsler
zum 1. August 1966 (zum Nationalfeiertag waren Interviews mit
dem kritischen Eid- und Zeitgenossen Dürrenmatt allemal gefragt) lässt er sich ausführlich darüber aus: Für den Deutschschweizer sei die Schweiz wesentlich eine deutschschweizeri-
sche Angelegenheit, »die Urkantone, Wilhelm Tell, spektakuläre
Schlachten und so weiter«[35], die welschen Kantone seien aus religiösen Gründen zur Schweiz gekommen (die Hugenotten zum
Beispiel), eine Bewegung gegen den Zentralismus Frankreichs.
Der Welsche habe ein kühleres, vernünftigeres Verhältnis zur
Schweiz, aber gegenüber Frankreich ein latentes kulturelles
Minderwertigkeitsgefühl, »[d]er Welschschweizer leidet darun-
ter, dass er nicht Franzose ist«[36], das reagiere er als kulturelles
Überlegenheitsgefühl dem Deutschschweizer gegenüber ab.
Der habe es leichter, sich im nicht zentralistischen Deutschland
durchzusetzen, als ein Welscher in Frankreich. So gründe der
Welschschweizer sein Überlegenheitsgefühl gegenüber dem

Deutschschweizer allein auf die Sprache, auf die Verachtung der Mundart als *patois,* für die Spannung zwischen Dialekt und Hochsprache habe er kein Gefühl. Das Verhältnis zwischen der französischen und der deutschen Schweiz sei weder gut noch schlecht, es sei im Grunde gar keines. Ein Nebeneinander. Dass sich die Ethnien der Schweiz weder umarmten noch bekriegten, sondern sich gegenseitig in Ruhe ließen, erkannte Dürrenmatt als eine Qualität: »Das ist ja gerade das Tolle, dass Kulturen zusammenleben können, ohne dass es Reibungen gibt.«[37]

Das Klischee vom »unpolitischen Dürrenmatt«

Dürrenmatt dachte zweifellos nicht weniger politisch als Frisch, nur anders. Wenn Frisch zum Schauspieler Ernst Schröder sagte (einem der wenigen gemeinsamen Freunde der beiden): »Ach, weißt du, der Fritz lebt doch eigentlich ohne sozialen Bezug«[38], so war das auch einer der bitteren Sätze, wie sie einem enttäuschten Liebhaber entschlüpfen. Er meinte wohl auch nicht allgemeines soziales Degagement, sondern F. D.s persönliche Konstitution: eine gewisse Neigung zu produktivem Autismus, zu Anfällen von kindlichem Egoismus, mit welchen er seine Phantasie, seine Arbeit gegen außen schützte.

Die sich verschärfenden Debatten und Polemiken zwischen Frisch und dem Schweizer Bürgertum führten schließlich so weit, dass hinter dem politisch engagierten Zeitgenossen der Künstler Frisch zeitweise leider kaum mehr wahrgenommen wurde.

Beide waren sie Antikommunisten: Dürrenmatt, weil er als Kantianer und Kierkegaardianer Anti-Hegelianer war (Hegel war philosophiegeschichtlich die Voraussetzung von Marx, der ihn nach dem berühmten Diktum »vom Kopf auf die Füße stellte«), Frisch, weil er den real existierenden Sozialismus als

Verrat am »sozialistischen Humanismus« verstand. Den stalinistischen Umsturz in Prag 1948 verurteilte Frisch ebenso wie die Niederschlagung des Ungarn-Aufstands 1956. Während der Besetzung der Tschechoslowakei 1968 beteiligte er sich zusammen mit Peter Bichsel, Günter Grass und Kurt Marti an einer vermutlich von Dürrenmatt initiierten Protestveranstaltung der Basler Theater.

Beide waren sie aber auch Anti-Antikommunisten und entsetzt etwa ob der Verfolgung des marxistischen Kunsthistorikers Konrad Farner und seiner Familie nach dem Ungarn-Aufstand 1956. Im Zürcher Vorort Küsnacht wurden Farner in einer (von der ›NZZ‹ mit angeheizten) hysterischen Pogromstimmung die Fenster eingeschmissen, seiner Frau verkaufte man keine Lebensmittel mehr. Frisch und Dürrenmatt teilten sich auch noch in Zeiten, in denen sich ihr Verhältnis zueinander schon merklich abgekühlt hatte, in die Unterstützung Farners.

Beide waren sie Anfang der sechziger Jahre gegen den grotesken Plan einer starken Fraktion des Generalstabs, eine Atombewaffnung der Schweizer Armee durchzusetzen. Beide waren sie überhaupt Armee-Skeptiker, setzten sich für Dienstverweigerer ein (Dürrenmatt begleitete 1973, nicht nur zu dessen Freude, seinen Sohn Peter vor das Divisionsgericht). Beide befassten sich mit der Vergangenheit der Schweiz, lange bevor Alfred A. Häslers Buch *Das Boot ist voll*[39] eine erste Debatte über die Flüchtlingspolitik der Schweiz im Zweiten Weltkrieg auslöste. »Um unsere Vergangenheit, ich meine unsere Maßnahmen und Unterlassungen in der Hitlerzeit, ist es still [geworden]«, sagte Frisch 1964 in Rom dem Journalisten Paul Ignaz Vogel.

Umgekehrt wandten sich beide gegen den Slogan von der »unbewältigten schweizerischen Vergangenheit«: »[D]er Begriff ist in Deutschland formuliert worden«, schreibt Frisch 1965 in der Schweizer Zeitschrift ›neutralität‹. »Sprechen wir von der unbewältigten Vergangenheit der Schweiz, so wirkt es peinlich,

Gewissensqual aus zweiter Hand; es riecht nach intellektueller Anbiederung an Deutschland und somit provinziell; es wirkt sogar komisch durch die Verspätung. Vor allem verhindert dieser Slogan, dass uns die Dinge, die er etikettiert, wirklich zu schaffen machen.«[40] Ein Gewissen, »das sich als Plagiat formuliert«[41], sei wenig glaubhaft, aber höchst geschickt: es lege den Vergleich mit den deutschen Verhältnissen geradezu nahe, und der könne nur zugunsten der Schweiz ausfallen. Es sei erstaunlich, wie wenig sich diese schweizerische Vergangenheit tatsächlich in der Schweizer Literatur niederschlage, das Stück zum schweizerischen Dilemma während der Hitlerzeit gebe es zwar, aber es sei ein Stück von Brecht, *Der gute Mensch von Sezuan*, und Frisch kommt zu der Frage: »Ist unser Land für seine Schriftsteller kein Gegenstand mehr?«[42] Sein eigenes Modell *Andorra* verschweigt er, ebenso die von ihm bewunderte *Alte Dame* Dürrenmatts: Beide Stücke meinen tatsächlich auch, aber nicht explizit und ausschließlich die Schweiz. Die Frage Frischs wendet sich vor allem an die jüngere Schriftstellergeneration. Zu der gehören er und der Autor von *Herkules und der Stall des Augias* zu diesem Zeitpunkt schon nicht mehr.

Es stimmt: Frisch hat den politischen Diskurs eher im Klartext geführt als Dürrenmatt, der auch bei solchen Themen meist an der Form des mehrdeutigen Gleichnisses festhielt. Das änderte sich im Laufe der sechziger Jahre. Ein besonders eindrückliches Dokument dafür ist ein längerer Text, *Zur Dramaturgie der Schweiz* (1972). Er ist bezeichnend für Dürrenmatts Umgang mit politischen Themen, die er aus größerer oder kleinerer zeitlicher Distanz erörtert (ganz gemäß Goethes Meinung, gegenüber der eigenen Epoche habe man keinen Standpunkt). Auch die jüngere Geschichte und die aktuelle Politik sieht er aus dramaturgischem Blickwinkel. In der *Dramaturgie der Schweiz* geht er von Frischs Frage aus, ohne explizit daran anzuknüpfen:

Der Grund, weshalb die Schweiz keine Theaterstücke über ihre unbewältigte Vergangenheit besitzt, liegt einfach darin, dass die Schweiz keine unbewältigte Vergangenheit aufweist. / [...] Die Schweiz hatte politisch nur eine Aufgabe zu lösen, die alle andern politischen Aufgaben nebensächlich machte, die sich damals noch stellten: Den Krieg vermittels ihrer Politik zu vermeiden, und sie vermied ihn vermittels ihrer Politik. Eine andere Frage ist natürlich, wie sie ihn vermied. [...] Die Politik ist nicht besser als die Menschen, die sie betreiben [...]. So zogen wir uns denn schweizerisch aus einer unmenschlichen Lage: Nicht unklug, mit hohem moralischem Anspruch und mit moralisch oft bedenklicher Praxis. Neutralität ist eine politische Taktik, keine Moral. [...] Unsere Fehler und unsere Tugenden, unsere Feigheit und unser Mut, unsere Unterlassungen und unsere humanen Gesten, unsere Dummheit und unsere Klugheit, unser Nachgeben und unser Widerstand dienten unbewusst und bewusst nur dem Ziel, davonzukommen. [...] Unser Davonkommen war nicht vorbildlich, auch eine erfolgreiche Politik hat ihre bitterbösen Seiten. Wir ließen unsere Opfer nicht ins Land oder schoben sie wieder über die Grenze und damit aus unserem Bewusstsein. Wir hatten Verräter, wir erschossen sie, wir hatten Mitläufer, wir vergaßen sie, wir hatten Antisemiten, wir haben sie noch. Wir bewährten uns, indem wir es nicht ganz zur Bewährung kommen ließen, wir hielten an unseren Idealen fest, ohne sie unbedingt anzuwenden, wir schlossen die Augen, ohne gerade blind zu werden. Tell spannte zwar die Armbrust, doch grüßte er den Hut ein wenig – beinahe fast nicht –, und das Heldentum blieb uns erspart.[43]

Und:

Unser übertriebener Antikommunismus ist zu einem Ritual geworden, zu einem Stammestanz der Schweizer. Er ist emotional. Er hängt mit unserer bewältigten Vergangenheit zusammen. Wir wurden verschont. Wir mussten unsere politische Gerissenheit mit einer moralischen Einbuße bezahlen. Wir standen in der heldischen Welt der Kriegsgewinner plötzlich als Kriegsgewinnler da, ohne Möglichkeit, uns wie die Deutschen vom Heldentum aufs Leiden umzustellen, wir hatten nicht einmal gelitten. Wie der Reiter nach seinem Ritt über den Bodensee vom Pferde sank, fielen wir nachträglich in eine moralische Krise. Gewohnt, als Vorbild zu gelten, versuchen wir seitdem, wieder eines zu werden. Da wir keine Kriegshelden waren, wollen wir nun wenigstens die Helden des kalten Krieges sein.

Und dann die zentralen Sätze:

Die Schweiz (wie etwa auch Schweden) ist der Tragik aus dem Wege gegangen, darum ist sie kein tragischer Gegenstand, sondern ein untragischer Fall in einer tragischen Zeit. Tragisch sind nur ihre Opfer. ›Die letzte Chance‹[44] wäre ein größerer und damit wahrerer Film geworden, hätte er ein schlimmes Ende genommen, wären die Emigranten wieder ausgewiesen worden. Nicht, dass wir keine Emigranten aufgenommen hätten, doch Größe zeigt sich nur, wenn man zu seinem Versagen steht. Zu unserem Davonkommen gehört die Schuld; gerade hier erweist sich die Schweiz als klein, kleiner noch als auf der Landkarte. Sie sieht ihre Vergangenheit nur heldisch und human, sie will schuldlos davongekommen sein. Doch ist es falsch, unsere bewältigte Vergangenheit nun ins Teuflische umzudichten, dass sie menschlich war, genügt, man bedichte sie lieber überhaupt nicht.

Dürrenmatt stimmte weder vor noch nach 1968 ein in den Chor jener, welche fixiert waren auf den »helvetischen Selbsthass«, noch setzt er im Umgang mit der Schweiz seine moralischen Grundsätze, seine Ethik des Einzelnen außer Kraft. Jeder zweite Intellektuelle nimmt für sich in Anspruch, die einzig honorige Position für seinesgleichen sei die zwischen Stuhl und Bank. Für Dürrenmatt traf dies tatsächlich zu, wenn auch zuzugeben ist: Er konnte sich das Leben im Dazwischen auch leisten, in seinem komfortabel ausgestatteten Neuenburger Anwesen, der autonomen Republik Dürrenmatt. Er wusste, dass es ein Privileg war, sich keiner Gruppierung anschließen zu müssen, sein »eigener Verein« sein zu dürfen. Aber vom »unpolitischen Dürrenmatt« zu sprechen ist ebenso abwegig, wie ihn als »Nestbeschmutzer« auszugrenzen.

›Herkules und der Stall des Augias‹: eine Liebeserklärung

Das Hörspiel *Herkules und der Stall des Augias* (1954), mit dem sich Dürrenmatt seit den Zeiten am Bielersee beschäftigt hatte[45] und das er 1963 zum Stück umarbeiten sollte, war ein im Hinblick auf sein Verhältnis zur Schweiz höchst ambivalentes Unternehmen – wie andernorts zu zeigen sein wird: eine Satire auf die Schweiz, die ihm unter der Hand in eine Elegie kippte. Hier nur so viel: Natürlich scheitert nicht nur Held Herkules am vermisteten Elis, an der vermisteten Schweiz, sondern auch König Augias, der Politiker. Aber im Kleinen, in seinem Garten, hat er das Seine getan, Mist in Humus verwandelt, und für dieses Vermächtnis sucht er am Schluss seinen Sohn Phyleus zu gewinnen:

Siehst du, mein Sohn, an diesem Garten habe ich ein Leben lang im geheimen gearbeitet, und so schön er ist, er ist ein etwas trauriger Garten. Ich bin kein Herkules, und wenn nicht einmal er der Welt seinen Willen aufzuzwingen vermag, wie wenig erst vermag ich es. So ist dies der Garten meiner Entsagung. Ich bin Politiker, mein Sohn, kein Held, und die Politik schafft keine Wunder. Sie ist so schwach wie die Menschen selbst, nicht stärker, ein Bild nur ihrer Zerbrechlichkeit. Sie schafft nie das Gute, wenn wir selber nicht das Gute tun. Und so tat ich denn das Gute. Ich verwandelte den Mist in Humus. Es ist eine schwere Zeit, in der man nur so wenig für die Welt zu tun vermag, aber dieses Wenige sollen wir wenigstens tun: Das Eigene. Die Gnade, dass unsere Welt sich erhelle, kannst du nicht erzwingen, doch die Voraussetzung in dir kannst du schaffen, dass die Gnade – wenn sie kommt – in dir einen reinen Spiegel finde für ihr Licht. Du hast eine Frau geliebt und verloren. Sie war nicht für uns geschaffen. Zu finster ist es noch. So sei denn dieser Garten dein. Wenig gebe ich dir, ich weiß, doch sei nun wie er: Verwandelte Ungestalt. Trage du nun Früchte. Ersetze mit dir selbst das Verlorene. Wage jetzt zu leben und hier zu leben, mitten in diesem gestaltlosen wüsten Land: Die Heldentat, die ich dir nun auferlege, Sohn, die Herkulesarbeit, die ich auf deine Schultern wälze.[46]

Im Ganzen ist Augias ein Scheiternder. Sein Elis bleibt noch lange vermistet (»zu finster ist es noch«). Aber im Kleinen beweist er sich als einer von Dürrenmatts »mutigen Menschen«[47], ein Einzelner, der gegen die Schwerkraft der verstunkenen elischen Verhältnisse sein Möglichstes zu tun versucht. Augias ist einer, der seine Sache betreibt, doch er ist auch ein Unzufriedener.

Bereits 1957 hatte Dürrenmatt eine Schallplatte mit Auszügen aus dem Text besprochen. Die Platte strahlt ein Behagen an der bernischen Herkunft aus, dem wir in seinem Gesamtwerk sonst kaum je begegnen: eine Antwort auf die Selbstzweifel, die Dürrenmatt zur Zeit seiner Entstehung quälten. In der Konfrontation der beiden Seiten des *Herkules,* der satirischen mit der elegischen, legt es zu diesem Zeitpunkt eine Vermutung nahe, die später wieder in weite Ferne rückt: dass es bei Dürrenmatt so etwas gab wie eine Kritik der Schweiz aus dem Blickwinkel des Landberners, eine Kritik der Zivilisation aus dem Geist des Agrarischen, eine Kritik des Bürgerlichen aus dem Geist des Bäuerlichen, »Der *Herkules* war das erste grüne Stück«[48], sagte mir Dürrenmatt am Ende seines Lebens. Mit Wohlbehagen, und die mit der Rettung des Waldes befassten Landärzte Čechovs vergessend.

»Es braucht den ewig Unzufriedenen, den ewigen Kritiker, also gerade das, was dann die Gesellschaft als nihilistisch empfindet. / So hat die Schweiz zwei Seiten, eine genügende und eine ungenügende. Sie ist ein guter Boden für den Schaffenden; er kann sie vergessen. Sie ist etwas Sekundäres, sie ist kein Lebensinhalt, sondern eine Gewohnheit, ein Lebensboden. Aber handkehrum ist die Schweiz wieder etwas Quälendes und Empörendes, und ich kann mir durchaus Schweizer denken, denen gerade deshalb die Schweiz wieder zum Lebensinhalt wird.«[49]

Was die Armee betrifft, hat ihn die Frage der Dienstverweigerung, die Haltung seines Sohns, des Theologiestudenten, radikalisiert. Zuvor hielt er die Schweizer Armee für einen (allerdings etwas zu kostspieligen) »folkloristischen« Männerbund, die Neutralität erst für eine politisch-pragmatische kluge Taktik, die sich mit der zunehmenden Verschärfung des Kalten Kriegs aber überholt hat: geriete das Gleichgewicht des Schreckens aus der Balance, so hätte die Schweiz gar keine andere Möglichkeit, als sich schnellstmöglich in die Nato einzugliedern, mit deren Waffen- und Kommunikationssystemen sie ohnehin synchronisiert war.

Auch die Zürcher »Globuskrawalle« 1968, die Schweizer Version der Studentenrevolte, ließen Dürrenmatt nicht unbeteiligt. Aber es ist bezeichnend, dass er seine Parteinahme für die Ju

gend nicht unmittelbar in die aktuelle Diskussion warf (immerhin verfügte er zu dieser Zeit als einer der Herausgeber des
›Sonntags Journals‹ durchaus über ein Medium), sondern erst in
der Werkausgabe 1980 veröffentlichte. Die »Ideologie« der pro-
testierenden Studenten war ihm so suspekt wie die Ideologie der
Attackierten, aber seine Sympathien galten im Jahr seines Engagements am jungen Basler Theater, 1968, zweifellos den Erste-
ren: »[E]ine Gesellschaft, die nur noch Waren und keine Werte
mehr zu produzieren weiß, wirkt unglaubwürdig, appelliert sie
an Werte. Das gilt heute für West und Ost. Die Ideologien sind
hier wie dort zusammengebrochen, nicht nur durch das, was sie
verkünden, vor allem durch die, die sie verkünden. Dass die gängigen Ideologien vor den neuen Gesellschaftsstrukturen versagen, ist evident, dass jene, die diese Ideologien immer noch zu
verkünden wagen, sie nur noch als Ausreden benutzen, leuchtet
ebenso ein./ […] Die Zürcher Krawalle sind bedenklich, wenn
sie in der Gesellschaft nichts als Emotionen zu erwecken vermögen, sie sind heilsam, wenn sie die Gesellschaft dazu bringen,
über sich nachzudenken und die Rebellion der Jugend als eine
folgerichtige Antwort zu begreifen auf eine Welt, die auch bei
uns nicht in Ordnung ist.«[50]

Mit Politik im Spannungsfeld des Kalten Kriegs, der Polarität
von Freiheit und Gerechtigkeit, setzt Dürrenmatt sich grundsätzlich in seinem *Monstervortrag über Gerechtigkeit und Recht*
auseinander, inklusive eines »helvetischen Zwischenspiels«. Er
wird uns andernorts beschäftigen.[51]

Die Schweiz als eine ambivalente Erfahrung lässt sich bis ans
Ende von Dürrenmatts Leben und Werk verfolgen.[52]

Wie die Rede endet, die damals, drei Wochen vor seinem Tod,
nur als ein Fluch Dürrenmatts auf die Schweiz verstanden
wurde, hat schon keiner mehr gehört, der geehrte Havel vielleicht ausgenommen:

Was sind wir Schweizer für Menschen? Vom Schicksal verschont zu werden ist weder Schande noch Ruhm, aber es ist ein Menetekel. Platon erzählt gegen Ende seiner *Politeia*, dass nach dem Tode die Seele eines jeden das Los zu einem neuen Leben wählen müsse: »Zufällig aber habe die Seele des Odysseus das allerletzte Los erhalten und sei nun herangetreten, um zu wählen. Da sie aber in Erinnerung an ihre früheren Mühsale allen Ehrgeiz aufgegeben hatte, sei sie lange Zeit herumgegangen und habe das Leben eines zurückgezogenen, geruhsamen Mannes gesucht und gerade noch irgendwo eines gefunden, das die anderen unbeachtet hatten liegenlassen. Und als sie dies entdeckt hatte, habe sie gesagt, sie würde ebenso gehandelt haben, wenn sie das erste Los bekommen hätte, und habe es mit Freuden gewählt.« Ich bin sicher, Odysseus wählte das Los, ein Schweizer zu sein.[53]

Ein großes und wie immer bei Dürrenmatt ambivalentes Bild für eine Heimkehr. Die Eingemeindung des Heimkehrers schlechthin – Odysseus – in der Schweiz. Ein Asyl für den Umgetriebenen, der sein Ithaka nur zurückgewinnen konnte, nachdem er die Freier hingemetzelt hatte. Das mochte für den Rest eines Lebens reichen. Den ewigen Frieden kann die Seele des listenreichen Abenteurers nur an einem Ort wie der Schweiz finden.

Schweiz und Bern, Vaterland und Mutterland und Sprache als Heimat

So war Dürrenmatts Verhältnis zur Schweiz ein zwiespältiges, seit er sich Gedanken darüber machte. Suspekt als Vaterland, liebte er das, was ihm »Heimat« war: alles Landbernische und besonders das Emmental. Mit Folklore, den Jodel-, Trachten-

und Schwingfesten, hatte das nur entfernt zu tun. Was ihn mit
seiner Herkunft aus Konolfingen verband, entdeckte er erst nach
seinem Umzug ins Haus oberhalb von Neuenburg. Als Ort seiner Kindheit war das Bernische eine dem Schweizerischen übergeordnete Qualität. Empfand er die Distanz zur Stadt durchaus
auch als wohltuend – auf ihr bestand er wie auf der Distanz zur
Schweiz und zur Welt wie als einer Lebensbedingung –, machte
ihn alles, was er mit seiner Beheimatung im Landbernischen verband, geradezu wehrlos. Dringendste Korrespondenzen konnte
er unbeantwortet lassen, aber auf den Fragebogen eines Sekun-
darschülers aus dem Emmental antwortete er auf drei Seiten
handschriftlich. Gotthelf war für ihn zwar auch Weltliteratur,
vor allem aber Bestandteil dieses Kosmos.

Der Inbegriff all dessen aber war ihm seine landbernische
Mundart. Seine Umgangssprache. Die war ihm als Muttersprache, in der er atmete und die er so wenig wahrnahm wie ein Fisch
das Wasser, in dem er sich bewegt, Basis, Korrektiv und Gegenkraft zur Schriftsprache, dem Instrumentarium, mit dem er an
seinen Gedanken, Bildern, Stoffen arbeitete. (Dürrenmatts Sensibilität für Nuancen war groß: Wie sich seine Mutter über das
Landberndeutsch ihrer Kinder ärgerte, ärgerte sich Dürrenmatt
darüber, dass seine Mutter immer darauf bestand, ein »›schönes‹ Berndeutsch«[34] zu sprechen, ein »›Stadtberndeutsch‹«, erst
recht nach dem Umzug nach Bern. »Sie war eine Bauerntochter
und kam mir, was ihre Sprache anging, immer ein wenig wie eine
Verräterin vor […].«

Die zweisprachige Formation des Deutschschweizer Schriftstellers, das, was in Peter von Matts Formel von der »doppelte[n]
Staatsbürgerschaft« mit gemeint ist, diese Spannung zwischen
zwei gleichwertigen, gleich lebendigen Sprachen ist Dürrenmatts
schriftstellerische *conditio sine qua non*. »Die Sprechsprache
wirkt auf die Schriftsprache wie die Lufthülle auf die Erdober-
fläche, unmerklich, durch Erosion, durch sprachliche Wander-

dünen, so dass mit der Zeit eine vertraute sprachliche Landschaft fremdartig erscheint.«⁵⁵

So wie der neuenburgische Ort »hinter dem Mond« ein Dazwischen war (das man nicht im Ernst als Exil bezeichnen kann, zu nah liegt da die Sprachgrenze), entsprach er dem Dazwischen von Dürrenmatts Sprache. Mit dem Handwerk einer guten rhetorischen Schulung an antiken wie barocken Texten türmt sie sich in Antinomien und gipfelt in Paradoxen, im Detail aber ist sie flexibel und fragil, vibrierend in ebendieser Spannung zwischen Umgangs- und Schriftsprache. Dürrenmatt begriff diese Spannung als ein Glück, und er sah kein hierarchisches Gefälle zwischen dem, was er gelegentlich als »Muttersprache«⁵⁶ (das Berndeutsche), und dem, was er als »Vatersprache« (»das Deutsche als [...] die Sprache seines Verstandes, seines Willens, seines Abenteuers«) unterschied. Der Schweizer »steht der Sprache, die er schreibt, gegenüber«, das ist entscheidend. »Deutsch kann man gestalten.« Der Willensaspekt, die »Vatersprache«, das Verfügen über Sprache. Der Aspekt der Muttersprache ist gewissermaßen der vegetative, dem Willen nur bedingt unterworfene Aspekt. So sind die beabsichtigten Störungen, denen Dürrenmatts Sprache ausgesetzt ist, angelegt in der Distanz zwischen Sprechsprache und Schriftsprache. Die ist für einen Schweizer größer als für die meisten Deutschen, wird von jemandem aber erst richtig wahrgenommen, wenn die Mundart ihre Selbstverständlichkeit (wir könnten auch sagen: ihre Naivität oder Unschuld) verloren hat. Wenn auch zum Berndeutschen eine »sentimentalische« Distanz entsteht. Dürrenmatt war dankbar für das, was wir paradox als die Korrektur seiner Schriftsprache durch die Mundart nennen könnten.

Mit der Entscheidung, sich im französischsprachigen Teil der Schweiz niederzulassen, bringt F. D. nicht nur eine geographische Entfernung zwischen sich und das »Schweizer Mittelland«, sondern auch eine zur eigenen Herkunft im engeren Sinne, der

Herkunft aus dem Emmental, aus dem Land Bern, das, vom Neuenburger Hochsitz aus gesehen, Dürrenmatt zu Füßen lag wie Moses das Gelobte Land. Distanz zur Sprache, das auch, zu seinen beiden Sprachen: dem Berndeutschen und dem Hochdeutschen. Hier lebte er nur einen Katzensprung vom deutschen Sprachgebiet, wenn auch schon im französischsprachigen Teil der Schweiz. In der Rede, die Dürrenmatt knapp dreißig Jahre später anlässlich der Verleihung des Ehrendoktorats der Universität Neuchâtel zu seinem 60. Geburtstag hielt, kam er auch darauf zurück:

Obgleich ich seit neunundzwanzig Jahren in Neuenburg wohne, bin ich Berner geblieben, ein Repräsentant jenes Menschenschlags, der den französisch sprechenden Schweizer immer wieder in ein Gemisch von Verwunderung, Abscheu und Verzweiflung stürzt. Nicht ohne Grund. Als Berner – um meinen Fall zu nehmen – spreche ich mit anderen Deutschschweizern Berndeutsch, auch wenn sie auf Zürich- oder Baseldeutsch antworten, mit Deutschen ein Deutsch, das ich als ›allemand fédéral‹ bezeichnen möchte, ein Deutsch nämlich, das den Tonfall und die Färbung des Schweizerdeutschen durchaus nicht gänzlich unterdrückt, den daktylischen Rhythmus etwa, welcher das Schweizerdeutsche befähigt, Homer weitaus natürlicher zu übersetzen, als es auf deutsch möglich ist, oder das dunkle a, dem o angenähert, während ich wiederum ein Deutsch schreibe, das ich nicht spreche, sondern nur schreibe. Bin ich so von Natur aus dreisprachig, darf ich nun als meine vierte Sprache das ›français fédéral‹ bezeichnen, das ich, um Ihre Ohren nicht zu beleidigen, an diesem ehrwürdigen Ort zu sprechen lieber vermeide. Das Sprachendurcheinander, in welchem ich mich verirrt habe, hat nun etwas Babylonisches, ich gebe es zu, und ist für einen Westschweizer, der in der Schule lernt, ein möglichst reines

Französisch zu sprechen, verwirrend. Aber in Wahrheit ist dieses reine Französisch ebenso eine Fiktion wie ein reines Deutsch; neben der konventionellen Sprache gibt es stets auch die individuelle, neben der genormten auch die geformte. An der konventionellen, genormten Sprache arbeiten die Grammatiker, an der individuellen, geformten Sprache die Schriftsteller. Ich habe es deshalb stets als einen Vorteil empfunden, dass ich nicht so spreche, wie ich schreibe, denn das Theater braucht, will es Weltgleichnis sein, seiner Natur nach Distanz zur Sprache. Nicht umsonst schreibt der größte irische Dramatiker der heutigen Zeit französisch, Beckett; er ist gerade auch darum der größte heutige französische Dramatiker.[57]

Es war das Privileg dessen, der, in die Heimat seiner Sprache geboren, sich in der Vatersprache beheimatete, auch, indem er die Osmose zwischen beiden nicht nur zuließ, sondern bewusst förderte.

Nicht nur das Französische, auch das Deutsche sprach Dürrenmatt mit einem schweren berndeutschen Akzent. Es gibt Werke, etwa *Herkules und der Stall des Augias,* die versteht gerade ein Schweizer erst ganz, wenn er sie von Dürrenmatt gelesen hört. Durch die Distanz der Schreibsprache von der Sprechsprache verliert das »Material«, aus dem die Kunst, die Stoffe, die Inhalte wachsen, seine Selbstverständlichkeit. »Ich rede Berndeutsch und schreibe Deutsch. Ich könnte nicht in Deutschland leben, weil die Leute dort die Sprache reden, die ich schreibe, und ich lebe nicht in der deutschen Schweiz, weil die Leute dort die Sprache reden, die ich auch rede. Ich lebe in der französischen Schweiz, weil die Leute hier weder die Sprache reden, die ich schreibe, noch jene, die ich rede.«[58] So beginnt, etwas zu pointiert (die Differenzierungen folgen denn auch sofort), ein kurzer Text aus dem Jahr 1967, *Persönliches über Sprache.* Darin denkt Dürrenmatt zunächst über die Unterschiede

zwischen dem Französischen und dem Deutschen nach und
dann über die zwischen dem Berndeutschen und dem Deutschen: »Wer allzu schön redet, kommt mir provinziell vor.«[59] Bei
all seiner Vorliebe für das Konstruktive und das Dramaturgische
verstand er die Widerstände seiner berndeutschen Herkunft
nicht als Behinderung, sondern als Bereicherung.

Die berühmte Anekdote, die von den Proben zur Uraufführung
von *Romulus der Große* erzählt wird, zeigt deutlich Dürrenmatts Haltung in der Frage: Ein Schauspieler, der einen Die-
ner des letzten römischen Kaisers zu spielen hatte, soll sich beim
kaiserlichen Befehl »Das Morgenessen« beklagt haben, das heiße
auf gut Deutsch Frühstück. Worauf Dürrenmatt bis zur nächsten Probe folgenden kleinen Dialog schrieb:

ROMULUS: Das Morgenessen.
PYRAMUS: Das Frühstück.
ROMULUS: Das Morgenessen. Was in meinem Hause klassi-
sches Latein ist, bestimme ich.[60]

Die Spannung zwischen berndeutscher Muttersprache und
hochdeutscher Vatersprache (womit nicht die Sprache seine
Vaters gemeint war, natürlich sprach auch der pfarrherrliche
Schriftgelehrte im alltäglichen Umgang Berndeutsch, ein um
Nuancen anders gefärbtes als das in Konolfingen übliche, war er
doch in Herzogenbuchsee aufgewachsen) konnte zuweilen auch
eine Qual sein. Dürrenmatt, das beweist der Nachlass mit den
unzähligen Fassungen und Fragmenten hinlänglich, war jedenfalls nicht in der komfortablen Lage von Thomas Mann, der sich
täglich zur Mittagsstunde befehlen musste, »den Motor der Be-
redsamkeit« abzustellen. Er schrieb die Entwürfe, nach seinem
ersten Herzinfarkt auch alle anderen Texte, von Hand, in seiner
gut lesbaren Schrift aus Druckbuchstaben, ein Handwerker, der
langsam Satz auf Satz fügte und, wenn er steckenblieb, von vorn

begann, einen neuen Anlauf nehmend wie Sisyphos, den Stollen ein paar Meter weiter trieb, wieder neu ansetzte undsoewigfort: »[I]ch schreibe immer wieder um, forme um, trage hier ab, ergänze dort, streiche durch, doch andere lassen stehen, was sie schrieben: Die Größe Gotthelfs besteht darin, dass er nicht korrigierte, nichts zurücknahm.«[61] Gotthelf, in dessen Sprache »Deutsch und Berndeutsch [miteinander] verschmolzen«[62] sind. »Gotthelfs barocke Sprache entstand wie Luthers Bibelübersetzung: Gotthelf fand sein Deutsch [...].«

Mundart als Widerstand und Korrektiv: »Ich kann kein Deutsch«

Verschont gefangen: auch im Schweizerdeutschen. »Von den Noten in Latein und Griechisch hing [am Gymnasium] für den Schüler sein Schicksal ab. Man lernte Deutsch instinktiv und lernte es wieder nicht. Das ist noch heute so. Der Abstand zum ›Schriftdeutschen‹ ist zu groß und zu klein. Das Schriftdeutsche ist eine Fremdsprache und doch keine.«[63] An ein grammatikalisch richtiges Deutsch glaubt eigentlich nur der Nichtschriftsteller, ein naiver Glaube, sagt Dürrenmatt. Für den Schriftsteller stelle sich nicht die Frage nach richtig oder falsch, sondern die nach »›gut‹ oder ›schlecht‹«[64], »›genau‹ oder ›ungenau‹«. Was ein guter Satz sei, sei wissenschaftlich nicht zu begründen, eine Literaturwissenschaft des Stils sei »Literaturtheologie«. Dass Schreiben Arbeit am Stoff sei, Arbeit mit der Sprache mehr als Arbeit an der Sprache, die Sprache jedenfalls Mittel, nicht Zweck und Gegenstand schriftstellerischer Arbeit – dieser Gedanke verschärft sich mit jeder der Polemiken Dürrenmatts gegen den Formalismus in verschiedensten Erscheinungsformen. Sprache als Instrument, aber eines, das sich gewissermaßen am Gegenstand stets neu herstellen muss. Das Instrument überlebt das mit ihm Hergestellte so wenig wie die Form einer Plastik deren Guss.

Nur vor diesem Hintergrund ist ein kurzer Briefwechsel zu erklären, in welchem Dürrenmatt gegenüber Werner Weber, dem zu dieser Zeit einflussreichen Feuilletonchef der ›NZZ‹ und Literaturkritiker, die Fassung verlor. Weber hatte im Dezember 1956 in seinem Blatt Dürrenmatts Erzählung *Die Panne* rezensiert und eine Reihe von offensichtlichen Sprachschludereien kritisiert, Sätze wie »… Er erklärte, entrüstet und sich erhebend, ein Teller mit einem neuen Stück Torte in der Rechten …«, oder »… ein zu exzeptionelles Mannsbild, um seiner Gattin auch nur der Gedanke an einen Ehebruch hochkommen zu lassen …«[65] Dürrenmatt reagierte ganz unangemessen heftig, erst mit einer kurzen handschriftlichen Beschimpfung Webers (der ihm wohl auch als Schüler Emil Staigers nicht ganz geheuer war): »Lieber Weber [immerhin], / Sie können von mir schreiben, ich hätte offenbar Mühe mit der Sprache, was auch stimmt, doch mich als einen Schluderer hinzustellen ist eine hundskommune Gemeinheit. / Dürrenmatt.«[66] Weber antwortete mit Brief vom 17. Dezember 1956:

Lieber Dürrenmatt,
»Mühe mit der Sprache« hat jeder Dichter (sie macht ja den Dichter aus). Von den Fällen, an denen man Ihre Mühe mit der Sprache ablesen kann, ist darum nur lobend zu reden – und das wurde von mir getan. Was daneben aber in Ihrer *Panne* an sprachlichen Fehlern vorhanden ist, hat mit jener Mühe rein nichts zu tun; diese Fehler sind eine Angelegenheit der sprachlichen Elementarschule.

Sie haben das Glück oder das Pech (wie Sie wollen), dass ich Ihr Werk, soweit es gedruckt vorliegt und im Buchhandel zu haben ist, genau kenne. So müssen Sie mir erlauben, dass ich es geradezu rührend finde, wenn Sie mir nun einreden wollen, es bereite Ihnen eben Schwierigkeiten, beispielsweise einen Nominativ von einem Akkusativ zu unterscheiden [...]. Kokettieren Sie doch nicht plötzlich mit Ahnungslosigkeit! Es liegen von Ihnen viele Seiten Schilderung und Dialog vor, auf denen die Sprache in vollkommener Ordnung einem persönlichen Stile dient. Das konnten Sie, und das können Sie. Wenn es Ihnen nun aber Spaß macht, unter Ihre mannigfach belegten sauberen Sprachverhältnisse hinabzusteigen, dann ist das nicht auch unser Spaß.

Was ist schludrig, Dürrenmatt? Wenn man etwas schlecht macht, wo man es gut machen könnte, und wenn man es dabei bleiben lässt. Hat denn der Verleger dieser *Panne* nichts bemerkt, und hat er nichts dazu gesagt? Hat denn der Lektor nichts entdeckt und nichts gemeldet? Und Sie selbst, beim Wiederlesen der Erzählung in Fahnen und Aushängebogen? Die Nachlässigkeiten wären alle zu beheben gewesen, wenn auch nur einer in der Kette sich sorgfältig mit dem Text abgegeben hätte. Das wissen Sie sehr genau. Aber in Fällen, da Sie die Berechtigung einer mit Bezug auf Ihre Arbeit vorgetragenen sorgfältigen Kritik einsehen, werden Sie, um eben die Einsicht zu verstecken, auf eine erheiternde Art unsorgfältig und mit Vorliebe sackgrob. In diesem Sinn ist mir Ihr Brief ein teures Stücklein. – Werner Weber.[67]

Dass Dürrenmatt einen Brief gleichentags beantwortete, hat, bei seinem tatsächlich schlampigen Umgang mit Korrespondenzen, Seltenheitswert. Es beweist, um welchen neuralgischen Punkt es in dieser Auseinandersetzung ging:

Lieber Weber,
Was soll ich mit Ihrem Briefe anfangen? Entweder wollen Sie mir beweisen, dass Sie nicht schreiben können (dann wären Sie der Meinung, das, was Sie mir in Ihrem Briefe auseinan-

dersetzen, sei mit dem identisch, was Sie mir in Ihrer Kritik vorwerfen), oder Sie stellen sich dumm. Gesetzt, ein Lektor oder mein Verleger oder sonst einer »in der Kette« hätte die Schreibfehler bemerkt, die Sie anführen, dann soll i c h auf einmal geschludert haben? Das ist doch Unsinn. Dann müssten Sie schreiben: Dürrenmatt ist schludrig gedruckt worden. Oder haben Sie mir vorgeworfen, ich schludere, weil ich meine Fahnen und Aushängebogen nicht durchsehe? Damit würden Sie nur beweisen, dass Sie von der Arbeit eines Schriftstellers keine Vorstellung haben. Ich kann Fahnen und Aushängebogen überhaupt nicht in der Weise »wiederlesen«, wie Sie dies fordern. Ich habe mich dann mit dem Text schon so lange beschäftigt, dass ich ihn auch dort richtig lese, wo er falsch gedruckt ist. Die *Panne* existiert in fünf Fassungen, die ziemlichen Änderungen, die ich noch an der Fahne anbrachte, nicht eingerechnet, zwischen der Prosafassung Drei und Vier liegen noch drei Fassungen des Hörspiels *Die Panne,* Fassungen, die wieder die späteren Prosafassungen stark veränderten. Mein Arbeiten ist ein mühsames Ändern und Wälzen und Verdichten des Stoffes, ein ständiges Ändern und Korrigieren. Meine Sprache stellt sich so langsam her, dass sie gar nicht dazu kommt, auch noch grammatikalisch immer richtig zu sein. Die Fehler stellen sich groteskerweise aus einem »zu Viel an Korrektur« ein. Dazu gewisse meiner Eigentümlichkeiten. So bleibt für mich – als Landberner – ein Teller immer etwas sächliches – dz Täller – deutsche Grammatik hin oder her. Was ich Ihnen vorwerfe, lieber Weber, ist I h r Schludern. Sie greifen meine Sprache an, indem Sie grammatikalische Schnitzer bemängeln – lassen wir den Lektor und den Verleger ruhig beiseite. Die Frage ist nur, ob Grammatik und Stil, Grammatik und Sprache das Gleiche sei. Die Mühe, zu untersuchen, wie diese Druckfehler denn zustande gekommen seien, nehmen Sie sich gar nicht. Sie hätten sich ja auch nur an mich wenden können. Die Vorwürfe, die Sie mir machen, lasse ich mir von einem Trachsler etwa gefallen, weil er ein Kindskopf ist, doch nicht von Ihnen, weil Sie keiner sind. Da traue ich Ihnen lieber Böswilligkeit zu. Was sollen solche Floskeln wie: ich hätte auf eine sorgfältige Kritik unsorgfältig geantwortet, um Sie etwas abgekürzt zu zitieren? Können Sie denn nur im Tone eines Oberlehrers reden?[68]

Und dann, als Schlussbouquet: »Ich ›kann‹ kein Deutsch. Deutsch können Sie, wie ein Pudel, der seine Kunststücke macht. Für Sie, lieber Weber, wird Sprache ewig etwas sein, das nachzuahmen ist, doch belästigen Sie bitte nicht jene, die Sprache erzeugen, hervorbringen. Bleiben Sie in Ihrem sprachlichen Museum, aber verbrennen Sie sich die Hände nicht an Naturvorgängen. Kurz: Ihre Kritik ist nur als Gemeinheit sorgfältig, als Kritik selber ist sie ›lausig‹ und ›geschludert‹.«

Starker Tobak. Weber, ganz seinem diplomatischen Instinkt folgend, ohne den er als Mentor der jungen Schweizer Literatur in der damals noch stramm rechtsbürgerlichen, das heißt freisinnig-wirtschaftsorientierten ›NZZ‹ nicht auskam, rechtete nicht weiter herum (er hatte unzählige weitere Belege zur Hand, und er wusste, dass Dürrenmatt um die wusste und sich ärgerte) und bot F. D. für spätere Gelegenheiten seine Dienste als Korrektor an. Der schickte ihm tatsächlich die Aushängebogen von *Das Versprechen* und berücksichtigte sämtliche Begradigungen, wie auch später Webers Einwände bei der Neuauflage der *Panne.*

In den *Aspekten des dramaturgischen Denkens,* einem Fragment von 1964, das F. D. zum ersten Mal in den *Theater-Schriften und Reden II* von 1972 veröffentlichte, verlegte er die Überlegungen zur Sprache ins Kleingedruckte, aber das bedeutet bei ihm nicht den Abtransport ins Nebensächliche (auch bei Karl Barths *Kirchlicher Dogmatik* hielt er die Fußnoten für das Interessanteste):

Sprache = Sprache: Gefühlsmäßig siedeln wir die Sprache zwischen Musik und Malerei an, sie bewegt sich in der Zeit fort, besitzt Melodie und Rhythmus, vermag präzise Bilder und Vorstellungen zu erwecken, Begriffe, Hinweise auf Reales, Mögliches und Unmögliches. Die Forderung Ionescos an das Theater wird heute auch an die Sprache gestellt. Es wird dem Schriftsteller vorgeworfen, er halte mit der Entwicklung der Musik und der Malerei nicht mit. Nun vermögen sich tatsächlich die Musik und die Malerei einer reinen Form zu nähern und nur sich selber zum Inhalt zu haben, doch die Möglichkeit der Sprache, reine Sprache, Sprache an sich zu sein, ist zweifelhaft. Was für das Theater gilt, gilt auch in einem gewissen Sinne für die Sprache, sie ist nicht die Wirklichkeit, sondern stellt sie dar, charakterisiert sie, weist auf sie hin, drückt sie aus; das Verhältnis der Sprache zur Wirklichkeit ist durchaus nicht eindeutig, mit Recht stellt das Verhältnis Begriff–Wirklichkeit eines der philosophischen und physikalischen Hauptprobleme dar. Sprache an sich wäre inhaltsleer, allein die Spannung zwischen der Sprache und dem von der Sprache Gemeinten macht ihr Abenteuer aus. Schreiben ist deshalb mehr als ein bloßes Beschäftigen mit der Sprache, weil sie ihren Wert nicht von sich, sondern von ihrem Objekt empfängt, von dem, was sie zur Sprache bringt. Doch hat die Neigung zum Stilistischen, zum »Nur-Sprachlichen« nicht nur die Kritiker ergriffen, die mit dem Argument, nur die Sprache sei prüfbar, die Grammatik als Fallbeil sausen lassen, ahnungslos, dass wirkliche Sprache und wirklicher Stil verborgener, versteckter und ungrammatikalischer sein kann, als sie glauben: Auch viele Schriftsteller kommen vor lauter Stil nicht mehr zum Schreiben. Der Inhalt der Sprache sind Gedanken, man arbeitet nicht an der Sprache, sondern am Gedanken, am Gedanken arbeitet man durch die Sprache. Große Sprache ist durch ihren Inhalt präzis, nicht durch sich selbst. Wer versucht, nur mit der Sprache zu arbeiten, wer die Sprache nur als Material nimmt und damit ihren Inhalt in ihr sucht, wird unpräzis. [...] Wer in sprachliches Neuland vorstoßen will (was heute fast jeder erklärt), muss nicht auf Sprachliches ausgehen, sondern auf neue Inhalte: auf neue Zusammenhänge, neue Konflikte, Probleme, auf Neu-Gedachtes.[69]

Das waren unzeitgemäße Überlegungen, ganz gegen einen der zentralen Glaubenssätze der Ästhetik der Moderne gerichtet, nach welchem die Form der Inhalt sei und umgekehrt. Nicht dass Dürrenmatt den Zusammenhang verkennen würde, aber er setzt eine andere Priorität.

Nicht nur dieser Passus in *Aspekte des dramaturgischen Denkens* ist ein Reflex auf die Auseinandersetzung mit Werner Weber, auch der Aufsatz *Persönliches über Sprache* von 1967, wenn auch in einem anderen Sinn. Hier geht es um Sprache als Heimat, um das Verhältnis von Schriftsprache und Sprechsprache, das im Deutschen ein anderes ist als im Französischen (der Aufsatz entstand für eine welsche Zeitung), und um die mehrfachen Brechungen, Distanzierungen, ja wir könnten fast sagen: Verstörungen von Sprache, denen einer ausgesetzt ist, der nicht nur zu einem guten Teil in einem Medium arbeitet, das sich außersprachlicher Mittel bedient und Unwegsamkeiten und Unwägbarkeiten aussetzt, dem Theater eben, sondern der unterscheidet zwischen seiner Muttersprache, dem Berndeutschen, und einer Vatersprache. Anderseits ist eben auch die Sprache, die Dürrenmatt schreibt, vom Berndeutschen »affiziert«, schreibt er »ein Deutsch, das auf dem Boden des Berndeutschen gewachsen ist«[70]. Der Aspekt der Muttersprache ist gewissermaßen der vegetative, dem Willen nur bedingt unterworfene Aspekt. Ramuz, sagt Dürrenmatt, schreibe ein Französisch »wie ein vollkommen gearbeitetes Netz [...], womit er die waadtländische Eigenart einfängt [...]«[71].

In jener Rede, mit der sich Dürrenmatt für die Verleihung des Ehrendoktors durch die Universität Neuchâtel zu seinem 60. Geburtstag bedankte, kreist er um das »Sprachdurcheinander, in welchem ich mich verirrt habe«. Er meint damit auch das Durcheinander von verbaler und nichtverbaler Sprache, Zeichen, Mitteilungen.[72]

Nirgendwo jedoch werden die Grenzen der Sprache so deutlich wie dort, wo Dürrenmatt auf die Schwierigkeiten beim Finden einer eigenen Sprache zurückblickt – ein ständiger Prozess, wie wir gesehen haben, nicht eine einmalige Landnahme. In *Turmbau,* im zweiten Band der *Stoffe,* kommt Dürrenmatt auf die Erfahrung seiner frühen Sprachlosigkeit zu sprechen und auf den Moment, in dem ihm bewusst wurde, dass er die deutsche Sprache nicht als »etwas Selbstverständliches« beherrschte. Allen Verkürzungen, rhetorischen Formalismen, Parallelismen und symmetrischen Ornamenten zum Trotz, die sich zuweilen verselbständigten – seine Vorliebe für Ellipsen, Dualismen und Triolen, Oxymora etc. wächst sich zuweilen zur Marotte aus – alldem zum Trotz, nie »beherrschte« er nie die Sprache wie ein Imperator, sie war nie sein Machtbereich.

Der Ort »hinter dem Mond«

*Hauskauf in Neuchâtel · Dürrenmatts Ort »hinter dem Mond« ·
Madame Yvonnes Tafelrunde · Marc Eichelberg: eine Freundschaft auf Augenhöhe · Ludwig Hohl, poète maudit · Peter Schifferli und seine Arche · Rundfunk als Rettung · Wieder im Tunnel: F. D.s erster Kontakt zum Film*

Hauskauf in Neuchâtel

Die Zeit auf der »Festi« in Ligerz war schriftstellerisch für
Friedrich Dürrenmatt enorm fruchtbar und auch eine Zeit pri-
vaten Glücks. Sehr zu seinem Bedauern hatte sie ein Ende, als
die Hausherrin, Elsie Giauque, die Wohnung der weiter wach-
senden Familie von F. D. und Lotti für ihre Tochter Pia brauchte.
Unter dem 4. März 1952 notiert Dürrenmatt in seiner Agenda:
»Wir machen daran herum in Neuenburg ein Haus zu kaufen.«[1]
Das bescheidene Haus – immerhin mit sechs Zimmern – lag am
Pertuis-du-Sault, einer kleinen Straße an der Peripherie, die sich
weit den Jura-Hang hinaufzieht, ländliches Ambiente, trotz der
Nähe zur Stadt, mit großem Garten. In den *Stoffen* erinnert sich
F. D.: »Als wir das Wohnhaus bezogen, waren der Garten und
die steile Alpweide davor bis zum Felsen hin baumlos. Zwar
standen im oberen Garten, gegen den Felsen zu, einige Obst-
bäume: Kirschen, Pflaumen und Quitten, doch die Kirschen
und die Pflaumen fraßen die Vögel, der Wald war zu nah. Um
das Haus herum waren Gemüsebeete, mit weißen Jurasteinen

umrandet. Die Beete sahen wie Gräber aus. Der Besitzer des Hauses hatte vom Garten gelebt und duldete um das Haus keine Bäume, das Haus war der prallen Sonne ausgesetzt, ein gelber Würfel mit einem Flachdach [...].«²

Schon am 21. Februar 1952 hatte F. D.s Cousin Peter, in seiner Eigenschaft als Verwalter der vom ›Beobachter‹ ausgelösten Hilfsaktion, seine etwas kleinlichen Bedenken gegen den Hauskauf formuliert. »[V]erschiedene Spender, die bereit gewesen sind, sich an der Aktion von Herrn Ras [der Verleger der Zeitschrift ›Beobachter‹] zu beteiligen, [wollen sich] von dieser Aktion zurückziehen, indem sie erklären, sie seien bereit, einen Beitrag zu bezahlen, damit Du Deine Arbeit fördern könnest, sie seien aber nicht bereit, diesen Beitrag zum Ankauf eines Hauses zu leisten.«³ Peter Dürrenmatt formulierte in Wahrheit nur seine eigenen Bedenken, und F. D. scherte sich wenig um sie. Der Cousin mokiert sich in seinen Erinnerungen außerdem, der Kauf sei mit dem Restbestand des Vermögens zustande gekommen, das F. D.s Taufpate Otto Laederach diesem vererbt hatte. Gegenüber Peter Wyrsch schilderte Dürrenmatt selbst den Handel so:

Eine Wohnung fand ich nicht, dafür aber wurde mir ein Haus angeboten. Preis 60 000 Franken. Wenig, wenn man ihn mit dem Objekt verglich, einem herrlich gelegenen 6-Zimmerhaus mit traumhafter Aussicht, völlig unverbaubar, Südlage, großer Garten, einziges Haus auf weiter Flur. [...] Man sagt mir nach, ich könne die Leute leicht überzeugen, vor allem, wenn es sich um Geld handle. Ich brachte die 60 000 Franken bei Verwandten und Bekannten auf. [...] Ein neuer Schuldenberg türmte sich auf, doch waren die Zinsen immer noch niedriger, als es der Zins einer Vierzimmerwohnung gewesen wäre. Dieses Argument musste jedermann einleuchten. – Freundlich benahm sich die Besitzerin der 1. Hypothek, eine

Basler Versicherungsgesellschaft »auf Gegenseitigkeit«. Sie fand, ein Schriftsteller biete zu wenig Sicherheit, und kündigte sie, was ihr gutes Recht war.[4]

Die Versicherungsgesellschaft war die Schweizerische PAX. In einer für Institutionen ihrer Art ungewöhnlichen Anwandlung von Humor entschuldigte sie sich viel später bei Dürrenmatt (wie sich Charlotte Kerr in ihren Erinnerungen an die Zeit mit F. D., *Die Frau im roten Mantel,* entsinnt). Auch Hulda Dürrenmatt ließ nichts unversucht: Sie brachte sogar die Erbin der Konolfinger Stumpenfabrik Hediger (die zweite Gattin von Missionar Rubli, dem Leiter der Konolfinger »Mohammedaner-Mission«) dazu, ihr Scherflein beizutragen.

Ein drastischer Umbruch der Lebenssituation war der Umzug von einem See an den nächsten nicht, vielmehr, *mutatis mutandis*, eine Verlagerung der Schernelzer/Ligerzer Situation an den Neuenburger Abhang desselben Jura. Am 8. März 1952 wird der Kaufvertrag unterzeichnet, am 14. zieht die Familie um – zum letzten Mal. Zwei Wochen später, am 26., wird die Uraufführung von *Die Ehe des Herrn Mississippi* Dürrenmatts Durchbruch auf den deutschen Theatern.

Doch erst einmal hatte der andere Sorgen:

Das Haus war zwei Jahre lang unbewohnt gewesen. Es sei für die Neuenburger zu abgelegen, meinte der Hausbesitzer, der es mir verkaufte, um mich zu beschwichtigen, denn irgendwie witterte ich einen anderen Grund, und kaum waren wir eingezogen, kam der Grund zum Vorschein: Das Flachdach war nicht dicht. Wir zogen einen Architekten bei. Das Dach müsse erneuert werden. Die Kosten betrügen den zehnten Teil der Kaufsumme des Hauses. Hatte ich mir schon diese zusammenpumpen müssen, so sah ich mich nun außerstande, das Dach erneuern zu lassen. In Erwartung der kommenden Überschwemmungen saß ich wenige Wochen nach der Münchner Uraufführung von *Die Ehe des Herrn Mississippi* deprimiert in einem Café, als sich mir gegenüber ein alter massiver Mann niederließ und sich gleich vorstellte. [...] Im Verlaufe des Gesprächs erzählte ich von meinem undichten Flachdach, war der Guggisberger doch früher Baumeister gewesen. Ob zum Dach eine Tür führe, fragte er. Ich bejahte. Ob diese Tür eine Eisenschwelle besitze, fragte er darauf – wir waren schon beim zweiten Dreier Fendant –, ich nickte wieder. Dann wisse er, woran es liege [...]. Er wolle mir das Dach reparieren, es koste mich fünf Franken. Wir tranken den dritten Dreier Weißen, dann kaufte er in der Drogerie Schneitter für fünf Franken Schifferkitt, und wir machten uns auf den Weg zum lecken Haus. Er bearbeitete mit dem Hammer den Beton unter der Eisenschwelle, brauchte den Schifferkitt auf, und das Dach wurde dicht und blieb dicht, bis ich dreizehn Jahre später das Haus renovieren ließ.[5]

Später vergrößerte Dürrenmatt seinen Grundbesitz, hauptsächlich um zu verhindern, dass ihm auf landwirtschaftlich genutztem Gelände Neubauten vor die Nase gesetzt wurden. Als dann mit dem *Besuch der alten Dame* Geld ins Haus kam, baute er einen kleinen Swimmingpool, dann, in den sechziger Jahren, rund hundert Meter östlich, ein zweites, das sogenannte »obere Haus«[6]. (Das dritte – er sprach gern von »meinen drei Häusern«[7] – war dann, genau besehen, nur noch ein in den Hang gebautes Atelier und Musikzimmer.) Nach der Untermiete bei Schwiegermutter Falb und Elsie Giauque war das neue Heim allerdings schon beim Kauf ein Zugewinn an Komfort.

Das dreistöckige Gebäude mit Flachdach steht noch heute, wie ein Zitat aus Zeiten, als das Brot noch hart war. Der Tessiner Architekt Mario Botta hat es in seinen halbrunden Bau, das heutige Centre Dürrenmatt, integriert. F. D.s zweite Frau, die Schauspielerin und Journalistin Charlotte Kerr, setzte damit dem bildnerischen Werk ihres Mannes ein Denkmal. Für den Dürrenmatt, der sich 1952 hier niederließ, wäre eine solche Entwicklung in seinen kühnsten Träumen nicht vorstellbar gewesen.

Dürrenmatts Ort »hinter dem Mond«

Bis 1848 war Neuchâtel ein letztes monarchisches Relikt im helvetischen Umfeld (immerhin war schon Friedrich der Große auch Fürst von Neuchâtel). Ein zeitgenössischer Politiker beschrieb die Stadt so: »Wie der Geist des ermordeten Banquos in Macbeths Gastmahl dasitzt, ein Fremdling unter den lebensfrohen Gästen: so sitzt an eidgenössischen Tagen Neuenburg da unter den übrigen [...] Schweizerkantonen. Neuenburg ist nicht Fleisch und Bein wie sie; Neuenburg ist eine unheimliche Gestalt aus einer fremdartigen Welt. Wenn die übrigen Schweizer nichts sind als Schweizer, so sind die Neuenburger dagegen Schweizer und Preußen zugleich [...]«[8]. Dürrenmatt hat diese preußisch-schweizerische, deutsch-französische Doppelnatur Neuchâtels ebenso fasziniert wie amüsiert.

Eigene Neuenburger Wurzeln machte Dürrenmatt, nicht ganz ernst, bereits in seiner frühen Jugend aus, beim ersten Mädchen, in das er im Alter von sechs oder sieben verliebt gewesen sei, ein Feriengast in Konolfingen. In der Genealogie der Familie folgt er einer Spur, die ihn über seine Großmutter mütterlicherseits zu einem Neffen dieser Großmutter führt, der als Dirigent einer Blaskapelle in Niederländisch-Ostindien zu Tode gekommen sei, nach seinem Entschluss zur Heimkehr vergiftet von einer eifersüchtigen eingeborenen Geliebten.

Mit dem Neuenburgischen hängt ein kleiner Text zusammen, der als Erster am neuen Wohnort entstand. Er trägt den denkbar beiläufigen Titel *Fingerübungen zur Gegenwart*.[9] Eher eine

Skizze, handelt er von der Befindlichkeit des Schweizer, genauer: des Deutschschweizer Schriftstellers in der Romandie. Es stehen darin ein paar Sätze, die, als rhetorische Zuspitzung gelesen, berühmt geworden sind, deren Zusammenhang aber, wie im Fall vieler Bonmots von Dürrenmatt, ebendadurch verlorenging, dass sie so viel zitiert wurden: »Man wird mir vorwerfen, die Schweiz sei eine Provinz und wer sich an eine Provinz wende, sei ein provinzieller Schriftsteller. Gesetzt, dass es noch Provinzen gibt, haben jene unrecht, die so sprechen. Man kann heute die Welt nur noch von Punkten aus beobachten, die hinter dem Mond liegen, zum Sehen gehört Distanz, und wie wollen die Leute denn sehen, wenn ihnen die Bilder, die sie beschreiben wollen, die Augen verkleben?«[10] Und weiter: »Der Einwand wird aufgeworfen, es sei unerlaubt, das zu schildern, was man nicht selber erlebt habe, als ob Leiden eine Art Monopol zum Dichten schüfe, aber war Dante in der Hölle? Darum müssen Sie sich jetzt auch einen Schriftsteller wie mich gefallen lassen, der nicht von dem redet, was er mit den Augen, sondern von dem, was er mit dem Geiste gesehen hat, der nicht von dem redet, was einem gefällt, sondern von dem, was einen bedroht. Ich bin ein Protestant und protestiere. Ich verzweifle nicht, aber ich stelle die Verzweiflung dar. Ich bin verschont geblieben, aber ich beschreibe den Untergang […].«

Dieses Bekenntnis zur Distanz, zum Ort »hinter dem Mond« als künstlerischer Chance, hängt nicht zuletzt mit der Arbeit zusammen, die Dürrenmatt wie die Monate zuvor auch nach dem Umzug nach Neuchâtel hauptsächlich beschäftigte: die Vorbereitung der Edition seiner frühen Prosa. Sie führte ihm die Voraussetzungen wieder vor Augen, unter denen sie entstanden war: »Ich versuchte in jener Zeit, nachdem ich mich, als Zeichner, nur im Bilde wohl gefühlt hatte (eine für mich nicht unbeträchtliche Gefahr), Philosophie zu studieren, ein vielleicht merkwürdiger Ausweg, doch stand kein anderer offen, mir vom Bilde, das mich besaß, eine, wenn auch zuerst geringe, Distanz zu schaffen, eine Distanz, in der ich wenigstens etwas atmen konnte. Es galt gleichsam, eine allzu schwere Anziehungskraft zu überwinden.«[11] Bilder, die ihn »besaßen« – es bedürfte dieses Hinweises nicht, um auf das Obsessive am frühen bildnerischen Werk, am Werk Dürrenmatts überhaupt aufmerksam zu werden. Dass ihm die Bilder »die Augen verklebten«, ihm deren Beschreibung verunmöglichten (ein merkwürdig paradoxer sprachlicher Kurzschluss), hatte er damals am eigenen Leib erfahren.

Madame Yvonnes Tafelrunde

»Heimisch« wurde Dürrenmatt in Neuenburg nie, doch die Ablehnung war gegenseitig: »Die Stadt jedoch bleibt mir von unserem Haus aus nicht nur durch die bewaldete Seite des Tälchens verborgen, über die ich den See erblicke, sondern vor allem durch mich selber, war ich doch hierher gezogen, um an keinem Kulturleben teilnehmen zu müssen. Kultur mache ich selber […].«[12] Und: »Ich hatte nie eine besondere Beziehung zur französischen Kultur, und was sich außerhalb derselben abspielte, zählte für Neuchâtel nicht.«[13] Gleichzeitig fühlte er sich vom deutschschweizerischen (und noch mehr vom deutschen) Kulturbetrieb abgeschnitten, wenn er auch diese Isolation mehr behauptete als praktizierte. Bald pries, bald beklagte er sie. Er bemühte sich auch nicht sonderlich um Kontakte zur »Neuenburger Gesellschaft«, die sowieso eher auf Anpassung (um nicht zu sagen Unterwerfung) bestand, da sie sich aus den Honoratioren einer Kleinstadt zusammensetzte. Die waren besonders empfindlich für von außen ankommende Irritationen. Zum anderen war selbst nach dem Erfolg der *Alten Dame* der französische Kulturkreis relativ resistent gegen Dürrenmatts sich mehrenden Ruhm. Er war, zu Beginn, in Neuchâtel kaum mehr ein

Gerücht. Die Nachricht, dass von dem Eigenbrötler aus dem »Tal der Einsiedelei« (dem Vallon de l'Ermitage, in dem sich Dürrenmatts Haus befand) ein Stück namens *Les Fous de Dieu (Es steht geschrieben)* 1952 in Paris aufgeführt wurde, drang zwar durchaus nach Neuchâtel. Aber Stadtgespräch war sie nicht.

Eine kleine Oase fand F. D. dennoch. In der Brasserie ›Strauss‹ in der Rue Saint-Honoré war er Teil des Stammtischs von Yvonne Châtenay-von Wattenwyl, einer Zone außerhalb der gesellschaftlichen Regeln der Neuenburger Bourgeoisie. Ein hierarchieloser Raum, in dem nur zählte, wie einer war, und nicht, welche soziale Stellung er einnahm. Yvonne, eine Berner Adlige, lebte mit ihrem Mann André im benachbarten Auvernier. Das Paar hatte in Paris ein Leben in großem Stil geführt. Das schrumpfende Vermögen hatte sie schließlich in die Provinz verschlagen. Châtenay, eigentlich Konzertgeiger, handelte neben vielem anderem mit Wein. Die Tafelrunde, zu der auch mal ein wortkarger Bankbeamter oder der Rektor der Universität, gar ein Regierungsrat gehören konnten, so sie denn Gnade vor Yvonnes unkonventionellen Ansprüchen fanden, sollte für Dürrenmatt fünf Jahre lang eine Zuflucht sein. Es war insgesamt eine Gruppe von »Nonkonformisten«, Künstler, Emigranten und eben auch dieser neu zugewanderte dicke Berner in seiner Lederweste und einem *français fédéral,* das ebenjenen Neuenburgern die Schuhe auszog, die Yvonne von ihrem Tisch tunlichst fernhielt.

Im ›Strauss‹ lernte Dürrenmatt auch den mittellosen, bizarren weißrussischen Emigranten Matchiquine mit der Bildung eines Akademikers und dem Aussehen eines Stadtstreichers kennen. Alkoholika aller Art war er nicht abgeneigt, und mit zunehmender Trunkenheit kam seine slawische Seele mächtig in Wallung – Heimweh und der Zorn auf ein Schicksal, das ihn in die jämmerlich spießige Neuenburger Provinz verschlagen hatte. Dass Dürrenmatt diesen Außenseiter, nur um ihm ein paar Franken zuzuhalten, als Nachhilfelehrer für seinen Sohn Peter überhaupt nur in Erwägung zog, war rührend und das Ergebnis entsprechend. (In F. D.s Epitaph auf den ›Strauss‹ ist Matchiquine, wie wir gleich sehen werden, einer der Protagonisten.)

Ein Russe anderen Zuschnitts verkehrte am Pertuis-du-Sault, meist ohne sich anzumelden, ein Unternehmer, aber gleichzeitig ein unberechenbarer Zeitgenosse, der später auch schon mal unerwartet an Dürrenmatts Ferienort in Südfrankreich auftauchen konnte: Dr. Jura Lunin war für Dürrenmatt deshalb von großer Bedeutung, weil er als Besitzer einer Fabrik für Regelungstechnik 1954 Marc Eichelberg für einige Jahre nach Neuchâtel holte, mit dem Dürrenmatt – wir kommen gleich darauf – bald eine intensive Freundschaft verbinden sollte. Lunin war der Mann der Schwester von Eichelbergs Mutter, also ein angeheirateter Onkel. Eichelberg wiederum war der Schwager von Dürrenmatts Verleger Peter Schifferli, mit dessen Schwester Claude er verheiratet war.

Als Dürrenmatt dann mit der *Alten Dame* mit einem Schlag ein berühmter Autor war und sich das selbst in Neuchâtel nicht verheimlichen ließ, war ihm der Umgang mit den Châtenays gerade deshalb angenehm. Berühmtheit war für Yvonne nie ein Kriterium, nach dem sie ihre Freundschaften ausgesucht hätte. Allein eine Art Insel der Seligen blieb Yvonnes Stammtisch nur noch für wenige Jahre. Am 30. April 1957 schloss das ›Strauss‹ für immer, das Haus wurde abgerissen. Dürrenmatts Schilderung des letzten Tags und der letzten Nacht, ein gewaltiges Crescendo bis zur Ankunft der Bauarbeiter in der Morgendämmerung, gehört zu seinen amüsantesten Texten:

Das Café ›Strauss‹ ging mit Glanz und Gloria unter, sein Tod war gleichsam der Tod des alten Neuchâtels. Wir trafen uns schon gegen Mitte des Nachmittags im ›Strauss‹, alle entschlossen, Küche, Vorratsräume und den Keller bis zum letz-

ten Rest zu räumen. […] Was mir vom Tode dieses Cafés geblieben ist, vom Sterben besser, das bis in die Morgenstun-
den dauerte, ist ein sich steigerndes Bacchanal: Zu Beginn
ging es zu, wie es immer zuging, wir saßen bei Yvonne, André
war gegen seine Gewohnheit auch schon da, das war das einzige Außergewöhnliche. Der russische Emigrant [Matchi-
quine], der »Berufsrusse«, wie ich ihn nannte, war vielleicht
eine Spur ausgelassener als sonst, ein Gymnasiallehrer aus La
Chaux-de-Fonds hatte sich, um den Abschied zu feiern, möglicherweise noch mehr Mut als gewöhnlich angetrunken. Zugegeben, das alles ist irgendwie noch rekonstruierbar, auch
dass ich, doch sonst ein Weintrinker, »Pflümli« trank, weil
der Schnaps von der Wirtin gespendet wurde, ist einigermaßen sicher. So soff ich denn schon von Beginn an verkehrt,
wahrscheinlich alle, denn von den Pflümlis, Kirschs und
Marcs ging man zum Wein über, zuerst zum Weißen, zudem
noch zum Neuenburger, den allerdings auch James Joyce in
der ›Kronenhalle‹ mit Vorliebe trank. Yvonne thronte auf ihrem Platz wie eine Königin, André beklagte den Niedergang
der Kunst, Violine zu spielen, nur noch Isaac Stern ließ er gelten und vielleicht noch Nathan Milstein. Der Inspektor für
Wald und See gründete mit mir eine Partei […]. Die Partei
hatte zum Ziel, aus der Stadt Neuchâtel einen unabhängigen
Kleinstaat zu machen nach dem Muster Monte Carlos. La
Chaux-de-Fonds beschlossen wir freizugeben, es sollte die
Hauptstadt des Kantons Jura werden, dem gleichzeitig der
Berner Jura zugeschlagen werden könnte, ein Vorschlag, den
ein anwesender Separatistenführer strikt ablehnte, während –
wir waren inzwischen beim Roten – der Berufsrusse energisch seine Ernennung zum Fürsten von Neuchâtel verlangte,
er sei von noch älterem Adel als die Romanows, und Dschin-
gis-Khan sei einer seiner Vorfahren. Er scheiterte mit seinem
Vorschlag. Inzwischen wurden die ersten Reden gehalten,

Käse wurde aufgetischt, die selteneren Weine kamen dran. Zuerst wurde die Wirtin gefeiert, dann Yvonne. […] Dann begann, bei den Würsten, der Berufsrusse seine Wut loszulassen, die sich seit Jahren in ihm gegen Neuchâtel zusammengebraut hatte, wo er ein erbärmliches Leben führte. Seine Hasstirade war von einer unbändigen Kraft, er zählte den Neuenburgern alle ihre Fehler auf, summierte ihre Sünden, potenzierte ihre Laster; seine russische Seele schäumte über, schoss über Neuchâtel hinaus, ergoss sich über die Schweiz, über dieses monströse Spießernest, das so erbärmliche Zwerge wie den ketzerischen Calvin und den gotteslästerlichen Zwingli hervorgebracht habe. Aber die Neuenburger wurden nicht zornig, im Gegenteil, sie feuerten ihn an, sie klatschten, riefen Bravo, je mehr der Berufsrusse schäumte. Das ganze Restaurant war überfüllt. Was sich an den anderen Tischen abspielte, war von meinem Sitz nicht auszumachen, auf einmal wurde Champagner serviert, alles war sternhagelvoll, auch die Polizei. Die Partei, die der Inspektor für Wald und See mit mir gegründet hatte, spaltete sich in ihn und mich auf, er wollte in Neuchâtel einen zweiten Vatikan gründen, was ich als unrealistische Politik verurteilte; mein Übersetzer hielt eine Rede gegen die französische Musik; der Rektor der Universität sprach mich mit »Notre Aristophanes« an, ich ihn als »Mon cher Hérodot«, eine Anrede, die wir auch später beibehielten; ein stiller deutschschweizerischer Bankbeamter, der nie ein Wort sprach, aber aus irgendeinem Grund die Sympathie Yvonnes gewonnen hatte, verlangte auf der Stelle, unter dem Tisch mit der Serviertochter zu schlafen; der Gymnasiallehrer aus La Chaux-de-Fonds, ein Jude, hielt eine Rede im Stil eines einheimischen Bundesrats, und alle stimmten die Nationalhymne an. Vom Ende des Cafés ist mir kaum etwas in Erinnerung geblieben, nur noch vage ein Herumtappen im geleerten Keller, ob noch einige Flaschen zu finden wären, dann das Erscheinen der Arbeiter am frühen Morgen, die mit dem Abbruch begannen. Die Tische und Stühle wurden abtransportiert, das Café ›Strauss‹ war tot.[14]

Das ›Café du Théâtre‹, in das man danach auswich, war nur noch ein notdürftiger Ersatz.

Dürrenmatt bringt im Rückblick die Konsequenzen, die das für ihn hatte, in wenigen Sätzen zur Sprache:»Erinnere ich mich dieser Zeit, wird mir bewusst, wie sehr ich in den Innenraum meiner selbst abgedrängt worden bin: Schreiben wird schwieriger, je mehr sich das Erlebte, Verdrängte und Nicht-Erlebte anhäuft. Darum wohl die Schwierigkeit, die ich mit Neuchâtel habe: Meine Arbeit hat sich immer unerbittlicher zwischen mich und die Stadt geschoben. Ich nehme sie nicht mehr wahr. Nicht aus Missachtung, sondern aus Selbstschutz.«[15]

Die Neuenburger erkannten übrigens später das Format ihres Mitbürgers durchaus. Die Universität ehrte ihn zum 60. Geburtstag mit einem Ehrendoktor, und 1985 folgte die erste Ausstellung seiner Bilder in einem Museum, im örtlichen Musée d'Art et d'Histoire.

Marc Eichelberg: eine Freundschaft auf Augenhöhe

Mit wenigen Ausnahmen hatten Dürrenmatts Freundschaften ein Verfallsdatum, aus unterschiedlichen Gründen, die meist mit seiner Arbeit zusammenhingen. Die mit Marc Eichelberg war eine Ausnahme. Ein brillanter Kopf und eine eindrückliche Erscheinung, war Eichelberg auch ein bekannter Alpinist. Als Mitglied der Dhaulaghiri-Expedition des Akademischen Alpenclubs Zürich war er, zwar mit schweren Erfrierungen, knapp mit dem Leben davongekommen und hatte seine Erlebnisse in einem gerade bei seinem Schwager erschienenen Buch beschrieben.[16] Lotti hatte es gelesen und war gespannt auf die neue Bekanntschaft.

Anders als Max Frisch war Dürrenmatt kein Mann der scharfen Schnitte. Aber er bestand auf Distanz, nicht nur in seiner Kunst. Auch im persönlichen Umgang scheute er Intimität. Er war sehr großzügig, gelegentlich täuschte er geradezu Jovialität vor, aber Freundschaften von Dauer entstanden nur dann, wenn man ihm taktvoll genug Luft ließ und ihn nicht bedrängte. Die mit Marc Eichelberg dauerte buchstäblich bis zum Ende seines Lebens: ein Dritteljahrhundert später sollte der frisch pensionierte Eichelberg der letzte Besucher in Neuchâtel sein. Mit ihm diskutierte Dürrenmatt den ganzen letzten Abend vor seinem Tod und wollte sich anderntags über den Text *Kabbala der Physik*[17] unterhalten. Dazu sollte es nicht mehr kommen.

»Ich war nie ein Dürrenmatt-Spezialist, vielleicht hat das zum Stil und Charme unserer Freundschaft beigetragen«[18], sagte mir Eichelberg. Im Übrigen war sie – nach F. D.s Weltruhm mit der *Alten Dame* keine Selbstverständlichkeit – eine der wenigen »auf Augenhöhe« und zudem immun gegen irgendwelche Rivalitäten: zu verschieden waren die Lebens- und Arbeitsbereiche der beiden, für die »Abenteuer« ein wichtiges Stichwort war. Das meinte Eichelbergs alpinistische Leidenschaft, vor allem aber die geistigen Abenteuer wie die Erörterung komplexer wissenschaftlicher Werke. Eichelberg war einer der wenigen, die sich ob Dürrenmatts zunehmend schwerer aufhaltbaren Monologe nicht jeden Widerspruch versagten.

Für Dürrenmatt begann eigentlich erst mit der Freundschaft zu Eichelberg die ernsthafte und dann lebenslange Auseinandersetzung mit Physik und Mathematik, den Naturwissenschaften überhaupt, wenn er auch schon vorher ein regelmäßiger Leser der Wissenschaftsbeilage der ›NZZ‹ gewesen war (eine Gewohnheit, die er beibehalten sollte) und sich, noch früher, zur Zeit des Philosophiestudiums, ein wenig mit physikalischen Fragen beschäftigt hatte (die Matura hatte er in Mathematik und Physik nur durch Büffeln geschafft). Und, selbstverständlich, abgesehen von seiner frühen Leidenschaft für die Astronomie.

Eichelberg war zwischen 1955 und 1957 ein-, zweimal die Woche ein gerngesehener Gast am Pertuis-du-Sault. Man blödelte, hörte Musik, trank guten Wein, führte ernsthafte Gespräche, das heißt, Dürrenmatt hielt seine ausschweifenden Monologe über Gott und die Welt. Eichelberg erinnert sich aber auch an dessen feines Gespür, mit dem er merkte, wenn dem Gegenüber an seinem Diskurs etwas dubios vorkam. Ohne dass es zur Sprache gekommen wäre. Überhaupt sind Eichelbergs Erinnerungen an seinen Freund sehr differenziert: zärtlichen, verständnisvollen Seiten standen Anfälle von autoritärem Verhalten entgegen, vor allem gegenüber den Kindern, die sich still verhalten mussten, wenn Vater arbeitete; denen gegenüber seine Sensibilität überhaupt wiederholt versagt habe. Anderseits hat Eichelberg Dürrenmatt als »unglaublich treu« erfahren, »wozu allerdings gehörte, dass man die Anhänglichkeit nicht ausnützte«[19]. Will sagen: nur sehr dosiert in Anspruch nahm.

Ludwig Hohl, poète maudit

Dass Dürrenmatt in Neuchâtel letztlich als Außenseiter galt, mag auch mit dem Schriftsteller Ludwig Hohl[20] zusammengehangen haben, den die junge Familie Dürrenmatt (Sohn Peter fünfjährig, Tochter Barbara zweieinhalb, das gerade mal sechs Monate alte Baby Ruth und das Kindermädchen aus dem bernischen Steffisburg) im ersten Jahr nach ihrem Umzug beherbergte. Unter dem 4. Mai 1952 notiert F. D. in der Agenda: »Hohl bei uns in Neuenburg. Gott stehe mir bei, dass ich meiner Aufgabe gewachsen bin.«[21]

Trotz derber Scherze über ihn (»Andere Schriftsteller haben

ihre Mätressen, und ich habe Hohl.«[22]) kümmerte er sich um den Kollegen, als er selbst noch wenig zu verschenken hatte. F.D. und Hohl verband mehr, als dass sie beide Pfarrerssöhne waren. Dürrenmatt war von Hohl als einer Art *alter ego* ebenso fasziniert wie verängstigt. »Hohl hat mich beunruhigt«, notiert er in einem Ringheft. »Es ist nicht auszudenken, was ich in Paris würde.«[23] Hohl hatte dort während seiner literarischen Anfänge gelebt, bevor er nach Den Haag zog und 1937, in größter materieller Not, in Genf landete. 1904 in Netstal bei Glarus geboren und im Kanton Thurgau aufgewachsen, war Hohl bis ans Ende seines Lebens, nicht anders als Dürrenmatt, aus dem deutschen Sprachraum ausgezogen. Mit dem Unterschied, dass er sich weigerte, Dialekt zu sprechen, gewissermaßen also seine Herkunft verleugnete. In Genf bewohnte er schließlich ein Kellerloch, wo er sich mit seinen (kürzeren oder längeren) Prosa-Splittern beschäftigte, u. a. den *Notizen:* So heißt sein zweibändiges Hauptwerk mit dem schönen Untertitel *Von der unvoreiligen Versöhnung:* eher in Sprache gemeißelte Bruchstücke von Welt als »Aphorismen« im herkömmlichen Sinn; der erste Band erschien 1944 und begründete Hohls Ruhm unter den Schweizer Schriftstellern, die Edition des zweiten Bandes musste Hohl aufgrund des kommerziellen Misserfolgs des ersten Bandes in einem langwierigen Rechtsstreit mit dem Artemis Verlag erkämpfen. Die Legenden über den Exzentriker, den Trinker, den Außenseiter verstellten lange sein fragmentarisches, erratisches, immer aufs Neue alte Fassungen aufgreifendes Werk. Weshalb denn Dürrenmatt mit gutem Grund bemerkte: »Wie er schreibe? Man lese ihn besser.«[24]

Hohl behauptete ein Leben lang seine Literatur und Existenz gegen jeden Zeitgeist und alle ästhetischen Moden: ein Rigorist, ein Bewunderer Goethes, dem nichts verdächtiger war als das Vollkommene. (»Ich will nie mehr sagen, dass ich ein Werk fertig habe: alles ist Werk... Dieses Abschließen ist etwas Töten-

des« – das trifft auch den Kern der Ästhetik zumindest des späten Dürrenmatt.) Mit Hohl teilte Dürrenmatt die Bewunderung
für Lichtenberg, Montaigne und Spinoza, vor allem aber die
»Aversion gegen private Veräußerungen und Gefühlsbeschrei-
bungen« (Rolf Kleinschmidt); die weitgehende Ausklammerung
des Autobiographischen aus dem Werk, besonders paradox im
Fall Hohls, dessen Literatur hinter dem Wust der über ihn kur-
sierenden Anekdoten fast verschwand. Das Chaotische von
Hohls Lebensführung musste Dürrenmatt an sein eigenes Chaos
erinnern, aus dem er sich in den Beruf, ins Handwerk seiner
Schriftstellerei und in seine Ehe gerettet hatte (Hohl scheiterte
in der Beziehung in nicht weniger als fünf Anläufen). Was ihn an
Hohl irritierte, war dessen unbeugsame, zuweilen auch zele-
brierte Existenz als *poète maudit*.

Hohls Werk sollte nie in einem Maße wie das Dürrenmatts
wahrgenommen werden: Nicht einmal die Tatsache, dass ab
1971 seine Werke vom Suhrkamp Verlag ediert wurden, befreite
ihn aus dem Ghetto des literarischen Geheimtipps. Der Ro-
bert-Walser-Zentenar-Preis (1978) und der Petrarca-Preis (1980,
im Jahr seines Todes) waren Anlässe, welche die kleine Gemeinde seiner vehementen Bewunderer versammelten, aber keineswegs zum Durchbruch bei einem größeren Publikum führten.

Im Text *Vallon de l'Ermitage,* seiner Hommage für Neuenburg, kommt Dürrenmatt auch auf Hohl zu sprechen, und auch
er entgeht dabei nicht immer der Verführung des Anekdotischen. Nur stecken hinter der Ironie auch Irritation und Bewunderung für einen so radikalen Gegenentwurf zur eigenen, halbwegs ins Bürgerliche geretteten Existenz:

[I]m ersten Jahr [in Neuchâtel wohnte] der Schriftsteller Ludwig Hohl bei uns […]. Nicht freiwillig, ein bekannter Bildhauer hatte mich aus Genf angerufen, Hohl befinde sich in

der Heilanstalt Bel-Air, ich solle ihn herausholen. Er habe, sei es nun aus Protest gegen die Stadt oder aus Protest gegen die demütigenden Umstände, in denen er sich befinde, in einer Straße Genfs herumgeschossen, worauf die Polizei ihn in die städtische Heilanstalt eingeliefert habe. Ich kannte Hohl schon seit den Jahren her, die ich am Bieler See verbrachte. Er hatte mir nachts einmal angeläutet, er sei im Gasthof ›Kreuz‹. Ich stieg, da keine Drahtseilbahn mehr fuhr, durch die Weinberge ins Dorf hinunter, fand Hohl im ›Kreuz‹. Doch kaum hatte ich ihn begrüßt, wurden wir von zwei Polizisten verhaftet. Hohl hatte, als er versuchte, mich anzurufen, zweimal aus Versehen die Nummer der Polizeistation Twann gewählt und verärgert gesagt, im »Kreuz« in Ligerz sitze ein Mörder; dann erst hatte er meine Nummer zu wählen vermocht. Mit Mühe gelang es mir, die Polizei zu beruhigen, um eine Buße kam ich nicht herum[25], aber ich war glücklich, endlich mit Hohl zur »Festi« hinaufsteigen zu dürfen, wo ich mit meiner Familie wohnte. Es war eine helle Vollmondnacht, die Weinberge fast taghell beleuchtet, wenn auch in einem blauweißeren Licht. Ich schritt voran bergauf, der »Festi« entgegen, Hohl wenige Meter hinter mir, ständig mit lauter Stimme rezitierend: »Dass du nicht enden kannst, das macht dich groß.« Plötzlich tönte das Goethe-Zitat irgendwie dumpfer. Ich kehrte mich um, Hohl war nicht mehr zu sehen. Ich ging die Weinberge hinunter, schrie: »Ludwig, Ludwig!« Dumpf, wie aus dem Erdinnern tönte es mir entgegen: »Dass du nicht enden kannst, das macht dich groß.« Endlich entdeckte ich ihn, er war in ein Senkloch gefallen, und ich hatte Mühe, ihn wieder herauszubringen. […] Die Nachricht, er sei in die städtische Heilanstalt eingeliefert worden, beunruhigte mich. Ich reiste nach Genf. Den bekannten Bildhauer fand ich in einer Kneipe, dick und betrunken zwischen zwei ebenso dicken und betrunkenen Dirnen, zu viert machten wir uns zur Rettung

Hohls in einem Taxi zur Heilanstalt auf, mit Mühe vermochte ich die Dirnen zu überreden, nicht mit uns in die Heilanstalt zu gehen, der betrunkene Bildhauer war Ballast genug: Der Oberarzt empfing uns denn auch nicht allzu freundlich, besonders, als der Bildhauer rabiat wurde. Ich war schließlich froh, die Heilanstalt – wenn auch ohne Hohl, aber mit dem fluchenden Bildhauer – überhaupt verlassen zu können. Erst eine Woche später gelang es mir, Hohl freizubekommen. Ich war ohne Bildhauer hingegangen. Ich musste versprechen, Hohl nach Neuchâtel zu nehmen. Kaum hatten wir die Anstalt verlassen, ließ er das Taxi anhalten und verschwand. Ich glaubte schon, er habe sich davongemacht, als er mit zwei Flaschen Rum zurückkehrte. Die Reise nach Neuchâtel verbrachte er schlafend in einem Abteil dritter Klasse über mir im Gepäckträger. Das Zusammenleben mit ihm war nicht leicht. Die Kinder waren noch klein, die Schwiegermutter wohnte bei uns, das Haus war überfüllt. Hohl wohnte in einem Zimmer im Parterre, gegen den Weg zu, der zum Rocher de l'Ermitage hinaufführte. Er hatte das Zimmer [wie seinen Keller in Genf] mit Schnüren vollgespannt, an welchen seine Aphorismen an Wäscheklammern hingen, unter denen er sich wie unter einem Spinnennetz bewegte. Seine Arbeit bestand darin, seine Aphorismen nicht neu zu schreiben, sondern neu zu ordnen. Am Morgen arbeitete er, dann durfte er nicht angesprochen werden, schon den Morgengruß meiner Frau empfand er als Beleidigung. Ich arbeitete nachts, da wollte er mit mir reden. Wir scheiterten aneinander. Da er seine Aphorismen zum Fenster hinausschrie, wild gestikulierend, und weil er es liebte, im Wald unter dem Felsen Rilkes *Requiem* laut zu rezitieren, verwunderte er und erschreckte die meist betagten Leute vom Altersheim, die das Vallon de l'Ermitage hinaufwanderten: Den ersten Sommer, den wir in Neuchâtel verweilten, glaubten die Neuchâteler, Hohl sei ich,

und bedauerten das Geschick meiner Frau, an einen derart
exaltierten Mann geraten zu sein. Auch mit meinen Kindern
hatte Hohl Schwierigkeiten: Er liebte es, mit ihnen zu spielen,
doch tat er das derart intensiv, dass sie sich vor ihm fürchteten, bald heulte er wie ein Wolf, bald brüllte er wie ein Löwe,
nur lauter als die Originale.[26]

Erst nachträglich wird Dürrenmatt deutlich, was ihn an Hohl
störte: Er »war ein Schauspieler, der die Komik aus seinem Leben verbannt hatte, die er seiner Natur nach besaß. Seine Armut,
sein Kellerdasein waren gespielt. Er zielte auf die Tragik. Darum
auch sein Stil: Sätze wie in Marmor gemeißelt, Sätze, die das
Allgemeingültige verlangen. Er war ein Mensch, den ich bewunderte, dem ich nichts entgegensetzen konnte, aber in dessen Bereich ich nicht zu leben vermochte.«[27] Noch vor Hohls Aufenthalt in Neuchâtel vermerkt die Agenda: »Was war wichtig?
Hohl? Ja. Ich muss ihm telephonieren, doch dieser Mensch ist
ein Gewicht. Ich brauche Luft bei ihm, Freiheit, die er nicht
hat.«[28] Der Kontakt reißt bis mindestens 1974 nicht ab, aus diesem Jahr ist eine Notiz von F. D. für seine Sekretärin erhalten:
Sie könne jetzt die Bezahlung von Hohls Telefonrechnung einstellen, »da er nun zahlen kann«[29] (tatsächlich beerbte Hohl in
diesem Jahr seine nicht unvermögende Mutter, was allerdings
auch nicht ohne Prozess abging).

Das Verhältnis zu Hohl erschöpft sich jedoch keineswegs im
Anekdotischen. 1968 entstand ein kurzer Text über Hohl für die
Genfer ›Revue de Belles-Lettres‹, von dem hier der im Nachlass
vorhandene deutsche Entwurf zitiert sei. Er zeichnet sich sowohl durch Distanz wie durch Respekt aus:

Wie er schreibe? Man lese ihn besser.
Über Ludwig Hohl

Was kann man über ihn schreiben? Wo und wann er geboren wurde. Sicher. Wo und wie er lebt. Warum nicht. Aber sein Schreiben braucht keine Ergänzung. Wir andern, die wir auch schreiben, schreiben Erzählungen, Gedichte, oder Theaterstücke. Wir wollen damit etwas ausdrücken, was wir nur durch ein Gedicht, durch eine Erzählung, durch ein Theaterstück ausdrücken können. Wäre es anders, wäre ein Gedicht, eine Erzählung, ein Theaterstück nur die Illustration eines Satzes, der sich niederschreiben ließe, brauchten wir nur diesen Satz niederzuschreiben und könnten uns die Illustration ersparen. Hohl dagegen schreibt Sätze nieder, er tut das, was wir nicht tun, er tut das Unausweichliche: Er versucht wahre Sätze zu schreiben, das ist sein Wagnis und deshalb sind seine Sätze wahr oder falsch. Unsere Sätze sind weder wahr noch unwahr, sie sind funktionelle Aussagen innerhalb eines Ganzen, das weder wahr noch unwahr ist, das ein Gleichnis darstellt, eine Umschreibung. Hohl ist ein Denker, wir anderen, fassen wir das Denken genau, sind es nicht: Wir weichen dem Denken ins Gleichnis aus. Hohl ist notwendig, wir anderen sind zufällig. Wir dokumentieren das Menschliche, Hohl legt es fest. Es fällt schwer, ihn auszuhalten: Weil wir ihn akzeptieren müssen, wollen wir ihn verstehen. Wer sich die Wahrheit abfordert, fordert sie auch den andern ab. Indem wir ihm aus dem Weg gehen, gehen wir uns aus dem Wege. Ich kenne viele Schriftsteller. Er ist der Einzige, dem gegenüber ich ein schlechtes Gewissen habe. Ich bin ihm nicht gewachsen. Darum schreibe ich keine Sätze, darum schreibe ich Theaterstücke.[30]

Als Erstes setzte Dürrenmatt in Neuchâtel fort, womit er bis zu seinem Auszug in Ligerz beschäftigt gewesen war. Dürrenmatts erster Prosa-Sammelband sollte im Herbst 1952 in Peter Schifferlis Verlag der Arche in Zürich erscheinen: *Die Stadt. Prosa i–iv.*[31] (Die nüchterne Nummerierung wird Dürrenmatt bis zu den *Stoffen* beibehalten.) Am 23. Juni steht in der Agenda der Stoßseufzer: »Endlich mit dem Band für Schifferli fertig.«[32] Es war, nach der Publikation von *Es steht geschrieben* 1947, Friedrich Dürrenmatts erste Veröffentlichung in Buchform.

Was das Publikum nicht wissen konnte: Bis auf die eigens für den Band geschriebene Erzählung *Der Tunnel* präsentierte das Prosadebüt nicht den Friedrich Dürrenmatt von 1952, sondern einen, der er einmal gewesen war. Einen Autor von gestern.

Bis 1952 hatte Dürrenmatt die Inszenierung seiner ersten vier Stücke erlebt. Die Hörspiele *Der Doppelgänger* (1946 von Radio Bern abgelehnt) und *Der Prozess um des Esels Schatten* lagen vor, ebenso die ersten beiden Kriminalromane, wenigstens in den Fortsetzungen des ›Beobachters‹; die Buchausgabe des ersten beim Benziger Verlag erscheint fast gleichzeitig mit *Die Stadt*, die des zweiten 1953; beide in überarbeiteter Form.

Seit seiner Bühnenpremiere 1947 hatte Dürrenmatt in kurzer Zeit einen langen Weg zurückgelegt, als er sich 1951 entschloss, mit der Zusammenfassung seines bisherigen Prosawerks bis zu den Anfängen zurückzukehren. Bis zur dreißigbändigen Werkausgabe 1980 bedeutete für Dürrenmatt Edition immer auch Revision.

Dies zeigt deutlich das Nachwort des Bandes: »Diese Prosa ist nicht als ein Versuch zu werten, irgendwelche Geschichten zu erzählen, sondern als ein notwendiger Versuch, mit sich selbst etwas auszufechten, oder, wie ich vielleicht besser, nachträglich, sage, einen Kampf zu führen, der nur dann einen Sinn

haben kann, wenn man ihn verlor.«[33] Ein bemerkenswerter Satz.
Nicht nur weil er so früh das Scheitern thematisiert, sondern
auch weil F. D. damit sein ganzes Frühwerk zu einer Selbsterforschung erklärt, deren Sinn einzig in ihrer Überwindung gelegen
habe.

Wie wichtig für seine Entwicklung als Schriftsteller die ge-
wonnene Distanz war, erkennt auch Walter Muschg in seiner
Besprechung des Prosabandes. Muschg, gewiss der rechte
Adressat für den religiös beglaubigten Ernst der »expressionistischen« Prosa des jungen Dürrenmatt, sieht in dessen Verhaftung im Bild eine große Qualität, aber auch eine Grenze. »Wenn
wir uns etwas wünschen möchten, wäre es nur das, dass in
›Prosa v–viii‹ dann auch der andere, der aristophanische Dürrenmatt zu Worte komme, der hier nur spurenweise aufleuchtet.
Etwa im Eingang des *Tunnels.*«[34] *Der Tunnel,* 1952 eigens für
Prosa i–iv geschrieben, beweist im Verhältnis zu seinem Umfeld
eine neue *condition poétique,* welche sich Dürrenmatt seit seiner
frühen Prosa erarbeitet hatte. Eine neue Qualität. Diese Distanz
hat einen Namen: Humor. Ein Humor der existentiellen Art
freilich. Der meint auch, ja zuerst die Distanz zu sich selber.
»Ein Vierundzwanzigjähriger, fett, damit das Schreckliche hinter den Kulissen, welches er sah (das war seine Fähigkeit, vielleicht seine einzige), nicht allzu nah an ihn herankomme, der es
liebte, die Löcher in seinem Fleisch, da doch gerade durch sie
das Ungeheuerliche hereinstömen konnte, zu verstopfen, derart,
dass er Zigarren rauchte (Ormond Brasil 10) und über seiner
Brille eine zweite trug, eine Sonnenbrille, und in den Ohren
Wattebüschel«: mit diesem Anfang führt Dürrenmatt einen vor,
der er vor sieben, vor neun Jahren noch war, »von seinen Eltern
abhängig und mit nebulosen Studien auf einer Universität beschäftigt, die mit einer zweistündigen Bahnfahrt zu erreichen
war […].«[35] Gerade so ausgestattet mit Details seiner Biographie, dass er ihn, als seinen Stellvertreter und Sündenbock, auf

Gott zustürzen lassen, also opfern konnte. Und begabt mit dem Gesicht für »das Schreckliche hinter den Kulissen«. Das eben hatte er, unfähig, die Grenze der eingeschlossenen Schweiz zu übertreten, in sich selbst entdecken müssen. In seiner Phantasie.

Auch das erneute Aufgreifen der *Komödie* (die erst jetzt den vielsagenden Titel *Untergang und neues Leben* erhielt), die Umarbeitung von *Es steht geschrieben* für die Pariser Erstaufführung, eine Reise mit Lotti ins Wallis zu Rudolf Kassner (August/ September 1950) – all das passte ins Bild. Die Behauptung, welche sich bei großen Teilen der Kritik angesichts des Spätwerks zäh halten wird, Dürrenmatt zitiere nur noch sich selbst und bearbeite alte Stoffe, weil ihm keine neuen mehr einfielen, widerlegen schon diese frühen Revisionen – zu einem Zeitpunkt, als er als Autor noch gar nicht richtig wahrgenommen worden war. Dürrenmatt war von Anbeginn einer, der sich mit dem Rücken zur Marschrichtung vorwärtsbewegte: im ständigen Rückblick auf seine ungelösten, nur an ein vorläufiges Ende gebrachten Stoffe.

Alles in allem ist dieser Prosaband ein Abschluss. Ein Abschied von gestern. Eine Bewältigung (wenn dies nicht so psychoanalytisch klingen würde). Mit Ausnahme des *Tunnels,* wie zu zeigen war. Das heißt nicht, dass, in anderer Form und Tonart, die Leitmotive nicht weiter wuchsen, wucherten, sich in ihr spiegelbildliches Gegenteil verkehrten. In seinen Stücken, auf das wunderbarste im *Romulus,* hat er den nötigen Abstand längst gefunden. Jetzt rückt er mit der Veröffentlichung seiner obsessiven Prosa eine Zeit von sich weg, die ihn geprägt hatte; der er, verschont gefangen, ausgeliefert gewesen war.

Für Friedrich Dürrenmatt – wir sahen es bereits – verblassten Freundschaften mit den Anlässen, aus denen sie entstanden. Aber in anderen Belangen konnte er treu, in seiner Treue geradezu stur sein. So in der Beziehung zu seinem Verleger Peter Schifferli. Keine Häme Max Frischs (»die Unverlässlichkeit dieses klatschgeilen Schifferli«[36], 22. Juni 1955 an F. D.), schon gar kein Zornesausbruch von Ludwig Hohl (»wie er mich mit mächtigen Armen aus der Tiefe hebt –: es ist unerhört«[37], Dezember 1959) konnte ihn beirren.

Nie war ein neuer Noah dringender gefragt gewesen als nach dem Zweiten Weltkrieg. Schifferli verstand sich als solcher, als er im Juli 1944 sein verlegerisches Unternehmen gründete, keine 23 Jahre alt. Mit einer kleinen erschwinglichen Reihe, einer Art »Notbücherei« für die ersten Nachkriegsjahre, bereiste er unmittelbar nach der »Stunde null«) mit Büchertransporten Deutschland, und die enthielten keineswegs nur seine eigene Produktion.[38]

Aus den Autoren, die er verlegte, ist kein Verlagsprofil abzuleiten, weder in ästhetischem noch in weltanschaulichem Sinn. Konservative wie Claudel, Bernanos, Schaper, Silja Walter, Reinhold Schneider, Rudolf Alexander Schröder, Hans Urs von Balthasar waren gewiss als ein katholischer Schwerpunkt unübersehbar, aber Schifferli publizierte auch die nach 1945 kurzzeitig kompromittierten Gottfried Benn, Ernst Jünger und Ezra Pound (den die Amerikaner als Kollaborateur des Faschismus im Pisaner Gefangenencamp in einen Käfig sperrten). Andererseits waren Autoren wie Gertrud von Lefort, Werner Bergengruen, Horst Wolfram Geißler, T. S. Eliot, Gertrude Stein und die Dadaisten vertreten: Tzara, Arp, Hülsenbeck und Friedrich Glauser (auch der war vor 1920 einst ein Dadaist gewesen). Der gemeinsame Nenner dieses Breitbandangebots war – nicht mehr, nicht weniger – Peter Schifferli. Mit Adolf Muschg, Hugo Loetscher, Gerold Späth, Walter Vogt wird er nach Friedrich Dürrenmatt viele Schweizer aufnehmen (und fast alle wieder ziehenlassen).

In den Anfängen aber stand das Programm der Arche für »Internationalität«, gelegentlich sogar für das, was der späte Goethe »Weltliteratur« genannt hatte. Das war nicht nur 1945 ein brauchbarer Ansatz. Ein missionarischer Glauben, die Welt sei durch Literatur zu retten, war Schifferli sicher nicht ganz fremd. Ganz entschieden war sie für ihn keine Ware wie irgendeine. Bis zu seinem Tod misstraute er allem, was sich zwischen ihn und das Buch stellen konnte. Zuweilen auch dem Leser (und sicher einer Leserschaft im Sinne einer konsumierenden Masse).

Marc Eichelberg, Physiker, Alpinist und Schifferlis Schwager, hatte ihn nach der Uraufführung von *Es steht geschrieben* auf den neuen Autor F. D. hingewiesen. Schifferli soll anfangs sehr zurückhaltend gewesen sein. Der Beifall der beiden eminentesten literarhistorischen Kapazitäten, Emil Staiger und Walter Muschg, wird nicht ohne Wirkung gewesen sein.

Die Korrespondenz mit Schifferli setzt zu Beginn des Jahres 1951 ein, mit einem Brief von Dürrenmatt nicht einmal in eigener Sache (26. Januar 1951): Er setzt sich für Ludwig Hohl ein (»diese[n] Unglücksmenschen«; »[o]hne Hohl im Geringsten zu überschätzen, halte ich ihn doch für verteidigungswert und werde dies auch mit Leidenschaft tun«[39]). Gleichzeitig schickt er Schifferli Gedichte von Bernhard Wicki. Ein weiterer, ohne Datum, aber Bezug nehmend auf die Geburt der Tochter Ruth (6. Oktober 1951), verrät mit Details über seine Befindlichkeit schon ein vertrauteres Verhältnis: »Da es mir den ganzen Sommer über reichlich schlecht ging, bis ich endlich mit einem wunderschönen Koma ins Spital eingeliefert wurde und nun fleißig Insulin spritze[40], mich im übrigen über meine Tochter freue, die mir gleichzeitig meine Frau geboren; da ich des weiteren ohne einen Rappen Geld und mit vielen ungeduldigen Verlegern dasitze, die sich mit Recht über mich sehr ärgern oder besser über meinen armseligen Geist, der langsam wie eine Kröte arbeitet – nicht einmal dieses Bild stimmt, so sehr bin ich auf dem Hund«, und als PS: »Benziger interessiert sich auch für die Beobachter-romane aber Sie haben selbstverständlich das Vorfahrtsrecht.«

In seinem Brief vom 19. Oktober 1951 promoviert Schifferli,

alle späteren Ehrendoktorate vorwegnehmend, seinen zukünftigen Autor gleich mit der ersten Anrede:

Sehr geehrter, lieber Herr Doktor
Ich bin etwas in Sorge, weil ich nichts mehr von Ihnen gehört habe und weil die verschiedenen versprochenen Texte noch immer nicht eingetroffen sind. Ich wäre froh, wenn ich wenigstens zunächst das Fragment des »Wärters« lesen könnte […]. Und dann das Gespräch, das Sie für den Radio geschrieben haben. Vielleicht können Sie auch noch den *Pilatus* beilegen […]. Sie haben mir seinerzeit gesagt, dass Sie mir die Buchrechte an den Beobachterromanen übertragen können. Vielleicht schreiben Sie mir ein paar Worte darüber, da ich nicht weiß, ob ich Sie richtig verstanden habe.[41]

Und am 3. November 1951:

Lieber Herr Dürrenmatt,
Vielen Dank für die Übermittlung der Manuskripte und des Kriminalromans. Jetzt fehlt nur noch das Prosastück DER SOHN (oder heißt es DER VATER?) von dem Sie sagten, es bestünde nur aus einem einzigen Satz[42]. Der Prosaband wird sehr gut, und ich danke Ihnen, dass Sie mir die Rechte anvertraut haben. Nun aber das Wichtigste: ich sah also Professor Staiger […] und da sagte er mir, er hätte Ihren Brief erhalten und hätte unmittelbar danach an eine Sitzung der Stiftung PRO ARTE fahren müssen. Diese habe Ihnen dann Fr. 2000,– zugesprochen, welche Sie in den nächsten Tagen erhalten werden. Staiger bat mich, Ihnen dies mitzuteilen, damit Sie etwas beruhigt sind. Ich freue mich sehr, Sie nächste Woche zu sehen, und verbleibe mit den besten Empfehlungen an Ihre Frau und dankbaren Grüßen
Ihr Peter Schifferli[43]

Schifferli, Jahrgang 1921 wie Dürrenmatt, wurde nicht nur sein Verleger, sondern auch, soweit ihm das bei seinem zurückhaltenden Naturell möglich war, sein Freund, einer der Partner langer nächtlicher Gespräche. Wesentlich näher standen die Dürrenmatts jedoch seiner Frau Claude, Marc Eichelbergs Schwester. Als eine starke integrierende Figur zog sie auch im Hintergrund des Verlags unaufdringlich die Fäden. Die Familien verbrachten gemeinsam Ferien, vor allem in Südfrankreich. Man war den Kindern gegenseitig Pate. Im Umfeld des in der Zürcher Gesellschaft vielfach vernetzten Schifferli lernte F. D. auch seinen späteren Freund Varlin kennen. Schifferlis Rat zählte noch Anfang der siebziger Jahre in schwierigen Lebenslagen, etwa bei der Entscheidung, ob F. D. das Angebot einer Direktion am Zürcher Schauspielhaus annehmen solle. Doch dann starb Mitte der siebziger Jahre Claude, fast gleichzeitig verlor Schifferli seine Mutter und einen Sohn. Schwer getroffen fand er kaum mehr zu seiner früheren Energie zurück. (Einer der Gründe für den Verlagswechsel zu Diogenes 1980 war Dürrenmatts Angst, Schifferli werde zusammenbrechen und der Verlag früher oder später an einen deutschen Großverlag verkauft. Da wollte Dürrenmatt keinesfalls landen.)

Als Idealist und Individualist war Schifferli im Verlagswesen eine unzeitgemäße Figur. Sein Verständnis von Stil verbot ihm jede eigentliche Verlagswerbung, wie sie die größeren deutschen Verlage nach dem Krieg betrieben. Dem Marketing und der Entwicklung von effektiven Vertriebssystemen misstraute er. Das betraf selbst die Teilnahme an der Frankfurter Buchmesse. Taschenbuchausgaben ließ er nur selten drucken. Seine Verlagsanzeigen waren von einem nicht mehr zu unterschreitenden Understatement. Mit Belegexemplaren knauserte er. Wie er, ein Sammler nicht nur von kostbarer Literatur, sondern auch von Musikorgeln, Spieldosen und -automaten, überhaupt das Gegenteil des überaus generösen Dürrenmatt war. Viele der Autoren,

deren erste Bücher im Verlag Die Arche erschienen, wechselten
später zu ebenjenen deutschen Verlagen, auch, wie Dürrenmatt
früh erkannte, weil Schweizer Autoren auf einen ausländischen
Markt angewiesen sind. Wie ein erfolgreicher deutscher Verlag
funktionierte, konnte der bei Frischs Verleger Suhrkamp sehen.
Das weltweite Verhandeln mit Rechten war nicht Schifferlis
Stärke, schon gar nicht in den Dimensionen, die dann angesichts
von Dürrenmatts Weltruhm unvermeidlich werden sollten.

Trotzdem scheiterten alle Bemühungen großer deutscher Verlage um Dürrenmatt. Zum Beispiel die von Heinrich Maria Ledig-Rowohlt, der sich in einem Brief für den freundlichen Empfang in Neuenburg bedankt (27. Oktober 1955, ein Vierteljahr
vor der Uraufführung der *Alten Dame*) und anmerkt, »dass wir
uns im Großen und Ganzen einig sind, dass Sie in Zukunft sowohl Ihr erzählerisches wie Ihr dramatisches Werk bei uns veröffentlichen wollen«[44]. Daraus wurde nichts. Dürrenmatt blieb
bei Schifferli.

Auch eines der größten Schwergewichte der deutschen Nach-
kriegs-Verlagslandschaft, den aus dem Exil zurückgekehrten
Gottfried Bermann-Fischer, Leiter des S. Fischer Verlags, hat
F. D. 1950 abblitzen lassen (eben zu dem Zeitpunkt spaltete sich
aus dem Fischer Verlag, den während der Nazizeit Peter Suhrkamp leitete, der Suhrkamp Verlag ab: Auch der bemühte sich
später um Dürrenmatt). Bermann-Fischer mochte den *Pilatus,*
verlangte aber noch »den Roman« zu lesen und »die Novelle«.
Wie manchem anderen muss ihm Dürrenmatt etwas vorgeflun-
kert haben.[45]

Warum Schifferli Peter Keckeis (1920–2007), dem langjähri-
gen Leiter des (im Übrigen erst recht katholischen) Benziger
Verlags, die Rechte am Kriminalroman *Der Richter und sein
Henker* überließ, darüber kann man nur spekulieren. Möglicherweise war Schifferli der Kriminalroman grundsätzlich, in
seinem literarischen Anspruch, von der Gattung her zu anrü-

chig, wie Keckeis selbst vermutete. Gewiss hat ihn zuerst die religiös grundierte Prosa Dürrenmatts angezogen und nicht der »aristophanische Dürrenmatt«, den Walter Muschg in *Die Stadt. Prosa I–IV* vermisste.[46]

Dürrenmatt hielt Schifferli auch deshalb so lange die Treue, weil er ab dem Erfolg der *Alten Dame* nicht mehr auf die Einnahmen aus den Buchpublikationen angewiesen war. Das große Geld brachten jetzt die Theaterrechte[47], noch zur Zeit seiner letzten großen Erfolge mit dem *Meteor* und mit *Play Strindberg*. Doch als die Mitarbeit in der Basler Theaterdirektion 1968 scheiterte, sank auch seine Popularität zumindest auf dem deutschen Theater und die Einnahmen aus dem Buchgeschäft wurden wieder wichtiger. Jetzt musste auch Dürrenmatt die (ökonomischen) Grenzen des Quasi-Einmannunternehmens Arche erkennen. So endete, mit Dürrenmatts Wechsel zum Diogenes Verlag um 1979 nicht nur eine Arbeitsbeziehung, sondern auch eine Freundschaft. Eichelberg sollte auf Schifferlis Bitte hin noch vermitteln – vergebens. Im postumen Band, den Schifferlis Söhne Christoph und Lorenz herausgaben[48], sind Anekdoten aus dem Umgang mit Dürrenmatt auffällig untervertreten.

Die dreißigbändige Werkausgabe zu Dürrenmatts 60. Geburtstag war zwar *de jure* noch eine Gemeinschaftsproduktion von Arche und Diogenes, die allerdings schon durch den damaligen Diogenes-Lektor Thomas Bodmer begleitet wurde. Schifferli konnte seinen alten Freund nicht mehr halten. Dass dessen Absprung ihn »ins Grab gebracht habe«, war allerdings eine Übertreibung des Zürcher Kulturklatsches – zum Teil verbreitet von Autoren, welche viel früher von Bord der Arche gegangen waren. Eine schwere Enttäuschung war Dürrenmatts Verlagswechsel für Schifferli allemal. Er starb kurz danach im Dezember 1980, keine sechzig Jahre alt.

Wennschon ein Wechsel, dann war der von Dürrenmatt zu Daniel Keels Diogenes Verlag allerdings sehr naheliegend. Der hatte, gerade erst 1978, den großen Band *Dürrenmatt. Bilder und Zeichnungen* herausgegeben. Und schon für Keels erstes Buch, 99 boshafte Zeichnungen von Ronald Searle unter dem Titel *Weil noch das Lämpchen glüht* (Diogenes 1952), hatte Friedrich Dürrenmatt das Vorwort geschrieben.

Rundfunk als Rettung

Am 6. Oktober 1951 wird Dürrenmatts drittes Kind, Tochter Ruth, geboren. Die Familie wuchs, und mit ihr die Verantwortung. Zuvor zwangen Komplikationen in der Schwangerschaft Lotti zu Spitalaufenthalten. Geld musste her. Eine Möglichkeit für F. D., das zu beschaffen, waren Hörspielaufträge. Tatsächlich waren von insgesamt acht Hörspielen, die Dürrenmatt schrieb, alle bis auf zwei Auftragswerke für deutsche Sender. Und der Auftrag einer Radioanstalt bedeutete fast automatisch Nachspieltermine der anderen und damit weitere Honorare. Auch unter diesem Gesichtspunkt war die dezentrale Struktur des deutschen Nachkriegsrundfunks für Dürrenmatt und alle seine Kollegen ein Segen.

Dürrenmatt bedankte sich später wiederholt bei den deutschen Rundfunkanstalten, gleich insgesamt. Sie seien für ihn sein erster »wirklicher Mäzen«[49] gewesen. Seine Rede zur Verleihung des Großen Literaturpreises des Kantons Bern (25. Oktober 1969) verübelte ihm besonders sein Cousin Peter: »Ich wäre damals froh gewesen, einen Preis von 15 000,– Franken entgegennehmen zu können, doch wie es im Leben so ist, die Preise kommen, wenn man sie nicht mehr braucht. Ich vermag mich längst aus eigener Kraft zu ernähren, wenn auch das Geld, von dem ich lebe, der Hauptsache nach nicht von der Schweiz kommt. Meine wirklichen Mäzene waren die Deutschen Rundfunkanstalten, die mir für Hörspiele Preise offerierten, mit denen der Schwei-

zerische Rundfunk nicht konkurrieren konnte. [...] Ich lebe in
der Schweiz, aber ich lebe nicht von der Schweiz.«[50] Der »biedere Vetter«[51] unterschlägt jedoch die Sätze davor: »Die ersten
Jahre waren hart. Ich bin von vielen bekannten und unbekannten Schweizern, von Privatleuten und öffentlichen Institutionen
unterstützt worden, und ich bin noch jetzt dankbar dafür.«[52]

Die Zeitspanne zwischen dem Ende des Zweiten Weltkriegs
und dem Durchbruch des Fernsehens war die große Zeit des
deutschen Hörspiels. Der nach 1945 von den Alliierten über
deutsche Kontrolloffiziere (darunter etwa, beim Sender Frankfurt, Golo Mann) aufgebaute Rundfunk ist für die Entwicklung
der deutschen Nachkriegsliteratur kaum zu überschätzen. Auch
und vor allem, weil er damals den meisten Schriftstellern eine
finanzielle Basis bot. Dürrenmatt war kein Einzelfall. »Es gab
kaum einen ›freien Schriftsteller‹ in den fünfziger und sechziger
Jahren, der nicht für den Rundfunk arbeitete – was auch ökono-
misch wichtig war, da auf diese Weise jenseits des Massenge-
schmacks selbständiges, nonkonformistisches Denken ›hono-
riert‹ werden konnte.«[53]

Von den rund 200 Hörspielen, die zwischen 1927 und 1960 in
Deutschland produziert wurden, entstanden 160 in den ersten
Jahren nach dem Zweiten Weltkrieg. Mit dem geistigen Anspruch verband sich die Wirksamkeit in die Breite. Besonders
nach der Einführung der Ultrakurzwelle und damit der zweiten
Programme (ab 1950) wurde dem Medium ein eigentlicher kul-
tureller Volksbildungsauftrag überantwortet. In den Redaktionen saßen zum Teil die kompetenteren Dramaturgen als in den
Theatern: Ernst Schnabel, Alfred Andersch, Gerhard Szczesny,
um nur gerade die drei zu nennen. In gewisser Weise bewahrte
das Hörspiel die Bildungsbeflissenheit der Trümmerzeit, die
nach der Währungsreform schnell der Konsumhaltung des
Wirtschaftswunders wich. Bis dann das Fernsehen »bewirkte,
dass der kritische Diskurs weiter nach unten nivelliert wurde.

Wie von einer Dialektik der Aufklärung konnte man auch von einer ›Dialektik des Fernsehens‹ sprechen: der Verkehrung einer kulturellen Möglichkeit in ihr Gegenteil.«[54]

Das Hörspiel war die Gattung, in der sich der geistige Anspruch des neuen, nach dem Missbrauch als zentrales Propagandainstrument durch Goebbels verständlicherweise dezentral organisierten Rundfunks manifestierte (trotz aller Bemühungen ist Adenauer eine Gleichschaltung und Unterwanderung der Länderkompetenz bis in die sechziger Jahre nicht gelungen, nicht einmal beim Fernsehen, nicht einmal beim neugegründeten ZDF). Das Hörspiel wurde das Medium der öffentlichen Intimität, der Hallraum des wahren Worts. Ein Massenmedium mit geistigem Anspruch.

Dürrenmatt war keiner von denen, die das Medium experimentell erweiterten und erforschten wie Günter Eich und andere, er verstand es als eine Probebühne für Stoffe, die er dann für die Bühne nutzte oder in die Prosa ausweitete: Die Abstraktion vom Bild, die Konzentration auf das Wort beschäftigte ihn gelegentlich auch auf dem Theater, am deutlichsten in seinem zweiten Stück *Der Blinde*. Nach eigenem Eingeständnis sah er im Hörspiel in erster Linie eine Erwerbsquelle. Das ist gewiss einer der Gründe, weshalb die acht Stücke von der Kritik und der Sekundärliteratur wenig beachtet wurden. Das Gebrauchsmedium, F. D. hat das selbst so gesehen, wurde nicht ernst genommen. »Und dann noch das Beste: mit deinen Hörspielen tauchst du wieder unter […], kein ernsthafter Kritiker nimmt sie wahr, liest sie, er schaut sie ja nur als reine Gelegenheitsarbeit an, und so lässt sich gerade in ihnen ungestört oft das Wesentlichste tun oder doch vorbereiten.«[55] Er sieht durchaus auch den bildungspolitischen oder kultursoziologischen Aspekt, die Befriedigung der geistigen Bedürfnisse im trauten Heim. Ein naheliegender anderer Aspekt scheint dabei – fast möchte ich sagen: verblüffenderweise – keine Rolle zu spielen: die Ausklammerung des Optischen, »von dem wir heute [...] so verdorben«[56] sind, obwohl doch die Rettung vor den Bildern, die ihn bedrängten, einst einer der Antriebe zum Sprung in die Literatur gewesen ist.

Zum Teil nahm Dürrenmatt die Hörspiele bei der Zusammenstellung der Gesamtausgabe 1980 in die Anhänge zu den Stücken oder Erzählungen auf, die daraus entstanden *(Herkules, Die Panne, Dichterdämmerung)* oder in deren Nähe sie dem Stoffe nach liegen. (*Der Doppelgänger* findet sich im Band mit den frühen Stücken – dies, obwohl er »weit mehr meinen frühen Prosawerken [...] verwandt ist«[57].) Sie sind keine Beispiele für eine eigenständige Hörspieldramaturgie, und auch das ist merkwürdig: dass die ihn nicht interessiert hat (»Ich habe mich nie darum gekümmert«[58]). Seine Alternative zum Theater war die Prosa, nicht das Hörspiel, das eher als Scharnier zwischen beiden Gattungen zu verstehen ist.

Im kleinen Aufsatz *Hörspielerisches* steht ein Passus, der in einem anderen Zusammenhang zu erinnern sein wird: einer, in welchem Dürrenmatt wohl eher sich selbst zur Ordnung ruft (in Kenntnis seiner Neigung zum Selbstkommentar, zum ausschweifenden, auch vorläufigen oder fahrlässigen Interview): »Die Schwierigkeit des Schriftstellers heutzutage liegt darin, dass er seine Möglichkeiten zu kapieren hat. Nur was er schafft, zählt, nicht, was er schwätzt; nur was er denkt, nicht was er meint. [...] So bleibt man an den Stoffen, formt unablässig, schafft seine Gestalten, immer neue, vergeudet sich nicht, schreibt Dinge und nicht ü b e r Dinge, belästigt die Welt weder mit Weltanschauung noch mit Innenleben [...].«[59]

Als eine Gegensetzung gegen die allgemeine Missachtung des Hörspiels durch die Dürrenmatt-Sekundärliteratur erscheint der Aufsatz *Die Hörspiele Friedrich Dürrenmatts: unerkannte Meisterwerke* der Literaturwissenschaftlerin Renate Usmiani. Für sie sind die Hörspiele der eigentliche Gipfel des Gesamtwerks. Usmiani zitiert erst die von Gerhard F. Hering, dem Darmstädter Intendanten der sechziger Jahre, schön erinnerte Anekdote (eine der vielen Legenden), wie F. D. im Darmstädter Theaterkeller beim Erzählen das Stück und die Hauptfigur der *Alten Dame* erfunden habe: »Auch hatte diese hier, die sich nun vor Dürrenmatts Hörern verleibhaftigte, wie im morgenländischen Märchen der Geist aus der Flasche, die ihr unausweichlich zubestimmten, die Atmosphäre ermöglichenden ›Orte‹ ihrer fortschreitend im Gespräch sich vollziehenden Leibhaftigkeit schon bei sich: den Bahnhof und den Wald, den Balkon und die Sänfte. Ja, der Wald um die ›alte Dame‹ dieser Darmstädter Nacht vor ihrer eigentlichen Bühnengeburt – nie wieder, weder in Dürrenmatts gedrucktem Wort noch in irgend einer dieses Wort entbindenden Inszenierung, nie wieder wird er so rauschen, so schauerlich, so dämonisiert, so lemurisch sich aus Baum und Strauch personifizierend wie damals, in jener Stunde, da der Erzähler schließlich, mit einer seiner üppig-breiten Gebärden, diesen seinen eigenen Gespensterwald unter den Tisch wischte, als schaudere es nun auch ihn.«[60] (An Dürrenmatt als Erzähler der Stücke erinnert sich auch Bernard Böschenstein: damit habe er mitunter übertroffen, was später auf der Bühne zu sehen gewesen sei.)

Dann schwingt sich Usmiani zu der emphatischen Behauptung auf: »Diese auf den ersten Blick unbedeutende Begebenheit bringt die ganz besondere Affinität des Schriftstellers zum Genre ›Hörspiel‹ deutlich zur Geltung. Die Episode ist bezeichnend dafür, in welch unglaublicher Weise Dürrenmatt fähig ist, lebenswirkliche Gestalten und Situationen rein durch das gesprochene Wort entstehen zu lassen. Dürrenmatt hat, meiner Ansicht nach, im Hörspiel seine höchste Potenz erreicht, und so ist es nicht erstaunlich, dass die Kurzdramen, die er für den Rundfunk geschrieben hat, seine besser bekannten Bühnenstücke – mit Ausnahme des *Besuchs der alten Dame* und der *Physiker* – an künstlerischem Wert übertreffen.«[61]

So schwer befrachtet, brechen die Versuche im Medium Hörspiel ein. Ernst zu nehmen sind sie dennoch.

Sein erstes Hörspiel *Der Doppelgänger* – »ein Werk, das, ganz in meiner von Kierkegaard ausgelösten religiösen Dialektik verhaftet, sich in den christlichen Paradoxien herumhetzt«[62], eine Auseinandersetzung mit der Prädestination und dem absoluten Glauben – hatte Radio Bern, wie bekannt, abgelehnt. »Ich kann mich«, schreibt er 1980, »nachträglich nur wundern, dass ich mit einem solchen Stoff ernsthaft versuchte, Geld zu verdienen, ist er doch nur jenen verständlich, die meine damaligen Produkte kennen: Weit mehr als *Es steht geschrieben* ist er meinen frühen Prosawerken verwandt – ich denke etwa an den *Folterknecht.*«[63] Darin soll ein Mann einen Mord büßen, den sein Doppelgänger begangen hat, und aus Furcht, ein Mörder zu werden, wird er zum Mörder (gewissermaßen als Instrument seines Doppelgängers): Die Motive der Kriminalromane, in diesem Fall von *Der Richter und sein Henker,* führen zu verblüffenden Rückschlüssen und Vorstufen; auch der Satz des Doppelgängers zum Protagonisten: »Sie hätten meine Tat begangen, wenn Sie versucht worden wären«, weist voraus auf den *Verdacht,* nach dem es »nur Versuchte und Verschonte« gebe.

1946 entstanden, verweist es auch auf den unvollendeten Plan des *Uhrenmachers*, der für *Ein Engel kommt nach Babylon* wichtig wurde und ein Gegenstück zum *Doppelgänger* hätte werden sollen: Geht es in dem Hörspiel um die unerklärliche Schuld resp. die undurchschaubare Gerechtigkeit, so geht es in dem Fragment um das Thema der tödlichen, weil für die Menschen unerklärlichen Gnade. Im April 1952 bezieht er für den nie ausgeführten Plan ein Auftragshonorar vom Bayerischen Rundfunk. Auch das Fell dieses Bären hat er verkauft, bevor der erlegt war.

Das Spannendste an diesem hochgespannten religiösen Gleichnis des *Doppelgängers* ist, dass es in Gesprächen zwischen dem Regisseur und dem Autor auch eine Poetik *in nuce* enthält, also auch ein Hörspiel über das Entstehen eines Hörspiels ist: Sein eigentliches Thema ist das Verhältnis des Autors zu seiner Erfindung.[64]

Nicht alle Hörspiele sind »Komödien« wie *Der Prozess um des Esels Schatten* (mit dem Untertitel ›Nach Wieland – aber nicht sehr‹[65]). F. D. geht vom vierten Buch von Wielands *Die Abderiten* (1774) aus, und vor dieser Folie setzt sich F. D. mit den Albernheiten und Narrheiten *seiner* Nation und Zeit auseinander, in einer doppelten Brechung also und in einer bezeichnenden komödiantischen Verschärfung: Im Streit zwischen dem Verkäufer einer Dienstleistung, dem Eseltreiber (der darauf besteht, dass im Mietpreis der Schatten des Grautiers nicht inbegriffen sei), und seinem Kunden, dem wohlhabenden Spießbürger und Zahnarzt (der die gegenteilige Rechtsauffassung vertritt), geht, anders als bei Wieland, Abdera (das, nebenbei gesagt, auch ein Staat der Kriegsgewinnler ist) am absurden Streit um des Esels Schatten zugrunde. Nicht zufällig fügt es Dürrenmatt in der Gesamtausgabe 1980 nicht dem Band *Hörspiele,* sondern, mit *Herkules,* den »Griechischen Stücken« bei. Beide liegen in der Entstehungsgeschichte nicht weit auseinander. Auch der *Herkules,* wiewohl als Hörspiel erst 1954 gesendet, entstand in der Zeit auf der »Festi« in Ligerz. Vom 23. August 1951 (!) ist sogar ein Verlagsvertrag der »Genossenschaft Büchergilde Gutenberg« erhalten, unterzeichnet von Dr. Hans Oprecht, der die Rechte »an einem Werk *Herkules und der Stall des Augias*« regelt, »an dessen Niederschrift er [der Autor] gegenwärtig beschäftigt ist [sic]«. Zur Unterzeichnung kam es nicht, aber offensichtlich war an dem Plan mehr als an den sonstigen Flunkereien, mit denen F. D. sich Vorschüsse ermogelte. 1951 war allerdings auch das Jahr, in dem Dürrenmatt sich entschloss, zum Arche-Verlag von Peter Schifferli zu gehen.

Man kann den *Prozess um des Esels Schatten* als eine erste

komödiantische Beschäftigung mit dem einsetzenden Kalten Krieg betrachten, er betraf neben ihrer Rolle darin aber auch die Schweiz an sich (deren übereifriges Parteiergreifen für die westliche Sache in der einsetzenden Ost-West-Spannung F. D. später mit dem schlechten Gewissen der Kriegsgewinnler erklären wird).[66]

Dürrenmatts »merkwürdige Vorliebe für Wieland«[67] (wie die für Lessing und Kant als Endpunkt der Aufklärung) reicht nach seiner eigenen Vermutung in den *Stoffen* bis in die chaotische Berner Gymnasialzeit zurück. Er muss eine frühe Witterung gehabt haben für die »Dialektik der Aufklärung«. Sie war seine eigene.

Auch die eine Hälfte seines Geistes, die Ratio, das Denken, gebar die andere, die Nachtseite der Phantasie; oder umgekehrt: Er rettete sich vor den Ungeheuern seiner Bilder (oder seinen Bildern des Ungeheuerlichen) in das Denken, auf Kants Insel der reinen Vernunft. Beides bedingte sich gegenseitig, aber nicht nur scharf getrennt dialektisch, es durchdrang sich auch. In ihrer Sprachführung sind die Dämonen seiner Stücke merkwürdig vernunftinfiziert, fast könnte man sagen: in die Vernunft entschärft, aus Abgründen in die Berechenbarkeit gehoben, und das heißt: an die dramaturgische Funktionalität gefesselt.

Wieland kannte wie Lessing beide Seiten der Welt, auch die abgründige: die Hoffnung und die Realität. Dafür hatte er seinen Shakespeare nicht nur gelesen, sondern auch übersetzt. Lessing schrieb nicht nur die *Hamburgische Dramaturgie* und den *Laokoon*, nicht nur mit der *Minna von Barnhelm* eine der brüchigsten Komödien, sondern mit *Emilia Galotti* auch eines der finstersten Trauerspiele der deutschen Literatur. Die Aufklärer Wieland und Lessing waren Dürrenmatts Hausgötter, weil sie wie er die Rationalität als einen steten moralischen Imperativ über den Abgrund spannten – den des Jahrhunderts und den in der eigenen Brust (wie sie gesagt hätten).

Dürrenmatts drittes Hörspiel, *Nächtliches Gespräch mit einem verachteten Menschen*, greift, in seiner Thematik, auch in der Abwesenheit von Humor, zurück auf die Positionen der frühen Prosa und des damit eng verbundenen *Doppelgängers*.[68] Es ist nicht so sehr eine politische (wie der Untertitel ›Ein Kurs für Zeitgenossen‹ vermuten lassen könnte) als eine religiöse Parabel. Ein Stück über das Annehmen eines ungerechten (oder unverständlichen) Urteils, eine frühe Formulierung dessen, was mir F. D. ganz zuletzt sagte: »Der Tod ist das Ende aller Rebellion.«[69]

Am 10. Juni 1950 (Eintrag betrifft den 9. Juni 1951) vermerkt die Agenda: »Regen, Regen: Wahre Sintfluten! Radiohörspiel Nr. 2 [den abgelehnten *Doppelgänger* zählt er offenbar nicht mit, P. R.]. Es ekelt mir diesen Nachmittag vor mir. Der Name des Hörspiels: *Nächtliches Gespräch mit dem andern.*«[70] Am 24. Juni 1952: »Soll ich oder soll ich nicht? München Kammerspiele wollen das nächtliche Gespräch aufführen.«[71]

Der Hintergrund des *Nächtlichen Gesprächs* eines Mannes mit seinem Henker ist eine terroristische Diktatur, ein als Gefängnis verwalteter »kafkaesker« Staat. So gesehen ist »der Andere«, wie der Henker heißt, der Knecht des Bösen, der totalitären Gewalt, der allerdings in seinem Opfer eine Kraft erkennt: »[I]n ihm [dem Opfer] ist das Wissen eingesenkt, wie die Welt sein soll, und die Erkenntnis, wie sie ist. Die Erinnerung, wozu Gott den Menschen schuf, und der Glaube, dass die Welt zerbrechen muss, damit sein Reich komme, als eine Sprengkraft mächtiger denn jene Atome«[72]. So ist der Dialog mehr als ein Stück Bewältigung jüngster deutscher Geschichte. Sein Thema ist nicht weniger als die *condition humaine* überhaupt, das »Sein zum Tode«[73]. Wenn sich das Opfer in den eigenen sinn- und schuldlosen Tod fügt, offenbaren sich die Würde des Ohnmächtigen und die »Ohnmacht der Ungerechten«[74], wie der Henker sagt. Theologische Implikationen sind nicht von der Hand zu weisen: Der Andere ist zwar nicht wie der Folterknecht direkt als Gott zu lesen, aber immerhin als dessen Instrument, als ausführendes Organ eines unsichtbaren Gerichts.[75] Hier ist geradezu plakativ ausgesprochen, was indirekt, verhüllt, noch lange Dürrenmatts Welt-Anschauung bestimmt: dass sich die Welt bestenfalls bestehen, nicht verändern lasse.

Tatsächlich führte Hans Schweikart das Hörspiel Ende Juli 1952 an den Münchner Kammerspielen unter dem Titel *Nächtlicher Besuch* mit Paul Verhoeven und Peter Lühr szenisch auf – und nach ihm noch viele Bühnen (es gibt kein Theater, das nicht immer wieder auf der Suche nach einem Stück für zwei Herren und eine Dekoration wäre).

Stranitzky und der Nationalheld schließlich ist das letzte der in Ligerz konzipierten Hörspiele. Nach Beendigung des Prosabands und unmittelbar nach *Mississippi* entstanden, wurde es erst nach dem Umzug nach Neuchâtel beendet und am 9. November 1952 vom Hamburger NDR erstmals gesendet.

In der Figur des aufgeblasenen und vertrottelten Nationalhelden, des »Herrn von Finsterwalde und Saint Plinplin«[76], der sich bei einer Besichtigung des Elends in Abessinien an der Zehe mit Aussatz infiziert haben will, in dem Volksidol Baldur von Moeve, der mit Goethe-Zitaten und sonstigem Bildungsschutt Tiefsinn vortäuscht und Betroffenheit mimt, trägt das europäische Verhängnis allerdings einen deutschen Namen. Am Nationalhelden zerbrechen die Hoffnungen von zwei Kriegsversehrten, einem grotesken Paar, dem beinlosen ehemaligen linken Flügel des »F. C. Patria«, Stranitzky eben, und dem blinden ehemaligen Marinetaucher Anton. Der eine ist des anderen Prothese: der Blinde schiebt den Beinlosen, der Beinlose weist dem Blinden den Weg. Stranitzky wittert in Moeves Krankheit die Chance, dass nun endlich die Versehrten an die Macht kämen, »unser Nationalheld [...] wurde durch seinen Aussatz zur Einsicht gebracht, dass man sich zusammentun muss, die Oberen und die Unteren, die Reichen und die Armen, deshalb hat er mich, den invaliden Stranitzky, zu sich gerufen, mit mir zu beraten«. Allein, die Audienz ist ein Trick, die Opfer des Krieges werden von dessen Mitverursacher abgewimmelt, am Ende lässt sich Stranitzky vom Blinden ins Wasser fahren.

Das Hörspiel *Stranitzky* muss auch vor dem Hintergrund jenes Textes von F.D. mit dem Titel *Trieb* gelesen werden, eine Abrechnung mit dem Europa des Zweiten Weltkriegs.

Zunächst zweifellos eine Satire, ist *Stranitzky* angesiedelt in einem unbestimmten Raum, der (nicht unähnlich dem Zimmer in *Mississippi*) Europa überhaupt meint, also nicht allein die Bundesrepublik, sondern ebenso die Schweiz. Aus der Mitverantwortung am Weltuntergang entließ Dürrenmatt die Verschonten nicht.

Die Figur des Versehrten ist nicht nur ein Reflex auf die Kriegsheimkehrer von Toller *(Hinkemann)* bis Borchert *(Draußen vor der Tür),* sondern ein Bild des Menschen überhaupt: Der sei ein »Prothesenwesen«, wie der alte Dürrenmatt zu sagen nicht müde werden sollte, »ein Raubaffe«, der sich mit technischen Mitteln die Elemente unterworfen habe und als ein luxurierender Irrläufer der Evolution im Begriff sei, die Erde zu zerstören. Der beinlose Stranitzky (»Lassen wir unsere Organe fahren, brauchen wir unsere Köpfe.«) erinnert ferner an den gliederlosen Turmbaumeister des babylonischen Fragments, Enggibi, eine Chiffre der scheiternden reinen Vernunft. (Das Thema hatte ihn früh beschäftigt: schon als Gymnasiast zeichnete er merkwürdige Kopffüßer.)

In Dürrenmatts Werk, angefangen mit dem frühesten Stück, dem *Knopf,* wimmelt es von Versehrten, Krüppeln, Beschädigten, Blinden, Tauben, Lahmen, Amputierten; das bildnerische Werk ist voll von fragmentierten, verstümmelten Körpern. Das Bild ›Das Arsenal des Dramatikers‹ zeigt gar ein Selbstporträt vor Regalen mit Köpfen, Füßen, Beinen, Armen – die Musterauslage eines Prothesenherstellers, sozusagen. Zwei Zeichnungen aus dieser Zeit tragen explizit den Titel ›Stranitzky und der Nationalheld‹, eine Pinselzeichnung ›Held‹ zeigt (eine brutale Variante des Prometheus-Themas) einen an einen Bretterverschlag gefesselten Arm- und Beinamputierten. Ein ganzes Trümmerfeld von Versehrungen findet sich auch, wir erinnern uns, in jenen Plänen, in welchen Dürrenmatt die Topographie seines kindlichen Konolfingen rekonstruiert. Noch seine letzte große Konstruktion eines »Hirns« in *Turmbau*, das sich eine Welt zusammendenkt und letztlich auch sich selbst, ist so etwas wie eine Gesamtamputation des Menschen vom Denken. – Ist die Auflösung des intakten Körpers auch als eine Folge von Dürrenmatts gestörtem Verhältnis zur eigenen Leiblichkeit, als drastische Vergrößerung eigener Defekte (von der leichten Gehstörung über die Sehschwäche, die Zuckerkrankheit bis hin zu den kardialen Problemen) zu sehen?

Wieder im Tunnel: F. D.s erster Kontakt zum Film

Zu Beginn des Jahres 1953 beschäftigte sich Friedrich Dürrenmatt zum ersten Mal mit dem Medium Film. Die Uraufführung von *Die Ehe des Herrn Mississippi* hatte ihm international zum Durchbruch verholfen, er war jetzt über die Grenzen hinaus ein bekannter Autor. So wundert es nicht, dass der Schweizer Regisseur und Schauspieler Max Haufler Dürrenmatt um seine Mitarbeit bat.

Max Haufler, 1910 in Basel geboren, mit seiner Mutter auf dem »Monte Verità« aufgewachsen, als Autodidakt Maler geworden[77], entdeckte die Schauspielerei durch das antifaschistische Cabaret »Resslirytti« und wenig später die Liebe zum Film. Sein Regie-Erstling ›Farinet‹, nach C. F. Ramuz' gleichnamiger Geschichte eines rebellischen Walliser Falschmünzers, unmittelbar vor Ausbruch des Kriegs an Originalschauplätzen im Wallis ge-

dreht, war ein Wurf, ein sehr schöner, spröder, ruhiger und poetischer Film, trotz seines (ganz anders als Haufler) zu Theatralik
neigenden Superstars Jean-Louis Barrault, der gelegentlich wie
ein Comédie-Française-Mime durch die von Haufler fabelhaft
fotografierte Walliser Bergwelt tönt. Ein geheimes Meisterwerk
des Schweizer Films, trotz der die rebellische Thematik dämp-
fenden Einschnitte der Zensur – geheim deshalb, weil der Film
so sehr dem vorherrschenden »Landi«-Mainstream der »geistigen Landesverteidigung« zuwiderlief, dass er namentlich beim
Deutschschweizer Publikum keine Chance hatte.

Als das nationalsozialistische Berlin 1942 verhinderte, dass
sein dritter Film, ›Menschen, die vorüberziehen‹ (1941/42), an der
Biennale Venedig gezeigt wurde, wurde er selbst zum Außenseiter und in eine ihm verhasste Schauspielkarriere gedrängt. Seine
Interpretation eines armen Debilen in Sigfrit Steiners (ebenfalls
bedeutendem, ebenfalls erfolglosem) Film ›Steinbruch‹ (1942) ist
die erste einer langen Reihe von schauspielerischen Studien Behinderter, Asozialer, Außenseiter, die Hauflers Spezialität werden sollten. Er verachtete die Schauspielerei, sah sich vielmehr
als verkannten, wenn nicht gar als verhinderten Regisseur.

Dürrenmatts eben bei Schifferlis Arche-Verlag erschienene
Erzählung *Der Tunnel* erinnerte Haufler an ein Projekt, das er
vor mehr als zehn Jahren hatte fallenlassen müssen: die Verfilmung des Romans *Gotthard-Express 41 verschüttet* von Emilio
Geiler. Die thematische Verbindung der beiden Texte ist ober-
flächlich, aber auch offensichtlich genug, um Hauflers Interesse
an Dürrenmatt, Dürrenmatts Interesse an Hauflers Plan zu erklären. Das Projekt war damals am Einspruch des Militärdepar-
tements gescheitert, das, so die offizielle Begründung, Filmar-
beiten entlang der strategisch wichtigen Gotthardstrecke nicht
zulassen wollte, in Wahrheit allerdings Haufler grundsätzlich als
unberechenbaren und anarchistischen linken Kantonisten wo
immer möglich zu behindern suchte.

Am 9. März 1953 taucht das Projekt zum ersten Mal in Dürrenmatts Agenda auf, am 18./19. März ist Hauflers Besuch in
Neuchâtel vermerkt. Vom 21. bis zum 24. März ist Dürrenmatt
im Auto seines neuen Freundes Ernst Schröder, eines der Darsteller der *Mississippi*-Aufführung am Berliner Schlossparktheater, unterwegs im Wallis, über den Simplon nach Stresa und
Mailand und über den Gotthard zurück nach Zürich – wohl
auch, um sich vom Originalschauplatz inspirieren zu lassen. Am
3. April ist Haufler wieder in Neuchâtel, zusammen mit Günther Stapenhorst. Der war 1940 als ehemaliger UFA-Produzent
in die Schweiz gekommen und hatte zusammen mit Heinrich
Fueter die Gloria-Film mitbegründet.

Drei Tage später besuchte F. D. zusammen mit Lotti Haufler in Zürich. Und dann, am 21. April, beendete ein wütender
Brief Hauflers die Zusammenarbeit. Er entsprach ganz dem
Charakter dieses genialen, zu Wut- und Begeisterungsausbrü-
chen, aber auch zu melancholischen Verfinsterungen neigenden
auteur maudit[78] des Schweizer Films: »[Ich muss] annehmen«,
schreibt er also am 21. April 1953 an Dürrenmatt, »dass es zutrifft, dass Sie die Ausarbeitung der Filmstory ›Gotthardexpress‹
aufgegeben haben, so wie mir das Herr Stapenhorst mitgeteilt
hat. Sie haben sich also tatsächlich in abscheulichster Weise gedrückt. [...] Ohne auf Ihr übles Verhalten weiter einzugehen,
muss ich Sie doch darauf aufmerksam machen, dass Sie, im Sinne
des Gesetzes, ganz offensichtlich zur Unzeit vom Auftrag zu-
rückgetreten sind. Wollen Sie mir also gnädigst mitteilen, wie Sie
sich die Liquidation dieser Angelegenheit vorstellen.«[79] Die zog
sich noch eine Weile hin. Am 26. Februar 1954 bittet Lotti Dürrenmatt (sozusagen als Sekretärin ihres kranken Gatten) Schifferli um Vermittlung: »Er [Fritz] hat 3 Monate daran gearbeitet,
dann gesehen, dass Haufler mehr einen Gotthard Film als eine
Story verfilmen will. Das Manuskript möchte er nicht gerne aus
den Händen geben, damit würde Haufler herumreisen, 500,– Fr.

zurückzuzahlen sind wir auch nicht gerade in der Lage, er hat ihm gesagt er könne die ganze Geschichte gebrauchen, ohne seinen Namen zu nennen […]. Könntest Du nicht einmal mit Wettstein reden?«[80]

Investierte er auch kein Vierteljahr in das Unternehmen[81], in einem hatte Lotti schon recht: Dürrenmatt hatte Haufler zumindest im Ansatz »eine saubere Geschichte« geliefert. In den Rahmen von Geilers biederem Roman, an welchem das Spannendste die sachkundigen bahntechnischen Details sind (Geiler war im Hauptberuf Bahnhofsvorsteher von Bellinzona) wollte er seine eigene Geschichte einschreiben, eine Art Kreuzung von *Menschen im Hotel* und *Huis clos.* Erhalten sind ein in 29 Punkten formuliertes Raster mit Überlegungen zum Stoff, ferner ein Exposé, das sich wie der Anfang einer Erzählung liest und in dem ein Rauschgiftschmuggler auf seine ehemalige jüdische Geliebte trifft, die er zwanzig Jahre zuvor, kurz vor der Flucht in die Schweiz, verlassen, also verraten hatte, »und so begann nun für die Beiden eine Reise, die sie in die Hölle führen musste, denn das äußere, nicht unbedenkliche Schicksal, welches dem Zug im weiteren Verlauf ihrer Begegnung widerfuhr, erlebten sie nun als ein Inneres«[82]. Weiterhin finden sich in Dürrenmatts Nachlass 19 Seiten eines Drehbuchentwurfs inklusive Dialogen, von denen die interessantesten die Wiederbegegnung des zweifelhaften Herrn Steen mit Rahel, seiner einstigen Geliebten, betreffen. Zur selben Zeit also, da sich Dürrenmatt mit dem Einfall zu *Mondfinsternis* der Stoff der *Alten Dame* entzündete, verfolgte er in ganz anderem Zusammenhang einer scheinbar zufälligen Auftragsarbeit eines der Hauptmotive des Stücks, den Liebesverrat.

Sosehr Dürrenmatt Hauflers Plan kurze Zeit reizte, er war zu sehr in Arbeit verstrickt, die direkter in sein stoffliches Gravitationsfeld gehörte. Er denkt an *Mondfinsternis* herum, beginnt die (Fragment gebliebene) Groteske *Mister X macht Fe-*

rien, überarbeitet den zweiten Kriminalroman *Der Verdacht* für die Buchausgabe bei Benziger und nimmt sich sein erstes Hörspiel *Der Doppelgänger* ein weiteres Mal vor.

Vor allem aber wendet er sich wieder dem Trümmerfeld seines gescheiterten *Turmbaus* zu. Aus dessen 1. Akt entsteht 1953 Dürrenmatts fünftes Theaterstück *Ein Engel kommt nach Babylon.* Die Agenda schweigt sich darüber fast ganz aus. Gerade mal »Akki«[83] steht da unter dem 8. und dem 10. Juli vermerkt. Als habe er den Wiederaufbau des alten Plans insgeheim betrieben. Als wäre ihm die Rückkehr zum alten Thema von der verpassten göttlichen Gnade gar genierlich gewesen.

12

Eine Krise und ihre Bewältigung

Auf der Suche nach dem verlorenen Engel · Der Engel, der aus den Trümmern stieg · »So bin ich denn ein abgedankter Dramatiker« · Nach dem Schiffbruch · Überlebensstrategie 1: Dürrenmatt inszeniert Dürrenmatt: eine Premiere · Überlebensstrategie 2: Rückkehr zum Kriminalroman, ›Aufenthalt in einer kleinen Stadt‹ · Überlebensstrategie 3: Das vertraute Gelände des Hörspiels: ›Herkules‹ · Science-Fiction: ›Das Unternehmen der Wega‹ · Der mutige Mensch und die Chance des Einzelnen · Überlebensstrategie 4: Selbstversicherung in der Theorie · Urahne Aristophanes · Theaterprobleme · Schriftsteller vs. Dichter · Überlebensstrategie 5: der Roman, der sich Prosakomödie nennt, ›Grieche sucht Griechin‹

Auf der Suche nach dem verlorenen Engel

Die Wiederbeschäftigung mit der frühen Prosa anlässlich der Edition im Arche-Verlag im Herbst 1952 war eine Wiederbesichtigung alter Positionen und als solche ein frühes Beispiel für Dürrenmatts Prinzip der weiterführenden Wiederholung.

Zu dieser Rückkehr gehörte auch die erneute Aufnahme des dramatischen Erstlings *Der Knopf*. Er erhielt nun einen neuen Schluss und den vielsagenden Titel *Untergang und neues Leben*. Hört die Urfassung mit dem kollektiven Aufschrei »gott, erbarme dich unser« und der Regieanweisung »der boden beginnt zu zittern, dann zerreißt die explosion alles« auf, endet die letzte

Fassung mit einem Schlussgedicht des von den Wassern dahin-
geschwemmten Fremden, einem hochgespannten Hymnus, der
mit den Zeilen endet: »Unaufhörlich hebt mich die Welle, und /
unaufhörlich sinke ich, / von Gnade und Fluch umspielt. // Aus-
gebrannt vom schattenlosen Licht fühle / ich die Kühle des
Ozeans, / leise streift mich ein Fisch, / ein seelenloses Leben. //
O dunkle Tiefe, unsagbares Licht, eins / ins andere verschlungen! // Die Meere treiben mich fort, eine neue / Erde wässernd.«[1]
Nicht nur das Oxymoron des »dunklen Lichts«, das in der neu-
platonischen Tradition eine Chiffre für das Göttliche ist, in dem
alle Gegensätze zur Einheit kommen, verweist auf den christlichen Zusammenhang. Der neue Titel steht insgesamt mit seiner Untergangs- und Auferstehungsmetaphorik für mehr als für
dieses auch in seiner letzten Fassung von F. D. verworfene Stück.

Mit alldem hing die Realisierung von Dürrenmatts nächstem
großem Plan, *Ein Engel kommt nach Babylon*, zusammen. Auch
er war eine Wiederaufnahme – die des eingestürzten *Turmbaus*.

Dürrenmatt war, bezeugen alle, die das Privileg hatten, ihn
dabei zu erleben, ein großartiger Verfertiger von Gedanken
beim Reden, ein Meister des mündlichen Entwurfs, der improvisierten Erfindung. War er allerdings einmal aus der von ihm so
genannten »Flunkerei« in schriftliche Arbeitsphasen eingetreten, sprach er kaum mehr über seine Projekte. Dass er sich die
Dokumentation eines Arbeitsfortgangs selbst in seiner Agenda
versagte, ist allerdings die Ausnahme.[2]

So vermerkt der kleine Kalender für das Jahr 1953 den Beginn
einer Fragment gebliebenen Prosa-Groteske mit dem Titel *Mister X macht Ferien:* Der Teufel (Mister X) handelt höheren Orts
Ferien aus, in einer Szene, die eine launige Parodie von Goethes
Faust-Prolog im Himmel ist, und lässt sich anschließend in einem Nonnenstift beherbergen. Die arglosen Klosterfrauen be-
nehmen sich mit einem Mal ausgelassen, lebenslustig, frivol, die
Gangster der Stadt entdecken das Gute. Bis sich, so der Plan, die

verkehrte Welt wieder einrenkt und der Teufel mit dem Gangsterkönig zur Hölle fährt. Ein Scherzo, das Dürrenmatt mit gutem Grund nicht weiterverfolgte, immerhin aber als Anhang zu *Grieche sucht Griechin* in die Werkausgabe 1980 aufnahm.

Vom 3. bis zum 6. März und noch einmal am 15. Juni beschäftigt er sich wieder mit dem schon genannten *Uhrenmacher;* dann, vom 1. bis zum 3. Juli, wieder mit seinem ersten Hörspiel, dem 1946 entstandenen *Doppelgänger.* Beides gehört zum stofflichen Gravitationsfeld des *Turmbaus.*

Wann und wie *Ein Engel kommt nach Babylon* entstand, können wir nur vermuten. Als ein roter Faden mögen die Notizen dienen, welche die Beschäftigung mit verwandten Stoffen belegen. Am 3. Januar 1953 vermerkt er: »gemalt Turmbau«. Dabei wird es sich um die im Band *Bilder und Zeichnungen* als Frontispiz gedruckte Federzeichnung ›Turmbau I‹ handeln oder die (tatsächlich gemalte) Version ›Turmbau II‹ auf dem Schutzumschlag des gleichnamigen zweiten Bands der *Stoffe.* Ein Eintrag unter dem 8. und dem 10. Juli heißt noch »Akki«[3] – unklar, ob damit die Figur oder das ganze Unternehmen *Engel* gemeint ist (ist doch der begnadete Bettler tatsächlich die eindrücklichste Figur des Dramas). An anderer Stelle erwähnt F. D. noch, er habe das Stück »unmittelbar nach Mississippi« in Angriff genommen. Abgesehen von einem Gedicht[4], das er in den Anhang der Werkausgabe 1980 aufnahm und das mit 1953 datiert ist, finden sich keine weiteren Hinweise auf eine Beschäftigung mit dem Stoff:

> Dies ist die Geschichte vom großen Turm
> zu Babel am roten Strome Euphrat:
> Zum zweiten Mal, dass ich beginne.
> Wie ich zum ersten Mal anhob und wie sich
> zum ersten Mal die Wasser Mesopotamiens
> vor meine Füße wälzten,

> Der Turm vor mir anstieg, ein kahles Gebirge,
> voll Menschen und Maschinen,
> in weiße Wolken stechend,
> Warf ich, ungeduldig, das Lied ins Feuer.

Das Projekt war zu groß, unmöglich, einen »so unermesslichen Turm« »in die drei hölzernen Wände / einer erbärmlichen Bühne« unterzubringen; die zwei, drei Stunden der Handlung »Konnten nicht mit den Tausend Jahren überspannt / werden, / In denen sich der Turm seinem Ziel entgegen in / die Höhe schob.« Und abschließend schon ein frühes Bekenntnis zum Fragmentarischen:

> Nun aber spanne ich das Lied über die ganze
> Erde,
> mit gelassener Hand, unbekümmert ob ich es
> vollende.

Der Engel, der aus den Trümmern stieg

Aus den Tiefen des Alls, unter einem Andromedanebel, der als Bühnenwirklichkeit so »bedrohlich nah« an die Erde herangerückt ist wie der Mond in der Tanzszene von *Es steht geschrieben*, ist der Engel nach Babylon gekommen, das Mädchen Kurrubi dem ärmsten der Menschen zu bringen. Er ist ein naiver Engel, nicht vertraut mit den menschlichen Wirrungen und Tücken. Er weiß nicht, wie er seinen Auftrag erfüllen soll, trifft er doch gleich zwei Bettler an: Akki eben und den verkleideten König Nebukadnezar, der, um die Bettelei in seinem totalitären Staat auszurotten, in einem Wettbetteln (einem Kabinettstück ersten Ranges) den Meister herausfordert. Natürlich unterliegt er, der himmlische Trottel von einem Engel hält den Verlierer des Wettstreits für den Ärmsten, und der König muss das Mädchen, das er begehrt wie alle, als Beleidigung von sich weisen.

An diesem Punkt wäre – und war im verbrannten Fragment – die Voraussetzung für den Turmbau geschaffen: als des Königs Rebellion gegen den Himmel. Stattdessen gehen die Täuschungen weiter, Kurrubi wird dem Henker übergeben, nur ist der kein anderer als der listenreiche Akki im roten Mantel. Am Ende dieses Spiels von der Gnade, »die dem nicht gehören darf, der sie vor allem nötig hätte, und dem zufällt, der sie am wenigsten braucht«[5], verschwinden Akki und Kurrubi durch die Wüste in ein offenes Ende. Dies ist noch nicht einmal das notwendigste Handlungsgerippe eines von Einfällen fast erstickten Stücks. Aber es zeigt schon, weshalb es (mit dem Untertitel der zweiten Fassung von 1957) »eine fragmentarische Komödie« bleiben musste, die, in einer merkwürdigen Selbstverkennung Dürrenmatts, sich nicht als einfacher, sondern als entschieden komplizierter erweisen sollte als ihr Gegenstück *Mississippi*. »Fragmentarisch« blieb weniger diese Komödie als vielmehr der Gesamtplan einer Trilogie. Die Idee des *Turmbaus* trug den Keim des Scheiterns sozusagen werkgenetisch in sich.

Ein Engel kommt nach Babylon ist ein Gleichnis für eine »Welt, die am Ende tragisch verunglückt, ins Gigantische rennt, versteint, durchaus aus eigener Schuld, [...] eine Welt, die wir hier zwar auf die Bühne bauen, die wir hier zusammenflunkern, die aber erst nicht viel anders war als alle andern menschlichen Welten und Reiche, die ihre Könige, ihre Minister, ihre Theologen, ihre Bankiers, ihre Arbeiter, ihre Dichter und Bettler aufwies und schließlich doch etwas Unsinniges, Ausweisloses wurde.«[6] Das Stück handelt von der verspielten Gnade. Der gnadenlose Mensch ist Nebukadnezar, ihm gegenüber steht als Be-gnadeter der Bettler Akki.

Sehen die einen aufgrund von Dürrenmatts Bemerkung, das

Stück sei »eine Art Anti-Mississippi«[7] im *Engel* den Gegenentwurf zu *Romulus* und *Mississippi*, halten ihn die anderen für einen Anachronismus innerhalb der Werkgeschichte oder für eine
Auseinandersetzung mit Brechts *Der gute Mensch von Sezuan.*
Vor allem ist der *Engel* jedoch im *Turmbau*-Komplex verankert,
den ersten Akt hat F. D. fast vollständig übernommen. Was F. D.
nicht ahnte: Es gab ein Scheitern, das nicht in seiner Verantwortung lag: *Ein Engel kommt nach Babylon* ist ein schwieriges,
aber als tragische Komödie in sich schlüssiges Stück. Die Uraufführung jedoch wurde für ihn zum Fiasko.

Unter der Regie von Hans Schweikart wird *Ein Engel kommt
nach Babylon* am 22. Dezember 1953 an den Münchner Kammerspielen uraufgeführt. Verhandelte F. D. seine christliche Thematik im *Romulus* und *Mississippi* sozusagen *undercover*, so tritt
sie im *Engel*, bei allen Komödienstrategien im Detail, unverhüllt
zutage. Umso schmerzlicher war, dass Schweikart das Stück
ganz anders verstanden hatte. Der war einem doppelten Irrtum
erlegen. Er betrachtete Dürrenmatt als einen Nachfolger Wedekinds, hatte F. D. sich doch selbst anlässlich des *Mississippi* in den
Bekenntnissen eines Plagiators ausdrücklich als großen Bewunderer Wedekinds bekannt. Und er verstand das Stück als Satire.

In den autobiographischen Passagen der *Stoffe* spricht Dürrenmatt wenig von seinen Theaterpremieren. Einen dritten Band
der *Stoffe* wolle er allenfalls »dem Theater widmen, das kam in
den beiden ersten zu kurz«[8], vertraute er mir in unserem letzten
Gespräch an.

So ist der Bericht von der Münchner Premiere eine auffällige
Ausnahme, auch deshalb, weil er sich nicht so sehr auf das Stück,
sondern eben auf die verfehlte Umsetzung bezieht. Dürrenmatt
schildert schon die Anreise zu den Endproben als düsteres Präludium: eine Stirnhöhleninfektion mit mörderischem Kopfweh
zwang ihn bereits im Zug in die Horizontale. Bei den Gesprächen mit Schweikart und seinem Bühnenbildner Caspar Neher

wurde das Missverständnis bald offensichtlich, ebenso, dass es
für Korrekturen zu spät war. Während der Generalprobe lag
Dürrenmatt im Hotelbett, »[d]er Uraufführung wohnte ich in
der Loge Schweikarts bei. [Erich] Ponto spielte den Akki, einer
der besten Schauspieler, die ich je sah; der Polizist, ein alter
Schauspieler, trat betrunken auf, das Publikum wurde unruhig;
[Rudolf] Vogel als Henker war gespenstisch, Szenenapplaus.
Die stärkste Wirkung erwartete ich vom dritten Akt. Er fiel
durch und damit das Stück. Es wurde ein Achtungserfolg, das
Schlimmste, was passieren konnte, doch nur scheinbar das
Schlimmste – schlimmer war, dass ich meine Naivität dem Thea-
ter gegenüber verlor, wohl endgültig. Was ich seitdem für dieses
Medium schrieb, verfasste ich im Gefühl einer ›Bühnenohn-
macht‹, im Gefühl, mich in ›Feindesland‹ zu befinden. Allzu
sehr wurde mir damals deutlich, dass meine Welt, aus der ich
kam und die ich in eine Welt umwandelte, die wiederum nicht
identisch war mit meiner Herkunft, sondern mit einer eigenen
Welt, die ich geschaffen hatte, dass diese ›Eigenwelt‹ für einen
Außenstehenden unverständlich sein musste. Weil aber dieser
Außenstehende das Theaterpublikum darstellt, musste die Wirkung, die mein Theater erzielte, auf Zufall beruhen. Das war
denn auch mein Schicksal.«[9] Nach dem Scheitern am Stoff folgte
das Scheitern auf der Bühne.

»So bin ich denn ein abgedankter Dramatiker«

Das ist gewiss eingedunkelt durch die Erfahrung des *Mitmacher*-Misserfolgs von 1973, der die *Stoffe* erst auslöste und mit
ihnen diese Erinnerung. Doch die Krise war gravierend und
schlägt sich noch in relativ ausführlichen Agendaeinträgen aus
den ersten Wochen des Jahres 1954 nieder. »Was bin ich? Wer bin
ich? Eine Frage, die mich nun doch langsam beschäftigt. Zu wel-

chen Tatsachen komme ich eigentlich, denke ich darüber nach:
1. Gegensatz zwischen Innen und außen. Fiel mir besonders am
2. Januar auf. Meine Stimme tief, bieder, lächerlicher Gegensatz
zu dem vorgelesenen Inhalt. Was kann mich eigentlich in Bewegung setzen? Mag nicht lesen. Mag nicht gehen. Ständig in einem Zustand der Möglichkeit«[10]. »Die Schreibmaschine sei verflucht. Ueberpedant. Misstrauisch gegen mich / 3. Akt des Engels – Seine Unerbittlichkeit – wird immer gegen die zwei
anderen Akte stehen. Die Leute haben gelacht und werden weiter lachen wollen. / Eifrige Lektüre des 3ten Akts. Selbstlektüre.
Daneben Gedanken über Mississippi. Nun bin ich 33 geworden,
habe eine Familie, 3 Kinder. Das ist wichtig. Was aber sonst? Bin
ich ein gescheiterter Schriftsteller? Ich komme mir wenigstens
so vor. Ein gescheiterter Maler. Auch das. Ich muss mehr realisieren.«[11] Das eben bewundert er an Max Frisch: »[D]ass er sich
nicht so verschleudert wie ich mich, dass er mehr aus sich macht,
dass er vielleicht das höchste aus sich macht, was überhaupt
denkbar ist, und dass ich das alles nicht aus mir tue, dass ich
gerade nur das bin, was ich bin und nicht mehr, dass mir das, was
ich mache, im Grunde nur zufällig aus dem Aermel rutscht.«[12]

Dass die zweite Aufführung in Düsseldorf ein Erfolg wurde,
tröstete Dürrenmatt nicht nachhaltig, der Schock über Schweikarts satirisches Missverständnis saß zu tief. Denn Schweikart
war nicht irgendwer. Er leitete von 1947 bis 1963 die Münchner
Kammerspiele, die, durch einzelne Schauspieler wie Regisseure,
dem Schauspielhaus Zürich besonders eng verbunden waren.
Bis zu seinem Tod brachte er nicht weniger als acht Stücke Dürrenmatts zur Aufführung (u. a. *Der Besuch der alten Dame* als
deutsche Erstaufführung). Er gehörte zu den allerersten Kapazitäten auf dem deutschen Nachkriegstheater und zu Dürrenmatts treusten Partnern auf der Bühne.

Ende Januar 1954 zeigte auch das Schauspielhaus Zürich den
Engel. Regie führte, wie in Düsseldorf, Oskar Wälterlin. Als

F. D. das Stück für eine Aufführung in Göttingen 1957 erneut überarbeitet, gibt er ihm den Untertitel ›Eine fragmentarische Komödie in drei Akten‹.

Schweikart nahm Dürrenmatt das Fiasko allerdings keineswegs übel. Am 15. März 1954 schreibt er aus Neuchâtel:

Lieber Herr Schweikart,
vielen Dank für den Brief. Der Jahresanfang war bei uns nicht am günstigsten, Frau und Kinder viel krank und auch meine Gesundheit krachte zusammen, die Aerzte stellten Zucker fest, was mich zwingt, was die Lebensweise betrifft, unter die Heiligen zu gehen. Wenigstens ein wenig.

Von den weiteren Engelaufführungen sah ich nur die von Zürich. Knuth war großartig, die Bühnenbilder Ottos besser als die Nehers, besonders die Kostüme. Für die Burgtheateraufführung im April habe ich den dritten Akt in vielen Teilen umgearbeitet.

Zu München. Was haben Sie nicht alles ausfressen müssen, was Ihnen durchaus der Autor einbrockte. Wie schön, wenn Sie es noch einmal machen könnten mit meinen und *Ihren* Erfahrungen. Es lebe der Regisseur Schweikart!

Ein neues Stück schreibe ich nicht, habe auch keine Lust und keine Pläne dazu. Sie sehen, ich überlasse das Terrain den Feilers[13]. Die Nervenbelastung neuer Premieren kann und will ich mir nicht mehr leisten. Nach Wien gehe ich nicht und bin froh, dass der Arzt mir dies verbietet.

So bin ich denn ein abgedankter Dramatiker. Ich schreibe an einem Kriminalroman und es macht mir Spaß. Ich ziehe mich in Gebiete zurück, wo niemand Literatur vermutet und mache sie dort.[14]

Noch deutlicher war er drei Wochen zuvor (25. Februar 1954) gegenüber seinem alten Freund und Förderer Kurt Horwitz:

Ich bin jetzt froh um Aufmunterungen. Mir geht es nicht gut. Der Arzt stellte viel Zucker fest. Ein Urteil für immer. Ich wusste es schon seit München. Ich schicke mich darein. Sehen werden wir uns lange nicht mehr. Ich muss exakt leben, darf keine Aufregung haben, wie sich dies der Arzt so vorstellt. Es heißt, arbeiten, wenn es geht, abwarten, wenn es nicht geht. Die Müdigkeit ist oft idiotisch. Den *Engel* will niemand mehr spielen, vielleicht noch das Burgtheater. Berlin hat abgesagt. Einiges im 3. Akt ist noch nicht gelöst, ich hatte bis jetzt noch nicht die Kraft, es zu tun. Für Schifferli arbeite ich an einem Roman. Muss. Nun, das ist alles wohl ein Zeichen, dass ich mich vom Theater zurückziehen soll. Ein Rückzug von Marignano[15] mehr. Lassen wir die Feilers triumphieren. Großes Theater ist nur vom Theater her zu lösen, nicht vom Schreibtisch, der nur Ausgangspunkt sein darf. Nun bin ich an meinen Schreibtisch gefesselt. Warten wir ab. Mit allem.[16]

Noch 1948, als er sich in Ligerz mit dem *Turmbau*-Komplex herumschlug, hatte F. D. angemerkt: »Wer eine Welt gebaut hat, braucht sie nicht zu deuten.«[17] Nach der verunglückten Münchner Uraufführung des *Engels* sieht er dann doch Erklärungsbedarf. In einem Referat (gehalten am 30. Januar 1954 im Schauspielhaus) vor der Zürcher Aufführung von *Ein Engel kommt nach Babylon* befasste sich Dürrenmatt wieder mit dem *Turmbau.*Er spricht zuerst vom ursprünglichen Plan, aus dessen 1. Akt der *Engel* gewachsen ist, von der letztlich politischen Dimension des Stücks, das ein Unternehmen zeigen sollte, »das zur Vergewaltigung, zur Versklavung der Menschheit führt«[18]. Der Gegenspieler des Nebukadnezar wäre der Turmbaumeister Enggibi gewesen, »er hätte den Turm gebaut, um die Menschen zu beherrschen und nicht um den Himmel zu erobern«. *Ein Engel kommt nach Babylon* will er wie folgt verstanden wissen: »[H]insichtlich der Form [sei] so viel verraten, dass ich es als

eine Art Anti *Ehe des Herrn Mississippi* schrieb als ein Versuch
etwas – manche von Ihnen werden nun staunen – durchaus Sim-
ples zu schreiben. Nehmen wir gleich den Andromedanebel, der
da gleich zu Beginn auftaucht, aus dem der Engel niederst[eigt.]
Weiß was für Symbole witterte man dahinter. Für mich aber –
das sei hier gesagt, ist der Andromedanebel nicht etwas Nebelhaftes sondern etwas Genaues. Eine Welt von außen gesehen,
eine andere Welt als die unsere, und insofern als das andere, als das was außen ist, ein Sinnbild für den Himmel […]
Das Gleiche gilt auch vom Engel. Er sieht das Böse auf der Erde
nicht deshalb nicht, weil er etwa ein weltfremder Idealist wäre,
somit so etwas wie ein himmlischer Trottel, sondern weil er die
Materie zum ersten Mal im nicht gasförmigen Zustand sieht,
weil er die Erde als das sieht, was sie nun eben ist, als ein physi-
kalischer Ausnahmezustand im Weltall, als ein Wunder, mehr
noch als ein Wunder der Wunder, seine Worte, mit denen er ent-
schwindet sind daher weder nebulös noch romantisch […]. *Ein
Engel kommt nach Babylon* ist ein linear geschriebenes, ein
gradliniges und bewusst gebautes Theaterstück. […] Schrieb ich
den *Mississippi* bewusst ins Blaue, so handelt es sich hier um ein
ganz anderes Unternehmen.« Mit dem Bettler Akki sei der »reiche, phantasievolle, begnadete Mensch gemeint«, mit »Nebukadnezar der arme Mensch«. Das Stück sei »die Geschichte von
einer Verwechslung, die einem Engel passiert.«[19]

Mit dem Entschluss zur Schriftstellerei, so stellte Dürrenmatt
es am Ende des zweiten Bands der *Stoffe* dar, habe er die Rebellion gegen den Glauben seines Vaters aufgegeben und dagegen
den Glauben der Schriftstellerei gesetzt. Seine ersten beiden Stücke, *Es steht geschrieben* und *Der Blinde,* ließ er in den frühen
fünfziger Jahren für die Bühne sperren. Die Prägungen seiner
Kindheit und Jugend allerdings ließen sich so leicht nicht loswerden. Im Gegenteil. Vieles spricht dafür, dass bei aller Anstrengung zum Atheismus, trotz intensiver Beschäftigung mit

den Grenzbereichen der Naturwissenschaften, der Sog der alten religiösen Thematik als Unterströmung immer wirksam blieb. So wagt er im ›Nachwort‹ zum *Engel* in der Werkausgabe 1980 eine sehr erstaunliche Wendung ins Positive. »Die Erde hängt nicht im Nichts«, heißt es da, und dann verwendet Dürrenmatt ein Wort, das wir zu diesem Zeitpunkt längst aus seinem Vokabular gestrichen wähnten, »sie ist ein Teil der *Schöpfung.*«[20]

Ist an der Distanzierung vom »christlichen Dichter«[21], auch etwas Wunschdenken beteiligt, oder gar Kalkül? Anders gefragt: Worum geht es bei der vielzitierten Absicht, Kunst da zu tun, »wo sie niemand vermutet«[22]? Nur um eine Abkehr von den erdrückenden Anforderungen der »Welt der Bildung«[23], wie er es in den *Theaterproblemen* ausdrückt? Oder auch um eine Abkehr von der »Welt des Glaubens«? Dass dessen Positionen, seine Prämissen und Paradoxien, in zunehmend profanen und materialistischeren Zeiten des Wirtschaftswunders nicht mehr verständlich zu machen waren? Schon die Kriminalromane waren auch als metaphysische Gleichnisse zu lesen. Aber sie funktionierten auch *parterre,* sozusagen. *Ein Engel kommt nach Babylon* ist ohne die religiösen, christlichen, protestantischen Voraussetzungen weniger zu verstehen als *Es steht geschrieben.* Anders als dann wiederum *Der Besuch der alten Dame,* wo Ills Unterwerfung unter das Urteil eines gekauften Gerichts, das Annehmen einer Schuld, die metaphysische Thematik (z. B. des *Doppelgängers* und des *Nächtlichen Gesprächs*) zwar fortführt, aber versteckt in einer Handlung, die auf einer ersten Ebene als Parabel des Wirtschaftswunders, der Korruption von Moral durch Geld verstanden werden konnte.

Nur weil ihm das Thema von der verheerenden Gnade so wichtig war, weil ihn die Gnade weiterhin beschäftigte als Einbruch des Unerklärlichen, beängstigend wie das Verhängnis, hat ihn das Missverständnis durch den von ihm bewunderten Schweikart so verstört.

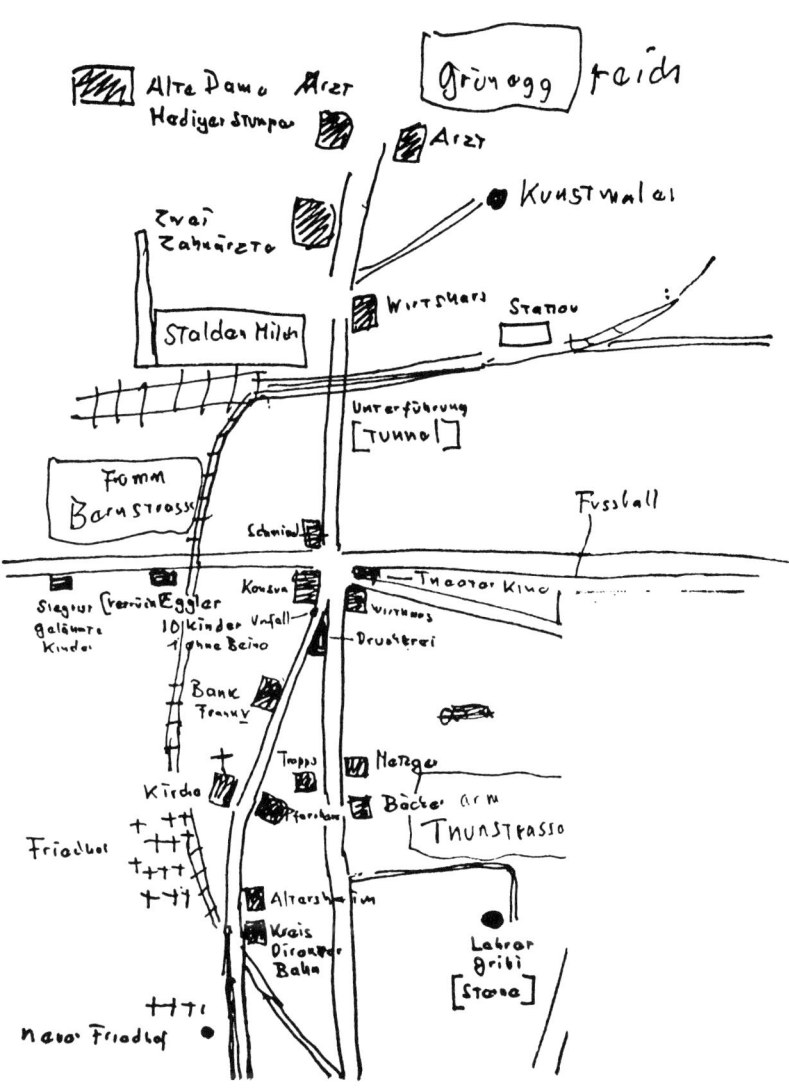

1 »Geographie der Kindheit«: von F. D. ca. 1964 gezeichneter Plan seines
   Geburtsortes Konolfingen im Emmental (Kanton Bern). F. D. zeichnet darin im
   Rückblick Figuren und Motive ein, die eine Verbindung zu seinem Werk haben.

2 »Schrecklich schönes Kinderland«: hintere Reihe v. l. n. r.: Elisabeth Gori (F. D.s
Pflegeschwester), Mathilde Jäggi (Reinhold Dürrenmatts Schwester), das Dienstmädchen der Familie Dürrenmatt, eine unbekannte Person, Reinhold Dürrenmatt
und Hulda Dürrenmatt, F. D.s Eltern; vordere Reihe: F. D. und seine drei Jahre
jüngere Schwester Verena im Garten des Pfarrhauses in Konolfingen

3   »Eine endlose Schuhputzerei«: Am 6. Juli 1942, mitten im Zweiten Weltkrieg,
    tritt F. D. (hinterste Reihe, ganz rechts) in Bern die Rekrutenschule an. Schon nach
    25 Diensttagen wird er in den militärischen Hilfsdienst versetzt.

4 »Es ist nun alles anders gekommen«: Am 12. Oktober 1946 werden die Schauspielerin
Lotti Geissler und Friedrich Dürrenmatt in Ligerz am Bielersee von F. D.s Vater
Reinhold getraut. V. l. n. r.: Hulda und Reinhold Dürrenmatt, Lotti, F. D. und
Lottis Mutter Cécile Falb.

5 »Beim ersten Kind, da wird man ja größenwahnsinnig«: Friedrich Dürrenmatt
   mit seiner Tochter Barbara, vorn Reinhold und Hulda Dürrenmatt, auf ihrem
   Schoß Tochter Ruth und der erstgeborene Peter im Garten in Neuchâtel, ca. 1952

6   Der 15 Jahre ältere Pfarrerssohn Eduard Wyss, Patenkind Reinhold Dürrenmatts,
    während F. D.s Studienzeit Freund und Vertrauter, später Trauzeuge
7   Der Schweizer Maler und Urbanist Walter Jonas, der F. D. während seines Zürcher
    Semesters 1942/43 mit dem Expressionismus in Berührung brachte
8   Der Literaturhistoriker Walter Muschg gab 1947 F. D.s dramatischen Erstling
    Es steht geschrieben in der Sammlung Klosterberg des Basler Schwabe Verlages
    heraus.
9   F. D. mit Kurt Horwitz während der Probe zu *Frank der Fünfte*, 1959. Horwitz
    wird 1946 Direktor des Basler Stadttheaters. Ein Jahr später inszeniert er F. D.s
    dramatischen Erstling *Es steht geschrieben* sowie in der Folge weitere Stücke,
    in denen er auch Rollen übernimmt.
10 Max Frisch und Friedrich Dürrenmatt an einem Treffen der Gruppe 47 in Rüschlikon,
    1968. Noch vor der Uraufführung von *Es steht geschrieben* schickt Max Frisch dem
    jüngeren Kollegen einen begeisterten Brief. Die »Arbeitsbeziehung« kühlt sich in
    den 70er Jahren merklich ab.

11 »Soll ich malen oder schreiben«: F. D. als Student in den 40er Jahren
12 »Meine Lage als junger Schriftsteller war eine miese«: F. D., in den 50er Jahren
13 F. D., ca. 1955
14 F. D. mit seiner Frau Lotti Ende der 40er Jahre

15 F. D. mit dem ungarischen Regisseur Ladislao Vajda und Heinz Rühmann
während der Dreharbeiten zu ›Es geschah am hellichten Tag‹, 1958

16 F. D. und der Schauspieler und Regisseur Maximilian Schell während der
Dreharbeiten zur Neuverfilmung von F. D.s erstem Kriminalroman *Der Richter
und sein Henker* in München, 1975

17 F. D. und die Schauspielerin Therese Giehse während der Fernsehinszenierung
von *Frank der Fünfte* in Hamburg, 1966

18 »Schauspieler sind wie Farben auf einer Palette«: F. D. und der deutsche Schauspieler und Regisseur Leonard Steckel während der Proben zu *Der Meteor,* 1965
19 »Meine schönste Zeit auf dem Theater«: F. D. mit dem Schweizer Theaterregisseur Werner Düggelin, der ihn 1968 als Codirektor an die Basler Theater holt, im Hintergrund der Schweizer Schauspieler, Regisseur und Intendant Adolph Spalinger

20 F. D.s Theaterverleger Egon Karter (1911 – 2006) und Kurt Reiss. Karter übernahm in den 70er Jahren den Reiss-Verlag und betreute Dürrenmatts dramatisches Werk in der Schweiz bis Anfang der 80er Jahre.

21 F. D. mit Peter Schifferli, in dessen 1944 in Zürich gegründetem Verlag Die Arche bis 1979 F. D.s Werk erscheint

22 »Die Preise kommen, wenn man sie nicht mehr braucht«: F. D. mit Anna und Daniel Keel bei der Verleihung des Georg-Büchner-Preises 1986. Nach dem Verlagswechsel 1979 überträgt Dürrenmatt 1985 die Weltrechte an Keels Diogenes Verlag.

23 F. D. erhält 1957 für das Hörspiel *Die Panne* den Hörspielpreis der Kriegsblinden.

24 1977 wird F. D. die Ehrendoktorwürde der Universität Jerusalem verliehen.

25 F. D. hält 1981 die Dankesrede bei der Verleihung der Ehrendoktorwürde der Universität Neuchâtel.

alle die hier sichr
geliefert von J

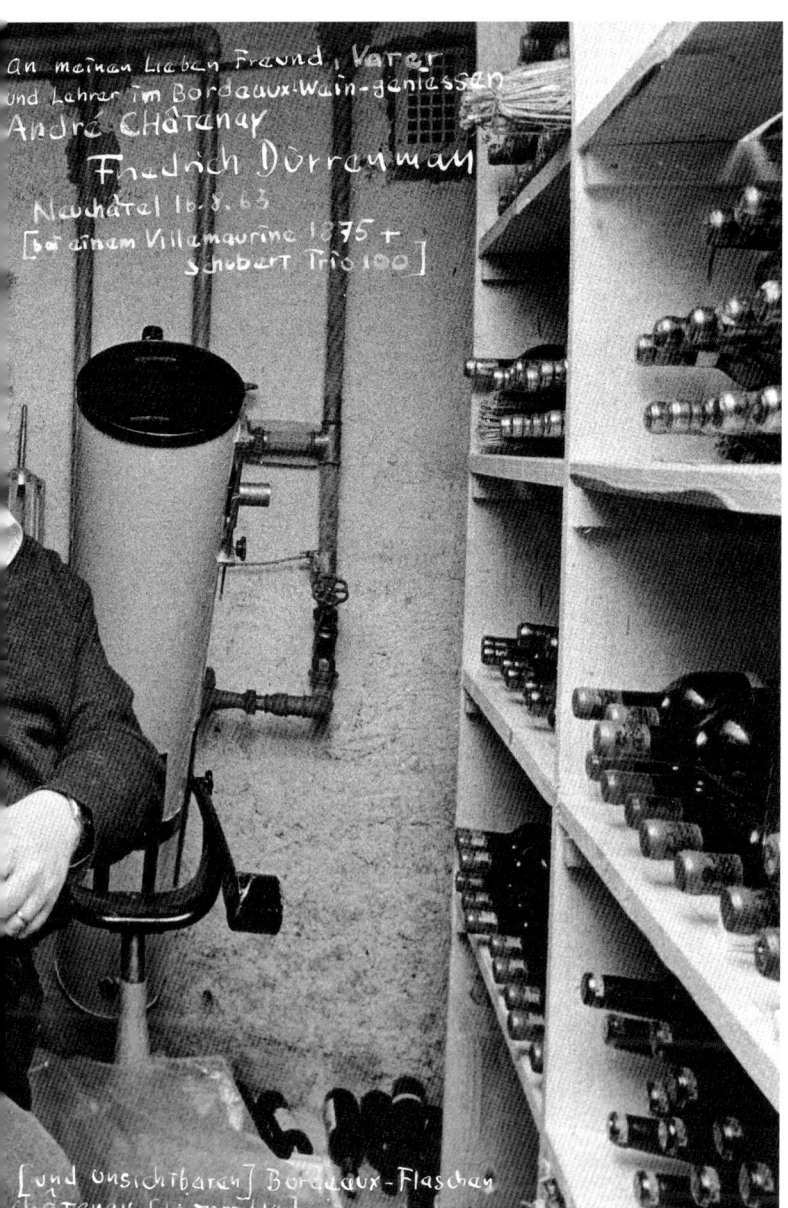

An meinen Lieben Freund, Vater
und Lehrer im Bordeaux-Wain-geniessen
André Châtenay
        Friedrich Dürrenmatt
Neuchâtel 16.8.63
[bei einem Villemaurine 1875 +
        Schubert Trio 100]

[und unsichtbaren] Bordeaux-Flaschen
Châtenay [la terrible]

26 »Wein habe ich aus gesellschaftlichen Gründen«: F. D., ca. 1963, in seinem
    Weinkeller in Neuchâtel

27 F. D. mit seinem Freund, dem Anwalt
Veit Wyler, ca. 1983

28 F. D. mit Hans Liechti ca. 1980 in dessen
Restaurant ›du Rocher‹ in Neuchâtel,
wo der enge Freund viele von F. D.s
Bildern ausstellt

29 F. D. mit dem Autor Eugène Ionesco
in seinem Haus in Neuchâtel, ca. 1968

30 F. D. mit dem Maler Varlin (Willy
Guggenheim) bei der Verleihung des
Zürcher Kunstpreises 1967

31 F. D. und der damalige tschecho-
slowakische Staatspräsident
Václav Havel bei der Verleihung
des Gottlieb-Duttweiler-Preises 1990
in Rüschlikon

32 F. D. mit der Journalistin und Schauspielerin Charlotte Kerr, die er nach dem Tod
seiner Frau Lotti Geissler 1984 heiratete

33 »Eigentlich wollte ich Maler werden«: F. D. 1988 beim Lithographieren. Parallel zu seinem schriftstellerischen Werk malte und zeichnete F. D. ein Leben lang.

34 F. D. mit seinem Hund Torro 1959 im Garten in Neuchâtel
35 F. D., ca. 1979

36 F. D. mit Bundesrat Flavio Cotti und dem Direktor des Bundesamts für Kultur, Alfred Defago, bei der Unterzeichnung der Gründungsurkunde des Schweizerischen Literaturarchivs 1989, das F. D. mit der Schenkung seines literarischen Nachlasses begründete

Das Stück ließ ihm keine Ruhe. Er arbeitete weiter daran, vor allem am 3. Akt. »Die zweite Fassung mit dem stark veränderten dritten Akt sah ich nie«, sagt er in *Anmerkung zu einem Themenkomplex*. Und weiter: »In Berlin scheiterte die Aufführung. Ein jetzt berühmter Regisseur[24] hatte mit einer Aufführung von Kafkas *Schloss* seinen ersten großen Erfolg gehabt, die Aufführung faszinierte mich trotz meines Widerwillens, Kafka auf der Bühne zu sehen (ich halte ihn nicht für dramatisierbar). Aber im *Schloss* ging es für Kafka wieder um die Gnade, doch diesmal nicht vom ›Kaiser‹ her erzählt, vom Schloss her und von der Unmöglichkeit der Botschaft, sondern im Gegenteil vom Menschen her erzählt, vom vergeblichen Versuch eines Menschen her, die Gnade zu erlangen, vom ›Schloss‹, vom Kaiser anerkannt zu werden, ohne dessen Anerkennung er niemand ist. Nach der Aufführung kam ich mit dem Regisseur zusammen, dem die Regie des *Engels* angetragen worden war. Er refüsierte. Er sah im *Engel* keinen Sinn, ihm sei vor allem die Wut Nebukadnezars auf den Himmel unbegreiflich, er sehe nicht ein, was ich mit Kurrubi eigentlich wolle, und die Aufführung kam nicht zustande. Selten hat mich ein Theatergespräch so entmutigt, handelt es sich doch beim *Schloss* und beim *Engel* um die gleiche, freilich wohl auch für eine Stadt von fünfhunderttausend oder mehr Einwohnern unbegreifliche Angelegenheit.«[25]

In der *Anmerkung* kommt auch, in einer unerwarteten Wendung, Dürrenmatts alte Abneigung gegen die Stadt als solche zur Sprache, eine Erinnerung daran, wie eng der Stoff des *Turmbaus* mit dem des *Labyrinths* zusammenhängt. Die Stadt ist bei F. D. immer auch das Labyrinth. Eine Stadt »von fünfhunderttausend oder mehr Einwohnern« ist Babylon. Sie muss die Erkenntnis eines Stücks verpassen, dessen Thema die verpasste, die verkannte Gnade ist.

Dürrenmatts gesamte Theaterarbeit (von den frühen Anfängen über den Weltruhm bis zum langen Abschied von der Bühne) schwankt zwischen Enttäuschung und neuer Hoffnung, Momenten des Glücks und der Verzweiflung, die er überspielte und die doch an ihm nagten und zu einer Skepsis gegenüber Regisseuren, Intendanten, Dramaturgen, Kritikern (in dieser aufsteigenden Reihenfolge) führten. Diese Skepsis betraf auch das Publikum. Die Kapitulationserklärungen nach dem *Engel*-Fiasko vor sich selbst, gegenüber Horwitz (»ein Rückzug von Marignano mehr«) und Schweikart (»ein abgedankter Dramatiker«) waren so ernst gemeint, dass er während mehr als einem Jahr nicht einmal an ein neues Stück dachte. So weit reichte der Schatten, den das Debakel mit dem *Engel* warf. Das alles schlug nur deshalb nicht in offensichtliche Bitterkeit um, weil Dürrenmatt, selbstironisch wie fast immer, seine Rolle dabei als eine solche erkannte.[26]

Dass Dürrenmatt nicht einfach ein Dramatiker mit einem relativ breiten erzählerischen Nebenwerk war, dass Prosa und philosophische, naturwissenschaftliche, politische Reflexion gleichwertig neben seinen Stücken standen, offenbarte spätestens die 1980 erschienene Werkausgabe. Formen und Gattungen durchdringen und spiegeln sich, transportieren seine Stoffe auf unterschiedlichsten Wegen weiter und manchmal in Mäandern zu ihren Ursprüngen zurück. Polaritäten. Einatmen und Ausatmen. Wer ihm mit Goethe kam, mit Systole und Diastole oder auch mit dessen Lebensgesetz der »wiederholten Pubertät«, war seines Gelächters sicher. Aber das galt dem zum Denkmal versteinerten Dichterfürsten. Nicht Goethe selbst, und schon gar nicht seinen »Erfindungen«. Noch drei Wochen vor seinem Tod hielt er an diesem Bild fest: »Prosa und Dramatik, das war immer wie ein Ein- und Ausatmen.«[27] Nach dem *Engel*-Debakel war wieder mal Zeit einzuatmen. Er warf sich auf die Prosa, versuchte sich als Regisseur, fasste seine theoretischen Überlegungen zum Theater zusammen und führte seine Arbeit im Hörspiel fort.

Überlebensstrategie 1:
Dürrenmatt inszeniert Dürrenmatt: eine Premiere

»Schreiben ist auch schon Regieführen«[28], hatte Dürrenmatt nach seinem dramatischen Erstling bemerkt. An dem Gedanken, dass schon am Schreibtisch eine Art »Rohregie« stattfinde, hielt er – trotz der gegenteiligen Behauptung im zitierten Brief an Horwitz, dass »großes Theater nur vom Theater her zu lösen [ist], nicht vom Schreibtisch, der nur Ausgangspunkt sein darf« – zeitlebens fest. Wenn immer möglich arbeitete Dürrenmatt an den Uraufführungen seiner Stücke mit. Eine der wenigen Ausnahmen (in diesem Fall fatal) war *Ein Engel kommt nach Babylon*.

So war es kein Zufall, dass er sich unmittelbar nach der Premiere des *Engels* selbst in die praktische Regiearbeit stürzte und so den Autor mit dem Regisseur in Personalunion kurzschloss: Er inszenierte in Bern *Die Ehe des Herrn Mississippi*.[29]

Erstaunlich ist das Pensum, das der physisch und psychisch angeschlagene Dürrenmatt sich zumutete. Die Enttäuschung über das Missverständnis des *Engels* war eins, seine desolate körperliche Verfassung ein anderes. Das bestätigt Lotti in einem Brief an Schifferli: »Momentan geht es ihm [Fritz] schlecht, er hat hoch Zucker, hatte dazu noch eine Blutvergiftung, wir waren sehr in Ängsten.«[30]

Am Tag vor seinem 33. Geburtstag, am 4. Januar 1954, war er dennoch zur Leseprobe des *Mississippi* nach Bern aufgebrochen, vom 11. bis zum 22. probte er dort am Stadttheater, dann wieder vom 25. bis zum 30. Während der Endproben dieser Zeit musste er nach Zürich, einmal, um den zitierten Einführungsvortrag zum *Engel* zu halten (27. Januar), dann zu dessen Zürcher Premiere am 30. (Regie Oskar Wälterlin, der das Stück keine zwei Wochen zuvor in Düsseldorf mit Erfolg inszeniert hatte).

Worüber sollen wir mehr staunen: über dieses Arbeitspensum oder über die halsbrecherischen Arbeitsbedingungen, die am damaligen Schauspielhaus wie am Stadttheater Bern herrschten? Am 4. Februar hatte er mit *Mississippi* in Bern Premiere. »Beharrliche Kühle der Publikumsmehrheit«, berichtet die Presse, »noch beharrlichere Ekstase einer begeisterten, teilweise dem Dichter befreundeten Jugend, dazwischen das von Dürrenmatt wohl stärker erhoffte protestierende Pfeifen.«[31]

So gespalten sind auch die Reaktionen des Publikums. Von den einen wird das Stück hymnisch gefeiert, von den anderen in Bausch und Bogen abgelehnt, ein Dazwischen gibt es nicht. Die Regie findet nicht einmal bei Elisabeth Brock-Sulzer Erwähnung, die mit beträchtlicher Verspätung in der ›Tat‹ die plausibelste Analyse nachreicht: »Mit den Mitteln einer starken Sinnlichkeit, der Körper wird hier nicht überwunden, sondern erweitert, ins Statuarische erhöht. Eine Komödie von Riesen entsteht. Irgendwann wird Dürrenmatt einmal zu den Masken des Aristophanes greifen müssen. Aristophanes im Frack? Soll man weiter fragen, wie man das erst noch in dem idyllisch schönen Bern machen solle?«[32] Im Rückblick sprach F. D. von dieser Arbeit als »einer mutigen schmierantischen Aufführung«. Er machte, wie später noch oft, aus der Not eine Tugend. Etwas anderes war angesichts der kurzen Probenzeiten gar nicht möglich. Aber es entsprach auch seiner Ästhetik, die sich grundsätzlich gegen Perfektion und gegen das richtete, was er »Stil« nannte.[33] Andererseits lag allein in dem Umstand, dass, positiv oder negativ, das Stück und seine Umsetzung als Einheit betrachtet wurden, nach der Erfahrung mit dem *Engel* ein Trost.

In Dürrenmatts Agenda des Jahres 1954, in derselben, die mit Notaten größten Selbstzweifels anhebt (»Blick in den Spiegel: Ein rosiges Schwein«[34]), steht auch: »Romane: Eine der großen Rückzugsmöglichkeiten (auch bei Glauser)«[35]. Fast gleichzeitig beginnt er, was als der »Roman für Schifferli«[36] auftaucht, *Grieche sucht Griechin* sowie den *Konigen*-Roman.[37]

Diesen Plan wird er nach drei Kapiteln abbrechen, aber unter dem Titel *Aufenthalt in einer kleinen Stadt* als Fragment in die Werkausgabe 1980 aufnehmen. Mit gutem Grund, ist er doch ein interessantes Dokument im Zusammenhang mit Dürrenmatts alles überspannendem Motiv, dem Zusammenhang Gerechtigkeit-Gnade-Kausalität-Zufall.

In *Aufenthalt in einer kleinen Stadt* verschlägt es einen verkrachten Bankier auf dem Weg von Basel nach Yverdon in das Städtchen Konigen (er verlagert es in Richtung Neuchâtel an den Jurasüdfuß): Kurz ausgestiegen, um Zigaretten zu kaufen, verpasst Bertram de Schangnau die Weiterfahrt des Schnellzugs. Es ist der letzte, er muss hier nächtigen, winkt einen Wagen herbei. Doch der ist kein Taxi. Offensichtlich aufgrund einer Verwechslung wird de Schangnau eine Bombe in den Schoß gelegt und er selbst mit dem Satz: »Nun, es gilt, in zwei Minuten geht sie los!«[38] aus dem Wagen geworfen. Als menschenleere Stelle findet er einzig einen Torbogen, in welchem er die Bombe ablegt. Der Turm, der wenig später in die Luft fliegt, ist Konigens Wahrzeichen. De Schangnau ist ein Täter ohne Motiv und Schuld.[39]

Roman als Rückzugsmöglichkeit: Die Prosa ist nur *ein* Versuch, die Theaterniederlage des *Engels* zu bewältigen, fürs Erste nicht einmal ein sehr erfolgreicher. Mit dem *Konigen*-Roman blieb er stecken, *Grieche sucht Griechin* wird er erst nach einem Jahr richtig in Angriff nehmen, als er Geld für die medizinische Behandlung seiner Frau beschaffen muss.

Andere Entscheidungen betrafen seinen Gesundheitszustand: Er zwang sich zu einer strengen Diabetes-Diät, und er verschrieb sich Ferien in Montana (14.–25. April 1954). Doch von sich selbst kann sich keiner beurlauben, und F. D., im Kontinuum seiner Gedanken gefangen, schon gar nicht. (»Qualvolle Tage«[40], stöhnt er in der Agenda. »Zusammennehmen! Zusammennehmen. Lotti und ich sehnen uns nach Neuenburg«[41]) Außerdem arbeitete er, nicht nur aus materiellen Gründen, auf dem ihm inzwischen vertrauten Feld des Hörspiels weiter: Auch das immerhin dialogische Fingerübungen, wenn auch abseits des Theaters. Und nicht zuletzt die Selbstversicherung in der Theorie. Im Sommer 1954 entstand der Vortrag *Theaterprobleme*. Darin entwickelte er nicht nur seine Komödientheorie, sondern Gedanken zur Ästhetik, die über das Dramatische hinausgingen.

Überlebensstrategie 3:
Das vertraute Gelände des Hörspiels: ›Herkules‹

Anfang April 1954 besucht Friedrich Dürrenmatt, zum ersten Mal seit dem Umzug seiner Familie nach Bern im Jahr 1935, den Ort seiner Kindheit, Konolfingen.[42] Der Schock, den diese Wiederbegegnung, das Auseinanderklaffen von Erinnerung und Realität, auslöste, war groß und nachhaltig. Und trotzdem sollte er in Zukunft immer wieder dahin zurückkehren, meist in Momenten der Krise. Der Besuch war zufällig, ein Abstecher auf der Fahrt nach Luzern. Aber er setzte einen Prozess in Gang, währenddem F. D. zunächst versuchte, jene Fragen zu beantworten, die er Anfang 1954 als Stoßseufzer in seiner Agenda no-

tiert hatte: »Was bin ich? Wer bin ich?«[43] Und, unausgesprochen:
Woher komme ich? Er mündete in den *Stoffen,* von denen sich
ein Gutteil mit dem Zusammenhang von Erinnerung und Phantasie befasst und damit, wie beides mit Eindrücken aus der
Kindheit zusammenhängt.

Den Plan zum *Herkules*-Stoff fasste er bereits auf der »Festi«
in Ligerz, als er noch an einem Stück schrieb, in dem es um einen kaiserlichen Hühnerzüchter ging: »Kaum war er im Haus
eingezogen«, erinnerte sich Elsie Giauque, »ließ er, obwohl kein
Geld vorhanden war, einen Maurer kommen, der einen riesigen
Betonkasten erstellen musste. Darin wollte er Mist züchten.«[44]

Das verdreckte Elis, in welchem jede große Tat in der Un-
überschaubarkeit von Kommissionen, Gegen-, Neben-, Über-
und Unterkommissionen eines grotesken Parlamentarismus erstickt, Kulisse für *Herkules und der Stall des Augias,* ist denn
auch unverkennbar die Schweiz. Als Satire wollte Dürrenmatt
allerdings weder das Hörspiel noch das Jahre später daraus entstandene »Festspiel« verstanden wissen (es unterscheidet sich
vom Hörspiel in Dialogentwicklung, Aufbau der Szenen etc.,
nicht aber im stofflichen Koordinatensystem). Es sei »sein etwas
wehmütiges Bekenntnis zur Demokratie […], wobei [m]eine
Liebe zum Emmental mitschwingt, vor dessen Bauernhäusern
die prächtigsten und bestgezöpfelten Misthaufen sich dem Vor-
überwanderenden darbieten«.[45]

Um nichts weniger als ein Happyend handelt es sich beim
Schluss dieses Stücks (und des Hörspiels zuvor). Zwar scheitert
der »Retter Griechenlands« mit seinem Plan, die Flüsse Al-
pheios und Peneios durch den elischen Mist zu lenken und diesen so ins Meer zu schwemmen, im Dickicht des elischen Parlamentarismus. Von seinen Gläubigern verfolgt, muss er sich
sogar als Kraftprotz im Zirkus verdingen. Aber am Ende führt
Augias seinen Sohn Phyleus in einen geheimen Garten, in welchem sich der Mist zu Humus gewandelt hat, überträgt ihm die

Macht zur Fortsetzung der stillen täglichen Heldentat, des »*il faut cultiver notre jardin*« am Schluss von Voltaires *Candide*.[46]

War der ursprüngliche Plan, dass der Held nach seinem Scheitern an der Bürokratie unverrichteter Dinge abziehen und das Land weiter im Mist versinken lassen sollte (so noch im 1953 geschriebenen »Entwurf zum Hörspiel«[47]), so schließt das Hörspiel mit der genannten bescheidenen Utopie. Ein positiver Schluss, wie man es auch wendet. Diesen positiven Schluss machte F. D. dann auch für den Misserfolg des *Herkules* auf der Bühne verantwortlich und ließ nach der Premiere in einem neuen Schluss Augias' Sohn ins Verderben rennen. Aber nicht genug, er schiebt als Epitaph einen brechtischen Schlusschor nach, in welchem der (Schweizer) Politik moralisierend ins Gewissen geredet wird. Die Aufführung war auch damit nicht zu retten.

Gedacht als Gleichnis für die Schwerkraft der provinziellen politischen Verhältnisse, die Kapitulation vor Aufgaben, ob deren Bewältigung oder besser Vertagung die Demokratie immer tiefer im Mittelmaß versumpft und zu drastischen Entscheidungen nicht nur nicht mehr kommt, sondern auch nicht kommen will (die beschissene Stallwärme, die alles lähmt), wendet sich das Gleichnis gewissermaßen gegen sich selbst. Aus der Satire auf die Verhocktheit und Verstocktheit des Kleinstaates Schweiz wird unter der Hand ein Lob des Bernischen oder besser des Emmentalischen. Das Agrarische entfaltet eine Eigendynamik.[48]

Beobachten wir das Kippen des *Herkules* aus der Satire auf die Schweiz in die Elegie auf das Bernische, erscheint uns Dürrenmatt seinem Großvater Ulrich, diesem konservativen Querkopf, politischen Dorfpoeten und fulminanten Föderalisten näher als sonst wo. Der Misserfolg des *Herkules* auf der Bühne des Zürcher Schauspielhauses hing auch damit zusammen, dass ein Zürcher Publikum diese labile Spannung zwischen der Satire auf die Schweiz und der Liebeserklärung an das Bernische gar

nicht wahrnehmen konnte. Dass Dürrenmatt die Lötschentaler-
Masken der Lausanner Inszenierung von Charles Apothéloz
besonders gefielen, zeigt, dass er in diesen Eliern, die da unter
Namen auftreten wie »Pentheus vom Säuliboden« oder »Kad-
mos von Käsingen«, keine Karikaturen sah, keine Abziehbilder,
sondern gewissermaßen aus dem Mist aufragende archaische
Größen. (Die welschen Theatermacher hatten, vor dem Hintergrund einer viel kleineren Kluft zwischen Hoch- und Volkstheater, einen selbstverständlichen Sinn für diese Dimension.)[49]

Science-Fiction: ›Das Unternehmen der Wega‹

Das zweite Hörspiel, mit dem sich Dürrenmatt im Jahr seiner
dramatischen Abstinenz beschäftigte, war *Das Unternehmen
der Wega*. Nichts scheint vom *Herkules* weiter abzuliegen als
dieser Ausflug ins Interplanetarische.

Am 29. Januar 1950 vermerkt die Agenda: »Esse mit Peter. Er
glaubt an einen dritten Weltkrieg. (Ebenso Brecht.) […] Wenn
das wahr ist, mit dem Krieg, dann ist dieses Tagebuch von nun
an ein Buch das das hereinbrechende Gewitter aufzuzeichnen
hat.«[50]

Damit greift F. D. nicht nur auf seinen dramatischen Erstling
zurück, sondern auch auf einen kleinen Text von 1950, in welchem er mit einigem Pathos *Das Schicksal der Menschen* bedenkt: »Die Art, wie man auf beiden Seiten mit einem dritten
Weltkrieg spielt, lässt sich […] mit nichts mehr entschuldigen.«[51]
Es gelte abzuklären, was der Kaisers und was des Einzelnen ist.
Nur so kann die Chance der Völker, die sich vermindert, »weil
die Idee des Vaterlandes, die ihnen die Schwungkraft verlieh,
notgedrungen verblasst, durch die Chance des Einzelnen wett-
gemacht werden, die sich im gleichen Maße vergrößert«. Dies
nehme sich zwar aus wie Hohn, räumt er ein, »denn vor allem ist

für den Einzelnen in einer Zeit, in der Geist oft ein Todesurteil bedeutet, die Chance gestiegen, den Kopf zu verlieren«. Dennoch kündige sich »eine ptolemäische Wendung« an. »Hat der Einzelne bisher versucht, seine Pflicht von einer allgemeinen Weltanschauung abzuleiten [...], um darum wie die Erde um die Sonne zu kreisen, so wird er nun wieder zur Mitte, notgedrungen, denn nach dem Zusammenbruch der philosophischen Systeme bricht auch jenes der Naturwissenschaft zusammen, ja, immer mehr häufen sich die Anzeichen, dass die Naturwissenschaft überhaupt keine Weltanschauung zu geben vermag. Das Geheimnis der Welt bleibt unangetastet. Es ist heute leichter, an die Auferstehung zu glauben als an das Weltbild des dogmatischen Marxismus [...].« Das Thema wird ihn noch ausgiebig beschäftigen.

Der Friede, fährt F. D. in *Das Schicksal der Menschen* fort, werde hart sein, »denn Friede bedeutet Alltag, und das Alltägliche, das Gewöhnliche, das Langweilige wird immer mehr zunehmen. Unsere Intensität wird entscheiden, ob sich die Güter dieser Erde in unseren Händen zu Gold oder zu Staub verwandeln«. Ob aus Mist Humus wird (mit Augias zu sprechen). »Von der Politik haben wir Vernunft, von den Einzelnen Liebe zu fordern. Es ist Sache der Politik, dafür zu sorgen, dass aus der Chance Einzelner die Chance der Einzelnen wird.«

Auch die wird ihn beschäftigen bis zu jener späten Parabel von den *Auto- und Eisenbahnstaaten* im zweiten Band der *Stoffe*.

In dreihundertzehn Jahren Kalten Kriegs ließ sich ein dritter Weltkrieg durch begrenzte Konflikte noch vermeiden. Jetzt, im Jahr 2255, steht er unmittelbar bevor. Eine hochkarätige Delegation der »freien verbündeten Staaten Europas und Amerikas«[52] fliegt im Raumschiff »Wega« zum unerträglich heißen, feuchten, gewitterumtosten Planeten Venus, in dessen verseuchten Dschungeln, strahlenden Sümpfen, sengenden Wüsten Menschen nur unter äußerster Anstrengung überleben. Hierher entsorgte der Westen, aber auch die Gegenseite, Russland mit dem verbündeten Asien, Afrika und Australien, seine Dissidenten. Hier nun will die West-Delegation die Armee für einen Wasserstoff- und Kobaltbombenangriff auf Asien und Russland rekrutieren. Als Außenminister Wood verhandeln will, findet er keine Regierung, nur in den Überlebenskampf verstrickte Einzelne vor. Unter ihnen Bonstetten, vor Zeiten als Kommissar hierhergekommen. Nun weigert er sich (wie alle anderen), zur Erde zurückzukehren. Erst angesichts dieses Überlebenskampfs, umgeben vom Tod, ist er zu der Einsicht gelangt: »Der Mensch ist etwas Kostbares und sein Leben eine Gnade [...], die Venus zwingt uns, nach unseren Erkenntnissen zu leben. Das ist der Unterschied. Wenn wir hier einander nicht helfen, gehen wir zugrunde.«⁵³ Und, so Bonstetten weiter im zentralen Gespräch mit Wood: Hier habe er »[d]ie Freiheit, recht zu handeln und das Notwendige zu tun. Auf der Erde konnten wir es nicht. Auch ich nicht. Die Erde ist zu schön. Zu reich. Ihre Möglichkeiten sind zu groß. Sie verführt zur Ungleichheit. Auf ihr ist Armut eine Schande, und so ist sie geschändet.«⁵⁴ Bonstetten ist, nach Romulus, Bodo von Übelohe und Akki, ein weiteres Beispiel für Dürrenmatts »mutigen Menschen«: »Wir fürchten eure Bomben nicht, weil wir mitten im Tode leben und lernen mussten, ihn nicht mehr zu fürchten.«⁵⁵ Am Ende lässt Wood die Bomben tatsächlich auf die Venus fallen, um diese nicht dem Feind zu überlassen. »Bald werden sie auch auf der Erde fallen.«

Da ist die Ahnung eines Auswegs aus den Antinomien des Kalten Kriegs, die jetzt, nicht nur bei Dürrenmatt, ein Thema werden; eine Ethik des Einzelnen als Antwort auf die Polarität zwischen Freiheit und Gerechtigkeit.

Wie sagt der »Engel« am Schluss des babylonischen Stücks? »Die Erde ist das Wunder.«⁵⁶ Aber sie verspielt diese Gnade. So verfolgt Dürrenmatt auch hier sein altes Thema weiter. Max

Frisch hat das sofort erkannt, in einem Brief vom November 1954. Für einmal überkommt ihn, etwas überspitzt formuliert, nicht das Verlangen nach einem »humanere[n] Klima«[57], sondern nach mehr Groteske:

> Lieber Fritz!
> Hier dein Hörspiel mit vielem Dank zurück. Wie gesagt, ich las es gleich in der Bahn, es ist sehr spannend – und meines Erachtens ist es gespannt genug, um noch allerlei von dem, was Du in Fülle hast und dir hier versagst, zu tragen. Die Groteske (dass da keine Regierung ist, die sich in Bündnisse einlassen und den Unsinn ratifizierenlassen kann, und dass, sobald die Menschen sich selbst repräsentieren, mit einer Art von Gangsterpolitik es einfach nicht geht [...]) ist für mein Gefühl doch die Hauptsache; mein erster Eindruck: sie kommt etwas zu kurz, zu sparsam. Auch deine Vorstellung vom Ewiggewitterwetter, lass sie nicht nur dem Geräusch; Du hast doch die Sprache dafür. Gib mehr davon heraus! ...
> Ich bin neugierig auf den HERKULES.[58]

Der war vor der *Wega* beendet (F. D. hat Frisch wohl die Arche-Buchausgabe versprochen, das dauerte), aber fast parallel entstanden, was man bei derart komplementären Stücken so nicht vermuten würde.

1948 scheitert Dürrenmatt, ganz befasst mit dem *Turmbau*-Stück, dessen Anfang bekanntlich aus dem All auf den blauen Planeten zoomt, beim Cornichon mit einem Text, bei dem wir uns die Ratlosigkeit vorstellen können, die er bei den Zürcher Kabarettisten hinterließ. Die abgelehnte Nummer heißt *Der Mister*. Der singt, »hinter ihm das Weltall«, »Das Lied vom Pflanzer auf dem hintersten Planet«: »Auf dem allerhintersten und allerkleinsten / Planet / Der sich um die Sonne in hunderttausend / Lichtjahren dreht / Im Weltall direkt hinter Saturn,

Uranus und / Neptun um die linke Ecke herum / Grab ich, ein
Flüchtling von der Erde, leider / Planetenmist um. / Leider!
Denn die Erde ist entzwei / Zu viele Köche kochten dort den
Brei! / Drum pflanz ich Kopfsalat hier und rot und / gelbe Rüben / Auf der Erde / da wäre ich gern geblieben! [...] Von hier
oben die Erde, die sieht man sich / im riesigen Weltall verlieren /
Man würde nicht denken, dass dort die Atombomben explodie-
ren / Doch schon flüchten hierher die Menschen, die / dort die
Endkatastrophe überstanden haben / Und es studieren hier oben
leider Atomphysik / ihre Mädchen und Knaben. / Man sollte
doch endlich Ruhe haben!«[59]

Nicht gerade ein lyrisches Meisterwerk. Wohl aber eine interessante Kreuzung des »Mist«-Motivs mit dem außerirdischen
Blick auf die Erde und ihre Gefährdung durch atomare Selbstzerstörung.

Die Atombombe, und mit ihr der Kalte Krieg insgesamt, wird
jetzt zu *dem* Thema der Nachkriegsjahrzehnte. Der Apokalyp-
tiker Dürrenmatt hatte in seinem dramatischen Erstling *Eine
Komödie* 1943, zwei Jahre vor Hiroshima, eine Maschine erfunden, mit der am Ende ein Verrückter die Welt in die Luft sprengt
(noch in einem undatierten Brief, vermutlich aus den sechziger
Jahren, erkundigt sich Peter Brook nach dem »Filmplan von
einem verrückten Kommandanten, der eine A.Bombe zünden
will«[60]).

Der mutige Mensch und die Chance des Einzelnen

Das Unternehmen der Wega, sosehr uns das Hörspiel zunächst
als ein schnell gezimmertes Nebenwerk erscheinen mag, ist also
ein Feld, auf dem sich viele thematische Linien Dürrenmatts
kreuzen. Es führt das Thema des *Engels* von der Erde als einer
verpassten Gnade fort, sozusagen in die schlimmstmögliche Lö-

sung. Es wolle zeigen, sagte F. D. zu Wyrsch, »was für eine unwahrscheinliche Chance die Erde bedeutet. Wega [Dürrenmatt
meint: Venus] ist die Hölle, die menschlich, die Erde das Paradies, das höllisch ist. Der Mensch lernt in der Katastrophe,
menschlich zu leben, was er im Frieden nicht kann«.[61] Es zeigt
den mutigen Einzelnen (Bonstetten) im Konflikt mit einer
schurkischen Politik. Es entwickelt die apokalyptische Vision
eines dritten, durch die atomare Bewaffnung finalen Weltkriegs
weiter.

Das Unternehmen der Wega wird rund ein Vierteljahr nach
Herkules erstgesendet, in einer Art konzertierten Aktion, die
beweist, für wie aktuell die Rundfunkanstalten das Thema hielten: am 18. Januar 1955 vom Bayerischen Rundfunk, am 19. Januar vom Süddeutschen und am 20. vom Nordwestdeutschen
Rundfunk. Heinz Schwitzke, der Leiter der Hörspielabteilung
des NWDR und ab 1956 des NDR (nach Abspaltung und Verselbständigung des WDR), bemühte sich auch um eine Fernsehfassung.[62]

Zum Hörspiel gehört eine handgeschriebene Skizze[63]. Beide
sind mit dem späten Stück *Porträt eines Planeten* verbunden:
durch die Sicht auf die Erde von außen, aus dem Weltall. In der
Skizze ist sie allerdings nur als Alternative zum Planeten präsent, auf dem die Handlung vorgesehen ist, in Form des Publikums, an welches sich der »erste Planetenbewohner« mit einem
Monolog à la Übelohe richtet: Sein Planet sei »so klein, dass er
uns stets vor dem verhängnisvollen Irrtum bewahrte, er sei eine
Scheibe und unsere Sonne drehe sich um ihn«[64]. Der Himmelskörper ist von drei Sorten (äußerlich nicht zu unterscheidenden)
Lebewesen bevölkert: Menschen, Tieren, Lemuren. Die Ersten
repräsentieren »reinen Intellekt, Erkenntnis«, die Zweiten »Gefühl. Die Ausgebeuteten«, die Dritten »reine Gewalt. Weltmetzger, wohnen unterirdisch im Planeteninnenraum«. »Eigenschaften des Planeten. Sechs Sonnen. 3 Monde. Viele Erdbeben. 1. Akt:

bei den Menschen. 2. bei den Lemuren. 3. Bei den Tieren. Dichter als Hunde. Dichten, statt zu bellen. Ihr dichten ist bellen.« Ist der Gedanke zu weit hergeholt, die Dreiteilung erinnere an Freuds Modell der menschlichen Psyche, an das Dreieck Ich/Es/ Über-Ich?

Wieder fällt uns die Nähe der Himmelskörper auf, die Verschiebung der Größenverhältnisse: Die unendlich hohen Schachtelhalme und Riesenfarne erinnern nicht nur an den vom Knaben Dürrenmatt bewunderten *Gulliver*, sondern an die kindliche Perspektive überhaupt. Anzunehmen, dass auch dieser Plan in einem Weltuntergang geendet hätte, wie das spätere Stück gleichen Titels, wo vier gleichgültige Götter das Verglühen der Sonne als Supernova betrachten und dann weiterziehen. Wie der Atomkrieg, der sich am Ende der *Wega* als unvermeidbar ankündigt.

Überlebensstrategie 4: Selbstversicherung in der Theorie

»Wer eine Welt gebaut hat, braucht sie nicht zu deuten«[65], heißt es in *Hingeschriebenes,* jener Sammlung von Aphorismen, die Dürrenmatt in der Werkausgabe 1980 mit »1947/48« datierte, die aber, zumindest zum Teil, viel später, 1964/65, entstand. Darin ebenso: »Das Schwerste: Sich nicht zu rechtfertigen.«[66] Beidem ist nicht zu widersprechen, an beides hielt sich Dürrenmatt nicht. Es kommt nicht von ungefähr, dass er sich im Jahr nach dem Münchner *Engel*-Missverständnis in einem Aufsatz mit dem Titel *Theaterprobleme* mit den Grundlagen seines Theaterschaffens, mehr noch: seiner Ästhetik überhaupt befasste. Vielleicht war es nicht als Rechtfertigung gedacht. Eine Standortbestimmung war es allemal.

Über das Theater dachte Dürrenmatt nach, seit er Stücke

schrieb. Aber dass er zu einer so umfangreichen Auslegeord-
nung ausholte, ist ungewöhnlich und nur mit dem Ausmaß seiner Verunsicherung 1954 zu erklären.

Ein paar kürzere Texte waren allerdings bereits vor den *Theaterproblemen* erschienen, hauptsächlich in der ›Weltwoche‹, für
die Dürrenmatt zwischen Februar 1951 und Juni 1952 auch Aufführungen des Schauspielhauses Zürich kritisierte. Wie die Kritiken waren die kleinen Feuilletons Teil seiner journalistischen
Brotarbeit, wenn sie auch Themen umrissen, die für sein Thea-
terverständnis aufschlussreich waren oder noch wichtig werden
sollten. Sie waren weit mehr als reine Aufführungsbeschreibun-
gen. Mussten es sein – entkam er doch nur durch dramaturgische Analyse dem sonst drohenden Interessenkonflikt, die Arbeit seiner Freunde entweder verreißen zu müssen oder, fast
noch unangenehmer, sich dem Vorwurf des Gefälligkeitslobs
auszusetzen. Er machte konstruktive Vorschläge bis in Beset-
zungsfragen hinein (anlässlich einer Aufführung der *Räuber*:
»Es wäre einmal zu wagen, Ginsberg den Karl und Steckel den
Franz spielen zu lassen: Zwischen solchen Säulen könnte man
die Handlung wie ein Stück zerrissener Rokokowäsche flattern
lassen«[67]). Und er betrieb seine eigene Sache, wenn er im Fall
Sartres die Unvereinbarkeit von Philosophie und Dramatik verhandelte, anlässlich eines *Tartuffe* von Horwitz die mörderisch
kurzen Probenzeiten am Schauspielhaus beklagte, seinen geliebten Lessing feierte (die »silberne Abstraktheit« des *Nathan* »mit
einer Sprache, die immer wieder zerbricht, wie eine hauchdünne
Eisschicht gern zerbricht«[68]) oder wenn er anhand von Shakespeares *Die Zähmung der Widerspenstigen* feststellt: »Doch liegt
die Größe Shakespeares nicht in seiner Perfektion, sie liegt in
seiner Fähigkeit, aus allem, aus den Stoffen, die er bald von diesem und bald von jenem übernahm, nicht nur seine Welt, sondern *die* Welt zu machen [...].«[69]

Ein kleiner Aufsatz über Else Lasker-Schüler aus dem Jahr

1951[70] war gewiss ein Gefälligkeitsdienst für den Herausgeber der *Dichtungen und Dokumente,* Ernst Ginsberg. Dessen Edition von Gedichten, Prosa, Schauspielen, Briefen, Zeugnissen und Erinnerungen auf über 600 Seiten[71] war eine eigentliche Pioniertat. Sie ist aber auch eine besonders schöne Verbeugung vor einer Wahlverwandten, zu deren Werk Dürrenmatt die Anklänge gespürt hat, auch nachdem er in seinem Schaffen über die lyrische Dramatik hinausgelangt war, als die man seine ersten Stücke noch verstehen konnte. Er führt, anhand der Bewunderten, seine Polemik gegen die Dichtung fort, die sich als angewandte Philosophie verstehe (»Verflucht, in einer Zeit zu leben, die Philosophie treibt, wenn sie dichtet [...]«[72]). Eine Zeit, sagt F. D., greife »in der Hauptsache nach jenen Dichtern [...], die sie nötig zu haben glaubt, und [lässt] gerade die liegen, die sie nötig hat. Unter anderem – vielem anderem – ist wohl die Unsicherheit der Philosophie daran schuld, die [...] nicht mehr so recht sich selber traut und nun die Literatur als Stoff erfunden hat [...].[73]« Sätze, die auch von Walter Muschg stammen könnten, einem anderen Verehrer der Lasker-Schüler.

Etwas über die Kunst, Theaterstücke zu schreiben, ein kleiner, 1951 entstandener Text, nimmt den Satz aus Max Frischs *Romulus*-Kritik auf (»Hier wird nicht *auf* der Bühne gedichtet, sondern *mit* der Bühne [...]«[74]). Dramatik sei »die sinnlichste Kunst«[75], aber er misstraue seit je jenen Dramatikern, »von denen es heißt, sie stellten Menschen aus Fleisch und Blut auf die Bühne. [...] Besonders in der deutschen Literatur, die hinter jedem klaren Verstand Papier, hinter jeder Sentimentalität Tiefe und hinter jedem Fluch gleich Kraft vermutet [...]«. Andererseits würden »extreme Moralisten wie Wedekind oder Brecht, von denen ich eine hohe Meinung habe, als Nihilisten empfunden, und das ist lächerlich«.

Die *Anmerkung zur Komödie,* 1952 erstmals in der ›Weltwoche‹ erschienen, kommt in der Diskrepanz zwischen vorgegebenem Umfang und thematischem Anspruch über Stichworte kaum hinaus, skizziert mit diesen aber schon die später ausgeführte Komödientheorie. Dürrenmatt greift darin einen Satz von 1947 auf – »Durch die Arbeit entsteht aus einem Einfall eine Welt«[76] –: Der Einfall unterscheidet die Kunst des Aristophanes von der des Sophokles, die Komödie von der Tragödie. Die Tragödie setzte den bekannten Stoff voraus, den Mythos; die Komödie aber den Einfall, der das Bekannte aus den Angeln hebt.

Dürrenmatt argumentiert in diesem frühen kleinen Text theaterhistorisch, zuweilen recht schematisch. Was er abgesehen davon unter »Einfall« versteht, wie der sich zu Phantasie und Erinnerung verhält und zu den (sich wandelnden) Vorstellungen vom »Stoff«, geht über den hier gemeinten operativ-dramaturgischen Aspekt des Einfalls weit hinaus. Heißt es in den *Theaterproblemen* noch, die Einfälle des Aristoteles »fallen in die Welt wie Geschosse, die, indem sie einen Trichter aufwerfen, die Gegenwart ins Komische, aber dadurch auch ins Sichtbare verwandeln«[77], kehrt Dürrenmatt in den *Randnotizen* zu *Der Besuch der alten Dame* nur zwei Jahre später das Bild um: »Was ist nun aber ein Einfall? […] Meine Kunst […] entsteht nicht primär aus der Kunst – ohne den Einfluss, den auch auf mich andere Schriftsteller haben, leugnen zu wollen –, sondern aus der Welt, und genau dort, wo die Welt in Kunst gleichsam überspringt, steht der Einfall: Weil die Welt mit ihren Ereignissen in mich einfällt (wie ein Feind oft in eine Festung), entsteht eine Gegenwelt, eine Eigenwelt als eine Gegenattacke, als eine Selbstbehauptung.«[78]

Schriftstellerei und Bühne, ebenfalls eine Skizze, ebenfalls mit 1951 datiert, aber keinesfalls vor 1953 geschrieben (nimmt doch

F. D. darin auf Becketts erst 1953 uraufgeführtes Stück *Warten auf Godot* Bezug), befasst sich mit den Unwägbarkeiten bei der Umsetzung von Stücken. Es gebe die Interpretatoren unter den Autoren, welche die Dramatik vollziehen »wie ein Hofzeremoniell«[79]. Aber es gebe auch »Autoren, die ihre Herrschaft nur beschränkt ausüben. Sie zweifeln, ob sich die Bühne überhaupt beherrschen lasse, begnügen sich, Theater zu ermöglichen, oft erstaunt und amüsiert, was sie alles anrichten, sei es bloß durch ein Missverständnis«.[80]

Theaterprobleme

In seinem zentralen Essay *Theaterprobleme* schreibt Dürrenmatt anschauliche Prosa, auch wenn er sich mit »Theorie« befasst. Er will das Publikum (den Text hat er als Vortrag konzipiert und 1954/55 oft gehalten) unterhalten *und* belehren. Schon hier neigt F. D. zu Verkürzungen, Pointen, schlagwortartig apodiktischen Formeln, die unter seinen Interpreten schnell zu geflügelten Worten und also überstrapaziert wurden. Gelegentlich auch von ihm selbst. Eine frühe Neigung zum Selbstzitat.

Dennoch ist der Vortrag der bis zu diesem Zeitpunkt vollständigste Versuch Dürrenmatts einer theoretischen Standortbestimmung. Keine dramaturgische Betriebsanleitung, auch kein Kanon oder Organon, aber doch mehr als eine Plauderei über Bühne und Ästhetik.

Der Text beginnt, wie er endet: mit einer Polemik gegen den »Zug nach Reinheit«[81] in der Kunst, wenn auch jeweils eine verschiedene Reinheit gemeint ist. Geht es am Anfang um die Reinheit der Gattung, so endet der Aufsatz in der berühmten Passage, in welcher Dürrenmatts ganz persönliche damalige Arbeitssituation durchschlägt, die aber in ihrer Attacke auf die Perfektion, die Ästhetik der geschlossenen Form und die Kunst

als die abgehobene Sphäre des Wahren, Guten und Schönen für
ihn als Negation einer Kunst programmatisch bleiben wird. In
der Ablehnung einer Ästhetik, die sich selbst absolut setzt und
»Stil« über jeden Inhalt: »Die Forderungen, welche die Ästhetik
an den Künstler stellt, steigern sich von Tag zu Tag, alles ist nur
noch auf das Vollkommene aus, die Perfektion wird von ihm
verlangt, die man in die Klassiker hineininterpretiert. [...] So
wird ein Klima erzeugt, in welchem sich nur noch Literatur studieren, aber nicht mehr machen lässt. Wie besteht der Künstler
in einer Welt der Bildung, der Alphabeten? [...] Vielleicht am
besten, indem er Kriminalromane schreibt, Kunst da tut, wo sie
niemand vermutet. Die Literatur muss so leicht werden, dass sie
auf der Waage der heutigen Literaturkritik nichts mehr wiegt:
Nur so wird sie wieder gewichtig.«[82]

Vielfach formulieren die *Theaterprobleme* Ansätze der erwähnten kurzen Vorstufen weiter. Das Verständnis der Komödie als des Mediums der Distanz, ihre Abgrenzung gegen die
Tragödie, technische Probleme des Dramaturgischen, zum Beispiel der Exposition, aus denen sich die Absetzung von einer
Kunst ergibt, die sich mit dem Bekannten, also dem Mythos
auseinandersetzt (der Tragödie), aber auch eine Auseinandersetzung mit dem Kanon der aristotelischen Theaterästhetik, dem
Postulat der berühmten drei Einheiten. Dürrenmatt beginnt
beim Konkreten, den Problemen der Bühne, den Schwierigkeiten mit der Institution Theater (die, als Verlängerung des Hof-
theaters, ein Museum sei – das meint er wertfrei –, aber ein ein-
seitiges): »Das Publikum strömt zu den Klassikern, ob sie nun
gut oder schlecht gespielt werden, der Beifall ist gewiss, ja,
Pflicht des Gebildeten, und man ist auf legitime Weise der Nötigung enthoben, nachzudenken und ein anderes Urteil zu fällen
als das, welches die Schule einem einpaukte.«[83] Er denkt nach
über die Funktion des Bühnenbilds, über Illusion und Bühnenwirklichkeit, kommt auf den wichtigen Punkt des auseinander-

brechenden Stils und die Einsicht zu sprechen, dass das Schreiben fürs Theater deshalb ein Problem werde, weil es inzwischen »einen einheitlichen Theaterstil«[84] so wenig mehr gebe wie ein einheitliches Publikum: »Stil ist heute nicht mehr etwas Allgemeines, sondern etwas Persönliches, ja, eine Entscheidung von Fall zu Fall geworden. Es gibt keinen Stil mehr, sondern nur noch Stile.«[85] Dementsprechend gibt es keine verbindliche Dramaturgie, sondern nur Dramaturgien – im Plural.

»Mit der Bühne dichten«: immer wieder taucht der Satz von Max Frisch auf (diesmal mit Quellenangabe). Das schließt ein Wahrnehmen, dann ein Sichtbarmachen der Bühne als Mittel mit ein, also Anti-Illusionstheater, durchaus auch über epische Elemente, Monologe, Ansprachen an das Publikum (die er schon in seinem Erstling – ob instinktiv oder aus Mangel an dramatischer Praxis – fast inflationär eingesetzt hatte). Er geht auf seine letzten Stücke ein, *Engel* und *Mississippi,* auf den Grundzug des Parodistischen und damit, in gewisser Hinsicht, auf den Widerruf einer strengen typologischen Unterscheidung zwischen Tragödie und Komödie: Die Parodie befasst sich, wie die Tragödie, mit dem Bekannten, aber nicht im Sinne des Rituals, sondern um des Widerspruchs willen: Sie liest den Mythos oder auch nur die historische Figur (zum Beispiel Julius Caesar) gegen den Strich und macht durch die scheinbar ins Historische ausgelagerte Distanz Gegenwart sichtbar. Die Historie selbst, ja auch den Mythos, hat dem Schriftsteller längst die Wissenschaft entwendet.

Dürrenmatt wendet sich gegen das »well made play«, die Vorstellung vom Stückeschreiber als einem reinen Handwerker (damit plädiert er nicht für den Mythos vom Genie, sondern gegen das Kunsthandwerk, die Vorstellung, Stücke schreiben sei nur so etwas wie die Anwendung von Regeln): »Es gibt kein dramatisches Handwerk, es gibt nur die Bewältigung des Stoffs durch die Sprache und durch die Bühne: eine Überwältigung, um es genauer zu sagen, denn jedes Schreiben ist ein Waffengang mit seinen Siegen, Niederlagen und unentschiedenen Gefechten. Vollkommene Stücke gibt es nicht, das ist eine Fiktion der Ästhetik [...]. Noch nie hat ein Theaterschreiber unverwundet das Schlachtfeld verlassen, und jeder hat seine Achillesferse. Dabei ist der Stoff, der Gegner, nie fair.«[86] Das meint noch nicht die Niederlagen, die das Theater dem Autor bereitet (oder auf dem Theater der Autor sich selbst).

Über das Publikum kommt er schließlich zu einer ebenso politischen wie metaphysischen Begründung der »Komödie«, dass die Welt tragisch (also ohne Distanz) nicht mehr darzustellen sei, sondern allein noch im Paradox: Allein die Groteske ist in der Lage, einer Welt ohne Helden und ohne Gesicht, einem gestaltlos-chaotischen Allgemeinen eine Gestalt abzutrotzen: »Doch das Groteske ist nur ein sinnlicher Ausdruck, ein sinnliches Paradox, die Gestalt nämlich einer Ungestalt, das Gesicht einer gesichtslosen Welt [...].«[87] Es gibt keine tragischen Helden mehr, die Tragödien werden (eine stehende Wendung bei Dürrenmatt) von »Weltmetzgern inszeniert und von Hackmaschinen aufgeführt«[88]. Das Böse verlagert sich (wie die Macht) vom Bösewicht (wie Richard III., der sich »*entschließt,* ein Bösewicht zu sein«) in die Anonymität, die Apparate. Der Holocaust wurde von nationalsozialistischen Schreibtischtätern über den Beamtenapparat organisiert: Dem Bösen ist das Dämonische und damit der »Sinn« abhandengekommen.

»Die Tragödie setzt Schuld, Not, Maß, Übersicht, Verantwortung voraus. In der Wurstelei unseres Jahrhunderts [dem Metier der genannten »Weltmetzger«], in diesem Kehraus der weißen Rasse, gibt es keine Schuldigen und keine Verantwortlichen mehr«[89], alles verschwimmt im Kollektiven, und da taucht hinter den ästhetischen Erörterungen der alte Protestant auf, der Schüler Kierkegaards, der vom Lehrer die Skepsis, ja den Hass auf die Kirche, die Kirchen, gelernt hat und das Ethos des Einzelnen: »Schuld gibt es nur noch als persönliche Leistung, als religiöse Tat. Uns kommt nur noch die Komödie bei.«⁹⁰

Und weiter, wenig später im Text: »Die Schwierigkeiten, die ein Protestant mit der Kunst des Dramas hat, sind genau die seines Glaubens. So ist es denn mein Weg, dem zu misstrauen, was man den Bau des Dramas nennt, und ihn vom Besonderen, vom Einfall her zu erreichen zu suchen, und nicht vom Allgemeinen, vom Plane her. Es besteht für mich die Notwendigkeit, ins Blaue hinein zu schreiben, wie ich mich ausdrücke, um der Kritik ein Stichwort hinzuwerfen.«⁹¹

Seinen Umgang mit dem Mythos verfolgt Dürrenmatt an dieser Stelle nicht weiter. Er wird auf diesem Feld, das ihn seit seiner Kindheit faszinierte, eine eigene ironische Virtuosität entwickeln. Sozusagen das gesamte Personal der griechischen Mythologie ist in seinem Werk präsent, im bildnerischen wie im literarischen: Atlas, Uranus, Odysseus natürlich, immer wieder Ödipus. Der hinterlässt auch in den *Theaterproblemen* eine Spur, wenn auch indirekt. Wenn F. D. auf Heinrich von Kleists *Der zerbrochne Krug* zu sprechen kommt, diese »geniale« Ausnahme in der gesamten deutschsprachigen Dramatik, eine Ödipus-Variante, erkennt er, dass die Tragödie durchaus noch möglich ist, nämlich in der Form der komödiantischen Travestie. Hier ahnt er Strategien des Tragikomischen, einer eigenen komödiantischen, parodistischen Dramaturgie, die er bis in sein spätes Werk weiterentwickeln wird (*Minotaurus, Midas, Das Sterben der Pythia* – auch letztere Erzählung eine Ödipus-Travestie). Man kann sich die Frage stellen, ob Dürrenmatt nicht nur seine religiösen Prägungen mehr und mehr verdeckte, sondern auch die Mythen, die ihm ja zuerst sein Vater vermittelt hatte, in ironische Distanz rückte. Der Vater als Vermittler des Ödipus-Stoffs: das wäre geradezu die pikante Quadratur einer psychoanalytischen Ausgangslage. Die Parodie des Mythos ist freilich nie dessen bloße Denunziation. Sie wird Dürrenmatts Verfahren, den Mythos zu retten, indem er sich von ihm distanziert.

Dürrenmatts Ästhetik wird sich, wie seine religiöse Haltung und sein Weltbild in wissenschaftlichem Sinn, verändern und wandeln, wenn auch organisch und somit nicht ohne Widersprüche, Zurücknahmen und Vorgriffe. Auch insofern ist Dürrenmatts »Dramaturgie« kein »reines System«, sondern eher ein theoretisch-weltanschaulicher Wildwuchs, der den Architekten der Gartenanlage, des literarischen Labyrinths, gelegentlich überwuchert. Sie ist jedenfalls pragmatisch aus der konkreten Arbeit gewachsen und keineswegs eine Fortführung der Philosophie in die Ästhetik. Die Insistenz, mit der er repetitiv auf gewissen Formeln beharrte (vor allem auch in den unzähligen Gesprächen, in denen er naturgemäß nie mit Partnern konfrontiert war, die das Gesamtwerk so kannten wie er), hat viel zu diesem Missverständnis beigetragen.[92]

Schriftsteller vs. Dichter

Eben weil dieser erste Versuch einer dramaturgischen Standortbestimmung in den *Theaterproblemen* keine Systematik anstrebt, ist er auch voller Widersprüche. Als Bewunderer Lessings weiß Dürrenmatt, wie relativ jung die Vorstellung ist, die schriftstellerische Produktion, ihre Kritik und ästhetische Theorie seien zu trennen wie die Gewalten in einer modernen Demokratie. Bis in die erste Hälfte des 19. Jahrhunderts rezensierten sich Autoren nicht nur gegenseitig, sie rezensierten sich zuweilen auch selbst. Die Literatur ist, geistesgeschichtlich betrachtet, erst seit relativ kurzer Zeit ein Gegenstand der Wissenschaft (im Sinne einer wissenschaftlichen Theorie, nicht in dem der Poetik, der Aufstellung von Regeln der Dichtkunst). Die Kunst konnte, vereinfacht gesagt, erst in dem Moment zu jenem »Gegenstand«

werden, da sie nicht mehr Ausdruck oder Form von hinter, über oder unter ihr liegenden Systemen (Staatsdoktrin, Philosophie, Religion) war. Als sie ein Wert an sich wurde, die Frage sich also nicht mehr darauf richtete, ob sie etwas angemessen oder wirksam formuliere, sondern darauf, was sie sei.

Das Widersprüchliche von Dürrenmatts Dramaturgie(n) hängt gewiss auch mit seiner literarischen Formation zusammen, seiner Vorliebe für Wieland, Lessing und das 18. Jahrhundert, Jean Paul (und damit die *Vorschule der Ästhetik*), aber auch mit seiner Beschäftigung mit Erkenntnistheorie und Kierkegaards »Existentialismus«. Denken und Phantasieren sind zwei gleichwertige Aktivitäten des Geistes. In einem der Notizhefte aus früher Zeit findet sich der Aphorismus: »Sein Geist ist mit der Vernunft verheiratet, er begeht aber ständig mit der Phantasie Ehebruch.«

Dürrenmatts Kunst ist aber nicht in Form gebrachte Philosophie (das führte zu Allegorie, Fabel, Lehrgedicht), sondern Verunsicherung des Denkens in die Vieldeutigkeit: durch das »Gleichnis«. Die Selbstinterpretation ist eine Art des Weiterdenkens, der Betrachtung von etwas, das einer nicht im rationalen Zugriff, sondern induktiv hervorgebracht hat. Sie werden ihn (und uns) bis ans Ende seines Lebens beschäftigen. Am pointiertesten 1980 in *Friedrich Dürrenmatt interviewt F. D.*[93], aber auch im ganzen »Genist« (um einen seiner Lieblingsausdrücke zu gebrauchen) der Nachworte, Anhänge, »Komplexe« und »Konzeptionen«.

Sein Misstrauen gegen die Literaturwissenschaft aber war nicht allein eine Folge seines Scheiterns daran. Sie war mehr als ein Ressentiment. Es hing letztlich zusammen mit seiner Skepsis gegen die Kunst »an sich«, die deren Voraussetzung ist. So befassen sich Dürrenmatts Selbstinterpretationen weniger mit den Absichten als mit den Anlässen und Antrieben seiner Literatur.

Sosehr er im Schreiben von Stücken mehr sah als Kunst-

Handwerk, so sehr verstand er sich in anderem Sinn als »Handwerker«. Auftragsarbeiten akzeptierte er nicht nur aus materiellen Gründen. Er verstand sie als Herausforderung. Schreiben war für ihn ein Beruf – wenn auch die späten Passagen in den *Stoffen* seinen Entschluss dazu wie eine »paulinische Berufung«°° (Eduard Wyss) erscheinen lassen. Er bestand früh und gegen seine eigene, mit spätexpressionistischem Existential-Aplomb auftretende erste Prosa darauf, ein Schriftsteller zu sein, nicht ein Dichter. »Gegen das Wort Dichter habe ich eine ebenso große Abneigung wie gegen das Wort Tiefe.«[94] Schriftstellerei als Metier gegen ein Dichtertum als Sendung oder Schicksal gesetzt: Das ist nun freilich nicht nur eine Gegenposition zum Kunstverständnis Emil Staigers, sondern auch zu dem seines Freundes Walter Muschg.

Zum Verständnis von Literatur als Beruf gehört die Unverschämtheit in materiellen Dingen. Wenn auch die Kriminalromane nicht so von Fortsetzung zu Fortsetzung für den ›Beobachter‹ entstanden, wie er zum Teil später flunkerte, sie waren ebenso Auftragswerke wie alle Hörspiele (außer den ersten beiden), wie *Grieche sucht Griechin,* wie das Drehbuch zu *Es geschah am hellichten Tag.* Er kam um das Wort »Dichtung« nicht herum, wenn das Produkt der Schriftstellerei gemeint war – das Verb »dichten« verwendete er durchweg, das Substantiv »Dichter« meist ironisch. Der Dichter als Proklamation des genialen Einzelnen oder Übermenschen wird schon im *Engel* resp. *Turmbau*-Fragment parodiert durch das einfache, von Dürrenmatt später häufig eingesetzte, jedenfalls komisch äußerst wirksame Mittel der Vervielfachung (»Die Sarkophage öffnen sich, Dichter schnellen empor, kriechen unter allen möglichen Dingen hervor«[95]). Dichter-Parodien sind das Hörspiel *Abendstunde im Spätherbst* und die daraus entstandene szenische Farce, *Dichterdämmerung.* Vor allem, neben anderem, *Der Meteor.*

Das Jahr 1955 hatte schlecht begonnen. Führte die Uraufführung des *Engels* zu einem künstlerischen »Zusammenbruch« (F. D.s eigenes Wort), so ging es jetzt, ein Jahr später, um Leib und Leben seiner Frau. Lotti litt unter zunehmenden Schmerzen; schon als sie mit F. D. am 9. Januar 1955 Max Frisch am neuen Wohnsitz in Männedorf besuchte, habe »die Krankheit Lottis im Hintergrund«[96] gestanden. Am 12. Februar hielt der Frauenarzt die Operation einer Gebärmuttersenkung für unumgänglich, befürchtete sogar Schlimmeres. Am 2. März wurde Lotti im Salem-Spital operiert, eine Woche darauf erkrankte sie an einer Lungenembolie.

Am 24. Juni 1955 beantwortet Dürrenmatt nach drei freundlichen Anläufen von dessen Seite mal wieder einen Brief von Frisch, und dies, erstaunlich, sogar postwendend. Die *Stiller*-Kritik, die er ihm im März versprochen hatte, war noch immer nicht geschrieben[97] (»Ich hatte ein schlechtes Gewissen Dir gegenüber und habe es immer noch«[98]). Der wahre Grund für sein Schweigen war ein anderer: »Alles kam bei uns so anders, die Krankheit Lottis war ein arger Schock. Zuerst ihre Schmerzen, das Warten auf die Operation, die Furcht, es sei Krebs (der Arzt war etwas zu direkt in seinen Befürchtungen) dann die Embolie. Dazu hatten die Kinder und ich die Masern, ich kam mir wie eine Hiobparodie vor, zeitweilig.« Und: »Es kam allzu viel dazwischen. Die Aufführungen des Engels in Bern (erstaunlich gut) [11. März 1955] und jene in Sankt Gallen (erstaunlich schlecht) [13. April 1955] was zur Folge hatte, dass ich gleichsam explodierte und den zweiten und den dritten Akt neu schrieb.«[99] Was nichts weniger heißt, als dass es doch nicht nur die Anstrengungen jenseits des Theaters waren, die ihm am

Ende aus der *Engel*-Krise halfen, sondern die Beschäftigung mit dem Stück selbst.

Den »Roman für Schifferli«[100], von dem die Agenda schon unter dem 24. Februar 1954 gesprochen hatte, war dann wegen der beiden Hörspiele *Herkules* und *Wega,* auch wegen der Arbeit an den *Theaterproblemen* liegen geblieben, und wurde nun brandaktuell. Ein Vorschuss musste her. In wenig mehr als einem Monat beendete er die »Prosakomödie«, die wir unter dem Namen *Grieche sucht Griechin* kennen und bei der er gegenüber Schifferli bis zuletzt auf dem Titel *Ich heiratete eine Kurtisane* bestehen wollte. Dürrenmatt war ein Spezialist für schreckliche Titel. Dieser hätte das Buch glattweg ruiniert, weil er dessen Pointe ausgeplaudert hätte.

Allein die Umstände, unter denen der Roman fertiggestellt wurde, müssen uns misstrauisch machen gegen ein Urteil wie das von Peter Spycher, dies sei eine von Dürrenmatts »witzigsten, heitersten, liebenswürdigsten, feinstgesponnenen Erzählungen«[101]. Ob er sich die Geschichte tatsächlich zuerst als Filmstoff ausdachte, sie wie viele andere während eines Flugs mit dem Regisseur Walter Ohm zu einem Produzenten nach Paris so hinflunkerte?[102] Oder ob er damals in der Not einen Stoff aufgriff, den er vorher schon als »irgendetwas wie ein Brentano-Märchen« konzipiert hatte, etwas »durchaus Bizarres, rein in der Sprache Angesiedeltes« (was wiederum gegen den Ursprung als Filmplan spräche)? In der Endredaktion verdankt sich dieser scheinbar so leichte, in seinen Symmetrien so künstliche, artistische Text keineswegs einer Laune, ist vielmehr »sehr tragisch entstanden [...] auf Tod und Leben geschrieben, um diese Operation bezahlen zu können«[103]. Womit Spycher recht hat: Der Roman scheint in mancher Hinsicht aus dem Zusammenhang von Dürrenmatts Werk zu fallen. Für die Werkausgabe von 1980 hat er ihn unter dem Untertitel ›Grotesken‹ zusammen mit *Mister X macht Ferien* in einen Band aufgenommen.

Viele Fürsprecher hat er in der Dürrenmatt-Forschung nicht gefunden. Spycher ist einer von ihnen. Elisabeth Brock-Sulzer widmet *Grieche sucht Griechin* immerhin ein siebenseitiges Kapitel, erkennt Dürrenmatts Freude am Klischee (»der reine Tor sucht die unschuldige Dirne«), also abermals den Versuch, Kunst da zu tun, »wo niemand sie vermutet«. Sehr wahrscheinlich ist sie genau das, was Dürrenmatt Frisch in Bezug auf seine damalige Lebenssituation schreibt: »eine Hiobparodie«[104]. Und durchaus eine im Burlesken verkappte Fortsetzung der Gnaden-Thematik von *Ein Engel kommt nach Babylon.*

Enthusiasmus kam ausschließlich von einer – allerdings prominenten – Seite: von demselben Walter Muschg, der sich 1952 anlässlich des Prosabands *Die Stadt* den »aristophanischen Dürrenmatt« herbeigewünscht hatte. Am 13. November 1955 schreibt er aus Basel:

Lieber Fritz, Ich muss Dir wenigstens mit ein paar Worten sagen, was für eine Freude ich an Deinem *Grieche sucht Griechin* habe […]. Der *Grieche* muss Dir in einer besonders gesegneten Stunde eingefallen sein, der Einfall ist kostbar und die einzelnen Szenen sind himmlisch zusammengeflunkert. Ich staune über die souveräne Spielfreude und geistige Weite, mit der das geschrieben ist, über die tiefsinnig wahren Sentenzen, die nebenher einfließen, und über die sichere Zeichnung der Figuren. Der hölderlinlesende Waffenfabrikant Bürle (pardon!)[105] ist unbezahlbar, und das Gespräch mit dem Präsidenten am Schluss ist eine wahre Krone. Das Ganze schwebt herrlich leicht und heiter, eine beglückend geistvolle und überlegene Satire auf die Welt der Esel und Tröpfe, wie im Spiel aus dem Ärmel geschüttelt, wie Dir das keiner nachmachen kann. Das ist der Ton, mit dem man unserer Zeit als Dichter begegnen muss! Du hast ihn großartig getroffen, und ich kann mir denken, dass das Buch ein großer Erfolg wird.

Mich ärgern bloß ein paar grammatikalische Schnitzer, die
wohl Deiner Sekretärin passiert sind und in der nächsten Auflage verschwinden sollten, weil vielleicht auch andere darüber
stolpern.[106]

»Es kann einen Christenmenschen wohl beunruhigen, denke
ich, wenn mit einem Male Unglück über Unglück über ihn her-
einbricht. Wie ein Hiob mag er sich da vorkommen […]; aber
umso mehr wird er sich dabei doch trösten können und das
Unglück als Folge seiner Sünden ansehen dürfen. Doch wenn
das Gegenteil eintritt, wenn sich Glücksfall über Glücksfall
häuft, da glaube ich, muss doch erst eigentlich Grund zur Be-
unruhigung sein, denn das ist dann doch völlig unerklärlich:
Wo wäre ein Mensch, der dies alles verdiente?«[107] Diese Worte
spricht Arnolphe Archilochos, Unterbuchhalter in dem mit
schwerem Geschütz, zum Beispiel mit Atomkanonen, befassten
Industriekonzern Petit-Paysan, ein tugendhafter Kleinstbürger,
Abstinent und Vegetarier, Mitglied der Altneupresbyterianer,
der vorletzten Christen. Er wird durch das Wunder überrascht,
dass auf eine Heiratsanzeige hin die hinreißende Chloë ihn ehe-
lichen will, und, Wunder über Wunder: auf einen Schlag wird
er vom Unterbuchhalter zum Generaldirektor erhoben, mit einem Schlösschen beschenkt undsofort. Der Staatspräsident, die
Nummer eins seiner Weltordnung, grüßt ihn freundlich, sein Bischof befördert ihn zum Weltkirchenrat undsoweiter. Bis ihm
nach einer vor den Augen aller Stützen der Gesellschaft vollzo-
genen Trauung die Augen aufgehen: Er heiratete eine Kurtisane,
die bekannteste der Stadt (eine Art stilisiertes, zaghaft ins Helvetische verschobenes Paris). Der Milchtrinker lässt sich seinen
ersten Pernod servieren, verspricht sich, stellvertretend für alle
Liebhaber Chloës, auf den Staatspräsidenten ein Attentat zu ver-
üben. Er stürzt so tief, wie er vorher gestiegen ist (Aufstieg und
Fall, ein altes Thema Dürrenmatts). Der erste Teil von *Grieche*

sucht Griechin liest sich wie die Fortsetzung der *Uhrenmacher*-Thematik. »Ach wie schwer ist es, Gottes Zorn, wie fast schwerer Gottes Gnade zu erfahren«[108], hatte Dürrenmatt einst bei Barlach gelesen. *Grieche sucht Griechin* transportiert diese Gnadenthematik zwar aus dem theologischen ins Erotische, doch ist sie noch immer klar erkennbar. Wenn sich der »sentimentalische« Protestant daran zum satirischen Protestanten wandelt, so erschiene diese scheinbar harmlose »Prosakomödie« tatsächlich als Bindeglied zwischen dem *Engel* und der *Alten Dame.*

Wenn allerdings am Ende der Staatspräsident zu seiner Predigt ansetzt, die den verstörten Archilochos vom Attentat abbringt, so steht zu vermuten, dass sich hinter dem feinsinnigen alten Herrn eine ältere und höhere Instanz verbirgt: »Die Liebe ist ein Wunder, das immer wieder möglich, das Böse eine Tatsache, die immer wieder vorhanden ist. Die Gerechtigkeit verdammt das Böse, die Hoffnung will bessern, und die Liebe übersieht. Nur sie ist imstande, die Gnade anzunehmen, wie sie ist. Es gibt nichts Schwereres, ich weiß es. Die Welt ist schrecklich und sinnlos. Die Hoffnung, ein Sinn sei hinter all dem Unsinn, hinter all dem Schrecken, vermögen nur jene zu bewahren, die dennoch lieben.«[109] Das mag wie an Kitsch grenzendes Pathos anmuten, wie der Dürrenmatt-Skeptiker und Brecht-Apologet Jan Knopf meint, hat aber auch einen Zug ins parodistisch Triviale, der in diesem Prosastück unverkennbar ist.

Archilochos erkennt am Ende, dass seine Chloë wirklich entschlossen ist, ihn zu lieben (mit einer Vorsätzlichkeit, die an den Entschluss Richards III. erinnert, »ein Bösewicht zu sein«). Er sucht sie und findet sie nicht; in seinem verwüsteten Lustschlösschen wütet Bruder Bibi mit dem Abschaum der Stadt und wird von Archilochos weggefegt wie die Händler aus dem Tempel. Archilochos erstarrt in seinem Zorn, blutverkrustet, der Hochzeitsfrack zerfetzt, stiert aus verschwollenen Augen in den Park seines Schlösschens. Ende 1. Die böse Variante.

Mehr als ein Jahr lang hatte nun Dürrenmatt nach der miss-glückten Uraufführung des *Engels* »den Atem angehalten«. Er hatte ein erstes Mal selbst inszeniert, weil selbst ein Freund wie Schweikart sein Stück missverstanden hatte. Hatte sich ein erstes Mal, wie später noch oft in Momenten der Verunsicherung, dem Schock der Wiederbegegnung mit Konolfingen gestellt. Er schrieb zwei Hörspiele, versuchte sich an einem neuen Krimi-nalroman und blieb damit stecken. In einem großen Aufsatz versuchte er zum ersten Mal, sich der theoretischen Grundlagen seines Theaters zu versichern. Auch noch den »Roman für Schifferli« *(Grieche sucht Griechin)* nimmt er als Krisenbewäl-tigung in Angriff: Bewältigung der materiellen Dauerkrise im Neuenburger Hausstand, als Verlagerung der Krise, in die er mit seinem Theater geraten war. Das neue Jahr 1955 begann wie das vorige (die Agenda vermerkt: »Kaviar im Haus / wird nichts draus«[110]). Bald sollten die Probleme andere werden als die, wel-che Max Frisch gern »Arbeitsnot« nannte. Ein Jahr Abstinenz von der Theaterarbeit war genug. Lotti wurde krank, musste sich einer Operation unterziehen, bei der sie um ein Haar ster-ben sollte. Vielleicht brauchte er den Stoß in den Rücken. Das Stück, dessen erster Funken auf der Fahrt an Lottis Krankenbett auf den vagen Plan einer früheren Erzählung fiel und bald Feuer fing, sollte Leben ändern, seines und das seiner Familie. Es war Zeit »auszuatmen«.

Exkurs

Dürrenmatts Dramaturgien
oder Brecht als Autorität und Antipode

Das Ende der Fabeln · Dramaturgien von Fall zu Fall · Die Sackgasse der »schlimmstmöglichen Wendung« · Der Schauspieler als Korrektiv · Bruder Bertolt, Vater Brecht · Dürrenmatts mutiger Mensch, Brechts negative Helden · Protestantischer Atheist vs. katholischer Kommunist

Das Ende der Fabeln

Am 17. Dezember 1965 schrieb Max Frisch seinem »lieben Fritz« einen Brief, bei dem er sich eigentlich schon die Anrede abringen musste. Die beiden ungleichen »Arbeitskameraden« (Frisch) hatten sich entfremdet. Dass Dürrenmatt am Premierenabend von *Andorra* in der Zürcher ›Kronenhalle‹ der versammelten internationalen Presse die dramaturgischen Mängel des Stücks erklärte (von dem er wusste, dass es ein Riesenerfolg werden würde), war ein *point of no return* ihrer Freundschaft. Dass sich Frisch überhaupt zu seinen Zeilen über den *Meteor* aufraffte, einen guten Monat vor der Premiere von Dürrenmatts Stück Ende Januar 1966, war ein Zeichen von Großmut, aber auch ein Indiz dafür, wie nahe ihm das Thema des Stücks ging. Dieses Mal nicht aus Konkurrenzneid, obwohl er mit dem Satz schließt: »Es wird ein großer Abend, ich werde auch Cognac brauchen.«[1]

Vorher wünscht er sich, Dürrenmatt möchte sich ein paar in Frischs Augen zu billige Witze abschminken, die »den großen

›Witz‹ gefährden können« – eine alte Meinungsverschiedenheit
zwischen den beiden, seit *Romulus,* seit *Mississippi.* Dass diese
Art »billiger Scherze« für Dürrenmatt zu einer Strategie gehören, mit der er sabotierte, was er »Stil« nannte, hat der Stilist
Frisch nie verstehen können. Doch der Brief enthält auch folgende zentrale Sätze: »[D]as Stück kommt mir trotz des Gelächters, das es mir abzwingt schon beim Lesen und auf der Bühne
noch mehr, vorerst wie eine Flaschenpost vor, Standortmeldung
von einem Freund, den man zuletzt auf einem robusten Kahn
gesehen hat, und es tönt nach grimmiger Seenot. Ohne La-
mento; aber das Stück ist nahe an dem Punkt, wo einer nur noch
schweigt. Ich verstehe jetzt dein langes schweres Zögern mit
dem Stück. Im Grunde, nebenbei und vertraulich bemerkt,
sollte unser Schauspielhaus damit seine Tore schließen.«

Frisch hat klar gesehen, dass dieses Stück ein Endspiel war.
Wahrscheinlich klarer als Dürrenmatt selbst, der dieses letzte
Gleichnis vom unentwegt unter seinen Totenkränzen hervor-
kriechenden Nobelpreisträger als eine Fortführung, Umkehrung und Variation seiner alten Gnadenthematik verstanden
wissen wollte (der wider seinen Willen immer wieder aufersteh-
ende Nobelpreisträger Schwitter vernichtet sein ganzes Umfeld). Eine ironische »Auferstehung« auch Dürrenmatts nach
dem durchgefallenen *Herkules* und sein letzter Triumph auf
dem Theater.

Nach dem *Meteor* kamen Bearbeitungen eigener und fremder
dramatischer Vorlagen: *Die Wiedertäufer, König Johann, Play
Strindberg, Titus Andronicus* – alles Durchleuchtungen üppige-
rer Stücke zur Demonstration ihres dramaturgischen Skeletts.
Ferner eigene Regieprojekte: *Emilia Galotti, Urfaust, Woyzeck*
(in allen drei Fällen beruht das Regiekonzept auf dem konse-
quenten Zuendedenken *einer* originellen Grundüberlegung[2]).

Im Nachhinein nehmen sich diese Regiearbeiten denn doch
wie mehr oder weniger verzweifelte Fluchtversuche in die prak-

tische Theaterarbeit aus, die dem Autor sonst rundum wegbrach. Bleibt das missglückte Weltuntergangs-Kammerspiel
Porträt eines Planeten. Und die bitterste aller Theaterniederla-
gen, *Der Mitmacher*, wie die *Physiker* noch einmal das Experiment mit einer »klassischen«, sprich aristotelischen Form, aber
keinem Publikum mehr verständlich. Dieser letzte Beweis seiner
»Bühnenohnmacht« beschäftigte F. D. so nachhaltig, dass er von
dem Stück nicht ohne ein großes Begräbnis lassen mochte.
Nicht ohne den Grabstein, den er dann unter dem doppeldeutigen Titel *Der Mitmacher – Ein Komplex* auf den Misserfolg
setzte. Darin macht Dürrenmatt sichtbar, was hinter seinen dramaturgischen Verkürzungen, Abstraktionen, Zuspitzungen von
Publikum und Kritik nicht mehr wahrgenommen wurde, denn
das Stück transportierte seine Voraussetzungen nicht mehr
selbstverständlich mit: die neun Zehntel des Eisbergs unter der
Wasserlinie.

Die *Frist* schließlich war eine Art Satyrspiel zum *Meteor*,
wenn auch ohne den Skandal des Auferstehungswunders. Eine
Umkehrung desselben vielmehr: die Geschichte des langen Ster-
bens eines Diktators (die Uraufführung durch Kazimierz Dejmek 1977 in Zürich war kein Erfolg, die Zweitinszenierung
durch Hans Neuenfels in Basel eine wilde Dekonstruktion der
Vorlage, die Dürrenmatt mit Humor und Gelassenheit akzeptierte). Eine Komödienfassung der *Panne* entstand als ein von
Dürrenmatts Theaterverleger Egon Karter provoziertes Remake
und missglückte. Zuletzt *Achterloo*, ein bewusst inszeniertes
ironisches Epitaph auf das eigene Theater, eine Art theatralische
Parallelaktion der *Stoffe*, ein Schachteltraum und Spiegellaby-
rinth, das in der ironischen Brechung vieler Motive vom »verdienstvollen Verräter« bis zur Geborgenheit-Gefangenschafts-
Dialektik des Irrenhauses, auch *Play Dürrenmatt* hätte heißen
können.

Frisch hatte schon recht gesehen: *Der Meteor* war nicht das

Ende von Dürrenmatts dramatischem Schaffen, aber der Endpunkt eines Theaters, dem, bei allen Unterschieden, Dürrenmatt, Frisch selbst und auch Brecht zuzurechnen waren. Endpunkt einer Dramaturgie, die Gleichnisse als Handlung vorführte oder Handlungen als Gleichnisse, wozu und zu welchem Ende immer (um die Welt zu verändern oder um den mutigen Einzelnen in seinem hoffnungs-, aber nicht sinnlosen Widerstand zu zeigen). Einer Dramaturgie, die, wie es in den *21 Punkten zu den ›Physikern‹* heißt, von einer Geschichte ausgeht und eine Geschichte zu Ende erzählt.

Hatte F. D. die *Panne* 1955 »eine noch mögliche Geschichte« genannt und im ersten Teil den Abtransport des Schicksals in einer Welt der Pannen erklärt[3], ersetzt er in seinen 1970 publizierten *Sätzen über das Theater*[4] das dialektische Begriffspaar möglich-unmöglich durch das Begriffspaar wahrscheinlich-unwahrscheinlich und wagt die Definition: »[D]ie Wirklichkeit ist die Unwahrscheinlichkeit, die eingetreten ist.«[5] An der auf die berühmte schlimmstmögliche Wendung hin erzählten Geschichte hält er bei allen Überlegungen zum Zusammenhang von Dramaturgie und Zufall noch fest (der Text war ab 1964 entstanden). Nicht das Schicksal trifft die Figuren eines Stücks, sondern der Zufall. Kleists Dorfrichter Adam zum Beispiel, dem der Gerichtsrat Walter an ebendem Tag ins Haus steht, an dem er über sich selbst zu richten hat. Für den Autor gehört der Zufall »zur immanenten Logik eines Stücks«. Er ist ein Mittel der Dramaturgie und liegt in seiner auktorialen Verfügung. Genau das wirft Dr. H., der Exkommandant der Zürcher Kantonspolizei, dem Erzähler in der Präambel zu *Das Versprechen* vor:

»Doch in euren Romanen spielt der Zufall keine Rolle, und wenn etwas nach Zufall aussieht, ist es gleich Schicksal oder Fügung gewesen; die Wahrheit wird seit jeher von euch Schriftstellern den dramaturgischen Regeln zum Fraße hingeworfen.

Schickt diese Regeln endlich zum Teufel. Ein Geschehen kann schon allein deshalb nicht wie eine Rechnung aufgehen, weil wir nie alle notwendigen Faktoren kennen, sondern nur einige wenige, meistens recht nebensächliche. [...] Unsere Gesetze fußen nur auf Wahrscheinlichkeit, auf Statistik, nicht auf Kausalität, treffen nur im Allgemeinen zu, nicht im Besonderen.«[6]

Der Verfasser herrscht über seine Figuren, sie sind Opfer seines Zufalls. Wir ahnen das dramaturgische Konfliktpotential, das in diesem Gefälle liegt, aber auch zwischen jenen und der »Handlung«. Wie sehr sie als Gleichnis auf Vieldeutigkeit hin angelegt, wie sehr sie auf das Paradoxe zugespitzt ist, eine Geschichte mit einem Anfang und einem Ende, erzählt im Raum und mit den Mitteln einer Bühne, produziert immer Sinn und ordnet die Welt, ob sie will oder nicht. So wie auf der Bühne alles etwas bedeutet, auch der Unsinn, der Nonsens, der demontierte Sinn.

Das Theater, wenn es nicht im Musealen, also den vom Blatt zelebrierten Klassikern steckenblieb, begann sich eben Mitte der sechziger Jahre, als Brecht tot und sein Credo der Veränderbarkeit der Welt widersprüchlich genug in den von seiner Witwe verwalteten Aufführungsmodellen erstarrt war, als Frisch an der Fabel zu zweifeln begann und letztlich auch Dürrenmatt – das Theater begann sich anderem zuzuwenden.

Nicht dass der Zweifel nicht schon früher, eigentlich immer den scheinbar so souveränen Demiurgen und Welten-Denker Dürrenmatt begleitet hätte. Die Niederlage mit dem *Engel* 1954 bedrückte ihn, aber er ertrug sie. Und versuchte gleichzeitig, gegen sie anzukämpfen: So entstand Dürrenmatts erster Versuch einer einigermaßen zusammenhängenden dramaturgischen Standortbestimmung, der Aufsatz *Theaterprobleme*. »Die Welt (die Bühne somit, die diese Welt bedeutet) steht für mich als ein Ungeheures da, als ein Rätsel an Unheil, das hingenommen werden muss, vor dem es jedoch kein Kapitulieren geben darf.«[7]

Darin findet sich die Passage über das Huhn und/oder das Ei. Über Fülle und Abstraktion. Er neige nun mal zum Reichtum und habe sich im Übrigen immer geweigert, das Ei der Erklärung zu legen. Beides ist geflunkert, wie denn viele Sätze Dürrenmatts in eigener Sache mit Vorsicht zu genießen sind. Selbstinterpretationen hat sich Dürrenmatt nie versagt. Das gilt sowohl für die Stücke selbst (denken wir nur an Übelohes berühmten Monolog in *Mississippi*) sowie für die unzähligen Vor- und Nachworte zu diesen. In Kritikerschelten und Interviews hat er ganze Nester voll mit Eiern der Erklärung geliefert. Auch die *Theaterprobleme* insgesamt sind schon Standortbestimmung und Rechtfertigung in eigener Sache. Was die Polarität zwischen Fülle und Abstraktion angeht: Die Skizze, die ich, zugegebenermaßen etwas pauschal, vom dramatischen Spätwerk hingeworfen habe, zeigt eines gewiss: Insgesamt entwickelte sich Dürrenmatts Dramaturgie eher vom Huhn zum Ei als umgekehrt.

Theaterprobleme geht aus von einer Polemik gegen die »Reinheit« in der Kunst. Dürrenmatt meint damit nichts anderes, als was Benn an seinem *Mississippi* als Potential des »absoluten« Theaters gepriesen hatte: die Tendenz der zeitgenössischen Kunst, sich weniger mit Inhalten als vielmehr mit sich selbst zu beschäftigen.[8] Und er endet mit einer Attacke gegen jede Art von formalistischem Reinheitsgebot (in anderem Zusammenhang braucht F.D. dafür das Reizwort »Stil«): dass in einer »Welt der Bildung«[9] der Künstler Kunst nur noch da betreiben könne, wo niemand sie vermute.

Dazwischen kommt ansatzweise alles zur Sprache, was damals Dürrenmatts Dramaturgie ausmachte. Auch, dass es eine solche Dramaturgie genau genommen nicht gibt. Zumindest nicht im Singular und (für ihn) schon gar nicht als arbeitspraktischen Leitfaden zur Herstellung von gut gebauten Stücken. »Gibt es nur noch [Personal-]Stile, gibt es nur noch Dramaturgien und keine Dramaturgie mehr: die Dramaturgie Brechts, die

Dramaturgie Eliots, jene Claudels, jene Frischs, jene Hochwälders, eine Dramaturgie von Fall zu Fall [...]«[10]. Mehr noch: Jeder Stoff verlange seine eigene Dramaturgie. »Es gibt kein dramatisches Handwerk, es gibt nur die Bewältigung des Stoffs durch die Sprache und durch die Bühne [...]«[11], der »Gegner«, der Stoff, sei nie fair, das Resultat des Kampfs mit ihm nicht absehbar.

Dramaturgien von Fall zu Fall

Eine Dramaturgie ist allenfalls als Metadramaturgie denkbar, als »Dramaturgie aller möglichen Fälle«[12]. Noch bleibt das auf das Theater bezogen. Aber schon hier kann man erahnen, dass für Dürrenmatt »Dramaturgie« weit mehr ist als die konventionelle Bedeutung: mehr als das auf die praktisch-szenische Realisierung eines Stücks bezogene Kompositionsprinzip eines Dramas oder die Theorie von der Kunst und Technik des Dramas als Teilgebiet der Poetik. Scheint durch F. D.s *Theaterprobleme* noch der Hintergrund der *Hamburgischen Dramaturgie* des von ihm bewunderten Lessing durch, nutzte er den Begriff bald als Instrument der Erörterung unterschiedlichster Zusammenhänge, weit über das Theater hinaus. »Dramaturgisch« ist sein Denken überhaupt. So heißt der *Monstervortrag über Gerechtigkeit und Recht* im Untertitel ›Eine kleine Dramaturgie der Politik‹. Und ein Fragment aus der zweiten Hälfte der sechziger Jahre trägt den Titel *Zur Dramaturgie der Schweiz*. In den *Stoffen* stellt F. D. dem *Winterkrieg in Tibet* eine *Dramaturgie des Labyrinths* voran. Einen *Prometheus*-Text nennt er *Dramaturgie eines Rebellen*. Ganz zu schweigen von der größten Verallgemeinerung des Begriffs in der *Dramaturgie der Vorstellungskraft,* unter welchem Titel er die gesamte späte Arbeit an den *Stoffen* versteht.

Andererseits: Je allgemeiner Dürrenmatt den Begriff der »Dramaturgie« fasst, desto weniger taugt er für die Bewältigung bühnentechnischer und poetischer Probleme im Einzelnen. Am 20. September 1956 hält er bei einer Tagung der Evangelischen Akademie für Rundfunk und Fernsehen in Bad Boll zum Thema »Das Wort im Zeitalter der Bilder« einen Vortrag, der auch für seinen Umgang mit den Naturwissenschaften wichtig ist. Unter dem merkwürdig verblasenen Titel *Vom Sinn der Dichtung in unserer Zeit* wirft F. D. die Frage auf, wie es der Schriftsteller in einer Zeit der Bilderflut schaffe, einer Welt, der ein »Welt-Bild« abhandengekommen ist, ein Gesicht zu geben. »Indem er entschieden etwas anderes betreibt als eine Philosophie, die vielleicht nicht mehr möglich ist. Indem er entschieden den Tiefsinn fahrenlässt, indem er die Welt als Materie verwendet. Sie ist der Steinbruch, aus dem der Schriftsteller die Blöcke zu seinem Gebäude schneiden soll. Was der Schriftsteller treibt, ist nicht ein Abbilden der Welt, sondern ein Neuschöpfen, ein Aufstellen von Eigenwelten, die dadurch, dass die Materialien zu ihrem Bau in der Gegenwart liegen, ein Bild der Welt geben.«[13] Das ist der eine, der auktoriale Aspekt. Doch es kündigt sich noch ein anderer an: »Der Schriftsteller hat ein Arbeiter zu werden. Er hat sich die Stoffe nicht durch eine Dramaturgie zu verbauen, sondern jeden Stoff durch die dem Stoffe gemäße Dramaturgie zu ermöglichen.«

Dürrenmatts Dramaturgien lassen sich auch, und das ist in einer langen Reihe von Einzeluntersuchungen geschehen, von *Es steht geschrieben* (oder früher noch dem *Knopf*) bis zu den Endspielen *Porträt eines Planeten* und *Mitmacher* aus literar- und theaterhistorischen Zusammenhängen erklären, obschon sich F. D. meist dagegen verwahrte: von der frühen Bewunderung für Büchner her, vor dem Hintergrund von Claudels *Der seidene Schuh* (ein Zusammenhang, zu dem er sich weder bekannte noch von dem er sich ausdrücklich distanzierte). Aristophanes. Shakespeare. Nestroy und das Altwiener Volkstheater, später Wedekind, Brecht (der sich seinerseits auf Wedekind bezog): auffallend, dass in dieser Ahnengalerie fast alle Theaterpraktiker sind (Molière wäre da auch zu nennen). In der zunehmenden Ausdünnung der Dialoge am Ende, in *Play Strindberg* und *Porträt eines Planeten,* auch Beckett. Das eigentliche Paradox von Dürrenmatts Dramaturgie erklären all diese wie auch immer erhellenden Vergleiche nicht: das Nebeneinander von Reichtum und Abstraktion, die gleichzeitige Wertschätzung des Huhns und des Eis (entgegen dem Zitat aus den *Theaterproblemen*). Das Nebeneinander einer Dramaturgie der demiurgischen Weltschöpfung (aus der Welt Brocken brechen und sich damit Welten bauen) und dem Sich-Unterwerfen unter den Stoff; die Verachtung des Formalismus und die Neigung, eine Handlung nicht wuchern zu lassen, sondern formale Schneisen durch sie zu schlagen, sie zu »geometrisieren«. Aus F. D.s dramaturgischer Entwicklung ist ein einziger Reduktionsprozess abzulesen, die Rückführung des Huhns zum Ei.

Ein Lehrstück dafür ist Dürrenmatts eigene Bearbeitung seines Erstlings, die Verschlankung von *Es steht geschrieben* in die *Wiedertäufer.* Auch in den Bemerkungen zu seiner Bearbeitung von Shakespeares wildem frühem Stück *König Johann* drückt sich dieser Anspruch aus: Es gehe ihm darum, »die dramaturgische Dialektik des vorhandenen Spielmaterials reiner herauszuarbeiten […]; das Spiel zu verkürzen, statt des mühsamen Kleinkriegs, mit dem Shakespeare und seine Vorgänger ihr Matt erzielen, es mit wenigen Spielzügen zu erreichen, und so die Handlung durchsichtig zu machen.«[14]

Verkürzung, Durchsichtigkeit, Spielzüge, die Metaphorik des Schachs (»Matt« als Synonym für die »schlimmstmögliche Wendung«) – das liest sich, wie wenn ein einstiger Liebhaber des englischen Gartens so lange am Wildwuchs herumgeschnitten hätte, bis am Ende doch so etwas wie ein französischer entsteht.

Dürrenmatt unterwirft sich dem Stoff und will ihn sich doch andererseits auch unterwerfen. Die Demut gegenüber dem Stoff ist ein achtbarer, aber auch ein frommer Wunsch. Das Dilemma ist nicht genauer zu beschreiben, als es in der besagten Rede auf Kurt Hirschfeld, *Literatur nicht aus Literatur* (1962), getan wird: »Die Welt allein liefert den Stoff, den es in Literatur umzumünzen gilt. Hier den Weg aus tappenden alchimistischen Versuchen in bewusste Umwandlungsprozeduren zu finden, ist das Ziel der Dramaturgie.«[15] Und wieder stilisiert er sich zum Verweigerer der Selbstinterpretation: »Er [der Schriftsteller] stellt den Stoff zur Interpretation her, nicht die Interpretation selbst.« Einer »Dramaturgie von der Aussage her« (hinter der wir unschwer Brecht erkennen) stellt er seine »Dramaturgie vom Stoff her« gegenüber: »Ein Stoff ist nie eindeutig, eine Aussage will es sein.« Figuren sind dem Zufall ausgeliefert, aber wer diesen Zufall lenkt und denkt, ist der Autor. Er würfelt so wenig wie Einsteins Gott.

Die Sackgasse der »schlimmstmöglichen Wendung«

In den 21 Eiern der Erklärung, die Dürrenmatt im Anhang zu den *Physikern* legte, stiftete vor allem das dritte viel Verwirrung. Es ist zu einem geflügelten Wort geworden: »Eine Geschichte ist dann zu Ende gedacht, wenn sie ihre schlimmstmögliche Wendung genommen hat.«[16] In diesem Fall hätte Dürrenmatt entweder kaum eine seiner Geschichten zu Ende gedacht, oder es wäre unerklärlich, weshalb er bei nahezu allen Stücken so große Mühe mit den Schlüssen gehabt hätte. Fast immer arbeitete er nach der Uraufführung daran weiter, bei fast allen hielt er vor allem den Schluss für provisorisch und revisionsbedürftig. Nicht von ungefähr unterlief Dürrenmatt die Formel von der »schlimmstmöglichen Wendung« im Zusammenhang mit den *Physikern*. Das

Stück ist in seinem dramatischen Gesamtwerk ein Sonderfall, das Paradox einer »aristotelischen Komödie«, welche wie kein anderes Stück Dürrenmatts die berühmten drei Einheiten wahrt. Ein Experiment. Leicht einzusehen, weshalb er das Interesse daran verlor, nachdem ihm der Wurf gelungen war. Nach Eintritt der »schlimmstmöglichen Wendung« gab es daran nichts weiterzudenken. So hat er im Unterschied zu fast allen Stücken kaum etwas daran geändert. Für F. D. war das jedoch keineswegs eine positive Qualität. »Die schlimmstmögliche Wendung« aber ist ein jede andere Lösung ausschließender Superlativ, das Ende einer jeden Geschichte somit vorherbestimmt. Daran ändert auch der vierte von den *21 Punkten zu den ›Physikern‹* nichts: »Die schlimmstmögliche Wendung ist nicht voraussehbar. Sie tritt durch Zufall ein.«[17] Das betrifft die Figuren des Stücks resp. der Erzählung. Für den Autor dagegen, auf der Ebene der Produktion, ist der Zufall ein kalkulierbares Mittel.

Entgegen allen ästhetischen Grundsätzen und anderslautenden Äußerungen Dürrenmatts sind die *Physiker* ein hermetisches Stück Kunst oder Kunststück. Schon die geschlossene Anstalt als Schauplatz ist eine Chiffre dafür, mit der auch das alte Thema von Verschonung und Gefangenschaft wieder auftaucht und ironisch gebrochen wird. Wie kein anderes seiner Stücke ist dieses eine Theater-Maschine. Tatsächlich war das Stück, und nicht nur wegen seines beispiellosen Erfolgs, Dürrenmatt selbst nie ganz geheuer. Von den *Physikern* auf Dürrenmatts Dramaturgie überhaupt zu schließen wäre ein Irrtum. Sie sind ein Unikat, ein Ausnahmefall, eben ein Expriment.

In einem kleinen, scharfsinnigen Essay mit dem Titel *Der Streit der Dramaturgien* versuchte der Dramaturg Bruno Hitz eine Skizze des deutschsprachigen Dramas nach Brecht anhand von drei Stücken: Friedrich Dürrenmatts *Physikern,* Heiner Müllers *Leben Gundlings Friedrich von Preußen Lessings Schlaf Traum Schrei* und Thomas Hürlimanns Erstling *Großvater und*

Halbbruder. Der Essay versteht sich als Nachweis für eine zunehmende Befreiung des Theaters vom Primat der Fabel und
letztlich den Welt-Bildern, für die er steht. Die *Physiker,* ganz
auf die finale Wendung ausgerichtet, kritisiert Hitz darin als eine
Konstruktion, in der »das Ganze [aufgeht] wie eine Rechnung,
rein und ohne Rest«; welche die Katastrophe planvoll Zug um
Zug erzeugt und »dadurch den Figuren das Leben austreibt«[18].

Wenn Hitz Dürrenmatt vorwirft, die perfekte Theater-Maschine sei nur durch eine »Häufung von Unwahrscheinlichkei-
ten« zu erreichen, wäre ihm zu entgegnen, dass »Unwahrschein-
lichkeiten« schon immer zur Lizenz des Metiers gehörten. Was
ist, um nur ein berühmtes Beispiel zu nehmen, unwahrscheinlicher als die zweite Szene des ersten Akts von Shakespeares
Richard III., wo Gloster über den offenen Sarg des von ihm ermordeten Heinrich VI. hinweg dessen Witwe Lady Anna verführt? In anderen Punkten ist Hitz schwerer zu widersprechen:
»Ein Beispiel. Drei Krankenschwestern pfleg(t)en drei offenbar
geisteskranke Physiker. Jede verliebt sich in einen der Physiker,
und jeder Physiker verliebt sich in ebendiese Krankenschwester.
Ein Umstand allerdings stört diese prästabilisierte Liebeshar-
monie empfindlich: Jede Krankenschwester entdeckt unabhängig von den andern, dass ›ihr‹ Physiker gar nicht geisteskrank
ist, und trifft alle Vorkehrungen, um mit ihm zusammen in die
Freiheit zu fliehen. Damit aber wäre die Mission der Physiker
endgültig gescheitert, weshalb jeder die von ihm geliebte Krankenschwester a tempo um die Ecke bringt. Diese vollkommene
Symmetrie von Gefühlen und Handlungen, von Liebe und Mord
ist eine blitzsaubere Konstruktion, vom schwärzesten Humor
ausgebrütet [...]. Damit die Fabel aufgeht und ans vorbestimmte
Ziel führt, müssen ihre Bestandteile, die Figuren, so modelliert
sein, dass sie keinen Eigen-Sinn entwickeln, sondern Einverständnis (mit der Konstruktion). Die verhängnisvolle Mecha-
nik, die Dürrenmatt mobilisiert, damit die Geschichte in ihr

schlimmstmögliches Ende hineinrast, schneidet auch die Figuren zu mechanischen Versatzstücken zu.«[19]

Figuren mit einem Eigenleben setzen jedoch eine Ästhetik voraus, die als eine realistische gar nicht zu Dürrenmatts Prämissen gehört. Hitz argumentiert wie einer, der am Personal von, sagen wir: Labiche bemängelt, es habe nicht die Vielschichtigkeit und Gemütstiefe von Čechovs Figuren. Das alles ist zweifellos richtig. Vor allem in den *Sätzen über das Theater* (1970) relativiert Dürrenmatt das Schlagwort von der »schlimmstmöglichen Wendung« selbst wieder, indem er unterscheidet zwischen der »ontologischen« Ebene der Wirklichkeit (der zweifellos auch realistische Theaterfiguren mit dem von Hitz geforderten Eigenleben angehören) und derjenigen der Fiktion, in der die »schlimmstmögliche Wendung« nur ein Mittel ist, »eine gedankliche Fiktion mit dem Existentiellen«[20] zu konfrontieren.

Das Schlagwort von der »schlimmstmöglichen Wendung« blieb wie das Stück, auf das es bezogen war, nicht folgenlos. Nach dem Welterfolg der *Physiker* sah die Kritik noch rückwirkend in Dürrenmatts Stücken insgesamt und also auch das unwägbar Widersprüchliche aller menschlichen Verhältnisse zu sehr in eine schlanke, mechanistischen Parabel-Dramaturgie gebracht. Alles liefe im ausweglos Paradoxen zusammen, in der Sackgasse der »schlimmstmöglichen Wendung« zusammen und Dürrenmatt walte als Demiurg und bestimme die Perspektiven selbstherrlich in einem weltleeren Raum. Das ist nicht nur verkürzt, es ist falsch. Zudem wurde geargwöhnt, das Stück verdanke seine Breitenwirkung dem Umstand, dass seine Form die Katastrophe widerlege, die sein Thema sei. Möge die Welt aus den Fugen und dies die Botschaft des Autors sein, im Horrorkabinett des Grotesken, im isolierten Raum der Versuchsstation Irrenhaus hantiere ein hinter allen schrägen, tiefen oder platten Witzen getarnter gesunder Menschenverstand. Und schloss vom Spezialfall gleich aufs Ganze: Die bündige Konstruktion sei-

ner Fabeln widerlege Dürrenmatts Weltuntergangstheater insgesamt.

Tatsächlich eignen sich die *Physiker* ideal als Gegenbeispiel
zur »induktiven«, dem Primat der Fabel sich zunehmend ver-
weigernden Dramaturgie eines Heiner Müller (zum Beispiel).
Nur verbieten sich Rückschlüsse auf Dürrenmatts Gesamtwerk.
Auf seine in hohem Maß induktive und primär vom »Stoff«,
nicht von formalen oder didaktischen Überlegungen diktierte
Dramaturgie. Eine Dramaturgie, die sich aus der frühen Einsicht (Agenda 1950) herleitet: »Es wird mir klar, dass alles Dichterische nicht gekonnt, sondern blind geschehen muss. Ein
Abenteuer. Ein sich treiben lassen vom Stoff zu unbekannten
Zielen.«[21] So ziemlich das größtmögliche Gegenteil der »unbe-
kannten Ziele« ist »die schlimmstmögliche Wendung«.

Zwischen den beiden Aussagen liegen zwölf Jahre, Jahre, in
denen Dürrenmatt seine dramaturgische Strategie hätte wechseln, sich vom »induktiven« Verfahren, dem »sich treiben lassen
vom Stoff«, dem »ins Blaue hinein schreiben« (anlässlich des
Mississippi), einem »deduktiven« hätte zuwenden können. Er
hätte zu einem Autor werden können, der über den Stoff verfügt, dessen »Demut gegenüber dem Stoff« einer »imperialistischen« Dramaturgie Platz gemacht hätte. Doch mitnichten.
Keinen Monat nach der Premiere der *Physiker* stellte er im genannten Aufsatz zum 60. Geburtstag von Kurt Hirschfeld (am
10. März 1962) unter dem Titel *Literatur nicht aus Literatur* geradezu programmatisch seine »Dramaturgie vom Stoffe«[22] her
gegen eine »Dramaturgie von der Aussage her« und bestand auf
dem »immanenten Eigenleben« des Stoffs: »Schreiben wird zu
einer Gehorsamkeit dem Stoffe gegenüber.« Diese Position hat
er im Wesentlichen schon in einem kleinen Aufsatz *Schriftstellerei und Bühne* (vermutlich 1953) entwickelt. Da ist das Problem
nur scheinbar vom Stoff auf die Bühne verschoben – entscheidend ist die beschränke Verfügungsgewalt des Autors über seine

Erfindung, die sich in bloßer »Korrektur« erschöpfe. Es gebe
»schriftstellerische Päpste«[23], welche die Dramatik wie ein »Hofzeremoniell« vollzögen. Es gebe die Ketzer und Sektierer, denen
alles jenseits des Kults ihrer dramaturgischen Regeln profan, ab-
geschmackt und veraltet sei. Schließlich gebe es die »Usurpato-
ren, [die] Dschingiskhane des Theaters, wie etwa Brecht, Gründer neuer Stile und leider auch Schulen«. Doch es gebe auch
»immer wieder«, und hier spricht Dürrenmatt unzweifelhaft
von sich, »Autoren, die ihre Herrschaft nur beschränkt ausüben.
Sie zweifeln, ob sich die Bühne [wie der »Stoff«!] überhaupt beherrschen lasse, begnügen sich, Theater zu ermöglichen, oft erstaunt und amüsiert, was sie alles anrichten, sei es bloß durch ein
Missverständnis. Zwar ist die Bühne auch bei diesen Schriftstellern das Material, mit dem und an dem sie arbeiten, doch als
solches lebendig, eigenwillig, eigengesetzlich. Dann endlich einige wenige Dichter, denen weit ab vom Metier und außerhalb
jeder Zunft gleich auf Anhieb, ohne Bühnenerfahrung, Theater
glückt. Wie, begreift niemand.«

Dass Dürrenmatt selbst klar wurde, was er mit der handlichen
Formel von der »schlimmstmöglichen Wendung« angerichtet
hatte, belegen zahlreiche spätere Relativierungen des Bonmots.
(Es war einer von Dürrenmatts blinden Flecken, dass er die me-
dialen Konsequenzen seiner griffigen, oft nur als Denkanstöße
gemeinten, pointierten Aussagen selten bedachte und erst in seinem letzten Lebensjahrzehnt auf das Korrekturlesen seiner
zahlreichen Interviews bestand.) Die eindrücklichste findet sich
im ›Nachwort‹ zum *Mitmacher,* ausgehend vom Vorwurf eines
Kritikers, er solle »Brecht zuende denken«:

Möglicherweise ist jener Kritiker nur auf mich hereingefallen,
auf meinen Ausspruch in den *Physikern* nämlich, eine Geschichte sei dann zu Ende gedacht, wenn sie ihre schlimmstmögliche Wendung genommen habe; womit wir wieder auf

den alten Gegensatz zwischen einem logischen System und der Existenz stoßen: lässt sich doch ein solches wirklich annähernd zu Ende denken. Jener Kritiker hatte doch nicht so unrecht, dann nämlich, wenn man auf die Paradoxien des logischen Systems stößt, auf seine Widersprüchlichkeiten, die der Mathematik zum Beispiel, der christlichen Dogmatik oder des Marxismus: wenn wir ihre Unstimmigkeiten bloßlegen, stoßen wir an ihre Grenzen. Wenn ich nun die Geschichten, die ich erfinde, etwa mit einem Schachspiel vergleiche, mit einem sehr fabulösen Schach natürlich, sind auch hier viele Endspiele möglich, nicht unendlich viele wahrscheinlich, nur unwahrscheinlich viele […]. Ich strebe mit meinem Endspiel das schlimmstmögliche Ende an, das Schachmatt, während andere nur das Patt suchen. Das schlimmstmögliche Ende zeigt daher nur die Denkrichtung meiner Schriftstellerei an, sagt aber nichts über meine Existenz aus, über mein Dasein, über meine Schuld oder Nichtschuld.[24]

Natürlich besteht Dürrenmatt auch hier auf dem Segen oder dem Fluch seiner Literatur zur indirekten Mitteilung, zum Gleichnis, zu Bildern und Zeichen. Aber natürlich weiß er auch, dass er sich hier etwas fragwürdig aus der Falle seiner etwas zu absoluten Formel von der »schlimmstmöglichen Wendung« windet. Ist doch der »Stoff«, von dem aus er seine Dramaturgie entwickelt, keineswegs abgekoppelt vom eigenen Leben und Erleben.

Der Schauspieler als Korrektiv

In einem frühen Beitrag für die ›Weltwoche‹ mit dem schlichten Titel *Etwas über die Kunst, Theaterstücke zu schreiben*, bemerkt Dürrenmatt, er habe »seit jeher ein großes Misstrauen gegen jene Dramatiker [...], von denen es heißt, sie stellten Menschen aus Fleisch und Blut auf die Bühne. [...] Besonders in der deutschen Literatur, die hinter jedem klaren Verstand Papier, hinter jeder Sentimentalität Tiefe und hinter jedem Fluch gleich Kraft vermutet, ist das leicht möglich. Es wird leider nichts so bewundert wie die Flucht in die Vitalität [...]«[25]. Zu diesem Zeitpunkt, 1951, beschäftigte sich Dürrenmatt mit der *Ehe des Herrn Mississippi* und, intensiver als je davor und danach, mit Frank Wedekind. Erst durch ihn, bekennt er, sei ihm die »Möglichkeit einer Dialektik mit Personen«[26] aufgegangen (auch eine Versklavung der Figur durch die Fabel, wenn wir so wollen).

In der *Anmerkung,* die er 1970 für eine weitere Fassung des *Mississippi* schrieb, kommt Dürrenmatt auf den Stellenwert zu sprechen, der seiner Meinung nach dem Schauspieler zukommt. Aus Fleisch und Blut ist nicht die Figur, sondern der Schauspieler. »Eine Regiearbeit vermag nur unvollkommen durch die Sprache allein ausgedrückt zu werden, das Buch ist eine unvollkommene Partitur und nur eine Partitur, noch nicht Interpretation. Regie geschieht auf der Bühne. Sie ist ein Interpretieren auf der Bühne mit Schauspielern: sie wird denn auch immer wieder von der Bühne und von den Schauspielern her korrigiert.«[27] Und im *Brief an Maria Becker,* den Dürrenmatt 1967 für das Programmheft der *Mississippi*-Aufführung der Schauspieltruppe Zürich schrieb, zeichnet er den Weg, den er vom Irrglauben, der Mensch sei »durch die Sprache restlos darzustellen«[28], vom Irrglauben an die »Allgewalt der Sprache«[29] bis zu der Einsicht gegangen sei, dass der Mensch »mehr [ist] als seine Sprache, sein Schweigen mächtiger als sein Reden, sonst wäre er kein Geheimnis. Der Mensch ist für mich ein Geheimnis geworden und damit auch der Schauspieler. Ein Schauspieler ist mehr als ein Rollenträger, er ist ein Mensch auf der Bühne. Für diesen Menschen auf der Bühne kann ich nicht mehr ›rein Sprachliches‹ liefern oder das, was die Kritiker Stil nennen [...]; für den Menschen auf der Bühne vermag ich nur ›Stichworte‹ zu schreiben, letzte Resultate meines Denkens und Fühlens; und der Schauspieler ›ergänzt‹ diese Stichworte mit seinem Sein, mit seiner Bühnenexistenz und mit seiner Interpretation zum Menschlichen hin«.[30]

Der zentrale Begriff in diesem Zusammenhang ist »Korrektur«. Das ist letztlich der Grund, weshalb es Dürrenmatt so dringlich in die praktische Theaterarbeit zog und weshalb das Ende des Basler Experiments, seines eigenen BES, so katastrophal war: Er verlor unter den Schauspielern nach und nach die Partner, die in der Lage waren, seine Rollen als Stenogramme zu lesen, zu bereichern, als gegenwärtige unfragliche Widersprüchlichkeit, und als »Reichtum« präsent zu machen, immer wieder und immer anders aus seinen Eiern das Huhn schlüpfen zu lassen. Diese Freiheit, die er dem Schauspieler einräumte, der Mehrwert, den herzustellen er ihm überantwortete und den er als selbstverständlich voraussetzte, führte zu einer solchen Verknappung der Rollen, dass ein Einrichten darin kaum mehr möglich war. Die Belebung seiner Figuren wurde immer problematischer, bis Dürrenmatt und seine Partituren von keinem Schauspieler mehr auf- und ausgefüllt werden konnten. Trotzdem glaubte Dürrenmatt immer an dieses Wunder, an solche Auferstehungen seiner Abstraktionen, durch die die Widersprüchlichkeit, die Vieldeutigkeit seiner Gleichnisse erst zur Geltung kommen konnten.

Der Schauspieler ist die Instanz, welche in die Konstruktion des Stücks die Unwägbarkeit, Unabsehbarkeit und Eigendynamik rettet, die dem »Stoff« entspricht. Er gibt dem Stück den unabsehbaren Grund zurück, aus dem es gewachsen ist. Es ist kein Zufall, dass Dürrenmatt am Schluss seiner *Sätze über das Theater,* die insgesamt so etwas wie ein dramaturgisches Testament darstellen, auf Hans Vaihinger und seine *Philosophie des Als Ob* zu sprechen kommt und dessen Grundfrage, »wie es

komme, dass wir mit bewusst falschen Vorstellungen doch
Richtiges erreichen; diese Frage«, fährt er fort, »möchte ich in
der Dramaturgie dahin umwandeln, wie es komme, dass wir mit
bewusst erfundenen Vorstellungen die Wirklichkeit zu beschreiben vermögen«[31]. Und es kann ebenso wenig Zufall sein, dass er
in diesem Zusammenhang auf die Physik zu sprechen kommt,
deren Fiktionen darauf abzielten, der Wirklichkeit eine physikalische Antwort abzulisten, während die Antwort, die die künstlerische Fiktion gibt, »durchaus vom Standpunkt ab[hängt], von
dem aus ich den Spiegel betrachte. Je nach Standort, sehe ich
in einem Spiegel diesen oder jenen Teil der Wirklichkeit, die
sich im Spiegel widerspiegelt«. »Liefert die physikalische Fiktion eine Möglichkeit der physikalischen Welterkenntnis, so die
künstlerische Fiktion viele Erkenntnisse, die durchaus nicht nur
künstlerischer Art sein müssen. Beschäftigt jene unser physika-
lisches Wissen um die Welt, so diese unsere allgemeinen Erfahrungen mit der Welt. Wissen und Empirie ist nicht dasselbe.
Ebenso wenig wie die Physik ist die Kunst Philosophie, aber
beide sind Stoffe für die Philosophie. Je mehr die Dramatik es
wagt, nur Stoff für die Philosophie abzugeben, desto mehr erfüllt sie ihre Aufgabe im allgemeinen menschlichen Denken. Ich
halte es für einen Irrtum der heutigen Dramatik, dass sie so oft
beides sein will, Dramatik und Philosophie, sie wird dann keine
von beiden, und vielleicht fehlt es darum heute an einer großen
Philosophie, weil alle sie betreiben wollen.«

Dürfen wir das auch als eine unfreiwillige Selbstkritik Dürrenmatts lesen? Selbstverständlich betrieb auch er Philosophie,
seit den frühen Jahren seines Studiums, auf welchen Umwegen
auch immer. Seine Dramaturgien, wie sehr sie aus dem tastenden
Umgang mit dem polyvalenten Stoff kommen, jenem Zwischen-
reich zwischen innen und außen, Erfahrung, Erinnerung, Erlebtem, Gelesenem, Gedachtem, zielen wohl auf das Matt des Para-
doxons, haben aber alle ein Ziel: sich im Durcheinandertal der

verschwindenden Wirklichkeit ein Bild von der Welt zu machen. Welt-Bilder. Das ist denn doch ein Verfahren, das »der Fabel eine ungeheure Erkenntnislast aufbürdet«. Da hat Hitz
recht, vom Standpunkt sagen wir des älteren Heiner Müller her
gesehen, der in der Tat »das Stück in Stücke zerschlug« (Thomas
Hürlimann).

Dürrenmatt hat selbst darum gewusst. Entkommen ist er der
Fabel aber letztlich erst in einem anderen Medium und auf einer
Metaebene: im Labyrinth seiner späten Prosa, die Zusammenhänge, Widersprüche, Vieldeutigkeiten, Relativierungen anders
zulässt als die Dramatik, die denn doch, das hat die auf der
Bühne erzählte Fabel so an sich, von Stück zu Stück Setzungen
mit einem Zug ins Totale sind.

Meint Dürrenmatt auch mit der letzten Kategorie sich selber,
in einem eher seltenen Anfall von Unbescheidenheit zumindest seinen Erstling? Es würde erklären, weshalb er sich in der
Rede, mit der er sich für die Übergabe des Schiller-Preises zum
200. Geburtstag Friedrich Schillers am 9. November 1959 im
Nationaltheater Mannheim bedankte, im Gegensatz zum »sentimentalischen« Brecht als »naiven« Schriftsteller sehen konnte,
eine Kategorie, die es in Schillers Poetik (*Über naive und sentimentalische Dichtung*) jenseits der »Alten« eigentlich gar nicht
mehr gibt. In der Phänomene wie Ironie, Parodie, Travestie jedenfalls nichts zu suchen haben.

Bruder Bertolt, Vater Brecht

Der Name ist gefallen. Mit der »Dramaturgie von der Aussage«
(im Gegensatz zu der »vom Stoffe her«), obwohl der Name im
ganzen Aufsatz gerade einmal fällt, wie nebenher.

Zweifellos hat Bertolt Brecht Dürrenmatt mehr beschäftigt,
als seine eigenen Verlautbarungen vermuten lassen, auch wenn

er ihn nicht in dem Maß sekretierte wie Kafka. Und zweifellos sind ihm die immer häufigeren Vergleiche in Kritik und Sekundärliteratur zunehmend auf die Nerven gegangen. Über Dürrenmatts Dramaturgien lässt sich dennoch nicht reden, ohne dass wir uns im Hintergrund als ständige Referenz Brecht denken: in den Parallelen, in der Abgrenzung, im Widerspruch.

Das erste Mal kam Dürrenmatt mit Brecht 1943 während seines chaotischen Zürcher Semesters in Berührung. Damals besuchte er auf Hinweis von Walter Jonas die Aufführung von *Der gute Mensch von Sezuan* im Schauspielhaus mit Maria Becker in der Doppelrolle Shen Te/Shui Ta (Regie Leonard Steckel). Er war, nach eigenem Bekenntnis, wenig beeindruckt, was nicht mehr heißt, als dass er sich zu der Zeit für kaum etwas anderes als sich selbst interessierte. Im sogenannten »Soergel«, der Literaturgeschichte von Albert Soergel, die Dürrenmatts Hauptquelle bei der Begegnung mit dem Expressionismus war, fehlt Brecht auf auffallende und skandalöse Weise – zweifellos aus politischen Gründen, wenn wir an die Anfänge des Dramatikers denken (*Baal, Im Dickicht der Städte* waren durchaus wichtig für die erste Phase des Expressionismus). Immerhin räumt Dürrenmatt ein, der *Sezuan* könnte die eine oder andere Spur in seinem allerersten Stück *Die Komödie* (danach *Der Knopf,* endlich *Untergang und neues Leben*) hinterlassen haben, zumal in den zahlreichen Chansons dieses ersten dramatischen Versuchs. Darin finden sich jedoch auch Einflüsse von Büchner, Kafka und anderen.

Im ersten Band der *Stoffe* kommt Dürrenmatt dann über die Begegnung 1950 mit Rudolf Kassner auf die Begegnungen mit Brecht zu sprechen. Rudolf Kassner habe ihn bei ihrem letzten Treffen 1950 nach Brecht gefragt, er sei um eine Antwort verlegen gewesen, hätte nur den *Sezuan* als »Brechts bestes Stück« genannt. »Nun war ich nie ein besonderer Brecht-Kenner«, beginnt der Absatz, er habe ihn gerade zweimal persönlich getroffen. Zuerst im Büro von Kurt Hirschfeld, ohne zu wissen, wen er vor sich hatte. (»Wie soll ich Dir den schildern«, sagte er einmal zu Rolf Hochhuth, »auf den ersten Blick ein verwahrloster Mensch; auf den zweiten ein verwahrloster Millionär.«) Nach einer Aufführung des *Romulus* in Basel 1949 schließlich begegnen sich die beiden Dramatiker ein weiteres Mal. Brecht war von F. D.s Stück so beeindruckt, dass er in einem Brief an Hirschfeld (April/Mai 1949) gleich eine dramaturgische Detailanalyse verfasste und Verbesserungsvorschläge machte, gleichzeitig taktvoll um Verschwiegenheit bittend: »Dies die Anmerkungen zum ›Romulus‹, die aber Dürrenmatt auf keinen Fall zu Gesicht bekommen sollte, da er sich Magisterliches bestimmt verbitten würde.«[32] Brecht, erinnert sich Dürrenmatt, sei »überaus liebenswürdig« gewesen, er selbst überaus schüchtern. »Nicht gewohnt, über meine eigenen Arbeiten zu diskutieren, pflegte ich schon damals am liebsten Stoffe zu erzählen, an denen ich meistens nur angeblich und selten wirklich arbeitete.« Folgt der Satz, in dem indirekt die Begründung für das anfänglich distanzierte Verhältnis steckt. »Auch war ich misstrauisch, stand Brecht damals besonders fremd gegenüber, die Spannung zwischen dem Stadttheater Basel und dem Schauspielhaus Zürich spielte mit hinein, dazu war ich voller Opposition und Ressentiments gegen jedermann.«[33] Das klingt nach dem jungen Dürrenmatt, vor seinem Entschluss zur Schriftstellerei, dem die Rebellion gegen alles und die Opposition gegen den Vater fast die einzige *raison d'être* war. Mochte F. D. nach dem Entschluss zur Schriftstellerei mit dem Glauben seines Vaters Frieden geschlossen haben: keinesfalls wollte er an dessen Stelle neue Autoritäten akzeptieren.

»Nun war ich nie ein besonderer Brecht-Kenner«: am Ende deshalb, weil er keiner sein wollte? Weil ihm Brecht als Autorität grundsätzlich verdächtig war? So hatte er schon den Einfluss von Kafka auf seine frühe Prosa kleingeredet.

Und auch in jenem späten Text *Abschied vom Theater,* der voller Bitterkeit auf eine Generation von Theatermachern und Dramaturgen ist (für F. D. allesamt Angehörige einer »doktrinären Linken«), von denen er sich verraten fühlte und unter deren Kontrolle er, grotesk genug, das Theater noch immer wähnte, setzt er sich noch ein letztes Mal mit Brecht auseinander.[34]

Brecht war Dürrenmatt außerdem als Marxist verdächtig. Nicht im Sinne jenes Antikommunismus, der im Gefolge des Kalten Kriegs gerade in der Schweiz schnell zu einem Ritual, zu einer Art »Stammestanz« geworden sei (wie F. D. später im Text *Zur Dramaturgie der Schweiz* sagen wird: eben weil sie wussten, dass sie Kriegsgewinnler waren, wollten die Schweizer die Kriegsgewinner in ihrem Antikommunismus noch übertreffen, so Dürrenmatts These). Vielmehr zunächst aus philosophischen Gründen. Wie sein Ziehvater Kierkegaard war Dürrenmatt ein Antihegelianer. Dass die Welt zu verändern sei, wie Brecht es forderte, hätte schon Platon geglaubt, »dass die Welt sich verändern müsse, wolle sie nicht untergehen, mahnte Kant [der andere Hausgott von Dürrenmatts Philosophie], doch erst mit Hegel kam die unselige Idee auf, die Veränderung geschehe aufgrund einer die Welt formenden transzendenten Logik von These, Antithese, Synthese, bei Marx geschah die Veränderung immanent mit gleichem Schema durch den Klassenkampf«[35]. Der Weltgeist im Dreisprung der Dialektik war Dürrenmatt eine groteske Vorstellung.

Dürrenmatt war Protestant. Der Protestantismus ist das Resultat eines Kampfs gegen die Kirche, und das Misstrauen gegen die Kirche setzte sich fort, als er selbst eine Kirche wurde. Im Namen des Einzelnen protestierte F. D. gegen alle Kirchen. Den Marxismus hielt er für eine von ihnen. Über die Erkenntnis, dass der Marxismus notwendig zu Brechts Dramaturgie »vom Allgemeinen her« gehörte, zu seiner Vorstellung, die Welt sei im »wissenschaftlichen Zeitalter«[36] als eine veränderbare zu zeigen, gelangte er am Ende zu der Ansicht, Brecht sei keineswegs ein marxistischer Dogmatiker gewesen, »seine politische Doktrin eine seiner Verkleidungen, die er als Menschenkenner brauchte, als eine List seiner Weisheit oder als eine Weisheit seiner List, entstammte er doch einer derart schrecklichen Zeit, wo List und Weisheit Synonyme waren. Sein Unglück bestand darin, dass er das Auseinanderfallen der beiden Begriffe nicht zu realisieren vermochte: er hätte die List nicht mehr nötig gehabt«.[37]

Seine Wertschätzung drückt sich auch schon in einem frühen Artikel aus, den er 1951 für die ›Weltwoche‹ schrieb: »Anderseits werden extreme Moralisten wie Wedekind oder Brecht, von denen ich eine hohe Meinung habe, als Nihilisten empfunden, und das ist lächerlich.«[38] Dass er sich Brecht als Vaterfigur auf Distanz halten musste, heißt nicht, dass Dürrenmatt blind gewesen wäre für das, was ihn mit dem Stückeschreiber verband. Und keinesfalls ist aus der größeren menschlichen Nähe, die zwischen Max Frisch und Bertolt Brecht bestand, zu schließen, Brecht sei für Frischs Dramaturgie a priori wichtiger gewesen als für Dürrenmatt.

Das war zuallererst die gemeinsame literarhistorische Herkunft: Wedekind eben (wenn der für den jungen Brecht auch vor allem als Brettl- und Moritatensänger wichtig war), Grabbe, Georg Büchner, das Wiener Volkstheater (Raimund und Nestroy), der Sturm und Drang (Lenz vor allem). Shakespeare, versteht sich. Und in den Tiefen der Theatergeschichte Aristophanes, der einer Welt, die aus den Fugen ist, eine Dramaturgie des Einfalls entgegensetzte.

Brecht seinerseits hat sehr schnell erkannt, was für ein dramatisches Ausnahmetalent ihm in der Person des merkwürdig verschüchterten, beleibten jungen Mannes begegnet war. In einem kurzen Brief vom 12. November 1949, schon mit dem Briefkopf des Berliner Ensembles, verspricht Brecht, sich bei Boleslaw

Barlog, der damals eben seine langjährige Intendanz an den Berliner Schiller- und Schlosspark-Theatern angetreten hatte, für *Romulus* einzusetzen, und erkundigte sich nach dem »neuen Stück«[39] (offensichtlich *Mississippi,* an dem F. D. 1949 zu arbeiten begann). Obwohl F. D. oft davon gesprochen hat [auch gegenüber dem Verfasser], ist jene schriftliche Einladung Brechts an Dürrenmatt, als Dramaturg ans BE zu kommen, nicht erhalten – weder der Brief Brechts noch Dürrenmatts Antwort sind in den jeweiligen Nachlässen erhalten.[40]

Es lag sicher nicht an ideologischen Vorbehalten Brechts oder seiner Schüler, dass eine Zusammenarbeit nicht zustande kam, auch wenn das Fehlen der rechten linken Gesinnung bei einem Dramaturgen und Autor schwerer wiegen mochte als bei einem Schauspieler oder Regisseur. Es ist wohl eher anzunehmen, dass Dürrenmatt die Vorstellung schwerfiel, mit Sack und Pack und der ganzen Familie nach Berlin umzuziehen (und seiner Frau Lotti erst recht) – zusätzlich zur Nähe des autoritären Brecht. Aber aus der Agenda-Notiz vom 19. Januar 1951, in welcher er Ernst Ginsberg beschwört, Brechts Einladung zum Eintritt ins Berliner Ensemble anzunehmen (»Gins sollte, sollte, sollte gehen!« Und darunter: »Ein Jahr später / Mit Ginsens haben wir Krach! Zu Brecht ist er nicht gegangen!«[41]), ist vielleicht noch eine Spur Bedauern über die verpasste eigene Zusammenarbeit mit Brecht zu lesen.

Gewiss aber dokumentiert der Vorgang die undoktrinäre Souveränität Brechts gegenüber Andersdenkenden, wenn die denn nur theatralische Qualität versprachen. Der zum Katholizismus konvertierte Jude Ginsberg wäre dem zum Kommunismus konvertierten Katholiken Brecht so willkommen gewesen wie der damals noch nicht zum Atheismus konvertierte »merkwürdige Protestant«[42] Dürrenmatt.

Mit dem Kommunismus beginnt sich Dürrenmatt eigentlich erst in Gesprächen mit dem Bühnenbildner Teo Otto ernsthaft

zu befassen (Eintrag vom 8. April 1950: »Eine Welt geht mir
auf«[43]). Noch vor Therese Giehse war die Beziehung zu Teo
Otto ein gemeinsamer Nenner zwischen Brecht und Dürrenmatt. Zwar lernte Otto Brecht erst 1947 bei den Vorbereitungen
zur Uraufführung von *Herr Puntila und sein Knecht Matti* am
Schauspielhaus kennen, für die er das Bühnenbild schuf. Aber
als Mitglied des Emigrantenensembles am Pfauen hatte der 1904
in Remscheid (Ruhrgebiet) geborene Maler und Bühnenbildner drei der Stücke ausgestattet, die Brecht im Exil schrieb und
die am Schauspielhaus uraufgeführt wurden: *Mutter Courage*
(1941), *Der gute Mensch von Sezuan* (1943) und *Das Leben des
Galilei* (1943). Otto wurde weit über Zürich hinaus *der* Bühnenbildner seiner Generation. Er war ein überzeugter Kommunist,
aber kein Dogmatiker, er scheute auch die Zusammenarbeit mit
Gründgens nicht (die *Faust*-Inszenierungen), arbeitete mit Gustav Rudolf Sellner, inszenierte mit Strehler die *Dreigroschenoper.*
Ihm hatte Dürrenmatt das Bühnenbild zu verdanken, das die
Uraufführung von *Es steht geschrieben* zum Skandal machte: ein
malerischer, aber immer auch dramaturgisch denkender Bühnenbildner, dem es, sagt Dürrenmatt im Nachwort zu Ottos Buch
Meine Szene (1964): immer um Räume für Menschen gegangen
sei, also eine dienende Ästhetik.[44]

Otto und Dürrenmatt waren auch außerhalb der Arbeitszu-
sammenhänge befreundet, er kam zu Besuch erst in Ligerz,
dann in Neuchâtel, wann immer er es einrichten konnte (er war
ein Schwerarbeiter, der zeitweilig bis zu fünfzig Bühnenbilder
im Jahr bewältigte, ein Tempo und eine Arbeitsintensität, die er
sich unter den mörderischen Produktionsbedingungen am
Schauspielhaus der Kriegsjahre antrainieren musste). Außer
dem genannten Nachwort gibt es von Dürrenmatt eine bewegende Rede anlässlich der Gedenkfeier des Zürcher Schauspielhauses für Otto. Sie gehört zur *cérémonie des adieux,* in der sich
Dürrenmatt wie Frisch (»es bleibt ein großer Sterbet«[45]) von ei-

ner Generation von Theaterleuten verabschieden musste, die sie als Dramatiker gemacht und ausgemacht hatten: Kurt Hirschfeld (1964), Ernst Ginsberg (1964), Teo Otto (1968), Leonard Steckel (1971), Willy Birgel (1973), Kurt Horwitz (1974). Auch Brecht hatte ihm ein *Salut, Teo Otto!* gewidmet, ein Vorwort zu Ottos Buch *Nie wieder. Tagebuch in Bildern*, 1949 bei Volk und Welt in Berlin erschienen. Ans Berliner Ensemble mochte sich Otto nicht fest binden. Brechts bevorzugter Partner als »Theaterbauer« war Caspar Neher.

Dürrenmatts mutiger Mensch, Brechts negative Helden

Bertolt Brecht starb am 14. August 1956. Zuvor, schon als schwerkranker Mann, hatte er einen Diskussionsbeitrag zum »5. Darmstädter Gespräch« (23.–25. April 1955) geschrieben, den sein Mitarbeiter Hans Bunge an seiner Stelle vortrug. Seinen Anfang muss Dürrenmatt (dessen *Alte Dame* nota bene erst im Entstehen begriffen war) bei allen ästhetischen und weltanschaulichen Differenzen zu Brecht wie einen Ritterschlag empfunden haben: »Mit Interesse höre ich, dass Friedrich Dürrenmatt in einem Gespräch über das Theater die Frage gestellt hat, ob die heutige Welt durch Theater überhaupt noch wiedergegeben werden kann.« Ja, sagt Brecht, die Welt kann auf dem Theater wiedergegeben werden, aber nur, »wenn sie als eine veränderbare Welt beschrieben wird. […] Heutige Menschen interessieren sich für Zustände und Vorkommnisse, denen gegenüber sie etwas tun können. […] In einem Zeitalter, dessen Wissenschaft die Natur derart zu verändern weiß, dass die Welt schon nahezu bewohnbar erscheint, kann der Mensch dem Menschen nicht mehr lange als Opfer beschrieben werden, als Objekt einer unbekannten, aber fixierten Umwelt. Vom Standpunkt des Spielballs aus sind die Bewegungsgesetze kaum konzipierbar.«[46]

Die Welt ist gerade noch darstellbar auf dem Theater, sagte dagegen Dürrenmatt schon in den *Theaterproblemen,* wenn ihr die Opfer ein Gesicht geben, als »mutige Menschen«, welche »[d]ie verlorene Weltordnung [...] in ihrer Brust«[47] wieder herstellen (eine Wendung von Kant'schem Pathos: »der bestirnte Himmel über mir und das moralische Gesetz in mir«), die Welt bestehen, sie hinnehmen, ohne vor ihr zu kapitulieren. Dass sich die Welt verändere, wird Dürrenmatt im ›Nachwort‹ zum *Mitmacher* sagen, sei »eine Binsenwahrheit«[48]. »Die Frage ist daher, ob sie sich unbewusst verändert oder ob sie bewusst verändert wird. Offenbar verändert sie sich mehr unbewusst, denn die großen Veränderungen geschahen zuerst geistig, darauf technisch, damit verknüpft wirtschaftlich-gesellschaftlich und erst dann politisch.«

Brechts Darmstädter Beitrag erlangte im dramaturgischen Diskurs der fünfziger und sechziger Jahre deshalb eine so große Resonanz (und damit auch die Frage Dürrenmatts, von der er ausging), weil er als eine Art Vorwort die von Siegfried Unseld herausgegebenen *Schriften zum Theater. Über eine nicht-aristotelische Dramatik* in der Bibliothek Suhrkamp (1957) eröffnete. Dürrenmatts Antwort darauf erfolgte zuerst in einer bemerkenswerten Rede, mit der er aus höchst prominentem Anlass an exponierter Stelle des westdeutschen Nachkriegs-Kulturbetriebs für Aufregung sorgte, der genannten Schiller-Rede 1959 in Mannheim. Ab da beschäftigte ihn das Thema weiter, wie zu zeigen war. Bis hin zur Bilanz seiner eigenen Dramaturgie im *Mitmacher-Komplex* (1976) und bis zum späten Text *Abschied vom Theater* (1988/90). Sie ist weniger eine Auseinandersetzung mit Schiller als eine mit dem seit drei Jahren toten Brecht: »Es dürfte klar sein, dass ich mit meiner Auslegung des naiven und sentimentalischen Theaters scheinbar Schiller verfehlt und Brecht getroffen habe, der ja überhaupt, sieht man genauer hin, in vielem mit Schiller zu vergleichen ist, auch in

freundlichen Zügen, etwa in der Neigung, bisweilen unfreiwillig
komisch zu wirken, es ist bei beiden manchmal so, als ob Frie-
derike Kempner mitdichte: ›Ehret die Frauen, sie flechten und
weben!‹ ›Aus fuhr das Geschlecht der Agronomen.‹ Dieser
große Schriftsteller stellt die extremste Form des sentimentalischen Dichters dar. Er verließ das Stadium der Rebellion, um
Revolutionär zu werden, durch sein Theater die Gesellschaft zu
verändern.«[49]

Schon bei den nächsten Sätzen wurde das Mannheimer Publikum unruhig. Dürrenmatt wusste, wo er sprach, und er machte
sich in der Distanzierung von Brecht keineswegs mit dem westdeutschen Zeitgeist gemein (der Ungarn-Aufstand, den zu erleben Brecht gerade noch erspart blieb, lag erst drei Jahre zurück):
»Brechts Weltanschauung mag für viele schmerzhaft sein, für
viele ärgerlich, doch darf sie nicht als eine bloße Verirrung, als
eine Nebensache behandelt werden. Sie gehört wesentlich zu
Brecht, sie ist ebenso wenig eine zufällige Eigenschaft seiner
Werke wie ihre Bühnenwirksamkeit, ihre dichterische Präzision,
ihre dramaturgische Kühnheit und nicht zuletzt wie ihre
Menschlichkeit.«

Ein solches Epitaph setzte zu dem Zeitpunkt Mut voraus.
Was auffällt, ist Dürrenmatts ungewöhnlicher Ernst. Er gefällt
sich keineswegs darin, das wegen eines Schiller-Preises angetre-
tene Publikum mit einer Verbeugung vor dem Kommunisten
Brecht zu schockieren (sonst bei F. D. durchaus auch ein denk-
bares Motiv). Er setzt voraus, dass der Kommunismus als Ideologie grundsätzlich nicht dialogfähig sei, aber er beklagt (in rhetorischen Fragen), dass der Westen, gelähmt vom Gespenst
seiner Furcht, nicht in der Lage sei, seinerseits eine Antwort auf
die Zeit zu geben. Hier spricht der Autor der *Alten Dame,* der
Kritiker des Wirtschaftswunders, und seine Antwort formuliert
er auf der Basis seiner alten Ethik des Einzelnen, die nun freilich
nicht mehr als Metaphysik auftritt: »Wir haben aufs neue zu

durchdenken, was des Staates und was des einzelnen ist, worin wir uns zu fügen haben, wo zu widerstehen ist, worin wir frei sind. Die Welt hat sich nicht so sehr durch ihre politischen Revolutionen verändert, wie man behauptet, sondern durch die Explosion der Menschheit ins Milliardenhafte, durch die notwendige Aufrichtung der Maschinenwelt, durch die zwangsläufige Verwandlung der Vaterländer in Staaten, der Völker in Massen, der Vaterlandsliebe in eine Treue der Firma gegenüber.« Folgt der Satz, der Hans Mayer in seinem Aufsatz *Dürrenmatt und Brecht oder Die Zurücknahme* als »die geistige Keimzelle des Schauspiels von den drei Physikern«[50] anmutet: »Der alte Glaubenssatz der Revolutionäre, dass der Mensch die Welt verändern könne und müsse, ist für den einzelnen unrealisierbar geworden, außer Kurs gesetzt, der Satz ist nur noch für die Menge brauchbar, als Schlagwort, als politisches Dynamit, als Antrieb der Massen, als Hoffnung für die grauen Armeen der Hungernden. Der Teil geht nicht mehr im Ganzen auf, der einzelne nicht mehr in der Gesamtheit, der Mensch nicht mehr in der Menschheit. Für den einzelnen bleibt die Ohnmacht, das Gefühl, übergangen zu werden, nicht mehr einschreiten, mitbestimmen zu können, untertauchen zu müssen, um nicht unterzugehen, aber auch die Ahnung einer großen Befreiung, von neuen Möglichkeiten, davon, dass nun die Zeit gekommen sei, entschlossen und tapfer das Seine zu tun.«[51]

Dass der Mensch die Welt verändern könne: das ist Brechts Credo, sein Optimismus und Fortschrittsglaube, der den Glauben an die Segnungen der Wissenschaft einschließt. Er ist Brechts Bedingung für die Darstellbarkeit der heutigen Welt auf dem Theater. Ebendiesen Optimismus teilt Dürrenmatt nicht. Die Welt ist nur zu bestehen. Brechts naive Hoffnung, die Wissenschaft wüsste »die Natur derart zu verändern [...], dass die Welt schon nahezu bewohnbar erscheint«, ist ebenso das Gegenteil von Dürrenmatts paradoxem Imperativ (»und dennoch,

stolzes Losungswort …«), wie Brechts dramaturgische Folgerungen daraus das Gegenteil von Dürrenmatts theatralischer
Weltsicht ist: dass, so Brecht, »der Mensch dem Menschen nicht
mehr lange als Opfer beschrieben werden [kann], als Objekt einer unbekannten, aber fixierten Umwelt«.[52] Dagegen Dürrenmatt, der als Nachgeborener leichtes Spiel hat: »Ist mir die Antwort auf meine Frage entschwunden, ist die Antwort Brechts
auf sie absurd geworden: Die Wissenschaft hat die Natur derart
zu verändern gewusst, dass die Welt nahezu unbewohnbar zu
werden droht.«[53]

Von der Ethik des Einzelnen und der Ästhetik des Besonderen kam Dürrenmatt in Mannheim dann doch zurück auf Schiller und auf den entscheidenden Punkt: »Wenn hinter Brecht der
Marxismus und, noch weiter zurück, Hegel steht, wirkt in Schiller jener große und merkwürdige Augenblick der Philosophie
weiter, der mit Kant anbrach, in welchem die Vernunft sich selber untersuchte und ihre Grenzen erforschte, in welchem sie
aber auch auf eine mächtige Weise aktiv wurde, indem sie die
Erfahrung nicht mehr als von den Dingen herstammend, sondern als ihr Werk erklärte, um die Welt als Geheimnis hinter den
Erscheinungen, hinter dem von der Wissenschaft Erfassbaren,
unangetastet zu lassen.«[54]

Hans Mayer ist nicht zu widersprechen, dass der Passus, worin Dürrenmatt die Veränderung der Welt als eine quantitative
versteht, eine Explosion, wo der Einzelne als ein Ohnmächtiger
angesehen ist, »gleichzeitig gegen Schiller und gegen Brecht gerichtet«[55] ist. Wenn F. D. das Verhältnis zwischen dem Denker
Schiller und dem Dramatiker Schiller umschreibt, spricht er in
eigener Sache. In Schiller erkennt er den eigenen Weg vom Denken zum Schreiben. Zum ersten Mal sucht Dürrenmatt das Dilemma des Denkers zwischen den Sphären des Undenkbaren
und des Sinnlichen zu lösen. Es ist das Dilemma seiner eigenen
Dramatik, und noch die Ehrenrettung von Schillers Pathos er-

scheint, aus mehr als dreißigjährigem Abstand, als ein Plädoyer in eigener Sache, als eine Art idealisches Selbstporträt als Schiller: »Er ließ die Philosophie fallen und schrieb seine klassischen Werke. Er zerbrach das Gesetz, das er sich einst selber gab, er löste sich von seiner Zeit, indem er ins dichterische Drama vorzustoßen suchte. Doch auch als Handelnder bleibt ihm das Schicksal seiner Natur, das er als Denker auf sich nahm: vom Denken zu den Dingen zu wollen, sie nie zu erreichen. Nur so können wir sein Pathos, seine Rhetorik als etwas Einmaliges erkennen, nicht als etwas Hohles, Übertriebenes, wie es oft scheint, scheinen muss, sondern als ein ungeheures Gefälle vom Denken zur Welt hin, als die Leidenschaft der Denkkraft selbst, die überzeugen will, ohne die Klarheit zu verlieren, die das Differenzierteste im Einfachen verkörpern will. Populär, ist er dennoch der schwierigste, der unzugänglichste, der widersprüchlichste der Dramatiker. Keiner ist so schwer zu bewerten wie er, keiner so schwer anzusiedeln, bei keinem liegen die Fehler so sichtbar wie bei ihm, und bei keinem sind sie so unwesentlich, er wächst, indem man sich mit ihm beschäftigt, vom Fernen ins Nahe.« Und, *sua res agitur:* »Was aber Schiller entdeckte, nachdem er seine Beschäftigung mit der Philosophie aufgegeben hatte […]: Der springende Punkt in der Dramatik liege darin, eine poetische Fabel zu finden. Damit wird die Dramatik ein Versuch, mit immer neuen Modellen eine Welt zu gestalten, die immer neue Modelle herausfordert.«[56]

Im Fragment *Aspekte des dramaturgischen Denkens* (1964) setzt F. D. die Überlegungen zu Brecht aus der Mannheimer Rede fort, Gegensätzlichkeiten, aber auch die Gemeinsamkeiten weiter herausarbeitend. Er beginnt mit einem Tusch für Brecht: »[D]ie landläufige Dramaturgie sieht in *Wallenstein* die größte Leistung der deutschen Dramatik, ein Werk, worin die Sprache beinahe den Stoff vernichtet; nicht in Schillers Jambensoldaten erscheint der Dreißigjährige Krieg, sondern in der Prosa der

Mutter Courage. Schillers Skepsis siegte nachträglich. Mit Brechts epischem Theater ist auch Schillers revolutionäres Vorwort verständlicher geworden. Schiller vermutete als erster, dass die Gegenwart für den Tragiker nicht mehr direkt darstellbar sei.«[53] Brechts dramaturgische Konzeption habe mit der Schillers Gemeinsames, beide dächten dialektisch, Brechts Idealismus »ist taktisch genauer, politisch, doch nicht weniger rigoros«[57]. Wieder scheint die alte Auseinandersetzung von 1955 auf: »Die Welt kann nur mit dem Rezept, sie zu ändern, auf die Bühne gebracht werden, im Verein mit einer Idee und von der Idee her kommentiert. Seine [Brechts] Dramatik ist illustrativ, sie hat die Idee (die Aussage, das Problem, d. h. die Veränderbarkeit der menschlichen Gesellschaft und die Mittel dazu), zu illustrieren und somit die Erkenntnis des Klassenkampfes in die Dramatik einzubeziehen. [...] In Verlegenheit bringt er jedoch die Dramaturgie mit der Frage nach dem Zweck der Dramatik, eine Frage die schon Aristoteles verhängnisvoll beschäftigte.«

Das ist zwei Jahre nach der Uraufführung der *Physiker* geschrieben, welches Stück Hans Mayer in seinem Essay als eine Zurücknahme des *Lebens des Galilei* liest. Wobei es schon im *Galilei* um die Zurücknahme einer Wahrheit aus taktischen Gründen geht. Mayers Text ist überhaupt ein verschränktes Kunst-Stück zum Thema »Zurücknahme«: von Galileis Widerruf zu den verschiedenen Schachtelungen des Themas in Dürrenmatts Stück, das mit Möbius' Satz, dass nicht zurückgenommen werden könne, was einmal gedacht worden sei, mit der Zurücknahme einer Zurücknahme ende und also auch mit Dürrenmatts Einsicht, auch Brecht könne nicht zurückgenommen werden.

Einen späten Reflex auf Mayers berühmten Aufsatz enthält das lange Gespräch, das F. D. 1975 mit Heinz L. Arnold führte, eine äußerst luzide, witzige Kritik des *Galilei* und gleichzeitig ein Gegenentwurf. Über die literarische Diskussion zum Thema

Wissenschaft klärt hier Dürrenmatt noch einmal sein Verhältnis zu Brecht. Es ist eine der schönsten Passagen des insgesamt wichtigen Gesprächs, geradezu das Meisterstück eines mündlichen Versuchs:

F. D.: [...] Das Ungeheure ist, dass wir immer alles erfinden müssen. Drum bin ich auch dazu gekommen zu bearbeiten. Aber früher haben sie ja auch nur bearbeitet.

ARNOLD: Mythen bearbeitet.

F. D.: Ja. Warum müssen wir immer wieder erfinden? Aus diesem Dilemma heraus gibt es dann plötzlich neue Stoffe, die kommen wie angeflogen, und es kommt plötzlich eine Idee, wie man einen Mythos nehmen und wieder brauchen kann. Das Geschichten-Erfinden ist ein sehr komplizierter Vorgang, und das Spannende dabei ist: Wie hängt die erfundene Geschichte mit der eigenen Lage, mit der eigenen Existenz zusammen. Und insofern ist auch die erfundene Geschichte ein Abbild einer ganz konkreten Situation.

ARNOLD: Der eigenen.

F. D.: Natürlich, der eigenen, in der sich aber die ganze Welt spiegeln kann, mit der ganzen auch politischen Problematik. Ein großes gelöstes Beispiel – das mich eigentlich langweilt, aber amüsiert – ist Brechts *Galilei,* der die Beschreibung seiner selbst ist. Es ist das Verhältnis von Brecht zur Partei und hat mit dem historischen Galilei sehr wenig zu tun.

ARNOLD: Auch Brechts Verhältnis zum Verrat?

F. D.: Auch zum Verrat. Es ist eine große Beichte, die er in den Galilei gekleidet hat. Aber Galilei war ein ganz anderer Mensch, und auch die Problematik, mit der man Galilei betrachten muss, ist eine andere, in einem gewissen Sinn viel lustiger und viel diabolischer. [...] Wenn ich mich jetzt gegenüber Brecht unterscheiden will – nehmen wir den Stoff *Galilei.* Ich habe das einmal am Beispiel des Polarforschers

Scott gemacht [im ›Nachwort‹ zu den *Wiedertäufern*], aber ich kann das auch am *Galilei*-Stoff machen. Der Galilei bei Brecht – da ist das Interessante, warum Galilei zurückschreckt, warum er widerruft. Und warum widerruft er? Im Grunde hat er Angst vor der Folter, im Grunde hat er Angst, ein Held zu sein; er ist auch kein Held und gibt eben nach, weil er weiß, dass die Wahrheit einmal durchdringen wird. [...] Bei mir ist das Lustige bei Galilei, dass Galilei widerrufen musste aus einem ganz wissenschaftlichen Grund, und zwar – und das ist Tatsache –: Galilei glaubte zwar, dass die Planeten um die Sonne gehen, aber er hatte keinen Beweis; denn alles, was er auch nachrechnete, stimmte nicht aus dem einfachen Grund, weil er annahm – und zwar aus einem primitiven, heute etwas unbegreiflichen Grund, der auf Aristoteles zurückgeht –, dass jede Himmelsbewegung vollkommen sein muss, und aus einem uns unerfindlichen Grunde ist der Kreis für Aristoteles und Galilei vollkommener als die Ellipse, also müssen die Himmelsbewegungen kreisförmig sein; und wenn man die Planetenbahn kreisförmig annimmt, dann stimmt nichts. Die Kirche hatte wissenschaftlich recht. Wissenschaftlich konnte die Kirche Voraussagen machen, sie konnte sagen: Dann und dann kommt eine Mondfinsternis, und dann und dann ist der Merkur dort. Und Galilei konnte das nicht. Die Kirche besaß eine nützliche Arbeitshypothese, Galilei eine für ihn nicht beweisbare Wahrheit.

ARNOLD: Das ist eine sehr Dürrenmatt'sche Erklärung.

F. D..: Nein, nein, nein, das ist nicht Dürrenmatt! Das stimmt! Und dann kam der Kardinal – das berühmte Gespräch, das man nicht kennt –, und dieser Kardinal, der Galileis Freund war, hat gesagt: Hör mal, Galilei, hast du den Beweis? Und er musste sagen: Nein. Und hat widerrufen. Galilei ist wissenschaftlich unterlegen. Aber das ist nun nicht die Dürrenmatt'sche Pointe, wie Sie glauben, die ist ganz anders. Die geht nämlich so, dass Galilei ein Buch hatte, das er nicht gelesen hat, und das Buch ist ihm zugeschickt worden von einem deutschen Astronomen, der ihn auch immer vergebens angebettelt hatte, er solle ihm doch endlich mal sein Teleskop leihen, und in diesem Buch war genau beschrieben, dass die Planetenbahnen Ellipsen sind. Das war der Kepler: *Die neue Astronomie* – und das hat der Galilei nicht gelesen.

ARNOLD: Aus Faulheit?

F. D.: Na ja, aus Faulheit und: Was soll schon ein Barbar wissen! Das ist die Pointe: Er hatte den Beweis, aber er hat es nicht gewusst aus gesellschaftlichem Vorurteil. Das ist für mich Galilei. Dort sehe ich die Komödie Galilei. Die Komödie ist: Bei aller Genialität war Galilei ein Renaissancemensch, der immer allein recht haben wollte, der, wenn ein Jesuit die Lehre verkündete, die Kometen seien so etwas wie Planeten, sofort protestiert hat und die Kometen einfach als Ausdünstungen der Erdatmosphäre erklärt hat, aus reiner Opposition, weil er allein im Besitz aller Wahrheiten sein wollte: ein Renaissancetyp, ein Cesare Borgia der Wissenschaft. Galilei ist, möchte ich fast sagen, am Renaisanceweltbild gescheitert, weil er nicht über dieses Weltbild hinweg konnte.[58]

So gerät Galilei in den Zusammenhang des ironischen Helden, den Dürrenmatt nirgends so schlagend und einfach beschrieben hat wie in jenem »Modell Scott« im Nachwort zu den *Wiedertäufern*, das, ausgehend von der Revision seines Erstlings (Hans Mayer würde sagen: der Zurücknahme), ein Überdenken auch der veränderten dramaturgischen Voraussetzungen versucht. Auch darin ist Brecht eine der Instanzen, mit denen er sich auseinandersetzt.

Selbst der negative Held bleibt ein Held: Brechts Theorie des Verfremdungseffekts richte sich nur gegen den »dem Zuschauer innewohnenden Trieb, sich immer wieder zu identifizieren«[59] und setze damit das »Drama jedes modernen Theaters«. Brechts negative Helden können die Sympathie des Publikums nicht verhindern, sie wird im Gegenteil nur größer durch ihre Fehler, im Fall der Mutter Courage ebenso wie in dem des Galilei. Oder des Puntila. »Held bleibt Held. Der Zuschauer identifiziert sich mit jedem, geht mit Freuden mit jedem der Helden, und führe er mit Mephistopheles in die Hölle. Wer möchte nicht gern einmal Nero, wer nicht einmal gar der Teufel sein.« Das Theater der Nichtidentifikation aber sei die Komödie.

Das Komische kann in der Gestalt und in der Handlung liegen, in der Gestalt allein und in der Handlung allein. Beim Clown liegt das Komische allein in der Gestalt, er sieht komisch aus und ist läppisch, er tut alltägliche Dinge, aber er macht sie verkehrt. Bei der sogenannten Gesellschaftskomödie (von der attischen neuen Komödie bis zum heutigen Boulevard-Theater ein einziger komödien-taktischer Trend) ist die Gestalt komisch – der Geizige, der Neureiche usw. – und die Handlung, die Situationen. Wird die Komödie zum Welttheater«, und damit langt F. D. bei seinem Fall an, »braucht nur noch die Handlung komisch zu sein, die Gestalten sind im Gegensatz zu ihr oft nicht nur nicht komisch, sondern tragisch.

Scott im Kühlhaus. Und weiter:

[…] Die komische Handlung ist die paradoxe Handlung, eine Handlung wird dann paradox, »wenn sie zu Ende gedacht wird« […]. Der Sinn der paradoxen Handlung »mit der schlimmstmöglichen Wendung«: Er liegt nicht darin, Schrecken auf Schrecken zu häufen, sondern darin, dem Zuschauer das Geschehen bewusst zu machen, ihn vor das Geschehen zu stellen. Der Verfremdungseffekt liegt nicht in der Regie, sondern im Stoff selbst. Die Komödie der Handlung ist das verfremdete Theater an sich (und braucht gerade deshalb nicht verfremdet gespielt zu werden, es kann es sich leisten, darauf zu verzichten). Erreicht wird erstens: Dadurch, dass eine Handlung paradox wird, ist ihr Verhältnis zur Wirklichkeit irrelevant, ob wirklich oder fiktiv, die Handlung wirkt paradox, das Verhältnis zur Wirklichkeit ist bereinigt, weil es im alten Sinn keine Rolle mehr spielt. Die Frage nach der »Wirklichkeit« stellt sich anders. Die paradoxe Handlung ist ein Sonderfall, die Frage lautet, inwiefern sich in diesem Sonderfall die andern Fälle (der Wirklichkeit) spiegeln. Die Tragödie als eine naive, die Komödie der Handlung als eine bewusste Theaterform.

Und wieder das Bekenntnis zur induktiven Arbeitsweise. »Ich deute die Welt nicht.« Ein Moralist sei er allenfalls im Nachhinein, »als Interpret meiner selbst« – auch das eine Abgrenzung gegen Brecht. Es sei nicht auf Aussage, sondern auf Handlung hin zu inszenieren.

Protestantischer Atheist vs. katholischer Kommunist

Vieles trennte Dürrenmatt und Brecht: die unterschiedliche philosophische Formation, der Gegensatz zwischen dem Kantianer und Nachfolger Kierkegaards und dem Hegelianer. Der Wissenschaftspessimismus und der Wissenschaftsoptimismus (wobei Dürrenmatt eher naturwissenschaftliche Ansätze, Brecht sozialwissenschaftliche im Kopf hatte). Die Dramaturgie »vom Stoff« und die »von der Aussage« her, also das Bekenntnis zur Vieldeutigkeit des Gleichnisses und zur Unmissverständlichkeit der didaktischen Aussage (oder dem, was sie an Einsicht erzwingen will). Eine Ethik (und Ästhetik) des Einzelnen gegen eine der Gesellschaft. Dann: die Haltung zur literarhistorischen Herkunft: Brecht als ein Expressionist der ersten, Dürrenmatt als einer der letzten Stunde. Und nicht zuletzt: Brechts Tendenz zur Modellaufführung, zur Festschreibung dramatischer Arbeiten, verbunden mit einer Vorstellung von Perfektion, war Dürrenmatt zutiefst unverständlich, auch wenn er Brecht gelegentlich um sein Instrumentarium beneidete. Nicht zuletzt Gegensätze des persönlichen Lebensentwurfs. Dürrenmatt war das ziemlich genaue Gegenteil des großen Erotikers Brecht.

Und ebenso vieles verband die beiden, über den persönlichen Respekt hinaus: der antiaristotelische Ansatz ihrer Dramaturgie, die Bemühungen um ein Theater der Distanz, um (unterschiedliche) Formen der Komödie und der Komik. Das Bekenntnis zu den gleichen literarhistorischen, theatergeschichtlichen Bezugsfiguren. Der lockere Umgang in Fragen des geistigen Eigentums. Das Bekenntnis zur Schriftstellerei als Handwerk (bei beidseitiger Herkunft aus einem spätromantisch-genialischen Kunstverständnis). Die Durchlässigkeit der Sprache für Dialekt, Umgangssprache, Slang. Die gemeinsame Vorliebe für Trivialliteratur. Die Parallele von schriftstellerischer Produktion und Reflexion. Der Stellenwert, den beide der praktischen Theaterarbeit beimaßen.

Mit erkennbarem Neid zitiert Dürrenmatt, nun schon im *Nachwort zum Nachwort* des *Mitmachers,* noch einmal Brechts Diskussionsbeitrag von 1955. Seine Dramaturgie sei das Ergebnis seiner Theaterarbeit, und die hätte Brecht unter luxuriösen Bedingungen geschaffen. So gelesen wirkt Dürrenmatts Lob der Imperfektion, des Fragmentarischen, der Produktionsbedingungen am Zürcher Schauspielhaus denn doch fast wie die Verachtung des Fuchses für die sauren Trauben. Und es hallt hier noch die Enttäuschung nach über das Scheitern seines Versuchs, sich in Basel so etwas zu schaffen wie sein eigenes Theater. Sein BE.

Nicht zuletzt teilten Brecht und Dürrenmatt am Ende ein gemeinsames Schicksal auf der Schaubühne des deutschsprachigen Nachkriegstheaters. Dass Bertolt Brecht zwischen 1949 und seinem Tod 1956 im sich verschärfenden Klima des Kalten Kriegs zunehmend als Staatsdramatiker der DDR einerseits beargwöhnt, anderseits vereinnahmt wurde, war mit ein Grund für den Aufstieg von Dürrenmatt (und Frisch) auf der westdeutschen Nachkriegsszene. Sie waren gewissermaßen die zweite Besetzung für den aus ideologischen Gründen verhinderten und dennoch nicht zu übersehenden Brecht – nicht in Brechts Augen, nicht nach dem eigenen Selbstverständnis, wohl aber in den Augen des bundesrepublikanischen Theaterpublikums. Dürrenmatt war dies bewusst (wie Frisch übrigens auch), und es machte ihm zu schaffen und war mit ein Grund für die Verbeugung vor Brecht in der Mannheimer Schiller-Rede. Es erklärt noch den Respekt, mit dem er Harry Buckwitz gegen die Anwürfe von Hans Habe verteidigte (1971). Buckwitz war der Intendant, der Brecht gegen viele Widerstände im Schauspiel Frankfurt/West in den sechziger Jahren durchgesetzt hatte.

Mit Brecht (und Frisch) teilte Dürrenmatt dann das Los, dass seine Fabel- und Parabeldramaturgien im Lauf der sechziger und siebziger Jahre auf dem deutschen Theater nicht mehr gefragt waren. Da war es dann nicht mehr von Belang, ob es um das Erbauen von »Welten« ging oder um die Konstruktion von Erklärungen über die Welt, um Welt- oder Gesellschaftsmodelle.

Dürrenmatt war ein besserer Brecht-Kenner, als er zugeben wollte. So fragwürdig die zahlreichen Versuche sind, ihn von Brecht her zu interpretieren und ihm dann gewissermaßen vorzuwerfen, seine Dramaturgie erfülle Voraussetzungen nicht, die

nie die seinen waren – als Autorität, an der er sich reiben konnte,
die er auch mit zunehmender Gelassenheit bewunderte, war
Bertolt Brecht für F. D. wichtiger, als er sich zunächst eingestehen mochte. Bis zu jenem Satz, den Georg Hensel zu Recht
einen souveränen nannte: »Brechts Irrtümer waren nie die meinen. Ich habe mich anders geirrt.«

13

Das verhüllte Gericht oder Requiem auf die Gerechtigkeit

»Ich habe eine Antipathie gegen Jugend« · Die Panne: Das Spiel von der Gerechtigkeit oder der Tod des Handlungsreisenden · Der Zufall eines Einfalls · Ein Stoff findet die Bühne · Die Schulden und die Schuld · Gotthelfs ›Schwarze Spinne‹ als dunkle Folie · Die Demokratisierung des Bösen · Zur Figur der Claire Zachanassian · »Ein scheinbar nur diesseitiges Stück« · Der Asthmatiker kann wieder ausatmen · Zürcher Uraufführung · Absprung in den Weltruhm und eine Tagung am Zürichsee · Zum Zweiten: Dürrenmatt inszeniert Dürrenmatt · Paris, New York, London, Warschau, Mailand · Off to Broadway · Die ›Alte Dame‹ in Polen · Von Güllen nach Hollywood · Die Heimkehr der ›Alten Dame‹ · Eine Gedankenatmosphäre · Bergen und verbergen: Strategien der Ironie · Das Versprechen: ein Meisterwerk über den Zufall · Vom Drehbuch zur Erzählung: Dürrenmatts Roman nach dem Film · Ein Polizeikommandant über Literatur und Leben · Ein Glauben geht vor die Hunde · Freiheit und Gerechtigkeit: eine Dramaturgie der Politik

»Ich habe eine Antipathie gegen Jugend«

Friedrich Dürrenmatt war fasziniert von alten Menschen, Frauen wie Männern. Vom Menschen in einem Zustand, in welchem die geschlechtliche Zuordnung in den Hintergrund tritt. Seine Sympathie für das Alter ging so weit, dass er in einem frü-

hen Notizbuch festhielt: »Ich habe eine Antipathie gegen Jugend. Der Mensch soll nun eben in Gottes Namen alt werden.«
Das mochte zuerst eine Antipathie gegen die eigene Jugend meinen, seine schwierige und ungewöhnlich lange Adoleszenz. Jedenfalls gibt es auffällig viele Alte in Dürrenmatts Werk.

Im Alter entstellt sich der Mensch zur Kenntlichkeit, verschärfen sich seine Charakterzüge und verengen sich seine Eigenschaften zu Eigenheiten. Das Schweizerdeutsche kennt in
diesem Zusammenhang das schöne Verb »eigele«: wenn von einem gesagt wird, er »eigele« oder, mit dem zugehörigen Adjektiv,
er werde »eigelig«, meint das eine ambivalente Mischung von Eigensinn, Originalität, Schrulligkeit, Unbeugsamkeit, Sturheit –
jedenfalls eine radikale Unbekümmertheit um das Urteil anderer. Altern ist ein Prozess der Reduktion, er endet bei der Essenz eines Charakters oder bei dessen unfreiwilliger Karikatur.

In Dürrenmatts Werk ist bei der Darstellung der Alten meist
Humor im Spiel, und zwar keiner der entblößenden Art: so
wollte er sogar Claire Zachanassian, die Hauptfigur in seinem
Welterfolg *Der Besuch der alten Dame* mit einer »seltsame[n]
Grazie«[1] gespielt sehen, trotz allem Grotesken, so wie er sich die
beiden sie begleitenden blinden Kastraten mit einer ätherischen
Poesie wünschte, nicht als krachende Karikaturen. Schon in seinem Erstling hat Dürrenmatt dem Bischof Franz von Waldeck,
»99 Jahre, 9 Monate und 9 Tage alt«[2], eine Rolle geschrieben, so
umfangreich, dass sie einem Schauspieler dieses Alters nicht
mehr zuzumuten gewesen wäre. Eine der Hauptfiguren des nie
beendeten Kriminalromans *Aufenthalt in einer kleinen Stadt*
»sollte eine Hundertjährige sein, ja, der eigentliche Grund, weshalb ich diesen Roman zu schreiben begann, war diese Frau, mit
der ich viele Gespräche des Haupthelden [Bertram de Schangnau] konzipierte«[3]. Noch der Parzen-Chor der »Unsterblichen«
in seinem späten Stück *Die Frist* (als deren »Vorläuferin« er einst
Mathilde von Zahnd, die irre Irrenärztin in den *Physikern* sah)

gehört mit vielen anderen zur Riege von Dürrenmatts eindrück-
lichen Alten.

Dürrenmatts Vorliebe für alte Menschen beschränkte sich
nicht auf die betagten Figuren seiner Stücke. Er mochte sie auch
in der Realität, entwickelte ein zärtlich humorvolles Verständnis
für ihre Macken und Kanten. Das Beispiel seines eigenen Vaters,
dessen wahnhafte Abstinenz etwa, da denn die Verdauung alles
vergäre, ihn kaum mehr etwas essen ließ, haben wir bereits erwähnt. Dürrenmatt beschreibt ihn mit einer so nachsichtig amüsierten, liebevollen Verwunderung, dass in den betreffenden
Passagen der *Stoffe* fast der Eindruck entsteht, im Grunde habe
er erst zu seinem alten Vater wirklich eine Beziehung gefunden.
Und sicher gilt es für Dürrenmatts Freundschaft mit Samuel
Gagnebin, dem 1983 im Alter von 101 Jahren verstorbenen Neuenburger Mathematiker und Denker, mit dem er über Platons
Physik, über Newton und Spinoza diskutierte.

Die Panne: Das Spiel von der Gerechtigkeit oder der Tod des Handlungsreisenden

1955 sollte das Jahr werden, in dem Dürrenmatt gleich zwei
Werke gelangen, die seine Strategie, »Kunst da [zu tun], wo sie
niemand vermutet«[4], auf eine neue Höhe führten. In beiden
agierten alte Protagonisten. Das eine, *Der Besuch der alten
Dame*, das Stück, das Dürrenmatts ganzes Leben verändern
sollte, führte die Hauptrolle sogar im Titel.

Nur zehn Tage vor seiner Uraufführung sendete der Bayeri-
sche Rundfunk das Hörspiel *Die Panne*. Darin setzt Dürrenmatt dem Alter ein Denkmal besonderer Art: Drei sehr alte
Herren, ein pensionierter Richter, ein Staatsanwalt und ein Verteidiger, treffen sich zusammen mit einem retirierten Henker
regelmäßig zu ausgedehnten, von ausgesuchten Weinen beglei-

teten Diners. Zwischen den Gängen spielen sie ihre alten Berufe. Sie halten Gericht.

So wie Strindbergs Novelle *Attila* bei Dürrenmatt *Romulus den Großen* auslöste, kam auch der Anstoß zur *Panne* von außen. Der aber traf auf einen ganzen Komplex von mehr oder weniger tief abgesunkenen Stoffen. Wieder einmal war es ein »Einfall«, der sie entzündete:

> *Die Panne* entstand aus einer Anekdote: Nach dem Zusammenbruch der Österreichisch-Ungarischen Monarchie begegnete ein entlassener Hofrat seinem ebenfalls entlassenen Kanzlisten, der erstaunlich munter aussah, im Gegensatz zum vergreisten Hofrat. Nach dem Grunde seiner blühenden Gesundheit befragt, antwortete der Kanzlist, er habe eine ganze Fuhre Akten aus ihrem alten Ministerium gekauft, die man eben verbrennen wollte und arbeite die Akten nun durch. »Wissen sie was«, antwortete der entlassene Hofrat seinem entlassenen Kanzlisten, »wissen sie was, wenn sie so eine Akte durchgearbeitet haben, könnten sie die nicht zu mir rüberschicken, damit ich sie unterschreiben kann.« Diese Anekdote führte zur Geschichte mit dem entlassenen Staatsanwalt, mit dem entlassenen Richter, dem pensionierten Verteidiger und dem pensionierten Henker, die ihre alten Berufe als Spiel weitertreiben, in welches durch Zufall der Textilverkäufer Traps gerät, für schuldig befunden wird und, da er das Spiel ernst nimmt, Selbstmord begeht.[5]

Obwohl sich Dürrenmatt gelegentlich anders erinnerte[6], entstand 1955 wohl zuerst eine Arbeitsfassung der Erzählung, die er dann zum Hörspiel umarbeitete. Ein halbes Jahr später folgte die Druckfassung der Novelle. 1957 entstand aus dem Stoff ein Fernsehspiel, 1958 bereits eine italienische Adaption für das Theater, 1959 dramatisierte James Yaffe die Erzählung für das

Longacre Theatre New York (*The Deadly Game*). Dürrenmatt zögerte, dazu sein Einverständnis zu geben – er konnte sich den Stoff zu der Zeit als Bühnenstück noch nicht vorstellen. Es folgten eine Bearbeitung für das ungarische Fernsehen (1967) und ein Film. Obwohl ohne sein Wissen entstanden, gehört Ettore Scolas ›La più bella serata della mia vita‹ (mit der Jahrhundertbesetzung Michel Simon, Pierre Brasseur, Charles Vanel und Alberto Sordi, 1972) zu den glücklicheren Resultaten von Dürrenmatts Begegnung mit dem Film.

Erst 1977 machte sich Dürrenmatt auf Drängen seines Theaterverlegers Egon Karter an eine eigene Komödienfassung. Sie verpackt die Geschichte nicht nur in einen burlesken theatralischen Rahmen, zum Beispiel beginnt sie mit dem Schluss, führt mit der Enkelin des Richters mit dem sprechenden Namen Justine die Frau mit zweifelhafter Vergangenheit ein und packt dem Stück ansonsten gleich mehrere zusätzliche Bedeutungsebenen auf. Die erhöhen das Thema der Gerechtigkeit um eine Potenz: das Spiel um die Gerechtigkeit wird zu einem Spiel gegen die Gerechtigkeit, aus den pensionierten Juristen werden durch Korruption reich gewordene alte Privatiers, am Ende »pöbelt das Gericht die Götter an: die – gäbe es in dieser Welt der Zufälle und Katastrophen überhaupt noch Schuldige – einzig Schuldigen«[7]: das falsche Gericht spricht zwei Urteile, die sich gegenseitig aufheben, und der gleichzeitig verurteilte und freigesprochene Traps erhängt sich, »um seine Würde zu beweisen«. Offensichtlich darum bemüht, dem Stoff den Rest seiner Metaphysik auszutreiben, riskiert Dürrenmatt den Klamauk und raubt ihm die elegante Ironie, den feinen Witz, der sich dem Kontrast zwischen dem vulgären Handelsreisenden und den kultivierten Juristen verdankt. Aus dem Herrenabend wird ein Herrenwitz.

Die betagte Runde, in die der Handlungsreisende Traps durch Zufall – der Studebaker hat eine Panne – hineintappt, ist das,

was Dürrenmatt später ein »verhülltes Gericht«[8] nennt. Ein ge-
spieltes Gericht, eine Abendunterhaltung anlässlich immer üp-
pigerer Gerichte. Gang folgt auf Gang, Flasche auf Flasche, die
Trunkenheit der Greise, vor allem aber des solche Ausschweifungen nicht gewohnten Traps nimmt bacchantische Ausmaße
an. Der Gast, ein Zufallsgeschenk an die Gerechtigkeit spielende
Runde, verstrickt sich nach und nach in die Geschichte seines
Aufstiegs vom Citroën zum Studebaker, eine ganz gewöhnliche
Geschichte aus der freien Wildbahn des täglichen Geschäfts-
lebens. Sie führt über das Ehebett seines herzkranken Chefs und
endlich über dessen Leiche: dass der diesen Schlag, den Ehebruch Traps' mit seiner Frau, nicht wegstecken würde, hatte der
Untergebene kühl einkalkuliert. Kein justiziables Verbrechen.
Aber da ist keiner, der seine Rache einfordern resp. erkaufen
könnte. Wie Traps Detail um Detail tiefer in die Reuse gerät, die
ihm gestellte Falle, wie er sich in einem alkoholbefeuerten Crescendo um Kopf und Kragen redet, ist als Vorgang von Dürrenmatt genial inszeniert.

Auch in der Version mit tödlichem Ausgang stirbt Traps nicht
aus Einsicht in seine Schuld, sondern durch ein Missverständnis des verhüllten Gerichts. Sein Tod ist eine Panne, keine Tragödie. Im Hörspiel jedoch bleibt ihm an den Abend und an seinen
Schuldspruch nur noch eine vage Erinnerung, die er mit seinem
Kater abschüttelt, bevor er im reparierten Studebaker abdampft
zu weiteren kleinen Schurkereien. Die Austauschbarkeit des
Schlusses leuchtet ein. Ob sich Traps am Ende umbringt oder
die Nacht des seltsamen Gerichts verdrängt wie einen merkwürdigen Traum, ist einerlei. Traps ist kein Opfer und kein messia-
nischer Einzelgänger. Er ist ein »Güllener«. Er nimmt das ge-
spielte Gericht lächerlich ernst und verdirbt damit den Alten
»den schönsten Herrenabend«[9]. Ich teile Hans Mayers Meinung, man könnte »Dürrenmatt nicht unsinniger missverstehen
als durch die Annahme, er habe als Moralist am Fall des Gene-

ralvertreters der Firma Hephaiston demonstrieren wollen, ein Mensch begehe in seinem Leben oft wirkliche Verbrechen, selbst wenn diese nach dem Buchstaben des Strafgesetzbuches nicht geahndet würden«[10]. Das sei das Thema von Strindberg und Ibsen gewesen. Dürrenmatt gehe es »gar nicht um ›Schuld und Sühne‹ des Herrn Traps, sondern um eine Gesellschaft, die sich in Traps spiegelt […].«

Am 6. Januar 1956 vermerkt die Agenda »Einleitung für die *Panne*«[11], am 13. Januar »*Panne* wieder durchgearbeitet«[12], am 18. Januar »Panne fertig / auch Lotti / nach Zürich.«[13] (Sie half ein Vierteljahr als Sekretärin aus, obwohl in dieser Funktion seit einem Jahr in Teilzeit eigentlich die Nachbarin Erika Sandoz angestellt war, die im März 1956 auch wieder zurückkam.) Die genannte Einleitung wertete Dürrenmatt für die Druckfassung der Erzählung zu einem »Ersten Teil« auf. Der wirkt zuerst wie ein befremdlicher Überbau, eine Betriebsanleitung, sozusagen, für die nachfolgende Geschichte.

F. D. versucht auch hier eine schriftstellerische Standortbestimmung – sie erinnert bereits an die berühmte Eingangspassage zu den *Stoffen,* und wir dürfen in ihr, schon zu dieser Zeit, als die Beziehung zu Max Frisch nachweislich noch intakt war, eine Abgrenzung zum Arbeitskollegen sehen. »Gibt es noch mögliche Geschichten, Geschichten für Schriftsteller?«, fragt er, und präzisiert: »Will einer nicht von sich erzählen, romantisch, lyrisch sein Ich verallgemeinern, fühlt er keinen Zwang, von seinen Hoffnungen und Niederlagen zu reden, durchaus wahrhaftig, und von seiner Weise, bei Frauen zu liegen, wie wenn Wahrhaftigkeit dies alles ins Allgemeine transponieren würde und nicht vielmehr ins Medizinische, Psychologische bestenfalls, will einer dies nicht tun, vielmehr diskret zurücktreten, das Private höflich wahren, den Stoff vor sich wie ein Bildhauer sein Material, […] dann wird Schreiben schwieriger und einsamer, auch sinnloser […].«[14] Das ist eine Absage an literarische Selbstoffenbarung, das Bekenntnis zur Wahrung der Distanz (zum Privaten und überhaupt), zum Primat des »Stoffs«. Wenn einer wisse, »dass der Grund seines Schreibens bei ihm lieg[e]«, dass der das Publikum aber nichts anzugehen habe, dass es genüge, an der Oberfläche zu arbeiten, »im übrigen sei der Mund zu halten, weder zu kommentieren noch zu schwatzen«, es stelle sich die Frage, ob so einer überhaupt noch Geschichten erzählen könne, ob nicht das havarierte Schiff seiner Kunst, oder der Kunst überhaupt, schon gesunken sei. Analog zu jener berühmten Definition des Humors, kann einer nur noch *trotzdem* erzählen: »Die Ahnung steigt auf, es gebe nichts mehr zu erzählen, die Abdankung wird ernstlich in Erwägung gezogen, vielleicht sind einige Sätze noch möglich, sonst aber Schwenkung in die Biologie, um die Explosion der Menschheit, den vorrückenden Milliarden, den unablässig liefernden Gebärmüttern wenigstens gedanklich beizukommen, oder in die Physik, in die Astronomie, sich ordnungshalber über das Gerüst Rechenschaft abzulegen, in welchem wir pendeln.«

»Das Schicksal hat die Bühne verlassen«: Dürrenmatt knüpft an jenen Passus aus *Theaterprobleme* an, in welchem er den Bankrott der Tragödie verkündet. Nur geht er jetzt einen Schritt weiter: »So droht kein Gott mehr, keine Gerechtigkeit, kein Fatum wie in der fünften Symphonie, sondern Verkehrsunfälle, Deichbrüche infolge Fehlkonstruktion, Explosion einer Atombombenfabrik, hervorgerufen durch einen zerstreuten Laboranten [...]. In diese Welt der Pannen führt unser Weg, an dessen staubigem Rande nebst Reklamewänden für Bally-Schuhe, Studebaker, Eiscreme und den Gedenksteinen der Verunfallten sich noch einige mögliche Geschichten ergeben, indem aus einem Dutzendgesicht die Menschheit blickt, Pech sich ohne Absicht ins Allgemeine weitet, Gericht und Gerechtigkeit sichtbar werden, vielleicht auch Gnade, zufällig aufgefangen, widergespiegelt vom Monokel eines Betrunkenen.«

Und so beginnt der zweite Teil, die eigentliche Geschichte, wie nach dem Lehrbuch keine Erzählung beginnen dürfte: »Unfall, harmlos zwar, Panne auch hier: Alfredo Traps, um den Namen zu nennen, in der Textilbranche beschäftigt [...]«, undsoweiter: Der Übergang zwischen Reflexion und Erzählung, von einer Textsorte in die andere, ist schon da fließend (in der Hinsicht ist die *Panne* ein Vorläufer der *Stoffe*).

In *Der Verdacht* hatte der kranke Bärlach seinem Chef Dr. Lutz eröffnet: »Aus lauter Phantasiemangel begehe ein braver Geschäftsmann zwischen dem Aperitif und dem Mittagessen oft mit irgendeinem gerissenen Geschäft ein Verbrechen, das kein Mensch ahne [...]. Die Welt sei aus Nachlässigkeit schlecht und daran, aus Nachlässigkeit zum Teufel zu gehen.«[15] Das passt zur »Wurstelei unseres Jahrhunderts«[16], von der F. D. in *Theaterprobleme* spricht.

Die *Panne* hat vor dem *Besuch der alten Dame* das Licht der Öffentlichkeit erblickt, aber die Arbeit am Theaterstück begann eine Synkope früher. Seine Wirkung war ungleich heftiger und nachhaltiger als die Geschichte vom fatal zufälligen Gericht über den Alfredo Traps. Um ein »verhülltes Gericht« geht es freilich auch da.

Der Zufall eines Einfalls

Auch am Anfang des *Besuchs der alten Dame* stand ein »Zufall«. Ein Bühneneinfall, aus dem sich die Handlung des Stücks entwickelte und an dem sich wiederum verdeckte Motive und alte Stoffe F. D.s entzündeten. »Ich hätte die *Alte Dame* nicht geschrieben, wäre mir die Bühnenidee dazu nicht eingefallen.«[17]

Lotti Dürrenmatt war am 2. März 1955 wegen einer Gebärmuttersenkung im Berner Salem-Spital operiert worden. Der Eingriff war seit dem November des Vorjahrs absehbar und hatte schon die rasend schnelle Verfertigung des Romans *Grie-che sucht Griechin* angetrieben. Nun erkrankte sie zusätzlich an einer Lungenembolie. Sie überstand den Zwischenfall, aber er verlängerte ihren Spitalaufenthalt. Dürrenmatt besuchte seine Frau täglich. Auf den Zugfahrten zwischen Neuchâtel und Bern hielt der Schnellzug wegen der eingleisigen Streckenführung auch in den kleinen Bahnhöfen von Ins und/oder Kerzers im Berner Seeland. Tag für Tag hielt Dürrenmatts Zug an diesen heruntergekommenen kleinen Provinzbahnhöfen.

Der Plan, den dieser Bühneneinfall wiederbelebte und in eine neue Richtung lenkte, war im Februar 1953 zum ersten Mal in der Agenda aufgetaucht. Seine Wurzeln reichten bis in die Zeit von F. D.s Aufenthalts im Kiental (1941!) zurück. Seine erste Realisierung war der Plan zu einer Novelle mit dem Titel *Mond-finsternis:* Die Geschichte eines Heimkehrers, Walt Lotcher, der wegen einer unglücklichen Liebe aus seinem Dorf ausgewandert war und nun schwerreich ins tiefverschneite Bergtal zurück-kehrte. Er hatte zuerst die Absicht, sein Vermögen unter die Bauern zu verteilen; dann, aus einer Laune, knüpfte er daran die Bedingung, dass die Dörfler dafür seinen alten Rivalen ans Messer liefern sollten, der einst das von Lotcher geschwängerte Mädchen geheiratet hatte.[18] Dieser Plan war der Ursprung, aus dem im Frühjahr 1955 die inzwischen weltberühmte Theatervor-lage zu *Der Besuch der alten Dame* entstehen sollte.

Ein Stoff findet die Bühne

Der frühe Heimkehrer-Stoff *Mondfinsternis,* die Geschichte der Rache für einen Liebesverrat, nimmt durch den zündenden Bühneneinfall eine Wendung ins Vieldeutige und Komplexe. Aus dem amerikanischen Heimkehrer wird eine alte Dame[19], aus dem Bergdorf ein Kaff im Schweizer Mittelland, Güllen (schweizerdeutsch für Jauche): sehr schweizerisch in manchen Details, aber durch zahlreiche unrealistische Brüche in eine reine Bühnenwirklichkeit gehoben[20]. »Ich nehme zwar für meine Werke von der Welt, in der ich lebe, die Bausteine, doch das Werk als solches baut eine eigene Welt, eine Welt in sich«[21], schreibt F. D. am 27. Dezember 1955 – allerdings mit Bezug auf *Grieche sucht Griechin* – an seine Eckermännin Elisabeth Brock-Sulzer. Tatsächlich: Welches mittelländische Schweizer Kaff verfügte über ein Gymnasium, ein gotisches Münster, eine »Platz-an-der-Sonne-Hütte«[22] und große, ruinierte, auf ihr Wirtschaftswunder wartende Industriebetriebe?

Am Bahnhof beginnen und enden Geschichten. Die im Western, aber auch die der schrecklichen Heimkehr der Claire Zachanassian. Wenn Claire Zachanassian, geborene Kläri Wäscher, per Notbremse den D-Zug in Güllen kreischend zum Stehen bringt, ist das ein Auftritt, der schon das ganze Gefälle zwischen der schwerreichen Vertriebenen und dem heruntergekommenen Ort ihrer Jugend anzeigt: Ein großer Auftritt mitten hinein in das mickrige Empfangskomitee der Güllener. An diesem Elendsflecken hatte seit langem kein Schnellzug mehr gehalten, schon gar kein internationaler, jetzt bringt die reichste Frau der Welt hier den »Rasenden Roland«[23] zum Stehen. Aus diesem vorgestellten Szenario ergab sich zumindest der erste Akt »wie von selbst«[24]. Der Bahnhof impliziert eine Ankommenssituation, welche die Grundstruktur des Stücks und sein Personal bestimmte, eine Art Triptychon mit Bahnhof. In einem Ringbuch findet sich der frühe Eintrag: »Bahnhof. Schnellzug hält durch Ziehen der Notbremse. Schlussbild ebenfalls Bahnhof. Ebenfalls Mittelbild. Die Männer auf der Bahnhofsbank. Bahnhofsbuffet.«[25]

Warum reist die Plutokratin im Zug? Durch mehrere Autounfälle und einen Flugzeugabsturz verstümmelt, ist sie ein Prothesenwesen geworden. Ein Android. Vom Geliebten ihrer Ju-

gend, Alfred Ill, ihrer Ehre beraubt, der sie nicht nur mit einem
Kind sitzenließ, sondern zusätzlich durch zwei falsche Zeugen
im Vaterschaftsprozess diskreditierte, nahmen ihr die Unfälle
ihre leibliche Integrität. Schließlich wurde sie zu dem, was der
falsche Richterspruch schon aus ihr gemacht hatte. Sie beschloss,
eine Hure zu sein.²⁶ »Es ist für mich etwas gespenstisch Großar-
tiges, dass eine aus Rache das wird, wozu die Gesellschaft sie
stempelt [...].«²⁷ Im Bordell in Hamburg verfiel ihr der Ölmogul
Zachanassian, der »alte goldene Maikäfer«²⁸, er heiratete sie vom
Fleck und Dreck weg. Jetzt ist sie seine Erbin, Besitzerin der
»Armenian-Oil« (unter anderem), eine Multimilliardärin.

Der Tag der Rache, von langer Hand vorbereitet, ist gekommen. Der Boden ist bestellt. Längst gehört ihr Güllen, dessen
Fabriken sie gekauft hat, nur um sie verelenden zu lassen und
den Ort ihrer Herkunft in die Armut zu stürzen. Die beiden
falschen Zeugen des lange vergangenen Gerichtsprozesses führt
sie als geblendete Kastraten in ihrem Gefolge mit, den Richter
als Butler, ihre Gatten VII–IX sowie zwei ehemalige Gangster,
die ihre Sänfte tragen, komplettieren ihren Hofstaat. Eine Milliarde bietet sie Güllen für Ills Tod. Sie bringt den Liebesverräter
»über die Bande« zur Strecke, wie Dürrenmatt später, zum Beispiel in *Justiz,* sagen wird, ohne sich die Hände schmutzig zu
machen. »Kreons Sekretäre erledigen den Fall Antigone«²⁹, heißt
einer der berühmtesten Sätze in *Theaterprobleme.* Die Affäre Ill
erledigen nicht Claires Sekretäre, aber die Güllener als gekaufte
Handlanger.

Die Schulden und die Schuld

Dürrenmatt selbst hatte daran gedacht, dem Stück den Untertitel ›Komödie der Hochkonjunktur‹ zu geben. So wurde es denn
auch verstanden (und erlebte, auf diesen Aspekt verkürzt, wie-

der eine bescheidene Konjunktur, als nach dem Zusammenbruch der DDR der Kapitalismus die Neuen Bundesländer erreichte). Es schließt mit einem amoralischen scheinbaren Happyend, der Verwandlung von Güllen in Gülden (die nicht nur Psychoanalytiker erheitern müsste): die Geburt des allgemeinen Wohlstands aus einer kollektiv verdrängten Schuld.

Wie eine Gemeinschaft von keinesfalls besonders schurkisch veranlagten verarmten und resignierten Durchschnittsbürgern[30] durch Anhäufung von Schulden schuldig wird, ist eine so zwingende dramaturgische Meisterleistung, dass (auch ohne das von Dürrenmatt gesetzte Signal, den zeitweiligen Untertitel »Komödie der Hochkonjunktur«) in der Rezeption des Stücks die Kritik an der kapitalistischen Gesellschaft in den Vordergrund rückte. Die immer engere Umzingelung Ills (alle lassen anschreiben, einer nach dem anderen tritt in neuen gelben Schuhen auf, die eigene Familie beginnt sich in einem Wohlstand einzurichten, dessen Grundlage das auf den Vater ausgesetzte Kopfgeld ist): Nie ist Dürrenmatt sein Thema vom »Mitmacher« einleuchtender gelungen als im *Besuch der alten Dame.*

Tatsächlich ist *Der Besuch der alten Dame* jedoch ein Stück über gekaufte Gerechtigkeit, die Korrumpierung eines Kollektivs, das, im Auftrag der Rächerin, einen Schuldigen ermordet, dessen windiges Verhalten es einst stillschweigend toleriert hatte. Nun verstrickt es sich seinerseits in Schuld.

Trotzdem hat Dürrenmatt damit das Thema einer Epoche, ein Zeitgefühl, in eine anschauliche Form gebracht. Nicht nur, aber vor allem ein deutsches Publikum erkannte sich darin so zwingend, dass direkte Anspielungen ganz sparsam gesetzt werden konnten (Wenn etwa vier Güllener die Schuld an der Verelendung ihrer Gemeinde, bei den »Freimaurern«[31], »den Juden«, der »Hochfinanz« und dem »internationale[n] Kommunismus« orten oder wenn sich Gatte VIII beklagt: »Keine Größe, keine Tragik. Es fehlt die sittliche Bestimmung einer großen Zeit.«) Durch

Schulden schlittern die Güllener in die Schuld: Das erinnert unweigerlich an einen der Gründe für die Machtübernahme durch die Nationalsozialisten, die Verelendung des Kleinbürgertums, was, in Anbetracht des prosperierenden Großkapitals, alte antisemitische Ressentiments schürte (wie auch die Verdrängung des städtischen Kleinhandels durch das Wachstum der vorwiegend in jüdischem Besitz befindlichen Warenhäuser im Deutschland der Zwanzigerjahre: Zusammenhänge, welche Dürrenmatt in diesem Stück mit feinstem Sensorium mehr gespürt als bewusst erkannt hat). Sein wiederholt geäußertes Dementi, er habe mit der *Alten Dame* kein politisches Stück geschrieben, dürfen wir wieder einmal als bewusste Koketterie, ja als Ablenkung verstehen.

Gotthelfs ›Schwarze Spinne‹ als dunkle Folie

Der Besuch der alten Dame ist ein Stück über das kollektive Böse, über »die Demokratisierung des Bösen«[32], wie Peter von Matt in einem Aufsatz über Jeremias Gotthelf sagt, dessen Titel auch zu einem Text über Dürrenmatt, insbesondere zur *Alten Dame* passen würde: *Der Diagnostiker unserer Bosheit*. Tatsächlich ist, wohl unbewusst, die dunkle Folie unter der *Alten Dame* ein Stück Literatur, das Dürrenmatt seit seiner Kindheit sehr gut kannte, die Erzählung *Die schwarze Spinne* des anderen Emmentalers Jeremias Gotthelf. Mit dem nicht unerheblichen Unterschied, dass die »Mitmacher«[33] am Ende nicht der Teufel resp. die Pest holt, sondern dass sie in ihr Wirtschaftswunder und die große Verdrängung entlassen werden. Die direkten Hinweise, dass auch auf die Güllener der Tag wartet, an dem sie für ihre Schuld werden zahlen müssen, hat Dürrenmatt einen um den anderen getilgt, wie er überhaupt explizite Interpretationen zusehends zurücknahm. So strich er in den Fahnen der Buchfassung ebenfalls die rondoartigen Verse[34], mit denen sich die Alte Dame noch in der deutschen Erstaufführung (Münchner Kammerspiele, 28. Mai 1956) verabschiedete und sich als Richterin derer ankündigte, die sich von ihr hatten kaufen lassen. Mit sehr feinem Gespür verschob F. D. so kurz vor dessen Druck ein Auflager des Stücks: Würde Claire auch die Bestrafung der Güllener zu ihrer Angelegenheit erklären, läge der Schluss nahe, ihr gehe es um Gerechtigkeit. Allein ihr geht es um Rache. Um Gerechtigkeit in einem allgemeinen, gar metaphysischen Sinn schert sie sich den Teufel.

Wenn Dürrenmatt 1981 zu Arnold sagte, die *Alte Dame* sei »eigentlich das einzige Stück, von dem ich nur eine Fassung stehenließ«[35], ist auch das mit Vorsicht zu genießen: Der Aufsatz von Ulrich Weber zur Textgenese[36] zeigt namentlich für den Schluss ein anderes Bild. Sollte ursprünglich der Arzt aus ganz pragmatischen Gründen, sozusagen aus Sorge um die Volksgesundheit Güllens, Ill »abspritzen«, verlagert Dürrenmatt Urteil und Hinrichtung später nicht nur in den Theatersaal des Hotels, sondern auf dessen Bühne und inszeniert in einem Theater auf dem Theater einen eigentlichen kollektiven Ritualmord.

Dürrenmatts großer Einfall ist, dass Claire Ill, ihren einstigen Liebhaber, zur Erkenntnis seiner Schuld bringt. Nachdem er einen Fluchtversuch abgebrochen und den Vorschlag, Selbstmord zu begehen, ausgeschlagen hat, schickt er sich in den Spruch eines Gerichts, wie er verlogener nicht sein könnte. An Ill erfüllt sich das protestantische Paradox: Die einzige Instanz, die ihn zu Recht richtet, ist er selbst.

Mit dem beträchtlichen theatralischen Aufwand, mit dem die Zachanassian und ihr grotesker Hofstaat inszeniert werden (das Stück reicht in archaische Tiefen, aber auch in zirkushafte, ja clowneske Sphären), verfolgt Dürrenmatt alte Motive. Sagte er 1986 zu Klaus B. Harms: »Ich glaube, dass man meine Philosophie viel zu wenig kennt. […] Ich bin ein intellektueller Schriftsteller, der sich komödiantisch tarnt«[37], so gilt das in gleichem Maß für die subversive Fortsetzung seiner religiösen Motive. Schuld bzw. die Unterwerfung unter ein »verhülltes Gericht«, ist schon ein Thema seines frühen Hörspiels *Der Doppelgänger,* die verratene Unschuld[38] führt Ansätze aus dem *Engel*[39] (und damit dem *Turmbau*) und dem *Uhrenmacher* weiter.

Das »verhüllte Gericht« entwickelt F. D. noch im selben Jahr im juristischen Zeitvertreib der alten Herren in der *Panne* weiter. Erweist sich Ill noch im Vornamen als Verwandter des Alfredo Traps, ist er das jedoch nur bis zur Hälfte des Stücks, bis zu dem Augenblick, in dem Ill seine Schuld anerkennt. Dann wird er geradezu dessen komplementäre Gegenfigur. Im Unterschied zwischen Alfred und Alfredo zeigt sich, wie sehr Dürrenmatts Vorstellungen von Schuld und Gerechtigkeit sich im Laufe der Jahre 1955 und 1956 wandelten. Setzte F. D. mit Ill, mit Ills Entwicklung zum »mutigen Menschen« noch jenen Satz aus *Theaterprobleme* in Szene, nach welchem es »[i]n der Wurstelei unseres Jahrhunderts«[40] Schuld lediglich – aber immerhin! – als eine »persönliche Leistung, als religiöse Tat« gebe, ist der Selbstmord des Alfredo Traps nur mehr die Folge besoffen sentimentaler Großmannssucht, in der späten Komödienfassung gar ein Kurzschluss aus beleidigter Eitelkeit. Alles andere als die »Selbsterkenntnis und Einsicht in eine juristische ›Bedingungstheorie‹«[41], nach welcher die alten Herren zu ihrem Todesurteil kommen.

Im *Besuch der alten Dame* ist es Dürrenmatt gelungen, wie sonst nur noch in seinen Kriminalromanen (und, mit Abstrichen in den *Physikern* und im *Meteor*), »das Seine« unter trivialer oder grotesk-komischer Verkappung zu betreiben. Das Grotesk-Komische, ist sofort einzuräumen, ist bei Dürrenmatt allerdings mehr als eine Strategie, mehr als ein Verkaufstrick für sonst nicht zu vermittelnde religiöse oder philosophische Fragestellungen. Es ist nicht nur Notwehr gegen eine gesichtslose (und gerichtslose) Welt (das ist schon Überbau), sondern ein ihm eingeborenes, schon in frühen Zeichnungen produktives Vergnügen am Unangemessenen, Paradoxen, Grotesken.[42]

Die Demokratisierung des Bösen

Den Grund für den ungewöhnlich großen Erfolg des *Besuchs der alten Dame* vermutet Peter von Matt im Zusammentreffen von zwei Motiven, die er als charakteristisch für die Schweizer Literatur ansieht: dem Heimkehrer-Topos und dem von der schuldigen Gemeinschaft[43], beispielhaft vorgeführt in Gotthelfs *Schwarzer Spinne,* jenem einmaligen Lehrstück über die Verwandlung einer demokratischen Gemeinschaft in eine Masse von Mitläufern, in der jeder des anderen Alibi ist (nach dem kindlichen Muster: ich nicht, der andere auch). In den Geschichten vom Schuldigwerden der Gemeinschaft (natürlich besonders im Fall des großen Konservativen Gotthelf) erkennt von Matt auch eine Kritik »an einer der geläufigsten ideologischen Verbrämungen der Demokratie«: »Dass nämlich der Wille aller auch das Richtige und Gute schaffe, dass die *Vox populi* die *Vox dei* sei, mit Rousseau: dass *la volonté générale* nicht irren könne.«[44]

Ills abgebrochene Flucht, die Verweigerung des Selbstmords, endlich die finale Gerichtsszene, inszeniert wie eine Parodie des Rütlischwurs[45], haben, wie anders die grellen Aktionen im und um den Hofstaat der alten Dame, bei aller Raffinesse des zunehmenden Crescendos eine volkstheatralische Direktheit. Dazu gehört, dass ab dem Moment, in welchem Claire den 1. Akt mit dem Satz »Ich warte«[46] beschließt, am Ausgang der Geschichte kein Zweifel mehr besteht. Dass sich Dürrenmatt Jahre später auf der Suche nach den Ursprüngen des Stoffs, bei der »Rekonstruktion« von *Mondfinsternis,* an das Volksstück *Blüemlisalp*

seines Lehrers Fritz Gribi erinnert, das er als Kind im Theatersaal des Konolfinger ›Kreuz‹ gesehen hatte, ist auch im Hinblick
auf den *Besuch der alten Dame* bedenkenswert.[47] Wie auch der
Umstand, dass F. D., der von seinem erfolgreichsten Stück »sehr
wenige wirklich gute Aufführungen«[48] gesehen haben will, 1973
hell begeistert war von der Mundartversion der Emmentaler
Liebhaberbühne (Übertragung Rudolf Stalder, Inszenierung
Hans Gaugler). Nicht dass Dürrenmatt einzelne Motive oder
gar Handlungsstränge von Gribis *Blüemlisalp* übernommen
hätte – der Zusammenhang war ihm 1955 allenfalls durch seine
Wiederbegegnung mit Konolfingen in eine etwas akutere, aber
immer noch verdeckte Schicht des Vorbewussten gerückt. Aber
in der »Bühnenatmosphäre«, wie Dürrenmatt zu sagen pflegte,
meine ich davon einen Reflex von Gribis »Berndeutschem Sagenspiel« wahrzunehmen (in dessen Zentrum eine hoffärtige,
materialistische, egozentrische und gotteslästerliche Schwiegertochter steht, die ein paradiesisch intaktes Alp-Kollektiv gotteslästerlich zugrunde richtet). »Man inszeniere mich auf die Richtung von Volksstücken hin«[49], sagt F. D. schon in der Anmerkung
zur Buchausgabe.

Durch die Verlogenheit, mit der die Gemeindeversammlung
den einstimmigen Entscheid zu Ills Ermordung als »Gerechtigkeit reinen Herzens«[50] deklariert, wird sie zu einer Art »Volks-
gerichtshof«. In der ältesten erhaltenen Fassung der Schlussszene, die noch im Saal des Gasthofs zum ›Goldenen Apostel‹
spielt, ruft nach den Reden des Gemeindepräsidenten, des Lehrers und des Pfarrers einer der anwesenden Journalisten, die
böse Ironie des Verfahrens auf den Punkt bringend, begeistert
aus: »Nach so einer Versammlung hat man wirklich das Gefühl:
Die Demokratie ist immer noch etwas Lebendiges.«[51]

Zur Figur der Claire Zachanassian

Claire Zachanassian stellt weder die Gerechtigkeit dar noch den Marshallplan oder gar die Apokalypse, sie sei nur das, was sie ist, die reichste Frau der Welt, durch ihr Vermögen in der Lage, wie eine Heldin der griechischen Tragödie zu handeln, absolut, grausam, wie Medea etwa. Sie kann es sich leisten. Die Dame hat Humor, das ist nicht zu übersehen, da sie Distanz zu den Menschen besitzt als zu einer käuflichen Ware. Distanz auch zu sich selber, eine seltsame Grazie ferner, einen bösartigen Charme. Doch, da sie sich außerhalb der menschlichen Ordnung bewegt, ist sie etwas Unabänderliches, Starres geworden, ohne Entwicklung mehr, es sei denn die, zu versteinern, ein Götzenbild zu werden.[52]

Liest man diese Worte, kann man es Dürrenmatt nicht verübeln, dass er die Alte Dame der Uraufführung, Therese Giehse, eine »grandiose Fehlbesetzung«[53] nannte: »[I]hr glaubte man die Vorgeschichte nicht: das Hamburger Bordell und den alten goldenen Maikäfer Zachanassian [...].« Doch der Sachverhalt ist noch schwieriger. Nicht nur die Hure, die sie aus Trotz wurde, müsste die ideale Claire mit spielen, sondern auch – nicht als sentimentales Rührstück, wie in der amerikanischen Fassung, sondern als einen diskreten, aber unüberhörbaren elegischen Unterton – die verratene Liebende, die sie einmal war. Denn *Der Besuch der alten Dame* ist auch eine Liebesgeschichte, allerdings, nicht anders als das Märchen *Grieche sucht Griechin*, eine *in adjecto*. Ist Kurrubi das reine Geschöpf eines Engels, so ist Chloë ein befleckter Engel und die Zachanassian ein Racheengel (Mutationen des Englischen bei Dürrenmatt). Dient hier das (aus der Prostitution stammende) Geld der Erhöhung des (ihr per Inserat zugefallenen) Geliebten, dient es dort dessen Vernichtung. Es ist der Judaslohn für die Rache eines Liebesverrats. Das war Dürrenmatt so wichtig wie die (alte religiöse) Thematik vom Akzeptieren der Schuld, die Wandlung, wir könnten auch sagen: Bekehrung des Alfred Ill.

Gewiss sind die beiden »Liebesszenen« im Konradsweiler Wald vielfach gebrochen. Den Wald stellen vier Güllener Bürger dar, einer gibt zudem den Specht, ein anderer den Kuckuck. Die erste ist die Demaskierung des die Vergangenheit verdrängenden Ill. Die zweite[54] ist von abgründig lapidarer Wucht. Immer wieder unterbrochen durch langes Schweigen, erzählt Claire von ihrem Kind und dessen Tod. Zigarre rauchend hören sie noch einmal Ills Lieblingslieder, ›Im afrikanischen Felsental marschiert ein Bataillon‹[55] und ›O Heimat süß und hold‹. Um des Traums vom Leben, von der Liebe, vom Vertrauen willen muss Ill seine Schuld, sein Opfer auf sich nehmen, diesen Traum will das ehemalige Kläri Wäscher mit ihrer Milliarde nochmals herstellen. Und Ill fügt sich, mit einem letzten »Adieu, Klara«.

Die beiden Szenen sind eine Gratwanderung, voll ätzender Ironie, und doch sind sie nicht zu spielen, ohne dass in den Zwischenräumen des Dialogs auch Claires/Kläris Trauer über den verlorenen Traum glaubhaft würde. Die lädierte Rächerin muss nicht nur die ehemalige Dirne verkörpern (angesichts der vielen verbalen Kruditäten, Schnoddrigkeiten und Kraftausdrücke, mit denen F. D. die Rolle spickt, eine machbare Aufgabe); sie muss auch das junge geschändete, verliebte, verlassene Mädchen erinnern – aufgrund der reduzierten Dialogführung Dürrenmatts ein fast aussichtsloses Unterfangen. Eine übermenschliche schauspielerische Aufgabe. So ist, um das vorwegzunehmen, die Polemik der europäischen Presse gegen Ingrid Bergman in Bernhard Wickis Verfilmung des Stücks (in die auch Dürrenmatt einstimmte) nicht ganz berechtigt: Die Bergman, erinnerte sich Wicki 1990 zu Recht, hätte für ihn in ihrer »unheimlichen Kühle und Glätte«[56] und einer darunter vibrierenden Trauer einfach eine andere Seite der Figur akzentuiert als die Giehse.

»Der *Besuch der alten Dame* war mein Durchbruch, es ist mein populärstes Stück. [...] Aber das Problem der Schuld hat mich am meisten fasziniert, nicht die Leute [...]«[57], sagt F. D. Jahrzehnte später in einem Gespräch. Heißt das: mehr als das Kollektiv der Güllener, die Verwandlung von verarmten Kleinbürgern in Mörder habe ihn das alte religiöse Thema von Ills Erkennen und Bekennen der Schuld interessiert? Wo bleibt dann die Schuld des Kollektivs? Hat die Dürrenmatt so wenig beschäftigt wie die mit ihrer Beute, Ills Leiche, nach Capri abreisende Alte Dame? Oder meinte Dürrenmatt in jenem Gespräch mit Peter André Bloch nur: mehr als der Öffentlichkeit sei es ihm um das Thema der Schuld gegangen, der Schuld Ills ebenso wie der der Güllener? So oder so ist die Verschränkung der Kollektivschuld mit der Schuld des Einzelnen der Geniestreich des Stücks, von dem Martin Walser sagte, Dürrenmatt sei damit das Stück eines Jahrzehnts gelungen, und, dürfen wir ergänzen, aus Schweizer Sicht, das Stück eines Jahrhunderts.

Die Figur, welche die Verwandlung vom durchschnittlichen Güllener zum Mörder am bewusstesten erlebt, an seinen Mitbürgern und an sich selbst, ist der Lehrer, der darob zum Alkoholiker wird. Besonders deutlich wird das im zentralen Dialog mit Ill im dritten Akt des Stücks:

DER LEHRER Bin nüchtern. Auf einmal. *Er geht schwankend auf Ill zu.* Sie haben Recht. Vollkommen. Sie sind schuld an allem. Und nun will ich Ihnen etwas sagen, Alfred Ill, etwas Grundsätzliches. *Er bleibt kerzengerade vor Ill stehen, nur noch leicht schwankend.* Man wird sie töten. Ich weiß es, von Anfang an, und auch Sie wissen es schon lange, auch wenn es in Güllen sonst niemand wahrhaben will. Die Versuchung ist zu groß und unsere Armut zu bitter. Aber ich weiß noch mehr. Auch ich werde mitmachen. Ich fühle, wie ich langsam zu einem Mörder werde. Mein Glaube an die Humanität ist machtlos. Und weil ich es weiß, bin ich ein Säufer geworden. Ich fürchte mich, Ill, so wie Sie sich gefürchtet haben. Noch weiß ich, dass auch zu uns einmal eine alte Dame kommen wird, eines Tages, und dass dann mit uns geschehen wird, was nun mit Ihnen geschieht, doch bald, in wenigen Stunden vielleicht, werde ich es nicht mehr wissen. *Schweigen.* Noch eine Flasche Steinhäger.[58]

Den Trunk des Vergessens lässt er anschreiben.

So vertagt Dürrenmatt den eigentlichen Schluss des Stücks über die Abreise der Zachanassian hinaus. Das scheinbare Happyend lässt sich andererseits als schlimmstmögliche Wendung überhaupt lesen: dass das kollektive Verbrechen keine Konsequenzen hat, dass es binnen kurzer Zeit verdrängt und vergessen ist.[59]

Gold an sich ist tödlich, der Reichtum ein Fluch wie die von den Güllenern im Schlusschor besungene Armut. Es gibt keine Götter mehr, die Flüche verhängen, nur noch, als Parodie des Göttlichen, den Autor, und an seinem langen Arm die Milliardärin auf dem Balkon des ›Goldenen Apostels‹. Keiner bestraft hier mehr den Tanz ums Goldene Kalb. Kein Moses weit und breit, der die Gesetzestafeln zerschmetterte.

Erschienen ist die *Alte Dame,* das sollten wir auch nicht vergessen, zehn Jahre vor der berühmten Formel »Die Unfähigkeit zu trauern«[60], unter der sich Alexander und Margarethe Mitscherlich mit den »Grundlagen kollektiven Verhaltens« befassten.

»Ein scheinbar nur diesseitiges Stück«

Auf den *Besuch der alten Dame,* hinter der »nicht Aristophanes, sondern Sophokles« stehe[61], fallen in Wahrheit die Schatten beider antiker Ahnen. Das Stück ist ein Drittes, eine Quadratur des Kreises: »eine tragische Komödie«. In einer Rede, die nur im Manuskript erhalten ist, heißt es:

> Es wurde mir deutlich, wie ich an diesem Stoffe arbeitete – allmählich und für mich überraschend, dass ich eigentlich in eine seltsame, oft unheimliche Nähe zur alten griechischen Tragödie geraten war und immer mehr geriet, dass den beiden Hauptfiguren des Stücks, diesem anfänglich so unsäglich primitiven Manne und dieser merkwürdigen Frau etwas mythisches, urtümliches anhaftete, dass die Grausamkeit dieser Komödie nicht willkürlich gesetzt ist, sondern wie bei einer antiken Tragödie aus Notwendigkeit, weil dort wie hier die Helden absolut handeln. Oedipus kann nicht in ein Kloster gehen, er muss sich blenden. Auch ist dort wie hier das Schicksal des Helden mit dem Schicksal der Gemeinschaft verbunden, so wie in Theben die Pest vermieden wird (wird hier die Armut vermieden), bricht hier Reichtum aus, doch, und das ist das andere, an Stelle eines metaphysischen Zusammenhangs zwischen dem Einzelnen und der Gemeinschaft, wie sie sich im Oedipus darstellt, tritt eine physische Abstraktion, das Geld. Es ist ein scheinbar nur diesseitiges Stück, auch die Angst ist nicht metaphysisch, sondern klebt an den Gegenständen, an den Schuhen, Kravatten, an Bier-Gläsern und an einem Goldzahn (eines Polizisten).[62]

»Autor: schrieb als Mitschuldiger«: dass Wohlstand mit moralischer Verluderung zusammenhängt ist nun allerdings eine konkrete, »diesseitige« Vorstellung, so auch die, dass Ills Schuld, der

Liebesverrat, ein konkreter Grund für Claires Rache ist. Nun allerdings nicht mehr im christlichen Sinn: *Der Besuch der alten Dame* ist ein Kreuzpunkt, in welchem sich die Frage nach Schuld und Gerechtigkeit (resp. der Relativität von beidem) aus dem christlichen Kontext zu lösen beginnt. Der zum Bewusstsein seiner Schuld gelangte Ill ist noch in einem solchen zu sehen, der Zusammenhang ist als Folie und Bezugsebene nach wie vor erkennbar. Aber die Rache der Zachanassian ist eine atavistisch-vorchristliche, die Schuld der Güllener eine ökonomisch-postchristliche. Viele Jahre später spricht F. D. in einem Interview mit Guido Baumann vom Bekenntnis zur Schuld als von einer religiösen Leistung:

BAUMANN Was ist Moral?

F. D. Moral ist natürlich eine Frage des Gewissens.

B Aber es gibt doch gewissenlose Menschen.

F. D. Sicher gibt es die. Nehmen Sie zum Beispiel meine *Alte Dame*. Was mich bewegt hat, war die Frage nach der Schuld. Ich behaupte: Sich schuldig fühlen ist unter Umständen ein kreativer Akt, ein Akt des Denkens. Ich hab Nazis getroffen, die fühlten sich unschuldig. Und Nichtnazis, die fühlten sich schuldig. Kann man einem Menschen, der sich unschuldig fühlt – auch einem Massenmörder –, die Schuld aufzwingen? Er hat die Einsicht nicht. Und wer die Einsicht nicht hat, kann auch die Schuld nicht begreifen. Man kann ihn hinrichten, einem abstrakten Recht zuliebe. Andererseits gibt es einfach gewisse Spielregeln. In unserem Leben braucht es Spielregeln, die weniger mit Moral als mit reiner Vernunft zu tun haben. Es gibt eine Moral, die von der Vernunft her für alle gelten soll – und daneben gibt es moralische Dinge, die sind einfach unwägbar.[63]

Ein Zufall schenkte Dürrenmatt den Auslöser, der den Prosa-plan *Mondfinsternis* in ein Theaterstück verwandelte. Aber bei der Entscheidung für den Wechsel des Schauplatzes, des Ge-schlechts, für die Idee der Verschränkung von individueller und kollektiver Schuld, Rache und »demokratischer Bosheit«, für den Transport der Geschichte auf die Bühne gab es, wie Dürren-matt einräumte, auch einen ganz banalen Grund: Von einem Stück waren höhere Einnahmen zu erwarten als von einer Er-zählung. In welchem Ausmaß gerade *Der Besuch der alten Dame* seine Lebensumstände ändern sollte, konnte er nicht ah-nen; auch nicht, dass ausgerechnet ein Stück, welches ein Wirt-schaftwunder zum Thema hatte, seinen eigenen Wohlstand be-gründete.

In einem Brief an Max Frisch vom 24. Juni 1955 erzählt F. D. von »[d]rei Wochen rasende[r] Arbeit, eine meiner glücklichsten Wochen, in denen ich mich in meinem Beruf zum ersten Male seit langem wieder wohl fühlte«.[64] Da spricht er von Revisionen am *Engel* für Aufführungen in Bern und St. Gallen. Der weitaus wichtigere Grund für seine Hochstimmung aber war das »neue« Stück, von dem er dem Kollegen nur verraten mag, es mache ihm »Freude«.

Dürrenmatt wird eine prominente Stimme im öffentlichen Diskurs über Theater. Hans Werner Richter bemüht sich wie-derholt und vergeblich um seine Teilnahme an Tagungen der Gruppe 47. Am 31. März 1955 nahm F. D. in Baden-Baden an ei-ner Tagung des Südwestfunks zum Thema »Deutsches Theater ohne Nachwuchs« teil.[65] In den *Stoffen* erinnert er sich an eine Anfahrt wie zur Münchner Premiere des *Engels,* nur litt er dies-mal, wie sich herausstellen sollte, an den Masern, mit denen er sich bei seinen Kindern angesteckt hatte, begleitet von hohem Fieber. »Während der Diskussion, die auf der Bühne stattfand, war ich verwundert, dass der Theatersaal sich immerzu drehte und nur manchmal stehenblieb, die Decke unten, die Zuschauer oben [...]. Ich hörte meine Gesprächspartner nur undeutlich, verschwommen, irgendwo.«[66] Aus Dürrenmatts angeblich nicht mehr erinnertem Diskussionsbeitrag ist die Frage berühmt geworden, ob die heutige Welt durch Theater überhaupt noch wiedergegeben werden kann.

Schon am 3. Mai vermerkt die Agenda: »Besuch der alten Dame. 1. Akt fertig.«[67] Der nächste Eintrag findet sich am 5. Dezember 1955: »Die alte Dame vollendet.«[68] Die Uraufführung der *Alten Dame,* bei der immerhin der Direktor des Hauses, Oskar Wälterlin, Regie führte, kam unter den normalen, heute kaum mehr vorstellbaren Verhältnissen am damaligen Zürcher Schauspielhaus zustande. Am 4. Januar 1956 trifft F. D. Wälterlin und Bühnenbildner Teo Otto, am 19. Januar ist er zum ersten Mal auf einer Probe, am 27. ist bereits Generalprobe, am 29., nur zehn Tage nach dem ersten Probenbesuch, ist Premiere. Von einer ordentlichen Inszenierung des Stücks, geschweige denn von einem »Neudurchdenken von der Bühne her« durch den Autor konnte in dieser kurzen Zeit nicht die Rede sein. So verwundert es wenig, dass F. D. bereits am 4. Februar wieder »[a]n der Endfassung der *Alten Dame*«[69] sitzt.

Die Uraufführung war also keinesfalls ein Arbeitsende, das konnte Dürrenmatt nicht gemeint haben, als er sagte, er hätte keines seiner Stücke so unverändert gelassen wie die *Alte Dame.*[70] Neidvoll hält er in einem Vortrag über das Stück fest: »Giraudoux[71] ließ sich ganze Szenen vorspielen, um sie dann umzuschreiben. Je mehr ein Schriftsteller mit den Mitteln der Bühne arbeiten will, desto weniger kann er darauf verzichten, am Stücke während der Proben zu arbeiten, dass dies während der drei Wochen, die in Zürich zur Verfügung standen, nicht möglich war, versteht sich von selbst, und ist ein großer Nachteil.«[72]

In einer der Textgenese gewidmeten Untersuchung[73] beklagt

Ulrich Weber, dass die Masse der Manuskripte und Typoskripte der *Alten Dame* selbst den bei F. D. üblichen Rahmen sprengt. Auch wenn wir die Fassung vergessen, welche er für seine eigene Inszenierung auf der winzigen Bühne des Berner Atelier Theaters 1959 aus rein bühnentechnischen Notwendigkeiten heraus herstellt, muss Dürrenmatts Aussage, er habe das Stück »aus einer gewissen Scheu« nicht mehr angerührt, mehr als relativiert werden: neben diversen »Arbeits(teil)fassungen in handschriftlich überarbeiteten, teilweise collagierten Typoskripten über die verschiedenen Text- und Rollenbücher aus dem Reiss- bzw. Bloch-Bühnenverlag mit Bezeichnungen wie ›Fakultative Fassung‹, ›Provisorische Fassung‹, ›Endgültige Fassung‹ und ›Zweite Fassung‹ bis zu den verschiedenen bearbeiteten Umbruchexemplaren und zur Buchausgabe im Arche-Verlag, auch noch die verstreuten Notizen und handschriftlichen Kommentare aufzuführen, um nur von den Dokumenten zu sprechen, die vor Erscheinen des Buches Ende 1956, im Zusammenhang mit der Uraufführung und der deutschen Erstaufführung an den Münchner Kammerspielen am 28. Mai 1956 stehen«[74], erweist sich als wahre Herkulesarbeit. Weber konstatiert drei wesentliche Hauptpunkte, in denen sich der Text verändert. Erstens eine zunehmende Verknappung, eine Vermeidung von kommentierenden Passagen, eine Lakonisierung hauptsächlich der beiden Hauptfiguren Claire und Ill. Zweitens die schon genannte Verlagerung der Gerichts- und Sterbeszene aus dem Gasthof in den Theatersaal und endlich auf dessen Bühne, die Errichtung einer zweiten Rampe, sozusagen, und die rituelle Hinrichtung durch das Kollektiv statt durch den Arzt. Drittens die parodistische Zuspitzung des Endes durch einen Chor der Güllener, der gerade wegen seiner Nähe zu Sophokles den moralischen Bankrott derer offenbart, welche sich diesen tragisch-pathetischen hohen Ton anmaßen.

So findet F. D. auf Umwegen die konsequente Form, er hält

nun die Alte Dame aus dieser schändlichen Vollstreckung der
von ihr doch umsichtig geplanten Rache heraus. Die ehemalige
Kläri Wäscher wäscht ihre Handprothese in Unschuld und ent-
führt ihren »schwarzen Panther«[75] ins Mausoleum auf Capri, die
Güllener in einem vergifteten vergoldeten Happyend zurücklas-
send, das fürchterlicher ist als jedes finale Nibelungengemetzel.
So ist auch das Ende, das Bernhard Wicki seinem Film gibt,
ebenfalls nur bedingt ein glückliches zu nennen: Ill wird darin
zwar begnadigt, im Gegenzug aber dazu verurteilt, unter denen
weiterzuleben, die seiner Ermordung zugestimmt hatten.

Zürcher Uraufführung

Am 29. Januar 1956 kommt *Der Besuch der alten Dame* am
Schauspielhaus Zürich zur Uraufführung, wie immer mit hoch-
karätiger Besetzung: Therese Giehse als Claire Zachanassian,
ein in der Selbstbescheidung über sich hinauswachsender Gustav Knuth als Ill; Traute Carlsen spielte Ills Frau, den Bürgermeister Carl Kuhlmann, Hanns Krassnitzer den Lehrer. Noch
die beiden blinden Kastraten waren mit Ruedi Walter und Max
Haufler[76] besetzt, der Radioreporter im dritten Akt mit dem
23-jährigen Peter Brogle. 150 auswärtige Kritiker waren anwe-
send, so dass erstmals eine Dürrenmatt-Premiere am Schauspielhaus doppelt angesetzt werden musste. Seinem ersten Stück
nach *Ein Engel kommt nach Babylon* und der selbstverordneten
dramatischen Schreibpause muss ein beträchtlicher Ruf voran-
gegangen sein.

Materiell war ihm damit nicht geholfen. Noch nicht. Gerade
eine Woche vorher, am 23. Januar 1956, hatte Verleger Peter
Schifferli seinem Autor mitgeteilt, »dass ich Ihnen jetzt noch
Fr. 850,– zu Lasten von *Grieche sucht Griechin* überwiesen habe,
damit Sie den Hypothekarzins bezahlen können«[77].

Nicht nur in Zürich hatte sich herumgesprochen, dass sich Großes vorbereitete. Dürrenmatt, der kaum die Möglichkeit hatte, auf den Proben noch entscheidend einzugreifen, traf sich mit Freunden, dem Maler Karl Weber, seinem alten Förderer Walter Jonas, Max Frisch, Peter Schifferli, seinem Übersetzer Jean-Pierre Porret und mit Walter Mehring, der schon zum Jahreswechsel in Neuchâtel gewesen und von Dürrenmatt porträtiert worden war[78]. Nach der Generalprobe verbringt er einen Abend bei Wälterlin mit der Giehse und Knuth. Und erstmals taucht in der Agenda der Name Düggelin auf, der damals zum ersten Mal am Schauspielhaus inszenierte[79].

Die Kritiken waren freundlich, aber keineswegs begeistert. Sie lobten die straffere dramaturgische Linienführung und mäkelten an überflüssigem, unnötigem Beiwerk herum – den alten Vorwurf des Kabarettistischen wurde Dürrenmatt selbst bei diesem archaischen Stück nicht los. Die Ausnahme, wieder einmal: Elisabeth Brock-Sulzer, die in ihrer umfangreichen Kritik zusammenfasste: »Zürich hat der Uraufführung eines großen Werks beigewohnt.. […] *Der Besuch der alten Dame* wird einen langen Weg machen. Das darf man ruhig prophezeien. Er wird auf sehr viele Arten gespielt werden, gespielt werden *dürfen.* Wilder nach allen Seiten ausgreifend, der komischen und der tragischen, wilder, als es bei uns geschehen ist. Geraffter, verkürzter, knochiger, ausgemergelter, oder auch stofflicher, derber, sinnlicher.«[80] Und dann doch noch eine Kritik an der Zürcher Uraufführung, die »eine schöne Mitte« halte: ein zweifelhaftes Kompliment.

Absprung in den Weltruhm
und eine Tagung am Zürichsee

Die deutsche Erstaufführung des *Besuchs der alten Dame* an den Münchner Kammerspielen (28. Mai 1956) besorgte ein alter Bekannter: Hans Schweikart, der das Stück ebenfalls mit der Giehse in der Titelrolle, Paul Esser als Ill und einem großen Peter Lühr als Lehrer inszenierte. Das Missverständnis mit dem *Engel* in Erinnerung, reiste Dürrenmatt schon Ende Februar und dann immer wieder zu Gesprächen mit Schweikart nach München. Vieles wurde ihm, dem induktiven Dramaturgen, erst im Nachhinein bewusst, etwa dass er in einer Situation, die an sich grotesk ist (im dritten Akt des Stücks), die Journalisten nicht noch karikieren darf, dass die Presse nur einen Sinn hat, wenn sie die Angst der Güllener vor Öffentlichkeit steigert. Und anderes mehr.

In der Münchner Premiere sitzt auch Gustav Gründgens, und nachdem der in der Folge das Stück an seinem Deutschen Schauspielhaus Hamburg zeigte (mit Elisabeth Flickenschildt als Claire), interessierten sich noch die wenigen deutschen Theater, die es bis dahin nicht selbst bemerkt hatten, für das Stück.[81] Ein Teil der Kritik versteht die Münchner Erstaufführung als »Spiegel, den Dürrenmatt dem deutschen Nachbarvolk vorhält«[82]. Etwas derber (und etwas später) drückte es jener Zuschauer aus, der sich nach einer Aufführung in Konstanz bei Dürrenmatt mit dem Kompliment bedankte: »Herr Dürrenmatt, Sie haben uns mit ihrem Stück in die Fresse gehauen. So haben sie uns in die Fresse gehauen. Ich danke Ihnen, Herr Dürrenmatt, dass Sie uns in die Fresse gehauen haben. Hauen Sie uns bitte weiterhin in die Fresse, Herr Dürrenmatt.«[83]

Und Schlag auf Schlag ging es weiter. Schon am 6. Juni findet die österreichische Erstaufführung am Wiener Volkstheater statt. Zur Premiere in Düsseldorf fliegt F. D. am 9. September, die Premiere in Stuttgart (21. September) nimmt er mit, weil er einen Tag vorher an der Evangelischen Akademie für Rundfunk und Fernsehen den bereits erwähnten Vortrag zum Thema »Das Wort im Zeitalter der Bilder«[84] zu halten hatte. Brock-Sulzer hat richtig prophezeit: Das Stück erobert das deutsche Repertoire im Sturm. Und stößt rasch auf internationales Interesse. Es wurde, auch darin hatte sie recht, auf unterschiedlichste Weise gespielt, nicht immer zur Freude des Autors.

Sei es, dass er über seinen Kontostand tatsächlich nicht Bescheid wusste, dass er seinen Erfolgen grundsätzlich misstraute, sei es aus Pflichtgefühl gegenüber anderen, ihm ebenso wichtigen Plänen: Dürrenmatt beschränkte sich 1956 keineswegs nur auf die Verwaltung seines jungen Ruhms, von dessen finanzieller Wirkung vorerst sowieso nichts zu spüren war. So arbeitet er härter denn je, auch, wie er immer wieder versicherte, um gegen die von seinem Diabetes verursachte permanente Müdigkeit anzukämpfen. Dazu kam die Sorge um Lottis fragile Gesundheit (im August ist es eine Nierenbeckenentzündung, Silvesterfeierlichkeiten 1956/57 werden abgesagt wegen Herzproblemen).

Außerdem gab es gesellschaftliche Verpflichtungen, denen nicht einmal F. D. sich entziehen konnte oder mochte. Vom 4. bis 8. März 1956 ist Dürrenmatt in Hamburg, um Verhandlungen über Hörspielpläne zu führen (*Abendstunde im Spätherbst* sowie ein nie ausgeführter Plan mit dem Arbeitstitel *Berner Szenen*) und an einem Podiumsgespräch über das zu diesem Zeitpunkt aktuelle Thema Hörspiel–Fernsehspiel teilzunehmen. Bevor er erschöpft den Nachtzug nach Basel besteigt, trifft er den NDR-Hörspielchef Heinz Schwitzke, den Verleger Heinrich Maria Ledig-Rowohlt (der sich zu der Zeit sehr um Dürrenmatt bemühte und diesen auch schon in Neuchâtel aufgesucht hatte) und Gustav Gründgens persönlich.

Kaum zurück in Neuchâtel, bereitet er sich für eine Tagung in Boldern am Zürichsee vor, an der Schriftsteller mit Wirtschaftsvertretern ins Gespräch kommen sollten. Max Frisch hatte zur Vorbereitung des Treffens Hand gereicht, stärker noch waren Dürrenmatts Schulkameraden aus den Zeiten des Berner Freien Gymnasiums Kurt Marti und der Theologe Rudolf Bohren (der ihm noch vor rund einem Jahr, im Mai 1955, eine rührende Unterstützung der Kirchgemeinde Holderbank-Möriken-Wildegg vermittelt hatte) involviert.

Die Realsatire dieses Treffens beschreibt Dürrenmatt in *Turmbau,* dem zweiten Band der *Stoffe:*

»Was von dieser Zusammenkunft erwartet wurde, lag in der Schwebe. Es wurde nie direkt ausgesprochen. Der Schriftstellerverein war beteiligt, und die evangelische Kirche arrangierte die Zusammenkunft. Die Schriftsteller witterten eine Möglichkeit. Irgendwie wollten sie Geld, ohne es zu fordern, irgendwie wollte die Industrie kein Geld geben, ohne es abschlagen, und irgendwie wollte die Kirche noch etwas Höheres, ohne es verkünden zu müssen. Die Begegnung hatte etwas Frivoles und Bemühtes, etwas von einem frommen Puff. Es waren viele Schriftsteller da, aus allen Winkeln der Schweiz hervorgekrochen. Großartig war Adrien Turel. Er berichtete zum Entsetzen des Schriftstellervereins und der Kirche von seinen Erfahrungen als Kommunist mit Anstaltsbibliotheken in deutschen Gefängnissen. Die Industriellen horchten auf. Die Schriftsteller sahen das erhoffte Geld davonschwimmen. [...] Werner Weber hielt eine Rede, ich antwortete aggressiv, aus welchen Gründen, keine Ahnung mehr.«[85]

Die Antwort weiß Kurt Marti, der sich in einer Art humorvollem Protokoll an den Anlass erinnert. Der Autor, so Webers Ausgangspunkt, befinde sich in einem Dilemma: Das eigene Land vermag ihn nicht zu ernähren. Ohne sein Land aber droht ihm Substanzverlust. Dürrenmatt zog, eines seiner Lieblingsthemen, wieder mal gegen die Kritik vom Leder, Kritik sei für ihn bedeutungslos, um sofort anzufügen, er fühle sich durch ihre humorlose Pedanterie verhaftet, »in der Schweiz schreibt jeder Kritiker im Tone eines Weltenrichters«.[86]

Wichtiger als die ganze Tagung, ja selbst das Engagement der beiden Berner Klassengenossen, war Dürrenmatt das Treffen mit Max Frisch. Er übernachtete bei ihm in Männedorf, wo Frisch wohnte, nachdem er seine Familie verlassen und sein Architekturbüro verkauft hatte. Frisch kritisierte Oskar Wälterlins Regie der *Alten Dame* als »leichtfertig« (was nicht Dürrenmatts Einschätzung entsprach: Für ihn war sie, allerdings im Rückblick, »eine der großen Leistungen Wälterlins«[87]). Nie waren sich Frisch und Dürrenmatt so nah wie in jenem Sommer. Auf langen Spaziergängen fabulierten sie gemeinsam das Hörspiel *Biedermann und die Brandstifter* weiter. Wer ursprünglich vorgeschlagen hatte, dass Dürrenmatt zu Frischs Bühnenfassung des Hörspiels einen zweiten Teil schreiben solle, wusste F. D. zufolge am Ende keiner mehr. Der gemeinsame Plan *Biedermann* war freilich älter, und er war auch schon in die Presse geraten. Frisch hatte sich dafür bei Dürrenmatt in einem Brief vom 14. Februar 1956 entschuldigt: Er habe ihn Manuel Gasser von der ›Weltwoche‹ ausgeplaudert, als er den an der *Öderland*-Premiere in Frankfurt getroffen habe. Dass aus dem äußerst attraktiven Vorhaben[88] nichts wurde, wird wohl an Dürrenmatt gelegen haben. Sei es, dass ihm die Fortsetzung zu klar war (was er sich im Kopf schon fertig zurechtgelegt hatte, interessierte ihn bekanntlich kaum mehr); sei es, dass er mit anderen Plänen und Pflichten überlastet war.

Neben den erwähnten zwei Vorträgen (*Schriftstellerei als Beruf* und *Vom Sinn der Dichtung in unserer Zeit*), den Einleitungen zur *Panne* und zur *Alten Dame*, der Vorbereitung ihrer Münchner Uraufführung, der Erarbeitung einer zweiten Fassung des *Romulus* und dem Beginn des Hörspiels *Abendstunde im Spätherbst* (noch unter dem Titel *Herr Korbes empfängt*) befasste sich Dürrenmatt im Jahr der Uraufführung seines berühmtesten, erfolgreichsten und wohl auch gelungensten Stücks mit einem Drehbuch für eine Fernsehfassung der *Panne*.[89] Ferner entstand 1956/1957 in der Schweiz und auf dem Killesberg bei Stuttgart mit ›Der Richter und sein Henker‹ der erste deutsche Fernsehfilm (für den SR), ein Schmalfilm für ganze 112 000 DM, der, ungeachtet seines künstlerischen Werts, ein Dokument der Mediengeschichte ist.[90] Es war die erste ganz außerhalb eines Studios entstandene Produktion eines Fernsehfilms, und Dürrenmatt als Drehbuchautor (bzw. Autor einer Dialogfassung für den Film) war wiederholt bei den Dreharbeiten dabei. Gemessen am Gesamtrahmen war sein Honorar von 3000,– DM schon fast komfortabel.

Zum Zweiten: Dürrenmatt inszeniert Dürrenmatt

War Dürrenmatts erste Inszenierung eines eigenen Stücks, des *Mississippi,* am Stadttheater Bern (4. Februar 1954) nach dem Münchner *Engel*-Debakel noch eine Art Flucht nach vorn, vom Schreibtisch auf die Bühne, so war die Voraussetzung, unter der F. D. im Juli mit Adolf Zogg vom Stadttheater Basel einen Vertrag zur Inszenierung der *Alten Dame* unterzeichnete, eine ganz andere: Die Lust, die Tragfähigkeit des Stücks unter den beschränkten Bedingungen eines Stadttheaters zu erproben, war so groß, dass er anstandslos eine Regiegage von 2000,– Franken (»alles inbegriffen«) akzeptierte. Dass es da um Perfektion nicht gehen konnte, war ihm gerade recht. Die Agenda vermerkt unter dem 8. Oktober 1956 »Basel / Beginn der Proben«[91] und unter dem 12. November »Generalprobe / Premiere«[92], was nach heutigen Begriffen zwar noch immer harte Probenbedingungen wären, nach damaligen allerdings so großzügig, dass wir nur annehmen können, die Arbeit habe wiederholt unterbrochen werden müssen. Mit dem Resultat ging die lokale Kritik freundlich bis nahezu begeistert um.[93] Er selbst sah es kritischer: »Das Regie-Abenteuer in Basel verunglückte ziemlich, wenn es mir auch Spaß machte, an einem Schmierentheater alten Stils zu arbeiten.«[94] Aus der Distanz, in einem Gespräch mit Dieter Fringeli von 1977, fällt das Urteil etwas schärfer aus: »Ich denke an meine grotesken Inszenierungsversuche in Basel zur Zeit der Suezkrise: Eine ganz verrückte Angelegenheit, noch während der Premiere führte ich mit einzelnen Leuten Regie […].«[95] Wie weit entfernt das Resultat auch von theatralischer Perfektion gelegen haben mochte, war es gerade deshalb »eine annähernd authentische Darstellung der künstlerischen Absichten des Dichters«[96].

Nur eine Aufführung wird diesem Ziel noch mehr entsprechen: Dürrenmatts Inszenierung der eigens für das kleine Atelier Theater Bern hergestellten Fassung der *Alten Dame* mit Hilde Hildebrand in der Titelrolle, »eine der besten alten Damen, die ich je sah«[97]. »Ich musste die Personen für die Aufführung reduzieren, auch veränderte ich den 2. Akt, für ihn schrieb ich die Szene, wie Ill die alte Dame mit dem Gewehr bedroht; die übrigen Balkonszenen strich ich; im 3. Akt vereinfachte ich die Ladenszene.« Aber diese Arbeit war schon eine Reaktion auf den Schwall von Inszenierungen, die wohl Dürrenmatts Weltruhm begründeten, aber weit wegführten von seinen ursprünglichen Absichten.

Paris, New York, London, Warschau, Mailand

Am 17. Juni 1956 machte sich Dürrenmatt eher widerwillig für drei Tage nach Paris auf. Der Brief, der ihn am 16. von seinem Übersetzer Jean-Pierre Porret erreichte, musste ihn alarmieren. Der Regisseur Jean-Pierre Grenier und der Schauspieler Olivier Hussenot planten den *Besuch der alten Dame* am Théâtre Marigny als französische Erstaufführung. Allerdings dachten sie allen Ernstes daran, das Stück durch einen bekannten französischen Dramatiker bearbeiten zu lassen. Porret, dem natürlich auch eine Kürzung seines Tantiemenanteils[98] schwante, spricht von Camus, Marcel Aymé und Anouilh und holt sich Rat bei Dürrenmatts damals in Paris lebenden Bekannten, dem Essayisten und Dramaturgen Alexander Koval. Nur ein Machtwort Dürrenmatts konnte den grotesken Versuch verhindern, aus Gründen der Öffentlichkeitswirksamkeit dem Deutschschweizer Stück ein prominentes französisches Pferd vorzuspannen. Das – obwohl zu dieser Zeit noch ungewohnt – muss ihm gelungen sein. Am Ende des Jahres ging es dann nur noch darum, ob der Titel in *Clara ou La Visite de la vieille Dame* geändert werden sollte. Auch da(gegen) setzte er sich durch. *La visite de la vieille dame* wird am 1. März 1957 erstaufgeführt. Dürrenmatt wunderte sich, obwohl er mehrfach die Proben besucht hatte, vor allem über die Liebesszenen im Konradsweiler Wald, die ihn ohne die distanzierenden Verfremdungen anmuteten, »als hätte ich so etwas wie *Sissi* geschrieben«. Durch realistische Waldkulissen huschte unter Szenenapplaus eine Tänzerin als äsendes Reh. Auf der Premierenfeier in der Schweizer Botschaft durfte er die Gratulationen des alten François Mauriac[99] entgegennehmen: Endlich habe er »wieder einmal eine richtige Liebesgeschichte« gesehen.[100]

Off to Broadway

Schwieriger als der ins Französische erwies sich der Transport des Stücks ins Englische. Es begann mit einem vom 12. September 1956 datierten Vertrag, in dem Dürrenmatt dem Übersetzer/ Bearbeiter Maurice Valency nicht nur die Hälfte der Tantiemen abtrat, sondern das Exklusivrecht einer Übertragung auf Lebzeiten einräumte, von der er bald erkennen musste, dass sie seinen Intentionen weitgehend zuwiderlief. Als er den Vertrag rückgängig machen wollte, war es zu spät.

In einem Brief vom 8. Oktober erkundigte sich der Drehbuchautor Robert Thoeren nach dem Stand der Dinge: Ob denn alles von Dürrenmatt von der Agentur MCA vertreten werde (mit der resp. Valencys Managerin, Audrey Woods, war der Vertrag abgeschlossen worden). Thoeren, gebürtig aus Brünn, starb noch im selben Jahr. Den großen Triumph von Billy Wilders *Some Like It Hot,* wozu er die Geschichte geliefert hatte, sollte er nicht mehr erleben. Er war ein Kenner amerikanischer Verhältnisse und versuchte Dürrenmatt noch zu warnen. (»Amerika ist nämlich das Land der unbegrenzten Schwierigkeiten.«[101]) Er habe vernommen (das ist nicht ohne Ironie), bei Valencys Arbeit handle es sich »wirklich nur um eine fast wörtliche Übersetzung«. Die *Alte Dame* müsse für das amerikanische Publikum jedoch adaptiert werden. Thoeren schlug dafür gleich einen ganz großen Namen vor, Joseph Leo Mankiewicz, der außer seinem Gewicht bei Daryll F. Zanucks 20th Century Fox als Berliner Emigrant den Vorteil seiner deutschen Muttersprache mitbrächte. Dass Mankiewicz' Bearbeitung den Kern von Dürrenmatts Stück eher getroffen hätte, darf bezweifelt werden, aber jedenfalls wäre seine künstlerische Handschrift eine andere gewesen.[102]

Dürrenmatt antwortete am 29. November, also mit inzwischen gewohnter Verspätung. »Die Übersetzung Valencys habe ich nun erhalten. Begeistert bin ich auch nicht davon, doch kann ich viel zu wenig englisch. Mein O.K. habe ich bis jetzt noch nicht gegeben, schicke aber mit der gleichen Post das Manuskript an Elisabeth Brock-Sulzer in Zürich«[103]. Tatsächlich holt er gleichentags deren Rat ein. Weiter an Thoeren: »Es gibt viele, die Valencys Adaptation für gut halten. Meiner Meinung nach aber hat er oft nur um nicht zu übersetzen, eine viel verwaschenere Version des Textes geliefert, als dies nötig wäre. Ich habe nichts gegen eine wirkliche Adaptation, aber alles gegen eine scheinbare – dann lieber eine genaue Übersetzung.« Brock-Sulzer ist eine gewissenhafte Leserin, was ihrer Analyse von Valencys Bearbeitung zugute kam, ihre Antwort jedoch bis zum 10. Februar 1957 hinauszögerte:

> Lieber Herr Dürrenmatt,
> hier endlich die englische Übersetzung. Es ist aber keine, sondern ausgesprochen eine Bearbeitung. Vom Aufführungserfolg aus gesehen nicht schlecht (mit Ausnahme einiger realer Fehler, wie z. B. »Schonzeit« mit »high time« = höchste Zeit, offenbar von »schon Zeit« her). Es kommt nur ein Gatte der Claire vor. Sie hat keine Prothesen, keine Elfenbeinhand, sondern ist nur »geflickt«. […] Aber auch sonst ist auf Schritt und Tritt geändert worden. Längere Passagen sind gebrochen worden durch Zwischenreden – auch das vielleicht noch zu verantworten. Aber andere Änderungen sind völlig willkürlich. […] Die Tendenz des Ganzen geht auf Verflüssigung, auf Einebnung der Kontraste zwischen dem Realen und dem Abstrakten. […] Auf jeden Fall dürfte diese Übersetzung nicht mehr als eine Bühnenfassung sein. Als Buch müsste ein treuerer Text dienen.[104]

Da war die Sache längst entschieden, es blieb bei Valency. Audrey Wood von MCA Artists vermittelt einen Vertrag mit dem Produzenten Roger Stevens. Der stellte die Zusage von Peter Brook als Regisseur in Aussicht, der erstens das Stück mochte und zweitens eine Chance sah, damit am Broadway Fuß zu fassen. Das Ehepaar Lynn Fontanne und Alfred Lunt, höchst prominent, dem New Yorker Publikum allerdings aus einem anderen Fach, als Salonkomödianten, bekannt, wollten damit ihr eigenes Lunt-Fontanne-Theatre eröffnen. Zwischen dem 5. und dem 9. Juli trifft sich Dürrenmatt mit Valency, Brook und den Lunts in Paris.

Durch den spektakulären Genrewechsel der Protagonisten war der Erfolg der amerikanischen Premiere fast schon programmiert. Vorauszusehen war aber auch, dass Dürrenmatts bösem Stück einige Zähne gezogen würden und dessen moralische Dialektik sich weitgehend im sentimentalen Weichzeichner aufweichen würde. Mit Fontanne und Lunt war der wahrscheinlich größtmögliche Gegensatz zur Zürcher Uraufführungsbesetzung mit der maskenhaft versteinerten Therese Giehse und dem groß gegen seine sympathische Ausstrahlung anspielenden Gustav Knuth gefunden. Dass der O-Ton und Klartext des Stücks – der harte, brutale, archaische Kern – einem New Yorker Publikum der späten fünfziger Jahre, das »noch immer die Überzeugung hoch[hält], dass es keinen Missstand auf der Welt gibt, der nicht von einem guten wirtschaftlichen Aufschwung ins Lot gebracht werden könnte«[105] – schwer zu vermitteln war, wusste Dürrenmatt damals schon. Ein paar Jahre nach seinem amerikanischen Durchbruch äußerte er sich dazu gegenüber Wyrsch etwas flapsig: »Ein europäisches Stück hat in den USA nur dann Erfolg, wenn es drüben missverstanden werden kann und dieses Missverständnis zufällig zieht.«[106] Auch Brook machte sich keine Illusionen. Selbst Valencys geglättete Version traute er sich nicht auf Anhieb dem Londoner Publikum zuzumuten, er probierte seine Inszenierung zuerst in der Saison 1957/58 am Shakespeare Memorial Theatre in Stratford-upon-Avon aus, mit der für New York vorgesehenen Besetzung.[107] Zudem wurde es, wie im amerikanischen Theaterbetrieb üblich, am 9. April 1958 erst noch in der Provinz (am Shubert-Theatre in Boston) getestet.

Endlich, am 5. Mai 1958 langte die *Alte Dame* am Broadway an. Obwohl es nach europäischen Vorstellungen von Werktreue nur mehr bedingt Dürrenmatts Stück war – so verfehlt, wie sie Dürrenmatt im Rückblick erschien, konnte die Adaption nicht gewesen sein. Der Erfolg des Stücks in New York, scherzte Dürrenmatt, habe »auf den Frauenvereinen beruht [...], endlich

hätten die ›Mamis‹ jemanden gefunden, der ihnen das Recht zu-
billigte, den ungetreuen ›Papi‹ umzubringen [...].«¹⁰⁸

Auch in Valencys Fassung, in Fontannes gelegentlich emotio-
naler, um nicht zu sagen sentimentaler Interpretation der Claire
(daneben konnte die Salondame aber auch eine erstaunliche
schmallippige Bosheit ausstrahlen), im alternden Beau, als den
Lunt den Ill (resp. Shill) gab, erkannte die Kritik doch noch die
Widerhaken des Stücks. Das spricht für Brooks Inszenierung.
Und für die alte Theaterweisheit, dass sich die Qualität eines
Dramas erst recht erweist, wenn es Abweichungen von der reinen Lehre, d.h. von der Selbstinterpretation des Autors, aushält.

Feierte die ›New York Times‹ noch Dürrenmatts Witz und
Humor, womit er »ein widerwärtiges Thema akzeptabel« mache
(Brooks Atkinson), so konstatierte Walter Kerr in der ›Herald
Tribune‹, das Stück sei »keineswegs vergnüglich; es ist brutal,
hoffnungslos, unmenschlich«. Seine Idee sei schwer anzunehmen, aber die dramatische Handlung überzeuge durch ihre Konsequenz. Wolcott Gibbs im ›New Yorker‹: »Der Rezensent erinnert sich nicht, je ein kühleres und bösartigeres Stück *(chilly
and malignant)* gesehen zu haben.« Im Zuschauerraum saß,
nach dem Bericht der ›FAZ‹, viel Prominenz, u. a. Bette Davis,
Ginger Rogers, Paulette Goddard, Sir Laurence Olivier, und
auch Zielpublikum des Stücks im engeren Sinn wie Mr und
Mrs Rockefeller, Botschafter Henry Cabot Lodge Jr. und der
New Yorker Bürgermeister Robert F. Wagner Jr. Die Aufführung wurde zu einem »fast sensationellen Erfolg«¹⁰⁹.

Die New Yorker Kritiker zeichneten die Aufführung am Ende
der Saison als »Best foreign play 1958/59« aus. Ein Anlass, zu
dem sich selbst Dürrenmatt, der Mann hinter dem Mond, zu
einer Reise aufraffte, auch, um mit Lotti einige Zeit bei ihrem
Bruder Ueli in Freeport (Long Island) zu verbringen, der damals
dort lebte. Am 27. April 1959 fliegt das Ehepaar Dürrenmatt
nach New York, am 30. hält F. D. vor der Swiss Society of New

York den Vortrag *Amerikanisches und europäisches Drama*.[110] F. D. nutzt die Gelegenheit, seine ureigene Ästhetik und Dramaturgie aus gegebenem Anlass zu skizzieren.

Dürrenmatt lässt es sich nicht nehmen, die Lunts in Waukesha County (Wisconsin) zu besuchen, er anerkennt durchaus ihre Leistung, wie er, innerhalb der gegebenen Voraussetzungen, auch die Regiearbeit von Brook schätzt. Er verbringt viel Zeit mit Ueli Geissler, trifft seinen Cousin Konrad, den Sohn seines Onkels Hugo, des Regierungsrats, der schon während des Kriegs für Nestlé in die USA ging. Am 25. Mai endlich schiffen sich F. D. und Lotti nach Europa ein. Beide sind erschöpft, Lotti leidet an Rheuma, Dürrenmatt an hohem Zucker.

Die ›Alte Dame‹ in Polen

Am anderen Ende der Weltanschauungen und politischen Systeme fand die *Alte Dame* nicht weniger Beachtung. Bereits 1956 soll sich ein Moskauer Theater für das Stück interessiert haben – Dürrenmatt hielt sich zurück, sei es, weil er befürchtete, auf eine eindimensionale Kapitalismuskritik reduziert zu werden (die Vereinfachung des Stücks auf den Aspekt des Wirtschaftswunders hielt er schon in den westlichen Interpretationen für ein Missverständnis); sei es, dass er in der geradezu hysterisch aufgeheizten antikommunistischen Stimmung nach dem Ungarnaufstand (zumal in der Schweiz) sich vor den absehbaren Folgen einer Aufführung in Moskau fürchtete.

Als entscheidend für die Dürrenmatt-Rezeption der *Alten Dame* in Osteuropa erwies sich das polnische Theater. Kaum war das Stück in Zürich uraufgeführt, wurde es in der Theaterzeitschrift ›Dialog‹ besprochen. Im Jahr darauf, 1957, erschien ebenda eine Übersetzung, einer der Autoren war Marcel Reich-Ranicki. Das Stück fiel in eine Zeit der allgemeinen Öffnung polnischer Kunst gegenüber dem Westen, in Graphik, Malerei, Musik, bald auch im Film. Zuerst, aufgrund eigener starker Traditionen in dieser Richtung (Autoren wie Witkiewicz und Gombrowicz), konzentrierte sich das Interesse an westlicher Gegenwartsdramatik (abgesehen vom angelsächsischen Realismus) auf das französische absurde und groteske Theater. 1958, in dem Jahr, in welchem Sławomir Mrożek mit seinem Stück *Die Polizei* der Durchbruch gelang, kam es in Polen gleich zu drei Inszenierungen der *Alten Dame*. »Für Polen ist Dürrenmatt ein politischer Dichter«, fasste Reich-Ranicki in einem Artikel in der ›Welt‹[111] deren Aufnahme in Polen zusammen. Die werkgetreuste Arbeit sei in Warschau Ludwig René gelungen, der Dürrenmatt eben in Richtung auf das Volkstheater hin inszenierte.

Das dortige Teatr Dramatyczny wurde zu Dürrenmatts eigentlichem Stammhaus in Polen. Zwischen dem Autor und dem polnischen Theater entwickelte sich überhaupt eine besonders enge Affinität. Mit den Tantiemen, die er nicht transferieren konnte, unterstützte Dürrenmatt in wachsendem Maß polnische Künstler, eine Aufgabe, bei der seine Frau Lotti die Federführung übernahm. Dass nach seiner Entfremdung vom deutschsprachigen Theater (nach dem Scheitern des »Basler Experiments«) polnische Regisseure die Uraufführungen von Dürrenmatts Stücken übernahmen, war kein Zufall.[112]

Die italienische Premiere am 31. Januar 1960 am Piccolo Teatro di Milano in der Regie von Giorgio Strehler[113] war eine kühle, kalkulierte, distanzierte Aufführung, die darauf verzichtet, das Stück in ein italienisches Ambiente einzugemeinden, mit dem Effekt, dass das bedächtige Spiel, eine »trockene, spezifisch schweizerische Atmosphäre«[114], wie ein Verfremdungseffekt wirkt. Als wär's ein Stück von Brecht.

In einer Vorstufe zu den *Stoffen*, einem Text mit dem Titel *Rekonstruktionen*, schildert Dürrenmatt den Besuch in Mailand in Begleitung seines Verlegers Peter Schifferli, das anschließende

Treffen mit Giangiacomo Feltrinelli und was ihm vom Abend im Piccolo Teatro geblieben war. Der postum publizierte Text verdient ein etwas längeres Zitat:

Strehlers Inszenierung war grotesk verfehlt, er wolle nichts als Gesellschaftskritik in marxistischer Richtung, während mir das Gesellschaftskritische ein zwar selbstverständlich Vorhandenes, aber je nach Gesellschaft Variables darstellt, das Grunderlebnis, das hinter der *Alten Dame* steht, war einerseits das Wirtschaftswunder, weshalb Güllen »irgendwo in Mitteleuropa« angesiedelt worden ist, anderseits die Beobachtung, dass die Erkenntnis der Schuld etwas rein Subjektives, Existentielles ist, dass die Gerechtigkeit, die einen Schuldigen vernichtet, den Schuldigen verfehlt, weil er sie als Ungerechtigkeit empfindet, genau gleich wie die Gerechtigkeit, die einen Unschuldigen in Ruhe lässt, der sich schuldig findet, von diesem aus wiederum zur Ungerechtigkeit wird: Ill, der frühere Geliebte der Claire Zachanassian, befindet sich ihr gegenüber in Schuld, fühlt sich aber unschuldig (»Das Leben ging doch längst weiter«, usw.), doch, indem die Güllener ihm gegenüber schuldig werden, begreift Ill seine Schuld. […] Die *Alte Dame* entwickelt sich damit als Handlung gleichzeitig in zwei Richtungen: von der Versuchung zu »der Versuchung unterliegen« ins Gesellschaftlich-Allgemeine, vom Schuldig-Sein zum Sich-schuldig-Erkennen ins Existentiell-Einzelne; wobei sich der Marxist nur für die erste Richtung interessiert und dass er damit, sobald das Existentielle im Spiel ist, dies als das Private und somit, weil er nur Allgemeines will, als das Unverbindliche erklärt, so bin ich geradezu als der »unverbindliche Schriftsteller« katexochen ausgerufen worden, Gott sei Dank, Tarnkappen, die einem übergestülpt werden, sind Geschenke des Himmels, mit wem müsste ich mich sonst verbrüdern! […] Doch nicht so sehr dadurch, dass er die doppelte Dialektik übersah, war Strehlers Regie falsch, der große Regisseur machte einen Fehler, den ich gerade bei ihm nicht erwartet hätte: Er ließ vor der Bühne, zwischen ihr und dem Zuschauerraum, ein Eisenbahngeleise legen mit einer Starkstromleitung in der Höhe und dahinter eine realistische Stadt bauen, mit dem Resultat, dass nie ein Zug ankommen konnte, irgendwie musste er den Zug fortschwindeln, solle einer ankommen, den Schluss des zweiten Akts gestaltete er als eine Art Traum, überhaupt litt der zweite Akt am meisten, der Realismus des Bühnenbilds ließ keine Improvisation zu, der Polizist und der Bürgermeister saßen im gleichen Zimmer, nur an der realistischen Wand wurde eine Tafel umgeklappt, stand an ihrer Vorderseite »Polizei«, war nun an ihrer Rückseite zu lesen »Bürgermeister«, während unten verregnete, tropfnasse, frierende Bürger Ills jämmerlichen Laden betraten, schien oben, auf dem Balkon Claire Zachanassians, die pralle Sonne.[115]

Allerdings, das auch: »Wenn Strehler danebeninszeniert, gibt es immer noch einen großen Theaterabend, der Schluss war bei ihm überwältigend.«

Von Güllen nach Hollywood

Während seines Aufenthalts in New York verhandelte Dürrenmatt auch mit Hollywood über die Filmrechte an der *Alten Dame* – wenn man denn deren Abtretung für ein lächerliches Honorar unter Verzicht auf jegliche Einspruchsmöglichkeit bei der Realisation Verhandlung nennen kann. Was am Ende entstand, Bernhard Wickis ›The Visit‹, war Dürrenmatts dritte schmerzliche Erfahrung mit dem Medium Film.[116]

Nach dem großen Erfolg der *Alten Dame* am Broadway meldete sich sehr schnell Hollywood. Roger Stevens, der Produzent der Brook-Aufführung am Lunt-Fontanne-Theater am Broadway, verkaufte die Rechte für 200 000 Dollar an die 20th Century Fox des Hollywood-Tycoons Darryl F. Zanuck. Dürrenmatts Gage betrug 120 000 Dollar. 80 000 Dollar gingen an den Produzenten, von den verbleibenden 60 Prozent die Hälfte an den Übersetzer Valency. Vom Rest stand ein Viertel dem Reiss Verlag zu. »Da kannst du selbst ausrechnen, wie viel mir blieb«, brummte Dürrenmatt noch während unseres letzten Gesprächs 1990. Auch Schwester Verena erinnert sich, wie enttäuscht ihr Bruder war, er fühlte sich über den Tisch gezogen. F. D. 1990: »Kaum zurück in Neuchâtel, kriege ich ein Telefon: Ich solle unverzüglich nach London fliegen, im ›Savoy‹ sei eine Suite für mich reserviert, Zanuck wolle, dass ich das Buch für *Cäsar und ›Cleopatra‹* schreibe für den Film mit Liz Taylor und Richard Burton. Ich darauf: Das interessiere mich nicht, das habe Shakespeare schon geschrieben. Seit da durfte mein Name bei Zanuck nicht mehr genannt werden. Ich habe den Film ›The Visit‹ nie gesehen. Es kommt darin nicht zum Mord. Am Ende hat ihn dann Wicki gedreht, unter ungeheuren Krächen mit Anthony Quinn. Ich habe noch einen anderen Schluss vorgeschlagen: die Güllener wollen ihren Scheck ein lösen, und da stehen dann die Herren von der Bank und sagen: Was wollen Sie mit dem Papier, die Dame ist schon längst entmündigt.«[117]

Die Episode der Verfilmung von ›The Visit‹ ist selbst eine Tragikomödie, allerdings eine, deren Dramaturgie Hollywood diktierte. Davon hatte Dürrenmatt keine Ahnung und Wicki auch nur eine begrenzte, und der eine nahm dies dem anderen übel.

Mit Bernhard Wicki war Dürrenmatt seit seiner ersten Zeit in Basel befreundet. 1949 hatte er in *Romulus der Große* den Aemilian gespielt. Seine Vorliebe für großspurige Auftritte (etwa mit dem Flugzeug über der »Festi« Ligerz zu kreisen und Zigarren abzuwerfen) amüsierte und beeindruckte Dürrenmatt. 1959 wurde Wicki mit dem Antikriegsfilm ›Die Brücke‹ schlagartig berühmt. Der Film gewann alle denkbaren deutschen Auszeichnungen, und in der Folge wurde Wicki als Regisseur für die deutschen Sequenzen des Invasionsdramas ›The Longest Day‹ (1961) engagiert. Beides trug ihm eine Oscar-Nominierung ein. Jetzt sollte ihm ›The Visit‹ die Trophäe selbst bringen.

Wicki, knapp zehn Jahre vor seinem Tod am 5. Januar 2000: »Ich wusste, dass die Fox schon einige Zeit mit dem Stoff zugebracht hatte und vier oder fünf Drehbuchautoren da dran waren, unter anderen auch ein sehr guter Mann namens Nunnally Hunter Johnson [einer der beliebtesten und besten Drehbuchschreiber Hollywoods]. Der hatte aus dem Stück einen Western gemacht. Ingrid Bergman, damals verheiratet mit dem Theateragenten Lars Schmidt, hatte die Rechte gekauft, zusammen mit Anthony Quinn. Die beiden waren also gesetzt. Nun versuchte ich zusammen mit Ben Barzman, dem neuen Drehbuchautor, so nah wie möglich an der Geschichte zu bleiben. Dann kam relativ spät, wir arbeiteten schon drei Monate an dem Buch, Zanuck mit der Bedingung, die Frau könne den Mann nicht umbringen, einfach weil die Bergman sie spielt und das dem Star beim Publikum abträglich wäre. Das hätte mich vielleicht abgeschreckt, aber wir steckten schon zu tief in der Sache. Die Besetzung mit der Bergman war ja an und für sich schon ein Kompromiss. Obwohl sie auch Seiten hatte, die der Rolle ziemlich nahe kamen, eine unheimliche Kühle und Glätte und dadurch eine fast unangenehme Härte. Nun ja. Wir lösten das dann so, dass sie den Mann zum Tode verurteilen lässt, und dann, wenn ihn alle verraten haben, seinen Tod nicht mehr will. Sie entlässt ihn in ein Leben unter denen, die ihn verkauft hatten. Das schien uns ein annehmbarer Kompromiss.«[118] Er hätte sich eingereiht in viele Beispiele, in denen Regisseure subversiv mit Hollywoods Zwang zum Happyend umgegangen sind.[119]

Tatsächlich verunglückte Wickis Film nicht wegen des anderen Schlusses. Der war auch, in Wickis Sinn, keine Verharmlosung.[120] Die Zensur des Produzenten, welche die Bergman aus einem Racheengel in eine Salondame zu verharmlosen suchte (als ob beides in einem nicht möglich wäre), war allerdings gravierender.[121]

Gedreht werden sollte an Schauplätzen in Jugoslawien. Das ging – die Kuba-Krise war eben ausgebrochen – aus politischen Gründen so wenig wie in Ungarn. Dann fand Wicki Güllen in einem Abruzzenstädtchen neben San Marino. Allein die Bergman diktierte nicht nur sich selbst als Besetzung, sondern auch Rom als Drehort, das Städtchen wurde 1:1 in Cinecittà nachgebaut. Eine beeindruckende Leistung, der Atmosphäre jedoch mehr als abträglich. »Toll, aber es roch halt anders, und es war auch anders.«[122]

»Die Arbeit mit Quinn war am Anfang sehr schwierig, bis Zanuck, der das Buch und die ersten Muster mochte, ihm ein Ultimatum stellte.« Wicki hatte neben den beiden Hauptrollen, was er »eine tolle Besetzung« nannte: Hans Christian Blech für den Polizisten, Ernst Schröder als Bürgermeister, Richard Münch als Lehrer, Leonard Steckel als Pfarrer. »Zanuck war ganz für den Film«, fährt Wicki fort, »schlug ein paar unwesentliche Kürzungen vor, um auf die normale Kinolänge zu kommen. Doch dann rauschte aus den USA ein Mann namens Poe an. Der hatte aus ›Cleopatra‹, auf welchem 40-Millionen-Film die Fox zunächst sitzen zu bleiben drohte, einen kaufmännischen Erfolg gemacht. Dementsprechend war seine Stellung. Poe also fand die Härte, die von der Bergmann ausging, für ein amerikanisches Publikum nicht zumutbar. Nun war Zanuck zu der Zeit vorübergehend nicht mehr der Boss der Fox. Der Boss hieß Skouris, und sein starker Mann war Poe. Aber weil Zanuck die Sache eingefädelt hatte, überredete er mich, zwei Szenen zu opfern. Eine davon war die, in welcher Claire in der Kirche den

Priester umdreht. Poe bestand auf weiteren, und ich muss gestehen: ich ließ mich am Ende breitschlagen. In der ursprünglichen Fassung war der Film zuvor der Jury von Cannes gezeigt worden, sie wählten ihn aus für das Festival. Als sie aber die Endfassung sahen, kippten sie ihn wieder aus dem Programm. So ging er unter. Er spielte zwar sein Geld ein. Mehr aber nicht. Dass die Amerikaner überhaupt einen Stoff akzeptierten, der von der korrumpierenden Wirkung des Geldes handelte, war erstaunlich. Das war eben Zanuck. Eine der wenigen guten Seiten, die er hatte, war, dass er sich von Zeit zu Zeit so etwas erlaubte.«

Tatsächlich scheiterte der Film, weil Dürrenmatts komplexes, dialektisches Gleichnis grundsätzlich auf das Theater hin erfunden wurde, auf eine Zeichenhaftigkeit, die unter dem Realismus des Films als platt, unwahrscheinlich und forciert erscheinen musste, bei aller Theatralik, mit der Wicki – in Schwarzweiß, *nota bene* – offensichtlich an Expressionismus erinnern wollte.

Dürrenmatts Ästhetik ist eine der Distanz, das Groteske das Mittel, dem Chaos wenigstens in der Fratze ein Gesicht abzutrotzen – »Gesicht« auch im Sinn von Vision. Der Film aber täusche Realität vor, er sei auf Überwältigung aus durch eine Realität, welche das »Objektiv« einer Kamera vortäusche. So beargwöhnte Dürrenmatt das Medium Film nicht nur aufgrund seiner schlechten Erfahrungen, sondern grundsätzlich.[123]

Die Heimkehr der ›Alten Dame‹

Der Besuch der alten Dame wurde als Satire gespielt. In der französischen Erstaufführung wurde es zu einer romantischen Liebesgeschichte. Im Ostblock machte das Stück als antikapitalistisches Lehrstück Karriere (Polen war, wie wir gesehen haben, ein Spezialfall). Gottfried von Einem verwandte es als Libretto für eine Oper (1971, Staatsoper Wien). Bernhard Wickis Film

(›The Visit‹) machte daraus ein Rührstück, eine afrikanische (Film-)Version (Djibril Diop Mambétys ›Hyènes/Ramatou‹, 1992) ein packendes Ethno-Drama; in einem chinesischen Comic erschien die Zachanassian als Maos Witwe. Anders als *Ein Engel kommt nach Babylon* hielt das Stück all dies aus. Es funktionierte unter jedem denkbaren ideologischen, ästhetischen, soziokulturellen Gesichtswinkel resp. jeder Belastung. Doch als dieses unverwüstliche Gebilde, das, abgenabelt von seinem Urheber, ein gespenstisch unabhängiges Eigenleben entwickelte, war es ihm selbst nicht mehr geheuer.

Da war die genannte Mundartfassung der Emmentaler Liebhaberbühne (1973) fast so etwas wie die Heimkehr eines verlorenen Sohns und Dürrenmatts Rührung darüber groß. Er empfand sie, zu einem Zeitpunkt, als sein Stern auf dem Theater am Sinken war, als eine Wiedergutmachung am Stück, das ihn einst zum Star gemacht hatte – nur eben aufgrund vieler Missverständnisse. Dürrenmatts Ansprache an die Spieler der Emmentaler Liebhaberbühne beweist, dass es noch andere Gründe als sentimentale für seine Wertschätzung dieser Aufführung gab:

Myni Dame und Here – i möcht nech emal danke für di schöni Uffüehrig. I rede zwar nümme so guet bärndütsch wi dir, ha's o bal verlore, vergässe. – Was mi am meischten überrascht het, isch, dass der Ydruck vom Zueschouer, vo emene Bruefszueschouer – win i no eine bi –, dä isch gsi, dass i ke Momänt ds Gfüehl ha gha, i würd jetz am ene Laietheater bywohne. Also i ha nie der Ydruck gha, i syg jetze i mene Laiespiel – denn ds Laiespiel tuet sech meischtens dadurch uszeichne, dass alli Schouspieler sehr chargiere. Und ds Überraschende isch gsi: es isch überhoupt nie chargiert worde, i ha überhoupt ke falschi schouspielerischi Bewegig gseh. Das isch di grossi Überraschig gsi, won i hüt am Abe ha gha. Wen i dänke: es isch natürlech gredt worde. I gseh ja sehr viel Stück vo mir uf der Bühni – u meischtens gsehn i se schlächt dargstellt. I gloube, i bi eine vo dene Dramatiker, wo me zwar sehr viel spilt, aber meischtens schlächt.

Der Fähler isch meischtens dä, dass me meint, mi mües uf komisch spiele, mi mües komischi Figure no äxtra spiele. I chönnt da jetz uf ganz jüngschti Vergangeheite zrügg ga, wo me mi äbe zum Teil sehr unnatürlech gspilt het, viel z chargiert – und das isch hie gar nid de Fall gsi, es isch sehr natürlech gsi, es isch alls zäme eifach gsi. Un es brucht ja gar nid meh. Mi mues nid schouspielere, we me schouspielt. Un i gloube, das het euch äbe de Gaugler sehr guet bybbracht, er het euch ds Schouspielere ustribe – u wahrschynlech isch das e schwäri Arbeit gsi. Denn i weis das als Regisseur, wi schwär das isch, e Möntsch z hindere, z schouspielere u defür wahr z spiele. U das isch ds Schöne gsi, a däm Abe: es isch richtig wahr gspilt worde, u drum isch alls gloubhaft gsi. Für dä Ydruck, won i ha gha, wo ne starche Ydruck isch gsi – i säge's ohni Schmeichelei – möcht i euch allne zäme danke.[124]

Der Regisseur Hans Gaugler hatte ab 1947 in vielen Schweizer Filmen eher kleinere, aber markante Rollen gespielt (u. a. auch in Lazar Wechslers Dürrenmatt-Verfilmung ›Es geschah am hellichten Tag‹), er arbeitete als Regieassistent und wurde von Brecht ans Berliner Ensemble geholt, wo er u. a. den Läuffer in Lenz' *Hofmeister* spielte, eine große Rolle. Dann begann er selbst zu inszenieren. Gaugler und seiner Laientruppe gelang vielleicht mit der Mundartaufführung von *Der Besuch der alten Dame* das Schwierigste: Dürrenmatt mit seinem größten Erfolg zu versöhnen.

1969, während seiner Zeit an den Basler Theatern[125], hatte Dürrenmatt seinen ersten Herzinfarkt. Was genau die medizinische Indikation war, bleibt im Dunkeln. Kein Kardiologe würde heute eine solche Maßnahme vorschlagen. Doch damals verbot ihm, nach eigener Aussage, ein Arzt den Gebrauch der Schreibmaschine. Vielleicht legte er ihm auch nur nahe, das Sekretariat intensiver zu beschäftigen oder generell weniger zu arbeiten. Eine Neigung zur handschriftlichen Verfertigung seiner Gedanken hatte Dürrenmatt allerdings schon immer. Er liebte den Umgang mit Bleistift und Papier: So lag das Schreiben näher beim Zeichnen.

Wie auch immer, dem Rat des Mediziners verdanken wir eine Sammlung von einzigartigen Dokumenten. Fortan ließ sich Dürrenmatt von seinem Verleger Peter Schifferli sogenannte Blindbände herstellen, gebundene Bücher mit leeren Seiten, in denen er nach dem Abschied vom Basler Theater beinahe alle seine Texte entwarf. Die Entwürfe hatten seine Sekretärinnen dann abzutippen, bevor er die Typoskriptseiten weiterbearbeitete, sie mit Kürzungen und bisweilen abenteuerlich auswuchernden Einschüben versah. Folgte die nächste Abschrift, die nächste Überarbeitung, Ausweitung, Korrektur, Zurücknahme. Undsoimmerfort.

Das Schriftbild in diesen Textbüchern wechselt, je nach Stimmung, Situation und Schreibgerät. Immer aber ist Dürrenmatt in Druckschrift darum bemüht, dass auch andere seine Notate lesen können, selbst wenn die, mit stumpfem Bleistift beharrlich weitergekritzelt, gelegentlich etwas verwackelt daherkommen. Die 17 erhaltenen Blindbände oder Textbücher sind mehr als Notizbücher. Sie enthalten gelegentlich lange Passagen mit für seine Verhältnisse so spärlichen Korrekturen, dass man kaum glauben kann, dass es sich um erste Niederschriften handelt.

Der zweite dieser Blindbände trägt auf dem Titelblatt den Vermerk »Buch der Stoffe. Begonnen Dez. 1970. Zur Geschichte meiner Schriftstellerei« und dokumentiert also den nach verschiedenen Anläufen einsetzenden eigentlichen Beginn der Arbeit am großen »Alterswerk«. Es finden sich darin skizzenhafte Rekonstruktionen abgebrochener Versuche und ihrer Motivverflechtungen: der Kriminalromane *Justiz*, *Aufenthalt in einer kleinen Stadt*, *Coq au Vin*[126], *Die Schachspieler*[127]. Und, wie immer um den Zusammenhang bemüht, setzt er diese liegengebliebenen Pläne in ein Verhältnis zu den realisierten: zur *Panne*, der *Alten Dame*, dem Kriminalroman *Das Versprechen*. In all diesen Stoffen geht es um die Thematik, die sich wie ein Generalbass durch Dürrenmatts gesamtes Werk zieht: »Recht und Gerechtigkeit«.

»Gerechtigkeit, Gnade, Kausalität, Zufall; diese Motive gehören bei mir zur gleichen Gedankenatmosphäre.«[128] (Schon »Gedankenatmosphäre« ist eine merkwürdig paradoxe schöne Wendung.) Zu diesem Zeitpunkt – nach 1970! – taucht in den Blindbänden plötzlich das Wort »Gnade« wieder auf, das, längst totgeglaubt, ein Motiv von Dürrenmatts Frühwerk bis zu *Ein Engel kommt nach Babylon* war. Dann, ab der *Alten Dame*, wird es ziemlich konsequent unterdrückt. So wie er seine ersten beiden Stücke, *Es steht geschrieben* und *Der Blinde*, zurückzog, weil er nicht als »christlicher Dichter gehandelt [...] werden«[129] wollte, kaschierte er ab Mitte der fünfziger Jahre auch zunehmend seine religiösen Leitmotive. »Gnade« ist ein solches, wie »Schuld« auch. Oder das Wort »Schöpfung«, das ihm im Nachwort zum *Engel* in der Werkausgabe 1980 unterläuft.

Dürrenmatts Selbstzensur seiner im weitesten Sinn religiösen Grundmotive hatte System. Für das, was seine Arbeit im Innersten antrieb, war im Jahrzehnt des Wirtschaftswunders (das einzige Wunder, an das man nach dem Bankrott aller Heilserwartungen noch glauben mochte) kein Publikum zu gewinnen: für eine nach wie vor und trotz aller gegenteiligen Beteuerung »von Kierkegaard ausgelöste religiöse Dialektik«[130] etwa oder für die »christlichen Paradoxien« seines ersten Hörspiels. Noch das für Dürrenmatt so einschneidende Missverständnis des *Engels* war nicht allein Regisseur Schweikart anzulasten. Ein Stück über die verpasste Gnade verstand in dem zu Gülden verwandelten Güllen *keiner* mehr. Wer wollte in einer Zeit, in der man »unfähig […] zu trauern«[131] war, etwas von Schuld und Sühne hören?

Dürrenmatt betrieb »das Seine« dennoch weiter, allerdings verdeckt. Etwa, indem er seinen Kriminalromanen mehrere Lesarten gab. Die können durchaus als etwas verschrobene »Whodunnit«-Stories gelesen werden (wie sonst hätte es *Der Richter und sein Henker* auf eine Weltauflage von geschätzten 6,3 Millionen gebracht) und offenbaren erst bei genauerem Hinsehen ihre metaphysische Dimension, u. a. die fortgeführte Verhandlung ebenjener zentralen Themen Gerechtigkeit, Kausalität, Zufall. Und, gegebenenfalls, eben auch Gnade. Seine diesbezüglichen Strategien gewannen immer mehr an Virtuosität, religiöse Überlegungen wurden in die vermeintlich unverdächtigen Randzonen der Naturwissenschaften abtransportiert (wo die eben aufhören, »exakt« zu sein: in der Quantenmechanik etwa oder kosmologischen Spekulationen). Bis hin zum scheinbaren Kehraus aller Werte im späten *Durcheinandertal*. Hinter den ironischen Verwandlungen, Verkehrungen, Travestien und Parodien scheint allerdings die alte Schrift auf wie bei einem Palimpsest. Die Parodie bewahrt immer auch, was sie parodiert.

Das »verhüllte Gericht«, der unerforschliche Ratschluss einer höheren Gerechtigkeit, der den Einzelnen in seinem Glauben vernichtet oder begnadigt, ist, ich sagte es, ein Thema beim jungen Dürrenmatt.

Aus dem unzugänglichen oder abwesenden Gericht wird das »verschleierte Gericht«: In der *Alten Dame* als schändlich verlogene Gemeindeversammlung, in der *Panne* als Spiel einiger Justizpensionäre. In beiden Fällen (zumindest in der Prosaversion der *Panne*) wird dessen Urteil vom Betroffenen akzeptiert und damit sozusagen gegen den Strich legitimiert. Ganz im Sinn jenes Satzes in Dürrenmatts Aufsatz *Theaterprobleme*, wonach »[i]n der Wurstelei unseres Jahrhunderts«[132] Schuld »nur noch als persönliche Leistung, als religiöse Tat« möglich sei.

Das Versprechen: ein Meisterwerk über den Zufall

Ein Kriminalroman, *Das Versprechen*, hat im »gedankenatmosphärischen« Quadrat zwischen Gerechtigkeit, Gnade, Kausalität und Zufall einen besonderen Stellenwert. Was die Ökonomie der Mittel, die Meisterschaft der Konstruktion, ja, indirekt das Thema selbst betrifft, ist der Kriminalroman *Das Versprechen* das gleichwertige Gegenstück zur tragischen Komödie *Der Besuch der alten Dame*. Nicht so sehr deshalb, weil Dürrenmatt ihn mit dem Untertitel ›Requiem auf einen Kriminalroman‹ gewissermaßen zum Testament seiner Bemühungen erhob, »das Seine« im trivialen Genre zu bergen oder zu verbergen. Schon die beiden Bärlach-Romane waren Abgesänge auf die konventionelle Form des Detektivromans. Seinen ironischen Umgang damit hat er mit dem *Versprechen* keineswegs endgültig begraben, sondern erst mit *Justiz* in einer Art späten »Übermalung« an ein Ende gebracht. Mit Spät, dem scheiternden jungen Anwalt der *Justiz* (1985, nach einem Entwurf von 1957[133]), hat Bärlach gemeinsam, dass er das Recht in die eigenen Hände nimmt, wo die Justiz Gerechtigkeit verpasst, und seinen Gegner hinrichten will oder hinrichten lässt. Wenn er schon nicht ordentlich zu verurteilen ist.

Auch das nachgelassene Fragment *Der Pensionierte,* nicht zufällig parallel zur Arbeit an den *Stoffen* begonnen, behandelt das Thema »Recht und Gerechtigkeit« auf Dürrenmatt'sche Weise: Kommissär Höchstettler ist zum einen so etwas wie ein auferstandener Bärlach aus *Der Richter und sein Henker* und *Der Verdacht* (tatsächlich verschreibt sich F. D. in einem der Manuskripte einmal und verwendet den alten Namen), andererseits ist er ein ironisches Selbstporträt Dürrenmatts. Lässt der doch seinen Höchstettler nach dessen Pensionierung noch einmal jene alten »Kunden« aufsuchen, die er im Verlauf seiner langen Tätigkeit aus Humanität und im Wissen um das Ungenügen der vom Menschen gemachten Gesetze straflos hatte laufenlassen – dies zu einem Zeitpunkt, als Dürrenmatt sich selbst mit seinen abgebrochenen, unerledigten, liegengebliebenen Stoffen befasste.

Eine Sonderstellung unter Dürrenmatts Kriminalromanen nimmt *Das Versprechen* vor allem deshalb ein, weil die Kriminalerzählung in einer Rahmenhandlung wie keine andere die Gattung selbst reflektiert. Weil sie, zweitens, in den vielfältigen Anspielungen auf christliche Motive besonders deutlich die Kriminalgeschichte als »Verhüllung« einer immer noch virulenten religiösen Grundierung offenbart. Weiter, weil sie auf ungewöhnliche Weise aus einer zu vielen Kompromissen gezwungenen Filmerzählung entstand, als eine nachträgliche Korrektur und Verschärfung. Und endlich, weil sie die in ihrer Form vollkommenste und vielschichtigste aller Detektivgeschichten Dürrenmatts ist: eine virtuose Parabel über das prekäre Verhältnis von Verbrechen und Strafe, Kunst und Wirklichkeit, der ästhetischen Folgerichtigkeit und der dem Zufall unterworfenen Wirklichkeit. Über das Scheitern eines Aufklärers als Gleichnis für das Scheitern der Aufklärung.

Anlass dazu war zunächst ein Auftrag, der geradezu das Klischee des Kriminalromans erfüllen sollte. Der Filmproduzent Lazar Wechsler wollte von Dürrenmatt ein Drehbuch zum Thema Sexualverbrechen an Kindern.[134] Zusammen mit dem Regisseur Ladislao Vajda[135] schrieb F. D. das zu ›Es geschah am helllichten Tag‹, einem Film, der mit Gert Fröbe in der Rolle des Triebtäters Schrott, Heinz Rühmann in der des Kommissars Matthäi und Michel Simon in der Nebenrolle des zu Unrecht verdächtigten Hausierers Jaquier ein großer Erfolg wurde. Er endet gemäß dem pädagogischen Auftrag mit der Entdeckung und Verhaftung des Bösewichts. Die Welt ist wieder im Gleichgewicht.

Doch Dürrenmatt spann diese konventionelle Kriminalgeschichte weiter. Deren Detektiv ist zuerst ein wesentlich ungebrochenerer Aufklärer als der auf den Tod kranke, ein nicht justiziables Verbrechen sühnende Bärlach in *Der Richter und sein Henker*. Dennoch dachte er sich den wohl von Anfang an anders, als dies den vordergründigen Zwecken Wechslers förderlich sein konnte. Als 1958 Buch und Film fast gleichzeitig erschienen, wurde ihm Distanzierung von seinem Auftrag vorgeworfen. Dürrenmatt verwahrte sich in einem kurzen Nachwort der Druckfassung dagegen. Der Film entspreche »seinen Intentionen im Wesentlichen«, er habe dann in der Erzählung nur die Fabel »jenseits des Pädagogischen« weitergeführt, »[a]us einem bestimmten Fall wurde der Fall des Detektivs, eine Kritik an einer der typischsten Gestalten des neunzehnten Jahrhunderts [...]«[136]. Das war eine noble Solidaritätserklärung mit dem Auftraggeber. Klartext wird er erst in den entsprechenden Passagen im zweiten Band der *Stoffe* reden.

Dürrenmatts Irritation über die engen Grenzen, die dem Stoff durch Wechslers pädagogische Absichten gesetzt waren, verdanken wir das Buch, das Peter Spycher zu Recht seinen »reinsten Roman«[137] (1972) und Elisabeth Brock-Sulzer »in heutiger Sicht vielleicht das erstaunlichste Werk«[138] (1973) nennt. Es ist ein spannender Unterhaltungsroman, aber auf einer zweiten Ebene nicht weniger als Dürrenmatts »Kritik der reinen Vernunft«.

Doch es gab auch kritische Stimmen. Der Germanist Armin Arnold zum Beispiel beklagt in einer Festschrift zu Dürrenmatts 60. Geburtstag fehlenden Realismus. Die Geschichte, dass der Kommissar mit richtigen Prämissen die richtige Falle stellt, der Zufall ihm aber zuvorkommt und den Triebtäter vor deren Zuschnappen umkommen lässt – diese Geschichte sei eine »Beleidigung für den gesunden Menschenverstand«, Matthäi keineswegs ein »Genie«, sondern ein Dummkopf, der es in seiner Verbohrtheit versäume, das Nächstliegende zu tun: entweder den Zufall in sein Kalkül mit einzubeziehen oder aber, beim Ausbleiben des Mörders, sich bei den Kollegen von der bündnerischen Kantonspolizei nach Unfällen zu erkundigen, in die ein schwarzer amerikanischer Wagen verwickelt sei. Mehr noch: Die Falle, die Matthäi dem Gejagten stelle, sei überflüssig, leicht hätte die Polizei die paar Besitzer von schwarzen amerikanischen Automobilen ausfindig machen können. Undsoweiterundsofort. Auch der Untertitel ›Requiem auf einen Kriminalroman‹ sei schon deshalb »unzutreffend und arrogant«, weil dies keineswegs das erste und schon gar nicht das einzige Buch über das Scheitern eines Detektivs sei. Außerdem sei *Das Versprechen* ein Plagiat des 1955 erschienenen Romans von Georges Simenon, *Maigret tend un piège (Maigret stellt eine Falle)*.[139]

Eine realistische Darstellung hat Dürrenmatt jedoch nie besonders interessiert – die gab er auf, wenn es seiner Intention diente. Noch in der überarbeiteten Fassung von *Der Richter und sein Henker* wimmelt es von Widersprüchen. Ihm ging es um das »Gleichnis«. Das Treatment, das Dürrenmatt einen Tag nach seinem Besuch bei Wechsler am 26. März 1957 niederschrieb, erfüllte die Ansprüche an realistische Logik jedenfalls besser als die letzte Fassung des Stoffs, der Roman. Nur fand sich darin nichts von dem, was F.D. wirklich an der Sache interessierte. Auch die drei Aktenumschläge, die ihm der Zürcher Polizeikommandant Früh am 31. Mai 1975 schicken sollte (zum Fall »Lustmord an Ursula Weishaupt«), befanden sich da noch nicht in seinen Händen.

Vom Drehbuch zur Erzählung: Dürrenmatts Roman nach dem Film

Am 18. Januar 1957 antwortet F.D. in der ›Weltwoche‹ auf die Umfrage *Gibt es einen spezifisch schweizerischen Stoff, der verfilmt werden müsste?* Noch immer gelte als Schweizer Film kein von Schweizern gemachter Film, sondern einer, in dem »wir unsere Fiktionen [verherrlichen], um an unseren Problemen vorbeizugehen«. Zusammengefasst: »[D]ie Legende unserer Tugenden erstickt die Möglichkeit, die vielleicht noch in unseren Lastern läge«. »[D]en positiven Geist, die Idee, mit jedem Film die Menschheit beglücken zu wollen, lasse man fahren. Wird dies gewagt, liegen die Stoffe auf der Straße.«[140]

Diese Sätze scheint der Filmproduzent Lazar Wechsler[141] aufmerksam gelesen zu haben. Der Film ›Es geschah am hellichten Tag‹[143] drehte sich um ein solches »Thema, das auf der Straße liegt«: Sexualverbrechen an kleinen Kindern. Er handelt von der »Möglichkeit, die vielleicht noch in unsern Lastern läge«, aber anderseits steht sein Happyend, die Ergreifung des Mörders, gerade für jenen »positiven Geist«, den Dürrenmatt in seinem kurzen Statement bekämpft. So war das Unternehmen von Anfang an zwitterhaft. Gegen die Zwänge, die das Metier mit sich brachte, lehnte sich Dürrenmatt auch gar nicht erst auf.

Wechsler, der seinen Autor während der ganzen Arbeit antrieb wie einen Lohnschreiber – ein Los, das Dürrenmatt mit unzähligen Drehbuchverfassern Hollywoods teilte, auch den renommiertesten –, Wechsler war offensichtlich ein anderes Produktionstempo gewohnt als sein Autor. Der hatte, wie wir wissen, eher ein organisches als ein mechanisches Verhältnis zu seinen Stoffen. Zwischen dem ersten Treatment und dem Drehbuch lagen demgemäß einige Zwischenstufen. Letzteres entstand laut Dürrenmatt nach einer »unfertigen Erzählung«[143]: »Wechsler [rechnete] nicht mit der Zeit, die ich brauchte, und ich nicht mit der Eile, mit der Wechsler vorging. Er glaubte, ich schreibe ein Treatment, ich begann eine Erzählung zu schreiben.« Diese liegt im Nachlass in einer Fassung von 121 Typoskriptseiten vor. Es fehlt der Schluss. Doch der schöne Einfall, aus einer Kinderzeichnung des ermordeten Mädchens die richtigen Schlüsse zu ziehen, ist darin schon enthalten. Sehr viel breiter als im Film und in der Erstfassung von *Das Versprechen* ist die Begegnung Matthäis mit dem Psychiater Locher angelegt. Der erscheint als ein Außenseiter, Einzelgänger, Alkoholiker, der Matthäis Glauben teilt, nicht nur mit ihm selbst, sondern »mit der Menschheit sei etwas nicht mehr in Ordnung«[144]. Wechsler seinerseits schwärmte von Dürrenmatts Kollegialität, wenn Änderungen notwendig waren, entwarf der sie an Ort und Stelle, und über Nacht lagen neue Szenen fertig vor. Solches war F. D. vom Theater gewohnt.

In der Filmerzählung liegt noch ein Aspekt des Stoffes offen, den nicht nur der Film, sondern auch die Endfassung des Romans wieder versteckt: dass der Täter, die Obsession des Kommissars, für nichts anderes steht als für dessen eigene Nachtseite. Dass Matthäi, ein Nachfahre des Ödipus auch er, mit dem Täter sich selbst sucht: »Ich will wissen, was dies für ein Mensch ist, weil ich wissen will, was wir für Menschen sind, was ich für ein Mensch bin.«[145]

In diese Fassung der Erzählung gingen auch die Eindrücke

ein, die F. D. in *Labyrinth* von einem Besuch in der Lausanner Anstalt schildert, welcher der Mann seiner Cousine Eva, der Psychiater Hans Steck, als Chefarzt vorstand. Er hatte die beiden vor dem Besuch bei Rudolf Kassner im Wallis Ende August 1950 aufgesucht und eine Szene erlebt, wie sie im Roman *Matto regiert* stehen könnte: Ein junger Kranker, der, in einem Netz gefangen, vor der Zerstörung und Selbstzerstörung bewahrt wird.[146] Aber auch Eindrücke aus der psychiatrischen Klinik Préfargier bei Neuchâtel, wo Dürrenmatt gelegentlich Max Gubler, der dort Patient war, besuchte und mit deren Direktor, Dr. Otto Riggenbach, er sich anfreundete: die Anstalt, die später das Modell für den Schauplatz der *Physiker* lieferte.

Erhalten ist im Nachlass ferner ein »Handlungsablauf«, den Jochen Huth »nach Besprechungen zwischen Friedrich Dürrenmatt und Jochen Huth« zusammengefasst hat und der mit »Ascona vom 23. September bis zum 5. Oktober 1957« datiert ist. Hier wird die Handlung in scharfen Schnitten und Gegenschnitten (Strang–Schrott, Strang–Matthäi, Strang–Mutter und Lockvogel–Kind) auf den Showdown hingetrieben. Am Schluss rechnet Matthäi mit Schrott in einem Zweikampf ab, Kind und Mutter schickt er weg, dann provoziert er den Psychopathen, bis der auf ihn losgeht, und schleppt ihn, eine Szene von archaischer Wut, wie eine Beute zu den an der Tankstelle wartenden Beamten der Kantonspolizei: »Dort kommt er ihnen entgegen, blutig, den winselnden Schrott am Fuß gepackt, ihn hinter sich her zerrend durch den Wald, über den Spielort des Kindes auf die Straße, wo er ihn den entsetzten Beamten vor die Füße wirft.« Und dann vermerkt Huth eine Coda, die auf ihre Art ebenso trostlos ist wie das Ende der Erzählung. Matthäi will der Mutter des ermordeten Gritli Moser die Erfüllung des Versprechens mitteilen. »Aber er steht vor einer Frau mit einem leeren toten, irre lächelnden Gesicht. Erinnern Sie sich nicht, fragt er fassungslos: Sie haben mir das Versprechen abgenommen, bei meinem Seelenheil! Es ist zu spät, sagt der Mann, der ihn einmal mit der Axt aus dem Haus gejagt hat. Sie ist verrückt geworden. Sie glaubt, es lebe noch. Matthäi wurde von Grauen erfüllt. Er starrte die Frau an und konnte nichts mehr sagen.«[147]

Zweifellos wäre der noch dem Expressionismus verhaftete Wolfgang Staudte, dessen Verfilmung von Heinrich Manns *Der Untertan* sich Dürrenmatt von Wechsler vorführen ließ, als Regisseur für den Stoff geeigneter gewesen, als der elegante Kosmopolit Vajda. Als er sich nicht mehr an professionelle Solidarität gebunden fühlte, sprach dies Dürrenmatt auch klar aus (zu Hervé Dumont): »Man hätte ruhig frecher und burlesker sein dürfen. Rühmann ist mir zu bürgerlich, zu wenig von der Idee besessen.«[148] Wir könnten auch sagen: zu wenig dämonisch. Das Paar Schrott–Matthäi funktioniert in dieser Besetzung nicht als ein solches, der Jäger und der Gejagte gehören anderen Gattungen an, Dürrenmatts Absichten vertritt allenfalls ein starker Gert Fröbe als Schrott. Und die Darsteller einiger Nebenrollen, allen voran ein hinreißender Michel Simon als Hausierer Jacquier. Unschuldig zu falschem Geständnis und zum Selbstmord getrieben, wird er ein paralleles und ironisches zweites Opfer der Geschichte im Sinne von Dürrenmatts Dramaturgie: nicht vom Psychopathen, sondern von dessen Jägern in den Tod getrieben.

All diesen Einwänden zum Trotz ist ›Es geschah am hellichten Tag‹ im Spannungsfeld Dürrenmatt und der Film (bzw. der Fernsehfilm und das Fernsehspiel) noch ein relativer Glücksfall. Doch erst nach F. D.s Tod sollte Sean Penns *The Pledge* mit Jack Nicholson in der Rolle des Detective Jerry Black (Kommissär Matthäi) dem Stoff gerecht werden.

Dürrenmatt ging es im *Versprechen* um mehr als um die Erzählung eines Falls (auch um mehr als den Fall – im doppelten Wortsinn – des Kommissärs Matthäi). Das signalisiert schon die Szenerie der Rahmenerzählung, die mehr ist als Staffage. Das trostlose winterliche Chur, wo »an Schlaf nicht zu denken [war], weil die Angst hochkam, dann nicht mehr zu erwachen«[149], nach anfänglichem Schneegestöber draußen eine Totenstille, »nur vom Bahnhof her hallte es einmal himmelweit«, eine Stadt, »von Bergen eingekesselt, die jedoch nichts Majestätisches aufwiesen, sondern eher Erdaufschüttungen glichen, als wäre ein unermessliches Grab ausgehoben worden«, ein steiniges Labyrinth, aus dem Dr. H., der den Schriftsteller anderntags mit dem Auto nach Zürich zu fahren sich anerbietet, verwirrt (»Es war wie eine Flucht«) – Chur ist in den düsteren Farben der frühen Prosa gemalt. Dann verschachteln sich die Erzählebenen, die Perspektive wechselt vom Autor auf den alten Kommandanten, der zunehmend zum allwissenden auktorialen Erzähler wird.

Im Gleichgewicht vor allem zwischen der schlank, sinnlich und selbstverständlich erzählten Geschichte und der nie in behindernde Interpretation erstarrenden Reflexion zeigt sich auch schon eine neue und andere Meisterschaft. Sie greift weit voraus auf das Spätwerk.

In der Rahmenerzählung tritt ein Dr. H. zunächst als antiliterarische Instanz auf. Bald aber wird deutlich, dass er mehr ist als ein Zeuge in der Sache Dürrenmatt gegen Dürrenmatt, die hier eröffnet wird. Die Verhandlung, deren eine Partei der Künstler ist, der Dramaturg, die andere der Denker, der einsieht, dass »der Wirklichkeit [...] mit Logik nur zum Teil beizukommen«[150] ist, dass der Zufall die Realität bestimmt und »dass wir am Absurden, welches sich notwendigerweise immer deutlicher und mächtiger zeigt, nur dann nicht scheitern [...], wenn wir es demütig in unser Denken einkalkulieren. Unser Verstand erhellt die Welt nur notdürftig. In der Zwielichtzone seiner Grenze siedelt sich alles Paradoxe an. Hüten wir uns davor, diese Gespenster ›an sich‹ zu nehmen, als ob sie außerhalb des menschlichen Geistes angesiedelt wären, oder, noch schlimmer: Begehen wir nicht den Irrtum, sie als einen vermeidbaren Fehler zu betrachten, der uns verführen könnte, die Welt in einer Art trotziger Moral hinzurichten, unternähmen wir den Versuch, ein fehlerloses Vernunftgebilde durchzusetzen, denn gerade seine fehlerlose Vollkommenheit wäre seine tödliche Lüge und ein Zeichen der schrecklichsten Blindheit.«[151]

Quod erat demonstrandum. Es ist die Lehre, die Dr. H. aus dem Fall des Polizeileutnants Matthäi zieht, der mit seinem Scharfsinn am Zufall zuschanden wird: den Mörder, der ihm fast in die genial gestellten Falle geht, raubt ihm im letzten Moment ein Autounfall. Matthäi denkt in der Verengung seines kausalen Denkens eben nicht an die realistischen Lösungen, sondern hofft als ein am Glauben irre Gewordener bis zum Jüngsten Tag auf die ausbleibende Lösung, der Verbrecher wird ihm zum Erlöser. Er ist ein Verblendeter, in der Ratio, die er der chaotischen Realität entgegenstemmt, ein Gefangener im Labyrinth der Folgerichtigkeit.

Die Wahrheit kommt Jahre später an einem »Adventssonntag«[152] (!) ans Licht. Die Ehefrau des Kindermörders Schrott gesteht Dr. H. dessen Tat auf dem Totenbett, und noch jetzt fehlt der Alten jede Einsicht in die Schuld. Sie sieht ihr Albertchen als einen Getriebenen, der nicht zur Verantwortung zu ziehen ist (das Gegenteil von Gastmann und Emmenberger in den frühen Kriminalromanen, die durch ihre Bosheit gleichzeitig ihre Freiheit behaupten). Doch da ist Matthäi, ein Absinthwrack, gefangen im Wahn, die Wirklichkeit habe sich nach seinem Plan zu richten, und schon längst nicht mehr in der Lage, die Erlösung überhaupt zur Kenntnis zu nehmen. »Nichts ist grausamer als ein Genie, das über etwas Idiotisches stolpert.«[153] Der genialste logische Plan zerbricht an der Banalität der Wirklichkeit.

Ein Glauben geht vor die Hunde

In *Das Versprechen* wird nicht nur der Bankrott eines Glaubens sichtbar. Im Schluss des Films, in der Überführung des Mörders, »erfüllt sich die Hoffnung, triumphiert der Glaube, womit die Erzählung für die christliche Welt doch noch annehmbar wird«[154], höhnt der pensionierte Kommandant. Das heißt: An der Wirklichkeit scheitert der Glaube, sie ist für die christliche Welt inakzeptabel, wie für den Schriftsteller, der den Zufall in Schicksal oder Fügung umfunktioniert. Der verhüllte Kern des *Versprechens* ist der Bankrott des Glaubens: nicht nur des Glaubens an eine vernünftige Welt oder an die Macht der Vernunft (die Kritik der Aufklärung also), sondern des Glaubens als einer übergeordneten Kategorie überhaupt.

Das Versprechen, in der Fassung des Romans, ist ein Meilen- und Prüfstein auf dem Weg Dürrenmatts vom »christlichen Dichter« zu jener Position des Atheismus, die er am Ende für seine Pflicht hielt.[155] Ziemlich versteckt, in einer Anmerkung zum Vortrag über Einstein von 1979, in Weiterführung eines Ge- dankens von Jaspers zu Spinoza, steht mit aller Beiläufigkeit die Passage, die, *mutatis mutandis,* wie ein Bekenntnis via Einstein anmutet: »[S]o muss beigefügt werden, dass sein denkerischer Hauptantrieb die Überwindung des religiösen Judentums war, von dem er herkam: Spinoza ist ohne die dreitausendjährige Auseinandersetzung des jüdischen Denkens mit der ›Fiktion Gott‹ nicht denkbar, nicht ohne den *Talmud,* die *Kabbala,* Mai- monides (der ja auch lehrte, von Gott sei nichts auszumachen) usw.«[156]

Erst die Beschäftigung mit der Wissenschaft (für die der an

seinem Scharfsinn resp. an der Unvereinbarkeit seines Scharf-
sinns mit der Realität scheiternde Matthäi steht) rückt die Frage nach Gott für F. D. in einen neuen Zusammenhang. Nicht
mehr die Frage der Erkennbarkeit der Welt (Kant), nicht mehr
die Frage nach der Ergründung der eigenen Existenz (Kierkegaard) – die Struktur der amorphen Wirklichkeit selbst rückt
jetzt zunehmend in den Mittelpunkt, nebst den sich daraus erge-
benden moralischen Konsequenzen. Schuld wird zu einer Entscheidung des Einzelnen.

Freiheit und Gerechtigkeit: eine Dramaturgie der Politik

Werden in der *Panne*, nach Dürrenmatts eigenen Worten, Ge-
richt und Gerechtigkeit gerade noch sichtbar, verhindert in *Das
Versprechen* ein Zufall, dass den Verbrecher die gerechte Strafe
ereilt. Die zahlreichen christlichen Anspielungen verankern die
Thematik im Metaphysischen, wenn auch parodistisch verdeckt.
So gesehen steht der Roman, nicht anders als die *Panne,* die *Alte
Dame* und der ursprüngliche Plan von *Justiz,* für einen Wandel
in Dürrenmatts Betrachtungsweise.[157] Er stellt die Thematik vom
Kopf auf die Füße. Der Justiz als gesellschaftlicher Institution,
als einer immer unter Korruptionsverdacht durch Macht stehenden Instanz galt seit dem Hörspiel *Der Prozess um des Esels
Schatten* seine Kritik, sein Spott, sein Hohn, wie allen geschlossenen Systemen, welche die Würde des Einzelnen bedrohen.

Wie der Kult ist das Gericht eine der Urformen des Theaters.
Der Dualismus zweier opponierender Lager, die Verhandlung
des Einzelnen zwischen Anklage und Verteidigung faszinierte
Dürrenmatt schon früh und nachhaltig. Mit dem Kalten Krieg,
der, zwischen Kriegsende und Zusammenbruch des real existierenden Kommunismus, ziemlich genau mit Dürrenmatts Le-
bensspanne als Schriftsteller zusammenfiel, teilte sich die Welt

als solche in zwei sich gegenüberstehende Gesellschaftssysteme. Im Spannungsfeld West–Ost, Kapitalismus–Kommunismus wird »Gerechtigkeit« für Dürrenmatt zu einem politischen Begriff. Den beiden Systemen ordnet er die Begriffe »Freiheit« und »Gerechtigkeit« zu, die beide die Formen des Zusammenlebens des Einzelnen mit dem Einzelnen, des Einzelnen mit der Gesellschaft, die Koexistenz verschiedener Gesellschaftssysteme betreffen. Irdische Verhältnisse. Aus der Dialektik zwischen Freiheit und Gerechtigkeit entwickelt F. D. eine »Dramaturgie der Politik«.

So lautet der Untertitel des *Monstervortrags über Gerechtigkeit und Recht,* den Friedrich Dürrenmatt am 23. Januar 1968 vor dem Studium generale an der Johannes Gutenberg-Universität in Mainz hielt. Gebeten hatte ihn darum ein alter Bekannter: Peter Noll, mit dem er seit Jugendzeiten befreundet war. Dieser hatte bis zu seiner Berufung nach Zürich 1969 einen juristischen Lehrstuhl in Mainz inne. Im Vortrag entwickelt F. D. seine Staatsidee zwischen bürgerlicher Demokratie und Sozialismus. Ausgehend von einer Geschichte aus *Tausendundeiner Nacht,* entwickelt er ein Modell zwischen kapitalistischem »Wolfsspiel«[158] (abgeleitet von Thomas Hobbes' These, dass der Mensch dem Menschen ein Wolf sei) und einem sozialistischen »Lamm-« resp. »Gute-Hirte-Spiel«. Die Freiheit leite sich aus dem Recht des Einzelnen resp. einer existentiellen Idee der Gerechtigkeit ab, die Gerechtigkeit aus dem Recht der Gesellschaft bzw. der logischen Idee der Gerechtigkeit.

Das ist eine Vereinfachung eines bei Dürrenmatt nur anfänglich einfachen Modells, das sich jedoch zunehmend verwickelt. Es mache einen Unterschied, ob man vom Begriff des Menschen als Individuum, dem die Gesellschaft die Freiheit gleichzeitig garantiert und einschränkt, oder ob man vom Menschen als einem allgemeinen Begriff ausgehe. Dementsprechend gebe es zwei Ideen von der Gerechtigkeit. »Die unmögliche Kunst der

Politik besteht darin, die emotionale Idee der Freiheit mit der konzipierten Idee der Gerechtigkeit zu versöhnen; das ist nur auf der Ebene des Moralischen möglich und nicht auf der Ebene des Logischen.« Beide Modelle aber hätten die Tendenz, in Ideologie umzuschlagen: »Eine Gesellschaftsordnung braucht dann eine Ideologie, wenn sie nicht mehr stimmt.«

Die Welt ist aus den Fugen, und so lautet das Fazit: »Haben wir die ökonomische und emotionale Struktur der heutigen Welt durchgespielt, stehen wir vor einem bedenklichen Resultat. Sowohl das Wolfsspiel als auch das Gute-Hirte-Spiel benötigen aufgrund der Emotionen, von denen sie sich nicht zu befreien vermögen, Ideologien, um über die Menschen herrschen zu können. Deshalb sind auch die Ideen, in deren Namen Unrecht geschieht, die Freiheit und die Gerechtigkeit, in den Gesellschaftssystemen, die wir kennen, bloße Ideologien; wobei das Wolfsspiel mehr die Freiheit, das Gute-Hirte-Spiel mehr die Gerechtigkeit als Ausrede benutzt.« Und: »Gesellschaftsordnungen sind nicht nur hinsichtlich der Gerechtigkeit, sondern auch hinsichtlich der Freiheit auf Grund ihrer Emotionen an sich Fehlkonstruktionen, oder, anders formuliert, Gesellschaftsordnungen sind ungerechte und unfreie Ordnungen, die wir errichten müssen, um überhaupt Ordnungen zu haben, weil wir zu einer rein vernünftigen Politik durch die Widersprüchlichkeit der menschlichen Natur nicht fähig sind. Noch böser: Es gibt keine gerechte Gesellschaftsordnung, weil der Mensch, sucht er Gerechtigkeit, mit Recht jede Gesellschaftsordnung als ungerecht und, sucht er Freiheit, mit Recht jede Gesellschaftsordnung als unfrei empfinden muss.«

Der Diskurs endet wie gewöhnlich bei Dürrenmatt im Paradoxen – und bei der pragmatischen Vernunft: »Ich habe nichts gegen Gesellschaftsordnungen, die partiell vernünftig sind, ich weigere mich nur, sie heilig zu sprechen und den gewaltigen Rest ihrer Unvernunft und ihrer Tabus als gottgegeben hinzunehmen: ich halte halbwegs vernünftige Gesellschaftsordnungen für verbesserungswürdig.« Und dann folgt ein Satz, dessen inhaltliches Gewicht umgekehrt proportional zu seiner stilistischen und grammatikalischen Schieflage ist: »Ich bin mit Sokrates der Meinung, die Größe eines Menschen liege darin, das Unrecht, das ihm widerfährt, ertragen zu können, es braucht jedoch soviel Größe dazu, dass ich es für meine Pflicht halte, alles zu versuchen, was einen Menschen hindert, in die Lage zu kommen, die Größe aufzubringen, ein solches Unrecht ertragen zu müssen.«

In einem Fragment, das Dürrenmatt *Überlegungen zum Gesetz der großen Zahl* nannte, verlängert er seine Reflexionen über die Gerechtigkeit in einem »Versuch über die Zukunft«: Die Explosion der Weltbevölkerung wird notwendig eine Verlagerung vom Pol der Freiheit zum Pol der Gerechtigkeit mit sich bringen. Mit der Übertragung einer Erkenntnis aus der Thermodynamik auf die Erdbevölkerung, dass gewisse Probleme sich erst bei sehr großen Mengen zeigen, stellt der Individualethiker Dürrenmatt das Primat der Freiheit in Frage, fordert vom Staat größtmögliche Gerechtigkeit und »die noch mögliche Freiheit«. Und er plädiert, gegen ein im Fiktiven, Abstrakten entwickeltes Staatsmodell, für die Vision einer pragmatischen politischen Vernunft: »Nun heißt das ›Vernünftige‹, als Suchen nach Wahrheit, nach Gerechtigkeit, nach Freiheit verstanden, nicht Unwissen darüber, was im Abstrakten, im Fiktiven wahr, gerecht, frei wäre, aber es bedeutet, dass wir nicht von der Wahrheit, von der Gerechtigkeit, von der Freiheit ausgehen können, nicht vom Idealen, sondern vom Konkreten, dass wir uns im Wissenschaftlichen der Wahrheit und im Politischen der Gerechtigkeit und der Freiheit anzunähern haben, wobei das Primat des Suchens nach Gerechtigkeit vor dem Suchen nach Freiheit bedeutet, dass die noch mögliche Freiheit nur über den Weg der möglichen Gerechtigkeit gefunden werden kann.«

Exkurs

Dürrenmatt und die Naturwissenschaften

Das Bild verloren, den Bildern verfallen · Kant, Eddington und die Poetik der Eigenwelten · Marc Eichelberg und das Denken als Abenteuer · Wittenberg und die Folgen · Quantentheorie und Dramaturgie des Zufalls · Der Glauben, das Wissen und die Brücke · Ein Laie auf der Suche nach Einstein · Negative Utopie · Der Dilettantismus und die Ahnung vom Ganzen · Lost in the stars

Das Bild verloren, den Bildern verfallen

Zur Erinnerung: Im September 1956 nahm Dürrenmatt an einer Tagung der Evangelischen Akademie für Rundfunk und Fernsehen in Bad Boll (Baden-Württemberg) teil. Eher widerwillig, aber eine ganze Reihe seiner »Arbeitgeber« aus den deutschen Rundfunkanstalten hatten ihn dazu gedrängt. Denn das Symposium war einem Thema gewidmet, das diese an der Wende zum Fernsehzeitalter beschäftigte wie keines: »Das Wort im Zeitalter der Bilder«. Ein weites Feld, das Dürrenmatt allerdings noch in eine größere Dimension rückte, als sie von den Veranstaltern gemeint war.

Dürrenmatts Vortrag trug zuerst den Titel *Vom Sinn der Dichtung im Zeitalter der Bilder*, dann den noch ungefähreren *Vom Sinn der Dichtung in unserer Zeit*. Vom »Sinn der Dichtung« zu sprechen liebe er zwar nicht, sagt Dürrenmatt gleich eingangs, schon das Wort Dichtung, einmal abgesehen von irgendwelchem sinnstiftenden Auftrag, war ihm längst verdächtig. So heißt es denn am Ende seines Vortrags: »Der Schriftsteller hat ein Arbeiter zu werden.«[1] Man könnte meinen, wenige Tage nach dessen Tod, Brecht zu hören. Nur fährt F. D. dann, ganz gegen den dramaturgischen Rigorismus von Bertolt Brecht, so fort: »Er [der Schriftsteller] hat sich die Stoffe nicht durch eine Dramaturgie zu verbauen, sondern jeden Stoff durch die dem Stoff gemäße Dramaturgie zu ermöglichen.«

So weit, so wenig überraschend. Einmal mehr Dürrenmatts Bekenntnis zur induktiven Dramaturgie, zur Unterwerfung unter den Stoff. Das eigentlich Aufregende an dem kleinen Text ist, dass er sich zur Hauptsache mit dem Verhältnis von Sprache, Denken, Bild und Abstraktion befasst und also auch mit dem Verhältnis zwischen Schriftstellerei und den Naturwissenschaften, insbesondere der Physik und der Mathematik. In einer Skizze nur, aber immerhin. »Die Mathematik […] kann nicht lügen. Sie kennt nicht das Urteil wahr oder unwahr, sie stellt nur fest, ob ihre Aussagen logisch oder unlogisch sind, richtig oder falsch […].« Und: »Je mehr sich jedoch die Mathematik von der Sprache löst […], desto schärfer bilden sich allmählich zwei Kulturen. Das Denken wird vom Gefühl getrennt.«[2]

Das Denken, sagt Dürrenmatt, sei »immer mehr aus der Domäne des Wortes herausgetreten und mathematisch abstrakt geworden«[3], die Mathematik aber benötige das Bild nicht mehr. Die Physik wiederum habe sich ihrerseits immer mehr mathematisiert und ein Welt-Bild verloren. »Nun tröstet man sich im Allgemeinen damit, dass dieser Weg aus der Sprache heraus in die Begriffswelt der Mathematik nur im naturwissenschaftlichen Denken stattfinde, jedoch nicht in der Philosophie oder in den sogenannten Geisteswissenschaften, die sich immer noch in der Domäne des Worts aufhalten. Doch möchte ich hier einmal den Verdacht anmelden, ob nicht die Form der heutigen Philosophie die Naturwissenschaft sei, ob wir uns nicht einer Täuschung hingeben, wenn wir glauben, immer noch die alte Philosophie des

Worts in irgendeiner Form aufrechterhalten zu können, ob es nicht einfach so sei, dass wir bei Einstein oder Heisenberg die Ansätze einer neuen Philosophie finden und nicht bei Heidegger.«

Das schrieb Dürrenmatt, zwei Wochen bevor Charles Percy Snow erstmals in der Oktober-Ausgabe 1956 des ›New Statesman‹ seinen berühmten Aufsatz über die *Zwei Kulturen*[4] veröffentlichte, eine Schrift, welche die Diskussion über die Kluft zwischen geisteswissenschaftlich-literarischer und naturwissenschaftlicher Kultur (einer »Kultur des Verstehens« und einer »Kultur des Erklärens«) auf Jahrzehnte hinaus bestimmte: »Wie oft bin ich in größerem Kreise mit Leuten zusammengewesen, die, an den Maßstäben der überkommenen Kultur gemessen, als hochgebildet gelten, und die mit beträchtlichem Genuss ihrem ungläubigen Staunen über die Unbildung der Naturwissenschaftler Ausdruck gaben. Ein- oder zweimal habe ich mich provozieren lassen und die Anwesenden gefragt, wie viele von ihnen mir das zweite Gesetz der Thermodynamik angeben könnten. Man reagierte kühl – man reagierte aber auch negativ. Und doch bedeutete meine Frage auf naturwissenschaftlichem Gebiet etwa dasselbe wie: ›Haben Sie etwas von Shakespeare gelesen?‹ Ich glaube heute, dass auch bei einer einfacheren Frage – etwa: ›Was verstehen Sie unter Masse‹, oder ›Was verstehen Sie unter Beschleunigung?‹, die für den Naturwissenschaftler dasselbe bedeutet wie ›Können Sie lesen?‹ – höchstens einer unter zehn hochgebildeten Menschen das Gefühl gehabt hätte, dass ich dieselbe Sprache spreche wie er. So wird also das großartige Gebäude der modernen Physik errichtet, und die Mehrzahl der gescheitesten Leute in der westlichen Welt verstehen ungefähr genauso viel davon wie ihre Vorfahren in der Jungsteinzeit davon verstanden hätten.«[5]

Der Mensch lebt in einer Welt, die er nicht kennt. »Er hat das Bild verloren und ist den Bildern verfallen. Dass man heute unser Zeitalter eines der Bilder nennt, hat seinen Grund darin, dass es in Wahrheit eines der Abstraktion geworden ist.«[6] Der Schriftsteller aber spüre, »dass wir heute auf eine Wirklichkeit gestoßen sind, die jenseits der Sprache liegt, und dies nicht auf dem Wege der Mystik, sondern auf dem Wege der Wissenschaft. Er sieht die Sprache begrenzt, doch macht er bei dieser Feststellung oft einen logischen Fehler. Er sieht nicht, dass die Begrenzung etwas Natürliches ist – weil die Sprache nun einmal mit dem Bilde verhaftet sein muss, will sie Sprache bleiben –, sondern er versucht, sie über ihre Begrenzung zu erweitern oder gleichsam aufzulösen. Nun ist die Sprache etwas Unexaktes. Exaktheit bekommt sie nur durch den Inhalt, durch den präzisen Inhalt. Die Exaktheit, der Stil der Sprache wird durch den Grad der immanenten Logik ihres Inhalts bestimmt. Man kann nicht an der Sprache arbeiten, sondern nur am Gedanken, am Gedanken arbeitet man durch die Sprache.«

Die Vorstellung von Mathematik und Physik als »neuer Metaphysik« wird er bis zu seinem nachgelassenen Aufsatz *Kabbala der Physik* weiterverfolgen, mit unterschiedlicher Akzentuierung. Der Satz ist auch ein erstes Indiz für die Bewegungen innerhalb Dürrenmatts eigener Metaphysik: vom »Glauben meines Vaters« zum »Glauben der Schriftstellerei« (also dem Denken in mehrdeutigen Gleichnissen) bis hin zu jenen Bereichen der Naturwissenschaften, in denen die Zeichen (die Formeln des Mathematikers) sich der Magie annähern und die Hypothesen dem Glauben. Auch wenn da, von Einstein und seinem berühmtem Satz »Gott würfelt nicht«[7] abgesehen, kaum einer mehr das Wort »Gott« in den Mund nimmt.

Im zitierten Abschnitt aus *Vom Sinn der Dichtung in unserer Zeit* blitzt wieder Dürrenmatts altes Misstrauen gegen jede Art von Formalismus auf. Den findet Dürrenmatt als eine Art naturwissenschaftlicher Analogie zur *l'art pour l'art* in der Selbstbezüglichkeit der Mathematik. Der Aufsatz endet mit einem für

Dürrenmatt typischen ambivalenten Satz: »Der Schriftsteller gebe es auf, die Welt retten zu wollen. Er wage es wieder, die Welt zu formen, aus ihrer Bildlosigkeit ein Bild zu machen.«[8] Das kann gleichzeitig bescheiden oder anmaßend verstanden werden. Sagt er doch auch: »Wir haben allein am Stoffe zu arbeiten. Das genügt. Stimmt der Stoff, wird auch das Werk stimmen.«

Die Welt ist nicht so sehr in eine Krise der Erkenntnis geraten als vielmehr »in eine Krise der Verwirklichung ihrer Erkenntnisse«[9]. Das meint weniger die Wissenschaften als die Absehbarkeit der technischen Konsequenzen. Letztere entziehen sich dem Verständnis des Nichtfachmanns zusehends. Er bekommt die Folgen von Erkenntnissen zu spüren, die er, ist er Politiker oder auch nur Stimmbürger, voraussehen müsste, die er aber von Grund auf nicht mehr versteht.

Kant, Eddington und die Poetik der Eigenwelten

Löst Dürrenmatts Beschäftigung mit den Naturwissenschaften, die Mitte der fünfziger Jahre einsetzt und sich bis ans Ende seines Lebens fortsetzt, diejenige mit der Philosophie, der Mythologie, der Metaphysik ab, ist sie ein Vorgang der »Säkularisierung«? Oder ist es vielmehr umgekehrt, dass F. D. auch im Umgang mit Physik, Mathematik und erst recht mit Astronomie und Kosmologie von der Ahnung einer Transzendenz angetrieben ist – im Sinn des berühmten Gedankens von Max Planck, dass auch in der Physik der Satz gelte, dass man nicht selig werden kann ohne den Glauben, oder in dem des amerikanischen Informatikers Joseph Weizenbaum, nach dem »die Wissenschaft selbst eine Mythologie sei? Der kleine Aufsatz von 1956 scheint nahezulegen, die Wissenschaft (in diesem Fall die Mathematik und die Physik) sei die Fortsetzung der Philosophie und selbst der Metaphysik. Jedenfalls sieht sie Dürrenmatt als Teile eines

Ganzen, als zwei nur scheinbar getrennte, von ihm bisweilen in kühnen Analogien aufeinander bezogene Kulturen.

Dürrenmatt begann sich erstmals während seiner Maturitäts-vorbereitungen und des Philosophiestudiums mit Physik zu befassen. Zuerst eher flüchtig. Als Kantianer sensibilisierte ihn besonders Arthur Stanley Eddingtons *Philosophie der Naturwissenschaft*[10]. Der britische Astrophysiker Eddington (1882–1944) sah in der modernen Physik eine Aktualisierung der Kant'schen Erkenntniskritik. Sehr verkürzt gesagt: dass die empirische Erfahrung von Gegenständen auf apriorischen Denkstrukturen basiert, also auch die Entdeckungen der Physik durch apriorische Denkformen des Menschen bestimmt sind und also die Naturgesetze der Natur des menschlichen Denkens folgen. Das physikalische Universum ist, so gesehen, eine Konstruktion des menschlichen Geistes.

Das sollte später nicht ohne Einfluss auf Dürrenmatts Poetik der Eigenwelten bleiben: Die Phantasie des Schriftstellers folgt den gleichen Denkstrukturen wie die Einbildungskraft des Physikers. Beides sind Versuche, der Welt ein Bild abzuringen: des Schriftstellers durch seine Fiktionen, des Wissenschaftlers durch seine Hypothesen.

Anders als bei Kant, der auf der strikten Trennung von Wissen und Glauben bestand, gebe es in der Physik allerdings den Glauben an ein Wissen. Dieser Glaube sei als »methodisches Vertrauen«[11] dem vermeintlich positiven physikalischen Wissen immer beigemischt (als das, was Karl Popper das »Vermutungswissen« nannte[12]).

Umgekehrt gilt, dass Dürrenmatt in der Beschäftigung mit naturwissenschaftlichen, zumal physikalischen und mathematischen Erkenntnisproblemen Antworten auf Fragen suchte, die sich ihm bei seiner Beschäftigung mit der Philosophie (etwa mit Vaihingers *Philosophie des Als Ob*) stellten. Als »Dilettant«[13], wie er nicht müde wurde zu betonen. Dürrenmatt war kein Philosoph, den es in die Schriftstellerei verschlagen hätte, er war ein Schriftsteller, ein Phantast, ein »Drauflosschreiber« und »Drauf-losdenker«[14] mit philosophischen (und lange auch theologi-schen), später mit naturwissenschaftlichen Eingeweiden. Das vom Schriftsteller entworfene Bild der Welt spiegelt nicht die Welt an sich, es verweist auf die Phantasie: die Art, *wie* sich der Mensch ein Bild von der Welt macht (so wie die Erkenntnisse des Physikers mehr über seine Einbildungskraft aussagen als über »objektive« Naturgesetze). Dürrenmatts »Eigenwelten« folgen eigenen Gesetzen. Aber obwohl sie in sich logisch seien, verlören sie dennoch den Bezug zur realen Welt nicht.

Marc Eichelberg und das Denken als Abenteuer

»Man kann die Frage vorlegen, wie denn die Brücke erstellt wurde, die sich von der objektiven Erfahrung zu den Inhalten unseres Denkens schwingt.«[15] Dieser Satz steht nun allerdings nicht bei Dürrenmatt, sondern in einem Aufsatz des Physikers Marc Eichelberg mit dem Titel *Vom Denken in Begriffen. Ma-thematik als Experiment des reinen Denkens* über die mathema-tische Dissertation Alexander Wittenbergs. Sie ist eine der Vor-aussetzungen für Dürrenmatts Vortrag in Bad Boll.

Von Eichelberg, wir erinnern uns, kam der Anstoß zu Dür-renmatts ab diesem Zeitpunkt lebenslanger Beschäftigung mit den Naturwissenschaften.[16] Sie wurde stellenweise so intensiv, dass Dürrenmatt zu Recht als einer der wenigen Autoren *zwi-schen* den »zwei Kulturen« gilt. Dass ihm der Brückenschlag nach eigenem Bekenntnis nur als »Amateur«, als »Dilettant« im Wortsinn gelang, sollte uns nicht dazu verführen, an der Ernst-haftigkeit dieser Bemühungen zu zweifeln. »Dürrenmatt war kein Systematiker«, berichtete Eichelberg, »aber er hatte gro-ßes Interesse an Systemtheorie. Wenn er sich auf ein Thema ein-

ließ, konnte er sehr gründlich sein. Er war mit einem besonderen Spürsinn begabt und in der Lage, schnell den Kern eines ihm
bis dahin unbekannten Problems zu erfassen. Dann allerdings
setzte er es sofort in einen Bezug zu seinen schriftstellerischen
Verfahren.«[17]

Eichelberg war es auch, der Dürrenmatt als Erster auf Alexander Wittenberg aufmerksam machte. Er kannte ihn seit der
Zeit, als der noch gemeinsam mit seiner Schwester Claude das
Gymnasium besuchte, also bevor er zum Star seiner Generation
an der ETH wurde. Wittenbergs Dissertation war eine (zumal für
eine mathematische Arbeit) ungewöhnlich umfangreiche Untersuchung zur Grundlagenkrise der Mathematik. Die Physik, die
Mathematik, die (unsystematische) Systemtheorie wird Dürrenmatt ab da nicht mehr loslassen. Am Ende dann auch nicht die
Biologie. Nicht zu reden von der Astronomie und Kosmologie,
dem Universum, das ihn schon seit der Kindheit faszinierte. Seit
ihn der Konolfinger Lehrer Gribi mit den Sternen, den Sternbil-
dern vertraut gemacht hatte und diese, über ihre Namen, mit
den mythischen Gestalten in den Erzählungen seines Vaters verschmolzen. Schon in den allerersten Anfängen waren so Mythologie und Naturwissenschaft für Dürrenmatt eng verbunden.
»Wie die Mythen«, schreibt Eichelberg in einem Brief an den
Dürrenmatt-Forscher Jürgen Meyer vom Dezember 1997, »empfand Dürrenmatt wissenschaftliche Weltbilder als Interpretationen, als Indikatoren zeitgemäßer Weltsicht [...]. Die Verflech-
tung von Kunst und Wissenschaft kam immer wieder zur
Sprache, und als wir später Koestlers *Der göttliche Funke. Der
schöpferische Akt in Kunst und Wissenschaft* lasen, waren wir –
trotz etwelcher Vorbehalte – von der Lektüre angetan. Meinungsverschiedenheiten hatten wir bei der Frage, wo der Stellenwert der Technik zu positionieren sei. Für mich lag er
zwischen Wissenschaft und Kunst; Dürrenmatt siedelte ihn eine
Etage tiefer an.«[18]

Der Kontakt zu Dürrenmatt wurde etwas loser, als Eichelberg 1957 als Assistent von keinem Geringeren als Werner Heisenberg ans Max-Planck-Institut nach München ging. Doch die beiden sahen sich auch dort, wann immer Dürrenmatt in der Stadt zu tun hatte, verbrachten zum Beispiel 1961 Dürrenmatts vierzigsten Geburtstag im Hotel ›Vier Jahreszeiten‹ (wo F.D. damals gerade am Drehbuch zu *Die Ehe des Herrn Mississippi* arbeitete). Auch nachdem Eichelberg eine weitere Karriere in den oberen Regionen seines Fachs unter anderem seinem alpinistischen Hobby geopfert hatte und als Physik- und Mathematiklehrer ans Lehrerseminar Chur gewechselt hatte, riss der Kontakt nicht ab. Er wurde nun allerdings in meist stundenlangen nächtlichen Telefongesprächen fortgesponnen, wie sie mehr und mehr zu Dürrenmatts bevorzugter Kommunikationsform wurden.

Wittenberg und die Folgen

Die Anfänge dieses analogischen Denkens zwischen Literatur und Naturwissenschaften liegen im Wesentlichen in der Beschäftigung mit Wittenberg.

Wittenbergs Kritik des mathematischen Denkens erschien Dürrenmatt als eine Art Verlängerung der Philosophie in die Naturwissenschaft und musste schon damals die Frage nahegelegt haben, inwiefern wissenschaftliche Weltbilder einerseits so etwas wie die Mythen der Moderne seien und, andererseits, ob die Physik durch ihre »Mathematisierung« an einem Punkt angelangt sei, wo sie ein Welt-Bild zu fassen nicht mehr imstande sei. Auch Dürrenmatts freiwilliger naturwissenschaftlicher Dilettantismus war so schon ein Thema zwischen den beiden Freunden. Eichelberg spricht ihn in einer kleinen Hommage nach Dürrenmatts Tod, mit dem schönen einleitenden Zitat von Egon Friedell an: »Nur der Dilettant, der mit Recht auch Liebhaber, Amateur genannt wird, hat eine wirklich menschliche Beziehung zu seinen Gegenständen.«[19] Nur der Dilettant stößt noch zu einem Welt-Bild vor oder zur bildhaften (in diesem Fall sprachlichen) Darstellung des Sachverhalts, dass ein solches Bild nicht mehr zu leisten ist in Zeiten des zentrifugal auseinanderfliegenden Partikularwissens.

Der Schlusssatz von Wittenbergs großem Essay schlägt einen Bogen zurück in eine Ethik, die Dürrenmatt sehr an vermeintlich überwundene Positionen erinnern musste. »Letztlich sind wir nicht zum Verstehen da, sondern zum Gehorchen – um einer Aufgabe zu genügen, von der wir nichts Weiteres feststellen können, als dass sie uns gestellt ist. Fügen wir uns in diese existentielle Situation und verzichten wir darauf, mehr von unserer Erkenntnis zu verlangen, als zu verlangen uns zusteht, so erschließt sich uns ein Dasein, das von Sinnfülle strotzt.«[20] Wittenberg, sagt Eichelberg, begreife die antinomische Situation der Grundlagenmathematik »als Spezialfall einer Problematik, die für jedes Denken gilt, das sich selbst bis zur Grenze erprobt«. Das Buch habe »wie kein zweites – auch nicht die *Philosophie der Mathematik und Naturwissenschaft* von Hermann Weyl – Dürrenmatts Einstellung zur Mathematik geprägt.«[21]

Marc Eichelberg nennt als weitere Referenzpunkte von Dürrenmatts naturwissenschaftlicher Lektüre die Werke des Astrophysikers Sir Arthur Eddington (zumal die genannte *Philosophie der Naturwissenschaft*), ferner Hoimar von Ditfurths *Im Anfang war der Wasserstoff*[22], Isaac Asimovs *Die schwarzen Löcher*[23], Steven Weinbergs *Die ersten drei Minuten*[24], aber auch Autoren wie Arthur Koestler, Jacques Monod, John Eccles, Edward Wilson, Manfred Eigen, Richard Dawkins, Ilya Prigogine, Joseph Weizenbaum – nicht ohne zu bemerken, diese Aufzählung höre sich an, »als sei da einer durch die Boulevards der Naturwissenschaften flaniert und habe die Auslagen nach Bestsellern abgesucht«[25]. In diesem Zusammenhang gehört auch das

Buch *Heller als tausend Sonnen*[26] von Robert Jungk, das Dürrenmatt im Dezember 1956 für die ›Weltwoche‹ rezensierte, allerdings mehr im Hinblick auf die politische Verantwortung der Physik (und nicht nur der Physik) angesichts der Atombombe. »Über die Atomkraft verfügen nun die, die sie nicht begreifen«[27], die Physik sei »für die Physiker zu schwer« – das nimmt schon das Thema der *Physiker* vorweg.

Eichelberg teilte mit Dürrenmatt die Meinung, die Atombewaffnung der Schweizer Armee, in den fünfziger und sechziger Jahren von Militärkreisen allen Ernstes gefordert, wäre ein Wahnsinn. Anderseits plädierte er für die friedliche Nutzung der Atomenergie, wohl noch unter dem Einfluss seines Vaters, eines ETH-Professors für Thermodynamik, der schon früh gegen die Verschwendung der Erdölvorkommen, die Verseuchung von Wasser, Luft und Boden argumentierte und, ein Grüner *ante litteram*, die Atomenergie dennoch oder gerade deshalb für das kleinere Übel hielt. Was damals noch eine denkbare Position war, die Dürrenmatt sogar übernahm – in einem späten Interview mit ›bild der wissenschaft‹: »Was man einmal in die Welt gesetzt hat, das kann man nicht mehr zurücknehmen. Was mich im Zusammenhang mit der Kernspaltung jetzt viel mehr beschäftigt, ist die Tatsache, dass wir heute weniger Angst haben vor der Atombombe als vor der Kernenergie. Die Gefahren sind ja auch nicht zu leugnen. Nur glaube ich nicht, dass die Menschheit darum herumkommen wird, die Kernenergie zu gebrauchen. Angesichts der Bevölkerungsexplosion und der Energieverschwendung werden wir ohne Kernenergie den Bedarf nicht decken können. Ich weiß, dass ich damit viele Mitmenschen schockiere …«[28] Der einzige Fall, meint Eichelberg, in welchem er den Freund habe überzeugen können.

Dürrenmatt, so Eichelberg, sei nicht darauf aus gewesen, »süffig Geschriebenes tunlichst mühelos zu rezipieren. Er war […] ein Abenteurer, ein ›Querdenker‹, dem die Lektüre Anlass

gab, seine ›Gedankenschlosserei‹ in neuer Umgebung auf eigene
Faust voranzutreiben. Einer, der sich sein Weltbild zusammenschlosserte. Und dieses war […] ein lebensweltliches und kein
wissenschaftliches. Blickt man von einem der klassischen Weltbilder – dem Kopernikanischen etwa oder dem des Darwinismus – zurück auf seinen Ursprung, so erscheint das Frontbild
einer Wissenschaft: die zeitgenössische Physik, die aktuelle Biologie. Dürrenmatts Weltbild enthält zwar stark vereinfachte
Profilskizzen der Naturwissenschaften […]. Seine eigene Position lag jedoch außerhalb der Wissenschaft: Er beobachtete, wie
die Wissenschaft ihren Gegenstand beobachtet.«[29] Eichelberg
erinnert sich an gemeinsame Studien von Einsteins Vortrag *Geometrie und Erfahrung,* David Hilberts *Grundlagen der Geometrie,* Bertrand Russells Typentheorie. Die Lektüre von Gerhard
Vollmers *Beiträgen zur Evolutionären Erkenntnistheorie* habe
er, Eichelberg, sich versagt.

In der Physik und in der Mathematik trieben F. D. also ähnliche Fragen um wie in der Philosophie. Zum Beispiel die, inwieweit der menschliche Geist überhaupt in der Lage sei, etwas
zu erkennen, wovon er sich nicht schon einen Begriff gemacht
hätte. Die alte Frage Kants. »Die Mathematik«, heißt es in Dürrenmatts spätem Text *Gedankenfuge,* »sagt nichts anderes aus
als die von ihr konstruierten Begriffe, sie sagt nichts anderes aus
als sich selber.«[30] Also ist sie der »exakteste Ausdruck der
menschlichen Phantasie, und unbeschränkt in ihrer Fähigkeit
zur Fiktion.«[31] Der Mathematik sieht F. D. nach, was er an einem
großen Teil der modernen Kunst kritisierte: dass sie ihr eigenes
und einziges Thema sei. Ihre Ästhetik »befähigt sie, unberührt
vom Empirischen zu operieren; die Schönheit der Mathematik
liegt in ihrer Idealität«. Eigentlich ein erstaunlicher Satz für jemanden wie F. D., der sonst in allen denkbaren Zusammenhängen gegen Formalismen argumentierte.

Allerdings verhilft die Physik, nach Dürrenmatt, als Heb

amme der Mathematik doch auf die Welt.«In der Physik nun
gewinnt die Mathematik einen bestimmten Inhalt, der außer ihr
liegt (in der Physik eben) [...]«[32], heißt es schon in *Vom Sinn
der Dichtung in unserer Zeit,* und zuletzt, in *Gedankenfuge:*
»In der Physik wird die Mathematik transzendent, sie sagt et-
was über die Physik aus, und insofern die Physik etwas über die
Natur aussagt, sagt die Mathematik etwas über die Natur aus.«[33]
Die Behauptung, die Natur sei mathematisch strukturiert, hält
F. D. für »metaphysisch«. Auch die jüngeren kosmologischen
Theorien (oder besser: Hypothesen) über die Entstehung des
Universums waren für ihn »metaphysische Spekulationen«.

Quantentheorie und Dramaturgie des Zufalls

Die wenigen Autoren, die sich mit Dürrenmatts Verhältnis zu
den Naturwissenschaften befassten, allen voran Elisabeth Emter, schließen von naturwissenschaftlichen Erkenntnissen auf
Dürrenmatts Ästhetik resp. Poetik. Von der Bedeutung Eddingtons auf Dürrenmatts Konzeption der »Eigenwelten« war schon
die Rede. Emter zieht ebenso Schlüsse vom Indeterminismus
der Thermodynamik und der Quantenphysik (den Dürrenmatt
wiederholt anspricht) auf F. D.s Dramaturgie des Zufalls. Die
Denkbewegung ging in beide Richtungen. War das Huhn zuerst
oder das Ei? Dürrenmatt konnte jedenfalls im Umgang mit den
Naturwissenschaften seine Auseinandersetzung mit den Span-
nungsfeldern zwischen Determination und Aleatorik, Kausalität und Zufall auf einem anderen Feld fortführen. Auf der Ebene
seiner schriftstellerischen Produktion ist sie letztlich auch die
Spannung zwischen Realität und Kunst.[34]
   Die Quantentheorie geht davon aus, dass gewisse physikalische Prozesse in der Natur nur mit Hilfe von Wahrschein-
lichkeitsgesetzen erfasst werden können. Der Wahrscheinlich-

keitsbegriff der Quantentheorie ermöglicht es, ein zukünftiges Ereignis als unbestimmt, ein vergangenes jedoch als bestimmt anzunehmen, ohne die Rolle des Zufalls gänzlich auszuschließen.

In den *Sätzen über das Theater* entwickelt F. D. in der kritischen Auseinandersetzung mit der Poetik des Aristoteles und dem epischen Theater Brechts eine Dramaturgie des Zufalls, die sich schon ein Jahrzehnt zuvor, in den *Theaterproblemen* etwa oder im ersten Teil der *Panne*, angekündigt hatte. Emter zeigt in ihrer Studie zum Thema *Literatur und Quantentheorie*[35] plausibel, dass die Beschäftigung mit der Quantentheorie Dürrenmatt in der Konkretisierung seiner »Dramaturgie des Zufalls« bestärkt haben könnte.

»Der Mensch als Einzelner ist grundsätzlich unberechenbar.« Im Gespräch mit Franz Kreuzer (1982) sagt F. D. weiter: »Der Zufall spielt ja auch in der Physik, gerade in der Kernphysik, eine ganz neue, ganz unverhoffte Rolle. Das heißt, das menschliche Drama besteht darin, dass der Mensch im Unberechenbaren lebt. Die Unberechenbarkeit gibt ihm die Freiheit.«[36] In der Abgrenzung gegen Aristoteles setzt er dem Begriffspaar Möglichkeit/Unmöglichkeit das Paar Wahrscheinlichkeit/Unwahrscheinlichkeit entgegen. Der Dramatiker behandle weder ein vergangenes noch ein mögliches Ereignis, sondern einen Vorfall, der so unwahrscheinlich ist, dass niemand mit seinem Eintreten rechnet.

Der Glauben, das Wissen und die Brücke

In einem großangelegten Gleichnis, einem denkerischen Experiment kommt Dürrenmatt im zweiten Band der *Stoffe* noch einmal auf den hypothetischen Charakter der philosophischen und wissenschaftlichen Erkenntnis, ja aller Fiktionen und Theorien, zu sprechen, nicht zufällig an der Stelle, wo es um seinen Entschluss zum Philosophiestudium 1943 geht. Der Text heißt *Die Brücke* und zeigt die Unmöglichkeit, sich selbst zu objektivieren, dadurch, dass sich F. D. verdreizehnfacht und das Problem, das ihn damals dumpf umtrieb, das Verhältnis von Denken und Glauben, in einer schlanken brillanten Etüde in mehreren Varianten durchspielt. Was sich auf den ersten Blick ausnimmt wie eines der vielen mehr oder weniger schlüssigen Gedankenspiele über Fiktion und Realität, hat also auch einen autobiographischen Hintergrund, ist ein geistreich-spielerischer Reflex auf sein damaliges Dilemma zwischen dem Glauben seines Vaters, dem Denken und seinem eigenen, erst noch zu findenden Glauben, dem der schriftstellerischen Einbildungskraft.

Am Ende aller durchgespielten Varianten langt F. D. bei der Erkenntnis an, es gebe einen vernünftigen und einen unvernünftigen Glauben; die Dialektik spiele sich nicht zwischen Vernunft und Glauben ab, sondern zwischen vernünftigem und unvernünftigem Glauben. Das Gegenwärtige ist allein als Vergangenheit feststellbar, »[a]lles Zukünftige dagegen ist bloß wahrscheinlich«[37], und dann fällt fast nebenher die Bemerkung, die so etwas vorstellt wie die Summe Dürrenmatt'scher Welterfahrung, »dass die Wirklichkeit eine Unwahrscheinlichkeit darstellt, die eingetreten ist. […] Ob es sich um Abschreckung durch Atombomben, um Atomkraftwerke, um die Lagerung von Atommüll, um die Plünderung unseres Planeten usw. handelt, immer reden diejenigen, welche daran glauben, uns ein, wir sollen glauben, was sie tun, sei absolut sicher. Wir haben mit dem Glauben ein menschliches Kraftfeld betreten, das uns das Fürchten beibringt. Nicht was die Menschen über Gott, sondern was sie über sich glauben, macht das Schicksal der Sterblichen aus.«

Anlass zu Dürrenmatts Rede über Albert Einstein war dessen 100. Geburtstag resp. die Feierlichkeiten, für welche die ETH Zürich 1979 Dürrenmatts Beitrag erbat. Einmal mehr war Marc Eichelberg der Fachmann, ohne dessen Widerstand dieser Text so vielleicht gar nicht entstanden wäre. Ihm gingen stundenlange nächtliche Telefongespräche voraus, Eichelberg nahm sich sogar eine Woche frei, um in Neuchâtel über das Unternehmen zu diskutieren. Allerdings nur um zu erleben, dass Dürrenmatt seine fachlichen Einwände nicht groß zur Kenntnis genommen hatte und der Vortrag im Wesentlichen schon fertig konzipiert war. Er, Eichelberg, sei damit, wie dann ein Großteil der Physikprominenz, »nicht ganz glücklich« gewesen.

Dürrenmatt beginnt mit der Erklärung, die Aufgabe nur deshalb übernommen zu haben, weil »heute die Mathematik, die Naturwissenschaften und die Philosophie derart ineinander verflochten sind, dass sich auch Laien mit diesem gordischen Knoten befassen müssen«[38], und mit dem Bekenntnis, »unerbittlich als Laie [zu] reden«, »auf die Gefahr hin, dass meine Rede nicht nur für Nichtphysiker, sondern auch für Physiker schwer verständlich wird«. Und er schließt mit den Sätzen: »[W]er sich mit Einstein beschäftigt, muss sich ihm stellen, den Irrtum nicht fürchtend. Ihn zu belächeln, ist Ihr Recht, ihn zu begehen, das meine.«

Tatsächlich betreibt Dürrenmatt auch auf diesem extrem riskanten Feld seine Sache. Er interpretiert Einstein von dessen Bekenntnis zum Gott Spinozas her, »der sich in der gesetzlichen Harmonie des Seienden offenbare, nicht [ein] Gott, der sich mit den Schicksalen und Handlungen der Menschen abgebe«. Ein Gott also, der »keine Theodizee« brauche, da es für ihn »weder das Gute noch das Böse« gebe.

So geht es denn auch in diesem Text von 1979 über den Physiker, der »so oft von Gott zu reden [pflegte], dass ich beinahe vermute, er sei ein verkappter Theologe gewesen«, um das gleichzeitige Verschwinden und die Fortsetzung der Frage nach Gott. Ferner um den zum Scheitern verurteilten Versuch Einsteins, in einer allgemeinen Feldtheorie die Unvereinbarkeit von Quantenmechanik und Relativitätstheorie aufzulösen, den Zufall in der Bewegung der Teilchen zu entlarven und ein harmonistisches Weltmodell zu retten: »Ließe sich der Versuch Einsteins einer erschöpfenden Darstellung der physischen Realität auf der Grundlage des Kontinuums, oder der entgegengesetzte Versuch, von den Elementarteilchen her zu einer umfassenden Formel zu gelangen, verwirklichen, würde die Physik zu einem Sonderfall der Mathematik, damit aber auch zu einer reinen Ästhetik; als solche hätte sie außerdem den Anspruch, als Metaphysik zu gelten: Der alte Traum hätte sich erfüllt, die Ästhetik und die Metaphysik, die Schönheit und die Wahrheit, seien eins.« Eine Harmonie, in der das Chaos keinen Platz hat, »das der Jude Einstein wie der Jude Spinoza ablehnen«. Dürrenmatt, sagt Ulrich Weber, »versteht das Scheitern Einsteins bei der Bemühung um eine einheitliche Feldtheorie als Bestätigung seiner eigenen, von Kant inspirierten Überzeugung, dass es keinen Durchbruch von der Welt der Erscheinungen zur Welt an sich gibt, dass es einen unüberbrückbaren Graben zwischen Denken und Sein, zwischen menschlichen Erkenntnismodellen und einer unbegreifbaren Wirklichkeit *an sich* gibt, dass damit auch nie ein endgültiges, kohärentes Wissen möglich sein wird: Die Tatsache, dass jede Theorie an einem Punkt der Welterfassung in Widersprüche gerät, ist für Dürrenmatt ein Signum der Begrenztheit menschlicher Erkenntnis überhaupt.«[39]

Dass Einstein das Chaos, die Welt der Pannen, Katastrophen und Unglücksfälle schon in den Finessen von Heisenbergs Theorie der Unschärferelation drohen sah, dass er, wiewohl ihm die Harmonisierung der Mikro- und Makrophysik nicht gelang,

sein Leben lang darum rang, rückt ihn für Dürrenmatt in die
Nähe dessen, was er einmal mit dem »mutigen Menschen«, in
der Gestalt seines Möbius mit dem »ironischen Helden«, meinte.
Ein gänzlich anderer Zusammenhang als der in Rudolf Kassners Schrift *Zahl und Gesicht,* in der Dürrenmatt in den vierziger Jahren zum ersten Mal Einstein begegnet war: Kassner lehnte
als Anhänger der Vorstellung einer organischen Evolution die
Ergebnisse der Relativitätstheorie und Quantenphysik eben
deshalb ab, weil er der Überzeugung war, dass es in der Natur
keine Sprunghaftigkeit, keine Diskontinuität geben könne (auch
wenn das nur für die Quantentheorie gilt und die Relativitätstheorie ein Raum-Zeit-Kontinuum konstruiert – ein Missverständnis Kassners). Er verkannte damit auch Einsteins instän-
dige Suche nach einer einheitlichen Feldtheorie, seinen Glauben
daran, dass »Gott nicht würfle«. Genau das aber hielt Dürrenmatt für dessen vielleicht »wichtigste[n] Beitrag«[40] zur Physik:
weil er in Einsteins Scheitern einen Beleg für seine eigene Überzeugung sah, dass »anstelle des Schicksals der Zufall«[41] getre-
ten sei. Dass es, aus der Perspektive des Einzelnen, überhaupt
keine Wirklichkeit im Singular gibt, sondern nur Wirklichkeiten; keine Welt, sondern nur Welt*en.* Der berühmte Satz aus der
Standortbestimmung zu ›Frank dem Fünften‹, er sei »vom ›Denken über die Welt‹ zum ›Denken von Welten‹ übergegangen«[42],
bezieht sich genau auf diese Erkenntnis. Dürrenmatts Poetik der
Eigenwelten.

Negative Utopie

»[E]s blieb ein aufreibendes, Kräfte zehrendes Unterfangen, sich
dem Mahlstrom seiner [Dürrenmatts] Denkspiralen auszusetzen«[43], sagt Marc Eichelberg im zitierten Aufsatz *F. D. und die
Naturwissenschaften.* Ein eindrückliches Beispiel dieses Den-

kens in Spiralen ist eines der letzten Gespräche Dürrenmatts. Im
Oktober 1990 veranlasste die Zeitschrift ›du‹ eine Begegnung
zwischen Friedrich Dürrenmatt und Gerhard Vollmer, als Physiker, Philosoph und Spezialist der evolutionären Erkenntnistheorie ein ungewöhnlich kompetenter Gesprächspartner an
den Nahtstellen zwischen Natur- und Geisteswissenschaften,
zudem ein Spezialist für die Bereiche der Biologie und Evolution, die Dürrenmatt am Ende seines Lebens zunehmend beschäftigten. Die beiden finden sich in vielen Punkten, zumal
aber in dem, dass der *homo sapiens* in einer biologischen Krise
stecke, der Überbevölkerung. »Die Menschheit ist biologisch
krank. Sie ist nicht imstande, gemäß ihrem Wissen zu leben. Im
Grunde sind wir immer noch Steinzeitmenschen. Unser Hirn
ist weiter vorgeprescht als unsere Instinkte. Es ist doch so: Wir
schließen die Augen vor einer Zukunft, die wir selbst eingeleitet
haben, und wagen nicht darüber nachzudenken, was sie uns
bringt.«[44]

Der quantitativen Explosion war Dürrenmatt schon in einem
Fragment mit dem Untertitel ›Ein Versuch über die Zukunft‹
nachgegangen, das er mit dem Titel *Überlegungen zum Gesetz
der großen Zahl* in die Werkausgabe 1980 aufgenommen hatte.
Da denkt er, ausgehend von der Thermodynamik, in der »gewisse Gesetze erst auftreten, wenn ›sehr viele‹ Moleküle beteiligt sind«[45], in einem beispielhaften Bogen darüber nach, wie mit
dem Anwachsen der Erdbevölkerung andere Gesetze wirksam
werden. Dass, jenseits aller ideologischen Antagonismen, das
Primat der Freiheit dem Primat der Gerechtigkeit notwendig
weichen muss, diese Einsicht aber nur vom Einzelnen zu leisten
sei, dessen primatenhaft emotionale Disposition sich das Gegenteil wünsche. »[D]ie Tragödie des Menschen [besteht] darin,
dass er im Grunde von einem dreijährigen Kind gesteuert wird.
Der Mensch ist nicht imstande, gemäß seinem Wissen zu handeln, der Intellekt greift nicht. Das nenne ich das Apokalypti-

sche.«[46] Dürrenmatt bewertet den Untergang der Menschheit wie folgt: »Für uns die schlimmste Wendung, aber für das Leben und für diesen Planeten die vielleicht beste. Wir haben vielleicht doch zu viele Chancen vertan, um den Ablauf der Geschichte noch zum Vernünftigen hin zu wenden.«[47] Das ist, was Heiner Müller die »negative Utopie« nennt: den »Krieg der Landschaften«[48] nach dem Verschwinden des Menschen, wenn die Zikaden die Herrschaft angetreten haben. Die Rettung des Planeten und des Lebens auf ihm vor dem Menschen. F. D.: »Die Saurier mussten nach sechzig Millionen Jahren Herrschaft abtreten, die zwei Millionen Jahre, die seit dem ersten Auftreten unserer Gattung vergangen sind, reichen möglicherweise schon. Ein kurzes Intermezzo, nicht einmal das: wir sprachen auf der Welt vor und fielen durch.« Und dann wagt Dürrenmatt das ganz große, in seiner Lakonik alle sonstigen Weltuntergänge in seinem Werk übertreffende *futurum exactum*, ein weltliterarisches *non plus ultra*: »[D]er Mensch wird etwas Einmaliges, Ungeheures und Wunderbares gewesen sein.«

Der Dilettantismus und die Ahnung vom Ganzen

Zitieren wir noch einmal aus Ulrich Webers kleiner, aber erhellender Einführung in Dürrenmatt, *Von der Lust, die Welt nochmals zu erdenken:*

Fragt man einen Barth-Kenner nach seiner Einschätzung von Dürrenmatts Verständnis des Theologen, wird man zu hören bekommen, er habe eigentlich wenig von dessen Gedanken begriffen. Fragt man einen Kant-Spezialisten nach Dürrenmatts Deutung des großen Philosophen, wird man wohl vernehmen, da liege ein subjektivistisches oder existentialistisches Missverständnis vor. Fragt man einen Physiker nach

Dürrenmatts Umgang mit Relativitäts- oder Quantentheorie, wird man oft mit einem abschätzigen Urteil konfrontiert: Die Missverständnisse seien zu haarsträubend, als dass es sich lohne, darüber zu diskutieren.[49]

Und alle zusammen würden die »unwissenschaftliche Schlampigkeit und Inkonsequenz im Umgang mit den Begriffen, die Kategoriensprünge und metaphorischen Missverständnisse sowie die mangelhafte oder trügerische Syllogistik seiner Argumentationen kritisieren.

Dürrenmatt war sich dessen sehr bewusst. Auf dialektische Weise gehört auch bewusster Dilettantismus in den Zusammenhang des Scheiterns: als ein beharrlicher, heroischer, letztlich eben scheiternder Versuch, sich noch einmal ein Bild vom Ganzen zusammenzudenken. Zusammenzuphantasieren. Eigene Wirklichkeiten zu errichten, »eine künstliche Gegenwirklichkeit [zu schaffen], in der sich die Wirklichkeit, wie sie ist, widerspiegelt«[50] – in einem analogen Verfahren zu Hans Vaihingers *Philosophie des Als Ob,* die der Frage nachgeht, »wie es komme, dass wir mit bewusst falschen Vorstellungen doch Richtiges erreichen«. Ein Verfahren, für das Dürrenmatt auch Analogien in den Naturwissenschaften ausmachte.

Weil sich die Naturwissenschaften in ihrer zunehmenden Spezialisierung längst der Chance begeben haben, sich ein Bild von der Welt zu machen, ein Welt-Bild (im Sinne eines Gesamtzusammenhangs, wenigstens einer Ahnung vom Ganzen), ist ein neuer Dilettantismus gefordert. Weil die Wissenschaft an einem Weltbild scheitert, muss der schreibende Don Quijote Dürrenmatt sich ein Bild von der Wissenschaft zimmern, von dem er weiß, dass es deren Maßstäben nicht genügt. Dazu gehörte der Mut, sich mit Dingen zu befassen, die er nur auf seine Weise verstand; aus Zusammenhängen, die zu vernachlässigen er sich erlaubte, das herauszubrechen, was seine eigene Ahnung vom Ganzen beförderte. »Sie [die Physik] und die Mathematik sind die einzigen Fächer, von denen ich bedaure, sie in meiner Gymnasial- und Universitätszeit nicht fleißiger studiert zu haben. Die Erkenntnis, dass gerade sie für mich wichtig wären, kam zu spät, und nun bleibt mir nichts anderes übrig, als in ihnen zu stümpern. Wohl lese ich mathematische oder physikalische Bücher, doch vermag ich ihren Inhalt bloß zu ahnen.«[51]

Welt-Bilder, wenigstens im Plural. Sie provozierten, induzierten, infizierten Dürrenmatts Eigen- und Gegenwelten. Dieser Universalismus (der ihn gelegentlich wie die Parodie eines Renaissancemenschen erscheinen ließ), der Habitus als Demiurg von Gegenwelten haben Dürrenmatt viel Spott, Skepsis und Abneigung eingetragen. Das hat er gelegentlich auch befördert durch bewusst nonchalante und provokative Verallgemeinerungen. Dabei war dieser Hang zum Ganzen, auf jedem Gebiet außer dem der Schriftstellerei (später sogar auf diesem), Voraussetzung und Folge eines sozusagen faustischen Strebens nach dem, was die Welt im Innersten zusammenhält. Ein bewusst riskierter Anachronismus in den Zeiten der babylonisch in immer weitere und feinere Sprachen und Spezialitäten zersplitterten Wissenschaften.

In seinem Frankfurter Vortrag über *Kunst und Wissenschaft,* einer späten Abhandlung von 1984, die schon in der Flucht ihrer fünf Titel anzeigt, dass es um nichts weniger geht als um alles, erinnert sich Dürrenmatt an seinen Besuch in Mount Palomar[52] und die Begegnung mit einem Astrophysiker, den er nach einer neuentdeckten Milchstraße fragte (er hatte davon in der Wissenschaftsbeilage der ›NZZ‹ gelesen, neben ›bild der wissenschaft‹ eine der Hauptquellen seiner fragmentarischen naturwissenschaftlichen Bildung). Keine Ahnung, sagte der Spezialist, er beschäftige sich nur mit sogenannten Seyfert-Galaxien[53]. Und widmete sich weiter den Kurven und Tabellen auf seinem Computer. Auch die Astrophysik hat die Bilder verloren, die Rechner lieferten nur noch Zahlen und Graphiken. Ebendeshalb bestand Dürrenmatt auf seinem Dilettantismus.

Den hatten ihm, seit er zögernd in die ersten Ausstellungen seiner Bilder und die Publikation des Bandes *Bilder und Zeichnungen* bei Diogenes (1978) eingewilligt hatte, auch die wenigen Kunstwissenschaftler vorgeworfen, die seine wilde Bildnerei überhaupt zur Kenntnis nahmen. Als Dilettanten belächelten ihn erst recht die meisten Naturwissenschaftler. Er war einer, allerdings freiwillig und mit Bedacht und Vorsatz. Unbemerkt von den Spezialisten, die an ihm ihre Gaudi hatten (auch den Spezialisten der Politik), kultivierte er seinen Dilettantismus auf ironische subversive Weise. Seinen Vortrag über Einstein hielt er 1979 »unerbittlich als Laie«[54]. In einem Gespräch mit Peter A. Bloch im Februar 1980 erklärt Dürrenmatt: »Ich male und schreibe gerade deshalb, weil beides heute grundsätzlich nicht mehr möglich ist. Die Zeit der geschlossenen Weltbilder ist vorbei. Ich wäre in dieser Beziehung vielleicht am besten Lessing vergleichbar, der nicht Wahrheiten darstellt, sondern die Suche nach Wahrheit. Im Grunde stellen wir heute – auch in den Naturwissenschaften – nur noch Scheinbilder dar, wie der große Physiker Hertz feststellt. Jedes Bild, jedes Werk steht schon von seiner Entstehung an grundsätzlich im Spiegel seiner Mehrdeutigkeit, ist also von vornherein nicht mehr eindeutig festlegbar. Vielleicht sind es gerade diese Schwierigkeiten, die Unmöglichkeit der eindeutigen Darstellbarkeit, was mich beim Arbeiten am meisten fasziniert, der Wettlauf mit dem Scheitern, Versagen.«[55] Und weiter: »Ich bin eine Art Naiver, ich mache Hypothesen ins Leere hinaus. Als Interpreten werfen wir ein Netz über das Ganze.«

Und zu Heinz L. Arnold, 1981: »Ich glaube, der einzige Weg, wieder an den Ursprung des Denkens zu gelangen, ist [...] dieser Dilettantismus. In dieser Zeit, in der alles schon längst einmal gedacht ist, kann ich ja nur einsetzen, wenn ich all das nicht mehr zur Kenntnis nehme. Man ist sonst zerschlagen. Ich muss Platz machen für neue Konzeptionen, ich muss Platz machen für neue Ahnungen. Der Mensch kommt nicht allein dadurch weiter, dass er etwas weiß, sondern auch dadurch, dass er etwas ahnt […], dass er die Phantasie hat zu ahnen, was geschehen könnte.«[56]

Das könnte eine Rechtfertigung des alten Dürrenmatt im Nachhinein sein, würden wir nicht schon in jenem Vortrag aus dem Jahr 1956 *(Vom Sinn der Dichtung in unserer Zeit)* lesen: »Ich will freimütig meine Gedanken äußern, nicht ganz zu Ende formuliert; ich tue es allein aus dem Grunde, weil man mich als einen Schriftsteller, einen Komödienschreiber fragt, und nicht, weil ich ihnen einen mehr als persönlichen Wert beimesse. Das ist auch ganz in Ordnung. Im *Symposium* ließ Platon neben Sokrates auch Aristophanes zu Wort kommen. Ich lehne es deshalb ab, als Denker aufzutreten; als Dilettant in dieser Tätigkeit kann ich mich jedoch auch unbekümmerter äußern, als wenn ich zur Zunft gehörte […].«[57]

Lost in the stars

Weil er zu keiner Zunft gehörte, weder zu der der Philosophen noch zu der der Kosmologen oder Astronomen, wurde Dürrenmatt das Fernste nah und das Schwierigste ganz einfach, wie jener weiße Zwerg am Osthimmel, der »Siriusbegleiter«, dem er eines seiner wenigen Gedichte widmete. Er hatte ihn oft durch sein Fernrohr beobachtet und beobachtend die tote Sonne, im Gedenken seines eigenen Schicksals und desjenigen der Menschheit, noch einmal zum Leben erweckt:

Siriusbegleiter

Von den Dingen, die ich sah
bist du mir besonders nah

Fühle aller Welten Schluss
Was da kommen wird und muss

Ein vollkommner Diamant
Hast du Raum und Zeit verbrannt

Deiner ungeheuren Schwere
Bleibt allein der Weg ins Leere

Dein dir anvertrautes Leben
hast du wieder weggegeben

Erdenkleiner Sternengreis
Heiß wie Feuer, weiß wie Eis

Deine Härte ist der Tod
Unsrer Herzen, der uns droht[58]

Nur der Ahnung erscheint, wofür die Wissenschaft blind ist: »Eines der schönsten kosmischen Objekte ist der Krebsnebel, ein zartes blaues nebelhaftes Gebilde, rot umrandet und von weiß-rötlichen Bändern umschlungen. Es sind die Überreste einer Supernova, die sich mit einer Geschwindigkeit von 1100 km in der Sekunde ausbreiten, die Sonne, die explodierte, ist zu einem Neutronenstern zusammengefallen mit einem Durchmesser von etwa 20 km, sie enthält immer noch mehr als eineinhalb Sonnenmassen und dreht sich dreißigmal in der Sekunde um sich selber. Wir sehen den Krebsnebel von außen, 5000 Lichtjahre von uns entfernt, ein märchenhaftes Gespinst; wären wir in ihm, wären wir nicht mehr. [...] Der wissenschaftliche Mensch gleicht einem, der alles über Krebs weiß und ihn hat. Die heutige Wissenschaft hat den Tod zwar ins Leben integriert, ohne Tod keine Evolution, ohne Tod wären wir nichts als ein Schorf sich ständig teilender Einzeller, die Erde bedeckend; der Mensch ist nicht erschaffen, er ist geworden. Aber es gibt nichts Schwereres, als unser Wissen in unsere Existenz zu integrieren. Gelingt uns das, entdecken wir, dass es kein anderes Wunder gibt als uns selber, das Resultat nicht nur unzähliger toter Lebewesen vor uns, sondern auch explodierender Supernovae wie die im Krebsnebel, welche die Ursonne, die Planeten und uns mit jenen schweren Elementen verschmutzte, ohne die kein Leben möglich ist.«[59]

Solche Prosa schenkt uns keine Wissenschaft, dieses in Anschauung verwandelte Wissen, diese ins Denken fortgerissene Anschauung verdanken wir Dürrenmatts dilettantischem Universalismus. In der Ahnung vom Ganzen liegt der Sinn und die Schönheit, die uns im Einzelnen längst abhandengekommen sind. Die Ahnung vom Ganzen offenbart Dürrenmatt erst Schönheiten wie die des Krebsnebels, die dem auf Genauigkeit fokussierten Spezialisten verborgen sind, und dann schweift das Nachdenken über das Ganze ab, weg vom märchenhaften Gespinst in die Vorstellung von einem ins Leben integrierten Tod. Es ist dieses Gefälle vom überwältigenden Bild zum komplexen Zusammenhang von allem mit allem, die uns in Dürrenmatts später, visionärer und nachdenkerischer Prosa immer wieder den Atem raubt, uns staunen lässt über das Wunder eines gleichzeitig ganz kindlichen und ganz philosophischen Geistes.

14
Von Güllen zu Gülden

Vom Meisterbettler zum Millionär · Armut, Reichtum · Von einem Leben in ein andres Leben · Ein Hofmeister für Sohn Peter · Die Ehe als Wille und Vorstellung · Dürrenmatt und der Hund – ein kleiner kynologischer Rückblick · Fritz, der Bruchpilot: Dürrenmatt und das Auto · Leib und Leben · »Nur das Nichtige hat Bestand«: Dürrenmatts Liebe zum Wein

Vom Meisterbettler zum Millionär

Zoom zurück. Als Friedrich und Lotti Dürrenmatt am 5. März 1957 mit dem Frühzug aus Paris, wo sie die französische Erstaufführung der *Alten Dame* besucht hatten, in Basel eintrafen, wusste F. D., dass er ein gutes Stück geschrieben hatte. Er war sich auch im Klaren, dass er damit Erfolg haben würde. Welches Ausmaß der annehmen sollte, begann er an jenem Frühlingsmorgen in Basel allenfalls zu ahnen. Noch in Paris hatte er Dr. Peter Haensel, den Leiter seines deutschen Theaterverlags Bloch Erben, um 16 000 Franken Vorschuss gebeten. Der habe ihn nur schräg angesehen und gefragt, in welchen Abständen sein Theater-Verlag denn mit ihm abrechne. In Basel angekommen, wartete Kurt Reiss mit einem großen Strauß Rosen am Bahnhof: F. D.s Schulden beim Verlag hatten sich in ein Guthaben von 60 000 Franken verwandelt, und das war erst der Anfang.

Zum ersten Mal registrierte Dürrenmatt, dass das Stück, in welchem eine Gemeinschaft einen der Ihren ermordet und sich dadurch ihr Wirtschaftswunder erkauft, auch sein persönliches Güllen in Gülden verwandeln könnte. Erst einmal reichte es »fürs Gröbste«. Bald jedoch stellte sich ein Wohlstand ein, der sich von außen wie Reichtum ausnahm. Dürrenmatt betrachtete das gelegentlich wie einen alchimistischen Vorgang.

Dürrenmatt reiste ungern, auch wegen der Probleme, die das für seinen Diabetes mit sich brachte. Mit dem konnte er sich in seinem gewohnten Ambiente schlecht und recht arrangieren, auch mit der damit verbundenen Müdigkeit und den Anfällen von Gereiztheit bei Unterzucker. Unterwegs war das wesentlich schwieriger. Nach Frankreich aber fuhr er besonders widerwillig (wenn es sich, nach dem Ausbruch des Wohlstands am Pertuis-du-Sault, nicht gerade um Ferien in Sainte-Maxime an der Côte d'Azur handelte, und auch die ließ er eher Lotti und den Kindern zuliebe über sich ergehen, als dass er sie selbst genossen hätte). Die Fahrt zur französischen Erstaufführung der *Alten Dame* am 1. März 1957 blieb ihm allerdings in besonderer Erinnerung. Mit ihr, mit der genannten Rückkehr in die Schweiz, setzte eine Wende in seinem Leben ein.

Armut, Reichtum

Der mehr oder weniger plötzliche Wohlstand war dem protestantisch geprägten Emmentaler unheimlich. »Vor dem Erfolg«, sagte er 1985 Fritz J. Raddatz, »schrieb ich aus der harten Notwendigkeit heraus, Geld zu verdienen.«[1]

F. D. [...] Ich hatte eine Familie durchzubringen. Natürlich schrieb ich nicht nur, um Geld zu verdienen. Ich schrieb, weil ich Schriftsteller war, und es war mein Stolz, als Schriftsteller durchs Leben zu kommen. Ich versuchte alles, was ich schrieb, möglichst gut zu schreiben, auch die Kriminalromane. Mit dem Erfolg fiel allmählich die harte Notwendigkeit weg. Jetzt bräuchte ich nicht mehr zu schreiben und bin eigentlich verlegen, wenn man mich fragt, warum ich noch schreibe. Die Antwort »aus innerer Notwendigkeit« ist mir zu pathetisch, wie ich ja auch das Wort Dichter nicht mag. Ich gebe zur Antwort: weil ich die schlechte Angewohnheit nun einmal habe, oder so etwas. Aber dass ich plötzlich ziemlich viel Geld verdiente, hat mich schon überrumpelt.

RADDATZ Das ist am Anfang etwas sehr Angenehmes. Gibt es einen Moment, wo es nicht mehr angenehm ist?

F. D. Nicht eigentlich einen Moment, sondern einen Zustand. Ich habe immer das Gefühl, »falsch« berühmt zu sein – durch den *Richter und sein Henker,* durch die *Alte Dame,* durch *Die Physiker* […].

Daraus sprach, im Rückblick, sein Misstrauen gegenüber dem Erfolg überhaupt; oder, umgekehrt, die Enttäuschung darüber, sich mit den für ihn dringlichsten Anliegen missverstanden zu sehen.

Bei *Der Besuch der Alten Dame* kommt, mehr noch als bei seinen anderen »Evergreens«, ein tieferes Unbehagen auf. Eine instinktive Schuld, das Gefühl, dem Teufel seine Seele verkauft zu haben? Es gibt eine sehr bewegende Stelle im insgesamt berührenden Film ›Portrait eines Planeten‹ von Charlotte Kerr über Dürrenmatt (nie war er so offen wie in diesem Moment der ersten Verliebtheit. Kerr sollte nach Lottis Tod 1983 ein Jahr später seine zweite Frau werden.) Die Zachanassian, sagt er da, sei ja auch eine Frau Welt, und das Stück die Tragödie des Reichtums, und er frage sich, inwiefern das auch ihn betreffe. Und dann, ganz ernst und doch wie nebenher, der eigenartige Satz: »Bei einem Erfolg hat man immer das Gefühl einer Schuld. Ich habe das Stück auch nie geliebt«[2] (was noch ein etwas anderes

Licht wirft auf das Stichwort in den *Randnotizen, alphabetisch geordnet* zur *Alten Dame:* »Autor schrieb als Mitschuldiger«[3]).

Und weiter: »Das [der plötzlich hereinbrechende Wohlstand] war ein enormer Schock. Zuerst stellt sich das Gefühl ein: Warum noch schreiben? Auf den Proben in Paris saß hinter mir ein Herr, der sich als Eugène Ionesco herausstellte, und der sagte zu mir: ›Wenn ich so ein Stück geschrieben hätte, würde ich nicht mehr schreiben.‹«[4] Das Schwierige war die Wende. Was die Lähmung nach eigener Aussage verhinderte, war die Zuckerkrankheit. »Und Zucker ist natürlich eine Bremse, zwingt zu Disziplin. Schreiben ist auch eine große Disziplin. Das spukt immer in Ihrem Hinterkopf. Und wenn Sie Ihren Gegenstand mal loslassen, stürzen Sie in eine große Leere.«[5]

»Durch Zufall kam mein Ruhm zustande, durch Zufall der Abbau des Ruhms. Als Dramatiker bin ich ein unvermeidliches Missverständnis.«[6] Nicht nur in seinen Misserfolgen *(Ein Engel kommt nach Babylon)* fühlte sich Dürrenmatt falsch verstanden, sondern auch in seinen Erfolgen. Er verfolgte sie mit der größten Skepsis. Sein Verhältnis zu seiner Wirkung, seiner öffentlichen Wahrnehmung, blieb zeitlebens ambivalent. Er wollte verstanden werden, gewiss. Aber schwingt bei der Schuld, von der er zu Charlotte Kerr im Zusammenhang mit dem Erfolg der *Alten Dame* spricht, nicht sogar das Gefühl mit, etwas verraten zu haben, was eigentlich nur ihn selbst angeht, als seine Sache, seinen »Glauben«? Als sein Geheimnis? Deshalb ist der Stoff bei Dürrenmatt eine so schwer quantifizierbare Zwischensphäre (die mitteilbar gewordene Vision, könnten wir ihn nennen), eine Membran zwischen Selbstbewahrung und Selbstoffenbarung und immer das Wagnis einer aus sich hinausgestellten Welt. Immer bedroht vom Scheitern, immer das Missverständnis herausfordernd.

Um Armut und Reichtum ging es bereits in *Ein Engel kommt nach Babylon*. Schon der Meisterbettler Akki war auch ein indirektes und ironisches Selbstporträt des im Zusammenpumpen des notwendigsten Lebensunterhalts virtuosen Dürrenmatt gewesen. F. D. lebte königlich mit wenig Geld, zum Verdruss vieler, die ihn unterstützten und dafür Demutsgesten erwarteten (allen voran sein Cousin Peter). Genau die hatte er aber immer verweigert und er sollte sie auch nie verlangen, als er selbst zum Angepumpten wurde. Dürrenmatt wird mit seinem Reichtum umgehen, wie er mit seiner Armut umgegangen war: un-verschämt im Wortsinn.

Allerdings hatte er immer darauf hingewiesen, schwieriger als der Krieg sei der Frieden zu bestehen. *Mutatis mutandis* könnte das auch für den Umgang mit dem eigenen Wohlstand gelten: dass den Wohlstand zu »bestehen« schwieriger sein könnte als das Überleben in Armut.

Einer Schweizer Fernsehzeitschrift, die ihn 1979 unzimperlich fragte, was ihm »das Erfolgsstück *Der Besuch der alten Dame*« eingebracht habe, antwortete er: »Das kann ich Ihnen beim besten Willen nicht sagen, weil ich es nicht weiß. Aber sicher hat mir die *Alte Dame* einige Millionen gebracht, doch ich habe diese Millionen wieder ausgegeben. Man gibt nämlich sehr schnell eine Million aus. Ich habe jetzt hier drei Häuser, ich habe immer gebaut. Ich habe nicht viel Geld auf der Bank. Ich hatte nie ein Mietshaus. Ich finde es unmoralisch, dass Leute mir Geld geben würden, um zu wohnen. Ich muss immer noch schreiben, um überhaupt leben zu können. Ich lebe wie ein Millionär, aber ich kann nicht sparen. Man muss geizig sein, um Geld auf die Seite zu bringen!«[7]

Von einem Leben in ein andres Leben

Um die Jahrtausendwende erreichte mich die Anfrage einer Nationalrätin: ob ich wisse, in welchem Maß Friedrich Dürrenmatt durch die öffentliche Hand unterstützt worden sei. Die Dame gehörte einer bürgerlichen Partei an, sie suchte Argumente gegen eine staatliche Literaturförderung und hoffte, in Dürrenmatt das Paradebeispiel dafür zu finden, dass es ein Schriftsteller auch ohne Subventionen zu Weltruhm bringen könne. Ich musste sie enttäuschen. Das Jahrzehnt zwischen Dürrenmatts Erstling *Es steht geschrieben* und *Der Besuch der alten Dame* lässt sich zwar, was die Ökonomie angeht, mit dem Titel von Phillip Burkards Aufsatz *Vom Meisterbettler zum Millionär* überschreiben.[8] Tatsächlich aber entwickelte der junge Dürrenmatt ein besonderes Geschick darin, Betriebsmittel für seine wachsende Familie zu organisieren, und er stieß auf viel Wohlwollen bei Verwandten, Bekannten, Freunden. Und bei Instanzen, mit denen er professionell zu tun hatte.

Schon vor der Uraufführung seines Erstlings sammelten Kurt Horwitz und sein kaufmännischer Direktor Walter Oberer in Basel für F. D. eine »ganz passable Summe«[9]. Durch die »Fünfliberaktion«, die Max Ras, der Verleger des ›Schweizerischen Beobachters‹ 1951 initiiert hatte[10], kam bis 1955 eine Summe von immerhin 21 350 Franken zusammen.

Ebenso fehlte es nicht an öffentlicher, auch staatlicher Unterstützung. Bereits für *Es steht geschrieben* war Dürrenmatt 1948 mit dem »Welti-Preis für das Drama« (3000,– Franken) ausgezeichnet worden. 1949 erhielt er einen Unterstützungsbeitrag von 1000,– Franken von der Schweizerischen Schillerstiftung, 1949/50 3000,– Franken von der »Emil-Bührle-Stiftung« sowie 2000,– Franken vom Eidgenössischen Departement des Innern. Die Stiftung »Pro Arte« sprach ihm im Dezember 1950 3000,– Franken zu. Auch rührende Episoden gab es: Richard Schweizer, der wichtigste Drehbuchautor der Praesens-Film, reichte im gleichen Jahr 1950 die Hälfte einer Ehrengabe der Stadt Zürich an F. D. weiter (400,– Franken). 1952 wurden ihm auf Antrag von Emil Staiger 10 000,– Franken aus der Stiftung »Schweizerische

Landesausstellung« bewilligt, zahlbar in Raten von 500,– Franken. Nur im eigenen Kanton musste der Prophet bis 1954 warten, bis dieser 750,– Franken für _Ein Engel kommt nach Babylon_ locker machte. Insofern ist die Spitze, die F.D. anlässlich der Verleihung des Großen Literaturpreises des Kantons Bern anbrachte, seinem Heimatkanton gegenüber bis zu einem gewissen Grad berechtigt: »[D]och wie es im Leben so ist, die Preise kommen, wenn man sie nicht mehr braucht.«[II]

Von einer ordentlichen Buchhaltung konnte in Dürrenmatts frühen Jahren als Schriftsteller keine Rede sein. Die Einkünfte, Vorschüsse, kleinen Honorare für gelegentliche Zeitungsartikel, Gagen vom Cabaret Cornichon, Zuwendungen von den Eltern, auch Zusammengepumptes, wurde in den Agenden vermerkt oder auch nicht.

Marion Gerber, welche die Unterlagen akribisch durchgegangen ist, hat Einkünfte errechnet, die durchweg _cum grano salis_ zu lesen sind, nach unten wie nach oben: Teils fehlen Beträge, von denen aufgrund von Briefen und anderen Quellen anzunehmen ist, dass sie ausbezahlt wurden, teils betreffen einzelne Posten mehr als ein Jahr. Zur allgemeinen Orientierung über die materielle Lage der jungen Familie mögen sie dennoch dienen. Dabei müssen wir allerdings bedenken, dass vor mehr als einem halben Jahrhundert »der Franken noch ein Franken war«, wie Großmütter nicht müde werden zu betonen. Nominal entsprechen 1000 Schweizer Franken im Jahr 1956 heute rund dem Zehnfachen, während die Löhne real immerhin etwa um den Faktor 2,5 gestiegen sind.

1947: Fr. 5950,–

1948: Fr. 8825,–

1949: Fr. 3600,– (für dieses Jahr fehlen freilich die Agenda resp. die entsprechenden Nachweise)

1950: Fr. 15 606,–

1951: Fr. 9000,–

1952: Fr. 15 300,–
1953: Fr. 32 915,–
1954: Fr. 8295,–
1955: Fr. 9463,–
1956: Fr. 15 980,–
1957: Fr. 36 390,–

Um die Langmut des Lesers vollends zu strapazieren: Im Stadt-
archiv Neuchâtel sind zwar nicht die Steuererklärungen erhalten (die wurden nach einem Jahr bereits vernichtet), wohl aber
die Eintragungen im Steuerregister der Gemeinde. Daraus ist
der Sprung in Dürrenmatts Einkommen nach *Der Besuch der
alten Dame* klar ersichtlich, vor allem, wenn wir bedenken, dass
sich die Zahlen jeweils auf das Vorjahr beziehen. Die weisen für
1952 Fr. 14 000,– aus, 1953 22 300,–; 1954 22 000,–; 1955 21 000,–;
1956 16 700,–; 1957 24 100,–; 1958 54 000,–; 1959 120 000,– (und
erstmals ein Vermögen von 61 000,–, abgesehen von der Schät-
zung der im Grundbuch eingetragenen Werte). 1962 sind als Vermögen Fr. 410 000,– aufgeführt, als steuerbares Einkommen
Fr. 180 000,–.

Armut und Reichtum blieb eine Polarität in Dürrenmatts
Werk bis zuletzt. Im Aufstieg und Fall des Arnophe Archilochos
(Grieche sucht Griechin), in F. D.s »Nobelpreisträger-Stücken«
(Abendstunde im Spätherbst und *Der Meteor)*, in *Frank der
Fünfte – Oper einer Privatbank* ohnehin. Zuletzt wird Gold das
lebensvernichtende Prinzip in *Midas*. In seiner frühen Prosa, am
deutlichsten im unausgeführten Plan *Der Uhrenmacher*, ist
Reichtum noch das Attribut einer vernichtenden Gnade.[12]

Was die dürre Buchhaltung von Dürrenmatts Einkünften bei
aller gebotenen Vorsicht doch belegt: Weder war vor dem *Besuch der alten Dame* die Armut so drückend noch danach der
Wohlstand so überwältigend, wie man sich das vorstellte. Zumindest zunächst. Überraschend, vielleicht tatsächlich fast ein
Schock, war der Umschwung. Aber der kam, wie zu beweisen

war, nicht von einem Tag zum anderen. Das tägliche Leben am Pertuis-du-Sault veränderte sich erst nach und nach.

Ein Hofmeister für Sohn Peter

Es ist sicher nicht falsch, einen gewissen Nachholbedarf in bürgerlicher Ausstattung zunächst bei Lotti zu vermuten. Die Familienverhältnisse, aus denen sie stammte, waren nicht mit denen einer Pfarrfamilie zu vergleichen. In seiner rebellischen Phase konnte es sich Fritz leisten, die Segnungen einer bürgerlichen Lebensführung zu verachten, von denen er profitierte. Jetzt kam dazu, dass er Lotti für die Entbehrungen belohnen wollte, die sie seit ihrer Eheschließung klaglos mitgetragen hatte und die schließlich auch eine Folge seiner Entscheidung für den Schriftstellerberuf waren.

Dürrenmatt konnte sehr einfühlsam, ja zart sein. Doch er hatte auch seine Kanten, Charaktereigenschaften, die den Umgang mit ihm keineswegs einfach machten. Nicht immer war ihm bewusst, dass seine Zuckerkrankheit der Grund für Stimmungsschwankungen war. Seine Ichbezogenheit, die in Phasen großer Konzentration fast autistische Züge annehmen konnte, war Voraussetzung für und Schutz seines obsessiven Arbeitens. Für sein Umfeld war sie gelegentlich schwer erträglich. Vor allem für die Kinder. Arbeitete er, störten sie, und er arbeitete eigentlich immer. Auch, wenn er nicht an seinem Schreibtisch saß.

Am Wendepunkt der materiellen Verhältnisse engagierte Lotti, der die Integrationsschwierigkeiten ihres noch nicht zehnjährigen Sohnes in der französischsprachigen Volksschule von Neuchâtel Sorge bereitete, einen Gymnasiasten aus der Nachbarschaft, den siebzehnjährigen Pfarrerssohn Pierre Lachat. Frühere Versuche (mit dem eher bizarren, sehr gebildeten, ziemlich verwahrlosten Weißrussen namens Matchiquine aus dem Kreis um Yvonne Châtenay, mit Annette Thorens, der Tochter der Sekretärin Erika Sandoz, und mit Flossette Cartier, einer Verwandten von Übersetzer Porret) waren fehlgeschlagen. Jetzt fand sich ein Tutor, der alt genug war, um als Autorität, und jung genug, um als Freund akzeptiert zu werden.

Erstes Ziel war, die gefährdete Versetzung im Frühjahr doch noch zu schaffen: mit Diktaten, Übungen und Lachats Beistand bei den Hausaufgaben. Dann, nach dem Entschluss, Peter eine Klasse repetieren zu lassen, wurde Lachat an den Mittwoch- und Samstagnachmittagen als eine Art Hofmeister engagiert. Am Ende war er als Mädchen für alles ein unentbehrliches Mitglied der Familie. Zur nicht geringen Sorge seiner Eltern. Einerseits wurde er auch von Dürrenmatt dankbar aufgenommen, gelegentlich illustren Gästerunden als *mon fils culturel* vorgestellt. Andererseits beobachtete F. D. den Welschschweizer nicht ohne Misstrauen. Als Pfarrerssohn war er ihm ohnehin verdächtig, und er fürchtete, Pierre könnte den Erstgeborenen seinen Berner Ursprüngen entfremden und ihm, F. D., womöglich gar die Vaterrolle streitig machen. Pierre Lachat, später Maler und Buchhändler (nicht zu verwechseln mit dem gleichnamigen Journalisten, Filmkritiker und Dozenten für Filmgeschichte), sah sich bald seinerseits in einer ambivalenten Situation: verlockt von der kreativen Gravitation des unablässig arbeitenden, ihn andererseits aber großzügig in alle Gespräche einbeziehenden Dürrenmatt, bangte er als Heranwachsender doch auch um einen Selbstverlust. Insgesamt mehr als zehn Jahre ein Mitglied der sich ausdehnenden, nach außen aber immer sorgfältiger abgeschotteten »Republik Dürrenmatt«, sah er, sahen vor allem seine Eltern die Gefahr, dass er in den wichtigsten Jahren der geistigen Prägung sein eigenes Leben verpasste: als ein »Gehülfe« des Titanen, dem letztlich alles nebensächlich war, was nicht mit seinem Werk zusammenhing. Darin lag ein Gutteil Rücksichtslosigkeit. Zumindest in diesem Punkt sind der Nobelpreisträger

Friedrich Maximilian Korbes im Hörspiel *Abendstunde im Spätherbst* (an dem F. D. *nota bene* schon vor dem Ausbruch des
Wohlstands arbeitete) wie auch der spätere *Meteor* ein nicht nur
ironisches Selbstporträt, vielmehr auch eine hellsichtige Selbstkritik der dämonischen Abgründe einer Schriftstellerexistenz.
Weh denen, die in deren Mahlstrom geraten!

Pierre Lachat war zwischen 1957 und 1968 nicht nur ein Vermittler zwischen Kindern und Eltern (zuerst als Freund von Peter, dann auch der beiden Töchter), er war auch einfach ein guter
Zuhörer, ohne großes eigenes Zutun eine Art vertraute Öffentlichkeit, die bei Verstimmungen zwischen den Familienmitglie-
dern auch immer beruhigend wirken konnte. Sogar zwischen
den Ehepartnern.

Einerseits trug Dürrenmatt seine Frau auf Händen: infolge
ihrer häufigen Krankheiten, aufgrund des Gefühls, dass sie ihm
und der Familie eine eigene künstlerische Entfaltung, sei es als
Schauspielerin, sei es als Musikerin, geopfert habe. Vor allem
aber wegen seiner geradezu sakramentalen Auffassung der Ehe.
Allein ein Gebot ist ein Gebot, und das Ideal ist nicht das Leben.

Hatte er zehn Jahre zuvor in kürzester Zeit seine erste Freundin Christiane verlassen, sich mit Lotti Geissler verbunden und
seinen Entschluss zur Schriftstellerei – eine merkwürdige und
rational schwer erklärbare existentielle Belastungsprobe – mit
dem Entschluss zur Ehe verbunden, findet sich unter dem Februar der Agenda 1950 der denkwürdige Eintrag: »Abends spät
im Bett Schopenhauer über die Weiber gelesen. Das Lächerliche
dieser Schrift besteht in ihrer Bürgerlichkeit, die darin besteht,
dass die Liebe ein Gefühl und keine Tat ist, ebenso die Ehe eine
Sitteneinrichtung und keine religiöse Möglichkeit.«[13]

Dürrenmatt hat Lotti zweifellos sehr geliebt. Angesichts seiner Scheu vor Intimität ist das Gedicht *Vor uns hintastend, Liebes*, das sich im Nachlass fand, selbst dann eine Überraschung,
wenn es nicht zur Veröffentlichung bestimmt war. Die Tatsache,

dass F. D. sich damit in nicht weniger als drei Fassungen beschäftigte, zu einer Zeit, als viele Gewichte die Beziehung der Eheleute beschwerten, als das Wort »Gott« selten wurde in F. D.s Vokabular, macht es umso ergreifender (die Datierung schwankt zwischen 1970 und 1974):

Vor uns hintastend, Liebes

Vor uns hintastend, Liebes
Ins immer Dunklere
Fühlen wir in der Kälte unsere Wärme

Versuchen wir hilflos uns Gutes zu tun
Gemeinsam betend
Bevor wir schlafen
Gott zu erreichen

Wie ferne alles.

Blasse Bilder. Doch plötzlich
Überscharf
Die Erinnerung. Deine kühle Hand
In der meinen
Saß ich dir gegenüber.
Sah deinen zuckenden Mund
Wir sagten einander kein Wort
So mächtig war unsere Liebe

Nun ist in unserem Schweigen oft
Traurigkeit
ein Schatten nur der
Freude
Vielleicht verborgen wie Gott[14]

Da ist viel Trauer, es ist ebenso ein Liebesgedicht wie eines über den Verlust von Liebe oder über deren Verwandlung. Ein Paar, das sich solche Gedichte schreibt, hat viel hinter sich, auch den Vorsatz zur Ehe als einer religiösen Möglichkeit.

Friedrich und Lotti Dürrenmatt waren ein ideales Paar. Elsie Giauque beschreibt die beiden 1964 Peter Wyrsch gegenüber so: »Bewunderungswürdig verhielt sich Lotti, seine Frau. Sie war stets voller Optimismus. Sie verstand es, mit den geringsten Mitteln die schönsten Wirkungen zu erzielen. Wir malten zusammen das halbe Haus. Aber auch gegenüber ihrem Gatten bewies sie ein unerschöpfliches Verständnis. Ich glaube, die beiden sind das glücklichste Ehepaar der Welt. Ich konnte sie wahrhaftig lange genug und aus nächster Nähe beobachten. Dass sie böse Worte wechselten, das gab es gar nicht. Lotti war peinlich darauf bedacht, die Atmosphäre zu schaffen, die er zum Arbeiten brauchte. Sie hörte ihm geduldig zu und gab verblüffende, gescheite Urteile ab. Er brauchte jemand, der ihn abhörte und auf seine Einfälle reagierte. Er ist ein phantastischer Verehrer seiner Frau und ein ungemein besorgter Vater.«[15]

Auch als Dürrenmatt zu einer Person des öffentlichen Interesses wurde, waren sie eine ideale Arbeitsgemeinschaft und legten Wert darauf, als solche wahrgenommen zu werden. Es galt, die Familie notwendigerweise gegen Zudringlichkeiten aller Art zu schützen. Lotti war die erste Leserin von F. D.s literarischem Tagewerk (öfter noch die erste Zuhörerin). Je mehr ihm Urteile über Literatur von Zeitgenossen abverlangt wurden, war sie für ihren Mann eine Art Vorkosterin. Sie las die Neuerscheinungen und wies ihn auf diejenigen hin, die ihn allenfalls interessieren könnten. Beschäftigten ihn doch, neben seiner Arbeit, eher ausgefallene »Klassiker« wie Wieland, Philosophisches wie Vaihinger oder Wittgenstein, Naturwissenschaftliches, oft auch aus der Hand von populärwissenschaftlichen Autoren wie Arthur Koestler. Lotti betreute gewissermaßen am Pertuis-du-Sault das literarische Büro. Ganz so, wie sich unter dem Druck der wachsenden Prominenz die Verhältnisse nach außen darstellten, waren sie dann ab den sechziger Jahren allerdings nicht mehr.

Als Pierre Lachat seinen Nachhilfejob antrat, war von den Auswirkungen des Stücks, das immerhin seit fast einem Jahr auf unzähligen Spielplänen stand, noch wenig zu spüren. Noch wohnte man im alten Haus mit dem bemalten Zement im Treppenhaus. Das Esszimmer war noch ein gewöhnliches Zimmer, in das man, von der Straße her eintretend, als Erstes stolperte, dann kam die Bibliothek, alles mit naturbelassenem Holz verkleidet, ziemlich dunkel und, von den Bücherregalen abgesehen, etwas ärmlich. Die Möbel stammten entweder vom Trödelmarkt oder aus dem Berner Pfarrhaushalt, oder es waren Gartenmöbel. Holzkistchen. Bemalte Flaschen als Vasen. Im ersten Stock das Elternschlafzimmer, das Kinderzimmer, das Zimmer der Haushaltshilfe. Kurz: beengte Verhältnisse.

Am 5. März erfuhren die Dürrenmatts von der veränderten Finanzlage. Am 19. Mai 1957 begann der erste Umbau. Spannteppiche wurden eingezogen, Tapeten, Louis-XVI-Sessel angeschafft, zweifellos in erster Linie Lotti zuliebe ins Werk gesetzt. Neues Geschirr. Lottis Pelzmäntel wurden gewichtiger. Ein Flügel kam an, später ein Cembalo für sie. Der Swimmingpool wurde angelegt. Ein zweites Haus, das sogenannte »obere Haus«, das sein Aufrichtfest im Mai 1965 erlebte, war eine ebenso zwangsläufige Expansion wie das »dritte«, das in Wahrheit ein Musikzimmer für Lotti war (1977) und Dürrenmatt später als Atelier diente – nachdem die Stadt Neuchâtel die Baubewilligung zur Aufstockung des ersten abgelehnt hatte. Das Musikzimmer war eine ebenso liebevolle wie hilflose Geste des seiner Frau tapfer beistehenden Dürrenmatt. Ihre Depressionen waren häufiger und schließlich fast zum Dauerzustand geworden. Sie waren einerseits eine Folge ihrer verschiedenen Krankheiten, die sie zu immer neuen Spitalaufenthalten zwangen. Andererseits hatte sie mehr und mehr das Gefühl, sich neben einem Gemahl, auf den sich zunehmend das Interesse aller konzentrierte, nur mit Anstrengung behaupten zu können. Die einst so tatkräftige, resolute, humorvolle und impulsive Frau zog sich immer weiter zurück. Der Alkoholkonsum nahm zu – in der Regel kein Wein wie bei ihrem Mann, sondern Cognac und Whisky. Dazu kamen später Psychopharmaka und Schlafmittel, welche Dürrenmatts Diabetologe Fred Schertenleib seinem prominenten Patienten zu Händen seiner Frau recht großzügig überließ. Für die Kinder muss das nicht leicht gewesen sein. Zeitweilig entzog sich ihnen die gleichzeitig anwesende und abwesende Mutter ganz. In Erika Willener, einer ruhigen Emmentalerin, die erst als Kinderschwester, dann als Haushälterin bei den Dürrenmatts arbeitete (und von F. D. sehr gemocht wurde), in einer quirligen kleinen spanischen Hausangestellten namens Consuela, in Pierre Lachat und in F. D.s Schwester Vroni fanden sich andere Bezugspersonen. Lottis Schwermut war auch für Dürrenmatt eine zunehmende Sorge. Selbst am Schreibtisch, in seiner »Burg der Autonomie«, konnte er die nicht ganz wegdrücken. Nach außen ließ man nichts davon dringen.

Die Ehe als Wille und Vorstellung

»Ich bin ein sehr sinnlicher Mensch«[16], vertraute mir Dürrenmatt in unserem letzten Gespräch ziemlich unvermittelt an, als ob er sich für das entschuldigen wollte, was er seine »Gedankenschlosserei« nannte. Sexualität war damit, ungeachtet, ja eben wegen der zahllosen drastischen Darstellungen in seinem bildnerischen Werk, eher nicht gemeint. Sein in dieser Hinsicht entschieden expansiverer Freund, der Schauspieler Ernst Schröder, sagte es so: »Seine Erotik war sozusagen eine genealogische, seine Frauen fließen wie Luna ins Weltall, auch der Eros ist auf den Kosmos bezogen, er sah das in größtem Zusammenhang. Es ging ihm sozusagen um die Befruchtung der Welt.«[17] Und: »Fritz konnte einen mit Zärtlichkeit übergießen, er war unglaublich zart, das Gesicht, die kleinen Hände, in jeder Hinsicht das Gegenteil eines Trampels. Auch in seinen Trunkenheiten blieb er immer taktvoll. Unvorstellbar, dass er je zudringlich geworden wäre zu Frauen.« Kommt dazu, dass sein Diabetes mellitus (und der damit oft verbundene tiefe Testosteronspiegel) auch nicht eben eine aphrodisierende Indikation war.

Ob er neben seiner Ehe Frauengeschichten gehabt habe, fragte André Müller Dürrenmatt 1981. »Schauen Sie, ich bin seit 34 Jahren verheiratet«, antwortete der. »Natürlich habe ich hin und wieder Frauengeschichten, aber sehr selten, weil mich das einfach zerreißen würde. Das ist eine Frage des Wesens, also was man für ein Mensch ist. Eheschwierigkeiten deprimieren mich in einem Maße, dass ich das auf die Dauer gar nicht aushalten könnte. Wenn ich einen Seitensprung gemacht habe, dann habe ich immer sofort mit meiner Frau darüber gesprochen. Ich könnte das gar nicht verheimlichen. Da gibt es dann, sagen wir mal, einen Krach. Aber das ist irgendwie auch befreiend für beide.«[18] Dürrenmatts Schwester Vroni war in jenen seltenen Fällen die erste Beichtinstanz und wunderte sich über die Gewissensbisse ihres Bruders.

So ließ sich F. D., als er 1961 bei den Filmfestspielen Locarno die Jury präsidierte, von einer attraktiven Schauspielerin, Gattin eines bekannten Regisseurs, im glamourösen Ambiente zu einem Abenteuer verführen, das ihm nachher schwer zu schaffen machte. In der Folge widersetzte er sich jedoch der Versuchung, das Verhältnis mit der Begegnung aus Locarno fortzusetzen (oder überhaupt erst richtig zu beginnen). »Man kann nicht mit einem Streichholz sein ganzes Lebenswerk anzünden«[19], soll er seinem Freund Schröder gesagt haben. Den Vorfall für sich behalten konnte er allerdings auch nicht. Er beichtete ihn Lotti mit einer kleinen Verzögerung. Seine Beichte stürzte das Paar in eine ernsthafte Krise. Der neutrale Agendaeintrag »Lotti schneidet sich«[20] meint kein Ungeschick bei der Hausarbeit, sondern einen Selbstmordversuch. Wie ernsthaft der war, wissen wir nicht.

Im labilen Gleichgewicht zwischen Unter- und Überzucker war F. D. zeitweise schwer kontrollierbaren Launen ausgesetzt. Pierre Lachat erinnert sich an vergleichsweise belanglosere Details aus dem täglichen Familienleben. Etwa an Wutausbrüche des sonst eher in seine Gedanken versunkenen oder aber vorsätzlich verständnisvollen Vaters. Wenn er bei den Kindern einen so bedenkenlos großzügigen Umgang mit dem neuen Wohlstand festzustellen meinte, wie er ihn selbst praktizierte, konnte er rabiat werden. Als in den Osterferien in Sainte-Maxime Lachat und die Schwester Vroni Sohn Peter eine ganze Folge von Romanheftchen (»Le Bourreau Rouge«) kauften, stauchte er ausgerechnet seinen Sohn als einen verwöhnten Bengel zusammen, der doch gegenüber dem neuen Reichtum besonders misstrauisch war: Du denkst, Vater hat einfach das Geld, also nehme ich mir, was ich will, undsoweiter. Dabei hatten Lachat und Vroni den Schund gekauft, in der legitimen Meinung, auch damit ließe sich Französisch lernen. Ein paar Stunden später, dazu war er allerdings fähig, entschuldigte sich Dürrenmatt bei seinem verstörten Sohn.

Geiz gehörte entschieden nicht zu Dürrenmatts Charaktereigenschaften. An der genannten kleinen Episode ärgerte ihn wohl einfach, dass sein Sohn französische Trivialliteratur der Sammlung von Karl-May-Bänden vorzog, die er ihm in Erinnerung an seine eigene Jugendlektüre geschenkt hatte. Außerdem irritierte es den Frankophoben, dass aus seinen Kindern mit wachsender Sozialisation Welschschweizer wurden. Kurzzeitig überlegte er sogar, ob er seinen Sohn nicht auf ein Deutschschweizer Internat schicken sollte (so wie die Jüngste, Ruth, das anthroposophisch geführte Internat im Schlössli Ins besuchte –

allerdings aus Gründen handfester schulischer Probleme). F. D. sah seine Kinder als Berner und wollte gleichzeitig, dass sie auf französischen Schulen gute Leistungen erbrachten. Etwas viel verlangt.

Dass sein selbstgewähltes Sprachexil für ihn der ideale Ort »hinter dem Mond« war, an dem er hart arbeitete und mit zunehmender Prominenz zunehmend prominente Gäste empfing, mit einer gelegentlich etwas an Hofhaltung grenzenden Gastfreundschaft – dass diese französisch-berndeutsche Röschtigrabenexistenz[21] für die Kinder einen schwierigen Doublebind bedeutete, war Dürrenmatt kaum bewusst, auch nicht, dass der wachsende Wohlstand den Neid der Neuenburger auf die Außenseiter schürte. Er konnte ihn ignorieren, die Kinder in der Schule sicher nicht. Die Eindrücke waren so prägend und nachhaltig, dass während meiner Vorarbeiten für die Biographie nur Ruth bereit war, über ihren Vater zu sprechen. Barbara, vor allem aber Peter, der – welche Ironie, und doch: wie folgerichtig – Theologie studierte und in Genf als Pastor arbeitet und lebt, wichen dem Gespräch über ihn aus.

Nein, zu Geiz neigte Dürrenmatt nicht. Ein Exempel von Molière'schem Ausmaß hatte er in der Person seines Nachbarn vor Augen, des alten, reichen Anwalts Brauen, eines den Neuenburgern nicht weniger verdächtigen Sonderlings, der sogar die Küchenschränke abschloss, damit sein Hauspersonal sich nicht außerhalb des Essenszeiten hinter die Marmeladen machte. Ein Spezialist für Internationales Recht, der sich mit F. D., hauptsächlich wegen seiner Hunde, in Dauerfehde befand: legendär ist die Anekdote, wie Dürrenmatt Brauen versicherte, er habe dessen eingeschriebene Briefe seinem Hund vorgelesen und hoffe, das Tier beherzige sie. Die Sache kam in die Lokalpresse, und das Verhältnis war lange nicht mehr zu kitten. Umgekehrt war Dürrenmatt jedoch auch fasziniert von diesem intelligenten, bizarr eleganten Außenseiter.

Dürrenmatt war, wie am Beispiel von Konrad Farner und Ludwig Hohl zu sehen war, schon zu Zeiten großzügig, als er selber auf Pump lebte. Ernst Schröder erinnerte sich an eine Situation, als F. D. ihn um Geld bat und dieses dann umgehend an einen bedürftigen Bekannten weiterleitete: Er pumpte sogar in fremde Taschen. Als er es sich leisten konnte, erlaubte er sich in Gesellschaft allerdings auch gern gewisse Großspurigkeiten. Die entsprachen zum kleineren Teil seinem Naturell, einem Hang zu kindlichen Reaktionen – die »Schöpferkraft des Kindes« hatte ihre Kehrseiten im Sozialverhalten. Er konnte aufstampfen wie ein Kind, wenn ihm etwas nicht passte, und er konnte auch auftrumpfen wie ein Kind. Zum größeren Teil gehörten sie zu einer Rolle, die er spielte, einmal, um die Neuenburger zu ärgern, die zum Beispiel den rasch anwachsenden Fuhrpark vor dem Anwesen am Pertuis-du-Sault als geschmacklose Angeberei eines *nouveau-riche* missbilligten. Aber auch, um Kollegen wie Max Frisch zu triezen, dem der eigene Wohlstand weit größere Gewissensbisse bereitete. Alles in allem legte Dürrenmatt sich nach der *Alten Dame* tatsächlich ein Verhalten zurecht, bei dem zuweilen schwer auszumachen war, ob es die Kopie oder die Parodie eines Neureichen war. So war zum Beispiel sein Anwalt kein Geringerer als der Starverteidiger Horace Mastronardi, der ihn in Bagatellen vertreten musste, für die er zweifellos eine zu große Besetzung war. Der Prominenteste war gerade gut genug.[22] Er wollte »den Besten«, so wie er (oder war das Lotti?) allen Ernstes an Isaak Stern dachte, als es um Geigenstunden für Sohn Peter ging. Tochter Ruth wurde in eine ebenso kostspielige wie langwierige Ausbildung zur Opernsängerin gedrängt, die nur in einer für die junge Frau schmerzlichen Niederlage enden konnte.

Dürrenmatt war, nach eigenem Bekenntnis, kein Hundenarr. Einen ersten Hund, den Spitz namens Ping-Ping, brachte Lotti mit in die Ehe. Ihm folgte der Cockerspaniel, von dem sich Oberst von Sinner, ein Freund von Lottis Schwester Vreni, einer Allergie wegen trennen musste. Später brachte Lotti unter Überwindung zahlreicher veterinäramtlicher Hindernisse aus Spanien einen Straßenköter nach Neuchâtel, den sie Torro nannte. Er konnte seine Herkunft nicht verleugnen, verschwand für Tage und streunte bettelnd durch die Restaurants von Neuchâtel.

Die größte Herausforderung, nicht nur für den kynophoben Nachbarn Brauen, war ein Berner Sennenhund riesigen Ausmaßes, gekauft bei einem Bauern aus dem Jura. Buddy, so hieß das Tier, war schlecht behandelt worden, demzufolge ängstlich und aggressiv. Er »entwickelte sich zur Bestie, die uns fanatisch bewachte. Meinen Vater, machte dieser einen Spaziergang, ließ Buddy nicht mehr in den Garten; einen Regisseur, der bei uns wohnte und frühmorgens im Schwimmbad zwischen dem unteren und dem oberen Haus badete, ließ er nicht mehr aus dem Wasser steigen, erst das Dienstmädchen rettete den halberfrorenen Theatermann; dann fiel er Menschen an, zuerst einen dänischen Journalisten. Ich hatte ihn zuerst nicht empfangen wollen, dann auf eine halbe Stunde eingewilligt – er musste, nachdem ich ihn ins Spital geführt hatte, noch drei Tage bei uns bleiben. Dann biss er einen Bildhauer [Pierre Siebold, eine Zeitlang mit F. D. und Lottis Freundin Ruth Hunziker enger befreundet], dann einen Lehrer, der trotz meiner Warnung den Garten betrat […], dann einen Freund meines Sohnes, dann noch einmal den Bildhauer […], er biss ferner einen Imker, und endlich biss er den Wildhüter, vier Stunden wurde dieser im Spital genäht. Trotz der Fürbitten meiner Frau ging es nicht anders, ich musste tun, was ich schon längst hätte tun sollen: Es war Weihnachten, der Baum war angezündet, ich ging mit dem Berner Sennenhund zum Tierarzt, der uns seinerzeit das Vieh vermittelt hatte. Der Hund folgte mir willig, er liebte es, hinten im Auto zu sitzen. Auch beim Tierarzt ahnte er nichts, er leckte mir die Hand, als ihm der Tierarzt die Spritze gab, dann legte er sich ordentlich und langsam hin, wie er es immer tat, wie zum Schlafen. ›Wann ist er tot‹, fragte ich. ›Jetzt‹, antwortete der Tierarzt.«[23]

Lottis Papillon, kynopsychologisch gesehen der Gegenentwurf zu Buddy – die menschenfreundliche Variante eines Hundes im Gegensatz zur unberechenbar bestialischen – kam im Sommer 1963 ins Haus und erhielt den unpassend martialischen Namen Sheriff. Er war »eine Art kleiner Fuchs mit riesigen Fledermausohren und einem mächtigen Schweif, der ihm wie ein Wasserfall aus weißen Haaren auf den Rücken fiel«[24]. Es ist der Hund, den Dürrenmatt auf dem Porträt von Varlin aus dem Jahr 1967 auf dem Schoß hält, als freundlicher Gegenpol zu seinem im Zustand größter Verstimmung in geradezu monströser Hässlichkeit gemalten Herrn.[25]

Sheriff ist der Hund, dem Dürrenmatt in der Beschreibung seines ersten Herzinfarkts ein Denkmal setzt[26]: der freundliche Wächter, der sich eng an den Gepeinigten drängt, die Todesnähe feiner witternd als der Betroffene selbst. Er wurde, wenig später, unweit von Dürrenmatts Haus, von einem Auto überfahren. Auch Sheriff war nicht der einzige Hund im Haus. Teilte sich Torro das Revier mit dem rabiaten Buddy, so der Papillon mit einer großen Deutschen Schäferhündin namens Tina, der Dürrenmatt nach dem Tod des Papillons einen Gefährten beschaffte, Pat. Nach den Erfahrungen mit dem unberechenbaren Sennenhund hielt sich die Familie nur noch Schäferhunde. Nicht dass F. D. dadurch alle Sorgen losgeworden wäre. Im Nachlass befinden sich diverse Quittungen, Impfausweise und Ahnentafeln. Und ein paar Papiere von der Versicherung La Suisse über den

Schaden, den einer der Hunde unter den Schafen auf Nachbars Weide angerichtet hatte, inkl. einer Liste, für wie viele Schafe und Lämmer F. D. wie viel pro Gramm bezahlen musste (insgesamt mehrere Tausend Franken). Die Namen Pat und Tina behielt Dürrenmatt für alle weiteren Schäferhunde bei.

Eine Polarität zwischen dem Hund als Freund des Menschen und dem Hund als Inkarnation des Bestialischen, Bösen, geheimnisvoll Animalischen lässt sich aus den Hunden in Dürrenmatts Werk lesen. In *Der Richter und sein Henker* zum Beispiel zwischen dem realistisch porträtierten Ping-Ping und einem »entfesselte[n] Ungeheuer an Kraft und Mordlust«[27], das Bärlach auf dem Anwesen des Bösewichts Gastmann anfällt.

Aus Dürrenmatts Gesamtwerk ließe sich eine eigene kleine Kynologie zusammenstellen. Auf den nächtlichen Spaziergängen, während denen ihm der Vater die griechische Mythologie nahebrachte, erzählte der Vater auch von Cerberus, dem dreiköpfigen Wächter der Unterwelt, während ringsum von Hof zu Hof die Kettenhunde anschlugen. Im Ringkampf, den er in *Labyrinth* aus der Berner Zeit erinnert,[28] wird der Ringkampf mit dem Hund des Gärtners zum Zeichen für die Nöte einer chaotischen Pubertät, steht der Hund für Sexualität, das Animalische, das Böse (über die im Pfarrhaushalt gefürchtete Sünde hinaus).

In der Erzählung *Der Hund,* 1951 geschrieben, aber schon 1945 konzipiert und noch ganz dem Stil der frühen Prosa verpflichtet, die F. D. als das »Vorfeld« seiner ersten Stücke bezeichnete, steht der riesige schwarze Hund mit seinen »schwefelgelben Augen«[29] für das bedrohlich Böse. Der Prediger, den er auf seinen Gängen zur Verkündung von Gottes Wort auf Schritt und Tritt begleitet (und, zu dessen Füßen gelagert, er die Glaubwürdigkeit von dessen geistlicher Botschaft in Frage stellt), wird am Ende von ihm zerrissen. Auch hier ist das Tier in einem erotischen Zusammenhang zu verstehen. Der Hund »belauert« die

Liebe des Erzählers zur Tochter des Predigers: So vernichtend das Tier für den war, so fügsam erweist es sich im Umgang mit dem Mädchen. Nach dem Massaker verschwinden beide und erscheinen noch einmal in einer nächtlichen, vom Erzähler beobachteten Szene. »In seinem dunklen Kleid mit den roten Schuhen, vom Haar, das im Lichte der Nacht blau schimmerte, in langen Strähnen umflossen« schreitet die verlorene Geliebte aus dem Bild, »und [ihr] zur Seite, ein dunkler Schatten, sanft und lautlos wie ein Lamm, ging der Hund mit gelben, runden, funkelnden Augen« – die gezähmte Bestie an der Hand der vom Vater befreiten Unschuld.

Einen tiefen Eindruck hatte Dürrenmatt eine Szene aus der Zeit in Ligerz hinterlassen. Er beschreibt sie in seiner Festrede auf seine damalige Hausherrin Elsie Giauque: »Die Bohnenanlage dagegen neben der Pappelallee bleibt mir als ein unheimlicher Ort im Gedächtnis haften: wir hatten Deinen armen Hund gepflegt, der an Staupe erkrankt war, meine Frau und ich versuchten, das schwarze zottige Tier zu bändigen, wahnsinnig geworden stand es plötzlich im brennenden Kamin, der Bauer von nebenan erschlug es dann zwischen den Bohnenstangen und den Pappeln, es ging nicht anders, noch sehe ich den Bauern das Beil schwingen im Lichte des Dreiviertelmondes.«[30] Ein Bild wie aus der im ersten Band der *Stoffe* erzählten *Mondfinsternis*, wo der Hund ferner als dämonisches Wesen aus der Sagenwelt auftaucht, als »Stinkhaudiwaudhung«[31] [Stinkhaldenwaldhund].

Noch in *Durcheinandertal* flackert ein Widerschein der gespenstischen Ligerzer Szene: wenn Mani, der riesige Sennenhund, im finalen großen Feuer, in den Hintern eines der Gangster verbissen, mit brennendem Fell ins Freie springt. Am Schluss liegt der Hund neben Elsi vor dem Haus des Gemeindepräsidenten und betrachtet mit ihr den Untergang, der Beschützer neuen Lebens: »Weihnachten, flüsterte sie. Das Kind hüpfte vor

Freude in ihrem Bauch.«³² Mani, eine Art geläuterter Buddy (und die Erinnerung an die vielen Milchwagen ziehenden Hunde aus Dürrenmatts Kindheit), ist der eigentliche Held des Romans.

Fritz, der Bruchpilot: Dürrenmatt und das Auto

Dürrenmatt und das Auto ist ein eigenes schmerzensreiches Kapitel. Sozusagen eine einzige Panne, wie der als Erzählung in ebendem Jahr realisierte Stoff hieß, in welchem sich F. D. einen ersten bescheidenen Wagen anschaffte, einen Opel Rekord. Am 5. Juli verzeichnet die Agenda: »Erste Fahrt im Wagen mit Marc [Eichelberg].«³³ Am 10. Juli absolviert er die erste Fahrstunde, und am 11. notiert er: »Auto beschäftigt mich / Panne.«³⁴ Bezeichnend, dass nicht auszumachen ist, ob das das neue Gefährt oder die Erzählung betrifft, in welcher der vom alten Citroën zum Studebaker aufgestiegene Handelsreisende Traps sich in sein Gericht verstrickt. Dann, am 4. Oktober: »Durchs Examen gefallen.«³⁵ Da hatte Lotti den Führerschein schon längst. Endlich, am 23. November, bestand auch Dürrenmatt die Prüfung.

Dass über seiner automobilistischen Karriere ein glücklicher Stern gestanden hätte, wird keiner behaupten und jedermann verstehen, der je das zweifelhafte Vergnügen einer Ausfahrt mit Dürrenmatt hatte. Es war schon eher eine Art höhere Vorsehung, die ihn durch alle Crashs rettete. Am 25. März fährt er, von Lazar Wechsler sozusagen zitiert, nach Zürich, in Wohlen rennt ihm ein Knabe in den Wagen, ohne gravierende Folgen, aber immerhin taucht in Neuchâtel die Polizei auf (29. März 1957: »Polizei im Haus. Sie nehmen mich ein«³⁶). Das Dokument der Staatsanwaltschaft des Kantons Aargau bescheinigt, »ein Verschulden des Motorfahrzeugführers Fr. Dürrenmatt an der Kollision mit dem Knaben Bader« sei nicht nachzuweisen (der Unfall ist ausführlich im zweiten Band der *Stoffe* beschrieben[37]).

Es war der erste einer langen Reihe von Unfällen. Im Februar 1958 vermerkt die Agenda: »Neuer Wagen«[38], nach dem kleinbürgerlichen »Rekord« nun ein bürgerlicher »Opel Kapitän«. Am 27. Juli 1958 fährt F. D. mit Vater Reinhold von Bern nach Herzogenbuchsee, um am Grab von Großvater Ulrich dessen 50. Todestags zu gedenken. Um einem Radfahrer auszuweichen, lenkt F. D. den Wagen in ein Feld. Vor Neujahr schließt er, in kluger Voraussicht, eine Vollkaskoversicherung ab. Es sollte nicht lange dauern, bis sie zum ersten Mal in Anspruch genommen wird. Auf der Rückfahrt von der Premiere von *Frank dem Fünften* (als hätte der Durchfall seines Lieblingsstücks nicht gereicht) stand am 21. März 1959 der »Kapitän« auf offener Strecke in Brand. Wenig später, jetzt ist er mit einem Chevrolet Corvair unterwegs, den er für Lotti gekauft hat, ereignet sich im Wallis ein Unfall: Er bleibt mit aufgerissener rechter Seite am Straßenrand stehen und kauft nach der Rückkehr *stante pede* einen silbergrauen Chevrolet Impala, mit der Bemerkung: »Die Straße ist ein Schlachtfeld, ich habe die Möglichkeit, mir einen Tank zu kaufen, also beschaffe ich mir einen.«[39] Agenda 27. August 1959: »Beschädigte Auto.« Dem folgte ein blaumetallener Chevrolet Bel Air mit großen Heckflügeln. Oder war's schon der grüne Buick mit Automatik? Mit einem davon schlitterte er jedenfalls auf dem Weg in die Ferien bei Les Échelles (Savoyen) gegen einen Pfeiler: Garagist Schenker (dem er im postum erschienenen fragmentarischen Kriminalroman *Der Pensionierte* ein spätes Denkmal setzte) musste aus Neuchâtel kommen und den Wagen abschleppen, und Dürrenmatt setzte die Reise im Taxi fort. Von da an fährt er nur noch große Amerikaner, mit Ausnahme einer kurzen Phase, in der er mit Schenker zu Jaguar und (für den Haushalt) zu Volvo wechselte. Jörg Steiner, der ihn Mitte der sechziger Jahre mit einem Freund mit einem 2 CV besuchte, er-

innert sich, dass F. D. die beiden jungen Männer für verrückt
hielt, sich »mit so wenig Blech vor dem Bauch in den Verkehr
zu wagen«[40]. Agenda 4. September 1965: »Holen Sheriff [einen
Hund] Peter Autozusammenstoß«[41] 8. Juni 1974: »Nach Neuchâtel. Autozusammenstoß.«[42] Undsoweiterundsofort: »19. November 1982 Autounfall«[43], »11. September 1984 mit Charlotte
bei Advokat Ribeaux. Auto gestreift.« »18. Februar 1987: Moskau–Zürich–Neuchâtel. Unglück mit Wagen.«[44] Wie heißt es
im Abschnitt *Auto- und Eisenbahnstaaten* in *Turmbau*? »Der
Mensch am Steuer ist für jede Verkehrsordnung unberechenbar.«[45] Dürrenmatt wusste, wovon er sprach.

Leib und Leben

»Ich bin ein ungeheuer sinnlicher Mensch«: damit meinte F. D.
auch die Sinnlichkeit im Kopf, das bildhafte, gleichnishafte, die
Grenzen zwischen Erinnerung, Phantasie, Vision souverän
überschreitende, gesamtheitliche, also unsystematische Denken;
und die Sinnlichkeit in den Händen, die er im bewussten Dilettantismus seiner Malerei mit der »Schöpferkraft des Kindes«
kurzgeschlossen sah. Das galt gewiss auch ganz vital. Dürrenmatt aß gerne, und er aß viel, erst recht, nachdem sein Diabetes,
der ihm ein strenges Regime abverlangte, ebendessen Missachtung reizvoll machte. Ab dem Moment, da er Insulin spritzen
musste, litt er unter veritablen Fressattacken. Gewiss gab es
auch genetische Gründe für seine schwergewichtige Konstitution, namentlich von mütterlich-großmütterlicher Seite (wir erinnern uns: als Kind hatte er beim Tod seiner Großmutter befürchtet, sie käme nie in den Himmel, der Kamin im Konolfinger
Pfarrhaus sei für eine Auffahrt viel zu eng). Aber er trug auch
das Seine dazu bei, bis er sich in seiner zweiten Ehe strengeren
Diäten resp. der Vernunft seiner Frau Charlotte Kerr beugte.

Den Berner Internisten Fred Schertenleib, Diabetologe und
Mitbegründer der Schweizerischen Diabetes-Gesellschaft, von
kleinem Wuchs und rundlicher Statur, dessen physische Erscheinung die von ihm angeordneten Diäten Lügen strafte und
der seinen Patienten schon aus diesem Grund amüsierte, verband ab den frühen sechziger Jahren eine enge Freundschaft mit
Dürrenmatt. Er erinnerte sich an das erste Treffen mit seinem
prominenten Patienten:

> Als ich ihn zum ersten Mal sah, war er wirklich unförmig. Da
> lag er hier auf dem Schragen [Liege], ich habe ihn untersucht,
> und dann sagte ich: »Herr Dürrenmatt, das ist kein Bauch, das
> ist ein Ranzen.« Es entfuhr mir so. »Mit dem Diabetes sind Sie
> falsch behandelt. Sie brauchen nicht so viel Insulin, aber das
> Gewicht muss zurück.« Der hatte ja manchmal 60, 80 Einhei-
> ten Insulin gespritzt, das verursachte natürlich einen mörderi-
> schen Hunger, er wurde immer dicker. Ich machte ihm Vor-
> schläge, wir waren fertig, und ich fragte, wo gehen Sie jetzt
> hin. Er muffte herum, ich darf ja nicht mehr fressen und sau-
> fen, da lud ich ihn zu mir nach Hause ein, zu einem diabe-
> tischen Mittagessen. Da sah ich sofort, weshalb er dick war:
> der hatte drei Portionen runtergeschleudert, wo ich noch am
> ersten Bissen kaute.[46]

Gewiss entwickelte sich Dürrenmatt ab der Wende vom Soll
zum Haben auch ein bisschen zum Gourmet, so weit ihm das
sein Diabetes erlaubte. Davor war er ein Gourmand. Ein Schlin-
ger, der gegen seine Gesundheit ebenso anschlemmte wie der
todkranke Bärlach bei dem berühmten letzten Abendmahl,
während dessen er seinen Henker Tschanz überführte, oder Johann Bockelson in der nicht minder legendären »Fressarie« in
Es steht geschrieben. Wie die alten Juristen beim Essen, bei dem
sich Alfredo Traps (in der *Panne*) in sein Schuldgeständnis ver-

strickt. Gerade weil unlängst noch die einzige Abwechslung auf seinem Tisch, wie sich Ernst Schröder erinnerte, darin bestand, dass es einmal Spaghetti mit Salat, das nächste Mal Salat mit Spaghetti gab.

Es ist demnach nicht verwunderlich, dass in Dürrenmatts Werk Fress- und Sauforgien auch dramaturgische Funktionen haben. Sie sind in der Häufung (bei Dürrenmatt gibt es immer beides: den Hang zur Vervielfältigung und den Hang zur Abstraktion) mehr Karikaturen von Sinnlichkeit als deren Ausdruck. Lebensfreude im Imperativ, mit drei Ausrufungszeichen, und allemal mörderisch oder selbstmörderisch.

»Nur das Nichtige hat Bestand«: Dürrenmatts Liebe zum Wein

Noch bevor er zu Wohlstand kam, war Dürrenmatt ein großer Weintrinker. Seinen legendären Weinkeller aber konnte er erst anlegen, als er für diesen Luxus durch den Bau des zweiten Hauses (1965) im großen Luftschutzkeller Platz geschaffen hatte. Schon früh hat er sich mit Vorliebe an Bordeaux gehalten, und zwar mit wenigen Ausnahmen an roten. Die Absolution dazu erhielt er von seinem Freund Schertenleib, der einsah, dass Appelle zur Mäßigung bei diesem Patienten nichts fruchteten und schon viel erreicht war, wenn der sich an Weine ohne Restsüße hielt. An Bordeaux eben. Diese Diät war auszuhalten.

Jetzt, nach der *Alten Dame,* war er in der Lage, diese Ressourcen in größerem Maße sicherzustellen. Sein Lieferant war zuerst vornehmlich André Châtenay, der Ehemann der legendären Yvonne von Wattenwyl. Er führte eine Weinhandlung zwischen Colombier und Boudry und vertrat »eine[n] alten Weinhändler in Bordeaux, der mehrere Schlösser besaß und nur noch Château d'Yquem trank und Austern aß«[47] (eine nicht nur einem

Diabetiker wenig bekömmliche Mariage). Weine aus der Region trank Dürrenmatt nur, wenn es aus protokollarischen Gründen nicht zu vermeiden war, etwa anlässlich der Verleihung der Ehrendoktorwürde der Universität Neuchâtel. Max Frischs Vorliebe für Ostschweizer Blauburgunder (sogenannte »Beerli-Weine«) verstand er so wenig wie Frisch Dürrenmatts opulenten Umgang mit großen Bordeaux'. Seinem Freund Hans Liechti zufolge, der als Wirt des nahe gelegenen Restaurants ›du Rocher‹ in den siebziger Jahren eine wichtige Bezugsperson wurde, kaufte er anfangs auch gern noch gelegentlich die Weine von Cordier, Château Talbot und Château Meyney, bei »Planteurs réunis de Lausanne«. Lynch-Bages mochte er schon früh, wie überhaupt die Weine aus Pauillac. Jetzt konnte er sich die besten leisten: Château Latour vor allem, Château Lafite und Mouton-Rothschild.

In der *Panne* legte er noch ein paar falsche Fährten, kaum aus Ignoranz, sondern um sich einen Scherz mit seinen Lesern zu erlauben. Château Pichon-Longueville 1933 kann in den Fünfzigern keine Offenbarung mehr gewesen sein, so wenig wie der »Château Margot 1914«, der erstens falsch geschrieben ist (richtig: »Margaux«) und zweitens aus einer mäßigen Ernte stammt. Allein der »Château Pavie 1921« stammt aus einem großen Jahrgang. Dürrenmatts eigenem.

Ein eigentlicher Quantensprung setzte ein, als er nach dem Bau des zweiten Hauses, vermutlich auf Vermittlung seiner Freundin Yvonne von Wattenwyl, einen ganzen Keller aus dem Bordelais kaufte. Der Besitzer von Château Villemaurine, ein kleiner, aber feiner Produzent im Saint-Émilion, unmittelbar vor den Toren des gleichnamigen Städtchens, war mehr für seine labyrinthisch verzweigten alten Kelleranlagen bekannt (allein dieses Labyrinth wäre für Dürrenmatt ein Kaufgrund gewesen, hätte er davon gewusst) als für den Wein selbst. Dürrenmatt kaufte, nach Meinung seines Freundes Hans Liechti »für lumpige 10 000,– Franken«[48], *en bloc* die ganzen Bestände und verbreitete darüber zwei Legenden. Nach der einen hatten die Ärzte dem Besitzer jeglichen Alkoholkonsum verboten, und jener habe den Gedanken nicht ertragen, den Rest seines Lebens über seinen verbotenen Schätzen zu verbringen. Nach der anderen habe dieser die Braut seines Sohnes und Erben so gehasst, dass ihn die Aussicht, die künftige Schwiegertochter könnte sich der großen Bestände über seinen Tod hinaus erfreuen, das Ganze zu einem Schleuderpreis verkaufen ließ. Beide Versionen sind wohl eher Dürrenmatt-Geschichten. Die Praxis, im Bordelais ganze Keller zu kaufen, behielt er bei. Er nannte das später »meinen Witwenwein«[49], weil es sich dabei hauptsächlich um Hinterlassenschaften von lokalen Anwälten, Ärzten, Professoren handelte, deren ratlose Witwen mit den verstaubten Bouteillen nichts anzufangen wussten. Mit der Zeit war seine Vorliebe für Bordeaux so bekannt, dass ihm sogar aus Frankreich ganze Partien angeboten wurden.

Wie auch immer: Die Weine von Villemaurine waren überaus gepflegt, das heißt, sie waren regelmäßig neu verkorkt und der sogenannte Schwund ausgeglichen worden. Und zur Lieferung (deren Transport zwei Lastwagen benötigte) gehörte weit mehr als Eigenbau von Villemaurine. Die Herrschaften im Bordelais (ganz im Gegensatz zu den in der Regel eher bäurischen und eigenbrötlerischen Winzern im Burgund) unterhalten gegenseitig einen gesellschaftlichen Verkehr in großem Stil, was auch heißt, dass sie unter sich ihre Weine austauschen. Zudem war der Besitzer von Villemaurine auch ein wichtiger Händler.

Auf einen Schlag hatte Dürrenmatt also in seinem Keller eine Zeitmaschine. Praktisch jedem Gast konnte er eine Bouteille seines Jahrgangs dekantieren. Wenn auch nicht mir: 1943 war zwar nicht schlecht, aber die Ernte unter Kriegsbedingungen mager, und von dem Wenigen ging viel verloren; die deutschen Besatzer soffen auch die jüngsten Weine weg, wenn die nicht

versteckt oder in Hitlers Berghof oder in die Keller anderer
Nazigrößen abtransportiert wurden. Dürrenmatts eigener Jahrgang, das heiße Jahr 1921, wir sagten es, brachte außergewöhnliche Weine hervor. Der Glückliche hatte für alle künftigen Ge-
burtstagsfeiern ausgesorgt (während Lotti über die 1919er, die
er ihr zu Ehren öffnete, mit Grund die Nase rümpfte; der Jahrgang taugte nicht viel). Hoch willkommen waren, bis die beiden
sich nach dem Basler Theaterkrach 1969 auseinanderlebten, Besuche von Werner Düggelin in Neuchâtel. 1929 war, nicht anders
als das Jahr davor, ein Jahrhundertjahrgang. Noch heute sagt
Düggelin (wie viele andere auch), Dürrenmatt habe ihm das
Bordeaux-Trinken beigebracht.

Mir ist ein Besuch Mitte der siebziger Jahre unvergesslich.
Zuweilen arbeitet auch der Kulturjournalist unter Einsatz von
Leib und Leber. Das Datum ist verblasst, wie die Tinte, mit
der Dürrenmatt mir das Etikett eines 1928er »Villemaurine« si-
gnierte. Auch der Anlass ist mir entfallen – er wird wohl eher ein
Vorwand gewesen sein.

Es war die Zeit, da sich Dürrenmatt vom Theater verabschiedet hatte. Er arbeitete an dem, was später seine »Altersprosa«
heißen sollte, vor allem an den *Stoffen.* Den *Mitmacher-Komplex* mit seinem weit über das Stück hinauswuchernden ›Nachwort‹ und dem ›Nachwort zum Nachwort‹ verstand die Kritik
als Rechthaberei statt als akribische und schonungslose poetologische Selbsterforschung. Sein Israel-Buch, *Zusammenhänge,*
blieb fast unbeachtet (überhaupt hatte ihn nicht zuletzt sein Engagement für Israel aus der Gnade der tonangebenden Feuilletons fallen lassen). Es war einsam geworden am Pertuis-du-
Sault, und F. D. war dankbar für Gesellschaft.

So entkorkte er bald eine Flasche Brane-Cantenac 1970, das
war noch vorstellbar und im Keller eines 30-jährigen Redaktors
auch vorhanden. Schon der 1961er Pauillac (ich weiß nicht mehr,
welcher) ging darüber weit hinaus, wie alles Weitere auf dem

folgenden Abstieg in mythologische Tiefen: ein 1955er Château Palmer, dann Villemaurine 1947, ein 1928er seines geliebten Latour. Zum ersten Mal im Leben trank ich dann legendäre Jahrgänge wie 1911 und 1904, um endlich, mit Dürrenmatt als Cicerone, den endgültigen Abstieg in den Hades zu wagen: Ich meine mich an einen Wein von 1871 zu erinnern und einen Scherz Dürrenmatts, der habe schon angezeigt, dass die französische Kapitulation keine endgültige habe gewesen sein können. Fritz dekantierte mit rauschender Nonchalance, er schüttete die Bouteillen in die Karaffe, als wär's Rioja aus dem Supermarkt. Alte Weine trinken ist eine eigene Kunst, wir jungen Spunde waren ihr niemals gewachsen. Immerhin merkten wir, dass die *cadaveri eccellenti* ihre eigene Würde haben. Um uns war ein Hauch von Kapuzinergruft. »Dämmerung senkte sich von oben, schon ist alle Nähe fern«, wer erinnert sich schon, mit zweieinhalb Promille, an ein Goethe-Gedicht: »Alles schwankt ins Ungewisse / Nebel schleichen in die Höh' / Schwarzvertiefte Finsternisse / Widerspiegelnd ruht der See.«[50] Irgendwann kamen wir ins Bett, irgendwie, von Dürrenmatts Spezialität endgültig gefällt: Er liebte es, den letzten Schluck mit dem Satz in einen Schwenker zu gießen und die gleiche Menge Cognac zuzufügen. (Mit Cognac trieb er auch sonst gern Scherze. Marc Eichelberg, der Freund, erinnert sich, wie er im Münchner Hotel ›Vier Jahreszeiten‹ einen Sommelier aus der Fassung brachte, indem er hinter dessen Rücken einen Latour mit einem Viertel Cognac versetzte und den irritierten Gast spielte.) Fünf Stunden später hörte ich Schritte. Dürrenmatt war an der Arbeit. Seine Konstitution im Umgang mit Alkohol war unglaublich.

Wenn auch nicht grenzenlos. Es wäre unredlich, zu verschweigen, dass ihm zeitweise der Sinn ebenso nach Quantität wie nach Qualität stand (die für ihn ohnehin eine Selbstverständlichkeit war). Er war kein Weindegustator, er war ein Weintrinker. Peter Bichsels Satz, »wäre im Wein kein Alkohol, es gäbe auf der Welt

keinen einzigen Weinkenner«[51], widerlegte Dürrenmatt jedenfalls nicht. Immer wieder tauchen in den Agenden der sechziger
und siebziger Jahre Stoßseufzer auf: »Zuviel getrunken«, »Weniger Alkohol!!!«. Das betraf freilich auch, mehr noch als seinen,
den Alkoholkonsum seiner Frau Lotti. Der machte ihm Sorgen,
und er wusste, dass er ihm Vorschub leistete, wobei zu vermuten
ist, dass er von den wahren Ausmaßen des Alkoholkonsums seiner Frau entweder nichts wusste oder nichts wissen wollte. Jedenfalls wundert er sich in einem Brief an seinen Freund Tuviah
Rübner, den israelischen Lyriker und Übersetzer, dass Lottis Le-
berwerte sich nach einer radikalen dreimonatigen Kur (während
deren sie mehr als fünfzehn Kilo abgenommen hatte) noch immer nicht normalisiert hatten.

Es war einer der Momente, in denen er auch für sich Konsequenzen zog, nicht zuletzt aus Solidarität mit seiner Frau (aber
auch auf Anraten der Ärzte). Im undatierten, sehr offenen Brief
an Rübner (auf Briefpapier aus dem Münchner ›Vier Jahreszeiten‹, nach dem Empfänger vom 16. Juli 1978) schreibt er, nach
Schilderung von Lottis Leidensweg: »Ich musste seit langem
wieder Insulin spritzen, mein Gewicht war nun auf 94 Kilo gestiegen. Ich nahm nicht mehr als 1200 Kalorien zu mir, seit Mitte
März brauche ich kein Insulin und mein Gewicht ist nun 80 Kilo.
Mein Fehler war, dass ich zu viel soff, meine Komödie: jetzt
trinke ich mäßig, aber vertrage nur noch Weißwein, den ich als
Besitzer des berühmtesten – und berüchtigtsten – Rotweinkel-
lers der Schweiz über diesem – er ist unter meinem Arbeitszimmer, mit meiner Frau trinke. Wir vertragen beide zusammen gerade noch hin und wieder eine Flasche Weißen – leider versetzte
mich meine neue Lebensweise in eine Arbeitswut, die ich eigentlich noch nie an mir erlebt habe.«[52] Wie lang er sich daran gehalten hat, ist nicht bekannt.

Mehr noch als bei solchen leiblichen Ausschweifungen zeigt
Dürrenmatt seine Sinnlichkeit in wenigen Gedichten. Sie ist,

dürfen wir vermuten, wie auf ganz andere Weise der Glaube, Teil einer Intimität, vor deren Offenbarung er sich zeitlebens scheute. Dürrenmatt war, wie wir wissen, entgegen dem Missverständnis vom barocken Naturburschen, entgegen auch den gelegentlichen Selbstinszenierungen als Rabelais oder Falstaff, ein schamhafter und zurückhaltender Mensch. Da ist seine eingestandene Liebe zum Wein schon fast erstaunlich. Zum Faszinosum dieser Materie, die das Bewusstsein verändert (»berauscht« im vulgären Sinn habe ich Dürrenmatt nie erlebt), gehört ihre Vergänglichkeit:

Nur das Nichtige hat Bestand

[...]
Auf alles gefasst sein.
Darum sammle ich die Weine
rauche ich die braunen getrockneten
Blätter
Vergänglichkeiten
nur das Nichtige hat
Bestand.[53]

Auch die »braunen getrockneten Blätter« gehörten schon zu seinen Leidenschaften, bevor er sie sich eigentlich leisten konnte. Über Zigarren hatte er sich, aus Verlegenheit, mit Brecht unterhalten, bei ihrer einzigen persönlichen Begegnung. Traf er Peter Keckeis, den katholischen Verleger seiner beiden ersten Kriminalromane, zu einer Besprechung in der ›Kronenhalle‹, ließ er sich regelmäßig eine kubanische »Monte-Cristo« kommen. Erst nach dem ersten Herzinfarkt 1969 hielt er sich an das strikte Rauchverbot seiner Ärzte.

Exkurs

Theater als andere Lebensform

Die andere Seite · Die Palette des Dramatikers · Entwürfe für ein neues Theater · Der Traum vom eigenen Theater

Die andere Seite

Friedrich Dürrenmatt hat nur wenige Gedichte geschrieben. Lyrische Verdichtungen finden sich als Einschüsse in seiner Prosa und in musikalischen Stimm- und Dialogführungen in seinen Stücken, nicht nur in den frühesten, in denen ariose Momente zuweilen überhandnehmen (»Ich musste mich erst mal aussingen«, bekannte er Charlotte Kerr in ihrem *Protokoll einer Inszenierung* [von *Achterloo III*] in *Rollenspiele*[1]), sondern auch später, zum Beispiel in der musikalischen Organisation des Dialogs, im »musikalischen« Einsatz von Wiederholungen und Rhythmuswechseln zwischen Sprache und Schweigen. Manchmal aber ist ihm wie nebenher ein eigentliches großes Gedicht gelungen. Ein besonders schönes hat er der ›Kronenhalle‹ gewidmet, dem Lokal am Zürcher Bellevue Platz unweit des Schauspielhauses.

Die ›Kronenhalle‹ war ihm in der sonst fremden Stadt eine der wenigen bewohnbaren Inseln. Eine Oase in Babylon. Das Restaurant war schon in den 1950er und 1960er Jahren zu nächtlicher Stunde ein Jahrmarkt der Eitelkeiten. Als er eine öffentliche Person geworden war, liebte es Dürrenmatt (sehr zum Missfallen von Max Frisch), dort Hof zu halten und vor illustrem Publikum zu monologisieren. Noch mehr aber liebte er die

›Kronenhalle‹ an den Nachmittagen, wenn Stille einkehrte und
sie zu einem Raum des Rückzugs und der Einkehr wurde, an
dem die Außenwelt fast geräuschlos vorüberrauschte wie die
Trams vor den Fenstern auf der Rämistraße.

Kronenhalle

1.

Ich bin an wenigen Orten daheim

Im Haus über dem See

Auf der andern Seite des Monds

Auf der Bühne des Schauspielhauses
Umstellt von Kulissen

Und in der Kronenhalle
In Mutter Zumstegs Reich

Die Leberknödelsuppe dampft
Aldo kommt mit dem Wagen angerollt
Und ich denke über einen Auftritt der Giehse nach

2.

An den Nachmittagen zwischen drei und vier
    Am Tisch
Zwischen den Glasscheiben

Wie hinter Silberstaub schläft die Katze
    Auf der Bank in der Ecke
Kein Gast wagt sie zu stören

Vor blauen Tramwagen manchmal
Bewegen sich die Vorhänge

Geisterhaft auf die gleiche Scheibe gespiegelt
Erscheint aber auch
Mein Gesicht und die fernere Theke

Schiebt sich
Der Hintergrund vor den Vordergrund.[2]

Selbstbildnis mit Katze. Im Spiegelkabinett fällt die Zeit in eins mit dem Raum, in der kostbaren Stunde des Dazwischen, und der Raum hebt sich auf in der Fläche. Hier wird der Einzelne ein anderer, in einem Augenblick von lautloser Intimität: der Lyriker, der Maler auch. Das Ineinanderfallen von Zeit und Raum und die Aufhebung von beidem ist wie nicht von dieser Welt. Es zeigt (nachdem die Knödelsuppe so gegenwärtig gedampft hat) eine andere an: den Raum der Kunst (die Erinnerung an den Auftritt der Giehse), eines paradiesisch Unbewussten (die schlafende Katze), etwas Außerirdisches (»geisterhaft auf die gleiche Scheibe gespiegelt erscheint mein Gesicht«). Fast eine Begegnung der dritten Art. »In der Fläche verwebt sich / der Raum mit dem Nachmittag / gibt es keine Zeit mehr, / nur noch Farben von / Schmetterlingsflügeln«[3], heißt es in einer ersten Fassung des Texts. Die Gesetze der Perspektive, der räumlichen und der zeitlichen, sind außer Kraft. Der Hintergrund schiebt sich vor den Vordergrund, die Vergangenheit vor die Gegenwart.

Das Haus über dem See, am Ort »hinter dem Mond« – die Bühne des Schauspielhauses, von Kulissen umstellt: Dürrenmatts zwei Pole der Beheimatung. Er hatte die Szene 1947 »ganz unvorbereitet fürs Theater«[4] betreten, und er sollte bald lernen, dass, wie sehr für ihn mit zunehmender Erfahrung das Schreiben auch »zu einer Art Rohregie wurde«, »großes Theater nur vom Theater her zu lösen [ist], nicht vom Schreibtisch, der nur Ausgangspunkt sein darf«[5]. Den Satz, den Max Frisch in seiner Rezension des *Romulus* prägte, dass hier einer nicht auf der Bühne dichte, »sondern *mit* der Bühne«, machte sich Dürrenmatt sofort zu eigen. Das galt nicht so sehr für die Bühnenästhetik und die technischen Abläufe. Entscheidend wurde mehr und mehr der Anteil, den seine Dramaturgie dem Schauspieler überantwortete – nicht durch Veränderung des Texts, sondern durch dessen schauspielerische Anverwandlung und Bereicherung.

Es steht geschrieben war noch bar jeder Theatererfahrung und also notwendig noch ohne Rücksicht auf die szenische Realisation entstanden. Dafür kennt die Geschichte gerade der deutschsprachigen Dramatik viele hervorragende Beispiele, von Kleist, der seine *Penthesilea* für unspielbar hielt, Goethes *Faust II,* Hölderlins *Tod des Empedokles,* den meisten Stücken von Grabbe bis zu Lasker-Schülers *Die Wupper.* Bald aber sah sich Dürrenmatt in einer entgegengesetzten Theatertradition, derjenigen der »Theatermacher«: Aristophanes, Shakespeare, Molière, Goldoni, Nestroy, Wedekind, Brecht.

Dürrenmatt war ein besessener, einsamer Arbeiter, konzentriert auf das Gespräch mit sich selbst. Schreiben ist ein einsamer Beruf, selbst dann, wenn es einer als »Rohregie« versteht und die Schauspieler vor sich sieht, für die er seine Dialoge schreibt, und auch das, was über die Sprache hinausgeht: ihre Körpersprache, ihre spezifische Gestik, das Timbre ihrer Stimmen, ihren Rhythmus, ihr Schweigen.

Am Schreibtisch ist der Schriftsteller autonom und allmächtig, unterworfen nur seinem »Stoff«. In der Theaterarbeit erfährt er seine »Korrektur«. Eine Aufführung ist, nach Dürrenmatts Verständnis, nicht die Ausführung einer Partitur, sondern ein komplexer Vorgang der Umsetzung: die Arbeit eines Kollektivs, mit allen Mäkeln, Unvorhersehbarkeiten, Pannen und unerwarteten Glücksmomenten.

Auf seine Schauspieler war Dürrenmatt in einem höheren Maß angewiesen als Autoren, die in realistischeren szenischen Zusammenhängen denken. Was Max Frisch schon in Zusammenhang mit dem *Mississippi* als die »Gefahr des Immer-Zugespitzten« beklagte[6], bringt er zutreffend mit dem Problem der Abstraktion in Zusammenhang. Es bleibt ein Charakteristikum von Dürrenmatts Dialogführung, solange er Stücke schreibt.

Selbst in seinen späten »Übungsstücken für Schauspieler«[7] dachte er Menschen, wenn er Figuren schrieb, auch noch im *Mitmacher*, wie der dazu veröffentlichte »Komplex« beweist. Andererseits heißt es schon im kleinen frühen Aufsatz *Etwas über die Kunst, Theaterstücke zu schreiben*, in welchem er nach einer Antwort sucht auf Frischs Forderung nach einem »humaneren Klima«: »Ich möchte hier einschieben, dass ich seit jeher ein großes Misstrauen gegen jene Dramatiker habe, von denen es heißt, sie stellten Menschen aus Fleisch und Blut auf die Bühne.«[8] Eine Regiearbeit »vermag nur unvollkommen durch die Sprache allein ausgedrückt zu werden, das Buch ist eine unvollkommene Partitur, noch nicht Interpretation, Regie geschieht auf der Bühne. Sie ist ein Interpretieren auf der Bühne mit Schauspielern: sie wird denn auch immer wieder von den Schauspielern her *korrigiert*.«[9] [Hervorhebung P. R.]

Das Stichwort ist »Korrektur«. Es meint mehr als die Veränderung oder Anpassung des Texts im Prozess der Aneignung, nämlich die Korrektur des Gedachten und Geschriebenen durch das Gelebte. Durch die Existenz des Schauspielers. Aus den Stimmen seiner (F. D.s) Partituren die Menschen herzustellen, die er sich dachte, die er aber nicht schrieb, hielt er für den Beruf des Schauspielers. Zuerst wohl unbewusst, dann als programmatische Forderung, zuletzt verstimmt über den Verlust der guten alten Zeit, der in Wahrheit der Verlust der ihm vertrauten

Darsteller war, der »Farben« seiner dramatischen Palette, wie er einmal sagte.

Am Ende mutete Dürrenmatt dem Schauspieler, eine kühne und paradoxe Umkehrung wagend, die kaum lösbare Aufgabe zu, seine Sätze als das »letzte Resultat seines [des Schauspielers] Spiels«[10] zu betrachten. Das geht weiter als die andernorts angesprochene Auffassung von der Rolle als einer »Synthese des Akteurs mit meinem Text«[11], nämlich bis zur Forderung eines nachträglichen sinnlichen Einholens, ja einer Widerlegung oder sogar Erlösung einer vom Autor vorgeleisteten Reduktion und Abstraktion. Dürrenmatt hing nicht aus Sentimentalität am Kreis der ihm vertrauten Schauspieler. Er war ihnen ausgeliefert, weil er den Pol der Sinnlichkeit an sie delegierte, als gleichwertige Partner in einem komplexen Wechselspiel von Abstraktion und Einfühlung.

Nichts machte Dürrenmatt mehr Mühe, als etwas aus der Hand zu geben. »Zu den Schwierigkeiten der Theaterschriftstellerei, ja vielleicht jeder Kunst, gehört das Sichabfinden«[12], heißt es schon in *Gedanken vor einer neuen Aufführung* (1957). Diese Schwierigkeiten erledigen sich durch praktische Theaterarbeit mit ihren Zwängen von selbst.

Der kleine Aufsatz *Schriftstellerei und Bühne* über das Schauspielhaus Zürich bringt das gegen Perfektion, Hermetik, die geschlossene Form, Klassizismus, »Stil« gerichtete ästhetische Programm des »Expressionisten« Dürrenmatt auf den Punkt: Das Schauspielhaus Zürich, diese (wir erinnern uns) »geniale Schmiere« (Jürgen Fehling), idealisierte er eben unter dem Gesichtspunkt der verhinderten Perfektion – entgegen früheren, entgegen späteren Erfahrungen mit dieser zwischen Provinzialismus und prestigiösem Anspruch schwankenden Institution. »So glaube ich kaum, dass es ein zweites Theater gibt, in welchem sich die Dramatik aller Zeiten besser widergespiegelt sieht als im Schauspielhaus Zürich, gezwungenermaßen, gilt es doch,

jede Saison an die zwanzig Stücke herauszugeben, dazu Gast-
spiele anderer Bühnen. Es ist eine schnell atmende Bühne mit
einem instruierten Weltkleinstädter Publikum [...]. Doch bedingen die vielen Premieren eine kurze Probenzeit. Perfektion
ist unmöglich [...]. An ihre Stelle muss die Intensität treten.
Dass das in den entscheidenden Aufführungen immer wieder
geschah und geschieht, nur das macht den Ruhm dieser Bühne
aus. [...] Mit diesen Umständen muss deshalb der Autor auch
rechnen. Es wird ihm auf dieser Bühne kaum gelingen, seinem
Werk bei einer Uraufführung eine endgültige Bühnengestalt zu
geben, vieles wird vorläufig bleiben müssen, doch sein Stück
wird kaum eine bessere Feuerprobe durchmachen können. Das
Schauspielhaus ist mit seinen Autoren strenger als andere Bühnen, es kann sich nicht leisten, seine Fehler zu retouchieren,
denn es ist eine handelnde, nicht eine ausklügelnde Bühne, aber
gerade wie der Schauspieler sich an diesem Ort nur dann behaupten kann, wenn er schauspielerische Substanz mitbringt, so
auch der Schriftsteller. Das Zürcher Schauspielhaus ist gerade
durch seine Unvollkommenheit ein vollkommenes Theater, und
ich liebe es deshalb auch mehr als andere Häuser.«[13]

Hier wird nicht nur aus der Not eine Tugend gemacht. Obschon F.D. die Not durchaus auch sah und sich gelegentlich
(auch im Duett mit Max Frisch) bitter über die Arbeitsbedingungen beklagte. Nach seinem Erstling wurden *Der Blinde*
(1948) und *Romulus der Große* (1949) in Basel, *Die Ehe des
Herrn Mississippi* (1952) und *Ein Engel kommt nach Babylon*
(1953) an den Münchner Kammerspielen uraufgeführt. Zwischen
1956 und 1966 aber, dem *Besuch der alten Dame* und den *Wiedertäufern,* war das Schauspielhaus Zürich Dürrenmatts Ur-
aufführungsbühne. Hier bekam er die Schauspieler, an die er
beim Schreiben dachte, seine »Farben«[14], wie er sagte, »[m]eine
Möglichkeit [...], mich auszudrücken«: Maria Becker, Therese
Giehse, Gustav Knuth, Leonard Steckel, Theo Lingen, seine al-

ten Mentoren Kurt Horwitz und Ernst Ginsberg. Ernst Schröder. Den Bühnenbildner Teo Otto, den Dramaturgen Kurt
Hirschfeld. Nach den Proben traf sich diese Theatergesellschaft
in erweitertem Kreis in der ›Kronenhalle‹ oder im ›Vorderen
Sternen‹ gleich nebenan, wo die Arbeit in anderem Rahmen wei-
terging.

Alle zusammen bildeten sie für Dürrenmatt eine Art Gegen-
familie. »Man muss im Theater zu Hause sein können, man muss
klagen können [...]. Das alles gehört zum Theater. Es muss eine
Familie sein«[15], sagte er im September 1967 Bruno Schärer für die
›Weltwoche‹, als der Vorrat an Gemeinsamkeiten mit dem Schauspielhaus vorübergehend aufgebraucht war. Die Familie in
Neuchâtel wird sich über einen solchen Satz gewundert haben.

Entwürfe für ein neues Theater

Im selben Gespräch mit Bruno Schärer skizziert er einen ersten Ansatz für ein neues Theater: Sechs Hauptproduktionen (er
denkt an ein reines Sprechtheater) seien genug, mehr seien mit
der gebotenen Sorgfalt nicht zu erarbeiten. Daneben aber solle
das Theater ein zweites Programm unterhalten, in dem Stücke
nur im Aufriss gezeigt werden, improvisiert, mal gelesen, mal
szenisch skizziert, Novitäten, die man aus irgendeinem Grund
nicht im Hauptprogramm zeigen könne oder wolle, aber auch
Ausgrabungen, Theater durchaus auch als lebendiges Museum,
das Zusammenhänge herstelle; das Ganze betreut von einem beträchtlich erweiterten Stab von Dramaturgen, denen er damals
noch nicht grundsätzlich misstraute. Vor allem: »In dem von
mir entworfenen Theater hätte auch der Autor seinen Platz, er
wäre zu Hause.«[16] Eher nebenher fällt in dem Gespräch auch der
Name des Mannes, der Dürrenmatt seit den fünfziger Jahren
mehr beschäftigte und den er, bei allen skeptischen Vorbehalten,

mehr bewunderte als irgendeinen andern Zeitgenossen auf dem Theater.

Dürrenmatts Verhältnis zu Brecht ist hier nicht nochmals[17] das Thema, oder doch nur unter einem Gesichtspunkt. 1957, in seinen *Gedanken vor einer neuen Aufführung*, unterscheidet Dürrenmatt Autoren, »die danach trachten, möglichst genaue Partituren zu liefern [...]«[18], »denen einzig mögliche Aufführungen, Modellaufführungen vorschweben«, und andererseits welche, die »in ihren Texten eine Substanz [sehen], die jedes Theater, jede Truppe auf eine immer andere Weise zum Erscheinen, zum Leuchten bringen muss«. Damit kann nur der Unterschied zwischen dem Modell-Architekten Brecht und F. D. selbst gemeint sein.

Andererseits: Um dessen eigenes Theater, das Berliner Ensemble (BE), in das er einmal als Dramaturg hätte eintreten sollen, beneidete er Brecht. Noch 1985 beklagt er gegenüber Charlotte Kerr in *Rollenspiele:* »Ich konnte vieles nur halb verwirklichen. Wahrscheinlich weil ich auf der Bühne nur halb zu Hause war, ich hatte nie ein eigenes Theater.«[19]

Das Theater als Familie, die Arbeit im Kollektiv wurde für Dürrenmatt im Laufe der Jahre immer wichtiger. Die Sehnsucht nach einer Einbindung in die praktische Theaterarbeit hatte er allerdings schon früh. 1950, lange vor seinen ersten eigenen Regiearbeiten, hatte er mit dem Galeristen René Simmen, der zum eigentlichen Pionier der Berner Kellerkultur werden sollte, »Schweizerische Kammerspiele« geplant. Erhalten ist ein fünfseitiges Papier, in dem Dürrenmatt eine Alternativbühne zum Repräsentationsbetrieb der Stadttheater entwirft; ein Theater mit »nicht mehr als 300 Plätzen«[20], das den Verwaltungsapparat auf ein Minimum beschränkt, dafür den Autor direkt in Planung und Produktion einbezieht. »Jeder Autor sucht sich mit einem Instrument zu verbinden, das seine Ideen verwirklicht, sucht einen Raum, in welchem er leben kann, der sein Raum ist, sein

Leib, sein Instrument.« Und: »Kunst beruht auf Intensität. Ein Schriftsteller verbindet sich dann auf eine echte, fruchtbare Weise mit dem Theater, wenn das Theater ihn so nötig hat wie er das Theater. Die Stellung Shakespeares, Molières, Lessings, Nestroys, Raimunds, Goethes, Immermanns und heute Brechts zum Theater ist kein geduldetes Unterbringen, um die finanzielle Misere zu heben, sondern eine intensive Mitarbeit [...].« Anstelle des Stadttheaters müsse eine andere Art von Theater treten, eines, »das die Kunst nicht repräsentiert, sondern macht, das die Literatur nicht ausschöpft, sondern neu schöpft«[30]. Und: »Je weniger ein Theater sich an die Vergangenheit richten kann, desto intensiver muss es produzieren, desto notwendiger muss geschaffen werden. Die große Zeit des Theaters war immer dort, wo Notwendigkeit war.« Dieses Papier ist gleichzeitig der Versuch, die Vorzüge, die er beim Schauspielhaus Zürich ausgemacht hat, auf das Format einer Kleinbühne zu bringen (Stichwort: Intensität statt Perfektion) und dabei die Mängel des Pfauentheaters zu vermeiden (Produktionszwang etc.). Eine Quadratur des Kreises, die wenig später, aber nach Ausbooten der Initiatoren, das ehrenwerte Berner Atelier Theater gebar, an dem Dürrenmatt dann immerhin 1959 eine Taschenversion seiner *Alten Dame* inszenieren sollte.

Bei der Einmischung in die Theaterpraxis hatte der Autor einiges an Spannung auszuhalten: »Auch zum Verhältnis, in welchem die Autoren zur Bühne stehen – oder soll ich sagen, das die Autoren mit der Bühne haben?« – sei »vieles zu sagen«[21]; das Verhältnis von Autor und Theater sei »eine Ehe«[22], aber wie in keiner anderen Kunst sei es in dieser wichtig, »ein Don Juan zu sein«. Für F. D. ist die Geschichte des Theaters die Geschichte seiner Proben. »Arbeiten ist Pulsieren, man arbeitet, wie man atmet [...]. [...] Für mich ist ein Theaterstück schön bis zu dem Tag der Premiere [...]. Sobald Publikum drin ist, bedeutet das für mich einen riesigen Schock. Ich habe einmal gesagt, es ist, als ob plötzlich Leute in mein Schlafzimmer kämen.«[23] Theaterarbeit als ein intimer Vorgang, an dessen Veröffentlichung für den Autor letztlich ein Hauch von Obszönität haftet. Hängt damit Dürrenmatts merkwürdiger Satz aus dem Film von Charlotte Kerr zusammen, ein Erfolg sei für ihn immer mit einem Gefühl der Scham verbunden?

Unter vielen anderen Polaritäten (Stoff und Form, Bild und Gedanke, Hochsprache und Umgangssprache) sah sich F. D. auch eingespannt in die, welche der von ihm skeptisch bewunderte Goethe als die zwischen Systole und Diastole erlebte. Damit war, auch wenn er sich 1969 in einem Gespräch noch für »im Drama« vermutlich »am größten«[24] hält, keine Wertung gemeint. Beides hatte seine Tücken. War die Spannung, welche er als Dramatiker auszuhalten hatte, die zwischen der Eigendynamik des Stoffs und der dramaturgischen Organisation des szenischen Gleichnisses, so war das, was Dürrenmatt mit »Ausatmen«[25] meinte, keineswegs die reine Erholung. Ohne die Zwänge des Imaginations- und Organisationsraums Bühne gerate er »ins Stricken«, klagte er. Dennoch: dass die Prosaarbeit Einatmen bedeute, also Anspannung, die dramatische Ausatmen, Entspannung, ist nur vor dem Hintergrund der alternativen Lebensform Theater zu verstehen.

Der Traum vom eigenen Theater

Das eigene Theater, das »Berliner Ensemble«, um das F. D. Brecht beneidete, erhoffte er sich 1968 von der Mitarbeit in der Direktion der Basler Theater. Nie war er der Verwirklichung dieses Traums näher.

Werner Düggelin, mit dem er sich während der Arbeit an *Die Wiedertäufer* angefreundet hatte, wurde ein Jahr darauf, 1968, zum Intendanten der von ihm sogenannten »Basler Theater« gewählt, der nunmehr vereinigten Bühnen »Komödie Basel« (bislang ein von Egon Karter geführtes Privattheater) und »Stadttheater Basel«. »Das erste Jahr mit Düggelin war meine schönste Theaterzeit überhaupt«, bekannte F. D. aus der Distanz von fast zehn Jahren 1977[26]. Nur zu verständlich, dass dann das jähe Ende dieser Theater-Ehe nach nur 14 Monaten seine »schlimmste Erfahrung«[27] wurde.

Werner Düggelin, mit Jahrgang 1929 knapp neun Jahre jünger als Dürrenmatt, hatte als Beleuchter am Schauspielhaus Zürich begonnen, war Anfang der fünfziger Jahre nach Paris gezogen, wo er u. a. als Assistent von Roger Blin (dem Regisseur der Uraufführungen von Becketts *Warten auf Godot* und Genets *Die Neger*) arbeitete. 1955 war er dann Regisseur und Oberspielleiter an Gustav Rudolf Sellners Darmstädter Theater geworden, das wie keine andere Bühne dem deutschen Nachkriegstheater die französische Avantgarde vermittelte. Sehr rasch wurde Düggelin an den ersten Häusern zum meistgefragten jungen Regisseur: am Bayerischen Staatsschauspiel und an den Münchner Kammerspielen, am Berliner Schillertheater, am Wiener Burgtheater, an den Schauspielhäusern von Hamburg, Düsseldorf – und Zürich, wo er Dürrenmatt zur Zeit der Premiere der *Alten Dame* (1956) flüchtig begegnete (er inszenierte am Pfauen gerade Molières *Eingebildeten Kranken*).

Erst zehn Jahre später, während der Inszenierung der *Wiedertäufer* (Premiere 16. März 1967), hatten sich die beiden richtig kennengelernt. Zwar war die Wiederbeschäftigung Dürrenmatts mit seinem Erstling *Es steht geschrieben,* dessen Straffung, Zuspitzung in mancher Hinsicht auch eine Zähmung bedeutete, nach dem Theaterereignis *Meteor* im Jahr zuvor nicht mehr als ein Achtungserfolg geworden. Aber es war eine für Dürrenmatt so glückliche Arbeit gewesen, dass er in einem der für ihn typischen fast blinden, jedenfalls kaum rationalen Entscheidungssprünge nicht zögerte, Düggelin als Mitarbeiter der Direktion nach Basel zu folgen – insgeheim wohl in der Hoffnung, hier sein BE, sein »Basler Ensemble«, zu finden.

Kühn war der Entscheid schon allein deshalb, weil er weitgehend eine Trennung von jenen Schauspielern bedeutete, die er seine »Farben« nannte. Zwar waren ihm diese zum Teil auch schon während der letzten Jahre in Zürich weggebrochen. Mit Düggelin musste er sich nun auf ein weitgehend neu engagiertes, ihm unbekanntes Ensemble einlassen, Schauspieler einer anderen Generation, mit anderen Arbeitsweisen und einem zum Teil anderen soziokulturellen Hintergrund.

Wie groß sein Vertrauen war (in die Person Düggelin und in den Neuanfang generell), ist aus dem Umstand zu ersehen, dass er sich auf das Abenteuer einließ, ohne an der Zusammenstellung des fast vollständig neu engagierten Ensembles noch am Spielplan der ersten Spielzeit beteiligt zu sein (er stieß erst später dazu). In Basel konnte überhaupt keine Rede sein von jenem Theater, das Dürrenmatt im genannten Gespräch mit Bruno Schärer skizziert hatte: kein reines Schauspielhaus, sondern ein klassischer Stadttheater-Dreispartenbetrieb mit all seinen Beschränkungen; keine Aufhebung der Abonnements und also auch kein Abbau der Produktionszwänge. Zudem war Dürrenmatts Funktion nicht einmal in Umrissen definiert, er wurde auf der Basis von 100 Franken Spesen täglich entlohnt.

All dessen ungeachtet stürzte er sich in Basel mit einem Furor in die praktische Theaterarbeit, der ihn nach einem halben Jahr um ein Haar umgebracht hätte. Die Hoffnung, hier sein BE zu finden, entbehrte jeder realen Grundlage. Kein Dreispartenbetrieb kann es sich leisten, ein Autorentheater zu sein, keine Schweizer Stadt (und das nicht nur an zwei Staats-, sondern auch noch an eine Sprachgrenze geklemmte Basel schon gar nicht) hat das für eine Spezialbühne nötige Zuschauerpotential, wie Brechts Theater am Schiffbauerdamm resp. sein BE eines war. Kam dazu, dass Düggelin in seinem ersten längeren Interview

nach der Wahl schon 1967 verkündet hatte (und Dürrenmatt
kannte das Gespräch vor seiner Zusage), dass er in der Gestaltung des Spielplans »gegen jeden sogenannten Stil«[28] sei, dass er
»vielmehr glaube, dass das einzelne Stück den Stil aufzwingt, das
heißt, wenn man im Kortner'schen Sinn ein Stück wirklich ana-
lysiert, kommt man von selbst auf die Interpretation, wenn man
ein moderner Mensch ist, ein Mensch, der in unserer Zeit lebt«.
Das hätte sich durchaus mit Dürrenmatts Skepsis gegenüber
»Stil« decken können. Doch Düggelin spielte vielmehr auf die
Kunst Fritz Kortners an, eine Kunst der Interpretation, die eine
andere Dramaturgie meinte als Dürrenmatts Rigorismus, eine
Vorlage, sozusagen, mit der Hummerschere aufzubrechen, mal
brachial, mal genial, oft beides zugleich. Kortners Verfahren war,
nach dessen eigenen Worten: »Alles auseinandernehmen und
dann wieder zusammensetzen. Aber nicht richtig.«[29]

Dass in Basel ein anderes Theater als in Zürich entstehen
sollte, war unübersehbar und für Dürrenmatt eine große Hoffnung und Verführung. Eine andere Generation war da am Werk,
noch dazu in einer Stadt, die für Dürrenmatt mit dem glücklichen ersten Jahr nach seiner Heirat mit Lotti Geissler verbunden
war. Das beschwingte ihn so sehr, dass er zunächst mit einer
Großzügigkeit ohnegleichen eigene Interessen hintanstellte.
Nicht *Porträt eines Planeten,* das Stück, das er seit den fünfziger
Jahren mit sich herumtrug, gelangte in Basel zur Aufführung,
sondern zwei Stücke, zu denen er kam wie die sprichwörtliche
Jungfrau zum Kind. Shakespeares *König Johann* war ein Plan
des von Düggelin engagierten jungen Dramaturgen Hermann
Beil. Das Stück sollte zuerst von Martin Sperr bearbeitet werden, der für Bremen schon Shakespeares *Maß für Maß* einge-
richtet hatte, und erst als Sperr kapitulierte, begann Dürrenmatt
sich damit zu beschäftigen, erst widerwillig, dann zunehmend
fasziniert, hauptsächlich von der Figur des Bastards.

Strindbergs *Totentanz* inszenierte zuerst Erich Holliger, mit dem Dürrenmatt schon länger eine Arbeitsbeziehung hatte[30], und so besuchte er einige Proben: »Er kam lachend und schimpfend in mein Büro«, erinnert sich Hermann Beil, »das sei eine unmögliche Sache, nicht auszuhalten, ›Plüsch x Unendlichkeit‹. Er schimpfte so, dass ich als Dramaturg, der das Stück ja vorgeschlagen hatte, schon ein schlechtes Gewissen bekam. Und doch leckte er Blut. Er schnappte sich das einfach, fing erst an mit Strichen, dann begann er anhand der vorhandenen Übersetzungen, einen neuen Dialog herauszufiltern.«[31] Nachts schrieb er, am Morgen verwarf er die Texte auf der Probe wieder, änderte, auch zusammen mit den Schauspielern Regine Lutz und Horst-Christian Beckmann. Bis die vom Mittagessen zurück waren, lagen die neuen Passagen von der Dramaturgie ins Reine geschrieben vor und konnten bis zur Abendprobe gelernt werden. »Das ist ja das Faszinierende: dass der Text auf den Proben entstanden ist«, sagt Beil. »Alle Welt dachte, *Play Strindberg* sei ein Stück, dabei war es das Wortprotokoll einer Inszenierung.« Dürrenmatts Schreibtisch stand auf der Bühne (wie in *Achterloo IV* der Schreibtisch Büchners auf der Bühne stand). Der Grundeinfall, den Dialog in einem von damals noch gar nicht auf dem Markt erhältlichen Kremer-Halogen-Spot grellhell erleuchteten Ring als verbalen Boxkampf zu organisieren, angeregt auch durch die eher zufällige Entdeckung von Godards Schnitttechnik, kam ihm, Holliger zufolge, erst kurz vor der Premiere. Eine von Jacques Loussiers *Play-Bach*-Platten inspirierten ihn zum Titel. Das »Übungsstück für Schauspieler«, wie F. D. *Play Strindberg* später (zusammen mit *Porträt eines Planeten*) nannte, war auch ein Übungsstück für seinen Autor: der Versuch, die Zusammenarbeit mit Schauspielern an einen Punkt zu treiben, der weit jenseits des zuvor in Zürich Praktizierten lag.

In Basel organisierte Dürrenmatt Diskussionsrunden oder eine Protestveranstaltung zum Einmarsch der Sowjets in die Tschechoslowakei im Mai 1968, er schrieb Beiträge für die mo-

natlich erscheinende Theaterzeitung, für Programmhefte (auch
von Produktionen, mit denen er sonst nichts zu tun hatte); er
besuchte Proben, tröstete nächtelang in seiner kleinen Wohnung
am Barfüßerplatz Schauspieler, richtete verzweifelte Dramaturgen auf, bewirtete ganze Ensembleversammlungen mit aus
Neuchâtel angekarrtem Bordeaux (die Spesen reichten allenfalls
für die Korken). »Mit Staunen sah ich«, erinnert sich Erich Holliger, »dass der Mann täglich nicht mehr als zwei bis drei Stunden schlief.« Getragen von einem euphorischen Rausch, in den
ihn die Arbeit im Kollektiv versetzte, fand F. D. in Basel eine
Heimat, die er in Zürich verloren hatte.

Nannte er sich im letzten Gespräch, das ich mit ihm im November 1990 führte, einen »Festredner« (weil er im Herbst desselben Jahres kurz nacheinander Laudationes auf Oskar Lafon-
taine, Václav Havel, Michail Gorbatschow gehalten hatte), war
er in den Sechzigern zum Totenredner geworden. Oskar Wälterlin (1961), Kurt Hirschfeld (1964), Ernst Ginsberg (1965),
Teo Otto (1968) waren gestorben. Über diese persönlichen Ver-
luste hinaus fühlte er eine umfassendere Malaise. Selbst für das
konservative Publikum war 1967 die Krise des Schauspielhauses
nicht mehr zu übersehen. Das Intermezzo Leopold Lindtbergs
als Direktor am Pfauen, der (trotz oder wegen seiner liebenswer-
ten Agilität, weltmännischen Vielseitigkeit und mannigfacher
anderweitiger Verpflichtungen) zur Nachfolge von Kurt Hirschfeld nur bedingt berufen war, neigte sich dem Ende zu.[32]

»Zürich hat sich ausgespielt«, gab Dürrenmatt Hansueli
W. Moser-Ehinger am 21. August 1968 zu Protokoll. »Es geht
auch um ein Altersproblem. Als junger Autor war ich in Kontakt mit schon gemachten Schauspielern, mit anerkannten Regisseuren. Düggelin und ich sind aber dieselbe Generation. Gerade unsere gemeinsame Arbeit mit den *Wiedertäufern,* unsere
Gespräche dazu, waren auf einer ganz neuen Basis. Man muss
sich mit einer Bühne verbinden können, weil es einfach die alte

Einzelgängerarbeit nicht mehr gibt. Ich habe immer eine gewisse Beruhigung gespürt, wenn ich wusste, dass der oder die spielt. Aber das alte Schauspielhaus-Ensemble hat sich immer mehr verflüchtigt. Was ich jetzt ganz bewusst suche, ist eine neue Bindung zu einem neuen Haus.«[33]

Düggelin war in Basel fest entschlossen, sich vom absehbaren Auszug der Abonnenten nicht beirren zu lassen, nicht Theater gegen das Publikum zu machen, aber für ein neues Publikum. Das musste Dürrenmatt als eine Art Quadratur des Kreises erscheinen: die Aufhebung des Widerspruchs zwischen dem Theater als Produktionsstätte und als von verhockten Publikumserwartungen behinderter Institution. Neue Regisseure arbeiteten in Basel. Düggelin nahm sich als solcher klug zurück, überließ die besten Besetzungen seinen beiden Stars, Hans Hollmann und Hans Bauer. Von den Arbeiten des ersten, großen Inszenierungen von Horváths *Kasimir und Karoline* und von Goldonis *Trilogie der Ferienzeit* war Dürrenmatt fasziniert. Mit Hans Bauers norddeutsch versponnener Poesie konnte er weniger anfangen und äußerte sich abfällig über dessen *Warten auf Godot*, zweifellos eine der schönsten und auch erfolgreichsten Aufführungen dieses ersten Basler Jahres. Bauer seinerseits fand keinen Gefallen an der abstrahierten, verknappten, skelettierten Etüde *Play Strindberg*. Die Psychologie, die Dürrenmatt so radikal als »Plüsch x Unendlichkeit«[34] daraus exorzierte, war ihm bei seiner eigenen Inszenierung des *Totentanzes* vier Jahre zuvor in München wichtig gewesen.

Alle arbeiteten in diesen ersten Monaten des Basler Aufbruchs wie die Verrückten, und der Verrückteste von allen war Dürrenmatt. In seiner nachträglichen Selbsteinschätzung ist ihm zumindest in diesem Punkt nicht zu widersprechen: »dass ich an diesem Theater der Narren der größte Narr war«[35]. »Er wurde immer mehr eine Art Prinzipal, der Staatspräsident, mit Düggelin als Ministerpräsident.« (Erich Holliger)

Noch funktionierte die *cohabitation*. Düggelin hatte im Basler Schauspiel die Eröffnungspremiere von *König Johann* inszeniert, für die Oper des Dreispartenbetriebs *Entführung aus dem Serail*. Er machte einen schönen *Woyzeck* (auf den Proben war Dürrenmatt oft präsent, *Woyzeck* hatte ihn immer fasziniert und sollte ihn wenig später auch in Zürich beschäftigen) und am Ende, als Vorproduktion für die zweite Spielzeit, O'Caseys *Purpurstaub,* eine Inszenierung, die wenige Tage vor den Endproben abgebrochen wurde. Daneben war Düggelin allgegenwärtig als Feuerwehrmann, nicht bei den Meistern Hollmann und Bauer, versteht sich, aber bei den Produktionen junger Regisseure, die er auch nach Basel holte. Er vermittelte zwischen allen, nahm die Aufsichtsgremien und Behörden für den Theateraufbruch ein und mischelte sich durch diesen ambitionierten Stadttheater-Dreispartenbetrieb (an sich schon ein Widerspruch in sich) mit einem beträchtlichen Aufwand von Diplomatie, der Dürrenmatt von Anfang an verdächtig gewesen wäre, hätte er nur hingeschaut.

Unter solchen Belastungen war das Debakel zunächst einmal aus doppeltem medizinischem Grund absehbar. Erst streckte Dürrenmatt in der Nacht vom 8. auf den 9. April 1969 – mitten in vielfältigen Plänen (der alte Plan *Porträt eines Planeten;* Bearbeitungen von Shakespeares *Titus Andronicus, Troilus und Cressida,* Lessings *Minna von Barnhelm*) – ein Herzinfarkt nieder, den er im Text *Vallon de l'Ermitage*[36] ausführlich und mit viel Humor und Selbstironie beschreibt. Am 2. April war Lotti mit Tochter Barbara und Schwägerin Vroni nach den USA aufgebrochen. Geplant waren drei Monate. Nach zwei Wochen war Lotti zurück am Krankenbett in Bern. Der Abschied, erinnert sich die Schwester, war »eher frostig gewesen, die beiden hatten offensichtlich Probleme, über die sie nicht sprachen, auch mit mir nicht. [Lotti sagte], sie brauche Distanz, der Fritz überfordere sie.«[37] Dürrenmatt seinerseits stellte es so dar, als habe er in die

Reise als eine Art Kompensation für seine allgemeine Vernach-
lässigung des Familienlebens eingewilligt. In Wahrheit werden
wohl die beiden Familien, die am Neuenburger Pertuis-du-Sault
und die am Basler Theater, schwer vereinbar gewesen sein. Eine
Art Eifersucht Lottis, die immer insgeheim darunter litt, ihre
Karriere als Schauspielerin der Verbindung mit Fritz und der
Familie geopfert zu haben, ist auch nicht auszuschließen.

Düggelin seinerseits somatisierte die Erschöpfung in einem
Lungenleiden. Nach dem Abbruch von *Purpurstaub* (zu einem
Zeitpunkt, als der Rekonvaleszent F. D. schon auch mal freund-
schaftlichen Zuspruchs bedurft hätte) fuhr er zur Kur nach Ita-
lien. Im vom Staatspräsidenten und vom Ministerpräsidenten
verlassenen Basel hielten Hermann Beil, der kaufmännische
Direktor Adolf Zogg und Düggelins persönlicher Mitarbeiter
Christoph Leimbacher als Staatssekretäre die delikate Stellung.

Vom 27. April bis zum 25. Mai war Dürrenmatt erst mal zur
Erholung ins Unterengadin gefahren, dann nochmals im Juni.
»Ich rappelte mich nur mühsam auf. Die Schwierigkeiten, die
sich das Basler Theater selber bereitete, begannen bis nach
Schuls vorzudringen.«[38] Die betrafen zum einen Max Frisch, der
damals gleichzeitig im benachbarten Tarasp war und schwer verärgert darüber, dass eine ihm offenbar von Düggelin verspro-
chene Aufführung von *Biedermann und die Brandstifter* in der
Saisonvorschau nicht zu finden war, umgehend alle seine Stücke
für die Basler Theater sperren und sich in der Folge nur zu einer
Ausnahme erweichen ließ: wenn Dürrenmatt inszenieren würde,
könnte er dem zustimmen, wenn auch mit Bedenken.

Auch Hermann Beil reiste ins Unterengadin, um beiden die
Honneurs zu machen und seine Sicht der Lage zu erläutern.
Denn über den Stand der Basler Angelegenheiten war Dürrenmatt inzwischen immer ausschließlicher und einseitiger durch
den Schauspieler Kurt Beck und dessen Frau Andrea Jonasson
informiert, die ins Berner Spital, später ins Engadin und immer

wieder nach Neuchâtel eilten und also waren, wo Düggelin fehlte. Beck und Jonasson kannten F. D. beide von Zürich. Beck hatte zur Uraufführungsbesetzung von *Herkules, Meteor* und *Wiedertäufer* gehört. Für Basel hegte er höhere Ambitionen als ein bloßes Schauspieler-Engagement: Regisseur, Oberspielleiter, Mitglied des Direktoriums, und all dies möglichst rasch. Das in der harten ersten Spielzeit zu großer Solidarität zusammengewachsene Ensemble hatte er gegen sich, aber er wusste, dass Dürrenmatt eine Schwäche für ihn wie für seine schöne junge Frau hatte. Die instrumentalisierte er. Er nutzte die Empfindlichkeiten des nach dem Infarkt angeschlagenen Dürrenmatt, hinterbrachte ihm Gerüchte oder auch Fakten, die ihn kränken mussten: Nicht seine Bearbeitung von Shakespeares *Titus Andronicus* wurde gespielt, sondern die von Hollmann (das war noch zu schlucken, bei seiner Wertschätzung von Hollmann). *Minna von Barnhelm,* von der Dürrenmatt für Düggelin eine Bearbeitung hergestellt hatte, wurde von diesem auf den Proben Stück um Stück wieder auf den originalen Lessing zurückbuchstabiert. Das war an sich zwar ein normaler Theatervorgang (»Play Lessing« funktionierte nicht); viel gravierender war jedoch, dass Dürrenmatt ahnungslos in der Premiere saß, seine Bearbeitung erwartend, und was sich auf der Szene abspielte, war reiner Lessing. Entsprechend fühlte er sich vor den Kopf gestoßen. Das war schon Anfang Oktober 1969. Dann kam dazu, dass auf der Leseprobe zu einer Neufassung des *Mississippi,* die Dürrenmatt in den ersten Oktobertagen ansetzte, sich der Konflikt zwischen Beck und dem Ensemble zuspitzte, Dürrenmatt die Partei seines Protegés ergriff und das Ensemble von der Direktion aufgewiegelt wähnte. An eine Zusammenarbeit war nicht mehr zu denken.

Keiner dieser Vorfälle überstieg für sich genommen den Rahmen dessen, was in einem für Hysterien und Intrigen aller Art anfälligen Theaterbetrieb üblich oder doch zu erdulden ist. Dass ausgerechnet Dürrenmatt, der an Verrätern ein altes stoffliches Interesse hatte, Beck auf den Leim ging (und dass es dieser auf die Position Düggelins abgesehen hatte, steht außer Zweifel[39]), entbehrt freilich nicht einer höheren Ironie.

So kam es während eines der routinemäßigen Pressegespräche der Basler Theater am 14. Oktober 1969, zu dem F. D. in Begleitung von Beck und Rolf R. Bigler (Chefredaktor der vom Autor mitherausgegebenen Zürcher Wochenzeitung ›Sonntags Journal‹) im Restaurant ›Kunsthalle‹ erschien (»ich bin als Journalist hier«) zum Eklat. Der versammelten Presse erklärte er, er wolle »nicht länger das Havanna-Deckblatt für Murten-Chabis sein« (wie das traurige einheimische Kraut genannt wurde, das im Berner Seeland als Billigtabak gezogen wurde). Und dann argumentierte er (wenn man das so nennen kann) im Wesentlichen wie in der wenig später im ›Sonntags Journal‹ erschienenen Erklärung *Mein Rücktritt von den Basler Theatern*[40].

Dürrenmatts Abschied von seinem Basler Abenteuer war so heftig und so emotional wie sein Aufbruch. Wie immer sich das Basler Debakel von heute aus gesehen ausnimmt, als Summe ziemlich lächerlicher oder banaler Einzelheiten, niemals Dürrenmatts brüske Reaktion oder gar die Liquidation seiner hochfliegenden Hoffnungen wert – rückgängig zu machen war es nicht mehr, letztlich auch aus den obengenannten Gründen.

Zweifellos war der Bruch verhängnisvoll für Dürrenmatt, denn an falschen Beratern, die sein alter Fast-Freund Frisch in einem bösen und hellsichtigen, leider nie abgeschickten Brief vom 19. Oktober 1969 anspricht, war auch in der Folge kein Mangel: »Sicher halten es deine Trabanten für einen Genie-Streich, wie Du die Presse-Konferenz gesprengt hast. Ich weiß nicht, Fritz. Dass Du die andern nicht zu Wort kommen lässt, das geht, solange Du witzig bist; nur ist der Gekränkte selten witzig, sondern verfällt leicht einer unkontrollierten Eitelkeit. Ich fürchte, das ist geschehen. Es wird vergessen werden.«[41]

Es wurde nicht vergessen. Das Ende des Basler Abenteuers wurde zum Beginn von Dürrenmatts Abschied vom Theater. Der Eklat änderte nichts daran, dass die Basler Theater eine für seine Größe bedeutende Bühne des deutschen Sprachraums blieben, unbeschadet, ganz im Gegensatz zu Dürrenmatt. Die Kommentare der wichtigen Presse (›Süddeutsche Zeitung‹, ›Die Zeit‹, ›Der Spiegel‹, die ›Frankfurter Rundschau‹, vorsichtig sogar der Dürrenmatt besonders gewogene Georg Hensel in der ›FAZ‹) richteten sich fast ausnahmslos gegen Dürrenmatt, wenn auch mit Bedauern; und da in jenen Jahren die Theaterkritik in der Hierarchie der Feuilletons noch einen wesentlich höheren Stellenwert hatte als heute, färbte ihr Urteil auch auf die Meinung der Redaktionen insgesamt ab.

Schlimmer war, dass Dürrenmatt in einer Art Panik ausgerechnet an das Theater stürzte, von dem er eben noch gesagt hatte, es habe »sich ausgespielt«: zurück ans Schauspielhaus Zürich. Dort wurde, fast gleichzeitig mit der Basler »Scheidung«, ein Experiment anderer Art liquidiert: die Direktion Peter Löfflers und damit die Präsenz des jungen Regisseurs Peter Stein und seiner Truppe am Schauspielhaus, die in einem eigentlichen »Kulturkampf« zwischen pöbelnden Abonnenten und den durch die »Globuskrawalle«⁴² und die 68er Unruhen ohnehin aufgewühlten Studenten schon nach wenigen Monaten zerrieben und dann, unter dem Vorwand, ein finanzielles Debakel ließe sich bei diesem künstlerischen Kurs nicht abwenden, abserviert wurden. Als Retter in der Not wurde Harry Buckwitz angeheuert, die Fäden im Hintergrund zog aber der Journalist Werner Wollenberger, dessen Ehrgeiz schon lange auf die Direktion des Schauspielhauses zielte und der die Pressekampagne gegen Löffler/Stein angeführt hatte. Er wusste allerdings auch, dass er nur als Manipulator der Macht und nicht als deren Repräsentant in Frage kam. Dürrenmatt, der vom Traum der Theaterfamilie nicht lassen konnte und in Zürich Regie führte (bei

Stücken von andern: *Woyzeck, Urfaust, Emilia Galotti* und bei
eigenen: *Porträt eines Planeten* und *Der Mitmacher*), rutschte
in der polarisierten öffentlichen Meinung zusehends auf eine
vermeintliche politische Position, welche die einflussreichen
Kulturredaktionen als konservativ bis reaktionär beargwöhnen
mussten. Er ließ sich sogar in den Verwaltungsrat der »Neuen
Schauspiel AG« wählen, und wäre es nach dem damaligen Zürcher Stadtpräsidenten Sigmund Widmer gegangen, wäre er auch
noch zum Direktor des Hauses avanciert. Davor wenigstens ist
er im letzten Moment zurückgeschreckt.[43]

Verbitterung mag mit ein Grund dafür gewesen sein, dass
Dürrenmatt mehr und mehr gegen jene Tendenzen polemisierte,
die das deutschsprachige Theater der siebziger Jahre bestimmten: gegen das von ihm verachtete Regietheater und gegen das
Ausstattungstheater. Dabei steckten dahinter nichts anderes als
seine alten Bedenken gegen Stil, Hermetik, Ästhetisierung. Sie
hatten ihm schon in den fünfziger Jahren einen Meister wie Fritz
Kortner gelegentlich verdächtig gemacht; jetzt betraf seine (Bewunderung nicht ausschließende) Skepsis erst recht dessen berühmtesten Schüler und einstigen Assistenten Peter Stein (»Ich
bin das purste Gegenteil von Stein«[44]). Der aber war mit seiner
Berliner Schaubühne der Magnetberg, nach welchem sich in diesen Jahren die Kompassnadel der einschlägigen Theaterkritik zu
richten begann.

Auch sonst, und Dürrenmatt wusste es, hatten sich auf dem
Theater die Voraussetzungen geändert. Das Theater, wenn es
nicht im Musealen steckenblieb, begann sich Mitte der sechziger
Jahre – als Brecht tot war, als Frisch an der Fabel zu zweifeln
begann und letztlich auch Dürrenmatt – anderem zuzuwenden:
der politischen Dokumentation (Hochhuths *Stellvertreter*, Peter Weiss' *Ermittlung* und Vietnam-Diskurs); dem magischen
Realismus von Horváth und Fleisser, der Lyrik von Else Lasker-
Schülers *Die Wupper* (die nun wiederentdeckt und wichtiger

wurden als Brecht); dem Neonaturalismus der Stücke von Kroetz oder Sperr, den Kunst-Stücken von Handke, Jonke, Jandl; einer Rückkehr zum Archaischen im Ritual, von der Wiederentdeckung von Artaud bis zu Otto Mühls bluttriefenden Schlacht-Happenings, von Becketts karg-kühnen metaphysischen Clownerien bis zu den Antiken- und Hölderlin-Projekten von Peter Stein und Klaus-Michael Grüber, in denen Ironie nichts zu suchen hatte. Oft genug fehlte nun, was für Dürrenmatt einer der zentralen, wenn auch nie definierten Begriffe (nicht nur seiner Ästhetik) war: Humor. »Der Humor ist eins der Elemente des Genies, aber sobald er vorwaltet, nur ein Surrogat desselben; er begleitet die abnehmende Kunst, zerstört, vernichtet sie zuletzt.«⁴⁵ Kein Zufall, dass Peter Handke, dieser späte Nachfahre Adalbert Stifters, gerade diese Sätze aus Goethes *Maximen und Reflexionen* gern zitiert.

Es schlug ferner die Stunde des sogenannten »Regietheaters« der unter diesem Schlagwort, merkwürdig genug, versammelten unterschiedlichen Temperamente Zadek, Neuenfels, Stein, Grüber, Peymann, Bondy etc. Gemessen an den heutigen entfesselten Dekonstrukteuren des Theaters waren die allesamt getreue Interpreten von Stückvorlagen. Damals aber einer wie der andere ein rotes Tuch für Dürrenmatt. Aus der Gnade des deutschsprachigen Feuilletons tief gefallen, münzt der nach seinem Ausscheiden aus der Basler Direktion 1969 und dem erzwungenen langen Abschied vom Theater seine Kränkung in Häme gegen die um, die dort gefeiert wurden. Nicht zu reden von seiner Verachtung der sogenannten »Bühnenästhetik«. Dabei war »Regietheater« keinesfalls die Degeneration einer neuen »Theaterdämmerung«. Als ob nicht schon Jürgen Fehling oder Max Reinhardt (vom Autor her betrachtet) ein halbes Jahrhundert zuvor ziemlich »imperialistisches« Regietheater betrieben hätten und als ob die Bühnenräume von Adolphe Appia weniger selbstherrliche Rauminstallationen gewesen wären als die von, sagen wir: Erich

Wonder. Die Umarbeitung des Hörspiels *Abendstunde im Spätherbst* zur parodistischen Komödie *Dichterdämmerung* (1980) gibt einen Einblick in die gesammelten Vorurteile des zu diesem Zeitpunkt verbitterten Theaterautors Dürrenmatt.

Von der virtuosen Handhabung des theatralischen Effekts hatte sich F. D. freiwillig verabschiedet. Das musste nicht unbedingt mit einer »Schaffenskrise« zu tun haben: Stücke wie den *Meteor* hätte er, wäre er nur zynisch auf Wahrung des Besitzstandes aus gewesen, locker noch ein paar schreiben können (so wenigstens sah er es selbst). Stattdessen verbiss er sich in asketische Formalismen und Kompositionen wie *Porträt eines Planeten*.

Auch beim Publikum hatten sich die Voraussetzungen geändert. Dessen Sehgewohnheiten bestimmte mehr und mehr der tägliche Fernsehkonsum: Erwartungen von Illusion, Einfühlung, Realismus. Drittens bei den Theatermachern selbst. Die hatten (wenn wir vielleicht von der Anfangszeit der Berliner Schaubühne absehen) den Glauben an das Theater als aufklärerisches Mittel verloren. An Dürrenmatts der Realität entgegengestellten Eigenwelten waren sie wenig interessiert, und auch die anders motivierten Modelle Brechts sanken im Kurs. Aufklärung geriet außer Kurs. So kam es zur *Mitmacher*-Krise fast zwangsläufig und doch paradox genug: scheiterte das Stück doch gerade daran, dass es als eine Art enigmatisches Endspiel missverstanden wurde. Missverstanden werden musste.

Das Wunder ist, wie Dürrenmatt sich aus dieser Krise befreite, sich in seiner späten Prosa am eigenen Schopf aus dem Sumpf der ungünstigen Verhältnisse zog. Was ihm in den Jahren nach dem Basler Debakel wegbrach, war nicht weniger als das Theater als alternative Lebensform, als ein anderer, kollektiver Arbeits- und Lebensentwurf. Wenn er das Wort auch nie in den Mund nahm: gelegentlich war Dürrenmatt darob sehr verzweifelt. »Werft mich auf den Schindanger«, soll er Hermann Beil zufolge schon zur Basler Zeit wiederholt ausgerufen haben.

Dass auch die Rückkehr ans Zürcher Schauspielhaus in eine
Sackgasse führte, sah nicht nur der erbitterte Frisch[46], das erkannte aus der Distanz auch Dürrenmatt selbst: »dass ich nur
noch das Relikt einer Theaterepoche darstellte, die vorbei war,
die die beiden [Buckwitz und Wollenberger] jedoch fortzufüh-
ren entschlossen waren.«[47]

Aus dem Blickwinkel der späten 1970er Jahre nahm sich auch
die Basler Zeit wieder anders aus als in den ersten zornigen Abrechnungen. Die Freundschaft mit Düggelin war nie wiederher-
zustellen, aber was Dürrenmatt Dieter Bachmann und mir 1977
für die ›Weltwoche‹ anvertraute, liest sich heute fast wie eine
Elegie auf ein verschwundenes, verpasstes, verspieltes Glück:
»Düggelin ist eine Art genialischer Improvisator. Es gab da einen Zusammenhang, ich konnte mit Düggelin blendend arbeiten [...]. Aber welche Querelen auch den Krach herbeigeführt
haben, Düggelin ist ein Theatermann, der kritische Teilnahmen
erträgt und auf Änderungsvorschläge eingeht, der auf einen hört
[...]. Die Freiheit, die Düggelin vermittelte, dass man überall
hingehen, überall teilnehmen konnte, gehört zu den wesentlichen Bestandteilen eines funktionierenden Theaters. Kräche
sind vergänglich. Das erste Jahr mit Düggelin war meine
schönste Theaterzeit überhaupt.«[48] In Zürich dann fühlte er sich
allein, ja im Stich gelassen.

Nach dem *Mitmacher* musste er sich an dieses Gefühl gewöh-
nen. Es wurde, gegen die Mitte der siebziger Jahre, einsamer am
Pertuis-du-Sault, wie fruchtbar sich diese Krise künstlerisch
auch noch erweisen, wie sehr auch aus diesem Untergang neues
Leben erwachsen sollte. Die Arbeit an den *Stoffen* begann früher,
aber den eigentlichen Anschub für Dürrenmatts große Altersprosa (wenn wir die Arbeit seiner letzten achtzehn Jahre so nennen dürfen) hat das Buch ausgelöst, das er zweideutig *Mitmacher-Komplex* nannte. Halbwegs in ihrem Rang erkannt wird sie
von der literarischen Öffentlichkeit erst seit seinem Tod.

15

»Wer das Scheitern nicht wagt, der soll die Hände von der Kunst lassen«

»Das Schwerste: die Hand zu lösen« · Schweigen und erklären · Scheitern an der Welt · Stil vernichtet Inhalt · Ein Drauflosdenker, ein Drauflosschreiber · Scheitern als Thema, Scheitern als Erfahrung · Ein vollkommen neues Leben · Am Ende der Vorstellung · Lob des Unzeitgemäßen · Lob des Unzeitgemäßen

»Das Schwerste: die Hand zu lösen«

Jeder Schriftsteller kennt die Schwierigkeit des ersten Satzes, den Schrecken des leeren Blatts. Dürrenmatt zog zwar oft Geschichten aus dem Hut wie ein Zauberer Karnickel, allerdings nur in mündlicher Improvisation. Zuweilen brachte er damit sich selbst und andere in arge Nöte: Wir erinnern uns an die Episode mit Lazar Wechsler und der Verfilmung von *Justiz*. Allerdings fiel ihm auch schriftlich der Anfang einer Geschichte, einer Handlung leichter als deren Ende. Das Schwerste war für ihn von Anfang an, sich abzufinden. Etwas aus der Hand zu geben, die Hand zu lösen.

Erst einen Monat nach Dürrenmatts Tod, in *Kants Hoffnung*[1], erschien ein Gedicht Dürrenmatts, das eine Art Testament mitten im Leben darstellt. Gott kommt noch vor, aber als eine unsichere Zuflucht und in einer Art ironischem Stabreim mit einem rätselhaften »Gody«, in dem wir wohl sowohl Becketts Godot als auch eine Anspielung auf einen ehemaligen Feuilletonchef

der ›Weltwoche‹ sehen dürfen[1]. Es ist ein Bekenntnis zur Schriftstellerei als Lebensform, zum Schreiben als Vorgang und ohne
Rücksicht auf ein Resultat. Ein Bekenntnis zum Ganzen, aus
welch fragwürdigen Einzelteilen sich dieses auch zusammensetzen möge. Der Hang zum Zusammenhang.

Ergreife die Feder müde

Ergreife die Feder müde
schreibe deine Gedanken nieder
   wenn keine Frage nach Stil dich bedrängt.

Es ist heute wieder vieles zu durchdenken.
Felder liegen brach, die einst Früchte trugen.

Das Mögliche ist ungeheuer. Die Sucht
   nach Perfektion
zerstört das meiste. Was bleibt
   sind Splitter
an denen sinnlos gefeilt wurde.

Beginne, das Sonnensystem zu sehen.
   Liebe
auch Pluto. Doch wer
   macht sich schon Gedanken über ihn!
Ich aber
   spüre sein Kreisen, ahne
die kleine Kugel, die glattgeschliffene.

Alles lässt sich besser schreiben
   Darum lass die schlechtere Fassung stehn.

Nur beim Weitergehen kommst du irgendwohin
   wohin?
Fern von dir.
   Gehe weiter. Lots Weib
erstarrte beim Zurückschauen.
   Erstarrt nicht. Korrigiert nicht.
Wagt!

Höre nie auf andere.
Trachte nicht danach ein gutes Buch zu schreiben
Mache keinen Plan und wenn du ihn machst
   führe ihn nicht aus
Der Plan genügt.

Nichts
   ist notwendig. Das Spiel
kann jederzeit abgebrochen werden.

Es gibt Sätze, die stark machen
   doch brauchen sie nicht nieder-
   geschrieben werden

Löse deine Hand.
Es kommt nie auf die Sätze an. Nur das
Werk allein zählt.
   Die Narren kritisieren einen Satz
Wenige sehen das Ganze

   Gott kann dich verlassen
   Gody soll dich verlassen.[2]

»Alles lässt sich besser schreiben/ Darum lass die schlechtere Fassung stehn.«: Die zwei Zeilen des undatierten Gedichts klingen überlegen und gelassen. Doch wir wissen, dass F. D. ebendies besonders schwerfiel, er war ein notorischer Um- und Weiterschreiber, nicht nur, aber vor allem bei seinen Arbeiten fürs Theater. In dem kleinen Text, *Gedanken vor einer Aufführung*, den er 1957 zur Wiederaufführung von *Die Ehe des Herrn Mississippi* am Schauspielhaus schrieb, spricht er von jenen Autoren, die schreiben, »[n]icht so sehr in der Hoffnung, Endgültiges zu finden«, [sondern] »mehr aus Plaisir, ein altes Abenteuer noch einmal zu bestehen«[3]. Kein Zweifel, dass sich F. D. diesem Lager zugehörig fühlt. Zuweilen ist sein Drang zur Revision allerdings kein »Plaisir«, sondern eine Manie.

Mit Missverständnissen konnte sich Dürrenmatt weniger leicht abfinden, als ihm lieb gewesen wäre (und als es seiner Theorie von der Mehrdeutigkeit des Gleichnisses entsprochen hätte). Sosehr er sich auch über die Kritik und gelegentlich das Publikum mokierte oder sich an die wienerische Maxime »gar nicht ignorieren« halten wollte. Niederlagen irritierten ihn, lösten gar Krisen aus, größere, als er der Öffentlichkeit und manchmal auch sich selbst eingestand.[4] Die ruhige Gelassenheit war eine von Dürrenmatts Masken. Bei näherem Hinsehen erscheint hinter dem souveränen Demiurgen seines Welttheaters, dem »Erbauer von Welten«, als den er sich selbst gern sah, ein immer wieder von Zweifeln gebeutelter Schwerarbeiter, der zwar mit seiner Kunst in regelmäßigen Abständen am Ende war, sich aber regelmäßig zu neuen Anläufen aufraffte. Nicht von ungefähr war Sisyphos eine seiner Lieblingsgestalten in der Mythologie, die er immer wieder gezeichnet hat.

Entgegen seiner Absicht, sich zu weigern, »das Ei der Erklärung zu legen«[5], veranlasste das Gefühl, missverstanden zu werden, Dürrenmatt zu einem ganzen Gelege solcher Eier, zu immer neuen Korrekturen, Absichtserklärungen, Polemiken.[6] Diese führten ihrerseits zu weiteren Missverständnissen. Darunter zum größten: dass seine Stücke Rechnungen seien, die »ohne Rest« aufgingen.[7] In der Rolle seines eigenen Dramaturgen argumentierte Dürrenmatt manchmal schlüssiger, als er als Dramatiker schrieb. So entstand das Klischee von Dürrenmatt als dem selbstsicheren Erfinder von Parabeln, dem Denkspieler und Schachdramaturgen, der unter weitgehender Missachtung der Realität und ihrer vermischten Bewohner seine Figuren und Welten baute. Mitverantwortlich für die Entstehung des Klischees waren sicher auch F. D.s plakative Formeln und Verkürzungen wie die von der »schlimmstmöglichen Wendung«[8] (aus den *Physikern*) oder die Selbst-Charakterisierung als »Denker von Welten«[9] (aus der *Standortbestimmung zu ›Frank dem Fünften‹*), der Autor sei »vom ›Denken über die Welt‹ zum ›Denken von Welten‹ übergegangen«, welche, naheliegend, als Beleg für demiurgische Selbstherrlichkeit genommen wurden. F. D.s Pfarrer-Vater mussten sie wie die pure Anmaßung vorkommen, als eine Art Gotteslästerung, eine *imitatio dei* der frevlerischen Art.

Dabei waren sie nicht mehr und nicht weniger als ein Akt der Notwehr. »Die Welten« denkt Dürrenmatt nicht aus Hybris, sondern weil sich für ihn »die Welt« im Singular nicht mehr erfahren, denken, geschweige denn abbilden lässt. Anfang und Ende seiner Kunst ist ein Mangel, und zwar ein doppelter: ein existentieller und ein erkenntnistheoretischer. F. D.s Kunst kann diesen Mangel nicht beheben, nimmt aber immer neue Anläufe dazu. Insgesamt ist sie eine Kunst des Scheiterns. Das geht weit über die Frage hinaus, ob ein Werk ein Erfolg wurde oder nicht.

So hat denn Dürrenmatt schon früh das Scheitern als eine der Bedingungen seiner Schriftstellerei überhaupt erkannt (wenn auch keineswegs sich damit abgefunden). Doch der Weg vom Scheitern zu einer Ästhetik des Scheiterns ist lang, etwa gleich lang wie der vom Versager zu dem, was Dürrenmatt den »mutigen Menschen« nannte. Schon vor Romulus, Graf Bodo von Übelohe, dem Physiker Möbius (und vor der Prägung des Begriffs selbst) ist der Bettler Akki aus dem *Turmbau*-Komplex ein »mutiger Mensch«. Einer, der wider bessere Einsicht gegen die Schwerkraft der Verhältnisse antritt.

Später wird Dürrenmatt vom »ironischen Helden«[10] sprechen. Dessen eindrücklichstes Exempel (einmal abgesehen von Cop im *Mitmacher*) führt er im *Modell Scott* in den *Dramaturgischen Überlegungen zu den ›Wiedertäufern‹*[11] vor. Bei Shakespeare, so Dürrenmatt, wäre der unglückliche Polarforscher Scott an seinem Charakter und den Intrigen anderer Expeditionsteilnehmer gescheitert. Bei Brecht an wirtschaftlichen Gründen und am Klassendenken: aus Standesdünkel hätte er auf Ponys statt auf Schlittenhunden bestanden und deren höheren Preis an der Ausrüstung eingespart. Bei Beckett wäre der Vorgang auf das Ende reduziert, »schon in einen Eisblock verwandelt, säße Scott anderen Eisblöcken gegenüber, vor sich hin redend, ohne Antwort von seinen Kameraden zu erhalten, ohne Gewissheit, von ihnen noch gehört zu werden.«

»Doch wäre auch eine Dramatik denkbar, die Scott beim Einkaufen der für die Expedition benötigten Lebensmittel aus Versehen in einen Kühlraum einschlösse und in ihm erfrieren ließe. Scott, gefangen in den endlosen Gletschern der Antarktis, entfernt durch unüberwindliche Distanzen von jeder Hilfe, Scott, wie gestrandet auf einem anderen Planeten, stirbt tragisch, Scott, eingeschlossen in den Kühlraum durch ein läppisches Missgeschick, mitten in einer Großstadt, nur wenige Meter von einer belebten Straße entfernt, zuerst beinahe höflich an die Kühl-

raumtür klopfend, rufend, wartend, sich eine Zigarette anzün-
dend, es kann ja nur wenige Minuten dauern, dann an die Türe
polternd, darauf schreiend und hämmernd, immer wieder, während sich die Kälte eisiger um ihn legt, […] dieser Scott nimmt
ein noch schrecklicheres Ende, und deshalb ist Robert Falcon
Scott im Kühlraum erfrierend ein anderer als Robert Falcon
Scott erfrierend in der Antarktis, wir spüren es, dialektisch gesehen ein anderer, aus einer tragischen Gestalt ist eine komische
Gestalt geworden, komisch nicht wie einer, der stottert, oder
wie einer, der vom Geiz oder von der Eifersucht überwältigt
worden ist, eine Gestalt, komisch allein durch ihr Geschick: Die
schlimmstmögliche Wendung, die eine Geschichte nehmen
kann, ist die Wendung in die Komödie.«

Was den Unterschied macht zwischen dem »mutigen Menschen« und dem »ironischen Helden« ist die Freiheit der Wahl.
Der »mutige Mensch« ist auch in der Ausweglosigkeit noch
selbstbestimmt, insofern, als er sich in das Unvermeidliche schicken kann (Kants »Burg der Autonomie«). Was beide vereint, ist
der »Fluch der Lächerlichkeit«, wie Wedekind gesagt hätte, die
tödliche Komik der Vergeblichkeit allen Bemühens. Das unvermeidliche Scheitern als *condition humaine,* als eine Art Vorbe-
zug des letzten Scheiterns, des Todes.

Scheitern an der Welt

Es gehört zum Paradox Dürrenmatt, dass seine Helden (und er
mit ihnen) nicht nur in, sondern an der Welt scheitern. Zuallererst Kant fühlte er sich darin verwandt, der »den Menschen
[lehrte], das Labyrinth zu akzeptieren«[12]. Dürrenmatts Ablehnung von Realismus wie von Formalismen aller Art war keine
Frage des Stils, sondern der Erkenntnistheorie und, buchstäblich, der Welt-Anschauung.

Auch Dürrenmatts Vortrag über Einstein (1979) gipfelt in der Bemerkung: »Vielleicht ist das Scheitern des Versuchs Einsteins, eine allgemeine Feldtheorie aufzustellen, für die Physik sein wichtigster Beitrag.«[13] In seiner Rede über den Maler Jef Verheyen (1982) drehte Dürrenmatt den berühmten letzten Satz von Wittgensteins *Tractatus logico-philosophicus* ins Paradoxe: »›Wovon man nicht sprechen kann, darüber muss man sprechen.‹ Diese paradoxe Fassung des Satzes ist mir lieber, zeigt sie doch das Donquijotehafte jeder denkerischen Bemühung auf, deren Kühnheit und deren Grenze […], ein erkenntniskritischer Satz, der zugleich die Forderung enthält, die Sprache gleichwohl zu wagen. Er ist eine Devise für Schriftsteller: Dem Scheitern der Sprache steht ihre Notwendigkeit gegenüber.«[14]

Ein weiter Weg, vom gescheiterten *Turmbau* bis zu dieser Einsicht in das Scheitern jeder Erkenntnis, mehr noch: das Scheitern als *condition humaine*. Allein, wie sagt Kleists Prinz von Homburg: »Und dennoch, stolzes Losungswort!«

Am nächsten ist uns Dürrenmatt heute immer dann, wenn er sich aus dem Schiffbruch seiner Dramatik in ein nächstes Scheitern rettet. Wenn er in seiner späten Prosa aufersteht und anhand seiner ungeschriebenen Stoffe, diese teils skizzierend, teils »über die Bande« dennoch schreibend, den Gesetzen seiner Einbildungskraft und damit der eigenen Lebensgeschichte nachspürt. In einer beispiellosen autobiogaphisch-erzählerisch-essayistischen Mischform, einer Art Ruinenbaumeisterei, stößt er zu einer neuen, multiperspektivischen Form von Literatur vor und entkommt mit ihr selbst dem Scheitern, indem er es akzeptiert.

»Wer das Scheitern nicht wagt«, sagte Dürrenmatt in Charlotte Kerrs ›Portrait eines Planeten‹, »der soll die Hände von der Kunst lassen. Dann geht man in den Keller und sprengt sich in die Luft.«[15] Dürrenmatt wagte das Scheitern immer. Es war Teil seiner Produktion, eines dichterischen Verfahrens, das über

»Stoffe« nicht verfügte, sondern ihnen ausgeliefert war. Dieses Scheitern, beginnen wir zu ahnen, macht Dürrenmatts Größe aus.

Stil vernichtet Inhalt

»Es wird mir klar«, heißt es in der Agenda unter dem 12. Januar 1950, »dass alles Dichterische [da wagte er noch das große Wort!] nicht gekonnt, sondern blind geschehen muss. Ein Abenteuer. Ein sich treiben lassen vom Stoff zu unbekannten Zielen.«[16] Das ist nicht die Haltung eines dramatischen Souveräns und schon gar nicht eines imperialistischen Stilistikers. Vielmehr entspricht es dem von Bildern bedrängten Visionär, der sich mühsam zur Sprache bringen muss und der sozusagen einen vertrauten Umgang mit dem Scheitern im Voraus pflegt. Die Sprache selbst, sosehr er Karl Kraus bewunderte (für den die Sprache etwas Absolutes ist), ist ihm ein schwankender Boden, ein von manchen Seiten (vor allem von seinem berndeutschen Alltagsidiom her) bedrängtes, sich veränderndes Gebilde.[17]

Dürrenmatts dem »Stoff« unterworfene Ästhetik ist, mit wenigen Ausnahmen wie eben den *Physikern,* grundsätzlich antihermetisch. Das ist der Grund, weshalb ihm (wie bereits in anderem Zusammenhang gesehen) »Stil« eine so verdächtige Qualität ist. Er verstand ihn nie wertfrei, sondern immer als einen Purismus, als Unterjochung des sprachlich Lebendigen durch ein diktatorisches, ja sogar terroristisches Primat der Form (schon der frühe Prosatext *Der Theaterdirektor* kann in diesem Sinn gelesen werden). Noch in einem Brief an Tuviah Rübner (ohne Datum, aber sicher aus der zweiten Hälfte der siebziger Jahre) stehen diese bemerkenswerten Sätze über Nietzsche: »Er ist von der Prosa und auch von den Gedichten her sicher einer der größten Schriftsteller, was stört ist sein immenser

Solipsismus, es ist, als ob sein Stil alles vernichte; die Dinge und die Ideen, die er behandelt, gibt es in dieser Reinheit nicht.«[18] Für das Unvorhersehbare eines »Stoffs«, der aus der nur bedingt kontrollierbaren Kreuzung von Erinnerung und Phantasie entsteht, ist »Stil«, wie F. D. ihn versteht, eine tödliche Qualität. Dürrenmatt wäre nie auf die Idee verfallen, er »beherrsche« eine Sprache.

Ein Drauflosdenker, ein Drauflosschreiber

Dürrenmatts Ahnung vom Ganzen riss ihn später nach zwei Richtungen ins Unendliche, in den Kosmos (und die Kosmologie) und in das Staunen über das Wunder des menschlichen Hirns. Sein Universalismus, der die Kehrseite seiner Ethik des Einzelnen war, die vom Menschen als einer Einmaligkeit und einer Unwahrscheinlichkeit ausging, schloss selbstverständlich das Scheitern ein. An das Ganze gibt es nur Annäherungen, in Form von Gleichnissen, Mythen, Hypothesen: nicht mehr als eine Ahnung, die in einer Form von schriftstellerischem »Glauben« als Unschärfe mitteilbar ist.[19] Es war nicht sein Ehrgeiz, so viel zu wissen wie die Wissenschaft, allenfalls wollte er besser fragen als die Fachleute, Politiker, Autoritäten. Auch seine Provokationen und apodiktischen Pointen waren Fragen (obwohl sie nicht als solche verstanden wurden).

Schien er in seiner Ästhetik in mancher Hinsicht ein Unzeitgemäßer, schaute er auf seine Zeit, auf die Tagesereignisse mit dem Blick des Kindes aus dem Märchen von des Kaisers neuen Kleidern. Zumindest konnte er sich diese Optik gut aneignen. Gerade das machte ihn zu einem buchstäblich unverschämten Zeitgenossen, zum produktiven »schrecklichen Vereinfacher«, der in seinen stärksten Momenten denkerisch gordische Knoten zerschlug.

Er sei kein Denker, sondern ein »Drauflosdenke[r]«[20]. Berühmt waren seine mündlichen Diskurse vom Hundertsten ins Tausendste, von einem abgebrochenen Satz zum nächsten, auf jeden Gedanken einen Gegengedanken formulierend, einen Einwand, und wenn sein Gegenüber die fallengelassene Anfangsüberlegung längst vergessen hatte, darauf zurückkommend, alles in einem schwer zu transkribierenden Berndeutsch oder sehr berndeutsch eingefärbten Hochdeutsch.

Sogar ein »Drauflosschreiber«[21] wollte er sein. Einer, der sich treiben lasse, »ohne das Floß einer Konzeption zu zimmern«[22]. Ganz sicher war er ein Drauflosmaler, ein »Sonntagsmaler«[23], ein »Maler wie ein Quartalssäufer«[24]: am deutlichsten hat er die Malerei in einem bewusst dilettantischen Aggregatzustand belassen. Das ist keine Abwertung seiner Bildnerei, im Gegenteil. Ob er in seinen Zeichnungen und Bildern scheitert, ist eine dieser *art brut* nicht angemessene Frage. Naturvorgänge scheitern oder gelingen nicht, sie sind. »Vollendung« ist dabei schon gar keine anwendbare Kategorie.

Das Scheitern ist in dieser Hinsicht Voraussetzung und Bedingung von Dürrenmatts Werk. Folge eines antiklassischen, sicher antiklassizistischen Reflexes. Teil seines expressionistischen Erbes.

Scheitern als Thema, Scheitern als Erfahrung

Eines seiner wichtigsten und stets wiederkehrenden Themen ist das Scheitern ohnehin: dialektisch, wie fast alles bei Dürrenmatt. Etwa in der listenreichen scheinbaren (und in späteren Fassungen durch den Tod der Familie tatsächlichen) Niederlage des »verdienstvollen Verräters«[25] Romulus. Es ist ein Thema in *Ein Engel kommt nach Babylon* und im vorangegangenen (gescheiterten) *Turmbau*: im Zusammenbruch des von Nebukadnezar aus Rebellion gegen den Himmel errichteten Turms. In der *Ehe des Herrn Mississippi* scheitern alle Ideologien an der pragmatischen Machtpolitik des Ministers Diego und der »Frau Welt« Anastasia. Man denke an das Scheitern des Herkules, vor allem an das monumentale Scheitern des Kommissärs Matthäi in F. D.s drittem Kriminalroman *Das Versprechen.*

Oft lag das Scheitern ganz einfach im Fortgang der alltäglichen schriftstellerischen Arbeit. Pläne blieben liegen, weil sie ihm im Kopf zu klar waren (wie *Kaiser und Eunuch*), wurden abgebrochen, weil er sie in ersten Anläufen sprachlich nicht zu bewältigen vermochte (*Die Komödie,* die später *Der Knopf* hieß und zuletzt *Untergang und neues Leben*) oder weil diese, als er über sie verfügte, den ursprünglichen Entwurf sprengten *(Turmbau).* Gerade die wichtigsten Vorhaben überstiegen im ersten Zugriff seine handwerklichen Möglichkeiten, wie im Fall der zentralen Stoffe *Der Rebell* oder *Winterkrieg.* Anderes wurde zurückgestellt, weil Dringenderes dazwischenkam. Dürrenmatt lernte, sich mit dem Fragment abzufinden, entdeckte vielmehr dessen Faszination.

So gab es inzwischen ein recht großes Gräberfeld von Fragmenten und Projekten, als sich eine Niederlage anderer Art einstellte, sein etappenweiser unfreiwilliger Abschied vom Theater. Der drängte ihm Fragen auf wie die nach den Voraussetzungen für seine Produktivität, dem Zusammenhang zwischen Phantasie und Erinnern; nach den Gründen dafür, warum er womit woran gescheitert war. Und führte ihn endlich zu dem Versuch, einige der Begrabenen von den Toten zu erwecken oder von den Untoten zu erlösen.

Angesichts des Scheiterns, das ihn nun erwartete, und dessen Überwindung in der ganz neuen fragmentarischen Prosa der *Stoffe* sind die Misserfolge bis dahin schon fast zu vernachlässigen. Auf den (ihm verdächtigen) Triumph mit der *Alten Dame* folgte *Frank der Fünfte,* die ›Oper einer Privatbank‹, ein schmerzlicher Flop: Niemand wollte darin den Shakespeare'schen Hintergrund sehen und alle nur einen Abklatsch von Brechts *Dreigroschenoper*. An die *Physiker* schloss sich der Misserfolg mit *Herkules und der Stall des Augias* an, nach dem Erfolg mit dem *Meteor* (insofern ein Missverständnis, als keiner – außer Frisch – sah, dass es Dürrenmatt darin um eine ureigenste Auseinandersetzung mit sich selbst und dem Preis seiner Kunst ging) kamen die *Wiedertäufer:* Durch die Bearbeitung einer alten Vorlage entstand ein neues Stück, aber jedermann beargwöhnte es als ein Déjà-vu (so gesehen eine dramatische Vorwegnahme der *Stoffe,* die den Autor dem gleichen Vorwurf aussetzten, er wühle nur deshalb in der Rumpelkammer seiner alten Stoffe, weil ihm nichts Neues mehr einfalle). Mit Dürrenmatts Bearbeitung von Shakespeares *König Johann* eröffnete Werner Düggelin seine Ära an den Basler Theatern, dementsprechend groß war die Aufmerksamkeit; für das Stück blieb die Bearbeitung ebenso folgenlos wie die spätere von *Titus Andronicus.* Ein Achtungserfolg, nicht mehr. *Play Strindberg* nach Strindbergs *Totentanz* wurde Dürrenmatts letzter großer Erfolg, aber das lag, für jeden Theaterpraktiker leicht einsehbar, eher an der schlanken Besetzung (eine Dame, zwei Herren, ein Bühnenbild) als am Stück selbst.

Folgte, was Dürrenmatt selbst als seine schmerzlichste Erfahrung überhaupt auf dem Theater bezeichnen wird: der Abschied vom Basler Theater, für das er sich als Mitarbeiter der Direktion von Werner Düggelin engagiert hatte bis zu seinem ersten Herzinfarkt. Hier begann sein Abschied vom Theater überhaupt.

Mit *Porträt eines Planeten*, Dürrenmatts Versuch, aus der Fabel-Dramaturgie in den strengen, fast musikalischen Formalismus eines apokalyptischen Endspiels auszubrechen, folgte gleich danach ein Misserfolg – in jeder Hinsicht. *Der Mitmacher* schließlich wurde unter all seinen Niederlagen seit dem *Engel* die endgültigste und folgenschwerste. Mit dem *Mitmacher-*

Komplex suchte er (durchaus auch für sich selbst) zu klären, weshalb er mit dem Stück scheiterte, und er spürte, wie später in den *Stoffen,* den verzweigten Quellen nach, aus denen es zusammenfloss; der Versuch, ein Missverständnis zu klären, führte zum nächsten: Er wolle sich für einen Flop rechtfertigen.

Daneben arbeitete er nun besessen an den immer breiter anschwellenden *Stoffen,* dieser einzigartigen Mischung von Archäologie im eigenen Werk, autobiographischer Selbstversicherung und Essayistik[26]; die Verwerfungen innerhalb des anwachsenden Manuskriptgebirges waren beträchtlich, der erste Band wurde trotz des Zeitpunkts seines Erscheinens, Dürrenmatts 60. Geburtstag 1981, von der Kritik kaum wahrgenommen. Die letzten dramatischen Arbeiten, *Die Frist* und die für Egon Karters Tourneetheater zur Komödie umgearbeitete *Panne* wurden als Abgesänge gerade noch registriert, sein letztes Stück *Achterloo* im besten Fall als eine Art dramatische Parallelaktion zu den *Stoffen,* als eine Ansammlung alter Motive, Themen, Einfälle eingeschätzt.

Ein vollkommen neues Leben

Am 14. Januar 1983 starb Lotti Dürrenmatt, plötzlich und doch nicht ganz unerwartet, nach einer langen Periode von Erkrankungen, Depressionen, zwischenzeitlichen Besserungen, Rückfällen.

Der Tod seiner Frau stürzte Dürrenmatt in tiefe Verwirrung, er hielt ihn auf kindliche Weise für einen bösen »Streich«[27], den ihm Lotti gespielt habe, für eine Art böswilliges Verlassen des gemeinsamen Ehestandes. Aus Ratlosigkeit, Verdüsterung, aus der Verfinsterung seiner Lebensumstände (schon lange vor Lottis Tod) rettete er sich in ein vollkommen neues Leben, in die Ehe mit Charlotte Kerr. Eine eigentliche Wiedergeburt. Die

neue Beziehung, der neu geregelte Alltag, die neuen Bekannt-
schaften (die freilich auch den Verlust von vielen alten zur Folge
hatten) lösten einen beträchtlichen Kreativitätsschub aus: In nur
sieben Jahren beendete F. D. die aus dem *Stoffen* ausgeklammer-
ten Teile *Midas, Justiz, Durcheinandertal,* endlich auch *Turmbau,* den zweiten Band der *Stoffe.* Ferner entstanden weitere
Fassungen von *Achterloo,* neue Projekte wie die Ballade *Minotaurus* und die Novelle *Der Auftrag.* An vielem war Charlotte
Kerr maßgeblich beteiligt. Sie brachte F. D. zurück in eine ihm
fremd gewordene Öffentlichkeit und verwandelte den Einsied-
ler fast in einen Mann von Welt. Das mochte vielen, vor allem
manchen unter seinen vernachlässigten und somit gekränkten
alten Bekannten, wie eine Nötigung wider seine Natur erscheinen. Aber es ist nicht zu bezweifeln, dass es ihm das Leben,
wenn nicht gerettet, so doch verlängert hat.

Auffallend oft trat er nun bei offiziellen Anlässen auf, bei
Preisverleihungen an ihn oder andere (»Ich bin ein Festredner
geworden«[28]), zu denen er sich ohne die Initiative seiner Frau in
diesem Maß wohl kaum mehr bereitgefunden hätte. Dürrenmatt
war wieder im Gespräch. Wenn auch nicht unbedingt in den
Spalten der einschlägigen Feuilletons.

Am Ende der Vorstellung

Natürlich sind auch Dürrenmatts apokalyptische Visionen als
Versuche, als ein Scheitern *sub specie aeternitatis* zu sehen: die
Sterblichkeit des Menschen als Individuum, als Gattung, das
Ende des Planeten, des Sonnensystems, der Milchstraße, des
Universums. Was einmal begonnen hat, geht einmal zu Ende.
Wer nach dem Ursprung fragt, muss die Frage nach dem Ende
aushalten.

»Gefühle lassen sich nicht beschreiben«, schreibt Friedrich

Dürrenmatt am Schluss des sehr kurzen und sehr gewichtigen ersten Kapitels *Begegnungen* von *Turmbau. Stoffe IV–IX,* »der Tod ist nur von außen darstellbar, sei es als ferne, ausgefranste nebelähnliche Wolke im Sternbild des Stiers, der Überrest einer Sonne, sei es als weiße Scherbe in einem Plastikbeutel, der Inhalt einer Urne, sei es als toter Hund auf der Rampe einer abgelegenen Abdeckerei«.[29] So kreist am Anfang dieses letzten zu seinen Lebzeiten veröffentlichten Buches die Vorstellungskraft um dieses Nichtdarstellbare.

Die ersten paar Seiten des Kapitels *Begegnungen* sind in ihrer lapidaren Wucht und Bildhaftigkeit etwas vom Eindrücklichsten in *Turmbau,* dem zweiten Band der *Stoffe,* abermals ein Triumph des indirekten Erzählens und ein Beweis dafür, welche poetische Energie Dürrenmatt den vom Intimsten ausgehenden Fliehkräften verdankte. Vom Tod seiner Frau Lotti spricht er, indem er vom Tod des von ihr besonders geliebten Schäferhundes spricht: Wie sich der im Garten, als er sein Ende nahen fühlte, unter einem Busch selber eingrub, wie Dürrenmatt das Tier auf den Wagen seines Freunds und Helfers Liechti lud, wie sie im Morgengrauen durch dicken Nebel die Jurahöhen hinanfuhren, den die Sonne im Dorf, in dem sie die Abdeckerei suchten, schließlich gleißend durchbrach. Das Tier legten sie auf die Rampe der Wasenmeisterei, es lag im grellen Frühlingslicht wie im Schlaf, und nie war Dürrenmatt der Tod so nah wie beim Anblick eines Wesens, das von diesem kein Bewusstsein hatte. Dann erst spricht F. D. vom »Nichtdarstellbare[n]«, dem Tod seiner Frau, sieben Jahre später, von der Unbegreiflichkeit dieses »Sekundentodes«, des Abschieds von einem gemeinsamen Leben, der ihm erscheinen wollte wie ein böser Streich. Nicht seine Trauer beschreibt er, sondern die Groteske, in der die Angestellten des Bestattungsinstituts mit dem Sarg die enge Treppe hinunterrumpelten.

Der Mensch stirbt, das Tier krepiert. Was den Menschen vom

Rest der Lebewesen trennt, glaubt Dürrenmatt, ist das Bewusstsein seiner Sterblichkeit. Die Entdeckung der eigenen Sterblichkeit sei die »erste wissenschaftliche Entdeckung«[30] des Menschen. Aber als Erfahrung entzieht sich ihm der Tod, er ist nur
von außen darstellbar, über den Tod eines Hundes zum Beispiel.
Der hat keinen Begriff vom Tod, aber er hat für ihn eine feinere
Witterung als der Mensch. Mehr als andere Tiere war für Dürrenmatt der Hund ein Wesen an der Grenze: ambivalent zwischen domestizierter Sozialisation und animalischer Fremdheit.
Die Grenze zwischen Mensch und Tier und ihre Überschreitung
in beide Richtungen beschäftigte Dürrenmatt zeit seines Lebens,
am augenfälligsten geht sie als Riss durch den Minotaurus, den
Stiermenschen. Auch an jene frühe Vision müssen wir denken,
die sich im ersten Band der *Stoffe* findet, die Erinnerung aus der
Zeit bei Ausbruch des Zweiten Weltkriegs, in welchem sich dem
jungen Dürrenmatt die vorbeiströmenden Menschen beim Berner Bahnhof mit einem Schlag in Tiere verwandelten: »Nicht,
dass sie wie Tiere ausgesehen hätten, wie Kühe, Schafe oder
Wölfe, aber ich wusste plötzlich, dass es Tiere waren, die sich an
mir vorbeibewegten, nichts als Tiere, die den Bahnhofsplatz
überquerten, schreckliche, geistlose, rohe, aufrecht gehende Primaten, und ich flüchtete die Lauben hinunter, über die Nydeggbrücke und die Haspelgasse hinauf nach Hause.«[31]
    Auch das Sterben seines Freundes Varlin erzählt Dürrenmatt
über Hundegeschichten. Eine Spiegelung der Passage, die von
Lottis Tod, vom Tod von Lottis Schäferhund handelt, findet sich
zu Beginn des mit ›Winterkrieg in Tibet‹ überschriebenen Teils
von *Labyrinth,* wo Dürrenmatt von seinem Freund Varlin Abschied nimmt.

    Von Varlins letzten Werken machte mir vor allem ein schmut-
    zig ockerfarbenes, hochformatiges, doch nicht sehr großes
    Bild Eindruck, das tief im Raum oder im Leeren eine krepie-

rende oder krepierte dicke, weiße Hündin mit einigen schwarzen Flecken zeigte. Ich wollte es erstehen, doch Varlin verlangte einen Preis, den ich mir nicht leisten konnte. Als ich mit Varlin nach Soglio hinauffuhr, erzählte er mir von seiner Krankheit, von der er genesen sei, doch als er mir berichtete, wie man ihn behandelt hatte, wusste ich, dass er verloren war. Er wollte mich noch malen. […] Ich saß auf einem unbequemen Stuhl, als er mich zu porträtieren begann, sein Ledersessel, der neben dem Bett stand, war mir zu grauslich. Varlin verzögerte die Malerei ins Endlose, suchte Kohle, fand keine Farbe; meine Frau half ihm suchen, dann fing er auf einer Riesenleinwand immer wieder von vorne an. Todmüde, von Hitze gepeinigt, legte ich mich endlich aufs Bett […]. Auf einmal kam er in Fahrt, er malte mich in meiner ganzen Wut darüber, dass ich sinnlos auf einem Bett lag – was hatte ich mit diesem Bett zu schaffen? –, er malte mich, stolz darüber, dass er, der sein Sterben ahnte, mich dorthin gezwungen hatte, aufs Bett, wo sich sein Schicksal erfüllen würde. Und tief hinten im Raum malte er das Bild, das zu kaufen ich nicht imstande war: die krepierende Hündin.[32]

Immer sind Dürrenmatts Hunde, nicht anders als die Varlins, im Strahlungsbereich der Erotik und dem des Todes. Wesen zwischen Prokreation und Krepieren.

Vom Ende des Vorstellbaren und Darstellbaren handeln auch die letzten Seiten von *Turmbau. Stoffe IV–IX,* der Schluss des Textes *Das Hirn.* In einer ungeheuren Fiktion erdenkt sich da das Hirn selbst ein Bewusstsein, eine Welt, eine Erde, eine biologische Evolution, den Menschen, dessen Gehirn, die Geschichte der Menschheit und, als »Nebengedanke[n] eines Nebengedankens«[33], Friedrich Dürrenmatt, der den Text *Das Hirn* schreibt, schreibend darüber nachdenkt, wer wen erfunden hat (»[…] gibt es mich überhaupt, gibt es nicht vielmehr nur ein

Hirn, das eine Welt träumt als Abwehr gegen die Angst, eine erträumte Welt, in der einer aus dem gleichen Grunde schreibt, aus dem heraus ihn ein Hirn träumt«). Dürrenmatts Schriftstellerei als eine *imitatio dei,* als Nachahmung eines Gottes, der präsent ist nur im Denken selbst – dieses Hirn ist Gott. Es denkt sich den Großen Alten mit Bart und den zuckerkranken Großen Alten ohne Bart, der am letzten Ufer auf einer zerschlissenen Matratze vor sich hin döst, umgeben von zerfledderten Lexika, Büchern aller Art, inklusive Erklärungsversuchen der Kosmologie – eine Stelle aus dem Roman *Durcheinandertal* findet sich wortwörtlich zitiert in *Das Hirn* wieder.

Am Ende langt das Hirn an der Grenze zum nicht mehr Vorstellbaren an, auf einem »Gelände« hinter Krakau, wo »Kunst nichts zu suchen« hat. »Das Denkmal im Rücken, stellt sich das Grauen wieder ein. Rechts dunkle Baracken, Stacheldrahtzäune. Auch in der endlosen Ebene links übermannshoher Stacheldraht von Pfosten zu Pfosten gespannt, jeder Draht in weißen Porzellanisolatoren endend, um von ihnen zum nächsten Pfosten mit Isolatoren zu führen. Dahinter ein Wald von Backsteingebilden wie Totempfähle einer fremden Religion, die Kamine der längst verwitterten Baracken. Den zwei Geleisen entlang wachsen Blumen. Die Landschaft des Todes ist grün. Der Ort wurde weder von meinem fingierten Hirn ausgedacht oder geträumt, weder vom Hirn des Gottes mit Bart, noch von jenem des Gottes ohne Bart, der in Jamaika im Bademantel auf dem Bett dem Schreibmaschinengeklapper Gabriels, dem Rauschen des Regens und dem Schleifen der Palmblätter zuhört, und auch ich habe ihn nicht erdacht oder geträumt. Er ist undenkbar, und was undenkbar ist, kann auch nicht möglich sein, weil es keinen Sinn hat. Es ist, als ob der Ort sich selbst erdacht hätte. Er ist nur. Sinnlos wie die Wirklichkeit und unbegreiflich wie sie und ohne Grund.«

Zwischen Tod und Tod, zwischen Groteske und Grauen ereignet sich die Welt, wie Dürrenmatt sie sah, »seine« Welt, wenn das, was er aus dem Amorphen, dem Chaos in und um sich als merk-würdig auswählt, das Possessivpronomen rechtfertigt.

Lob des Unzeitgemäßen

Dass uns Dürrenmatt wieder treffen, verwunden, verwundern, erschrecken, amüsieren kann, setzt voraus, dass wir vergessen, was wir von ihm zu wissen glauben. Zwar beschränkt sich das, was aus seinem Werk in den Kanon der Schulbuchliteratur Aufnahme fand, auf wenige Klassiker (meine »Evergreens«[34], wie F. D. sie genannt hat), aber hinter den handlichen Interpretationen, mit denen die zur Strecke gebracht werden, verschwindet der große Rest des Werks. Das Ganze eben. Auf das kommt es Dürrenmatt tatsächlich und zunehmend an.

Mit dem Tod erlischt das Verfügungsrecht eines Autors über sein Werk. Zwar kennt die Literaturgeschichte viele Beispiele, in denen Erben über das rechte Verständnis des Verstorbenen wachen wollten. Das ist bei Dürrenmatt nicht der Fall. Seinen literarischen Nachlass vermachte er mit Vertrag vom 27. Juni 1989 der Schweizerischen Eidgenossenschaft, mit der Auflage, aus diesem Anlass ein nationales Literaturarchiv zu gründen. Postume Zensur ist allerdings in den allermeisten Fällen ohnehin vergeblich. Was ein Autor auch testamentarisch mit Sperrfristen belegen mag, die Sonne bringt es an den Tag. Was er wirklich verschweigen will, muss er vernichten. Dürrenmatt hat sich zum Leidwesen aller literarhistorischen Detektive daran gehalten und unverhältnismäßig viel von dem, was er für sein Werk als unerheblich hielt oder was ihm zu nahe ging – vor allem viele Briefe –, aus dem Weg geschafft.

Wie auch immer: Das Werk löst sich von seinem Urheber und ist den unabsehbarsten Wandlungen der Wahrnehmung ausgesetzt. »Das Große bleibt groß nicht, und klein nicht das Kleine«, heißt es bei Brecht. Die Zeit ist ein Reißwolf, die Halbwertzeit des Nachruhms wird kürzer, das Gedächtnis schwindet.

Was bleibt von Friedrich Dürrenmatt? Implizit meint die Frage, Schriftsteller hätten Vorschläge zur Lösung oder zumindest zur Erkenntnis unserer Probleme zu liefern. Dazu ließ sich Dürrenmatt ja auch oft (zu oft?) herbei, trotz seiner Schreckensvision, es könnte einmal unter dem Titel »Trost bei Dürrenmatt«[35] ein Brevier mit ausgewählten Kalendersprüchen aus seinem Werk erscheinen, in der Art von »Mit Goethe durchs Jahr«. Er beteiligte sich auch ausgiebig am aktuellen Diskurs diesseits des sogenannten Dichterisch-Allgemeinmenschlichen. Er äußerte sich zur Lage der Schweiz, zu Faschismus und Kommunismus (meist allerdings in größerem geschichtsphilosophischem Zusammenhang), zur Politik der Schweiz im Zweiten Weltkrieg. Als Berner fühlte er sich verpflichtet, zum Jura-Konflikt Stellung zu nehmen, als Zugezogener in Neuchâtel äußerte er sich zum Verhältnis Deutschschweiz–Romandie. Seine Gespräche und Interviews füllen vier Bände – in einer Auswahl, wohlgemerkt. Er bezog Stellung zu Israel, beschäftigte sich in einem ganzen Buch mit dem Nahen Osten[36]. Dass Dürrenmatt der unpolitische, Max Frisch der politische Schriftsteller gewesen sei, war jedenfalls eine Erfindung der Gefolgschaft des Letzteren und eine Folge der unseligen Koppelung und Polarisierung der beiden so verschiedenen Autoren.

Dürrenmatt war ein Einzelgänger und ein Einzelner. Und er war ein im Widerspruch zu seinem pfarrherrlichen Vater geformter, bis zuletzt dennoch religiös grundierter Agnostiker. »Jedes künstlerische Unternehmen – ob im Drama, in der Prosa, im Gedicht, in der Zeichnung, in der Malerei – hat bei Dürrenmatt auch einen theologischen Aspekt. Das macht ihn anachronistisch und – in unseren Tagen – verheißungsvoll.«[37] Theologisch? Nennen wir's »metaphysisch« (angesichts von Dürrenmatts Satz im Zusammenhang mit Karl Barths *Kirchlicher Dogmatik:* »In der Theologie vollzieht der Glaube Selbstmord«[38]). Gewiss hat Beatrice von Matt recht, das Unzeitgemäße macht die Haltbarkeit von Dürrenmatts Literatur aus (über die er sich zu Lebzeiten so amüsiert hatte). »Dürrenmatt ist nicht nur Protestant gegen den Zustand der Welt, für den er – in striktem Gegensatz zu Bertolt Brecht – nicht die gesellschaftlichen Verhältnisse, sondern die Menschen verantwortlich macht; er ist mitten in seinen blutigen Späßen ein geheimer Prediger, ein Lobsänger der Schöpfung, ein Hymniker der Schönheiten dieser Erde, des scheiternden, aber unverzagten Menschen und der Gnade des Himmels – seine stärkste Provokation geht keineswegs von seinen grausamen Scherzen aus, sondern von seiner Religiosität, die freilich so versteckt ist, dass mancher sie gar nicht entdecken mag.«[39] Das schrieb Georg Hensel 1972. Es gibt von Dürrenmatt Widerrufe genug gegen eine solche Sicht.

Es ist ein weiter Weg von jenen Anfängen zum späten Dürrenmatt, dessen *Durcheinandertal* sich wie ein Kehraus aller christlichen Theologie liest und doch mit einem im Bauch einer Mutter vor Freude hüpfenden Kind endet. Wie weit und wie anstrengend der Weg vom »Glauben meines Vaters« zur Behauptung des Atheismus war, ist erst vom Ende her zu erahnen. Aus einem Text etwa mit dem Titel *Pflicht zum Atheismus*, entstanden 1988 auf eine Umfrage der Zeitschrift ›Wiener‹ hin. Die Frage nach dem Glauben war Dürrenmatt zu wichtig, als dass er sie rasch mündlich hätte beantworten wollen.

Ich bin ein Pfarrerssohn. Ich habe immer an Gott gezweifelt. Im klassischen Sinne. Ich hielt Gott für möglich, aber nicht für sicher. Meine Eltern hielten diesen Zweifel nicht für verwerflich, sondern mit meiner Jugend vereinbar. Der Glaube war etwas für reife Menschen. Ein reifer Mensch zweifelt nicht. / Ich wurde älter. Gott wurde für mich eine faszinierende Fiktion. Sie war nicht zu beweisen, sondern anzuneh-

men. Ich nahm Gott als Fiktion an. Gott faszinierte mich als
Paradoxie. Ich begriff, dass man sich an ihr begeistern konnte.
Die Frage, ob es einen Gott gebe, trat in den Hintergrund. /
Ich glaubte an Gott wie viele Mathematiker an Gott glauben:
an ein Gedankending wie Zahlen Gedankendinge sind. Die
Existenz Gottes glich der Frage nach der Existenz eines Na-
turgesetzes. Gibt es dieses, oder legen wir dieses in die Natur
hinein? Es ist eine erkenntnistheoretische Frage. / Seit einigen
Jahren hat sich meine Einstellung Gott gegenüber aufs Neue
verändert: Ich sehe den Grund nicht mehr ein, die Fiktion
Gott aufrechtzuerhalten. Genauer: die Fiktion eines persönlichen Gottes. Gott als ein Weltprinzip, sagen wir einer Ordnung des Existierenden, kann ich mir als Hypothese vorstellen, etwa in Form der Symmetrie, die bald die Physik gefunden
zu haben meint, bald wieder nicht festzustellen in der Lage
ist, aber warum soll ich dieses Ordnungsprinzip noch Gott
nennen? / Einen persönlichen Gott aber auch nur zu denken,
halte ich heute mit unseren Ahnungen, die wir von der Welt
erreicht haben, für unvereinbar. Ein persönlicher Gott ist eine
Konzeption der Liebe und der Furcht. Der Mensch will nicht
nur lieben, er will geliebt sein und fürchtet sich vor dem
Tod. / Das Verbrechen des Christentums besteht in der Ver-
doppelung dieser Furcht durch die Erfindung der Hölle und
die Verkoppelung des Todes mit der Sünde als deren Sold.
Auf diesem Verbrechen beruht die christliche Kultur: Aus
Furcht vor der Hölle schossen die Kathedralen in den Himmel und wurde das Christentum an der Leine der Angst aggressiv. / Die heutige Wissenschaft ist dem Wunder des Lebens auf die Spur gekommen, ohne es lösen zu können, je
mehr sie vom Wunder erfasst, desto wunderbarer wird es.
Wer wissen will, stößt ins Nichtwissen vor, in die Wunder. /
Als solches ist der Mensch das größte Wunder, das wir im
Weltall kennen. Haben wir das begriffen, stoßen wir zu einem

neuen Humanismus vor, der sich auf die Ehrfurcht vor dem Wunder der Evolution gründet, die wir zu erahnen beginnen: In ihr hat der Tod einen Sinn. Ohne ihn währen [sic] wir Einzeller, uns sinnlos jahrmillionenlang teilend, die Erde mit einem Brei bedeckend. / Der Mensch muss nicht erlöst werden, er steht vor der viel schwierigeren Aufgabe, sich selbst zu erlösen: Er ist in seine eigene Falle gerannt. Die Aufgabe, der sich die Menschheit gegenübersieht, ihr Weiterbestehen zu ermöglichen, ist so schwer, dass kein Gott ihr helfen kann. Nur sie sich selbst. / Wer weiß, weiß, dass er wenig weiß, und dass das, was er weiß, vorläufig ist. Nur wer glaubt, glaubt, dass er weiß. Wahrheit ist ein Wort des Glaubens. Niemand vermag grausamer zu sein, als jene, die im Namen der Wahrheit handeln. Sie handeln auch im Namen der Gerechtigkeit. / Die Wahrheit und die Gerechtigkeit sind die größten Massenmörder der Geschichte. Damit will ich nicht jene angreifen, die an Gott glauben können. Gott ist eine rein innerliche Größe, ihr Glaube geht mich nichts an, er ist ihre Sache. Und weil er ihre Sache ist und nur die ihre sein kann, sollten sie bedenken: / Nicht nur Gott, auch der Glaube an sich ist unbeweisbar. Nicht einmal der Papst kann beweisen, dass er glaubt, woran er zu glauben vorgibt. / Darum gibt es für mich nichts unanständigeres [sic] als christliche Parteien: Mit dem, was man nicht beweisen kann, dass man es ist, darf nicht politisch operiert werden. / Jeder Nazi konnte im Handkehrum behaupten, er sei ein Christ. Nach dem Zusammenbruch des Hitler-Glaubensreichs gab es in Deutschland und Österreich die gewaltigste Massenbekehrung zum Christentum der Geschichte, während sich einige handkehrum zum Marxismus bekehrten, auch zu einer Religion, an die man nur zu glauben vermag. / Die Zeit der Khomeinis ist angebrochen, nicht nur in Rom, Iran und Israel. Es ist höchste Zeit, sich wieder zum Atheismus zu bekennen.[40]

»Das Verbrechen des Christentums«: Da liest sich der Kantianer Dürrenmatt schon fast wie Nietzsche. Und erweist sich doch als das, was Nietzsche dem »verwachsensten Begriffs-Krüppel« aus Königsberg unterstellte, ein »hinterlistiger Christ zu guter Letzt«. Für Nietzsche war Kant »jener Nihilist mit christlich dogmatischen Eingeweiden«. Vom Dogmatischen wollen wir ebenso absehen wie vom Nihilistischen. Aber ein Atheist mit christlichen Eingeweiden war Dürrenmatt »zu guter Letzt« gewiss. Sein Atheismus erweist sich als die große Anstrengung, der Gravitation seiner protestantischen Prägung zu entkommen.

Er ist heroisch, dieser Ausbruchsversuch, weil er vergeblich ist, zum Scheitern verurteilt, auch er. Er ist so wenig Resignation wie das Scheitern, das Dürrenmatt in den schönen Zeilen des Gedichts *Ergreife die Feder müde* als seine *condition poétique* erkennt, ein gelassenes Sich-Fügen ins Scheitern, in dem trotz allem als harter Kern ein trotziges »Und dennoch!« steckt. Es ist diese Spannung, die bei diesem Autor unsere »Anklangsnerven« in Schwingung versetzt.

Dürrenmatt hat die literarische Szene in den vierziger Jahren als ein Unzeitgemäßer betreten. Ein Unzeitgemäßer ist er geblieben. In der religiösen Grundierung seines Atheismus, in der Ahnung von einem Ganzen, das mehr ist als die Summe aller Einzelheiten – der einzelnen Erkenntnisse, der einzelnen Werke. In diesem Unzeitgemäßen liegt unsere Ahnung von einer künftigen Aktualität Dürrenmatts. Nicht als der, den wir zu kennen glauben, wird er uns weiter beschäftigen, sondern als der Fremde, der er war und immer sein wollte.

Ein Gedicht aus den Zeiten, da er sich Zigarren noch erlaubte, liest sich wie die Summe eines ganzen Lebens:

Nur das Nichtige hat Bestand

Wütend und nass
 glitt ich aus dem Leib meiner Mutter
 begriff nie wozu
und auf wessen Befehl
 später blinzelte ich im Licht
   und wurde misstrauisch
so bin ich immer noch
 genüge mir selber; die Welt
da draußen
 ist ungewiss. Sie gehört nicht mir.
Ist eine unbegreifliche Gnade
 oder auch
ein böser Fluch. Wer kann das
     wissen
Auf alles gefasst sein.
 Darum sammle ich die Weine
rauche ich die braunen getrockneten
    Blätter
Vergänglichkeiten
 nur das Nichtige hat
 Bestand.[41]

Anhang

Bildnachweis

Dank

Dieses Buch hat viele Mütter und Väter. Mag bei einem sogenannten »Primärtext« der Autor noch mehr oder weniger in der Einzahl Urheber seiner Hervorbringung sein, ist eine Biographie wie diese ohne vielerlei Hilfe gar nicht denkbar: nicht ohne ermutigenden Zuspruch, der mir immer wieder aufhalf, nicht ohne materielle Unterstützung und schon gar nicht ohne bereitwillige Auskunft von Zeitzeugen.

Ich habe zuerst denen zu danken, die das Unternehmen in Gang brachten, an das ich mich ohne sanfte Nötigung nie gewagt hätte. Von Jürg Ramspeck, damals Chefredakteur der ›Weltwoche‹, kam die Idee, zu Friedrich Dürrenmatts 70. Geburtstag eine große biographische Serie zu produzieren. Sie war als Ehrung zu Lebzeiten gedacht und wurde ein langer Nachruf in dreizehn Teilen à zwei Seiten. Welches Presseerzeugnis würde heute so etwas noch drucken!

Nach wenigen Folgen meldete sich Diogenes-Verleger Daniel Keel: Ob daraus nicht eine Biographie entstehen könnte, eine zwischen zwei Buchdeckeln? So ließ ich mich denn auf ein Unternehmen ein, von dem weder ich noch mein Auftraggeber eine Ahnung hatte, in welche Dimensionen es sich auswachsen sollte. Es wäre ohne Initiative meines Verlegers nicht begonnen worden, und es wäre ohne dessen durch nichts zu beirrenden Glauben daran nicht an ein Ende gekommen, auch nicht an dieses vorläufige. Ohne Daniel Keels Vertrauen wäre ich längst auf der Strecke geblieben. Dass seine Frau Anna, die in regelmäßigen Abständen mit fabelhaften Abendessen der behutsamen Nachfrage, wie weit denn das Ganze sei, noch den letzten Nachdruck nahm, diesen Moment nicht mehr erlebt, schmerzt mich mehr als alles andere.

In der ersten Hälfte der neunziger Jahre versetzte mir mein Heimatkanton Thurgau mit einem Werkjahr einen kleinen Stoß in den Rücken. Meine Freundin S. D. in T. half mir über eine weitere Durststrecke, und dann gewährte mir vor der Jahrtausendwende die Silva-Casa-Stiftung ein so großzügiges Stipendium, dass ich für fünf Jahre alle Sorgen los gewesen wäre – wenn denn nur das Sein wirklich das Bewusstsein bestimmt hätte. Dass dem leider nicht immer so ist, musste der Stiftungsrat der ungewöhnlich generösen Fondation bitter erfahren: Frau Janet Briner, Fürsprech Max Beat Ludwig und Professor Ewald Weibel. Ihre Geduld wurde über die Grenzen des Zumutbaren hinaus strapaziert.

In der Person von Professor Peter Rusterholz, dies war mein besonderes Glück, bekam ich als Verbindungsinstanz zwischen der Stiftung und der die Mittel verwaltenden Universität Bern nicht nur den denkbar besten Kenner der Materie zur Seite gestellt, sondern einen Tutor, der mit ebenso viel Kompetenz wie Toleranz schnell mein Freund wurde.

Die enge Verbindung von Peter Rusterholz mit dem Schweizerischen Literaturarchiv, wo mit Dr. Irmgard Wirz, Dr. Rudolf Probst und vor allem Dr. Ulrich Weber die Avantgarde der derzeitigen Dürrenmatt-Forschung arbeitet, kam dazu. Alle waren sie Schüler von Rusterholz. Ich wurde von den mit Dürrenmatts Nachlass befassten Fachleuten mit so viel Sorgfalt, Effizienz und liebevoller Geduld unterstützt, dass ich mich über das Fachliche hinaus fast als einer der Ihren aufgenommen fühlen durfte. Peter Rusterholz und Ulrich Weber übernahmen sogar die unangenehme Aufgabe, das Typoskript durchzusehen, mit Augenmaß auf Fehler hinzuweisen, wo eine Korrektur unerlässlich, ein Auge zuzudrücken, wo sie etwas als Marotte des Autors passieren lassen konnten.

Das setzte freilich voraus, dass sie es mit einer Textfassung zu tun hatten, die meine Lektorin Anna von Planta und ihre Mitarbeiterin Kati Hertzsch aus einem Dschungel in ein halbwegs kultiviertes Gelände verwandelt hatten. Schon bei der Herausgabe des Briefwechsels zwischen Max Frisch und Friedrich Dürrenmatt resp. meinem Vorwort dazu (Diogenes 1998) ging die Arbeit von Anna von Planta weit über das übliche Maß eines Lektorats hinaus. Jetzt war eine noch größere Sensibilität gefragt, nämlich zu unterscheiden zwischen dem Un-

zumutbaren und jenem Maß dosierter Anarchie, ohne die eine Ahnung vom Ganzen in Dürrenmatts Leben und Werk nicht angemessen
zu vermitteln ist. Ein Hochseilakt, der gar nicht genug zu schätzen ist.

Die ganze Arbeit war nur im Rahmen eines Verlags möglich, in welchem alle dieses Projekt bedingungslos unterstützten, von Daniel Keel
und seinem Partner Rudolf C. Bettschart über Verlagsdirektor Winfried Stephan und Ruth Geiger, der Leiterin der Presse- und Öffent-
lichkeitsarbeit, bis zu der mit Gestaltung und Herstellung befassten
Abteilung. Die Großzügigkeit, mit der mir für die letzten Monate das
Engagement zweier exzellenter Assistenten ermöglicht wurde, Marion Gerber und Michael Fischer, war ein zusätzlicher Beweis dieser
Aufgehobenheit. Auch sie leisteten mehr als den unerlässlichen und
mühsamen Kleinkram, den eine solche Publikation mit sich bringt.
Auch sie brachten sich inhaltlich in das Projekt ein.

Endlich habe ich vielen zu danken, mit denen ich über Dürrenmatt
sprechen durfte. Aus vielen Bereichen. Zum Teil in ausführlichen Gesprächen, zum Teil in gezielten aufschlussreichen Bemerkungen, und
manchmal war die schriftliche Mitteilung wertvoller als lange Interviews. Im Fall von Charlotte Kerr-Dürrenmatt, deren Ehe mit Dürrenmatt – ich habe sie dafür um Nachsicht zu bitten – nicht im Fokus
des Zeitabschnitts dieser Darstellung lag, verdanke ich viel ihrem
Buch *(Die Frau im roten Mantel),* vor allem aber ihrem hinreißenden
Film ›Portrait eines Planeten‹, den man geradezu als eine Art filmi-
sches Testament Dürrenmatts bezeichnen kann.

Für viele, denen ich zu danken habe, gilt leider, mit dem Anfang des
zweiten Bands von Dürrenmatts *Stoffen* zu sprechen, dass wir im
Zeitalter der technischen Reproduzierbarkeit »wie keine Zeit vor uns
mit den Toten konfrontiert [sind], mit ihren Gespenstern eigentlich«.
Dürrenmatt spricht von vielen ihm einst vertrauten, verstorbenen
Schauspielern, die ihm in alten Filmen wiederbegegneten. In den
Schachteln mit meinen Tonbandaufzeichnungen lauerte kein gerin-
geres Erschrecken. Es liest sich in alphabetischer Ordnung so: Guido
Baumann. Marc Eichelberg. Agnes Fink. Hanny Fries. Georg Hensel.
Erich Holliger. Egon Karter. Peter Keckeis. Markus Kutter. Hans
Liechti. Hans Lietzau. Hugo Loetscher. Hans Mayer. Peter Rühm-

korf. Fred Schertenleib. Ernst Schroeder. Jean Rudolf von Salis. Werner Weber. Bernhard Wicki. Sigmund Widmer. Eduard Wyss. Adolf Zogg. Christiane Zufferey.

Andere erreicht mein herzlicher Dank hoffentlich noch lange in dieser Welt: Heinz Ludwig Arnold. Erwin Axer. Maria Becker. Reinhold Becker. Hermann Beil. Kurt Berger. Peter Bichsel. Ruth Bossard. Bernhard Böschenstein. Werner Düggelin. Vroni Dürrenmatt. Barbara Dürrenmatt. Ruth Dürrenmatt. Inge Feltrinelli. Marianne Frisch. Jürg Frischknecht. Wally Grafstein. Hans Hollmann. Thomas Hürlimann. Pierre Lachat. Beatrice Liechti. Regine Lutz. Kurt Marti. Hans Noll. Elisabeth Raabe. Maximilian Schell. Julian Schütt. René Simmen. Peter Stein. Jörg Steiner. Reinhard Stumm. Peter von Matt.

Chronik zu Leben und Werk

1921   5. Januar: Geboren in Konolfingen im Emmental, Kanton Bern, als ältester Sohn des protestantischen Pfarrers Reinhold Dürrenmatt und seiner Frau Hulda, geb. Zimmermann. In der Familie ist bereits die 10-jährige Pflegetochter Elisabeth Gori. Die Eltern heirateten bereits 1909 und blieben lange kinderlos.

1922   Geburt der Schwester Marianna, die nach drei Tagen stirbt.

1924   Geburt der Schwester Verena.

1928–32 Primarschule in Stalden bei Konolfingen.

1932–35 Sekundarschule im Nachbardorf Großhöchstetten. Eine »Kopfgrippe«, vermutlich eine leichte Kinderlähmung, beeinträchtigt die Beweglichkeit des Jungen. Die Zeichnung ›Schweizerschlacht‹ von Fritz Dürrenmatt wird 1934 mit einem Preis des *Pestalozzi-Kalenders* ausgezeichnet und im dem Kalender beiliegenden ›Schatzkästlein‹ abgedruckt.

1935   Umzug der Familie nach Bern, wo der Vater Pfarrer am Salem-Spital wird. Bis 1937 Besuch des Freien Gymnasiums, anschließend des Humboldtianums.

1937   Juli/August: Reise mit dem Fahrrad nach Deutschland: München (mit Besuch der Ausstellung »Entartete Kunst«), Regensburg, Nürnberg, Weimar (Besuch des Goethe-Hauses), Frankfurt a. M.

1938   Während der Sommerferien Reise mit dem Fahrrad zu einer
         Pfarrersfamilie in Straßburg zur Aufbesserung seiner Fran-
         zösischkenntnisse. Besuch in Sesenheim. Letzter Auslands-
         aufenthalt bis ca. 1950. F. D. kauft Hitlers *Mein Kampf.*

1939   Sprachaufenthalt in La Tourne am Neuenburgersee.

1940   5. Januar: Militärische Aushebung. F. D. wird als diensttaug-
         lich beurteilt und als Füsilier in die Gebirgsinfanterie einge-
         teilt. Max Huggler, Direktor der Berner Kunsthalle, begut-
         achtet F. D.s Zeichnungen (»Wenn ein Talent da ist, dann ist
         es nicht dasjenige des Malers, sondern des Schriftstellers«).

1941   F. D. nimmt (seiner Erinnerung zufolge aus Rebellion gegen
         den Vater) für Hitler Stellung und tritt der frontistischen
         »Eidgenössischen Sammlung« bei. Ende August/Anfang
         September: Maturitätsprüfung (Alte Sprachen). Danach Auf-
         enthalt in einer Ferienwohnung im Kiental (Berner Ober-
         land). Gespräch mit dem Vater über Berufspläne. F. D. lehnt
         den Vorschlag ab, Theologie zu studieren. Brief an den Vater,
         wonach es für ihn undenkbar sei, etwas anderes als Künstler
         zu werden, allerdings ist er noch unentschieden zwischen
         Malen und Schreiben. September: Austritt aus der »Eidge-
         nössischen Sammlung«, Wechsel zu den »Freunden der Eid-
         genössischen Sammlung«. Immatrikulation an der Philoso-
         phisch-historischen Fakultät der Universität Bern, belegt die
         Fächer Neuere Deutsche Literatur (bei Fritz Strich), Germa-
         nistik (bei Wilhelm de Boor) und Kunstgeschichte (bei Max
         Huggler und bei dem jüdischen Privatdozenten Wilhelm
         Stein, der dem George-Kreis angehört). Während des ganzen
         Studiums entstehen einzelne Federzeichnungen und Ge-
         mälde, aber auch einige literarische Texte und Fragmente.

1942   Juli: Rekrutenschule; nach drei Wochen aus gesundheitlichen
         Gründen entlassen und wegen Kurzsichtigkeit in den militä-

rischen Hilfsdienst versetzt. F. D. bezieht eine Mansarde über der neuen Wohnung der Eltern in der Laubeggstraße 49, in der er die Wände bemalt.

1942/43 Zweiwöchiges Volontariat beim konservativen ›Berner Tagblatt‹. Verdient Geld mit Erteilen von Griechisch-Privatunterricht. Fortsetzung des Studiums in Zürich (bei Emil Ermatinger, Emil Staiger, ev. bei Eberhard Grisebach). Lernt seine erste Freundin, die Walliser Kunststudentin Christiane Zufferey kennen, mit der er »wochenlang in einer Mansarde des ›Roten Schlosses‹ [an der Beethovenstraße] haust«, und hält sich vor allem im Kreis um den Maler Walter Jonas auf. Es entsteht eine Komödie (*Der Knopf* bzw. *Komödie*), erste Erzählungen (u. a. *Weihnacht*) und das *Buch einer Nacht* (mit Walter Jonas und Werner Y. Müller); wenig später, ebenfalls von Walter Jonas illustriert, drei Szenen zu einem *Gilgamesch*-Drama.

1943–46 Mai 1943: Rückkehr nach Bern mit einer Gelbsucht. Fortsetzung des Studiums in Bern, Fächer: Psychologie, Nationalökonomie, Schwerpunktfach ist Philosophie bei Richard Herbertz. Seminararbeit über Platon und die Tragiker, Lektüre von Kant, Kierkegaard, Nietzsche und Schopenhauer. Plan zu einer Dissertation über »Kierkegaard und das Tragische«. September: Aufenthalt in Eison (Val d'Hérens, Wallis) mit Christiane und ihrer Mutter. Abschluss der *Komödie.*

1944 Juli: Militärischer Hilfsdienst in Interlaken. Dezember–Januar 1945: Militärischer Hilfsdienst an der Grenze zu Frankreich in La Plaine bei Genf.

1945 5. Januar: »Kotzerei« (Erbrechen) im Anschluss an Geburtstagsfeier als Urerlebnis der »Groteske des Verschontseins«. Erste literarische Publikation: *Der Alte* (Erzählung) in der Berner Tageszeitung ›Der Bund‹. Weitere Erzählungen, Arbeit an *Die Wiedertäufer* (später *Es steht geschrieben*), Erzählungen *Das Bild des Sisyphos, Der Theaterdirektor, Der Hund.*

1946 Sommer: Trennung von Christiane Zufferey, die zur Fortsetzung ihrer Ausbildung als Malerin nach Paris geht. F. D. lernt die Schauspielerin Lotti Geissler (geb. 1919) kennen. Entscheidet, die geplante Dissertation über Kierkegaard und das Tragische nicht zu schreiben und das Studium abzubrechen. Oktober: Kirchliche Trauung durch den Vater in Ligerz. Umzug nach Basel, St. Alban-Vorstadt. Arbeit am Hörspiel *Der Doppelgänger*, das von Radio Bern abgelehnt wird, an den Bildern ›Pilatus‹ und ›Das Bild des Sisyphos‹ und an der Erzählung *Der Mörder* (bzw. *Der Nihilist* bzw. *Die Falle*), die im gleichen Jahr in der Holunderpresse, Horgen, erscheint.

1947 Januar: Beginn der Arbeit am neuen Stück *Der Blinde*. Theaterkritiken für die Berner Zeitschrift ›Die Nation‹. 24. Januar: F. D. erhält den ersten Brief von Max Frisch, der sich begeistert zum Stück *Es steht geschrieben* äußert. Mit F. D.s Antwort am nächsten Tag beginnt eine langjährige Freundschaft und beidseitige kritische Auseinandersetzung mit dem Werk des Gegenübers. 19. April: Die Uraufführung von *Es steht geschrieben* im Schauspielhaus Zürich, in der Regie von Kurt Horwitz, wird zu einem Theaterskandal. Preis der ›Welti-Stiftung für das Drama‹. 6. August: Geburt des Sohnes Peter.

1948 10. Januar: Uraufführung *Der Blinde* im Stadttheater Basel. Übersiedlung nach Ligerz am Bielersee. Arbeit am Drama *Der Turmbau zu Babel,* das nach vier Akten aufgegeben und vernichtet wird (Teile bleiben erhalten oder werden später rekonstruiert). Mehrere Sketche für das Zürcher Cabaret Cornichon, u. a. *Der Flüchtling* (bzw. *Der Gerettete,* am

30. April uraufgeführt). Juni: Umzug der jungen Familie nach Schernelz am Bielersee in eine kleine Wohnung der Schwiegermutter Cécile Falb; auch hier bemalt F. D. die Wände. Dezember: Beginn der Arbeit am Kriminalroman *Der Richter und sein Henker,* der 1950 als Fortsetzungsroman in ›Der Schweizerische Beobachter‹ erscheint und bis heute eine weltweite Auflage von über 6,5 Millionen Exemplaren erreicht hat.

1949   In kurzer Zeit entsteht die Komödie *Romulus der Große.* April und Mai: Begegnungen mit Bertolt Brecht, der F. D. eine Mitarbeit als Dramaturg am Berliner Ensemble anbietet; F. D. schlägt das Angebot aus. Uraufführung am 25. April im Stadttheater Basel. 19. September: Geburt der Tochter Barbara. Oktober: Erste Dürrenmatt-Aufführung in Deutschland (*Romulus der Große* in Göttingen). Umzug von Schernelz in die »Festi« Ligerz.

1950   Arbeit an der Erzählung *Die Stadt* und am Stück *Die Ehe des Herrn Mississippi.* Juni: Teilnahme am »Kongress für die Freiheit der Kultur« in Westberlin (gemeinsam mit Max Frisch). Besuch beim Philosophen Rudolf Kassner in Sierre (Wallis). F. D.s Diabetes wird diagnostiziert.

1951   Gesundheitlicher Zusammenbruch, finanzielle Probleme. F. D. schreibt unter großem Zeitdruck, ebenfalls als Fortsetzungsroman für den schweizerischen ›Beobachter‹, den zweiten Kriminalroman *Der Verdacht.* 6. Oktober: Geburt der Tochter Ruth. Erzählung *Der Hund.* Theaterkritiken für ›Die Weltwoche‹ (bis 1953). Hörspiele *Der Prozess um des Esels Schatten* und *Nächtliches Gespräch mit einem verachteten Menschen.* Die Hörspiele, vor allem Auftragsarbeiten für deutsche Rundfunkanstalten, sind in der ersten Hälfte der fünfziger Jahre F. D.s wichtigste Einnahmequelle (1952: *Stranitzky und der Nationalheld,* 1954: *Herkules und der Stall des*

Augias und *Das Unternehmen der Wega,* 1956: *Die Panne*
und *Abendstunde im Spätherbst*).

1952   F. D. pumpt sich Geld zusammen und kauft am Pertuis-du-
Sault in Neuchâtel das Haus, in dem er bis an sein Lebens-
ende wohnen wird (1963 baut er ein zweites dazu). 26. März:
Uraufführung *Die Ehe des Herrn Mississippi* in den Münchner Kammerspielen (Regie Hans Schweikart); damit gelingt
F. D. der Durchbruch in Deutschland. Erste Dürrenmatt-
Aufführung in fremder Sprache: *Les Fous de Dieu (Es steht
geschrieben)* in Paris. Der Prosatext *Der Tunnel* erscheint gemeinsam mit früheren Erzählungen im Sammelband *Die
Stadt* im Arche Verlag, der bis 1980 F. D.s Werke herausgibt.
Im selben Jahr schreibt F. D. das Vorwort zur ersten Buchpu-
blikation des von Daniel Keel gegründeten Diogenes Verlag,
dem Cartoon-Band *Weil noch das Lämpchen glüht* von Ronald Searle. Dreimonatiger Aufenthalt des Schriftstellerkollegen Ludwig Hohl am Pertuis-du-Sault.

1953   März: Fahrt nach München mit Max Frisch zur Rundfunk-
tagung in Feldafing (über das Fernsehspiel), an der auch
Martin Heidegger teilnimmt. Arbeit an der Filmstory *Gotthardexpress*, die F. D. nach einem Streit mit dem Auftraggeber Max Haufler abbricht. 22. Dezember: Uraufführung *Ein
Engel kommt nach Babylon* in den Münchner Kammerspielen. F. D. fühlt sich vom Regisseur Hans Schweikart völlig
missverstanden. Die Erfahrung stürzt ihn (zusammen mit
gesundheitlichen Problemen durch seinen Diabetes) in eine
tiefe Krise, und er beschließt, nicht mehr fürs Theater zu
schreiben.

1954   Literaturpreis der Stadt Bern für *Ein Engel kommt nach Ba-
bylon*. Essay *Theaterprobleme*. Inszeniert im Stadttheater
Bern *Die Ehe des Herrn Mississippi*. Auf der Durchfahrt nach
Luzern Zwischenhalt in Konolfingen. Die Wiederbegegnung

mit dem Ort der Kindheit und das Befremden über die Veränderung wird vermutlich zur »Keimzelle der *Stoffe*«.

1955   Januar: F. D. stellt erstmals eine Sekretärin ein. Prosakomödie *Grieche sucht Griechin,* Arbeit an der Novelle *Mondfinsternis,* anschließend Umwandlung in den dramatischen Stoff
Der Besuch der alten Dame. Lotti leidet an einer Gebärmuttersenkung. Um die Operation bezahlen zu können, schreibt
F. D. das Hörspiel und die Erzählung *Die Panne.* Teilnahme
am Theatergespräch in Baden-Baden. Begegnung mit Erwin
Piscator. Teilnahme an den Darmstädter Gesprächen zum
Theater.

1956   1. Januar: Anlässlich eines Besuchs von Walter Mehring malt
F. D. dessen Porträt. 29. Januar: Uraufführung *Der Besuch
der alten Dame* im Schauspielhaus Zürich, F. D. inszeniert
das Stück im Herbst im Stadttheater Basel. Essay: *Vom Sinn
der Dichtung in unserer Zeit.* Max Frisch und F. D. planen ein
gemeinsames Stück, die Fortsetzung von *Biedermann und
die Brandstifter.* Schriftstellertagung in Boldern (Kanton Zürich) mit Max Frisch. April: Vortrag: *Schriftstellerei als Beruf.* Mit Produzent Hans Gottschalk gemeinsame Erarbeitung des Drehbuchs für den Fernsehfilm ›Der Richter und
sein Henker‹ (erste Spielfilm-Eigenproduktion des deutschen
Fernsehens). Juli: F. D. lernt Auto fahren. September: Tagung
der Evangelischen Akademie für Rundfunk und Fernsehen in
Bad Boll zum Thema »Das Wort im Zeitalter der Bilder«.

1957   Februar: Aufenthalt in Paris zur französischen Erstaufführung von *Der Besuch der alten Dame.* März: Hörspielpreis
der Kriegsblinden für *Die Panne;* Erstaufführung der Fernsehfassung am 11. April. Treffen mit dem Filmproduzenten
Lazar Wechsler: F. D. schreibt das Treatment zum Film ›Es
geschah am hellichten Tag‹ (Erstaufführung 1958 anlässlich
der Berliner Filmfestspiele, Regie Ladislao Vajda, mit Heinz

Rühmann, Gert Fröbe, Michel Simon u. a.). Weiterentwicklung des Filmstoffs 1958 zum Roman *Das Versprechen. Requiem auf den Kriminalroman*, der den Stoff des Films ›Es geschah am hellichten Tag‹ in neuer Form wiedergibt und um eine Rahmengeschichte erweitert. Spitalaufenthalt in Zürich.

1958   Prix Italia für *Abendstunde im Spätherbst. Der Besuch der alten Dame* wird in New York und auf den Bühnen der ganzen Welt gespielt; mit der polnischen Erstaufführung im Teatr Dramatyczny im März in Warschau setzt die intensive Rezeption F. D.s in den sozialistischen Ländern ein; die erste Fernsehfassung wird am 19. Februar 1959 vom Südwestfunk Baden-Baden ausgestrahlt. In New York als erstes Dürrenmatt-Stück amerikanische Erstaufführung von *Die Ehe des Herrn Mississippi* unter dem Titel *Fools are Passing Through*. Erste Begegnung mit dem Astrophysiker Fritz Zwicky. *Zehn Jahre Israel* für die vom jüdischen Schweizer Juristen Veit Wyler herausgegebene Zeitschrift ›Das neue Israel‹ ist der Erste einer Reihe von Texten und Vorträgen, in denen sich F. D. (u. a. im Kontext des Sechstagekriegs und des Yom-Kippur-Kriegs) für den Staat Israel einsetzen wird. Dieses Engagement hindert ihn nicht daran, später ebenso dezidiert die israelische Politik gegenüber den Palästinensern zu kritisieren.

1959   19. März: Uraufführung *Frank der Fünfte – Oper einer Privatbank* im Schauspielhaus Zürich; Musik: Paul Burkhard. Das Stück ist bei der Kritik ein Misserfolg. April/Mai: Reise nach New York (Preis der New Yorker Theaterkritiker für *The Visit* als »best foreign play«). Ferien in Saint-Maxime. Schillerpreis in Mannheim. Inszeniert am Berner Atelier-Theater seine Kammerspielfassung der *Alten Dame*. August: Kuraufenthalt in Vulpera (Urstoff zu *Durcheinandertal*, Idee zu den Komödien *Der Meteor* und *Die Physiker*).

1960 Reisen nach London, Mailand, Paris, Stockholm und München zu Aufführungen seiner Stücke: u. a. Aufenthalt in Mailand, Treffen mit dem Verleger Feltrinelli, Besuch der italienischen Premiere *La visita della vecchia signora* am Teatro popolare di Milano in der Regie von Giorgio Strehler und Aufenthalt in London zur Premiere von *The Visit* am Royalty Theatre in der Regie von Peter Brook. Großer Preis der Schweizerischen Schillerstiftung. Arbeit am Filmstoff *Justiz*, die F. D. nicht fristgerecht abschließen kann. Stattdessen erarbeitet F. D. in kurzer Zeit ein Drehbuch zu einer Filmfassung von *Die Ehe des Herrn Mississippi* (Uraufführung: Berliner Filmfestspiele 1961), die mit den für *Justiz* engagierten Schauspielern gedreht wird. November: Aufenthalt in Paris zur französischen Erstaufführung von *Le Mariage de Monsieur Mississippi* am Théâtre de La Bruyère (Regie: Georges Vitaly).

1961 Januar: Beginn der Arbeit an *Die Physiker*. Reise nach Berlin, Begegnungen mit Günter Grass und Henry Miller. Juli: F. D. bei den Filmfestspielen von Locarno als Präsident der Jury. F. D. besucht die Premiere von Max Frischs *Andorra;* seine kritischen Bemerkungen zum Stück gegenüber der Presse tragen zur Abkühlung der Freundschaft zwischen den beiden Dramatikern bei.

1962 20. Februar: Uraufführung *Die Physiker* im Schauspielhaus Zürich (Regie: Kurt Horwitz). Das Stück ist in der Saison 1962/63 das meistgespielte auf deutschsprachigen Bühnen (ebenfalls wieder in der Saison 1982/83 anlässlich der Diskussion des amerikanischen ›Star Wars‹-Projekts). Besuch der Proben und der französischen Erstaufführung von *Frank der Fünfte* in Paris. Trifft Samuel Beckett in dessen Pariser Wohnung und im selben Jahr Paul Celan.

1963 Uraufführung der Komödie *Herkules und der Stall des Au-gias* im Schauspielhaus Zürich (Regie: Leonard Steckel) – ein Misserfolg. Beginn der Arbeit am Stück *Der Meteor*. Der Band *Die Heimat im Plakat* mit satirischen Zeichnungen über die Schweiz erscheint.

1964 Januar/Februar: Reise nach Spanien, Marokko und nach Te-neriffa, wo die ersten erhaltenen Manuskripte zu den *Stoffen* entstehen. Juni: Reise in die UdSSR und nach Prag. Erstauf-führung des Hollywood-Films ›The Visit‹ (nach *Der Besuch der alten Dame*). Neubearbeitung und Regiearbeit *Frank der Fünfte* in Bochum; die Arbeit wird abgebrochen. Oktober: F. D. besucht die Landesausstellung Expo in Lausanne und kauft später das dort ausgestellte Varlin-Bild *Die Heilsar-mee*. 5. November: Erstausstrahlung der Fernsehfassung von *Die Physiker* (SDR).

1965 Tod des Vaters. Arbeit am *Meteor* und an der Erzählung *Der Sturz* (publiziert 1971).

1966 20. Januar: Uraufführung *Der Meteor* im Schauspielhaus Zü-rich. Erstaufführung der Verfilmung von *Grieche sucht Grie-chin*. Regie bei der Fernsehfassung von *Frank der Fünfte* (Erstausstrahlung 16. Februar 1967, NDR). Reise nach Italien.

1967 16. März: Uraufführung *Die Wiedertäufer* (der Komödien-fassung von F. D.s erstem Stück *Es steht geschrieben*, Regie: Werner Düggelin) im Schauspielhaus Zürich. Reise nach Moskau zum 4. Sowjetischen Schriftstellerkongress zum 150. Todestag des ukrainischen Nationaldichters Schewtschenko. Begegnung mit Jean-Paul Sartre und Simone de Beauvoir; F. D. beobachtet das versammelte Politbüro: Inspiration zur Erzählung *Der Sturz*. Rede *Israels Lebensrecht* anlässlich ei-ner Kundgebung im Zürcher Schauspielhaus (zum Sechsta-gekrieg). 24. Oktober: Erstausstrahlung der Fernsehfassung von *Der Meteor* (srg/sdr). Frühling/Sommer: Besuch bei Max Frisch in Berzona und Besuche von Eugène Ionesco und Max Frisch in Neuchâtel. Oktober: Reise von Lotti und F. D. mit Marianne und Max Frisch nach Verona und Venedig. Dezember: Reise nach Wien zu Gottfried von Einem, der eine Opernfassung von *Der Besuch der alten Dame* plant.

1968   Januar: *Monstervortrag über Gerechtigkeit und Recht* in Mainz. März: Reise nach Prag mitten im Prager Frühling anlässlich der tschechoslowakischen Erstaufführung von *Die Wiedertäufer* in der laterna magica. August: Co-Direktion mit Werner Düggelin an den Basler Theatern. September: Rede *Tschechoslowakei 1968;* Premiere *König Johann* (nach Shakespeare) in einer Adaption von F. D. Grillparzer-Preis. Treffen der Gruppe 47 in Rüschlikon (Duttweiler Institut) bei Zürich, nachdem das geplante Treffen in Prag durch den Einmarsch der Warschauer-Pakt-Truppen verunmöglicht worden war.

1969   Adaption und Inszenierung von *Play Strindberg* in der Basler Komödie (8. Februar, Regie: F. D./Erich Holliger; Erstausstrahlung der Fernsehaufzeichnung: 14. September 1971, sdr). April: F. D. wird (bis 1971) Mitherausgeber der neugegründeten Zürcher Wochenzeitung ›Sonntags-Journal‹ (mit Rolf Bigler, Markus Kutter und Jean Rudolf von Salis). Herzinfarkt. Während eines Kuraufenthalts in Vulpera Beginn der Arbeit an *Stoffe – Geschichte meiner Schriftstellerei.* Nach Differenzen und schwerer Krankheit verlässt F. D. die Basler Theater. Großer Literaturpreis des Kantons Bern: F. D. gibt das Preisgeld an den Schriftsteller und Sagenforscher Sergius Golowin, den Journalisten Paul Ignaz Vogel und an den Politiker und Zivildienstinitianten Arthur Villard weiter und lädt zum Festessen eine Gruppe von Rockern ein. November bis Januar 1970: Reise in die usa, nach Mexiko und in die Karibik (Ehrendoktor der Temple University, Philadelphia),

Essay *Sätze aus Amerika* (erscheint 1970). Beginn der Arbeit am Kriminalroman *Der Pensionierte.*

1970　Berufung in den Verwaltungsrat des Zürcher Schauspielhauses. Regie bei der eigenen Bearbeitung von Goethes *Urfaust* im Schauspielhaus Zürich (22. Oktober). Uraufführungen *Porträt eines Planeten* (10. November) und *Titus Andronicus* (12. Dezember) im Schauspielhaus Düsseldorf.

1971　Eigeninszenierung von *Porträt eines Planeten* (Neufassung) im Schauspielhaus Zürich (Erstausstrahlung der Fernsehaufzeichnung: 14. September, SDR). Beginn der Arbeit an der Komödie *Der Mitmacher.* Uraufführung der Oper *Der Besuch der alten Dame* von Gottfried von Einem in der Wiener Staatsoper. Erzählung *Der Sturz* erscheint – es ist nach einer langen Phase der Konzentration auf die Dramatik wieder ein Band mit erzählerischer Prosa. F. D. liebäugelt nach der Ära Löffler/Peter Stein damit, Direktor des Zürcher Schauspielhauses zu werden, lehnt aber die Berufung schließlich ab.

1972　Inszenierung von Büchners *Woyzeck* am Zürcher Schauspielhaus.

1973　Inszeniert *Die Physiker* mit Schweizer Tournee-Theater. 8. März: Uraufführung *Der Mitmacher* im Schauspielhaus Zürich: Nach Differenzen mit F. D. zieht sich der Regisseur Andrzej Wajda wenige Tage vor der Premiere zurück, und F. D. übernimmt kurzfristig die Regie. Das Stück fällt bei Kritik und Publikum durch. F. D. nimmt am Prozess seines Sohns Peters vor dem Militärgericht wegen Dienstverweigerung aus Gewissensgründen teil. Im Herbst Neuinszenierung *Der Mitmacher* in Mannheim; Regie: F. D. (Erstausstrahlung der Fernsehaufzeichnung: 2. Januar 1975, SDR); während der Probearbeiten bricht in Israel der Jom-Kippur-Krieg aus. F. D. schreibt das Plädoyer *Ich stelle mich hinter*

Israel, das in zahlreichen Zeitungen abgedruckt wird. Beginn der Arbeit am Nachwort zum *Mitmacher,* die erst 1976 mit der Publikation des *Mitmacher-Komplexes* zum Abschluss kommt. Ab Dezember: Mit dem zunehmenden Rückzug vom Theater setzt eine Phase intensiver zeichnerischer Arbeit ein: In den Jahren 1974 und 1975 entstehen zahlreiche Federzeichnungen und Tusche-Lavis (u. a. Labyrinth-Varianten, Atlas-Bilder).

1974   Begegnung mit dem Schriftsteller Albert Vigoleis Thelen, gemeinsamer Besuch des Europäischen Nuklearforschungszentrums CERN. Juni: Inszeniert Lessings *Emilia Galotti* im Schauspielhaus Zürich. Drehbuch *Der Richter und sein Henker* für die gleichnamige Verfilmung von Maximilian Schell (mit F. D. in der Rolle des Schriftstellers); während der Dreharbeiten lernt F. D. den Emmentaler Kunstsammler und Wirt Hans Liechti im Restaurant ›du Rocher‹ kennen, der zu einem engen Vertrauten und Freund wird. Reise nach Israel auf Einladung der israelischen Regierung. Ehrenmitgliedschaft der Ben-Gurion-Universität Beerschewa (Israel). Bedankt sich mit der Rede *Zusammenhänge* (erscheint 1976 in wesentlich erweiterter Form als Buch, 1980 nochmals erweitert durch *Nachgedanken*).

1975   Juni: Arbeit am Libretto zur Oper *Ein Engel kommt nach Babylon* (mit dem Komponisten Rudolf Kelterborn). August: Tod der Mutter. Angina Pectoris, längerer Aufenthalt im Berner Engeried-Spital, Atlas-Zeichnungen. November: Rede gegen die antiisraelische Resolution der UNO auf dem 4. PEN-Kongress in Wien. Ab Dezember: Idee zu und Arbeit am Stück *Die Frist.* Gesundheitlicher Rückfall, neuerlicher Krankenhausaufenthalt in Bern.

1976   *Der Mitmacher. Ein Komplex* erscheint. F. D. zeigt erstmals Bilder im ›Hôtel du Rocher‹ in Neuchâtel. November: Reise nach Wales, Auszeichnung mit dem Welsh Arts Council International Writer's Prize.

1977   In Frankfurt a. M. Verleihung der Buber-Rosenzweig-Medaille (Rede *Über Toleranz*). Uraufführung der Oper *Ein Engel kommt nach Babylon*. 6. Oktober: Uraufführung *Die Frist* im Kino Corso, der Ausweichbühne des Zürcher Schauspielhauses. Oktober: Letzter Besuch bei Varlin in Bondo. Porträts von Varlin auf dem Krankenbett. Ehrendoktor der Universität Nizza und der Hebräischen Universität Jerusalem.

1978   Inszeniert den *Meteor* in einer neuen Fassung im Wiener Theater in der Josefstadt. September: Erste umfassende Ausstellung seiner Bilder und Zeichnungen in der Galerie Daniel Keel in Zürich. Gleichzeitig erscheint im Diogenes Verlag der Bildband *Bilder und Zeichnungen*. Arbeit an seinem autobiographischen Spätwerk, den *Stoffen*. Dezember: Bühnenfassung *Die Panne*.

1979   Vortrag über Albert Einstein an der ETH Zürich anlässlich der Feier zum 100. Geburtstag des Physikers. Juni: Großer Literaturpreis der Stadt Bern. 13. September: Uraufführung der Komödienfassung der *Panne* in Wilhelmsbad/Hanau; Regie: F. D. Dürrenmatt vollzieht in verschiedenen Etappen einen Verlagswechsel von Arche zu Diogenes, es kommt zum Zerwürfnis mit Peter Schifferli, der im Dezember 1980 stirbt. November (bis Januar 1980): Arbeit an der (Fragment gebliebenen) Komödie *Die Sekretärin. Eine Friedhofskomödie.*

1980   *Werkausgabe in 29 Bänden* erscheint gebunden im Arche Verlag, als Taschenbuch im Diogenes Verlag. Neufassungen der meisten Stücke. Oktober: Besuch von Maximilian Schell: Entwurf zum Treatment *Midas oder Das zweite Leben* (erscheint schließlich nach zahlreichen Überarbeitungen als letzter noch vom Autor vorbereiteter Text als »Film zum Lesen« im Dezember 1990).

1981　　Ehrendoktor der Universität Neuchâtel zum 60. Geburtstag. Feier im Schauspielhaus Zürich. März–Juni: ›Writer in Residence‹ an der University of Southern California, Los Angeles. September: *Stoffe I–III* erscheint im Diogenes Verlag (Neuauflage 1990 unter dem Titel *Labyrinth. Stoffe I–III*).

1982　　Symposium der ETH Zürich (Veranstaltungsreihe »Wissenschaft und Tradition«): Vortrag *Vorgedanken über die Wechselwirkung (störend, fördernd) zwischen Kunst und Wissenschaft*. Arbeit an den *Stoffen* und *Achterloo*.

1983　　Januar: Tod von Frau Lotti. April: Ehrendoktor der Universität Zürich. 6. Oktober: Uraufführung *Achterloo* im Schauspielhaus Zürich (Regie: Gerd Heinz). Dezember (bis Januar 1984): Reise mit Charlotte Kerr und Maximilian Schell nach Griechenland und mit Charlotte Kerr und seinem Arzt Fred Schertenleib nach Südamerika.

1984　　Carl-Zuckmayer-Medaille des Landes Rheinland-Pfalz. Österreichischer Staatspreis für Europäische Literatur. 8. Mai: Heirat mit der Filmemacherin, Schauspielerin und Journalistin Charlotte Kerr. November: Weinpreis für Literatur, Göttingen. Vortrag *Kunst und Wissenschaft* an der Universität Frankfurt. 26. Dezember: Erstausstrahlung des Filmporträts von Charlotte Kerr: ›Portrait eines Planeten. Von und mit Friedrich Dürrenmatt‹ (SDR).

1985　　April: Niederschrift der Novelle *Der Auftrag,* die im Ansatz als Filmerzählung für Charlotte Kerrs Filmprojekt nach Ingeborg Bachmanns *Der Fall Franza* konzipiert war (Buchausgabe erscheint im August 1986). Mai: *Minotaurus. Eine*

Ballade (mit Zeichnungen des Autors). Wiederaufnahme des fragmentarischen Romans *Justiz* (neuer Schluss), der parallel zur Niederschrift in Fortsetzungen im ›Stern‹ vorabgedruckt wird (Buchausgabe im Oktober). September: Ausstellung des zeichnerischen Werks in Neuchâtel (Musée d'Art et d'Histoire). Reise nach Frankreich (Avignon, Camargue, Cevennen). Oktober: Verleihung des Bayerischen Literaturpreises (Jean-Paul-Preis) in der Akademie der Schönen Künste, München. November: Reise nach Ägypten. Dezember: Niederschrift *Selbstgespräch* (erscheint im Essayband *Versuche* 1987), zurückgehend auf eine Wette mit seinem Verleger Daniel Keel, der ihm eine Kiste Bordeaux für einen Gottesbeweis anbietet. Dezember: Nach der Absage des Wiener Burgtheaters für die Inszenierung von *Achterloo II* entwickeln Charlotte Kerr und F. D. in Gesprächen das »Protokoll einer fiktiven Inszenierung« (*Rollenspiele;* Buchausgabe erscheint im November 1986).

1986   September: Reise nach Italien zur Entgegennahme des Premio Letterario Internazionale Mondello in Palermo. Oktober: Reise nach Andalusien. In Darmstadt Verleihung des Georg-Büchner-Preises der Deutschen Akademie für Sprache und Dichtung (Rede: *Georg Büchner oder Der Satz vom Grunde*). November: Schiller-Gedächtnispreis des Landes Baden-Württemberg (Rede: *Das Theater als moralische Anstalt heute*).

1987   Teilnahme am Moskauer Friedensforum im Zeichen von Gorbatschows Perestroika. Arbeit an den *Stoffen* und (noch als Kapitel davon, u. d. T. *Weihnacht II*) am Roman *Durcheinandertal*. Reisen in die Türkei, nach Italien und Spanien. Dezember (bis Januar 1988): Reise nach Rom, Barcelona, Sevilla.

1988   Verschiedene Gouachen und Lithographien entstehen. Inszeniert im Rokokotheater Schwetzingen die Uraufführung

von *Achterloo IV* (17. Juni, Erstausstrahlung der Fernsehaufzeichnung: 14. Januar 1989, SDR). Prix Alexeï Tolstoï der As-
sociation Internationale des Ecrivains de Romans Policiers.
Juli: Arbeit an *Durcheinandertal* (ehem. *Weihnacht II*).

1989   April: Ernst-Robert-Curtius-Preis für Essayistik, Bonn
        (Rede: *Über das vaterländische Gefühl*). Vermacht seinen
        gesamten literarischen Nachlass der Schweizerischen Eidge-
        nossenschaft unter der Bedingung, ein Schweizerisches Lite-
        raturarchiv einzurichten. August: Der Roman *Durcheinan-
        dertal* erscheint. September: Reise nach Schweden: Entwurf
        des Stoffes *Vinter* (mit Anklängen an die Ermordung des
        schwedischen Premierministers Olof Palme 1986). Besuch
        von Stefan Heym in Neuchâtel. Reise nach Norditalien.

1990   Mai/Juni: Reise nach Polen, Besuch von Auschwitz und Bir-
        kenau. Juli: Lithographien in der Galerie Erker, St. Gallen:
        ›Kreuzigung I–IV‹, ›Minotaurus‹. Oktober: *Turmbau. Stoffe
        IV–IX* erscheint als vorläufiger Abschluss des *Stoffe*-Projekts,
        an dem F. D. seit 1969 arbeitete. Dürrenmatts letzter öffent-
        licher Auftritt in der Schweiz, die Rede auf Václav Havel zur
        Verleihung des Gottlieb-Duttweiler-Preises *(Die Schweiz –
        ein Gefängnis)* in Anwesenheit von Regierungsmitgliedern
        erregt Aufsehen und Anstoß wegen des Vergleichs der
        Schweiz mit einem Gefängnis und erscheint zusammen mit
        einer Rede auf Michail Gorbatschow *(Die Hoffnung, uns am
        eigenen Schopfe aus dem Untergang zu ziehen)* postum 1991
        unter dem Titel *Kants Hoffnung*.
        14. Dezember: Friedrich Dürrenmatt stirbt in Neuchâtel,
        kurz vor seinem 70. Geburtstag durch Herzversagen.

Zitierweise und Abkürzungen

Wenn immer möglich, wird zitiert nach der in Zusammenarbeit mit Friedrich Dürrenmatt 1981 herausgegebenen *Werkausgabe in dreißig Bänden,* die 1998 auf siebenunddreißig Bände ergänzt wurde. Auf diese Werkausgabe wird mittels Bandnummer (1–37) und Seitenzahl verwiesen. Alle Zitate werden nach dem Original wiedergegeben. Offensichtliche Verschreiber oder Vertipper sind stillschweigend korrigiert worden. Der Gebrauch von »ß« anstelle von »ss« wurde nach den neuen Rechtschreibregeln vereinheitlicht. In den Anmerkungen sind auch die Standorte aller unveröffentlichten Quellen genannt. Wichtigster Standort ist das Schweizerische Literaturarchiv (SLA), Bern, das Friedrich Dürrenmatts literarischen Nachlass betreut.

Verwendet werden die folgenden Abkürzungen:

NZZ   Neue Zürcher Zeitung

GW   Frisch, Max: Gesammelte Werke in zeitlicher Folge. Jubiläumsausgabe in 7 Bd., hgg. von Hans Mayer unter Mitwirkung von Walter Schmitz, Suhrkamp: Frankfurt a. M. 1986

SLA   Schweizerisches Literaturarchiv, Bern

Stoffe   bezieht sich auf das in zwei Einzelbänden (*Labyrinth. Stoffe I–III,* 1981/1990 und *Turmbau. Stoffe IV–IX,* 1990) erschienene autobiographische Werk F.D.s. Die Seitenzahlen der Zitate beziehen sich auf die jeweiligen Einzelbände.

WA   *Werkausgabe in siebenunddreißig Bänden,* Diogenes: Zürich 1998

Anmerkungen

I
Vorwort

1 *Die Hoffnung, uns am eigenen Schopfe aus dem Untergang zu ziehen.* Laudatio auf Michail Gorbatschow. Gehalten am 25. November 1990 in Berlin. Erstveröffentlichung in *Kants Hoffnung,* Diogenes Verlag: Zürich 1991. Auch in *Werkausgabe in 37 Bänden,* Diogenes: Zürich 1998, [im Folgenden: WA], Bd. 36, S. 189.

2 Künzli, Arnold: *Karl Marx. Eine Psychographie.* Europa Verlag: Wien, Frankfurt, Zürich, 1966.

3 Vaihinger, Hans: *Die Philosophie des Als Ob.* System der theoretischen, praktischen und religiösen Fiktionen der Menschheit. Auf Grund eines idealistischen Positivismus. Mit einem Anhang über Kant und Nietzsche. Erstmals 1911 bei Felix Meiner, Leipzig, erschienen.

4 Marc Eichelberg an Charlotte Kerr, Januar 1991.

5 *Die Schweiz – ein Gefängnis. Rede auf Václav Havel.* Gehalten am 22. November 1990 in Berlin. Erstveröffentlichung im Schweizer Magazin ›du‹, Januar 1991. Auch in *Versuche. Kants Hoffnung,* WA, Bd. 36, S. 175.

6 Arnold, Heinz Ludwig/von Planta, Anna/Strümpel, Jan (Hrsg.): *Friedrich Dürrenmatt. Gespräche 1961–1990 in vier Bänden* [im Folgenden: *Gespräche*], Diogenes Verlag: Zürich 1996, Bd. 4, S. 189.

7 *Gespräche,* Bd. 4, S. 140.

8 zu Peter Rüedi [im Folgenden P.R.], 29. 11. 1990.

9 Hier irrt Dürrenmatt, nach dem neueren Stand der Bach-Forschung.

10 Im Gespräch mit P. R., 29. 11. 1990

11 WA, Bd. 1, S. 291 f.

12 Gehalten 1962. Erstmals abgedruckt in *Theater-Schriften und Reden*, Verlag Die Arche: Zürich 1966. Auch in: WA, Bd. 30, S. 84.

13 *Turmbau. Stoffe IV–IX*, Diogenes Verlag: Zürich 1990 [im Folgenden *Turmbau*], S. 531.

14 *Labyrinth. Stoffe I–III*, Diogenes Verlag: Zürich 1981/1990 [im Folgenden *Labyrinth*], S. 42.

15 WA, Bd. 2, S. 150.

16 Deutscher, Isaac: *Trotzki.* Kohlhammer Verlag: Stuttgart, Berlin, Köln, Mainz, 1962/63.

17 *Ergreife die Feder müde* in: *Das Mögliche ist ungeheuer. Ausgewählte Gedichte.* Diogenes: Zürich, 1993.

18 WA, Bd. 32, S. 32.

19 *Gespräche*, Bd. 3, S. 66.

20 von Kleist, Heinrich: *Sämtliche Werke und Briefe*, Bd. 3, Deutscher Klassiker Verlag: Frankfurt a. M. 1990, S. 559 ff.

21 Arbeitstitel der *Stoffe.*

22 WA, Bd. 14, S. 324 ff.

23 Paul, Jean: *Die unsichtbare Loge*, erstmals erschienen 1793.

24 Kierkegaard, Søren: *Werke*, Bd. 3, 3. Auflage, Diederichs: Jena 1923, S. 119 f.

25 Weber, Ulrich: *Dürrenmatts Spätwerk. Die Entstehung aus der Mitmacher-Krise.* Stroemfeld: Frankfurt a. M. und Basel 2007, S. 216.

26 *Gespräche*, Bd. 3, S. 140 f.

27 F. D. meint das Wiedertäufer-Drama *Es steht geschrieben.*

28 Brief F. D. an Kurt Horwitz vom 22. 11. 1948 Signatur FD-B-I-HOR.

29 *Turmbau*, S. 11.

30 *Labyrinth*, S. 14.

31 WA, Bd. 32, S. 32.

32 *Labyrinth*, S. 13.

33 Ebd., S. 14.

34 Ebd.

35 Truffaut, François: *Le cinéma selon Hitchcock*, 1966. Auf Deutsch erschienen unter dem Titel *Mr. Hitchcock, wie haben Sie das gemacht?* Hanser: München, 1974.
36 Agendaeintrag FD-C-I-Agenden 1950.
37 F. D. zu P. R., November 1990.

2

Die Herkunft

1 *Labyrinth*, S. 21 f.
2 Schweizerisches Literaturarchiv Bern [im Folgenden SLA] NSB 214.
3 WA, Bd. 36, S. 16 f.
4 Keller, Gottfried: *Der grüne Heinrich*. Zweite Fassung. Herausgegeben und mit einer Einleitung von Gustav Steiner, Diogenes: Zürich 1993.
5 WA, Bd. 23, S. 11.
6 Dürrenmatt, Peter: *Zeitwende. Stationen eines Lebens*, Luzern: Verlagsgemeinschaft Maihof AG/Basel: Cratander AG 1986, S. 121 [im Folgenden *Zeitwende*].
7 Ebd.
8 *Labyrinth*, S. 179 f.
9 WA, Bd. 36, S. 12 f.
10 *Labyrinth*, S. 52.
11 WA, Bd. 36, S. 44.
12 *Labyrinth*, S. 176 f.
13 WA, Bd. 32, S. 11.
14 Fritz Burri, der Mann von Dürrenmatts Tante Frieda (die Schwester seiner Mutter), erst Hausvater, dann Direktor des Lehrerseminars Muristalden in Bern, ging der Geschichte des Familiennamens nach, er war an lokalhistorischen Zusammenhängen auch außerhalb der eigenen Familiengeschichte interessiert. Aus einem Brief Burris vom 13. Januar 1948 an F. D. geht Dürrenmatts Dürrenmatt-Etymologie allerdings auch nicht hervor. Der Name »Dürrenmatt« lässt sich als *Familien*name schon in den ältesten

erhaltenen grasburgischen Zinsbüchern (Urbaren) der Jahre 1432,
1484, 1512 und 1530/33 nachweisen, und zwar in der Gegend von
Dürrenboden, Schönenbuchen, auf der Furren und Hirschhorn.
In den genannten Orten, besonders Dürrenboden, waren zwei
Vertreter dieser Familie bodenzinspflichtig (in Pfennigen, Dinkel
und Feuerstatthühnern) und hatten vermutlich daselbst auch
Wohnsitz.

Einen gleichlautenden *Orts*namen, d. h. eine Örtlichkeit oder
ein Gut, nach welchem sich die Familie ursprünglich zu nennen
begann oder benannt wurde, konnten wir bis dahin in der genannten Gegend oder anderswo im Guggisberg nicht nachweisen,
doch muss es irgendwo eine »Dürrenmatt« gegeben haben oder
noch geben; nach Analogie des Namens zu schließen, vermutlich
in der Gegend des Dürrenbodens, doch weiß man daselbst heute
nichts mehr von einem Gute oder einer Matte, die diesen Namen
trägt. Ich schrieb zur Abklärung dieser Frage an Lehrer Hans
Zehnder in Widen, zu dessen Schulbezirk der Dürrenboden gehört. Er antwortete mir letzthin, auf alle Fälle könne der Weiler
Matten, welcher dem Dürrenboden benachbart ist, »nicht gemeint sein«, und fährt dann in seiner Mitteilung folgendermaßen
fort: »Ich sprach mit einem fast 80-jährigen Mann von Dürrenboden, dessen Mutter eine ›Dürrenmatt‹ war. Sein Großvater sei
auch da gewesen und im Jahr 1800 geboren. Er habe ihm viel erzählt; aber nie etwas von einem Hof ›Dürrenmatt‹ gesagt. Übrigens gebe es mehrere Geschlechter Dürrenmatt, die aber einander
nicht verwandt seien. Er sei z. B. den Dürrenmatts von Schand-
acker nicht verwandt. – Dass es trotz allem einst eine Örtlichkeit
dieses Namens gegeben hat, verrät außer dem Namen eine Wendung im Zinsbuch des Jahres 1432, die von einem ›Hensli von
Dürrenmatt‹ redet.

»Dür« (durch) oder »dürr« – jedenfalls war Guggisberg, dessen
Entstehung eng mit der Geschichte des Klosters Rüeggisberg zusammenhängt (dem Heinrich IV. gegen Ende des 11. Jahrhunderts
den Guggisberger Wald schenkte) und das erstmals im Jahr 1148
als »Cucansperch« (Kuckucksberg) erscheint, dann unter die

Herrschaft der Grasburg gerät, immer ein Flecken im Grenzland zwischen Freiburg und Bern, der im Streit zwischen den Städten wechselnd Partei ergriff. Zwischen 1423 und 1798 gehörte er zur Gemeinen Herrschaft Schwarzenburg. Erst mit der Helvetik kam das Dorf, die Gemeinde mit ihren zahlreichen Außenweilern, fest zum Kanton Bern (nachdem es schon einmal, 1330, das Bürgerrecht der Stadt Bern erhalten hatte, in der Folge aber Avancen gegenüber Freiburg mit Berner Brandschatzungen büßen musste).« Nach der Reformation war Guggisberg auch Grenzland zwischen den Religionen (dem katholischen Freiburg und dem reformierten Bern) – im Dazwischen blühten auch alle Arten von Sektierertum. Karg war der Boden im Guggisberg allemal und überall; da musste eine dürre Matte schon sehr dürr sein, um eigens Erwähnung zu finden.

15 Hostettler, Peter: *Die Not Guggisbergs plagt heute die dritte Welt* in ›Der Bund‹ vom 16. 2. 1987.

16 Die Heimatgemeinde (und im Amtsbezirk Schwarzenburg war die Wohngemeine Heimatgemeinde) war zur Armenpflege verpflichtet. Hilfsgelder kamen gelegentlich an, waren aber ein Danaergeschenk: Sie waren verzinsbare Darlehen.

17 Über Ulrich Dürrenmatt existieren zwei Biographien: Howald, J.: *Ulrich Dürrenmatt und seine Gedichte. Ein Stück Literatur- und Schweizergeschichte,* Walter Loephthien Verlag: Meiringen 1927; Maurer, Theres: *Ulrich Dürrenmatt 1849–1908. Ein schweizerischer Oppositionspolitiker.* Sonderdruck aus dem »Archiv des Historischen Vereins des Kantons Bern«, Bd. 59, 1975.

18 An der Berner Jura-Politik jener Jahre lässt sich viel über Kolonialismus lernen. Ohne sie sind der Jura-Konflikt des 20. Jahrhunderts und endlich die Gründung des letzten Schweizer Kantons nicht zu erklären. Das Gebiet des heutigen Schweizer Kantons Jura war im Ancien régime Teil des Fürstbistums Basel und gehörte von 1792 bis 1815 zu Frankreich; 1815 wurde es, ohne Volksbefragung, vom Wiener Kongress Bern als Entgelt für die verlorengegangenen Kantone Waadt und Aargau zugesprochen. Diese Einverleibung einer größtenteils französischsprachigen und ka-

tholischen Region in den protestantischen Kanton Bern führte zu sprachlich und konfessionell bedingten Konflikten. Die zum Teil blutigen Auseinandersetzungen zwischen dem 1947 gegründeten katholischen ›Rassemblement jurassien‹ und der protestantischen südjurassischen Gegenorganisation ›Force démocratique‹ führten 1959 zu einer von Bern veranstalteten Volksabstimmung über die Frage der Lostrennung vom Kanton Bern, die abgelehnt wurde; die Jurafrage blieb jedoch virulent, 1974 sprach sich die Mehrheit des Kantons Bern und der Region für die Lostrennung aus. 1978 stimmte das Schweizer Volk der Bildung eines neuen Kantons Jura zu.

19 *Mutz, wach uf!,* 1877, *Bärentalpen,* 1878.

20 Der ›Burgdorfer Volksfreund‹ war der radikale Erzfeind der ›Buchsi-Zytig‹.

21 von Matt, Peter: *Die schönsten Gedichte der Schweiz,* Nagel & Kimche: München, Zürich 2002, S. 32 ff.

22 Dürrenmatt, Ulrich: *Abrechnung.* Zitiert nach: *Aus Zeit und Streit. Titelgedichte der »Buchsi-Zeitung«,* v. Band, Herzogenbuchsee: Buchdruckerei und Buchhandlung von Ulrich Dürrenmatt 1894, S. 197 f.

23 Noch 1926, als Carl Albert Loosli *Die Schachmattbauern* schrieb, war Ulrich Dürrenmatt so präsent im kollektiven emmentalischen Bewusstsein, dass er auf der ersten Seite des lange als platte Kriminalgeschichte missverstandenen Romans auftauchte. Die erste Seite des Buchs umreißt mit der Geographie von »Habligen« auch die politische Landschaft der frühen neunziger Jahre auf dem bernischen Land. Looslis Schauplatz ist als eine etwas ins Fiktive gerückte Abbildung von Oberburg bei Burgdorf erkannt worden, darf aber als typischer Raster für eine reiche Gemeinde des Unteremmentals gelesen werden. »Aus dieser gemischten Zusammensetzung [den zerstreuten Bauernhöfen und einem gewerblichen Zentrum] ergab sich auch die öffentliche Stellung der Gemeinde, die für damalige emmentalische Verhältnisse als auffällig fortschrittlich galt. Mit wenigen Ausnahmen, die von ihren Gegnern etwas spöttisch ›die Herrenbauern‹ genannt wurden, bekannten

sich die alteingesessenen Bauerngeschlechter und ihr Anhang zur Konservativen Volkspartei. Sie wurden, um ihres Parteihauptes, des unerschrockenen, geistvollen Herausgebers der *Buchsi-Zeitung,* Großrat Ulrich Dürrenmatts, willen, ›Dürrenmätteler‹ genannt.«

24 Verena Dürrenmatt im Gespräch mit P. R.

25 Vergleiche Abschnitt ›Der bekehrte Dorfkönig‹ im Kapitel ›Herkunft‹ im vorliegenden Band.

26 Stalden umfasste die Einwohnergemeinden Häutlingen, Niederhünigen, Stalden, die Schulgemeinde Konolfingen und den Schulbezirk Ursellen und wurde erst 1911 als selbständige Kirchgemeinde installiert – die Kirche wurde 1898 eingeweiht, das Pfarrhaus 1903 gebaut.

27 Lebenslauf von Reinhold Dürrenmatt in: ›Der Saemann‹, 81. Jahrgang, Nr. 4, April 1965. Schweizerisches Literaturarchiv, Bern, Nachlass Friedrich Dürrenmatt, Schachtel 254.

28 Reinhold Becker im Gespräch mit P. R.

29 Reinhold Becker im Gespräch mit P. R.

30 So war er der an der Bernstraße gelegenen »Evangelischen Gemeinde« keinesfalls feindlich gesinnt. War deren Vereinshaus mal für den Auftritt eines besonders populären durchreisenden Predigers zu eng, öffnete ihr Reinhold Dürrenmatt bereitwillig seine Kirche. Sein Vorgänger (ebender genannte Pfarrer Wüthrich) muss in dieser Hinsicht mit weniger glücklicher Hand geamtet haben. Jedenfalls geht aus Protokollen der Kirchgemeinde hervor, dass er zeitweise im Voraus seine Predigten deren Vorstand schriftlich vorzulegen hatte.

31 Dellsperger, Rudolf: *Berns Evangelische Gesellschaft und die akademische Theologie* in: Dellsperger, Rudolf/Nägeli, Markus/ Ramser, Hansueli: *Auf dein Wort. Beiträge zur Geschichte und Theologie der Evangelischen Gesellschaft des Kantons Bern im 19. Jahrhundert,* Berchtold Haller Verlag: Bern 1981.

3
Der Mutterschoß des Dorfes

1 »Das Schwesterchen war für mich nichts als ein kleines Grab auf dem Friedhof.« (Verena Dürrenmatt im Gespräch mit P. R.) Für Verena und ihren Bruder war das Grab des Schwesterchens nur eines unter vielen: »Meine Schwester und ich spielten dort [auf dem Friedhof] Verstecken, oft um das Grab eines Schwesterchens herum, an dessen Geburt und Tod ich mich nicht erinnere, ich sehe nur noch, denke ich zurück, ein kleines schmiedeeisernes Kreuz mit einem Emailschild schattenhaft vor mir, aber den Namen, der auf dem Schild stand, habe ich vergessen.« (*Labyrinth*, S. 20)

2 *Labyrinth*, S. 179.

3 Ebd., S. 181.

4 Ebd., S. 181 f.

5 Gertrud Kurz (1890–1972), genannt »Mutter Kurz« oder »die Flüchtlingsmutter«, setzte sich vor allem während des Zweiten Weltkriegs mit ihrem Hilfwerk für Emigranten ein.

6 *Labyrinth*, S. 181.

7 Dürrenmatt, Peter: *Zeitwende*, S. 121.

8 WA, Bd. 35, S. 127 f.

9 In einer frühen Fassung des Dürrenmatt bestens bekannten *Nibelungenlieds* (Siegfried, der unter der Tarnkappe an Gunthers statt Brunhilde überwindet – eine Hochzeitsnacht wie von Eugène Labiche erfunden), in Gottfrieds *Tristan und Isolde,* aber auch weit über diese berühmten Beispiele hinaus: Jacob Grimms *Deutsche Rechtsalterthümer* führen unzählige Belege für den Topos an.

10 Verena Dürrenmatt im Gespräch mit P. R.

11 Verena Dürrenmatt im Gespräch mit P. R.

12 Verena Dürrenmatt im Gespräch mit P. R.

13 In dieser Form kommt der Ausdruck in den *Stoffen* nur einmal in der Binnenerzählung *Mondfinsternis* vor (*Labyrinth*, S. 186), sinngemäß aber noch weitere Male und dann wieder in *Vinter.*

14 Brief F. D. an Hulda Dürrenmatt, ohne Ortsangabe, ohne Datum. SLA Schachtel 185. Signatur FD-B-1-DÜRRH.

15 Verena Dürrenmatt im Gespräch mit P. R.

16 *Labyrinth*, S. 19.

17 Ebd., S. 186.

18 Agendaeintrag, 14. 1. 1954. SLA Schachtel 256. Signatur FD-C-I-Agenden 1954.

19 Ebd., S. 185.

20 *Gespräche*, Bd. 3, S. 86.

21 Ebd., S. 176.

22 *Labyrinth*, S. 186 f.

23 Aufsatz von F. D. vom 5. 9. 1934. SLA Schachtel 255. Signatur FD-C-1-b-6.

24 Vergleichbar die anhaltende Scham nach dem kollektiven Gebets-ritual beim Mohammedaner-Missionar, in dem unschwer ein Stoff aus dem Umkreis von *Durcheinandertal* zu erkennen ist, dem späten, weitgehend missverstandenen Roman. Die von Pfarrer Reinhold unter beträchtlichem Aufwand gerade noch in seine positive Toleranz eingeschlossenen Skurrilitäten des bernischen Freikirchen-Protestantismus übertreffen gelegentlich noch die Erfindungen seines Sohns. Jedenfalls waren sie eine Vorausset-zung für dessen Erstling, das Wiedertäufer-Drama *Es steht ge-schrieben*.

25 *Turmbau*, S. 225.

26 F. D. im Gespräch mit P. R.

27 Schöne, Albrecht: *Säkularisation als sprachbildende Kraft. Studien zur Dichtung deutscher Pfarrersöhne*. Vandenhoek & Ruprecht: Göttingen 1958.

28 F. D. im Gespräch mit P. R.

29 von Matt, Peter: *Verkommene Söhne, missratene Töchter. Das Familiendebakel in der Literatur*, Hanser: München 1995, S. 308.

30 Dieses und das folgende Zitat in WA, Bd. 19, S. 38 f.

31 Verena Dürrenmatt im Gespräch mit P. R.

32 F. D. im Gespräch mit P. R.

33 *Labyrinth*, S. 175.

34 Ebd., S. 177 f.

35 *Turmbau*, S. 32.

36 Dieser Klassiker der protestantischen Erbauungsliteratur schlechthin stand selbstverständlich auch in der pfarrherrlichen Bibliothek. Erstmals erschienen 1678 und 1684, wurde es in Deutschland
vor allem durch den Halle'schen Pietismus und die Erweckungs-
bewegung zu einem der weitverbreitetsten Erbauungswerke: Die
Reise von der »Stadt der Zerstörung« bis zum Eingang in die
»Stadt Gottes« ist eine Pilgerfahrt vorbei an Gefährdungen wie
dem »Sumpf der Verzagtheit«, dem »Jahrmarkt der Eitelkeiten«,
der »Burg des Zweifels« oder dem »Fluss des Todes«.

37 Bachelard, Gaston: *Die Poetik des Raumes,* Hanser: München
1960.

38 »[Der Zuckerbäcker] wohnte in der Grünegg, hieß Bütikofer und
war ein stattlicher, zuckerkranker Mann [...].« (*Labyrinth,* S. 41):
Da taucht, selten genug in den autobiographischen Passagen der
Stoffe, einmal ein Ortsname auf, aber nur, weil F. D. sich eine Anspielung erlaubt: Grün ist später die positive Anzeige des Tes-
Tape-Streifens, des Urintests für Zuckerkranke, und so wird für
ihn Grün zur Farbe des Todes, die sie übrigens auch für Hodler
war. Noch im späten Text *Das Hirn,* wo die Spekulation eines
Hirns, das die Welt und zuletzt sich selbst erdenkt, am unleugba-
ren Faktum Auschwitz zerschellt, heißt es: »Die Landschaft des
Todes ist grün.« (*Turmbau,* S. 696)

39 Der Roman (ursprünglich waren es zwei, allerdings zusammen-
hängende: *Ardistan* und *Der Mir von Dschinnistan*) war mit seinen langen theologischen und lebensphilosophischen Reflexionen
Teil von Karl Mays symbolistischem Spätwerk. Er hätte, ironi-
scherweise, elterliches Misstrauen am wenigsten verdient, war er
doch seinerseits ohne Bunyans *Pilgerreise* schwer denkbar und
nicht eben eine von Mays Schriften, die sonst einen Jugendlichen
in Dürrenmatts Alter in Bann geschlagen hätten.

40 *Labyrinth,* S. 41 f.

41 Ebd., S. 25.

42 Bei aller späterer Theorie und poetischen Praxis des ironischen
Helden.

43 Im Zentrum von Fritz Gribis Sagenspiel *Blüemlisalp* steht eine

hoffärtige, materialistische und egozentrische Schwiegertochter, die ihre Untergebenen zwingt, die Türschwellen mit Milch zu waschen und überhaupt ein paradiesisch intaktes Alp-Kollektiv gotteslästerlich zugrunde richtet. Die Blüemlisalp ist ein imposantes Bergmassiv in den Berner Alpen, die Sennerei wird am Ende des Sagenspiels von einem Bergsturz verschüttet.

44 Verena Dürrenmatt im Gespräche mit P. R.

45 Dieses und die folgenden Zitate in: Wannaz, Michèle: »*Männer hatten es nicht leicht bei mir.*« Verena Dürrenmatt über Friedrich Dürrenmatt in: »Geschwister. Rivalen, Verbündete, Weggefährten«, ›Folio‹ 2008/12, S. 56.

46 WA, Bd. 34, S. 173 f.

47 »Emmentaler Kaff«: *Labyrinth*, S. 19.

48 Unpubliziert. Konolfingen wurde für das *Inventar der schützenswerten Ortsbilder der Schweiz* (Hrsg: Bundesamt für Kultur, Fassung 1982_0829.pdf.) inventarisiert.

49 Umbruch, Diogenes 1981, mit Korrekturen, S. 23. SLA Schachtel 92. Signatur FD-A-a41 XV.

50 Aufsatz von F. D. SLA Schachtel 255. Signatur FD-C-1-b-8.

51 Siehe die entsprechende Abbildung im Bildteil.

52 Gignoux, Hubert: *Notes sur la mise en scène de La Visite de la Vieille Dame et Le Mariage de M. Mississippi.* In: *Dürrenmatt, Friedrich: Écrits sur le théâtre*, Les Éditions Gallimard: Paris 1970. Der französische Text lautet:»Il a d'abord été question d'astronomie. F. D. possède un petit télescope de jardin avec lequel il observe les astres, parfois des nuits entières. Mais ce jour-là c'était un journal ou une revue qui lui avait appris qu'une étoile dont on avait cru longtemps qu'elle faisait partie de la constellation de la Vierge se situait en réalité à un milliard et demi d'années-lumière et ne paraissait plus proche qu'en raison de sa dimension et de sa puissance prodigieuse de rayonnement. Selon toutes probabilités, il s'agissait même d'une galaxie où se déroulaient de gigantesques explosions capables de libérer en peu de temps une énorme quantité d'énergie. Imaginant l'existence d'une planète semblable à la terre dans cet univers en voie de dislocation, F. D. mi-sérieux, mi-

railleur songeait à une »méchanceté« ou à une »mauvaise farce« de Dieu. Puis, après une pause, il alla chercher un crayon et une grande feuille de papier sur laquelle il se mit à dessiner ce qu'il appelait sa »géographie d'enfance«, c'est-à-dire Konolfingen et ses environs, l'agglomération où son père était pasteur et où il est né. [...] La feuille se remplit bientôt de signes et de légendes qu'il commentait abondamment. / M'apparurent bientôt, inévitables, l'église, le cimetière, et le presbytère, le boucher, le boulanger, l'auberge-cabaret et la laiterie-coopérative, puis, moins attendus, une banque qui se vit baptiser au fil du crayon «banque Frank v», un château où vivait paraît-il une *alte Dame* (la Vieille Dame) et des aristocrates déchus frères d'Uebelohe, le repaire d'une sorcière, la maison d'une famille de dix enfants dont un sans jambes, celle d'une autre famille dont le père était fou et les enfants paralysés et, plus loin, sur une autre feuille (car la première ne suffisait plus), un ancien gibet sur une éminence, [...] des marais avec des chiens méchants et le premier nègre que F. D. ait vu, un certain Moddydyn. Bref un coin de Suisse, avec tout ce que cela pouvait comporter de tranquillement conventionnel et de ripoliné, mais où le saugrenu, l'inquiétant, voire le monstrueux se mêlaient aux couleurs d'image Nestlé, formant avec elles un composé très particulier et peut-être unique de banal et d'étrange, de propre et de suspect : quelque chose comme du chocolat blême ou du gruyère hanté. / On voit bien ce que Friedrich Dürrenmatt doit à cette géographie, à cette enfance, tant pour le recrutement de ses personnages que pour le ton de son humour. Mais là n'est pas le plus intéressant. Ce qui m'a davantage frappé, en cet après-midi neuchâtelois, c'est la juxtaposition abrupte d'une galaxie et du carrefour de Konolfingen, de deux objets de réflexion (de deux sources d'inspiration aussi) tellement opposés en apparence par la distance qui les sépare, par leur dimension et par leur nature même.«

53 Verena Dürrenmatt im Gespräch mit P. R. Es muss sich um die feierliche Vereinigung der Gemeinden Stalden und Gysenstein zu Konolfingen in der Neujahrsnacht 1932 gehandelt haben.

54 Verena Dürrenmatt im Gespräch mit P. R.

55 Verena Dürrenmatt im Gespräch mit P. R.

56 *Labyrinth,* S. 30.

57 Ebd., S. 39.

58 F. D. im Gespräch mit P. R.

59 *Labyrinth,* S. 33.

60 Cuno Amiet (1868–1961), ein damals sehr renommierter, heute wiederentdeckter Vertreter eines Schweizerischen »Nachimpressionismus«, gelegentlich auch »der schweizerische Bonnard« genannt.

61 Eduard Wyss an Reinhold und Hulda Dürrenmatt, 20. 6. 1934. Erweiterter Nachlass Friedrich Dürrenmatt, Dossier Eduard Wyss.

62 F. D. im Gespräch mit P. R., 1990, sinngemäß auch in: *Labyrinth,* S. 52.

63 *Labyrinth,* S. 50.

64 Ebd., S. 223.

Exkurs
Wiederholte Heimkehr: die erinnerte Kindheit

1 Agendaeintrag 10.–14. 1. 1954, am 10. 1., darunter die Notiz »2. April«. SLA Schachtel 256. Signatur FD-C-I-Agenden 1954.

2 *Labyrinth,* S. 29f.

3 Agendaeintrag 31. 3. 1954. SLA Schachtel 256. Signatur FD-C-I-Agenden 1954.

4 *Labyrinth,* S. 30f.

5 WA, Bd. 32, S. 12.

6 *Labyrinth,* S. 38.

7 *Labyrinth,* S. 215.

8 Agendaeintrag 20. 1. 1964. SLA Schachtel 256. Signatur FD-C-I-Agenden 1964.

9 WA, Bd. 32, S. 17.

10 Agendaeintrag 1. 1. 1954. SLA Schachtel 256. Signatur FD-C-I-Agenden 1954.

11 *Gespräche*, Bd. 2, S. 114.

12 *Labyrinth*, S. 13.

13 *Turmbau*, S. 15.

14 Freud, Sigmund: *Gesammelte Werke*, Bd. VII, S. Fischer Verlag: Frankfurt a. M., S. 85.

15 *Labyrinth*, S. 15.

16 WA, Bd. 33, S. 178.

17 *Labyrinth*, S. 83 f.

18 Freud, Sigmund: *Der Dichter und das Phantasieren* in: *Gesammelte Werke*, Bd. VII, S. 214 ff.

19 *Labyrinth*, S. 38.

20 Ebd., S. 24.

21 Ebd., S. 52 f.: »Was die Zeit zurücklässt, ist Vergangenheit und damit nur noch mittelbar. Was wir Weltgeschichte nennen, gleicht vorerst einem Blick auf den Andromedanebel. Auch dieser liegt unerreichbar in der Vergangenheit, zweieinhalb Millionen Jahre zurück, sein Licht, das wir erblicken, verließ ihn im ersten Aufdämmern der Menschheit, auch er ist nicht zu deuten ohne die Kette von Folgerungen, auf die sich die Erkenntnisse der Astronomie stützen. Doch mag sie uns noch so sehr absichern, der Andromedanebel ist ein Bild eines Bildes geblieben, eine Erinnerung eigentlich, umso mehr, als wir ja nicht nur ihn erblicken, sondern auch unsere Milchstraße, deren Mittelpunkt wiederum in der Vergangenheit liegt, in einer anderen freilich, dreißigtausend Jahre zurück, somit dreißigtausend Lichtjahre entfernt; wir sind nicht von Vergangenheit umgeben, sondern von Vergangenheiten, von einer Welt von über- und durcheinandergewobenen ›Erinnerungsbildern‹.«

22 In: *Freud als Schriftsteller*, 1930 erstmals, zuletzt in Muschg, Walter: *Die Zerstörung der deutschen Literatur*, Diogenes Verlag: Zürich 2009 erschienen, S. 581 ff.

23 Muschg, *Zerstörung*, S. 331.

24 Verena Dürrenmatt im Gespräch mit P. R.

25 Brief F. D. an seinen Vater, Kiental, 27. 9. 1941. SLA Schachtel 185. Signatur FD-B-1-DÜRRH/16.

26 WA, Bd. 32, S. 13.

27 *Labyrinth*, S. 8.

28 *Labyrinth*, S. 58.

29 Eine verblüffend ähnliche Vorstellung findet sich bei Arthur
    Schnitzler, dem Dürrenmatt so fern war wie dessen Freund Freud,
    freilich ganz ins Psychologische gewendet, aber auf eine ähnliche
    Dynamik und eine ähnliche Durchlässigkeit abzielend: »Wenn ein
    Stoff in der Seele eines Dichters zu reifen beginnt, so ist dieser
    Prozess mit der Aufquellung einer Zelle vergleichbar, deren
    Wände sich allmählich verdünnen, porös werden und sozusagen
    tausend, hunderttausend Mäuler bekommen … Ebenso wie nun
    eine solche Zelle alles in sich aufnimmt, was ihr zur Nahrung, zur
    Entwicklung, zur Vollendung dienlich ist, so nimmt auch jener
    Stoff alles in sich auf, was aus des Dichters Erlebnissen, Erfahrun-
    gen, Gefühlen ihm nutzbar sein mag, verschmäht das Unverwert-
    bare, stößt es aus und dehnt sich allmählich immer weiter, so dass
    er endlich den ganzen Inhalt der Dichterseele zu bilden, ja dass
    die Dichterseele selbst in den Stoff umgewandelt erscheint.« (Ar-
    thur Schnitzler: *Buch der Sprüche und Bedenken*, Bd. 8, *Werk und
    Widerhall*, S. 34)

30 Agendaeintrag 12.1.1950. SLA Schachtel 256. Signatur FD-C-I-
    Agenden 1950.

31 WA, Bd. 14, S. 324.

32 *Turmbau*, S. 224.

33 Verena Dürrenmatt im Gespräch mit P. R.

34 WA, Bd. 14, S. 229.

35 Dieses und das folgende Zitat in: Weber, Ulrich: *Sich selbst zum
    Stoff werden: Dürrenmatts Spätwerk. Die Entstehung aus der
    Mitmacher-Krise. Eine textgenetische Untersuchung*, Stroemfeld:
    Frankfurt a. M., Basel 2007, S. 169/237.

36 Nebenbei: Vaihingers gigantisches ›System der theoretischen,
    praktischen und religiösen Fiktionen der Menschheit aufgrund
    eines idealistischen Positivismus‹, so der Untertitel, beginnt in der
    zweiten Auflage von 1913 mit einem Satz, der den im Labyrinth
    der *Stoffe* herumirrenden Dürrenmatt-Sucher aufhorchen lässt:

»Ich habe in der ersten Auflage mich zunächst nur als ›Herausgeber‹ dieses Werks bezeichnet. Ich tat das aus gutem Grunde und mit gutem Rechte. Denn ich habe dieses Werk seinen wesentlichen Hauptstücken nach vor mehr als einem Menschenalter verfasst; was der Fünfundzwanzigjährige geschrieben hat, dem steht der Sechzigjährige ganz anders und als ein ganz Anderer, ja als ein Fremder gegenüber. Mit gereifter Kritik sieht der Ergraute die vielen Unvollkommenheiten des Jugendwerkes, und er musste es daher für eine Art Anmaßung halten, wenn er ohne Weiteres der wissenschaftlichen Welt zumutete, das als sein Werk aufzunehmen, was nicht mehr sein Werk ist, und das doch seinen unterdessen bekannt gewordenen Namen getragen hätte.« (Vaihinger, Hans: *Die Philosophie des Als Ob,* Meiner: Berlin, 5. und 6. Auflage 1920, siehe Vorrede S. 1)

4
In der Stadt

1   Allemann, Fritz René: *Bern* in: *25 mal die Schweiz,* Piper: München 1965.

2   *Labyrinth,* S. 45.

3   Verena Dürrenmatt im Gespräch mit P. R.

4   Verena Dürrenmatt im Gespräch mit P. R.

5   Dürrenmatt, Friedrich: *Die Stadt. Prosa I–IV,* Verlag Die Arche: Zürich 1952.

6   *Labyrinth,* S. 51.

7   Ebd., S. 52.

8   F. D. im Gespräch mit P. R., 1990, sinngemäß auch in: *Labyrinth,* S. 52.

9   *Turmbau,* S. 225.

10   Dieses und das folgende Zitat aus dem selbstverfassten Lebenslauf Reinhold Dürrenmatts in ›Der Saemann‹, 81. Jahrgang, Nr. 4, April 1965. SLA Schachtel 254. Signatur FD-C-1-a/15.

11   Verena Dürrenmatt im Gespräch mit P. R.

12 Verena Dürrenmatt im Gespräch mit P. R.

13 Den Vorgang nimmt im fernen Wien noch Karl Kraus wahr: ›Die Fackel‹ Nr. 212, 23. 11. 1906.

14 *Labyrinth*, S. 42.

15 Ebd., S. 47.

16 Ebd., S. 48.

17 Ebd.

18 Ebd.

19 *Friedrich Dürrenmatt zum 60. Geburtstag*, offener Brief von Kurt Marti in: ›Der kleine Bund‹, 132. Jahrgang, Nr. 1, 3. 1. 1981.

20 Brief F. D. an Kurt Marti, Neuchâtel, 3. 3. 1981. SLA Schachtel 187. Signatur: FD-B-1-MAR.

21 *Gespräche*, Bd. 3, S. 97.

22 *Labyrinth*, S. 63 f.

23 Ebd., S. 64.

24 Brief F. D. an den Vater, Straßburg, 28. 7. 1938. SLA Schachtel 185. Signatur: FD-B-1-DÜRRH.

25 Ebd.

26 Brief F. D. an seine Eltern. Straßburg, 3. 8. 1938. SLA Schachtel 185. Signatur: FD-B-1-DÜRRH.

27 *Essay über Tomi Ungerer, in welchem unter anderem auch von Tomi Ungerer die Rede ist, doch mit der Absicht, nicht von ihm abzuschrecken* in: WA, Bd. 32, S. 226.

28 *Labyrinth*, S. 64.

29 Ebd., S. 51.

30 Ebd., S. 48.

31 Ulrich Weber im Gespräch mit P. R.

32 *Labyrinth*, S. 49.

33 Das Dachzimmer wuchs sich in Dürrenmatts frühem dichterischen Versuch, der *Riesenglocke,* zum gigantischen Turmgemach aus.

34 *Labyrinth*, S. 49.

35 Ebd., S. 49 f.

36 Ebd., S. 51.

37 Ebd., S. 50.

38 *Labyrinth*, S. 49 f.

39 Die Freundschaft zwischen dem Pfarrerssohn und seinem blon-
den Schulkameraden faszinierte Wilhelm Stein besonders, wenn
wir Michael Stettler glauben (*Augenblicke mit Dürrenmatt* in:
Lehrer und Freunde, Stämpfli: Bern 1997).

40 Theo Schweingruber im Gespräch mit Ulrich Weber, 25. 10. 1994.

41 ›Zofinger Tagblatt‹, Nr. 297 vom 19. 12. 1990.

42 Es existiert ein gemeinsamer Brief vom 6. 1. 1943 an Verena Dürrenmatt von der Adresse »Universitätsstr. 22«.

43 Brief F. D. an die Eltern, La Tourne, 20. 7. 1939. SLA Schachtel 185.
Signatur: FD-B-1-DÜRRH.

44 Vermutlich Jeans, James: *Sterne, Welten und Atome*, DVA: Stutt-
gart/Berlin 1931.

45 Aufsatz. SLA Schachtel 255. Signatur: FD-C-1-b-8.

46 *Turmbau*, S. 115 f., in der Einleitung zu Dürrenmatts Erinnerungen an Richard Herbertz.

47 Zum Beispiel an den Abschnitt Nr. 38 aus den *Sätzen über das
Theater* (WA Bd. 30, S. 203) oder gar an das Kapitel ›Die Brücke‹
(*Turmbau*, S. 87 ff.).

48 *Labyrinth*, S. 59 ff.

49 Brief Hulda Dürrenmatt an Verena Dürrenmatt vom 20. 6. 1940.
Privatbesitz Verena Dürrenmatt.

50 *Labyrinth*, S. 206.

51 Ebd., S. 207.

52 Brief Prof. em. Hans Utz an Thomas Feitknecht vom 22. 9. 1993,
beigelegte Kopie (im Besitz des SLA, Dokumentation Dürrenmatt).

53 *Labyrinth*, S. 204.

54 Verena Dürrenmatt im Gespräch mit P. R.

55 *Labyrinth*, S. 188 f.

56 Ebd., S. 190.

57 Dieses und die folgenden Zitate aus *Labyrinth*, S. 191 ff.

58 Den verwechselt F. D. mit Rilke oder Benn.

59 Dieses und die folgenden Zitate aus *Labyrinth*, S. 192–197.

60 *Labyrinth*, S. 189.

61 Die Petition zweihundert konservativ nationaler Exponenten an
    den Bundesrat, welche u. a. eine schärfere Kontrolle der Presse
    forderte; die Initianten der Eingabe wurden nach dem Krieg dif-
    famiert, was sich als so nicht haltbar erwies (s. Waeger, Gerhart:
    *Die Sündenböcke der Schweiz. Die Zweihundert im Urteil der
    geschichtlichen Dokumente 1940–1946,* Walter: Olten und Frei-
    burg i. Br. 1971).

62 Arber, Catherine: *Frontismus und Nationalsozialismus in der
    Stadt Bern: viel Lärm, aber wenig Erfolg* in: ›Berner Zeitschrift
    für Geschichte und Heimatkunde‹, Jg. 65 (2003), H. 1, S. 37.

63 *Labyrinth,* S. 204.

64 Dieses und die folgenden Zitate in Schoch, Jürg: *Dürrenmatt, be-
    geisterter Fröntler* im ›Tages-Anzeiger‹ vom 15. 6. 2007.

65 *Labyrinth,* S. 192.

66 Hans Noll im Gespräch mit P. R.

67 Hans Noll im Gespräch mit P. R.

68 Wolf, Walter: *Faschismus in der Schweiz. Die Geschichte der
    Frontenbewegungen in der deutschen Schweiz, 1930–1945,* S. 48,
    Flamberg: Zürich 1969.

69 Kurt Marti im Gespräch mit P. R.

70 Brief Kurt Marti an P. R. vom 21. 4. 1995.

71 *Labyrinth,* S. 197.

72 Brief Hulda Dürrenmatt an Verena Dürrenmatt vom 23. 5. 1940.
    Privatbesitz Verena Dürrenmatt.

73 Brief Hulda Dürrenmatt an Verena Dürrenmatt vom 14. 6. 1940.
    Privatbesitz Verena Dürrenmatt.

74 Ebd.

75 Brief Hulda Dürrenmatt an Verena Dürrenmatt vom 8. 11. 1944.
    Privatbesitz Verena Dürrenmatt.

76 SLA Signatur m251.

77 In diesen Zusammenhang gehört auch die Episode, die Dürren-
    matt in einer später wieder gestrichenen Passage der *Stoffe* erzählt:
    »Zwar äußerte er [Herbertz] sich nie politisch, aber er war rüh-
    rend zu Emigranten, einige studierten ewig bei ihm, mit einem
    befreundete ich mich. Ein gedrungener, eleganter, kahler, wim-

pernloser, glotzäugiger, sexbesessener Jude, der stets einen Spazierstock aus Bambus bei sich trug und dem nach und nach sein einst beträchtliches Vermögen ausgegangen war, nur schneller als jenes des sparsameren Professors, vom reichen Mann stieg er zum armen und immer ärmeren Lazarus hinunter, fiel eigentlich geradezu hinunter, nie seine weltmännische Würde verlierend, in Abenteuer mit immer billigeren Frauen verstrickt, wohl nur nicht aus dem Lande gewiesen wie viele damals, da er offiziell der Bibliothekar unserer philosophischen Bibliothek war. Die Bibliothek stand im Vorlesungszimmer und befand sich in einem unbeschreiblichen Durcheinander, ich denke, hin und wieder wurde ein ausgeliehener Band verkauft. Ich blieb mit ihm lange befreundet, bis wir eines Nachts so gegen zwei in der Altstadt aneinandergerieten. Er war ein Schillerverehrer, liebte überhaupt alles Deutsche, Nationale und Ideale, ich hatte schon damals meine Schwierigkeiten mit dem schwäbischen Dichter, und wie ich wieder einmal, in jener Nacht eben, unter den Arkaden meine Abneigung formulierte, schnauzte er mich an, ein Überpreuße plötzlich, wenn ich noch einmal ein Wort gegen Schiller sage, schlage er mir die Fresse ein. Leider nahm ich ihn beim Wort. Ich sprach mit ihm nie mehr über Schiller, aber auch kaum mehr mit ihm; er starb wenige Jahre später.«

78 Brief Reinhold Dürrenmatt an Verena Dürrenmatt vom 3. 5. 1940. Privatbesitz Verena Dürrenmatt.

79 Verena Dürrenmatt im Gespräch mit P. R.

80 Brief Hulda Dürrenmatt an Verena Dürrenmatt vom 17. 5. 1940. Privatbesitz Verena Dürrenmatt.

81 Brief Reinhold Dürrenmatt an Verena Dürrenmatt vom 29. 5. 1940. Privatbesitz Verena Dürrenmatt.

82 Verena Dürrenmatt im Gespräch mit P. R.

83 Noch nicht *Mondfinsternis,* die erzählerische Vorstufe zu *Der Besuch der alten Dame,* die auf die Topographie des Kientals zurückgeht. Dieser Stoff rumorte erst im Vorliterarischen und sollte erst viel später aufbrechen.

84 *Labyrinth,* ab S. 271.

85 Schon das Schriftbild weist auf eine spätere Zeit hin. Dürrenmatt selbst datiert *Die Riesenglocke* in einem undatierten Brief an Schifferli auf »nicht allzu lange nach dem ›Sohn‹«, einer wahrscheinlich 1943 entstandenen kurzen Erzählung. Das scheint insofern plausibel, als darin die georgischen Einflüsse unübersehbar sind, also die Nähe zur Sphäre von Wilhelm Stein. Und es schließt doch die Beschäftigung mit dem Stoff schon im Kiental nicht aus.

86 *Gespräche*, Bd. 2, S. 168.

87 Dieses und die folgenden Zitate aus: *Die Riesenglocke / Das Labyrinth*, unveröffentlichtes Typoskript [1939/40?], S. 5 SLA Schachtel 18. Signatur FD-A-m 117 II.

88 Auch müssen wir an eine ganz andere, ebenfalls homoerotisch affizierte Geschichte aus einer anderen, historisch dokumentierten Fürstenerziehung denken, die Geschichte des Leutnants Hans Herrmann von Katte, der als engster Freund des preußischen Kronprinzen diesem zur Flucht aus dem väterlichen Zwangsregiment verhelfen wollte. Nach Entdeckung des Plans ließ ihn Friedrich Wilhelm I. enthaupten, vor den Augen des zu solcher Zeugenschaft gezwungenen späteren Friedrich II.

89 Dieses und die folgenden Zitate aus: *Die Riesenglocke/Das Labyrinth*, unveröffentlichtes Manuskript [1939/40?], S. 6. SLA Schachtel 18. Signatur FD-A-m 117 II.

90 WA, Bd. 1, S. 293.

91 *Labyrinth*, S. 178 f.

92 Auf einer von 37 Studierenden der Germanistik an Bundesrat Eduard von Steiger gerichteten Bittschrift für de Boor findet sich auch die Unterschrift von Dürrenmatt, der sich für Sprachgeschichte und alt- und mittelhochdeutsche Literatur nie, für Literaturwissenschaft zu diesem Zeitpunkt nicht mehr interessierte: »Ich sehe ihn noch, wie er kurz vor seiner Ausweisung um zwei Uhr nachts über die Nydeggbrücke Richtung Bärengraben marschierte, der Regenmantel flatterte, das breite, glotzäugige Gesicht ratlos, die Arme ruderten, zerteilten die Luft.« (*Labyrinth*, S. 274)

93 *Labyrinth*, S. 273 f.

94 *Turmbau*, S. 167. Zitat auch in einem Brief F. D.s an Wilhelm Stein vom 27. 11. 1942. SLA Schachtel 189. Signatur FD-B-1-STEIN, dort: *»einen der ersten Menschen, die mich ernst nahmen«.*

95 Ebd., S. 166 f.

96 Ebd., S. 167 f.

97 Ob es sich dabei um einen »Rückfall« handelt, ist, bei der Unsicherheit in der Datierung der *Riesenglocke,* allerdings noch die Frage: Der hohe Ton, der symbolistische Aplomb, nicht zuletzt die homoerotischen Konnotationen könnten auch die Vermutung nahelegen, nach einem möglichen Beginn im Kiental falle *Die Riesenglocke* in die Zeit des vertrauteren Umgangs mit Wilhelm Stein.

98 In: Stettler, Michael: *Lehrer und Freunde. Essays,* Stämpfli: Bern, 1997, S. 66 f.

99 *Turmbau*, S. 164 f.

100 Stettler, a. a. O., S. 66.

101 Joseph Rösli im Gespräch mit Kurt Marti.

102 *Labyrinth*, S. 61 ff.

103 Brief Hulda Dürrenmatt an Verena Dürrenmatt vom 8. 5. 1940. Privatbesitz Verena Dürrenmatt.

104 Brief Hulda Dürrenmatt an Verena Dürrenmatt vom 5. 7. 1940. Privatbestiz Verena Dürrenmatt.

105 Handschriftliche Aufzeichnungen von Prof. Max Huggler [»Die Rekonstruktion von Zeit und Vorgang beruht auf keinen Notizen, sondern auf der bildhaften Erinnerung.« Huggler ebd.], Poschiavo, 22. 3. 1994 (im Besitz des SLA, Dokumentation Dürrenmatt).

106 Brief F. D. an die Eltern, Kiental, 30. 9. 1941. SLA Schachtel 185. Signatur FD-B-1-DÜRRH/16.

107 Brief F. D. an den Vater, Kiental, 27. 9. 1941. SLA Schachtel 185. Signatur FD-B-1-DÜRRH/16.

108 *Labyrinth*, S. 38.

109 Verena Dürrenmatt im Gespräch mit P. R.

110 SLA Schachtel 92. Signatur FD-A-a42 III, S. 189–190. Und SLA Schachtel 93. Signatur FD-A-a42 LXIII, S. 189–190.

111 Greiner, Hans: *Erinnerungen an Dürrenmatt* in: ›Zofinger Tagblatt‹ vom 19. 12. 1990.

112 Mauz, Andreas: *Besuch bei einer alten Dame. Neues über Friedrich Dürrenmatts Anfänge als Dramatiker,* in: ›Quarto‹ 17, Bern
2002, S. 95–102.

113 *Gespräche,* Bd. 2, S. 121.

114 *Gespräche,* Bd. 2, S. 121 ff.

5
In der Fremde: ein Berner in Zürich

1 F. D. an Kurt Marti, Neuchâtel, 3. 3. 1981. SLA Schachtel 187. Signatur FD-B-1-MAR.

2 Dürrenmatt, Friedrich: *Erinnerung an Walter Jonas* in: Schmid,
Heinrich E. (Hrsg.): *Walter Jonas. Maler, Denker, Urbanist,*
2. Auflage, S. 16, Feldmeilen: Vontobel-Druck 1985.

3 *Turmbau,* S. 25.

4 WA, Bd. 20, S. 193 ff.

5 Brief F. D.s vom 21. 10. 1942 an die Eltern SLA Signatur FD-B-1-
DÜRRH.

6 *Labyrinth,* S. 276.

7 Ebd., S. 275.

8 Ebd.

9 Brief F. D. an die Eltern, o. D. SLA Schachtel 185. Signatur FD-B-1-
DÜRRH.

10 Staiger, Emil: *Literatur und Öffentlichkeit.* Dankesrede zum Zürcher Literaturpreis, gehalten am 17. 12. 1966, erstmals abgedruckt
am 20. 12. 1966 in der ›NZZ‹. Staiger hatte in seiner Rede die Ästhetik zeitgenössischer Literatur, die im »Scheußlichen und Gemeinen« wühle, gegen die »Sittlichkeit« und »Gültigkeit« der klassischen Dichtung ausgespielt und damit lebhaften Widerspruch
provoziert. Die Kontroverse ist dokumentiert in Heft 22/1967 der
Zeitschrift ›Sprache im technischen Zeitalter‹.

11 An die Eltern, o. D. SLA Schachtel 185. Signatur FD-B-1-DÜRRH.

12 Brief F. D. an die Eltern, 14. 1. 1943. SLA Schachtel 185. Signatur FD-B-1-DÜRRH.

13 Brief F. D. an die Eltern, o. D. SLA Schachtel 185. Signatur FD-B-1-DÜRRH.

14 Dürrenmatt, Friedrich: *Erinnerung an Walter Jonas* in: Heinrich E. Schmid (Hrsg.): *Walter Jonas. Maler, Denker, Urbanist,* Vontobel-Druck: Feldmeilen 1985, 16–25, S. 16.

15 Brief F. D. an die Eltern, o. D. SLA Schachtel 185. Signatur FD-B-1-DÜRRH.

16 *Erinnerung an Walter Jonas,* S. 18 ff.

17 F. D., 1980: »Ich bewunderte sie, doch wagte ich ihm nicht zu sagen, dass es mich als einen Nie-Stadtmenschen grausen würde, in solchen Städten zu hausen.« (*Erinnerung an Walter Jonas,* S. 24)

18 Ebd.

19 Brief F. D. an die Eltern, 14. 1. 1943. SLA Schachtel 185. Signatur FD-B-1-DÜRRH.

20 *Erinnerung an Walter Jonas,* S. 22 f.

21 *Gespräche,* Bd. 1, S. 37–40.

22 »Friedrich Dürrenmatt zum 60. Geburtstag«, offener Brief von Kurt Marti an F. D. in: ›Der kleine Bund‹, 132. Jahrgang, Nr. 1, 3. 1. 1981.

23 Brief F. D. an Lutz Tantow, Neuchâtel, 15. 8. 1988, S. 2. SLA Schachtel 189. Signatur FD-B-1-TAN.

24 *Erinnerung an Walter Jonas,* S. 22.

25 Ebd., S. 24.

26 Ebd.

27 *Labyrinth,* S. 279.

28 Bereits in den 1960er Jahren hatte Armin Arnold darauf hingewiesen.

29 Brief F. D. an Lutz Tantow, Neuchâtel, 15. 8. 1988, S. 12. SLA Schachtel 189. Signatur FD-B-1-TAN.

30 Christiane Zufferey im Gespräch mit P. R.

31 Wyss, Eduard: *Logbuch IV,* Eintrag vom 16. 2. 1943, zit. nach Wyss, Eduard: *Frühe Begegnung mit Friedrich Dürrenmatt mit Dokumentation.* Typoskript, SLA, Erweiterter Nachlass, Dossier 4.

32 Ebd.

33 Von F. D. wurde in dieser Zeit synonym »Zynismus« verwendet.

34 Wyss im Gespräch mit P. R.

35 Gegensätze schließen sich in Dürrenmatts Denken, wie es sich
jetzt zu konstituieren beginnt, nicht aus. Sie bedingen sich gegenseitig als Pole, die erst den ganzen F. D. ausmachen: Glauben und
Denken, Destruktion und Konstruktion, Fülle und Abstraktion,
Intuition und Komposition. In jedem dieser Fälle ist mit dem einen Begriff gegen den komplementär anderen zu argumentieren,
und für jeden lassen sich in F. D.s Gesamtwerk in überreichem
Maß Belege finden. Nur in der Gesamtheit aber sagen sie über
diesen Autor etwas aus.
      Der »nihilistische Dichter«, den sich der Student an die Türe
seiner Zürcher Mansarde in der Freien Straße pinnte, wird in beiden Teilen ironisch gemeint gewesen sein. Auch ironisch. Dagegen wäre einzuwenden, auch dies sei eine Rückwärtsprojektion:
Auf der Bezeichnung Schriftsteller habe Dürrenmatt erst bestanden, als er, unter dem Einfluss der Theaterarbeit und insbesondere
Brechts, auf die handwerkliche Komponente aufmerksam wurde.
In seinen Anfängen hätte er auch einen Ausdruck wie »Tiefe«
noch nicht gescheut, während es später in einem Ringheft heißt:
»Gegen das Wort Dichter habe ich eine ebenso große Abneigung
wie gegen das Wort Tiefe.« So schreibt er Anfang 1943 über einen
Passus des *Knopfs* an die Eltern: »Diese Szene, so zynisch sie
manchmal sein mag, ist sehr tief.«

36 Gespräche,

37 *Labyrinth*, S. 283.

38 Brief F. D. an die Eltern »Zürich. Mittwoch.«, o. D. SLA Schachtel 185. Signatur FD-B-1-DÜRRH.

39 Ebd. Den *Knopf* redete ihm der »Schriftsteller C.« (René Cathoud) aus, vorübergehend. Auch er ein gelegentlicher Besucher
des Jonas-Kreises, lebte er nicht weniger kümmerlich als Dürrenmatt, nur war er zusätzlich noch für eine Familie verantwortlich.
Es werde noch böse enden mit seiner Rebellion gegen alles. Die
finsteren Prophezeiungen erfüllten sich an Cathoud selbst. Eine

Zeit lang lebte er als Nachtportier in Genf, trennte sich dann von seiner Frau, die Freunde »Gumpeli« oder »Humpeli« nannten, und die, kaum hatte sie einen neuen Partner gefunden, diesen aus Eifersucht erschießen sollte.

40 Hecht, Werner/Knopf, Jan/Mittenzwei, Werner/Müller, Klaus-Detlev (Hrsg.): *Brecht, Bertolt. Große kommentierte Berliner und Frankfurter Ausgabe,* Aufbau Verlag: Berlin und Weimar/Suhrkamp Verlag: Frankfurt a. M. 1998, Bd. 21, S. 122 f.: »Ich muss zugeben, dass ich die These, Körperkultur sei die Voraussetzung geistigen Schaffens, nicht für sehr glücklich halte. Es gibt wirklich, allen Turnlehrern zum Trotz, eine beachtliche Anzahl von Geistesprodukten, die von kränklichen oder zumindest körperlich stark verwahrlosten Leuten hervorgebracht wurden, von betrüblich anzusehenden menschlichen Wracks, die gerade aus dem Kampf mit einem widerstrebenden Körper einen ganzen Haufen Gesundheit in Form von Musik, Philosophie und Literatur gewonnen haben.«

41 *Turmbau,* S. 35.

42 *Gespräche,* Bd. 2, S. 163.

43 *Gespräche,* Bd. 1, S. 38.

44 *Turmbau,* S. 25.

6

Vor dem Sprung

1 Manuskript zum *Stoffe*-Teil *Querfahrt,* datiert vom 9. November 1981. SLA Signatur FD-A-m159 [Teil 2, S. 66].

2 WA, Bd. 19, S. 121 f.

3 SLA (Hrsg.): *Dürrenmatt. Die Mansarde. Die Wandbilder aus der Berner Laubeggstraße. Mit einem Essay von Ludmila Vachtova,* Diogenes: Zürich 1995. [Im Folgenden *Die Mansarde*]

4 Christiane Zufferey im Gespräch mit P. R. Die Frage ist deshalb nicht ganz unerheblich, weil Vachtova damit nicht nur eine Zeitenfolge, sondern auch eine Rangfolge von Dürrenmatts künstle-

rischen Ausdrucksmitteln aufstellt: »Falls die Datierung der Berner Wandmalereien mit 1942 stimmt, bedeutet diese Koinzidenz nur eines: Bevor Dürrenmatts Stoffe Wort geworden sind, waren sie Bilder, eine Tatsache, die den Stellenwert der bildenden Kunst innerhalb des Oeuvres beträchtlich verschiebt.« (Vachtova in: *Die Mansarde,* S. 49) Ich denke, da verwechselt die Kunsthistorikerin »Bild« im Sinne von bildhafter Vision mit »Bild« als Resultat bildhafter Gestaltung.

5 Vachtova in: *Die Mansarde,* S. 42.

6 Die Erzählung geht nach F. D.s eigener Erinnerung im Nachruf auf Walter Jonas in der Konzeption ebenfalls auf die Zürcher Monate im Winter 1942/43 zurück.

7 Brief F. D. an seine Eltern, Eison, 1943, »Donnerstag / 26 [?]«. SLA Schachtel 185. Signatur FD-B-1-DÜRRH.

8 *Turmbau,* S. 28.

9 Brief F. D. an seine Eltern, Eison, 1943, »Mittwoch«. SLA Schachtel 185. Signatur FD-B-1-DÜRRH.

10 Brief F. D. an seine Eltern, Eison, 1943, »Donnerstag / 26 [?]«. SLA Schachtel 185. Signatur FD-B-1-DÜRRH.

11 Sie ist allerdings als Paralipomenon erhalten.

12 Brief F. D. an seine Eltern, Zürich, »Mittwoch«. SLA Schachtel 185. Signatur FD-B-1-DÜRRH.

13 Dieses und die folgenden Zitate in: WA Bd. 1, S. 294.

14 Vorspruch zur ›Komödie‹. Zitiert aus: Heinz Ludwig Arnold: *Theater als Abbild der labyrinthischen Welt. Versuch über den Dramatiker Friedrich Dürrenmatt* in: Daniel Keel (Hrsg.): *Über Friedrich Dürrenmatt,* sechste, verbesserte und erweiterte Auflage, Diogenes: Zürich 1998, S. 81 f.

15 Brief F. D. an die Eltern. Undatierter Brief aus Eison 1943. SLA Schachtel 189. Signatur FD-B-1-DÜRRH.

16 FD-A-a42 III, S. 190–192. SLA Schachtel 92. Und SLA Schachtel 93. Signatur FD-A-a42 LXIII, S. 190–192.

17 Brief F. D. an Walter Muschg, Basel, 7. 1. 1947 (Kopie aus dem Nachlass von Walter Muschg). SLA Schachtel 187. Signatur FD-B-1-MUSW.

18 Herbertz, Richard: *Der Alkoholgenuss als Wertproblem,* Schwabe: Basel 1937.

19 Der inhaltliche Zusammenhang zu Dürrenmatts Erzählung *Die Wurst* ist offensichtlich: Während der Gerichtsverhandlung zur Verurteilung eines Mörders, der seine Frau geschlachtet hat, isst der Richter gedankenverloren das vor ihm liegende Beweisstück auf und kann dem zum Tode Verurteilten den letzten Wunsch nicht erfüllen, die Aushändigung ebendieser Wurst; eine Groteske, welche ein schrilles Präludium zu Dürrenmatts Generalthema von Justiz, Recht und Gerechtigkeit ist.

20 *Turmbau,* S. 120.

21 Ebd., S. 119.

22 Ebd., S. 118.

23 Herbertz, Richard: *Das philosophische Urerlebnis,* Bircher: Bern 1921, S. 7.

24 Fichte, Johann Gottlieb: *Erste Einleitung in die Wissenschaftslehre* (1797) in: Fichte, Immanuel Hermann (Hrsg.): *Fichtes Werke,* Bd. 1 zur theoretischen Philosophie, Walter de Gruyter & Co: Berlin 1971.

25 Herbertz, Richard: *Bewusstsein und Unbewusstes: Untersuchung über eine Grenzfrage der Psychologie mit historischer Einleitung,* Du Mont-Schauberg: Köln 1908.

26 Dieses und die folgenden Zitate in: *Turmbau,* S. 123–126.

27 Kierkegaard, Søren: *Abschließende unwissenschaftliche Nachschrift zu den philosophischen Brocken,* 1846 hier zitiert nach Hermann Diem/Walter Rest (Hrsg.): *Søren Kierkegaard. Philosophisch Theologische Schriften. Philosophische Brosamen und unwissenschaftliche Nachschrift,* Hegner: Köln und Olten 1950, S. 180 ff.

28 Ebd., S. 200 f.

29 Rusterholz, Peter: *Theologische und philosophische Denkformen bei Dürrenmatt* in: Claudia Brinker et. al. (Hrsg.): *Contemplata aliis tradere. Studien zum Verhältnis von Literatur und Spiritualität,* Peter Lang: Bern, Berlin, Frankfurt a. M., New York, Paris, Wien 1995, S. 483 ff.

30 Dieses und das folgende Zitat in: *Turmbau,* S. 205 f.

31 Görland, Albert (Hrsg.): _Immanuel Kants Werke Bd. III, Kritik der reinen Vernunft,_ Bruno Cassirer: Berlin 1922, S. 212.

32 Dieses und das folgende Zitat in: _Turmbau,_ S. 129 ff.

33 Ebd., S. 160.

34 Zuletzt im Gespräch mit P. R.

35 Brief F. D. an Eduard Wyss, Bern, 14. 5. 1946. SLA Schachtel 189. Signatur FD-B-1-WYS. Nr. 12.

36 Dieses und das folgende Zitat aus einem Brief F. D.s an Eduard Wyss, o. D. [SLA, Dossier Wyss Nr. 11].

37 Brief Reinhold Dürrenmatt an Eduard Wyss am 14. 12. 1945. Erweiterter Nachlass Friedrich Dürrenmatts, Dossier Eduard Wyss.

38 Brief Eduard Wyss an Reinhold Dürrenmatt am 13. 1. 1946. SLA Schachtel 201. Signatur FD-B-2-WYS.

39 Arbeitstitel von _Die Falle._

40 Eduard Wyss an F. D. am 9. 12. 1946. Erweiterter Nachlass Friedrich Dürrenmatts, Dossier Eduard Wyss.

41 Siehe den Exkurs ›Das Labyrinth‹ im vorliegenden Band.

42 WA, Bd. 34, S. 177.

43 Eduard Wyss, _Überwindung der Innerlichkeit_ (unpubliziert).

44 Wyss an F. D., 18. 4. 1946, FD-B-2-WYS.

45 Brief F. D. an Eduard Wyss, o. D. »Ich schreibe Dir diese Zeilen von meinem Bette aus«. SLA Schachtel 189. Signatur FD-B-1-WYS.

46 Kassner, Rudolf: _Zahl und Gesicht._ Nebst einer Einleitung: Der Umriss einer universalen Physiognomik, Insel-Verlag: Leipzig 1919.

47 F. D. an Eduard Wyss, Bern o. D., Dossier Wyss, Nr. 9.

48 Bericht Eduard Wyss vom 23. 1. 1981 im Dossier Wyss, Typoskript, SLA, Erweiterter Nachlass, Dossier 4.

49 Im Gespräch mit P. R., 1990.

50 _Turmbau,_ S. 173.

51 Vorstufe zum _Stoffe_-Kapitel ›Querfahrt‹. SLA Signatur FD-A-m159.

52 Brief F. D. an Eduard Wyss, o. D., [»Ich schreibe dir diese Zeilen von meinem Bette aus«]. SLA Schachtel 189. Signatur FD-B-1-WYS.

53 *Labyrinth*, S. 294 f.

54 Dieses und die folgenden Zitate in: *Turmbau*, S. 156 f.

55 *Labyrinth*, S. 67.

56 *Gespräche*, Bd. 3, S. 96.

57 Dieses und das folgende Zitat in: *Labyrinth*, S. 67.

58 Dieses und die folgenden Zitate in: *Gespräche*, Bd. 3, S. 96 f.

59 Und zuvor, als dessen Vorstufen, *Die Stadt* resp. *Aus den Papieren eines Wärters* und *Die Falle*.

60 *Labyrinth*, S. 69.

Exkurs
Verschont-gefangen – das Labyrinth

 1 *Turmbau*, S. 130.

 2 *Labyrinth*, S. 203.

 3 *Labyrinth*, S. 199 f.

 4 Brief F. D. an Eduard Wyss, o. D., SLA Schachtel 189. Signatur FD-B-1-WYS.

 5 *Gespräche*, Bd. 3, S. 57 f.

 6 *Turmbau*, S. 224.

 7 Rektoratsrede gehalten von Prof. Dr. Peter von Matt anlässlich der 160. Stiftungsfeier der Universität Zürich am 29.4.1993: *Der Traum an der Grenze. Zur literarischen Phantasie der Schweiz*, Universität Zürich, Jahresbericht 1992/93.

 8 von Matt, Peter: *Die tintenblauen Eidgenossen*, Hanser: München 2001, S. 113.

 9 Kapitelüberschrift in Carl Spittelers Roman *Imago* (›In der Hölle der Gemütlichkeit‹).

10 Gotthelf, Jeremias: *Der Bauernspiegel*. Zitiert nach: *Der Traum an der Grenze. Zur literarischen Phantasie der Schweiz*. Rektoratsrede gehalten von Prof. Dr. Peter von Matt anlässlich der 160. Stiftungsfeier der Universität Zürich am 29. 4. 1993. Universität Zürich, Jahresbericht 1992/93, S. 9.

11 WA, Bd. 32, S. 32.

12   Dieses und die folgenden Zitate in: von Matt, Rektoratsrede, 1993, S. 7.

13   Brief F. D. an Eduard Wyss, o. D. sla Schachtel 189. Signatur FD-B-1-WYS.

14   *Gespräche*, Bd. 3, S. 57.

15   *Labyrinth*, S. 321. Die Idee geht auf eine Aufgabe zurück, die Walter Jonas eines Nachts der bei ihm versammelten Runde stellte: wie ein Theaterstück mit nur einer Person gestaltet sein müsse. Dürrenmatt erfand den Spiegelsaal als Gefängnis.

16   *Labyrinth*, S. 12.

17   *Turmbau*, S. 224.

18   Rusterholz, Peter: *Durchgänge durchs Labyrinth. ›Minotaurus‹ – ›Der Auftrag‹ – ›Durcheinandertal‹* in: *Friedrich Dürrenmatt: Die Entstehung des Spätwerks*, ›Quarto‹ Zeitschrift des Schweizerischen Literaturarchivs (sla), Heft Nr. 7, Oktober 1996, S. 93.

19   *Labyrinth*, S. 73.

20   Ebd., S. 69 ff.

21   Ebd., S. 78.

22   Ebd., S. 79.

23   wa, Bd. 32, S. 212.

24   *Labyrinth*, S. 83.

25   Dieses und das folgende Zitat in: *Labyrinth*, S. 80 f.

26   *Gespräche*, Bd. 4, S. 67.

27   Dieses und das folgende Zitat in: *Labyrinth*, S. 81 f.

28   Dürrenmatt Friedrich: *Dramaturgie des Labyrinths*. Zitiert nach Rusterholz, Peter: *Durchgänge durchs Labyrinth. Minotaurus – Der Auftrag – Durcheinandertal*. In: *Friedrich Dürrenmatt: Die Entstehung des Spätwerks*, ›Quarto‹, Zeitschrift des Schweizerischen Literaturarchivs (sla), Heft Nr. 7, Oktober 1996, S. 92.

29   *Labyrinth*, S. 74 f.

30   wa, *Bd. 19*, S. 130.

31   *Turmbau*, S. 228.

32   Die Vorstellung des Labyrinths bestimmt auch die Erinnerung Dürrenmatts an seine Kant-Studien. »Was mir [...] in Wirklichkeit Kant wichtig gemacht haben mag und immer noch wichtig

macht, ist – ich komme erst jetzt darauf, während ich diese Zeilen schreibe, gezwungen die *Kritik der reinen Vernunft* noch einmal zu überdenken –, dass sie wohl eine Philosophie des Scheiterns darstellt.« (*Turmbau*, S. 123) Kant postuliert in seiner Vernunftskritik die scharfe Trennung von Wissen und Glauben. Für Kant ist der Bereich gesicherten Wissens – jener der Naturwissenschaften (Newtonsche Physik) – als solcher nur möglich, weil er sich auf die Welt der Erscheinungen bezieht und nicht auf so etwas wie die »Welt an sich«. Kausalität ist eine Kategorie des Denkens, Raum und Zeit, Formen der Wahrnehmung. Der Mensch kann nur das in der Welt erkennen, was er in sie hineingelegt, bzw. projiziert. Dies führt – nach Kant – im Bereich möglicher Erfahrung zu gesicherten Erkenntnissen. Aber dieser Bereich des Wissens ist gewissermaßen ein geschlossener Raum, über den der Mensch wissensmäßig nicht hinauskommt (die Grenze, von innen betrachtet: das »Ding an sich«).

33 *Turmbau*, S. 123.
34 *Labyrinth*, S. 85 f.
35 *Turmbau*, S. 228.
36 *Labyrinth*, S. 63 f.

7

Schreiben als Existenz
und andere Belastungsproben

1 Verena Dürrenmatt im Gespräch mit P. R.
2 Brief F. D. an Eduard Wyss vom 14. 5. 1946: »Ich kann dir aber keinen Grund angeben und ich will auch keinen erfinden […] Kierkegaard hat mir geholfen – vielleicht auch für mich ein sonderbares Erlebnis – Es ist so, dass es für mich nichts anderes geben kann, als das zu tun, was ich tun muss, vielleicht darum, dass ich keine Angst mehr vor der Zukunft habe – Nicht etwa so, dass ich mir bestimmte Hoffnungen machen würde – es ist vielmehr so, dass etwas an mich herangetreten ist, das ich Glauben nennen

könnte. Verstehe mich recht: ich glaube nicht an mich, ich glaube nur daran, dass ich ohne Rücksicht und ohne Angst den Weg gehen muss, den ich sehe und der mir zukommt.« [SLA, Erweiterter Nachlass Friedrich Dürrenmatt, Dossier Eduard Wyss, Signatur FD-D-21-2/04]

3 Reinhold Dürrenmatt an Eduard Wyss. Erweiterter Nachlass Friedrich Dürrenmatt, Dossier Eduard Wyss.

4 Brief Eduard Wyss an F. D. vom 2. 6. 1946: »Ein elementares inneres Erlebnis von Paulinischer Wucht« in: Wyss, Eduard: *Frühe Begegnung mit Friedrich Dürrenmatt mit Dokumentation.* SLA Schachtel 189.

5 Brief Reinhold Dürrenmatt an Wyss vom 11. Heumond – Juli – 1946: »Was mich freut, ist, dass sein plötzlicher Entschluss, der wie eine Erleuchtung über ihn gekommen ist, eine merkliche Kräftigung und Festigung seines moralischen und religiösen Gesamthabitus zur Folge hatte.«

6 Das Malen und Zeichnen bewahrte F. D. sich als Regenerationssphäre der »Schöpferkraft des Kindes«.

7 *Turmbau,* S. 228.

8 WA, Bd. 19, S. 197. Schon im Brief an Walter Muschg vom 7. 1. 1947 heißt es: »Meine Novellen sind der Boden, auf dem erst mein Drama möglich wird.«

9 *Turmbau,* S. 228.

10 Die Einteilung der acht Texte, die Gruppierung von I–IV, ist schwer zu durchschauen. Einsehbar noch, dass *Weihnacht* und *Der Folterknecht* in einer ersten Abteilung zusammengefasst wird, aus der zweiten Abteilung *(Der Hund, Das Bild des Sisyphos, Der Theaterdirektor, Die Falle)* fällt unter mehreren Gesichtspunkten das erste Stück heraus (die anderen Texte sind Auseinandersetzungen mit dem Nihilismus oder mit Nihilisten, *Der Hund* ist auch chronologisch ein Nachzügler der frühen Prosa). Die dritte Abteilung füllt ganz *Die Stadt* aus – eine quantitative Überlegung. *Der Tunnel* und *Pilatus* wiederum haben ganz verschiedene stilistische Klimata, *Der Tunnel,* lässt sich geradezu als Epitaph auf die frühe Prosa lesen, zumindest als eine (auch ironi-

sche) Nachschrift, während *Pilatus* in mancher Hinsicht deren Gipfel ist. Konsequent ist die Einteilung jedenfalls weder in chronologischer, stilistischer noch thematischer Hinsicht.

11 WA, Bd. 19, S. 197.

12 WA, Bd. 19, S. 19.

13 *Erinnerung an Waler Jonas,* S. 21

14 *Gespräche,* Bd. 1, S. 38.

15 Ebd., S. 47f.

16 WA, Bd. 19, S. 39.

17 Racine, Jean: *Œuvres complètes,* Gallimard: Paris 1950, Vol. 1, S. 466.

18 WA, Bd. 19, S. 56.

19 WA, Bd. 19, S. 69.

20 Emil Staiger an F. D.

21 Brief F. D. an Unbekannt. SLA Signatur FD-B-1-nicht identifiziert.

22 WA, Bd. 19, S. 197.

23 *Turmbau,* S. 130.

24 Ebd.

25 Ebd., S. 128.

26 »Wie der Auftakt zu einem Historienstreifen in der Art von *Ben Hur* oder *Spartacus* nimmt sich das aus oder wie ein Kapitelanfang aus einem altmodischen Geschichtswälzer à la ›*Quo vadis?*‹« in: von Matt, Peter: Nachwort zu *Friedrich Dürrenmatt. In den Verliesen der Wirklichkeit. Erzählungen.* Ausgewählt von Daniel Keel und Peter von Matt, Manesse Verlag: Zürich 2004, S. 369.

27 WA, Bd. 19, S. 115.

28 Dass er in der Werkausgabe 1980 in einen folgenden Band aufgenommen wurde, ist, im Gegensatz zur Auslagerung von *Der Hund,* sehr verständlich.

29 *Labyrinth,* S. 70f.

30 Fußnote im Manuskript *Komödie.* SLA Schachtel 1. Signatur FD-A-m2 II, S. 19.

31 Brief F. D. an Lutz Tantow vom 15. 8. 1988. SLA Signatur FD-B-

1-TAN. Tantows Dissertation: Tantow, Lutz: *Franz Kafka und Friedrich Dürrenmatt, Eine Dramaturgie der Konfrontation,* Röhrig: St. Ingbert 1988.

32 Mit Bezug auf Harold Blooms Buch *Anxiety of Influence* in: Weber, Ulrich: *Kafka-Dürrenmatt – Angst vor dem Einfluss?* in: Irmgard M. Wirtz (Hrsg.): *Kafka verschrieben,* Wallstein: Göttingen und Chronos: Zürich 2010, S. 135–151.

33 A. a. O., S. 140.

34 WA, Bd. 4, S. 130.

35 *Turmbau,* S. 224 f.

36 F. D. an Eduard Wyss, o. D. SLA, Erweiterter Nachlass Friedrich Dürrenmatt, Dossier Eduard Wyss, Signatur FD-D-21-2/04.

37 *Turmbau,* S. 225.

38 Dieses und das folgende Zitat in: *Turmbau,* S. 227–231.

39 Paul, Jean: *Vorschule der Ästhetik.*

40 Weber, Ulrich: *Dürrenmatts Entscheidung – Plausibilisierung durch Intertextualität* in: ›Hermeneutische Blätter 1‹, S. 264 ff.

41 *Turmbau,* S. 125.

42 Verena Dürrenmatt im Gespräch mit P. R.

43 *Turmbau,* S. 229.

44 Reinhold Dürrenmatt an Eduard Wyss, »11. Heumond«. Erweiterter Nachlass Friedrich Dürrenmatt, Dossier Eduard Wyss.

45 Undatierter Brief F. D.s an Eduard Wyss aus dem Jahr 1946. SLA Schachtel 189. Signatur FD-B-1-WYS.

46 Christiane Zufferey im Gespräch mit P. R. 1990.

47 *Gespräche,* Bd. 1, S. 50 f.

48 Friedrich Karl Ferdinand Maximilian von Sinner (1875–1960), bis zu seiner Pensionierung Berufsmilitär der Schweizerischen Armee im Rang eines Obersten.

49 Blindband. SLA Signatur FD-A-TB-2.

50 Dokumentation des Schweizerischen Rundfunks zu F. D.s 50. Geburtstag am 5. 1. 1971.

51 Brief F. D. an Wyssaus dem Jahr 1946. SLA Schachtel 189. Signatur FD-B-1-WYS.

52 Ebd.

53 Agendaeintrag »April 54, Montana«. Der Eintrag befindet sich in der Agenda des Jahres 1950 unter dem Datum des 3. Februars. SLA Signatur FD-C-I-Agenden 1950.

54 Brief Eduard Wyss an F. D., 9. 12. 1946. SLA Schachtel 201. Signatur FD-B-2-WYS.

55 Brief F. D. an das Ehepaar Wyss vom 24. 12. 1946. SLA Schachtel 189. Signatur FD-B-1-WYS.

8

»Der Junge ist ein Genie!«
Ein Autor wird entdeckt

1 Brief F. D. an Kurt Marti, Neuchâtel, 3. 3. 1981. SLA Schachtel 187. Signatur: FD-B-1-MAR.

2 *Gespräche*, Bd. 1, S. 51 f.

3 Maria Becker im Gespräch mit P. R., 1990.

4 Lotar, Peter: *Vorgeschichte einer Uraufführung* in: ›Schweizer Monatshefte‹, 61. Jahr/Heft 1, Januar 1981, S. 35–38.

5 Agendaeintrag 23. 1. 1947. SLA Schachtel 256. Signatur FD-C-I-Agenden 1947.

6 Agendaeintrag 25. 1. 1947. SLA Schachtel 256. Signatur FD-C-I-Agenden 1947.

7 Brief F. D. an Eduard Wyss, Basel, 2. 2. 1947. SLA Schachtel 189. Signatur FD-B-1-WYS. Nr. 29.

8 Frisch ließ es sich auch nicht nehmen, an einem Einführungsabend des Schauspielhauses über *Es steht geschrieben* zu sprechen.

9 Brief Max Frisch an F. D., Zürich, 22. 1. 1947. Zitiert nach: Rüedi, Peter: *Max Frisch. Friedrich Dürrenmatt. Briefwechsel*, Diogenes: Zürich 2001, S. 95 f. [im Folgenden: *Briefwechsel*].

10 Brief F. D. an Max Frisch, Basel, 24. 1. 1947. Zititert nach: *Briefwechsel*, S. 97 f.

11 WA, Bd. 31, S. 142.

12 *Turmbau*, S. 228.

13 Mündliches Zitat aus den Gesprächen mit P. R. 1990.

14 Schmid, Karl G.: *Es steht geschrieben* in: Keel, Daniel (Hrsg.): *Über Friedrich Dürrenmatt,* sechste, verbesserte und erweiterte Auflage, Diogenes: Zürich 1998, S. 139 f.

15 Auf diesen Begriff ist die mittelalterliche Tugend der »masze«, des rechten Maßes, in der bürgerlichen Ästhetik des 19. Jahrhunderts heruntergekommen.

16 Sie drücken sein kopernikanisches Bekenntnis durch eine Verschiebung der Größenverhältnisse aus; in der Art von Kinderzeichnungen oder naiver Kunst.

17 Kürzel nachträglich nicht mehr mit Sicherheit zuzuordnen.

18 G. G.: *Friedrich Dürrenmatt. ›Es steht geschrieben‹* in: ›Weltwoche‹, 25. 4. 1947. SLA Schachtel 347. Signatur FD-D-10-b-ESS.

19 wti.: »Es steht geschrieben«. Schauspielhaus (19.4) in: ›NZZ‹, 21.4.1947. SLA Schachtel 347. Signatur FD-D-10-b-ESS.

20 Mahlberg, Dr. H.: *›Es steht geschrieben‹. Schauspiel von Friedrich Dürrenmatt* in: ›Der Bund‹, 22. 4. 1947. SLA Schachtel 347. Signatur FD-D-10-b-ESS.

21 Ebd., Anmerkung der Redaktion.

22 Brock-Sulzer, Elisabeth: *Friedrich Dürrenmatt. ›Es steht geschrieben‹* in: ›Die Tat‹, 24. 4. 1947. SLA Schachtel 347. Signatur FD-D-10-b-ESS.

23 Brock-Sulzer, Elisabeth: *Friedrich Dürrenmatt. Stationen seines Werkes.* Mit Fotos, Zeichnungen, Faksimiles, Arche: Zürich 1960 und Diogenes: Zürich 1986 (Diogenes Taschenbuch 21388).

24 Brief F. D. an Horwitz, »Schernelz ob Ligertz [sic] / Bielersee«, ohne Datum. SLA Schachtel 186. Signatur FD-B-1-HOR.

25 *Gespräche,* Bd. 3, S. 223.

26 WA, Bd. 31, S. 154.

27 Brock-Sulzer, Elisabeth: *Friedrich Dürrenmatt. Stationen seines Werkes,* S. 26.

28 Paul Claudel (1868–1955) ist einer der großen französischen Autoren des letzten Jahrhunderts. Nach einem Erweckungserlebnis in der Notre-Dame-de-Paris 1886 greift er zum ersten Mal zur Bibel und wird künftig zu dem katholischen Dichter Frankreichs. Allein in seinen frühen Stücken *Die Stadt* (1893), *Der Tausch* (1901), *Mit-*

tagswende (1906), *Mariäe Verkündigung* (1912 entwickelt er in der
Auseinandersetzung mit dem Religiösen (und der Erotik) eine ge-
radezu anarchische Emotionalität. Seit 1900 stand er im diploma-
tischen Dienst Frankreichs, zuerst in China, dann in Deutschland,
Brasilien, zuletzt als Gesandter in Tokio, Washington, Brüssel.
Später wollte er mit der Kühnheit, Wildheit, Unbedingtheit seines
Jugendwerks nichts mehr zu tun haben und fertigte von allen frü-
hen Stücken zweite Fassungen an, nahm den Schrei zurück, zum
Teil auch ins Dogmatische. 1944 inszenierte Kurt Horwitz den
Seidenen Schuh am Schauspielhaus Zürich. Der Übersetzer war
der katholische Theologe Hans Urs von Balthasar, den Dürren-
matt, wie Karl Barth, in seiner ersten Basler Zeit kennenlernte.

29 *Das Mögliche ist ungeheuer. Ausgewählte Gedichte.* Diogenes:
Zürich 1993.

30 WA, Bd. 31, S. 143.

31 Wolfgang Langhoff und Wolfgang Heinz begannen mit dem Wiederaufbau des Theaters in der nachmaligen DDR, Karl Paryla
gründete in der sowjetbesetzten Zone Wiens die ›Scala‹. Andererseits setzte bald ein, was Henning Rischbieter einmal die »Gründ-
gensisierung des (west-)deutschen Theaters« nannte: die Rückkehr nicht nur des Generalintendanten der Preußischen
Staatstheater Gustav Gründgens (schon 1947) nach Düsseldorf,
sondern, als wäre nichts gewesen, der Wendehälse allenthalben.

32 In Zürich allerdings war Hilperts Engagement noch heftig umstritten, als ihm im Dezember 1946 mit *Des Teufels General,* dem
Stück des eben aus dem Exil zurückgekehrten Carl Zuckmayer,
ein großer Erfolg gelang (mit Gustav Knuth in der Hauptrolle,
einem anderen, der die »Tausend Jahre« im Engagement an einer
repräsentativen Bühne der Reichshauptstadt überlebt hatte: an
Gustav Gründgens' Berliner Staatstheater). Der Schauspieler Erwin Parker am 16. Januar 1947 an seinen ehemaligen Kollegen
Wolfgang Langhoff, dannzumal Leiter des Deutschen Theaters
Berlin-Ost: »Der neue Zuckmayer ist ein Schlager. Zu meiner
Enttäuschung. Ich liebe das Stück nicht. Ich bin Zeitgenosse und
will nicht so objektiv sein. So viel Humor habe ich auch (noch)

nicht, daß ich heute schon darüber lachen kann oder mag. Nun, die Schweizer [Zuschauer] kommen. [...] Aufführung ist großartig. Knuth hervorragend (Gefährlich sympathisch!!).« Therese Giehse: »Wir haben das Theater 12 Jahre rein gehalten, wir sollten nicht ein Auffanglager für Repräsentanten sein.« (Brief von Erwin Parker an Wolfgang Langhoff vom 16. 1. 1947. Zitiert nach: Kröger, Ute/Exinger, Peter: *»In welchen Zeiten leben wir!« Das Schauspielhaus Zürich 1938–1998*, S. 99, Zürich: Limmat 1998.) Ein solcher war Hilpert als Mitglied des »Reichskultursenats« allerdings. Maria Becker: »Die Frage heißt: sollen wir weiter zuerst und fast ausschließlich mit den Leuten zusammenarbeiten, die zwölf Jahre lang die führendsten Stellungen unter den Nazis eingenommen haben – bevor wir einem weniger prominenten [...] Antifaschisten die Möglichkeit eines Gastspiels oder Inszenierung verschafft haben?« Die Uraufführung von *Des Teufels General* findet gleich nach Zuckmayers Rückkehr aus dem Exil statt. Regie führt Heinz Hilpert. »Das Stück schläg ein [...]. Aber es ist ein gefährliches Stück.« Es wird »durchweg verstanden als Ehrenrettung des deutschen Offiziers, der sich im ›schmutzigen Krieg‹ ›pflichtbewusst‹ und ›anständig‹ verhalten hat. Fast dankbar vermerken die Rezensionen, dass ausgerechnet ein *Emigrant* ausgerechnet von *dieser* Bühne herab ausgerechnet das Ansehen des deutschen Offiziers rettet. Das Stück bringt es auf die Rekordzahl von 70 Aufführungen.« Solche harmonistische Vergangenheitsbewältigung musste, bei aller Entrückung in die historische Parabel, *Es steht geschrieben* empfindlich stören. Im Nachhinein lässt *Des Teufels General* auch vollends absurd erscheinen, wie die ›NZZ‹ (Inlandsredakteur Ernst Bieri) Frisch anhand seines Erstlings *Nun singen sie wieder* (29. 3. 1945) hatte als »Nazi-Fürsprecher« diffamieren können. Wenn die alte Else Bassermann das Schauspielhaus nach der Zuckmayer-Premiere als »Nazitheater« beschimpfte, war das ebenso übertrieben. Richtig ist, dass die »Engagementspraxis« im Pfauen die Politik der Schweiz im Kalten Krieg vorwegnahm. »Sie offenbart sich spätestens mit dem ›Fall Hilpert‹. Sehr viel später werden auch die im nationalsozialistischen Deutschland berühmen UFA-

Stars Mathias Wiemann und Willy Birgel, beide hervorragende
Darsteller, in Zürich zu sehen sein. […] Ein Engagement in Zürich
erleichtert in den ersten Nachkriegsjahren die ›Entnazifizierung‹.
Niemand, auch die Presse nicht, findet in jenen Jahren Engage-
ments von deutschen Bühnenkünstlern anstößig, die unter dem
Nationalsozialismus im Dritten Reich geblieben sind.« (Kröger,
Ute/Exinger, Peter: »*In welchen Zeiten leben wir!*« *Das Schau-
spielhaus Zürich 1938–1998*, Limmat Verlag: Zürich 1998, S. 98 ff.)

33 Noch in der Spielzeit 1946/47 las sich der Spielplan des Schau-
spielhauses wie das Verzeichnis eines größeren Bühnenverlags.
Eines mit Kraut und Rüben handelnden Unternehmens: »*Amphi-
tryon* von Heinrich von Kleist; *Baumeister Solness* von Henrik
Ibsen; *Der Biberpelz* von Gerhart Hauptmann; *Gespenster* von
Henrik Ibsen, deutschsprachige Erstaufführung: *Jeanne mit uns*
von Claude Vermorel, deutsch von N. O. Scarpi; Uraufführung:
Die Chinesische Mauer von Max Frisch; *Frauenarzt Dr. med.
Hiob Prätorius* von Curt Goetz; *Der eingebildete Kranke* von
Molière; *Macbeth* von William Shakespeare; Uraufführung: *Des
Teufels General* von Carl Zuckmayer; Uraufführung: *Drum ver-
zeihn Sie, ha-ha-ha* von Curt Goetz; *Die Glasmenagerie* von
Tennessee Williams; *Der Tod im Apfelbaum* von Paul Osborne;
Uraufführung: *Brüder in Christo* von Cäsar von Arx; *Eurydike*
von Jean Anouilh; *Vierundzwanzig Stunden (The Time of your
life)* von William Saroyan; *Iphigenie auf Tauris* von Johann Wolf-
gang Goethe; Uraufführung: *Es steht geschrieben* von Friedrich
Dürrenmatt; *Das Mädl aus der Vorstadt* von Johann Nestroy; *Ein
Traumspiel* von August Strindberg, deutsch von Willi Reich; *Der
Tod des Empedokles* von Friedrich Hölderlin; *Ein Sommernachts-
traum* von William Shakespeare, Musik von Felix Mendelssohn-
Bartholdy. Freilichtaufführung im Rietberg (Villa Wesendonck):
Mord im Dom von T. S. Eliot.« Der nackte Wahnsinn, von den
Zielsetzungen und Möglichkeiten eines heutigen Schauspielhau-
ses her betrachtet.

34 Anders als das Zürcher Schauspielhaus war er im Bereich der
Oper länger auf offiziell gebilligte Gäste aus dem Reich angewiesen

und wurde etwas schlingernd mit eher relativem Anstand durch
die tausend Jahre manövriert.

35 WA, Bd. 1, S. 255.

36 Markus Kutter (1925–2005), Historiker, Publizist, mit Karl Gerst-
ner und Paul Gredinger Gründer der Werbeagentur GGK (1962).
Selbst Sohn eines Pfarrers, war er während Dürrenmatts erster
Basler Zeit (1946/47) mit diesem und den Pfarrerssöhnen Hans
und Peter Noll befreundet. Er war auch häufig zu Gast bei den
Dürrenmatts am Bielersee. Zusammen mit Lucius Burckhardt
und Max Frisch gab er den Gesprächsband *achtung: die Schweiz*
heraus, in welchem vorgeschlagen wurde, anstelle der »Expo 64«
eine neue Stadt zu realisieren. Wie Dürrenmatt (der ebenfalls Kut-
ters Freundin, der Cembalistin Antoinette Vischer, nahestand)
gehörte Markus Kutter zu den Herausgebern der kurzlebigen
Wochenzeitung ›Sonntags Journal‹ (1968–1972).

37 Agendaeintrag 1947, Einnahmen und Ausgaben Februar. SLA
Schachtel 256. Signatur FD-C-I-Agenden 1947.

38 Agendaeintrag 19.4.1947. SLA Schachtel 256. Signatur FD-C-I-
Agenden 1947.

39 Muschg, Walter: *Tragische Literaturgeschichte, mit einem Nach-
wort von Urs Widmer und einer Vorbemerkung von Walter
Muschg,* Neuauflage der 2. Auflage von 1953, Diogenes Verlag:
Zürich 2006.

40 Brief F. D. an Walter Muschg, 25.12.1948. (Kopie aus dem Nachlass
Walter Muschg). SLA Schachtel 187. Signatur FD-B-1-MUSW.

41 Muschg, Walter: *Babylon,* Amalthea Verlag: Zürich-Leipzig-
Wien 1926.

42 Staiger, Emil: *Literatur und Öffentlichkeit.* Dankesrede zum Zürcher Literaturpreis, gehalten am 17.12.1966, erstmals abgedruckt
am 20. Dezember 1966 in der ›NZZ‹.

43 Karl Pestalozzi, *Walter Muschg als Literaturwissenschaftler* in:
Walter Muschg zum 100. Geburtstag, Schwabe: Basel 1999, S. 16.

44 Muschg, Walter: *Gotthelf. Die Geheimnisse des Erzählers,* unver-
änderter Nachdruck der Ausgabe von 1931, Beck: München 1967,
S. VIII (Vorwort).

45 Ebd.

46 Brief F. D. an Walter Muschg, Basel, 7. 1. 1947 (Kopie aus dem
    Nachlass Walter Muschg). SLA Schachtel 187. Signatur FD-B-1-
    MUSW.

47 Glauben als Faszination von einem, der ihn verloren hat, das ist
    der paradoxe Kern von Dürrenmatts Religiosität, einer, mit Schil-
    ler zu sprechen, »sentimentalischen« Religiosität (im Gegensatz
    zu einer »naiven«: wir erinnern uns der Formulierung aus F. D.s
    erstem Brief an Muschg: »Die Überlegungen des Pilatus, die er
    dem Gott gegenüber anstellt, und die ihn hindern ›wie ein Kind
    zu sein‹, was ja unter anderem auch die Tragödie der Philosophie
    ist«). Der Sachverhalt scheint noch in der Formel auf, die F. D. im
    genannten Interview mit sich selbst 1980 für seinen Erstling fand:
    »*Es steht geschrieben* schildert die kurze Herrschaft der Wieder-
    täufer über die Stadt Münster (1534–1536). Die den Glauben glau-
    ben, werden von dem missbraucht, der den Glauben benutzt, und
    nach einem sinnlosen Widerstand von dem besiegt, der den Glau-
    ben verwaltet, doch im Geheimen jene bewundert, die glauben
    konnten.« (WA, Bd. 31, S. 142)

48 WA, Bd. 1, S. 58.

49 WA, Bd. 32, S. 32.

50 »Man hat gelegentlich versucht, ein protestantisches Glaubensbe-
    kenntnis in Dürrenmatts Werk hineinzulesen – ein Argument, das
    allerdings kaum überzeugt.« (Knapp, Gerhard P.: *Friedrich Dür-
    renmatt*, 2., überarbeitete und erweiterte Auflage, Metzler: Stutt-
    gart und Weimar 1993 [Sammlung Metzler, Bd. 196], S. 2)

51 WA, Bd. 14, S. 65 f.

52 Ebd., S. 65.

53 WA, Bd. 1, S. 256.

54 Brief F. D. an Kurt Horwitz vom 24. 12. 1947. SLA Schachtel 186.
    Signatur FD-B-1-HOR.

55 Kurt Horwitz und Ernst Ginsberg waren schon eng befreun-
    det, als sie, beide aus einer glänzenden Karriere (Horwitz an den
    Kammerspielen München, Ginsberg an verschiedenen Theatern
    Berlins) 1933 in die Schweiz emigrieren mussten und ab da zum

Ensemble des Schauspielhauses Zürich gehörten. Horwitz, der schon 1938/39 für ein Jahr das Basler Schauspiel leitete, war Direktor des Hauses von 1946 bis 1950, von 1953 bis 1958 dann Intendant des Bayerischen Staatsschauspiels in München. 1944 inszenierte er die deutsche Erstaufführung von Claudels *Der seidene Schuh* (Schauspielhaus Zürich), 1945 Max Frischs *Nun singen sie wieder,* vor Dürrenmatts erster Uraufführung *Es steht geschrieben.* Überhaupt verlegte er sich, mehr als Ginsberg, auf die Regiearbeit, u. a. in zahlreichen Molière-Inszenierungen, in denen, wenn immer es sich einrichten ließ, sein Freund die Hauptrollen spielte. Er blieb bis 1962 im Ensemble des Zürcher Schauspielhauses, gastierte aber auch bis kurz vor seinem Tod in München und Berlin. Von Dürrenmatt inszenierte er die Uraufführungen von *Der Blinde* und *Romulus der Große* in Basel. Horwitz und Ginsbergs blieben befreundet bis zu Ginsbergs Tod 1964 in Zollikon/Zürich. Dürrenmatt verbrachte viele Stunden an dessen Krankenbett. Bei der Gedenkfeier des Zürcher Schauspielhauses hielt er eine lange, ergreifende Rede, auch über dessen Freundschaft mit Horwitz. (WA, Bd. 30, S. 124). Ginsberg gab, nach Lyrikanthologien des 17. und 18. Jahrhunderts, als Erster in einer Auswahl die Werke von Else Lasker-Schüler heraus (Else Lasker-Schüler, *Dichtungen und Dokumente, Gedichte, Prosa, Schauspiele, Briefe, Zeugnisse und Erinnerung.* Ausgewählt und herausgegeben von Ernst Ginsberg. München: Kösel 1951). Dürrenmatt besprach den umfangreichen Band 1951 in der ›Weltwoche‹ (*Randnotizen zu Else Lasker-Schülers ›Dichtungen und Dokumente‹,* WA, Bd. 32, S. 27). Horwitz starb zehn Jahre nach Ginsberg, 1974.

56 F. D. im Gespräch mit P. R., November 1990.

57 Agendaeintrag 16.1.1950. SLA Schachtel 256. Signatur FD-C-I-Agenden 1950.

58 Agendaeintrag 21.1.1950. SLA Schachtel 256. Signatur FD-C-I-Agenden 1950.

59 Eintrag in ein Ringheft, o.D. SLA Signatur FD-A-NH-7.

60 Brief F. D. an Kurt Horwitz, Schernelz, 7. 11. 1948. SLA Schachtel 186. Signatur FD-B-1-HOR, Dossier 4.

61 WA, Bd. 1, S. 256.

62 Agendaeintrag vom 5.2.1950. Schachtel 256. Signatur FD-C-I-Agenden 1950.

63 Agendaeintrag 1.1.1947. SLA Schachtel 256. Signatur FD-C-I-Agenden 1947.

64 Agendaeintrag 27.1.1947. SLA Schachtel 256. Signatur FD-C-I-Agenden 1947.

65 Agendaeintrag 11.1.1948. SLA Schachtel 256. Signatur FD-C-I-Agenden 1948.

66 WA, Bd. 31, S. 142 f.

67 Für das Programmheft einer Aufführung des *Mississippi* durch die »Schauspieltruppe Zürich«, ansatzweise auch schon in seiner *Gedenkrede auf Ernst Ginsberg*, WA, Bd. 30, S. 124–139.

68 WA, Bd. 30, S. 140 ff.

69 Brief Emil Staiger an F.D., Zürich, 7.8.1950. SLA Schachtel 202. Signatur FD-B-2-Allg.

70 Walter Muschg: *Der Blinde* in: ›Basler Studentenschaft‹, Nr. 6, 29. Jahrgang, Schwabe: Bern Mai 1948, S. 124 f.

71 Dürrenmatt, Friedrich: *Der Blinde,* Arche-Verlag: Zürich 1960, auch in: *Komödien II und frühe Stücke,* Arche-Verlag: Zürich 1964.

72 Agendaeintrag 15.1.1948. SLA Schachtel 256. Signatur FD-C-I-Agenden 1948.

73 Brief Karl Barth an seinen Sohn Christoph, 16./17.1.1948. Zitiert nach: Rusterholz, Peter: *Theologische und philosophische Denkformen und ihre Funktion für die Interpretation und Wertung von Texten Friedrich Dürrenmatts* in: Claudia Brinker et. al. (Hrsg.): *Contemplata aliis tradere. Studien zum Verhältnis von Literatur und Spiritualität,* Peter Lang: Bern 1995, S. 477 f.

74 Ebd.

75 Markus Kutter im Gespräch mit P.R.

76 *Turmbau,* S. 201.

77 Ebd., S. 205.

78 Ebd., S. 192 f.

79 Ebd., S. 192.

80 Ebd., S. 205.

81 Ebd.

82 Ebd., S. 204.

83 *Turmbau*, S. 197.

84 Eine verblüffende Parallele legt mir eine Rezension der Neuausgabe von Karl Barths *Römerbrief* nahe: Sollte hier ein »Expressionist« den anderen fasziniert haben? »In letzter Zeit wird die Frage aufgeworfen, ob wir es [bei Barths *Römerbrief*] vielleicht mit einem Zeugnis des Expressionismus zu tun haben. Schleudert Barth seine Sätze aus sich heraus, wie van Gogh seine Pinselstriche auf die Leinwand wirft? Setzt er sich von der bürgerlichen Theologie ab, wie sich Gottfried Benn von bürgerlicher Lyrik verabschiedet?« (Bernhard Lang, ›NZZ‹ Nr. 88 vom 14. 4. 2011, S. 50)

85 *Turmbau*, S. 199.

86 Agendaeintrag 12. 6. 1947. SLA Schachtel 256. Signatur FD-C-I-Agenden 1947.

87 Maria Becker im Gespräch mit P. R.

88 Markus Kutter im Gespräch mit P. R.

89 Frisch, Max: *Friedrich Dürrenmatt. Zu seinem neuen Stück ›Romulus der Große‹* in: ›Die Weltwoche‹, 6. 5. 1949. SLA Schachtel 355. Signatur FD-D-10-b-ROM-1.

9
Von Barlach zu Bärlach

1 Agendaeintrag 9. 2. 1947. SLA Schachtel 256. Signatur FD-C-I-Agenden 1947.

2 Nach der Scheidung von ihrem Mann unterhielt Cécile Falb eine Beziehung zu einer Ärztin aus dem nahen Biel.

3 Verena Dürrenmatt im Gespräch mit P. R.

4 *Gespräche*, Bd. 1, S. 25–97.

5 *Turmbau*, S. 444 f.

6 Agendaeintrag 21. 1. 1950. SLA Schachtel 256. Signatur FD-C-I-Agenden 1950.

7 *Blick durchs Fenster* in: *Das Mögliche ist ungeheuer,* S. 78.

8 F. D. an Walter Muschg, 9. 1. 1949. Nachlass Walter Muschg, Universitätsbibliothek Basel. Signatur NL 48: F7, 31.

9 WA, Bd. 20, S. 102.

10 U. a. im Gespräch mit P. R.

11 Agendaeintrag 29. 12. 1947. SLA Schachtel 256. Signatur FD-C-I-Agenden 1947.

12 Agendaeintrag 13. 12. 1948. SLA Schachtel 256. Signatur FD-C-I-Agenden 1948.

13 Brief F. D. an Kurt Horwitz, Schernelz, 13. 2.1948. SLA Schachtel 186. Signatur FD-B-1-HOR.

14 WA, Bd. 4, S. 127.

15 *Labyrinth,* S. 277. Ein Bild, das ihn im Übrigen auch unter einem anderen Gesichtspunkt interessiert haben muss, dem der »verstörten Idylle«: Brueghel malt ein Pastorale, im Zentrum ein pflügender Bauer, dahinter ein Hirte mit Herde, am Rand ein Fischer, aber im Gestrüpp am Rand des Ackers liegt unübersehbar eine Leiche. Vom abgestürzten Ikarus, kaum sichtbar auf den ersten Blick, ragen nur zwei strampelnde Beine aus dem Meer, darüber ein paar Federn. Im Mittelgrund eine Insel mit dunklem Gemäuer: das Labyrinth.

16 SLA, Erweiterter Nachlass Friedrich Dürrenmatt, Dossier Eduard Wyss. Signatur FD-D-21-2/04.

17 WA, Bd. 21, S. 98.

18 WA, Band 32, S. 205 f.

19 WA, Bd. 33, S. 32.

20 WA, Bd. 32, S. 206.

21 Schon im Plan zum Hörspiel *Der Uhrenmacher* von 1946 war es um die verheerenden Folgen der verkannten Gnade gegangen.

22 Dieses und die folgenden Zitate in einem Brief F. D. an Horwitz, Schernelz, 22. 11. 1948, SLA Schachtel 186. Signatur FD-B-1-HOR.

23 Brief F. D. an Kurt Horwitz vom 1. 12. 1948. SLA Schachtel 186. Signatur FD-B-1-Horwitz.

24 Dieses und die folgenden Zitate aus dem erhaltenen Manuskript von *Der Turmbau zu Babel,* SLA Signatur: r46.

25 Dieses und das folgende Zitat: ebd.

26 Dieses und die folgenden Zitate in: *Turmbau*, S. 441 f.

27 Brief Kurt Horwitz an F. D. vom 16. 6. 1948. SLA Schachtel 195. Signatur FD-B-2-HOR.

28 Brief Kurt Horwitz an F. D. vom 18. 11. 1948. SLA Schachtel 195. Signatur FD-B-2-HOR.

29 Brief Ernst Ginsberg an F. D., Dezember 1948. SLA Schachtel 194. Signatur FD-B-2-Allg-G.

30 Brief F. D. an Walter Muschg, Schernelz, 13. 12. 1948. (Kopie aus dem Nachlass Walter Muschg). SLA Signatur FD-B-1-MUSW.

31 Barlach, Ernst: *Die Sündflut* in: *Das dichterische Werk*. Erster Band: *Die Dramen*, Piper: München 1956, S. 191 ff.

32 Dürrenmatt trug sich im Winter 1945/46 mit einem Plan *Thogarma*, einem Stück »nach der Sintflut«: erhalten ist eine Henkersszene, die in *Es steht geschrieben* eingegangen ist (WA, Bd. 1, S. 251).

33 Barlach, Ernst: *Sündflut*, S. 330

34 Franzen, Erich: *Zwischen Jean Paul und Ibsen* in: Jansen, Elmar (Hrsg.): *Ernst Barlach. Werk und Wirkung*, Union Verlag: Berlin o. J., S. 370.

35 ›NZZ‹, 14. 9. 1948.

36 Brief F. D. an Eduard Wyss, Schernelz, 10. 6. 1948. SLA Schachtel 189. Signatur FD-B-1-WYS. Nr. 44.

37 Brief Kurt Horwitz an F. D. vom 16. 6. 1948, Signatur FD-B-2-HOR.

38 ›NZZ‹, 14. 9. 1948.

39 Aktennotiz von Heinrich Rothmund, vom 19. 5. 1948. Schweizerisches Cabaret-, Chanson- und Pantomimen-Archiv in Gwatt/Thun. Signatur Cabaret Cornichon. Walter Lesch.

40 Brief Walter Lesch an Heinrich Rothmund vom 1. 6. 1948. Schweizerisches Cabaret-, Chanson- und Pantomimen-Archiv in Gwatt/Thun. Signatur Cabaret Cornichon. Walter Lesch.

41 Artikel in der ›NZZ‹, 14.9.1948.

42 Als F. D. am 28. 1. 1950 in der Agenda vermerkt: »Sage mich vom Cornichon los« (SLA Schachtel 256. Signatur FD-C-I-Agenden 1950), hatte sich die Zusammenarbeit längst erschöpft. Sowohl Pe-

ter Wyrsch als auch Walter Lesch sollten allerdings unabhängig
vom Cornichon-Debakel noch eine Rolle spielen. Wyrsch drängte
sich Dürrenmatt Ende 1951 mit einem Vertragsentwurf als Agent
für »pro Jahr mindestens 3 Kriminalromane von der Art seines im
›Beobachter‹ veröffentlichten Kriminalromans *Der Richter und
sein Henker*« (von Peter Wyrsch 1951 entworfener Vertrag. SLA
Schachtel 202. Signatur FD-B-2-Allg.) auf. Walter Lesch war seinerzeit als Präsident der Jury mit dafür verantwortlich, dass der
junge Autor im Juni 1948 den Preis der ›Welti-Stiftung für das
Drama‹ erhielt (immerhin gegen Max Frisch als Konkurrenten!) –
die unglaubliche Summe von 3000 Franken.

43 Brief F. D. an Walter Muschg, Schernelz, 13. 12. 1948 (Kopie aus
dem Nachlass von Walter Muschg). SLA Signatur FD-B-1-MUSW.

44 WA, Bd. 30, S. 71 f.

10

Die Entdeckung der Komödie

1 Brief F. D. an Eduard Wyss. Schernelz, Ostern 1949. SLA Schachtel
189. Signatur FD-B-1-WYS. Nr. 48.

2 WA, Bd. 2, S. 122 f. Der entscheidende, die Keimzelle des ganzen
Stücks, sei der dritte Akt gewesen, meint Bernhard Böschenstein,
der Genfer Germanist, der als Patensohn Wilhelm Steins Dürrenmatt genau damals, als 16-jähriger Gymnasiast, kennenlernte.

3 WA, Bd. 2, S. 122.

4 Vergleiche Kapitel ›Von Barlach zu Bärlach‹ im vorliegenden
Band.

5 WA, Bd. 2, S. 130.

6 Max Frisch über *Romulus der Große* im Programmheft des Schauspielhauses Zürich 1949–50, S. 2–5. SLA Schachtel 369. Signatur
FD-D-11-ROM.

7 Eigentlich verwunderlich, dass – wenn die kurze entwicklungsge-
schichtliche Spekulation erlaubt ist – eine besonders offensichtliche Verbindung zwischen dem *Turmbau* und *Romulus* weder

aus dem veröffentlichten noch aus dem nachgelassenen Werk zu belegen und somit offen ist, ob Dürrenmatt Lord Byrons Stück *Sardanapal* kannte (über seine Belesenheit auch in entlegenen Bereichen sollten wir uns jedenfalls nicht täuschen, wie sehr er diese auch noch in den *Stoffen* herunterspielte). Immerhin war Byron für den jungen Kierkegaard einmal wichtig gewesen. Anders als die düster lüsterne Todesorgie, eine pathetische Symphonie in Blut, Fleisch und Gold, die Eugène Delacroix nach Byrons Stück oder vielmehr dagegen malte (›Der Tod des Sardanapal‹, 1827 entstanden, bald viel berühmter als der literarische Anlass dazu), erzählt der Text aus dem Jahre 1821 die Geschichte eines assyrischen Herrschers, der sich durch bewusste Passivität selbst abschafft, durch Unterlassung von Vorkehrungen, mit denen er sich leicht retten könnte. Byrons Sardanapal ist ein Genussmensch, nicht aus Schwäche, sondern aus Vorsatz. Ein Anarchist der Trägheit. Am Ende verbrennt er sich zusammen mit seiner Lieblingssklavin, der Palast geht in Flammen auf. Wie Romulus ist Sardanapal ein »schändlicher Kaiser«, hinter dem sich ein bewusster Stratege verbirgt, »ein gefährlicher Bursche, der sich auf den Tod hin angelegt hat« (WA, Bd. 2, S. 120). Sardanapal ist also eine Art assyrisch-babylonische Präfiguration des Romulus, wenn auch das Drama in seinem Pathos das vollkommene Gegenteil der nun einsetzenden Dürrenmatt'schen Komödie darstellt. Auf die Analogie zu einem anderen passiven Helden weist Margret Eifler hin, auf Grabbes Sulla aus *Marius und Sulla* – auch einer, der die Macht niederlegt, in einer ganz Dürrenmatt'schen Geste: »Sulla ruft lächelnd seine Gemahlin Metella zu sich, gibt ihr den Lorbeerkranz in die Hand mit der scherzhaften Bitte, die Speisen mit seinen Blättern zu würzen.« (Eifler, a. a. O., S. 44–52)

8   *Gespräche*, Bd. 2, S. 123.

9   Brief F. D. an Eduard Wyss, Schernelz, 8. 5. 1949. SLA Schachtel 189. Signatur FD-B-1-WYS. Nr. 49.

10 Brief F. D. an Eduard Wyss vom 22. 12. 1950, SLA Signatur FD-B-1-WYS.

11 WA, Bd. 30, S. 19.

12 Max Frisch über *Romulus der Große* im Programmheft des
   Schauspielhauses Zürich 1949–50, S. 2–5. SLA Schachtel 369. Signatur FD-D-11-ROM.

13 Max Frisch: *Friedrich Dürrenmatt. Zu seinem neuen Stück ›Romulus der Große‹* in: ›Die Weltwoche‹, Zürich, 6. 5. 1949. SLA
   Schachtel 355. Signatur FD-D-10-b-ROM1.

14 »Der Verfasser ist kein Kommunist, sondern Berner«, heißt der
   erste der *Zehn Paragraphen zu ›Romulus der Große‹*. Der zweite
   folgt daraus selbstverständlich: »Der Verfasser ist von Natur aus
   gegen die Weltreiche.« (WA, Bd. 2, S. 124)

15 Dieses und das folgende Zitat aus Max Frischs Artikel in der
   ›Weltwoche‹ vom 6. 5. 1949.

16 WA, Bd. 2, S. 120.

17 WA, Bd. 7, S. 91.

18 Als Marion Gräfin Dönhoff, Herausgeberin der Wochenzeitung
   ›Die Zeit‹, 1984 bei Dürrenmatt brieflich ein Stück über den »Stoff
   20. Juli« anregte (Anm. mit Brief vom 20. 7. 84), antwortete jener
   [ich zitiere den Briefentwurf vom 16. 8. 1984]: »Liebe Frau Dönhoff, Vielen Dank für Ihren Brief. Das Attentat auf Hitler hat
   mich seinerzeit überaus beschäftigt, noch mehr die Tatsache, dass
   immer wieder die Männer des 20. Juli als Verräter bezeichnet wurden und werden. Ich habe 1948 nicht zuletzt unter diesem Eindruck *Romulus der Große* geschrieben, einen römischen Kaiser
   fingiert, der bewusst sein Imperium verrät um es zu liquidieren.
   Dem sogenannten ›historischen Drama‹ stehe ich skeptisch gegenüber auch denen Shakespeares. Und noch weit mehr jenen
   Schillers. Aber das ist Theorie. Ein gutes Theaterstück ist ein gutes Theaterstück, aus welchen Überlegungen es auch kommt. Was
   Ihren Plan angeht, so ist er schwierig, aber die Schwierigkeiten,
   die ich sehe, sind die meinen: ich vermag nur die Schwierigkeiten
   zu sehen, die sich mir stellen würden, hätte ich diesen Plan gefasst. Ich bin immer bereit, mit Ihnen darüber zu diskutieren. Was
   das Thema angeht, so halte ich es deshalb für grundsätzlich wichtig, deshalb grundsätzlich, weil es uns gerade heute angeht, die
   Schwierigkeit besteht, wie Sie ja selber schreiben, dass Opposi-

tion in totalitären Staaten nicht von außen beurteilt werden kann
und das Publikum notgedrungen außen steht. Dann: Indem die
Männer des 20. Juli scheiterten, blieb ihnen die Machtübernahme
erspart. In einem meiner Stücke lasse ich einen Politiker zu einem
›Dissidenten‹ sagen, der an die Macht kommt: Zu menschlich für
diese Welt, werden Sie in die Unmenschlichkeit gestoßen. Und
wenn Sie jetzt nicht unmenschlich werden, wird dieses Land noch
unmenschlicher. Probleme über Probleme. Es wäre schön, sie mit
Ihnen zu diskutieren. Mit freundlichen Grüßen Ihr Friedrich
Dürrenmatt.«

19 Knopf, Jan: *Der Dramatiker Friedrich Dürrenmatt,* Henschel:
    Berlin 1987, S. 53.

20 Knapp, Gerhard P.: *Friedrich Dürrenmatt.* 2., überarbeitete und
    erweiterte Aufl., Verlag J. B. Metzler: Stuttgart, Weimar 1993,
    S. 59 ff.

21 WA, Bd. 30, S. 59 f.

22 WA, Bd. 6, S. 155.

23 Über F. D.s Verhältnis zu Brecht siehe auch den Exkurs ›Dürren-
    matts Dramaturgien oder Brecht als Autorität und Antipode‹ im
    vorliegenden Band. Brechts Brief an Kurt Hirschfeld in: *Brecht.
    Briefe,* Suhrkamp: Frankfurt a. M. 1981, S. 609 ff.

24 *Labyrinth,* S. 355.

25 Dort befinden sich außerdem nicht weniger als vier Anmerkun-
    gen zu *Romulus:* Aus dem Sammelband *Komödien I,* Arche-Ver-
    lag 1957, aus dem Programmheft zur Uraufführung in Basel 1949,
    eine unveröffentlichte aus dem Jahr 1973 (entstanden vermutlich
    durch die Beschäftigung mit den *Stoffen*) und eine eigens aus An-
    lass der Ausgabe geschriebene, dazu die *Zehn Paragraphen zu
    ›Romulus der Große‹* aus dem Basler Programmheft.

26 WA, Bd. 2, S. 150.

27 Narses ist die weitergedachte Figur des arm- und beinamputier-
    ten Turmbaumeisters Enggibi aus dem 4. Akt des verbrannt ge-
    glaubten *Turmbau*-Stücks: einer, der den Todfeind, den verrate-
    nen Herrscher, allein durch die Macht der Argumentation an der
    Vernichtung seiner (Rest-)Person gehindert hätte. Wie Enggibi,

wie Romulus (der, ein Ideologe der Ohnmacht, wenn das Paradox erlaubt ist, immerhin die Germanen durch die souveräne Vergabe von imaginären Pfründen auf seine Seite zieht, ein Künstler überdies, der den »schändlichen Kaiser« zwanzig Jahre spielt, um das Großreich zu liquidieren) ist auch Narses eine Art Selbstbildnis Dürrenmatts.

28 WA, Bd. 2, S. 149.

29 Ebd.

30 »Festi« heißt der Weiler ob Ligerz am Bielersee.

31 F. D. an Walter Muschg am 20. 11. 1949. Schernelz (Kopie aus dem Nachlass von Walter Muschg). SLA Signatur FD-B-1-MUSW.

32 Agendaeintrag 7. 1. 1950. SLA Schachtel 256. Signatur FD-C-I-Agenden 1950.

33 An Elsie Giauque. Rede F. D.s zum 75. Geburtstag von Elsie Giauque am 15. 11. 1975. SLA Schachtel 25. Signatur FD-A-m215.

34 *Gespräche*, Bd. 1, S. 68 ff.

35 Brief F. D. an Walter Muschg, Schernelz, 20. 11. 1949 (Kopie aus dem Nachlass von Walter Muschg). SLA Signatur FD-B-1-MUSW.

36 Agendaeintrag 22. 1. 1950. SLA Schachtel 256. Signatur FD-C-I-Agenden 1950.

37 Agendaeintrag 16. 8. 1950 (Monatsübersicht). SLA Schachtel 256. Signatur FD-C-I-Agenden 1950.

38 Es blieb allerdings bei dieser einen Ausnahme. Nach »Rücksprache mit meinem Rechtsanwalt und Herrn Peter Schifferli«, schreibt F. D. am 26. 2. 1953 an Emmy Oprecht, »habe ich den Vertrag mit Reiss und Bloch Erben [welche die Dürrenmatt-Theaterrechte in Deutschland bis heute verwalten, inzwischen für den Diogenes Verlag] nun unterschrieben. Es war nichts anderes möglich, so leid es mir tut, mich vom Europa-Verlag gerade in dieser Zeit zu trennen. Da aber mir der Reiss-Verlag in jeder Hinsicht entgegengekommen ist, wäre ein Lostrennen nur mit einem Prozess möglich gewesen und auch das nicht sicher, ist Reiss doch bereit, die Gründe, die zu einem Bruch führen mussten und auch zu einem Bruch geführt haben, zu beseitigen. Unter diesen Umständen stellt ein Prozess ein Risiko dar, welches ich nicht wagte,

nicht wagen konnte. Es bleibt mir nichts anderes übrig, als dem Europa-Verlag für die große Hilfe, die er mir gewährte, zu danken.« F. D. an Emmy Oprecht, 26. 2. 1953. SLA Schachtel 187. Signatur FD-B-1-Oprecht.

39 WA, Bd. 2, S. 74.

40 WA, Bd. 3, S. 57.

41 WA, Bd. 3, S. 114.

42 Dessen zentrales Thema vom »Fluch der Lächerlichkeit«, eine geniale Kürzestformel für das Tragikomische überhaupt, bestimmt die Figur der Grafen.

43 Brief Max Frisch an F. D., 16. 10. 1949. Zitiert nach: *Briefwechsel*, S. 109–112.

44 Das absurde Theater bezeichnet eine Dramenrichtung, die sich in den 50er Jahren vor allem in Frankreich etablierte und mit grotesk-komischen, teilweise irrealen Szenen die Sinnfreiheit der Welt und die Orientierungslosigkeit des Menschen darin darstellen will. Als Begriff ist sie seit Martin Esslins gleichnamigem Buch (New York 1961) etabliert. Zu seinen (späten) Vertretern zählt neben Samuel Beckett unter anderem auch Eugène Ionesco, mit dem Dürrenmatt ab den späten 50er Jahren befreundet ist.

45 Agendaeintrag 2. 2. 1950. SLA Schachtel 256. Signatur FD-C-I-Agenden 1950.

46 WA, Bd. 3, S. 52.

47 Tilly Wedekind lebte 1952 in München, eine ihrer beiden Töchter, Pamela, war zudem mit Charles Regnier verheiratet, der in Schweikarts Inszenierung den Diego spielte. Das Ereignis konnte ihr also schon aus familiären Gründen nicht entgehen.

48 Wedekinds Stück *Schloss Wetterstein* ließ sich 1917 gegen die deutsche Zensur nicht durchsetzen, deshalb wurde es am »Pfauen«, dem Privattheater, aus dem später das Schauspielhaus wurde, aufgeführt.

49 WA, Bd. 30, S. 25.

50 WA, Bd. 3, S. 212.

51 Ebd., S. 215.

52 Ebd., S. 216.

53 Ebd.

54 Knopf, Jan: *Der Dramatiker Friedrich Dürrenmatt*, Henschel: Berlin 1987, S. 61.

55 Brief F. D. an eine »Gnädige Frau«, Neuchâtel, 14. 4. 1952. SLA Schachtel 184. Signatur FD-B-1-nicht identifiziert.

56 Benn, Gottfried: *Die Ehe des Herrn Mississippi*, in: *Gesammelte Werke*, Limes: Wiesbaden, Bd. 7, S. 1754 f. Benn war, dies nebenbei, als junger Autor nach Wedekinds Tod, dessen Witwe Tilly eng verbunden gewesen.

57 In seinem am 21. 4. 1951 in Marburg gehaltenen Vortrag *Probleme der Lyrik* setzt sich Benn mit der Entstehung von Gedichten auseinander und kritisiert das Verständnis von Lyrik als reiner Empfindung. Seine Überlegungen, die auch Dürrenmatt in Bezug auf seinen Stoff-Begriff nicht fremd waren, beeinflussten in der Folge lange Zeit die Lyrik-Debatten in Deutschland. (Völker, Ludwig (Hrsg.): *Gottfried Benn, Probleme der Lyrik* in: *Lyriktheorie. Texte vom Barock bis zur Gegenwart*, Philipp Reclam Jun.: Stuttgart 1990).

58 Gottfried Benn über *Die Ehe des Herrn Mississippi*, a. a. O.

59 Max Frisch, a. a. O.

60 *Labyrinth*, S. 22.

61 »Der im Sommer 1956 gestorbene Berliner Spezialarzt Dr. Gottfried Benn, der nebenher sehr schöne Gedichte schrieb, hat der literarischen Welt Rätsel aufgegeben, mit denen sie nicht fertig wurde. Das erste war dieser Doppelberuf, das zweite seine Parteinahme für den nationalsozialistischen Umsturz, das dritte seine ebenso unerwartete Rehabilitierung nach der deutschen Niederlage. Rätselhaft war diese Rehabilitierung freilich nur für das unbeteiligte Ausland, das nicht wusste, welche geistige Wüste der Nationalsozialismus hinterlassen hatte. Die deutsche Jugend von 1945, entmündigt und im Stich gelassen wie vielleicht nie eine Jugend vor ihr, geriet an das Rauschgift von Benns Versen und verwechselte deren Nihilismus mit ihrer eigenen Verzweiflung. Sie hätte einen besseren Tröster verdient. Überall in der Welt war inzwischen die große Wendung der Kunst ins Ethische, Religiöse

vor sich gegangen, nur in Deutschland wusste man noch nichts von ihr. Statt auf die Worte der Geopferten zu hören, ließ man sich von einem Meister der lyrischen Betäubung einschläfern, wo jetzt doch alles auf klare Gedanken und ein reines Gewissen ankam.« (Muschg, Walter: *Der Ptolemäer. Abschied von Gottfried Benn* in: ders.: *Die Zerstörung der deutschen Literatur und andere Essays*, herausgegeben von Julian Schütt und Winfried Stephan, mit einem Nachwort von Julian Schütt, Diogenes: Zürich 2009, S. 157)

62 WA, Bd. 30, S. 7.

63 WA, Bd. 20, S. 71.

64 WA, Bd. 20, S. 100.

65 Ebd., S. 11.

66 Ebd., S. 20.

67 Ebd., S. 63 f.

68 Ebd., S. 112.

69 Ist doch um diesen Kommissär Bärlach etwas von jenem »Hagelhans« aus dem Roman *Uli der Pächter*, von dem es heißt: er hatte »Knochen wie ein Ochs, ein Gesicht wie ein Löwe und Augen wie eine Katze, wenn weder Sonne, Mond noch Sterne am Himmel stehen. Lieb war er, so weit man wusste, niemanden, kam er in einen Stall, so schlotterte das Vieh, sah ihn ein armer Mensch auf der Straße, so floh er über alle Zäune weg, kam er in ein Wirtshaus, so floh das Stubenmädchen auf den Estrich und rief den Wirt, als täte es am Messer stecken; einen Hund hatte er, groß wie ein vierteljährig Kalb, der begleitete ihn Tritt für Tritt, und Tauben trippelten furchtlos um seine Füße.« (Gotthelf, Jeremias: *Uli der Pächter*, Diogenes: Zürich 1978, S. 100, Diogenes Taschenbuch 20562; Dürrenmatt zitiert diese Passage in extenso in *Turmbau*, S. 171) Ein bernischer Bauern-Dämon. Zu solchen Dimensionen wächst sich auch sein Fahnder aus.

70 WA, Bd. 20, S. 77.

71 Ebd., S. 81.

72 Eine Vorwegnahme des Diskurses zwischen dem Erzähler und dem Polizeikommandanten H. im *Versprechen*.

73 WA, Bd. 20, S. 83 f.

74 Dürrenmatt, Peter: *Zeitwende*, S. 122.

75 Agendaeintrag 11.1.1950. SLA Schachtel 256. Signatur FD-C-I-
Agenden 1950.

76 WA, Bd. 20, S. 264.

77 Ebd., S. 83.

78 Ebd. Erst für die Buchfassung des *Richters* baut Dürrenmatt das
Gespräch mit dem Autor aus und konzipiert Gastmann als Gegenfigur zu Emmenberger, denn während er am *Verdacht* arbeitet, revidiert er gleichzeitig den ersten Roman.

79 WA, Bd. 20, S. 252.

80 Ebd., S. 203 f. Bärlachs wichtigster Ahne ist in Armin Arnolds
Aufsatz *Bärlach, Marlowe und Maigret* nicht genannt. Angesichts
der Tatsache, dass die Dürrenmatt-Literatur in der Regel daran
krankt, dass die Interpreten den Autor zu wenig wörtlich nehmen, ist hier erstaunt festzustellen, dass sie ihn zu wörtlich nehmen. »Ich kannte Glauser zur Bärlach-Zeit nicht«, sagte F. D. 1978
zu Dieter Fringeli. Dass Bärlach jedoch die Vergrößerung von
Glausers Wachtmeister Studer ins Dämonische ist, steht für mich
außer Frage. Auch dieser Fahnder hatte schon seine Abgründe:
eine Vater-Figur des von seinem Vater verfolgten Autors, in ihrer
ganzen Ambivalenz. Es ist schwer vorstellbar, dass dem kinobesessenen Gymnasiasten Dürrenmatt 1939 ausgerechnet Leopold
Lindtbergs Verfilmung von Glausers *Wachtmeister Studer* mit
Heinrich Gretler in der Hauptrolle entgangen sein sollte. Jedenfalls projiziert Dürrenmatt auf Glauser seine eigene Strategie der
trivialen Bergung des Mythos und klagt dann deren Ausbleiben
als Manko ein.

Exkurs
Dürrenmatts Schweiz und die Sprache als Heimat

1   Allerdings überantwortete die Berner Regierung in der Folge die
    Vergabe des Großen Literaturpreises vorsichtshalber einer Fach-
    kommission, um sich künftig bei solchen Vorkommnissen aus der
    Schusslinie zu nehmen.

2   So stand es auf einer Akte aus dem Umkreis des Generalstabs der
    Schweizer Armee, die Peter Bichsel einmal von seinem Freund,
    dem Bundesrat Willi Ritschard, in den siebziger Jahren gezeigt
    bekam.

3   *Gespräche*, Bd. 3, S. 225.

4   Paul Nizons 1970 erschienenes Buch dieses Titels bestimmte bis
    weit in die achtziger Jahre die Diskussion über das Verhältnis von
    Kunst, Kultur (dem, was Nizon den »schöpferischen Geist«
    nannte) und der Schweizer Gesellschaft und Mentalität. In gewis-
    ser Hinsicht war es die Fortführung des Diskurses, den Karl G.
    Schmid mit seinem Buch *Das Unbehagen im Kleinstaat* aus libe-
    ral konservativer Perspektive 1963 eröffnet hatte.

5   *Schweizerpsalm III* in: *Politik*, WA, Bd. 34, S. 185.

6   Zur ›Fichen-Affäre‹ vermerkt das Schweizer-Lexikon: »Bez. für
    den politischen Skandal rund um die 1989 von der eidgenössischen
    Parlamentarischen Untersuchungskommission (PUK) entdeckte
    Registratur der politischen Polizei, die im Umfeld des Kalten
    Krieges entstand und rund 120 000 Kontrollkarten (Fichen) und
    rund 17 000 Dossiers aus z. T. widerrechtlicher Überwachung um-
    fasst über Personen (728 000, davon 142 000 Schweizer, entspricht
    2,5 % der schweiz. Wohnbevölkerung), Organisationen und v. a.
    Ereignisse aus dem Umkreis von Links- und Rechtsextremismus,
    Anarchismus, Spionage und Terrorismus, aber auch über Kultur-
    schaffende (u. a. Friedrich Dürrenmatt, Max Frisch, J. R. von Salis;
    deshalb Proteste und Aufrufe zum Boykott der 700-Jahr-Feier der
    Eidgenossenschaft durch zahlreiche Mitglieder der Gruppe Ol-
    ten), Journalisten und Zeitungen (u. a. ›Die Weltwoche‹).«

7   »Die Lage trist«, ist da etwa nachzulesen, »der Verschonte reali-

sierte sein Verschontsein nicht. Das Land war von der übrigen
Welt abgekapselt. Vorher war ich nur zweimal im Ausland gewesen [...] Erst zwölf Jahre später sollte ich wieder ins Ausland gelangen, denn der Krieg brach aus, rückte näher und schloss das
Land ein, mit dem paradoxen Ergebnis, dass die Schweiz außerhalb der Katastrophe blieb; es war nicht auszumachen, ob sie ein
Gefängnis war, eine belagerte Festung oder eine Produktionsstätte für Hitler; ob sie verschont wurde, weil sie mutig war oder
feige oder beides zusammen, oder gar, ob sie einfach von der
Weltgeschichte vergessen worden war [...].« (*Labyrinth*, S. 63 f.)
Ebenfalls schon zehn Jahre vor der Rede auf Havel sagte Dürrenmatt über seine ersten beiden Stücke, *Es steht geschrieben* und
Der Blinde (in einem Interview mit sich selbst, das in die *Werkausgabe* 1980 aufgenommen wurde): »[Sie] sind Versuche, jene
Vergangenheit zu gestalten, die F.D. (Jahrgang 21) mitgemacht
und die ihn gemacht hatte, obgleich er sie aus der Abgeschieden-
heit der Schweiz heraus erlebte, verschont und gefangen: die
Schweiz war Privileg und Gefängnis zugleich.« (WA, Bd. 31, S. 142)

8   WA, Bd. 31, S. 142.

9   Frisch, Max: *Das Schlaraffenland, die Schweiz* in: *Gesammelte
    Werke in zeitlicher Folge in sieben Bänden.* Herausgegeben von
    Hans Mayer unter Mitwirkung von Walter Schmitz [im Folgen-
    den: GW], Bd. 2, S. 312.

10 Max Frisch an Walter Muschg, 19.1.1946. Nachlass Walter
    Muschg, Universitätsbibliothek Bassel. Signatur NL 48: F9, 6.

11 *Wenn ich durch die Städte Deutschlands gehe* in: *Das Mögliche ist
    ungeheuer,* S. 13.

12 Frisch, Max: GW, Bd. 2, Suhrkamp: Frankfurt a. M. 1998, S. 312 und
    S. 314.

13 Sinngemäß ebd., S. 312 ff.

14 Max Frisch: *Friedrich Dürrenmatt. Zu seinem neuen Stück ›Ro-
    mulus der Große‹* in: ›Die Weltwoche‹, Zürich, 6.5.1949. SLA
    Schachtel 355. Signatur FD-D-10-b-ROM1.

15 Dieses und die folgenden Zitate aus: Max Frisch, GW, Bd. 2, S. 444.

16 Frisch, Max: GW, Bd. 2, S. 491 f.

17 Dieses und das folgende Zitat in: *Schweizerpsalm 1,* wa, Bd. 34, S. 177 f.

18 In dem immerhin auch schon der Satz steht: »Vaterland nennt sich der Staat immer dann, wenn er sich anschickt, auf Menschenmord auszugehen.« (wa, Bd. 2, S. 81)

19 wa, Bd. 33. S. 14.

20 Frisch, Max: gw, Bd. 5, S. 370. Siehe auch Kapitel ›Von Barlach zu Bärlach‹ im vorliegenden Band.

21 *Wenn ich durch die Städte Deutschlands gehe* in: *Das Mögliche ist ungeheuer,* S. 14.

22 Ebd.

23 *Schweizerpsalm 11,* wa, Bd. 34, S. 180 f.

24 In der Schlacht von Marignano (heute Melegnano) kämpften die Eidgenossen im September 1515 gegen Frankreich um das Herzogtum Mailand. Mit der Niederlage fanden die schweizerischen Expansionsträume ein Ende.

25 *Gespräche,* Bd. 4, S. 100.

26 *Gespräche,* Bd. 2, S. 281.

27 Seine Attacken zielten auf die Diskrepanz zwischen der (sozialen, wirtschaftlichen, historischen) Schweizer Realität und der Selbstdarstellung der Schweiz: den mythologischen Überhöhungen, Verdrängungen, Beschönigungen. Wenn er sie attackierte, attackierte er sie als enttäuschter Liebhaber.

28 Die politischen Strukturen der »direkten Demokratie«: die von den Gemeinden über die Kantone zum Bund aufsteigende föderale Ordnung mit einem parlamentarischen Zweikammersystem und einer als Kollektiv funktionierenden Regierung zuoberst, mit über Referenden und Initiativen höchst effektiven Volksrechten an der Basis.

29 *Gespräche,* Bd. 1, S. 266.

30 *Justiz,* wa, Bd. 25, S. 41.

31 Ebd.

32 wa, Bd. 33, S. 74.

33 Ebd., S. 75.

34 *Gespräche,* Bd. 2, S. 280.

35 *Gespräche*, Bd. 1, S. 254.

36 Ebd., S. 255.

37 *Gespräche*, Bd. 2, S. 280.

38 Ernst Schröder im Gespräch mit P. R.

39 Alfred A. Häsler, *Das Boot ist voll*, Fretz & Wasmuth: Zürich 1967, als Taschenbuch zuletzt bei Diogenes: Zürich 2008.

40 Frisch, Max: GW, Bd. 5, S. 370.

41 Ebd.

42 Ebd., S. 373.

43 Dieses und die folgenden Zitate in: WA, Bd. 34, S. 61–70.

44 ›Die letzte Chance‹ (1945), Regie Leopold Lindtberg, ist eine kritische filmische Auseinandersetzung mit der Schweizer Flüchtlingspolitik.

45 Das beweist ein Vertragsentwurf der Büchergilde Gutenberg vom 23. 8. 1951, unterzeichnet von Emil Oprecht.

46 WA, Bd. 8, S. 225 f.

47 Vgl. F. D.s Aufsatz *Theaterprobleme* in: WA, Bd. 30. Der Begriff des »mutigen Menschen« findet sich auf S. 63.

48 F. D. im Gespräch mit P. R., November 1990.

49 *Gespräche*, Bd. 1, S. 272.

50 WA, Bd. 34, S. 44 f.

51 Siehe Kapitel 13 ›Das verhüllte Gericht‹ im vorliegenden Band.

52 Unter dem Titel *Das gemästete Kreuz* entwirft er im zweiten Band der *Stoffe* eine satirische Schweizer Geschichte als Geschichte des »F. C. Helvetia 1291«.

53 *Die Schweiz – ein Gefängnis. Rede auf Václav Havel* in: Friedrich Dürrenmatt, *Meine Schweiz. Ein Lesebuch.* Diogenes: Zürich 1998 [im Folgenden *Meine Schweiz*].

54 Dieses und die folgenden Zitate in: *Labyrinth*, S. 39.

55 *Turmbau*, S. 161.

56 Dieses und die folgenden Zitate in: WA, Bd. 32, S. 122.

57 Université de Neuchâtel, *Hommage à Friedrich Dürrenmatt à l'occasion de son 60ème anniversaire et de la collection du titre de docteur honoris causa le 5 janvier 1981*, S. 25 f.

58 WA, Bd. 32, S. 120.

59 Ebd., S. 123.

60 WA, Bd. 2, S. 17.

61 *Turmbau*, S. 163.

62 Dieses und das folgende Zitat in: WA, Bd. 32, S. 123.

63 *Turmbau*, S. 158.

64 Dieses und die folgenden Zitate: ebd., S. 162.

65 Weber, Werner: *Dürrenmatts Panne*. Kritik zur Buchausgabe von F. D.s *Die Panne* 1956 im Arche-Verlag. Erschienen in der ›NZZ‹ vom 15. 12. 1956.

66 Brief F. D. an Werner Weber, Dezember 1956. Zitiert nach: Feitknecht, Thomas: *Werner Weber. Briefwechsel des Literaturkritikers aus sechs Jahrzehnten*. Verlag NZZ: Zürich 2009, S. 103. Im Buch ist nebst der Transkription eine Abbildung des handschriftlichen Briefes von Dürrenmatt zu sehen (Abb. 14).

67 Brief Werner Weber an F. D., Zürich, 17. 12. 1956. SLA Schachtel 201. Signatur FD-B-2-WEB.

68 Dieses und das folgende Zitat aus einem Brief F. D.s an Werner Weber, 17. 12. 1956. SLA Schachtel 201. Signatur FD-B-2-WEB.

69 WA, Bd. 30, S. 117 f.

70 WA, Bd. 32, S. 123.

71 Ebd., S. 122.

72 Dankesrede zur Verleihung der Ehrendoktorwürde der Universität Neuchâtel am 5. 1. 1981. SLA Schachtel 114. Signatur FD-A-a54 X.

II

Der Ort hinter dem Mond

1 Agendaeintrag 4.3.1950 [1952]. SLA Schachtel 256. Signatur FD-C-I-Agenden 1950.

2 WA, Bd. 36, S. 17 f.

3 Brief Peter Dürrenmatt an F. D., Basel, 21. 2. 1952. SLA Schachtel 202. Signatur FD-B-2-Allg.

4 *Gespräche*, Bd. 1, S. 75 f.

5 WA, Bd. 36, S. 18 f.

6 *Gespräche*, Bd. 2, S. 208.

7 Sinngemäß: ebd.

8 Bornhauser, Thomas: *Schweizerbart und Treuherz*, zit. nach Allemann, Fritz René: *25 mal die Schweiz*, Piper: München 1965, S. 395.

9 Der Text, den F. D. vierzehn Jahre später in den Band *Theaterschriften und Reden* aufnahm, ist im Anhang nur mit »Manuskript« vermerkt. Er war ihm indes doch so wichtig, dass er ihn auch in den Band *Literatur und Kunst* der Werkausgabe 1980 übernahm, die bis zu seinem Tod zwar durch die Neuerscheinungen des letzten Lebensjahrzehnts und Nachgelassenes ergänzt, aber nicht mehr überholt wurde.

10 Dieses und das folgende Zitat in: WA, Bd. 32, S. 32.

11 WA, Bd. 19, S. 197.

12 WA, Bd. 36, S. 35.

13 Ebd., S. 23.

14 Ebd., S. 30–33.

15 Ebd., S. 33.

16 *Dza, dza – dem Himalaya zu*, Arche-Verlag: Zürich 1953.

17 *Kabbala der Physik* in: WA, Bd. 37, S. 136.

18 Marc Eichelberg im Gespräch mit P. R. Zu den gemeinsam mit Marc Eichelberg unternommenen naturwissenschaftlichen Studien siehe den Exkurs ›Dürrenmatt und die Naturwissenschaften‹ im vorliegenden Band.

19 Zitat Eichelberg nach einem Brief an Charlotte Kerr nach Dürrenmatts Tod, Januar 1991.

20 Max Frisch und Friedrich Dürrenmatt lernten Ludwig Hohl etwa gleichzeitig um 1946/47 kennen. Die Malerin und langjährige Theaterzeichnerin Hanny Fries, in Genf knapp zwei Jahre mit Hohl verheiratet und mit Frisch wie mit Dürrenmatt befreundet: »Frisch hatte eine sehr genaue und literarische, eine im besten Sinne kritische Beziehung zu Hohl. Er hat zudem Hohls Lebensweise gut verstanden. Auch der Dürri hat sie natürlich gut verstanden, aber in seinem Bericht *Vallon de l'Ermitage*, wo er von

Hohls Besuch erzählt, gibt er sich ein bisschen ironisch. In seiner Beziehung zu Hohl steckt viel mehr Ironie drin als bei Frisch. Frisch/Hohl ist für mich eine ganz natürliche Freundschaftsbeziehung, mit Bewunderung gemischt. Für Dürrenmatt war Hohl ein komisches Abenteuer, eine Dürrenmatt'sche Groteske.« (Morlang, Werner (Hrsg.): *Hanny Fries und Ludwig Hohl: Gespräche, Briefe, Zeichnungen und Dokumente,* Nagel & Kimche im Hanser Verlag: München 2003, S. 110)

21 Agendaeintrag 4. 5. 1950 [1952]. SLA Schachtel 256. Signatur FD-C-I-Agenden 1950.

22 Hanny Fries im Gespräch mit P. R.

23 Eintrag F. D.s in ein Ringheft. SLA Signatur FD-A-NH 7.

24 Friedrich Dürrenmatt: *Über Ludwig Hohl,* SLA Schachtel 24. Signatur FD-A-m194. Was Dürrenmatt im Gedicht *Ergreife die Feder müde* in eigener Sache sagt, gilt erst recht für Ludwig Hohl: »Das Mögliche ist ungeheuer. Die Sucht nach Perfektion/ zerstört das meiste. Was bleibt sind Splitter/ an denen sinnlos gefeilt wurde.« (*Ergreife die Feder müde* in: *Das Mögliche ist ungeheuer,* S. 94)

25 Das Strafmandat des Richteramts Nidau über 25 Franken ist im Nachlass erhalten: wegen »unanständigen Benehmens und des Verursachens eines Wirtschaftsskandals in angetrunkenem Zustande, begangen Donnerstag, den 24. Mai 1951, ca. 22.30 Uhr im Hotel ›Kreuz‹ in Ligerz«.

26 WA, Bd. 36, S. 23 ff.

27   Ebd., S. 26.

28 Agendaeintrag 4. 3. 1950 [1952]. SLA Schachtel 256. Signatur FD-C-I-Agenden 1950.

29 Dossier Hohl, SLA Schachtel 223. Signatur FD-B-4-a-HOH.

30 Über Ludwig Hohl. Schachtel 24. Signatur FD-A-m194.

31 Ausführlich zu Dürrenmatts früher Prosa siehe auch das Kapitel ›Schreiben als Existenz und andere Belastungsproben‹ im vorliegenden Band.

32 Agendaeintrag 23. 6. 1950 [1952]. SLA Schachtel 256. Signatur FD-C-I-Agenden 1950.

33 WA, Bd. 19, S. 197.

34 ›Basler Nachrichten‹, Nr. 50, 21.12.1952. Auch in: *Über Friedrich Dürrenmatt.* Zürich: Diogenes 1998, S. 276.

35 WA, Bd. 21, S. 21.

36 Brief Max Frisch an F.D., Männedorf, 22.6.1955. Zititert nach: *Briefwechsel,* S. 149.

37 Brief Ludwig Hohl an F.D. vom Dezember 1959. SLA Schachtel 223. Signatur B-4-A-Hohl.

38 Es gibt gute Gründe, sich der metaphorischen Gleichsetzung von Nationalsozialismus und Zweitem Weltkrieg mit dem biblischen Strafgericht, mit Babylon und Sintflut zu widersetzen. Wäre darin doch zumindest implizit die Vorstellung enthalten, auch Auschwitz sei gottgewollt gewesen. (Über das Problem der Theodizee dachte Dürrenmatt viel nach als ein theologisches Paradox: Ist Gott allmächtig, ist das Böse ein Teil seines Plans oder seiner selbst?) Aber zweifellos blühte die »Sintflut«-Metaphorik 1945 zur Stunde null wie in allen Katastrophenzeiten.

39 F.D. an Peter Schifferli, 26.1.1951. Die Korrespondenz F.D. – Schifferli stammt aus dem Archiv des Arche-Verlags, das erst jüngst, im Juli 2011, dem SLA übergeben wurde. Sie ist daher noch ohne Signatur.

40 F.D. an Peter Schifferli, o.D. (Oktober 1951). Er klärt den lange unsicheren Zeitpunkt, an dem F.D.s Diabetes entdeckt wurde und scheint außerdem zu belegen, dass es Peter Schifferlis Entscheidung war, auf eine Publikation in Buchform von *Der Richter und sein Henker* und *Der Verdacht* zu verzichten.

41 Brief Peter Schifferli an F.D., 19.10.1951.

42 Es heißt *Der Sohn,* wurde von F.D. für *Die Stadt* übergangen und erst im späten *Dürrenmatt Lesebuch* veröffentlicht (Arche 1978).

43 Brief Peter Schifferli an F.D., 3.11.1951.

44 Brief Heinrich Maria Ledig-Rowohlt an F.D. vom 27.10.1955. SLA Schachtel 228. Signatur FD-B-4-b-Allg-1-ROWO.

45 »Ich habe mich zum Teil etwas durchgegaunert mit Versprechungen«, erinnert er sich später im Gespräch mit H.L. Arnold, »es gab eine Zeit, da habe ich mich hauptsächlich dadurch ausgezeichnet, dass ich jedem Verleger Geschichten erzählt habe. […]

Ich habe gesagt. Ich schreibe sie – dabei habe ich sie nie geschrieben.« (*Gespräche*, Bd. 2, S. 135)

46 Dagegen spricht allerdings jener erste erhaltene Brief von Schifferli an Dürrenmatt. Dass Schifferli Jahre später die Kriminalromane von Friedrich Glauser verlegen sollte, steht auf einem anderen Blatt.

47 Die lagen beim Basler Reiss-Verlag und für Deutschland bei Felix Bloch Erben.

48 Schifferli, Christoph und Lorenz (Hrsg.): *Vom Druckfehlerteufel und von der Hoffnung Jakob Hegners auf ein himmlisches Alphabet. Einige Brocken Verlegerlatein gesammelt von Peter Schifferli*, Arche Zürich 1984.

49 WA, Bd. 34, S. 57.

50 Ebd.

51 WA, Bd. 29, S. 193.

52 WA, Bd. 34, S. 57.

53 Glaser, Hermann: *Kulturgeschichte der Bundesrepublik Deutschland II*, Hanser: München 1986, S. 222.

54 Ebd., S. 223.

55 WA, Bd. 17, S. 157.

56 *Gespräche*, Bd. 2, S. 133.

57 WA, Bd. 17, S. 157.

58 WA, Bd. 17, S. 155.

59 WA, Bd. 17, S. 156 f.

60 Gerhard Hering in *Begegnung mit Dürrenmatt*, zitiert nach: Usmiani, Renate E.: *Die Hörspiele Friedrich Dürrenmatts: unerkannte Meisterwerke* in: Knapp, Gerhard (Hrsg.): *Friedrich Dürrenmatt. Studien zu seinem Werk*, Stiehm: Heidelberg 1976, S. 125 f.

61 Usmiani, Renate E.: a. a. O.

62 WA, Bd. 1, S. 325.

63 Ebd., S. 325 f.

64 Eher eine Skizze, ist es ein frühes Beispiel der Konzept-Kunst, deren Vollendung erst die *Stoffe* sind. Ein Seitenstück zu dem mit sich selbst spielenden Theater, insofern auch ein Vorgriff auf das Experiment *Mississippi*. Man darf wohl bei den Gesprächen zwi-

schen Autor und Regisseur auch an Pirandello denken (dem F. D.
sieben Jahre später in *Theaterprobleme* immerhin einen Nebenge-
danken widmet, WA, Bd. 30, S. 58). Im Wechsel der Ebenen beweist
der *Doppelgänger*, der, wie große Teile der frühen Prosa, ein Par-
forceritt der Gleichnishaftigkeit ist, jedenfalls eine verblüffende
Raffinesse.

65 Der deutsche Dichter, Übersetzer und Herausgeber Christoph
Martin Wieland (1733–1813).

66 Da kündigt sich eher die Kritik an der Schweiz an als die künftigen Auseinandersetzungen mit den Polaritäten des Kalten Kriegs,
Ost und West, Recht und Freiheit. Das, was F. D. dann im ›Helvetischen Zwischenspiel‹ seines *Monstervortrags* ausführen wird.

67 *Labyrinth*, S. 56.

68 Das *Nächtliche Gespräch* wurde parallel zur redaktionellen Beschäftigung mit der frühen Prosa geschrieben.

69 F. D. im Gespräch mit P. R.

70 Agendaeintrag 10.6.1950 [9. 6. 1952]. SLA Schachtel 256. Signatur
FD-C-I-Agenden 1950.

71 Agendaeintrag 24. 6. 1950 [1952]. SLA Schachtel 256. Signatur FD-
C-I-Agenden 1950.

72 WA, Bd. 17, S. 30.

73 Um mit Kierkegaard zu sprechen.

74 WA, Bd. 17, S. 29.

75 Im Mann des *Gesprächs* steckt auch ein Stück jenes hinter der ruhig souveränen Fassade verborgenen anderen Romulus, jenes »gefährlichen Burschen, der sich auf den Tod hin angelegt hat«. Zum
Motivfeld gehört auch der spätere Stoff ›Vinter‹ (aus *Turmbau*), in
dem ein Killer, dem erst im Lauf der Geschichte klar wird, dass er
das Instrument einer ihm verborgenen Gerechtigkeit ist, vergeblich seine Strafe sucht.

76 Dieses und das folgende Zitat aus: WA, Bd. 17, S. 61.

77 Zurück in Basel, war Max Haufler Freund des Malers Coghuf und
Angehöriger der expressionistischen Gruppe »Rot-Blau« und des
avantgardistischen Basler »Clubs 33« (mit u. a. Alfred Rasser,
C. F. Vaucher, Willy Roettges und Arthur Honegger)

78 Haufler brachte sich, nachdem er ein Angebot der 20th Century
Fox abgelehnt hatte, 1965 in Zürich um.

79 Brief Max Haufler an F. D., Zürich, 21. 4. 1953. SLA Schachtel 202.
Signatur FD-B-2-Allg.

80 Brief Lotti Dürrenmatt an Peter Schifferli vom 26. 2. 1954. SLA,
Arche-Archiv. Ohne Signatur. Gemeint ist Ernst M. Wettstein,
Hauptaktionär der Gloria-Film.

81 Er reduziert die drei Monate im handschriftlichen Briefentwurf
seiner Frau, und auch das wird noch übertrieben sein.

82 *Zug im Gotthardtunnel verschüttet.* Treatment, Fragment 1955.
SLA Schachtel 15. Signatur FD-A-m103-1, S. 3.

83 Agendaeintrag 8./10. 7. 1953. SLA Schachtel 256. Signatur FD-C-I-
Agenden 1950.

12
Eine Krise und ihre Bewältigung

1 WA, Bd. 1, S. 291 f.

2 F. D.s »Agenden«, wir haben es schon gesehen, ergeben eine
Chronik von sehr unterschiedlicher Dichte und Zuverlässigkeit.
Manchmal referieren sie den Fortgang der täglichen Arbeit wie
ein stichwortartiges Arbeitsjournal, in seltenen Momenten nähern sie sich einer Art Tagebuch an. Dann wieder sind die Lücken
so groß, dass sie nur mit Rückschlüssen aus der (ebenfalls zunehmend fragmentarischen) Korrespondenz, mit Informationen aus
Ringheften, später dann Blindbänden, annähernd zu schließen
sind. Und zuweilen wird ein wichtiges Arbeitsfeld so auffällig
ausgespart, dass man versucht ist, auf besondere Abwehrstrate-
gien zu schließen. Im Fall der Wiederaufnahme des *Turmbau*-
Stoffs scheint es, als hätte F. D. sich geschworen: nur ja nicht noch
mal auf dieselbe Weise scheitern. (WA, Bd. 22, S. 163 ff.)

3 Agendaeintrag 8./10. 7. 1953. SLA Schachtel 256. Signatur FD-C-I-
Agenden 1950.

4 Dieses und die folgenden Zitate in: WA, Bd. 4, S. 141.

5 Jenny, Urs: *Friedrich Dürrenmatt,* aus der Reihe ›Friedrichs Dramatiker des Welttheaters‹, Friedrich: Velber b. Hannover 1965, S. 62.

6 WA, Bd. 4, S. 127.

7 Referat von F. D. gehalten am 30. 1. 1954 im Schauspielhaus Zürich vor der Züricher Aufführung von *Ein Engel kommt nach Babylon.* SLA Schachtel 256. Signatur FD-C-I-Agenden 1950.

8 F. D. im Gespräch mit P. R., November 1990.

9 *Labyrinth,* S. 217.

10 Agendaeintrag 1. 1. 1954. SLA Schachtel 256. Signatur FD-C-I-Agenden 1954.

11 Agendaeintrag 2./3. 1. 1954. SLA Schachtel 256. Signatur FD-C-I-Agenden 1954.

12 Brief F. D. an Eduard Wyss, Schernelz, »Ostern 49«. SLA Schachtel 189. Signatur FD-B-1-WYS. Nr. 48.

13 Max Christian Feiler, ein Münchner Kritiker, Dramatiker und Drehbuchautor.

14 Brief F. D. an Hans Schweikart, Neuchâtel, 15. 4. 1954. SLA Schachtel 188. Signatur FD-B-1-SCHWEI.

15 siehe Anmerkung 24 im Exkurs ›Dürrenmatts Schweiz und die Sprache als Heimat‹.

16 Brief F. D. an Kurt Horwitz vom 25. 2. 1954. SLA Schachtel 186. Signatur FD-B-1-Horwitz.

17 WA, Bd. 33, S. 11.

18 Agendaeintrag 19. 4. 1950. SLA Schachtel 256. Signatur FD-C-I-Agenden 1950.

19 Agendaeintrag, Entwurf einer Rede über mehrere Seiten (11.–24. Mai 1950). SLA Schachtel 256. Signatur FD-C-I-Agenden 1950.

20 WA, Bd. 4, S. 127.

21 F. D. im Gespräch mit P. R., 1990.

22 WA, Bd. 30, S. 71 f.

23 Ebd., S. 71.

24 Der Regisseur war Rudolf Noelte, *Das Schloss* war 1953 sein erster großer Erfolg am selben Berliner Schlossparktheater, an dem wenig zuvor *Die Ehe des Herrn Mississippi* aufgeführt worden war.

Dies ist eine der wenigen Stellen, an denen Dürrenmatt seine Nähe zu Kafka eingesteht.

25 WA, Bd. 4, S. 132 f.

26 Selbst an einem Punkt, an dem ein anderer Autor seine Wunden geleckt hätte, nach der schmerzlichsten aller seiner Niederlagen, der mit dem *Mitmacher* 1973, gebar sich F. D. noch einmal neu, wenn auch nicht als Theaterautor (von der *Frist* und dem Spätling *Achterloo* abgesehen). Er entwickelte eine neue Prosa, machte sich unter dem Vorwand einer vorzeitigen testamentarischen Ordnung des Lebenswerks selbst zum Thema und beschäftigte sich mit den Ursprüngen seiner Phantasie. Ein Vorgang ohne Beispiel.

27 F. D. im Gespräch mit P. R., November 1990.

28 WA, Bd. 33, S. 11.

29 Gerade mit *Die Ehe des Herrn Mississippi* hatte Dürrenmatt erfahren, dass ein Stück sich erst auf der Bühne »beweist«, dass die Bühne immer die »Lehrmeisterin des Autors« ist. Und gerade weil er sich in diesem Stück von Einfall zu Einfall treiben ließ, weil er, wie er sagte, »ins Blaue hinein« (WA, Bd. 3, S. 212) schrieb, lagen nach fast zweijähriger Arbeit nicht weniger als sechs Fassungen vor. Die einzelnen Teile mussten erst in der Inszenierung der Uraufführung ihre Spielbarkeit erweisen. Diesen inszenatorischen Mehrwert verdankte er damals Hans Schweikarts Mitarbeit, worauf er in der Einleitung zur ersten Buchausgabe des Stücks ausdrücklich hinwies: »Der Text [...] folgt im großen Ganzen jenem der Uraufführung, die am 26. März 1952 in den Münchner Kammerspielen unter Hans Schweikarts Regie zustande kam. Wesentliche Teile seiner szenischen Einrichtung sind übernommen.« Zitiert nach: *Die Ehe des Herrn Mississippi. Eine Komödie in zwei Teilen*, Oprecht: Zürich 1952.

30 Brief Lotti Dürrenmatt an Peter Schifferli vom 26. 2. 1954. SLA, Arche-Archiv. Ohne Signatur.

31 ›Der Bund‹, 6. 2. 1954.

32 ›Die Tat‹, 15. 4. 1954.

33 »Stil« verstanden als eine Verselbständigung formaler Mittel und deren Abkoppelung von Inhalten.

34 Agendaeintrag 17.1.1954. SLA Schachtel 256. Signatur FD-C-I-Agenden 1954.

35 Agendaeintrag 3.1.1954. SLA Schachtel 256. Signatur FD-C-I-Agenden 1954.

36 Agendaeintrag 24.2.1954. SLA Schachtel 256. Signatur FD-C-I-Agenden 1954.

37 »Konigen« ist eine Verkürzung des Ortsnamen Konolfingen, Dürrenmatts Geburtsort, den er im Roman an den Jurasüdfuß verlagert.

38 WA, Bd. 23, S. 173.

39 Im *Versprechen* dann wird »zum ›Motiv‹ vergeblich ein Schuldiger gesucht«, in der *Justiz* »experimentiert der Schuldige mit dem Motiv, indem er zwar schuldig ist [er hat im voll besetzten ›Du Théâtre‹ vor aller Augen einen Mann erschossen], aber kein Motiv aufweist, glaubt man zuletzt auch nicht an seine Schuld, dabei liegt das Motiv seiner Tat nicht in der Tat, sondern in der Auswirkung, die seine Tat nach seiner Berechnung haben musste.« (Blindband 2, S. 77. SLA Schachtel 163. Signatur FD-B-I-TB 2)

40 Agendaeintrag 18.1.1954. SLA Schachtel 256. Signatur FD-C-I-Agenden 1954.

41 Agendaeintrag 19.1.1954. SLA Schachtel 256. Signatur FD-C-I-Agenden 1954.

42 Vergleiche auch den Exkurs ›Wiederholte Heimkehr‹ im vorliegenden Band.

43 Agendaeintrag 1.1.1954. SLA Schachtel 256. Signatur FD-C-I-Agenden 1954.

44 *Gespräche*, Bd. 1, S. 71.

45 WA, Bd. 31, S. 152.

46 Voltaire: *Candide ou l'optimisme,* Kapitel 30: »Wir müssen unseren Garten bestellen.«

47 WA, Bd. 8, S. 175 ff.

48 Vergleiche auch den Exkurs ›Dürrenmatts Schweiz und die Sprache als Heimat‹ im vorliegenden Band.

49 Hinter der satirischen steckt in diesem Stück auch eine verborgene dämonische Dimension, die Dürrenmatt in der bernisch

bäurischen Welt überhaupt ahnte. Das, was ihn am »Hagelhans« aus *Uli der Pächter* so faszinierte. Von dem heißt es in Gotthelfs Roman (ich habe es schon einmal zitiert): Er hatte »Knochen wie ein Ochs, ein Gesicht wie ein Löwe und Augen wie eine Katze, wenn weder Sonne, Mond noch Sterne am Himmel stehen. Lieb war er, so weit man wusste, niemanden, kam er in einen Stall, so schlotterte das Vieh, sah ihn ein armer Mensch auf der Straße, so floh er über alle Zäune weg, kam er in ein Wirtshaus, so floh das Stubenmädchen auf den Estrich und rief den Wirt, als täte es am Messer stecken; einen Hund hatte er, groß wie ein vierteljährig Kalb, der begleitete ihn Tritt für Tritt, und Tauben trippelten furchtlos um seine Füße.« (Gotthelf, Jeremias: *Uli der Pächter*, Diogenes: Zürich 1978, S. 100. Diogenes Taschenbuch 20562)

50   Agendaeintrag 29.7.1950. SLA Schachtel 256. Signatur FD-C-I-Agenden 1950.

51   Dieses und die folgenden Zitate: WA, Bd. 34, S. 15 ff.

52   WA, Bd. 17, S. 79.

53   Ebd., S. 115.

54   Ebd., S. 116 f.

55   Ebd., S. 120.

56   WA, Bd. 4, S. 119.

57   Brief Max Frisch an F. D., [Basel?], 16.10.1949. Zitiert nach: *Briefwechsel*, S. 109–112.

58   Brief Max Frisch an F. D., [Basel?], 28.11.1954. Zitiert nach: *Briefwechsel*, S. 146.

59   *Der Mister*. Typoskript. Schachtel 156. Signatur FD-A-r220-I-A. Die Atombombe beschäftigte ihn, parallel zum *Mister*, auch im Kabarett-Text *Der Erfinder* (WA, Bd. 17, S. 136–151)

60   SLA Signatur FD-B-2-BROP.

61   *Gespräche*, Bd. 1, S. 77.

62   Heinz Schwitzke, als »Hörspielpapst« mit seiner »Hamburger Dramaturgie des Hörspiels« (*Das Hörspiel. Dramaturgie und Geschichte*, Kiepenheuer & Witsch: Köln/Berlin 1973) ebenso einflussreich wie umstritten (auch wegen seiner Rolle als Radiopionier während des Dritten Reichs), u. a. Herausgeber des Hörspiel-

œuvres von Günter Eich, war auch ein Pionier des Fernsehspiels,
das sich aus den Hörspielredaktionen der westdeutschen Sende-
anstalten der 50er Jahre zu entwickeln begann. In einem Brief vom
11. 12. 1957 teilt er Dürrenmatt mit, er habe schon einen Sendeter-
min und Hans Lietzau als Regisseur. In der Folge arbeitet Dürrenmatt an einer Fernsehfassung (26. 2. 1958: »Wega beendet«), die
Schwitzke jedoch für »nicht ganz geglückt« hielt (20. 3.), im Brief
vom 28. 3. liefert er eine detaillierte Kritik am Manuskript nach
und verabschiedet sich am 11. 9. 1958 ganz vom TV-Plan *Wega*.

63 Die Skizze umfasst nicht mehr als drei Seiten und ein Deckblatt,
alle von Hand geschrieben. Mit dem Deckblatt sorgt F. D. für einige Verwirrung, vermerkt es doch als Datum den »22. 5. 1954«,
während über dem Textbeginn »22. 5. 1955« steht. Im ersten Fall
wäre die Skizze eine Vorstufe zu *Wega* (wir haben keinen Grund,
am Nachweis der Werkausgabe zu zweifeln, nach welchem das
Hörspiel »ab Juli 1954« entstand). Im zweiten wäre es eine Weiterentwicklung, ein Fortdenken in eine andere Richtung. Der kleine
Entwurf ist deshalb bemerkenswert, weil er der erste Ansatz zu
einem Stück ist, das Dürrenmatt Ende der 60er Jahre wieder beschäftigen und das im November 1970 in Düsseldorf uraufgeführt
werden wird: *Porträt eines Planeten*, einer von Dürrenmatts Versuchen, seiner Fabel-Dramaturgie, ja der Dramaturgie überhaupt,
zu entkommen (»Die Handlung sei nicht ›dramaturgisch‹, sondern ›musikalisch‹ angelegt [...]«; WA, Bd. 31, S. 157). Es war ursprünglich für die Basler Theater gedacht, ich erinnere mich, wie
mir Hermann Beil, Düggelins damaliger Chefdramaturg, von einem Plan F. D.s erzählte, der »in eine ganz andere Richtung gehe
als alles Bisherige« (Hermann Beil im Gespräch mit P. R., 1991).
Wie weit der zurückreichte, ahnten wir beide nicht. Dass der Titel
so früh auftaucht, ist ebenso verblüffend wie der spätere Rückgriff auf den im Rahmen der *Turmbau*-Trilogie geplanten *Mitmacher*.

64 Dieses und die folgenden Zitate aus der Skizze zu *Das Unternehmen der Wega*. SLA Schachtel 8. Signatur FD-A-m54I, datiert vom
22. 5. 1955.

65 WA, Bd. 33, S. 11.

66 Ebd., S. 13.

67 WA, Bd. 31, S. 45.

68 Ebd., S. 62.

69 Ebd., S. 69.

70 WA, Bd. 32, S. 27–30. Unklar, ob und, falls, wo der Text erschienen war, der Band *Theater-Schriften und Reden* (Arche-Verlag: Zürich 1966) enthält keinen Verweis.

71 Ginsberg, Ernst (Hrsg.): *Else Lasker-Schüler. Dichtungen und Dokumente. Gedichte, Prosa, Schauspiele, Briefe, Zeugnis und Erinnerung,* Kösel-Verlag: München 1951.

72 WA, Bd. 32, S. 27.

73 Ebd., S. 28f.

74 Max Frisch über *Romulus der Große* im Programmheft des Schauspielhaus Zürich 1949–50, S. 2–5. SLA Schachtel 369. Signatur FD-D-11-ROM.

75 Dieses und die folgenden Zitate in: WA, Bd. 30, S. 12f. Er schließt mit einem Bekenntnis zur offenen Form, dem er eine überraschende Kehrtwendung folgen lässt: »Doch ist den Liebhabern der strengen Form doch noch eine Chance geblieben, die nämlich, dass eine geschlossene Form aus Kühnheit wieder erstrebt wird, weil es oft so ist, dass etwas, was einmal eine Formel war, auf einmal als ein Abenteuer wünschenswert erscheint, doch dies nicht mehr als Regel, sondern als eine Ausnahme.« (WA, Bd. 30, S. 15) Dürrenmatt wird genau dies zweimal versuchen: erfolgreich mit den *Physikern,* diesem Paradox einer aristotelischen Komödie, und erfolglos mit der »experimentellen Klassik« des *Mitmachers.*

76 WA, Bd. 33, S. 11. Verwendet er jedenfalls in Zusammenhang mit Aristophanes »Einfall« und »Stoff« noch synonym (»seine Stoffe fallen in die Welt wie Geschosse«, WA, Bd. 30, S. 62), so bietet sich hier eine andere Lesart an: Der Einfall entzündet sozusagen den im Autor abgesunkenen, latenten, aus nicht mehr entwirrbaren Erfahrungen zusammengesetzten »Stoff«.

Wo die Tragödie den Zuschauer in die Illusion reißt, schafft die Komödie des Aristophanes Distanz. Distanz zur Gegenwart,

Distanz aber auch zu ihrem Urheber, dem Autor. Das Mittel, diese zu erreichen, ist das Groteske: nicht das Groteske der Romantik, das die Sensationen des Schreckens verspricht (die Geisterbahn-Groteske), sondern eben das Groteske als Mittel der Distanzierung (die könnten wir auch »Verfremdung« nennen). »Das Groteske ist eine äußerste Stilisierung, ein plötzliches Bildhaftmachen und gerade darum fähig, Zeitfragen, mehr noch, die Gegenwart aufzunehmen, ohne Tendenz oder Reportage zu sein. Ich könnte mir daher wohl eine schauerliche Groteske des Zweiten Weltkriegs denken, aber noch nicht eine Tragödie.« (WA Bd. 15, S. 138)

Wenig später wird er sich diese Tragödie gar nicht mehr vorstellen können, versteht er auch unter dem Grotesken etwas anderes. Dann ist das Groteske nicht mehr ein Mittel, die Wirklichkeit zur Kenntlichkeit zu entstellen, also eine Frage der Optik, sondern eine Qualität der Wirklichkeit selbst. Die Welt erscheint nicht als grotesk, sie ist es. Dürrenmatt macht nicht die Welt zur Groteske, er erkennt sie als solche. Die Kunst der Groteske (um auf den Vorentwurf dieser Anmerkung zurückzukommen) ist »eine Angelegenheit des Witzes und des scharfen Verstandes (darum versteht sich die Aufklärung darauf), nicht dessen, was das Publikum unter Humor versteht, einer bald sentimentalen, bald frivolen Gemütlichkeit«.

77 WA, Bd. 30, S. 62.
78 WA, Bd. 5, S. 138.
79 WA, Bd. 30, S. 16.
80 Ebd. Über die produktive Kraft des Missverständnisses wird er wenig später, durch Schweikarts Uraufführung des *Engels* auf die Probe gestellt, ganz anders denken.
81 WA, Bd. 30, S. 31.
82 Ebd., S. 71 f.
83 Ebd., S. 41. Dass er selbst zum Klassiker avancieren sollte, in gleichem Maße, in dem die ästhetische Avantgarde des deutschsprachigen Theaters sich von ihm abwandte, empfand F. D. später als besondere Ironie.

84 Ebd.

85 Ebd.

86 Ebd., S. 55.

87 Ebd., S. 62.

88 Ebd., S. 59.

89 Ebd., S. 62.

90 Ebd., S. 59.

91 Ebd., S. 65 f.

92 Vergleiche auch den folgenden Exkurs ›Dürrenmatts Dramaturgien oder Brecht als Autorität und Antipode‹.

93 WA, Bd. 31, S. 139–167.

94 Ringheft rot 6. SLA Signatur FD-D-NH 7.

95 WA, Bd. 4, S. 57.

96 Brief F. D. an Max Frisch, Neuchâtel, 24. 6. 1955. Zitiert nach: *Briefwechsel*, S. 151.

97 Er wird sie als *Fragment einer Kritik* erst 1966 in *Theater-Schriften und Reden* veröffentlichen.

98 Brief F. D. an Max Frisch, Neuchâtel, 24. 6. 1955. Zitiert nach: *Briefwechsel*, S. 150.

99 Ebd., S. 150 f.

100 Agendaeintrag 24. 2. 1954. SLA Schachtel 256. Signatur FD-C-I-Agenden 1954.

101 Spycher, Peter: *Friedrich Dürrenmatt. Das erzählerische Werk*, Huber: Frauenfeld 1972, S. 250.

102 In den *Stoffen* beruft sich F. D. auf einen Flug nach Paris mit dem Regisseur Walter Ohm. (WA, Bd. 28, S. 218); dass der Roman gut zehn Jahre später von Rolf Thiele mit Heinz Rühmann und Irina Demick in den Hauptrollen verfilmt wird, ist dafür kein Beweis.

103 *Gespräche*, Bd. 2, S. 136.

104 Brief F. D. an Max Frisch, Neuchâtel, 24. Juni 1955. Zitiert nach: *Briefwechsel*, S. 151.

105 In der Prosakomödie Petit-Paysan. Die Analogie zu dem damals auf Waffenfabrikation spezialisierten Familienunternehmen Bührle konnte keinem Schweizer entgehen.

106 Brief Walter Muschg an F. D. vom 13. 11. 1955. SLA Signatur FD-B-2-Allg.

107 WA, Bd. 22, S. 82.

108 Barlach, Ernst: *Die Sündflut*, a. a. O.

109 WA, Bd. 22, S. 149.

110 Agendaeintrag 2. 1. 1955. SLA Schachtel 256. Signatur FD-C-I-Agenden 1955.

Exkurs
Dürrenmatts Dramaturgien oder Brecht als Autorität
und Antipode

1 Dieses und die folgenden Zitate aus einem Brief Max Frischs an F. D. vom 17. 12. 1965. Zitiert nach: *Briefwechsel*, S. 159.

2 Am eindrücklichsten im Fall *Emilia Galotti:* Dürrenmatt sieht den »Prinzen« als einen Renaissance-»Fürsten«, als einen Machtmenschen und besetzte dementsprechend die Rolle mit dem beleibten Schauspieler Hans Dieter Zeindler.

3 Ein Gedanke, der schon im Aufsatz *Theaterprobleme* aufscheint.

4 Siehe auch den Exkurs ›Dürrenmatt und die Naturwissenschaften‹ im vorliegenden Band.

5 WA, Bd. 30, S. 205.

6 WA, Bd. 23, S. 18.

7 WA, Bd. 30, S. 63.

8 »Man ist um das rein Dichterische bemüht, um das rein Lyrische, das rein Epische, das rein Dramatische. Dem Maler ist das rein Malerische, dem Musiker das rein Musikalische ein Ziel […].« (WA, Bd. 30, S. 31) Später, im Fragment *Aspekte des dramaturgischen Denkens,* sollte das auch seine Auseinandersetzung mit dem von ihm geschätzten Ionesco bestimmen.

9 WA, Bd. 30, S. 71.

10 Ebd., S. 42.

11 Ebd., S. 55.

12 Ebd., S. 42.

13 Dieses und das folgende Zitat in: WA, Bd. 32, S. 67 f.

14 WA, Bd. 11, S. 201.

15 Dieses und die folgenden Zitate in: WA, Bd. 30, S. 85–90.

16 WA, Bd. 7, S. 91.

17 Ebd.

18 Hitz, Bruno: *Der Streit der Dramaturgien. Zum deutschsprachigen Drama nach Brecht,* Ammann: Zürich 1992, S. 41.

19 Ebd., S. 46.

20 WA, Bd. 30, S. 209.

21 Agendaeintrag 12. 1. 1950. SLA Schachtel 256. Signatur FD-C-I-Agenden 1950.

22 Dieses und die folgenden Zitate in: WA, Bd. 30, S. 84 ff.

23 Dieses und die folgenden Zitate in: WA, Bd. 30, S. 16 f.

24 WA, Bd. 14, S. 188 f.

25 WA, Bd. 30, S. 13.

26 WA, Bd. 3, S. 216.

27 Ebd., S. 209.

28 WA, Bd. 30, S. 142.

29 Ebd.

30 Ebd.

31 Dieses und die folgenden Zitatae: ebd., S. 210 f.

32 Bertolt Brecht, *Berliner und Frankfurter Ausgabe,* Bd. 29, S. 520.

33 *Labyrinth,* S. 354 f.

34 WA, Bd. 18, S. 541 ff.

35 WA, Bd. 18, S. 542.

36 Brecht, Bertolt: *Kann die heutige Welt noch durch Theater wiedergegeben werden?* in: ders.: *Schriften zum Theater,* Edition Suhrkamp: Frankfurt a. M. 1957, S. 7.

37 *Labyrinth,* S. 292 ff.

38 WA, Bd. 30, S. 13.

39 Brief Brecht an F. D., Berlin, 12. 11. 1949, Signatur: FD-B-2-BREC: »Jetzt höre ich von Teo Otto, dass Sie ein neues Stück fertig haben.«

40 Brechts Brief ist jedoch im Entwurf zu einer biographischen Chronik verzeichnet, die sich in den Unterlagen des Arche-Ver-

lags fand. Auch Dr. Gerhard Seidel, Leiter des Brecht-Archivs, bestätigte, Dürrenmatt selbst habe ihm das Dokument zu schicken versprochen, es aber offenbar nicht mehr gefunden.

41 Agendaeintrag 19. 1. 1950. SLA Schachtel 256. Signatur FD-C-I-Agenden 1950.

42 So der Titel eines Buches von Emil Weber: *Friedrich Dürrenmatt und die Frage nach Gott: zur theologischen Relevanz der frühen Prosa eines merkwürdigen Protestanten,* Theologischer Verlag: Zürich 1981.

43 Agendaeintrag 8. 4. 1950. SLA Schachtel 256. Signatur FD-C-I-Agenden 1950.

44 WA, Bd. 30, S. 93 ff.

45 Frisch an F. D., 18. 12. 1964, *Briefwechsel,* S. 157.

46 Vietta, Egon (Hrsg.): *Darmstädter Gespräch. Theater,* Neue Darmstädter Verlagsanstalt: Darmstadt 1955, S. 276 f.

47 WA, Bd. 30, S. 63.

48 Dieses und das folgende Zitat in: WA, Bd. 14, S. 163.

49 Dieses und die folgenden Zitate in: WA, Bd. 32, S. 92–96.

50 Mayer, Hans: *Dürrenmatt und Brecht oder Die Zurücknahme* [im Folgenden *Zurücknahme*] in: Daniel Keel (Hrsg.): *Über Friedrich Dürrenmatt,* sechste, verbesserte und erweiterte Auflage, Diogenes: Zürich 1998, S. 72.

51 WA, Bd. 32, S. 96 f.

52 Vietta, Egon (Hrsg.): *Darmstädter Gespräch. Theater* Neue Darmstädter Verlagsanstalt: Darmstadt 1955, S. 276 f.

53 WA, Bd. 18, S. 547.

54 WA, Bd. 32, S. 99.

55 Mayer, Hans: *Zurücknahme,* S. 72.

56 WA, Bd. 32, S. 100 ff.

57 Dieses und das folgende Zitat in: WA, Bd. 30, S. 110.

58 *Gespräche,* Bd. 2, S. 127–130.

59 Dieses und die folgenden Zitate in WA, Bd. 10, S. 130 ff.

13
Das verhüllte Gericht oder
Requiem auf die Gerechtigkeit

1 WA, Bd. 5, S. 143.

2 WA, Bd. 1, S. 37.

3 Blindband 2, S. 68. SLA Schachtel 163. Signatur FD-B-1-TB 2.

4 WA, Bd. 30, S. 71 f.

5 Aus der ersten Fassung der *Stoffe,* unveröffentlicht.

6 *Gespräche,* Bd. 2, S. 136 f.; dagegen: *Gespräche,* Bd. 3, S. 173.

7 Dieses und das folgende Zitat in: WA, Bd. 31, S. 163.

8 Blindband 2, S. 84. SLA Schachtel 163. Signatur FD-B-1-TB 2.

9 WA, Bd. 16, S. 173.

10 Dieses und das folgende Zitat in: Mayer, Hans: *Die Panne.* In: Keel, Daniel: *Über Friedrich Dürrenmatt,* sechste, verbesserte und erweiterte Auflage 1998, S. 295 f.

11 Agendaeintrag 6. 1. 1956. SLA Schachtel 256. Signatur FD-C-I-Agenden 1956.

12 Agendaeintrag 13. 1. 1956. SLA Schachtel 256. Signatur FD-C-I-Agenden 1956.

13 Agendaeintrag 18. 1. 1956. SLA Schachtel 256. Signatur FD-C-I-Agenden 1956.

14 Dieses und die folgenden Zitate in: WA, Bd. 21, S. 37–40.

15 WA, Bd. 20, S. 136.

16 WA, Bd. 30, S. 62.

17 *Labyrinth,* S. 221.

18 Von dieser Geschichte ist bis auf den Anfang nur die archaisch groteske Erzählung erhalten, die F. D. ein halbes Leben später im ersten Band der *Stoffe* auf den Spuren seiner Erinnerung nicht rekonstruierte, sondern, an aufkeimende wiederkehrende Details anknüpfend, neu schrieb: mit breitem Pinsel, gewissermaßen, und mit grellem Kolorit (wir sind schon im Umfeld des späten Romans *Durcheinandertal*). Am Ende töten die Bauern Lotchers ehemaligen Rivalen tatsächlich, der Mord wird als Unfall getarnt, nur kurz geraten sie ins Schwanken, als eine Mondfinsternis die

Opferszene verdunkelt. Die Erzählung wird von F. D. 1978 überarbeitet und 1996 vom Schweizerischen Radio DRS als Hörspiel
produziert.

19 Zum Verhältnis *Mondfinsternis – Alte Dame* siehe Rusterholz,
Peter: *Differenzen der Geschlechter. Dürrenmatts ›Mondfinsternis‹ und ihre Genese in:* Heinz Ludwig Arnold (Hrsg.): *Friedrich
Dürrenmatt,* dritte Auflage: Neufassung. ›Text+Kritik‹, Heft 50/
51: München 2003.

20 Wie schon *Mississippi,* oder anders, im franko-helvetischen Schau-
platzverschnitt, *Grieche sucht Griechin* (»Vor allem ist es wohl
ganz falsch, im Roman *[Grieche sucht Griechin]* eine Darstellung
der Schweiz zu sehen«, schreibt F. D. am 27.12.1955 an Elisabeth
Brock-Sulzer. SLA Signatur FD-B-I-BRO.)

21 Brief F. D. an Elisabeth Brock-Sulzer am 27.12.1955. SLA Signatur
FD-B-I-BRO.

22 WA, Bd. 5, zum Beispiel S. 33.

23 Ebd., S. 20.

24 *Labyrinth,* S. 222.

25 Ringbuch, SLA Signatur: OI-FD-A-NH10-S13.

26 Wieder gemahnt uns eine Figur F. D.s an Shakespeares Richard III.,
der »beschließt, ein Bösewicht zu sein«: Tatsächlich vergleicht
F. D. Claires Prothesen mit Richards Buckel.

27 *Gespräche,* Bd. 2, S. 352.

28 *Labyrinth,* S. 223.

29 WA, Bd. 30, S. 60.

30 »Autor schrieb als Mitschuldiger«, heißt es in den *Randnotizen*
(WA, Bd. 5, S. 171) im Programmheft der Uraufführung.

31 Dieses und die folgenden Zitate in: WA, Bd. 5, S. 17.

32 von Matt, Peter: *Der Diagnostiker unserer Bosheit* in: ›NZZ‹ vom
15./16.3.1997. Auch in ders.: *Die tintenblauen Eidgenossen,* Hanser: München 2001, S. 173.

33 So wollte Dürrenmatt den zweiten Teil seiner geplanten *Turmbau*-Trilogie nennen, statt der 1955 eben die *Alte Dame* entstand.

34 Die Abschiedsverse waren auf Wunsch von Therese Giehse, der
ersten Alten Dame, entstanden.

35 *Gespräche*, Bd. 3, S. 27.

36 Weber, Ulrich: *Ob die Gemeinschaft würdig sei, in einen Chor auszubrechen – Friedrich Dürrenmatts ›Besuch der alten Dame‹, textgenetisch betrachtet* in: Elio Pellin/Ulrich Weber (Hrsg.): »*Wir stehen da, gefesselte Betrachter*«: *Theater und Gesellschaft.* Wallstein: Göttingen und Chronos: Zürich 2010. S. 87–112.

37 *Gespräche*, Bd. 3, S. 249.

38 Hier in ironischer Verkehrung, wie in *Grieche sucht Griechin* – in beiden Stücken stammt der Reichtum aus der Prostitution.

39 Der *Engel* ist dabei nicht nur ein Stück über die verkannte Gnade, er ist auch eins über die Dialektik von Armut und Reichtum.

40 Dieses und das folgende Zitat in: WA, Bd. 30, S. 62.

41 Hans Mayer, *Die Panne*, S. 294.

42 Als Mittel der Distanzierung, paradox gesagt: der Diskretion (nämlich der Abwehr aller persönlichen bekennerhaften Verlautbarung), bewährt es sich noch dann, wenn es als zunächst infantil anmutender Klamauk zu überborden droht. Die Grenzen zwischen dem Kindlichen und dem Infantilen sind bei Dürrenmatt zuweilen fließend.

43 von Matt, Peter: *Was bleibt nach den Mythen? Plädoyer für einen neuen Blick auf das literarische Nachdenken über die Schweiz.* In: Jürgen Barkhoff/Valerie Heffernan (Hrsg.): *Schweiz schreiben: Zu Konstruktion und Dekonstruktion des Mythos Schweiz in der Gegenwartsliteratur.* Max Niemeyer Verlag/de Gruyter: Berlin 2009. Weshalb aber ist die schuldige Gemeinschaft ein so eminent schweizerischer Topos? Ist das nicht ein Grundmotiv, um nur dieses Beispiel zu nehmen, vieler Stücke von Ödön von Horváth, lässt sich nicht schon der Chor der antiken Tragödie (den Dürrenmatt nicht von ungefähr am Schluss der *Alten Dame* parodiert) als eine Versammlung von schwankenden Mitläufern verstehen?

44 Knapp fünf Jahre nach *Der Besuch der alten Dame* erregt ein anderes Stück am Schauspielhaus Zürich großes internationales Aufsehen: Max Frischs *Andorra.* Auch darin geht es um die Korrumpierung, die Vergiftung eines Kollektivs. Dass Dürrenmatt schon am Premierenabend vor versammelter internationaler Kritik in

der Zürcher ›Kronenhalle‹ so heftig gegen Frischs neues Stück vom Leder zog, wird nicht nur mit den von F. D. vorgebrachten Argumenten zusammengehangen haben. Die Freundschaft zwischen den beiden Autoren hatte im Laufe der Jahre immer deutlicher Züge einer handfesten Konkurrenz angenommen. Wenn F. D. den Helden von Frischs Stück, Andri, als »einfach zu unschuldig« kritisierte, hängt das auch mit seinem eigenen Stück über das »kollektive Böse« zusammen: der komplexen Verschränkung der Schuld Ills mit der von jenen, die an ihm schuldig werden.

45 Für Nichtschweizer: Gemäß einem Schweizer Nationalmythos schlossen Ende des 13. Jahrhunderts Vertreter der Schweizer Urkantone Uri, Schwyz und Unterwalden auf dem Rütli, einer Wiese am Vierwaldstättersee, per Eid einen gegen die Habsburger »bösen Vögte« gerichteten Bund und begründeten so die Urzelle der heutigen Eidgenossenschaft.

46 WA, Bd. 5, S. 50.

47 In der Bühnenbeschreibung im Exemplar des Regieassistenten heißt es noch: »Theatersaal im Goldenen Apostel. Irgendwo vielleicht noch eine Kulisse von einem Volksstück.« (SLA Signatur FD-A-a-1II-a)

48 *Gespräche,* Bd. 2, S. 197.

49 WA, Bd. 5, S. 142.

50 »Wer reinen Herzens die Gerechtigkeit verwirklichen will, erhebe die Hand.« WA, Bd. 5, S. 124 und 125.

51 Signatur FD-A-m23 I, S. 103.

52 WA, Bd. 5, S. 143.

53 Dieses und das folgende Zitat in: *Labyrinth,* S. 223.

54 Auf die zweite Liebesszene war Dürrenmatt so stolz, dass er sie, zusammen mit der Sterbeszene des Böckmann in *Frank der Fünfte* und der Melkszene in *Herkules,* zu seinen besten überhaupt zählte: »Für diese drei Szenen allein schon lohnt es sich zu schreiben.« (*Gespräche,* Bd. 1, S. 84)

55 Dieses und die folgenden Zitate in: WA, Bd. 5, S. 115–118.

56 Bernhard Wicki im Gespräch mit P. R., 1990.

57 *Gespräche,* Bd. 2, S. 323.

58 WA, Bd. 5, S. 103.

59 Reißt das »Welt-Happy-End«, das Dürrenmatt mit dem Chor der
    Güllener, einer Parodie von Sophokles' *Antigone* (»Ungeheuer ist
    viel…«), anstimmt, einen ganz anderen Horizont auf? Ist hinter
    dem archaischen Gesetz der Rache, hinter dem atavistischen Vor-
    gang der Opferung eines Sündenbocks, die Ankunft der vom
    Lehrer angekündigten anderen Alten Dame zu erwarten? Einer,
    die wir uns als Dreieinigkeit vorzustellen hätten: als die apokalyp-
    tischen Reiter, die schon durch das Giebelfeld über dem Zentral-
    portal des Münsters von Güllen galoppieren? Oder ist die Apoka-
    lypse nur mehr eine Touristenattraktion, in rasant verwitternden,
    im Rauch der Schlote von Güllens Wiederaufbau zerfallenden
    Sandstein gehauen? Oder ganz anders: Kehrt die Alte Dame der-
    einst als Green zurück (Grün ist für den Diabetiker Dürrenmatt
    die Farbe des Todes), als der Tycoon, der im späten *Midas* der
    achtziger Jahre u. a. so etwas ist wie ihr Wiedergänger? Greens
    Sohn Henry ist nicht von ungefähr Direktor des »Old Lady«-
    Theaters. Und die Rache wäre eine alte Sache, das Götzenbild
    begraben im Sand wie die Liebesgöttin am Schluss des »Endes für
    Leihbibliotheken« von *Grieche sucht Griechin*.

60 Mitscherlich, Margarete und Alexander: *Die Unfähigkeit zu trau-
    ern. Grundlagen kollektiven Verhaltens,* Piper: München 1967.

61 WA, Bd. 31, S. 149.

62 Geschrieben vermutlich im Herbst 1956. Signatur FD-A-m250 XI,
    Fol. 3v-4r-4v-5r.

63 *Gespräche,* Bd. 3, S. 208 f.

64 Brief F. D. an Max Frisch, Neuchâtel, 24. 6. 1955. Zitiert nach:
    Briefwechsel, S. 151.

65 Die Einladung des Chefdramaturgen Fred Alten hatte er am
    7. 2. 1955 mit dem Satz angenommen: »Als Nachwuchsdramatiker
    bin ich gern bereit über das Thema ›Deutsches Theater ohne
    Nachwuchs‹ zu diskutieren.« Brief F. D.s an Fred Alten, 7. 2. 1955
    SLA Signatur FD-B-1-ALT.

66 *Labyrinth,* S. 293. Bei dieser Gelegenheit traf er, übrigens zum
    einzigen Mal, Erwin Piscator, den legendären Regisseur, der 1951

aus dem Exil zurückgekommen war und sich fünf Monate später, im August 1955, für die *Alte Dame* interessieren wird.

67 Agendaeintrag 3.5.1955. SLA Schachtel 256. Signatur FD-C-I-Agenden 1955.

68 Agendaeintrag 5.12.1955. SLA Schachtel 256. Signatur FD-C-I-Agenden 1955.

69 Agendaeintrag 4.2.1956. SLA Schachtel 256. Signatur FD-C-I-Agenden 1956.

70 *Gespräche*, Bd. 3, S. 26.

71 Der französische Schriftsteller Jean Hyppolyte Giraudoux (1882–1944).

72 Geschrieben vermutlich im Herbst 1956. Signatur FD-A-m250 XVI, fol. 15v-16r.

73 Weber, Ulrich: *Friedrich Dürrenmatt: ›Mondfinsternis‹ und ›Der Besuch der alten Dame‹* in: Bernhard Fetz/Klaus Kastberger (Hrsg.): *Der literarische Einfall. Über das Entstehen von Texten*, Zsolnay: Wien 1998, S. 184–195.

74 Ebd., S. 92.

75 WA, Bd. 5, S. 60 und 61.

76 Vgl. Max Hauflers *Tunnel*-Projekt im Kapitel ›Der Ort hinter dem Mond‹ im vorliegenden Band.

77 Brief Peter Schifferli an F. D., Zürich, 23.1.1956. SLA Schachtel 224. Signatur FD-B-4-b-ARC.

78 Dürrenmatt porträtierte Walter Mehring zuerst malerisch, dann in einem kurzen schönen Text in der ›Weltwoche‹ vom 18.5.1956.

79 Düggelin inszenierte Molières *Eingebildeten Kranken*, Premiere am 11.2.1956. Mit Werner Düggelin sollte Dürrenmatt später eine fruchtbare Partnerschaft verbinden (anlässlich der Neufassung des Wiedertäufer-Dramas, 1967), auf die während seiner Mitarbeit am Basler Theater eine Enttäuschung so heftig wie die Zuneigung zuvor folgte; siehe auch der Exkurs ›Theater als Lebensform‹ im vorliegenden Band.

80 Dieses und das folgende Zitat in: ›Die Tat‹, 1.2.1956. Davon, dass Brock-Sulzer mit ihrer unbedingten Wertschätzung des Stücks ziemlich allein stand, dass Dürrenmatt noch mit seinem unzwei-

felhaften Meisterwerk für das konservative Schweizer *juste milieu*
ein Außenseiter, wenn nicht gar ein Nestbeschmutzer war, zeugt
eine aus heutiger Sicht recht erstaunliche Episode. Das Schauspielhaus Zürich hatte die Möglichkeit, seine Aufführung am internationalen »Festival de Paris« zu zeigen, und stellte ein Gesuch um
Unterstützung dieses Gastspiels bei der schweizerischen Kultur-
stiftung Pro Helvetia. Es wurde zweimal abgelehnt. Im Protokoll
des Leitenden Ausschusses vom 7. Mai 1956 findet sich dieses bemerkenswerte Votum des an der ETH lehrenden Tessiner Lite-
raturwissenschaftlers Guido Calgari: »*Der Besuch der alten Dame*
von Herrn Dürrenmatt war mir schon vor der letzten Sitzung des
Leitenden Ausschusses bekannt, aber ich habe mir inzwischen die
Mühe genommen, einer Vorstellung des Stückes am 8. April im
Schauspielhaus Zürich beizuwohnen. Dieses künstlerische Erlebnis hat mich in der Überzeugung bestärkt, dass wir mit unserem
ablehnenden Bescheid richtig gehandelt haben. Ich möchte dem
Stück einzelne Züge einer gewissen, allerdings von Kunstgriffen
von Pirandello, Thornton Wilder und Irving Shaw inspirierten
Originalität nicht absprechen, aber ich spreche ihm entschieden
ab, ein für den schweizerischen Geist charakteristisches und re-
präsentatives Werk zu sein. Beim ›Festival de Paris‹ besteht aber
gerade die Tendenz, in den aufgeführten Stücken eine Verkörperung der Kunst der einzelnen an diesem Festival beteiligten Länder zu sehen.« Nun mag ein solches Urteil bei einem Mann, der
wenig später (wie übrigens auch Dürrenmatts Cousin Peter) zu
den Autoren des ominösen »Zivilverteidigungsbuchs« gehörte,
wenig erstaunen, schon mehr, dass ihm das ganze, immerhin von
einem liberalen Kopf wie Jean Rudolf von Salis präsidierte Gre-
mium folgte.

81　Gründgens war schon als Intendant in Düsseldorf (1947–1955),
　　nur zwei Jahre nach Kriegsende, die unbestrittene Autorität der
　　städtischen Bühne Gülden, sozusagen.

82　U. a. in der ›Süddeutschen Zeitung‹ vom 30. 5. 1956, während F. D.s
　　Intimfeind Max C. Feiler im ›Merkur‹ vom 29. 5. 1956 meint: »Hier
　　wurde ein Stoff buchstäblich verspielt.«

83 Zitiert nach: *Gespräche,* Bd. 1, S. 84.

84 Siehe ausführlich im Exkurs ›Dürrenmatt und die Naturwissenschaften‹ im vorliegenden Band.

85 *Turmbau,* S. 66 f.

86 Marti, Kurt: *Eine Schriftstellertagung 1956 in der Schweiz.* ›Horizonte‹, S. 186. Noch hallt der Krach mit Weber nach, siehe den Exkurs ›Dürrenmatts Schweiz und die Sprache als Heimat‹ im vorliegenden Band.

87 *Gespräche,* Bd. 2, S. 199.

88 Dürrenmatt skizziert es in *Turmbau,* S. 69 ff. Ein später Reflex auf das alte Vorhaben war Dürrenmatts Absicht, *Biedermann* für die Basler Theater zu inszenieren. Das Unternehmen ging in den Turbulenzen um sein Ausscheiden aus der Direktion unter.

89 Die Fernsehfassung der *Panne* wurde am 11. 4. 1957 vom Bayerischen Rundfunk in der Regie von Fritz Umgelter mit Dürrenmatts altem Freund Kurt Horwitz in der Rolle des Richters erstausgestrahlt.

90 Regie Franz Peter Wirth, Karl Georg Saebisch als Bärlach, Robert Meyn als Gastmann, Herbert Tiede als Tschanz.

91 Agendaeintrag 8. 10. 1956. SLA Schachtel 256. Signatur FD-C-I-Agenden 1956.

92 Agendaeintrag 12. 11. 1956. SLA Schachtel 256. Signatur FD-C-I-Agenden 1956.

93 Die Basler ›AZ‹ vom 23. 11. 1956 zum Beispiel schrieb, F. D. widerlege den Aberglauben, dass ein Bühnenautor seinem Stück nur schade, wenn er es selbst inszeniere. Überhaupt genoss F. D. noch immer einen Basler Bonus.

94 Brief F. D. an den Drehbuchautor Robert T. Thoeren vom 29. 11. 1956, Neuchâtel. SLA Schachtel 189. Signatur FD-B-I-THÖ.

95 *Gespräche,* Bd. 2, S. 199.

96 ›Basler Nachrichten‹ vom 13. 11. 1956.

97 Dieses und das folgende Zitat in: WA, Bd. 5, S. 145.

98 Am 20. 2. 1956 hatte sich Dürrenmatt mit Jean-Pierre Porret, dem er schon die französische Übersetzung von *Romulus* in Auftrag gegeben hatte, auf folgendes Splitting der französischen Tantie-

men geeinigt: 45% für den Übersetzer, 55% für Dürrenmatt. Jetzt, für den *Besuch der alten Dame,* wird das Verhältnis auf 37,5%/ 62,5% fixiert.

99 Der französische Schriftsteller und Nobelpreisträger François Mauriac (1885–1970).

100 Die Kritik war überwiegend positiv: ›Le Figaro‹ (9. 3. 1957, Jacques Lemarchand) lobt die Hauptdarsteller Madame Sylvie und Olivier Hussenot, betont die dramaturgischen Fortschritte des Autors seit *Les Fous de Dieu,* fühlt sich, merkwürdig genug, an Ibsens *Peer Gynt* erinnert. ›Le Monde‹ (6. 3., Claude Sarraute lobt den grotesken, schwarzen, beißenden Humor des »seltsamen« *(curieux)* Stücks. ›L'Express‹ konstatiert bewundernd dessen Crescendo auf das absehbare fatale Ende hin, ohne dass die Spannung nachlasse; die Alte Dame sei eine kleine, vom Leben mitgenommene Antigone, welche durch einen kollektiven Kreon eine jenseits der Justiz liegende Justiz vollziehe (in Paris betrat sie die Bühne in einem weißen Brautkleid als eine Art Irre von Chaillot).

101 Dieses und das folgende Zitat aus einem Brief von Robert T. Thoeren an F. D., München, 8. 11. 1956. SLA Schachtel 202. Signatur FD-B-2-Allg.

102 Er sollte dann auch 1963 bei der Verfilmung von ›Cleopatra‹ mit Elisabeth Taylor und Richard Burton Regie führen.

103 Dieses und das folgende Zitat aus einem Brief von F. D. an Robert Thoeren, Neuchâtel, 29. 11. 1956. SLA Schachtel 189. Signatur FD-B-1-THÖ.

104 Brief Elisabeth Brock-Sulzer an F. D. vom 10. 2. 1957. SLA Schachtel 191. Signatur FD-B-2-BRO.

105 Valency, Maurice zitiert nach Knapp, Mona: *Die Verjüngung der alten Dame* in: ›Text+Kritik‹, Heft 1984).

106 *Gespräche,* Bd. 1, S. 93.

107 In London (Royalty Theatre) wurde es erst auf dem Umweg über New York ein Erfolg.

108 WA, Bd. 31, S. 149.

109 Hans Sahl: *Dürrenmatt in New York.* ›NZZ‹ vom 16. 5. 1958.

110 WA, Bd. 20, S. 78 ff. Im Essay *Amerikanisches und europäisches Drama* spricht F. D., verkürzt gesagt, davon, dass der Großstaat dem Dramatiker Realismus abverlange. Der Kleinstaat aber (da er vor einer Versammlung von Auslandschweizern spricht, verkleinert er sich zusätzlich zu einem »liechtensteinischen Autor«, S. 81) zwinge seinen Autor geradezu zur Erfindung eines »Weltmodells« (S. 82), nur damit erlange er jenseits der eng gezogenen Grenzen Relevanz und Resonanz.

111 *Für Polen ist Dürrenmatt ein politischer Dichter* in: ›Die Welt‹ vom 20. 5. 1958. Zwar warf das Parteiblatt ›Tribuna Ludu‹ dem Stück eine »zersetzende Philosophie« vor, sah in ihm aber dennoch und erstaunlicherweise »in künstlerischer Hinsicht eine der hervorragendsten Errungenschaften der zeitgenössischen Weltdramatik«. In Łódź bemerkte ›Glos Robitniczy‹, ebenfalls ein Parteiorgan, dass »dort, wo einfache Menschen nur Gegenstand der Staatsgewalt sind, von Gerechtigkeit und Moral nicht die Rede sein kann« – ein erstaunlich subversiver Schluss. Kazimierz Dejmek hatte seine Inszenierung auf Dämonisierung und expressionistische Überzeichnung angelegt (ganz in der Fortsetzung der Stücke von Witkiewicz); Lidia Zamkow, gleichzeitig Regisseurin und Darstellerin der Claire in Krakau, verstand sie als grausames Märchen (das Reich-Ranicki eher an ein Mysterium oder an eine ironische Moralität erinnert).

112 Erwin Axer, *Porträt eines Planeten,* in Düsseldorf 1970, Andrzej Wajda, *Der Mitmacher,* 1973 in Zürich, Kaziemierz Dejmek, *Die Frist,* 1977 in Zürich. Zu diesem Thema, inkl. aller einschlägiger Literaturverweise s. Weber, Ulrich: *Dürrenmatt in Osteuropa* in: Lea Cohen-Augsburger (Hrsg.): *Dürrenmatt in Bulgarien.* Materialien eines Workshops, Neuchâtel – Sofia, Mai–November 2004, Sofia 2004, S. 103–114.

113 Giorgio Strehler legte die Handlungsstränge bloß, kappte gnadenlos alles groteskkomische Beiwerk, machte aus der Claire von Sarah Ferrati ein Gespenst, einen steinernen Gast (näherte sie also der Giehse der Uraufführung an) und aus Ill einen Resignierten wie aus einem Čechov-Stück. Die Kritik liest in die Aufführung

nicht nur eine antikapitalistische, sondern auch eine antiamerikanische Tendenz hinein.

114 Urs Jenny, *Friedrich Dürrenmatt*, S. 118.

115 Dieses und das folgende Zitat in: *Rekonstruktionen*. SLA Signatur v83I, S. 9 ff. Publiziert in: ›Text+Kritik‹, Heft 2003.

116 Zur Verfilmung von *Die Ehe des Herrn Mississippi* siehe das Kapitel ›Der Ort hinter dem Mond‹ im vorliegenden Band. ›Es geschah am hellichten Tag‹, der Film, aus dem gewissermaßen als Korrektur – der Filmhistoriker Hervé Dumont spricht von einer »Abrechnung« (Dumont, Hervé: *Geschichte des Schweizer Films. Spielfilme 1896–1965*, Cinémathèque suisse: Lausanne 1987, S. 492.) mit Lazar Wechslers Produktionsgesellschaft Praesens – der Roman *Das Versprechen* entstand, litt unter der falschen Besetzung des Kommissars Matthäi mit Heinz Rühmann. Der hatte zudem die Chuzpe, seinen eigenen Dialogschreiber an Dürrenmatts Text zu setzen. Rühmann, der bürgerliche Pfiffikus des deutschen Films, war so ziemlich das Gegenteil des dämonischen, besessenen Kommissärs, der F. D. für die Figur vorschwebte. Noch gravierender war, wenn auch angesichts der filmdramaturgischen Konventionen der Zeit verständlich, dass der Kindsmörder im letzten Moment gestellt wird, der Fall also ordentlich geschlossen und um das quälend offene Ende gebracht: Matthäi, zusehends zum alkoholischen Wrack verkommend, wartet vergebens auf den Mörder wie auf einen umgekehrten Messias.

117 F. D. im Gespräch mit P. R., November 1990.

118 Bernhard Wicki im Gespräch mit P. R., München, 5. 1. 2000.

119 »Was gibt es Schrecklicheres, als wenn ein Paar am Ende zu lebenslänglich verurteilt wird?«, sagte mir beispielsweise Douglas Sirk in einem Interview 1983.

120 Immerhin schrieb Dürrenmatt für die Werkausgabe 1980 über *Frank den Fünften*, er habe den Schluss der Uraufführung von 1958 gewählt, weil ihm »der menschlichste Schluss nachträglich der grausamste« schien. In der ersten Buchausgabe singt Ottilie, Franks Lady Macbeth: »Seid dankbar, dass ich euch vernichtet / Nur wer leben muss, ist hingerichtet.« (Vgl. WA, Bd. 6, S. 148)

Auch Romulus' Pensionierung, vollends Schwitters Unsterblich-
keit im *Meteor* sind als »schlimmstmögliche Wendungen« gedacht.

121 Eine Figur wie Leonard Steckels Pfarrer steht ohne die sogenannte »Wendehals«-Szene in der Kirche ziemlich unmotiviert im
finalen Desaster.

122 Dieses und die folgenden Zitate aus dem Gespräch Bernhard Wickis mit P. R. in München, 5. 1. 2000.

123 Er bewunderte dessen Ränder: die deklarierte Theatralik der expressionistischen Stummfilme oder, am anderen Ende, Michelan-
gelo Antonionis ›Blow up‹: »Ein dramaturgischer Meisterstreich:
er zeigte, wie ein Fotograf durch die Analyse verschiedener Fotos
[…] zum Denken kommt […]. Das Bild bleibt bloßes Motiv, nur
durch das Denken wird es zu einem Hinweis auf eine bestimmte
›Wirklichkeit‹.« (WA, Bd. 32, S. 135)

124 Sie ist in dem schönen Lese- und Bilderbuch *Play Dürrenmatt*
erhalten, das Luis Bolliger und Ernst Buchmüller anlässlich der
Dürrenmatt-Retrospektive des Senders 3sat 1996 herausgaben, als
etwas unorthodoxe schriftliche Fixierung eines mündlichen Versuchs. Deutsche Übertragung: »Meine Damen und Herren, ich
möchte Ihnen einmal danken für die schöne Aufführung. Ich
spreche zwar nicht mehr so gut Berndeutsch wie Sie, weil ich es
schon fast vergessen habe. Was mich am meisten überrascht hat,
ist, dass ich als Zuschauer, als Berufszuschauer – der ich notgedrungen bin – nie auch nur einen Moment dachte oder das Gefühl
hatte, der Aufführung eines Laientheaters beizuwohnen; Laientheater zeichnet sich meistens dadurch aus, dass alle Schauspieler
sehr chargieren. Überraschend war, dass überhaupt nicht chargiert wurde, ich habe keine einzige falsche schauspielerische Bewegung gesehen. Das war die Überraschung, die mir am heutigen
Abend zuteil wurde. Wenn ich überlege: Es ist natürlich gesprochen worden. Ich sehe ja viele meiner Stücke auf der Bühne – und
meistens sind die Aufführungen schlecht. Ich glaube, ich bin einer
der Dramatiker, die zwar viel, aber meist schlecht gespielt werden. // Dabei machen die Leute meist den Fehler zu meinen, mich

komisch spielen, meine komischen Figuren auch noch komisch spielen zu müssen. Ich könnte jetzt Beispiele aus der jüngsten Vergangenheit anführen, in der man mich zum Teil sehr unnatürlich gespielt hat, viel zu chargiert – und das war hier gerade nicht der Fall. Es braucht gar nicht mehr. Man muss nicht schauspielern, wenn man schauspielt. Und ich glaube, das hat euch Gaugler eben sehr gut beigebracht, er hat euch das Schauspielern ausgetrieben – und das war vermutlich viel Arbeit. Denn das weiß ich als Regisseur, wie schwer es ist, einen Menschen daran zu hindern, zu schauspielern und stattdessen wahr zu spielen. Und das war gerade das Schöne heute Abend: Es wurde richtig wahr gespielt, und darum war alles glaubhaft. Für diesen Eindruck, den ich hatte und der ein starker Eindruck war – ich sag's ohne Schmeichelei –, möchte ich euch allen danken.« (Bolliger, Luis/Buchmüller, Ernst (Hrsg.): *Play Dürrenmatt. Ein Lese- und Bilderbuch,* Diogenes: Zürich 1996, S. 91.)

125 Vergleiche den Exkurs ›Theater als Lebensform‹ im vorliegenden Band.

126 *Coq au vin* ist die Geschichte eines bankrotten Großindustriellen, der die Rettung seiner Unternehmen und damit seiner Familie nur mit seinem Tod, einem als Unfall getarnten Mord, erkaufen kann.

127 *Die Schachspieler* ist der Entwurf eines tödlichen Duells, in welchem die Spieler, ein Richter und ein Staatsanwalt, für jede Figur einen Menschen aus ihrer Bekanntschaft benennen und diesen opfern mussten, wenn sein Symbol auf dem Brett geschlagen wurde.

128 Blindband 2, S. 83. SLA Schachtel 163. Signatur FD-B-1-TB 2.

129 F. D. im Gespräch mit P. R., 1990.

130 Dieses und das folgende Zitat in: WA, Bd. 1, S. 325.

131 Mitscherlich, Margarete und Alexander, a. a. O.

132 Dieses und das folgende Zitat in: WA, Bd. 30, S. 62.

133 Hier täuscht sich Dürrenmatt vermutlich: Erstens hat er das Fragment 1959/60 geschrieben und liegen gelassen und sicher nicht parallel zum *Versprechen,* zweitens ist es viel mehr als ein Ent-

wurf: ein Fragment von 160 Seiten, das gewiss für Wechsler bestimmt war.

134 Lazar Wechsler hatte schon in seinen Stummfilmzeiten ein Flair
für die kommerzielle Attraktivität von juristischen Stoffen unter
sozialpädagogischem Vorwand (*Frauennot – Frauenglück*, 1929).
Geboren 1896, als galizischer Jude in Russland aufgewachsen, emigrierte er 1914 mit seiner Mutter (einer geborenen Horowitz) nach
Zürich. 1924 Gründer der Präsens-Film AG (in Partnerschaft mit
dem Flugpionier Walter Mittelholzer, der seinerseits auch die
Swissair gründete), war er so etwas wie ein Fürst ohne Land: ein
Produzent in Verhältnissen, die zu klein waren für sein unterneh-
merisches Genie. In Hollywood (mit dem er ebenso kooperierte
wie mit dem sowjetischen Filmpionier Eisenstein) wäre er zweifellos zu einem der legendären Tycoons avanciert. In der kleinen
Schweiz aber, in einem Europa, das den nationalen Filmindustrien
bald keinen kontinentalen Markt mehr bieten konnte, lavierte er
mit großem Geschick und wechselndem Glück erst durch die
Wirtschaftskrise der dreißiger Jahre, dann durch die widrigen
Umstände der von Rücksicht auf die Empfindlichkeiten der deutschen Diplomatie diktierten Berner Zensur, schließlich durch die
Kinolandschaft der Nachkriegsjahre und der Adenauer-Zeit, bis
sich der imperiale Patron des Schweizer Films in der vom aufkommenden Fernsehen illuminierten Unterhaltungslandschaft
der sechziger Jahre wiederfand wie ein Dinosaurier. Zuvor waren seine Probleme, *mutatis mutandis*, die des Schauspielhauses
Zürich. Dessen hochkarätiges Emigrantenensemble stellte auch
den Hauptharst der Schauspieler für seine wichtigsten Filme. Und
seinen wichtigsten Regisseur: Leopold Lindtberg. Als der Film-
zar 1985 an einer Lungenentzündung starb, hatte er mehr als 40
abendfüllende Filme produziert, vier Oscars erhalten und zahlreiche Auszeichnungen der Festivals von Cannes, Venedig, Berlin,
New York, Edinburgh. »Alle von ihm produzierten Werke sind
Praesens-Filme eher denn diejenigen ihrer Regisseure. Freunde
wie Feinde gehen einig, Wechsler als eine Art ›Vater‹ (und Des-
poten) des einheimischen Kinos zu bezeichnen, eine gleichzeitig

gehasste und bewunderte charismatische Persönlichkeit. Obwohl er ein jämmerlicher Verwalter war, schlecht organisiert, willkürlich und unberechenbar, wusste er um sich herum Firmengeist und eine anspruchsvolle Zusammenarbeit zu stiften (die er nötigenfalls mit einem sorgfältig dosierten Klima des Terrors aufrechterhielt). Sein Gespür für ›Modethemen‹ war sprichwörtlich, seine Waghalsigkeit erstaunlich; seine Bauernschläue und sein naiver Missionarsgeist wurden belächelt, seine Überzeugungskraft und sein leidenschaftlicher Glaube an das Kino begeisterten auch die Unschlüssigsten, seine Treue war bewegend – dieser einmal verwirrend großzügige, dann wieder karikaturenhaft kleinliche Mann ließ niemanden gleichgütig. Man wagt sich nicht auszumalen, was der Schweizer Film ohne ihn geworden wäre, seine kalkulierten aber anregenden Provokationen haben ihn mehr als drei Jahrzehnte lang geprägt.« (Hervé Dumont, a. a. O., S. 89) So erscheint das pauschale Urteil Dürrenmatts über Wechslers Produktion im zweiten Band der *Stoffe* (»[I]ch liebte die Filme nicht, die er produzierte. Es waren schweizerische Alibifilme, und ich war entschlossen, ihm das zu sagen […].« [*Turmbau*, S. 40]) aus heutiger Sicht etwas ungerecht. Natürlich waren darunter auch »Alibifilme«, anderseits aber auch ein Welterfolg wie ›Die letzte Chance‹ oder, ebenfalls von Lindtberg inszeniert, ›Die missbrauchten Liebesbriefe‹, über welche Gottfried-Keller-Verfilmung kein Geringerer als Max Ophüls sagte, er sei »gerührt und überrascht, dass hier so etwas entstehen konnte«. Selbstverständlich ist Wechslers Produktion im Vorfeld und während des Zweiten Weltkriegs nur im Zusammenhang mit den zermürbenden Auseinandersetzungen mit der Zensur und mit den Anforderungen zu sehen, welche die geistige Landesverteidigung und überhaupt die helvetische Selbstbehauptung und Abgrenzung gegen den Pan-Germanismus der Nazis stellten (in der Reaktion auf den Nationalsozialismus entwickelte sich eine qualitativ diesem nicht unbedingt entgegengesetzte schweizerisch kleine und auch kleinkarierte Blut-und-Boden-Ideologie). Dürrenmatts Urteil über Wechsler hängt eng zusammen mit seiner Erfahrung dieser Kriegsjahre überhaupt, der Abgeschlossenheit, Verschonung, Geschichtslosigkeit der Schweiz: Hort und Gefängnis zugleich. Wechslers Filme trugen z. T. bei zu jener Legende, die Dürrenmatt bis in die 80er Jahre bekämpfte (besonders dort, wo sie in Zusammenhang mit der Landesverteidigung in Erscheinung trat). Wechslers Filme waren nicht nur Produkte der *condition helvétique,* sie bestimmten diese auch und erscheinen heute wie Beiträge zu einer Geschichte der schweizerischen Identität.

135 Ladislao Vajda, geboren 1906 in Budapest, gestorben 1965 in Barcelona, war schon zu Stummfilmzeiten beim Film, arbeitete hauptsächlich in Italien und Spanien. ›Es geschah am hellichten Tag‹, bei dem er am Drehbuch mitarbeitete und Regie führte, ist sein bekanntester Film.

136 WA, Bd. 23, S. 203.

137 Spycher, Peter: *Friedrich Dürrenmatt,* Huber Verlag: Frauenfeld 1972, S. 278.

138 Brock-Sulzer, Elisabeth: *Friedrich Dürrenmatt. Stationen seines Werkes,* S. 279.

139 Arnold, Armin (Hrsg.): *Zu Friedrich Dürrenmatt. Interpretationen,* Klett: Stuttgart 1982. Tatsächlich gibt es Parallelen, Simenons Roman ist die Geschichte eines Pariser »Jack the Ripper«, und Maigret führt darin auch ein langes Gespräch mit einem Psychiater, es wird sogar der Punkt erörtert, weshalb der Serienmörder nie habe gestellt werden können: »Wer sagt Ihnen«, fragt der Arzt Maigret, »dass er nicht Opfer eines Unfalls geworden oder an einer Krankheit gestorben ist?« (Georges Simenon: *Maigret stellt eine Falle.* Aus dem Französischen von Angela Glas, Diogenes: Zürich 1985, revidierte Übersetzung 2009 [Diogenes Taschenbuch 23848], S. 44)

140 WA, Bd. 32, S. 72 f.

141 Dürrenmatt und Wechsler hatten sich schon in den vierziger Jahren getroffen, ohne dass es zu einer Zusammenarbeit gekommen wäre. Jedenfalls erwähnt die Agenda des Jahres 1948 unter dem 3. 4.: »Bei Wechsler von der Präsens [sic].« Wechsler war von der Zusammenarbeit so begeistert, dass die Praesens in der Folge Dür-

renmatt eine Option für vier Filme anbot. Angesichts der Gage für
›Es geschah am hellichten Tag‹ (laut Abrechnung vom 14. 1. 1958
für Stoff und Treatment 30 000 Franken und weitere 12 000 für die
Mitarbeit am Drehbuch) ein Angebot, das abzulehnen Dürrenmatt sich vorerst nicht leisten konnte. Einer der Wechsler bei ihrer
ersten Besprechung im März 1957 vorgeflunkerten Stoffe hing mit
diesem selbst zusammen. Der ließ F. D. durch seinen Chauffeur
ins ›Waldhaus Vulpera‹, man muss schon sagen: entführen, um in
den Besitz eines Schlusses zum *Versprechen* zu kommen. Wechsler, der in der Hotelhalle Hof hielt, »ein Mächtiger, der an einer
leichten Parkinson litt, die ihn zwang, seinen gewaltigen Schädel
schräg und ruhig zu halten, neben ihm, in einem ebenso mächtigen
Lehnstuhl ebenso mächtig seine Gattin, alles strömte Macht aus
von ihm, er war wie von Sklaven umgeben.« (*Turmbau*, S. 37) Und:
»Die Kapelle spielte immer noch, und es wurde auch getanzt.
Viele ältere Paare. In den Sesseln, unbeweglich, sehr alte. Hin und
wieder hörte ich Englisch sprechen. Ich überlegte, wie es wäre,
wenn ein alter Boss eines Gangstersyndikats hierher käme? Ich
sah ihn im Fauteuil, in welchem Wechsler gesessen hatte, die Gesellschaft beobachtend, hier ein reiches amerikanisches Ehepaar,
dort eine schmuckbehängte Witwe. Seine Gesundheit ist angeschlagen, er ist zur Kur im ›Waldhaus‹, spielt überhaupt mit dem
Gedanken, sich aus den Geschäften zurückzuziehen, aber dann
gibt ihm ein neuer Gedanke Auftrieb.« (*Turmbau*, S. 43) Der Stoff
geistert eine Weile unter dem Titel *Besuch bei Gangsterboss* durch
Notizbücher und Korrespondenz, dann verschwindet er. Aus der
Atmosphäre des Waldhauses materialisieren sich *Die Physiker*
und *Der Meteor*. Aber Stoffe, daran sind wir bei Dürrenmatt ge-
wöhnt, überwintern auf unvorhersehbare Weise und feiern am
überraschendsten Ort ihre Auferstehung – dieser im *Durcheinandertal:* durch die Beschäftigung mit den Magmaströmen in den
Stoffen kam die alte Geschichte zur Eruption. Hinter dem dritten Stoff aus Wechslers Options-Paket dürfen wir *Justiz* vermuten, der erst 1985 als Roman erschien und erst postum verfilmt
wurde.

142 Der Dürrenmatt verhasste Titel stammt von Wolfgang Staudte, der den Film ursprünglich anstelle Vajdas hätte drehen sollen.

143 Dieses und das folgende Zitat in: *Turmbau*, S. 40 f.

144 SLA Signatur FD-m131, S. 90.

145 Ebd.

146 *Labyrinth*, S. 288.

147 Handlungsablauf, den Jochen Huth nach einer Besprechung mit F. D. zusammengefasst hat, Ascona 23. 9.–5. 10. 1957, S. 17. SLA Signatur FD-A-m104 IV.

148 Hervé Dumont, *Geschichte des Schweizer Films*, S. 462.

149 Dieses und die folgenden Zitate in: WA, Bd. 23, S. 11 ff.

150 Ebd., S. 18.

151 Ebd., S. 145 f.

152 »[E]s war [...] an einem Sonntag [...]. [...] Es war ein sonniger, aber kalter Dezembertag.« (WA, Bd. 23, S 147)

153 Ebd., S. 145.

154 Ebd., S. 143.

155 Die Anspielungen sind zahlreich, angefangen beim Namen des Kriminalisten (Matthäi als der Schutzpatron der Zoll- und Steuerbeamten), dem Motiv des Versprechens (»bei meiner Seligkeit«, WA, Bd. 23, S. 32) bis zur Parodie der Heilserwartung, die in der Einleitung nicht zu übersehen ist. Darin sitzt Matthäi vor seiner heruntergekommenen Tankstelle und flüstert, »das Gesicht verklärt von einem unermesslichen Glauben: Ich warte, ich warte, er wird kommen, er wird kommen.« (WA, Bd. 23, S. 16) Die Aufklärung des »idiotischen« Zufalls erfolgt an einem Adventssonntag, überhaupt sagt Dr. H., komme es ihm vor, »als habe sich [...] viel Wichtiges in dieser Geschichte an Sonntagen abgespielt«. (Dürrenmatt, Friedrich: *Das Versprechen*, Filmerzählung [unvollständig]. SLA Signatur m131.)

156 WA, Bd. 33, S. 177 f.

157 War noch der frühe Prosatext *Pilatus* (1946/47) unzweifelhaft ein religiöser Text: eine Gerichtsszene, in der der römische Stadthalter den ihm vorgeführten Christus, den er auf Verlangen des Pöbels anstelle des Barabbas verurteilen muss, als Einziger als Gott

erkennt, also auch als Einziger weiß, dass nach einem solchen Schuldspruch keine Hände in Unschuld zu waschen sind. Könnte man auch die Gerichtsgroteske *Die Wurst* (1945) als Parabel über einen geistesabwesenden Weltenrichter interpretieren, holt Dürrenmatt die »Gedankenatmosphäre« Recht und Gerechtigkeit später in profanere Dimensionen.

158 Dieses und die folgenden Zitate in F. D.s *Monstervortrag über Gerechtigkeit* in: WA, Bd. 33, S. 36–114.

Exkurs
Dürrenmatt und die Naturwissenschaften

1 Dieses und das folgende Zitat in: WA, Bd. 32, S. 68.

2 WA, Bd. 37, S. 53.

3 Dieses und das folgende Zitat in: WA, Bd. 32, S. 61 f.

4 Snow, Charles Percy: *Die zwei Kulturen. Literarische und naturwissenschaftliche Intelligenz,* Klett: Stuttgart 1967.

5 Ebd., S 21 f.

6 Dieses und das folgende Zitat in: WA, Bd. 32, S. 64–67.

7 Einstein schrieb 1926 in einem Brief an Max Born oder Niels Bohr: »Die Theorie liefert viel, aber dem Geheimnis des Alten [Gott] bringt sie uns doch nicht näher. Jedenfalls bin ich überzeugt davon, dass der nicht würfelt.« Und am 21. 3. 1942 an Cornelius Lanczos: »Es scheint hart, dem Herrgott in die Karten zu gucken. Aber dass er würfelt und sich telepathischer Mittel bedient (wie es ihm von der gegenwärtigen Quantentheorie zugemutet wird), kann ich keinen Augenblick glauben.« Einstein bringt damit seine Zweifel an der damals gerade aufkommenden Quantenphysik zum Ausdruck, die Zustände von Elementarteilchen mit Hilfe von Wahrscheinlichkeiten berechnet. Für ihn gab es in der Physik keinen Zufall.

8 Dieses und das folgende Zitat in: WA, Bd. 32, S. 67 f.

9 WA, Bd. 32, S. 64.

10 Auf deutsch erstmals erschienen 1949 beim Verlag Francke in

Bern, der auch der Verlag von F. D.s Mentor Walter Muschg war.

11 *Turmbau*, S. 205.

12 Poppers *Logik der Forschung. Zur Erkenntnistheorie der moder-
    nen Naturwissenschaft* (Wien 1935) wurde für Dürrenmatt ebenso
    wichtig wie Eddington.

13 Zum Beispiel in: *Gespräche*, Bd. 2, S. 253.

14 *Gespräche*, Bd. 3, S. 23.

15 Eichelberg, Marc: *Vom Denken in Begriffen. Mathematik als Ex-
    periment des reinen Denkens,* [zu einem Buch von Alexander
    Wittenberg] *(*unpubliziert), S. 10 (F. D. aus München zugeschickt,
    März 1960).

16 Siehe dazu auch das Kapitel ›Der Ort hinter dem Mond‹ im vor-
    liegenden Band.

19 Marc Eichelberg im Gespräch mit P. R.

18 Brief Marc Eichelberg an Jürgen Meyer, Dezember 1997.

19 Eichelberg, Marc: *F. D. und die Naturwissenschaften,* in: *Friedrich
    Dürrenmatt, Schriftsteller und Maler,* Diogenes: Zürich 1994,
    S. 225 [im Folgenden: *Naturwissenschaften*].

20 Wittenberg, Alexander: *Vom Denken in Begriffen,* Birkhäuser:
    Basel, Stuttgart 1957. Zitiert nach Marc Eichelberg, a. a. O.

21 Marc Eichelberg im Gespräch mit P. R.

22 von Ditfurth, Hoimar: *Im Anfang war der Wasserstoff,* Hoff-
    mann & Campe: Hamburg 1972.

23 Asimov, Isaac: *Die schwarzen Löcher,* Kiepenheuer & Witsch:
    Köln 1983.

24 Weinberg, Steven: *Die ersten drei Minuten,* Piper: 6. Auflage
    München 1997.

25 Eichelberg, *Naturwissenschaften*, S. 226.

26 Jungk, Robert: *Heller als tausend Sonnen. Das Schicksal des
    Atomforschers,* Rowohlt: Reinbek 1988.

27 Dieses und das folgende Zitat in: WA, Bd. 34, S. 24.

28 *Gespräche*, Bd. 4, S. 9 ff.

29 Marc Eichelberg, *Naturwissenschaften*, S. 226.

30 WA, Bd. 37, S. 51.

31 Dieses und das folgende Zitat in: WA, Bd. 33, S. 168.

32 WA, Bd. 32, S. 61.

33 Dieses und die folgenden Zitate in: WA, Bd. 37, S. 53.

34 So gesehen ist der Diskurs, den Dürrenmatt in der Rahmenhandlung seines Romans *Das Versprechen* zwischen dem Polizeikommandanten und dem Autor entwickelt, weit mehr als ein »Requiem auf den Kriminalroman«.

35 Emter, Elisabeth: *Friedrich Dürrenmatt. Dramaturgie des Unwahrscheinlichen* in: dies.: *Literatur und Quantentheorie,* de Gruyter: Berlin, New York 1995, S. 218–270 und: *Geschichte der ›Stoffe‹ als Geschichte des Denkens* in: Peter Rusterholz/Irmgard Wirtz (Hrsg.): *Die Verwandlung der ›Stoffe‹ als Stoff der Verwandlung. Friedrich Dürrenmatts Spätwerk,* E. Schmidt: Berlin 2000.

36 *Gespräche,* Bd. 3, S. 161.

37 Dieses und das folgende Zitat in: *Turmbau,* S. 109 ff.

38 Dieses und die folgenden Zitate in Dürrenmatts Vortrag *Albert Einstein* in: WA, Bd. 33, S. 150–169.

39 Weber, Ulrich: *Von der Lust, die Welt nochmals zu erdenken,* Haupt: Bern 2006, S. 114.

40 WA, Bd. 33, S. 172.

41 WA, Bd. 30, S. 205.

42 WA, Bd. 6, S. 155.

43 Marc Eichelberg, *Naturwissenschaften,* S. 227.

44 *Gespräche,* Bd. 4, S. 14.

45 WA, Bd. 33, S. 108.

46 *Gespräche,* Bd. 4, S. 191.

47 Dieses und die folgenden Zitate in: WA, Bd. 33, S. 124.

48 Müller, Heiner, *Ost-Berlin, 13. 1. 1982* in: Heiner Müller, *Der Auftrag.* Programmbuch Schauspielhaus Bochum 1982, S. 8.

49 Dieses und das folgende Zitat in: Ulrich Weber, *Von der Lust, die Welt nochmals zu erdenken,* S. 115.

50 Dieses und das folgende Zitat in: WA, Bd. 30, S. 210.

51 *Labyrinth,* S. 206 f.

52 Das amerikanische Palomar Observatorium auf dem Mount Palomar (eigentlich Palomar Mountain) nahe San Diego ist eine Sternwarte, die mit dem fünf Meter langen Hale-Spiegelteleskop

mehr als 30 Jahre lang das größte Teleskop der Welt besaß. Dürrenmatt besuchte das Observatorium bei seiner Amerikareise 1969.

53 Die Seyfert-Galaxien wurden nach dem Astrophysiker Carl
Creenan Seyfert benannt.

54 WA, Bd. 33, S. 150.

55 Dieses und das folgende Zitat in: *Gespräche*, Bd. 2, S. 308.

56 *Gespräche*, Bd. 3, S. 66.

57 WA, Bd. 32, S. 60.

58 *Siriusbegleiter* in: *Das Mögliche ist ungeheuer*, S. 81.

59 WA, Bd. 18, S. 584 f.

14
Von Güllen zu Gülden

1 Dieses und die folgenden Zitate in: *Gespräche*, Bd. 3, S. 222.

2 ›Portrait eines Planeten – Friedrich Dürrenmatt‹. Ein Film von
Charlotte Kerr. Director's Cut. Neufassung. Diogenes Verlag:
Zürich 2007.

3 WA, Bd. 5, S. 137.

4 Charlotte Kerr, a. a. O.

5 *Gespräche*, Bd. 4, S. 190.

6 WA, Bd. 28, S. 217.

7 *Gespräche*, Bd. 2, S 277.

8 Phillip Burkard: *Vom Meisterbettler zum Millionär. Friedrich
Dürrenmatt* in: ›Quarto‹: *Brotlos? Vom Schreiben und vom Geld*,
Genf: Editions Slatkine 2005, S. 37 ff.

9 Walter Oberer: *Vorhang zu! Erinnerungen eines alten Mannes,
der einst mit dabei war.* Theaterkultur Verlag: Basel 2001, S. 34.

10 Für Nichtschweizer: »Fünfliber« wird umgangssprachlich die
schweizerische Fünffrankenmünze genannt. Nach Hans Noll,
Dürrenmatts Freund aus Jugendzeiten, war dessen Vater, Pfarrer
Hans Noll [sic] aus Arlesheim, einer der Mitinitianten der Ak-
tion. (Hans Noll in einem persönlichen Gespräch mit P. R. 2011)
Siehe auch: Peter Dürrenmatt, *Zeitwende*, S. 122 f.

11 WA, Bd. 34, S. 57.

12 Der Gegensatz geht allerdings über das Thematische hinaus. Er betrifft auch Dürrenmatts Ästhetik, wenn wir an den Satz aus den *Theaterproblemen* denken, wo F.D. von seiner »nicht immer glücklichen Leidenschaft« spricht, »auf dem Theater den Reichtum, die Vielfalt der Welt darstellen zu wollen« (WA, Bd. 30, S. 48). Ein nicht unzweifelhaftes Bekenntnis, wenn wir an den anderen, »armen«, abstrakten Pol denken, die immer abstraktere, zunehmend formal verknappte Dialogführung bis hin zu den »Übungsstücken für Schauspieler«, *Play Strindberg* und *Porträt eines Planeten.* Die Polarität zwischen Abstraktion und »barocker« Fülle bestimmt Dürrenmatts Schaffen insgesamt.

13 Agendaeintrag 3.2.1950. SLA Schachtel 256. Signatur FD-C-I-Agenden 1950.

14 *Vor uns hintastend, Liebes* in: *Das Mögliche ist ungeheuer,* S. 71.

15 *Gespräche,* Bd. 1, S. 68 ff.

16 F.D. im Gespräch mit P.R., November 1990.

17 Dieses und das folgende Zitat aus einem Gespräch Ernst Schröders mit P.R.

18 *Gespräche,* Bd. 3, S. 95.

19 Ernst Schröder im Gespräch mit P.R.

20 Agendaeintrag 30.8.1961. SLA Schachtel 256. Signatur FD-C-I-Agenden 1961.

21 Für Nichtschweizer: »Röschtigraben«: Die Sprach- und Kulturgrenze zwischen der deutschen und der französischen Schweiz, nach dem typisch alemannischen Kartoffelgericht, der »Röschti«.

22 Mit Mastronardi traf er sich regelmäßig privat, nicht zuletzt deswegen, weil der auf dem Hausberg von Neuchâtel, dem Chaumont, ein Landhaus besaß. Der Strafverteidiger war unter anderem durch den über die Landesgrenzen hinaus Aufsehen erregenden Mordfall Jaccoud berühmt geworden. Dass ein solcher Star nicht unbedingt die Idealbesetzung war, wenn es um internationales Medienrecht oder auch nur um Dürrenmatts Steuererklärung ging, scherte F.D. wenig.

23 WA, Bd. 36, S. 40 f.

24 Ebd., S. 41.

25 Die Erinnerung an diese Porträtsitzung beschreibt Dürrenmatt im
    Text *Varlin* (WA, Bd. 32, S. 175 f.), der ebenfalls anwesende Pierre
    Lachat die seine in der ›Nouvelle Revue Neuchâteloise‹, Nr. 65,
    S. 21 ff.

26 WA, Bd. 36, S. 41 ff.

27 WA, Bd. 20, S. 37.

28 *Labyrinth*, S. 48. Siehe auch das Kapitel ›In der Stadt‹ im vorlie-
    genden Band.

29 Dieses und das folgende Zitat in: WA, Bd. 21, S. 11 und S. 18.

30 *An Elsie Giauque*. Rede F. D.s zum 75. Geburtstag von Elsie Gi-
    auque am 15. 11. 1975. SLA Schachtel 25. Signatur FD-A-m215.

31 *Labyrinth*, S. 210.

32 WA, Bd. 27, S. 136.

33 Agendaeintrag 5. 7. 1956. SLA Schachtel 256. Signatur FD-C-I-
    Agenden 1956.

34 Agendaeintrag 11. 7. 1956. SLA Schachtel 256. Signatur FD-C-I-
    Agenden 1956.

35 Agendaeintrag 4. 10. 1956. SLA Schachtel 256. Signatur FD-C-I-
    Agenden 1956.

36 Agendaeintrag 29. 3. 1957. SLA Schachtel 256. Signatur FD-C-I-
    Agenden 1957.

37 *Turmbau*, S. 38 ff.

38 Agendaeintrag 13. 2. 1958. SLA Schachtel 256. Signatur FD-C-I-
    Agenden 1958.

39 Dieses und das folgende Zitat aus der Agenda des Jahres 1959.
    SLA Signatur FD-C-I-Agenden 1959.

40 Jörg Steiner im Gespräch mit P. R.

41 Agendaeintrag 4. 8. 1965. SLA Schachtel 256. Signatur FD-C-I-
    Agenden 1965.

42 Agendaeintrag 8. 6. 1974. Signatur FD-C-I-d-1974.

43 Agendaeintrag 19. 11. 1982. Signatur FD-C-I-d-1982.

44 Agendaeintrag 18. 2. 1987. Signatur FD-C-I-d-1987.

45 *Turmbau*, S. 134.

46 Fred Schertenleib im Gespräch mit P. R.

47 WA, Bd. 36, S. 28.

48 Hans Liechti im Gespräch mit P. R.

49 F. D. zu P. R. anlässlich eines Besuches in Neuchâtel in den 70er Jahren.

50 Johann Wolfgang von Goethe, *Dämmrung senkte sich herab* (1827) in: *Chinesisch-deutsche Jahres- und Tageszeiten*.

51 *Wein und Sein – Peter Bichsel, Bewohner des Gewohnten*. [Gespräch mit P. R.] ›NZZ folio‹, 03/03.

52 Brief F. D. an Galila und Tuviah Rübner, ohne Datum, ohne Ort (Papier vom Hotel ›Vier Jahreszeiten‹ in München, Poststempel auf dem Kuvert: 16. 6. 1978). SLA Schachtel 188. Signatur FD-B-1-RÜB.

53 *Nur das Nichtige hat Bestand* in: *Das Mögliche ist ungeheuer*, S. 93.

Exkurs
Theater als andere Lebensform

1 WA, Bd. 18, S. 200.

2 *Kronenhalle* in: *Das Mögliche ist ungeheuer*, S. 72f.

3 Vorstufe zum Gedicht *Kronenhalle*. SLA Signatur FD-A-m252 VII.

4 WA, Bd. 18, S. 200.

5 Brief F. D. an Kurt Horwitz vom 25. 2. 1954. SLA Schachtel 186. Signatur FD-B-1-Horwitz.

6 Brief Max Frisch an F. D., 16. 10. 1949, über *Mississippi*. Zitiert nach: *Briefwechsel*, S. 109. Es entsprach in etwa den Einwänden Brechts gegen den zweiten Akt des *Romulus:* »macht misstrauisch gegen Aphorismen«.

7 Gemeint sind die Stücke *Play Strindberg* und *Porträt eines Planeten*.

8 WA, Bd. 24, S. 13.

9 WA, Bd. 3, S. 209.

10 WA, Bd. 12, S. 198.

11 WA, Bd. 18, S. 559.

12 WA, Bd. 30, S. 77.

13 Ebd., S. 18 f.

14 Dieses und das folgende Zitat: ebd., S. 141.

15 *Gespräche,* Bd. 1, S. 302.

16 Ebd.

17 Zu F. D.s Verhältnis zu Bertolt Brecht siehe den Exkurs ›Dürrenmatts Dramaturgien oder Brecht als Autorität und Antipode‹ im vorliegenden Band.

18 Dieses und die folgenden Zitate in: WA, Bd. 30, S. 74 f.

19 WA, Bd. 18, S. 182.

20 Dieses und die folgenden Zitate in einem Exposé über ein »Schweizerisches Kammertheater«. SLA Signatur FD-A-m251 VIII.

21 WA, Bd. 30, S. 75.

22 Dieses und das folgende Zitat: ebd., S. 11 f.

23 *Gespräche,* Bd. 1, S. 246.

24 Ebd., S. 235.

25 Ebd., S. 228.

26 *Gespräche,* Bd. 2, S. 228.

27 F. D. im Gespräch mit P. R.

28 Werner Düggelin in einem Interview mit der ›Weltwoche‹, 16. 6. 1967.

29 Gerd Heinz im Gespräch mit P. R.

30 Seit der Inszenierung von Dürrenmatts Stück *Frank der Fünfte* in Bochum, 1963.

31 Dieses und die folgenden Zitate aus einem Gespräch Hermann Beils mit P. R.

32 Auch wenn Lindtbergs Intendanz besser war als ihr Ruf.

33 *Gespräche,* Bd. 1, S. 306.

34 WA, Bd. 12, S. 193.

35 WA, Bd. 30, S. 160.

36 WA, Bd. 36, S. 11 ff.

37 Verena Dürrenmatt im Gespräch mit P. R.

38 WA, Bd. 36, S. 46.

39 Vgl. auch Stumm, Reinhardt: *Ist das Basler Theater in der Krise?* in: ›Basler Nachrichten‹ vom 15. 10. 1969.

40 Auch in WA, Bd. 30, S. 155 ff.

41 Brief Max Frisch an F. D. vom 19. 10. 1969 zitiert nach: *Briefwech-sel,* S. 160 ff.

42 Mit den Auseinandersetzungen zwischen jugendlichen (vor-nehmlich studentischen) Demonstranten und der Polizei vor dem Zürcher sogenannten »Globus-Provisorium« beim Hauptbahn-hof am 29. Juni 1968 setzte die »68er-Bewegung« in der Schweiz ein (Anlass war die Forderung nach einem autonomen Jugend-zentrum). Sie steht im Zusammenhang mit den europaweiten Stu-dentenunruhen Ende der 60er Jahre (zumal dem Pariser Mai und den Revolten in der Bundesrepublik, namentlich in Berlin) und beeinflusste die Kulturpolitik Zürichs in der Auseinandersetzun-gen zwischen »alternativer« und »offizieller« Kultur bis weit in die achtziger Jahre hinein.

43 *Gespräche,* Bd. 2, S. 226.

44 Ebd., S. 247.

45 Goethe, Johann Wolfgang von: *Maximen und Reflexionen.*

46 In einem Brief Max Frischs an Leopold Lindtberg, New York, Dezember 1971, zitiert nach: *Briefwechsel,* S. 80.

47 WA, Bd. 30, S. 245.

48 *Gespräche,* Bd. 2, S. 228.

10

»Wer das Scheitern nicht wagt, der soll die Hände von der Kunst lassen«

1 Gemeint ist der Literaturkritiker Gody Suter (1919–1984).

2 *Ergreife die Feder müde* in: *Das Mögliche ist ungeheuer,* S. 94 f.

3 WA, Bd. 30, S. 74 f.

4 Zur größten Theaterkrise siehe das Kapitel ›Eine Krise und ihre Bewältigung‹ im vorliegenden Band.

5 WA, Bd. 30, S. 48. F. D.s Weigerung, »Eier der Erklärung« zu legen wird ausführlich im Exkurs ›Dürrenmatts Dramaturgien oder Brecht als Autorität und Antipode‹ (insbesondere das Postulat »Wer eine Welt baut, braucht sie nicht zu erklären«) sowie im Ka-

pitel ›Eine Krise und ihre Bewältigung‹ im vorliegenden Band behandelt.

6 Wie im *Nachwort zum Mitmacher* in WA, Bd. 14, S. 95 ff.

7 Vgl. auch den Exkurs ›Dürrenmatts Dramaturgien oder Brecht als Autorität und Antipode‹ im vorliegenden Band.

8 WA, Bd. 7, S. 91.

9 WA, Bd. 6, S. 155.

10 WA, Bd. 14, S. 202.

11 Dieses und die folgenden Zitate in: WA, Bd. 10, S. 127 f.

12 *Turmbau*, S. 124.

13 WA, Bd. 33, S. 172.

14 WA, Bd. 36, S. 136.

15 Kerr, Charlotte: ›Portrait eines Planeten – Friedrich Dürrenmatt‹. Director's Cut. Neufassung. Diogenes: Zürich 2007.

16 Agendaeintrag 12. 1. 1950. SLA Signatur FD-C-I-Agenden 1950.

17 Zu Dürrenmatts Verhältnis zur Sprache vgl. den Exkurs ›Dürrenmatts Schweiz und die Sprache als Heimat‹ im vorliegenden Band.

18 Brief F. D. an Galila und Tuviah Rübner, ohne Datum, ohne Ort (Papier vom Hotel ›Vier Jahreszeiten‹ in München, Poststempel auf dem Kuvert: 16. 6. 1978). SLA Schachtel 188. Signatur FD-B-I-RÜB.

19 Frisch dachte seinerseits über den Bankrott des klassischen Kanons, der »geschlossenen Form« nach, welche Perfektion mit einschloss, wenn er im ersten Tagebuch schreibt (GW, Bd. 2, S. 450): »Die Frage nach dem Können, dem handwerklichen, verwandelt sich für jeden, der ihr sein Leben opfert, früher oder später in eine Frage nach dem Dürfen; das heißt: die handwerkliche Sorge verschwindet hinter der sittlichen, deren Verbindung vielleicht das Künstlerische ergibt, und darum kann niemand machen, was er an den Alten bewundert: weil er es bestenfalls machen, aber nicht erfüllen kann, und wer mehr macht, als ihm gemäß ist, erweist sich als Stümper. So könnte es Zeiten geben, wo nur noch Stümper sich an die Vollendung wagen. Noch ist es nicht soweit. Ein Katholik beispielsweise, der sich in einer geschlossenen Ordnung glauben kann, hat natürlich die Erlaubnis zur Vollendung: seine Welt ist

vollendet. Die Haltung der meisten Zeitgenossen aber, glaube ich, ist die Frage, und ihre Form, solange eine ganze Antwort fehlt, kann nur vorläufig sein; für sie ist vielleicht das einzige Gesicht, das sich mit Anstand tragen lässt, wirklich das Fragment.«

Das Fragment als Konsequenz einer nichtkatholischen Haltung: eine spannende Parallele zu Dürrenmatts Bekenntnis zu einer »protestantischen« Dramaturgie.

20 *Gespräche*, Bd. 3, S. 23.

21 *Gespräche*, Bd. 4, S. 100.

22 *Labyrinth*, S. 40.

23 *Gespräche*, Bd. 2, S. 259.

24 Ebd., S. 309.

25 F. D. im Gespräch mit P. R.

26 Der komplexen Textgenese der *Stoffe*, den Schichtungen der vielen Fassungen, wird sich eine im Diogenes Verlag erscheinende mehrbändige Ausgabe von Rudolf Probst und Ulrich Weber widmen.

28 *Turmbau*, S. 20.

29 F. D. im Gespräch mit P. R.

30 Dieses und die folgenden Zitate in: *Turmbau*, S. 20 ff.

31 Ebd., S. 249.

32 *Labyrinth*, S. 247.

33 Ebd., S. 43 f.

34 Dieses und die folgenden Zitate in: *Turmbau*, S. 257–263.

35 *Gespräche*, Bd. 3, S. 249.

36 *Gespräche*, Bd. 1, S. 123.

37 *Zusammenhänge. Essay über Israel. Nachgedanken*, darin die gewaltige Parabel *Abu Chanifa und Anan ben David*.

38 Beatrice von Matt, ›NZZ‹, 14. 3. 1994.

39 *Turmbau*, S. 205.

40 Hensel, Georg: *Theater der Zeitgenossen. Stücke und Autoren*. Propyläen Verlag: Berlin 1972. Zitiert nach: Keel, Daniel (Hrsg.): *Über Friedrich Dürrenmatt*, S. 421.

41 Der ›Wiener‹, September 1988, S. 124–125. SLA Schachtel 152. Signatur FD-A-r18311.

42 *Nur das Nichtige hat Bestand* in: *Das Mögliche ist ungeheuer*, S. 93.

Literaturverzeichnis

Primärliteratur

Werkausgabe in siebenunddreißig Bänden 1998

Taschenbuchausgabe: Zürich: Diogenes 1998 (detebe 23041–23077
und 23079). Alle Bände mit ausführlichem Nachweis zur Publika-
tions-, bzw. Publikations- und Aufführungsgeschichte sowie zur
Textgrundlage von Ulrich Weber und Anna von Planta

Inhalt der einzelnen Bände:

Band 1: *Es steht geschrieben/Der Blinde.* Frühe Stücke, detebe 23041
  Es steht geschrieben. Ein Drama – Der Blinde. Ein Drama – Anmer-
  kungen zu ›Es steht geschrieben‹ – Henkerszene aus ›Thogarma‹ –
  Anmerkung zu ›Der Blinde‹ – Untergang und neues Leben. Eine
  Komödie – Anmerkung zu ›Untergang und neues Leben‹ – Der
  Doppelgänger. Ein Spiel – Anmerkung zu ›Der Doppelgänger‹
Band 2: *Romulus der Große.* Eine ungeschichtliche historische Komö-
  die in vier Akten. Neufassung 1980, detebe 23042
  Romulus der Große. Eine ungeschichtliche historische Komödie in
  vier Akten. Neufassung 1980 – Anmerkungen zu ›Romulus der
  Große‹ – Zehn Paragraphen zu ›Romulus der Große‹ – Vierter Akt
  der ersten Fassung von ›Romulus der Große‹ – Einleitung zu einem
  Fragment – Kaiser und Eunuch. Die Komödie der Macht (Frag-
  ment)
Band 3: *Die Ehe des Herrn Mississippi.* Eine Komödie in zwei Teilen
  (Neufassung 1980) und ein Drehbuch, detebe 23043
  Die Ehe des Herrn Mississippi. Eine Komödie in zwei Teilen. Neu-
  fassung 1980 – Die Ehe des Herrn Mississippi. Drehbuch – Anmer-

kungen – Bekenntnisse eines Plagiators – Etwas über ›Die Ehe des
Herrn Mississippi‹ und etwas über mich

Band 4: *Ein Engel kommt nach Babylon.* Eine fragmentarische Komödie in drei Akten. Neufassung 1980, detebe 23044
Ein Engel kommt nach Babylon. Eine fragmentarische Komödie in
drei Akten. Neufassung 1980 – Anmerkung zu ›Ein Engel kommt
nach Babylon‹ – Anmerkung zu einem Themenkomplex – Gespräche über den Turm. Fragment – Der Uhrenmacher. Ein Fragment
– Dies ist die Geschichte vom großen Turm

Band 5: *Der Besuch der alten Dame.* Eine tragische Komödie. Neufassung 1980, detebe 23045
Der Besuch der alten Dame. Eine tragische Komödie. Neufassung
1980 – Randnotizen, alphabetisch geordnet – Anmerkungen – Dritter Akt: Szene ›Ills Laden‹ (Sondereinrichtung Atelier-Theater Bern)

Band 6: *Frank der Fünfte.* Komödie einer Privatbank. Neufassung
1980, detebe 23046
Frank der Fünfte. Komödie einer Privatbank. Mit Musik von Paul
Burkhard. Neufassung 1980 – Anmerkung – Schluss der Bochumer
Fassung – Schluss der ersten Buchausgabe – Die Richtlinien der Re-
gie – Standortbestimmung – An die Kritiker ›Franks des Fünften‹

Band 7: *Die Physiker.* Eine Komödie in zwei Akten. Neufassung 1980,
detebe 23047
Die Physiker. Eine Komödie in zwei Akten. Neufassung 1980 –
21 Punkte zu den ›Physikern‹

Band 8: *Herkules und der Stall des Augias/Der Prozess um des Esels
Schatten.* Griechische Stücke. Neufassungen 1980, detebe 23048
Herkules und der Stall des Augias. Eine Komödie. Neufassung
1980 – Der Prozess um des Esels Schatten. Ein Hörspiel (nach Wie-
land – aber nicht sehr). Neufassung 1980 – Entwurf zum Hörspiel
›Herkules und der Stall des Augias‹ – Herkules und der Stall des
Augias. Ein Hörspiel

Band 9: *Der Meteor/Dichterdämmerung.* Nobelpreisträgerstücke.
Neufassung 1978 und 1980, detebe 23049
Der Meteor. Eine Komödie in zwei Akten. Wiener Fassung 1978 –
Dichterdämmerung. Eine Komödie. Neufassung 1980 – Voraussicht-

liches zum ›Meteor‹ – Zwanzig Punkte zum ›Meteor‹ – Schluss der
ersten Fassung des ›Meteors‹ – Über ›Unverbindlichkeit‹ – Notiz
zur ›Dichterdämmerung‹ – Abendstunde im Spätherbst. Ein Hörspiel – Aus Richard Wagners ›Götterdämmerung‹ (3. Aufzug,
3. Auftritt)

Band 10: *Die Wiedertäufer.* Eine Komödie in zwei Teilen. Urfassung,
detebe 23050
Die Wiedertäufer. Eine Komödie in zwei Teilen. Urfassung – Anmerkungen – Dramaturgische Überlegungen zu den ›Wiedertäufern‹

Band 11: *König Johann/Titus Andronicus.* Shakespeare-Umarbeitun-
gen, detebe 23051
König Johann. Nach Shakespeare – Titus Andronicus. Eine Komödie nach Shakespeare – Prinzipien der Bearbeitung von ›König Johann‹ – Theaterarbeit. Änderungen – Notizen zu ›Titus Andronicus‹ – Materialien zu ›König Johann‹ und ›Titus Andronicus‹ – Zu
den vorliegenden Fassungen von ›König Johann‹ und ›Titus Andronicus‹ – William Shakespeare: ›König Johann‹. 4. Aufzug. 1. Szene –
Friedrich Dürrenmatt: ›Titus Andronicus‹. Anfang der 1. Szene (ursprüngliche Fassung)

Band 12: *Play Strindberg/Porträt eines Planeten.* Übungsstücke für
Schauspieler, detebe 23052
Play Strindberg. Totentanz nach August Strindberg – Porträt eines
Planeten. Übungsstück für Schauspieler – Bericht über ›Play Strind-
berg‹ – Nachwort zu ›Porträt eines Planeten‹

Band 13: *Goethes Urfaust/Büchners Woyzeck.* Bearbeitungen, detebe
23053
Goethes Urfaust, ergänzt durch das Buch von Doktor Faustus aus
dem Jahre 1589 – Büchners Woyzeck. Zürcher Fassung – Anmerkungen – Notizen zum ›Urfaust‹ – Notiz zum ›Woyzeck‹

Band 14: *Der Mitmacher – Ein Komplex.* Text der Komödie (Neufassung 1980). Dramaturgie. Erfahrungen. Berichte. Erzählungen, detebe 23054
Der Mitmacher. Eine Komödie. Neufassung 1980 – Nachwort (mit
der ›Erzählung vom CERN‹) – Nachwort zum Nachwort (mit den

Erzählungen ›Smithy‹ und ›Das Sterben der Pythia‹) – Personen-
und Werkregister

Band 15: *Die Frist.* Eine Komödie. Neufassung 1980, detebe 23055
Die Frist. Eine Komödie. Neufassung 1980 – Wie ›Die Frist‹ entstand – Zur ›Frist‹ als Lesebuch-Text

Band 16: *Die Panne.* Ein Hörspiel und eine Komödie, detebe 23056
Die Panne. Ein Hörspiel – Die Panne. Eine Komödie – Ansprache
anlässlich der Verleihung des Kriegsblinden-Preises

Band 17: *Nächtliches Gespräch mit einem verachteten Menschen/Stra-*
nitzky und der Nationalheld/Das Unternehmen der Wega. Hörspiele und Kabarett, detebe 23057
Nächtliches Gespräch mit einem verachteten Menschen. Ein Kurs
für Zeitgenossen – Stranitzky und der Nationalheld. Ein Hörspiel –
Das Unternehmen der Wega. Ein Hörspiel – Kabarett (›Der Gerettete‹ – ›Der Erfinder‹) – Hörspielerisches

Band 18: *Achterloo. Achterloo I. Rollenspiele. Achterloo IV,* detebe
23058
Achterloo I. Komödie in zwei Akten – Rollenspiele (Charlotte
Kerr: ›Protokoll einer fiktiven Inszenierung‹/Friedrich Dürrenmatt:
›Zwischenwort‹ – ›Achterloo III. Ein Rollenspiel‹) – Achterloo IV.
Komödie – Abschied vom Theater (mit den Essays ›Nachwort zu
‘Achterloo IV’‹ und ›Abschied vom Theater‹) – Personen- und
Werkregister

Band 19: *Aus den Papieren eines Wärters.* Frühe Prosa, detebe 23059
Weihnacht – Der Folterknecht – Die Wurst – Der Sohn – Der Alte –
Das Bild des Sisyphos – Der Theaterdirektor – Die Falle – Pilatus –
Die Stadt – Aus den Papieren eines Wärters – Anmerkungen

Band 20: *Der Richter und sein Henker/Der Verdacht.* Die zwei Kriminalromane um Kommissär Bärlach, detebe 23060
Der Richter und sein Henker – Der Verdacht

Band 21: *Der Hund/Der Tunnel/Die Panne.* Erzählungen, detebe
23061
Der Hund. Eine Erzählung – Der Tunnel. Eine Erzählung – Die
Panne. Eine noch mögliche Geschichte – Der ursprüngliche Schluss
des ›Tunnels‹

Band 22: *Grieche sucht Griechin / Mister X macht Ferien / Nachrichten über den Stand des Zeitungswesens in der Steinzeit.* Grotesken, detebe 23062

Grieche sucht Griechin. Eine Prosakomödie – Mister X macht Ferien. Fragment – Nachrichten über den Stand des Zeitungswesens in der Steinzeit

Band 23: *Das Versprechen / Aufenthalt in einer kleinen Stadt,* detebe 23063

Das Versprechen. Requiem auf den Kriminalroman – Aufenthalt in einer kleinen Stadt. Fragment – Nachwort zu ›Das Versprechen‹

Band 24: *Der Sturz / Abu Chanifa und Anan ben David / Smithy / Das Sterben der Pythia.* Erzählungen, detebe 23064

Der Sturz – Abu Chanifa und Anan ben David – Smithy – Das Sterben der Pythia

Band 25: *Justiz.* Roman, detebe 23065

Justiz. Roman – Nachschrift

Band 26: *Minotaurus / Der Auftrag / Midas,* detebe 23066

Minotaurus. Eine Ballade – Der Auftrag oder Vom Beobachten des Beobachters der Beobachter. Novelle in vierundzwanzig Sätzen – Midas oder Die schwarze Leinwand

Band 27: *Durcheinandertal.* Roman, detebe 23067

Durcheinandertal. Roman

Band 28: *Labyrinth.* Stoffe I–III, detebe 23068

Labyrinth. Stoffe I–III. Neufassung 1990: Der Winterkrieg in Tibet – Mondfinsternis – Der Rebell – Personen- und Werkregister

Band 29: *Turmbau.* Stoffe IV–IX, detebe 23069

Turmbau. Stoffe IV–IX: Begegnungen – Querfahrt (mit den Erzählungen ›Der Turmbau zu Babel‹, ›Der Brudermord im Hause Kyburg‹, ›Der Brandstifter zweiter Teil‹, ›Das gemästete Kreuz‹) – Die Brücke – Das Haus (mit den Erzählungen ›Auto- und Eisenbahnstaaten‹, ›Der Tod des Sokrates‹) – Vinter – Das Hirn – Personen- und Werkregister

Band 30: *Theater.* Essays, Gedichte und Reden, detebe 23070

Theater: Dramaturgischer Rat – Etwas über die Kunst, Theaterstücke zu schreiben – Schriftstellerei und Bühne – Anmerkung zur

Komödie – Die alte Wiener Volkskomödie – Theaterprobleme – Wer die Erde wohnbar machen will … – Gedanken vor einer neuen Aufführung – Amerikanisches und europäisches Drama – Literatur nicht aus Literatur – Teo Otto – Gedenkrede auf Teo Otto – Aspekte des dramaturgischen Denkens – Gedenkrede auf Kurt Hirschfeld – Zum Tode Ernst Ginsbergs – Brief an Maria Becker – Zum Beginn meiner Arbeit an den Basler Theatern – Zwei Dramaturgien? – Über die Freiheit des Theaters – Mein Rücktritt von den Basler Theatern – Wutausbrüche – Dramaturgie des Publikums – Sätze über das Theater – Zu meinem Prozess gegen Habe – Habe–Buckwitz – Macht und Verführung oder Die Macht der Verführung. Zu Lessings ›Emilia Galotti‹ – Dramaturgie eines Durchfalls – Für Willy Birgel – Personen- und Werkregister

Band 31: *Kritik.* Kritiken und Zeichnungen, detebe 23071

Kritiken: ›Die Freier‹. Lustspiel von Eichendorff – ›Die Märtyrer‹. Drama von Albert Steffen – ›Die Zeit des Glücks‹. Lustspiel von Marcel Achard – ›Hamlet‹. Tragödie von Shakespeare – ›Der Doppeladler‹. Schauspiel von Jean Cocteau – ›Bernarda Albas Haus‹. Schauspiel von Federico García Lorca – Anmerkung zu Schillers ›Räubern‹ – Brief über Graf Öderland – Eine Vision und ihr dramatisches Schicksal. Zu ›Graf Öderland‹ von Max Frisch – ›Die Räuber‹. Schauspiel von Schiller – ›Die beiden Veroneser‹. Komödie von Hans Rothe – ›Die Dame ist nicht fürs Feuer‹. Komödie von Christopher Fry – ›Der Teufel und der liebe Gott‹. Schauspiel von Jean-Paul Sartre – ›Tartuffe‹. Lustspiel von Molière – ›Tanz ums Geld‹. Komödie von Silvio Giovaninetti – ›Nathan der Weise‹. Drama von Lessing – ›Die kleine Niederdorf-Oper‹. Von Walter Lesch und Paul Burkhard – ›Wilhelm Tell‹. Schauspiel von Schiller – ›Die Zähmung der Widerspenstigen‹. Komödie von Shakespeare – Offener Brief des Schriftstellers Friedrich Dürrenmatt an den Theaterkritiker Friedrich Dürrenmatt, Ferdinand Bruckners ›Pyrrhus und Andromache‹ betreffend – ›Weh dem, der lügt‹. Lustspiel von Grillparzer – ›Liebe, Freundespflicht und Redlichkeit‹. Komödie von Francisco de Medrano – ›Der fröhliche Weinberg‹. Lustspiel von Carl Zuckmayer – ›Gespenstersonate‹. Kammerspiel von Strindberg – Zweimal Shakespeare. Zu zwei Aufführungen im Rahmen der Juni-Festspiele – Plauderei über Kritik vor der Presse – Zum siebzigsten Geburtstag von Elisabeth Brock-Sulzer

Künstler und Kritiker. Aus Skizzenbüchern – Friedrich Dürrenmatt interviewt F. D. – Personen- und Werkregister

Band 32: *Literatur und Kunst.* Essays, Gedichte und Reden, detebe 23072

Autobiographisches: Vom Anfang her – Dokument – Mee-re – Gedichtband bei einer Mittagszigarre

Literatur: Randnotizen zu Else Lasker-Schülers ›Dichtungen und Dokumente‹ – Fingerübungen zur Gegenwart – Lieblingsgedichte – ›Die Dritte Walpurgisnacht‹ – ›Stiller‹, Roman von Max Frisch. Fragment einer Kritik – Schriftstellerei als Beruf – Vom Sinn der Dichtung in unserer Zeit – Über Walter Mehring – Gibt es einen spezifisch schweizerischen Stoff, der verfilmt werden müsste? Antwort auf eine Umfrage – Vom Schreiben. Rede zu einer Lesung in München – Friedrich Schiller – Untersuchung über den Film ›Das Wunder des Malachias‹ – »Der Rest ist Dank« – Über Balzac – Autorenabend im Schauspielhaus Zürich – Persönliches über Sprache – Ist der Film eine Schule für Schriftsteller? – Rede von einem Bett auf der Bühne aus – Nachträgliches

Kunst: Kunst – Zu den Teppichen von Angers – Über Ronald Searle – Geleitwort zu Paul Flora's ›Trauerflora‹ – Vorwort zum Buch von Bernhard Wicki ›Zwei Gramm Licht‹ – Über Rosalie de Constant – Varlin schweigt – Varlin – An Varlin – Notizen zu Hans Falk – Persönliche Anmerkung zu meinen Bildern und Zeichnungen – Kronenhalle – Versuche über Manuel Gasser – Essay über Tomi Ungerer, in welchem unter anderem auch von Tomi Ungerer die Rede ist, doch mit der Absicht, nicht von ihm abzuschrecken – Personen- und Werkregister

Band 33: *Philosophie und Naturwissenschaft.* Essays, Gedichte und Reden, detebe 23073

Philosophie und Naturwissenschaft: Spielregeln – Hingeschriebenes – Trieb – Gott und Péguy – Das Unvermeidliche wartet – Lied – Elektronische Hirne – Die vier Verführungen des Menschen durch

den Himmel – Mond – Antares – Siriusbegleiter – Monstervortrag
über Gerechtigkeit und Recht (mit den Teilen ›Die erste Geschich-
te‹ – ›Helvetisches Zwischenspiel‹ – ›Ende des helvetischen Zwi-
schenspiels‹ – ›Die zweite Geschichte‹ – ›Nachwort‹) – Überlegun-
gen zum Gesetz der großen Zahl – Über Toleranz – Albert Einstein
Anmerkungen zu ›Albert Einstein‹ – Skizze zu einem Nachwort –
Quellennachweis zu ›Albert Einstein‹ – Personen- und Werkregister
Band 34: *Politik*. Essays, Gedichte und Reden, detebe 23074
Politik: Sätze für Zeitgenossen – Das Schicksal der Menschen –
›Heller als tausend Sonnen‹. Zu einem Buch von Robert Jungk –
Sätze für Unterdrückte – Die verhinderte Rede von Kiew – Israels
Lebensrecht – Tschechoslowakei 1968 – Zu den Zürcher Globus-
Krawallen – Über Kulturpolitik – Zur Dramaturgie der Schweiz –
Sätze aus Amerika – Bericht über zwei Miniaturen – Nachrichten
vom Schloss – Ich stelle mich hinter Israel – Der schwierige Nachbar
oder Exkurs über Demokratie – Zwei Reden eines Nicht-Penners an
die Penner – Erzählung vom CERN – R.A.F. – Über Hochschulen –
55 Sätze über Kunst und Wirklichkeit – Rede zur Verleihung des
Literaturpreises der Stadt Bern – Schweizerpsalm I–III – Personen-
und Werkregister
Band 35: *Zusammenhänge/Nachgedanken*, detebe 23075
Zusammenhänge. Essay über Israel. Eine Konzeption – Nachgedanken, unter anderem über Freiheit, Gleichheit und Brüderlichkeit
in Judentum, Christentum, Islam und Marxismus und über zwei
alte Mythen. 1980 – Personen- und Werkregister
Band 36: *Versuche/Kants Hoffnung*. Essays und Reden, detebe 23076
Versuche: Vallon de l'Ermitage – Georg Büchner und der Satz vom
Grunde. Dankesrede zum Georg-Büchner-Preis 1986 der Deutschen Akademie für Sprache und Dichtung – Kunst und Wissenschaft oder Platon oder Einfall, Vision und Idee oder Die Schwierigkeit einer Anrede oder Anfang und Ende einer Rede – Das
Theater als moralische Anstalt heute. Rede zur Verleihung des Schil-
ler-Gedächtnispreises des Landes Baden-Württemberg – Gibt es die
›Süddeutsche Zeitung‹ oder gibt es sie nicht? – Selbstgespräch – Paul
Flora – Varlin – Über Jef Verheyen. Eine Rede – Einführung Yasushi

Inoue – Vorwort zu Markus Imhoofs Film ›Das Boot ist voll‹ – Absage der Einladung zur Konferenz ›Liberté et droits de l'homme‹ in Paris am 30./31. Mai 1985 – Warum bin ich nach Saarbrücken gegangen?

Kants Hoffnung: Die Schweiz, ein Gefängnis. Rede auf Václav Havel zur Verleihung des Gottlieb-Duttweiler-Preises am 22. November 1990 – *Die Hoffnung, uns am eigenen Schopfe aus dem Untergang zu ziehen.* Laudatio auf Michail Gorbatschow zur Verleihung der Otto-Hahn-Friedensmedaille durch die Deutsche Gesellschaft für die Vereinten Nationen am 25. November 1990 in Berlin – Personen- und Werkregister

Band 37: *Gedankenfuge/Der Pensionierte,* detebe 23077

Gedankenfuge: Prometheus (Dramaturgie eines Rebellen: Prometheus – Nachwort) – Gedankenfuge (mit der Erzählung ›Die Dinosaurier und das Gesetz‹) – Dramaturgie der Vorstellungskraft – Der Versuch – Kabbala der Physik

Der Pensionierte. Fragment eines Kriminalromans. Fassung letzter Hand – Personen- und Werkregister

Band 38: *Registerband,* detebe 23079

Zur vorliegenden Ausgabe – Chronik zu Leben und Werk

Werkverzeichnis: Werkausgaben (Werkausgabe in siebenunddreißig Bänden 1998, Werkausgabe in neunundzwanzig Bänden 1980, Gesammelte Werke in sieben Bänden 1988/1991/1996) – Das dramatische Werk (Sammelbände, Einzelausgaben) – Das Prosawerk (Sammelbände, Einzelausgaben) – Das essayistische Werk (Sammelbände, Einzelausgaben und Zeitschriftenbeiträge) – Gedichte (Sammelbände, Einzelpublikationen) – Briefe (Sammelbände, Einzelpublikationen) – Gespräche – Bilder und Zeichnungen – Übersetzungen Inhaltsübersicht – Gesamtwerkregister – Personen- und Werkregister (kumuliert für die Werkausgabe in siebenunddreißig Bänden 1998)

Für eine ausführliche und aktualisierte Bibliographie der Sekundärliteratur sei auf den Band *Über Friedrich Dürrenmatt* mit Essays, Aufsätzen, Zeugnissen und Rezensionen, herausgegeben von Daniel

Keel (detebe 20861), verwiesen (revidierte und erweiterte Neuausgabe 1998), sowie die von der Dürrenmatt-Arbeitsstelle des Schweizerischen Literaturarchivs in Bern geführte und laufend aktualisierte Bibliographie der wissenschaftlichen Sekundärliteratur ab 1987 (online über die Internet-Adresse http://www.nb.admin.ch/sla/03495/03499/03504/index.html?lang=de zugänglich und als Kopie beim SLA erhältlich); im SLA sind auch Sonderbibliographien zur Dürrenmatt-Rezeption in Japan, Tschechien und der Slowakei sowie Ungarn vorhanden.

Gedichte

Sammelbände

Das Mögliche ist ungeheuer. Ausgewählte Gedichte. Mit einem Nachwort von Peter Rüedi, Diogenes: Zürich 1993.

Einzelpublikationen in Zeitungen, Zeitschriften und Anthologien

Ich begegnete Dir. Gedicht in: *Play Dürrenmatt.* Ein Lese- und Bilderbuch, Diogenes: Zürich 1996.

Briefe

Sammelbände

Max Frisch/Friedrich Dürrenmatt: *Briefwechsel.* Mit einem Essay des Herausgebers Peter Rüedi. Mit Anmerkungen, Faksimiles, Fotos, einer Chronik und einem Register, Diogenes: Zürich 1998.

Einzelpublikationen

Offener Brief an den schweizerischen Bundespräsidenten Jonas, vom 6. 6. 1971. Nachdruck aus ›Berner Tagblatt‹ in: ›Neues Forum‹ 18 (1971), Heft 211, I–IV.

Erinnerung an Walter Jonas in: Schmied, Heinrich E. (Hrsg.): *Walter Jonas. Maler, Denker, Urbanist*, 2. Aufl., Vontobel-Druck: Feldmeilen 1985.

Frühe Briefe: Der Weg zur Schriftstellerei. In: Schweizerisches Literaturarchiv Bern und Kunsthaus Zürich (Hrsg.): *Friedrich Dürrenmatt: Schriftsteller und Maler*, Diogenes: Zürich 1994.

Brief an Kurt Horwitz in: *Friedrich Dürrenmatt: Schriftsteller und Maler*. Ebd.

SLA (Hrsg.): *Dürrenmatt. Die Mansarde. Die Wandbilder aus der Berner Laubeggstraße*. Mit einem Essay von Ludmila Vachtova. Diogenes: Zürich 1995.

Brief an Andor Foldes vom 17. 12. 73. Abdruck mit Faksimile in: Auktionskatalog Erasmushaus Basel 1996.

Gespräche

Die Welt als Labyrinth – Ein Gespräch mit Franz Kreuzer. Diogenes: Zürich 1986.

Gespräche 1961–1990 in vier Bänden. Herausgegeben von Heinz Ludwig Arnold in Zusammenarbeit mit Anna von Planta und Jan Strümpel, Diogenes: Zürich 1996.
Band 1: *Der Klassiker auf der Bühne.* Gespräche 1961–1970.
Band 2: *Die Entdeckung des Erzählens.* Gespräche 1971–1980.
Band 3: *Im Bann der ›Stoffe‹.* Gespräche 1981–1987.
Band 4: *Dramaturgie des Denkens.* Gespräche 1988–1990. Mit einer Chronik zu Leben und Werk, Werkverzeichnis, Bibliographie aller bekannten deutschsprachigen Gespräche und Gesprächsberichte, Nachweis, biographischen Notizen zu den Gesprächspartnern sowie Namen- und Werkregister zu allen vier Bänden.

Bilder und Zeichnungen

Die Heimat im Plakat. Ein Buch für Schweizer Kinder!
  Zürich: Diogenes 1963 (= Club der Bibliomanen)
  Zurich: Diogenes 1981 (= kunst-detebe 26026)
  Zürich: Diogenes 1994 (= detebe 22772)
Bilder und Zeichnungen. Herausgegeben von Christian Strich. Mit
  einer Einleitung von Manuel Gasser und Kommentaren von Fried-
  rich Dürrenmatt. Diogenes: 1978 (= Club der Bibliomanen 59)
Œuvres graphiques. Catalogue du Musée d'Art et d'Histoire, Neu-
  châtel 1985
Bilder, Zeichnungen und Skizzen aus der Sammlung Hans und Käthy
  Liechti. Herausgegeben von Peter André Bloch. Kantonales Kultur-
  zentrum, Palais Besenval: Solothurn 1991

Übersetzungen

Rokeah, David: *Gedichte.* Übersetzt von Erich Fried und Friedrich
  Dürrenmatt in: ›Merkur‹ 15, 1961. Auch in: Rokeah, David: *Nicht
  Tag, nicht Nacht.* Hrsg. und mit einem Nachwort versehen von
  Michael Krüger. Fischer Taschenbuch Verlag: Frankfurt a. M. 1986
  (Nr. 5958)

Literatur über Friedrich Dürrenmatt

Allemann, Beda: *Friedrich Dürrenmatt – Literatur und Theater* in: Jürgen Söring/Jürg Flury (Hrsg.): *Hommage à Friedrich Dürrenmatt.* Neuenburger Rundgespräch zum Gedächtnis des Dichters: Frankfurt a. M., Bern, New York, Paris, 1991, S. 77–123.

Allemann, Beda: *Friedrich Dürrenmatt ›Es steht geschrieben‹* in: Benno von Wiese (Hrsg.): *Das deutsche Drama vom Barock bis zur Gegenwart. Interpretationen*, Bagel: Düsseldorf 1958, Bd. 2, S. 415–432.

Hans Amstutz/Ursula Käser-Leisibach/Martin Stern: *Schweizertheater. Drama und Bühne der Deutschschweiz bis Frisch und Dürrenmatt, 1930–1950*, Chronos: Zürich 2000.

Amstutz, Hans: *Theater und Drama der deutschen Schweiz vor Frisch und Dürrenmatt (1930–1950)* in: Romey Sabalius (Hrsg.): *Neue Perspektiven zur deutschsprachigen Literatur der Schweiz,* Rodopi: Amsterdam 1997, S. 107–117.

anonym: *Dürrenmatt: Old Mord und Totschlag* in: ›Der Spiegel‹ vom 6. 3. 1957.

anonym: *Dürrenmatt: Zum Henker* in: ›Der Spiegel‹ vom 8. 7. 1959.

anonym: *Ideen fressen Menschen. ›Die Ehe des Herrn Mississippi‹* in: ›Der Spiegel‹ vom 2. 4. 1952.

Arnold, Armin (Hrsg.): *Zu Friedrich Dürrenmatt. Interpretationen,* Klett: Stuttgart 1982.

Arnold, Heinz Ludwig (Hrsg.): *Friedrich Dürrenmatt,* Dritte Auflage: Neufassung. ›Text+Kritik‹ Heft 50/51: München 2003.

Arnold, Heinz Ludwig: *Die Gegenwelten eines zähen Protestanten* in: ›Deutsches Allgemeines Sonntagsblatt‹ vom 5. 1. 1986.

Arnold, Heinz Ludwig: *Dürrenmatt beginnt seine Stoffe zu veröffentlichen. Ein Lauf durchs Labyrinth der Welt* in: ›Deutsches Allgemeines Sonntagsblatt‹ vom 20. 12. 1981.

Arnold, Heinz Ludwig: *Dürrenmatt und die Schweiz* in: ders. (Hrsg.): *Friedrich Dürrenmatt: Meine Schweiz,* Diogenes: Zürich 1998, S. 7–41.

Arnold, Heinz Ludwig: *Querfahrt mit Dürrenmatt,* Wallstein: Göttingen 1990. Erweiterte Taschenbuchausgabe: Diogenes: Zürich 1998 (Diogenes Taschenbuch 23007).

Arnold, Heinz Ludwig: *Theater als Abbild der labyrinthischen Welt. Versuch über den Dramatiker Dürrenmatt* in: Daniel Keel (Hrsg.): *Über Friedrich Dürrenmatt,* sechste, verbesserte und erweiterte Auflage, Diogenes: Zürich 1998.

Arnold, Heinz Ludwig: *Überall umstellt von Kulissen* in: *Frankfurter Anthologie,* Bd. 25, Insel: Frankfurt a. M. 2002, S. 187–189.

Arnold, Heinz Ludwig: *Verrat* in: ›NZZ‹ vom 28. 2. 1992.

Arnold, Heinz Ludwig: *Weihnacht II. Zu Friedrich Dürrenmatts ›Durcheinandertal‹* in: ›Schweizer Monatshefte‹, 1989, Heft 11, S. 935–937.

Auge, Bernhard: *Der Freiheitskampf der Schweizer: Schillers ›Wilhelm Tell‹ und Dürrenmatts ›Durcheinandertal‹.* Referat, gehalten am 11. 7. 1996 auf dem Symposium ›Unpolitische Klassik? – Politisches Denken in Weimar um 1800‹, veranstaltet von der ›Stiftung Deutsche Klassik‹ und dem ›Kunstfest Weimar‹.

Auge, Bernhard: *Friedrich Dürrenmatts Roman ›Justiz‹. Entstehungsgeschichte, Problemanalyse, Einordnung ins Gesamtwerk,* Lit: Münster 2004.

Axer, Erwin: *Wahrheitssucher mit Zigarre und Chevrolet* in: ›NZZ‹ vom 18./19. 12. 2004.

Bachmann, Guido: *Der Alte vom Berg: Erinnerung an Friedrich Dürrenmatt* in: ›Einspruch‹ 5, Berlin 1991, Heft 25, S. 43–47.

Bänziger, Hans: *Frisch und Dürrenmatt,* Francke: Bern, München 1960, 7. neubearbeitete Auflage 1976.

Bänziger, Hans: *Frisch und Dürrenmatt: Materialien und Kommentare,* Niemeyer: Tübingen 1987.

Bärtschi, Christian: *Friedrich Dürrenmatt und Adelboden* in: *Adelbodner Heimatbrief* 63, 2002, S. 18–19.

Bauer, Elisabeth: *Die Gerichtsthematik im Werk von Friedrich Dürrenmatt,* tuduv: München 1990.

Bellow, Saul: *The Ordeal of Inspector Matthei* in: ›Saturday Review‹ vom 28. 3. 1959.

Bellwinkel, Wolfgang: *Dürrenmatt und die Naturwissenschaften* in:

›Gesnerus‹ Vierteljahresschrift für Geschichte der Medizin und der Naturwissenschaften, 1995, Heft 3/4, S. 209–246.

Benn, Gottfried: ›*Die Ehe des Herrn Mississippi*‹ in: ›Programmheft des Berliner Schlossparktheaters‹, 1952/53, Heft 12. auch in: ders./ Dieter Wellershoff (Hrsg.): *Gesammelte Werke*, Limes: Wiesbaden 1968, Bd. 7, S. 1754–1756.

Berger, Kurt: *Friedrich Dürrenmatt, ein Emmentaler* in: Fritz von Gunten: ›Das Emmental. Ansichten einer Region‹, Eigenverlag 2006. S. 4–7.

Berghahn, Wilfried: *Dürrenmatts Spiel mit den Ideologien* in: ›Frankfurter Hefte‹, 1956, Heft 2, S. 100–106.

Bernardi, Eugenio: *Friedrich Dürrenmatt: Dall grottesco alla drammaturgia del caso* in: *Annali di Ca' Foscari*, VII, 1, 1988, S. 1–70.

Bernardi, Eugenio: *Introduzione* in: *Friedrich Dürrenmatt: Romanzi e racconti. / A cura di Eugenio Bernardi*, Einaudi-Gallimard: Torino 1993 (Biblioteca della Pléiade), S. IX–LIV.

Bloch, Peter André: *Friedrich Dürrenmatt: Entwürfe und Stoffe. Fragmente eines Gesprächs* in: ›Schweizer Monatshefte‹, 1991, Heft 1, S. 43–50.

Bloch, Peter André: *Friedrich Dürrenmatt. Bilder, Zeichnungen, Skizzen aus der Sammlung Hans und Kathy Liechti. Ein Beitrag zu den Solothurner Literaturtagen 1991*, Ausstellungskatalog, Kantonales Kulturzentrum Palais Besenval: Solothurn 1992.

Bolliger, Luis/Buchmüller, Ernst (Hrsg.): *Play Dürrenmatt. Ein Lese- und Bilderbuch. Mit Texten von Friedrich Dürrenmatt sowie Handschriften, Zeichnungen und Fotos*, Diogenes: Zürich 1996.

Böschenstein, Bernhard: *Dürrenmatts Verhältnis zu Gedichten. Erinnerungen und Deutungen* in: Henriette Herwig (Hrsg.): *Lese-Zeichen*, Francke: Tübingen 1999, S. 441–448.

Botta, Mario/Kerr-Dürrenmatt, Charlotte (Hrsg.): *Dürrenmatt. Botta. Publication à l'occasion de l'inauguration du Centre Dürrenmatt à Neuchâtel le 23 septembre 2000*, Skira: Mailand 2000.

Brock-Sulzer, Elisabeth: *Dürrenmatt und die Quellen* in: *Der unbequeme Dürrenmatt*, Reinhardt: Basel 1962, S. 117–136.

Bühler, Pierre: *Der zähschreibende Protestant, der jede sichtbare Kir-*

che ablehnt: Friedrich Dürrenmatt in: Matthias Krieg und Gabrielle Zangger-Derron (Hrsg.): *Die Reformierten: Suchbilder einer Identität,* Theologischer Verlag (tvz): Zürich 2002, S. 207 f.

Bühler, Pierre: *Die Art, wie einer stirbt. Eine Henkerswahrheit* in: ›Hermeneutische Blätter 2‹, Universität Zürich: 2002, S. 6–12.

Burkard, Martin: *Dürrenmatt und das Absurde. Gestalt und Wandlung des Labyrinthischen in seinem Werk,* Peter Lang: Bern 1991.

Burkard, Phillip: *Dürrenmatts »Stoffe«. Zur literarischen Transformation der Erkenntnistheorien Kants und Vaihingers im Spätwerk,* Francke: Tübingen und Basel 2004.

Burkard, Phillip: *Als Gott über Gott schwätzen? Das Verhältnis des späten Dürrenmatt zur Religion, untersucht am Text* ›Selbstgespräch‹ in: Henriette Herwig (Hrsg.): *Lese-Zeichen,* Francke: Tübingen 1999, S. 449–458.

Cristalli, Paola (Hrsg.): *Cineteca speciale. Ottobre 2003. Dürrenmatt e il cinema,* Cineteca: Bologna 2003.

Daiber, Jürgen: *Fiktive Autobiographie und autobiographische Fiktion: Friedrich Dürrenmatts* ›Stoffe‹ in: ›Wirkendes Wort‹ 46, 1996, S. 446–454.

Dossier Friedrich Dürrenmatt in: ›Schweizer Monatshefte‹, 1994, Heft 6.

Dossier Friedrich Dürrenmatt. Die Entstehung des Spätwerks in: ›Quarto‹, Heft 7, 1996, S. 25–119.

Duwe, Wilhelm: *Friedrich Dürrenmatts Epik – Friedrich Dürrenmatts Dramatik* in: ders.: *Deutsche Dichtung des 20. Jahrhunderts vom Naturalismus zum Surrealismus,* Orell Füssli: Zürich 1962, Bd. 2, S. 190–192 und S. 452–480.

Emmel, Hildegard: *Vom Lachen des Weisen – Friedrich Dürrenmatts Entscheidung für die Komödie* in: Angela Bader u. a. (Hrsg.): *Sprachspiel und Lachkultur: Beiträge zur Literatur- und Sprachgeschichte. Rolf Bräuer zum 60. Geburtstag.* Heinz: Stuttgart 1994 (Stuttgarter Arbeiten zur Germanistik; 300), S. 437–450.

Emter, Elisabeth: *Friedrich Dürrenmatt. Dramaturgie des Unwahrscheinlichen* in: dies.: *Literatur und Quantentheorie,* de Gruyter: Berlin, New York 1995, S. 218–270.

Erismann, Peter Edwin: *Dürrenmatts Kosmos* [Zur Ausstellung Friedrich Dürrenmatt: Schriftsteller und Maler in Frankfurt a. M., Oktober 1998] in: Schweizerische Landesbibliothek. 85. Jahresbericht 1998. Bern: Schweizerische Landesbibliothek, 1999, S. 39–41.

Franken, Clemens: *Wirklichkeitssuche in der modernen Anti-Detektivgeschichte: ›Das Versprechen‹ (F. Dürrenmatt), ›Das Kalkwerk‹ (Th. Bernhard), ›La muerte y la brújula‹ (J.L. Borges), ›Cronica de una muerte anunciada‹ (G. Garcia Marquez)* in: Wolfgang Ciezla / Michael von Engelhardt (Hrsg.): *Vergleichende Literaturbetrachtungen*, Iudicium: München 1995, S. 281–303.

Friedrich Dürrenmatt (70). Havel, Kunst, Kosmos, Kollaps, die Schweiz, ›DU‹, 1991, Heft 1.

Friedrich Dürrenmatt. The Happy Pessimist. The Swiss Institute, Schweizerisches Literaturarchiv: New York, Bern 1997.

Fringeli, Dieter: *Das Labyrinth ist kein Gleichnis* in: ders.: *Dichter im Einsatz*, Benziger: Zürich 1991, S. 11–24.

Frisch, Max: *Friedrich Dürrenmatt: Zu seinem neuen Stück ›Romulus der Große‹* in: ›Die Weltwoche‹ vom 6. 5. 1949.

Gasser, Peter: »…*unsere Kunst setzt sich aus etwas Mathematik zusammen und aus sehr viel Phantasie«. Zu Friedrich Dürrenmatts Kriminalromanen* in: Peter Gasser/Elio Pellin/Ulrich Weber (Hrsg.): *»Es gibt kein größeres Verbrechen als die Unschuld«. Zu den Kriminalromanen von Glauser, Dürrenmatt, Highsmith und Schneider*, Wallstein: Göttingen und Chronos: Zürich 2009, S. 53–75.

Gasser, Peter: *Das Labyrinth der Einsamkeit. Zu Friedrich Dürrenmatts Ballade ›Minotaurus‹* in: ›Nouvelle Revue Neuchâteloise‹ 65, Neuchâtel 2000, S. 104–128.

Gerber, Hans E.: *Der Professor mit der Platzangst. Reminiszenzen aus der Geschichte der Universität Bern* in: Unipress intern, Universität Bern 1995.

Goertz, Heinrich: *Friedrich Dürrenmatt*, Rowohlt: Reinbek 1987.

Gottwald, Sigrun: *Der mutige Narr im dramatischen Werk Friedrich Dürrenmatts*, Peter Lang: New York, Frankfurt a. M., Bern 1983.

Greiner, Bernhard: *Komödie (Theater-Spielen) als Falle: Friedrich Dürrenmatts Komödienpoetik* in: ders: *Die Komödie,* Francke: Frankfurt a.M. 1993 (UTB), S. 458–468.

Grimm, Gunter E.: *Dialektik der Rastlosigkeit. Friedrich Dürrenmatts apokalyptisches Denkspiel ›Der Winterkrieg in Tibet‹* in: ders./Werner Faulstich/Peter Kuon (Hrsg.): *Apokalypse. Weltuntergangsvisionen in der Literatur des 20. Jahrhunderts,* Suhrkamp: Frankfurt a. M. 1986, S. 313–331.

Grimm, Reinhold: *Parodie und Groteske im Werk Friedrich Dürrenmatts* in: ›Germanisch-Romanische Monatsschrift‹, N. F. 1961, S. 431–50. Unter dem Titel *Parodie und Groteske bei Friedrich Dürrenmatt* auch in: ders.: *Strukturen,* Sachse und Pohl: Göttingen 1963, S. 44–72 und S. 353–354.

Guth, Hans P.: *Dürrenmatt ›Visit‹. The play behind the play* in: ›Symposium‹. A Quarterly Journal in Mod. Lit., 1962, S. 94–102.

Haller, Michael (Hrsg.): *Über die Grenzen. Gespräche mit und Texte über Friedrich Dürrenmatt,* Pendo: Zürich 1991.

Hamm, Peter: *Zur Freundschaft verflucht* in: ›NZZ‹ vom 6. 10. 1998.

Hapkemeyer, Andreas: *Höll' und Teufel. Ein Motivkomplex im Werk Friedrich Dürrenmatts.* Innsbrucker Beiträge zur Kulturwissenschaft, Germanistische Reihe 56, Universität für Germanistik: Innsbruck 1997.

Heinrichs, Benjamin: *Friedrich Romulus der Große* in: ›Die Zeit‹ vom 21. 12. 1990.

Helbling, Hanno: *Dürrenmatts Turmbau* in: ›NZZ‹ vom 1. 11. 1990.

Helbling, Hanno: *In apokalyptischer Tradition. Friedrich Dürrenmatt und die Geschichtstheologie* in: ›NZZ‹ vom 29. 12. 1990.

Hensel, Georg: *Das Hirn* in: ›FAZ‹ vom 13. 10. 1990.

Hensel, Georg: *Eine geisterhafte Begegnung* in: ›FAZ‹ vom 17. 3. 1984.

Hensel, Georg: *Hoffnungslos, aber nicht ernst. Uraufführung im Züricher Schauspielhaus* in: ›FAZ‹ vom 8. 10. 1983.

Hensel, Georg: *Nashorn und Tigerin* in: ›FAZ‹ vom 12. 9. 1992.

Hensel, Georg: *Welttheater mit Weisheit und Witz. Lobrede auf Friedrich Dürrenmatt* in: Deutsche Akademie für Dichtung. Jahrbuch, 1986, S. 186–95.

Hilty, Hans Rudolf: *Prolegomena zum modernen Drama* in: ›Akzente‹, 1958, Heft 6, S. 519–530.

Huder, Walter: *Friedrich Dürrenmatt oder Die Wiedergeburt der Blasphemie* in: ders.: *Von Rilke bis Cocteau: 33 Texte zu Literatur und Theater im 20. Jahrhundert.* Mit einem Nachwort von Werner Mittenzwei, ed. q: Berlin 1992, S. 354–362.

Iden, Peter: *Die Klamotte als Welttheater. Uraufführung von ›Achterloo‹ in Zürich* in: ›Frankfurter Rundschau‹ vom 10. 10. 1983.

Isenschmid, Andreas: *Oben auf dem Weltendach* in: ›Die Zeit‹ vom 7. 12. 1990.

Jablkowska, Joanna: *Moderne Robinsonade oder Absage an die Hoffnung?: gattungsgeschichtliche Überlegungen zu Arno Schmidt (›Schwarze Spiegel‹), Marlen Haushofer (›Die Wand‹) und Friedrich Dürrenmatt (›Das Unternehmen der Wega‹)* in: Wolfgang Braungart (Hrsg.): *Über Grenzen.* Polnisch-deutsche Beiträge zur deutschen Literatur nach 1945, Frankfurt a. M./Bern 1989, S. 33–45.

Jauslin, Christian: *Für den Raum der Hörbühne geschrieben. Friedrich Dürrenmatts Hörspiele* in: ›NZZ‹ vom 10. 1. 1991.

Jens, Walter: *Einspruch: Reden gegen Vorurteile,* Kindler: München 1992 in: ›Neue Deutsche Literatur‹: Monatsschrift für deutschsprachige Literatur und Kritik, 40 Heft 12, 1992, S. 133–138.

Jens, Walter: *Ernst gemacht mit der Komödie. Über Mord, Moral und Friedrich Dürrenmatt* in: ›Die Zeit‹ vom 18. 7. 1958.

Jens, Walter: *Zu Hause im Emmental und unter den Sternen.* Würdigung anlässlich der Gedenkfeier am 11. 1. 1991 im Berner Münster. in: Friedrich Dürrenmatt: *Kants Hoffnung.* Diogenes: Zürich 1991, S. 55–64.

Kaiser, Joachim: *Friedrich Dürrenmatt* in: ders.: *Erlebte Literatur. Vom ›Doktor Faustus‹ zum ›Fettfleck‹,* Piper: München 1988. S. 177–182.

Kaiser, Joachim: *Friedrich Dürrenmatts singende Mörder. Uraufführung von ›Frank V. – Oper einer Privatbank‹ in Zürich* in: ›Süddeutsche Zeitung‹ vom 21./22. 3. 1959.

Kaiser, Joachim: *Friedrich Dürrenmatts Weltuntergangs-Libretto. Die Uraufführung der ›Physiker‹ im Schauspielhaus Zürich* in: ›Süddeutsche Zeitung‹ vom 23. 2. 1962.

Kampa, Daniel: *Diogenes. Eine illustrierte Verlagschronik 1952–2002*, Diogenes: Zürich 2003.

Karter, Egon: *Mit und über Friedrich Dürrenmatt.* Essay, Opinio: Basel 2001.

Karter, Egon/Petignat, Raymond (Hrsg.): *Hommage an Friedrich den Großen von Konolfingen. Geschichten von und mit Friedrich Dürrenmatt,* Karter: Basel 1991.

Keel, Daniel (Hrsg.): *Herkules und Atlas. Lobreden und andere Versuche über Friedrich Dürrenmatt,* Diogenes: Zürich 1990.

Keel, Daniel (Hrsg.): *Über Friedrich Dürrenmatt,* Diogenes: Zürich 1998, sechste, verbesserte und erweiterte Auflage.

Keller, Otto: *Die Erlösertat des Theseus im Labyrinth und die Zusätze Friedrich Dürrenmatts zur antiken Sage: zu Friedrich Dürrenmatts ›Dramaturgie des Labyrinths‹* in: ›Quarto‹, Heft 7, Bern: 1996, S. 103–110.

Keller, Otto: *Dürrenmatts Kritik des abendländischen Denkens in ›Stoffe I‹: ›Der Winterkrieg in Tibet‹. Das Labyrinth. Weltgleichnis oder Epos einer neuen Aufklärung,* Peter Lang: Bern 2000.

Kerr, Charlotte: *Les mythes de Dürrenmatt. Dessins et manuscrits. Collection Charlotte Kerr Dürrenmatt.* [Publikation zur Ausstellung vom 19. November 2005 – 12. März 2006 in der Fondation Martin Bodmer, Genf], Genf 2005.

Kerr, Charlotte: *Die Frau im roten Mantel,* Piper: München, Zürich 1992.

Kerr, Charlotte: ›Portrait eines Planeten. Friedrich Dürrenmatt‹. Ein Film von Charlotte Kerr. Director's Cut. Neufassung. Zürich: Diogenes, 2007.

Klein, Michael: *Friedrich Dürrenmatt – ›Es tut ein neues Zeitalter der Aufklärung not‹* in: Klaus Müller-Salget/Paul Sigurd (Hrsg.): *Nachklänge der Aufklärung im 19. und 20. Jahrhundert,* UP: Innsbruck 2008, S. 289–299 (Innsbrucker Beiträge zur Kulturwissenschaft: 73, Festschrift für Werner M. Bauer zum 65. Geburtstag).

Knapp, Gerhard P.: ›*Der Richter und sein Henker‹. Grundlagen und Gedanken zum Verständnis erzählender Literatur,* Diesterweg: Frankfurt a. M., Berlin, München 1983.

Knapp, Gerhard P.: ›*Romulus der Große*‹. *Grundlagen und Gedanken zum Verständnis des Dramas,* Diesterweg: Frankfurt a. M., Berlin, München 1985.

Knapp, Gerhard P.: *Friedrich Dürrenmatt,* Metzler: Stuttgart 1993.

Knapp, Gerhard P.: *Friedrich Dürrenmatt.* 2., überarbeitete und erweiterte Auflage, Metzler: Stuttgart, Weimar 1993 [Sammlung Metzler Bd. 196].

Knapp, Gerhard P.: *Spektakulärer Totalbankrott des Einzelkämpfers. Friedrich Dürrenmatts Komödie* ›*Der Meteor*‹ in: Winfried Freund (Hrsg.): *Deutsche Komödien,* Fink: München 1988, S. 267–281.

Knapp, Gerhard P./Labroisse, Gerd (Hrsg.): *Facetten. Studien zum 60. Geburtstag Friedrich Dürrenmatts,* Peter Lang: Bern 1981.

Knopf, Jan: *Das »verfluchte Altern« oder Dürrenmatt und Brecht* in: ›Sinn und Form‹, 1987, Heft 3, S. 635–639.

Knopf, Jan: *Der Dramatiker Friedrich Dürrenmatt,* Henschel: Berlin 1987.

Knopf, Jan: *Dichtung und Deutung* in: ›Neue Deutsche Literatur‹, 1991, Heft 3, S. 138–144.

Knopf, Jan: *Friedrich Dürrenmatt* in: Gunter E. Grimm und Frank Rainer Max (Hrsg.): *Deutsche Dichter: Leben und Werk deutschsprachiger Autoren*, Bd. 8: Gegenwart, Reclam: Stuttgart 1990, S. 255–273.

Knopf, Jan: *Friedrich Dürrenmatt,* Beck: München 1988 (4. neubearbeitete Auflage).

Knopf, Jan: *Friedrich Dürrenmatt:* ›*Der Besuch der alten Dame*‹. *Die fünfziger Jahre und ihre Auswüchse* in: *Dramen des 20. Jahrhunderts,* Bd. 2, Reclam: Stuttgart 1996, S. 71–91.

Knopf, Jan: *Friedrich Dürrenmatt:* ›*Die Physiker*‹. *Apokalyptisches Narrenspiel* in: *Dramen des 20. Jahrhunderts,* Bd. 2, Reclam: Stuttgart 1996, S. 109 – 125.

Knopf, Jan: *Friedrich Dürrenmatt:* ›*Die Panne*‹. *Homerisches Gelächter* in: *Dramen des 20. Jahrhunderts,* Bd. 2, Reclam: Stuttgart 1996, S. 56–67.

Knopf, Jan: *Literatur, die alles leicht nimmt* in: ›Freitag‹ vom 21. 12. 1990.

Korn, Karl: *Moritat parodistisch. Dürrenmatt/Burkards* ›*Frank v. –*

Oper einer Privatbank‹ in Zürich in: ›Frankfurter Allgemeine Zeitung‹, 23. 3. 1959.

Krättli, Anton: *Bild und Prozess: Friedrich Dürrenmatt – Schriftsteller und Maler* in: Jürgen Söring/Jürg Flury (Hrsg.): *Hommage à Friedrich Dürrenmatt. Neuenburger Rundgespräch zum Gedächtnis des Dichters,* Frankfurt a. M., Bern, New York, Paris, 1991, S. 153–169.

Krättli, Anton: *Die Vision verführt mich zum Schreiben* in: ›Schweizer Monatshefte‹, 1991, Heft 1, S. 35–42.

Krättli, Anton: *Die Vision verführt zum Schreiben: im Blick auf ›Turmbau, Stoffe IV–IX‹* in: ›Schweizer Monatshefte‹ 71, 1991, S. 35–42.

Krättli, Anton: *Die Welt als Labyrinth* in: ›Schweizer Monatshefte‹, 1981, Heft 11, S. 901–906.

Krättli, Anton: *Friedrich Dürrenmatt* in: Heinz Ludwig Arnold (Hrsg.): *Kritisches Lexikon der deutschsprachigen Gegenwartsliteratur,* Edition Text+Kritik: München 1987.

Kreis, Rudolf: *Friedrich Dürrenmatt: ›Die Physiker‹* in: ders: *Dichtung und Umwelt. Von Gilgamesch bis zu den ›Physikern‹; Das Sprachkunstwerk zwischen Erde, Leib und Geist,* Peter Lang: Frankfurt a. M. 1989, S. 275–293.

Kutter, Markus: *Zur Uraufführung des Schauspiels ›Der Blinde‹ von Friedrich Dürrenmatt* in: ›Schweizer Rundschau‹, 1948, Heft 2, S. 840–844.

Laederach, Jürg: *Im Dickicht der Täter* in: ›Der Spiegel‹ vom 23. 12. 1985.

Laederach, Jürg: *Mit Entsetzen Scherz, aus Scherz Entsetzen* in: ›NZZ‹ vom 1.10.1996.

Liechti, Anna: *Drei Männer vor Gericht: Dürrenmatts Auseinandersetzung mit der dialektischen Theologie* in: ›Quarto‹, Heft 7, Bern 1996, S. 111–118.

Loetscher, Hugo: *Friedrich Dürrenmatt – labyrinthische Erinnerungen* in: ders.: *Lesen statt klettern,* Diogenes: Zürich 2003, S. 282–375.

Löffler, Sigrid: *Schnapsideen mit Schnaps begossen. Über die Uraufführung von ›Achterloo‹* in: ›Der Spiegel‹ vom 10. 10. 1983.

Losch, Bernhard: *Friedrich Dürrenmatt – ›Die Gerechtigkeit ist etwas*

Fürchterliches in: ›Neue Juristische Wochenschrift‹, Heft 6 1989, S. 343–349.

Luft, Friedrich: *Dürrenmatts großes Fressen* in: ›Die Welt‹ vom 10. 10. 1989.

Luft, Friedrich: *Ein Leselanglauf mit Dürrenmatt* in: ›Die Welt‹ vom 30. 9. 1986.

Marcuse, Ludwig: *Die Mädchen und die Gangster* in: ›Die Zeit‹ vom 4. 11. 1960.

von Matt, Beatrice: *›Der Meteor‹ ein neuer Dürrenmatt* in: ders.: *Lesearten,* Artemis: Zürich 1985, S. 125–130.

von Matt, Beatrice: *Alles Befand sich im Gegensatz* in: ›NZZ‹ vom 13. 10. 1989.

von Matt, Beatrice: *In der Wüste der Gegenwart* in: ›NZZ‹ vom 5. 9. 1986.

von Matt, Beatrice: *Witz und Abenteuer der Dichtung* in: ›NZZ‹ vom 29. 12. 1990.

von Matt, Peter: *Der Liberale, der Konservative und das Dynamit* in: ›Tages-Anzeiger‹ vom 6. 10. 2009.

von Matt, Peter: *Der Traum an der Grenze. Zur literarischen Phantasie in der Schweiz* in: *Die tintenblauen Eidgenossen,* Hanser: München 2001.

von Matt, Peter: *Dissonante Choräle* in: ›Die Zeit‹ vom 28. 1. 1994.

von Matt, Peter: *Dürrenmatts Einsamkeit* in: ders.: *Die tintenblauen Eidgenossen. Über die literarische und politische Schweiz,* Hanser: München 2001, S. 241–259.

von Matt, Peter: *Fragmente zu F. D.* in: ›Tages-Anzeiger‹, Zürich vom 14. 3. 1994.

von Matt, Peter: *Spiel und Erkenntnis. Ein Nachwort* in: Daniel Keel und Peter von Matt (Hrsg.): *In den Verliesen der Wirklichkeit,* Manesse: Zürich 2004, S. 357–377.

von Matt, Peter: *Verkommene Söhne, missratene Töchter. Familiendesaster in der Literatur,* Hanser: München 1995.

von Matt, Peter: *Vom Sonnenschicksal* in: *Frankfurter Anthologie,* Bd. 18, Insel: Frankfurt a. M., Leipzig 1995, S. 181–185.

von Matt, Peter: *Von Bildern heimgesucht. Zu Friedrich Dürrenmatt*

(1981) in: ders.: *Der Zwiespalt der Wortmächtigen. Essay zur Literatur,* Benziger: Zürich 1991, S. 88–94.

Maurer, Karl: *Von der Schwierigkeit, das Werk doch noch zu Ende zu führen (Dante, Goethe, Balzac, Dürrenmatt)* in: Söring, Jürgen (Hrsg.): *Die Kunst zu enden,* Peter Lang: Frankfurt a. M. 1990, S. 27–64.

Mauz, Andreas: *Besuch bei einer alten Dame. Neues über Friedrich Dürrenmatts Anfänge als Dramatiker* in: ›Quarto‹, Heft 17, Bern 2002, S. 95–102.

Mayer, Hans: *Anmerkungen zum zeitgenössischen Drama. Dürrenmatt und Brecht oder Die Zurücknahme* in: ›Sinn und Form‹, 1962, Heft 5/6, S. 667–695. Unter dem Titel *Dürrenmatt und Brecht oder die Zurücknahme* auch in: ders.: *Dürrenmatt und Frisch,* Neske: Pfullingen 1963, S. 5–21; auch in: ders.: *Anmerkungen zu Brecht,* Suhrkamp: Frankfurt/M. 1965, S. 56–83; auch in: ders.: *Das deutsche Drama vom Expressionismus bis zur Gegenwart,* 1977, S. 212–223.

Mayer, Hans: *Brecht und Dürrenmatt* in: ders.: *Brecht,* Suhrkamp: Frankfurt a. M. 1996, S. 398–419 (zuerst 1962).

Mayer, Hans: *Der Meteor* in: ›Theater heute‹, 1991, Heft 2, S. 44–47.

Mayer, Hans: *Friedrich Dürrenmatt mit sechzig Jahren* in: ders.: *Aufklärung heute. Reden und Vorträge 1978–1984,* Suhrkamp: Frankfurt a. M. 1985, S. 133–138.

Mayer, Hans: *Frisch und Dürrenmatt.* Erweiterte Neuausgabe, Suhrkamp: Frankfurt/M. 1992.

Merschmeier, Michael: *Komik und Katastrophe. Friedrich Dürrenmatts ›Achterloo‹ in Zürich* in: ›Theater heute‹, 11/1983 S. 19–21.

Meyer, Martin: *Der Weltenschöpfer* in: ›NZZ‹ vom 29. 12. 1990.

Mingels, Annette: *Das Spiel mit dem Spiel im Spiel oder Gefährliche Schachpartie in Dürrenmatts Dramenfragment ›Die Sekretärin‹* in: Stefan Koslowski u. a. (Hrsg.): *Berner Almanach.* Bd. 3, Theater. Stämpfli: Bern 2000, S. 248–263.

Mingels, Annette: *Dürrenmatt und Kierkegaard. Die Kategorie des Einzelnen als gemeinsame Denkform,* Böhlau: Köln 2003.

Müller, Ralph: *Grabbes Einfluss auf Friedrich Dürrenmatts ›Es steht geschrieben‹* in: *Grabbe-Jahrbuch,* Bd. 15, S. 89–108.

Muschg, Walter: ›*Der Blinde*‹ in: ›Basler Studentenschaft‹ 6, Mai 1948. Schenkung Verena Dürrenmatt.

Nagel, Bert: *Friedrich Dürrenmatt und Franz Kafka* in: ›Modern Austrian Literature‹, 1987, Heft 20, S. 37–51.

Noll, Hans: *Das christliche Drama der Gegenwart. Zur Uraufführung des Schauspiels* ›*Der Blinde*‹ *von F. D.* in: ›Basler Studentenschaft‹ 6, Mai 1948. Schenkung Verena Dürrenmatt.

Noll, Hans: *F. D.:* ›*Es steht geschrieben*‹. *Der Untergang eines Reiches, das nicht von dieser Welt war* in: ›Basler Studentenschaft‹ 6, Mai 1948. Schenkung Verena Dürrenmatt

Obermüller, Klara: *Dürrenmatts dreister Diebstahl bei Dürrenmatt* in: ›Die Weltwoche‹ vom 13. 10. 1983.

Obermüller, Klara: *Über den Flammen ein großes Gelächter* in: ›Die Weltwoche‹ vom 14.9.1989.

Paganini, Claudia: *Das Scheitern im Werk von Friedrich Dürrenmatt. »Ich bin verschont geblieben, aber ich beschreibe den Untergang«*, Kovač: Hamburg 2004.

Peters, Jürgen: *Inszenierungen des Scheiterns* in: ›Frankfurter Rundschau‹ vom 18. 12. 1990.

Piedmont, Ferdinand: *Der Besuch der alten Dame in Wallsteins Lager: Dürrenmatt im Dialog mit Schiller* in: ›Zeitschrift für deutsche Philologie‹, Heft 2, 1991, S. 281–294.

Probst, Rudolf / Weber, Ulrich: *Dürrenmatt und Zuckmayer: Eine Dokumentation.* Edition, Einleitung und Kommentar in: Claudia Mertz-Rychner u. a. (Hrsg.): *Carl Zuckmayer. Die Briefwechsel mit Carl Jacob Burckhardt und Max Frisch*, Röhring: St. Ingbert 2000, S. 273–297. Auch in: *Zuckmayer-Jahrbuch*, Bd. 3, 2000, S. 272–297.

Probst, Rudolf: *»Sehr, aber herzlich«. Max Frisch widmet Friedrich Dürrenmatt »Andorra« (1961)* in: Volker Kaukoreit/Marcel Atze/Michael Hansel (Hrsg.): *Sichtungen. Archiv – Bibliothek – Literaturwissenschaft. Internationales Jahrbuch des Österreichischen Literaturarchivs.* 2005/2006 (8./9. Jg.), Turia + Kant: Wien 2007, S. 322–325.

Probst, Rudolf: *(K)eine Autobiographie schreiben. Friedrich Dürrenmatts* ›*Stoffe*‹ *als Quadratur des Zirkels.* Dissertation. W. Fink: München 2008.

Probst, Rudolf: *Assoziation und Erinnerung. Zur Querfahrt-Metapher in Friedrich Dürrenmatts ›Stoffen‹* in: Henriette Herwig (Hrsg.): *Lese-Zeichen,* Francke: Tübingen 1999, S. 459–469.

Probst, Rudolf: *Die Komödie ›Der Mitmacher‹: Abschied vom Drama?* in: ›Quarto‹, Heft 7, Bern 1996, S. 39–58.

Profitlich, Ulrich: *Friedrich Dürrenmatt* in: Hartmut Steinecke (Hrsg.): *Deutsche Dichter des 20. Jahrhunderts,* E. Schmidt: Berlin 1994, S. 652–663.

Profitlich, Ulrich: *Geschichte als Komödie – Dürrenmatts ›Romulus der Große‹* in: Hinck, Walter (Hrsg.): *Geschichte als Schauspiel,* Suhrkamp: Frankfurt a. M. 1981, S. 254–269.

Reich-Ranicki, Marcel: *Tohuwabohu* in: ›Die Zeit‹ vom 10. 11. 1989.

Rezensionen: Germanistik. Internationales Referatenorgan mit bibliographischen Hinweisen 48. Jg. (2007), 3/4, S. 970 (Martin Stingelin); Zeitschrift für Germanistik XVIII – 3/2008, S. 713–715 (Monika Schmitz-Emans).

Richter, Jochen H.: *»Um ehrlich zu sein, ich habe nie viel von Kriminalromanen gehalten«: über die Detektivromane von Friedrich Dürrenmatt* in: Wolfgang Düsing (Hrsg.): *Experimente mit dem Kriminalroman: ein Erzählmodell in der deutschsprachigen Literatur des 20. Jahrhunderts,* Peter Lang: Frankfurt a. M., Berlin u. a. 1993 (Studien zur deutschen Literatur des 19. und 20. Jahrhunderts, 21), S. 141–153.

Rischbieter, Henning: *Dürrenmatts dünnstes Stück ›Frank v. – Oper einer Privatbank‹ und die Aufführungen in Münster und Frankfurt* in: ›Theater heute‹, 1960, Heft 3, S. 8–12.

Rüedi, Peter: *›Über den Wäldern stehen die Sterne‹. Das Dorf, die Schweiz, die Welt: Friedrich Dürrenmatt und der Ort hinter dem Mond* in: Beat Schläpfer (Hrsg.): *Swiss made. Die Schweiz im Austausch mit der Welt,* Scheidegger & Spiess: Zürich 1998, S. 187–196.

Rüedi, Peter: *Ein Herkules und sein Sisyphos. Über ein paar Schwierigkeiten bei der Annäherung an Friedrich Dürrenmatts Biographie* in: Stéphanie Cudré-Mauroux, Annetta Ganzonie et Corinna Jäger-Trees (Hrsg.): *Vom Umgang mit literarischen Quellen. Des rapports aux sources littéraires. Rapporti con le fonti letterarie. Rapports cun funtanas litteraras.* Internationales Kolloquium vom 17. bis 19. Oktober 2001, Ed. Slatkine, Archives littéraires suisses: Genève, Berne 2002, S. 273–285.

Rüedi, Peter: *Fast eine Freundschaft.* Vorwort in: *Max Frisch. Friedrich Dürrenmatt. Briefwechsel,* Diogenes: Zürich 1998, S. 7–91.

Rüedi, Peter: *Frisch oder Dürrenmatt? Der neue Sisyphos* in: ›Die Weltwoche‹ vom 29. 3. 2007.

Rüedi, Peter: *Jedes Scheißblatt wird herausgegeben und bewundert* in: ›Die Weltwoche‹ vom 12. 12. 1991.

Rüedi, Peter: *Ort der Einkehr, jenseits der Zeit* in: ›Tages-Anzeiger‹ vom 31. 12. 2005.

Rüedi, Peter: *Schiffbrüchiger der Erkenntnis. Die Welt als Mangel und Möglichkeit. Friedrich Dürrenmatt und die Ästhetik des Scheiterns* in: ›DU‹, 1994, Heft 2, S. 38–44.

Rüedi, Peter: ›Weltwoche‹-Serie über Leben und Werk von F. Dürrenmatt in: ›Die Weltwoche‹ 1990–1991 (13 Teile).

Rusterholz, Peter/Wirtz, Irmgard (Hrsg.): *Die Verwandlung der ›Stoffe‹ als Stoff der Verwandlung. Friedrich Dürrenmatts Spätwerk,* E. Schmidt: Berlin 2000.

Rusterholz, Peter: *Aktualität und Geschichtlichkeit des Phantastischen am Beispiel von Friedrich Dürrenmatts Novelle ›Der Auftrag‹* in: Wolfram Buddecke /Jörg Hienger (Hrsg.): *Phantastik in Literatur und Film,* Peter Lang: Frankfurt a. M. 1987.

Rusterholz, Peter: *Durchgänge durchs Labyrinth: ›Minotaurus‹, ›Der Auftrag‹, ›Durcheinandertal‹* in: ›Quarto‹, Heft 7, Bern 1996, S. 92–103.

Rusterholz, Peter: *Dürrenmatt* in: ders., Andreas Solbach (Hrsg.): *Schweizer Literaturgeschichte,* J. B. Metzler: Stuttgart, Weimar 2007, S. 280–311.

Rusterholz, Peter: *L'évasion de la prison – Visions de la Suisse chez Dürrenmatt* in: Peter Schnyder (Hrsg.): *Visions de la Suisse. À la recherche d'une identité: projets et rejets,* Presses universitaires: Strasbourg 2005, S. 127–142.

Rusterholz, Peter: *Metamorphosen des Minotaurus. Entmythologisierung und Remythologisierung in den späten Stoffen Dürrenmatts* in:

Verena Ehrlich-Haefeli (Hrsg.): *Antiquitates Renatae. Deutsche und französische Beiträge zur Wirkung der Antike in der europäischen Literatur,* Königshausen & Neumann: Würzburg 1998, S. 323–331.

Rusterholz, Peter: *Theologische und Philosophische Denkformen und ihre Funktion für die Interpretation und Wertung von Texten Friedrich Dürrenmatts* in: Claudia Brinker und Urs Herzog et. al. (Hrsg.): *Contemplata aliis tradere. Studien zum Verhältnis von Literatur und Spiritualität,* Peter Lang: Bern 1995, S. 473–489.

von Salis, Jean Rudolf: *Komödie in Babylon* in: ›Deutsches Allgemeines Sonntagsblatt‹ vom 25. 12. 1983.

Schlink, Bernhard: *Noch ein Mord* in: ›FAZ‹ vom 6.1.1996.

Schmidt, Michael: *Urwort, orphisch. »Dilettantismus« als »Ursprung des Denkens« bei Friedrich Dürrenmatt* in: Ivar Sagmo (Hrsg.): *Moderne, Postmoderne – und was noch?* Akten der Tagung in Oslo, 25.–26. 11. 2004, Peter Lang: Frankfurt a. M. 2007, S. 79–93.

Schmitz, Michael: *Friedrich Dürrenmatts Aristophanes-Rezeption. Eine Studie zu den mutigen Menschen in den Dramen der 50er und 60er Jahre.* Eos Verlag: St. Ottilien 1989 (Dissertationen, Philosophische Reihe 5).

Schneider, Peter: *Friedrich Dürrenmatt: Das Spiel* in: ders: »...ein einzig Volk von Brüdern«. *Recht und Staat in der Literatur,* Athenäum: Frankfurt a. M. 1987, S. 326–355.

Schoch, Jürgen: *Dürrenmatt, begeisterter Fröntler?* in: ›Tages-Anzeiger‹ vom 15. 6. 2007.

Scholz, Günther: *Ein Autor wirft Ballast ab* in: ›Süddeutsche Zeitung‹ vom 7./8. 11. 1981.

Schütt, Julian: *Viel Rauch um seine Asche* in: ›Die Weltwoche‹ vom 14. 10. 2004.

Schweizer Monatshefte 74 (1994), Heft 6: Dossier Dürrenmatt.

Jürgen Söring/Annette Mingels (Hrsg.): *Dürrenmatt im Zentrum.* 7. Internationales Neuenburger Kolloquium 2000, Peter Lang: Frankfurt a. M. 2004.

Jürgen Söring/Jürg Flury (Hrsg.): *Hommage à Friedrich Dürrenmatt.* Neuenburger Rundgespräch zum Gedächtnis des Dichters, Peter Lang: Frankfurt a. M. u. a. 1991.

Spedicatio, Eugenio: *Friedrich Dürrenmatts Kriminalroman ›Das Versprechen‹ (1958) und Sean Penns Thriller ›The Pledge‹ (2001). Eine transmediale Analyse* in: ›Zeitschrift für Literaturwissenschaft und Linguistik‹ 2006, Heft 143, S. 137–149.

Stadelmaier, Gerhard: *Der Weltmodellbauer* in: ›Frankfurter Allgemeine Zeitung‹ vom 15. 12. 1990.

Stadelmaier, Gerhard: *Irrwitz als Irrenwitz. Uraufführung von ›Achterloo‹ in Zürich* in: ›Stuttgarter Zeitung‹ vom 8. 10. 1983.

Stern, Martin: *Lustiges Trauerspiel – tragische Komödie. Strukturen des Widersinnigen bei Hafner, Nestroy und Dürrenmatt* in: Angela Bader u. a. (Hrsg.): *Sprachspiel und Lachkultur,* Heinz: Stuttgart 1994, S. 359–367.

Stern, Martin: *Probleme einer künftigen Dürrenmatt-Ausgabe. Ein Diskussionsbeitrag* in: ›editio‹, Heft 3. 1989, S. 145–156.

Stettler, Michael: *Augenblicke mit Dürrenmatt* in: ders.: *Lehrer und Freunde. Essays*, Stämpfli: Bern 1997, S. 65 – 112.

Stingelin, Martin: *›Ein großer Sterbet‹ oder Der Fluch der Dioskuren* in: ›Basler Zeitung‹ vom 7. 10. 1998.

Stingelin, Martin: *›Das Hirn‹ als Beispiel für Dürrenmatts ›Stoffe‹.* Vortrag im Rahmen der Vortragsreihe »Literatur im Prozess. Schreibwerkstätten in Nahaufnahme« der Stiftung Universität Hildesheim, 29. April 2009.

Stingelin, Martin: *Gericht(e) bei Friedrich Dürrenmatt.* ›Science Lunch‹ der Stiftung Science et Cité Bern im Unternehmen Mitte Basel, 7. 1. 2005.

Stingelin, Martin: *Ort, undenkbar* in: ›FAZ‹ vom 26. 2. 2004.

Stumm, Reinhardt: *Der Riese vom Berge* in: ›Die Zeit‹ vom 4. 12. 1981.

Stumm, Reinhardt: *Die Tragödie dessen, dem unter den Händen alles zum Stoff wird* in: ›Basler Zeitung‹ vom 12. 4. 1991.

Stumm, Reinhardt: *Gnadenloses Spiel in 24 Sätzen* in: ›Basler Zeitung‹ vom 9. 10. 1986.

Stumm, Reinhardt: *Gottes und des Teufels Kaffeemühle* in: ›Basler Zeitung‹ vom 11. 10. 1989.

Stumm, Reinhardt: *Homo homini lupus – der Mensch ist des Menschen Wolf.* Nachwort in: *F. D. Meistererzählungen.* Mit einem Nachwort von Reinhardt Stumm, Diogenes: Zürich 1992 (Diogenes Taschen-buch 22482).

Sucher, C. Bernd: *Geschichte(n) – von Lessing verwurstelt.* ›Achterloo‹ *in Zürich uraufgeführt* in: ›Süddeutsche Zeitung‹ vom 8./9. 10. 1983.

Tantow, Lutz: *Franz Kafka und Friedrich Dürrenmatt. Eine Drama-turgie der Konfrontation,* Röhrig: St. Ingbert 1988.

Tantow, Lutz: *Friedrich Dürrenmatt und die ptolemäische Wende* in: Jürgen Söring/Jürg Flury (Hrsg.): *Hommage à Friedrich Dürren-matt.* Neuenburger Rundgespräch zum Gedächtnis des Dichters Frankfurt a. M., Bern, New York, Paris, 1991, S. 125–152.

Tantow, Lutz: *Friedrich Dürrenmatt. Moralist und Komödiant,* Hey-ne: München 1992.

Varlin – Dürrenmatt. Horizontal. Hrsg. vom Centre Dürrenmatt, Scheidegger & Spiess: Zürich 2005.

Wagener, Hans: *Friedrich Dürrenmatt* ›Romulus der Große‹. *Erläute-rungen und Dokumente*, Reclam: Stuttgart 1985.

Weber, Ulrich: *Der Nachlass F. D. im Schweizerischen Literaturarchiv* in: *Jahresbericht der Schweizerischen Landesbibliothek.* Bd. 78, Schweizerische Landesbibliothek: Bern 1992.

Weber, Ulrich (Hrsg.): *Friedrich Dürrenmatt. Schriftsteller und Maler*, Ausstellungskatalog, Hrsg. vom Schweizerischen Literaturarchiv Bern, Diogenes: Zürich 1994.

Weber, Ulrich: ›*Ob man sich selbst ein Stoff zu werden vermag?*‹: *Kierkegaard und die Entwicklung des subjektiven Schreibens im* ›Mitmacher‹-*Komplex* in: ›Quarto‹, Heft 7, 1996, S. 65–79.

Weber, Ulrich: »*…von all dem Unwirklichen, das wir die Wirklichkeit nennen«. Friedrich Dürrenmatt und die Presse* in: Christoph Dos-wal (Hrsg.): *Am Rande der Sprache.* Anlässlich der Ausstellung im Centre Dürrenmatt Neuchâtel vom 9. Mai bis 26. August 2007, JPR Ringier: Zürich 2007, S. 31–40.

Weber, Ulrich: *Chaos und Ordnung. Der Weg des jungen Dramatikers Friedrich Dürrenmatt* in: ›Nouvelle Revue Neuchâteloise‹ 65, 2000, S. 85–103.

Weber, Ulrich: *Das Kurhaus im* ›Durcheinandertal‹. *Friedrich Dürren-matt und das* »*Waldhaus Vulpera«,* in: Cordula Seger (Hrsg.): *Grand*

Hotel. Bühne der Literatur, Dölling und Galitz: München 2007, S. 159–171.

Weber, Ulrich: *Die Werkstatt des »Gedankenschlossers«. Friedrich Dürrenmatts literarischer Nachlass im Schweizerischen Literaturarchiv* in: ›Neue Beiträge zur Germanistik 3‹, Heft 3, 2004, S. 201–212.

Weber, Ulrich: *Dürrenmatts Endspiele* in: *Dürrenmatts Endspiele,* Centre Dürrenmatt Neuchâtel, Heft 7, Bundesamt für Kultur: Bern 2003, S. 11–38.

Weber, Ulrich: *Friedrich Dürrenmatt oder Von der Lust, die Welt noch einmal zu erdenken.* Haupt: Bern, Stuttgart, Wien 2006.

Weber, Ulrich: *Friedrich Dürrenmatt: ›Mondfinsternis‹ und ›Der Besuch der alten Dame‹* in: Bernhard Fetz / Klaus Kastberger (Hrsg.): *Der literarische Einfall. Über das Entstehen von Texten,* Zsolnay: Wien 1998, S. 184–195.

Weber, Ulrich: *Friedrich Dürrenmatts ›Rekonstruktionen‹. Zum Zusammenhang von Poetik und Erkenntnistheorie in den ›Stoffen‹* in: Henriette Herwig (Hrsg.): Lese-Zeichen, Francke: Tübingen 1999, S. 470–480.

Weber, Ulrich: *Kafka – Dürrenmatt. Angst vor dem Einfluss?* in: Irmgard M. Wirtz (Hrsg.): *Kafka verschrieben,* Wallstein: Göttingen und Chronos: Zürich 2010, S. 133–151.

Weber, Ulrich: *Sich selbst zum Stoff werden: Die Entstehung von Friedrich Dürrenmatts Spätwerk aus der ›Mitmacher‹-Krise. Eine Textgenetische Untersuchung,* Stroemfeld: Frankfurt a. M., Basel 2004.

Weber, Ulrich: *Starke und weniger starke Abgänge. Zerfallserscheinungen der Detektivfigur bei Dürrenmatt und Highsmith* in: ›Quarto‹, Heft 21/22, 2006, S. 80–98.

Weber, Ulrich: *Tells Fehlschüsse in Dürrenmatts Werk* in: Mechthild Heuser und Irmgard M. Wirtz (Hrsg.): *Tell im Visier.* Publikation zur gleichnamigen Ausstellung in der Schweizerischen Nationalbibliothek, Scheidegger & Spiess: Zürich 2007, S. 201–303.

Weber, Werner: ›*Das Versprechen*‹ in: ›NZZ‹ vom 2. 8. 1958.

Weber, Werner: *Dichter oder Kritiker? Zur Prosa von Friedrich Dürrenmatt* in: ›NZZ‹ vom 6. 12. 1952.

Weber, Werner: *Rede, gehalten am 4. Dezember 1960 zur Verleihung des Großen Preises der Schweizerischen Schiller-Stiftung an Fried-rich Dürrenmatt* in: ders.: *Der Rest ist Dank. Zwei Reden,* Arche: Zürich 1961, S. 7–26.

Weideli, Walter: *Traduire Dürrenmatt: L'amitié et les affaires* in: Mation Graf (Hrsg.): *L'écrivain et son traducteur en Suisse et en Europe,* Zoé: Carouge-Genève 1998, S. 27–38.

Whitton, Kenneth S.: *Dürrenmatt. ›Der Besuch der alten Dame‹ und ›Die Physiker‹,* Grant & Cutler: London 1994.

Whitton, Kenneth S.: *Dürrenmatt. Reinterpretation in Retrospect,* Berg: New York, Oxford, München 1990.

Wilczek, Reinhard: *Gemälde als poetische Chiffren. Ein vernachläs-sigtes Detail in Dürrenmatts frühen Kriminalromanen* in: ›Wirken-des Wort‹ 2001, Heft 1, S. 70–78.

Wirtz, Irmgard: *Das Labyrinth F.D.s oder Eine semiotische Lektüre seines Minotaurus-Mythos* [Manuskript für einen Vortrag in Amsterdam, Internationaler Kongress für Semiotik, 1996].

Wirtz, Irmgard: *Dürrenmatts ungeschriebenes Drama ›Der Tod des Sokrates‹ oder Die Geburt der Lebens-›Stoffe‹ aus dem Sterben der Komödie* in: ›Quarto‹, Heft 7, Bern 1996, S. 80–91.

Wirtz, Irmgard: *Mit Minotaurus im Labyrinth? Eine semiotische Lek-türe von Friedrich Dürrenmatts Labyrinth in Wort und Bild* in: *Kodikas/Code. Ars semiotica* 1996, Heft 4, S. 331–342.

Wirtz, Irmgard: *Wie der Nachlass Friedrich Dürrenmatts den klassi-schen Werkbegriff sprengt und was das von Philologen und Interpre-ten einfordert* in: *Akten des 10. Internationalen Germanistenkongres-ses Wien 2000. Zeitenwende – Die Germanistik auf dem Weg vom 20. ins 21. Jahrhundert,* Bd. 8., Peter Lang: Bern u. a. 2003, S. 351–356.

Wottreng, Willi: *Unter Noblen – Dürrenmatt* in: ders.: *Tino. König des Untergrunds. Die wilden Jahre der Halbstarken und Rocker.* Mit Fotos von Karlheinz Winberger, Orell Füssli: Zürich 2002, S. 114–117.

Weitere Literatur

Im Folgenden sind Titel aufgeführt, die ich im Laufe meiner Arbeit eingesehen habe: punktuell oder ausführlich. Es ist also eine persönliche Liste der *nicht spezifisch auf Dürrenmatt bezogenen Literatur* unterschiedlichster Ausrichtung und unterschiedlichsten Gewichts, auch der Ausgaben, die ich benutzt habe. Letztere müssen keineswegs mit denen übereinstimmen, die als die wissenschaftlich aktuellsten und maßgeblichen gelten. Dieses Verzeichnis erhebt, über diese Arbeit hinaus, keinerlei Anspruch auf Vollständigkeit.

Allemann, Fritz René: *Bern* in: *25 mal die Schweiz,* Piper: München 1965.

Arber, Catherine: *Frontismus und Nationalsozialismus in der Stadt Bern. Viel Lärm, aber wenig Erfolg* in: ›Berner Zeitschrift für Geschichte und Heimatkunde‹, Jg. 65, Heft 1: Bern 2003.

Asimov, Isaac: *Die schwarzen Löcher,* Kiepenheuer & Witsch: Köln 1983.

Attenhofer, Elsie (Hrsg.): *Cabaret Cornichon. Erinnerungen an ein Cabaret,* Benteli: Bern 1975.

Bachelard, Gaston: *Poetik des Raumes,* Hanser: München 1960.

Ballmer-Gfeller, Ruth und Heinz: *100 Jahre Reformierte Kirche Konolfingen 1898–1998,* Evangelisch-reformierte Kirchgemeinde Konolfingen 1998.

Barkhoff, Jürgen/Hefferman, Valerie (Hrsg.): *Schweiz schreiben. Zu Konstruktion und Dekonstruktion des Mythos Schweiz in der Gegenwartsliteratur,* Max Niemeyer/de Gruyter: Berlin 2009.

Barlach, Ernst: *Das dichterische Werk,* Piper: München 1959.

Barth, Karl: *Der Römerbrief.* 9. Aufl., Theologischer Verlag: Zollikon-Zürich 1954.

Barth, Karl: *Kirchliche Dogmatik.* Studienausgabe in 30 Bänden plus Register, Theologischer Verlag: Zollikon-Zürich o. J.

Brecht, Bertolt: *Kann die heutige Welt noch durch Theater wiedergegeben werden?* in: ders.: *Schriften zum Theater,* Edition Suhrkamp: Frankfurt a. M. 1957.

Bundesamt für Kultur (Hrsg.): *Inventar der schützenswerten Orts-bilder der Schweiz*, Fassung 1982_0829.pdf (unpubliziert).

Bunyan, John: *Pilgerreise*. Johannis Verlag: Lahr 1998.

Das Cornichon Buch 1934–44, Holbein: Basel 1945.

Dellsperger, Rudolf: *Berns Evangelische Gesellschaft und die akade-mische Theologie* in: ders./Markus Nägeli/Hansueli Ramser, *Auf Dein Wort. Beiträge zur Geschichte und Theologie der Evangeli-schen Gesellschaft des Kantons Bern im 19. Jahrhundert*, Bern 1981.

von Ditfurth, Hoimar: *Im Anfang war der Wasserstoff*, Hoffmann& Campe: Hamburg, 1972.

Dumont, Hervé: *Geschichte des Schweizer Films. Spielfilme 1896–1965*, Cinémathèque suisse: Lausanne 1987.

Dürrenmatt, Peter: *Zeitwende. Stationen eines Lebens*, Maihof/Cratander: Luzern und Basel 1986.

Dürrenmatt, Reinhold: *Lebenslauf* in: ›Der Saemann‹, Monatsblatt der Bernisch-Reformierten Landeskirche, Jg. 81, Nr. 4, April 1965.

Dürrenmatt, Ulrich (alias Frymueth, Christian): *Bärentalpen*, Herzo-genbuchsee 1878.

Dürrenmatt, Ulrich (alias Frymueth, Christian): *Mutz, wach' uf*, Zü-rich 1877.

Eddington, Arthur Stanley: *Philosophie der Naturwissenschaft*, Fran-cke: Bern 1949.

Eichelberg, Marc: *Dza, dza – dem Himalaya zu*, Verlag Die Arche: Zürich 1953.

Eichelberg, Marc: *Vom Denken in Begriffen. Mathematik als Experi-ment des reinen Denkens* [zu einem Buch von Alexander Witten-berg] (unpubliziert).

Festgabe für Richard Herbertz zur Feier seines 60. Geburtstages, Ben-teli Verlag: Bern 1940.

Fichte, Johann Gottlieb: *Erste Einleitung in die Wissenschaftslehre* in: *Werke* Bd. 1, de Gruyter: Berlin 1971.

Freud, Sigmund: *Der Dichter und das Phantasieren* in: *Gesammelte Werke in 18 Einzelbänden*, Bd. VII, S. Fischer Verlag: Frankfurt a. M. o. J.

Fries, Hanny/Morlang, Werner: *Die verlässlichste meiner Freuden*.

Hanny Fries und Ludwig Hohl: Gespräche, Briefe, Zeichnungen und Dokumente, Verlag Nagel & Kimche: Zürich/München 2003.

Frisch, Max: *Gesammelte Werke in zeitlicher Folge.* Jubiläumsausgabe in 7 Bänden hrsg. von Hans Mayer unter Mitwirkung von Walter Schmitz, Suhrkamp: Frankfurt a. M. 1986.

Frischknecht, Jürg/Haffner, Peter/Haldimann, Ueli/Niggli, Peter: *Die unheimlichen Patrioten. Politische Reaktion in der Schweiz,* Limmat Verlag: Zürich 1979.

Geiler, Emilio: *Gotthard-Express 41 verschüttet,* Albert Müller: Zürich 1942.

Gignoux, Hubert: *Notes sur la mise en scene de La Visite de La Vieille Dame et le Mariage de M. Mississippi* in: Dürrenmatt, Friedrich: *Ecrits sur le théâtre,* Gallimard: Paris 1970.

Ginsberg, Ernst (Hrsg.): *Else Lasker-Schüler. Dichtungen und Dokumente. Gedichte, Prosa, Schauspiele, Briefe, Zeugnis und Erinnerung,* Kösel-Verlag: München 1951.

Glaser, Hermann: *Kulturgeschichte der Bundesrepublik Deutschland,* Hanser: München 1986.

Glauser, Friedrich: *Wachtmeister Studer,* Diogenes: Zürich 1988 (detebe 21733).

Gotthelf, Jeremias: *Sämtliche Werke,* Rentsch: Erlenbach-Zürich 1921–1977.

Gribi, Fritz: *Blüemlisalp. Berndeutsches Sagenspiel in 5 Akten,* Sauerländer: Aarau 1929.

Häsler, Alfred A: *Das Boot ist voll,* Fretz & Wasmuth: Zürich 1967. Neuauflage: Diogenes Verlag: Zürich 1989.

Hecht, Werner/Knopf, Jan/Mittenzwei, Werner/Müller, Klaus-Detlev (Hrsg.): *Brecht, Bertolt. Große kommentierte Berliner und Frankfurter Ausgabe,* Aufbau Verlag Berlin und Weimar/Suhrkamp Verlag: Frankfurt a. M. 1998.

Herbertz, Richard: *Bewusstsein und Unbewusstes: Untersuchung über eine Grenzfrage der Psychologie mit historischer Einleitung,* Du Mont-Schauberg: Köln 1908.

Herbertz, Richard: *Das philosophische Urerlebnis,* Ernst Bircher Verlag: Bern 1921.

Herbertz, Richard: *Der Alkoholgenuss als Wertproblem,* Schwabe: Basel 1937.

Hickethier, Knut: *Das Fernsehspiel der Bundesrepublik. Themen, Form, Struktur, Theorie und Geschichte 1951–1977,* J. B. Metzler: Stuttgart 1980.

Hitz, Bruno: *Der Streit der Dramaturgien. Zum deutschsprachigen Drama nach Brecht,* Ammann: Zürich 1992.

Hohl, Ludwig: *Die Notizen. Von der unvoreiligen Versöhnung,* Bd. 1, Artemis: Zürich 1944, Bd. 2 1954. Neuausgabe Suhrkamp: Frankfurt a. M. 1981.

Hostettler, Peter: *Die Not in Guggisberg plagt heute die Dritte Welt* in: ›Der Bund‹ vom 16. 2. 1987.

Howald, J. Ulrich: *Dürrenmatt und seine Gedichte. Ein Stück Literatur- und Schweizergeschichte,* Walter Loepthien Verlag: Meiringen 1927.

Jansen, Elmar (Hrsg.): *Ernst Barlach. Werk und Wirkung. Berichte, Gespräche, Erinnerungen,* Union Verlag: Berlin 2. Aufl. 1975.

Jean Paul: *Sämtliche Werke,* Hanser: München 1960–63.

Jungk, Robert: *Heller als tausend Sonnen. Das Schicksal des Atomforschers,* Rowohlt: Reinbek 1988.

Kafka, Franz: *Gesammelte Werke,* S. Fischer: Frankfurt a. M. 1983.

Kant, Immanuel: *Werke,* Bruno Cassirer: Berlin ab 1922.

Kassner, Rudolf: *Zahl und Gesicht.* Mit einem Nachwort von Ernst Zinn, Bibliothek Suhrkamp: Frankfurt a. M. 1979.

Keller, Gottfried: *Der grüne Heinrich,* 2. Fassung in: *Sämtliche Werke,* Bd. 3, Deutscher Klassiker Verlag: Frankfurt a. M. 1996.

Kierkegaard, Søren: *Furcht und Zittern* und *Die Wiederholung* in: *Gesammelte Werke* Bd. 3, 3. Auflage, Diedrichs: Jena 1923.

Kierkegaard, Søren: *Abschließende unwissenschaftliche Nachschrift zu den philosophischen Brocken,* Eugen Diedrichs: Köln 1957/58.

von Kleist, Heinrich: *Über das Marionettentheater* in: *Sämtliche Werke und Briefe,* Bd. 3, Deutscher Klassiker Verlag: Frankfurt a. M. 1990.

Koestler, Arthur: *Der Mensch – Irrläufer der Evolution. Eine Anatomie der menschlichen Vernunft und Unvernunft,* Scherz Verlag: München 1978.

Kröger, Ute/Exinger, Peter: *»In welchen Zeiten Leben wir!« Das Schauspielhaus Zürich 1938–1998*, Limmat Verlag: Zürich 1998.

Künzli, Arnold: *Karl Marx. Eine Psychographie*, Europa Verlag: Wien, Frankfurt, Zürich 1966.

Lerch, Fredi/Marti, Erwin: *Loosli, Carl Albert. Die Schachmattbauern* in: *Werke in 7 Bänden*, Bd. 3, Rotpunktverlag: Zürich 2006.

Magnaguagno, Guido: *Dreißiger Jahre Schweiz. Ein Jahrzehnt im Widerspruch*, Katalog Kunsthaus Zürich: Zürich 1981.

Marti, Kurt: *Ein Topf voll Zeit. 1928–1948*, Verlag Nagel & Kimche: München/Zürich 2008.

Marti, Kurt: *Friedrich Dürrenmatt zum 60. Geburtstag*, ›Der kleine Bund‹ vom 3. Januar 1981.

von Matt, Peter: *Die schönsten Gedichte der Schweiz*, Nagel & Kimche: München, Zürich 2002.

von Matt, Peter: *Was bleibt nach den Mythen? Plädoyer für einen neuen Blick auf das literarische Nachdenken über die Schweiz* in: Jürgen Barkhoff/Valerie Heffernan (Hrsg.): *Schweiz schreiben: Zu Konstruktion und Dekonstruktion des Mythos Schweiz in der Gegenwartsliteratur*, Max Niemeyer Verlag/de Gruyter: Berlin 2009.

Maurer, Theres: *Ulrich Dürrenmatt 1849–1908. Ein Schweizerischer Oppositionspolitiker*, Sonder-Druck aus dem Archiv des Historischen Vereins des Kantons Bern, Bd. 59, 1975.

Mauthner, Fritz: *Beiträge zu einer Kritik der Sprache*, Ullstein Materialien, Ullstein: Berlin 1982.

May, Karl: *Ardistan* in: *Gesammelte Werke*, Bd. 31, Karl May Verlag: Bamberg-Radebeul 1967.

May, Karl: *Der Mir von Dschinnistan* in: *Gesammelte Werke*, Bd. 32, Karl May Verlag: Bamberg-Radebeul 1967.

Müller, Heiner: *Ost-Berlin, 13. Januar 1982* in: *Heiner Müller, Der Auftrag*, Programmbuch Schauspielhaus Bochum, 1982.

Müller, Roland: *Fritz Zwicky. Leben und Werk des Großen Schweizer Astrophysikers, Raketenforschers und Morphologen. 1898–1974*, Baeschlin: Glarus 1986.

Muschg, Walter: *Babylon*, Amalthea Verlag: Zürich, Leipzig, Wien 1926.

Muschg, Walter: *Der Ruhm Franz Kafkas* in: *Die Zerstörung der deut-schen Literatur und andere Essays,* Diogenes Verlag: Zürich 2009.

Muschg, Walter: *Franz Kafka – Der Künstler* in: *Die Zerstörung der deutschen Literatur und andere Essays,* Diogenes Verlag: Zürich 2009.

Muschg, Walter: *Über Franz Kafka* in: *Die Zerstörung der deutschen Literatur und andere Essays,* Diogenes Verlag: Zürich 2009.

Muschg, Walter: *Freud als Schriftsteller,* zuletzt in: Walter Muschg: *Die Zerstörung der deutschen Literatur und andere Essays,* hrsg. von Julian Schütt und Winfried Stephan, Diogenes Verlag: Zürich 2009.

Muschg, Walter: *Gotthelf. Die Geheimnisse des Erzählers,* Neudruck der Ausgabe 1931, C. H. Beck: München 1967.

Muschg, Walter: *Tragische Literaturgeschichte.* Mit einem Nachwort von Urs Widmer und einer Vorbemerkung von Walter Muschg, Neuauflage der 2. Auflage von 1953, Diogenes Verlag: Zürich 2006.

Nizon, Paul: *Diskurs in der Enge. Aufsätze zur Schweizer Kunst,* Kan-delaber Verlag: Bern 1970.

Oberer, Walter: *Vorhang zu! Erinnerungen eines alten Mannes, der einst mit dabei war,* Theaterkultur Verlag: Basel 2001.

Pestalozzi, Karl: *Walter Muschg als Literaturwissenschaftler* in: *Walter Muschg zum 100. Geburtstag,* Schwabe: Basel 1999.

Platon: *Staat,* Diedrichs: Jena 1925.

Pollitzer, Heinz: *Franz Kafka, der Künstler,* S. Fischer Verlag: Frank-furt a. M. 1965.

Pro Helvetia (Hrsg.): *Gribi, Fritz. Das Volkstheater.* Separatdruck aus »Kulturpolitik in der Schweiz«, Schweizer Spiegel Verlag: Zürich o. J.

Racine, Jean: *Œuvres complètes,* Gallimard: Paris 1950, Band 1.

Schifferli, Christoph und Lorenz (Hrsg.): *Vom Druckfehlerteufel und von der Hoffnung Jakob Hegners auf ein himmlisches Alphabet. Einige Brocken Verlegerlatein gesammelt von Peter Schifferli,* Ar-che: Zürich 1984.

Schmid, Heinrich E. (Hrsg): *Walter Jonas: Maler, Denker, Urbanist,* Vontobel-Druck: Feldmeilen 1985.

Schmid, Karl: *Unbehagen im Kleinstaat,* Artemis: Zürich 1963.

Schnitzler, Arthur: *Buch der Sprüche und Bedenken,* Phaidon: Wien 1927.

Schöne, Albrecht: *Säkularisation als sprachbildende Kraft. Studien zur Dichtung deutscher Pfarrerssöhne,* Vandenhoek & Ruprecht: Göttingen 1958.

Schuster, Gerhard (Hrsg.): *Gottfried Benn. Sämtliche Werke in 7 Bd.* (Stuttgarter Ausgabe), Klett Cotta: Stuttgart ab 1986.

Schütt, Julian: *Germanistik und Politik. Schweizerische Literaturwissenschaft in der Zeit des Nationalsozialismus,* Chronos: Zürich 1996.

Simenon, Georges: *Maigret stellt eine Falle.* Aus dem Französischen von Angela Glas, Diogenes: Zürich 1985, revidierte Übersetzung 2009 (detebe 23848).

Snow, Charles Percy: *Die zwei Kulturen. Literarische und naturwissenschaftliche Intelligenz,* Klett: Stuttgart 1967.

Soergel, Albert: *Dichtung und Dichter der Zeit. Neue Folge: Im Banne des Expressionismus,* 5. Auflage, Voigtländer: Leipzig 1927.

Staiger, Emil: *Die Kunst der Interpretation,* Artemis: Zürich 1955.

Staiger, Emil: *Goethe,* Artemis: Zürich 1952–1959.

Staiger, Emil: *Literatur und Öffentlichkeit.* Dankesrede zum Zürcher Literaturpreis, gehalten am 17.12.1966, Erstabdruck in: ›NZZ‹ vom 20.12.1966.

Stein, Wilhelm: *Raffael Bondi,* Berlin 1923.

Stettler, Michael: *Lehrer und Freunde,* Stämpfli: Bern 1997.

Texte und Bilder über eine Bernische Gemeinde, bearb. von Hans Schmocker, Einwohnergemeinde Konolfingen, 1983.

Truffaut, François: *Mr. Hitchcock, wie haben Sie das gemacht?,* Hanser: München 1974.

Vaihinger, Hans: *Die Philosophie des Als Ob,* 5. und 6. Auflage, Felix Meiner: Leipzig 1920.

Verne, Jules: *Reise zum Mittelpunkt der Erde,* Diogenes Verlag: Zürich 1975.

Vietta, Egon (Hrsg.): *Darmstädter Gespräch. Theater,* Neue Darmstädter Verlagsanstalt: Darmstadt 1955.

Völker, Ludwig (Hrsg.): *Gottfried Benn, Probleme der Lyrik* in: *Ly-*

riktheorie. Texte vom Barock bis zur Gegenwart, Philipp Reclam Jun.: Stuttgart 1990.

Waeger, Gerhard: *Die Sündenböcke der Schweiz. Die Zweihundert im Urteil der geschichtlichen Dokumente 1940–46,* Walter: Olten und Freiburg im Breisgau 1971.

Wedekind, Frank: *Kritische Studienausgabe* (Darmstädter Ausgabe) Häusser Media Verlag: Darmstadt ab 2007.

Weinberg, Steven: *Die ersten drei Minuten,* Piper: München, 6. Auflage 1997.

Wieland, Christoph Martin: *Sämmtliche Werke.* Göschen: Leipzig 1794–1811, Reprint Hamburger Stiftung zur Förderung von Wissenschaft und Kultur: Hamburg 1984.

Wittenberg, Alexander: *Vom Denken in Begriffen. Mathematik als Experiment des reinen Denkens,* Birkhäuser Verlag: Basel 1957.

Wolf, Walter: *Faschismus in der Schweiz. Die Geschichte der Frontenbewegung in der deutschen Schweiz, 1930–1945,* Flamberg: Zürich 1969.

Personen- und Werkregister

Die Einordnung der Werktitel erfolgt alphabetisch nach dem ersten Wort (ohne Berücksichtigung der Artikel). Alle Werktitel sind sowohl einzeln alphabetisch wie gesammelt unter ihrem entsprechenden Urheber zu finden.

Kursive Werktitel bezeichnen Texte, Werktitel in einfachen Anführungen bezeichnen Werke der bildenden Kunst, der Musik oder Filme. Texte, die einen abgeschlossenen Teil eines größeren Ganzen bilden, stehen gerade und in einfachen Anführungen (z. B. ›Höhlengleichnis‹ als Teil von Platons *Der Staat*). Texte, deren Autorschaft nicht anders angegeben ist, stammen von F. D. Mit einem * versehene Werktitel F. D.s bezeichnen unvollendet gebliebene (zu Lebzeiten) nicht veröffentlichte Texte oder Arbeitsfassungen von Texten, die später, teilweise unter anderem Titel, veröffentlich wurden. Zur Unterscheidung von gleichlautenden Werken F. D.s sind die Gattungsbezeichnungen in eckigen Klammern ergänzt.

Im Register erscheinen auch Personen und Werke, die auf den entsprechenden Seiten nicht namentlich erwähnt werden, aber eindeutig identifizierbar sind. Bei den Personen sind dies im Besonderen F. D.s Familie und Verwandtschaft.

Einige Angaben, besonders biographischer Art, konnten nicht vollständig ermittelt werden. Der Diogenes Verlag ist dankbar für Hinweise und Ergänzungen.